『十一五』國家重點出版規劃項目

主編　陳智超

陳垣全集

CHENYUAN QUANJI

第四册

中西回史日曆（上）

北京师范大学出版集团
BEIJING NORMAL UNIVERSITY PUBLISHING GROUP
安徽大学出版社

圖書在版編目(CIP)數據

陳垣全集.第4册,中西回史日曆.上/陳垣著.—合肥:安徽大學出版社,2009.8(2021.3重印)
ISBN 978-7-81110-388-5

Ⅰ.①陳… Ⅱ.①陳… Ⅲ.①陳垣(1880～1971)—全集②曆書對照表 Ⅳ.①C52 ②P196

中國版本圖書館CIP數據核字(2009)第155388號

陳垣全集 第四册
中西回史日曆(上)
陳 垣 著 陳智超 主編

安徽大學出版社出版發行
(合肥市肥西路3號 郵編230039 電話0551-65107716
網址 www.ahupress.com.cn)
合肥遠東印務有限責任公司印製
責任總編輯 楊應芹 彭君華
本册編輯 秦 野 封面設計 孟獻輝
開本 880×1230 1/32 印張 16.75 字數 323千
2009年12月第1版 2021年3月第3次印刷
ISBN 978-7-81110-388-5
定價 2480.00圓(全二十三册)

新會陳垣撰

中西回史日曆二十卷

國立北京大學研究所國學門叢書

《中西回史日曆》書影

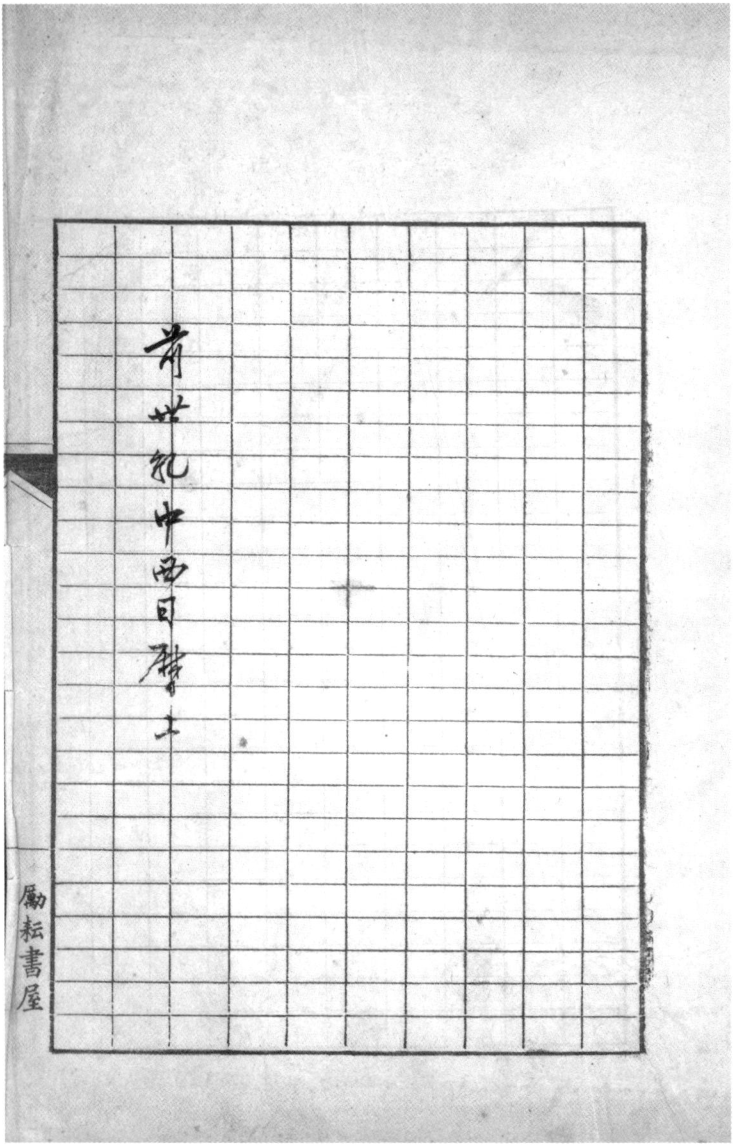

手書《中西回史日曆》稿本封面

陳垣全集之九

中西回史日曆（上）

安徽大學出版社

内容提要

我國古籍紀年，皆用干支及年號，讀史者必備精密年表以為中西曆對照。自唐以來，與海外交通頻繁，所謂海外，多指今東南亞各國，因此在明朝以前，回曆與中曆之關係，更比西曆為密切，惜舊有年表，多不記載回曆，學者以為遺憾。此書中西回三曆並列，為我國前此所未有，後附干支、星期等表，尤便檢查。故此書不但是研究中西交通史不可缺少的二千年日曆，且為研究我國與東南亞各國交通史的重要工具。今由著者據初版本重加修訂增補出版。

自序

辛亥革命以前，中西曆法不同，西曆歲首，恒在中曆歲暮，少者差十餘日，多者差五十餘日。今普通年表，多祇爲中西年之比照，而月日闕焉。據此計年，中西曆恒有一歲之差異。例如陸九淵之卒，在宋紹熙三年，據普通年表爲西曆之一一九二年，本無誤也。然九淵之卒在十二月十四日，以西曆紀之，當爲一一九三年一月十八日。又如施閏章之生，在明萬曆四十六年，據普通年表爲西曆之一六一八年，亦無誤也。然閏章之生在十一月廿一日，以西曆紀之，當爲一六一九年一月六日。反之，泰西名人之生卒在歲一二月者，以中曆紀之，恒爲前一年之十一二月。苟欲實事求是，非有精密之中西長曆爲工具不可。

西曆如此，回曆尤甚。中西曆每年鱗接之際，雖時有一年之誤計，然積年尚大體無異。回曆則以不置閏月之故，歲首無定，積三十二三年即與中西曆差一年，積百年即與中西曆差三年。例如明史曆志謂「回回曆起西域阿喇必年，下至洪武甲子七百八十六年」，本無誤也。然按中曆上推七八六年，謂其曆元爲「隋開皇己未」，則大誤。若按回曆上推七八六年，則實爲唐武德五年壬午。蓋積七百八十六年，回曆與中西曆已生二十三年之差異。不有中回長曆，何以釋明史之誤耶。

又如册府元龜卷九九九，載唐開元七年二月，康國王訴大食侵略，其表有曰「大食只合一百年强盛，今年合滿」，此指回回曆也。若照中曆由唐武德五年計至開元七年，祇九十七年耳。不有中回長曆，於此等史料何由解釋之。

又如長春西遊記，紀長春於辛巳歲至塞藍城，十一月四日土人以爲年，旁午相賀。此回曆六一八年十月回教開齋大節也，非年也。不有中回長曆，何以知其誤會之由。此尤爲研究中西交通史及西域史者所亟需之工具也。

曩吾讀元史譯文證補，見其多紀西曆或回曆之月日，苦不知其爲中曆幾何時，乃求之西籍，得西曆回曆紀年通表，而中曆回曆紀年通表仍不可得。壬戌春，遇江寧常君福元，曾請爲回曆歲首表，以回曆歲首求中西曆之年月日，得此足知中西回曆之比年矣。其後余又續成中曆西曆歲首表，以中曆歲首求西回曆之年月日，以西曆歲首求中回曆之年月日。然因中曆閏月及月大小盡無定，不著中曆朔閏，以中西回曆互求，恒不能得其歲首以外之月日，於研究元史及中西交通史仍不便。乃發憤將二千年朔閏先行考定，以爲根據，就通鑑目録中宋劉羲叟長曆及遼史中耶律儼遼宋閏朔考，並近代錢侗四史朔閏考，汪曰楨歷代長術輯要等，各以本曆，參校各史紀志，正其譌謬，自漢迄清，成二十史朔閏表。又按西曆四年一閏之月日，創爲表格，然後以考定之中曆朔閏及回曆月首，按表填入，始自耶穌元年至於今，二十世紀，凡二十卷，名曰中西回史日曆。於是中西回史之年月日，皆可互通矣。又製日曜表，按表而日曜即得。又製甲子表，據甲子以求日，或據日以求甲子，無不得。稿凡五易，時閲四年。中間復得一九二〇年南京黃教士中西年月通考。又得一八八〇年日本内務省地理局所編之三正綜覽，備載中西回曆。參互考訂，始行寫定。夫日本民族，固無回族也，然四十五年前，日人已注意及此。吾國號稱有回族若干萬，有明一代，參用回回曆法者又二百六十餘年，而中回曆比照年表，從未之見。年表且無，何有日表。故至今言回教者，猶時循明史以來之誤，謂回曆始於隋開皇己未，古今史實之謬，罕有如是之甚者也。海通而後，市上有所謂中西月份牌；漢回錯雜之區，又有所謂西域齋期單，固中西回日表也。然皆一年一易，旋即廢棄，無裨於考史。今此編不啻二千年之中西月份牌，而一千三百五十年之西域齋期單也。茲事甚細，智者不爲，然不爲終不能得其用。余之不憚煩，亦期爲考史之助云爾，豈敢言曆哉！

一九二五年七月十四日新會陳垣

例言

本編以西曆爲衡，中曆回曆爲權。每葉分上下層。

上層爲西曆紀年、甲子紀年，並中國歷代紀元。其阿拉伯碼在西曆四七六年以前者爲羅馬紀年，在六二二年以後者爲回曆紀年。

下層黑色阿拉伯碼爲西曆日序，其筆畫較粗者爲月序，並代表其月之首日。右旁紅色數目字爲中曆月序，紅色阿拉伯碼爲回曆月序，並各示其朔日或首日在西曆之某日。其紅色冬字，則冬至日也。

泰西之用陽曆，本始於羅馬七〇九年儒略帝，即耶穌紀元前四十五年。然初行陽曆數十年，曾有誤置閏日，及澳古斯督帝停止閏日之事，故此編斷自耶穌元年始，即羅馬七五四年也。

西曆一、三、五、七、八、十、十二等月，各三十一日，四、六、九、十一等月，各三十日。二月平年廿八日，閏年廿九日。每四年一閏，故此編每葉四年，其末年之子、辰、申歲，皆爲西曆閏年。

西史以百年爲一世紀，本編以百年爲一卷，故第若干卷即第若干世紀。

西曆一五八二年，教王格勒哥里改曆，以是年十月五日爲十五日，並改定逢百之年不閏，逢四百年仍閏，是爲太陽新曆。此編於一五八二年以前用儒略曆，一五八二年以後用格勒哥里新曆。新曆雖較舊曆精密，然一五八二年以前，舊曆却爲史實也。

泰西各國採用新曆，先後不同，天主教各國採用最先，至一千七百年耶穌教各國始用之，一七五二年英國始用之，一九一八年俄國始用之。今我國所用者即格勒哥里新曆。日本則一八七三年已用之。

本編中曆，以拙著二十史朔閏表爲準。惟三國南北朝朔閏不同，不能並列，故三國只列魏，南北朝只列南朝，遼宋金只列宋，其異同詳見二十史朔閏表。

凡兩朝遞嬗之際，前朝未盡覆亡，亦仍用前朝曆，如陳之禎明、宋之祥興、明之永曆是也。

凡改元不始自正月者，必著其改元之月於年號之下，以示未改元前之月日，當仍用前元。例如唐儀鳳元年，係上元三年十一月改，十一月以前，當仍爲上元三年也。

節氣本諸日躔，其在陽曆日期有定。此編既以西曆爲衡，故無再記節氣之必要。惟儒略曆約百餘年多閏一日，至千五百年已多閏十日，故一五八二年有銷去十日之事。茲特將譚澐所推清以前冬至著於編，即此可知儒略曆每年後天之日數。其清以後冬至，則悉本時憲書。

冬至既定，全年節氣，即可遞推，或前或後，所差不出一日。例如十六世紀末改曆時，冬至在十二月十二日，則夏至在六月十二日，春分在三月十一日，秋分在九月十三日。茲特取一九二五年節氣日期，列表如後，用便檢對。

一月六日小寒，廿日大寒。　二月四日立春，十九日雨水。

三月六日驚蟄，廿一日春分。　四月五日清明，廿日穀雨。
五月六日立夏，廿一日小滿。　六月六日芒種，廿二日夏至。
七月八日小暑，廿三日大暑。　八月八日立秋，廿四日處暑。
九月八日白露，廿三日秋分。　十月九日寒露，廿四日霜降。
十一月八日立冬，廿三日小雪。　十二月七日大雪，廿二日冬至。

回曆以摩訶末由墨克遷往默地那之明日爲元，即西曆六二二年七月十六日金曜日，唐武德五年六月三日。

回曆係純陰曆，不置閏月。其每月日數，單月三十日，雙月廿九日。

回曆以三十年爲一週，凡每週之第二、五、七、十、十三、十六、十八、廿一、廿四、廿六、廿九等年，於十二月之末置一閏日。

回曆月法，以見新月爲首，不以實朔爲首，故其月首日期，恒在中曆月朔二三日後。

西曆回曆，均有七日來復之制，今特將日序表按日、月、火、水、木、金、土，七曜順序，製日曜表七。遇日曜日，以旁點誌之。每葉應用何表，悉著於編，欲知日曜，按原月日地位求之即得。例如蒙兀兒史記西域傳注，謂西曆一二二一年四月七日爲水曜日，檢日曜表二，知其不誤。繼又謂同年十二月九日爲水曜日，檢同表則實爲木曜日，知其傳寫有譌也。

中國史傳，例以甲子紀日，今特製甲子表六十週，每週兩行。凡日序表逢單之行，適用第一行，逢雙之行，適用第二行。每葉一週，即已足用。例如元史紀太祖卒於二十二年七月己丑，檢甲子表七，即知己丑爲七月十二日，西曆一二二七年八月二十五日，回曆六二四年九月十一日也。又如元史譯文證補報達傳注，稱報達陷於西曆一二五八年二月十日，檢甲子表十五，即知是日爲憲宗八年正月六日丙辰，回曆六五六年二月四日也。

凡日曜表，甲子表，遇西曆改曆，及百年不閏等年，則須超越他表，均於編内注明之。

又中國年號，至爲難記，今特製年號表附卷末，以筆畫繁簡爲次，利用西曆紀年，一檢即得。

西曆一 羅馬 754
辛酉
漢平帝
元始元
本年爲羅馬七五四年其一月一日爲日曜日即漢元壽二年十一月十九日或曰土曜日則認西曆四年爲閏年也

二 755
壬戌
元始二

22	23	23	24	25	25	26	26	27	25	26	27	27	28	28	29	30	30	31	**5**	**4**	2	31	**1**
23	十24	九24	25	26	26	27	27	28	26	27	28	28	29	29	30	31	**7**	**6**	2	2	3	**2**	2
24	25	25	閏26	八27	27	28	28	29	27	28	29	29	30	30	31	**8**	2	2	3	3	4	2	3
25	26	26	27	28	七28	六29	29	30	28	29	30	30	31	**10**	**9**	2	3	3	4	4	5	**3**	4
26	27	27	28	29	29	30	五30	四31	**3**	30	31	**12**	**11**	2	2	3	4	4	5	5	6	4	5
27	28	28	29	30	30	31	**5**	**4**	三2	二31	**1**	2	2	3	3	4	5	5	6	6	7	5	6
28	29	29	30	31	**7**	**6**	2	2	3	**2**	正2	十二3	3	4	4	5	6	6	7	7	8	6	7
29	30	30	31	**8**	2	2	3	3	4	2	3	4	十一4	十5	5	6	7	7	8	8	9	7	8
30	31	**10**	**9**	2	3	3	4	4	5	3	4	5	5	6	九6	八7	七8	8	9	9	10	8	9
12	**11**	2	2	3	4	4	5	5	6	4	5	6	6	7	7	8	9	六9	五10	10	11	9	10
2	2	3	3	4	5	5	6	6	7	5	6	7	7	8	8	9	10	10	11	四11	三12	10	11
3	3	4	4	5	6	6	7	7	8	6	7	8	8	9	9	10	11	11	12	12	13	二11	正12
4	4	5	5	6	7	7	8	8	9	7	8	9	9	10	10	11	12	12	13	13	14	12	13十二
5	5	6	6	7	8	8	9	9	10	8	9	10	10	11	11	12	13	13	14	14	15	13	14
6	6	7	7	8	9	9	10	10	11	9	10	11	11	12	12	13	14	14	15	15	16	14	15
7	7	8	8	9	10	10	11	11	12	10	11	12	12	13	13	14	15	15	16	16	17	15	16
8	8	9	9	10	11	11	12	12	13	11	12	13	13	14	14	15	16	16	17	17	18	16	17
9	9	10	10	11	12	12	13	13	14	12	13	14	14	15	15	16	17	17	18	18	19	17	18
10	10	11	11	12	13	13	14	14	15	13	14	15	15	16	16	17	18	18	19	19	20	18	19
11	11	12	12	13	14	14	15	15	16	14	15	16	16	17	17	18	19	19	20	20	21	19	20
12	12	13	13	14	15	15	16	16	17	15	16	17	17	18	18	19	20	20	21	21	22	20	21
13	13	14	14	15	16	16	17	17	18	16	17	18	18	19	19	20	21	21	22	22	23	21	22
14	14	15	15	16	17	17	18	18	19	17	18	19	19	20	20	21	22	22	23	23	24	22	23
15	15	16	16	17	18	18	19	19	20	18	19	20	20	21	21	22	23	23	24	24	25	23	24
16	16	17	17	18	19	19	20	20	21	19	20	21	21	22	22	23	24	24	25	25	26	24	25
17	17	18	18	19	20	20	21	21	22	20	21	22	冬22	23	23	24	25	25	26	26	27	25	26
18	18	19	19	20	21	21	22	22	23	21	22	23	23	24	24	25	26	26	27	27	28	26	27
19	19	20	20	21	22	22	23	23	24	22	23	24	24	25	25	26	27	27	28	28	29	27	28
20	20	21	21	22	23	23	24	24	25	23	24	25	25	26	26	27	28	28	29	29	30	28	29
21	21	22	22	23	24	24	25	25	26	24	25	26	26	27	27	28	29	29	30	30	31	**3**	30

三
癸亥
元始三

756

四
甲子
元始四

本年羅馬不閏
自西曆三月起
應改用日曜表
五甲子表一

757

11	11	12	12	13	14	14	15	15	16	15	16	17	17	18	18	19	20	20	21	21	22	20正	21十二	22十一
12	12	13	13	14	15	15	16	16	17	16	17	18	18	19	19	20	21	21	22	22	23	21	22	23
13	13	14	14	15	16	16	17	17	18	17	18	19	19	20	20	21	22	22	23	23	24	22	23	24
14	14	15	15	16	17	17	18	18	19	18	19	20	20	21	21	22	23	23	24	24	25	23	24	25
15	15	16	16	17	18	18	19	19	20	19	20	21	21	22	22	23	24	24	25	25	26	24	25	26
16	16	17	17	18	19	19	20	20	21	20	21	22冬	22	23	23	24	25	25	26	26	27	25	26	27
17	17	18	18	19	20	20	21	21	22	21	22	23	23	24	24	25	26	26	27	27	28	26	27	28
18	18	19	19	20	21	21	22	22	23	22	23	24	24	25	25	26	27	27	28	28	29	27	28	29
19	19	20	20	21	22	22	23	23	24	23	24	25	25	26	26	27	28	28	29	29	30	28	29	30
20	20	21	21	22	23	23	24	24	25	24	25	26	26	27	27	28	29	29	30	30	31	**3**	30	31
21	21	22	22	23	24	24	25	25	26	25	26	27	27	28	28	29	30	30	31	**5**	**4**	2	31	**1**
22	22	23	23	24	25	25	26	26	27	26	27	28	28	29	29	30	31	**7**	**6**	2	2	3	**2**	2
23冬	23	24	24	25	26	26	27	27	28	27	28	29	29	30	30	31	**8**	2	2	3	3	4	2	3
24	24	25	25	26	27	27	28	28	29	28	29	30	30	31	**10**	**9**	2	3	3	4	4	5	3	4
25	25	26	26	27	28	28	29	29	30	29	30	31	**12**	**11**	2	2	3	4	4	5	5	6	4	5
26	26	27	27	28	29	29	30	30	31	**3**	31	**1**	2	2	3	3	4	5	5	6	6	7	5	6
27	27	28	28	29	30	30	31	**5**	**4**	2	**2**	2	3	3	4	4	5	6	6	7	7	8	6	7
28	28	29	29	30	31	**7**	**6**	2	2	3	2	3	4	4	5	5	6	7	7	8	8	9	7	8
29	29	30	30	31	**8**	2	2	3	3	4	3	4	5	5	6	6	7	8	8	9	9	10	8	9
30	30	31	**10**	**9**	2	3	3	4	4	5	4	5	6	6	7	7	8	9	9	10	10	11	9	10
31十二	**12**十一	**11**	2	2	3	4	4	5	5	6	5	6	7	7	8	8	9	10	10	11	11	12	10	11
日	2	2十	3九	3	4	5	5	6	6	7	6	7	8	8	9	9	10	11	11	12	12	13	11	12
曜	3	3	4	4八	5七	6	6	7	7	8	7	8	9	9	10	10	11	12	12	13	13	14	12	13
表	4	4	5	5	6	7六	7五	8四	8	9	8	9	10	10	11	11	12	13	13	14	14	15	13	14
1	5	5	6	6	7	8	8	9	9三	10二	9正	10十二	11	11	12	12	13	14	14	15	15	16	14	15
甲	6	6	7	7	8	9	9	10	10	11	10	11	12十一	12十	13	13	14	15	15	16	16	17	15	16
子	7	7	8	8	9	10	10	11	11	12	11	12	13	13	14九	14八	15	16	16	17	17	18	16	17
表	8	8	9	9	10	11	11	12	12	13	12	13	14	14	15	15	16七	17六	17	18	18	19	17	18
21	9	9	10	10	11	12	12	13	13	14	13	14	15	15	16	16	17	18	18五	19四	19	20	18	19
	10	10	11	11	12	13	13	14	14	15	14	15	16	16	17	17	18	19	19	20	20三	21二	19	20

六 丙寅 漢孺子嬰 居攝元 759

五 乙丑 元始五 758

22	23	23	24	25	25	26	26	27	25	26	27	27	28	28	29	30	30	31	**5**	**4**	2	31	**1**
23	24	24	25	26	26	27	27	28	26	27	28	28	29	29	30	31	**7**	**6**	2	2	3	**2**	2
24	25	25	26	27	27	28	28	29	27	28	29	29	30	30	31	**8**	2	2	3	3	4	2	3
25	26	26	27	28	28	29	29	30	28	29	30	30	31	**10**	**9**	2	3	3	4	4	5	3	4
26	27	27	28	29	29	30	30	31	**3**	30	31	**12**	**11**	2	2	3	4	4	5	5	6	4	5
27	28	28	29	30	30	31	**5**	**4**	2	31	**1**	2	2	3	3	4	5	5	6	6	7	5	6
28	29	29	30	31	**7**	**6**	2	2	3	**2**	2	3	3	4	4	5	6	6	7	7	8	6	7
29	30	30	31	**8**	2	2	3	3	4	2	3	4	4	5	5	6	7	7	8	8	9	7	8
30	31	**10**	**9**	2	3	3	4	4	5	3	4	5	5	6	6	7	8	8	9	9	10	8	9
12	**11**	2	2	3	4	4	5	5	6	4	5	6	6	7	7	8	9	9	10	10	11	9	10
2	2	3	3	4	5	5	6	6	7	5	6	7	7	8	8	9	10	10	11	11	12	10	11
3	3	4	4	5	6	6	7	7	8	6	7	8	8	9	9	10	11	11	12	12	13	11	12
4	4	5	5	6	7	7	8	8	9	7	8	9	9	10	10	11	12	12	13	13	14	12	13
5	5	6	6	7	8	8	9	9	10	8	9	10	10	11	11	12	13	13	14	14	15	13	14
6	6	7	7	8	9	9	10	10	11	9	10	11	11	12	12	13	14	14	15	15	16	14	15
7	7	8	8	9	10	10	11	11	12	10	11	12	12	13	13	14	15	15	16	16	17	15	16
8	8	9	9	10	11	11	12	12	13	11	12	13	13	14	14	15	16	16	17	17	18	16	17
9十一	9	10	10	11	12	12	13	13	14	12	13	14	14	15	15	16	17	17	18	18	19	17	18
10	10十	11九	11	12	13	13	14	14	15	13	14	15	15	16	16	17	18	18	19	19	20	18	19
11	11	12	12八	13七	14	14	15	15	16	14	15	16	16	17	17	18	19	19	20	20	21	19	20
12	12	13	13	14	15六	15五	16	16	17	15	16	17	17	18	18	19	20	20	21	21	22	20	21
13	13	14	14	15	16	16	17四	17三	18	16	17	18	18	19	19	20	21	21	22	22	23	21	22
14	14	15	15	16	17	17	18	18	19二	17正	18	19	19	20	20	21	22	22	23	23	24	22	23
15	15	16	16	17	18	18	19	19	20	18	19十二	20十一	20	21	21	22	23	23	24	24	25	23	24
16	16	17	17	18	19	19	20	20	21	19	20	21	21十	22九	22	23	24	24	25	25	26	24	25
17	17	18	18	19	20	20	21	21	22	20	21	22	22	23	23八	24七	25六	25	26	26	27	25	26
18	18	19	19	20	21	21	22	22	23	21	22	23冬	23	24	24	25	26	26閏	27五	27	28	26	27
19	19	20	20	21	22	22	23	23	24	22	23	24	24	25	25	26	27	27	28	28四	29三	27	28
20	20	21	21	22	23	23	24	24	25	23	24	25	25	26	26	27	28	28	29	29	30	28二	29正
21	21	22	22	23	24	24	25	25	26	24	25	26	26	27	27	28	29	29	30	30	31	**3**	30

七
丁卯
居攝二
760

八
戊辰
居攝三
初始元十一月改
羅馬奧古斯督
帝停閏後本年
始復置閏
761

11	11	12	12	13	14	14	15	15	16	15	16	17	17	18	18	19	20	20	21	21	22	20	21	22
12	12	13	13	14	15	15	16	16	17	16	17	18	18	19	19	20	21	21	22	22	23	21	22	23冬
13	13	14	14	15	16	16	17	17	18	17	18	19	19	20	20	21	22	22	23	23	24	22	23	24
14	14	15	15	16	17	17	18	18	19	18	19	20	20	21	21	22	23	23	24	24	25	23	24	25
15	15	16	16	17	18	18	19	19	20	19	20	21	21	22	22	23	24	24	25	25	26	24	25	26
16	16	17	17	18	19	19	20	20	21	20	21	22	22	23	23	24	25	25	26	26	27	25	26	27
17十一	17十	18	18	19	20	20	21	21	22	21	22	23冬	23	24	24	25	26	26	27	27	28	26	27	28
18	18	19九	19八	20	21	21	22	22	23	22	23	24	24	25	25	26	27	27	28	28	29	27	28	29
19	19	20	20	21七	22六	22	23	23	24	23	24	25	25	26	26	27	28	28	29	29	30	28	29	30
20	20	21	21	22	23	23五	24四	24	25	24	25	26	26	27	27	28	29	29	30	30	31	3	30	31
21	21	22	22	23	24	24	25	25三	26二	25閏	26	27	27	28	28	29	30	30	31	5	4	2	31	1
22	22	23	23	24	25	25	26	26	27	26	27正	28十二	28	29	29	30	31	7	6	2	2	3	2	2
23冬	23	24	24	25	26	26	27	27	28	27	28	29	29十一	30十	30	31	8	2	2	3	3	4	2	3
24	24	25	25	26	27	27	28	28	29	28	29	30	30	31	10九	9八	2	3	3	4	4	5	3	4
25	25	26	26	27	28	28	29	29	30	29	30	31	12	11	2	2	3七	4六	4	5	5	6	4	5
26	26	27	27	28	29	29	30	30	31	3	31	1	2	2	3	3	4	5	5五	6四	6	7	5	6
27	27	28	28	29	30	30	31	5	4	2	2	2	3	3	4	4	5	6	6	7	7三	8二	6	7
28	28	29	29	30	31	7	6	2	2	3	2	3	4	4	5	5	6	7	7	8	8	9	7正	8十二
29	29	30	30	31	8	2	2	3	3	4	3	4	5	5	6	6	7	8	8	9	9	10	8	9
30	30	31	10	9	2	3	3	4	4	5	4	5	6	6	7	7	8	9	9	10	10	11	9	10
31	12	11	2	2	3	4	4	5	5	6	5	6	7	7	8	8	9	10	10	11	11	12	10	11
日	2	2	3	3	4	5	5	6	6	7	6	7	8	8	9	9	10	11	11	12	12	13	11	12
曜	3	3	4	4	5	6	6	7	7	8	7	8	9	9	10	10	11	12	12	13	13	14	12	13
表	4	4	5	5	6	7	7	8	8	9	8	9	10	10	11	11	12	13	13	14	14	15	13	14
6	5	5	6	6	7	8	8	9	9	10	9	10	11	11	12	12	13	14	14	15	15	16	14	15
甲	6	6	7	7	8	9	9	10	10	11	10	11	12	12	13	13	14	15	15	16	16	17	15	16
子	7	7	8	8	9	10	10	11	11	12	11	12	13	13	14	14	15	16	16	17	17	18	16	17
表	8	8	9	9	10	11	11	12	12	13	12	13	14	14	15	15	16	17	17	18	18	19	17	18
2	9	9	10	10	11	12	12	13	13	14	13	14	15	15	16	16	17	18	18	19	19	20	18	19
	10	10	11	11	12	13	13	14	14	15	14	15	16	16	17	17	18	19	19	20	20	21	19	20

九 己巳 新王莽 始建國元

莽建丑以漢十二月爲正月

一〇 庚午 始建國二

建丑

											763												762
22	23	23	24	25	25	26	26	27	25	26	27	27	28	28	29	30	30	31	**5**	**4**	2	31	**1**
23	24	24	25	26	26	27	27	28	26	27	28	28	29	29	30	31	**7**	**6**	2	2	3	**2**	2
24	25	25	26	27	27	28	28	29	27	28	29	29	30	30	31	**8**	2	2	3	3	4	2	3
25十二	26	26	27	28	28	29	29	30	28	29	30	30	31	**10**	**9**	2	3	3	4	4	5	3	4
26	27閏	27十	28	29	29	30	30	31	**3**	30	31	**12**	**11**	2	2	3	4	4	5	5	6	4	5
27	28	28	29九	30八	30	31	**5**	**4**	2	31	**1**	2	2	3	3	4	5	5	6	6	7	5	6
28	29	29	30	31	**7**七	**6**六	2	2	3	**2**	2	3	3	4	4	5	6	6	7	7	8	6	7
29	30	30	31	**8**	2	2	3五	3四	4	2	3	4	4	5	5	6	7	7	8	8	9	7	8
30	31	**10**	**9**	2	3	3	4	4	5三	3二	4	5	5	6	6	7	8	8	9	9	10	8	9
12	**11**	2	2	3	4	4	5	5	6	4	5正	6十二	6	7	7	8	9	9	10	10	11	9	10
2	2	3	3	4	5	5	6	6	7	5	6	7	7十一	8十	8	9	10	10	11	11	12	10	11
3	3	4	4	5	6	6	7	7	8	6	7	8	8	9	9九	10八	11七	11	12	12	13	11	12
4	4	5	5	6	7	7	8	8	9	7	8	9	9	10	10	11	12	12六	13五	13	14	12	13
5	5	6	6	7	8	8	9	9	10	8	9	10	10	11	11	12	13	13	14	14四	15三	13	14
6	6	7	7	8	9	9	10	10	11	9	10	11	11	12	12	13	14	14	15	15	16	14二	15正
7	7	8	8	9	10	10	11	11	12	10	11	12	12	13	13	14	15	15	16	16	17	15	16
8	8	9	9	10	11	11	12	12	13	11	12	13	13	14	14	15	16	16	17	17	18	16	17
9	9	10	10	11	12	12	13	13	14	12	13	14	14	15	15	16	17	17	18	18	19	17	18
10	10	11	11	12	13	13	14	14	15	13	14	15	15	16	16	17	18	18	19	19	20	18	19
11	11	12	12	13	14	14	15	15	16	14	15	16	16	17	17	18	19	19	20	20	21	19	20
12	12	13	13	14	15	15	16	16	17	15	16	17	17	18	18	19	20	20	21	21	22	20	21
13	13	14	14	15	16	16	17	17	18	16	17	18	18	19	19	20	21	21	22	22	23	21	22
14	14	15	15	16	17	17	18	18	19	17	18	19	19	20	20	21	22	22	23	23	24	22	23
15	15	16	16	17	18	18	19	19	20	18	19	20	20	21	21	22	23	23	24	24	25	23	24
16	16	17	17	18	19	19	20	20	21	19	20	21	21	22	22	23	24	24	25	25	26	24	25
17	17	18	18	19	20	20	21	21	22	20	21	22	22	23	23	24	25	25	26	26	27	25	26
18	18	19	19	20	21	21	22	22	23	21	22	23冬	23	24	24	25	26	26	27	27	28	26	27
19	19	20	20	21	22	22	23	23	24	22	23	24	24	25	25	26	27	27	28	28	29	27	28
20	20	21	21	22	23	23	24	24	25	23	24	25	25	26	26	27	28	28	29	29	30	28	29
21	21	22	22	23	24	24	25	25	26	24	25	26	26	27	27	28	29	29	30	30	31	**3**	30

一二 壬申 始建國四 建丑 765

一一 辛未 始建國三 建丑 764

11	11	12	12	13	14	14	15	15	16	15	16	17	17	18	18	19	20七	20六	21	21	22	20	21	22
12	12	13	13	14	15	15	16	16	17	16	17	18	18	19	19	20	21	21	22五	22四	23	21	22	23冬
13	13	14	14	15	16	16	17	17	18	17	18	19	19	20	20	21	22	22	23	23	24三	22二	23	24
14	14	15	15	16	17	17	18	18	19	18	19	20	20	21	21	22	23	23	24	24	25	23	24正	25十二
15	15	16	16	17	18	18	19	19	20	19	20	21	21	22	22	23	24	24	25	25	26	24	25	26
16	16	17	17	18	19	19	20	20	21	20	21	22	22	23	23	24	25	25	26	26	27	25	26	27
17	17	18	18	19	20	20	21	21	22	21	22	23冬	23	24	24	25	26	26	27	27	28	26	27	28
18	18	19	19	20	21	21	22	22	23	22	23	24	24	25	25	26	27	27	28	28	29	27	28	29
19	19	20	20	21	22	22	23	23	24	23	24	25	25	26	26	27	28	28	29	29	30	28	29	30
20	20	21	21	22	23	23	24	24	25	24	25	26	26	27	27	28	29	29	30	30	31	3	30	31
21	21	22	22	23	24	24	25	25	26	25	26	27	27	28	28	29	30	30	31	5	4	2	31	1
22	22	23	23	24	25	25	26	26	27	26	27	28	28	29	29	30	31	7	6	2	2	3	2	2
23冬	23	24	24	25	26	26	27	27	28	27	28	29	29	30	30	31	8	2	2	3	3	4	2	3
24	24	25	25	26	27	27	28	28	29	28	29	30	30	31	10	9	2	3	3	4	4	5	3	4
25	25	26	26	27	28	28	29	29	30	29	30	31	12	11	2	2	3	4	4	5	5	6	4	5
26	26	27	27	28	29	29	30	30	31	3	31	1	2	2	3	3	4	5	5	6	6	7	5	6
27	27	28	28	29	30	30	31	5	4	2	2	2	3	3	4	4	5	6	6	7	7	8	6	7
28	28	29	29	30	31	7	6	2	2	3	2	3	4	4	5	5	6	7	7	8	8	9	7	8
29	29	30	30	31	8	2	2	3	3	4	3	4	5	5	6	6	7	8	8	9	9	10	8	9
30	30	31	10	9	2	3	3	4	4	5	4	5	6	6	7	7	8	9	9	10	10	11	9	10
31	12	11	2	2	3	4	4	5	5	6	5	6	7	7	8	8	9	10	10	11	11	12	10	11
日	2	2	3	3	4	5	5	6	6	7	6	7	8	8	9	9	10	11	11	12	12	13	11	12
曜	3十二	3十一	4	4	5	6	6	7	7	8	7	8	9	9	10	10	11	12	12	13	13	14	12	13
表	4	4	5十	5九	6	7	7	8	8	9	8	9	10	10	11	11	12	13	13	14	14	15	13	14
7	5	5	6	6	7八	8七	8	9	9	10	9	10	11	11	12	12	13	14	14	15	15	16	14	15
甲	6	6	7	7	8	9	9六	10五	10	11	10	11	12	12	13	13	14	15	15	16	16	17	15	16
子	7	7	8	8	9	10	10	11	11四	12三	11二	12	13	13	14	14	15	16	16	17	17	18	16	17
表	8	8	9	9	10	11	11	12	12	13	12	13正	14十二	14	15	15	16	17	17	18	18	19	17	18
3	9	9	10	10	11	12	12	13	13	14	13	14	15	15十一	16十	16	17	18	18	19	19	20	18	19
	10	10	11	11	12	13	13	14	14	15	14	15	16	16	17	17九	18八	19	19	20	20	21	19	20

一三 癸酉 始建國五 建丑 766

一四 甲戌 天鳳元 建丑 767

22	23	23	24	25	25	26	26	27	25	26	27	27	28	28	29	30	30	31	**5**	**4**	2	31 二	**1** 正
23	24	24	25	26	26	27	27	28	26	27	28	28	29	29	30	31	**7**	**6**	2	2	3	**2**	2
24	25	25	26	27	27	28	28	29	27	28	29	29	30	30	31	**8**	2	2	3	3	4	2	3
25	26	26	27	28	28	29	29	30	28	29	30	30	31	**10**	**9**	2	3	3	4	4	5	3	4
26	27	27	28	29	29	30	30	31	**3**	30	31	**12**	**11**	2	2	3	4	4	5	5	6	4	5
27	28	28	29	30	30	31	**5**	**4**	2	31	**1**	2	2	3	3	4	5	5	6	6	7	5	6
28	29	29	30	31	**7**	**6**	2	2	3	**2**	2	3	3	4	4	5	6	6	7	7	8	6	7
29	30	30	31	**8**	2	2	3	3	4	2	3	4	4	5	5	6	7	7	8	8	9	7	8
30	31	**10**	**9**	2	3	3	4	4	5	3	4	5	5	6	6	7	8	8	9	9	10	8	9
12	**11**	2	2	3	4	4	5	5	6	4	5	6	6	7	7	8	9	9	10	10	11	9	10
2	2	3	3	4	5	5	6	6	7	5	6	7	7	8	8	9	10	10	11	11	12	10	11
3	3	4	4	5	6	6	7	7	8	6	7	8	8	9	9	10	11	11	12	12	13	11	12
4	4	5	5	6	7	7	8	8	9	7	8	9	9	10	10	11	12	12	13	13	14	12	13
5	5	6	6	7	8	8	9	9	10	8	9	10	10	11	11	12	13	13	14	14	15	13	14
6	6	7	7	8	9	9	10	10	11	9	10	11	11	12	12	13	14	14	15	15	16	14	15
7	7	8	8	9	10	10	11	11	12	10	11	12	12	13	13	14	15	15	16	16	17	15	16
8	8	9	9	10	11	11	12	12	13	11	12	13	13	14	14	15	16	16	17	17	18	16	17
9	9	10	10	11	12	12	13	13	14	12	13	14	14	15	15	16	17	17	18	18	19	17	18
10	10	11	11	12	13	13	14	14	15	13	14	15	15	16	16	17	18	18	19	19	20	18	19
11 十二	11	12	12	13	14	14	15	15	16	14	15	16	16	17	17	18	19	19	20	20	21	19	20
12	12 十一	13 十	13 九	14	15	15	16	16	17	15	16	17	17	18	18	19	20	20	21	21	22	20	21
13	13	14	14	15 八	16 七	16	17	17	18	16	17	18	18	19	19	20	21	21	22	22	23	21	22
14	14	15	15	16	17	17 六	18 五	18	19	17	18	19	19	20	20	21	22	22	23	23	24	22	23
15	15	16	16	17	18	18	19	19 四	20 三	18	19	20	20	21	21	22	23	23	24	24	25	23	24
16	16	17	17	18	19	19	20	20	21	19 二	20 正	21	21	22	22	23	24	24	25	25	26	24	25
17	17	18	18	19	20	20	21	21	22	20	21	22 十二	22 十一	23	23	24	25	25	26	26	27	25	26
18	18	19	19	20	21	21	22	22	23	21	22	23 冬	23	24 十	24 九	25	26	26	27	27	28	26	27
19	19	20	20	21	22	22	23	23	24	22	23	24	24	25	25	26 閏	27 八	27 七	28	28	29	27	28
20	20	21	21	22	23	23	24	24	25	23	24	25	25	26	26	27	28	28	29 六	29 五	30	28	29
21	21	22	22	23	24	24	25	25	26	24	25	26	26	27	27	28	29	29	30	30	31 四	**3** 三	30

勵耘書屋

一六 丙子 天鳳三 建丑 769

一五 乙亥 天鳳二 建丑 768

11	11	12	12	13	14	14	15	15	16	15	16	17	17	18	18	19	20	20	21	21	22	20	21	22
12	12	13	13	14	15	15	16	16	17	16	17	18	18	19	19	20	21	21	22	22	23	21	22	23冬
13	13	14	14	15	16	16	17	17	18	17	18	19	19	20	20	21	22	22	23	23	24	22	23	24
14	14	15	15	16	17	17	18	18	19	18	19	20	20	21	21	22	23	23	24	24	25	23	24	25
15	15	16	16	17	18	18	19	19	20	19	20	21	21	22	22	23	24	24	25	25	26	24	25	26
16	16	17	17	18	19	19	20	20	21	20	21	22	22	23	23	24	25	25	26	26	27	25	26	27
17	17	18	18	19	20	20	21	21	22	21	22	23冬	23	24	24	25	26	26	27	27	28	26	27	28
18十二	18	19	19	20	21	21	22	22	23	22	23	24	24	25	25	26	27	27	28	28	29	27	28	29
19	19十一	20十	20	21	22	22	23	23	24	23	24	25	25	26	26	27	28	28	29	29	30	28	29	30
20	20	21	21九	22八	23	23	24	24	25	24	25	26	26	27	27	28	29	29	30	30	31	3	30	31
21	21	22	22	23	24七	24六	25	25	26	25	26	27	27	28	28	29	30	30	31	5	4	2	31	1
22	22	23	23	24	25	25	26閏	26五	27	26	27	28	28	29	29	30	31	7	6	2	2	3	2	2
23冬	23	24	24	25	26	26	27	27	28四	27三	28二	29	29	30	30	31	8	2	2	3	3	4	2	3
24	24	25	25	26	27	27	28	28	29	28	29	30正	30十二	31	10	9	2	3	3	4	4	5	3	4
25	25	26	26	27	28	28	29	29	30	29	30	31	12	11十一	2十	2	3	4	4	5	5	6	4	5
26	26	27	27	28	29	29	30	30	31	3	31	1	2	2	3	3九	4八	5	5	6	6	7	5	6
27	27	28	28	29	30	30	31	5	4	2	2	2	3	3	4	4	5	6七	6六	7	7	8	6	7
28	28	29	29	30	31	7	6	2	2	3	2	3	4	4	5	5	6	7	7	8五	8四	9	7	8
29	29	30	30	31	8	2	2	3	3	4	3	4	5	5	6	6	7	8	8	9	9	10三	8二	9
30	30	31	10	9	2	3	3	4	4	5	4	5	6	6	7	7	8	9	9	10	10	11	9	10正
31	12	11	2	2	3	4	4	5	5	6	5	6	7	7	8	8	9	10	10	11	11	12	10	11
日	2	2	3	3	4	5	5	6	6	7	6	7	8	8	9	9	10	11	11	12	12	13	11	12
曜	3	3	4	4	5	6	6	7	7	8	7	8	9	9	10	10	11	12	12	13	13	14	12	13
表	4	4	5	5	6	7	7	8	8	9	8	9	10	10	11	11	12	13	13	14	14	15	13	14
1	5	5	6	6	7	8	8	9	9	10	9	10	11	11	12	12	13	14	14	15	15	16	14	15
甲	6	6	7	7	8	9	9	10	10	11	10	11	12	12	13	13	14	15	15	16	16	17	15	16
子	7	7	8	8	9	10	10	11	11	12	11	12	13	13	14	14	15	16	16	17	17	18	16	17
表	8	8	9	9	10	11	11	12	12	13	12	13	14	14	15	15	16	17	17	18	18	19	17	18
4	9	9	10	10	11	12	12	13	13	14	13	14	15	15	16	16	17	18	18	19	19	20	18	19
	10	10	11	11	12	13	13	14	14	15	14	15	16	16	17	17	18	19	19	20	20	21	19	20

一八 戊寅 天鳳五 建丑 771

一七 丁丑 天鳳四 建丑 770

22	23	23	24	25	25	26	26	27	25	26	27	27	28	28	29	30	30	31	5	4	2	31	1
23	24	24	25	26	26	27	27	28	26	27	28	28	29	29	30	31	7	6	2	2	3	2	2
24	25	25	26	27	27	28	28	29	27	28	29	29	30	30	31	8	2	2	3	3	4	2	3
25	26	26	27	28	28	29	29	30	28	29	30	30	31	10	9	2	3	3	4	4	5	3	4
26	27	27	28	29	29	30	30	31	3	30	31	12	11	2	2	3	4	4	5	5	6	4	5
27十二	28	28	29	30	30	31	5	4	2	31	1	2	2	3	3	4	5	5	6	6	7	5	6
28	29十一	29十	30九	31	7	6	2	2	3	2	2	3	3	4	4	5	6	6	7	7	8	6	7
29	30	30	31	8八	2七	2	3	3	4	2	3	4	4	5	5	6	7	7	8	8	9	7	8
30	31	10	9	2	3	3六	4五	4	5	3	4	5	5	6	6	7	8	8	9	9	10	8	9
12	11	2	2	3	4	4	5	5四	6三	4	5	6	6	7	7	8	9	9	10	10	11	9	10
2	2	3	3	4	5	5	6	6	7	5二	6正	7	7	8	8	9	10	10	11	11	12	10	11
3	3	4	4	5	6	6	7	7	8	6	7	8十二	8十一	9	9	10	11	11	12	12	13	11	12
4	4	5	5	6	7	7	8	8	9	7	8	9	9	10十	10九	11	12	12	13	13	14	12	13
5	5	6	6	7	8	8	9	9	10	8	9	10	10	11	11	12八	13七	13六	14	14	15	13	14
6	6	7	7	8	9	9	10	10	11	9	10	11	11	12	12	13	14	14	15五	15四	16	14	15
7	7	8	8	9	10	10	11	11	12	10	11	12	12	13	13	14	15	15	16	16	17三	15二	16
8	8	9	9	10	11	11	12	12	13	11	12	13	13	14	14	15	16	16	17	17	18	16	17正
9	9	10	10	11	12	12	13	13	14	12	13	14	14	15	15	16	17	17	18	18	19	17	18
10	10	11	11	12	13	13	14	14	15	13	14	15	15	16	16	17	18	18	19	19	20	18	19
11	11	12	12	13	14	14	15	15	16	14	15	16	16	17	17	18	19	19	20	20	21	19	20
12	12	13	13	14	15	15	16	16	17	15	16	17	17	18	18	19	20	20	21	21	22	20	21
13	13	14	14	15	16	16	17	17	18	16	17	18	18	19	19	20	21	21	22	22	23	21	22
14	14	15	15	16	17	17	18	18	19	17	18	19	19	20	20	21	22	22	23	23	24	22	23
15	15	16	16	17	18	18	19	19	20	18	19	20	20	21	21	22	23	23	24	24	25	23	24
16	16	17	17	18	19	19	20	20	21	19	20	21	21	22	22	23	24	24	25	25	26	24	25
17	17	18	18	19	20	20	21	21	22	20	21	22	22	23	23	24	25	25	26	26	27	25	26
18	18	19	19	20	21	21	22	22	23	21	22	23冬	23	24	24	25	26	26	27	27	28	26	27
19	19	20	20	21	22	22	23	23	24	22	23	24	24	25	25	26	27	27	28	28	29	27	28
20	20	21	21	22	23	23	24	24	25	23	24	25	25	26	26	27	28	28	29	29	30	28	29
21	21	22	22	23	24	24	25	25	26	24	25	26	26	27	27	28	29	29	30	30	31	3	30

二〇 庚辰 地皇元 建丑 773

一九 己卯 天鳳六 建丑 772

11	11	12	12	13	14	14	15	15	16	15	16	17	17	18十	18九	19	20	20	21	21	22	20	21	22
12	12	13	13	14	15	15	16	16	17	16	17	18	18	19	19	20八	21七	21	22	22	23	21	22	23冬
13	13	14	14	15	16	16	17	17	18	17	18	19	19	20	20	21	22	22六	23五	23	24	22	23	24
14	14	15	15	16	17	17	18	18	19	18	19	20	20	21	21	22	23	23	24	24四	25三	23	24	25
15	15	16	16	17	18	18	19	19	20	19	20	21	21	22	22	23	24	24	25	25	26	24二	25閏	26
16	16	17	17	18	19	19	20	20	21	20	21	22	22	23	23	24	25	25	26	26	27	25	26	27正
17	17	18	18	19	20	20	21	21	22	21	22	23冬	23	24	24	25	26	26	27	27	28	26	27	28
18	18	19	19	20	21	21	22	22	23	22	23	24	24	25	25	26	27	27	28	28	29	27	28	29
19	19	20	20	21	22	22	23	23	24	23	24	25	25	26	26	27	28	28	29	29	30	28	29	30
20	20	21	21	22	23	23	24	24	25	24	25	26	26	27	27	28	29	29	30	30	31	**3**	30	31
21	21	22	22	23	24	24	25	25	26	25	26	27	27	28	28	29	30	30	31	**5**	**4**	2	31	**1**
22冬	22	23	23	24	25	25	26	26	27	26	27	28	28	29	29	30	31	**7**	**6**	2	2	3	**2**	2
23	23	24	24	25	26	26	27	27	28	27	28	29	29	30	30	31	**8**	2	2	3	3	4	2	3
24	24	25	25	26	27	27	28	28	29	28	29	30	30	31	**10**	**9**	2	3	3	4	4	5	3	4
25	25	26	26	27	28	28	29	29	30	29	30	31	**12**	**11**	2	2	3	4	4	5	5	6	4	5
26	26	27	27	28	29	29	30	30	31	**3**	31	**1**	2	2	3	3	4	5	5	6	6	7	5	6
27	27	28	28	29	30	30	31	**5**	**4**	2	**2**	2	3	3	4	4	5	6	6	7	7	8	6	7
28	28	29	29	30	31	**7**	**6**	2	2	3	2	3	4	4	5	5	6	7	7	8	8	9	7	8
29	29	30	30	31	**8**	2	2	3	3	4	3	4	5	5	6	6	7	8	8	9	9	10	8	9
30	30	31	**10**	**9**	2	3	3	4	4	5	4	5	6	6	7	7	8	9	9	10	10	11	9	10
31	**12**	**11**	2	2	3	4	4	5	5	6	5	6	7	7	8	8	9	10	10	11	11	12	10	11
日	2	2	3	3	4	5	5	6	6	7	6	7	8	8	9	9	10	11	11	12	12	13	11	12
曜	3	3	4	4	5	6	6	7	7	8	7	8	9	9	10	10	11	12	12	13	13	14	12	13
表	4十二	4	5	5	6	7	7	8	8	9	8	9	10	10	11	11	12	13	13	14	14	15	13	14
2	5	5十一	6十	6	7	8	8	9	9	10	9	10	11	11	12	12	13	14	14	15	15	16	14	15
甲	6	6	7	7九	8八	9	9	10	10	11	10	11	12	12	13	13	14	15	15	16	16	17	15	16
子	7	7	8	8	9	10七	10六	11	11	12	11	12	13	13	14	14	15	16	16	17	17	18	16	17
表	8	8	9	9	10	11	11	12五	12四	13	12	13	14	14	15	15	16	17	17	18	18	19	17	18
5	9	9	10	10	11	12	12	13	13	14三	13二	14正	15	15	16	16	17	18	18	19	19	20	18	19
	10	10	11	11	12	13	13	14	14	15	14	15	16十二	16十一	17	17	18	19	19	20	20	21	19	20

二二 壬午 地皇三 建丑 775

二一 辛巳 地皇二 建丑 774

22	23	23	24	25	25	26	26	27	25	26	27	27	28	28	29	30	30	31	六**5**	五**4**	四2	31	**1**
23	24	24	25	26	26	27	27	28	26	27	28	28	29	29	30	31	**7**	**6**	2	2	3	三**2**	二2
24	25	25	26	27	27	28	28	29	27	28	29	29	30	30	31	**8**	2	2	3	3	4	2	3正
25	26	26	27	28	28	29	29	30	28	29	30	30	31	**10**	**9**	2	3	3	4	4	5	3	4
26	27	27	28	29	29	30	30	31	**3**	30	31	**12**	**11**	2	2	3	4	4	5	5	6	4	5
27	28	28	29	30	30	31	**5**	**4**	2	31	**1**	2	2	3	3	4	5	5	6	6	7	5	6
28	29	29	30	31	**7**	**6**	2	2	3	**2**	2	3	3	4	4	5	6	6	7	7	8	6	7
29	30	30	31	**8**	2	2	3	3	4	2	3	4	4	5	5	6	7	7	8	8	9	7	8
30	31	**10**	**9**	2	3	3	4	4	5	3	4	5	5	6	6	7	8	8	9	9	10	8	9
12	**11**	2	2	3	4	4	5	5	6	4	5	6	6	7	7	8	9	9	10	10	11	9	10
2	2	3	3	4	5	5	6	6	7	5	6	7	7	8	8	9	10	10	11	11	12	10	11
3	3	4	4	5	6	6	7	7	8	6	7	8	8	9	9	10	11	11	12	12	13	11	12
4	4	5	5	6	7	7	8	8	9	7	8	9	9	10	10	11	12	12	13	13	14	12	13
5	5	6	6	7	8	8	9	9	10	8	9	10	10	11	11	12	13	13	14	14	15	13	14
6	6	7	7	8	9	9	10	10	11	9	10	11	11	12	12	13	14	14	15	15	16	14	15
7	7	8	8	9	10	10	11	11	12	10	11	12	12	13	13	14	15	15	16	16	17	15	16
8	8	9	9	10	11	11	12	12	13	11	12	13	13	14	14	15	16	16	17	17	18	16	17
9	9	10	10	11	12	12	13	13	14	12	13	14	14	15	15	16	17	17	18	18	19	17	18
10	10	11	11	12	13	13	14	14	15	13	14	15	15	16	16	17	18	18	19	19	20	18	19
11	11	12	12	13	14	14	15	15	16	14	15	16	16	17	17	18	19	19	20	20	21	19	20
12	12	13	13	14	15	15	16	16	17	15	16	17	17	18	18	19	20	20	21	21	22	20	21
13	十二13	十一14	14	15	16	16	17	17	18	16	17	18	18	19	19	20	21	21	22	22	23	21	22
14	14	15	十15	九16	八17	17	18	18	19	17	18	19	19	20	20	21	22	22	23	23	24	22	23
15	15	16	16	17	18	七18	六19	19	20	18	19	20	20	21	21	22	23	23	24	24	25	23	24
16	16	17	17	18	19	19	20	五20	四21	19	20	21	21	22	22	23	24	24	25	25	26	24	25
17	17	18	18	19	20	20	21	21	22	三20	二21	22	22	23	23	24	25	25	26	26	27	25	26
18	18	19	19	20	21	21	22	22	23	21	22	正23	十二23	24	24	25	26	26	27	27	28	26	27
19	19	20	20	21	22	22	23	23	24	22	23	24	24	十一25	十25	26	27	27	28	28	29	27	28
20	20	21	21	22	23	23	24	24	25	23	24	25	25	26	26	閏27	九28	28	29	29	30	28	29
21	21	22	22	23	24	24	25	25	26	24	25	26	26	27	27	28	29	八29	七30	30	31	**3**	30

776

二三 癸未

地皇四 十月亡

漢淮陽王

更始元 莽三月改復寅正以莽十一月為十月故有兩十月

777

二四 甲申

更始二

11	11	12	12	13	14	14	15	15	16	15	16	17	17	18	18	19	20	20	21	21	22	20	21	22
12	12	13	13	14	15	15	16	16	17	16	17	18	18	19	19	20	21	21	22	22	23	21	22	23冬
13	13	14	14	15	16	16	17	17	18	17	18	19	19	20	20	21	22	22	23	23	24	22	23	24
14	14	15	15	16	17	17	18	18	19	18	19	20	20	21	21	22	23	23	24	24	25	23	24	25
15	15	16	16	17	18	18	19	19	20	19	20	21	21	22	22	23	24	24	25	25	26	24	25	26
16	16	17	17	18	19	19	20	20	21	20	21	22	22	23	23	24	25	25	26	26	27	25	26	27
17	17	18	18	19	20	20	21	21	22	21	22	23冬	23	24	24	25	26	26	27	27	28	26	27	28
18	18	19	19	20	21	21	22	22	23	22	23	24	24	25	25	26	27	27	28	28	29	27	28	29
19	19	20	20	21	22	22	23	23	24	23	24	25	25	26	26	27	28	28	29	29	30	28	29	30
20十一	20十	21	21	22	23	23	24	24	25	24	25	26	26	27	27	28	29	29	30	30	31	**3**	30	31
21	21	22九	22八	23	24	24	25	25	26	25	26	27	27	28	28	29	30	30	31	**5**	**4**	2	31	**1**
22冬	22	23	23	24七	25六	25	26	26	27	26	27	28	28	29	29	30	31	**7**	**6**	2	2	3	**2**	2
23	23	24	24	25	26	26閏	27五	27	28	27	28	29	29	30	30	31	**8**	2	2	3	3	4	2	3
24	24	25	25	26	27	27	28	28四	29三	28	29	30	30	31	**10**	**9**	2	3	3	4	4	5	3	4
25	25	26	26	27	28	28	29	29	30	29二	30正	31十二	**12**	**11**	2	2	3	4	4	5	5	6	4	5
26	26	27	27	28	29	29	30	30	31	**3**	31	**1**	2十一	2十	3	3	4	5	5	6	6	7	5	6
27	27	28	28	29	30	30	31	**5**	**4**	2	**2**	2	3	3	4十	4九	5	6	6	7	7	8	6	7
28	28	29	29	30	31	**7**	**6**	2	2	3	2	3	4	4	5	5	6八	7七	7	8	8	9	7	8
29	29	30	30	31	**8**	2	2	3	3	4	3	4	5	5	6	6	7	8	8六	9五	9	10	8	9
30	30	31	**10**	**9**	2	3	3	4	4	5	4	5	6	6	7	7	8	9	9	10	10四	11三	9	10
31	**12**	**11**	2	2	3	4	4	5	5	6	5	6	7	7	8	8	9	10	10	11	11	12	10二	11正
日	2	2	3	3	4	5	5	6	6	7	6	7	8	8	9	9	10	11	11	12	12	13	11	12
曜	3	3	4	4	5	6	6	7	7	8	7	8	9	9	10	10	11	12	12	13	13	14	12	13
表	4	4	5	5	6	7	7	8	8	9	8	9	10	10	11	11	12	13	13	14	14	15	13	14
3	5	5	6	6	7	8	8	9	9	10	9	10	11	11	12	12	13	14	14	15	15	16	14	15
甲	6	6	7	7	8	9	9	10	10	11	10	11	12	12	13	13	14	15	15	16	16	17	15	16
子	7	7	8	8	9	10	10	11	11	12	11	12	13	13	14	14	15	16	16	17	17	18	16	17
表	8	8	9	9	10	11	11	12	12	13	12	13	14	14	15	15	16	17	17	18	18	19	17	18
6	9	9	10	10	11	12	12	13	13	14	13	14	15	15	16	16	17	18	18	19	19	20	18	19
	10	10	11	11	12	13	13	14	14	15	14	15	16	16	17	17	18	19	19	20	20	21	19	20

二五 乙酉 更始三 漢光武帝 建武元 六月改 778

二六 丙戌 建武二 779

22	23	23	24	25	25	26	26	27	25	26	27	27	28	28	29	30	30	31	**5**	**4**	2	31	**1**
23	24	24	25	26	26	27	27	28	26	27	28	28	29	29	30	31	**7**	**6**	2	2	3	**2**	2
24	25	25	26	27	27	28	28	29	27	28	29	29	30	30	31	**8**	2	2	3	3	4	2	3
25	26	26	27	28	28	29	29	30	28	29	30	30	31	**10**	**9**	2	3	3	4	4	5	3	4
26	27	27	28	29	29	30	30	31	**3**	30	31	**12**	**11**	2	2	3	4	4	5	5	6	4	5
27	28	28	29	30	30	31	**5**	**4**	2	31	**1**	2	2	3	3	4	5	5	6	6	7	5	6
28	29	29	30	31	**7**	**6**	2	2	3	**2**	2	3	3	4	4	5	6	6	7	7	8	6	7
29 十二	30 十	30	31	**8**	2	2	3	3	4	2	3	4	4	5	5	6	7	7	8	8	9	7	8
30	31	**10** 九	**9** 八	2 七	3	3	4	4	5	3	4	5	5	6	6	7	8	8	9	9	10	8	9
12	**11**	2	2	3	4 六	4 五	5	5	6	4	5	6	6	7	7	8	9	9	10	10	11	9	10
2	2	3	3	4	5	5	6 四	6 三	7	5	6	7	7	8	8	9	10	10	11	11	12	10	11
3	3	4	4	5	6	6	7	7	8 二	6 正	7	8	8	9	9	10	11	11	12	12	13	11	12
4	4	5	5	6	7	7	8	8	9	7	8 十二	9 十一	9	10	10	11	12	12	13	13	14	12	13
5	5	6	6	7	8	8	9	9	10	8	9	10	10 十	11 九	11	12	13	13	14	14	15	13	14
6	6	7	7	8	9	9	10	10	11	9	10	11	11	12	12 八	13 七	14	14	15	15	16	14	15
7	7	8	8	9	10	10	11	11	12	10	11	12	12	13	13	14	15 六	15 五	16	16	17	15	16
8	8	9	9	10	11	11	12	12	13	11	12	13	13	14	14	15	16	16	17 四	17 三	18 二	16	17
9	9	10	10	11	12	12	13	13	14	12	13	14	14	15	15	16	17	17	18	18	19	17 正	18 十二
10	10	11	11	12	13	13	14	14	15	13	14	15	15	16	16	17	18	18	19	19	20	18	19
11	11	12	12	13	14	14	15	15	16	14	15	16	16	17	17	18	19	19	20	20	21	19	20
12	12	13	13	14	15	15	16	16	17	15	16	17	17	18	18	19	20	20	21	21	22	20	21
13	13	14	14	15	16	16	17	17	18	16	17	18	18	19	19	20	21	21	22	22	23	21	22
14	14	15	15	16	17	17	18	18	19	17	18	19	19	20	20	21	22	22	23	23	24	22	23
15	15	16	16	17	18	18	19	19	20	18	19	20	20	21	21	22	23	23	24	24	25	23	24
16	16	17	17	18	19	19	20	20	21	19	20	21	21	22	22	23	24	24	25	25	26	24	25
17	17	18	18	19	20	20	21	21	22	20	21	22	22	23	23	24	25	25	26	26	27	25	26
18	18	19	19	20	21	21	22	22	23	21	22	23 冬	23	24	24	25	26	26	27	27	28	26	27
19	19	20	20	21	22	22	23	23	24	22	23	24	24	25	25	26	27	27	28	28	29	27	28
20	20	21	21	22	23	23	24	24	25	23	24	25	25	26	26	27	28	28	29	29	30	28	29
21	21	22	22	23	24	24	25	25	26	24	25	26	26	27	27	28	29	29	30	30	31	**3**	30

二八 戊子 建武四 781

二七 丁亥 建武三 780

11	11	12	12	13	14	14	15	15	16	15正	16十二	17	17	18	18	19	20	20	21	21	22	20	21	22
12	12	13	13	14	15	15	16	16	17	16	17	18十一	18十	19九	19	20	21	21	22	22	23	21	22	23冬
13	13	14	14	15	16	16	17	17	18	17	18	19	19	20	20八	21七	22	22	23	23	24	22	23	24
14	14	15	15	16	17	17	18	18	19	18	19	20	20	21	21	22	23六	23五	24	24	25	23	24	25
15	15	16	16	17	18	18	19	19	20	19	20	21	21	22	22	23	24	24	25四	25三	26	24	25	26
16	16	17	17	18	19	19	20	20	21	20	21	22	22	23	23	24	25	25	26	26	27閏	25二	26	27
17	17	18	18	19	20	20	21	21	22	21	22	23冬	23	24	24	25	26	26	27	27	28	26	27正	28十二
18	18	19	19	20	21	21	22	22	23	22	23	24	24	25	25	26	27	27	28	28	29	27	28	29
19	19	20	20	21	22	22	23	23	24	23	24	25	25	26	26	27	28	28	29	29	30	28	29	30
20	20	21	21	22	23	23	24	24	25	24	25	26	26	27	27	28	29	29	30	30	31	3	30	31
21	21	22	22	23	24	24	25	25	26	25	26	27	27	28	28	29	30	30	31	5	4	2	31	1
22冬	22	23	23	24	25	25	26	26	27	26	27	28	28	29	29	30	31	7	6	2	2	3	2	2
23	23	24	24	25	26	26	27	27	28	27	28	29	29	30	30	31	8	2	2	3	3	4	2	3
24	24	25	25	26	27	27	28	28	29	28	29	30	30	31	10	9	2	3	3	4	4	5	3	4
25	25	26	26	27	28	28	29	29	30	29	30	31	12	11	2	2	3	4	4	5	5	6	4	5
26	26	27	27	28	29	29	30	30	31	3	31	1	2	2	3	3	4	5	5	6	6	7	5	6
27	27	28	28	29	30	30	31	5	4	2	2	2	3	3	4	4	5	6	6	7	7	8	6	7
28	28	29	29	30	31	7	6	2	2	3	2	3	4	4	5	5	6	7	7	8	8	9	7	8
29	29	30	30	31	8	2	2	3	3	4	3	4	5	5	6	6	7	8	8	9	9	10	8	9
30	30	31	10	9	2	3	3	4	4	5	4	5	6	6	7	7	8	9	9	10	10	11	9	10
31	12	11	2	2	3	4	4	5	5	6	5	6	7	7	8	8	9	10	10	11	11	12	10	11
日	2	2	3	3	4	5	5	6	6	7	6	7	8	8	9	9	10	11	11	12	12	13	11	12
曜	3	3	4	4	5	6	6	7	7	8	7	8	9	9	10	10	11	12	12	13	13	14	12	13
表	4	4	5	5	6	7	7	8	8	9	8	9	10	10	11	11	12	13	13	14	14	15	13	14
4	5	5	6	6	7	8	8	9	9	10	9	10	11	11	12	12	13	14	14	15	15	16	14	15
甲	6十一	6十	7	7	8	9	9	10	10	11	10	11	12	12	13	13	14	15	15	16	16	17	15	16
子	7	7	8九	8八	9	10	10	11	11	12	11	12	13	13	14	14	15	16	16	17	17	18	16	17
表	8	8	9	9	10七	11六	11	12	12	13	12	13	14	14	15	15	16	17	17	18	18	19	17	18
7	9	9	10	10	11	12	12五	13四	13	14	13	14	15	15	16	16	17	18	18	19	19	20	18	19
	10	10	11	11	12	13	13	14	14三	15二	14	15	16	16	17	17	18	19	19	20	20	21	19	20

中西回史日曆　卷一　後漢　八　勵耘書屋

三〇 庚寅 建武六 783												二九 己丑 建武五 782											
22	23	23	24	25	25	26	26	27	25	26	27	27	28	28	29八	30七	30	31	**5**	**4**	2	31	**1**
23	24	24	25	26	26	27	27	28	26	27	28	28	29	29	30	31	**7**六	**6**五	2	2	3	**2**	2
24	25	25	26	27	27	28	28	29	27	28	29	29	30	30	31	**8**	2	2	3四	3三	4二	2	3
25	26	26	27	28	28	29	29	30	28	29	30	30	31	**10**	**9**	2	3	3	4	4	5	3正	4十二
26	27	27	28	29	29	30	30	31	**3**	30	31	**12**	**11**	2	2	3	4	4	5	5	6	4	5
27	28	28	29	30	30	31	**5**	**4**	2	31	**1**	2	2	3	3	4	5	5	6	6	7	5	6
28	29	29	30	31	**7**	**6**	2	2	3	**2**	2	3	3	4	4	5	6	6	7	7	8	6	7
29	30	30	31	**8**	2	2	3	3	4	2	3	4	4	5	5	6	7	7	8	8	9	7	8
30	31	**10**	**9**	2	3	3	4	4	5	3	4	5	5	6	6	7	8	8	9	9	10	8	9
12	**11**	2	2	3	4	4	5	5	6	4	5	6	6	7	7	8	9	9	10	10	11	9	10
2	2	3	3	4	5	5	6	6	7	5	6	7	7	8	8	9	10	10	11	11	12	10	11
3	3	4	4	5	6	6	7	7	8	6	7	8	8	9	9	10	11	11	12	12	13	11	12
4	4	5	5	6	7	7	8	8	9	7	8	9	9	10	10	11	12	12	13	13	14	12	13
5	5	6	6	7	8	8	9	9	10	8	9	10	10	11	11	12	13	13	14	14	15	13	14
6	6	7	7	8	9	9	10	10	11	9	10	11	11	12	12	13	14	14	15	15	16	14	15
7	7	8	8	9	10	10	11	11	12	10	11	12	12	13	13	14	15	15	16	16	17	15	16
8	8	9	9	10	11	11	12	12	13	11	12	13	13	14	14	15	16	16	17	17	18	16	17
9	9	10	10	11	12	12	13	13	14	12	13	14	14	15	15	16	17	17	18	18	19	17	18
10	10	11	11	12	13	13	14	14	15	13	14	15	15	16	16	17	18	18	19	19	20	18	19
11	11	12	12	13	14	14	15	15	16	14	15	16	16	17	17	18	19	19	20	20	21	19	20
12	12	13	13	14	15	15	16	16	17	15	16	17	17	18	18	19	20	20	21	21	22	20	21
13	13	14	14	15	16	16	17	17	18	16	17	18	18	19	19	20	21	21	22	22	23	21	22
14十一	14	15	15	16	17	17	18	18	19	17	18	19	19	20	20	21	22	22	23	23	24	22	23
15	15十	16九	16	17	18	18	19	19	20	18	19	20	20	21	21	22	23	23	24	24	25	23	24
16	16	17	17八	18七	19六	19	20	20	21	19	20	21	21	22	22	23	24	24	25	25	26	24	25
17	17	18	18	19	20	20五	21四	21	22	20	21	22	22	23	23	24	25	25	26	26	27	25	26
18	18	19	19	20	21	21	22	22三	23二	21	22	23冬	23	24	24	25	26	26	27	27	28	26	27
19	19	20	20	21	22	22	23	23	24	22正	23十二	24	24	25	25	26	27	27	28	28	29	27	28
20	20	21	21	22	23	23	24	24	25	23	24	25十一	25閏	26	26	27	28	28	29	29	30	28	29
21	21	22	22	23	24	24	25	25	26	24	25	26	26	27十	27九	28	29	29	30	30	31	**3**	30

												三二 壬辰 建武八 785												三一 辛卯 建武七 784
11	11	12	12	13	14	14	15	15	16	15	16	17	17	18	18	19	20	20	21	21	22	20	21	22
12	12	13	13	14	15	15	16	16	17	16	17	18	18	19	19	20	21	21	22	22	23	21	22	23冬
13	13	14	14	15	16	16	17	17	18	17	18	19	19	20	20	21	22	22	23	23	24	22	23	24
14	14	15	15	16	17	17	18	18	19	18	19	20	20	21	21	22	23	23	24	24	25	23	24	25
15	15	16	16	17	18	18	19	19	20	19	20	21	21	22	22	23	24	24	25	25	26	24	25	26
16	16	17	17	18	19	19	20	20	21	20	21	22	22	23	23	24	25	25	26	26	27	25	26	27
17	17	18	18	19	20	20	21	21	22	21	22	23冬	23	24	24	25	26	26	27	27	28	26	27	28
18	18	19	19	20	21	21	22	22	23	22	23	24	24	25	25	26	27	27	28	28	29	27	28	29
19	19	20	20	21	22	22	23	23	24	23	24	25	25	26	26	27	28	28	29	29	30	28	29	30
20	20	21	21	22	23	23	24	24	25	24	25	26	26	27	27	28	29	29	30	30	31	3	30	31
21十一	21	22	22	23	24	24	25	25	26	25	26	27	27	28	28	29	30	30	31	5	4	2	31	1
22冬	22十	23九	23	24	25	25	26	26	27	26	27	28	28	29	29	30	31	7	6	2	2	3	2	2
23	23	24	24八	25七	26	26	27	27	28	27	28	29	29	30	30	31	8	2	2	3	3	4	2	3
24	24	25	25	26	27閏	27六	28	28	29	28	29	30	30	31	10	9	2	3	3	4	4	5	3	4
25	25	26	26	27	28	28	29五	29四	30	29	30	31	12	11	2	2	3	4	4	5	5	6	4	5
26	26	27	27	28	29	29	30	30	31三	3二	31	1	2	2	3	3	4	5	5	6	6	7	5	6
27	27	28	28	29	30	30	31	5	4	2	2正	2十二	3	3	4	4	5	6	6	7	7	8	6	7
28	28	29	29	30	31	7	6	2	2	3	2	3	4十一	4十	5九	5	6	7	7	8	8	9	7	8
29	29	30	30	31	8	2	2	3	3	4	3	4	5	5	6	6八	7七	8	8	9	9	10	8	9
30	30	31	10	9	2	3	3	4	4	5	4	5	6	6	7	7	8	9六	9五	10	10	11	9	10
31	12	11	2	2	3	4	4	5	5	6	5	6	7	7	8	8	9	10	10	11四	11三	12	10	11
日	2	2	3	3	4	5	5	6	6	7	6	7	8	8	9	9	10	11	11	12	12	13二	11正	12
曜	3	3	4	4	5	6	6	7	7	8	7	8	9	9	10	10	11	12	12	13	13	14	12	13十二
表	4	4	5	5	6	7	7	8	8	9	8	9	10	10	11	11	12	13	13	14	14	15	13	14
5	5	5	6	6	7	8	8	9	9	10	9	10	11	11	12	12	13	14	14	15	15	16	14	15
甲	6	6	7	7	8	9	9	10	10	11	10	11	12	12	13	13	14	15	15	16	16	17	15	16
子	7	7	8	8	9	10	10	11	11	12	11	12	13	13	14	14	15	16	16	17	17	18	16	17
表	8	8	9	9	10	11	11	12	12	13	12	13	14	14	15	15	16	17	17	18	18	19	17	18
8	9	9	10	10	11	12	12	13	13	14	13	14	15	15	16	16	17	18	18	19	19	20	18	19
	10	10	11	11	12	13	13	14	14	15	14	15	16	16	17	17	18	19	19	20	20	21	19	20

											三四 甲午 建武一〇 787												三三 癸巳 建武九 786
22	23	23	24	25	25	26	26	27	25	26	27	27	28	28	29	30	30	31	**5**	**4**	2	31	**1**
23	24	24	25	26	26	27	27	28	26	27	28	28	29	29	30	31	**7**	**6**	2	2	3	**2**	2
24	25	25	26	27	27	28	28	29	27	28	29	29	30	30	31	**8**	2	2	3	3	4	2	3
25	26	26	27	28	28	29	29	30	28	29	30	30	31	**10**	**9**	2	3	3	4	4	5	3	4
26	27	27	28	29	29	30	30	31	**3**	30	31	**12**	**11**	2	2	3	4	4	5	5	6	4	5
27	28	28	29	30	30	31	**5**	**4**	2	31	**1**	2	2	3	3	4	5	5	6	6	7	5	6
28	29	29	30	31	**7**	**6**	2	2	3	**2**	2	3	3	4	4	5	6	6	7	7	8	6	7
29	30	30	31	**8**	2	2	3	3	4	2	3	4	4	5	5	6	7	7	8	8	9	7	8
30十一	31	**10**	**9**	2	3	3	4	4	5	3	4	5	5	6	6	7	8	8	9	9	10	8	9
12	**11**十	2九	2	3	4	4	5	5	6	4	5	6	6	7	7	8	9	9	10	10	11	9	10
2	2	3	3八	4七	5	5	6	6	7	5	6	7	7	8	8	9	10	10	11	11	12	10	11
3	3	4	4	5	6六	6五	7四	7	8	6	7	8	8	9	9	10	11	11	12	12	13	11	12
4	4	5	5	6	7	7	8	8三	9二	7	8	9	9	10	10	11	12	12	13	13	14	12	13
5	5	6	6	7	8	8	9	9	10	8正	9十二	10	10	11	11	12	13	13	14	14	15	13	14
6	6	7	7	8	9	9	10	10	11	9	10	11十一	11十	12	12	13	14	14	15	15	16	14	15
7	7	8	8	9	10	10	11	11	12	10	11	12	12	13九	13八	14	15	15	16	16	17	15	16
8	8	9	9	10	11	11	12	12	13	11	12	13	13	14	14	15七	16六	16	17	17	18	16	17
9	9	10	10	11	12	12	13	13	14	12	13	14	14	15	15	16	17	17五	18四	18	19	17	18
10	10	11	11	12	13	13	14	14	15	13	14	15	15	16	16	17	18	18	19	19三	20二	18正	19
11	11	12	12	13	14	14	15	15	16	14	15	16	16	17	17	18	19	19	20	20	21	19	20十二
12	12	13	13	14	15	15	16	16	17	15	16	17	17	18	18	19	20	20	21	21	22	20	21
13	13	14	14	15	16	16	17	17	18	16	17	18	18	19	19	20	21	21	22	22	23	21	22
14	14	15	15	16	17	17	18	18	19	17	18	19	19	20	20	21	22	22	23	23	24	22	23
15	15	16	16	17	18	18	19	19	20	18	19	20	20	21	21	22	23	23	24	24	25	23	24
16	16	17	17	18	19	19	20	20	21	19	20	21	21	22	22	23	24	24	25	25	26	24	25
17	17	18	18	19	20	20	21	21	22	20	21	22	22	23	23	24	25	25	26	26	27	25	26
18	18	19	19	20	21	21	22	22	23	21	22	23冬	23	24	24	25	26	26	27	27	28	26	27
19	19	20	20	21	22	22	23	23	24	22	23	24	24	25	25	26	27	27	28	28	29	27	28
20	20	21	21	22	23	23	24	24	25	23	24	25	25	26	26	27	28	28	29	29	30	28	29
21	21	22	22	23	24	24	25	25	26	24	25	26	26	27	27	28	29	29	30	30	31	**3**	30

三五 乙未 建武一一 788

三六 丙申 建武一二 789

11	11	12	12	13	14	14	15四	15三	16	15	16	17	17	18	18	19	20	20	21	21	22	20	21	22
12	12	13	13	14	15	15	16	16	17二	16正	17	18	18	19	19	20	21	21	22	22	23	21	22	23冬
13	13	14	14	15	16	16	17	17	18	17	18土	19土	19	20	20	21	22	22	23	23	24	22	23	24
14	14	15	15	16	17	17	18	18	19	18	19	20	20十	21九	21八	22	23	23	24	24	25	23	24	25
15	15	16	16	17	18	18	19	19	20	19	20	21	21	22	22	23七	24六	24	25	25	26	24	25	26
16	16	17	17	18	19	19	20	20	21	20	21	22	22	23	23	24	25	25五	26四	26	27	25	26	27
17	17	18	18	19	20	20	21	21	22	21	22	23冬	23	24	24	25	26	26	27	27閏	28三	26	27	28
18	18	19	19	20	21	21	22	22	23	22	23	24	24	25	25	26	27	27	28	28	29	27二	28正	29
19	19	20	20	21	22	22	23	23	24	23	24	25	25	26	26	27	28	28	29	29	30	28	29	30土
20	20	21	21	22	23	23	24	24	25	24	25	26	26	27	27	28	29	29	30	30	31	**3**	30	31
21	21	22	22	23	24	24	25	25	26	25	26	27	27	28	28	29	30	30	31	**5**	**4**	2	31	**1**
22冬	22	23	23	24	25	25	26	26	27	26	27	28	28	29	29	30	31	**7**	**6**	2	2	3	**2**	2
23	23	24	24	25	26	26	27	27	28	27	28	29	29	30	30	31	**8**	2	2	3	3	4	2	3
24	24	25	25	26	27	27	28	28	29	28	29	30	30	31	**10**	**9**	2	3	3	4	4	5	3	4
25	25	26	26	27	28	28	29	29	30	29	30	31	**12**	**11**	2	2	3	4	4	5	5	6	4	5
26	26	27	27	28	29	29	30	30	31	**3**	31	**1**	2	2	3	3	4	5	5	6	6	7	5	6
27	27	28	28	29	30	30	31	**5**	**4**	2	**2**	2	3	3	4	4	5	6	6	7	7	8	6	7
28	28	29	29	30	31	**7**	**6**	2	2	3	2	3	4	4	5	5	6	7	7	8	8	9	7	8
29	29	30	30	31	**8**	2	2	3	3	4	3	4	5	5	6	6	7	8	8	9	9	10	8	9
30	30	31	**10**	**9**	2	3	3	4	4	5	4	5	6	6	7	7	8	9	9	10	10	11	9	10
31	**12**	**11**	2	2	3	4	4	5	5	6	5	6	7	7	8	8	9	10	10	11	11	12	10	11
日	2	2	3	3	4	5	5	6	6	7	6	7	8	8	9	9	10	11	11	12	12	13	11	12
曜	3	3	4	4	5	6	6	7	7	8	7	8	9	9	10	10	11	12	12	13	13	14	12	13
表	4	4	5	5	6	7	7	8	8	9	8	9	10	10	11	11	12	13	13	14	14	15	13	14
6	5	5	6	6	7	8	8	9	9	10	9	10	11	11	12	12	13	14	14	15	15	16	14	15
甲	6	6	7	7	8	9	9	10	10	11	10	11	12	12	13	13	14	15	15	16	16	17	15	16
子	7土	7	8	8	9	10	10	11	11	12	11	12	13	13	14	14	15	16	16	17	17	18	16	17
表	8	8十	9九	9	10	11	11	12	12	13	12	13	14	14	15	15	16	17	17	18	18	19	17	18
9	9	9	10	10八	11七	12	12	13	13	14	13	14	15	15	16	16	17	18	18	19	19	20	18	19
	10	10	11	11	12	13六	13五	14	14	15	14	15	16	16	17	17	18	19	19	20	20	21	19	20

中西回史日曆 卷一 後漢 一〇 勵耘書屋

三八 戊戌 建武一四 791

三七 丁酉 建武一三 790

22	23	23	24	25	25	26	26	27	25	26	27	27十一	28十	28	29	30	30	31	**5**	**4**	2	31	**1**
23	24	24	25	26	26	27	27	28	26	27	28	28	29	29九	30八	31	**7**	**6**	2	2	3	**2**	2
24	25	25	26	27	27	28	28	29	27	28	29	29	30	30	31	**8**七	2六	2	3	3	4	2	3
25	26	26	27	28	28	29	29	30	28	29	30	30	31	**10**	**9**	2	3	3五	4四	4	5	3	4
26	27	27	28	29	29	30	30	31	**3**	30	31	**12**	**11**	2	2	3	4	4	5	5三	6二	4正	5
27	28	28	29	30	30	31	**5**	**4**	2	31	**1**	2	2	3	3	4	5	5	6	6	7	5	6十二
28	29	29	30	31	**7**	**6**	2	2	3	**2**	2	3	3	4	4	5	6	6	7	7	8	6	7
29	30	30	31	**8**	2	2	3	3	4	2	3	4	4	5	5	6	7	7	8	8	9	7	8
30	31	**10**	**9**	2	3	3	4	4	5	3	4	5	5	6	6	7	8	8	9	9	10	8	9
12	**11**	2	2	3	4	4	5	5	6	4	5	6	6	7	7	8	9	9	10	10	11	9	10
2	2	3	3	4	5	5	6	6	7	5	6	7	7	8	8	9	10	10	11	11	12	10	11
3	3	4	4	5	6	6	7	7	8	6	7	8	8	9	9	10	11	11	12	12	13	11	12
4	4	5	5	6	7	7	8	8	9	7	8	9	9	10	10	11	12	12	13	13	14	12	13
5	5	6	6	7	8	8	9	9	10	8	9	10	10	11	11	12	13	13	14	14	15	13	14
6	6	7	7	8	9	9	10	10	11	9	10	11	11	12	12	13	14	14	15	15	16	14	15
7	7	8	8	9	10	10	11	11	12	10	11	12	12	13	13	14	15	15	16	16	17	15	16
8	8	9	9	10	11	11	12	12	13	11	12	13	13	14	14	15	16	16	17	17	18	16	17
9	9	10	10	11	12	12	13	13	14	12	13	14	14	15	15	16	17	17	18	18	19	17	18
10	10	11	11	12	13	13	14	14	15	13	14	15	15	16	16	17	18	18	19	19	20	18	19
11	11	12	12	13	14	14	15	15	16	14	15	16	16	17	17	18	19	19	20	20	21	19	20
12	12	13	13	14	15	15	16	16	17	15	16	17	17	18	18	19	20	20	21	21	22	20	21
13	13	14	14	15	16	16	17	17	18	16	17	18	18	19	19	20	21	21	22	22	23	21	22
14	14	15	15	16	17	17	18	18	19	17	18	19	19	20	20	21	22	22	23	23	24	22	23
15	15	16	16	17	18	18	19	19	20	18	19	20	20	21	21	22	23	23	24	24	25	23	24
16十一	16十	17	17	18	19	19	20	20	21	19	20	21	21	22	22	23	24	24	25	25	26	24	25
17	17	18九	18八	19	20	20	21	21	22	20	21	22	22	23	23	24	25	25	26	26	27	25	26
18	18	19	19	20七	21六	21	22	22	23	21	22	23冬	23	24	24	25	26	26	27	27	28	26	27
19	19	20	20	21	22	22五	23四	23三	24	22	23	24	24	25	25	26	27	27	28	28	29	27	28
20	20	21	21	22	23	23	24	24	25二	23正	24	25	25	26	26	27	28	28	29	29	30	28	29
21	21	22	22	23	24	24	25	25	26	24	25閏	26十二	26	27	27	28	29	29	30	30	31	**3**	30

四〇 庚子 建武一六 793

三九 己亥 建武一五 792

11	11	12	12	13	14	14	15	15	16	15	16	17	17	18	18	19	20	20	21	21	22	20	21	**22**
12	12	13	13	14	15	15	16	16	17	16	17	18	18	19	19	20	21	21	22	22	23	21	22	23冬
13	13	14	14	15	16	16	17	17	18	17	18	19	19	20	20	21	22	22	23	23	24	22	23	24
14	14	15	15	16	17	17	18	18	19	18	19	20	20	21	21	22	23	23	24	24	25	23	24	25
15	15	16	16	17	18	18	19	19	20	19	20	21	21	22	22	23	24	24	25	25	26	24	25	26
16	16	17	17	18	19	19	20	20	21	20	21	22	22	23	23	24	25	25	26	26	27	25	26	27
17	17	18	18	19	20	20	21	21	22	21	22	23冬	23	24	24	25	26	26	27	27	28	26	27	28
18	18	19	19	20	21	21	22	22	23	22	23	24	24	25	25	26	27	27	28	28	29	27	28	29
19	19	20	20	21	22	22	23	23	24	23	24	25	25	26	26	27	28	28	29	29	30	28	29	30
20	20	21	21	22	23	23	24	24	25	24	25	26	26	27	27	28	29	29	30	30	31	**3**	30	31
21	21	22	22	23	24	24	25	25	26	25	26	27	27	28	28	29	30	30	31	**5**	**4**	2	31	**1**
22冬	22	23	23	24	25	25	26	26	27	26	27	28	28	29	29	30	31	**7**	**6**	2	2	3	**2**	2
23十一	23十	24	24	25	26	26	27	27	28	27	28	29	29	30	30	31	**8**	2	2	3	3	4	2	3
24	24	25九	25閏	26	27	27	28	28	29	28	29	30	30	31	**10**	**9**	2	3	3	4	4	5	3	4
25	25	26	26	27八	28七	28	29	29	30	29	30	31	**12**	**11**	2	2	3	4	4	5	5	6	4	5
26	26	27	27	28	29	29六	30五	30	31	**3**	31	**1**	2	2	3	3	4	5	5	6	6	7	5	6
27	27	28	28	29	30	30	31	**5**四	**4**三	2	**2**	2	3	3	4	4	5	6	6	7	7	8	6	7
28	28	29	29	30	31	**7**	**6**	2	2	3二	2正	3	4	4	5	5	6	7	7	8	8	9	7	8
29	29	30	30	31	**8**	2	2	3	3	4	3	4十二	5十一	5	6	6	7	8	8	9	9	10	8	9
30	30	31	**10**	**9**	2	3	3	4	4	5	4	5	6	6十	7九	7八	8	9	9	10	10	11	9	10
31	**12**	**11**	2	2	3	4	4	5	5	6	5	6	7	7	8	8	9七	10六	10	11	11	12	10	11
日	2	2	3	3	4	5	5	6	6	7	6	7	8	8	9	9	10	11	11五	12四	12	13	11	12
曜	3	3	4	4	5	6	6	7	7	8	7	8	9	9	10	10	11	12	12	13	13三	14二	12	13
表	4	4	5	5	6	7	7	8	8	9	8	9	10	10	11	11	12	13	13	14	14	15	13正	14十二
7	5	5	6	6	7	8	8	9	9	10	9	10	11	11	12	12	13	14	14	15	15	16	14	15
甲	6	6	7	7	8	9	9	10	10	11	10	11	12	12	13	13	14	15	15	16	16	17	15	16
子	7	7	8	8	9	10	10	11	11	12	11	12	13	13	14	14	15	16	16	17	17	18	16	17
表	8	8	9	9	10	11	11	12	12	13	12	13	14	14	15	15	16	17	17	18	18	19	17	18
10	9	9	10	10	11	12	12	13	13	14	13	14	15	15	16	16	17	18	18	19	19	20	18	19
	10	10	11	11	12	13	13	14	14	15	14	15	16	16	17	17	18	19	19	20	20	21	19	20

四二　壬寅　建武一八　795

四一　辛丑　建武一七　794

22	23	23	24	25	25	26	26	27	25	26	27	27	28	28	29	30	30	31	**5**	**4**	2	31	**1**
23	24	24	25	26	26	27	27	28	26	27	28	28	29	29	30	31	**7**	**6**	2	2	3	**2**	2
24	25	25	26	27	27	28	28	29	27	28	29	29	30	30	31	**8**	2	2	3	3	4	2	3
25	26	26	27	28	28	29	29	30	28	29	30	30	31	**10**	**9**	2	3	3	4	4	5	3	4
26	27	27	28	29	29	30	30	31	**3**	30	31	**12**	**11**	2	2	3	4	4	5	5	6	4	5
27	28	28	29	30	30	31	**5**	**4**	2	31	**1**	2	2	3	3	4	5	5	6	6	7	5	6
28	29	29	30	31	**7**	**6**	2	2	3	**2**	2	3	3	4	4	5	6	6	7	7	8	6	7
29	30	30	31	**8**	2	2	3	3	4	2	3	4	4	5	5	6	7	7	8	8	9	7	8
30	31	**10**	**9**	2	3	3	4	4	5	3	4	5	5	6	6	7	8	8	9	9	10	8	9
12	**11**	2	2	3	4	4	5	5	6	4	5	6	6	7	7	8	9	9	10	10	11	9	10
2十一	2十	3	3	4	5	5	6	6	7	5	6	7	7	8	8	9	10	10	11	11	12	10	11
3	3	4九	4八	5	6	6	7	7	8	6	7	8	8	9	9	10	11	11	12	12	13	11	12
4	4	5	5	6七	7六	7	8	8	9	7	8	9	9	10	10	11	12	12	13	13	14	12	13
5	5	6	6	7	8	8五	9四	9三	10	8	9	10	10	11	11	12	13	13	14	14	15	13	14
6	6	7	7	8	9	9	10	10	11二	9正	10	11	11	12	12	13	14	14	15	15	16	14	15
7	7	8	8	9	10	10	11	11	12	10	11十二	12十一	12	13	13	14	15	15	16	16	17	15	16
8	8	9	9	10	11	11	12	12	13	11	12	13	13十	14九	14	15	16	16	17	17	18	16	17
9	9	10	10	11	12	12	13	13	14	12	13	14	14	15	15八	16七	17	17	18	18	19	17	18
10	10	11	11	12	13	13	14	14	15	13	14	15	15	16	16	17	18六	18五	19	19	20	18	19
11	11	12	12	13	14	14	15	15	16	14	15	16	16	17	17	18	19	19	20四	20三	21	19	20
12	12	13	13	14	15	15	16	16	17	15	16	17	17	18	18	19	20	20	21	21	22二	20正	21
13	13	14	14	15	16	16	17	17	18	16	17	18	18	19	19	20	21	21	22	22	23	21	22十二
14	14	15	15	16	17	17	18	18	19	17	18	19	19	20	20	21	22	22	23	23	24	22	23
15	15	16	16	17	18	18	19	19	20	18	19	20	20	21	21	22	23	23	24	24	25	23	24
16	16	17	17	18	19	19	20	20	21	19	20	21	21	22	22	23	24	24	25	25	26	24	25
17	17	18	18	19	20	20	21	21	22	20	21	22	22	23	23	24	25	25	26	26	27	25	26
18	18	19	19	20	21	21	22	22	23	21	22	23冬	23	24	24	25	26	26	27	27	28	26	27
19	19	20	20	21	22	22	23	23	24	22	23	24	24	25	25	26	27	27	28	28	29	27	28
20	20	21	21	22	23	23	24	24	25	23	24	25	25	26	26	27	28	28	29	29	30	28	29
21	21	22	22	23	24	24	25	25	26	24	25	26	26	27	27	28	29	29	30	30	31	**3**	30

四四 甲辰 建武二〇 797

四三 癸卯 建武一九 796

11	11	12	12	13七	14六	14	15	15	16	15	16	17	17	18	18	19	20	20	21	21	22	20	21	22
12	12	13	13	14	15	15五	16四	16	17	16	17	18	18	19	19	20	21	21	22	22	23	21	22	23冬
13	13	14	14	15	16	16	17	17三	18二	17	18	19	19	20	20	21	22	22	23	23	24	22	23	24
14	14	15	15	16	17	17	18	18	19	18正	19十二	20	20	21	21	22	23	23	24	24	25	23	24	25
15	15	16	16	17	18	18	19	19	20	19	20	21十一	21十	22	22	23	24	24	25	25	26	24	25	26
16	16	17	17	18	19	19	20	20	21	20	21	22	22	23九	23八	24七	25	25	26	26	27	25	26	27
17	17	18	18	19	20	20	21	21	22	21	22	23冬	23	24	24	25	26六	26五	27	27	28	26	27	28
18	18	19	19	20	21	21	22	22	23	22	23	24	24	25	25	26	27	27	28閏	28四	29	27	28	29
19	19	20	20	21	22	22	23	23	24	23	24	25	25	26	26	27	28	28	29	29	30三	28二	29	30
20	20	21	21	22	23	23	24	24	25	24	25	26	26	27	27	28	29	29	30	30	31	**3**	30正	31十二
21	21	22	22	23	24	24	25	25	26	25	26	27	27	28	28	29	30	30	31	**5**	**4**	2	31	**1**
22冬	22	23	23	24	25	25	26	26	27	26	27	28	28	29	29	30	31	**7**	**6**	2	2	3	**2**	2
23	23	24	24	25	26	26	27	27	28	27	28	29	29	30	30	31	**8**	2	2	3	3	4	2	3
24	24	25	25	26	27	27	28	28	29	28	29	30	30	31	**10**	**9**	2	3	3	4	4	5	3	4
25	25	26	26	27	28	28	29	29	30	29	30	31	**12**	**11**	2	2	3	4	4	5	5	6	4	5
26	26	27	27	28	29	29	30	30	31	**3**	31	**1**	2	2	3	3	4	5	5	6	6	7	5	6
27	27	28	28	29	30	30	31	**5**	**4**	2	**2**	2	3	3	4	4	5	6	6	7	7	8	6	7
28	28	29	29	30	31	**7**	**6**	2	2	3	2	3	4	4	5	5	6	7	7	8	8	9	7	8
29	29	30	30	31	**8**	2	2	3	3	4	3	4	5	5	6	6	7	8	8	9	9	10	8	9
30	30	31	**10**	**9**	2	3	3	4	4	5	4	5	6	6	7	7	8	9	9	10	10	11	9	10
31	**12**	**11**	2	2	3	4	4	5	5	6	5	6	7	7	8	8	9	10	10	11	11	12	10	11
日	2	2	3	3	4	5	5	6	6	7	6	7	8	8	9	9	10	11	11	12	12	13	11	12
曜	3	3	4	4	5	6	6	7	7	8	7	8	9	9	10	10	11	12	12	13	13	14	12	13
表	4	4	5	5	6	7	7	8	8	9	8	9	10	10	11	11	12	13	13	14	14	15	13	14
1	5	5	6	6	7	8	8	9	9	10	9	10	11	11	12	12	13	14	14	15	15	16	14	15
甲	6	6	7	7	8	9	9	10	10	11	10	11	12	12	13	13	14	15	15	16	16	17	15	16
子	7	7	8	8	9	10	10	11	11	12	11	12	13	13	14	14	15	16	16	17	17	18	16	17
表	8	8	9	9	10	11	11	12	12	13	12	13	14	14	15	15	16	17	17	18	18	19	17	18
11	9十一	9十	10	10	11	12	12	13	13	14	13	14	15	15	16	16	17	18	18	19	19	20	18	19
	10	10	11九	11八	12	13	13	14	14	15	14	15	16	16	17	17	18	19	19	20	20	21	19	20

中西回史日曆

卷一 後漢

四六 丙午 建武二二 799

四五 乙巳 建武二一 798

22	23	23	24	25	25	26	26	27	25閏	26正	27	27	28	28	29	30	30	31	**5**	**4**	2	31	**1**
23	24	24	25	26	26	27	27	28	26	27	28十二	28十一	29	29	30	31	**7**	**6**	2	2	3	**2**	2
24	25	25	26	27	27	28	28	29	27	28	29	29	30十	30九	31	**8**	2	2	3	3	4	2	3
25	26	26	27	28	28	29	29	30	28	29	30	30	31	**10**	**9**八	2七	3	3	4	4	5	3	4
26	27	27	28	29	29	30	30	31	**3**	30	31	**12**	**11**	2	2	3	4六	4五	5	5	6	**4**	5
27	28	28	29	30	30	31	**5**	**4**	2	31	**1**	2	2	3	3	**4**	5	5	6四	6三	7	5	6
28	29	29	30	31	**7**	**6**	2	2	3	**2**	2	3	3	4	4	5	6	6	7	7	8二	6正	7
29	30	30	31	**8**	2	2	3	3	4	2	3	4	4	5	5	6	7	7	8	8	9	7	8十二
30	31	**10**	**9**	2	3	3	4	4	5	3	4	5	5	6	6	7	8	8	9	9	10	8	9
12	**11**	2	2	3	4	4	5	5	6	4	5	6	6	7	7	8	9	9	10	10	11	9	10
2	2	3	3	4	5	5	6	6	7	5	6	7	7	8	8	9	10	10	11	11	12	10	11
3	3	4	4	5	6	6	7	7	8	6	7	8	8	9	9	10	11	11	12	12	13	11	12
4	4	5	5	6	7	7	8	8	9	7	8	9	9	10	10	11	12	12	13	13	14	12	13
5	5	6	6	7	8	8	9	9	10	8	9	10	10	11	11	12	13	13	14	14	15	13	14
6	6	7	7	8	9	9	10	10	11	9	10	11	11	12	12	13	14	14	15	15	16	14	15
7	7	8	8	9	10	10	11	11	12	10	11	12	12	13	13	14	15	15	16	16	17	15	16
8	8	9	9	10	11	11	12	12	13	11	12	13	13	14	14	15	16	16	17	17	18	16	17
9	9	10	10	11	12	12	13	13	14	12	13	14	14	15	15	16	17	17	18	18	19	17	18
10	10	11	11	12	13	13	14	14	15	13	14	15	15	16	16	17	18	18	19	19	20	18	19
11	11	12	12	13	14	14	15	15	16	14	15	16	16	17	17	18	19	19	20	20	21	19	20
12	12	13	13	14	15	15	16	16	17	15	16	17	17	18	18	19	20	20	21	21	22	20	21
13	13	14	14	15	16	16	17	17	18	16	17	18	18	19	19	20	21	21	22	22	23	21	22
14	14	15	15	16	17	17	18	18	19	17	18	19	19	20	20	21	22	22	23	23	24	22	23
15	15	16	16	17	18	18	19	19	20	18	19	20	20	21	21	22	23	23	24	24	25	23	24
16	16	17	17	18	19	19	20	20	21	19	20	21	21	22	22	23	24	24	25	25	26	24	25
17十一	17	18	18	19	20	20	21	21	22	20	21	22	22	23	23	24	25	25	26	26	27	25	26
18	18十	19九	19	20	21	21	22	22	23	21	22	23冬	23	24	24	25	26	26	27	27	28	26	27
19	19	20	20八	21七	22	22	23	23	24	22	23	24	24	25	25	26	27	27	28	28	29	27	28
20	20	21	21	22	23六	23五	24	24	25	23	24	25	25	26	26	27	28	28	29	29	30	28	29
21	21	22	22	23	24	24	25四	25三	26二	24	25	26	26	27	27	28	29	29	30	30	31	**3**	30

一二二

勵耘書屋

四八 戊申 建武二四 801

四七 丁未 建武二三 800

11	11	12	12	13	14	14	15	15	16	15	16	17	17	18	18	19	20	20	21	21	22	20	21	22
12	12	13	13	14	15	15	16	16	17	16	17	18	18	19	19	20	21	21	22	22	23	21	22	23冬
13	13	14	14	15	16	16	17	17	18	17	18	19	19	20	20	21	22	22	23	23	24	22	23	24
14	14	15	15	16	17	17	18	18	19	18	19	20	20	21	21	22	23	23	24	24	25	23	24	25
15	15	16	16	17	18	18	19	19	20	19	20	21	21	22	22	23	24	24	25	25	26	24	25	26
16	16	17	17	18	19	19	20	20	21	20	21	22	22	23	23	24	25	25	26	26	27	25	26	27
17	17	18	18	19	20	20	21	21	22	21	22	23冬	23	24	24	25	26	26	27	27	28	26	27	28
18	18	19	19	20	21	21	22	22	23	22	23	24	24	25	25	26	27	27	28	28	29	27	28	29
19	19	20	20	21	22	22	23	23	24	23	24	25	25	26	26	27	28	28	29	29	30	28	29	30
20	20	21	21	22	23	23	24	24	25	24	25	26	26	27	27	28	29	29	30	30	31	3	30	31
21	21	22	22	23	24	24	25	25	26	25	26	27	27	28	28	29	30	30	31	5	4	2	31	1
22冬	22	23	23	24	25	25	26	26	27	26	27	28	28	29	29	30	31	7	6	2	2	3	2	2
23	23	24	24	25	26	26	27	27	28	27	28	29	29	30	30	31	8	2	2	3	3	4	2	3
24	24	25	25	26	27	27	28	28	29	28	29	30	30	31	10	9	2	3	3	4	4	5	3	4
25土	25閏	26十	26	27	28	28	29	29	30	29	30	31	12	11	2	2	3	4	4	5	5	6	4	5
26	26	27	27九	28八	29	29	30	30	31	3	31	1	2	2	3	3	4	5	5	6	6	7	5	6
27	27	28	28	29	30七	30六	31	5	4	2	2	2	3	3	4	4	5	6	6	7	7	8	6	7
28	28	29	29	30	31	7	6五	2四	2	3	2	3	4	4	5	5	6	7	7	8	8	9	7	8
29	29	30	30	31	8	2	2	3	3三	4二	3	4	5	5	6	6	7	8	8	9	9	10	8	9
30	30	31	10	9	2	3	3	4	4	5	4正	5土	6	6	7	7	8	9	9	10	10	11	9	10
31	12	11	2	2	3	4	4	5	5	6	5	6	7土	7十	8	8	9	10	10	11	11	12	10	11
日	2	2	3	3	4	5	5	6	6	7	6	7	8	8	9九	9八	10	11	11	12	12	13	11	12
曜	3	3	4	4	5	6	6	7	7	8	7	8	9	9	10	10	11七	12六	12五	13	13	14	12	13
表	4	4	5	5	6	7	7	8	8	9	8	9	10	10	11	11	12	13	13	14四	14三	15	13	14
2	5	5	6	6	7	8	8	9	9	10	9	10	11	11	12	12	13	14	14	15	15	16二	14正	15
甲	6	6	7	7	8	9	9	10	10	11	10	11	12	12	13	13	14	15	15	16	16	17	15	16土
子	7	7	8	8	9	10	10	11	11	12	11	12	13	13	14	14	15	16	16	17	17	18	16	17
表	8	8	9	9	10	11	11	12	12	13	12	13	14	14	15	15	16	17	17	18	18	19	17	18
12	9	9	10	10	11	12	12	13	13	14	13	14	15	15	16	16	17	18	18	19	19	20	18	19
	10	10	11	11	12	13	13	14	14	15	14	15	16	16	17	17	18	19	19	20	20	21	19	20

中西回史日曆

卷一 後漢

一三

勵耘書屋

五〇 庚戌 建武二六 803

四九 己酉 建武二五 802

22	23	23	24	25	25	26	26	27	25	26	27	27	28	28	29	30	30	31	**5**	**4**	2	31	**1**
23	24	24	25	26	26	27	27	28	26	27	28	28	29	29	30	31	**7**	**6**	2	2	3	**2**	2
24	25	25	26	27	27	28	28	29	27	28	29	29	30	30	31	**8**	2	2	3	3	4	2	3
25	26	26	27	28	28	29	29	30	28	29	30	30	31	**10**	**9**	2	3	3	4	4	5	3	4
26	27	27	28	29	29	30	30	31	**3**	30	31	**12**	**11**	2	2	3	4	4	5	5	6	4	5
27	28	28	29	30	30	31	**5**	**4**	2	31	**1**	2	2	3	3	4	5	5	6	6	7	5	6
28	29	29	30	31	**7**	**6**	2	2	3	**2**	2	3	3	4	4	5	6	6	7	7	8	6	7
29	30	30	31	**8**	2	2	3	3	4	2	3	4	4	5	5	6	7	7	8	8	9	7	8
30	31	**10**	**9**	2	3	3	4	4	5	3	4	5	5	6	6	7	8	8	9	9	10	8	9
12	**11**	2	2	3	4	4	5	5	6	4	5	6	6	7	7	8	9	9	10	10	11	9	10
2	2	3	3	4	5	5	6	6	7	5	6	7	7	8	8	9	10	10	11	11	12	10	11
3十一	3	4	4	5	6	6	7	7	8	6	7	8	8	9	9	10	11	11	12	12	13	11	12
4	4十	5九	5	6	7	7	8	8	9	7	8	9	9	10	10	11	12	12	13	13	14	12	13
5	5	6	6八	7七	8	8	9	9	10	8	9	10	10	11	11	12	13	13	14	14	15	13	14
6	6	7	7	8	9六	9五	10	10	11	9	10	11	11	12	12	13	14	14	15	15	16	14	15
7	7	8	8	9	10	10	11四	11三	12二	10	11	12	12	13	13	14	15	15	16	16	17	15	16
8	8	9	9	10	11	11	12	12	13	11正	12十二	13	13	14	14	15	16	16	17	17	18	16	17
9	9	10	10	11	12	12	13	13	14	12	13	14十一	14十	15	15	16	17	17	18	18	19	17	18
10	10	11	11	12	13	13	14	14	15	13	14	15	15	16九	16八	17	18	18	19	19	20	18	19
11	11	12	12	13	14	14	15	15	16	14	15	16	16	17	17	18七	19六	19	20	20	21	19	20
12	12	13	13	14	15	15	16	16	17	15	16	17	17	18	18	19	20	20五	21四	21	22	20	21
13	13	14	14	15	16	16	17	17	18	16	17	18	18	19	19	20	21	21	22	22三	23二	21	22
14	14	15	15	16	17	17	18	18	19	17	18	19	19	20	20	21	22	22	23	23	24	22正	23十二
15	15	16	16	17	18	18	19	19	20	18	19	20	20	21	21	22	23	23	24	24	25	23	24
16	16	17	17	18	19	19	20	20	21	19	20	21	21	22	22	23	24	24	25	25	26	24	25
17	17	18	18	19	20	20	21	21	22	20	21	22	22	23	23	24	25	25	26	26	27	25	26
18	18	19	19	20	21	21	22	22	23	21	22	23冬	23	24	24	25	26	26	27	27	28	26	27
19	19	20	20	21	22	22	23	23	24	22	23	24	24	25	25	26	27	27	28	28	29	27	28
20	20	21	21	22	23	23	24	24	25	23	24	25	25	26	26	27	28	28	29	29	30	28	29
21	21	22	22	23	24	24	25	25	26	24	25	26	26	27	27	28	29	29	30	30	31	**3**	30

五二 壬子 建武二八 805

五一 辛亥 建武二七 804

11十一	11十	12九	12	13	14	14	15	15	16	15	16	17	17	18	18	19	20	20	21	21	22	20	21	22
12	12	13	13八	14七	15	15	16	16	17	16	17	18	18	19	19	20	21	21	22	22	23	21	22	23冬
13	13	14	14	15	16六	16五	17	17	18	17	18	19	19	20	20	21	22	22	23	23	24	22	23	24
14	14	15	15	16	17	17	18四	18三	19	18	19	20	20	21	21	22	23	23	24	24	25	23	24	25
15	15	16	16	17	18	18	19	19	20二	19正	20	21	21	22	22	23	24	24	25	25	26	24	25	26
16	16	17	17	18	19	19	20	20	21	20	21十二	22十一	22	23	23	24	25	25	26	26	27	25	26	27
17	17	18	18	19	20	20	21	21	22	21	22	23冬	23十	24九	24	25	26	26	27	27	28	26	27	28
18	18	19	19	20	21	21	22	22	23	22	23	24	24	25	25八	26七	27	27	28	28	29	27	28	29
19	19	20	20	21	22	22	23	23	24	23	24	25	25	26	26	27	28閏	28六	29五	29	30	28	29	30
20	20	21	21	22	23	23	24	24	25	24	25	26	26	27	27	28	29	29	30	30四	31三	**3**	30	31
21	21	22	22	23	24	24	25	25	26	25	26	27	27	28	28	29	30	30	31	**5**	**4**	2二	31正	**1**
22冬	22	23	23	24	25	25	26	26	27	26	27	28	28	29	29	30	31	**7**	**6**	2	2	3	**2**	2十二
23	23	24	24	25	26	26	27	27	28	27	28	29	29	30	30	31	**8**	2	2	3	3	4	2	3
24	24	25	25	26	27	27	28	28	29	28	29	30	30	31	**10**	**9**	2	3	3	4	4	5	3	4
25	25	26	26	27	28	28	29	29	30	29	30	31	**12**	**11**	2	2	3	4	4	5	5	6	4	5
26	26	27	27	28	29	29	30	30	31	**3**	31	**1**	2	2	3	3	4	5	5	6	6	7	5	6
27	27	28	28	29	30	30	31	**5**	**4**	2	**2**	2	3	3	4	4	5	6	6	7	7	8	6	7
28	28	29	29	30	31	**7**	**6**	2	2	3	2	3	4	4	5	5	6	7	7	8	8	9	7	8
29	29	30	30	31	**8**	2	2	3	3	4	3	4	5	5	6	6	7	8	8	9	9	10	8	9
30	30	31	**10**	**9**	2	3	3	4	4	5	4	5	6	6	7	7	8	9	9	10	10	11	9	10
31	**12**	**11**	2	2	3	4	4	5	5	6	5	6	7	7	8	8	9	10	10	11	11	12	10	11
日	2	2	3	3	4	5	5	6	6	7	6	7	8	8	9	9	10	11	11	12	12	13	11	12
曜	3	3	4	4	5	6	6	7	7	8	7	8	9	9	10	10	11	12	12	13	13	14	12	13
表	4	4	5	5	6	7	7	8	8	9	8	9	10	10	11	11	12	13	13	14	14	15	13	14
3	5	5	6	6	7	8	8	9	9	10	9	10	11	11	12	12	13	14	14	15	15	16	14	15
甲	6	6	7	7	8	9	9	10	10	11	10	11	12	12	13	13	14	15	15	16	16	17	15	16
子	7	7	8	8	9	10	10	11	11	12	11	12	13	13	14	14	15	16	16	17	17	18	16	17
表	8	8	9	9	10	11	11	12	12	13	12	13	14	14	15	15	16	17	17	18	18	19	17	18
13	9	9	10	10	11	12	12	13	13	14	13	14	15	15	16	16	17	18	18	19	19	20	18	19
	10	10	11	11	12	13	13	14	14	15	14	15	16	16	17	17	18	19	19	20	20	21	19	20

五三 癸丑 建武二九 806

五四 甲寅 建武三〇 807

22	23	23	24	25	25五	26四	26	27	25	26	27	27	28	28	29	30	30	31	**5**	**4**	2	31	**1**
23	24	24	25	26	26	27	27閏	28三	26	27	28	28	29	29	30	31	**7**	**6**	2	2	3	**2**	2
24	25	25	26	27	27	28	28	29	27二	28正	29十二	29	30	30	31	**8**	2	2	3	3	4	2	3
25	26	26	27	28	28	29	29	30	28	29	30	30十一	31十	**10**	**9**	2	3	3	4	4	5	3	4
26	27	27	28	29	29	30	30	31	**3**	30	31	**12**	**11**	2九	2八	3	4	4	5	5	6	4	5
27	28	28	29	30	30	31	**5**	**4**	2	31	**1**	2	2	3	3	4七	5六	5	6	6	7	5	6
28	29	29	30	31	**7**	**6**	2	2	3	**2**	2	3	3	4	4	5	6	6五	7四	7	8	6	7
29	30	30	31	**8**	2	2	3	3	4	2	3	4	4	5	5	6	7	7	8	8三	9二	7	8
30	31	**10**	**9**	2	3	3	4	4	5	3	4	5	5	6	6	7	8	8	9	9	10	8正	9十二
12	**11**	2	2	3	4	4	5	5	6	4	5	6	6	7	7	8	9	9	10	10	11	9	10
2	2	3	3	4	5	5	6	6	7	5	6	7	7	8	8	9	10	10	11	11	12	10	11
3	3	4	4	5	6	6	7	7	8	6	7	8	8	9	9	10	11	11	12	12	13	11	12
4	4	5	5	6	7	7	8	8	9	7	8	9	9	10	10	11	12	12	13	13	14	12	13
5	5	6	6	7	8	8	9	9	10	8	9	10	10	11	11	12	13	13	14	14	15	13	14
6	6	7	7	8	9	9	10	10	11	9	10	11	11	12	12	13	14	14	15	15	16	14	15
7	7	8	8	9	10	10	11	11	12	10	11	12	12	13	13	14	15	15	16	16	17	15	16
8	8	9	9	10	11	11	12	12	13	11	12	13	13	14	14	15	16	16	17	17	18	16	17
9	9	10	10	11	12	12	13	13	14	12	13	14	14	15	15	16	17	17	18	18	19	17	18
10	10	11	11	12	13	13	14	14	15	13	14	15	15	16	16	17	18	18	19	19	20	18	19
11	11	12	12	13	14	14	15	15	16	14	15	16	16	17	17	18	19	19	20	20	21	19	20
12	12	13	13	14	15	15	16	16	17	15	16	17	17	18	18	19	20	20	21	21	22	20	21
13	13	14	14	15	16	16	17	17	18	16	17	18	18	19	19	20	21	21	22	22	23	21	22
14	14	15	15	16	17	17	18	18	19	17	18	19	19	20	20	21	22	22	23	23	24	22	23
15	15	16	16	17	18	18	19	19	20	18	19	20	20	21	21	22	23	23	24	24	25	23	24
16	16	17	17	18	19	19	20	20	21	19	20	21	21	22	22	23	24	24	25	25	26	24	25
17	17	18	18	19	20	20	21	21	22	20	21	22冬	22	23	23	24	25	25	26	26	27	25	26
18	18	19	19	20	21	21	22	22	23	21	22	23	23	24	24	25	26	26	27	27	28	26	27
19十一	19十	20	20	21	22	22	23	23	24	22	23	24	24	25	25	26	27	27	28	28	29	27	28
20	20	21九	21八	22	23	23	24	24	25	23	24	25	25	26	26	27	28	28	29	29	30	28	29
21	21	22	22	23七	24六	24	25	25	26	24	25	26	26	27	27	28	29	29	30	30	31	**3**	30

五五 乙卯 建武三一

808

五六 丙辰 建武三二 建武中元元（四月改）

809

11	11	12	12	13	14	14	15	15	16	15	16	17	17	18	18	19	20	20	21	21	22	20	21	22
12	12	13	13	14	15	15	16	16	17	16	17	18	18	19	19	20	21	21	22	22	23	21	22	23冬
13	13	14	14	15	16	16	17	17	18	17	18	19	19	20	20	21	22	22	23	23	24	22	23	24
14	14	15	15	16	17	17	18	18	19	18	19	20	20	21	21	22	23	23	24	24	25	23	24	25
15	15	16	16	17	18	18	19	19	20	19	20	21	21	22	22	23	24	24	25	25	26	24	25	26
16	16	17	17	18	19	19	20	20	21	20	21	22	22	23	23	24	25	25	26	26	27	25	26	27
17	17	18	18	19	20	20	21	21	22	21	22	23	冬23	24	24	25	26	26	27	27	28	26	27	28
18	18	19	19	20	21	21	22	22	23	22	23	24	24	25	25	26	27	27	28	28	29	27	28	29
19	19	20	20	21	22	22	23	23	24	23	24	25	25	26	26	27	28	28	29	29	30	28	29	30
20	20	21	21	22	23	23	24	24	25	24	25	26	26	27	27	28	29	29	30	30	31	**3**	30	31
21	21	22	22	23	24	24	25	25	26	25	26	27	27	28	28	29	30	30	31	**5**	**4**	2	31	**1**
22	冬22	23	23	24	25	25	26	26	27	26	27	28	28	29	29	30	31	**7**	**6**	2	2	3	**2**	2
23	23	24	24	25	26	26	27	27	28	27	28	29	29	30	30	31	**8**	2	2	3	3	4	2	3
24	24	25	25	26	27	27	28	28	29	28	29	30	30	31	**10**	**9**	2	3	3	4	4	5	3	4
25	25	26	26	27	28	28	29	29	30	29	30	31	**12**	**11**	2	2	3	4	4	5	5	6	4	5
26	十二26	27	27	28	29	29	30	30	31	**3**	31	**1**	2	2	3	3	4	5	5	6	6	7	5	6
27	27	十一28	十28	九29	30	30	31	**5**	**4**	2	**2**	2	3	3	4	4	5	6	6	7	7	8	6	7
28	28	29	29	30	八31	七**7**	**6**	2	2	3	2	3	4	4	5	5	6	7	7	8	8	9	7	8
29	29	30	30	31	**8**	2	六2	五3	3	4	3	4	5	5	6	6	7	8	8	9	9	10	8	9
30	30	31	**10**	**9**	2	3	3	4	四4	三5	4	5	6	6	7	7	8	9	9	10	10	11	9	10
31	**12**	**11**	2	2	3	4	4	5	5	6	二5	正6	7	7	8	8	9	10	10	11	11	12	10	11
日	2	2	3	3	4	5	5	6	6	7	6	7	十二8	十一8	9	9	10	11	11	12	12	13	11	12
曜	3	3	4	4	5	6	6	7	7	8	7	8	9	9	十10	九10	11	12	12	13	13	14	12	13
表	4	4	5	5	6	7	7	8	8	9	8	9	10	10	11	11	八12	七13	13	14	14	15	13	14
4	5	5	6	6	7	8	8	9	9	10	9	10	11	11	12	12	13	14	六14	五15	四15	16	14	15
甲	6	6	7	7	8	9	9	10	10	11	10	11	12	12	13	13	14	15	15	16	16	三17	二15	16
子	7	7	8	8	9	10	10	11	11	12	11	12	13	13	14	14	15	16	16	17	17	18	16	正17十二
表	8	8	9	9	10	11	11	12	12	13	12	13	14	14	15	15	16	17	17	18	18	19	17	18
14	9	9	10	10	11	12	12	13	13	14	13	14	15	15	16	16	17	18	18	19	19	20	18	19
	10	10	11	11	12	13	13	14	14	15	14	15	16	16	17	17	18	19	19	20	20	21	19	20

中西回史日曆

卷一 後漢 一五

五八 戊午 漢明帝 永平元 811												五七 丁巳 建武中元二 810											
22	23	23	24	25	25	26	26	27	25	26	27	27	28	28	29	30	30	31	**5**	**4**	2	31	**1**
23	24	24	25	26	26	27	27	28	26	27	28	28	29	29	30	31	**7**	**6**	2	2	3	**2**	2
24	25	25	26	27	27	28	28	29	27	28	29	29	30	30	31	**8**	2	2	3	3	4	2	3
25	26	26	27	28	28	29	29	30	28	29	30	30	31	**10**	**9**	2	3	3	4	4	5	3	4
26	27	27	28	29	29	30	30	31	**3**	30	31	**12**	**11**	2	2	3	4	4	5	5	6	4	5
27	28	28	29	30	30	31	**5**	**4**	2	31	**1**	2	2	3	3	4	5	5	6	6	7	5	6
28	29	29	30	31	**7**	**6**	2	2	3	**2**	2	3	3	4	4	5	6	6	7	7	8	6	7
29	30	30	31	**8**	2	2	3	3	4	2	3	4	4	5	5	6	7	7	8	8	9	7	8
30	31	**10**	**9**	2	3	3	4	4	5	3	4	5	5	6	6	7	8	8	9	9	10	8	9
12	**11**	2	2	3	4	4	5	5	6	4	5	6	6	7	7	8	9	9	10	10	11	9	10
2	2	3	3	4	5	5	6	6	7	5	6	7	7	8	8	9	10	10	11	11	12	10	11
3	3	4	4	5	6	6	7	7	8	6	7	8	8	9	9	10	11	11	12	12	13	11	12
4	4	5	5	6	7	7	8	8	9	7	8	9	9	10	10	11	12	12	13	13	14	12	13
5十一	5十	6	6	7	8	8	9	9	10	8	9	10	10	11	11	12	13	13	14	14	15	13	14
6	6	7九	7八	8	9	9	10	10	11	9	10	11	11	12	12	13	14	14	15	15	16	14	15
7	7	8	8	9七	10六	10	11	11	12	10	11	12	12	13	13	14	15	15	16	16	17	15	16
8	8	9	9	10	11	11五	12四	12	13	11	12	13	13	14	14	15	16	16	17	17	18	16	17
9	9	10	10	11	12	12	13	13三	14二	12	13	14	14	15	15	16	17	17	18	18	19	17	18
10	10	11	11	12	13	13	14	14	15	13正	14十二	15十一	15	16	16	17	18	18	19	19	20	18	19
11	11	12	12	13	14	14	15	15	16	14	15	16	16十	17九	17	18	19	19	20	20	21	19	20
12	12	13	13	14	15	15	16	16	17	15	16	17	17	18	18八	19七	20	20	21	21	22	20	21
13	13	14	14	15	16	16	17	17	18	16	17	18	18	19	19	20	21六	21五	22	22	23	21	22
14	14	15	15	16	17	17	18	18	19	17	18	19	19	20	20	21	22	22	23四	23三	24	22	23
15	15	16	16	17	18	18	19	19	20	18	19	20	20	21	21	22	23	23	24	24	25二	23正	24
16	16	17	17	18	19	19	20	20	21	19	20	21	21	22	22	23	24	24	25	25	26	24	25閏
17	17	18	18	19	20	20	21	21	22	20	21	22冬	22	23	23	24	25	25	26	26	27	25	26
18	18	19	19	20	21	21	22	22	23	21	22	23	23	24	24	25	26	26	27	27	28	26	27
19	19	20	20	21	22	22	23	23	24	22	23	24	24	25	25	26	27	27	28	28	29	27	28
20	20	21	21	22	23	23	24	24	25	23	24	25	25	26	26	27	28	28	29	29	30	28	29
21	21	22	22	23	24	24	25	25	26	24	25	26	26	27	27	28	29	29	30	30	31	**3**	30

勵耘書屋

六〇 庚申 永平三 813

五九 己未 永平二 812

11	11	12	12	13	14	14	15	15	16	15	16	17	17	18	18	19	20	20	21	21	22	20	21	22
12	十一12	13	13	14	15	15	16	16	17	16	17	18	18	19	19	20	21	21	22	22	23	21	22	23冬
13	13	十14	九14	15	16	16	17	17	18	17	18	19	19	20	20	21	22	22	23	23	24	22	23	24
14	14	15	15	八16	七17	六17	18	18	19	18	19	20	20	21	21	22	23	23	24	24	25	23	24	25
15	15	16	16	17	18	18	五19	四19	20	19	20	21	21	22	22	23	24	24	25	25	26	24	25	26
16	16	17	17	18	19	19	20	20	三21	二20	21	22	22	23	23	24	25	25	26	26	27	25	26	27
17	17	18	18	19	20	20	21	21	22	21	正22	十二23	冬23	24	24	25	26	26	27	27	28	26	27	28
18	18	19	19	20	21	21	22	22	23	22	23	24	十一24	十25	25	26	27	27	28	28	29	27	28	29
19	19	20	20	21	22	22	23	23	24	23	24	25	25	26	閏26	九27	28	28	29	29	30	28	29	30
20	20	21	21	22	23	23	24	24	25	24	25	26	26	27	27	28	八29	七29	30	30	31	**3**	30	31
21	21	22	22	23	24	24	25	25	26	25	26	27	27	28	28	29	30	30	六31	五**5**	四**4**	2	31	**1**
22	冬22	23	23	24	25	25	26	26	27	26	27	28	28	29	29	30	31	**7**	**6**	2	2	三3	二**2**	2
23	23	24	24	25	26	26	27	27	28	27	28	29	29	30	30	31	**8**	2	2	3	3	4	2	正3十二
24	24	25	25	26	27	27	28	28	29	28	29	30	30	31	**10**	**9**	2	3	3	4	4	5	3	4
25	25	26	26	27	28	28	29	29	30	29	30	31	**12**	**11**	2	2	3	4	4	5	5	6	4	5
26	26	27	27	28	29	29	30	30	31	**3**	31	**1**	2	2	3	3	4	5	5	6	6	7	5	6
27	27	28	28	29	30	30	31	**5**	**4**	2	**2**	2	3	3	4	4	5	6	6	7	7	8	6	7
28	28	29	29	30	31	**7**	**6**	2	2	3	2	3	4	4	5	5	6	7	7	8	8	9	7	8
29	29	30	30	31	**8**	2	2	3	3	4	3	4	5	5	6	6	7	8	8	9	9	10	8	9
30	30	31	**10**	**9**	2	3	3	**4**	4	5	4	5	6	6	7	7	8	9	9	10	10	11	9	10
31	**12**	**11**	2	2	3	4	4	5	5	6	5	6	7	7	8	8	9	10	10	11	11	12	10	11
日	2	2	3	3	4	5	5	6	6	7	6	7	8	8	9	9	10	11	11	12	12	13	11	12
曜	3	3	4	4	5	6	6	7	7	8	7	8	9	9	10	10	11	12	12	13	13	14	12	13
表	4	4	5	5	6	7	7	8	8	9	8	9	10	10	11	11	12	13	13	14	14	15	13	14
5	5	5	6	6	7	8	8	9	9	10	9	10	11	11	12	12	13	14	14	15	15	16	14	15
甲	6	6	7	7	8	9	9	10	10	11	10	11	12	12	13	13	14	15	15	16	16	17	15	16
子	7	7	8	8	9	10	10	11	11	12	11	12	13	13	14	14	15	16	16	17	17	18	16	17
表	8	8	9	9	10	11	11	12	12	13	12	13	14	14	15	15	16	17	17	18	18	19	17	18
15	9	9	10	10	11	12	12	13	13	14	13	14	15	15	16	16	17	18	18	19	19	20	18	19
	10	10	11	11	12	13	13	14	14	15	14	15	16	16	17	17	18	19	19	20	20	21	19	20

六二 壬戌 永平五 815												六一 辛酉 永平四 814											
22	23	23八	24七	25	25	26	26	27	25	26	27	27	28	28	29	30	30	31	**5**	**4**	2	31	**1**
23	24	24	25	26六	26閏	27	27	28	26	27	28	28	29	29	30	31	**7**	**6**	2	2	3	**2**	2
24	25	25	26	27	27	28五	28四	29	27	28	29	29	30	30	31	**8**	2	2	3	3	4	2	3
25	26	26	27	28	28	29	29	30三	28二	29	30	30	31	**10**	**9**	2	3	3	4	4	5	3	4
26	27	27	28	29	29	30	30	31	**3**	30正	31十二	**12**十一	**11**	2	2	3	4	4	5	5	6	4	5
27	28	28	29	30	30	31	**5**	**4**	2	31	**1**	2	2十	3九	3	4	5	5	6	6	7	5	6
28	29	29	30	31	**7**	**6**	2	2	3	**2**	2	3	3	4	4八	5七	6	6	7	7	8	6	7
29	30	30	31	**8**	2	2	3	3	4	2	3	4	4	5	5	6	7六	7五	8	8	9	7	8
30	31	**10**	**9**	2	3	3	4	4	5	3	4	5	5	6	6	7	8	8	9四	9三	10	8	9
12	**11**	2	2	3	4	4	5	5	6	4	5	6	6	7	7	8	9	9	10	10	11二	9正	10
2	2	3	3	4	5	5	6	6	7	5	6	7	7	8	8	9	10	10	11	11	12	10	11十二
3	3	4	4	5	6	6	7	7	8	6	7	8	8	9	9	10	11	11	12	12	13	11	12
4	4	5	5	6	7	7	8	8	9	7	8	9	9	10	10	11	12	12	13	13	14	12	13
5	5	6	6	7	8	8	9	9	10	8	9	10	10	11	11	12	13	13	14	14	15	13	14
6	6	7	7	8	9	9	10	10	11	9	10	11	11	12	12	13	14	14	15	15	16	14	15
7	7	8	8	9	10	10	11	11	12	10	11	12	12	13	13	14	15	15	16	16	17	15	16
8	8	9	9	10	11	11	12	12	13	11	12	13	13	14	14	15	16	16	17	17	18	16	17
9	9	10	10	11	12	12	13	13	14	12	13	14	14	15	15	16	17	17	18	18	19	17	18
10	10	11	11	12	13	13	14	14	15	13	14	15	15	16	16	17	18	18	19	19	20	18	19
11	11	12	12	13	14	14	15	15	16	14	15	16	16	17	17	18	19	19	20	20	21	19	20
12	12	13	13	14	15	15	16	16	17	15	16	17	17	18	18	19	20	20	21	21	22	20	21
13	13	14	14	15	16	16	17	17	18	16	17	18	18	19	19	20	21	21	22	22	23	21	22
14	14	15	15	16	17	17	18	18	19	17	18	19	19	20	20	21	22	22	23	23	24	22	23
15	15	16	16	17	18	18	19	19	20	18	19	20	20	21	21	22	23	23	24	24	25	23	24
16	16	17	17	18	19	19	20	20	21	19	20	21	21	22	22	23	24	24	25	25	26	24	25
17	17	18	18	19	20	20	21	21	22	20	21	22冬	22	23	23	24	25	25	26	26	27	25	26
18	18	19	19	20	21	21	22	22	23	21	22	23	23	24	24	25	26	26	27	27	28	26	27
19	19	20	20	21	22	22	23	23	24	22	23	24	24	25	25	26	27	27	28	28	29	27	28
20十一	20	21	21	22	23	23	24	24	25	23	24	25	25	26	26	27	28	28	29	29	30	28	29
21	21十	22九	22	23	24	24	25	25	26	24	25	26	26	27	27	28	29	29	30	30	31	**3**	30

六四
甲子
永平七
817

六三
癸亥
永平六
816

11	11	12	12	13	14	14	15	15	16	15	16	17	17	18	18	19	20	20	21	21	22	20	21	22
12	12	13	13	14	15	15	16	16	17	16	17	18	18	19	19	20	21	21	22	22	23	21	22	23冬
13	13	14	14	15	16	16	17	17	18	17	18	19	19	20	20	21	22	22	23	23	24	22	23	24
14	14	15	15	16	17	17	18	18	19	18	19	20	20	21	21	22	23	23	24	24	25	23	24	25
15	15	16	16	17	18	18	19	19	20	19	20	21	21	22	22	23	24	24	25	25	26	24	25	26
16	16	17	17	18	19	19	20	20	21	20	21	22	22	23	23	24	25	25	26	26	27	25	26	27
17	17	18	18	19	20	20	21	21	22	21	22	23冬	23	24	24	25	26	26	27	27	28	26	27	28
18	18	19	19	20	21	21	22	22	23	22	23	24	24	25	25	26	27	27	28	28	29	27	28	29
19	19	20	20	21	22	22	23	23	24	23	24	25	25	26	26	27	28	28	29	29	30	28	29	30
20	20	21	21	22	23	23	24	24	25	24	25	26	26	27	27	28	29	29	30	30	31	3	30	31
21	21	22	22	23	24	24	25	25	26	25	26	27	27	28	28	29	30	30	31	5	4	2	31	1
22冬	22	23	23	24	25	25	26	26	27	26	27	28	28	29	29	30	31	7	6	2	2	3	2	2
23	23	24	24	25	26	26	27	27	28	27	28	29	29	30	30	31	8	2	2	3	3	4	2	3
24	24	25	25	26	27	27	28	28	29	28	29	30	30	31	10	9	2	3	3	4	4	5	3	4
25	25	26	26	27	28	28	29	29	30	29	30	31	12	11	2	2	3	4	4	5	5	6	4	5
26	26	27	27	28	29	29	30	30	31	3	31	1	2	2	3	3	4	5	5	6	6	7	5	6
27	27	28	28	29	30	30	31	5	4	2	2	2	3	3	4	4	5	6	6	7	7	8	6	7
28十二	28十一	29	29	30	31	7	6	2	2	3	2	3	4	4	5	5	6	7	7	8	8	9	7	8
29	29	30十	30九	31	8	2	2	3	3	4	3	4	5	5	6	6	7	8	8	9	9	10	8	9
30	30	31	10	9八	2七	3六	3	4	4	5	4	5	6	6	7	7	8	9	9	10	10	11	9	10
31	12	11	2	2	3	4	4五	5四	5	6	5	6	7	7	8	8	9	10	10	11	11	12	10	11
日	2	2	3	3	4	5	5	6	6三	7二	6	7	8	8	9	9	10	11	11	12	12	13	11	12
曜	3	3	4	4	5	6	6	7	7	8	7正	8十二	9	9	10	10	11	12	12	13	13	14	12	13
表	4	4	5	5	6	7	7	8	8	9	8	9	10十一	10十	11	11	12	13	13	14	14	15	13	14
6	5	5	6	6	7	8	8	9	9	10	9	10	11	11	12九	12八	13	14	14	15	15	16	14	15
甲	6	6	7	7	8	9	9	10	10	11	10	11	12	12	13	13	14七	15六	15	16	16	17	15	16
子	7	7	8	8	9	10	10	11	11	12	11	12	13	13	14	14	15	16	16五	17四	17三	18	16	17
表	8	8	9	9	10	11	11	12	12	13	12	13	14	14	15	15	16	17	17	18	18	19二	17正	18
16	9	9	10	10	11	12	12	13	13	14	13	14	15	15	16	16	17	18	18	19	19	20	18	19十二
	10	10	11	11	12	13	13	14	14	15	14	15	16	16	17	17	18	19	19	20	20	21	19	20

六六 丙寅 永平九 819												六五 乙丑 永平八 818											
22	23	23	24	25	25	26	26	27	25	26	27	27	28	28	29	30	30	31	**5**	**4**	2	31	**1**
23	24	24	25	26	26	27	27	28	26	27	28	28	29	29	30	31	**7**	**6**	2	2	3	**2**	2
24	25	25	26	27	27	28	28	29	27	28	29	29	30	30	31	**8**	2	2	3	3	4	2	3
25	26	26	27	28	28	29	29	30	28	29	30	30	31	**10**	**9**	2	3	3	4	4	5	3	4
26	27	27	28	29	29	30	30	31	**3**	30	31	**12**	**11**	2	2	3	4	4	5	5	6	4	5
27	28	28	29	30	30	31	**5**	**4**	2	31	**1**	2	2	3	3	4	5	5	6	6	7	5	6
28	29	29	30	31	**7**	**6**	2	2	3	**2**	2	3	3	4	4	5	6	6	7	7	8	6	7
29	30	30	31	**8**	2	2	3	3	4	2	3	4	4	5	5	6	7	7	8	8	9	7	8
30	31	**10**	**9**	2	3	3	4	4	5	3	4	5	5	6	6	7	8	8	9	9	10	8	9
12	**11**	2	2	3	4	4	5	5	6	4	5	6	6	7	7	8	9	9	10	10	11	9	10
2	2	3	3	4	5	5	6	6	7	5	6	7	7	8	8	9	10	10	11	11	12	10	11
3	3	4	4	5	6	6	7	7	8	6	7	8	8	9	9	10	11	11	12	12	13	11	12
4	4	5	5	6	7	7	8	8	9	7	8	9	9	10	10	11	12	12	13	13	14	12	13
5	5	6	6	7	8	8	9	9	10	8	9	10	10	11	11	12	13	13	14	14	15	13	14
6	十一 6	7	7	8	9	9	10	10	11	9	10	11	11	12	12	13	14	14	15	15	16	14	15
7	7	十 8	九 8	9	10	10	11	11	12	10	11	12	12	13	13	14	15	15	16	16	17	15	16
8	8	9	9	八 10	七 11	11	12	12	13	11	12	13	13	14	14	15	16	16	17	17	18	16	17
9	9	10	10	11	12	六 12	五 13	13	14	12	13	14	14	15	15	16	17	17	18	18	19	17	18
10	10	11	11	12	13	13	14	四 14	三 15	13	14	15	15	16	16	17	18	18	19	19	20	18	19
11	11	12	12	13	14	14	15	15	16	二 14	正 15	16	16	17	17	18	19	19	20	20	21	19	20
12	12	13	13	14	15	15	16	16	17	15	16	十二 17	十一 17	十 18	18	19	20	20	21	21	22	20	21
13	13	14	14	15	16	16	17	17	18	16	17	18	18	19	九 19	八 20	21	21	22	22	23	21	22
14	14	15	15	16	17	17	18	18	19	17	18	19	19	20	20	21	七 22	六 22	23	23	24	22	23
15	15	16	16	17	18	18	19	19	20	18	19	20	20	21	21	22	23	23	五 24	四 24	25	23	24
16	16	17	17	18	19	19	20	20	21	19	20	21	21	22	22	23	24	24	25	25	三 26	二 24	25
17	17	18	18	19	20	20	21	21	22	20	21	22	冬 22	23	23	24	25	25	26	26	27	25	閏 26 正
18	18	19	19	20	21	21	22	22	23	21	22	23	23	24	24	25	26	26	27	27	28	26	27
19	19	20	20	21	22	22	23	23	24	22	23	24	24	25	25	26	27	27	28	28	29	27	28
20	20	21	21	22	23	23	24	24	25	23	24	25	25	26	26	27	28	28	29	29	30	28	29
21	21	22	22	23	24	24	25	25	26	24	25	26	26	27	27	28	29	29	30	30	31	**3**	30

六八 戊辰 永平一一 821

六七 丁卯 永平一〇 820

11	11	12	12	13	14	14	15	15	16	15	16	17	17	18	18	19	20	20	21	21	22	20	21	22
12	12	13	13	14	15	15	16	16	17	16	17	18	18	19	19	20	21	21	22	22	23	21	22	23冬
13	13	14	14	15	16	16	17	17	18	17	18	19	19	20	20	21	22	22	23	23	24	22	23	24
14十一	14十	15	15	16	17	17	18	18	19	18	19	20	20	21	21	22	23	23	24	24	25	23	24	25
15	15	16九	16八	17	18	18	19	19	20	19	20	21	21	22	22	23	24	24	25	25	26	24	25	26
16	16	17	17	18七	19六	19五	20	20	21	20	21	22	22	23	23	24	25	25	26	26	27	25	26	27
17	17	18	18	19	20	20	21四	21三	22	21	22	23冬	23	24	24	25	26	26	27	27	28	26	27	28
18	18	19	19	20	21	21	22	22	23二	22正	23	24	24	25	25	26	27	27	28	28	29	27	28	29
19	19	20	20	21	22	22	23	23	24	23	24十二	25十一	25	26	26	27	28	28	29	29	30	28	29	30
20	20	21	21	22	23	23	24	24	25	24	25	26	26閏	27十	27	28	29	29	30	30	31	**3**	30	31
21	21	22	22	23	24	24	25	25	26	25	26	27	27	28	28九	29八	30	30	31	**5**	**4**	2	31	**1**
22冬	22	23	23	24	25	25	26	26	27	26	27	28	28	29	29	30	31七	**7**六	**6**	2	2	3	**2**	2
23	23	24	24	25	26	26	27	27	28	27	28	29	29	30	30	31	**8**	2	2五	3四	3	4	2	3
24	24	25	25	26	27	27	28	28	29	28	29	30	30	31	**10**	**9**	2	3	3	4	4三	5二	3正	4
25	25	26	26	27	28	28	29	29	30	29	30	31	**12**	**11**	2	2	3	4	4	5	5	6	4	5十二
26	26	27	27	28	29	29	30	30	31	**3**	31	**1**	2	2	3	3	4	5	5	6	6	7	5	6
27	27	28	28	29	30	30	31	**5**	**4**	2	**2**	2	3	3	4	4	5	6	6	7	7	8	6	7
28	28	29	29	30	31	**7**	**6**	2	2	3	2	3	4	4	5	5	6	7	7	8	8	9	7	8
29	29	30	30	31	**8**	2	2	3	3	4	3	4	5	5	6	6	7	8	8	9	9	10	8	9
30	30	31	**10**	**9**	2	3	3	4	4	5	4	5	6	6	7	7	8	9	9	10	10	11	9	10
31	**12**	**11**	2	2	3	4	4	5	5	6	5	6	7	7	8	8	9	10	10	11	11	12	10	11
日	2	2	3	3	4	5	5	6	6	7	6	7	8	8	9	9	10	11	11	12	12	13	11	12
曜	3	3	4	4	5	6	6	7	7	8	7	8	9	9	10	10	11	12	12	13	13	14	12	13
表	4	4	5	5	6	7	7	8	8	9	8	9	10	10	11	11	12	13	13	14	14	15	13	14
7	5	5	6	6	7	8	8	9	9	10	9	10	11	11	12	12	13	14	14	15	15	16	14	15
甲	6	6	7	7	8	9	9	10	10	11	10	11	12	12	13	13	14	15	15	16	16	17	15	16
子	7	7	8	8	9	10	10	11	11	12	11	12	13	13	14	14	15	16	16	17	17	18	16	17
表	8	8	9	9	10	11	11	12	12	13	12	13	14	14	15	15	16	17	17	18	18	19	17	18
17	9	9	10	10	11	12	12	13	13	14	13	14	15	15	16	16	17	18	18	19	19	20	18	19
	10	10	11	11	12	13	13	14	14	15	14	15	16	16	17	17	18	19	19	20	20	21	19	20

七〇 庚午 永平一三 823

六九 己巳 永平一二 822

22十	23	23	24	25	25	26	26	27	25	26	27	27	28	28	29	30	30	31	**5**	**4**	2	31	**1**
23	24九	24八	25	26	26	27	27	28	26	27	28	28	29	29	30	31	**7**	**6**	2	2	3	**2**	2
24	25	25	26閏	27七	27	28	28	29	27	28	29	29	30	30	31	**8**	2	2	3	3	4	2	3
25	26	26	27	28	28六	29五	29	30	28	29	30	30	31	**10**	**9**	2	3	3	4	4	5	3	4
26	27	27	28	29	29	30	30四	31三	**3**	30	31	**12**	**11**	2	2	3	4	4	5	5	6	4	5
27	28	28	29	30	30	31	**5**	**4**	2二	31正	**1**	2	2	3	3	4	5	5	6	6	7	5	6
28	29	29	30	31	**7**	**6**	2	2	3	**2**	2土	3土	3十	4	4	5	6	6	7	7	8	6	7
29	30	30	31	**8**	2	2	3	3	4	2	3	4	4	5九	5八	6	7	7	8	8	9	7	8
30	31	**10**	**9**	2	3	3	4	4	5	3	4	5	5	6	6	7七	8六	8	9	9	10	8	9
12	**11**	2	2	3	4	4	5	5	6	4	5	6	6	7	7	8	9	9五	10四	10	11	9	10
2	2	3	3	4	5	5	6	6	7	5	6	7	7	8	8	9	10	10	11	11三	12二	10	11
3	3	4	4	5	6	6	7	7	8	6	7	8	8	9	9	10	11	11	12	12	13	11正	12土
4	4	5	5	6	7	7	8	8	9	7	8	9	9	10	10	11	12	12	13	13	14	12	13
5	5	6	6	7	8	8	9	9	10	8	9	10	10	11	11	12	13	13	14	14	15	13	14
6	6	7	7	8	9	9	10	10	11	9	10	11	11	12	12	13	14	14	15	15	16	14	15
7	7	8	8	9	10	10	11	11	12	10	11	12	12	13	13	14	15	15	16	16	17	15	16
8	8	9	9	10	11	11	12	12	13	11	12	13	13	14	14	15	16	16	17	17	18	16	17
9	9	10	10	11	12	12	13	13	14	12	13	14	14	15	15	16	17	17	18	18	19	17	18
10	10	11	11	12	13	13	14	14	15	13	14	15	15	16	16	17	18	18	19	19	20	18	19
11	11	12	12	13	14	14	15	15	16	14	15	16	16	17	17	18	19	19	20	20	21	19	20
12	12	13	13	14	15	15	16	16	17	15	16	17	17	18	18	19	20	20	21	21	22	20	21
13	13	14	14	15	16	16	17	17	18	16	17	18	18	19	19	20	21	21	22	22	23	21	22
14	14	15	15	16	17	17	18	18	19	17	18	19	19	20	20	21	22	22	23	23	24	22	23
15	15	16	16	17	18	18	19	19	20	18	19	20	20	21	21	22	23	23	24	24	25	23	24
16	16	17	17	18	19	19	20	20	21	19	20	21	21	22	22	23	24	24	25	25	26	24	25
17	17	18	18	19	20	20	21	21	22	20	21	22冬	22	23	23	24	25	25	26	26	27	25	26
18	18	19	19	20	21	21	22	22	23	21	22	23	23	24	24	25	26	26	27	27	28	26	27
19	19	20	20	21	22	22	23	23	24	22	23	24	24	25	25	26	27	27	28	28	29	27	28
20	20	21	21	22	23	23	24	24	25	23	24	25	25	26	26	27	28	28	29	29	30	28	29
21	21	22	22	23	24	24	25	25	26	24	25	26	26	27	27	28	29	29	30	30	31	**3**	30

七二 壬申 永平一五 825

七一 辛未 永平一四 824

11	11	12	12	13	14	14	15	15	16	15	16	17	17	18	18	19	20	20	21	21	22	20	21	22土
12	12	13	13	14	15	15	16	16	17	16	17	18	18	19	19	20	21	21	22	22	23	21	22	23冬
13	13	14	14	15	16	16	17	17	18	17	18	19	19	20	20	21	22	22	23	23	24	22	23	24
14	14	15	15	16	17	17	18	18	19	18	19	20	20	21	21	22	23	23	24	24	25	23	24	25
15	15	16	16	17	18	18	19	19	20	19	20	21	21	22	22	23	24	24	25	25	26	24	25	26
16	16	17	17	18	19	19	20	20	21	20	21	22	22	23	23	24	25	25	26	26	27	25	26	27
17	17	18	18	19	20	20	21	21	22	21	22	23冬	23	24	24	25	26	26	27	27	28	26	27	28
18	18	19	19	20	21	21	22	22	23	22	23	24	24	25	25	26	27	27	28	28	29	27	28	29
19	19	20	20	21	22	22	23	23	24	23	24	25	25	26	26	27	28	28	29	29	30	28	29	30
20	20	21	21	22	23	23	24	24	25	24	25	26	26	27	27	28	29	29	30	30	31	**3**	30	31
21	21	22	22	23	24	24	25	25	26	25	26	27	27	28	28	29	30	30	31	**5**	**4**	2	31	**1**
22冬	22	23	23	24	25	25	26	26	27	26	27	28	28	29	29	30	31	**7**	**6**	2	2	3	**2**	2
23	23	24	24	25	26	26	27	27	28	27	28	29	29	30	30	31	**8**	2	2	3	3	4	2	3
24	24	25	25	26	27	27	28	28	29	28	29	30	30	31	**10**	**9**	2	3	3	4	4	5	3	4
25	25	26	26	27	28	28	29	29	30	29	30	31	**12**	**11**	2	2	3	4	4	5	5	6	4	5
26	26	27	27	28	29	29	30	30	31	**3**	31	**1**	2	2	3	3	4	5	5	6	6	7	5	6
27	27	28	28	29	30	30	31	**5**	**4**	2	**2**	2	3	3	4	4	5	6	6	7	7	8	6	7
28	28	29	29	30	31	**7**	**6**	2	2	3	2	3	4	4	5	5	6	7	7	8	8	9	7	8
29土	29	30	30	31	**8**	2	2	3	3	4	3	4	5	5	6	6	7	8	8	9	9	10	8	9
30	30土	31十	**10**	**9**	2	3	3	4	4	5	4	5	6	6	7	7	8	9	9	10	10	11	9	10
31	**12**	**11**	2九	2八	3	4	4	5	5	6	5	6	7	7	8	8	9	10	10	11	11	12	10	11
日	2	2	3	3	4七	5六	5五	6	6	7	6	7	8	8	9	9	10	11	11	12	12	13	11	12
曜	3	3	4	4	5	6	6	7四	7三	8	7	8	9	9	10	10	11	12	12	13	13	14	12	13
表	4	4	5	5	6	7	7	8	8	9二	8正	9	10	10	11	11	12	13	13	14	14	15	13	14
1	5	5	6	6	7	8	8	9	9	10	9	10土	11土	11	12	12	13	14	14	15	15	16	14	15
甲	6	6	7	7	8	9	9	10	10	11	10	11	12	12十	13九	13	14	15	15	16	16	17	15	16
子	7	7	8	8	9	10	10	11	11	12	11	12	13	13	14	14八	15七	16	16	17	17	18	16	17
表	8	8	9	9	10	11	11	12	12	13	12	13	14	14	15	15	16	17六	17五	18	18	19	17	18
18	9	9	10	10	11	12	12	13	13	14	13	14	15	15	16	16	17	18	18	19四	19三	20	18	19
	10	10	11	11	12	13	13	14	14	15	14	15	16	16	17	17	18	19	19	20	20	21二	19正	20土

中西回史日曆

卷一 後漢 一九

七四 甲戌 永平一七 827

七三 癸酉 永平一六 826

22	23	23	24	25	25	26	26	27	25	26	27	27	28	28	29	30	30	31	**5**	**4**	2	31	**1**
23	24	24	25	26	26	27	27	28	26	27	28	28	29	29	30	31	**7**	**6**	2	2	3	**2**	2
24	25	25	26	27	27	28	28	29	27	28	29	29	30	30	31	**8**	2	2	3	3	4	2	3
25	26	26	27	28	28	29	29	30	28	29	30	30	31	**10**	**9**	2	3	3	4	4	5	3	4
26	27	27	28	29	29	30	30	31	**3**	30	31	**12**	**11**	2	2	3	4	4	5	5	6	4	5
27	28	28	29	30	30	31	**5**	**4**	2	31	**1**	2	2	3	3	4	5	5	6	6	7	5	6
28	29	29	30	31	**7**	**6**	2	2	3	**2**	2	3	3	4	4	5	6	6	7	7	8	6	7
29	30	30	31	**8**	2	2	3	3	4	2	3	4	4	5	5	6	7	7	8	8	9	7	8
30	31	**10**	**9**	2	3	3	4	4	5	3	4	5	5	6	6	7	8	8	9	9	10	8	9
12	**11**	2	2	3	4	4	5	5	6	4	5	6	6	7	7	8	9	9	10	10	11	9	10
2	2	3	3	4	5	5	6	6	7	5	6	7	7	8	8	9	10	10	11	11	12	10	11
3	3	4	4	5	6	6	7	7	8	6	7	8	8	9	9	10	11	11	12	12	13	11	12
4	4	5	5	6	7	7	8	8	9	7	8	9	9	10	10	11	12	12	13	13	14	12	13
5	5	6	6	7	8	8	9	9	10	8	9	10	10	11	11	12	13	13	14	14	15	13	14
6	6	7	7	8	9	9	10	10	11	9	10	11	11	12	12	13	14	14	15	15	16	14	15
7	7	8	8	9	10	10	11	11	12	10	11	12	12	13	13	14	15	15	16	16	17	15	16
8十一	8十	9	9	10	11	11	12	12	13	11	12	13	13	14	14	15	16	16	17	17	18	16	17
9	9	10九	10八	11	12	12	13	13	14	12	13	14	14	15	15	16	17	17	18	18	19	17	18
10	10	11	11	12七	13六	13	14	14	15	13	14	15	15	16	16	17	18	18	19	19	20	18	19
11	11	12	12	13	14	14五	15四	15	16	14	15	16	16	17	17	18	19	19	20	20	21	19	20
12	12	13	13	14	15	15	16	16三	17二	15	16	17	17	18	18	19	20	20	21	21	22	20	21
13	13	14	14	15	16	16	17	17	18	16正	17十二	18	18	19	19	20	21	21	22	22	23	21	22
14	14	15	15	16	17	17	18	18	19	17	18	19十一	19十	20	20	21	22	22	23	23	24	22	23
15	15	16	16	17	18	18	19	19	20	18	19	20	20	21九	21八	22七	23	23	24	24	25	23	24
16	16	17	17	18	19	19	20	20	21	19	20	21	21	22	22	23	24六	24五	25	25	26	24	25
17	17	18	18	19	20	20	21	21	22	20	21	22冬	22	23	23	24	25	25	26四	26閏	27	25	26
18	18	19	19	20	21	21	22	22	23	21	22	23	23	24	24	25	26	26	27	27	28三	26二	27
19	19	20	20	21	22	22	23	23	24	22	23	24	24	25	25	26	27	27	28	28	29	27	28正
20	20	21	21	22	23	23	24	24	25	23	24	25	25	26	26	27	28	28	29	29	30	28	29
21	21	22	22	23	24	24	25	25	26	24	25	26	26	27	27	28	29	29	30	30	31	**3**	30

勵耘書屋

七六
丙子
漢章帝
建初元

829

七五
乙亥
永平一八

828

11	11	12	12	13	14	14	15	15	16	15	16	17	17	18	18	19	20	20	21	21	22	20	21	22
12	12	13	13	14	15	15	16	16	17	16	17	18	18	19	19	20	21	21	22	22	23	21	22	23冬
13	13	14	14	15	16	16	17	17	18	17	18	19	19	20	20	21	22	22	23	23	24	22	23	24
14	14	15	15	16	17	17	18	18	19	18	19	20	20	21	21	22	23	23	24	24	25	23	24	25
15十一	15	16	16	17	18	18	19	19	20	19	20	21	21	22	22	23	24	24	25	25	26	24	25	26
16	16十	17九	17	18	19	19	20	20	21	20	21	22	22	23	23	24	25	25	26	26	27	25	26	27
17	17	18	18八	19七	20	20	21	21	22	21	22	23冬	23	24	24	25	26	26	27	27	28	26	27	28
18	18	19	19	20	21六	21五	22四	22	23	22	23	24	24	25	25	26	27	27	28	28	29	27	28	29
19	19	20	20	21	22	22	23	23三	24二	23	24	25	25	26	26	27	28	28	29	29	30	28	29	30
20	20	21	21	22	23	23	24	24	25	24正	25十二	26	26	27	27	28	29	29	30	30	31	3	30	31
21	21	22	22	23	24	24	25	25	26	25	26	27閏	27十一	28	28	29	30	30	31	5	4	2	31	1
22冬	22	23	23	24	25	25	26	26	27	26	27	28	28	29十	29九	30	31	7	6	2	2	3	2	2
23	23	24	24	25	26	26	27	27	28	27	28	29	29	30	30	31八	8七	2	2	3	3	4	2	3
24	24	25	25	26	27	27	28	28	29	28	29	30	30	31	10	9	2	3六	3五	4	4	5	3	4
25	25	26	26	27	28	28	29	29	30	29	30	31	12	11	2	2	3	4	4	5四	5三	6	4	5
26	26	27	27	28	29	29	30	30	31	3	31	1	2	2	3	3	4	5	5	6	6	7二	5正	6十二
27	27	28	28	29	30	30	31	5	4	2	2	2	3	3	4	4	5	6	6	7	7	8	6	7
28	28	29	29	30	31	7	6	2	2	3	2	3	4	4	5	5	6	7	7	8	8	9	7	8
29	29	30	30	31	8	2	2	3	3	4	3	4	5	5	6	6	7	8	8	9	9	10	8	9
30	30	31	10	9	2	3	3	4	4	5	4	5	6	6	7	7	8	9	9	10	10	11	9	10
31	12	11	2	2	3	4	4	5	5	6	5	6	7	7	8	8	9	10	10	11	11	12	10	11
日	2	2	3	3	4	5	5	6	6	7	6	7	8	8	9	9	10	11	11	12	12	13	11	12
曜	3	3	4	4	5	6	6	7	7	8	7	8	9	9	10	10	11	12	12	13	13	14	12	13
表	4	4	5	5	6	7	7	8	8	9	8	9	10	10	11	11	12	13	13	14	14	15	13	14
2	5	5	6	6	7	8	8	9	9	10	9	10	11	11	12	12	13	14	14	15	15	16	14	15
甲	6	6	7	7	8	9	9	10	10	11	10	11	12	12	13	13	14	15	15	16	16	17	15	16
子	7	7	8	8	9	10	10	11	11	12	11	12	13	13	14	14	15	16	16	17	17	18	16	17
表	8	8	9	9	10	11	11	12	12	13	12	13	14	14	15	15	16	17	17	18	18	19	17	18
19	9	9	10	10	11	12	12	13	13	14	13	14	15	15	16	16	17	18	18	19	19	20	18	19
	10	10	11	11	12	13	13	14	14	15	14	15	16	16	17	17	18	19	19	20	20	21	19	20

七八
戊寅
建初三
831

七七
丁丑
建初二
830

22	23	23	24	25	25	26	26	27	25	26	27	27	28	28	29	30	30	31	**5**	**4**	2	31	**1**
23	24	24	25	26	26	27	27	28	26	27	28	28	29	29	30	31	**7**	**6**	2	2	3	**2**	2
24十	25九	25	26	27	27	28	28	29	27	28	29	29	30	30	31	**8**	2	2	3	3	4	2	3
25	26	26閏	27八	28	28	29	29	30	28	29	30	30	31	**10**	**9**	2	3	3	4	4	5	3	4
26	27	27	28	29七	29六	30	30	31	**3**	30	31	**12**	**11**	2	2	3	4	4	5	5	6	**4**	5
27	28	28	29	30	30	31五	**5**四	**4**	2	31	**1**	2	2	3	3	4	5	5	6	6	7	5	6
28	29	29	30	31	**7**	**6**	2	2三	3二	**2**	2	3	3	4	4	5	6	6	7	7	8	6	7
29	30	30	31	**8**	2	2	3	3	4	2正	3十二	4	4	5	5	6	7	7	8	8	9	7	8
30	31	**10**	**9**	2	3	3	4	4	5	3	4	5十一	5十	6	6	7	8	8	9	9	10	8	9
12	**11**	2	2	3	4	4	5	5	6	4	5	6	6	7九	7八	8七	9	9	10	10	11	9	10
2	2	3	3	4	5	5	6	6	7	5	6	7	7	8	8	9	10六	10五	11	11	12	10	11
3	3	4	4	5	6	6	7	7	8	6	7	8	8	9	9	10	11	11	12四	12三	13	11	12
4	4	5	5	6	7	7	8	8	9	7	8	9	9	10	10	11	12	12	13	13	14二	12正	13
5	5	6	6	7	8	8	9	9	10	8	9	10	10	11	11	12	13	13	14	14	15	13	14十二
6	6	7	7	8	9	9	10	10	11	9	10	11	11	12	12	13	14	14	15	15	16	14	15
7	7	8	8	9	10	10	11	11	12	10	11	12	12	13	13	14	15	15	16	16	17	15	16
8	8	9	9	10	11	11	12	12	13	11	12	13	13	14	14	15	16	16	17	17	18	16	17
9	9	10	10	11	12	12	13	13	14	12	13	14	14	15	15	16	17	17	18	18	19	17	18
10	10	11	11	12	13	13	14	14	15	13	14	15	15	16	16	17	18	18	19	19	20	18	19
11	11	12	12	13	14	14	15	15	16	14	15	16	16	17	17	18	19	19	20	20	21	19	20
12	12	13	13	14	15	15	16	16	17	15	16	17	17	18	18	19	20	20	21	21	22	20	21
13	13	14	14	15	16	16	17	17	18	16	17	18	18	19	19	20	21	21	22	22	23	21	22
14	14	15	15	16	17	17	18	18	19	17	18	19	19	20	20	21	22	22	23	23	24	22	23
15	15	16	16	17	18	18	19	19	20	18	19	20	20	21	21	22	23	23	24	24	25	23	24
16	16	17	17	18	19	19	20	20	21	19	20	21	21	22	22	23	24	24	25	25	26	24	25
17	17	18	18	19	20	20	21	21	22	20	21	22冬	22	23	23	24	25	25	26	26	27	25	26
18	18	19	19	20	21	21	22	22	23	21	22	23	23	24	24	25	26	26	27	27	28	26	27
19	19	20	20	21	22	22	23	23	24	22	23	24	24	25	25	26	27	27	28	28	29	27	28
20	20	21	21	22	23	23	24	24	25	23	24	25	25	26	26	27	28	28	29	29	30	28	29
21	21	22	22	23	24	24	25	25	26	24	25	26	26	27	27	28	29	29	30	30	31	**3**	30

七九 己卯 建初四 832

八〇 庚辰 建初五 833

11	11	12	12	13	14	14	15	15	16	15	16	17	17	18	18	19	20	20	21	21三	22二	20	21	22	
12	12	13	13	14	15	15	16	16	17	16	17	18	18	19	19	20	21	21	22	22	23	21正	22十二	23十一	
13	13	14	14	15	16	16	17	17	18	17	18	19	19	20	20	21	22	22	23	23	24	22	23	24	
14	14	15	15	16	17	17	18	18	19	18	19	20	20	21	21	22	23	23	24	24	25	23	24	25	
15	15	16	16	17	18	18	19	19	20	19	20	21	21	22	22	23	24	24	25	25	26	24	25	26	
16	16	17	17	18	19	19	20	20	21	20	21	22	22	23	23	24	25	25	26	26	27	25	26	27	
17	17	18	18	19	20	20	21	21	22	21	22	23冬	23	24	24	25	26	26	27	27	28	26	27	28	
18	18	19	19	20	21	21	22	22	23	22	23	24	24	25	25	26	27	27	28	28	29	27	28	29	
19	19	20	20	21	22	22	23	23	24	23	24	25	25	26	26	27	28	28	29	29	30	28	29	30	
20	20	21	21	22	23	23	24	24	25	24	25	26	26	27	27	28	29	29	30	30	31	3	30	31	
21	21	22	22	23	24	24	25	25	26	25	26	27	27	28	28	29	30	30	31	5	4	2	31	1	
22冬	22	23	23	24	25	25	26	26	27	26	27	28	28	29	29	30	31	7	6	2	2	3	2	2	
23	23	24	24	25	26	26	27	27	28	27	28	29	29	30	30	31	8	2	2	3	3	4	2	3	
24	24	25	25	26	27	27	28	28	29	28	29	30	30	31	10	9	2	3	3	4	4	5	3	4	
25	25	26	26	27	28	28	29	29	30	29	30	31	12	11	2	2	3	4	4	5	5	6	4	5	
26	26	27	27	28	29	29	30	30	31	3	31	1	2	2	3	3	4	5	5	6	6	7	5	6	
27	27	28	28	29	30	30	31	5	4	2	2	2	3	3	4	4	5	6	6	7	7	8	6	7	
28	28	29	29	30	31	7	6	2	2	3	2	3	4	4	5	5	6	7	7	8	8	9	7	8	
29	29	30	30	31	8	2	2	3	3	4	3	4	5	5	6	6	7	8	8	9	9	10	8	9	
30	30	31	10	9	2	3	3	4	4	5	4	5	6	6	7	7	8	9	9	10	10	11	9	10	
31十二	12十一	11	2	2	3	4	4	5	5	6	5	6	7	7	8	8	9	10	10	11	11	12	10	11	
日	2	2十	3九	3	4	5	5	6	6	7	6	7	8	8	9	9	10	11	11	12	12	13	11	12	
曜	3	3	4	4八	5七	6	6	7	7	8	7	8	9	9	10	10	11	12	12	13	13	14	12	13	
表	4	4	5	5	6	7六	7五	8	8	9	8	9	10	10	11	11	12	13	13	14	14	15	13	14	
3	5	5	6	6	7	8	8	9四	9三	10二	9	10	11	11	12	12	13	14	14	15	15	16	14	15	
甲	6	6	7	7	8	9	9	10	10	11	10正	11十二	12	12	13	13	14	15	15	16	16	17	15	16	
子	7	7	8	8	9	10	10	11	11	12	11	12	13十一	13十	14	14	15	16	16	17	17	18	16	17	
表	8	8	9	9	10	11	11	12	12	13	12	13	14	14	15九	15八	16	17	17	18	18	19	17	18	
20	9	9	10	10	11	12	12	13	13	14	13	14	15	15	16	16	17七	18六	18	19	19	20	18	19	
	10	10	11	11	12	13	13	14	14	15	14	15	16	16	17	17	18	19	19五	20四	20	21	19	20	

八二 壬午 建初七 835

八一 辛巳 建初六 834

22	23	23	24	25	25	26	26	27	25	26	27	27	28	28	29	30	30	31	5	4	2	31	1
23	24	24	25	26	26	27	27	28	26	27	28	28	29	29	30	31	7	6	2	2	3	2	2
24	25	25	26	27	27	28	28	29	27	28	29	29	30	30	31	8	2	2	3	3	4	2	3
25	26	26	27	28	28	29	29	30	28	29	30	30	31	10	9	2	3	3	4	4	5	3	4
26	27	27	28	29	29	30	30	31	3	30	31	12	11	2	2	3	4	4	5	5	6	4	5
27	28	28	29	30	30	31	5	4	2	31	1	2	2	3	3	4	5	5	6	6	7	5	6
28	29	29	30	31	7	6	2	2	3	2	2	3	3	4	4	5	6	6	7	7	8	6	7
29	30	30	31	8	2	2	3	3	4	2	3	4	4	5	5	6	7	7	8	8	9	7	8
30	31	10	9	2	3	3	4	4	5	3	4	5	5	6	6	7	8	8	9	9	10	8	9
12	11	2	2	3	4	4	5	5	6	4	5	6	6	7	7	8	9	9	10	10	11	9	10
2	2	3	3	4	5	5	6	6	7	5	6	7	7	8	8	9	10	10	11	11	12	10	11
3	3	4	4	5	6	6	7	7	8	6	7	8	8	9	9	10	11	11	12	12	13	11	12
4	4	5	5	6	7	7	8	8	9	7	8	9	9	10	10	11	12	12	13	13	14	12	13
5	5	6	6	7	8	8	9	9	10	8	9	10	10	11	11	12	13	13	14	14	15	13	14
6	6	7	7	8	9	9	10	10	11	9	10	11	11	12	12	13	14	14	15	15	16	14	15
7	7	8	8	9	10	10	11	11	12	10	11	12	12	13	13	14	15	15	16	16	17	15	16
8	8	9	9	10	11	11	12	12	13	11	12	13	13	14	14	15	16	16	17	17	18	16	17
9十一	9	10	10	11	12	12	13	13	14	12	13	14	14	15	15	16	17	17	18	18	19	17	18
10	10十	11九	11	12	13	13	14	14	15	13	14	15	15	16	16	17	18	18	19	19	20	18	19
11	11	12	12八	13七	14	14	15	15	16	14	15	16	16	17	17	18	19	19	20	20	21	19	20
12	12	13	13	14	15六	15五	16	16	17	15	16	17	17	18	18	19	20	20	21	21	22	20	21
13	13	14	14	15	16	16	17四	17三	18	16	17	18	18	19	19	20	21	21	22	22	23	21	22
14	14	15	15	16	17	17	18	18	19二	17正	18	19	19	20	20	21	22	22	23	23	24	22	23
15	15	16	16	17	18	18	19	19	20	18	19十二	20十一	20	21	21	22	23	23	24	24	25	23	24
16	16	17	17	18	19	19	20	20	21	19	20	21	21十	22九	22	23	24	24	25	25	26	24	25
17	17	18	18	19	20	20	21	21	22	20	21	22冬	22	23	23八	24七	25六	25	26	26	27	25	26
18	18	19	19	20	21	21	22	22	23	21	22	23	23	24	24	25	26	26閏	27五	27	28	26	27
19	19	20	20	21	22	22	23	23	24	22	23	24	24	25	25	26	27	27	28	28四	29三	27	28
20	20	21	21	22	23	23	24	24	25	23	24	25	25	26	26	27	28	28	29	29	30	28二	29正
21	21	22	22	23	24	24	25	25	26	24	25	26	26	27	27	28	29	29	30	30	31	3	30

八三 癸未 建初八 836

八四 甲申 建初九 元和元（八月改） 837

11	11	12	12	13	14	14	15	15	16	15	16	17	17	18	18	19	20	20	21	21	22	20	21	22
12	12	13	13	14	15	15	16	16	17	16	17	18	18	19	19	20	21	21	22	22	23	21	22	23 冬
13	13	14	14	15	16	16	17	17	18	17	18	19	19	20	20	21	22	22	23	23	24	22	23	24
14	14	15	15	16	17	17	18	18	19	18	19	20	20	21	21	22	23	23	24	24	25	23	24	25
15	15	16	16	17	18	18	19	19	20	19	20	21	21	22	22	23	24	24	25	25	26	24	25	26
16	16	17	17	18	19	19	20	20	21	20	21	22	22	23	23	24	25	25	26	26	27	25	26	27
17	十一 17	十 18	18	19	20	20	21	21	22	21	22	23	冬 23	24	24	25	26	26	27	27	28	26	27	28
18	18	19	九 19	八 20	21	21	22	22	23	22	23	24	24	25	25	26	27	27	28	28	29	27	28	29
19	19	20	20	21	七 22	六 22	23	23	24	23	24	25	25	26	26	27	28	28	29	29	30	28	29	30
20	20	21	21	22	23	23	五 24	四 24	25	24	25	26	26	27	27	28	29	29	30	30	31	**3**	30	31
21	21	22	22	23	24	24	25	25	三 26	二 25	閏 26	27	27	28	28	29	30	30	31	**5**	**4**	2	31	**1**
22	冬 22	23	23	24	25	25	26	26	27	26	27	正 28	十二 28	29	29	30	31	**7**	**6**	2	2	3	**2**	2
23	23	24	24	25	26	26	27	27	28	27	28	29	29	十一 30	十 30	31	**8**	2	2	3	3	4	2	3
24	24	25	25	26	27	27	28	28	29	28	29	30	30	31	**10**	九 **9**	八 2	3	3	4	4	5	3	4
25	25	26	26	27	28	28	29	29	30	29	30	31	**12**	**11**	2	2	3	七 4	六 4	5	5	6	4	5
26	26	27	27	28	29	29	30	30	31	**3**	31	**1**	2	2	3	3	4	5	5	五 6	四 6	7	5	6
27	27	28	28	29	30	30	31	**5**	**4**	2	**2**	2	3	3	4	4	5	6	6	7	7	三 8	二 6	7
28	28	29	29	30	31	**7**	**6**	2	2	3	2	3	4	4	5	5	6	7	7	8	8	9	7	正 8 十二
29	29	30	30	31	**8**	2	2	3	3	4	3	4	5	5	6	6	7	8	8	9	9	10	8	9
30	30	31	**10**	**9**	2	3	3	4	4	5	4	5	6	6	7	7	8	9	9	10	10	11	9	10
31	**12**	**11**	2	2	3	4	4	5	5	6	5	6	7	7	8	8	9	10	10	11	11	12	10	11
日	2	2	3	3	4	5	5	6	6	7	6	7	8	8	9	9	10	11	11	12	12	13	11	12
曜	3	3	4	4	5	6	6	7	7	8	7	8	9	9	10	10	11	12	12	13	13	14	12	13
表	4	4	5	5	6	7	7	8	8	9	8	9	10	10	11	11	12	13	13	14	14	15	13	14
4	5	5	6	6	7	8	8	9	9	10	9	10	11	11	12	12	13	14	14	15	15	16	14	15
甲	6	6	7	7	8	9	9	10	10	11	10	11	12	12	13	13	14	15	15	16	16	17	15	16
子	7	7	8	8	9	10	10	11	11	12	11	12	13	13	14	14	15	16	16	17	17	18	16	17
表	8	8	9	9	10	11	11	12	12	13	12	13	14	14	15	15	16	17	17	18	18	19	17	18
1	9	9	10	10	11	12	12	13	13	14	13	14	15	15	16	16	17	18	18	19	19	20	18	19
	10	10	11	11	12	13	13	14	14	15	14	15	16	16	17	17	18	19	19	20	20	21	19	20

八六 丙戌 元和三 839

八五 乙酉 元和二 838

22	23	23	24	25	25	26	26	27	25	26	27	27	28	28	29	30	30	31	**5**	**4**	2	31	**1**
23	24	24	25	26	26	27	27	28	26	27	28	28	29	29	30	31	**7**	**6**	2	2	3	**2**	2
24	25	25	26	27	27	28	28	29	27	28	29	29	30	30	31	**8**	2	2	3	3	4	2	3
25閏	26十	26	27	28	28	29	29	30	28	29	30	30	31	**10**	**9**	2	3	3	4	4	5	3	4
26	27	27九	28八	29	29	30	30	31	**3**	30	31	**12**	**11**	2	2	3	4	4	5	5	6	4	5
27	28	28	29	30七	30六	31	**5**	**4**	2	31	**1**	2	2	3	3	4	5	5	6	6	7	5	6
28	29	29	30	31	**7**	**6**五	2四	2三	3	**2**	2	3	3	4	4	5	6	6	7	7	8	6	7
29	30	30	31	**8**	2	2	3	3	4二	2正	3	4	4	5	5	6	7	7	8	8	9	7	8
30	31	**10**	**9**	2	3	3	4	4	5	3	4十二	5十一	5	6	6	7	8	8	9	9	10	8	9
12	**11**	2	2	3	4	4	5	5	6	4	5	6	6十	7九	7	8	9	9	10	10	11	9	10
2	2	3	3	4	5	5	6	6	7	5	6	7	7	8	8八	9七	10	10	11	11	12	10	11
3	3	4	4	5	6	6	7	7	8	6	7	8	8	9	9	10	11六	11五	12	12	13	11	12
4	4	5	5	6	7	7	8	8	9	7	8	9	9	10	10	11	12	12	13四	13三	14	12	13
5	5	6	6	7	8	8	9	9	10	8	9	10	10	11	11	12	13	13	14	14	15二	13正	14
6	6	7	7	8	9	9	10	10	11	9	10	11	11	12	12	13	14	14	15	15	16	14	15十二
7	7	8	8	9	10	10	11	11	12	10	11	12	12	13	13	14	15	15	16	16	17	15	16
8	8	9	9	10	11	11	12	12	13	11	12	13	13	14	14	15	16	16	17	17	18	16	17
9	9	10	10	11	12	12	13	13	14	12	13	14	14	15	15	16	17	17	18	18	19	17	18
10	10	11	11	12	13	13	14	14	15	13	14	15	15	16	16	17	18	18	19	19	20	18	19
11	11	12	12	13	14	14	15	15	16	14	15	16	16	17	17	18	19	19	20	20	21	19	20
12	12	13	13	14	15	15	16	16	17	15	16	17	17	18	18	19	20	20	21	21	22	20	21
13	13	14	14	15	16	16	17	17	18	16	17	18	18	19	19	20	21	21	22	22	23	21	22
14	14	15	15	16	17	17	18	18	19	17	18	19	19	20	20	21	22	22	23	23	24	22	23
15	15	16	16	17	18	18	19	19	20	18	19	20	20	21	21	22	23	23	24	24	25	23	24
16	16	17	17	18	19	19	20	20	21	19	20	21	21	22	22	23	24	24	25	25	26	24	25
17	17	18	18	19	20	20	21	21	22	20	21	22冬	22	23	23	24	25	25	26	26	27	25	26
18	18	19	19	20	21	21	22	22	23	21	22	23	23	24	24	25	26	26	27	27	28	26	27
19	19	20	20	21	22	22	23	23	24	22	23	24	24	25	25	26	27	27	28	28	29	27	28
20	20	21	21	22	23	23	24	24	25	23	24	25	25	26	26	27	28	28	29	29	30	28	29
21	21	22	22	23	24	24	25	25	26	24	25	26	26	27	27	28	29	29	30	30	31	**3**	30

八八 戊子 章和二 841

八七 丁亥 元和四 章和元 七月改 840

11	11	12	12	13	14	14	15	15	16	15	16	17	17	18	18	19	20	20	21四	21三	22	20	21	22
12	12	13	13	14	15	15	16	16	17	16	17	18	18	19	19	20	21	21	22	22	23二	21正	22	23冬
13	13	14	14	15	16	16	17	17	18	17	18	19	19	20	20	21	22	22	23	23	24	22	23十二	24十一
14	14	15	15	16	17	17	18	18	19	18	19	20	20	21	21	22	23	23	24	24	25	23	24	25
15	15	16	16	17	18	18	19	19	20	19	20	21	21	22	22	23	24	24	25	25	26	24	25	26
16	16	17	17	18	19	19	20	20	21	20	21	22	22	23	23	24	25	25	26	26	27	25	26	27
17	17	18	18	19	20	20	21	21	22	21	22	23冬	23	24	24	25	26	26	27	27	28	26	27	28
18	18	19	19	20	21	21	22	22	23	22	23	24	24	25	25	26	27	27	28	28	29	27	28	29
19	19	20	20	21	22	22	23	23	24	23	24	25	25	26	26	27	28	28	29	29	30	28	29	30
20	20	21	21	22	23	23	24	24	25	24	25	26	26	27	27	28	29	29	30	30	31	**3**	30	31
21	21	22	22	23	24	24	25	25	26	25	26	27	27	28	28	29	30	30	31	**5**	**4**	2	31	**1**
22冬	22	23	23	24	25	25	26	26	27	26	27	28	28	29	29	30	31	**7**	**6**	2	2	3	**2**	2
23	23	24	24	25	26	26	27	27	28	27	28	29	29	30	30	31	**8**	2	2	3	3	4	2	3
24	24	25	25	26	27	27	28	28	29	28	29	30	30	31	**10**	**9**	2	3	3	4	4	5	3	4
25	25	26	26	27	28	28	29	29	30	29	30	31	**12**	**11**	2	2	3	4	4	5	5	6	4	5
26	26	27	27	28	29	29	30	30	31	**3**	31	**1**	2	2	3	3	4	5	5	6	6	7	5	6
27	27	28	28	29	30	30	31	**5**	**4**	2	**2**	2	3	3	4	4	5	6	6	7	7	8	6	7
28	28	29	29	30	31	**7**	**6**	2	2	3	2	3	4	4	5	5	6	7	7	8	8	9	7	8
29	29	30	30	31	**8**	2	2	3	3	4	3	4	5	5	6	6	7	8	8	9	9	10	8	9
30	30	31	**10**	**9**	2	3	3	**4**	**4**	5	4	5	6	6	7	7	8	9	9	10	10	11	9	10
31	**12**	**11**	2	2	3	4	4	5	5	6	5	6	7	7	8	8	9	10	10	11	11	12	10	11
日	2十一	2十	3	3	4	5	5	6	6	7	6	7	8	8	9	9	10	11	11	12	12	13	11	12
曜	3	3	4九	4八	5	6	6	7	7	8	7	8	9	9	10	10	11	12	12	13	13	14	12	13
表	4	4	5	5	6七	7六	7	8	8	9	8	9	10	10	11	11	12	13	13	14	14	15	13	14
5	5	5	6	6	7	8	8五	9四	9	10	9	10	11	11	12	12	13	14	14	15	15	16	14	15
甲	6	6	7	7	8	9	9	10	10三	11二	10	11	12	12	13	13	14	15	15	16	16	17	15	16
子	7	7	8	8	9	10	10	11	11	12	11正	12十二	13	13	14	14	15	16	16	17	17	18	16	17
表	8	8	9	9	10	11	11	12	12	13	12	13	14十一	14十	15	15	16	17	17	18	18	19	17	18
2	9	9	10	10	11	12	12	13	13	14	13	14	15	15	16九	16八	17七	18	18	19	19	20	18	19
	10	10	11	11	12	13	13	14	14	15	14	15	16	16	17	17	18	19六	19五	20	20	21	19	20

八九 己丑 漢和帝 永元元 842

九〇 庚寅 永元二 843

22	23	23	24	25	25	26	26	27	25	26	27	27	28	28	29	30	30	31	**5**	**4**	2	31	**1**十二
23	24	24	25	26	26	27	27	28	26	27	28	28	29	29	30	31	**7**	**6**	2	2	3	**2**	2
24	25	25	26	27	27	28	28	29	27	28	29	29	30	30	31	**8**	2	2	3	3	4	2	3
25	26	26	27	28	28	29	29	30	28	29	30	30	31	**10**	**9**	2	3	3	4	4	5	3	4
26	27	27	28	29	29	30	30	31	**3**	30	31	**12**	**11**	2	2	3	4	4	5	5	6	4	5
27	28	28	29	30	30	31	**5**	**4**	2	31	**1**	2	2	3	3	4	5	5	6	6	7	5	6
28	29	29	30	31	**7**	**6**	2	2	3	**2**	2	3	3	4	4	5	6	6	7	7	8	6	7
29	30	30	31	**8**	2	2	3	3	4	2	3	4	4	5	5	6	7	7	8	8	9	7	8
30	31	**10**	**9**	2	3	3	4	4	5	3	4	5	5	6	6	7	8	8	9	9	10	8	9
12	**11**	2	2	3	4	4	5	5	6	4	5	6	6	7	7	8	9	9	10	10	11	9	10
2	2	3	3	4	5	5	6	6	7	5	6	7	7	8	8	9	10	10	11	11	12	10	11
3	3	4	4	5	6	6	7	7	8	6	7	8	8	9	9	10	11	11	12	12	13	11	12
4	4	5	5	6	7	7	8	8	9	7	8	9	9	10	10	11	12	12	13	13	14	12	13
5	5	6	6	7	8	8	9	9	10	8	9	10	10	11	11	12	13	13	14	14	15	13	14
6	6	7	7	8	9	9	10	10	11	9	10	11	11	12	12	13	14	14	15	15	16	14	15
7	7	8	8	9	10	10	11	11	12	10	11	12	12	13	13	14	15	15	16	16	17	15	16
8	8	9	9	10	11	11	12	12	13	11	12	13	13	14	14	15	16	16	17	17	18	16	17
9	9	10	10	11	12	12	13	13	14	12	13	14	14	15	15	16	17	17	18	18	19	17	18
10十一	10	11	11	12	13	13	14	14	15	13	14	15	15	16	16	17	18	18	19	19	20	18	19
11	11十	12九	12	13	14	14	15	15	16	14	15	16	16	17	17	18	19	19	20	20	21	19	20
12	12	13	13八	14七	15	15	16	16	17	15	16	17	17	18	18	19	20	20	21	21	22	20	21
13	13	14	14	15	16六	16五	17	17	18	16	17	18	18	19	19	20	21	21	22	22	23	21	22
14	14	15	15	16	17	17	18四	18三	19二	17	18	19	19	20	20	21	22	22	23	23	24	22	23
15	15	16	16	17	18	18	19	19	20	18正	19十二	20	20	21	21	22	23	23	24	24	25	23	24
16	16	17	17	18	19	19	20	20	21	19	20	21十一	21十	22	22	23	24	24	25	25	26	24	25
17	17	18	18	19	20	20	21	21	22	20	21	22冬	22	23九	23八	24	25	25	26	26	27	25	26
18	18	19	19	20	21	21	22	22	23	21	22	23	23	24	24	25閏	26七	26	27	27	28	26	27
19	19	20	20	21	22	22	23	23	24	22	23	24	24	25	25	26	27	27六	28五	28	29	27	28
20	20	21	21	22	23	23	24	24	25	23	24	25	25	26	26	27	28	28	29	29四	30三	28	29
21	21	22	22	23	24	24	25	25	26	24	25	26	26	27	27	28	29	29	30	30	31	**3**二	30正

勵耘書屋

845 九二 壬辰 永元四													844 九一 辛卯 永元三											
11	11	12	12	13	14	14	15	15	16	15	16	17	17	18	18	19	20	20	21	21	22	20	21	22冬
12	12	13	13	14	15	15	16	16	17	16	17	18	18	19	19	20	21	21	22	22	23	21	22	23
13	13	14	14	15	16	16	17	17	18	17	18	19	19	20	20	21	22	22	23	23	24	22	23	24
14	14	15	15	16	17	17	18	18	19	18	19	20	20	21	21	22	23	23	24	24	25	23	24	25
15	15	16	16	17	18	18	19	19	20	19	20	21	21	22	22	23	24	24	25	25	26	24	25	26
16	16	17	17	18	19	19	20	20	21	20	21	22	22	23	23	24	25	25	26	26	27	25	26	27
17	17	18	18	19	20	20	21	21	22	21	22	23冬	23	24	24	25	26	26	27	27	28	26	27	28
18十二	18十	19九	19	20	21	21	22	22	23	22	23	24	24	25	25	26	27	27	28	28	29	27	28	29
19	19	20	20八	21七	22	22	23	23	24	23	24	25	25	26	26	27	28	28	29	29	30	28	29	30
20	20	21	21	22	23六	23五	24	24	25	24	25	26	26	27	27	28	29	29	30	30	31	**3**	30	31
21	21	22	22	23	24	24	25四	25閏	26	25	26	27	27	28	28	29	30	30	31	**5**	**4**	2	31	**1**
22冬	22	23	23	24	25	25	26	26	27三	26二	27	28	28	29	29	30	31	**7**	**6**	2	2	3	**2**	2
23	23	24	24	25	26	26	27	27	28	27	28正	29十二	29	30	30	31	**8**	2	2	3	3	4	2	3
24	24	25	25	26	27	27	28	28	29	28	29	30	30十二	31十	**10**	**9**	2	3	3	4	4	5	3	4
25	25	26	26	27	28	28	29	29	30	29	30	31	**12**	**11**	2九	2八	3	4	4	5	5	6	4	5
26	26	27	27	28	29	29	30	30	31	**3**	31	**1**	2	2	3	3	4七	5六	5五	6	6	7	5	6
27	27	28	28	29	30	30	31	**5**	**4**	2	**2**	2	3	3	4	4	5	6	6	7四	7三	8	6	7
28	28	29	29	30	31	**7**	**6**	2	2	3	2	3	4	4	5	5	6	7	7	8	8	9二	7正	8
29	29	30	30	31	**8**	2	2	3	3	4	3	4	5	5	6	6	7	8	8	9	9	10	8	9十二
30	30	31	**10**	**9**	2	3	3	4	4	5	4	5	6	6	7	7	8	9	9	10	10	11	9	10
31	**12**	**11**	2	2	3	4	4	5	5	6	5	6	7	7	8	8	9	10	10	11	11	12	10	11
日	2	2	3	3	4	5	5	6	6	7	6	7	8	8	9	9	10	11	11	12	12	13	11	12
曜	3	3	4	4	5	6	6	7	7	8	7	8	9	9	10	10	11	12	12	13	13	14	12	13
表	4	4	5	5	6	7	7	8	8	9	8	9	10	10	11	11	12	13	13	14	14	15	13	14
6	5	5	6	6	7	8	8	9	9	10	9	10	11	11	12	12	13	14	14	15	15	16	14	15
甲	6	6	7	7	8	9	9	10	10	11	10	11	12	12	13	13	14	15	15	16	16	17	15	16
子	7	7	8	8	9	10	10	11	11	12	11	12	13	13	14	14	15	16	16	17	17	18	16	17
表	8	8	9	9	10	11	11	12	12	13	12	13	14	14	15	15	16	17	17	18	18	19	17	18
3	9	9	10	10	11	12	12	13	13	14	13	14	15	15	16	16	17	18	18	19	19	20	18	19
	10	10	11	11	12	13	13	14	14	15	14	15	16	16	17	17	18	19	19	20	20	21	19	20

中西回史日曆

卷一 後漢

二四

勵耘書屋

九四 甲午 永元六 847

九三 癸巳 永元五 846

22	23	23	24	25	25	26	26	27	25	26	27	27	28	28	29	30	30	31	**5**	**4**	2	31	**1**
23	24	24	25	26	26	27	27	28	26	27	28	28	29	29	30	31	**7**	**6**	2	2	3	**2**	2
24	25	25	26	27	27	28	28	29	27	28	29	29	30	30	31	**8**	2	2	3	3	4	2	3
25	26	26	27	28	28	29	29	30	28	29	30	30	31	**10**	**9**	2	3	3	4	4	5	3	4
26十二	27	27	28	29	29	30	30	31	**3**	30	31	**12**	**11**	2	2	3	4	4	5	5	6	4	5
27	28十	28九	29	30	30	31	**5**	**4**	2	31	**1**	2	2	3	3	4	5	5	6	6	7	5	6
28	29	29	30八	31七	**7**	**6**	2	2	3	**2**	2	3	3	4	4	5	6	6	7	7	8	6	7
29	30	30	31	**8**	2六	2五	3	3	4	2	3	4	4	5	5	6	7	7	8	8	9	7	8
30	31	**10**	**9**	2	3	3	4四	4三	5二	3	4	5	5	6	6	7	8	8	9	9	10	8	9
12	**11**	2	2	3	4	4	5	5	6	4正	5十二	6	6	7	7	8	9	9	10	10	11	9	10
2	2	3	3	4	5	5	6	6	7	5	6	7十一	7十	8	8	9	10	10	11	11	12	10	11
3	3	4	4	5	6	6	7	7	8	6	7	8	8	9九	9八	10	11	11	12	12	13	11	12
4	4	5	5	6	7	7	8	8	9	7	8	9	9	10	10	11七	12六	12	13	13	14	12	13
5	5	6	6	7	8	8	9	9	10	8	9	10	10	11	11	12	13	13五	14四	14	15	13	14
6	6	7	7	8	9	9	10	10	11	9	10	11	11	12	12	13	14	14	15	15三	16二	14	15
7	7	8	8	9	10	10	11	11	12	10	11	12	12	13	13	14	15	15	16	16	17	15正	16十二
8	8	9	9	10	11	11	12	12	13	11	12	13	13	14	14	15	16	16	17	17	18	16	17
9	9	10	10	11	12	12	13	13	14	12	13	14	14	15	15	16	17	17	18	18	19	17	18
10	10	11	11	12	13	13	14	14	15	13	14	15	15	16	16	17	18	18	19	19	20	18	19
11	11	12	12	13	14	14	15	15	16	14	15	16	16	17	17	18	19	19	20	20	21	19	20
12	12	13	13	14	15	15	16	16	17	15	16	17	17	18	18	19	20	20	21	21	22	20	21
13	13	14	14	15	16	16	17	17	18	16	17	18	18	19	19	20	21	21	22	22	23	21	22
14	14	15	15	16	17	17	18	18	19	17	18	19	19	20	20	21	22	22	23	23	24	22	23
15	15	16	16	17	18	18	19	19	20	18	19	20	20	21	21	22	23	23	24	24	25	23	24
16	16	17	17	18	19	19	20	20	21	19	20	21	21	22	22	23	24	24	25	25	26	24	25
17	17	18	18	19	20	20	21	21	22	20	21	22冬	22	23	23	24	25	25	26	26	27	25	26
18	18	19	19	20	21	21	22	22	23	21	22	23	23	24	24	25	26	26	27	27	28	26	27
19	19	20	20	21	22	22	23	23	24	22	23	24	24	25	25	26	27	27	28	28	29	27	28
20	20	21	21	22	23	23	24	24	25	23	24	25	25	26	26	27	28	28	29	29	30	28	29
21	21	22	22	23	24	24	25	25	26	24	25	26	26	27	27	28	29	29	30	30	31	**3**	30

	永元八 丙申 九六											849	永元七 乙未 九五											848
11	11	12	12	13	14	14	15	15	16	15	16	17	17	18	18八	19七	20	20	21	21	22	20	21	22冬
12	12	13	13	14	15	15	16	16	17	16	17	18	18	19	19	20	21六	21五	22四	22	23	21	22	23
13	13	14	14	15	16	16	17	17	18	17	18	19	19	20	20	21	22	22	23	23三	24二	22	23	24
14	14	15	15	16	17	17	18	18	19	18	19	20	20	21	21	22	23	23	24	24	25	23正	24十二	25
15	15	16	16	17	18	18	19	19	20	19	20	21	21	22	22	23	24	24	25	25	26	24	25	26閏
16	16	17	17	18	19	19	20	20	21	20	21	22	22	23	23	24	25	25	26	26	27	25	26	27
17	17	18	18	19	20	20	21	21	22	21	22	23冬	23	24	24	25	26	26	27	27	28	26	27	28
18	18	19	19	20	21	21	22	22	23	22	23	24	24	25	25	26	27	27	28	28	29	27	28	29
19	19	20	20	21	22	22	23	23	24	23	24	25	25	26	26	27	28	28	29	29	30	28	29	30
20	20	21	21	22	23	23	24	24	25	24	25	26	26	27	27	28	29	29	30	30	31	3	30	31
21	21	22	22	23	24	24	25	25	26	25	26	27	27	28	28	29	30	30	31	5	4	2	31	1
22冬	22	23	23	24	25	25	26	26	27	26	27	28	28	29	29	30	31	7	6	2	2	3	2	2
23	23	24	24	25	26	26	27	27	28	27	28	29	29	30	30	31	8	2	2	3	3	4	2	3
24	24	25	25	26	27	27	28	28	29	28	29	30	30	31	10	9	2	3	3	4	4	5	3	4
25	25	26	26	27	28	28	29	29	30	29	30	31	12	11	2	2	3	4	4	5	5	6	4	5
26	26	27	27	28	29	29	30	30	31	3	31	1	2	2	3	3	4	5	5	6	6	7	5	6
27	27	28	28	29	30	30	31	5	4	2	2	2	3	3	4	4	5	6	6	7	7	8	6	7
28	28	29	29	30	31	7	6	2	2	3	2	3	4	4	5	5	6	7	7	8	8	9	7	8
29	29	30	30	31	8	2	2	3	3	4	3	4	5	5	6	6	7	8	8	9	9	10	8	9
30	30	31	10	9	2	3	3	4	4	5	4	5	6	6	7	7	8	9	9	10	10	11	9	10
31	12	11	2	2	3	4	4	5	5	6	5	6	7	7	8	8	9	10	10	11	11	12	10	11
日	2	2	3	3	4	5	5	6	6	7	6	7	8	8	9	9	10	11	11	12	12	13	11	12
曜	3	3	4	4	5	6	6	7	7	8	7	8	9	9	10	10	11	12	12	13	13	14	12	13
表	4十一	4十	5九	5	6	7	7	8	8	9	8	9	10	10	11	11	12	13	13	14	14	15	13	14
7	5	5	6	6八	7七	8	8	9	9	10	9	10	11	11	12	12	13	14	14	15	15	16	14	15
甲	6	6	7	7	8	9六	9五	10	10	11	10	11	12	12	13	13	14	15	15	16	16	17	15	16
子	7	7	8	8	9	10	10	11四	11三	12	11	12	13	13	14	14	15	16	16	17	17	18	16	17
表	8	8	9	9	10	11	11	12	12	13二	12正	13	14	14	15	15	16	17	17	18	18	19	17	18
4	9	9	10	10	11	12	12	13	13	14	13	14十二	15十一	15	16	16	17	18	18	19	19	20	18	19
	10	10	11	11	12	13	13	14	14	15	14	15	16	16十	17九	17	18	19	19	20	20	21	19	20

九八 戊戌 永元一〇 851

九七 丁酉 永元九 850

22	23	23	24	25	25	26	26	27	25	26	27	27	28	28	29	30	30	31	**5**	**4**三	2二	31	**1**
23	24	24	25	26	26	27	27	28	26	27	28	28	29	29	30	31	**7**	**6**	2	2	3	**2**正	2十二
24	25	25	26	27	27	28	28	29	27	28	29	29	30	30	31	**8**	2	2	3	3	4	2	3
25	26	26	27	28	28	29	29	30	28	29	30	30	31	**10**	**9**	2	3	3	4	4	5	3	4
26	27	27	28	29	29	30	30	31	**3**	30	31	**12**	**11**	2	2	3	4	4	5	5	6	4	5
27	28	28	29	30	30	31	**5**	**4**	2	31	**1**	2	2	3	3	4	5	5	6	6	7	5	6
28	29	29	30	31	**7**	**6**	2	2	3	**2**	2	3	3	4	4	5	6	6	7	7	8	6	7
29	30	30	31	**8**	2	2	3	3	4	2	3	4	4	5	5	6	7	7	8	8	9	7	8
30	31	**10**	**9**	2	3	3	4	4	5	3	4	5	5	6	6	7	8	8	9	9	10	8	9
12	**11**	2	2	3	4	4	5	5	6	4	5	6	6	7	7	8	9	9	10	10	11	9	10
2	2	3	3	4	5	5	6	6	7	5	6	7	7	8	8	9	10	10	11	11	12	10	11
3	3	4	4	5	6	6	7	7	8	6	7	8	8	9	9	10	11	11	12	12	13	11	12
4	4	5	5	6	7	7	8	8	9	7	8	9	9	10	10	11	12	12	13	13	14	12	13
5	5	6	6	7	8	8	9	9	10	8	9	10	10	11	11	12	13	13	14	14	15	13	14
6	6	7	7	8	9	9	10	10	11	9	10	11	11	12	12	13	14	14	15	15	16	14	15
7	7	8	8	9	10	10	11	11	12	10	11	12	12	13	13	14	15	15	16	16	17	15	16
8	8	9	9	10	11	11	12	12	13	11	12	13	13	14	14	15	16	16	17	17	18	16	17
9	9	10	10	11	12	12	13	13	14	12	13	14	14	15	15	16	17	17	18	18	19	17	18
10	10	11	11	12	13	13	14	14	15	13	14	15	15	16	16	17	18	18	19	19	20	18	19
11	11	12	12	13	14	14	15	15	16	14	15	16	16	17	17	18	19	19	20	20	21	19	20
12十一	12十	13	13	14	15	15	16	16	17	15	16	17	17	18	18	19	20	20	21	21	22	20	21
13	13	14九	14八	15	16	16	17	17	18	16	17	18	18	19	19	20	21	21	22	22	23	21	22
14	14	15	15	16七	17六	17	18	18	19	17	18	19	19	20	20	21	22	22	23	23	24	22	23
15	15	16	16	17	18	18五	19四	19	20	18	19	20	20	21	21	22	23	23	24	24	25	23	24
16	16	17	17	18	19	19	20	20三	21二	19	20	21	21	22	22	23	24	24	25	25	26	24	25
17	17	18	18	19	20	20	21	21	22	20正	21十二	22十一	22	23	23	24	25	25	26	26	27	25	26
18	18	19	19	20	21	21	22	22	23	21	22	23	23十	24九	24	25	26	26	27	27	28	26	27
19	19	20	20	21	22	22	23	23	24	22	23	24	24	25	25閏	26八	27	27	28	28	29	27	28
20	20	21	21	22	23	23	24	24	25	23	24	25	25	26	26	27	28七	28六	29	29	30	28	29
21	21	22	22	23	24	24	25	25	26	24	25	26	26	27	27	28	29	29	30五	30四	31	**3**	30

勵耘書屋

九九 己亥 永元一一 852

一〇〇 庚子 永元一二 853

11	11	12	12	13	14	14	15	15	16	15	16	17	17	18	18	19	20	20	21	21	22	20	21	22冬
12	12	13	13	14	15	15	16	16	17	16	17	18	18	19	19	20	21	21	22	22	23	21	22	23
13	13	14	14	15	16	16	17	17	18	17	18	19	19	20	20	21	22	22	23	23	24	22	23	24
14	14	15	15	16	17	17	18	18	19	18	19	20	20	21	21	22	23	23	24	24	25	23	24	25
15	15	16	16	17	18	18	19	19	20	19	20	21	21	22	22	23	24	24	25	25	26	24	25	26
16	16	17	17	18	19	19	20	20	21	20	21	22	22	23	23	24	25	25	26	26	27	25	26	27
17	17	18	18	19	20	20	21	21	22	21	22	23冬	23	24	24	25	26	26	27	27	28	26	27	28
18	18	19	19	20	21	21	22	22	23	22	23	24	24	25	25	26	27	27	28	28	29	27	28	29
19十一	19	20	20	21	22	22	23	23	24	23	24	25	25	26	26	27	28	28	29	29	30	28	29	30
20	20十	21九	21八	22	23	23	24	24	25	24	25	26	26	27	27	28	29	29	30	30	31	**3**	30	31
21	21	22	22	23七	24六	24	25	25	26	25	26	27	27	28	28	29	30	30	31	**5**	**4**	2	31	**1**
22冬	22	23	23	24	25	25闰	26五	26	27	26	27	28	28	29	29	30	31	**7**	**6**	2	2	3	**2**	2
23	23	24	24	25	26	26	27	27四	28三	27	28	29	29	30	30	31	**8**	2	2	3	3	4	2	3
24	24	25	25	26	27	27	28	28	29	28二	29正	30	30	31	**10**	**9**	2	3	3	4	4	5	3	4
25	25	26	26	27	28	28	29	29	30	29	30	31十二	**12**十二	**11**	2	2	3	4	4	5	5	6	4	5
26	26	27	27	28	29	29	30	30	31	**3**	31	**1**	2	2十	3九	3	4	5	5	6	6	7	5	6
27	27	28	28	29	30	30	31	**5**	**4**	2	**2**	2	3	3	4	4八	5七	6	6	7	7	8	6	7
28	28	29	29	30	31	**7**	**6**	2	2	3	2	3	4	4	5	5	6	7六	7五	8四	8	9	7	8
29	29	30	30	31	**8**	2	2	3	3	4	3	4	5	5	6	6	7	8	8	9	9三	10二	8	9
30	30	31	**10**	**9**	2	3	3	4	4	5	4	5	6	6	7	7	8	9	9	10	10	11	9正	10十二
31	**12**	**11**	2	2	3	4	4	5	5	6	5	6	7	7	8	8	9	10	10	11	11	12	10	11
日	2	2	3	3	4	5	5	6	6	7	6	7	8	8	9	9	10	11	11	12	12	13	11	12
曜	3	3	4	4	5	6	6	7	7	8	7	8	9	9	10	10	11	12	12	13	13	14	12	13
表	4	4	5	5	6	7	7	8	8	9	8	9	10	10	11	11	12	13	13	14	14	15	13	14
1	5	5	6	6	7	8	8	9	9	10	9	10	11	11	12	12	13	14	14	15	15	16	14	15
甲	6	6	7	7	8	9	9	10	10	11	10	11	12	12	13	13	14	15	15	16	16	17	15	16
子	7	7	8	8	9	10	10	11	11	12	11	12	13	13	14	14	15	16	16	17	17	18	16	17
表	8	8	9	9	10	11	11	12	12	13	12	13	14	14	15	15	16	17	17	18	18	19	17	18
5	9	9	10	10	11	12	12	13	13	14	13	14	15	15	16	16	17	18	18	19	19	20	18	19
	10	10	11	11	12	13	13	14	14	15	14	15	16	16	17	17	18	19	19	20	20	21	19	20

中西回史日曆

卷二 後漢 一

勵耘書屋

一〇二 壬寅 永元一四 855

一〇一 辛丑 永元一三 854

22	23	23	24	25	25	26	26	27	25	26	27	27	28	28	29	30	30	31	**5**	**4**	2	31	**1**
23	24	24	25	26	26	27	27	28	26	27	28	28	29	29	30	31	**7**	**6**	2	2	3	**2**	2
24	25	25	26	27	27	28	28	29	27	28	29	29	30	30	31	**8**	2	2	3	3	4	2	3
25	26	26	27	28	28	29	29	30	28	29	30	30	31	**10**	**9**	2	3	3	4	4	5	3	4
26	27	27	28	29	29	30	30	31	**3**	30	31	**12**	**11**	2	2	3	4	4	5	5	6	4	5
27	28	28	29	30	30	31	**5**	**4**	2	31	**1**	2	2	3	3	4	5	5	6	6	7	5	6
28十一	29十	29	30	31	**7**	**6**	2	2	3	**2**	2	3	3	4	4	5	6	6	7	7	8	6	7
29	30	30九	31八	**8**	2	2	3	3	4	2	3	4	4	5	5	6	7	7	8	8	9	7	8
30	31	**10**	**9**	2七	3六	3	4	4	5	3	4	5	5	6	6	7	8	8	9	9	10	8	9
12	**11**	2	2	3	4	4五	5四	5	6	4	5	6	6	7	7	8	9	9	10	10	11	9	10
2	2	3	3	4	5	5	6	6三	7二	5	6	7	7	8	8	9	10	10	11	11	12	10	11
3	3	4	4	5	6	6	7	7	8	6正	7十二	8十一	8	9	9	10	11	11	12	12	13	11	12
4	4	5	5	6	7	7	8	8	9	7	8	9	9十	10九	10	11	12	12	13	13	14	12	13
5	5	6	6	7	8	8	9	9	10	8	9	10	10	11	11八	12七	13	13	14	14	15	13	14
6	6	7	7	8	9	9	10	10	11	9	10	11	11	12	12	13	14六	14五	15	15	16	14	15
7	7	8	8	9	10	10	11	11	12	10	11	12	12	13	13	14	15	15	16四	16三	17	15	16
8	8	9	9	10	11	11	12	12	13	11	12	13	13	14	14	15	16	16	17	17	18二	16正	17
9	9	10	10	11	12	12	13	13	14	12	13	14	14	15	15	16	17	17	18	18	19	17	18十二
10	10	11	11	12	13	13	14	14	15	13	14	15	15	16	16	17	18	18	19	19	20	18	19
11	11	12	12	13	14	14	15	15	16	14	15	16	16	17	17	18	19	19	20	20	21	19	20
12	12	13	13	14	15	15	16	16	17	15	16	17	17	18	18	19	20	20	21	21	22	20	21
13	13	14	14	15	16	16	17	17	18	16	17	18	18	19	19	20	21	21	22	22	23	21	22
14	14	15	15	16	17	17	18	18	19	17	18	19	19	20	20	21	22	22	23	23	24	22	23
15	15	16	16	17	18	18	19	19	20	18	19	20	20	21	21	22	23	23	24	24	25	23	24
16	16	17	17	18	19	19	20	20	21	19	20	21	21	22	22	23	24	24	25	25	26	24	25
17	17	18	18	19	20	20	21	21	22	20	21	22冬	22	23	23	24	25	25	26	26	27	25	26
18	18	19	19	20	21	21	22	22	23	21	22	23	23	24	24	25	26	26	27	27	28	26	27
19	19	20	20	21	22	22	23	23	24	22	23	24	24	25	25	26	27	27	28	28	29	27	28
20	20	21	21	22	23	23	24	24	25	23	24	25	25	26	26	27	28	28	29	29	30	28	29
21	21	22	22	23	24	24	25	25	26	24	25	26	26	27	27	28	29	29	30	30	31	**3**	30

一〇四 甲辰 永元一六 857

一〇三 癸卯 永元一五 856

11	11	12	12	13	14	14	15	15	16	15	16	17十一	17十	18	18	19	20	20	21	21	22	20	21	22冬
12	12	13	13	14	15	15	16	16	17	16	17	18	18	19九	19八	20	21	21	22	22	23	21	22	23
13	13	14	14	15	16	16	17	17	18	17	18	19	19	20	20	21七	22六	22	23	23	24	22	23	24
14	14	15	15	16	17	17	18	18	19	18	19	20	20	21	21	22	23	23五	24四	24三	25	23	24	25
15	15	16	16	17	18	18	19	19	20	19	20	21	21	22	22	23	24	24	25	25	26二	24闰	25	26
16	16	17	17	18	19	19	20	20	21	20	21	22	22	23	23	24	25	25	26	26	27	25	26正	27十二
17	17	18	18	19	20	20	21	21	22	21	22	23冬	23	24	24	25	26	26	27	27	28	26	27	28
18	18	19	19	20	21	21	22	22	23	22	23	24	24	25	25	26	27	27	28	28	29	27	28	29
19	19	20	20	21	22	22	23	23	24	23	24	25	25	26	26	27	28	28	29	29	30	28	29	30
20	20	21	21	22	23	23	24	24	25	24	25	26	26	27	27	28	29	29	30	30	31	**3**	30	31
21	21	22	22	23	24	24	25	25	26	25	26	27	27	28	28	29	30	30	31	**5**	**4**	2	31	**1**
22冬	22	23	23	24	25	25	26	26	27	26	27	28	28	29	29	30	31	**7**	**6**	2	2	3	**2**	2
23	23	24	24	25	26	26	27	27	28	27	28	29	29	30	30	31	**8**	2	2	3	3	4	2	3
24	24	25	25	26	27	27	28	28	29	28	29	30	30	31	**10**	**9**	2	3	3	4	4	5	3	4
25	25	26	26	27	28	28	29	29	30	29	30	31	**12**	**11**	2	2	3	4	4	5	5	6	4	5
26	26	27	27	28	29	29	30	30	31	**3**	31	**1**	2	2	3	3	4	5	5	6	6	7	5	6
27	27	28	28	29	30	30	31	**5**	**4**	2	**2**	2	3	3	4	4	5	6	6	7	7	8	6	7
28	28	29	29	30	31	**7**	**6**	2	2	3	2	3	4	4	5	5	6	7	7	8	8	9	7	8
29	29	30	30	31	**8**	2	2	3	3	4	3	4	5	5	6	6	7	8	8	9	9	10	8	9
30	30	31	**10**	**9**	2	3	3	4	4	5	4	5	6	6	7	7	8	9	9	10	10	11	9	10
31	**12**	**11**	2	2	3	4	4	5	5	6	5	6	7	7	8	8	9	10	10	11	11	12	10	11
日	2	2	3	3	4	5	5	6	6	7	6	7	8	8	9	9	10	11	11	12	12	13	11	12
曜	3	3	4	4	5	6	6	7	7	8	7	8	9	9	10	10	11	12	12	13	13	14	12	13
表	4	4	5	5	6	7	7	8	8	9	8	9	10	10	11	11	12	13	13	14	14	15	13	14
2	5十一	5	6	6	7	8	8	9	9	10	9	10	11	11	12	12	13	14	14	15	15	16	14	15
甲	6	6十	7九	7	8	9	9	10	10	11	10	11	12	12	13	13	14	15	15	16	16	17	15	16
子	7	7	8	8八	9七	10六	10	11	11	12	11	12	13	13	14	14	15	16	16	17	17	18	16	17
表	8	8	9	9	10	11	11五	12四	12	13	12	13	14	14	15	15	16	17	17	18	18	19	17	18
6	9	9	10	10	11	12	12	13	13三	14二	13	14	15	15	16	16	17	18	18	19	19	20	18	19
	10	10	11	11	12	13	13	14	14	15	14正	15十二	16	16	17	17	18	19	19	20	20	21	19	20

一〇六 丙午 漢殤帝 延平元 859												一〇五 乙巳 永元一七 元興元 四月改 858											
22	23	23	24	25	25	26	26	27	25	26	27	27	28	28	29	30	30	六31	五**5**	**4**	2	31	**1**
23	24	24	25	26	26	27	27	28	26	27	28	28	29	29	30	31	**7**	**6**	2	四2	三3	**2**	2
24	25	25	26	27	27	28	28	29	27	28	29	29	30	30	31	**8**	2	2	3	3	4	二2	正3
25	26	26	27	28	28	29	29	30	28	29	30	30	31	**10**	**9**	2	3	3	4	4	5	3	4十二
26	27	27	28	29	29	30	30	31	**3**	30	31	**12**	**11**	2	2	3	4	4	5	5	6	4	5
27	28	28	29	30	30	31	**5**	**4**	2	31	**1**	2	2	3	3	4	5	5	6	6	7	5	6
28	29	29	30	31	**7**	**6**	2	2	3	**2**	2	3	3	4	4	5	6	6	7	7	8	6	7
29	30	30	31	**8**	2	2	3	3	4	2	3	4	4	5	5	6	7	7	8	8	9	7	8
30	31	**10**	**9**	2	3	3	4	4	5	3	4	5	5	6	6	7	8	8	9	9	10	8	9
12	**11**	2	2	3	4	4	5	5	6	4	5	6	6	7	7	8	9	9	10	10	11	9	10
2	2	3	3	4	5	5	6	6	7	5	6	7	7	8	8	9	10	10	11	11	12	10	11
3	3	4	4	5	6	6	7	7	8	6	7	8	8	9	9	10	11	11	12	12	13	11	12
4	4	5	5	6	7	7	8	8	9	7	8	9	9	10	10	11	12	12	13	13	14	12	13
5	5	6	6	7	8	8	9	9	10	8	9	10	10	11	11	12	13	13	14	14	15	13	14
6	6	7	7	8	9	9	10	10	11	9	10	11	11	12	12	13	14	14	15	15	16	14	15
7	7	8	8	9	10	10	11	11	12	10	11	12	12	13	13	14	15	15	16	16	17	15	16
8	8	9	9	10	11	11	12	12	13	11	12	13	13	14	14	15	16	16	17	17	18	16	17
9	9	10	10	11	12	12	13	13	14	12	13	14	14	15	15	16	17	17	18	18	19	17	18
10	10	11	11	12	13	13	14	14	15	13	14	15	15	16	16	17	18	18	19	19	20	18	19
11	11	12	12	13	14	14	15	15	16	14	15	16	16	17	17	18	19	19	20	20	21	19	20
12	12	13	13	14	15	15	16	16	17	15	16	17	17	18	18	19	20	20	21	21	22	20	21
13	十一13	14	14	15	16	16	17	17	18	16	17	18	18	19	19	20	21	21	22	22	23	21	22
14	14	十15	九15	16	17	17	18	18	19	17	18	19	19	20	20	21	22	22	23	23	24	22	23
15	15	16	16	八17	七18	18	19	19	20	18	19	20	20	21	21	22	23	23	24	24	25	23	24
16	16	17	17	18	19	六19	五20	20	21	19	20	21	21	22	22	23	24	24	25	25	26	24	25
17	17	18	18	19	20	20	21	四21	三22	20	21	22	冬22	23	23	24	25	25	26	26	27	25	26
18	18	19	19	20	21	21	22	22	23	二21	正22	23	23	24	24	25	26	26	27	27	28	26	27
19	19	20	20	21	22	22	23	23	24	22	23	十二24	十一24	十25	25	26	27	27	28	28	29	27	28
20	20	21	21	22	23	23	24	24	25	23	24	25	25	26	閏26	九27	28	28	29	29	30	28	29
21	21	22	22	23	24	24	25	25	26	24	25	26	26	27	27	28	八29	七29	30	30	31	**3**	30

一〇七 丁未 漢安帝 永初元 860

一〇八 戊申 永初二 861

11	11	12	12	13	14	14	15	15	16	15	16	17	17	18	18	19	20	20	21	21	22	20	21	22冬
12	12	13	13	14	15	15	16	16	17	16	17	18	18	19	19	20	21	21	22	22	23	21	22	23
13	13	14	14	15	16	16	17	17	18	17	18	19	19	20	20	21	22	22	23	23	24	22	23	24
14	14	15	15	16	17	17	18	18	19	18	19	20	20	21	21	22	23	23	24	24	25	23	24	25
15	15	16	16	17	18	18	19	19	20	19	20	21	21	22	22	23	24	24	25	25	26	24	25	26
16	16	17	17	18	19	19	20	20	21	20	21	22	22	23	23	24	25	25	26	26	27	25	26	27
17	17	18	18	19	20	20	21	21	22	21	22	23冬	23	24	24	25	26	26	27	27	28	26	27	28
18	18	19	19	20	21	21	22	22	23	22	23	24	24	25	25	26	27	27	28	28	29	27	28	29
19	19	20	20	21	22	22	23	23	24	23	24	25	25	26	26	27	28	28	29	29	30	28	29	30
20	20	21	21	22	23	23	24	24	25	24	25	26	26	27	27	28	29	29	30	30	31	**3**	30	31
21十一	21十	22	22	23	24	24	25	25	26	25	26	27	27	28	28	29	30	30	31	**5**	**4**	2	31	**1**
22冬	22	23九	23八	24	25	25	26	26	27	26	27	28	28	29	29	30	31	**7**	**6**	2	2	3	**2**	2
23	23	24	24	25閏	26七	26六	27	27	28	27	28	29	29	30	30	31	**8**	2	2	3	3	4	2	3
24	24	25	25	26	27	27	28五	28四	29	28	29	30	30	31	**10**	**9**	2	3	3	4	4	5	3	4
25	25	26	26	27	28	28	29	29	30三	29二	30	31	**12**	**11**	2	2	3	4	4	5	5	6	4	5
26	26	27	27	28	29	29	30	30	31	**3**	31正	**1**十二	2	2	3	3	4	5	5	6	6	7	5	6
27	27	28	28	29	30	30	31	**5**	**4**	2	**2**	2	3十一	3十	4	4	5	6	6	7	7	8	6	7
28	28	29	29	30	31	**7**	**6**	2	2	3	2	3	4	4	5九	5八	6	7	7	8	8	9	7	8
29	29	30	30	31	**8**	2	2	3	3	4	3	4	5	5	6	6	7七	8六	8	9	9	10	8	9
30	30	31	**10**	**9**	2	3	3	**4**	4	5	4	5	6	6	7	7	8	9	9五	10四	10三	11	9	10
31	**12**	**11**	2	2	3	4	4	5	5	6	5	6	7	7	8	8	9	10	10	11	11	12二	10正	11
日	2	2	3	3	4	5	5	6	6	7	6	7	8	8	9	9	10	11	11	12	12	13	11	12十二
曜	3	3	4	4	5	6	6	7	7	8	7	8	9	9	10	10	11	12	12	13	13	14	12	13
表	4	4	5	5	6	7	7	8	8	9	8	9	10	10	11	11	12	13	13	14	14	15	13	14
3	5	5	6	6	7	8	8	9	9	10	9	10	11	11	12	12	13	14	14	15	15	16	14	15
甲	6	6	7	7	8	9	9	10	10	11	10	11	12	12	13	13	14	15	15	16	16	17	15	16
子	7	7	8	8	9	10	10	11	11	12	11	12	13	13	14	14	15	16	16	17	17	18	16	17
表	8	8	9	9	10	11	11	12	12	13	12	13	14	14	15	15	16	17	17	18	18	19	17	18
7	9	9	10	10	11	12	12	13	13	14	13	14	15	15	16	16	17	18	18	19	19	20	18	19
	10	10	11	11	12	13	13	14	14	15	14	15	16	16	17	17	18	19	19	20	20	21	19	20

一一〇 庚戌 永初四 863

一〇九 己酉 永初三 862

22	23	23	24	25	25	26	26	27	25	26	27	27	28	28	29	30	30	31	**5**	**4**	2	31	**1**
23	24	24	25	26	26	27	27	28	26	27	28	28	29	29	30	31	**7**	**6**	2	2	3	**2**	2
24	25	25	26	27	27	28	28	29	27	28	29	29	30	30	31	**8**	2	2	3	3	4	2	3
25	26	26	27	28	28	29	29	30	28	29	30	30	31	**10**	**9**	2	3	3	4	4	5	3	4
26	27	27	28	29	29	30	30	31	**3**	30	31	**12**	**11**	2	2	3	4	4	5	5	6	4	5
27	28	28	29	30	30	31	**5**	**4**	2	31	**1**	2	2	3	3	4	5	5	6	6	7	5	6
28	29	29	30	31	**7**	**6**	2	2	3	**2**	2	3	3	4	4	5	6	6	7	7	8	6	7
29十一	30	30	31	**8**	2	2	3	3	4	2	3	4	4	5	5	6	7	7	8	8	9	7	8
30	31十	**10**九	**9**	2	3	3	4	4	5	3	4	5	5	6	6	7	8	8	9	9	10	8	9
12	**11**	2	2八	3七	4	4	5	5	6	4	5	6	6	7	7	8	9	9	10	10	11	9	10
2	2	3	3	4	5六	5五	6	6	7	5	6	7	7	8	8	9	10	10	11	11	12	10	11
3	3	4	4	5	6	6	7四	7三	8	6	7	8	8	9	9	10	11	11	12	12	13	11	12
4	4	5	5	6	7	7	8	8	9二	7正	8	9	9	10	10	11	12	12	13	13	14	12	13
5	5	6	6	7	8	8	9	9	10	8	9十二	10十一	10十	11	11	12	13	13	14	14	15	13	14
6	6	7	7	8	9	9	10	10	11	9	10	11	11	12九	12八	13	14	14	15	15	16	14	15
7	7	8	8	9	10	10	11	11	12	10	11	12	12	13	13	14七	15六	15	16	16	17	15	16
8	8	9	9	10	11	11	12	12	13	11	12	13	13	14	14	15	16	16五	17四	17	18	16	17
9	9	10	10	11	12	12	13	13	14	12	13	14	14	15	15	16	17	17	18	18三	19二	17	18
10	10	11	11	12	13	13	14	14	15	13	14	15	15	16	16	17	18	18	19	19	20	18正	19十二
11	11	12	12	13	14	14	15	15	16	14	15	16	16	17	17	18	19	19	20	20	21	19	20
12	12	13	13	14	15	15	16	16	17	15	16	17	17	18	18	19	20	20	21	21	22	20	21
13	13	14	14	15	16	16	17	17	18	16	17	18	18	19	19	20	21	21	22	22	23	21	22
14	14	15	15	16	17	17	18	18	19	17	18	19	19	20	20	21	22	22	23	23	24	22	23
15	15	16	16	17	18	18	19	19	20	18	19	20	20	21	21	22	23	23	24	24	25	23	24
16	16	17	17	18	19	19	20	20	21	19	20	21	21	22	22	23	24	24	25	25	26	24	25
17	17	18	18	19	20	20	21	21	22	20	21	22冬	22	23	23	24	25	25	26	26	27	25	26
18	18	19	19	20	21	21	22	22	23	21	22	23	23	24	24	25	26	26	27	27	28	26	27
19	19	20	20	21	22	22	23	23	24	22	23	24	24	25	25	26	27	27	28	28	29	27	28
20	20	21	21	22	23	23	24	24	25	23	24	25	25	26	26	27	28	28	29	29	30	28	29
21	21	22	22	23	24	24	25	25	26	24	25	26	26	27	27	28	29	29	30	30	31	**3**	30

一一二 壬子 永初六 865

一一一 辛亥 永初五 864

11	11	12	12	13	14	14	15	15	16二	15正	16	17	17	18	18	19	20	20	21	21	22	20	21	22冬
12	12	13	13	14	15	15	16	16	17	16	17十二	18十一	18	19	19	20	21	21	22	22	23	21	22	23
13	13	14	14	15	16	16	17	17	18	17	18	19	19十	20九	20	21	22	22	23	23	24	22	23	24
14	14	15	15	16	17	17	18	18	19	18	19	20	20	21	21八	22七	23	23	24	24	25	23	24	25
15	15	16	16	17	18	18	19	19	20	19	20	21	21	22	22	23	24六	24五	25	25	26	24	25	26
16	16	17	17	18	19	19	20	20	21	20	21	22	22	23	23	24	25	25	26閏	26四	27	25	26	27
17	17	18	18	19	20	20	21	21	22	21	22	23冬	23	24	24	25	26	26	27	27	28三	26二	27正	28
18	18	19	19	20	21	21	22	22	23	22	23	24	24	25	25	26	27	27	28	28	29	27	28	29十二
19	19	20	20	21	22	22	23	23	24	23	24	25	25	26	26	27	28	28	29	29	30	28	29	30
20	20	21	21	22	23	23	24	24	25	24	25	26	26	27	27	28	29	29	30	30	31	**3**	30	31
21	21	22	22	23	24	24	25	25	26	25	26	27	27	28	28	29	30	30	31	**5**	**4**	2	31	**1**
22冬	22	23	23	24	25	25	26	26	27	26	27	28	28	29	29	30	31	**7**	**6**	2	2	3	**2**	2
23	23	24	24	25	26	26	27	27	28	27	28	29	29	30	30	31	**8**	2	2	3	3	4	2	3
24	24	25	25	26	27	27	28	28	29	28	29	30	30	31	**10**	**9**	2	3	3	4	4	5	3	4
25	25	26	26	27	28	28	29	29	30	29	30	31	**12**	**11**	2	2	3	4	4	5	5	6	4	5
26	26	27	27	28	29	29	30	30	31	**3**	31	**1**	2	2	3	3	4	5	5	6	6	7	5	6
27	27	28	28	29	30	30	31	**5**	**4**	2	**2**	2	3	3	4	4	5	6	6	7	7	8	6	7
28	28	29	29	30	31	**7**	**6**	2	2	3	2	3	4	4	5	5	6	7	7	8	8	9	7	8
29	29	30	30	31	**8**	2	2	3	3	4	3	4	5	5	6	6	7	8	8	9	9	10	8	9
30	30	31	**10**	**9**	2	3	3	**4**	4	5	4	5	6	6	7	7	8	9	9	10	10	11	9	10
31	**12**	**11**	2	2	3	4	4	5	5	6	5	6	7	7	8	8	9	10	10	11	11	12	10	11
日	2	2	3	3	4	5	5	6	6	7	6	7	8	8	9	9	10	11	11	12	12	13	11	12
曜	3	3	4	4	5	6	6	7	7	8	7	8	9	9	10	10	11	12	12	13	13	14	12	13
表	4	4	5	5	6	7	7	8	8	9	8	9	10	10	11	11	12	13	13	14	14	15	13	14
4	5	5	6	6	7	8	8	9	9	10	9	10	11	11	12	12	13	14	14	15	15	16	14	15
甲	6	6	7	7	8	9	9	10	10	11	10	11	12	12	13	13	14	15	15	16	16	17	15	16
子	7十一	7十	8	8	9	10	10	11	11	12	11	12	13	13	14	14	15	16	16	17	17	18	16	17
表	8	8	9九	9八	10	11	11	12	12	13	12	13	14	14	15	15	16	17	17	18	18	19	17	18
8	9	9	10	10	11七	12六	12五	13	13	14	13	14	15	15	16	16	17	18	18	19	19	20	18	19
	10	10	11	11	12	13	13	14四	14三	15	14	15	16	16	17	17	18	19	19	20	20	21	19	20

一一四 甲寅 元初元 867

一一三 癸丑 永初七 866

22	23	23	24	25	25	26	26	27	25	26	27	27	28	28九	29八	30	30	31	**5**	**4**	2	31	**1**
23	24	24	25	26	26	27	27	28	26	27	28	28	29	29	30	31七	**7**六	**6**	2	2	3	**2**	2
24	25	25	26	27	27	28	28	29	27	28	29	29	30	30	31	**8**	2	2五	3四	3	4	2	3
25	26	26	27	28	28	29	29	30	28	29	30	30	31	**10**	**9**	2	3	3	4	4三	5二	3	4
26	27	27	28	29	29	30	30	31	**3**	30	31	**12**	**11**	2	2	3	4	4	5	5	6	4正	5十二
27	28	28	29	30	30	31	**5**	**4**	2	31	**1**	2	2	3	3	4	5	5	6	6	7	5	6
28	29	29	30	31	**7**	**6**	2	2	3	**2**	2	3	3	4	4	5	6	6	7	7	8	6	7
29	30	30	31	**8**	2	2	3	3	4	2	3	4	4	5	5	6	7	7	8	8	9	7	8
30	31	**10**	**9**	2	3	3	4	4	5	3	4	5	5	6	6	7	8	8	9	9	10	8	9
12	**11**	2	2	3	4	4	5	5	6	4	5	6	6	7	7	8	9	9	10	10	11	9	10
2	2	3	3	4	5	5	6	6	7	5	6	7	7	8	8	9	10	10	11	11	12	10	11
3	3	4	4	5	6	6	7	7	8	6	7	8	8	9	9	10	11	11	12	12	13	11	12
4	4	5	5	6	7	7	8	8	9	7	8	9	9	10	10	11	12	12	13	13	14	12	13
5	5	6	6	7	8	8	9	9	10	8	9	10	10	11	11	12	13	13	14	14	15	13	14
6	6	7	7	8	9	9	10	10	11	9	10	11	11	12	12	13	14	14	15	15	16	14	15
7	7	8	8	9	10	10	11	11	12	10	11	12	12	13	13	14	15	15	16	16	17	15	16
8	8	9	9	10	11	11	12	12	13	11	12	13	13	14	14	15	16	16	17	17	18	16	17
9	9	10	10	11	12	12	13	13	14	12	13	14	14	15	15	16	17	17	18	18	19	17	18
10	10	11	11	12	13	13	14	14	15	13	14	15	15	16	16	17	18	18	19	19	20	18	19
11	11	12	12	13	14	14	15	15	16	14	15	16	16	17	17	18	19	19	20	20	21	19	20
12	12	13	13	14	15	15	16	16	17	15	16	17	17	18	18	19	20	20	21	21	22	20	21
13	13	14	14	15	16	16	17	17	18	16	17	18	18	19	19	20	21	21	22	22	23	21	22
14	14	15	15	16	17	17	18	18	19	17	18	19	19	20	20	21	22	22	23	23	24	22	23
15十一	15十	16	16	17	18	18	19	19	20	18	19	20	20	21	21	22	23	23	24	24	25	23	24
16	16	17九	17八	18	19	19	20	20	21	19	20	21	21	22	22	23	24	24	25	25	26	24	25
17	17	18	18	19七	20六	20	21	21	22	20	21	22冬	22	23	23	24	25	25	26	26	27	25	26
18	18	19	19	20	21	21五	22四	22	23	21	22	23	23	24	24	25	26	26	27	27	28	26	27
19	19	20	20	21	22	22	23	23三	24二	22	23	24	24	25	25	26	27	27	28	28	29	27	28
20	20	21	21	22	23	23	24	24	25	23正	24閏	25	25	26	26	27	28	28	29	29	30	28	29
21	21	22	22	23	24	24	25	25	26	24	25	26十二	26十一	27十	27	28	29	29	30	30	31	**3**	30

一一五 乙卯 元初二

868

一一六 丙辰 元初三

869

11	11	12	12	13	14	14	15	15	16	15	16	17	17	18	18	19	20	20	21	21	22	20	21	22冬
12	12	13	13	14	15	15	16	16	17	16	17	18	18	19	19	20	21	21	22	22	23	21	22	23
13	13	14	14	15	16	16	17	17	18	17	18	19	19	20	20	21	22	22	23	23	24	22	23	24
14	14	15	15	16	17	17	18	18	19	18	19	20	20	21	21	22	23	23	24	24	25	23	24	25
15	15	16	16	17	18	18	19	19	20	19	20	21	21	22	22	23	24	24	25	25	26	24	25	26
16	16	17	17	18	19	19	20	20	21	20	21	22	22	23	23	24	25	25	26	26	27	25	26	27
17	17	18	18	19	20	20	21	21	22	21	22	23冬	23	24	24	25	26	26	27	27	28	26	27	28
18	18	19	19	20	21	21	22	22	23	22	23	24	24	25	25	26	27	27	28	28	29	27	28	29
19	19	20	20	21	22	22	23	23	24	23	24	25	25	26	26	27	28	28	29	29	30	28	29	30
20	20	21	21	22	23	23	24	24	25	24	25	26	26	27	27	28	29	29	30	30	31	3	30	31
21	21	22	22	23	24	24	25	25	26	25	26	27	27	28	28	29	30	30	31	5	4	2	31	1
22冬十一	22	23	23	24	25	25	26	26	27	26	27	28	28	29	29	30	31	7	6	2	2	3	2	2
23	23十	24九	24	25	26	26	27	27	28	27	28	29	29	30	30	31	8	2	2	3	3	4	2	3
24	24	25	25閏	26八	27	27	28	28	29	28	29	30	30	31	10	9	2	3	3	4	4	5	3	4
25	25	26	26	27	28七	28六	29五	29	30	29	30	31	12	11	2	2	3	4	4	5	5	6	4	5
26	26	27	27	28	29	29	30	30四	31三	3	31	1	2	2	3	3	4	5	5	6	6	7	5	6
27	27	28	28	29	30	30	31	5	4	2二	2正	2	3	3	4	4	5	6	6	7	7	8	6	7
28	28	29	29	30	31	7	6	2	2	3	2	3十二	4十一	4	5	5	6	7	7	8	8	9	7	8
29	29	30	30	31	8	2	2	3	3	4	3	4	5	5十	6九	6	7	8	8	9	9	10	8	9
30	30	31	10	9	2	3	3	4	4	5	4	5	6	6	7	7八	8七	9	9	10	10	11	9	10
31	12	11	2	2	3	4	4	5	5	6	5	6	7	7	8	8	9	10六	10五	11	11	12	10	11
日	2	2	3	3	4	5	5	6	6	7	6	7	8	8	9	9	10	11	11	12四	12三	13	11	12
曜	3	3	4	4	5	6	6	7	7	8	7	8	9	9	10	10	11	12	12	13	13	14二	12正	13十二
表	4	4	5	5	6	7	7	8	8	9	8	9	10	10	11	11	12	13	13	14	14	15	13	14
5	5	5	6	6	7	8	8	9	9	10	9	10	11	11	12	12	13	14	14	15	15	16	14	15
甲	6	6	7	7	8	9	9	10	10	11	10	11	12	12	13	13	14	15	15	16	16	17	15	16
子	7	7	8	8	9	10	10	11	11	12	11	12	13	13	14	14	15	16	16	17	17	18	16	17
表	8	8	9	9	10	11	11	12	12	13	12	13	14	14	15	15	16	17	17	18	18	19	17	18
9	9	9	10	10	11	12	12	13	13	14	13	14	15	15	16	16	17	18	18	19	19	20	18	19
	10	10	11	11	12	13	13	14	14	15	14	15	16	16	17	17	18	19	19	20	20	21	19	20

中西回史日曆 卷二 後漢 五 勵耘書屋

一一八 戊午 元初五 871

一一七 丁巳 元初四 870

22	23	23	24	25	25	26	26	27	25	26	27	27	28	28	29	30	30	31	**5**	**4**	2	31	**1**
23	24	24	25	26	26	27	27	28	26	27	28	28	29	29	30	31	**7**	**6**	2	2	3	**2**	2
24	25	25	26	27	27	28	28	29	27	28	29	29	30	30	31	**8**	2	2	3	3	4	2	3
25	26	26	27	28	28	29	29	30	28	29	30	30	31	**10**	**9**	2	3	3	4	4	5	3	4
26	27	27	28	29	29	30	30	31	**3**	30	31	**12**	**11**	2	2	3	4	4	5	5	6	**4**	5
27	28	28	29	30	30	31	**5**	**4**	2	31	**1**	2	2	3	3	4	5	5	6	6	7	5	6
28	29	29	30	31	**7**	**6**	2	2	3	**2**	2	3	3	4	4	5	6	6	7	7	8	6	7
29	30	30	31	**8**	2	2	3	3	4	2	3	4	4	5	5	6	7	7	8	8	9	7	8
30	31	**10**	**9**	2	3	3	4	4	5	3	4	5	5	6	6	7	8	8	9	9	10	8	9
12土	**11**十	2	2	3	4	4	5	5	6	4	5	6	6	7	7	8	9	9	10	10	11	9	10
2	2	3九	3八	4	5	5	6	6	7	5	6	7	7	8	8	9	10	10	11	11	12	10	11
3	3	4	4	5七	6六	6	7	7	8	6	7	8	8	9	9	10	11	11	12	12	13	11	12
4	4	5	5	6	7	7五	8四	8	9	7	8	9	9	10	10	11	12	12	13	13	14	12	13
5	5	6	6	7	8	8	9	9三	10二	8	9	10	10	11	11	12	13	13	14	14	15	13	14
6	6	7	7	8	9	9	10	10	11	9正	10土	11	11	12	12	13	14	14	15	15	16	14	15
7	7	8	8	9	10	10	11	11	12	10	11	12土	12十	13	13	14	15	15	16	16	17	15	16
8	8	9	9	10	11	11	12	12	13	11	12	13	13	14九	14八	15七	16	16	17	17	18	16	17
9	9	10	10	11	12	12	13	13	14	12	13	14	14	15	15	16	17六	17五	18	18	19	17	18
10	10	11	11	12	13	13	14	14	15	13	14	15	15	16	16	17	18	18	19四	19三	20	18	19
11	11	12	12	13	14	14	15	15	16	14	15	16	16	17	17	18	19	19	20	20	21二	19正	20
12	12	13	13	14	15	15	16	16	17	15	16	17	17	18	18	19	20	20	21	21	22	20	21土
13	13	14	14	15	16	16	17	17	18	16	17	18	18	19	19	20	21	21	22	22	23	21	22
14	14	15	15	16	17	17	18	18	19	17	18	19	19	20	20	21	22	22	23	23	24	22	23
15	15	16	16	17	18	18	19	19	20	18	19	20	20	21	21	22	23	23	24	24	25	23	24
16	16	17	17	18	19	19	20	20	21	19	20	21	21	22	22	23	24	24	25	25	26	24	25
17	17	18	18	19	20	20	21	21	22	20	21	22冬	22	23	23	24	25	25	26	26	27	25	26
18	18	19	19	20	21	21	22	22	23	21	22	23	23	24	24	25	26	26	27	27	28	26	27
19	19	20	20	21	22	22	23	23	24	22	23	24	24	25	25	26	27	27	28	28	29	27	28
20	20	21	21	22	23	23	24	24	25	23	24	25	25	26	26	27	28	28	29	29	30	28	29
21	21	22	22	23	24	24	25	25	26	24	25	26	26	27	27	28	29	29	30	30	31	**3**	30

一二〇 庚申 元初七 永寧元（四月改） 873													一一九 己未 元初六 872											
11	11	12	12	13	14	六14	五15	四15	16	15	16	17	17	18	18	19	20	20	21	21	22	20	21	22冬
12	12	13	13	14	15	15	16	16	三17	二16	17	18	18	19	19	20	21	21	22	22	23	21	22	23
13	13	14	14	15	16	16	17	17	18	17	正18	十二19	19	20	20	21	22	22	23	23	24	22	23	24
14	14	15	15	16	17	17	18	18	19	18	19	20	十一20	十21	21	22	23	23	24	24	25	23	24	25
15	15	16	16	17	18	18	19	19	20	19	20	21	21	22	九22	八23	24	24	25	25	26	24	25	26
16	16	17	17	18	19	19	20	20	21	20	21	22	22	23	23	24	七25	六25	26	26	27	25	26	27
17	17	18	18	19	20	20	21	21	22	21	22	23冬	23	24	24	25	26	26	閏27	五27	28	26	27	28
18	18	19	19	20	21	21	22	22	23	22	23	24	24	25	25	26	27	27	28	28	四29	三27	28	29
19	19	20	20	21	22	22	23	23	24	23	24	25	25	26	26	27	28	28	29	29	30	28	二29	正30十二
20	20	21	21	22	23	23	24	24	25	24	25	26	26	27	27	28	29	29	30	30	31	**3**	30	31
21	21	22	22	23	24	24	25	25	26	25	26	27	27	28	28	29	30	30	31	**5**	**4**	2	31	**1**
22冬	22	23	23	24	25	25	26	26	27	26	27	28	28	29	29	30	31	**7**	**6**	2	2	3	**2**	2
23	23	24	24	25	26	26	27	27	28	27	28	29	29	30	30	31	**8**	2	2	3	3	4	2	3
24	24	25	25	26	27	27	28	28	29	28	29	30	30	31	**10**	**9**	2	3	3	4	4	5	3	4
25	25	26	26	27	28	28	29	29	30	29	30	31	**12**	**11**	2	2	3	4	4	5	5	6	4	5
26	26	27	27	28	29	29	30	30	31	**3**	31	**1**	2	2	3	3	4	5	5	6	6	7	5	6
27	27	28	28	29	30	30	31	**5**	**4**	2	**2**	2	3	3	4	4	5	6	6	7	7	8	6	7
28	28	29	29	30	31	**7**	**6**	2	2	3	2	3	4	4	5	5	6	7	7	8	8	9	7	8
29	29	30	30	31	**8**	2	2	3	3	4	3	4	5	5	6	6	7	8	8	9	9	10	8	9
30	30	31	**10**	**9**	2	3	3	4	4	5	4	5	6	6	7	7	8	9	9	10	10	11	9	10
31	**12**	**11**	2	2	3	4	4	5	5	6	5	6	7	7	8	8	9	10	10	11	11	12	10	11
日	2	2	3	3	4	5	5	6	6	7	6	7	8	8	9	9	10	11	11	12	12	13	11	12
曜	3	3	4	4	5	6	6	7	7	8	7	8	9	9	10	10	11	12	12	13	13	14	12	13
表	4	4	5	5	6	7	7	8	8	9	8	9	10	10	11	11	12	13	13	14	14	15	13	14
6	5	5	6	6	7	8	8	9	9	10	9	10	11	11	12	12	13	14	14	15	15	16	14	15
甲	6	6	7	7	8	9	9	10	10	11	10	11	12	12	13	13	14	15	15	16	16	17	15	16
子	7	7	8	8	9	10	10	11	11	12	11	12	13	13	14	14	15	16	16	17	17	18	16	17
表	8	十一8	9	9	10	11	11	12	12	13	12	13	14	14	15	15	16	17	17	18	18	19	17	18
10	9	9	十10	九10	11	12	12	13	13	14	13	14	15	15	16	16	17	18	18	19	19	20	18	19
	10	10	11	11	八12	七13	13	14	14	15	14	15	16	16	17	17	18	19	19	20	20	21	19	20

一二二 辛酉 永寧二 建光元 七月改 874

一二三 壬戌 建光二 延光元 三月改 875

22	23	23	24	25	25	26	26	27	25	26正	27十二	27	28	28	29	30	30	31	**5**	**4**	2	31	**1**
23	24	24	25	26	26	27	27	28	26	27	28	28十一	29十	29	30	31	**7**	**6**	2	2	3	**2**	2
24	25	25	26	27	27	28	28	29	27	28	29	29	30	30九	31八	**8**七	2	2	3	3	4	2	3
25	26	26	27	28	28	29	29	30	28	29	30	30	31	**10**	**9**	2	3六	3五	4	4	5	3	4
26	27	27	28	29	29	30	30	31	**3**	30	31	**12**	**11**	2	2	3	4	4	5四	5三	6	4	5
27	28	28	29	30	30	31	**5**	**4**	2	31	**1**	2	2	3	3	4	5	5	6	6	7二	5正	6
28	29	29	30	31	**7**	**6**	2	2	3	**2**	2	3	3	4	4	5	6	6	7	7	8	6	7十二
29	30	30	31	**8**	2	2	3	3	4	2	3	4	4	5	5	6	7	7	8	8	9	7	8
30	31	**10**	**9**	2	3	3	4	4	5	3	4	5	5	6	6	7	8	8	9	9	10	8	9
12	**11**	2	2	3	4	4	5	5	6	4	5	6	6	7	7	8	9	9	10	10	11	9	10
2	2	3	3	4	5	5	6	6	7	5	6	7	7	8	8	9	10	10	11	11	12	10	11
3	3	4	4	5	6	6	7	7	8	6	7	8	8	9	9	10	11	11	12	12	13	11	12
4	4	5	5	6	7	7	8	8	9	7	8	9	9	10	10	11	12	12	13	13	14	12	13
5	5	6	6	7	8	8	9	9	10	8	9	10	10	11	11	12	13	13	14	14	15	13	14
6	6	7	7	8	9	9	10	10	11	9	10	11	11	12	12	13	14	14	15	15	16	14	15
7	7	8	8	9	10	10	11	11	12	10	11	12	12	13	13	14	15	15	16	16	17	15	16
8	8	9	9	10	11	11	12	12	13	11	12	13	13	14	14	15	16	16	17	17	18	16	17
9	9	10	10	11	12	12	13	13	14	12	13	14	14	15	15	16	17	17	18	18	19	17	18
10	10	11	11	12	13	13	14	14	15	13	14	15	15	16	16	17	18	18	19	19	20	18	19
11	11	12	12	13	14	14	15	15	16	14	15	16	16	17	17	18	19	19	20	20	21	19	20
12	12	13	13	14	15	15	16	16	17	15	16	17	17	18	18	19	20	20	21	21	22	20	21
13	13	14	14	15	16	16	17	17	18	16	17	18	18	19	19	20	21	21	22	22	23	21	22
14	14	15	15	16	17	17	18	18	19	17	18	19	19	20	20	21	22	22	23	23	24	22	23
15	15	16	16	17	18	18	19	19	20	18	19	20	20	21	21	22	23	23	24	24	25	23	24
16十一	16	17	17	18	19	19	20	20	21	19	20	21	21	22	22	23	24	24	25	25	26	24	25
17	17十	18九	18	19	20	20	21	21	22	20	21	22冬	22	23	23	24	25	25	26	26	27	25	26
18	18	19	19八	20七	21	21	22	22	23	21	22	23	23	24	24	25	26	26	27	27	28	26	27
19	19	20	20	21	22六	22五	23	23	24	22	23	24	24	25	25	26	27	27	28	28	29	27	28
20	20	21	21	22	23	23	24四	24三	25	23	24	25	25	26	26	27	28	28	29	29	30	28	29
21	21	22	22	23	24	24	25	25	26閏	24二	25	26	26	27	27	28	29	29	30	30	31	**3**	30

一二四 甲子 延光三 877													一二三 癸亥 延光二 876											
11	11	12	12	13	14	14	15	15	16	15	16	17	17	18	18	19	20	20	21	21	22	20	21	22冬
12	12	13	13	14	15	15	16	16	17	16	17	18	18	19	19	20	21	21	22	22	23	21	22	23
13	13	14	14	15	16	16	17	17	18	17	18	19	19	20	20	21	22	22	23	23	24	22	23	24
14	14	15	15	16	17	17	18	18	19	18	19	20	20	21	21	22	23	23	24	24	25	23	24	25
15	15	16	16	17	18	18	19	19	20	19	20	21	21	22	22	23	24	24	25	25	26	24	25	26
16	16	17	17	18	19	19	20	20	21	20	21	22	22	23	23	24	25	25	26	26	27	25	26	27
17	17	18	18	19	20	20	21	21	22	21	22	23冬	23	24	24	25	26	26	27	27	28	26	27	28
18	18	19	19	20	21	21	22	22	23	22	23	24	24	25	25	26	27	27	28	28	29	27	28	29
19	19	20	20	21	22	22	23	23	24	23	24	25	25	26	26	27	28	28	29	29	30	28	29	30
20	20	21	21	22	23	23	24	24	25	24	25	26	26	27	27	28	29	29	30	30	31	3	30	31
21	21	22	22	23	24	24	25	25	26	25	26	27	27	28	28	29	30	30	31	5	4	2	31	1
22冬	22	23	23	24	25	25	26	26	27	26	27	28	28	29	29	30	31	7	6	2	2	3	2	2
23	23	24	24	25	26	26	27	27	28	27	28	29	29	30	30	31	8	2	2	3	3	4	2	3
24十一	24閏	25	25	26	27	27	28	28	29	28	29	30	30	31	10	9	2	3	3	4	4	5	3	4
25	25	26十	26九	27	28	28	29	29	30	29	30	31	12	11	2	2	3	4	4	5	5	6	4	5
26	26	27	27	28八	29七	29	30	30	31	3	31	1	2	2	3	3	4	5	5	6	6	7	5	6
27	27	28	28	29	30	30六	31五	5	4	2	2	2	3	3	4	4	5	6	6	7	7	8	6	7
28	28	29	29	30	31	7	6	2四	2三	3二	2	3	4	4	5	5	6	7	7	8	8	9	7	8
29	29	30	30	31	8	2	2	3	3	4	3正	4十二	5	5	6	6	7	8	8	9	9	10	8	9
30	30	31	10	9	2	3	3	4	4	5	4	5	6十一	6十	7	7	8	9	9	10	10	11	9	10
31	12	11	2	2	3	4	4	5	5	6	5	6	7	7	8九	8八	9	10	10	11	11	12	10	11
日	2	2	3	3	4	5	5	6	6	7	6	7	8	8	9	9	10七	11六	11	12	12	13	11	12
曜	3	3	4	4	5	6	6	7	7	8	7	8	9	9	10	10	11	12	12五	13四	13	14	12	13
表	4	4	5	5	6	7	7	8	8	9	8	9	10	10	11	11	12	13	13	14	14三	15二	13	14
7	5	5	6	6	7	8	8	9	9	10	9	10	11	11	12	12	13	14	14	15	15	16	14正	15十二
甲	6	6	7	7	8	9	9	10	10	11	10	11	12	12	13	13	14	15	15	16	16	17	15	16
子	7	7	8	8	9	10	10	11	11	12	11	12	13	13	14	14	15	16	16	17	17	18	16	17
表	8	8	9	9	10	11	11	12	12	13	12	13	14	14	15	15	16	17	17	18	18	19	17	18
11	9	9	10	10	11	12	12	13	13	14	13	14	15	15	16	16	17	18	18	19	19	20	18	19
	10	10	11	11	12	13	13	14	14	15	14	15	16	16	17	17	18	19	19	20	20	21	19	20

一二五 乙丑 延光四 878

一二六 丙寅 漢順帝 永建元 879

22	23	23	24	25	25	26	26	27	25	26	27	27	28	28	29	30	30	31	**5**	**4**	2	31	**1**
23	24	24	25	26	26	27	27	28	26	27	28	28	29	29	30	31	**7**	**6**	2	2	3	**2**	2
24	25	25	26	27	27	28	28	29	27	28	29	29	30	30	31	**8**	2	2	3	3	4	2	3
25	26	26	27	28	28	29	29	30	28	29	30	30	31	**10**	**9**	2	3	3	4	4	5	3	4
26	27	27	28	29	29	30	30	31	**3**	30	31	**12**	**11**	2	2	3	4	4	5	5	6	**4**	5
27	28	28	29	30	30	31	**5**	**4**	2	31	**1**	2	2	3	3	4	5	5	6	6	7	5	6
28	29	29	30	31	**7**	**6**	2	2	3	**2**	2	3	3	4	4	5	6	6	7	7	8	6	7
29	30	30	31	**8**	2	2	3	3	4	2	3	4	4	5	5	6	7	7	8	8	9	7	8
30	31	**10**	**9**	2	3	3	4	4	5	3	4	5	5	6	6	7	8	8	9	9	10	8	9
12	**11**	2	2	3	4	4	5	5	6	4	5	6	6	7	7	8	9	9	10	10	11	9	10
2	十一2	3	3	4	5	5	6	6	7	5	6	7	7	8	8	9	10	10	11	11	12	10	11
3	3	十4	九4	5	6	6	7	7	8	6	7	8	8	9	9	10	11	11	12	12	13	11	12
4	4	5	5	八6	七7	7	8	8	9	7	8	9	9	10	10	11	12	12	13	13	14	12	13
5	5	6	6	7	8	六8	五9	9	10	8	9	10	10	11	11	12	13	13	14	14	15	13	14
6	6	7	7	8	9	9	10	四10	三11	9	10	11	11	12	12	13	14	14	15	15	16	14	15
7	7	8	8	9	10	10	11	11	12	二10	正11	12	12	13	13	14	15	15	16	16	17	15	16
8	8	9	9	10	11	11	12	12	13	11	12	十二13	十一13	14	14	15	16	16	17	17	18	16	17
9	9	10	10	11	12	12	13	13	14	12	13	14	14	十15	九15	16	17	17	18	18	19	17	18
10	10	11	11	12	13	13	14	14	15	13	14	15	15	16	16	八17	七18	六18	19	19	20	18	19
11	11	12	12	13	14	14	15	15	16	14	15	16	16	17	17	18	19	19	五20	四20	21	19	20
12	12	13	13	14	15	15	16	16	17	15	16	17	17	18	18	19	20	20	21	21	三22	二20	21
13	13	14	14	15	16	16	17	17	18	16	17	18	18	19	19	20	21	21	22	22	23	21	正22 十二
14	14	15	15	16	17	17	18	18	19	17	18	19	19	20	20	21	22	22	23	23	24	22	23
15	15	16	16	17	18	18	19	19	20	18	19	20	20	21	21	22	23	23	24	24	25	23	24
16	16	17	17	18	19	19	20	20	21	19	20	21	21	22	22	23	24	24	25	25	26	24	25
17	17	18	18	19	20	20	21	21	22	20	21	22	冬22	23	23	24	25	25	26	26	27	25	26
18	18	19	19	20	21	21	22	22	23	21	22	23	23	24	24	25	26	26	27	27	28	26	27
19	19	20	20	21	22	22	23	23	24	22	23	24	24	25	25	26	27	27	28	28	29	27	28
20	20	21	21	22	23	23	24	24	25	23	24	25	25	26	26	27	28	28	29	29	30	28	29
21	21	22	22	23	24	24	25	25	26	24	25	26	26	27	27	28	29	29	30	30	31	**3**	30

一二七 丁卯 永建二 880

一二八 戊辰 永建三 881

11	11	12九	12八	13	14	14	15	15	16	15	16	17	17	18	18	19	20	20	21	21	22	20	21	22冬
12	12	13	13	14七	15六	15	16	16	17	16	17	18	18	19	19	20	21	21	22	22	23	21	22	23
13	13	14	14	15	16	16五	17四	17	18	17	18	19	19	20	20	21	22	22	23	23	24	22	23	24
14	14	15	15	16	17	17	18	18三	19二	18正	19	20	20	21	21	22	23	23	24	24	25	23	24	25
15	15	16	16	17	18	18	19	19	20	19	20十二	21十一	21	22	22	23	24	24	25	25	26	24	25	26
16	16	17	17	18	19	19	20	20	21	20	21	22冬	22十	23九	23	24	25	25	26	26	27	25	26	27
17	17	18	18	19	20	20	21	21	22	21	22	23	23	24	24八	25七	26	26	27	27	28	26	27	28
18	18	19	19	20	21	21	22	22	23	22	23	24	24	25	25	26	27閏	27六	28	28	29	27	28	29
19	19	20	20	21	22	22	23	23	24	23	24	25	25	26	26	27	28	28	29五	29四	30	28	29	30
20	20	21	21	22	23	23	24	24	25	24	25	26	26	27	27	28	29	29	30	30	31三	3二	30	31
21	21	22	22	23	24	24	25	25	26	25	26	27	27	28	28	29	30	30	31	5	4	2	31正	1十二
22冬	22	23	23	24	25	25	26	26	27	26	27	28	28	29	29	30	31	7	6	2	2	3	2	2
23	23	24	24	25	26	26	27	27	28	27	28	29	29	30	30	31	8	2	2	3	3	4	2	3
24	24	25	25	26	27	27	28	28	29	28	29	30	30	31	10	9	2	3	3	4	4	5	3	4
25	25	26	26	27	28	28	29	29	30	29	30	31	12	11	2	2	3	4	4	5	5	6	4	5
26	26	27	27	28	29	29	30	30	31	3	31	1	2	2	3	3	4	5	5	6	6	7	5	6
27	27	28	28	29	30	30	31	5	4	2	2	2	3	3	4	4	5	6	6	7	7	8	6	7
28	28	29	29	30	31	7	6	2	2	3	2	3	4	4	5	5	6	7	7	8	8	9	7	8
29	29	30	30	31	8	2	2	3	3	4	3	4	5	5	6	6	7	8	8	9	9	10	8	9
30	30	31	10	9	2	3	3	4	4	5	4	5	6	6	7	7	8	9	9	10	10	11	9	10
31	12	11	2	2	3	4	4	5	5	6	5	6	7	7	8	8	9	10	10	11	11	12	10	11
日	2	2	3	3	4	5	5	6	6	7	6	7	8	8	9	9	10	11	11	12	12	13	11	12
曜	3	3	4	4	5	6	6	7	7	8	7	8	9	9	10	10	11	12	12	13	13	14	12	13
表	4	4	5	5	6	7	7	8	8	9	8	9	10	10	11	11	12	13	13	14	14	15	13	14
1	5	5	6	6	7	8	8	9	9	10	9	10	11	11	12	12	13	14	14	15	15	16	14	15
甲	6	6	7	7	8	9	9	10	10	11	10	11	12	12	13	13	14	15	15	16	16	17	15	16
子	7	7	8	8	9	10	10	11	11	12	11	12	13	13	14	14	15	16	16	17	17	18	16	17
表	8	8	9	9	10	11	11	12	12	13	12	13	14	14	15	15	16	17	17	18	18	19	17	18
12	9	9	10	10	11	12	12	13	13	14	13	14	15	15	16	16	17	18	18	19	19	20	18	19
	10十一	10十	11	11	12	13	13	14	14	15	14	15	16	16	17	17	18	19	19	20	20	21	19	20

一三〇 庚午 永建五 883												一二九 己巳 永建四 882											
22	23	23	24	25	25	26	26閏	27三	25	26	27	27	28	28	29	30	30	31	5	4	2	31	1
23	24	24	25	26	26	27	27	28	26二	27正	28	28	29	29	30	31	7	6	2	2	3	2	2
24	25	25	26	27	27	28	28	29	27	28	29十二	29十二	30	30	31	8	2	2	3	3	4	2	3
25	26	26	27	28	28	29	29	30	28	29	30	30	31十	10九	9	2	3	3	4	4	5	3	4
26	27	27	28	29	29	30	30	31	3	30	31	12	11	2	2八	3七	4六	4	5	5	6	4	5
27	28	28	29	30	30	31	5	4	2	31	1	2	2	3	3	4	5	5五	6四	6	7	5	6
28	29	29	30	31	7	6	2	2	3	2	2	3	3	4	4	5	6	6	7	7三	8二	6	7
29	30	30	31	8	2	2	3	3	4	2	3	4	4	5	5	6	7	7	8	8	9	7正	8十二
30	31	10	9	2	3	3	4	4	5	3	4	5	5	6	6	7	8	8	9	9	10	8	9
12	11	2	2	3	4	4	5	5	6	4	5	6	6	7	7	8	9	9	10	10	11	9	10
2	2	3	3	4	5	5	6	6	7	5	6	7	7	8	8	9	10	10	11	11	12	10	11
3	3	4	4	5	6	6	7	7	8	6	7	8	8	9	9	10	11	11	12	12	13	11	12
4	4	5	5	6	7	7	8	8	9	7	8	9	9	10	10	11	12	12	13	13	14	12	13
5	5	6	6	7	8	8	9	9	10	8	9	10	10	11	11	12	13	13	14	14	15	13	14
6	6	7	7	8	9	9	10	10	11	9	10	11	11	12	12	13	14	14	15	15	16	14	15
7	7	8	8	9	10	10	11	11	12	10	11	12	12	13	13	14	15	15	16	16	17	15	16
8	8	9	9	10	11	11	12	12	13	11	12	13	13	14	14	15	16	16	17	17	18	16	17
9	9	10	10	11	12	12	13	13	14	12	13	14	14	15	15	16	17	17	18	18	19	17	18
10	10	11	11	12	13	13	14	14	15	13	14	15	15	16	16	17	18	18	19	19	20	18	19
11	11	12	12	13	14	14	15	15	16	14	15	16	16	17	17	18	19	19	20	20	21	19	20
12	12	13	13	14	15	15	16	16	17	15	16	17	17	18	18	19	20	20	21	21	22	20	21
13	13	14	14	15	16	16	17	17	18	16	17	18	18	19	19	20	21	21	22	22	23	21	22
14	14	15	15	16	17	17	18	18	19	17	18	19	19	20	20	21	22	22	23	23	24	22	23
15	15	16	16	17	18	18	19	19	20	18	19	20	20	21	21	22	23	23	24	24	25	23	24
16	16	17	17	18	19	19	20	20	21	19	20	21	21	22	22	23	24	24	25	25	26	24	25
17	17	18	18	19	20	20	21	21	22	20	21	22冬	22	23	23	24	25	25	26	26	27	25	26
18十二	18	19	19	20	21	21	22	22	23	21	22	23	23	24	24	25	26	26	27	27	28	26	27
19	19十	20九	20八	21	22	22	23	23	24	22	23	24	24	25	25	26	27	27	28	28	29	27	28
20	20	21	21	22七	23六	23	24	24	25	23	24	25	25	26	26	27	28	28	29	29	30	28	29
21	21	22	22	23	24	24五	25四	25	26	24	25	26	26	27	27	28	29	29	30	30	31	3	30

一三二 壬申 永建七 陽嘉元（三月改） 885

一三一 辛未 永建六 884

11	11	12	12	13	14	14	15	15	16	15	16	17	17	18	18	19	20	20	21	21	22	20	21	22冬
12	12	13	13	14	15	15	16	16	17	16	17	18	18	19	19	20	21	21	22	22	23	21	22	23
13	13	14	14	15	16	16	17	17	18	17	18	19	19	20	20	21	22	22	23	23	24	22	23	24
14	14	15	15	16	17	17	18	18	19	18	19	20	20	21	21	22	23	23	24	24	25	23	24	25
15	15	16	16	17	18	18	19	19	20	19	20	21	21	22	22	23	24	24	25	25	26	24	25	26
16	16	17	17	18	19	19	20	20	21	20	21	22冬	22	23	23	24	25	25	26	26	27	25	26	27
17	17	18	18	19	20	20	21	21	22	21	22	23	23	24	24	25	26	26	27	27	28	26	27	28
18	18	19	19	20	21	21	22	22	23	22	23	24	24	25	25	26	27	27	28	28	29	27	28	29
19	19	20	20	21	22	22	23	23	24	23	24	25	25	26	26	27	28	28	29	29	30	28	29	30
20	20	21	21	22	23	23	24	24	25	24	25	26	26	27	27	28	29	29	30	30	31	**3**	30	31
21	21	22	22	23	24	24	25	25	26	25	26	27	27	28	28	29	30	30	31	**5**	**4**	2	31	**1**
22冬	22	23	23	24	25	25	26	26	27	26	27	28	28	29	29	30	31	**7**	**6**	2	2	3	**2**	2
23	23	24	24	25	26	26	27	27	28	27	28	29	29	30	30	31	**8**	2	2	3	3	4	2	3
24	24	25	25	26	27	27	28	28	29	28	29	30	30	31	**10**	**9**	2	3	3	4	4	5	3	4
25十二	25	26	26	27	28	28	29	29	30	29	30	31	**12**	**11**	2	2	3	4	4	5	5	6	4	5
26	26十一	27十	27	28	29	29	30	30	31	**3**	31	**1**	2	2	3	3	4	5	5	6	6	7	5	6
27	27	28	28九	29八	30	30	31	**5**	**4**	2	**2**	2	3	3	4	4	5	6	6	7	7	8	6	7
28	28	29	29	30	31七	**7**六	**6**	2	2	3	2	3	4	4	5	5	6	7	7	8	8	9	7	8
29	29	30	30	31	**8**	2	2五	3四	3	4	3	4	5	5	6	6	7	8	8	9	9	10	8	9
30	30	31	**10**	**9**	2	3	3	4	4三	5二	4正	5	6	6	7	7	8	9	9	10	10	11	9	10
31	**12**	**11**	2	2	3	4	4	5	5	6	5	6十二	7十一	7	8	8	9	10	10	11	11	12	10	11
日	2	2	3	3	4	5	5	6	6	7	6	7	8	8十	9九	9	10	11	11	12	12	13	11	12
曜	3	3	4	4	5	6	6	7	7	8	7	8	9	9	10	10八	11七	12	12	13	13	14	12	13
表	4	4	5	5	6	7	7	8	8	9	8	9	10	10	11	11	12	13六	13五	14	14	15	13	14
2	5	5	6	6	7	8	8	9	9	10	9	10	11	11	12	12	13	14	14	15四	15三	16	14	15
甲	6	6	7	7	8	9	9	10	10	11	10	11	12	12	13	13	14	15	15	16	16	17二	15正	16
子	7	7	8	8	9	10	10	11	11	12	11	12	13	13	14	14	15	16	16	17	17	18	16	17十二
表	8	8	9	9	10	11	11	12	12	13	12	13	14	14	15	15	16	17	17	18	18	19	17	18
13	9	9	10	10	11	12	12	13	13	14	13	14	15	15	16	16	17	18	18	19	19	20	18	19
	10	10	11	11	12	13	13	14	14	15	14	15	16	16	17	17	18	19	19	20	20	21	19	20

一三四 甲戌 陽嘉三 887

一三三 癸酉 陽嘉二 886

22	23	23	24	25	25	26	26	27	25	26	27	27	28	28	29	30	30	31	**5**	**4**	2	31	**1**
23	24	24	25	26	26	27	27	28	26	27	28	28	29	29	30	31	**7**	**6**	2	2	3	**2**	2
24	25	25	26	27	27	28	28	29	27	28	29	29	30	30	31	**8**	2	2	3	3	4	2	3
25	26	26	27	28	28	29	29	30	28	29	30	30	31	**10**	**9**	2	3	3	4	4	5	3	4
26	27	27	28	29	29	30	30	31	**3**	30	31	**12**	**11**	2	2	3	4	4	5	5	6	4	5
27	28	28	29	30	30	31	**5**	**4**	2	31	**1**	2	2	3	3	4	5	5	6	6	7	5	6
28	29	29	30	31	**7**	**6**	2	2	3	**2**	2	3	3	4	4	5	6	6	7	7	8	6	7
29	30	30	31	**8**	2	2	3	3	4	2	3	4	4	5	5	6	7	7	8	8	9	7	8
30	31	**10**	**9**	2	3	3	4	4	5	3	4	5	5	6	6	7	8	8	9	9	10	8	9
12	**11**	2	2	3	4	4	5	5	6	4	5	6	6	7	7	8	9	9	10	10	11	9	10
2	2	3	3	4	5	5	6	6	7	5	6	7	7	8	8	9	10	10	11	11	12	10	11
3	3	4	4	5	6	6	7	7	8	6	7	8	8	9	9	10	11	11	12	12	13	11	12
4	十一4	5	5	6	7	7	8	8	9	7	8	9	9	10	10	11	12	12	13	13	14	12	13
5	5	十6	九6	八7	8	8	9	9	10	8	9	10	10	11	11	12	13	13	14	14	15	13	14
6	6	7	7	8	七9	六9	10	10	11	9	10	11	11	12	12	13	14	14	15	15	16	14	15
7	7	8	8	9	10	10	五11	四11	12	10	11	12	12	13	13	14	15	15	16	16	17	15	16
8	8	9	9	10	11	11	12	12	三13	二11	12	13	13	14	14	15	16	16	17	17	18	16	17
9	9	10	10	11	12	12	13	13	14	12	正13	十二14	14	15	15	16	17	17	18	18	19	17	18
10	10	11	11	12	13	13	14	14	15	13	14	15	十一15	十16	16	17	18	18	19	19	20	18	19
11	11	12	12	13	14	14	15	15	16	14	15	16	16	17	九17	八18	19	19	20	20	21	19	20
12	12	13	13	14	15	15	16	16	17	15	16	17	17	18	18	19	七20	六20	五21	21	22	20	21
13	13	14	14	15	16	16	17	17	18	16	17	18	18	19	19	20	21	21	22	四22	三23	21	22
14	14	15	15	16	17	17	18	18	19	17	18	19	19	20	20	21	22	22	23	23	24	二22	正23
15	15	16	16	17	18	18	19	19	20	18	19	20	20	21	21	22	23	23	24	24	25	23	24閏
16	16	17	17	18	19	19	20	20	21	19	20	21	21	22	22	23	24	24	25	25	26	24	25
17	17	18	18	19	20	20	21	21	22	20	21	22	冬22	23	23	24	25	25	26	26	27	25	26
18	18	19	19	20	21	21	22	22	23	21	22	23	23	24	24	25	26	26	27	27	28	26	27
19	19	20	20	21	22	22	23	23	24	22	23	24	24	25	25	26	27	27	28	28	29	27	28
20	20	21	21	22	23	23	24	24	25	23	24	25	25	26	26	27	28	28	29	29	30	28	29
21	21	22	22	23	24	24	25	25	26	24	25	26	26	27	27	28	29	29	30	30	31	**3**	30

一三五 乙亥 陽嘉四 888

一三六 丙子 永和元 889

11 十一	11	12	12	13	14	14	15	15	16	15	16	17	17	18	18	19	20	20	21	21	22	20	21	22 冬
12	12 十	13 九	13	14	15	15	16	16	17	16	17	18	18	19	19	20	21	21	22	22	23	21	22	23
13	13	14	14 八	15 七	16	16	17	17	18	17	18	19	19	20	20	21	22	22	23	23	24	22	23	24
14	14	15	15	16	17 六	17 五	18	18	19	18	19	20	20	21	21	22	23	23	24	24	25	23	24	25
15	15	16	16	17	18	18	19 四	19 三	20	19	20	21	21	22	22	23	24	24	25	25	26	24	25	26
16	16	17	17	18	19	19	20	20	21 二	20 正	21 十二	22 冬	22	23	23	24	25	25	26	26	27	25	26	27
17	17	18	18	19	20	20	21	21	22	21	22	23 十一	23 十	24	24	25	26	26	27	27	28	26	27	28
18	18	19	19	20	21	21	22	22	23	22	23	24	24	25 九	25 閏	26	27	27	28	28	29	27	28	29
19	19	20	20	21	22	22	23	23	24	23	24	25	25	26	26	27 八	28 七	28	29	29	30	28	29	30
20	20	21	21	22	23	23	24	24	25	24	25	26	26	27	27	28	29	29 六	30 五	30	31	**3**	30	31
21	21	22	22	23	24	24	25	25	26	25	26	27	27	28	28	29	30	30	31	**5** 四	**4** 三	2	31	**1**
22 冬	22	23	23	24	25	25	26	26	27	26	27	28	28	29	29	30	31	**7**	**6**	2	2	3 二	**2** 正	2
23	23	24	24	25	26	26	27	27	28	27	28	29	29	30	30	31	**8**	2	2	3	3	4	2	3 十二
24	24	25	25	26	27	27	28	28	29	28	29	30	30	31	**10**	**9**	2	3	3	4	4	5	3	4
25	25	26	26	27	28	28	29	29	30	29	30	31	**12**	**11**	2	2	3	4	4	5	5	6	4	5
26	26	27	27	28	29	29	30	30	31	**3**	31	**1**	2	2	3	3	4	5	5	6	6	7	5	6
27	27	28	28	29	30	30	31	**5**	**4**	2	**2**	2	3	3	4	4	5	6	6	7	7	8	6	7
28	28	29	29	30	31	**7**	**6**	2	2	3	2	3	4	4	5	5	6	7	7	8	8	9	7	8
29	29	30	30	31	**8**	2	2	3	3	4	3	4	5	5	6	6	7	8	8	9	9	10	8	9
30	30	31	**10**	**9**	2	3	3	4	4	5	4	5	6	6	7	7	8	9	9	10	10	11	9	10
31	**12**	**11**	2	2	3	4	4	5	5	6	5	6	7	7	8	8	9	10	10	11	11	12	10	11
日	2	2	3	3	4	5	5	6	6	7	6	7	8	8	9	9	10	11	11	12	12	13	11	12
曜	3	3	4	4	5	6	6	7	7	8	7	8	9	9	10	10	11	12	12	13	13	14	12	13
表	4	4	5	5	6	7	7	8	8	9	8	9	10	10	11	11	12	13	13	14	14	15	13	14
3	5	5	6	6	7	8	8	9	9	10	9	10	11	11	12	12	13	14	14	15	15	16	14	15
甲	6	6	7	7	8	9	9	10	10	11	10	11	12	12	13	13	14	15	15	16	16	17	15	16
子	7	7	8	8	9	10	10	11	11	12	11	12	13	13	14	14	15	16	16	17	17	18	16	17
表	8	8	9	9	10	11	11	12	12	13	12	13	14	14	15	15	16	17	17	18	18	19	17	18
14	9	9	10	10	11	12	12	13	13	14	13	14	15	15	16	16	17	18	18	19	19	20	18	19
	10	10	11	11	12	13	13	14	14	15	14	15	16	16	17	17	18	19	19	20	20	21	19	20

一三八 戊寅 永和三 891

一三七 丁丑 永和二 890

22	23	23	24	25六	25五	26	26	27	25	26	27	27	28	28	29	30	30	31	**5**	**4**	2	31	**1**
23	24	24	25	26	26	27閏	27四	28	26	27	28	28	29	29	30	31	**7**	**6**	2	2	3	**2**	2
24	25	25	26	27	27	28	28	29三	27二	28	29	29	30	30	31	**8**	2	2	3	3	4	2	3
25	26	26	27	28	28	29	29	30	28	29正	30十二	30	31	**10**	**9**	2	3	3	4	4	5	3	4
26	27	27	28	29	29	30	30	31	**3**	30	31	**12**十一	**11**十	2	2	3	4	4	5	5	6	4	5
27	28	28	29	30	30	31	**5**	**4**	2	31	**1**	2	2	3九	3八	4	5	5	6	6	7	5	6
28	29	29	30	31	**7**	**6**	2	2	3	**2**	2	3	3	4	4	5七	6六	6	7	7	8	6	7
29	30	30	31	**8**	2	2	3	3	4	2	3	4	4	5	5	6	7	7五	8四	8三	9	7	8
30	31	**10**	**9**	2	3	3	4	4	5	3	4	5	5	6	6	7	8	8	9	9	10二	8正	9
12	**11**	2	2	3	4	4	5	5	6	4	5	6	6	7	7	8	9	9	10	10	11	9	10十二
2	2	3	3	4	5	5	6	6	7	5	6	7	7	8	8	9	10	10	11	11	12	10	11
3	3	4	4	5	6	6	7	7	8	6	7	8	8	9	9	10	11	11	12	12	13	11	12
4	4	5	5	6	7	7	8	8	9	7	8	9	9	10	10	11	12	12	13	13	14	12	13
5	5	6	6	7	8	8	9	9	10	8	9	10	10	11	11	12	13	13	14	14	15	13	14
6	6	7	7	8	9	9	10	10	11	9	10	11	11	12	12	13	14	14	15	15	16	14	15
7	7	8	8	9	10	10	11	11	12	10	11	12	12	13	13	14	15	15	16	16	17	15	16
8	8	9	9	10	11	11	12	12	13	11	12	13	13	14	14	15	16	16	17	17	18	16	17
9	9	10	10	11	12	12	13	13	14	12	13	14	14	15	15	16	17	17	18	18	19	17	18
10	10	11	11	12	13	13	14	14	15	13	14	15	15	16	16	17	18	18	19	19	20	18	19
11	11	12	12	13	14	14	15	15	16	14	15	16	16	17	17	18	19	19	20	20	21	19	20
12	12	13	13	14	15	15	16	16	17	15	16	17	17	18	18	19	20	20	21	21	22	20	21
13	13	14	14	15	16	16	17	17	18	16	17	18	18	19	19	20	21	21	22	22	23	21	22
14	14	15	15	16	17	17	18	18	19	17	18	19	19	20	20	21	22	22	23	23	24	22	23
15	15	16	16	17	18	18	19	19	20	18	19	20	20	21	21	22	23	23	24	24	25	23	24
16	16	17	17	18	19	19	20	20	21	19	20	21	21	22	22	23	24	24	25	25	26	24	25
17	17	18	18	19	20	20	21	21	22	20	21	22冬	22	23	23	24	25	25	26	26	27	25	26
18	18	19	19	20	21	21	22	22	23	21	22	23	23	24	24	25	26	26	27	27	28	26	27
19	19	20	20	21	22	22	23	23	24	22	23	24	24	25	25	26	27	27	28	28	29	27	28
20十一	20十	21	21	22	23	23	24	24	25	23	24	25	25	26	26	27	28	28	29	29	30	28	29
21	21	22九	22八	23七	24	24	25	25	26	24	25	26	26	27	27	28	29	29	30	30	31	**3**	30

一三九 己卯 永和四 892

一四〇 庚辰 永和五 893

11	11	12	12	13	14	14	15	15	16	15	16	17	17	18	18	19	20	20	21	21	22	20	21	22冬
12	12	13	13	14	15	15	16	16	17	16	17	18	18	19	19	20	21	21	22	22	23	21	22	23
13	13	14	14	15	16	16	17	17	18	17	18	19	19	20	20	21	22	22	23	23	24	22	23	24
14	14	15	15	16	17	17	18	18	19	18	19	20	20	21	21	22	23	23	24	24	25	23	24	25
15	15	16	16	17	18	18	19	19	20	19	20	21	21	22	22	23	24	24	25	25	26	24	25	26
16	16	17	17	18	19	19	20	20	21	20	21	22冬	22	23	23	24	25	25	26	26	27	25	26	27
17	17	18	18	19	20	20	21	21	22	21	22	23	23	24	24	25	26	26	27	27	28	26	27	28
18	18	19	19	20	21	21	22	22	23	22	23	24	24	25	25	26	27	27	28	28	29	27	28	29
19	19	20	20	21	22	22	23	23	24	23	24	25	25	26	26	27	28	28	29	29	30	28	29	30
20	20	21	21	22	23	23	24	24	25	24	25	26	26	27	27	28	29	29	30	30	31	3	30	31
21	21	22	22	23	24	24	25	25	26	25	26	27	27	28	28	29	30	30	31	5	4	2	31	1
22冬	22	23	23	24	25	25	26	26	27	26	27	28	28	29	29	30	31	7	6	2	2	3	2	2
23	23	24	24	25	26	26	27	27	28	27	28	29	29	30	30	31	8	2	2	3	3	4	2	3
24	24	25	25	26	27	27	28	28	29	28	29	30	30	31	10	9	2	3	3	4	4	5	3	4
25	25	26	26	27	28	28	29	29	30	29	30	31	12	11	2	2	3	4	4	5	5	6	4	5
26	26	27	27	28	29	29	30	30	31	3	31	1	2	2	3	3	4	5	5	6	6	7	5	6
27十二	27十一	28	28	29	30	30	31	5	4	2	2	2	3	3	4	4	5	6	6	7	7	8	6	7
28	28	29十	29九	30	31	7	6	2	2	3	2	3	4	4	5	5	6	7	7	8	8	9	7	8
29	29	30	30	31八	8七	2	2	3	3	4	3	4	5	5	6	6	7	8	8	9	9	10	8	9
30	30	31	10	9	2	3六	3五	4	4	5	4	5	6	6	7	7	8	9	9	10	10	11	9	10
31	12	11	2	2	3	4	4	5四	5三	6	5	6	7	7	8	8	9	10	10	11	11	12	10	11
日	2	2	3	3	4	5	5	6	6	7二	6正	7十二	8	8	9	9	10	11	11	12	12	13	11	12
曜	3	3	4	4	5	6	6	7	7	8	7	8	9十一	9十	10	10	11	12	12	13	13	14	12	13
表	4	4	5	5	6	7	7	8	8	9	8	9	10	10	11九	11八	12	13	13	14	14	15	13	14
4	5	5	6	6	7	8	8	9	9	10	9	10	11	11	12	12	13七	14六	14	15	15	16	14	15
甲	6	6	7	7	8	9	9	10	10	11	10	11	12	12	13	13	14	15	15五	16四	16	17	15	16
子	7	7	8	8	9	10	10	11	11	12	11	12	13	13	14	14	15	16	16	17	17三	18二	16	17
表	8	8	9	9	10	11	11	12	12	13	12	13	14	14	15	15	16	17	17	18	18	19	17正	18十二
15	9	9	10	10	11	12	12	13	13	14	13	14	15	15	16	16	17	18	18	19	19	20	18	19
	10	10	11	11	12	13	13	14	14	15	14	15	16	16	17	17	18	19	19	20	20	21	19	20

一四二 壬午 漢安元 895

一四一 辛巳 永和六 894

22	23	23	24	25	25	26	26	27	25	26	27	27	28	28	29	30	30	31	**5**	**4**	2	31	**1**
23	24	24	25	26	26	27	27	28	26	27	28	28	29	29	30	31	**7**	**6**	2	2	3	**2**	2
24	25	25	26	27	27	28	28	29	27	28	29	29	30	30	31	**8**	2	2	3	3	4	2	3
25	26	26	27	28	28	29	29	30	28	29	30	30	31	**10**	**9**	2	3	3	4	4	5	3	4
26	27	27	28	29	29	30	30	31	**3**	30	31	**12**	**11**	2	2	3	4	4	5	5	6	4	5
27	28	28	29	30	30	31	**5**	**4**	2	31	**1**	2	2	3	3	4	5	5	6	6	7	5	6
28	29	29	30	31	**7**	**6**	2	2	3	**2**	2	3	3	4	4	5	6	6	7	7	8	6	7
29	30	30	31	**8**	2	2	3	3	4	2	3	4	4	5	5	6	7	7	8	8	9	7	8
30	31	**10**	**9**	2	3	3	4	4	5	3	4	5	5	6	6	7	8	8	9	9	10	8	9
12	**11**	2	2	3	4	4	5	5	6	4	5	6	6	7	7	8	9	9	10	10	11	9	10
2	2	3	3	4	5	5	6	6	7	5	6	7	7	8	8	9	10	10	11	11	12	10	11
3	3	4	4	5	6	6	7	7	8	6	7	8	8	9	9	10	11	11	12	12	13	11	12
4	4	5	5	6	7	7	8	8	9	7	8	9	9	10	10	11	12	12	13	13	14	12	13
5	5	6	6	7	8	8	9	9	10	8	9	10	10	11	11	12	13	13	14	14	15	13	14
6	十一 6	十 7	7	8	9	9	10	10	11	9	10	11	11	12	12	13	14	14	15	15	16	14	15
7	7	8	九 8	八 9	七 10	10	11	11	12	10	11	12	12	13	13	14	15	15	16	16	17	15	16
8	8	9	9	10	11	六 11	五 12	12	13	11	12	13	13	14	14	15	16	16	17	17	18	16	17
9	9	10	10	11	12	12	13	四 13	三 14	12	13	14	14	15	15	16	17	17	18	18	19	17	18
10	10	11	11	12	13	13	14	14	15	二 13	正 14	15	15	16	16	17	18	18	19	19	20	18	19
11	11	12	12	13	14	14	15	15	16	14	15	十二 16	十一 16	17	17	18	19	19	20	20	21	19	20
12	12	13	13	14	15	15	16	16	17	15	16	17	17	十 18	九 18	19	20	20	21	21	22	20	21
13	13	14	14	15	16	16	17	17	18	16	17	18	18	19	19	八 20	七 21	21	22	22	23	21	22
14	14	15	15	16	17	17	18	18	19	17	18	19	19	20	20	21	22	六 22	五 23	23	24	22	23
15	15	16	16	17	18	18	19	19	20	18	19	20	20	21	21	22	23	23	24	四 24	三 25	二 23	24
16	16	17	17	18	19	19	20	20	21	19	20	21	21	22	22	23	24	24	25	25	26	24	閏 25 正
17	17	18	18	19	20	20	21	21	22	20	21	22	冬 22	23	23	24	25	25	26	26	27	25	26
18	18	19	19	20	21	21	22	22	23	21	22	23	23	24	24	25	26	26	27	27	28	26	27
19	19	20	20	21	22	22	23	23	24	22	23	24	24	25	25	26	27	27	28	28	29	27	28
20	20	21	21	22	23	23	24	24	25	23	24	25	25	26	26	27	28	28	29	29	30	28	29
21	21	22	22	23	24	24	25	25	26	24	25	26	26	27	27	28	29	29	30	30	31	**3**	30

一四四 甲申 漢安三 建康元 四月改 897

一四三 癸未 漢安二 896

11	11	12	12	13	14	14	15	15	16	15	16	17	17	18	18	19	20	20	21	21	22	20	21	22冬
12	12	13	13	14	15	15	16	16	17	16	17	18	18	19	19	20	21	21	22	22	23	21	22	23
13十一	13十	14	14	15	16	16	17	17	18	17	18	19	19	20	20	21	22	22	23	23	24	22	23	24
14	14	15九	15八	16	17	17	18	18	19	18	19	20	20	21	21	22	23	23	24	24	25	23	24	25
15	15	16	16	17七	18六	18	19	19	20	19	20	21	21	22	22	23	24	24	25	25	26	24	25	26
16	16	17	17	18	19	19五	20四	20	21	20	21	22冬	22	23	23	24	25	25	26	26	27	25	26	27
17	17	18	18	19	20	20	21	21三	22二	21	22	23	23	24	24	25	26	26	27	27	28	26	27	28
18	18	19	19	20	21	21	22	22	23	22正	23十二	24	24	25	25	26	27	27	28	28	29	27	28	29
19	19	20	20	21	22	22	23	23	24	23	24	25十一	25閏	26十	26	27	28	28	29	29	30	28	29	30
20	20	21	21	22	23	23	24	24	25	24	25	26	26	27	27九	28八	29	29	30	30	31	**3**	30	31
21	21	22	22	23	24	24	25	25	26	25	26	27	27	28	28	29	30七	30六	31	**5**	**4**	2	31	**1**
22冬	22	23	23	24	25	25	26	26	27	26	27	28	28	29	29	30	31	**7**	**6**五	2四	2	3	**2**	2
23	23	24	24	25	26	26	27	27	28	27	28	29	29	30	30	31	**8**	2	2	3	3三	4二	2	3
24	24	25	25	26	27	27	28	28	29	28	29	30	30	31	**10**	**9**	2	3	3	4	4	5	3正	4十二
25	25	26	26	27	28	28	29	29	30	29	30	31	**12**	**11**	2	2	3	4	4	5	5	6	4	5
26	26	27	27	28	29	29	30	30	31	**3**	31	**1**	2	2	3	3	4	5	5	6	6	7	5	6
27	27	28	28	29	30	30	31	**5**	**4**	2	**2**	2	3	3	4	4	5	6	6	7	7	8	6	7
28	28	29	29	30	31	**7**	**6**	2	2	3	2	3	4	4	5	5	6	7	7	8	8	9	7	8
29	29	30	30	31	**8**	2	2	3	3	4	3	4	5	5	6	6	7	8	8	9	9	10	8	9
30	30	31	**10**	**9**	2	3	3	4	4	5	4	5	6	6	7	7	8	9	9	10	10	11	9	10
31	**12**	**11**	2	2	3	4	4	5	5	6	5	6	7	7	8	8	9	10	10	11	11	12	10	11
日	2	2	3	3	4	5	5	6	6	7	6	7	8	8	9	9	10	11	11	12	12	13	11	12
曜	3	3	4	4	5	6	6	7	7	8	7	8	9	9	10	10	11	12	12	13	13	14	12	13
表	4	4	5	5	6	7	7	8	8	9	8	9	10	10	11	11	12	13	13	14	14	15	13	14
5	5	5	6	6	7	8	8	9	9	10	9	10	11	11	12	12	13	14	14	15	15	16	14	15
甲	6	6	7	7	8	9	9	10	10	11	10	11	12	12	13	13	14	15	15	16	16	17	15	16
子	7	7	8	8	9	10	10	11	11	12	11	12	13	13	14	14	15	16	16	17	17	18	16	17
表	8	8	9	9	10	11	11	12	12	13	12	13	14	14	15	15	16	17	17	18	18	19	17	18
16	9	9	10	10	11	12	12	13	13	14	13	14	15	15	16	16	17	18	18	19	19	20	18	19
	10	10	11	11	12	13	13	14	14	15	14	15	16	16	17	17	18	19	19	20	20	21	19	20

中西回史日曆

卷二

後漢

一二

勵耘書屋

一四五 乙酉 漢沖帝 永嘉元

898

一四六 丙戌 漢質帝 本初元

899

22十	23九	23	24	25	25	26	26	27	25	26	27	27	28	28	29	30	30	31	**5**	**4**	2	31	**1**
23	24	24八	25七	26閏	26	27	27	28	26	27	28	28	29	29	30	31	**7**	**6**	2	2	3	**2**	2
24	25	25	26	27	27六	28五	28	29	27	28	29	29	30	30	31	**8**	2	2	3	3	4	2	3
25	26	26	27	28	28	29	29四	30三	28	29	30	30	31	**10**	**9**	2	3	3	4	4	5	3	4
26	27	27	28	29	29	30	30	31	**3**二	30正	31	**12**	**11**	2	2	3	4	4	5	5	6	4	5
27	28	28	29	30	30	31	**5**	**4**	2	31	**1**十二	2十一	2	3	3	4	5	5	6	6	7	5	6
28	29	29	30	31	**7**	**6**	2	2	3	**2**	2	3	3十	4九	4	5	6	6	7	7	8	6	7
29	30	30	31	**8**	2	2	3	3	4	2	3	4	4	5	5八	6七	7	7	8	8	9	7	8
30	31	**10**	**9**	2	3	3	4	4	5	3	4	5	5	6	6	7	8六	8五	9	9	10	8	9
12	**11**	2	2	3	4	4	5	5	6	4	5	6	6	7	7	8	9	9	10四	10三	11二	9	10
2	2	3	3	4	5	5	6	6	7	5	6	7	7	8	8	9	10	10	11	11	12	10正	11十二
3	3	4	4	5	6	6	7	7	8	6	7	8	8	9	9	10	11	11	12	12	13	11	12
4	4	5	5	6	7	7	8	8	9	7	8	9	9	10	10	11	12	12	13	13	14	12	13
5	5	6	6	7	8	8	9	9	10	8	9	10	10	11	11	12	13	13	14	14	15	13	14
6	6	7	7	8	9	9	10	10	11	9	10	11	11	12	12	13	14	14	15	15	16	14	15
7	7	8	8	9	10	10	11	11	12	10	11	12	12	13	13	14	15	15	16	16	17	15	16
8	8	9	9	10	11	11	12	12	13	11	12	13	13	14	14	15	16	16	17	17	18	16	17
9	9	10	10	11	12	12	13	13	14	12	13	14	14	15	15	16	17	17	18	18	19	17	18
10	10	11	11	12	13	13	14	14	15	13	14	15	15	16	16	17	18	18	19	19	20	18	19
11	11	12	12	13	14	14	15	15	16	14	15	16	16	17	17	18	19	19	20	20	21	19	20
12	12	13	13	14	15	15	16	16	17	15	16	17	17	18	18	19	20	20	21	21	22	20	21
13	13	14	14	15	16	16	17	17	18	16	17	18	18	19	19	20	21	21	22	22	23	21	22
14	14	15	15	16	17	17	18	18	19	17	18	19	19	20	20	21	22	22	23	23	24	22	23
15	15	16	16	17	18	18	19	19	20	18	19	20	20	21	21	22	23	23	24	24	25	23	24
16	16	17	17	18	19	19	20	20	21	19	20	21	21	22	22	23	24	24	25	25	26	24	25
17	17	18	18	19	20	20	21	21	22	20	21	22冬	22	23	23	24	25	25	26	26	27	25	26
18	18	19	19	20	21	21	22	22	23	21	22	23	23	24	24	25	26	26	27	27	28	26	27
19	19	20	20	21	22	22	23	23	24	22	23	24	24	25	25	26	27	27	28	28	29	27	28
20	20	21	21	22	23	23	24	24	25	23	24	25	25	26	26	27	28	28	29	29	30	28	29
21十一	21	22	22	23	24	24	25	25	26	24	25	26	26	27	27	28	29	29	30	30	31	**3**	30

一四七 丁亥 漢桓帝 建和元 900

一四八 戊子 建和二 901

11	11	12	12	13	14	14	15	15	16	15	16	17	17	18	18	19	20	20	21	21	22	20	21	22冬
12	12	13	13	14	15	15	16	16	17	16	17	18	18	19	19	20	21	21	22	22	23	21	22	23
13	13	14	14	15	16	16	17	17	18	17	18	19	19	20	20	21	22	22	23	23	24	22	23	24
14	14	15	15	16	17	17	18	18	19	18	19	20	20	21	21	22	23	23	24	24	25	23	24	25
15	15	16	16	17	18	18	19	19	20	19	20	21	21	22	22	23	24	24	25	25	26	24	25	26
16	16	17	17	18	19	19	20	20	21	20	21	22冬	22	23	23	24	25	25	26	26	27	25	26	27
17	17	18	18	19	20	20	21	21	22	21	22	23	23	24	24	25	26	26	27	27	28	26	27	28
18	18	19	19	20	21	21	22	22	23	22	23	24	24	25	25	26	27	27	28	28	29	27	28	29
19	19	20	20	21	22	22	23	23	24	23	24	25	25	26	26	27	28	28	29	29	30	28	29	30
20	20	21	21	22	23	23	24	24	25	24	25	26	26	27	27	28	29	29	30	30	31	3	30	31
21	21	22	22	23	24	24	25	25	26	25	26	27	27	28	28	29	30	30	31	5	4	2	31	1
22冬	22	23	23	24	25	25	26	26	27	26	27	28	28	29	29	30	31	7	6	2	2	3	2	2
23	23	24	24	25	26	26	27	27	28	27	28	29	29	30	30	31	8	2	2	3	3	4	2	3
24	24	25	25	26	27	27	28	28	29	28	29	30	30	31	10	9	2	3	3	4	4	5	3	4
25	25	26	26	27	28	28	29	29	30	29	30	31	12	11	2	2	3	4	4	5	5	6	4	5
26	26	27	27	28	29	29	30	30	31	3	31	1	2	2	3	3	4	5	5	6	6	7	5	6
27	27	28	28	29	30	30	31	5	4	2	2	2	3	3	4	4	5	6	6	7	7	8	6	7
28十二	28	29	29	30	31	7	6	2	2	3	2	3	4	4	5	5	6	7	7	8	8	9	7	8
29	29十一	30十	30	31	8	2	2	3	3	4	3	4	5	5	6	6	7	8	8	9	9	10	8	9
30	30	31	10九	9八	2	3	3	4	4	5	4	5	6	6	7	7	8	9	9	10	10	11	9	10
31	12	11	2	2	3七	4六	4	5	5	6	5	6	7	7	8	8	9	10	10	11	11	12	10	11
日	2	2	3	3	4	5	5五	6四	6	7	6	7	8	8	9	9	10	11	11	12	12	13	11	12
曜	3	3	4	4	5	6	6	7	7三	8二	7	8	9	9	10	10	11	12	12	13	13	14	12	13
表	4	4	5	5	6	7	7	8	8	9	8正	9十二	10	10	11	11	12	13	13	14	14	15	13	14
6	5	5	6	6	7	8	8	9	9	10	9	10	11十一	11十	12九	12	13	14	14	15	15	16	14	15
甲	6	6	7	7	8	9	9	10	10	11	10	11	12	12	13	13八	14七	15	15	16	16	17	15	16
子	7	7	8	8	9	10	10	11	11	12	11	12	13	13	14	14	15	16六	16五	17	17	18	16	17
表	8	8	9	9	10	11	11	12	12	13	12	13	14	14	15	15	16	17	17	18四	18三	19	17	18
17	9	9	10	10	11	12	12	13	13	14	13	14	15	15	16	16	17	18	18	19	19	20二	18正	19
	10	10	11	11	12	13	13	14	14	15	14	15	16	16	17	17	18	19	19	20	20	21	19	20十二

一五〇 庚寅 和平元 903

一四九 己丑 建和三 902

22	23	23	24	25	25	26	26	27	25	26	27	27	28	28	29	30	30	31	**5**	**4**	2	31	**1**
23	24	24	25	26	26	27	27	28	26	27	28	28	29	29	30	31	**7**	**6**	2	2	3	**2**	2
24	25	25	26	27	27	28	28	29	27	28	29	29	30	30	31	**8**	2	2	3	3	4	2	3
25	26	26	27	28	28	29	29	30	28	29	30	30	31	**10**	**9**	2	3	3	4	4	5	3	4
26	27	27	28	29	29	30	30	31	**3**	30	31	**12**	**11**	2	2	3	4	4	5	5	6	4	5
27	28	28	29	30	30	31	**5**	**4**	2	31	**1**	2	2	3	3	4	5	5	6	6	7	5	6
28	29	29	30	31	**7**	**6**	2	2	3	**2**	2	3	3	4	4	5	6	6	7	7	8	6	7
29	30	30	31	**8**	2	2	3	3	4	2	3	4	4	5	5	6	7	7	8	8	9	7	8
30	31	**10**	**9**	2	3	3	4	4	5	3	4	5	5	6	6	7	8	8	9	9	10	8	9
12	**11**	2	2	3	4	4	5	5	6	4	5	6	6	7	7	8	9	9	10	10	11	9	10
2	2	3	3	4	5	5	6	6	7	5	6	7	7	8	8	9	10	10	11	11	12	10	11
3	3	4	4	5	6	6	7	7	8	6	7	8	8	9	9	10	11	11	12	12	13	11	12
4	4	5	5	6	7	7	8	8	9	7	8	9	9	10	10	11	12	12	13	13	14	12	13
5	5	6	6	7	8	8	9	9	10	8	9	10	10	11	11	12	13	13	14	14	15	13	14
6	6	7	7	8	9	9	10	10	11	9	10	11	11	12	12	13	14	14	15	15	16	14	15
7 十一	7	8	8	9	10	10	11	11	12	10	11	12	12	13	13	14	15	15	16	16	17	15	16
8	8 十	9 九	9	10	11	11	12	12	13	11	12	13	13	14	14	15	16	16	17	17	18	16	17
9	9	10	10 八	11 七	12 六	12	13	13	14	12	13	14	14	15	15	16	17	17	18	18	19	17	18
10	10	11	11	12	13	13 五	14 四	14	15	13	14	15	15	16	16	17	18	18	19	19	20	18	19
11	11	12	12	13	14	14	15	15 三	16 二	14	15	16	16	17	17	18	19	19	20	20	21	19	20
12	12	13	13	14	15	15	16	16	17	15 正	16 十二	17	17	18	18	19	20	20	21	21	22	20	21
13	13	14	14	15	16	16	17	17	18	16	17	18 十一	18 十	19	19	20	21	21	22	22	23	21	22
14	14	15	15	16	17	17	18	18	19	17	18	19	19	20 九	20 八	21	22	22	23	23	24	22	23
15	15	16	16	17	18	18	19	19	20	18	19	20	20	21	21	22 七	23 六	23	24	24	25	23	24
16	16	17	17	18	19	19	20	20	21	19	20	21	21	22	22	23	24	24 五	25 四	25	26	24	25
17	17	18	18	19	20	20	21	21	22	20	21	22 冬	22	23	23	24	25	25	26	26 閏	27 三	25 二	26
18	18	19	19	20	21	21	22	22	23	21	22	23	23	24	24	25	26	26	27	27	28	26	27 正
19	19	20	20	21	22	22	23	23	24	22	23	24	24	25	25	26	27	27	28	28	29	27	28
20	20	21	21	22	23	23	24	24	25	23	24	25	25	26	26	27	28	28	29	29	30	28	29
21	21	22	22	23	24	24	25	25	26	24	25	26	26	27	27	28	29	29	30	30	31	**3**	30

一五二 壬辰 元嘉二 905

一五一 辛卯 元嘉元 904

11	11	12	12	13	14	14	15	15	16	15	16	17	17	18	18	19	20	20	21	21	22	20	21	22冬
12	12	13	13	14	15	15	16	16	17	16	17	18	18	19	19	20	21	21	22	22	23	21	22	23
13	13	14	14	15	16	16	17	17	18	17	18	19	19	20	20	21	22	22	23	23	24	22	23	24
14十一	14	15	15	16	17	17	18	18	19	18	19	20	20	21	21	22	23	23	24	24	25	23	24	25
15	15十	16九	16	17	18	18	19	19	20	19	20	21	21	22	22	23	24	24	25	25	26	24	25	26
16	16	17	17八	18七	19	19	20	20	21	20	21	22冬	22	23	23	24	25	25	26	26	27	25	26	27
17	17	18	18	19	20六	20五	21	21	22	21	22	23	23	24	24	25	26	26	27	27	28	26	27	28
18	18	19	19	20	21	21	22四	22三	23	22	23	24	24	25	25	26	27	27	28	28	29	27	28	29
19	19	20	20	21	22	22	23	23	24二	23正	24	25	25	26	26	27	28	28	29	29	30	28	29	30
20	20	21	21	22	23	23	24	24	25	24	25閏	26十二	26	27	27	28	29	29	30	30	31	3	30	31
21	21	22	22	23	24	24	25	25	26	25	26	27	27十一	28十	28九	29	30	30	31	5	4	2	31	1
22冬	22	23	23	24	25	25	26	26	27	26	27	28	28	29	29	30八	31七	7	6	2	2	3	2	2
23	23	24	24	25	26	26	27	27	28	27	28	29	29	30	30	31	8	2六	2五	3	3	4	2	3
24	24	25	25	26	27	27	28	28	29	28	29	30	30	31	10	9	2	3	3	4四	4三	5	3	4
25	25	26	26	27	28	28	29	29	30	29	30	31	12	11	2	2	3	4	4	5	5	6二	4正	5
26	26	27	27	28	29	29	30	30	31	3	31	1	2	2	3	3	4	5	5	6	6	7	5	6十二
27	27	28	28	29	30	30	31	5	4	2	2	2	3	3	4	4	5	6	6	7	7	8	6	7
28	28	29	29	30	31	7	6	2	2	3	2	3	4	4	5	5	6	7	7	8	8	9	7	8
29	29	30	30	31	8	2	2	3	3	4	3	4	5	5	6	6	7	8	8	9	9	10	8	9
30	30	31	10	9	2	3	3	4	4	5	4	5	6	6	7	7	8	9	9	10	10	11	9	10
31	12	11	2	2	3	4	4	5	5	6	5	6	7	7	8	8	9	10	10	11	11	12	10	11
日	2	2	3	3	4	5	5	6	6	7	6	7	8	8	9	9	10	11	11	12	12	13	11	12
曜	3	3	4	4	5	6	6	7	7	8	7	8	9	9	10	10	11	12	12	13	13	14	12	13
表	4	4	5	5	6	7	7	8	8	9	8	9	10	10	11	11	12	13	13	14	14	15	13	14
7	5	5	6	6	7	8	8	9	9	10	9	10	11	11	12	12	13	14	14	15	15	16	14	15
甲	6	6	7	7	8	9	9	10	10	11	10	11	12	12	13	13	14	15	15	16	16	17	15	16
子	7	7	8	8	9	10	10	11	11	12	11	12	13	13	14	14	15	16	16	17	17	18	16	17
表	8	8	9	9	10	11	11	12	12	13	12	13	14	14	15	15	16	17	17	18	18	19	17	18
18	9	9	10	10	11	12	12	13	13	14	13	14	15	15	16	16	17	18	18	19	19	20	18	19
	10	10	11	11	12	13	13	14	14	15	14	15	16	16	17	17	18	19	19	20	20	21	19	20

中西回史日曆

卷二

後漢

一四

勵耘書屋

一五四 甲午 永興二 907												一五三 癸巳 元嘉三 永興元五月改 906											
22	23	23	24	25	25	26	26	27	25	26	27	27	28	28	29	30	30	31	**5**	**4**	2	31	**1**
23十	24	24	25	26	26	27	27	28	26	27	28	28	29	29	30	31	**7**	**6**	2	2	3	**2**	2
24	25閏	25九	26	27	27	28	28	29	27	28	29	29	30	30	31	**8**	2	2	3	3	4	2	3
25	26	26	27八	28七	28	29	29	30	28	29	30	30	31	**10**	**9**	2	3	3	4	4	5	3	4
26	27	27	28	29	29六	30五	30四	31	**3**	30	31	**12**	**11**	2	2	3	4	4	5	5	6	4	5
27	28	28	29	30	30	31	**5**	**4**三	2二	31	**1**	2	2	3	3	4	5	5	6	6	7	5	6
28	29	29	30	31	**7**	**6**	2	2	3	**2**正	2十二	3	3	4	4	5	6	6	7	7	8	6	7
29	30	30	31	**8**	2	2	3	3	4	2	3	4十一	4十	5	5	6	7	7	8	8	9	7	8
30	31	**10**	**9**	2	3	3	4	4	5	3	4	5	5	6九	6八	7	8	8	9	9	10	8	9
12	**11**	2	2	3	4	4	5	5	6	4	5	6	6	7	7	8七	9六	9	10	10	11	9	10
2	2	3	3	4	5	5	6	6	7	5	6	7	7	8	8	9	10	10五	11四	11	12	10	11
3	3	4	4	5	6	6	7	7	8	6	7	8	8	9	9	10	11	11	12	12三	13二	11正	12
4	4	5	5	6	7	7	8	8	9	7	8	9	9	10	10	11	12	12	13	13	14	12	13十二
5	5	6	6	7	8	8	9	9	10	8	9	10	10	11	11	12	13	13	14	14	15	13	14
6	6	7	7	8	9	9	10	10	11	9	10	11	11	12	12	13	14	14	15	15	16	14	15
7	7	8	8	9	10	10	11	11	12	10	11	12	12	13	13	14	15	15	16	16	17	15	16
8	8	9	9	10	11	11	12	12	13	11	12	13	13	14	14	15	16	16	17	17	18	16	17
9	9	10	10	11	12	12	13	13	14	12	13	14	14	15	15	16	17	17	18	18	19	17	18
10	10	11	11	12	13	13	14	14	15	13	14	15	15	16	16	17	18	18	19	19	20	18	19
11	11	12	12	13	14	14	15	15	16	14	15	16	16	17	17	18	19	19	20	20	21	19	20
12	12	13	13	14	15	15	16	16	17	15	16	17	17	18	18	19	20	20	21	21	22	20	21
13	13	14	14	15	16	16	17	17	18	16	17	18	18	19	19	20	21	21	22	22	23	21	22
14	14	15	15	16	17	17	18	18	19	17	18	19	19	20	20	21	22	22	23	23	24	22	23
15	15	16	16	17	18	18	19	19	20	18	19	20	20	21	21	22	23	23	24	24	25	23	24
16	16	17	17	18	19	19	20	20	21	19	20	21	21	22	22	23	24	24	25	25	26	24	25
17	17	18	18	19	20	20	21	21	22	20	21	22冬	22	23	23	24	25	25	26	26	27	25	26
18	18	19	19	20	21	21	22	22	23	21	22	23	23	24	24	25	26	26	27	27	28	26	27
19	19	20	20	21	22	22	23	23	24	22	23	24	24	25	25	26	27	27	28	28	29	27	28
20	20	21	21	22	23	23	24	24	25	23	24	25	25	26	26	27	28	28	29	29	30	28	29
21	21	22	22	23	24	24	25	25	26	24	25	26	26	27	27	28	29	29	30	30	31	**3**	30

一五六 丙申 永壽二 909

一五五 乙未 永壽元 908

11	11	12	12	13	14	14	15	15	16	15	16	17	17	18	18	19	20	20	21	21	22	20正	21十二	22冬
12	12	13	13	14	15	15	16	16	17	16	17	18	18	19	19	20	21	21	22	22	23	21	22	23十一
13	13	14	14	15	16	16	17	17	18	17	18	19	19	20	20	21	22	22	23	23	24	22	23	24
14	14	15	15	16	17	17	18	18	19	18	19	20	20	21	21	22	23	23	24	24	25	23	24	25
15	15	16	16	17	18	18	19	19	20	19	20	21	21	22	22	23	24	24	25	25	26	24	25	26
16	16	17	17	18	19	19	20	20	21	20	21	22冬	22	23	23	24	25	25	26	26	27	25	26	27
17	17	18	18	19	20	20	21	21	22	21	22	23	23	24	24	25	26	26	27	27	28	26	27	28
18	18	19	19	20	21	21	22	22	23	22	23	24	24	25	25	26	27	27	28	28	29	27	28	29
19	19	20	20	21	22	22	23	23	24	23	24	25	25	26	26	27	28	28	29	29	30	28	29	30
20	20	21	21	22	23	23	24	24	25	24	25	26	26	27	27	28	29	29	30	30	31	**3**	30	31
21	21	22	22	23	24	24	25	25	26	25	26	27	27	28	28	29	30	30	31	**5**	**4**	2	31	**1**
22冬	22	23	23	24	25	25	26	26	27	26	27	28	28	29	29	30	31	**7**	**6**	2	2	3	**2**	2
23	23	24	24	25	26	26	27	27	28	27	28	29	29	30	30	31	**8**	2	2	3	3	4	2	3
24	24	25	25	26	27	27	28	28	29	28	29	30	30	31	**10**	**9**	2	3	3	4	4	5	3	4
25	25	26	26	27	28	28	29	29	30	29	30	31	**12**	**11**	2	2	3	4	4	5	5	6	4	5
26	26	27	27	28	29	29	30	30	31	**3**	31	**1**	2	2	3	3	4	5	5	6	6	7	5	6
27	27	28	28	29	30	30	31	**5**	**4**	2	**2**	2	3	3	4	4	5	6	6	7	7	8	6	7
28	28	29	29	30	31	**7**	**6**	2	2	3	2	3	4	4	5	5	6	7	7	8	8	9	7	8
29	29	30	30	31	**8**	2	2	3	3	4	3	4	5	5	6	6	7	8	8	9	9	10	8	9
30十二	30十一	31	**10**	**9**	2	3	3	**4**	4	5	4	5	6	6	7	7	8	9	9	10	10	11	9	10
31	**12**	**11**十	2九	2	3	4	4	5	5	6	5	6	7	7	8	8	9	10	10	11	11	12	10	11
日	2	2	3	3八	4七	5	5	6	6	7	6	7	8	8	9	9	10	11	11	12	12	13	11	12
曜	3	3	4	4	5	6六	6五	7	7	8	7	8	9	9	10	10	11	12	12	13	13	14	12	13
表	4	4	5	5	6	7	7	8四	8三	9	8	9	10	10	11	11	12	13	13	14	14	15	13	14
1	5	5	6	6	7	8	8	9	9	10二	9正	10	11	11	12	12	13	14	14	15	15	16	14	15
甲	6	6	7	7	8	9	9	10	10	11	10	11十二	12十一	12	13	13	14	15	15	16	16	17	15	16
子	7	7	8	8	9	10	10	11	11	12	11	12	13	13十	14九	14八	15	16	16	17	17	18	16	17
表	8	8	9	9	10	11	11	12	12	13	12	13	14	14	15	15	16七	17六	17	18	18	19	17	18
19	9	9	10	10	11	12	12	13	13	14	13	14	15	15	16	16	17	18	18五	19四	19	20	18	19
	10	10	11	11	12	13	13	14	14	15	14	15	16	16	17	17	18	19	19	20	20三	21二	19	20

一五七
丁酉
永壽三
910

一五八
戊戌
永壽四
延熹元 六月改
911

22	23	23	24	25	25	26	26	27	25	26	27	27	28	28	29	30	30	31	**5**	**4**	2	31	**1**
23	24	24	25	26	26	27	27	28	26	27	28	28	29	29	30	31	**7**	**6**	2	2	3	**2**	2
24	25	25	26	27	27	28	28	29	27	28	29	29	30	30	31	**8**	2	2	3	3	4	2	3
25	26	26	27	28	28	29	29	30	28	29	30	30	31	**10**	**9**	2	3	3	4	4	5	3	4
26	27	27	28	29	29	30	30	31	**3**	30	31	**12**	**11**	2	2	3	4	4	5	5	6	4	5
27	28	28	29	30	30	31	**5**	**4**	2	31	**1**	2	2	3	3	4	5	5	6	6	7	5	6
28	29	29	30	31	**7**	**6**	2	2	3	**2**	2	3	3	4	4	5	6	6	7	7	8	6	7
29	30	30	31	**8**	2	2	3	3	4	2	3	4	4	5	5	6	7	7	8	8	9	7	8
30	31	**10**	**9**	2	3	3	4	4	5	3	4	5	5	6	6	7	8	8	9	9	10	8	9
12	**11**	2	2	3	4	4	5	5	6	4	5	6	6	7	7	8	9	9	10	10	11	9	10
2	2	3	3	4	5	5	6	6	7	5	6	7	7	8	8	9	10	10	11	11	12	10	11
3	3	4	4	5	6	6	7	7	8	6	7	8	8	9	9	10	11	11	12	12	13	11	12
4	4	5	5	6	7	7	8	8	9	7	8	9	9	10	10	11	12	12	13	13	14	12	13
5	5	6	6	7	8	8	9	9	10	8	9	10	10	11	11	12	13	13	14	14	15	13	14
6	6	7	7	8	9	9	10	10	11	9	10	11	11	12	12	13	14	14	15	15	16	14	15
7	7	8	8	9	10	10	11	11	12	10	11	12	12	13	13	14	15	15	16	16	17	15	16
8	8	9	9	10	11	11	12	12	13	11	12	13	13	14	14	15	16	16	17	17	18	16	17
9十一	9十	10	10	11	12	12	13	13	14	12	13	14	14	15	15	16	17	17	18	18	19	17	18
10	10	11九	11八	12	13	13	14	14	15	13	14	15	15	16	16	17	18	18	19	19	20	18	19
11	11	12	12	13七	14六	14	15	15	16	14	15	16	16	17	17	18	19	19	20	20	21	19	20
12	12	13	13	14	15	15五	16四	16三	17	15	16	17	17	18	18	19	20	20	21	21	22	20	21
13	13	14	14	15	16	16	17	17	18二	16正	17	18	18	19	19	20	21	21	22	22	23	21	22
14	14	15	15	16	17	17	18	18	19	17	18十二	19十一	19	20	20	21	22	22	23	23	24	22	23
15	15	16	16	17	18	18	19	19	20	18	19	20	20十	21九	21	22	23	23	24	24	25	23	24
16	16	17	17	18	19	19	20	20	21	19	20	21	21	22	22八	23七	24	24	25	25	26	24	25
17	17	18	18	19	20	20	21	21	22	20	21	22冬	22	23	23	24	25六	25閏	26	26	27	25	26
18	18	19	19	20	21	21	22	22	23	21	22	23	23	24	24	25	26	26	27五	27四	28	26	27
19	19	20	20	21	22	22	23	23	24	22	23	24	24	25	25	26	27	27	28	28	29三	27二	28正
20	20	21	21	22	23	23	24	24	25	23	24	25	25	26	26	27	28	28	29	29	30	28	29
21	21	22	22	23	24	24	25	25	26	24	25	26	26	27	27	28	29	29	30	30	31	**3**	30

一五九 己亥 延熹二 912

一六〇 庚子 延熹三 913

11	11	12	12	13	14	14	15	15	16	15	16	17	17	18	18	19	20	20	21	21	22	20	21	22冬
12	12	13	13	14	15	15	16	16	17	16	17	18	18	19	19	20	21	21	22	22	23	21	22	23
13	13	14	14	15	16	16	17	17	18	17	18	19	19	20	20	21	22	22	23	23	24	22	23	24
14	14	15	15	16	17	17	18	18	19	18	19	20	20	21	21	22	23	23	24	24	25	23	24	25
15	15	16	16	17	18	18	19	19	20	19	20	21	21	22	22	23	24	24	25	25	26	24	25	26
16十一	16十	17	17	18	19	19	20	20	21	20	21	22冬	22	23	23	24	25	25	26	26	27	25	26	27
17	17	18九	18八	19	20	20	21	21	22	21	22	23	23	24	24	25	26	26	27	27	28	26	27	28
18	18	19	19	20七	21六	21	22	22	23	22	23	24	24	25	25	26	27	27	28	28	29	27	28	29
19	19	20	20	21	22	22五	23四	23	24	23	24	25	25	26	26	27	28	28	29	29	30	28	29	30
20	20	21	21	22	23	23	24	24三	25二	24	25	26	26	27	27	28	29	29	30	30	31	3	30	31
21冬	21	22	22	23	24	24	25	25	26	25閏	26正	27	27	28	28	29	30	30	31	5	4	2	31	1
22	22	23	23	24	25	25	26	26	27	26	27	28十二	28十一	29	29	30	31	7	6	2	2	3	2	2
23	23	24	24	25	26	26	27	27	28	27	28	29	29	30十	30九	31八	8	2	2	3	3	4	2	3
24	24	25	25	26	27	27	28	28	29	28	29	30	30	31	10	9	2七	3六	3	4	4	5	3	4
25	25	26	26	27	28	28	29	29	30	29	30	31	12	11	2	2	3	4	4五	5四	5	6	4	5
26	26	27	27	28	29	29	30	30	31	3	31	1	2	2	3	3	4	5	5	6	6三	7二	5	6
27	27	28	28	29	30	30	31	5	4	2	2	2	3	3	4	4	5	6	6	7	7	8	6正	7十二
28	28	29	29	30	31	7	6	2	2	3	2	3	4	4	5	5	6	7	7	8	8	9	7	8
29	29	30	30	31	8	2	2	3	3	4	3	4	5	5	6	6	7	8	8	9	9	10	8	9
30	30	31	10	9	2	3	3	4	4	5	4	5	6	6	7	7	8	9	9	10	10	11	9	10
31	12	11	2	2	3	4	4	5	5	6	5	6	7	7	8	8	9	10	10	11	11	12	10	11
日	2	2	3	3	4	5	5	6	6	7	6	7	8	8	9	9	10	11	11	12	12	13	11	12
曜	3	3	4	4	5	6	6	7	7	8	7	8	9	9	10	10	11	12	12	13	13	14	12	13
表	4	4	5	5	6	7	7	8	8	9	8	9	10	10	11	11	12	13	13	14	14	15	13	14
2	5	5	6	6	7	8	8	9	9	10	9	10	11	11	12	12	13	14	14	15	15	16	14	15
甲	6	6	7	7	8	9	9	10	10	11	10	11	12	12	13	13	14	15	15	16	16	17	15	16
子	7	7	8	8	9	10	10	11	11	12	11	12	13	13	14	14	15	16	16	17	17	18	16	17
表	8	8	9	9	10	11	11	12	12	13	12	13	14	14	15	15	16	17	17	18	18	19	17	18
20	9	9	10	10	11	12	12	13	13	14	13	14	15	15	16	16	17	18	18	19	19	20	18	19
	10	10	11	11	12	13	13	14	14	15	14	15	16	16	17	17	18	19	19	20	20	21	19	20

中西回史日曆

卷二 後漢

一六二 壬寅 延熹五 915												一六一 辛丑 延熹四 914											
22	23	23	24	25	25	26	26	27	25	26	27	27	28	28	29	30	30	31	**5**	**4**	2	31	**1**
23	24	24	25	26	26	27	27	28	26	27	28	28	29	29	30	31	**7**	**6**	2	2	3	**2**	2
24	25	25	26	27	27	28	28	29	27	28	29	29	30	30	31	**8**	2	2	3	3	4	2	3
25閏	26十	26	27	28	28	29	29	30	28	29	30	30	31	**10**	**9**	2	3	3	4	4	5	3	4
26	27	27九	28八	29	29	30	30	31	**3**	30	31	**12**	**11**	2	2	3	4	4	5	5	6	4	5
27	28	28	29	30七	30六	31	**5**	**4**	2	31	**1**	2	2	3	3	4	5	5	6	6	7	5	6
28	29	29	30	31	**7**	**6**五	2四	2三	3	**2**	2	3	3	4	4	5	6	6	7	7	8	6	7
29	30	30	31	**8**	2	2	3	3	4二	2正	3	4	4	5	5	6	7	7	8	8	9	7	8
30	31	**10**	**9**	2	3	3	4	4	5	3	4十二	5十一	5	6	6	7	8	8	9	9	10	8	9
12	**11**	2	2	3	4	4	5	5	6	4	5	6	6十	7九	7	8	9	9	10	10	11	9	10
2	2	3	3	4	5	5	6	6	7	5	6	7	7	8	8八	9七	10	10	11	11	12	10	11
3	3	4	4	5	6	6	7	7	8	6	7	8	8	9	9	10	11六	11五	12	12	13	11	12
4	4	5	5	6	7	7	8	8	9	7	8	9	9	10	10	11	12	12	13四	13三	14	12	13
5	5	6	6	7	8	8	9	9	10	8	9	10	10	11	11	12	13	13	14	14	15二	13正	14
6	6	7	7	8	9	9	10	10	11	9	10	11	11	12	12	13	14	14	15	15	16	14	15十二
7	7	8	8	9	10	10	11	11	12	10	11	12	12	13	13	14	15	15	16	16	17	15	16
8	8	9	9	10	11	11	12	12	13	11	12	13	13	14	14	15	16	16	17	17	18	16	17
9	9	10	10	11	12	12	13	13	14	12	13	14	14	15	15	16	17	17	18	18	19	17	18
10	10	11	11	12	13	13	14	14	15	13	14	15	15	16	16	17	18	18	19	19	20	18	19
11	11	12	12	13	14	14	15	15	16	14	15	16	16	17	17	18	19	19	20	20	21	19	20
12	12	13	13	14	15	15	16	16	17	15	16	17	17	18	18	19	20	20	21	21	22	20	21
13	13	14	14	15	16	16	17	17	18	16	17	18	18	19	19	20	21	21	22	22	23	21	22
14	14	15	15	16	17	17	18	18	19	17	18	19	19	20	20	21	22	22	23	23	24	22	23
15	15	16	16	17	18	18	19	19	20	18	19	20	20	21	21	22	23	23	24	24	25	23	24
16	16	17	17	18	19	19	20	20	21	19	20	21	21	22	22	23	24	24	25	25	26	24	25
17	17	18	18	19	20	20	21	21	22	20	21	22冬	22	23	23	24	25	25	26	26	27	25	26
18	18	19	19	20	21	21	22	22	23	21	22	23	23	24	24	25	26	26	27	27	28	26	27
19	19	20	20	21	22	22	23	23	24	22	23	24	24	25	25	26	27	27	28	28	29	27	28
20	20	21	21	22	23	23	24	24	25	23	24	25	25	26	26	27	28	28	29	29	30	28	29
21	21	22	22	23	24	24	25	25	26	24	25	26	26	27	27	28	29	29	30	30	31	**3**	30

一六三 癸卯 延熹六 916

一六四 甲辰 延熹七 917

11	11	12	12	13	14	14	15	15	16	15	16	17	17	18	18	19	20	20	21四	21三	22	20	21	22冬
12	12	13	13	14	15	15	16	16	17	16	17	18	18	19	19	20	21	21	22	22	23二	21正	22	23
13	13	14	14	15	16	16	17	17	18	17	18	19	19	20	20	21	22	22	23	23	24	22	23十二	24十一
14	14	15	15	16	17	17	18	18	19	18	19	20	20	21	21	22	23	23	24	24	25	23	24	25
15	15	16	16	17	18	18	19	19	20	19	20	21	21	22	22	23	24	24	25	25	26	24	25	26
16	16	17	17	18	19	19	20	20	21	20	21	22冬	22	23	23	24	25	25	26	26	27	25	26	27
17	17	18	18	19	20	20	21	21	22	21	22	23	23	24	24	25	26	26	27	27	28	26	27	28
18	18	19	19	20	21	21	22	22	23	22	23	24	24	25	25	26	27	27	28	28	29	27	28	29
19	19	20	20	21	22	22	23	23	24	23	24	25	25	26	26	27	28	28	29	29	30	28	29	30
20	20	21	21	22	23	23	24	24	25	24	25	26	26	27	27	28	29	29	30	30	31	3	30	31
21冬	21	22	22	23	24	24	25	25	26	25	26	27	27	28	28	29	30	30	31	5	4	2	31	1
22	22	23	23	24	25	25	26	26	27	26	27	28	28	29	29	30	31	7	6	2	2	3	2	2
23	23	24	24	25	26	26	27	27	28	27	28	29	29	30	30	31	8	2	2	3	3	4	2	3
24	24	25	25	26	27	27	28	28	29	28	29	30	30	31	10	9	2	3	3	4	4	5	3	4
25	25	26	26	27	28	28	29	29	30	29	30	31	12	11	2	2	3	4	4	5	5	6	4	5
26	26	27	27	28	29	29	30	30	31	3	31	1	2	2	3	3	4	5	5	6	6	7	5	6
27	27	28	28	29	30	30	31	5	4	2	2	2	3	3	4	4	5	6	6	7	7	8	6	7
28	28	29	29	30	31	7	6	2	2	3	2	3	4	4	5	5	6	7	7	8	8	9	7	8
29	29	30	30	31	8	2	2	3	3	4	3	4	5	5	6	6	7	8	8	9	9	10	8	9
30	30	31	10	9	2	3	3	4	4	5	4	5	6	6	7	7	8	9	9	10	10	11	9	10
31	12	11	2	2	3	4	4	5	5	6	5	6	7	7	8	8	9	10	10	11	11	12	10	11
日	2十一	2十	3	3	4	5	5	6	6	7	6	7	8	8	9	9	10	11	11	12	12	13	11	12
曜	3	3	4九	4八	5	6	6	7	7	8	7	8	9	9	10	10	11	12	12	13	13	14	12	13
表	4	4	5	5	6七	7六	7	8	8	9	8	9	10	10	11	11	12	13	13	14	14	15	13	14
3	5	5	6	6	7	8	8五	9四	9	10	9	10	11	11	12	12	13	14	14	15	15	16	14	15
甲	6	6	7	7	8	9	9	10	10三	11二	10	11	12	12	13	13	14	15	15	16	16	17	15	16
子	7	7	8	8	9	10	10	11	11	12	11正	12十二	13	13	14	14	15	16	16	17	17	18	16	17
表	8	8	9	9	10	11	11	12	12	13	12	13	14十一	14十	15	15	16	17	17	18	18	19	17	18
1	9	9	10	10	11	12	12	13	13	14	13	14	15	15	16九	16八	17七	18	18	19	19	20	18	19
	10	10	11	11	12	13	13	14	14	15	14	15	16	16	17	17	18	19六	19五	20	20	21	19	20

一六六六 丙午 延熹九 919

一六六五 乙巳 延熹八 918

22	23	23	24	25	25	26	26	27	25	26	27	27	28	28	29	30	30	31	**5**	**4**	2	31	**1**十二
23	24	24	25	26	26	27	27	28	26	27	28	28	29	29	30	31	**7**	**6**	2	2	3	**2**	2
24	25	25	26	27	27	28	28	29	27	28	29	29	30	30	31	**8**	2	2	3	3	4	2	3
25	26	26	27	28	28	29	29	30	28	29	30	30	31	**10**	**9**	2	3	3	4	4	5	3	4
26	27	27	28	29	29	30	30	31	**3**	30	31	**12**	**11**	2	2	3	4	4	5	5	6	4	5
27	28	28	29	30	30	31	**5**	**4**	2	31	**1**	2	2	3	3	4	5	5	6	6	7	5	6
28	29	29	30	31	**7**	**6**	2	2	3	**2**	2	3	3	4	4	5	6	6	7	7	8	6	7
29	30	30	31	**8**	2	2	3	3	4	2	3	4	4	5	5	6	7	7	8	8	9	7	8
30	31	**10**	**9**	2	3	3	4	4	5	3	4	5	5	6	6	7	8	8	9	9	10	8	9
12	**11**	2	2	3	4	4	5	5	6	4	5	6	6	7	7	8	9	9	10	10	11	9	10
2	2	3	3	4	5	5	6	6	7	5	6	7	7	8	8	9	10	10	11	11	12	10	11
3	3	4	4	5	6	6	7	7	8	6	7	8	8	9	9	10	11	11	12	12	13	11	12
4	4	5	5	6	7	7	8	8	9	7	8	9	9	10	10	11	12	12	13	13	14	12	13
5	5	6	6	7	8	8	9	9	10	8	9	10	10	11	11	12	13	13	14	14	15	13	14
6	6	7	7	8	9	9	10	10	11	9	10	11	11	12	12	13	14	14	15	15	16	14	15
7	7	8	8	9	10	10	11	11	12	10	11	12	12	13	13	14	15	15	16	16	17	15	16
8	8	9	9	10	11	11	12	12	13	11	12	13	13	14	14	15	16	16	17	17	18	16	17
9	9	10	10	11	12	12	13	13	14	12	13	14	14	15	15	16	17	17	18	18	19	17	18
10十一	10	11	11	12	13	13	14	14	15	13	14	15	15	16	16	17	18	18	19	19	20	18	19
11	11十	12九	12	13	14	14	15	15	16	14	15	16	16	17	17	18	19	19	20	20	21	19	20
12	12	13	13八	14七	15	15	16	16	17	15	16	17	17	18	18	19	20	20	21	21	22	20	21
13	13	14	14	15	16六	16五	17	17	18	16	17	18	18	19	19	20	21	21	22	22	23	21	22
14	14	15	15	16	17	17	18四	18三	19二	17	18	19	19	20	20	21	22	22	23	23	24	22	23
15	15	16	16	17	18	18	19	19	20	18正	19十二	20	20	21	21	22	23	23	24	24	25	23	24
16	16	17	17	18	19	19	20	20	21	19	20	21十一	21十	22	22	23	24	24	25	25	26	24	25
17	17	18	18	19	20	20	21	21	22	20	21	22冬	22	23九	23八	24	25	25	26	26	27	25	26
18	18	19	19	20	21	21	22	22	23	21	22	23	23	24	24	25閏	26七	26	27	27	28	26	27
19	19	20	20	21	22	22	23	23	24	22	23	24	24	25	25	26	27	27六	28五	28	29	27	28
20	20	21	21	22	23	23	24	24	25	23	24	25	25	26	26	27	28	28	29	29四	30三	28	29
21	21	22	22	23	24	24	25	25	26	24	25	26	26	27	27	28	29	29	30	30	31	**3**二	30正

一六八 戊申 漢靈帝 建寧元 921													一六七 丁未 延熹一〇 永康元 六月改 920											
11	11	12	12	13	14	14	15	15	16	15	16	17	17	18	18	19	20	20	21	21	22	20	21	22冬
12	12	13	13	14	15	15	16	16	17	16	17	18	18	19	19	20	21	21	22	22	23	21	22	23
13	13	14	14	15	16	16	17	17	18	17	18	19	19	20	20	21	22	22	23	23	24	22	23	24
14	14	15	15	16	17	17	18	18	19	18	19	20	20	21	21	22	23	23	24	24	25	23	24	25
15	15	16	16	17	18	18	19	19	20	19	20	21	21	22	22	23	24	24	25	25	26	24	25	26
16	16	17	17	18	19	19	20	20	21	20	21	22冬	22	23	23	24	25	25	26	26	27	25	26	27
17	17	18	18	19	20	20	21	21	22	21	22	23	23	24	24	25	26	26	27	27	28	26	27	28
18十一	18十	19九	19	20	21	21	22	22	23	22	23	24	24	25	25	26	27	27	28	28	29	27	28	29
19	19	20	20八	21七	22	22	23	23	24	23	24	25	25	26	26	27	28	28	29	29	30	28	29	30
20	20	21	21	22	23六	23五	24	24	25	24	25	26	26	27	27	28	29	29	30	30	31	3	30	31
21冬	21	22	22	23	24	24	25四	25閏	26	25	26	27	27	28	28	29	30	30	31	5	4	2	31	1
22	22	23	23	24	25	25	26	26	27三	26二	27	28	28	29	29	30	31	7	6	2	2	3	2	2
23	23	24	24	25	26	26	27	27	28	27	28正	29十二	29	30	30	31	8	2	2	3	3	4	2	3
24	24	25	25	26	27	27	28	28	29	28	29	30	30十一	31十	10	9	2	3	3	4	4	5	3	4
25	25	26	26	27	28	28	29	29	30	29	30	31	12	11	2九	2八	3	4	4	5	5	6	4	5
26	26	27	27	28	29	29	30	30	31	3	31	1	2	2	3	3	4七	5六	5五	6	6	7	5	6
27	27	28	28	29	30	30	31	5	4	2	2	2	3	3	4	4	5	6	6	7四	7三	8	6	7
28	28	29	29	30	31	7	6	2	2	3	2	3	4	4	5	5	6	7	7	8	8	9二	7正	8
29	29	30	30	31	8	2	2	3	3	4	3	4	5	5	6	6	7	8	8	9	9	10	8	9十二
30	30	31	10	9	2	3	3	4	4	5	4	5	6	6	7	7	8	9	9	10	10	11	9	10
31	12	11	2	2	3	4	4	5	5	6	5	6	7	7	8	8	9	10	10	11	11	12	10	11
日	2	2	3	3	4	5	5	6	6	7	6	7	8	8	9	9	10	11	11	12	12	13	11	12
曜	3	3	4	4	5	6	6	7	7	8	7	8	9	9	10	10	11	12	12	13	13	14	12	13
表	4	4	5	5	6	7	7	8	8	9	8	9	10	10	11	11	12	13	13	14	14	15	13	14
4	5	5	6	6	7	8	8	9	9	10	9	10	11	11	12	12	13	14	14	15	15	16	14	15
甲	6	6	7	7	8	9	9	10	10	11	10	11	12	12	13	13	14	15	15	16	16	17	15	16
子	7	7	8	8	9	10	10	11	11	12	11	12	13	13	14	14	15	16	16	17	17	18	16	17
表	8	8	9	9	10	11	11	12	12	13	12	13	14	14	15	15	16	17	17	18	18	19	17	18
2	9	9	10	10	11	12	12	13	13	14	13	14	15	15	16	16	17	18	18	19	19	20	18	19
	10	10	11	11	12	13	13	14	14	15	14	15	16	16	17	17	18	19	19	20	20	21	19	20

一七〇 庚戌 建寧三 923												一六九 己酉 建寧二 922											
22	23	23	24	25	25	26	26	27	25	26	27	27	28	28	29	30	30	31	**5**	**4**	2	31	**1**
23	24	24	25	26	26	27	27	28	26	27	28	28	29	29	30	31	**7**	**6**	2	2	3	**2**	2
24	25	25	26	27	27	28	28	29	27	28	29	29	30	30	31	**8**	2	2	3	3	4	2	3
25	26	26	27	28	28	29	29	30	28	29	30	30	31	**10**	**9**	2	3	3	4	4	5	3	4
26十一	27	27	28	29	29	30	30	31	**3**	30	31	**12**	**11**	2	2	3	4	4	5	5	6	4	5
27	28十	28九	29	30	30	31	**5**	**4**	2	31	**1**	2	2	3	3	4	5	5	6	6	7	5	6
28	29	29	30八	31七	**7**	**6**	2	2	3	**2**	2	3	3	4	4	5	6	6	7	7	8	6	7
29	30	30	31	**8**	2六	2五	3	3	4	2	3	4	4	5	5	6	7	7	8	8	9	7	8
30	31	**10**	**9**	2	3	3	4四	4三	5二	3	4	5	5	6	6	7	8	8	9	9	10	8	9
12	**11**	2	2	3	4	4	5	5	6	4正	5十二	6	6	7	7	8	9	9	10	10	11	9	10
2	2	3	3	4	5	5	6	6	7	5	6	7十一	7十	8	8	9	10	10	11	11	12	10	11
3	3	4	4	5	6	6	7	7	8	6	7	8	8	9九	9八	10	11	11	12	12	13	11	12
4	4	5	5	6	7	7	8	8	9	7	8	9	9	10	10	11七	12六	12	13	13	14	12	13
5	5	6	6	7	8	8	9	9	10	8	9	10	10	11	11	12	13	13五	14四	14	15	13	14
6	6	7	7	8	9	9	10	10	11	9	10	11	11	12	12	13	14	14	15	15三	16二	14	15
7	7	8	8	9	10	10	11	11	12	10	11	12	12	13	13	14	15	15	16	16	17	15正	16十二
8	8	9	9	10	11	11	12	12	13	11	12	13	13	14	14	15	16	16	17	17	18	16	17
9	9	10	10	11	12	12	13	13	14	12	13	14	14	15	15	16	17	17	18	18	19	17	18
10	10	11	11	12	13	13	14	14	15	13	14	15	15	16	16	17	18	18	19	19	20	18	19
11	11	12	12	13	14	14	15	15	16	14	15	16	16	17	17	18	19	19	20	20	21	19	20
12	12	13	13	14	15	15	16	16	17	15	16	17	17	18	18	19	20	20	21	21	22	20	21
13	13	14	14	15	16	16	17	17	18	16	17	18	18	19	19	20	21	21	22	22	23	21	22
14	14	15	15	16	17	17	18	18	19	17	18	19	19	20	20	21	22	22	23	23	24	22	23
15	15	16	16	17	18	18	19	19	20	18	19	20	20	21	21	22	23	23	24	24	25	23	24
16	16	17	17	18	19	19	20	20	21	19	20	21	21	22	22	23	24	24	25	25	26	24	25
17	17	18	18	19	20	20	21	21	22	20	21	22冬	22	23	23	24	25	25	26	26	27	25	26
18	18	19	19	20	21	21	22	22	23	21	22	23	23	24	24	25	26	26	27	27	28	26	27
19	19	20	20	21	22	22	23	23	24	22	23	24	24	25	25	26	27	27	28	28	29	27	28
20	20	21	21	22	23	23	24	24	25	23	24	25	25	26	26	27	28	28	29	29	30	28	29
21	21	22	22	23	24	24	25	25	26	24	25	26	26	27	27	28	29	29	30	30	31	**3**	30

一七二 壬子 建寧五 熹平元 五月改 925

一七一 辛亥 建寧四 924

11	11	12	12	13	14	14	15	15	16	15	16	17	17	18	18八	19七	20	20	21	21	22	20	21	22冬
12	12	13	13	14	15	15	16	16	17	16	17	18	18	19	19	20	21六	21五	22四	22	23	21	22	23
13	13	14	14	15	16	16	17	17	18	17	18	19	19	20	20	21	22	22	23	23三	24二	22	23	24
14	14	15	15	16	17	17	18	18	19	18	19	20	20	21	21	22	23	23	24	24	25	23正	24十二	25
15	15	16	16	17	18	18	19	19	20	19	20	21	21	22	22	23	24	24	25	25	26	24	25	26閏
16	16	17	17	18	19	19	20	20	21	20	21	22冬	22	23	23	24	25	25	26	26	27	25	26	27
17	17	18	18	19	20	20	21	21	22	21	22	23	23	24	24	25	26	26	27	27	28	26	27	28
18	18	19	19	20	21	21	22	22	23	22	23	24	24	25	25	26	27	27	28	28	29	27	28	29
19	19	20	20	21	22	22	23	23	24	23	24	25	25	26	26	27	28	28	29	29	30	28	29	30
20	20	21	21	22	23	23	24	24	25	24	25	26	26	27	27	28	29	29	30	30	31	**3**	30	31
21冬	21	22	22	23	24	24	25	25	26	25	26	27	27	28	28	29	30	30	31	**5**	**4**	2	31	**1**
22	22	23	23	24	25	25	26	26	27	26	27	28	28	29	29	30	31	**7**	**6**	2	2	3	**2**	2
23	23	24	24	25	26	26	27	27	28	27	28	29	29	30	30	31	**8**	2	2	3	3	4	2	3
24	24	25	25	26	27	27	28	28	29	28	29	30	30	31	**10**	**9**	2	3	3	4	4	5	3	4
25	25	26	26	27	28	28	29	29	30	29	30	31	**12**	**11**	2	2	3	4	4	5	5	6	4	5
26	26	27	27	28	29	29	30	30	31	**3**	31	**1**	2	2	3	3	4	5	5	6	6	7	5	6
27	27	28	28	29	30	30	31	**5**	**4**	2	**2**	2	3	3	4	4	5	6	6	7	7	8	6	7
28	28	29	29	30	31	**7**	**6**	2	2	3	2	3	4	4	5	5	6	7	7	8	8	9	7	8
29	29	30	30	31	**8**	2	2	3	3	4	3	4	5	5	6	6	7	8	8	9	9	10	8	9
30	30	31	**10**	**9**	2	3	3	4	4	5	4	5	6	6	7	7	8	9	9	10	10	11	9	10
31	**12**	**11**	2	2	3	4	4	5	5	6	5	6	7	7	8	8	9	10	10	11	11	12	10	11
日	2	2	3	3	4	5	5	6	6	7	6	7	8	8	9	9	10	11	11	12	12	13	11	12
曜	3	3	4	4	5	6	6	7	7	8	7	8	9	9	10	10	11	12	12	13	13	14	12	13
表	4十二	4十	5九	5	6	7	7	8	8	9	8	9	10	10	11	11	12	13	13	14	14	15	13	14
5	5	5	6	6八	7七	8	8	9	9	10	9	10	11	11	12	12	13	14	14	15	15	16	14	15
甲	6	6	7	7	8	9六	9五	10	10	11	10	11	12	12	13	13	14	15	15	16	16	17	15	16
子	7	7	8	8	9	10	10	11四	11三	12	11	12	13	13	14	14	15	16	16	17	17	18	16	17
表	8	8	9	9	10	11	11	12	12	13二	12正	13	14	14	15	15	16	17	17	18	18	19	17	18
3	9	9	10	10	11	12	12	13	13	14	13	14十二	15十一	15	16	16	17	18	18	19	19	20	18	19
	10	10	11	11	12	13	13	14	14	15	14	15	16	16十	17九	17	18	19	19	20	20	21	19	20

一七三 癸丑 熹平二 926

一七四 甲寅 熹平三 927

22	23	23	24	25	25	26	26	27	25	26	27	27	28	28	29	30	30	31	**5**	**4**	三2	二31	**1**
23	24	24	25	26	26	27	27	28	26	27	28	28	29	29	30	31	**7**	**6**	2	2	3	**2**	正2 十二
24	25	25	26	27	27	28	28	29	27	28	29	29	30	30	31	**8**	2	2	3	3	4	2	3
25	26	26	27	28	28	29	29	30	28	29	30	30	31	**10**	**9**	2	3	3	4	4	5	3	4
26	27	27	28	29	29	30	30	31	**3**	30	31	**12**	**11**	2	2	3	4	4	5	5	6	4	5
27	28	28	29	30	30	31	**5**	**4**	2	31	**1**	2	2	3	3	4	5	5	6	6	7	5	6
28	29	29	30	31	**7**	**6**	2	2	3	**2**	2	3	3	4	4	5	6	6	7	7	8	6	7
29	30	30	31	**8**	2	2	3	3	4	2	3	4	4	5	5	6	7	7	8	8	9	7	8
30	31	**10**	**9**	2	3	3	4	4	5	3	4	5	5	6	6	7	8	8	9	9	10	8	9
12	**11**	2	2	3	4	4	5	5	6	4	5	6	6	7	7	8	9	9	10	10	11	9	10
2	2	3	3	4	5	5	6	6	7	5	6	7	7	8	8	9	10	10	11	11	12	10	11
3	3	4	4	5	6	6	7	7	8	6	7	8	8	9	9	10	11	11	12	12	13	11	12
4	4	5	5	6	7	7	8	8	9	7	8	9	9	10	10	11	12	12	13	13	14	12	13
5	5	6	6	7	8	8	9	9	10	8	9	10	10	11	11	12	13	13	14	14	15	13	14
6	6	7	7	8	9	9	10	10	11	9	10	11	11	12	12	13	14	14	15	15	16	14	15
7	7	8	8	9	10	10	11	11	12	10	11	12	12	13	13	14	15	15	16	16	17	15	16
8	8	9	9	10	11	11	12	12	13	11	12	13	13	14	14	15	16	16	17	17	18	16	17
9	9	10	10	11	12	12	13	13	14	12	13	14	14	15	15	16	17	17	18	18	19	17	18
10	10	11	11	12	13	13	14	14	15	13	14	15	15	16	16	17	18	18	19	19	20	18	19
11	11	12	12	13	14	14	15	15	16	14	15	16	16	17	17	18	19	19	20	20	21	19	20
12	十一12	十13	13	14	15	15	16	16	17	15	16	17	17	18	18	19	20	20	21	21	22	20	21
13	13	14	九14	八15	16	16	17	17	18	16	17	18	18	19	19	20	21	21	22	22	23	21	22
14	14	15	15	16	七17	六17	18	18	19	17	18	19	19	20	20	21	22	22	23	23	24	22	23
15	15	16	16	17	18	18	五19	四19	20	18	19	20	20	21	21	22	23	23	24	24	25	23	24
16	16	17	17	18	19	19	20	20	三21	二19	20	21	21	22	22	23	24	24	25	25	26	24	25
17	17	18	18	19	20	20	21	21	22	20	正21	十二22	十一22	23	23	24	25	25	26	26	27	25	26
18	18	19	19	20	21	21	22	22	23	21	22	23	23	十24	九24	25	26	26	27	27	28	26	27
19	19	20	20	21	22	22	23	23	24	22	23	24	24	25	25	閏26	八27	27	28	28	29	27	28
20	20	21	21	22	23	23	24	24	25	23	24	25	25	26	26	27	28	七28	六29	29	30	28	29
21	21	22	22	23	24	24	25	25	26	24	25	26	26	27	27	28	29	29	30	五30	四31	**3**	30

一七六 丙辰 熹平五 929

一七五 乙卯 熹平四 928

11	11	12	12	13	14	14	15	15	16	15	16	17	17	18	18	19	20	20	21	21	22	20	21	22冬
12	12	13	13	14	15	15	16	16	17	16	17	18	18	19	19	20	21	21	22	22	23	21	22	23
13	13	14	14	15	16	16	17	17	18	17	18	19	19	20	20	21	22	22	23	23	24	22	23	24
14	14	15	15	16	17	17	18	18	19	18	19	20	20	21	21	22	23	23	24	24	25	23	24	25
15	15	16	16	17	18	18	19	19	20	19	20	21	21	22	22	23	24	24	25	25	26	24	25	26
16	16	17	17	18	19	19	20	20	21	20	21	22冬	22	23	23	24	25	25	26	26	27	25	26	27
17	17	18	18	19	20	20	21	21	22	21	22	23	23	24	24	25	26	26	27	27	28	26	27	28
18	18	19	19	20	21	21	22	22	23	22	23	24	24	25	25	26	27	27	28	28	29	27	28	29
19十一	19	20	20	21	22	22	23	23	24	23	24	25	25	26	26	27	28	28	29	29	30	28	29	30
20	20十	21九	21八	22	23	23	24	24	25	24	25	26	26	27	27	28	29	29	30	30	31	3	30	31
21冬	21	22	22	23七	24六	24	25	25	26	25	26	27	27	28	28	29	30	30	31	5	4	2	31	1
22	22	23	23	24	25	25閏	26五	26	27	26	27	28	28	29	29	30	31	7	6	2	2	3	2	2
23	23	24	24	25	26	26	27	27四	28三	27	28	29	29	30	30	31	8	2	2	3	3	4	2	3
24	24	25	25	26	27	27	28	28	29	28二	29正	30	30	31	10	9	2	3	3	4	4	5	3	4
25	25	26	26	27	28	28	29	29	30	29	30	31十二	12十二	11	2	2	3	4	4	5	5	6	4	5
26	26	27	27	28	29	29	30	30	31	3	31	1	2	2十	3九	3	4	5	5	6	6	7	5	6
27	27	28	28	29	30	30	31	5	4	2	2	2	3	3	4	4八	5七	6	6	7	7	8	6	7
28	28	29	29	30	31	7	6	2	2	3	2	3	4	4	5	5	6	7六	7五	8四	8	9	7	8
29	29	30	30	31	8	2	2	3	3	4	3	4	5	5	6	6	7	8	8	9	9三	10二	8	9
30	30	31	10	9	2	3	3	4	4	5	4	5	6	6	7	7	8	9	9	10	10	11	9正	10十二
31	12	11	2	2	3	4	4	5	5	6	5	6	7	7	8	8	9	10	10	11	11	12	10	11
日	2	2	3	3	4	5	5	6	6	7	6	7	8	8	9	9	10	11	11	12	12	13	11	12
曜	3	3	4	4	5	6	6	7	7	8	7	8	9	9	10	10	11	12	12	13	13	14	12	13
表	4	4	5	5	6	7	7	8	8	9	8	9	10	10	11	11	12	13	13	14	14	15	13	14
6	5	5	6	6	7	8	8	9	9	10	9	10	11	11	12	12	13	14	14	15	15	16	14	15
甲	6	6	7	7	8	9	9	10	10	11	10	11	12	12	13	13	14	15	15	16	16	17	15	16
子	7	7	8	8	9	10	10	11	11	12	11	12	13	13	14	14	15	16	16	17	17	18	16	17
表	8	8	9	9	10	11	11	12	12	13	12	13	14	14	15	15	16	17	17	18	18	19	17	18
4	9	9	10	10	11	12	12	13	13	14	13	14	15	15	16	16	17	18	18	19	19	20	18	19
	10	10	11	11	12	13	13	14	14	15	14	15	16	16	17	17	18	19	19	20	20	21	19	20

一七八 戊午 熹平七 光和元（三月改） 931

一七七 丁巳 熹平六 930

22	23	23	24	25	25	26	26	27	25	26	27	27	28	28	29	30	30	31	**5**	**4**	2	31	**1**
23	24	24	25	26	26	27	27	28	26	27	28	28	29	29	30	31	**7**	**6**	2	2	3	**2**	2
24	25	25	26	27	27	28	28	29	27	28	29	29	30	30	31	**8**	2	2	3	3	4	2	3
25	26	26	27	28	28	29	29	30	28	29	30	30	31	**10**	**9**	2	3	3	4	4	5	3	4
26	27	27	28	29	29	30	30	31	**3**	30	31	**12**	**11**	2	2	3	4	4	5	5	6	4	5
27	28	28	29	30	30	31	**5**	**4**	2	31	**1**	2	2	3	3	4	5	5	6	6	7	5	6
28十一	29十	29	30	31	**7**	**6**	2	2	3	**2**	2	3	3	4	4	**5**	6	6	7	7	8	6	7
29	30	30九	31八	**8**	2	2	3	3	4	2	3	4	4	5	5	6	7	7	8	8	9	7	8
30	31	**10**	**9**	2七	3六	3	4	4	5	3	4	5	5	6	6	7	8	8	9	9	10	8	9
12	**11**	2	2	3	4	4五	5四	5	6	4	5	6	6	7	7	8	9	9	10	10	11	9	10
2	2	3	3	4	5	5	6	6三	7二	5	6	7	7	8	8	9	10	10	11	11	12	10	11
3	3	4	4	5	6	6	7	7	8	6正	7十二	8十一	8	9	9	10	11	11	12	12	13	11	12
4	4	5	5	6	7	7	8	8	9	7	8	9	9十	10九	10	11	12	12	13	13	14	12	13
5	5	6	6	7	8	8	9	9	10	8	9	10	10	11	11八	12七	13	13	14	14	15	13	14
6	6	7	7	8	9	9	10	10	11	9	10	11	11	12	12	13	14六	14五	15	15	16	14	15
7	7	8	8	9	10	10	11	11	12	10	11	12	12	13	13	14	15	15	16四	16三	17	15	16
8	8	9	9	10	11	11	12	12	13	11	12	13	13	14	14	15	16	16	17	17	18二	16正	17
9	9	10	10	11	12	12	13	13	14	12	13	14	14	15	15	16	17	17	18	18	19	17	18十二
10	10	11	11	12	13	13	14	14	15	13	14	15	15	16	16	17	18	18	19	19	20	18	19
11	11	12	12	13	14	14	15	15	16	14	15	16	16	17	17	18	19	19	20	20	21	19	20
12	12	13	13	14	15	15	16	16	17	15	16	17	17	18	18	19	20	20	21	21	22	20	21
13	13	14	14	15	16	16	17	17	18	16	17	18	18	19	19	20	21	21	22	22	23	21	22
14	14	15	15	16	17	17	18	18	19	17	18	19	19	20	20	21	22	22	23	23	24	22	23
15	15	16	16	17	18	18	19	19	20	18	19	20	20	21	21	22	23	23	24	24	25	23	24
16	16	17	17	18	19	19	20	20	21	19	20	21	21	22	22	23	24	24	25	25	26	24	25
17	17	18	18	19	20	20	21	21	22	20	21	22冬	22	23	23	24	25	25	26	26	27	25	26
18	18	19	19	20	21	21	22	22	23	21	22	23	23	24	24	25	26	26	27	27	28	26	27
19	19	20	20	21	22	22	23	23	24	22	23	24	24	25	25	26	27	27	28	28	29	27	28
20	20	21	21	22	23	23	24	24	25	23	24	25	25	26	26	27	28	28	29	29	30	28	29
21	21	22	22	23	24	24	25	25	26	24	25	26	26	27	27	28	29	29	30	30	31	**3**	30

一八〇 庚申 光和三

一七九 己未 光和二

												933												932
11	11	12	12	13	14	14	15	15	16	15	16	17十一	17十	18	18	19	20	20	21	21	22	20	21	22冬
12	12	13	13	14	15	15	16	16	17	16	17	18	18	19九	19八	20	21	21	22	22	23	21	22	23
13	13	14	14	15	16	16	17	17	18	17	18	19	19	20	20	21七	22六	22	23	23	24	22	23	24
14	14	15	15	16	17	17	18	18	19	18	19	20	20	21	21	22	23	23五	24四	24三	25	23	24	25
15	15	16	16	17	18	18	19	19	20	19	20	21	21	22	22	23	24	24	25	25	26二	24閏	25	26
16	16	17	17	18	19	19	20	20	21	20	21	22冬	22	23	23	24	25	25	26	26	27	25	26正	27十二
17	17	18	18	19	20	20	21	21	22	21	22	23	23	24	24	25	26	26	27	27	28	26	27	28
18	18	19	19	20	21	21	22	22	23	22	23	24	24	25	25	26	27	27	28	28	29	27	28	29
19	19	20	20	21	22	22	23	23	24	23	24	25	25	26	26	27	28	28	29	29	30	28	29	30
20	20	21	21	22	23	23	24	24	25	24	25	26	26	27	27	28	29	29	30	30	31	3	30	31
21冬	21	22	22	23	24	24	25	25	26	25	26	27	27	28	28	29	30	30	31	5	4	2	31	1
22	22	23	23	24	25	25	26	26	27	26	27	28	28	29	29	30	31	7	6	2	2	3	2	2
23	23	24	24	25	26	26	27	27	28	27	28	29	29	30	30	31	8	2	2	3	3	4	2	3
24	24	25	25	26	27	27	28	28	29	28	29	30	30	31	10	9	2	3	3	4	4	5	3	4
25	25	26	26	27	28	28	29	29	30	29	30	31	12	11	2	2	3	4	4	5	5	6	4	5
26	26	27	27	28	29	29	30	30	31	3	31	1	2	2	3	3	4	5	5	6	6	7	5	6
27	27	28	28	29	30	30	31	5	4	2	2	2	3	3	4	4	5	6	6	7	7	8	6	7
28	28	29	29	30	31	7	6	2	2	3	2	3	4	4	5	5	6	7	7	8	8	9	7	8
29	29	30	30	31	8	2	2	3	3	4	3	4	5	5	6	6	7	8	8	9	9	10	8	9
30	30	31	10	9	2	3	3	4	4	5	4	5	6	6	7	7	8	9	9	10	10	11	9	10
31	12	11	2	2	3	4	4	5	5	6	5	6	7	7	8	8	9	10	10	11	11	12	10	11
日	2	2	3	3	4	5	5	6	6	7	6	7	8	8	9	9	10	11	11	12	12	13	11	12
曜	3	3	4	4	5	6	6	7	7	8	7	8	9	9	10	10	11	12	12	13	13	14	12	13
表	4	4	5	5	6	7	7	8	8	9	8	9	10	10	11	11	12	13	13	14	14	15	13	14
7	5十一	5	6	6	7	8	8	9	9	10	9	10	11	11	12	12	13	14	14	15	15	16	14	15
甲	6	6十	7九	7	8	9	9	10	10	11	10	11	12	12	13	13	14	15	15	16	16	17	15	16
子	7	7	8	8八	9七	10六	10	11	11	12	11	12	13	13	14	14	15	16	16	17	17	18	16	17
表	8	8	9	9	10	11	11五	12四	12	13	12	13	14	14	15	15	16	17	17	18	18	19	17	18
5	9	9	10	10	11	12	12	13	13三	14二	13	14	15	15	16	16	17	18	18	19	19	20	18	19
	10	10	11	11	12	13	13	14	14	15	14正	15十二	16	16	17	17	18	19	19	20	20	21	19	20

一八二　壬戌　光和五　935

一八一　辛酉　光和四　934

22	23	23	24	25	25	26	26	27	25	26	27	27	28	28	29	30	30	六31	五**5**	**4**	2	31	**1**
23	24	24	25	26	26	27	27	28	26	27	28	28	29	29	30	31	**7**	**6**	2	四2	三3	**2**	2
24	25	25	26	27	27	28	28	29	27	28	29	29	30	30	31	**8**	2	2	3	3	4	二2	正3
25	26	26	27	28	28	29	29	30	28	29	30	30	31	**10**	**9**	2	3	3	4	4	5	3	4十二
26	27	27	28	29	29	30	30	31	**3**	30	31	**12**	**11**	2	2	3	4	4	5	5	6	**4**	5
27	28	28	29	30	30	31	**5**	**4**	2	31	**1**	2	2	3	3	**4**	5	5	6	6	7	5	6
28	29	29	30	31	**7**	**6**	2	2	3	**2**	2	3	3	4	4	5	6	6	7	7	8	6	7
29	30	30	31	**8**	2	2	3	3	4	2	3	4	4	5	5	6	7	7	8	8	9	7	8
30	31	**10**	**9**	2	3	3	4	4	5	3	4	5	5	6	6	7	8	8	9	9	10	8	9
12	**11**	2	2	3	4	4	5	5	6	4	5	6	6	7	7	8	9	9	10	10	11	9	10
2	2	3	3	4	5	5	6	6	7	5	6	7	7	8	8	9	10	10	11	11	12	10	11
3	3	4	4	5	6	6	7	7	8	6	7	8	8	9	9	10	11	11	12	12	13	11	12
4	4	5	5	6	7	7	8	8	9	7	8	9	9	10	10	11	12	12	13	13	14	12	13
5	5	6	6	7	8	8	9	9	10	8	9	10	10	11	11	12	13	13	14	14	15	13	14
6	6	7	7	8	9	9	10	10	11	9	10	11	11	12	12	13	14	14	15	15	16	14	15
7	7	8	8	9	10	10	11	11	12	10	11	12	12	13	13	14	15	15	16	16	17	15	16
8	8	9	9	10	11	11	12	12	13	11	12	13	13	14	14	15	16	16	17	17	18	16	17
9	9	10	10	11	12	12	13	13	14	12	13	14	14	15	15	16	17	17	18	18	19	17	18
10	10	11	11	12	13	13	14	14	15	13	14	15	15	16	16	17	18	18	19	19	20	18	19
11	11	12	12	13	14	14	15	15	16	14	15	16	16	17	17	18	19	19	20	20	21	19	20
12	12	13	13	14	15	15	16	16	17	15	16	17	17	18	18	19	20	20	21	21	22	20	21
13	十一13	14	14	15	16	16	17	17	18	16	17	18	18	19	19	20	21	21	22	22	23	21	22
14	14	十15	九15	16	17	17	18	18	19	17	18	19	19	20	20	21	22	22	23	23	24	22	23
15	15	16	16	八17	七18	18	19	19	20	18	19	20	20	21	21	22	23	23	24	24	25	23	24
16	16	17	17	18	19	六19	五20	20	21	19	20	21	21	22	22	23	24	24	25	25	26	24	25
17	17	18	18	19	20	20	21	四21	三22	20	21	22	冬22	23	23	24	25	25	26	26	27	25	26
18	18	19	19	20	21	21	22	22	23	二21	正22	23	23	24	24	25	26	26	27	27	28	26	27
19	19	20	20	21	22	22	23	23	24	22	23	十二24	十一24	十25	25	26	27	27	28	28	29	27	28
20	20	21	21	22	23	23	24	24	25	23	24	25	25	26	閏26	九27	28	28	29	29	30	28	29
21	21	22	22	23	24	24	25	25	26	24	25	26	26	27	27	28	八29	七29	30	30	31	**3**	30

一八三 癸亥 光和六 936

一八四 甲子 光和七 中平元（十二月改） 937

11	11	12	12	13	14	14	15	15	16	15	16	17	17	18	18	19	20	20	21	21	22	20	21	22冬
12	12	13	13	14	15	15	16	16	17	16	17	18	18	19	19	20	21	21	22	22	23	21	22	23
13	13	14	14	15	16	16	17	17	18	17	18	19	19	20	20	21	22	22	23	23	24	22	23	24
14	14	15	15	16	17	17	18	18	19	18	19	20	20	21	21	22	23	23	24	24	25	23	24	25
15	15	16	16	17	18	18	19	19	20	19	20	21	21	22	22	23	24	24	25	25	26	24	25	26
16	16	17	17	18	19	19	20	20	21	20	21	22冬	22	23	23	24	25	25	26	26	27	25	26	27
17	17	18	18	19	20	20	21	21	22	21	22	23	23	24	24	25	26	26	27	27	28	26	27	28
18	18	19	19	20	21	21	22	22	23	22	23	24	24	25	25	26	27	27	28	28	29	27	28	29
19	19	20	20	21	22	22	23	23	24	23	24	25	25	26	26	27	28	28	29	29	30	28	29	30
20	20	21	21	22	23	23	24	24	25	24	25	26	26	27	27	28	29	29	30	30	31	**3**	30	31
21冬十一	21十	22	22	23	24	24	25	25	26	25	26	27	27	28	28	29	30	30	31	**5**	**4**	2	31	**1**
22	22	23九	23八	24	25	25	26	26	27	26	27	28	28	29	29	30	31	**7**	**6**	2	2	3	**2**	2
23	23	24	24	25閏	26七	26六	27	27	28	27	28	29	29	30	30	31	**8**	2	2	3	3	4	2	3
24	24	25	25	26	27	27	28五	28四	29	28	29	30	30	31	**10**	**9**	2	3	3	4	4	5	3	4
25	25	26	26	27	28	28	29	29	30三	29二	30	31	**12**	**11**	2	2	3	4	4	5	5	6	4	5
26	26	27	27	28	29	29	30	30	31	**3**	31正	**1**十二	2	2	3	3	4	5	5	6	6	7	5	6
27	27	28	28	29	30	30	31	**5**	**4**	2	**2**	2	3十一	3十	4	4	5	6	6	7	7	8	6	7
28	28	29	29	30	31	**7**	**6**	2	2	3	2	3	4	4	5九	5八	6	7	7	8	8	9	7	8
29	29	30	30	31	**8**	2	2	3	3	4	3	4	5	5	6	6	7七	8六	8	9	9	10	8	9
30	30	31	**10**	**9**	2	3	3	**4**	**4**	5	4	5	6	6	7	7	8	9	9五	10四	10三	11	9	10
31	**12**	**11**	2	2	3	4	4	5	5	6	5	6	7	7	8	8	9	10	10	11	11	12二	10正	11
日	2	2	3	3	4	5	5	6	6	7	6	7	8	8	9	9	10	11	11	12	12	13	11	12十二
曜	3	3	4	4	5	6	6	7	7	8	7	8	9	9	10	10	11	12	12	13	13	14	12	13
表	4	4	5	5	6	7	7	8	8	9	8	9	10	10	11	11	12	13	13	14	14	15	13	14
1	5	5	6	6	7	8	8	9	9	10	9	10	11	11	12	12	13	14	14	15	15	16	14	15
甲	6	6	7	7	8	9	9	10	10	11	10	11	12	12	13	13	14	15	15	16	16	17	15	16
子	7	7	8	8	9	10	10	11	11	12	11	12	13	13	14	14	15	16	16	17	17	18	16	17
表	8	8	9	9	10	11	11	12	12	13	12	13	14	14	15	15	16	17	17	18	18	19	17	18
6	9	9	10	10	11	12	12	13	13	14	13	14	15	15	16	16	17	18	18	19	19	20	18	19
	10	10	11	11	12	13	13	14	14	15	14	15	16	16	17	17	18	19	19	20	20	21	19	20

一八五 乙丑 中平二 938

一八六 丙寅 中平三 939

22	23	23	24	25	25	26	26	27	25	26	27	27	28	28	29	30	30	31	**5**	**4**	2	31	**1**
23	24	24	25	26	26	27	27	28	26	27	28	28	29	29	30	31	**7**	**6**	2	2	3	**2**	2
24	25	25	26	27	27	28	28	29	27	28	29	29	30	30	31	**8**	2	2	3	3	4	2	3
25	26	26	27	28	28	29	29	30	28	29	30	30	31	**10**	**9**	2	3	3	4	4	5	3	4
26	27	27	28	29	29	30	30	31	**3**	30	31	**12**	**11**	2	2	3	4	4	5	5	6	4	5
27	28	28	29	30	30	31	**5**	**4**	2	31	**1**	2	2	3	3	4	5	5	6	6	7	5	6
28	29	29	30	31	**7**	**6**	2	2	3	**2**	2	3	3	4	4	**5**	6	6	7	7	8	6	7
29十一	30	30	31	**8**	2	2	3	3	4	2	3	4	4	5	5	6	7	7	8	8	9	7	8
30	31十	**10**九	**9**	2	3	3	4	4	5	3	4	5	5	6	6	7	8	8	9	9	10	8	9
12	**11**	2	2八	3七	4	4	5	5	6	4	5	6	6	7	7	8	9	9	10	10	11	9	10
2	2	3	3	4	5六	5五	6	6	7	5	6	7	7	8	8	9	10	10	11	11	12	10	11
3	3	4	4	5	6	6	7四	7三	8	6	7	8	8	9	9	10	11	11	12	12	13	11	12
4	4	5	5	6	7	7	8	8	9二	7正	8	9	9	10	10	11	12	12	13	13	14	12	13
5	5	6	6	7	8	8	9	9	10	8	9十二	10十一	10十	11	11	12	13	13	14	14	15	13	14
6	6	7	7	8	9	9	10	10	11	9	10	11	11	12九	12八	13	14	14	15	15	16	14	15
7	7	8	8	9	10	10	11	11	12	10	11	12	12	13	13	14七	15六	15	16	16	17	15	16
8	8	9	9	10	11	11	12	12	13	11	12	13	13	14	14	15	16	16五	17四	17	18	16	17
9	9	10	10	11	12	12	13	13	14	12	13	14	14	15	15	16	17	17	18	18三	19二	17	18
10	10	11	11	12	13	13	14	14	15	13	14	15	15	16	16	17	18	18	19	19	20	18正	19十二
11	11	12	12	13	14	14	15	15	16	14	15	16	16	17	17	18	19	19	20	20	21	19	20
12	12	13	13	14	15	15	16	16	17	15	16	17	17	18	18	19	20	20	21	21	22	20	21
13	13	14	14	15	16	16	17	17	18	16	17	18	18	19	19	20	21	21	22	22	23	21	22
14	14	15	15	16	17	17	18	18	19	17	18	19	19	20	20	21	22	22	23	23	24	22	23
15	15	16	16	17	18	18	19	19	20	18	19	20	20	21	21	22	23	23	24	24	25	23	24
16	16	17	17	18	19	19	20	20	21	19	20	21	21	22	22	23	24	24	25	25	26	24	25
17	17	18	18	19	20	20	21	21	22	20	21	22冬	22	23	23	24	25	25	26	26	27	25	26
18	18	19	19	20	21	21	22	22	23	21	22	23	23	24	24	25	26	26	27	27	28	26	27
19	19	20	20	21	22	22	23	23	24	22	23	24	24	25	25	26	27	27	28	28	29	27	28
20	20	21	21	22	23	23	24	24	25	23	24	25	25	26	26	27	28	28	29	29	30	28	29
21	21	22	22	23	24	24	25	25	26	24	25	26	26	27	27	28	29	29	30	30	31	**3**	30

一八八 戊辰 中平五 941

一八七 丁卯 中平四 940

11	11	12	12	13	14	14	15	15	16二	15正	16	17	17	18	18	19	20	20	21	21	22	20	21	22冬
12	12	13	13	14	15	15	16	16	17	16	17土	18土	18	19	19	20	21	21	22	22	23	21	22	23
13	13	14	14	15	16	16	17	17	18	17	18	19	19十	20九	20	21	22	22	23	23	24	22	23	24
14	14	15	15	16	17	17	18	18	19	18	19	20	20	21	21八	22七	23	23	24	24	25	23	24	25
15	15	16	16	17	18	18	19	19	20	19	20	21	21	22	22	23	24六	24五	25	25	26	24	25	26
16	16	17	17	18	19	19	20	20	21	20	21	22冬	22	23	23	24	25	25	26閏	26四	27	25	26	27
17	17	18	18	19	20	20	21	21	22	21	22	23	23	24	24	25	26	26	27	27	28三	26二	27正	28
18	18	19	19	20	21	21	22	22	23	22	23	24	24	25	25	26	27	27	28	28	29	27	28	29土
19	19	20	20	21	22	22	23	23	24	23	24	25	25	26	26	27	28	28	29	29	30	28	29	30
20	20	21	21	22	23	23	24	24	25	24	25	26	26	27	27	28	29	29	30	30	31	**3**	30	31
21冬	21	22	22	23	24	24	25	25	26	25	26	27	27	28	28	29	30	30	31	**5**	**4**	2	31	**1**
22	22	23	23	24	25	25	26	26	27	26	27	28	28	29	29	30	31	**7**	**6**	2	2	3	**2**	2
23	23	24	24	25	26	26	27	27	28	27	28	29	29	30	30	31	**8**	2	2	3	3	4	2	3
24	24	25	25	26	27	27	28	28	29	28	29	30	30	31	**10**	**9**	2	3	3	4	4	5	3	4
25	25	26	26	27	28	28	29	29	30	29	30	31	**12**	**11**	2	2	3	4	4	5	5	6	4	5
26	26	27	27	28	29	29	30	30	31	**3**	31	**1**	2	2	3	3	4	5	5	6	6	7	5	6
27	27	28	28	29	30	30	31	**5**	**4**	2	**2**	2	3	3	4	4	5	6	6	7	7	8	6	7
28	28	29	29	30	31	**7**	**6**	2	2	3	2	3	4	4	5	5	6	7	7	8	8	9	7	8
29	29	30	30	31	**8**	2	2	3	3	4	3	4	5	5	6	6	7	8	8	9	9	10	8	9
30	30	31	**10**	**9**	2	3	3	**4**	4	5	4	5	6	6	7	7	8	9	9	10	10	11	9	10
31	**12**	**11**	2	2	3	4	4	5	5	6	5	6	7	7	8	8	9	10	10	11	11	12	10	11
日	2	2	3	3	4	5	5	6	6	7	6	7	8	8	9	9	10	11	11	12	12	13	11	12
曜	3	3	4	4	5	6	6	7	7	8	7	8	9	9	10	10	11	12	12	13	13	14	12	13
表	4	4	5	5	6	7	7	8	8	9	8	9	10	10	11	11	12	13	13	14	14	15	13	14
2	5	5	6	6	7	8	8	9	9	10	9	10	11	11	12	12	13	14	14	15	15	16	14	15
甲	6	6	7	7	8	9	9	10	10	11	10	11	12	12	13	13	14	15	15	16	16	17	15	16
子	7土	7十	8	8	9	10	10	11	11	12	11	12	13	13	14	14	15	16	16	17	17	18	16	17
表	8	8	9九	9八	10	11	11	12	12	13	12	13	14	14	15	15	16	17	17	18	18	19	17	18
7	9	9	10	10	11七	12六	12五	13	13	14	13	14	15	15	16	16	17	18	18	19	19	20	18	19
	10	10	11	11	12	13	13	14四	14三	15	14	15	16	16	17	17	18	19	19	20	20	21	19	20

一八九　己巳　中平六

四月少帝改元光熹八月改元昭寧九月獻帝改元永漢十二月復稱中平六年

942

一九〇　庚午　漢獻帝初平元

943

22	23	23	24	25	25	26	26	27	25	26	27	27	28	28九	29八	30	30	31	5	4	2	31	1
23	24	24	25	26	26	27	27	28	26	27	28	28	29	29	30	31七	7六	6	2	2	3	2	2
24	25	25	26	27	27	28	28	29	27	28	29	29	30	30	31	8	2	2五	3四	3	4	2	3
25	26	26	27	28	28	29	29	30	28	29	30	30	31	10	9	2	3	3	4	4三	5二	3	4
26	27	27	28	29	29	30	30	31	3	30	31	12	11	2	2	3	4	4	5	5	6	4正	5十二
27	28	28	29	30	30	31	5	4	2	31	1	2	2	3	3	4	5	5	6	6	7	5	6
28	29	29	30	31	7	6	2	2	3	2	2	3	3	4	4	5	6	6	7	7	8	6	7
29	30	30	31	8	2	2	3	3	4	2	3	4	4	5	5	6	7	7	8	8	9	7	8
30	31	10	9	2	3	3	4	4	5	3	4	5	5	6	6	7	8	8	9	9	10	8	9
12	11	2	2	3	4	4	5	5	6	4	5	6	6	7	7	8	9	9	10	10	11	9	10
2	2	3	3	4	5	5	6	6	7	5	6	7	7	8	8	9	10	10	11	11	12	10	11
3	3	4	4	5	6	6	7	7	8	6	7	8	8	9	9	10	11	11	12	12	13	11	12
4	4	5	5	6	7	7	8	8	9	7	8	9	9	10	10	11	12	12	13	13	14	12	13
5	5	6	6	7	8	8	9	9	10	8	9	10	10	11	11	12	13	13	14	14	15	13	14
6	6	7	7	8	9	9	10	10	11	9	10	11	11	12	12	13	14	14	15	15	16	14	15
7	7	8	8	9	10	10	11	11	12	10	11	12	12	13	13	14	15	15	16	16	17	15	16
8	8	9	9	10	11	11	12	12	13	11	12	13	13	14	14	15	16	16	17	17	18	16	17
9	9	10	10	11	12	12	13	13	14	12	13	14	14	15	15	16	17	17	18	18	19	17	18
10	10	11	11	12	13	13	14	14	15	13	14	15	15	16	16	17	18	18	19	19	20	18	19
11	11	12	12	13	14	14	15	15	16	14	15	16	16	17	17	18	19	19	20	20	21	19	20
12	12	13	13	14	15	15	16	16	17	15	16	17	17	18	18	19	20	20	21	21	22	20	21
13	13	14	14	15	16	16	17	17	18	16	17	18	18	19	19	20	21	21	22	22	23	21	22
14	14	15	15	16	17	17	18	18	19	17	18	19	19	20	20	21	22	22	23	23	24	22	23
15十二	15十一	16	16	17	18	18	19	19	20	18	19	20	20	21	21	22	23	23	24	24	25	23	24
16	16	17九	17八	18	19	19	20	20	21	19	20	21	21	22	22	23	24	24	25	25	26	24	25
17	17	18	18	19七	20六	20	21	21	22	20	21	22冬	22	23	23	24	25	25	26	26	27	25	26
18	18	19	19	20	21	21五	22四	22	23	21	22	23	23	24	24	25	26	26	27	27	28	26	27
19	19	20	20	21	22	22	23	23三	24二	22	23	24	24	25	25	26	27	27	28	28	29	27	28
20	20	21	21	22	23	23	24	24	25	23正	24閏	25	25	26	26	27	28	28	29	29	30	28	29
21	21	22	22	23	24	24	25	25	26	24	25	26十二	26十一	27十	27	28	29	29	30	30	31	3	30

一九三二 壬申 初平三 945

一九三一 辛未 初平二 944

11	11	12	12	13	14	14	15	15	16	15	16	17	17	18	18	19	20	20	21	21	22	20	21	22冬
12	12	13	13	14	15	15	16	16	17	16	17	18	18	19	19	20	21	21	22	22	23	21	22	23
13	13	14	14	15	16	16	17	17	18	17	18	19	19	20	20	21	22	22	23	23	24	22	23	24
14	14	15	15	16	17	17	18	18	19	18	19	20	20	21	21	22	23	23	24	24	25	23	24	25
15	15	16	16	17	18	18	19	19	20	19	20	21	21	22	22	23	24	24	25	25	26	24	25	26
16	16	17	17	18	19	19	20	20	21	20	21	22	冬22	23	23	24	25	25	26	26	27	25	26	27
17	17	18	18	19	20	20	21	21	22	21	22	23	23	24	24	25	26	26	27	27	28	26	27	28
18	18	19	19	20	21	21	22	22	23	22	23	24	24	25	25	26	27	27	28	28	29	27	28	29
19	19	20	20	21	22	22	23	23	24	23	24	25	25	26	26	27	28	28	29	29	30	28	29	30
20	20	21	21	22	23	23	24	24	25	24	25	26	26	27	27	28	29	29	30	30	31	3	30	31
21	冬21	22	22	23	24	24	25	25	26	25	26	27	27	28	28	29	30	30	31	5	4	2	31	1
22	十一22	23	23	24	25	25	26	26	27	26	27	28	28	29	29	30	31	7	6	2	2	3	2	2
23	23	十24	九24	25	26	26	27	27	28	27	28	29	29	30	30	31	8	2	2	3	3	4	2	3
24	24	25	25	閏26	八27	27	28	28	29	28	29	30	30	31	10	9	2	3	3	4	4	5	3	4
25	25	26	26	27	28	七28	六29	五29	30	29	30	31	12	11	2	2	3	4	4	5	5	6	4	5
26	26	27	27	28	29	29	30	30	四31	三3	31	1	2	2	3	3	4	5	5	6	6	7	5	6
27	27	28	28	29	30	30	31	5	4	2	二2	正2	3	3	4	4	5	6	6	7	7	8	6	7
28	28	29	29	30	31	7	6	2	2	3	2	3	十二4	十一4	5	5	6	7	7	8	8	9	7	8
29	29	30	30	31	8	2	2	3	3	4	3	4	5	5	十6	九6	7	8	8	9	9	10	8	9
30	30	31	10	9	2	3	3	4	4	5	4	5	6	6	7	7	八8	七9	9	10	10	11	9	10
31	12	11	2	2	3	4	4	5	5	6	5	6	7	7	8	8	9	10	六10	五11	11	12	10	11
日	2	2	3	3	4	5	5	6	6	7	6	7	8	8	9	9	10	11	11	12	四12	三13	11	12
曜	3	3	4	4	5	6	6	7	7	8	7	8	9	9	10	10	11	12	12	13	13	14	二12	正13十二
表	4	4	5	5	6	7	7	8	8	9	8	9	10	10	11	11	12	13	13	14	14	15	13	14
3	5	5	6	6	7	8	8	9	9	10	9	10	11	11	12	12	13	14	14	15	15	16	14	15
甲	6	6	7	7	8	9	9	10	10	11	10	11	12	12	13	13	14	15	15	16	16	17	15	16
子	7	7	8	8	9	10	10	11	11	12	11	12	13	13	14	14	15	16	16	17	17	18	16	17
表	8	8	9	9	10	11	11	12	12	13	12	13	14	14	15	15	16	17	17	18	18	19	17	18
8	9	9	10	10	11	12	12	13	13	14	13	14	15	15	16	16	17	18	18	19	19	20	18	19
	10	10	11	11	12	13	13	14	14	15	14	15	16	16	17	17	18	19	19	20	20	21	19	20

一九三 癸酉 初平四 946

一九四 甲戌 興平元 947

22	23	23	24	25	25	26	26	27	25	26	27	27	28	28	29	30	30	31	**5**	**4**	2	31	**1**
23	24	24	25	26	26	27	27	28	26	27	28	28	29	29	30	31	**7**	**6**	2	2	3	**2**	2
24	25	25	26	27	27	28	28	29	27	28	29	29	30	30	31	**8**	2	2	3	3	4	2	3
25	26	26	27	28	28	29	29	30	28	29	30	30	31	**10**	**9**	2	3	3	4	4	5	3	4
26	27	27	28	29	29	30	30	31	**3**	30	31	**12**	**11**	2	2	3	4	4	5	5	6	4	5
27	28	28	29	30	30	31	**5**	**4**	2	31	**1**	2	2	3	3	4	5	5	6	6	7	5	6
28	29	29	30	31	**7**	**6**	2	2	3	**2**	2	3	3	4	4	5	6	6	7	7	8	6	7
29	30	30	31	**8**	2	2	3	3	4	2	3	4	4	5	5	6	7	7	8	8	9	7	8
30	31	**10**	**9**	2	3	3	4	4	5	3	4	5	5	6	6	7	8	8	9	9	10	8	9
12 十一	**11** 十	2	2	3	4	4	5	5	6	4	5	6	6	7	7	8	9	9	10	10	11	9	10
2	2	3 九	3 八	4	5	5	6	6	7	5	6	7	7	8	8	9	10	10	11	11	12	10	11
3	3	4	4	5 七	6 六	6	7	7	8	6	7	8	8	9	9	10	11	11	12	12	13	11	12
4	4	5	5	6	7	7 五	8 四	8	9	7	8	9	9	10	10	11	12	12	13	13	14	12	13
5	5	6	6	7	8	8	9	9 三	10 二	8	9	10	10	11	11	12	13	13	14	14	15	13	14
6	6	7	7	8	9	9	10	10	11	9 正	10 十二	11	11	12	12	13	14	14	15	15	16	14	15
7	7	8	8	9	10	10	11	11	12	10	11	12 十一	12 十	13	13	14	15	15	16	16	17	15	16
8	8	9	9	10	11	11	12	12	13	11	12	13	13	14 九	14 八	15 七	16	16	17	17	18	16	17
9	9	10	10	11	12	12	13	13	14	12	13	14	14	15	15	16	17 六	17 五	18	18	19	17	18
10	10	11	11	12	13	13	14	14	15	13	14	15	15	16	16	17	18	18	19 四	19 三	20	18	19
11	11	12	12	13	14	14	15	15	16	14	15	16	16	17	17	18	19	19	20	20	21 二	19 正	20
12	12	13	13	14	15	15	16	16	17	15	16	17	17	18	18	19	20	20	21	21	22	20	21 十二
13	13	14	14	15	16	16	17	17	18	16	17	18	18	19	19	20	21	21	22	22	23	21	22
14	14	15	15	16	17	17	18	18	19	17	18	19	19	20	20	21	22	22	23	23	24	22	23
15	15	16	16	17	18	18	19	19	20	18	19	20	20	21	21	22	23	23	24	24	25	23	24
16	16	17	17	18	19	19	20	20	21	19	20	21	21	22	22	23	24	24	25	25	26	24	25
17	17	18	18	19	20	20	21	21	22	20	21	22 冬	22	23	23	24	25	25	26	26	27	25	26
18	18	19	19	20	21	21	22	22	23	21	22	23	23	24	24	25	26	26	27	27	28	26	27
19	19	20	20	21	22	22	23	23	24	22	23	24	24	25	25	26	27	27	28	28	29	27	28
20	20	21	21	22	23	23	24	24	25	23	24	25	25	26	26	27	28	28	29	29	30	28	29
21	21	22	22	23	24	24	25	25	26	24	25	26	26	27	27	28	29	29	30	30	31	**3**	30

一九五 乙亥 興平二 948

一九六 丙子 建安元 949

11	11	12	12	13	14六	14五	15四	15	16	15	16	17	17	18	18	19	20	20	21	21	22	20	21	22冬
12	12	13	13	14	15	15	16	16三	17二	16	17	18	18	19	19	20	21	21	22	22	23	21	22	23
13	13	14	14	15	16	16	17	17	18	17正	18十二	19	19	20	20	21	22	22	23	23	24	22	23	24
14	14	15	15	16	17	17	18	18	19	18	19	20十一	20十	21	21	22	23	23	24	24	25	23	24	25
15	15	16	16	17	18	18	19	19	20	19	20	21	21	22九	22八	23	24	24	25	25	26	24	25	26
16	16	17	17	18	19	19	20	20	21	20	21	22冬	22	23	23	24七	25六	25	26	26	27	25	26	27
17	17	18	18	19	20	20	21	21	22	21	22	23	23	24	24	25	26	26閏	27五	27	28	26	27	28
18	18	19	19	20	21	21	22	22	23	22	23	24	24	25	25	26	27	27	28	28四	29三	27	28	29
19	19	20	20	21	22	22	23	23	24	23	24	25	25	26	26	27	28	28	29	29	30	28二	29正	30十二
20	20	21	21	22	23	23	24	24	25	24	25	26	26	27	27	28	29	29	30	30	31	**3**	30	31
21冬	21	22	22	23	24	24	25	25	26	25	26	27	27	28	28	29	30	30	31	**5**	**4**	2	31	**1**
22	22	23	23	24	25	25	26	26	27	26	27	28	28	29	29	30	31	**7**	**6**	2	2	3	**2**	2
23	23	24	24	25	26	26	27	27	28	27	28	29	29	30	30	31	**8**	2	2	3	3	4	2	3
24	24	25	25	26	27	27	28	28	29	28	29	30	30	31	**10**	**9**	2	3	3	4	4	5	3	4
25	25	26	26	27	28	28	29	29	30	29	30	31	**12**	**11**	2	2	3	4	4	5	5	6	4	5
26	26	27	27	28	29	29	30	30	31	**3**	31	**1**	2	2	3	3	4	5	5	6	6	7	5	6
27	27	28	28	29	30	30	31	**5**	**4**	2	**2**	2	3	3	4	4	5	6	6	7	7	8	6	7
28	28	29	29	30	31	**7**	**6**	2	2	3	2	3	4	4	5	5	6	7	7	8	8	9	7	8
29	29	30	30	31	**8**	2	2	3	3	4	3	4	5	5	6	6	7	8	8	9	9	10	8	9
30	30	31	**10**	**9**	2	3	3	**4**	**4**	5	4	5	6	6	7	7	8	9	9	10	10	11	9	10
31	**12**	**11**	2	2	3	4	4	5	5	6	5	6	7	7	8	8	9	10	10	11	11	12	10	11
日	2	2	3	3	4	5	5	6	6	7	6	7	8	8	9	9	10	11	11	12	12	13	11	12
曜	3	3	4	4	5	6	6	7	7	8	7	8	9	9	10	10	11	12	12	13	13	14	12	13
表	4	4	5	5	6	7	7	8	8	9	8	9	10	10	11	11	12	13	13	14	14	15	13	14
4	5	5	6	6	7	8	8	9	9	10	9	10	11	11	12	12	13	14	14	15	15	16	14	15
甲	6	6	7	7	8	9	9	10	10	11	10	11	12	12	13	13	14	15	15	16	16	17	15	16
子	7	7	8	8	9	10	10	11	11	12	11	12	13	13	14	14	15	16	16	17	17	18	16	17
表	8十一	8	9	9	10	11	11	12	12	13	12	13	14	14	15	15	16	17	17	18	18	19	17	18
9	9	9十	10九	10	11	12	12	13	13	14	13	14	15	15	16	16	17	18	18	19	19	20	18	19
	10	10	11	11八	12七	13	13	14	14	15	14	15	16	16	17	17	18	19	19	20	20	21	19	20

一九八 戊寅 建安三 951												一九七 丁丑 建安二 950											
22	23	23	24	25	25	26	26	27	25	26正	27十二	27	28	28	29	30	30	31	**5**	**4**	2	31	**1**
23	24	24	25	26	26	27	27	28	26	27	28	28十一	29十	29	30	31	**7**	**6**	2	2	3	**2**	2
24	25	25	26	27	27	28	28	29	27	28	29	29	30	30九	31八	**8**七	2	2	3	3	4	2	3
25	26	26	27	28	28	29	29	30	28	29	30	30	31	**10**	**9**	2	3六	3五	4	4	5	3	4
26	27	27	28	29	29	30	30	31	**3**	30	31	**12**	**11**	2	2	3	4	4	5四	5三	6	4	5
27	28	28	29	30	30	31	**5**	**4**	2	31	**1**	2	2	3	3	4	5	5	6	6	7二	5正	6
28	29	29	30	31	**7**	**6**	2	2	3	**2**	2	3	3	4	4	5	6	6	7	7	8	6	7十二
29	30	30	31	**8**	2	2	3	3	4	2	3	4	4	5	5	6	7	7	8	8	9	7	8
30	31	**10**	**9**	2	3	3	4	4	5	3	4	5	5	6	6	7	8	8	9	9	10	8	9
12	**11**	2	2	3	4	4	5	5	6	4	5	6	6	7	7	8	9	9	10	10	11	9	10
2	2	3	3	4	5	5	6	6	7	5	6	7	7	8	8	9	10	10	11	11	12	10	11
3	3	4	4	5	6	6	7	7	8	6	7	8	8	9	9	10	11	11	12	12	13	11	12
4	4	5	5	6	7	7	8	8	9	7	8	9	9	10	10	11	12	12	13	13	14	12	13
5	5	6	6	7	8	8	9	9	10	8	9	10	10	11	11	12	13	13	14	14	15	13	14
6	6	7	7	8	9	9	10	10	11	9	10	11	11	12	12	13	14	14	15	15	16	14	15
7	7	8	8	9	10	10	11	11	12	10	11	12	12	13	13	14	15	15	16	16	17	15	16
8	8	9	9	10	11	11	12	12	13	11	12	13	13	14	14	15	16	16	17	17	18	16	17
9	9	10	10	11	12	12	13	13	14	12	13	14	14	15	15	16	17	17	18	18	19	17	18
10	10	11	11	12	13	13	14	14	15	13	14	15	15	16	16	17	18	18	19	19	20	18	19
11	11	12	12	13	14	14	15	15	16	14	15	16	16	17	17	18	19	19	20	20	21	19	20
12	12	13	13	14	15	15	16	16	17	15	16	17	17	18	18	19	20	20	21	21	22	20	21
13	13	14	14	15	16	16	17	17	18	16	17	18	18	19	19	20	21	21	22	22	23	21	22
14	14	15	15	16	17	17	18	18	19	17	18	19	19	20	20	21	22	22	23	23	24	22	23
15	15	16	16	17	18	18	19	19	20	18	19	20	20	21	21	22	23	23	24	24	25	23	24
16十一	16	17	17	18	19	19	20	20	21	19	20	21冬	21	22	22	23	24	24	25	25	26	24	25
17	17十	18九	18	19	20	20	21	21	22	20	21	22	22	23	23	24	25	25	26	26	27	25	26
18	18	19	19八	20七	21	21	22	22	23	21	22	23	23	24	24	25	26	26	27	27	28	26	27
19	19	20	20	21	22六	22五	23	23	24	22	23	24	24	25	25	26	27	27	28	28	29	27	28
20	20	21	21	22	23	23	24四	24三	25	23	24	25	25	26	26	27	28	28	29	29	30	28	29
21	21	22	22	23	24	24	25	25	26閏	24二	25	26	26	27	27	28	29	29	30	30	31	**3**	30

二〇〇 庚辰 建安五 953													一九九 己卯 建安四 952											
11	11	12	12	13	14	14	15	15	16	15	16	17	17	18	18	19	20	20	21	21	22	20	21	22冬
12	12	13	13	14	15	15	16	16	17	16	17	18	18	19	19	20	21	21	22	22	23	21	22	23
13	13	14	14	15	16	16	17	17	18	17	18	19	19	20	20	21	22	22	23	23	24	22	23	24
14	14	15	15	16	17	17	18	18	19	18	19	20	20	21	21	22	23	23	24	24	25	23	24	25
15	15	16	16	17	18	18	19	19	20	19	20	21	21	22	22	23	24	24	25	25	26	24	25	26
16	16	17	17	18	19	19	20	20	21	20	21	22冬	22	23	23	24	25	25	26	26	27	25	26	27
17	17	18	18	19	20	20	21	21	22	21	22	23	23	24	24	25	26	26	27	27	28	26	27	28
18	18	19	19	20	21	21	22	22	23	22	23	24	24	25	25	26	27	27	28	28	29	27	28	29
19	19	20	20	21	22	22	23	23	24	23	24	25	25	26	26	27	28	28	29	29	30	28	29	30
20	20	21	21	22	23	23	24	24	25	24	25	26	26	27	27	28	29	29	30	30	31	3	30	31
21冬	21	22	22	23	24	24	25	25	26	25	26	27	27	28	28	29	30	30	31	5	4	2	31	1
22	22	23	23	24	25	25	26	26	27	26	27	28	28	29	29	30	31	7	6	2	2	3	2	2
23	23	24	24	25	26	26	27	27	28	27	28	29	29	30	30	31	8	2	2	3	3	4	2	3
24十一	24閏	25	25	26	27	27	28	28	29	28	29	30	30	31	10	9	2	3	3	4	4	5	3	4
25	25	26十	26九	27	28	28	29	29	30	29	30	31	12	11	2	2	3	4	4	5	5	6	4	5
26	26	27	27	28八	29七	29	30	30	31	3	31	1	2	2	3	3	4	5	5	6	6	7	5	6
27	27	28	28	29	30	30六	31五	5	4	2	2	2	3	3	4	4	5	6	6	7	7	8	6	7
28	28	29	29	30	31	7	6	2四	2三	3二	2	3	4	4	5	5	6	7	7	8	8	9	7	8
29	29	30	30	31	8	2	2	3	3	4	3正	4十二	5	5	6	6	7	8	8	9	9	10	8	9
30	30	31	10	9	2	3	3	4	4	5	4	5	6十一	6十	7	7	8	9	9	10	10	11	9	10
31	12	11	2	2	3	4	4	5	5	6	5	6	7	7	8九	8八	9	10	10	11	11	12	10	11
日	2	2	3	3	4	5	5	6	6	7	6	7	8	8	9	9	10七	11六	11	12	12	13	11	12
曜	3	3	4	4	5	6	6	7	7	8	7	8	9	9	10	10	11	12	12五	13四	13	14	12	13
表	4	4	5	5	6	7	7	8	8	9	8	9	10	10	11	11	12	13	13	14	14三	15二	13	14
5	5	5	6	6	7	8	8	9	9	10	9	10	11	11	12	12	13	14	14	15	15	16	14正	15十二
甲	6	6	7	7	8	9	9	10	10	11	10	11	12	12	13	13	14	15	15	16	16	17	15	16
子	7	7	8	8	9	10	10	11	11	12	11	12	13	13	14	14	15	16	16	17	17	18	16	17
表	8	8	9	9	10	11	11	12	12	13	12	13	14	14	15	15	16	17	17	18	18	19	17	18
10	9	9	10	10	11	12	12	13	13	14	13	14	15	15	16	16	17	18	18	19	19	20	18	19
	10	10	11	11	12	13	13	14	14	15	14	15	16	16	17	17	18	19	19	20	20	21	19	20

二〇二 壬午 建安七 955

二〇一 辛巳 建安六 954

22	23	23	24	25	25	26	26	27	25	26	27	27	28	28	29	30	30	31	**5**	**4**	2	31	**1**
23	24	24	25	26	26	27	27	28	26	27	28	28	29	29	30	31	**7**	**6**	2	2	3	**2**	2
24	25	25	26	27	27	28	28	29	27	28	29	29	30	30	31	**8**	2	2	3	3	4	2	3
25	26	26	27	28	28	29	29	30	28	29	30	30	31	**10**	**9**	2	3	3	4	4	5	3	4
26	27	27	28	29	29	30	30	31	**3**	30	31	**12**	**11**	2	2	3	4	4	5	5	6	4	5
27	28	28	29	30	30	31	**5**	**4**	2	31	**1**	2	2	3	3	4	5	5	6	6	7	5	6
28	29	29	30	31	**7**	**6**	2	2	3	**2**	2	3	3	4	4	5	6	6	7	7	8	6	7
29	30	30	31	**8**	2	2	3	3	4	2	3	4	4	5	5	6	7	7	8	8	9	7	8
30	31	**10**	**9**	2	3	3	4	4	5	3	4	5	5	6	6	7	8	8	9	9	10	8	9
12	**11**	2	2	3	4	4	5	5	6	4	5	6	6	7	7	8	9	9	10	10	11	9	10
2	十一 2	3	3	4	5	5	6	6	7	5	6	7	7	8	8	9	10	10	11	11	12	10	11
3	3	十 4	九 4	5	6	6	7	7	8	6	7	8	8	9	9	10	11	11	12	12	13	11	12
4	4	5	5	八 6	七 7	7	8	8	9	7	8	9	9	10	10	11	12	12	13	13	14	12	13
5	5	6	6	7	8	六 8	五 9	9	10	8	9	10	10	11	11	12	13	13	14	14	15	13	14
6	6	7	7	8	9	9	10	四 10	三 11	9	10	11	11	12	12	13	14	14	15	15	16	14	15
7	7	8	8	9	10	10	11	11	12	二 10	正 11	12	12	13	13	14	15	15	16	16	17	15	16
8	8	9	9	10	11	11	12	12	13	11	12	十二 13	十一 13	14	14	15	16	16	17	17	18	16	17
9	9	10	10	11	12	12	13	13	14	12	13	14	14	十 15	九 15	16	17	17	18	18	19	17	18
10	10	11	11	12	13	13	14	14	15	13	14	15	15	16	16	八 17	七 18	六 18	19	19	20	18	19
11	11	12	12	13	14	14	15	15	16	14	15	16	16	17	17	18	19	19	五 20	四 20	21	19	20
12	12	13	13	14	15	15	16	16	17	15	16	17	17	18	18	19	20	20	21	21	三 22	二 20	21
13	13	14	14	15	16	16	17	17	18	16	17	18	18	19	19	20	21	21	22	22	23	21	正 22 十二
14	14	15	15	16	17	17	18	18	19	17	18	19	19	20	20	21	22	22	23	23	24	22	23
15	15	16	16	17	18	18	19	19	20	18	19	20	20	21	21	22	23	23	24	24	25	23	24
16	16	17	17	18	19	19	20	20	21	19	20	21	冬 21	22	22	23	24	24	25	25	26	24	25
17	17	18	18	19	20	20	21	21	22	20	21	22	22	23	23	24	25	25	26	26	27	25	26
18	18	19	19	20	21	21	22	22	23	21	22	23	23	24	24	25	26	26	27	27	28	26	27
19	19	20	20	21	22	22	23	23	24	22	23	24	24	25	25	26	27	27	28	28	29	27	28
20	20	21	21	22	23	23	24	24	25	23	24	25	25	26	26	27	28	28	29	29	30	28	29
21	21	22	22	23	24	24	25	25	26	24	25	26	26	27	27	28	29	29	30	30	31	**3**	30

二〇三 癸未 建安八

956

二〇四 甲申 建安九

957

11	11	12九	12八	13	14	14	15	15	16	15	16	17	17	18	18	19	20	20	21	21	22	20	21	22冬
12	12	13	13	14七	15六	15	16	16	17	16	17	18	18	19	19	20	21	21	22	22	23	21	22	23
13	13	14	14	15	16	16五	17四	17	18	17	18	19	19	20	20	21	22	22	23	23	24	22	23	24
14	14	15	15	16	17	17	18	18三	19二	18正	19	20	20	21	21	22	23	23	24	24	25	23	24	25
15	15	16	16	17	18	18	19	19	20	19	20十二	21十一	21	22	22	23	24	24	25	25	26	24	25	26
16	16	17	17	18	19	19	20	20	21	20	21	22冬	22十	23九	23	24	25	25	26	26	27	25	26	27
17	17	18	18	19	20	20	21	21	22	21	22	23	23	24	24八	25七	26	26	27	27	28	26	27	28
18	18	19	19	20	21	21	22	22	23	22	23	24	24	25	25	26	27閏	27六	28	28	29	27	28	29
19	19	20	20	21	22	22	23	23	24	23	24	25	25	26	26	27	28	28	29五	29四	30	28	29	30
20	20	21	21	22	23	23	24	24	25	24	25	26	26	27	27	28	29	29	30	30	31三	3二	30	31
21冬	21	22	22	23	24	24	25	25	26	25	26	27	27	28	28	29	30	30	31	5	4	2	31正	1十二
22	22	23	23	24	25	25	26	26	27	26	27	28	28	29	29	30	31	7	6	2	2	3	2	2
23	23	24	24	25	26	26	27	27	28	27	28	29	29	30	30	31	8	2	2	3	3	4	2	3
24	24	25	25	26	27	27	28	28	29	28	29	30	30	31	10	9	2	3	3	4	4	5	3	4
25	25	26	26	27	28	28	29	29	30	29	30	31	12	11	2	2	3	4	4	5	5	6	4	5
26	26	27	27	28	29	29	30	30	31	3	31	1	2	2	3	3	4	5	5	6	6	7	5	6
27	27	28	28	29	30	30	31	5	4	2	2	2	3	3	4	4	5	6	6	7	7	8	6	7
28	28	29	29	30	31	7	6	2	2	3	2	3	4	4	5	5	6	7	7	8	8	9	7	8
29	29	30	30	31	8	2	2	3	3	4	3	4	5	5	6	6	7	8	8	9	9	10	8	9
30	30	31	10	9	2	3	3	4	4	5	4	5	6	6	7	7	8	9	9	10	10	11	9	10
31	12	11	2	2	3	4	4	5	5	6	5	6	7	7	8	8	9	10	10	11	11	12	10	11
日	2	2	3	3	4	5	5	6	6	7	6	7	8	8	9	9	10	11	11	12	12	13	11	12
曜	3	3	4	4	5	6	6	7	7	8	7	8	9	9	10	10	11	12	12	13	13	14	12	13
表	4	4	5	5	6	7	7	8	8	9	8	9	10	10	11	11	12	13	13	14	14	15	13	14
6	5	5	6	6	7	8	8	9	9	10	9	10	11	11	12	12	13	14	14	15	15	16	14	15
甲	6	6	7	7	8	9	9	10	10	11	10	11	12	12	13	13	14	15	15	16	16	17	15	16
子	7	7	8	8	9	10	10	11	11	12	11	12	13	13	14	14	15	16	16	17	17	18	16	17
表	8	8	9	9	10	11	11	12	12	13	12	13	14	14	15	15	16	17	17	18	18	19	17	18
11	9	9	10	10	11	12	12	13	13	14	13	14	15	15	16	16	17	18	18	19	19	20	18	19
	10十一	10十	11	11	12	13	13	14	14	15	14	15	16	16	17	17	18	19	19	20	20	21	19	20

二〇六 丙戌 建安一一 959												二〇五 乙酉 建安一〇 958											
22	23	23	24	25	25	26	26	閏27	三25	26	27	27	28	28	29	30	30	31	**5**	**4**	2	31	**1**
23	24	24	25	26	26	27	27	28	26	二27	正28	28	29	29	30	31	**7**	**6**	2	2	3	**2**	2
24	25	25	26	27	27	28	28	29	27	28	29	十二29	十一30	30	31	**8**	2	2	3	3	4	2	3
25	26	26	27	28	28	29	29	30	28	29	30	30	31	十**10**	九**9**	2	3	3	4	4	5	3	4
26	27	27	28	29	29	30	30	31	**3**	30	31	**12**	**11**	2	2	八3	七4	六4	5	5	6	4	5
27	28	28	29	30	30	31	**5**	**4**	2	31	**1**	2	2	3	3	4	5	5	五6	四6	7	5	6
28	29	29	30	31	**7**	**6**	2	2	3	**2**	2	3	3	4	4	5	6	6	7	7	三8	二6	7
29	30	30	31	**8**	2	2	3	3	4	2	3	4	4	5	5	6	7	7	8	8	9	7	正8十二
30	31	**10**	**9**	2	3	3	4	4	5	3	4	5	5	6	6	7	8	8	9	9	10	8	9
12	**11**	2	2	3	4	4	5	5	6	4	5	6	6	7	7	8	9	9	10	10	11	9	10
2	2	3	3	4	5	5	6	6	7	5	6	7	7	8	8	9	10	10	11	11	12	10	11
3	3	4	4	5	6	6	7	7	8	6	7	8	8	9	9	10	11	11	12	12	13	11	12
4	4	5	5	6	7	7	8	8	9	7	8	9	9	10	10	11	12	12	13	13	14	12	13
5	5	6	6	7	8	8	9	9	10	8	9	10	10	11	11	12	13	13	14	14	15	13	14
6	6	7	7	8	9	9	10	10	11	9	10	11	11	12	12	13	14	14	15	15	16	14	15
7	7	8	8	9	10	10	11	11	12	10	11	12	12	13	13	14	15	15	16	16	17	15	16
8	8	9	9	10	11	11	12	12	13	11	12	13	13	14	14	15	16	16	17	17	18	16	17
9	9	10	10	11	12	12	13	13	14	12	13	14	14	15	15	16	17	17	18	18	19	17	18
10	10	11	11	12	13	13	14	14	15	13	14	15	15	16	16	17	18	18	19	19	20	18	19
11	11	12	12	13	14	14	15	15	16	14	15	16	16	17	17	18	19	19	20	20	21	19	20
12	12	13	13	14	15	15	16	16	17	15	16	17	17	18	18	19	20	20	21	21	22	20	21
13	13	14	14	15	16	16	17	17	18	16	17	18	18	19	19	20	21	21	22	22	23	21	22
14	14	15	15	16	17	17	18	18	19	17	18	19	19	20	20	21	22	22	23	23	24	22	23
15	15	16	16	17	18	18	19	19	20	18	19	20	20	21	21	22	23	23	24	24	25	23	24
16	16	17	17	18	19	19	20	20	21	19	20	21	冬21	22	22	23	24	24	25	25	26	24	25
17	17	18	18	19	20	20	21	21	22	20	21	22	22	23	23	24	25	25	26	26	27	25	26
18	十一18	19	19	20	21	21	22	22	23	21	22	23	23	24	24	25	26	26	27	27	28	26	27
19	19	十20	九20	八21	22	22	23	23	24	22	23	24	24	25	25	26	27	27	28	28	29	27	28
20	20	21	21	22	七23	六23	24	24	25	23	24	25	25	26	26	27	28	28	29	29	30	28	29
21	21	22	22	23	24	24	五25	四25	26	24	25	26	26	27	27	28	29	29	30	30	31	**3**	30

二〇八 戊子 建安一三 961

二〇七 丁亥 建安一二 960

11	11	12	12	13	14	14	15	15	16	15	16	17	17	18	18	19	20	20	21	21	22	20	21	22冬
12	12	13	13	14	15	15	16	16	17	16	17	18	18	19	19	20	21	21	22	22	23	21	22	23
13	13	14	14	15	16	16	17	17	18	17	18	19	19	20	20	21	22	22	23	23	24	22	23	24
14	14	15	15	16	17	17	18	18	19	18	19	20	20	21	21	22	23	23	24	24	25	23	24	25
15	15	16	16	17	18	18	19	19	20	19	20	21	21	22	22	23	24	24	25	25	26	24	25	26
16	16	17	17	18	19	19	20	20	21	20	21	22冬	22	23	23	24	25	25	26	26	27	25	26	27
17	17	18	18	19	20	20	21	21	22	21	22	23	23	24	24	25	26	26	27	27	28	26	27	28
18	18	19	19	20	21	21	22	22	23	22	23	24	24	25	25	26	27	27	28	28	29	27	28	29
19	19	20	20	21	22	22	23	23	24	23	24	25	25	26	26	27	28	28	29	29	30	28	29	30
20	20	21	21	22	23	23	24	24	25	24	25	26	26	27	27	28	29	29	30	30	31	3	30	31
21冬	21	22	22	23	24	24	25	25	26	25	26	27	27	28	28	29	30	30	31	5	4	2	31	1
22	22	23	23	24	25	25	26	26	27	26	27	28	28	29	29	30	31	7	6	2	2	3	2	2
23	23	24	24	25	26	26	27	27	28	27	28	29	29	30	30	31	8	2	2	3	3	4	2	3
24	24	25	25	26	27	27	28	28	29	28	29	30	30	31	10	9	2	3	3	4	4	5	3	4
25	十二25	26	26	27	28	28	29	29	30	29	30	31	12	11	2	2	3	4	4	5	5	6	4	5
26	26	十一27	十27	28	29	29	30	30	31	3	31	1	2	2	3	3	4	5	5	6	6	7	5	6
27	27	28	28	九29	八30	30	31	5	4	2	2	2	3	3	4	4	5	6	6	7	7	8	6	7
28	28	29	29	30	31	七7	六6	2	2	3	2	3	4	4	5	5	6	7	7	8	8	9	7	8
29	29	30	30	31	8	2	2	五3	四3	4	3	4	5	5	6	6	7	8	8	9	9	10	8	9
30	30	31	10	9	2	3	3	4	4	三5	二4	正5	6	6	7	7	8	9	9	10	10	11	9	10
31	12	11	2	2	3	4	4	5	5	6	5	6	十二7	十一7	8	8	9	10	10	11	11	12	10	11
日	2	2	3	3	4	5	5	6	6	7	6	7	8	8	十9	九9	10	11	11	12	12	13	11	12
曜	3	3	4	4	5	6	6	7	7	8	7	8	9	9	10	10	八11	七12	12	13	13	14	12	13
表	4	4	5	5	6	7	7	8	8	9	8	9	10	10	11	11	12	13	六13	五14	14	15	13	14
7	5	5	6	6	7	8	8	9	9	10	9	10	11	11	12	12	13	14	14	15	四15	三16	14	15
甲	6	6	7	7	8	9	9	10	10	11	10	11	12	12	13	13	14	15	15	16	16	17	二15	正16
子	7	7	8	8	9	10	10	11	11	12	11	12	13	13	14	14	15	16	16	17	17	18	16	17十二
表	8	8	9	9	10	11	11	12	12	13	12	13	14	14	15	15	16	17	17	18	18	19	17	18
12	9	9	10	10	11	12	12	13	13	14	13	14	15	15	16	16	17	18	18	19	19	20	18	19
	10	10	11	11	12	13	13	14	14	15	14	15	16	16	17	17	18	19	19	20	20	21	19	20

二一〇 庚寅 建安一五 963

二〇九 己丑 建安一四 962

22	23	23	24	25	25	26	26	27	25	26	27	27	28	28	29	30	30	31	**5**	**4**	2	31	**1**
23	24	24	25	26	26	27	27	28	26	27	28	28	29	29	30	31	**7**	**6**	2	2	3	**2**	2
24	25	25	26	27	27	28	28	29	27	28	29	29	30	30	31	**8**	2	2	3	3	4	2	3
25	26	26	27	28	28	29	29	30	28	29	30	30	31	**10**	**9**	2	3	3	4	4	5	3	4
26	27	27	28	29	29	30	30	31	**3**	30	31	**12**	**11**	2	2	3	4	4	5	5	6	4	5
27	28	28	29	30	30	31	**5**	**4**	2	31	**1**	2	2	3	3	4	5	5	6	6	7	5	6
28	29	29	30	31	**7**	**6**	2	2	3	**2**	2	3	3	4	4	5	6	6	7	7	8	6	7
29	30	30	31	**8**	2	2	3	3	4	2	3	4	4	5	5	6	7	7	8	8	9	7	8
30	31	**10**	**9**	2	3	3	4	4	5	3	4	5	5	6	6	7	8	8	9	9	10	8	9
12	**11**	2	2	3	4	4	5	5	6	4	5	6	6	7	7	8	9	9	10	10	11	9	10
2	2	3	3	4	5	5	6	6	7	5	6	7	7	8	8	9	10	10	11	11	12	10	11
3	3	4	4	5	6	6	7	7	8	6	7	8	8	9	9	10	11	11	12	12	13	11	12
4	十一4	5	5	6	7	7	8	8	9	7	8	9	9	10	10	11	12	12	13	13	14	12	13
5	5	十6	九6	八7	8	8	9	9	10	8	9	10	10	11	11	12	13	13	14	14	15	13	14
6	6	7	7	8	七9	六9	10	10	11	9	10	11	11	12	12	13	14	14	15	15	16	14	15
7	7	8	8	9	10	10	五11	四11	12	10	11	12	12	13	13	14	15	15	16	16	17	15	16
8	8	9	9	10	11	11	12	12	三13	二11	12	13	13	14	14	15	16	16	17	17	18	16	17
9	9	10	10	11	12	12	13	13	14	12	正13	十二14	14	15	15	16	17	17	18	18	19	17	18
10	10	11	11	12	13	13	14	14	15	13	14	15	十一15	十16	16	17	18	18	19	19	20	18	19
11	11	12	12	13	14	14	15	15	16	14	15	16	16	17	九17	八18	19	19	20	20	21	19	20
12	12	13	13	14	15	15	16	16	17	15	16	17	17	18	18	19	七20	六20	五21	21	22	20	21
13	13	14	14	15	16	16	17	17	18	16	17	18	18	19	19	20	21	21	22	四22	三23	21	22
14	14	15	15	16	17	17	18	18	19	17	18	19	19	20	20	21	22	22	23	23	24	二22	正23
15	15	16	16	17	18	18	19	19	20	18	19	20	20	21	21	22	23	23	24	24	25	23	24閏
16	16	17	17	18	19	19	20	20	21	19	20	21	冬21	22	22	23	24	24	25	25	26	24	25
17	17	18	18	19	20	20	21	21	22	20	21	22	22	23	23	24	25	25	26	26	27	25	26
18	18	19	19	20	21	21	22	22	23	21	22	23	23	24	24	25	26	26	27	27	28	26	27
19	19	20	20	21	22	22	23	23	24	22	23	24	24	25	25	26	27	27	28	28	29	27	28
20	20	21	21	22	23	23	24	24	25	23	24	25	25	26	26	27	28	28	29	29	30	28	29
21	21	22	22	23	24	24	25	25	26	24	25	26	26	27	27	28	29	29	30	30	31	**3**	30

二二二 壬辰 建安一七 965

二二一 辛卯 建安一六 964

11	十一11	12	12	13	14	14	15	15	16	15	16	17	17	18	18	19	20	20	21	21	22	20	21	22冬
12	12	十13	九13	14	15	15	16	16	17	16	17	18	18	19	19	20	21	21	22	22	23	21	22	23
13	13	14	14	八15	七16	16	17	17	18	17	18	19	19	20	20	21	22	22	23	23	24	22	23	24
14	14	15	15	16	17	六17	五18	18	19	18	19	20	20	21	21	22	23	23	24	24	25	23	24	25
15	15	16	16	17	18	18	19	四19	三20	19	20	21	21	22	22	23	24	24	25	25	26	24	25	26
16	16	17	17	18	19	19	20	20	21	二20	正21	十二22	冬22	23	23	24	25	25	26	26	27	25	26	27
17	17	18	18	19	20	20	21	21	22	21	22	23	十一23	十24	24	25	26	26	27	27	28	26	27	28
18	18	19	19	20	21	21	22	22	23	22	23	24	24	25	九25	閏26	27	27	28	28	29	27	28	29
19	19	20	20	21	22	22	23	23	24	23	24	25	25	26	26	27	八28	七28	29	29	30	28	29	30
20	20	21	21	22	23	23	24	24	25	24	25	26	26	27	27	28	29	29	六30	五30	31	**3**	30	31
21	冬21	22	22	23	24	24	25	25	26	25	26	27	27	28	28	29	30	30	31	**5**	四**4**	三2	31	**1**
22	22	23	23	24	25	25	26	26	27	26	27	28	**28**	29	29	30	31	**7**	**6**	2	2	3	二**2**	正2
23	23	24	24	25	26	26	27	27	28	27	28	29	29	30	30	31	**8**	2	2	3	3	4	2	3十二
24	24	25	25	26	27	27	28	28	29	28	29	30	30	31	**10**	**9**	2	3	3	4	4	5	3	4
25	25	26	26	27	28	28	29	29	30	**29**	30	31	**12**	**11**	2	2	3	4	4	5	5	6	4	5
26	26	27	27	28	29	29	30	30	31	**3**	31	**1**	2	2	3	3	4	5	5	6	6	7	5	6
27	27	28	28	29	30	30	31	**5**	**4**	2	**2**	2	3	3	4	4	5	6	6	7	7	8	6	7
28	28	29	29	30	31	**7**	**6**	2	2	3	2	3	4	4	5	5	6	7	7	8	8	9	7	8
29	29	30	30	31	**8**	2	2	3	3	4	3	4	5	5	6	6	7	8	8	9	9	10	8	9
30	30	31	**10**	**9**	2	3	3	**4**	4	5	4	5	6	6	7	7	8	9	9	10	10	11	9	10
31	**12**	**11**	2	2	3	4	4	5	5	6	5	6	7	7	8	8	9	10	10	11	11	12	10	11
日	2	2	3	3	4	5	5	6	6	7	6	7	8	8	9	9	10	11	11	12	12	13	11	12
曜	3	3	4	4	5	6	6	7	7	8	7	8	9	9	10	10	11	12	12	13	13	14	12	13
表	4	4	5	5	6	7	7	8	8	9	8	9	10	10	11	11	12	13	13	14	14	15	13	14
1	5	5	6	6	7	8	8	9	9	10	9	10	11	11	12	12	13	14	14	15	15	16	14	15
甲	6	6	7	7	8	9	9	10	10	11	10	11	12	12	13	13	14	15	15	16	16	17	15	16
子	7	7	8	8	9	10	10	11	11	12	11	12	13	13	14	14	15	16	16	17	17	18	16	17
表	8	8	9	9	10	11	11	12	12	13	12	13	14	14	15	15	16	17	17	18	18	19	17	18
13	9	9	10	10	11	12	12	13	13	14	13	14	15	15	16	16	17	18	18	19	19	20	18	19
	10	10	11	11	12	13	13	14	14	15	14	15	16	16	17	17	18	19	19	20	20	21	19	20

二一四 甲午 建安一九 967

二一三 癸巳 建安一八 966

22	23	23	24	25六	25五	26	26	27	25	26	27	27	28	28	29	30	30	31	**5**	**4**	2	31	**1**
23	24	24	25	26	26	27閏	27四	28	26	27	28	28	29	29	30	31	**7**	**6**	2	2	3	**2**	2
24	25	25	26	27	27	28	28	29三	27二	28	29	29	30	30	31	**8**	2	2	3	3	4	2	3
25	26	26	27	28	28	29	29	30	28	29正	30十二	30	31	**10**	**9**	2	3	3	4	4	5	3	4
26	27	27	28	29	29	30	30	31	**3**	30	31	**12**十一	**11**十	2	2	3	4	4	5	5	6	**4**	5
27	28	28	29	30	30	31	**5**	**4**	2	31	**1**	2	2	3九	3八	4	5	5	6	6	7	5	6
28	29	29	30	31	**7**	**6**	2	2	3	**2**	2	3	3	4	4	5七	6六	6	7	7	8	6	7
29	30	30	31	**8**	2	2	3	3	4	2	3	4	4	5	5	6	7	7五	8四	8三	9	7	8
30	31	**10**	**9**	2	3	3	4	4	5	3	4	5	5	6	6	7	8	8	9	9	10二	8正	9
12	**11**	2	2	3	4	4	5	5	6	4	5	6	6	7	7	8	9	9	10	10	11	9	10十二
2	2	3	3	4	5	5	6	6	7	5	6	7	7	8	8	9	10	10	11	11	12	10	11
3	3	4	4	5	6	6	7	7	8	6	7	8	8	9	9	10	11	11	12	12	13	11	12
4	4	5	5	6	7	7	8	8	9	7	8	9	9	10	10	11	12	12	13	13	14	12	13
5	5	6	6	7	8	8	9	9	10	8	9	10	10	11	11	12	13	13	14	14	15	13	14
6	6	7	7	8	9	9	10	10	11	9	10	11	11	12	12	13	14	14	15	15	16	14	15
7	7	8	8	9	10	10	11	11	12	10	11	12	12	13	13	14	15	15	16	16	17	15	16
8	8	9	9	10	11	11	12	12	13	11	12	13	13	14	14	15	16	16	17	17	18	16	17
9	9	10	10	11	12	12	13	13	14	12	13	14	14	15	15	16	17	17	18	18	19	17	18
10	10	11	11	12	13	13	14	14	15	13	14	15	15	16	16	17	18	18	19	19	20	18	19
11	11	12	12	13	14	14	15	15	16	14	15	16	16	17	17	18	19	19	20	20	21	19	20
12	12	13	13	14	15	15	16	16	17	15	16	17	17	18	18	19	20	20	21	21	22	20	21
13	13	14	14	15	16	16	17	17	18	16	17	18	18	19	19	20	21	21	22	22	23	21	22
14	14	15	15	16	17	17	18	18	19	17	18	19	19	20	20	21	22	22	23	23	24	22	23
15	15	16	16	17	18	18	19	19	20	18	19	20	20	21	21	22	23	23	24	24	25	23	24
16	16	17	17	18	19	19	20	20	21	19	20	21冬	21	22	22	23	24	24	25	25	26	24	25
17	17	18	18	19	20	20	21	21	22	20	21	22	22	23	23	24	25	25	26	26	27	25	26
18	18	19	19	20	21	21	22	22	23	21	22	23	23	24	24	25	26	26	27	27	28	26	27
19	19	20	20	21	22	22	23	23	24	22	23	24	24	25	25	26	27	27	28	28	29	27	28
20十一	20十	21	21	22	23	23	24	24	25	23	24	25	25	26	26	27	28	28	29	29	30	28	29
21	21	22九	22八	23七	24	24	25	25	26	24	25	26	26	27	27	28	29	29	30	30	31	**3**	30

二一六 丙申 建安二一 969

二一五 乙未 建安二〇 968

11	11	12	12	13	14	14	15	15	16	15	16	17	17	18	18	19	20	20	21	21	22	20	21	22冬
12	12	13	13	14	15	15	16	16	17	16	17	18	18	19	19	20	21	21	22	22	23	21	22	23
13	13	14	14	15	16	16	17	17	18	17	18	19	19	20	20	21	22	22	23	23	24	22	23	24
14	14	15	15	16	17	17	18	18	19	18	19	20	20	21	21	22	23	23	24	24	25	23	24	25
15	15	16	16	17	18	18	19	19	20	19	20	21	21	22	22	23	24	24	25	25	26	24	25	26
16	16	17	17	18	19	19	20	20	21	20	21	22冬	22	23	23	24	25	25	26	26	27	25	26	27
17	17	18	18	19	20	20	21	21	22	21	22	23	23	24	24	25	26	26	27	27	28	26	27	28
18	18	19	19	20	21	21	22	22	23	22	23	24	24	25	25	26	27	27	28	28	29	27	28	29
19	19	20	20	21	22	22	23	23	24	23	24	25	25	26	26	27	28	28	29	29	30	28	29	30
20	20	21	21	22	23	23	24	24	25	24	25	26	26	27	27	28	29	29	30	30	31	**3**	30	31
21冬	21	22	22	23	24	24	25	25	26	25	26	27	27	28	28	29	30	30	31	**5**	**4**	2	31	**1**
22	22	23	23	24	25	25	26	26	27	26	27	28	28	29	29	30	31	**7**	**6**	2	2	3	**2**	2
23	23	24	24	25	26	26	27	27	28	27	28	29	29	30	30	31	**8**	2	2	3	3	4	2	3
24	24	25	25	26	27	27	28	28	29	28	29	30	30	31	**10**	**9**	2	3	3	4	4	5	3	4
25	25	26	26	27	28	28	29	29	30	29	30	31	**12**	**11**	2	2	3	4	4	5	5	6	4	5
26	26	27	27	28	29	29	30	30	31	**3**	31	**1**	2	2	3	3	4	5	5	6	6	7	5	6
27十二	27十一	28	28	29	30	30	31	**5**	**4**	2	**2**	2	3	3	4	4	5	6	6	7	7	8	6	7
28	28	29十	29九	30	31	**7**	**6**	2	2	3	2	3	4	4	5	5	6	7	7	8	8	9	7	8
29	29	30	30	31八	**8**七	2	2	3	3	4	3	4	5	5	6	6	7	8	8	9	9	10	8	9
30	30	31	**10**	**9**	2	3六	3五	**4**	4	5	4	5	6	6	7	7	8	9	9	10	10	11	9	10
31	**12**	**11**	2	2	3	4	4	5四	5三	6	5	6	7	7	8	8	9	10	10	11	11	12	10	11
日	2	2	3	3	4	5	5	6	6	7二	6正	7十二	8	8	9	9	10	11	11	12	12	13	11	12
曜	3	3	4	4	5	6	6	7	7	8	7	8	9十一	9十	10	10	11	12	12	13	13	14	12	13
表	4	4	5	5	6	7	7	8	8	9	8	9	10	10	11九	11八	12	13	13	14	14	15	13	14
2	5	5	6	6	7	8	8	9	9	10	9	10	11	11	12	12	13七	14六	14	15	15	16	14	15
甲	6	6	7	7	8	9	9	10	10	11	10	11	12	12	13	13	14	15	15五	16四	16	17	15	16
子	7	7	8	8	9	10	10	11	11	12	11	12	13	13	14	14	15	16	16	17	17三	18二	16	17
表	8	8	9	9	10	11	11	12	12	13	12	13	14	14	15	15	16	17	17	18	18	19	17正	18十二
14	9	9	10	10	11	12	12	13	13	14	13	14	15	15	16	16	17	18	18	19	19	20	18	19
	10	10	11	11	12	13	13	14	14	15	14	15	16	16	17	17	18	19	19	20	20	21	19	20

二一七 丁酉 建安二二 970

二一八 戊戌 建安二三 971

22	23	23	24	25	25	26	26	27	25	26	27	27	28	28	29	30	30	31	**5**	**4**	2	31	**1**
23	24	24	25	26	26	27	27	28	26	27	28	28	29	29	30	31	**7**	**6**	2	2	3	**2**	2
24	25	25	26	27	27	28	28	29	27	28	29	29	30	30	31	**8**	2	2	3	3	4	2	3
25	26	26	27	28	28	29	29	30	28	29	30	30	31	**10**	**9**	2	3	3	4	4	5	3	4
26	27	27	28	29	29	30	30	31	**3**	30	31	**12**	**11**	2	2	3	4	4	5	5	6	4	5
27	28	28	29	30	30	31	**5**	**4**	2	31	**1**	2	2	3	3	4	5	5	6	6	7	5	6
28	29	29	30	31	**7**	**6**	2	2	3	**2**	2	3	3	4	4	5	6	6	7	7	8	6	7
29	30	30	31	**8**	2	2	3	3	4	2	3	4	4	5	5	6	7	7	8	8	9	7	8
30	31	**10**	**9**	2	3	3	4	4	5	3	4	5	5	6	6	7	8	8	9	9	10	8	9
12	**11**	2	2	3	4	4	5	5	6	4	5	6	6	7	7	8	9	9	10	10	11	9	10
2	2	3	3	4	5	5	6	6	7	5	6	7	7	8	8	9	10	10	11	11	12	10	11
3	3	4	4	5	6	6	7	7	8	6	7	8	8	9	9	10	11	11	12	12	13	11	12
4	4	5	5	6	7	7	8	8	9	7	8	9	9	10	10	11	12	12	13	13	14	12	13
5	5	6	6	7	8	8	9	9	10	8	9	10	10	11	11	12	13	13	14	14	15	13	14
6	十一6	十7	7	8	9	9	10	10	11	9	10	11	11	12	12	13	14	14	15	15	16	14	15
7	7	8	九8	八9	七10	10	11	11	12	10	11	12	12	13	13	14	15	15	16	16	17	15	16
8	8	9	9	10	11	六11	五12	12	13	11	12	13	13	14	14	15	16	16	17	17	18	16	17
9	9	10	10	11	12	12	13	四13	三14	12	13	14	14	15	15	16	17	17	18	18	19	17	18
10	10	11	11	12	13	13	14	14	15	二13	正14	15	15	16	16	17	18	18	19	19	20	18	19
11	11	12	12	13	14	14	15	15	16	14	15	十二16	十一16	17	17	18	19	19	20	20	21	19	20
12	12	13	13	14	15	15	16	16	17	15	16	17	17	十18	九18	19	20	20	21	21	22	20	21
13	13	14	14	15	16	16	17	17	18	16	17	18	18	19	19	八20	七21	21	22	22	23	21	22
14	14	15	15	16	17	17	18	18	19	17	18	19	19	20	20	21	22	六22	五23	23	24	22	23
15	15	16	16	17	18	18	19	19	20	18	19	20	20	21	21	22	23	23	24	四24	三25	二23	24
16	16	17	17	18	19	19	20	20	21	19	20	21	冬21	22	22	23	24	24	25	25	26	24	閏25正
17	17	18	18	19	20	20	21	21	22	20	21	22	22	23	23	24	25	25	26	26	27	25	26
18	18	19	19	20	21	21	22	22	23	21	22	23	23	24	24	25	26	26	27	27	28	26	27
19	19	20	20	21	22	22	23	23	24	22	23	24	24	25	25	26	27	27	28	28	29	27	28
20	20	21	21	22	23	23	24	24	25	23	24	25	25	26	26	27	28	28	29	29	30	28	29
21	21	22	22	23	24	24	25	25	26	24	25	26	26	27	27	28	29	29	30	30	31	**3**	30

勵耘書屋

二一九
己亥
建安二四

972

二二〇
庚子
建安二五
延康元 三月改
魏文帝
黄初元 十月改

973

11	11	12	12	13	14	14	15	15	16	15	16	17	17	18	18	19	20	20	21	21	22	20	21	22冬
12	12	13	13	14	15	15	16	16	17	16	17	18	18	19	19	20	21	21	22	22	23	21	22	23
13十一	13十	14	14	15	16	16	17	17	18	17	18	19	19	20	20	21	22	22	23	23	24	22	23	24
14	14	15九	15八	16	17	17	18	18	19	18	19	20	20	21	21	22	23	23	24	24	25	23	24	25
15	15	16	16	17七	18六	18	19	19	20	19	20	21	21	22	22	23	24	24	25	25	26	24	25	26
16	16	17	17	18	19	19五	20四	20	21	20	21	22冬	22	23	23	24	25	25	26	26	27	25	26	27
17	17	18	18	19	20	20	21	21三	22二	21	22	23	23	24	24	25	26	26	27	27	28	26	27	28
18	18	19	19	20	21	21	22	22	23	22正	23十二	24	24	25	25	26	27	27	28	28	29	27	28	29
19	19	20	20	21	22	22	23	23	24	23	24	25十一	25閏	26十	26	27	28	28	29	29	30	28	29	30
20	20	21	21	22	23	23	24	24	25	24	25	26	26	27	27九	28八	29	29	30	30	31	**3**	30	31
21冬	21	22	22	23	24	24	25	25	26	25	26	27	27	28	28	29	30七	30六	31	**5**	**4**	2	31	**1**
22	22	23	23	24	25	25	26	26	27	26	27	28	28	29	29	30	31	**7**	**6**五	2四	2	3	**2**	2
23	23	24	24	25	26	26	27	27	28	27	28	29	29	30	30	31	**8**	2	2	3	3三	4二	2	3
24	24	25	25	26	27	27	28	28	29	28	29	30	30	31	**10**	**9**	2	3	3	4	4	5	3正	4十二
25	25	26	26	27	28	28	29	29	30	29	30	31	**12**	**11**	2	2	3	4	4	5	5	6	4	5
26	26	27	27	28	29	29	30	30	31	**3**	31	**1**	2	2	3	3	4	5	5	6	6	7	5	6
27	27	28	28	29	30	30	31	**5**	**4**	2	**2**	2	3	3	4	4	5	6	6	7	7	8	6	7
28	28	29	29	30	31	**7**	**6**	2	2	3	2	3	4	4	5	5	6	7	7	8	8	9	7	8
29	29	30	30	31	**8**	2	2	3	3	4	3	4	5	5	6	6	7	8	8	9	9	10	8	9
30	30	31	**10**	**9**	2	3	3	4	4	5	4	5	6	6	7	7	8	9	9	10	10	11	9	10
31	**12**	**11**	2	2	3	4	4	5	5	6	5	6	7	7	8	8	9	10	10	11	11	12	10	11
日	2	2	3	3	4	5	5	6	6	7	6	7	8	8	9	9	10	11	11	12	12	13	11	12
曜	3	3	4	4	5	6	6	7	7	8	7	8	9	9	10	10	11	12	12	13	13	14	12	13
表	4	4	5	5	6	7	7	8	8	9	8	9	10	10	11	11	12	13	13	14	14	15	13	14
3	5	5	6	6	7	8	8	9	9	10	9	10	11	11	12	12	13	14	14	15	15	16	14	15
甲	6	6	7	7	8	9	9	10	10	11	10	11	12	12	13	13	14	15	15	16	16	17	15	16
子	7	7	8	8	9	10	10	11	11	12	11	12	13	13	14	14	15	16	16	17	17	18	16	17
表	8	8	9	9	10	11	11	12	12	13	12	13	14	14	15	15	16	17	17	18	18	19	17	18
15	9	9	10	10	11	12	12	13	13	14	13	14	15	15	16	16	17	18	18	19	19	20	18	19
	10	10	11	11	12	13	13	14	14	15	14	15	16	16	17	17	18	19	19	20	20	21	19	20

二二一 辛丑 魏黃初二 蜀章武元 先主 974

二二二 壬寅 魏黃初三 蜀章武二 吳黃武元 孫權十月改 975

22十	23九	23	24	25	25	26	26	27	25	26	27	27	28	28	29	30	30	31	**5**	**4**	2	31	**1**
23	24	24八	25七	26閏	26	27	27	28	26	27	28	28	29	29	30	31	**7**	**6**	2	2	3	**2**	2
24	25	25	26	27	27六	28五	28	29	27	28	29	29	30	30	31	**8**	2	2	3	3	4	2	3
25	26	26	27	28	28	29	29四	30三	28	29	30	30	31	**10**	**9**	2	3	3	4	4	5	3	4
26	27	27	28	29	29	30	30	31	**3**二	30正	31	**12**	**11**	2	2	3	4	4	5	5	6	**4**	5
27	28	28	29	30	30	31	**5**	**4**	2	31	**1**十二	2十一	2	3	3	4	5	5	6	6	7	5	6
28	29	29	30	31	**7**	**6**	2	2	3	**2**	2	3	3十	4九	4	5	6	6	7	7	8	6	7
29	30	30	31	**8**	2	2	3	3	4	2	3	4	4	5	5八	6七	7	7	8	8	9	7	8
30	31	**10**	**9**	2	3	3	4	4	5	3	4	5	5	6	6	7	8六	8五	9	9	10	8	9
12	**11**	2	2	3	4	4	5	5	6	4	5	6	6	7	7	8	9	9	10四	10三	11二	9	10
2	2	3	3	4	5	5	6	6	7	5	6	7	7	8	8	9	10	10	11	11	12	10正	11十二
3	3	4	4	5	6	6	7	7	8	6	7	8	8	9	9	10	11	11	12	12	13	11	12
4	4	5	5	6	7	7	8	8	9	7	8	9	9	10	10	11	12	12	13	13	14	12	13
5	5	6	6	7	8	8	9	9	10	8	9	10	10	11	11	12	13	13	14	14	15	13	14
6	6	7	7	8	9	9	10	10	11	9	10	11	11	12	12	13	14	14	15	15	16	14	15
7	7	8	8	9	10	10	11	11	12	10	11	12	12	13	13	14	15	15	16	16	17	15	16
8	8	9	9	10	11	11	12	12	13	11	12	13	13	14	14	15	16	16	17	17	18	16	17
9	9	10	10	11	12	12	13	13	14	12	13	14	14	15	15	16	17	17	18	18	19	17	18
10	10	11	11	12	13	13	14	14	15	13	14	15	15	16	16	17	18	18	19	19	20	18	19
11	11	12	12	13	14	14	15	15	16	14	15	16	16	17	17	18	19	19	20	20	21	19	20
12	12	13	13	14	15	15	16	16	17	15	16	17	17	18	18	19	20	20	21	21	22	20	21
13	13	14	14	15	16	16	17	17	18	16	17	18	18	19	19	20	21	21	22	22	23	21	22
14	14	15	15	16	17	17	18	18	19	17	18	19	19	20	20	21	22	22	23	23	24	22	23
15	15	16	16	17	18	18	19	19	20	18	19	20	20	21	21	22	23	23	24	24	25	23	24
16	16	17	17	18	19	19	20	20	21	19	20	21冬	21	22	22	23	24	24	25	25	26	24	25
17	17	18	18	19	20	20	21	21	22	20	21	22	22	23	23	24	25	25	26	26	27	25	26
18	18	19	19	20	21	21	22	22	23	21	22	23	23	24	24	25	26	26	27	27	28	26	27
19	19	20	20	21	22	22	23	23	24	22	23	24	24	25	25	26	27	27	28	28	29	27	28
20	20	21	21	22	23	23	24	24	25	23	24	25	25	26	26	27	28	28	29	29	30	28	29
21十一	21	22	22	23	24	24	25	25	26	24	25	26	26	27	27	28	29	29	30	30	31	**3**	30

二二三
癸卯
魏黃初四
蜀建興元 後主五月改
吳黃武二
976

二二四
甲辰
魏黃初五
蜀建興二
吳黃武三
977

11	11	12	12	13	14	14	15	15	16	15	16	17	17	18	18	19	20	20	21	21	22	20	21	22冬
12	12	13	13	14	15	15	16	16	17	16	17	18	18	19	19	20	21	21	22	22	23	21	22	23
13	13	14	14	15	16	16	17	17	18	17	18	19	19	20	20	21	22	22	23	23	24	22	23	24
14	14	15	15	16	17	17	18	18	19	18	19	20	20	21	21	22	23	23	24	24	25	23	24	25
15	15	16	16	17	18	18	19	19	20	19	20	21	21	22	22	23	24	24	25	25	26	24	25	26
16	16	17	17	18	19	19	20	20	21	20	21	22冬	22	23	23	24	25	25	26	26	27	25	26	27
17	17	18	18	19	20	20	21	21	22	21	22	23	23	24	24	25	26	26	27	27	28	26	27	28
18	18	19	19	20	21	21	22	22	23	22	23	24	24	25	25	26	27	27	28	28	29	27	28	29
19	19	20	20	21	22	22	23	23	24	23	24	25	25	26	26	27	28	28	29	29	30	28	29	30
20	20	21	21	22	23	23	24	24	25	24	25	26	26	27	27	28	29	29	30	30	31	3	30	31
21冬	21	22	22	23	24	24	25	25	26	25	26	27	27	28	28	29	30	30	31	5	4	2	31	1
22	22	23	23	24	25	25	26	26	27	26	27	28	28	29	29	30	31	7	6	2	2	3	2	2
23	23	24	24	25	26	26	27	27	28	27	28	29	29	30	30	31	8	2	2	3	3	4	2	3
24	24	25	25	26	27	27	28	28	29	28	29	30	30	31	10	9	2	3	3	4	4	5	3	4
25	25	26	26	27	28	28	29	29	30	29	30	31	12	11	2	2	3	4	4	5	5	6	4	5
26	26	27	27	28	29	29	30	30	31	3	31	1	2	2	3	3	4	5	5	6	6	7	5	6
27	27	28	28	29	30	30	31	5	4	2	2	2	3	3	4	4	5	6	6	7	7	8	6	7
28土	28	29	29	30	31	7	6	2	2	3	2	3	4	4	5	5	6	7	7	8	8	9	7	8
29	29土	30十	30	31	8	2	2	3	3	4	3	4	5	5	6	6	7	8	8	9	9	10	8	9
30	30	31	10九	9八	2	3	3	4	4	5	4	5	6	6	7	7	8	9	9	10	10	11	9	10
31	12	11	2	2	3七	4六	4	5	5	6	5	6	7	7	8	8	9	10	10	11	11	12	10	11
日	2	2	3	3	4	5	5五	6四	6	7	6	7	8	8	9	9	10	11	11	12	12	13	11	12
曜	3	3	4	4	5	6	6	7	7三	8二	7	8	9	9	10	10	11	12	12	13	13	14	12	13
表	4	4	5	5	6	7	7	8	8	9	8正	9土	10	10	11	11	12	13	13	14	14	15	13	14
4	5	5	6	6	7	8	8	9	9	10	9	10	11土	11十	12九	12	13	14	14	15	15	16	14	15
甲	6	6	7	7	8	9	9	10	10	11	10	11	12	12	13	13八	14七	15	15	16	16	17	15	16
子	7	7	8	8	9	10	10	11	11	12	11	12	13	13	14	14	15	16六	16五	17	17	18	16	17
表	8	8	9	9	10	11	11	12	12	13	12	13	14	14	15	15	16	17	17	18四	18三	19	17	18
16	9	9	10	10	11	12	12	13	13	14	13	14	15	15	16	16	17	18	18	19	19	20二	18正	19
	10	10	11	11	12	13	13	14	14	15	14	15	16	16	17	17	18	19	19	20	20	21	19	20土

二二五 乙巳 魏黃初六 蜀建興三 吳黃武四 吳閏四月

978

二二六 丙午 魏黃初七 蜀建興四 吳黃武五

979

22	23	23	24	25	25	26	26	27	25	26	27	27	28	28	29	30	30	31	**5**	**4**	2	31	**1**
23	24	24	25	26	26	27	27	28	26	27	28	28	29	29	30	31	**7**	**6**	2	2	3	**2**	2
24	25	25	26	27	27	28	28	29	27	28	29	29	30	30	31	**8**	2	2	3	3	4	2	3
25	26	26	27	28	28	29	29	30	28	29	30	30	31	**10**	**9**	2	3	3	4	4	5	3	4
26	27	27	28	29	29	30	30	31	**3**	30	31	**12**	**11**	2	2	3	4	4	5	5	6	4	5
27	28	28	29	30	30	31	**5**	**4**	2	31	**1**	2	2	3	3	4	5	5	6	6	7	5	6
28	29	29	30	31	**7**	**6**	2	2	3	**2**	2	3	3	4	4	5	6	6	7	7	8	6	7
29	30	30	31	**8**	2	2	3	3	4	2	3	4	4	5	5	6	7	7	8	8	9	7	8
30	31	**10**	**9**	2	3	3	4	4	5	3	4	5	5	6	6	7	8	8	9	9	10	8	9
12	**11**	2	2	3	4	4	5	5	6	4	5	6	6	7	7	8	9	9	10	10	11	9	10
2	2	3	3	4	5	5	6	6	7	5	6	7	7	8	8	9	10	10	11	11	12	10	11
3	3	4	4	5	6	6	7	7	8	6	7	8	8	9	9	10	11	11	12	12	13	11	12
4	4	5	5	6	7	7	8	8	9	7	8	9	9	10	10	11	12	12	13	13	14	12	13
5	5	6	6	7	8	8	9	9	10	8	9	10	10	11	11	12	13	13	14	14	15	13	14
6	6	7	7	8	9	9	10	10	11	9	10	11	11	12	12	13	14	14	15	15	16	14	15
7十一	7	8	8	9	10	10	11	11	12	10	11	12	12	13	13	14	15	15	16	16	17	15	16
8	8十	9九	9	10	11	11	12	12	13	11	12	13	13	14	14	15	16	16	17	17	18	16	17
9	9	10	10八	11七	12六	12	13	13	14	12	13	14	14	15	15	16	17	17	18	18	19	17	18
10	10	11	11	12	13	13五	14四	14	15	13	14	15	15	16	16	17	18	18	19	19	20	18	19
11	11	12	12	13	14	14	15	15三	16二	14	15	16	16	17	17	18	19	19	20	20	21	19	20
12	12	13	13	14	15	15	16	16	17	15正	16十二	17	17	18	18	19	20	20	21	21	22	20	21
13	13	14	14	15	16	16	17	17	18	16	17	18十一	18十	19	19	20	21	21	22	22	23	21	22
14	14	15	15	16	17	17	18	18	19	17	18	19	19	20九	20八	21	22	22	23	23	24	22	23
15	15	16	16	17	18	18	19	19	20	18	19	20	20	21	21	22七	23六	23	24	24	25	23	24
16	16	17	17	18	19	19	20	20	21	19	20	21冬	21	22	22	23	24	24五	25四	25	26	24	25
17	17	18	18	19	20	20	21	21	22	20	21	22	22	23	23	24	25	25	26	26閏	27三	25二	26
18	18	19	19	20	21	21	22	22	23	21	22	23	23	24	24	25	26	26	27	27	28	26	27正
19	19	20	20	21	22	22	23	23	24	22	23	24	24	25	25	26	27	27	28	28	29	27	28
20	20	21	21	22	23	23	24	24	25	23	24	25	25	26	26	27	28	28	29	29	30	28	29
21	21	22	22	23	24	24	25	25	26	24	25	26	26	27	27	28	29	29	30	30	31	**3**	30

二二八 戊申 魏太和二 蜀建興六 吳黃武七

981

二二七 丁未 魏太和元 明帝 蜀建興五 吳黃武六

980

11	11	12	12	13	14	14	15	15	16	15	16	17	17	18	18	19	20	20	21	21	22	20	21	22冬
12	12	13	13	14	15	15	16	16	17	16	17	18	18	19	19	20	21	21	22	22	23	21	22	23
13	13	14	14	15	16	16	17	17	18	17	18	19	19	20	20	21	22	22	23	23	24	22	23	24
14十二	14	15	15	16	17	17	18	18	19	18	19	20	20	21	21	22	23	23	24	24	25	23	24	25
15	15十	16九	16	17	18	18	19	19	20	19	20	21	21	22	22	23	24	24	25	25	26	24	25	26
16	16	17	17八	18七	19	19	20	20	21	20	21	22冬	22	23	23	24	25	25	26	26	27	25	26	27
17	17	18	18	19	20六	20五	21	21	22	21	22	23	23	24	24	25	26	26	27	27	28	26	27	28
18	18	19	19	20	21	21	22四	22三	23	22	23	24	24	25	25	26	27	27	28	28	29	27	28	29
19	19	20	20	21	22	22	23	23	24二	23正	24	25	25	26	26	27	28	28	29	29	30	28	29	30
20	20	21	21	22	23	23	24	24	25	24	25閏	26十二	26	27	27	28	29	29	30	30	31	**3**	30	31
21冬	21	22	22	23	24	24	25	25	26	25	26	27	27十二	28十	28九	29	30	30	31	**5**	**4**	2	31	**1**
22	22	23	23	24	25	25	26	26	27	26	27	28	28	29	29	30八	31七	**7**	**6**	2	2	3	**2**	2
23	23	24	24	25	26	26	27	27	28	27	28	29	29	30	30	31	**8**	2六	2五	3	3	4	2	3
24	24	25	25	26	27	27	28	28	29	28	29	30	30	31	**10**	**9**	2	3	3	4四	4三	5	3	4
25	25	26	26	27	28	28	29	29	30	29	30	31	**12**	**11**	2	2	3	4	4	5	5	6二	4正	5
26	26	27	27	28	29	29	30	30	31	**3**	31	**1**	2	2	3	3	4	5	5	6	6	7	5	6十二
27	27	28	28	29	30	30	31	**5**	**4**	2	**2**	2	3	3	4	4	5	6	6	7	7	8	6	7
28	28	29	29	30	31	**7**	**6**	2	2	3	2	3	4	4	5	5	6	7	7	8	8	9	7	8
29	29	30	30	31	**8**	2	2	3	3	4	3	4	5	5	6	6	7	8	8	9	9	10	8	9
30	30	31	**10**	**9**	2	3	3	4	4	5	4	5	6	6	7	7	8	9	9	10	10	11	9	10
31	**12**	**11**	2	2	3	4	4	5	5	6	5	6	7	7	8	8	9	10	10	11	11	12	10	11
日	2	2	3	3	4	5	5	6	6	7	6	7	8	8	9	9	10	11	11	12	12	13	11	12
曜	3	3	4	4	5	6	6	7	7	8	7	8	9	9	10	10	11	12	12	13	13	14	12	13
表	4	4	5	5	6	7	7	8	8	9	8	9	10	10	11	11	12	13	13	14	14	15	13	14
5	5	5	6	6	7	8	8	9	9	10	9	10	11	11	12	12	13	14	14	15	15	16	14	15
甲	6	6	7	7	8	9	9	10	10	11	10	11	12	12	13	13	14	15	15	16	16	17	15	16
子	7	7	8	8	9	10	10	11	11	12	11	12	13	13	14	14	15	16	16	17	17	18	16	17
表	8	8	9	9	10	11	11	12	12	13	12	13	14	14	15	15	16	17	17	18	18	19	17	18
17	9	9	10	10	11	12	12	13	13	14	13	14	15	15	16	16	17	18	18	19	19	20	18	19
	10	10	11	11	12	13	13	14	14	15	14	15	16	16	17	17	18	19	19	20	20	21	19	20

二二九 己酉 魏太和三 蜀建興七 吳黃龍元（四月改） 982

二三〇 庚戌 魏太和四 蜀建興八 吳黃龍二（吳閏八月） 983

22	23	23	24	25	25	26	26	27	25	26	27	27	28	28	29	30	30	31	**5**	**4**	2	31	**1**
23十	24	24	25	26	26	27	27	28	26	27	28	28	29	29	30	31	**7**	**6**	2	2	3	**2**	2
24	25閏	25九	26	27	27	28	28	29	27	28	29	29	30	30	31	**8**	2	2	3	3	4	2	3
25	26	26	27八	28七	28	29	29	30	28	29	30	30	31	**10**	**9**	2	3	3	4	4	5	3	4
26	27	27	28	29	29六	30五	30四	31	**3**	30	31	**12**	**11**	2	2	3	4	4	5	5	6	4	5
27	28	28	29	30	30	31	**5**	**4**三	2二	31	**1**	2	2	3	3	4	5	5	6	6	7	5	6
28	29	29	30	31	**7**	**6**	2	2	3	**2**正	2十二	3	3	4	4	5	6	6	7	7	8	6	7
29	30	30	31	**8**	2	2	3	3	4	2	3	4十一	4十	5	5	6	7	7	8	8	9	7	8
30	31	**10**	**9**	2	3	3	4	4	5	3	4	5	5	6九	6八	7	8	8	9	9	10	8	9
12	**11**	2	2	3	4	4	5	5	6	4	5	6	6	7	7	8七	9六	9	10	10	11	9	10
2	2	3	3	4	5	5	6	6	7	5	6	7	7	8	8	9	10	10五	11四	11	12	10	11
3	3	4	4	5	6	6	7	7	8	6	7	8	8	9	9	10	11	11	12	12三	13二	11正	12
4	4	5	5	6	7	7	8	8	9	7	8	9	9	10	10	11	12	12	13	13	14	12	13十二
5	5	6	6	7	8	8	9	9	10	8	9	10	10	11	11	12	13	13	14	14	15	13	14
6	6	7	7	8	9	9	10	10	11	9	10	11	11	12	12	13	14	14	15	15	16	14	15
7	7	8	8	9	10	10	11	11	12	10	11	12	12	13	13	14	15	15	16	16	17	15	16
8	8	9	9	10	11	11	12	12	13	11	12	13	13	14	14	15	16	16	17	17	18	16	17
9	9	10	10	11	12	12	13	13	14	12	13	14	14	15	15	16	17	17	18	18	19	17	18
10	10	11	11	12	13	13	14	14	15	13	14	15	15	16	16	17	18	18	19	19	20	18	19
11	11	12	12	13	14	14	15	15	16	14	15	16	16	17	17	18	19	19	20	20	21	19	20
12	12	13	13	14	15	15	16	16	17	15	16	17	17	18	18	19	20	20	21	21	22	20	21
13	13	14	14	15	16	16	17	17	18	16	17	18	18	19	19	20	21	21	22	22	23	21	22
14	14	15	15	16	17	17	18	18	19	17	18	19	19	20	20	21	22	22	23	23	24	22	23
15	15	16	16	17	18	18	19	19	20	18	19	20	20	21	21	22	23	23	24	24	25	23	24
16	16	17	17	18	19	19	20	20	21	19	20	21冬	21	22	22	23	24	24	25	25	26	24	25
17	17	18	18	19	20	20	21	21	22	20	21	22	22	23	23	24	25	25	26	26	27	25	26
18	18	19	19	20	21	21	22	22	23	21	22	23	23	24	24	25	26	26	27	27	28	26	27
19	19	20	20	21	22	22	23	23	24	22	23	24	24	25	25	26	27	27	28	28	29	27	28
20	20	21	21	22	23	23	24	24	25	23	24	25	25	26	26	27	28	28	29	29	30	28	29
21	21	22	22	23	24	24	25	25	26	24	25	26	26	27	27	28	29	29	30	30	31	**3**	30

二三一
辛亥
魏太和五
蜀建興九
吳黃龍三

984

二三二
壬子
魏太和六
蜀建興一〇
吳嘉禾元

985

11	11	12	12	13	14	14	15	15	16	15	16	17	17	18	18	19	20	20	21	21	22	20正	21十二	22冬
12	12	13	13	14	15	15	16	16	17	16	17	18	18	19	19	20	21	21	22	22	23	21	22	23十一
13	13	14	14	15	16	16	17	17	18	17	18	19	19	20	20	21	22	22	23	23	24	22	23	24
14	14	15	15	16	17	17	18	18	19	18	19	20	20	21	21	22	23	23	24	24	25	23	24	25
15	15	16	16	17	18	18	19	19	20	19	20	21	21	22	22	23	24	24	25	25	26	24	25	26
16	16	17	17	18	19	19	20	20	21	20	21	22冬	22	23	23	24	25	25	26	26	27	25	26	27
17	17	18	18	19	20	20	21	21	22	21	22	23	23	24	24	25	26	26	27	27	28	26	27	28
18	18	19	19	20	21	21	22	22	23	22	23	24	24	25	25	26	27	27	28	28	29	27	28	29
19	19	20	20	21	22	22	23	23	24	23	24	25	25	26	26	27	28	28	29	29	30	28	29	30
20	20	21	21	22	23	23	24	24	25	24	25	26	26	27	27	28	29	29	30	30	31	3	30	31
21冬	21	22	22	23	24	24	25	25	26	25	26	27	27	28	28	29	30	30	31	5	4	2	31	1
22	22	23	23	24	25	25	26	26	27	26	27	28	28	29	29	30	31	7	6	2	2	3	2	2
23	23	24	24	25	26	26	27	27	28	27	28	29	29	30	30	31	8	2	2	3	3	4	2	3
24	24	25	25	26	27	27	28	28	29	28	29	30	30	31	10	9	2	3	3	4	4	5	3	4
25	25	26	26	27	28	28	29	29	30	29	30	31	12	11	2	2	3	4	4	5	5	6	4	5
26	26	27	27	28	29	29	30	30	31	3	31	1	2	2	3	3	4	5	5	6	6	7	5	6
27	27	28	28	29	30	30	31	5	4	2	2	2	3	3	4	4	5	6	6	7	7	8	6	7
28	28	29	29	30	31	7	6	2	2	3	2	3	4	4	5	5	6	7	7	8	8	9	7	8
29	29	30	30	31	8	2	2	3	3	4	3	4	5	5	6	6	7	8	8	9	9	10	8	9
30十二	30十一	31	10	9	2	3	3	4	4	5	4	5	6	6	7	7	8	9	9	10	10	11	9	10
31	12	11十	2九	2	3	4	4	5	5	6	5	6	7	7	8	8	9	10	10	11	11	12	10	11
日	2	2	3	3八	4七	5	5	6	6	7	6	7	8	8	9	9	10	11	11	12	12	13	11	12
曜	3	3	4	4	5	6六	6五	7	7	8	7	8	9	9	10	10	11	12	12	13	13	14	12	13
表	4	4	5	5	6	7	7	8四	8三	9	8	9	10	10	11	11	12	13	13	14	14	15	13	14
6	5	5	6	6	7	8	8	9	9	10二	9正	10	11	11	12	12	13	14	14	15	15	16	14	15
甲	6	6	7	7	8	9	9	10	10	11	10	11十二	12十一	12	13	13	14	15	15	16	16	17	15	16
子	7	7	8	8	9	10	10	11	11	12	11	12	13	13十	14九	14八	15	16	16	17	17	18	16	17
表	8	8	9	9	10	11	11	12	12	13	12	13	14	14	15	15	16七	17六	17	18	18	19	17	18
18	9	9	10	10	11	12	12	13	13	14	13	14	15	15	16	16	17	18	18五	19四	19	20	18	19
	10	10	11	11	12	13	13	14	14	15	14	15	16	16	17	17	18	19	19	20	20三	21二	19	20

二三三 癸丑 魏青龍元（二月改） 蜀建興一一 吳嘉禾二 986

二三四 甲寅 魏青龍二 蜀建興一二 吳嘉禾三 987

22	23	23	24	25	25	26	26	27	25	26	27	27	28	28	29	30	30	31	**5**	**4**	2	31	**1**
23	24	24	25	26	26	27	27	28	26	27	28	28	29	29	30	31	**7**	**6**	2	2	3	**2**	2
24	25	25	26	27	27	28	28	29	27	28	29	29	30	30	31	**8**	2	2	3	3	4	2	3
25	26	26	27	28	28	29	29	30	28	29	30	30	31	**10**	**9**	2	3	3	4	4	5	3	4
26	27	27	28	29	29	30	30	31	**3**	30	31	**12**	**11**	2	2	3	4	4	5	5	6	4	5
27	28	28	29	30	30	31	**5**	**4**	2	31	**1**	2	2	3	3	4	5	5	6	6	7	5	6
28	29	29	30	31	**7**	**6**	2	2	3	**2**	2	3	3	4	4	5	6	6	7	7	8	6	7
29	30	30	31	**8**	2	2	3	3	4	2	3	4	4	5	5	6	7	7	8	8	9	7	8
30	31	**10**	**9**	2	3	3	4	4	5	3	4	5	5	6	6	7	8	8	9	9	10	8	9
12	**11**	2	2	3	4	4	5	5	6	4	5	6	6	7	7	8	9	9	10	10	11	9	10
2	2	3	3	4	5	5	6	6	7	5	6	7	7	8	8	9	10	10	11	11	12	10	11
3	3	4	4	5	6	6	7	7	8	6	7	8	8	9	9	10	11	11	12	12	13	11	12
4	4	5	5	6	7	7	8	8	9	7	8	9	9	10	10	11	12	12	13	13	14	12	13
5	5	6	6	7	8	8	9	9	10	8	9	10	10	11	11	12	13	13	14	14	15	13	14
6	6	7	7	8	9	9	10	10	11	9	10	11	11	12	12	13	14	14	15	15	16	14	15
7	7	8	8	9	10	10	11	11	12	10	11	12	12	13	13	14	15	15	16	16	17	15	16
8	8	9	9	10	11	11	12	12	13	11	12	13	13	14	14	15	16	16	17	17	18	16	17
9十一	9十	10	10	11	12	12	13	13	14	12	13	14	14	15	15	16	17	17	18	18	19	17	18
10	10	11九	11八	12	13	13	14	14	15	13	14	15	15	16	16	17	18	18	19	19	20	18	19
11	11	12	12	13七	14六	14	15	15	16	14	15	16	16	17	17	18	19	19	20	20	21	19	20
12	12	13	13	14	15	15五	16四	16三	17	15	16	17	17	18	18	19	20	20	21	21	22	20	21
13	13	14	14	15	16	16	17	17	18二	16正	17	18	18	19	19	20	21	21	22	22	23	21	22
14	14	15	15	16	17	17	18	18	19	17	18十二	19十一	19	20	20	21	22	22	23	23	24	22	23
15	15	16	16	17	18	18	19	19	20	18	19	20	20十	21九	21	22	23	23	24	24	25	23	24
16	16	17	17	18	19	19	20	20	21	19	20	21冬	21	22	22八	23七	24	24	25	25	26	24	25
17	17	18	18	19	20	20	21	21	22	20	21	22	22	23	23	24	25六	25閏	26	26	27	25	26
18	18	19	19	20	21	21	22	22	23	21	22	23	23	24	24	25	26	26	27五	27四	28	26	27
19	19	20	20	21	22	22	23	23	24	22	23	24	24	25	25	26	27	27	28	28	29三	27二	28正
20	20	21	21	22	23	23	24	24	25	23	24	25	25	26	26	27	28	28	29	29	30	28	29
21冬	21	22	22	23	24	24	25	25	26	24	25	26	26	27	27	28	29	29	30	30	31	**3**	30

二三五 乙卯
魏青龍三
蜀建興一三
吳嘉禾四

988

二三六 丙辰
魏青龍四
蜀建興一四
吳嘉禾五
吳閏二月

989

11	11	12	12	13	14	14	15	15	16	15	16	17	17	18	18	19	20	20	21	21	22	20	21	22
12	12	13	13	14	15	15	16	16	17	16	17	18	18	19	19	20	21	21	22	22	23	21	22	23
13	13	14	14	15	16	16	17	17	18	17	18	19	19	20	20	21	22	22	23	23	24	22	23	24
14	14	15	15	16	17	17	18	18	19	18	19	20	20	21	21	22	23	23	24	24	25	23	24	25
15	15	16	16	17	18	18	19	19	20	19	20	21	21	22	22	23	24	24	25	25	26	24	25	26
16十一	16十	17	17	18	19	19	20	20	21	20	21	22冬	22	23	23	24	25	25	26	26	27	25	26	27
17	17	18九	18八	19	20	20	21	21	22	21	22	23	23	24	24	25	26	26	27	27	28	26	27	28
18	18	19	19	20七	21六	21	22	22	23	22	23	24	24	25	25	26	27	27	28	28	29	27	28	29
19	19	20	20	21	22	22五	23四	23	24	23	24	25	25	26	26	27	28	28	29	29	30	28	29	30
20	20	21	21	22	23	23	24	24三	25二	24	25	26	26	27	27	28	29	29	30	30	31	**3**	30	31
21冬	21	22	22	23	24	24	25	25	26	25閏	26正	27	27	28	28	29	30	30	31	**5**	**4**	2	31	**1**
22	22	23	23	24	25	25	26	26	27	26	27	28十二	28十一	29	29	30	31	**7**	**6**	2	2	3	**2**	2
23	23	24	24	25	26	26	27	27	28	27	28	29	29	30十	30九	31八	**8**	2	2	3	3	4	2	3
24	24	25	25	26	27	27	28	28	29	28	29	30	30	31	**10**	**9**	2七	3六	3	4	4	5	3	4
25	25	26	26	27	28	28	29	29	30	29	30	31	**12**	**11**	2	2	3	4	4五	5四	5	6	4	5
26	26	27	27	28	29	29	30	30	31	**3**	31	**1**	2	2	3	3	4	5	5	6	6三	7二	5	6
27	27	28	28	29	30	30	31	**5**	**4**	2	**2**	2	3	3	4	4	5	6	6	7	7	8	6正	7十二
28	28	29	29	30	31	**7**	**6**	2	2	3	2	3	4	4	5	5	6	7	7	8	8	9	7	8
29	29	30	30	31	**8**	2	2	3	3	4	3	4	5	5	6	6	7	8	8	9	9	10	8	9
30	30	31	**10**	**9**	2	3	3	4	4	5	4	5	6	6	7	7	8	9	9	10	10	11	9	10
31	**12**	**11**	2	2	3	4	4	5	5	6	5	6	7	7	8	8	9	10	10	11	11	12	10	11
日	2	2	3	3	4	5	5	6	6	7	6	7	8	8	9	9	10	11	11	12	12	13	11	12
曜	3	3	4	4	5	6	6	7	7	8	7	8	9	9	10	10	11	12	12	13	13	14	12	13
表	4	4	5	5	6	7	7	8	8	9	8	9	10	10	11	11	12	13	13	14	14	15	13	14
7	5	5	6	6	7	8	8	9	9	10	9	10	11	11	12	12	13	14	14	15	15	16	14	15
甲	6	6	7	7	8	9	9	10	10	11	10	11	12	12	13	13	14	15	15	16	16	17	15	16
子	7	7	8	8	9	10	10	11	11	12	11	12	13	13	14	14	15	16	16	17	17	18	16	17
表	8	8	9	9	10	11	11	12	12	13	12	13	14	14	15	15	16	17	17	18	18	19	17	18
19	9	9	10	10	11	12	12	13	13	14	13	14	15	15	16	16	17	18	18	19	19	20	18	19
	10	10	11	11	12	13	13	14	14	15	14	15	16	16	17	17	18	19	19	20	20	21	19	20

二三八 戊午 991
魏景初二
蜀延熙元
吳赤烏元 九月改
魏建丑

二三七 丁巳 990
魏景初元 三月改
蜀建興一五
吳嘉禾六
魏建丑以三月爲四月十二月爲正月魏之四五月卽蜀吳之三四月

22	23	23	24	25	25	26	26	27	25	26	27	27	28	28	29	30	30	31	**5**	**4**	2	31	**1**
23	24	24	25	26	26	27	27	28	26	27	28	28	29	29	30	31	**7**	**6**	2	2	3	**2**	2
24 閏	25	25	26	27	27	28	28	29	27	28	29	29	30	30	31	**8**	2	2	3	3	4	2	3
25	26 十一	26 十	27	28	28	29	29	30	28	29	30	30	31	**10**	**9**	2	3	3	4	4	5	3	4
26	27	27	28 九	29 八	29 七	30	30	31	**3**	30	31	**12**	**11**	2	2	3	4	4	5	5	6	4	5
27	28	28	29	30	30	31 六	**5** 五	**4**	2	31	**1**	2	2	3	3	4	5	5	6	6	7	5	6
28	29	29	30	31	**7**	**6**	2	2 四	3 三	**2**	2	3	3	4	4	5	6	6	7	7	8	6	7
29	30	30	31	**8**	2	2	3	3	4	2 二	3 正	4	4	5	5	6	7	7	8	8	9	7	8
30	31	**10**	**9**	2	3	3	4	4	5	3	4	5 十二	5 十一	6	6	7	8	8	9	9	10	8	9
12	**11**	2	2	3	4	4	5	5	6	4	5	6	6	7 十	7 九	8	9	9	10	10	11	9	10
2	2	3	3	4	5	5	6	6	7	5	6	7	7	8	8	9 八	10 七	10	11	11	12	10	11
3	3	4	4	5	6	6	7	7	8	6	7	8	8	9	9	10	11	11 六	12	12	13	11	12
4	4	5	5	6	7	7	8	8	9	7	8	9	9	10	10	11	12	12	13 五	13 四	14	12	13
5	5	6	6	7	8	8	9	9	10	8	9	10	10	11	11	12	13	13	14	14	15 二	13 正	14
6	6	7	7	8	9	9	10	10	11	9	10	11	11	12	12	13	14	14	15	15	16	14	15 十二
7	7	8	8	9	10	10	11	11	12	10	11	12	12	13	13	14	15	15	16	16	17	15	16
8	8	9	9	10	11	11	12	12	13	11	12	13	13	14	14	15	16	16	17	17	18	16	17
9	9	10	10	11	12	12	13	13	14	12	13	14	14	15	15	16	17	17	18	18	19	17	18
10	10	11	11	12	13	13	14	14	15	13	14	15	15	16	16	17	18	18	19	19	20	18	19
11	11	12	12	13	14	14	15	15	16	14	15	16	16	17	17	18	19	19	20	20	21	19	20
12	12	13	13	14	15	15	16	16	17	15	16	17	17	18	18	19	20	20	21	21	22	20	21
13	13	14	14	15	16	16	17	17	18	16	17	18	18	19	19	20	21	21	22	22	23	21	22
14	14	15	15	16	17	17	18	18	19	17	18	19	19	20	20	21	22	22	23	23	24	22	23
15	15	16	16	17	18	18	19	19	20	18	19	20	20	21	21	22	23	23	24	24	25	23	24
16	16	17	17	18	19	19	20	20	21	19	20	21 冬	21	22	22	23	24	24	25	25	26	24	25
17	17	18	18	19	20	20	21	21	22	20	21	22	22	23	23	24	25	25	26	26	27	25	26
18	18	19	19	20	21	21	22	22	23	21	22	23	23	24	24	25	26	26	27	27	28	26	27
19	19	20	20	21	22	22	23	23	24	22	23	24	24	25	25	26	27	27	28	28	29	27	28
20	20	21	21	22	23	23	24	24	25	23	24	25	25	26	26	27	28	28	29	29	30	28	29
21 冬	21	22	22	23	24	24	25	25	26	24	25	26	26	27	27	28	29	29	30	30	31	**3**	30

二三九 己未 魏景初三 蜀延熙二 吳赤烏二 魏十二月復寅正故有兩十二月

992

二四〇 庚申 魏正始元 齊王芳 蜀延熙三 吳赤烏三

993

11	11	12	12	13	14	14	15	15	16	15	16	17	17	18	18	19	20	20	21	21四	22三	20	21	22
12	12	13	13	14	15	15	16	16	17	16	17	18	18	19	19	20	21	21	22	22	23	21二	22正	23
13	13	14	14	15	16	16	17	17	18	17	18	19	19	20	20	21	22	22	23	23	24	22	23	24十二
14	14	15	15	16	17	17	18	18	19	18	19	20	20	21	21	22	23	23	24	24	25	23	24	25
15	15	16	16	17	18	18	19	19	20	19	20	21	21	22	22	23	24	24	25	25	26	24	25	26
16	16	17	17	18	19	19	20	20	21	20	21	22冬	22	23	23	24	25	25	26	26	27	25	26	27
17	17	18	18	19	20	20	21	21	22	21	22	23	23	24	24	25	26	26	27	27	28	26	27	28
18	18	19	19	20	21	21	22	22	23	22	23	24	24	25	25	26	27	27	28	28	29	27	28	29
19	19	20	20	21	22	22	23	23	24	23	24	25	25	26	26	27	28	28	29	29	30	28	29	30
20	20	21	21	22	23	23	24	24	25	24	25	26	26	27	27	28	29	29	30	30	31	**3**	30	31
21冬	21	22	22	23	24	24	25	25	26	25	26	27	27	28	28	29	30	30	31	**5**	**4**	2	31	**1**
22	22	23	23	24	25	25	26	26	27	26	27	28	28	29	29	30	31	**7**	**6**	2	2	3	**2**	2
23	23	24	24	25	26	26	27	27	28	27	28	29	29	30	30	31	**8**	2	2	3	3	4	2	3
24	24	25	25	26	27	27	28	28	29	28	29	30	30	31	**10**	**9**	2	3	3	4	4	5	3	4
25	25	26	26	27	28	28	29	29	30	29	30	31	**12**	**11**	2	2	3	4	4	5	5	6	4	5
26	26	27	27	28	29	29	30	30	31	**3**	31	**1**	2	2	3	3	4	5	5	6	6	7	5	6
27	27	28	28	29	30	30	31	**5**	**4**	2	**2**	2	3	3	4	4	5	6	6	7	7	8	6	7
28	28	29	29	30	31	**7**	**6**	2	2	3	2	3	4	4	5	5	6	7	7	8	8	9	7	8
29	29	30	30	31	**8**	2	2	3	3	4	3	4	5	5	6	6	7	8	8	9	9	10	8	9
30	30	31	**10**	**9**	2	3	3	**4**	**4**	5	4	5	6	6	7	7	8	9	9	10	10	11	9	10
31十二	**12**十一	**11**	2	2	3	4	4	5	5	6	5	6	7	7	8	8	9	10	10	11	11	12	10	11
日	2	2十	3九	3	4	5	5	6	6	7	6	7	8	8	9	9	10	11	11	12	12	13	11	12
曜	3	3	4	4八	5七	6	6	7	7	8	7	8	9	9	10	10	11	12	12	13	13	14	12	13
表	4	4	5	5	6	7六	7五	8	8	9	8	9	10	10	11	11	12	13	13	14	14	15	13	14
1	5	5	6	6	7	8	8	9四	9三	10	9	10	11	11	12	12	13	14	14	15	15	16	14	15
甲	6	6	7	7	8	9	9	10	10	11二	10正	11	12	12	13	13	14	15	15	16	16	17	15	16
子	7	7	8	8	9	10	10	11	11	12	11	12十二	13十二	13十一	14	14	15	16	16	17	17	18	16	17
表	8	8	9	9	10	11	11	12	12	13	12	13	14	14	15十	15九	16	17	17	18	18	19	17	18
20	9	9	10	10	11	12	12	13	13	14	13	14	15	15	16	16	17八	18七	18	19	19	20	18	19
	10	10	11	11	12	13	13	14	14	15	14	15	16	16	17	17	18	19	19六	20五	20	21	19	20

二四二 壬戌 魏正始三 蜀延熙五 吳赤烏五 995

二四一 辛酉 魏正始二 蜀延熙四 吳赤烏四 994

蜀閏七月

22	23	23	24	25	25	26	26	27	25	26	27	27	28	28	29	30	30	31	**5**	**4**	2	31	**1**
23	24	24	25	26	26	27	27	28	26	27	28	28	29	29	30	31	**7**	**6**	2	2	3	**2**	2
24	25	25	26	27	27	28	28	29	27	28	29	29	30	30	31	**8**	2	2	3	3	4	2	3
25	26	26	27	28	28	29	29	30	28	29	30	30	31	**10**	**9**	2	3	3	4	4	5	3	4
26	27	27	28	29	29	30	30	31	**3**	30	31	**12**	**11**	2	2	3	4	4	5	5	6	4	5
27	28	28	29	30	30	31	**5**	**4**	2	31	**1**	2	2	3	3	4	5	5	6	6	7	5	6
28	29	29	30	31	**7**	**6**	2	2	3	**2**	2	3	3	4	4	5	6	6	7	7	8	6	7
29	30	30	31	**8**	2	2	3	3	4	2	3	4	4	5	5	6	7	7	8	8	9	7	8
30	31	**10**	**9**	2	3	3	4	4	5	3	4	5	5	6	6	7	8	8	9	9	10	8	9
12	**11**	2	2	3	4	4	5	5	6	4	5	6	6	7	7	8	9	9	10	10	11	9	10
2	2	3	3	4	5	5	6	6	7	5	6	7	7	8	8	9	10	10	11	11	12	10	11
3	3	4	4	5	6	6	7	7	8	6	7	8	8	9	9	10	11	11	12	12	13	11	12
4	4	5	5	6	7	7	8	8	9	7	8	9	9	10	10	11	12	12	13	13	14	12	13
5	5	6	6	7	8	8	9	9	10	8	9	10	10	11	11	12	13	13	14	14	15	13	14
6	6	7	7	8	9	9	10	10	11	9	10	11	11	12	12	13	14	14	15	15	16	14	15
7	7	8	8	9	10	10	11	11	12	10	11	12	12	13	13	14	15	15	16	16	17	15	16
8	8	9	9	10	11	11	12	12	13	11	12	13	13	14	14	15	16	16	17	17	18	16	17
9	9	10	10	11	12	12	13	13	14	12	13	14	14	15	15	16	17	17	18	18	19	17	18
10十一	10十	11	11	12	13	13	14	14	15	13	14	15	15	16	16	17	18	18	19	19	20	18	19
11	11	12九	12八	13	14	14	15	15	16	14	15	16	16	17	17	18	19	19	20	20	21	19	20
12	12	13	13	14七	15六	15五	16	16	17	15	16	17	17	18	18	19	20	20	21	21	22	20	21
13	13	14	14	15	16	16	17四	17三	18	16	17	18	18	19	19	20	21	21	22	22	23	21	22
14	14	15	15	16	17	17	18	18	19二	17正	18	19	19	20	20	21	22	22	23	23	24	22	23
15	15	16	16	17	18	18	19	19	20	18	19十二	20十一	20	21	21	22	23	23	24	24	25	23	24
16	16	17	17	18	19	19	20	20	21	19	20	21冬	21十	22九	22	23	24	24	25	25	26	24	25
17	17	18	18	19	20	20	21	21	22	20	21	22	22	23	23八	24七	25	25	26	26	27	25	26
18	18	19	19	20	21	21	22	22	23	21	22	23	23	24	24	25	26閏	26六	27	27	28	26	27
19	19	20	20	21	22	22	23	23	24	22	23	24	24	25	25	26	27	27	28五	28四	29三	27	28
20	20	21	21	22	23	23	24	24	25	23	24	25	25	26	26	27	28	28	29	29	30	28二	29正
21冬	21	22	22	23	24	24	25	25	26	24	25	26	26	27	27	28	29	29	30	30	31	**3**	30

二四四
甲子
魏正始五
蜀延熙七
吳赤烏七

997

二四三
癸亥
魏正始四
蜀延熙六
吳赤烏六

996

11	11	12	12	13	14	14	15	15	16	15	16	17	17	18	18	19	20	20	21	21	22	20	21	22
12	12	13	13	14	15	15	16	16	17	16	17	18	18	19	19	20	21	21	22	22	23	21	22	23
13	13	14	14	15	16	16	17	17	18	17	18	19	19	20	20	21	22	22	23	23	24	22	23	24
14	14	15	15	16	17	17	18	18	19	18	19	20	20	21	21	22	23	23	24	24	25	23	24	25
15	15	16	16	17	18	18	19	19	20	19	20	21	21	22	22	23	24	24	25	25	26	24	25	26
16	16	17	17	18	19	19	20	20	21	20	21	22冬	22	23	23	24	25	25	26	26	27	25	26	27
17十一	17十	18	18	19	20	20	21	21	22	21	22	23	23	24	24	25	26	26	27	27	28	26	27	28
18	18	19九	19八	20	21	21	22	22	23	22	23	24	24	25	25	26	27	27	28	28	29	27	28	29
19	19	20	20	21七	22六	22	23	23	24	23	24	25	25	26	26	27	28	28	29	29	30	28	29	30
20	20	21	21	22	23	23五	24四	24	25	24	25	26	26	27	27	28	29	29	30	30	31	**3**	30	31
21冬	21	22	22	23	24	24	25	25閏	26三	25	26	27	27	28	28	29	30	30	31	**5**	**4**	2	31	**1**
22	22	23	23	24	25	25	26	26	27	26二	27正	28	28	29	29	30	31	**7**	**6**	2	2	3	**2**	2
23	23	24	24	25	26	26	27	27	28	27	28	29十二	29十一	30十	30	31	**8**	2	2	3	3	4	2	3
24	24	25	25	26	27	27	28	28	29	28	29	30	30	31	**10**九	**9**八	2	3	3	4	4	5	3	4
25	25	26	26	27	28	28	29	29	30	29	30	31	**12**	**11**	2	2	3七	4六	4	5	5	6	4	5
26	26	27	27	28	29	29	30	30	31	**3**	31	**1**	2	2	3	3	4	5	5五	6四	6	7	5	6
27	27	28	28	29	30	30	31	**5**	**4**	2	**2**	2	3	3	4	4	5	6	6	7	7三	8二	6	7
28	28	29	29	30	31	**7**	**6**	2	2	3	2	3	4	4	5	5	6	7	7	8	8	9	7正	8十二
29	29	30	30	31	**8**	2	2	3	3	4	3	4	5	5	6	6	7	8	8	9	9	10	8	9
30	30	31	**10**	**9**	2	3	3	4	4	5	4	5	6	6	7	7	8	9	9	10	10	11	9	10
31	**12**	**11**	2	2	3	4	4	5	5	6	5	6	7	7	8	8	9	10	10	11	11	12	10	11
日	2	2	3	3	4	5	5	6	6	7	6	7	8	8	9	9	10	11	11	12	12	13	11	12
曜	3	3	4	4	5	6	6	7	7	8	7	8	9	9	10	10	11	12	12	13	13	14	12	13
表	4	4	5	5	6	7	7	8	8	9	8	9	10	10	11	11	12	13	13	14	14	15	13	14
2	5	5	6	6	7	8	8	9	9	10	9	10	11	11	12	12	13	14	14	15	15	16	14	15
甲	6	6	7	7	8	9	9	10	10	11	10	11	12	12	13	13	14	15	15	16	16	17	15	16
子	7	7	8	8	9	10	10	11	11	12	11	12	13	13	14	14	15	16	16	17	17	18	16	17
表	8	8	9	9	10	11	11	12	12	13	12	13	14	14	15	15	16	17	17	18	18	19	17	18
1	9	9	10	10	11	12	12	13	13	14	13	14	15	15	16	16	17	18	18	19	19	20	18	19
	10	10	11	11	12	13	13	14	14	15	14	15	16	16	17	17	18	19	19	20	20	21	19	20

二四五 乙丑 魏正始六 蜀延熙八 吳赤烏八 998

二四六 丙寅 魏正始七 蜀延熙九 吳赤烏九 999

蜀閏十一月

22	23	23	24	25	25	26	26	27	25	26	27	27	28	28	29	30	30	31	5	4	2	31	1
23	24	24	25	26	26	27	27	28	26	27	28	28	29	29	30	31	7	6	2	2	3	2	2
24	25	25	26	27	27	28	28	29	27	28	29	29	30	30	31	8	2	2	3	3	4	2	3
25	26	26	27	28	28	29	29	30	28	29	30	30	31	10	9	2	3	3	4	4	5	3	4
26十一	27十	27	28	29	29	30	30	31	3	30	31	12	11	2	2	3	4	4	5	5	6	4	5
27	28	28九	29八	30	30	31	5	4	2	31	1	2	2	3	3	4	5	5	6	6	7	5	6
28	29	29	30	31七	7六	6五	2	2	3	2	2	3	3	4	4	5	6	6	7	7	8	6	7
29	30	30	31	8	2	2	3四	3三	4	2	3	4	4	5	5	6	7	7	8	8	9	7	8
30	31	10	9	2	3	3	4	4	5二	3正	4	5	5	6	6	7	8	8	9	9	10	8	9
12	11	2	2	3	4	4	5	5	6	4	5十二	6十一	6	7	7	8	9	9	10	10	11	9	10
2	2	3	3	4	5	5	6	6	7	5	6	7	7十	8九	8	9	10	10	11	11	12	10	11
3	3	4	4	5	6	6	7	7	8	6	7	8	8	9	9八	10七	11	11	12	12	13	11	12
4	4	5	5	6	7	7	8	8	9	7	8	9	9	10	10	11	12六	12五	13	13	14	12	13
5	5	6	6	7	8	8	9	9	10	8	9	10	10	11	11	12	13	13	14四	14三	15二	13	14
6	6	7	7	8	9	9	10	10	11	9	10	11	11	12	12	13	14	14	15	15	16	14正	15十二
7	7	8	8	9	10	10	11	11	12	10	11	12	12	13	13	14	15	15	16	16	17	15	16
8	8	9	9	10	11	11	12	12	13	11	12	13	13	14	14	15	16	16	17	17	18	16	17
9	9	10	10	11	12	12	13	13	14	12	13	14	14	15	15	16	17	17	18	18	19	17	18
10	10	11	11	12	13	13	14	14	15	13	14	15	15	16	16	17	18	18	19	19	20	18	19
11	11	12	12	13	14	14	15	15	16	14	15	16	16	17	17	18	19	19	20	20	21	19	20
12	12	13	13	14	15	15	16	16	17	15	16	17	17	18	18	19	20	20	21	21	22	20	21
13	13	14	14	15	16	16	17	17	18	16	17	18	18	19	19	20	21	21	22	22	23	21	22
14	14	15	15	16	17	17	18	18	19	17	18	19	19	20	20	21	22	22	23	23	24	22	23
15	15	16	16	17	18	18	19	19	20	18	19	20	20	21	21	22	23	23	24	24	25	23	24
16	16	17	17	18	19	19	20	20	21	19	20	21冬	21	22	22	23	24	24	25	25	26	24	25
17	17	18	18	19	20	20	21	21	22	20	21	22	22	23	23	24	25	25	26	26	27	25	26
18	18	19	19	20	21	21	22	22	23	21	22	23	23	24	24	25	26	26	27	27	28	26	27
19	19	20	20	21	22	22	23	23	24	22	23	24	24	25	25	26	27	27	28	28	29	27	28
20	20	21	21	22	23	23	24	24	25	23	24	25	25	26	26	27	28	28	29	29	30	28	29
21冬	21	22	22	23	24	24	25	25	26	24	25	26	26	27	27	28	29	29	30	30	31	3	30

勵耘書屋

二四八 戊辰 魏正始九 蜀延熙一一 吳赤烏一一 1001

二四七 丁卯 魏正始八 蜀延熙一〇 吳赤烏一〇 1000

11	11	12	12	13	14	14	15	15	16	15	16	17	17	18	18	19	20六	20五	21	21	22	20	21	22
12	12	13	13	14	15	15	16	16	17	16	17	18	18	19	19	20	21	21	22四	22三	23	21	22	23
13	13	14	14	15	16	16	17	17	18	17	18	19	19	20	20	21	22	22	23	23	24二	22正	23	24
14	14	15	15	16	17	17	18	18	19	18	19	20	20	21	21	22	23	23	24	24	25	23	24閏	25十二
15	15	16	16	17	18	18	19	19	20	19	20	21	21	22	22	23	24	24	25	25	26	24	25	26
16	16	17	17	18	19	19	20	20	21	20	21	22冬	22	23	23	24	25	25	26	26	27	25	26	27
17	17	18	18	19	20	20	21	21	22	21	22	23	23	24	24	25	26	26	27	27	28	26	27	28
18	18	19	19	20	21	21	22	22	23	22	23	24	24	25	25	26	27	27	28	28	29	27	28	29
19	19	20	20	21	22	22	23	23	24	23	24	25	25	26	26	27	28	28	29	29	30	28	29	30
20	20	21	21	22	23	23	24	24	25	24	25	26	26	27	27	28	29	29	30	30	31	**3**	30	31
21冬	21	22	22	23	24	24	25	25	26	25	26	27	27	28	28	29	30	30	31	**5**	**4**	2	31	**1**
22	22	23	23	24	25	25	26	26	27	26	27	28	28	29	29	30	31	**7**	**6**	2	2	3	**2**	2
23	23	24	24	25	26	26	27	27	28	27	28	29	29	30	30	31	**8**	2	2	3	3	4	2	3
24	24	25	25	26	27	27	28	28	29	28	29	30	30	31	**10**	**9**	2	3	3	4	4	5	3	4
25	25	26	26	27	28	28	29	29	30	29	30	31	**12**	**11**	2	2	3	4	4	5	5	6	4	5
26	26	27	27	28	29	29	30	30	31	**3**	31	**1**	2	2	3	3	4	5	5	6	6	7	5	6
27	27	28	28	29	30	30	31	**5**	**4**	2	**2**	2	3	3	4	4	5	6	6	7	7	8	6	7
28	28	29	29	30	31	**7**	**6**	2	2	3	2	3	4	4	5	5	6	7	7	8	8	9	7	8
29	29	30	30	31	**8**	2	2	3	3	4	3	**4**	5	5	6	6	7	8	8	9	9	10	8	9
30	30	31	**10**	**9**	2	3	3	**4**	**4**	5	**4**	5	6	6	7	7	8	9	9	10	10	11	9	10
31	**12**	**11**	2	2	3	4	4	5	5	6	5	6	7	7	8	8	9	10	10	11	11	12	10	11
日	2	2	3	3	4	5	5	6	6	7	6	7	8	8	9	9	10	11	11	12	12	13	11	12
曜	3十一	3十	4	4	5	6	6	7	7	8	7	8	9	9	10	10	11	12	12	13	13	14	12	13
表	4	4	5九	5八	6	7	7	8	8	9	8	9	10	10	11	11	12	13	13	14	14	15	13	14
3	5	5	6	6	7七	8六	8	9	9	10	9	10	11	11	12	12	13	14	14	15	15	16	14	15
甲	6	6	7	7	8	9	9五	10四	10	11	10	11	12	12	13	13	14	15	15	16	16	17	15	16
子	7	7	8	8	9	10	10	11	11三	12二	11	12	13	13	14	14	15	16	16	17	17	18	16	17
表	8	8	9	9	10	11	11	12	12	13	12正	13十二	14	14	15	15	16	17	17	18	18	19	17	18
2	9	9	10	10	11	12	12	13	13	14	13	14	15十一	15十	16九	16	17	18	18	19	19	20	18	19
	10	10	11	11	12	13	13	14	14	15	14	15	16	16	17	17八	18七	19	19	20	20	21	19	20

二五〇 庚午
魏嘉平二
蜀延熙一三
吳赤烏一三
1003

二四九 己巳
魏嘉平元 四月改
蜀延熙一二
吳赤烏一二
蜀吳閏八月
1002

22	23	23	24	25	25	26	26	27	25	26	27	27	28	28	29	30	30	31	5	4	2	31正	1十二
23	24	24	25	26	26	27	27	28	26	27	28	28	29	29	30	31	7	6	2	2	3	2	2
24	25	25	26	27	27	28	28	29	27	28	29	29	30	30	31	8	2	2	3	3	4	2	3
25	26	26	27	28	28	29	29	30	28	29	30	30	31	10	9	2	3	3	4	4	5	3	4
26	27	27	28	29	29	30	30	31	3	30	31	12	11	2	2	3	4	4	5	5	6	4	5
27	28	28	29	30	30	31	5	4	2	31	1	2	2	3	3	4	5	5	6	6	7	5	6
28	29	29	30	31	7	6	2	2	3	2	2	3	3	4	4	5	6	6	7	7	8	6	7
29	30	30	31	8	2	2	3	3	4	2	3	4	4	5	5	6	7	7	8	8	9	7	8
30	31	10	9	2	3	3	4	4	5	3	4	5	5	6	6	7	8	8	9	9	10	8	9
12	11	2	2	3	4	4	5	5	6	4	5	6	6	7	7	8	9	9	10	10	11	9	10
2	2	3	3	4	5	5	6	6	7	5	6	7	7	8	8	9	10	10	11	11	12	10	11
3	3	4	4	5	6	6	7	7	8	6	7	8	8	9	9	10	11	11	12	12	13	11	12
4	4	5	5	6	7	7	8	8	9	7	8	9	9	10	10	11	12	12	13	13	14	12	13
5	5	6	6	7	8	8	9	9	10	8	9	10	10	11	11	12	13	13	14	14	15	13	14
6	6	7	7	8	9	9	10	10	11	9	10	11	11	12	12	13	14	14	15	15	16	14	15
7	7	8	8	9	10	10	11	11	12	10	11	12	12	13	13	14	15	15	16	16	17	15	16
8	8	9	9	10	11	11	12	12	13	11	12	13	13	14	14	15	16	16	17	17	18	16	17
9	9	10	10	11	12	12	13	13	14	12	13	14	14	15	15	16	17	17	18	18	19	17	18
10	10	11	11	12	13	13	14	14	15	13	14	15	15	16	16	17	18	18	19	19	20	18	19
11十一	11	12	12	13	14	14	15	15	16	14	15	16	16	17	17	18	19	19	20	20	21	19	20
12	12十	13九	13	14	15	15	16	16	17	15	16	17	17	18	18	19	20	20	21	21	22	20	21
13	13	14	14八	15七	16六	16	17	17	18	16	17	18	18	19	19	20	21	21	22	22	23	21	22
14	14	15	15	16	17	17五	18四	18	19	17	18	19	19	20	20	21	22	22	23	23	24	22	23
15	15	16	16	17	18	18	19	19三	20二	18	19	20	20	21	21	22	23	23	24	24	25	23	24
16	16	17	17	18	19	19	20	20	21	19正	20十二	21冬	21	22	22	23	24	24	25	25	26	24	25
17	17	18	18	19	20	20	21	21	22	20	21	22十一	22十	23	23	24	25	25	26	26	27	25	26
18	18	19	19	20	21	21	22	22	23	21	22	23	23	24閏	24九	25	26	26	27	27	28	26	27
19	19	20	20	21	22	22	23	23	24	22	23	24	24	25	25	26八	27七	27	28	28	29	27	28
20	20	21	21	22	23	23	24	24	25	23	24	25	25	26	26	27	28	28六	29五	29	30	28	29
21冬	21	22	22	23	24	24	25	25	26	24	25	26	26	27	27	28	29	29	30	30四	31三	3二	30

二五二
壬申
魏嘉平四
蜀延熙一五
吳神鳳元 二月改
吳建興元 孫亮四月改
吳閏四月

1005

二五一
辛未
魏嘉平三
蜀延熙一四
吳太元元 五月改

1004

11	11	12	12	13	14	14	15	15	16	15	16	17	17	18	18	19	20	20	21	21	22	20	21	22
12	12	13	13	14	15	15	16	16	17	16	17	18	18	19	19	20	21	21	22	22	23	21	22	23
13	13	14	14	15	16	16	17	17	18	17	18	19	19	20	20	21	22	22	23	23	24	22	23	24
14	14	15	15	16	17	17	18	18	19	18	19	20	20	21	21	22	23	23	24	24	25	23	24	25
15	15	16	16	17	18	18	19	19	20	19	20	21	21	22	22	23	24	24	25	25	26	24	25	26
16	16	17	17	18	19	19	20	20	21	20	21	22冬	22	23	23	24	25	25	26	26	27	25	26	27
17	17	18	18	19	20	20	21	21	22	21	22	23	23	24	24	25	26	26	27	27	28	26	27	28
18十二	18	19	19	20	21	21	22	22	23	22	23	24	24	25	25	26	27	27	28	28	29	27	28	29
19	19十	20九	20	21	22	22	23	23	24	23	24	25	25	26	26	27	28	28	29	29	30	28	29	30
20	20	21	21八	22七	23	23	24	24	25	24	25	26	26	27	27	28	29	29	30	30	31	**3**	30	31
21冬	21	22	22	23	24六	24閏	25	25	26	25	26	27	27	28	28	29	30	30	31	**5**	**4**	2	31	**1**
22	22	23	23	24	25	25	26五	26四	27	26	27	28	28	29	29	30	31	**7**	**6**	2	2	3	**2**	2
23	23	24	24	25	26	26	27	27	28三	27二	28	29	29	30	30	31	**8**	2	2	3	3	4	2	3
24	24	25	25	26	27	27	28	28	29	28	29正	30十二	30	31	**10**	**9**	2	3	3	4	4	5	3	4
25	25	26	26	27	28	28	29	29	30	29	30	31	**12**十二	**11**十	2九	2	3	4	4	5	5	6	4	5
26	26	27	27	28	29	29	30	30	31	**3**	31	**1**	2	2	3	3八	4七	5	5	6	6	7	5	6
27	27	28	28	29	30	30	31	**5**	**4**	2	**2**	2	3	3	4	4	5	6六	6五	7	7	8	6	7
28	28	29	29	30	31	**7**	**6**	2	2	3	2	3	4	4	5	5	6	7	7	8四	8三	9	7	8
29	29	30	30	31	**8**	2	2	3	3	4	3	4	5	5	6	6	7	8	8	9	9	10二	8正	9
30	30	31	**10**	**9**	2	3	3	**4**	4	5	4	5	6	6	7	7	8	9	9	10	10	11	9	10十二
31	**12**	**11**	2	2	3	4	4	5	5	6	5	6	7	7	8	8	9	10	10	11	11	12	10	11
日	2	2	3	3	4	5	5	6	6	7	6	7	8	8	9	9	10	11	11	12	12	13	11	12
曜	3	3	4	4	5	6	6	7	7	8	7	8	9	9	10	10	11	12	12	13	13	14	12	13
表	4	4	5	5	6	7	7	8	8	9	8	9	10	10	11	11	12	13	13	14	14	15	13	14
4	5	5	6	6	7	8	8	9	9	10	9	10	11	11	12	12	13	14	14	15	15	16	14	15
甲	6	6	7	7	8	9	9	10	10	11	10	11	12	12	13	13	14	15	15	16	16	17	15	16
子	7	7	8	8	9	10	10	11	11	12	11	12	13	13	14	14	15	16	16	17	17	18	16	17
表	8	8	9	9	10	11	11	12	12	13	12	13	14	14	15	15	16	17	17	18	18	19	17	18
3	9	9	10	10	11	12	12	13	13	14	13	14	15	15	16	16	17	18	18	19	19	20	18	19
	10	10	11	11	12	13	13	14	14	15	14	15	16	16	17	17	18	19	19	20	20	21	19	20

中西回史日曆

卷二　魏蜀吳　一四

二五三
癸酉
魏嘉平五
蜀延熙一六
吳建興二
1006

二五四
甲戌
魏正元元 高貴鄉公十月改
蜀延熙一七
吳五鳳元
1007

22	23	23	24	25	25	26	26	27	25	26	27	27	28	28	29	30	30	31	**5**	**4**	2	31	**1**
23	24	24	25	26	26	27	27	28	26	27	28	28	29	29	30	31	**7**	**6**	2	2	3	**2**	2
24	25	25	26	27	27	28	28	29	27	28	29	29	30	30	31	**8**	2	2	3	3	4	2	3
25	26	26	27	28	28	29	29	30	28	29	30	30	31	**10**	**9**	2	3	3	4	4	5	3	4
26	27	27	28	29	29	30	30	31	**3**	30	31	**12**	**11**	2	2	3	4	4	5	5	6	4	5
27 十二	28	28	29	30	30	31	**5**	**4**	2	31	**1**	2	2	3	3	4	5	5	6	6	7	5	6
28	29 十	29 九	30	31	**7**	**6**	2	2	3	**2**	2	3	3	4	4	5	6	6	7	7	8	6	7
29	30	30	31 八	**8** 七	2 六	2	3	3	4	2	3	4	4	5	5	6	7	7	8	8	9	7	8
30	31	**10**	**9**	2	3	3 五	4 四	4	5	3	4	5	5	6	6	7	8	8	9	9	10	8	9
12	**11**	2	2	3	4	4	5	5 三	6 二	4	5	6	6	7	7	8	9	9	10	10	11	9	10
2	2	3	3	4	5	5	6	6	7	5 正	6 十二	7	7	8	8	9	10	10	11	11	12	10	11
3	3	4	4	5	6	6	7	7	8	6	7	8 十一	8 十	9	9	10	11	11	12	12	13	11	12
4	4	5	5	6	7	7	8	8	9	7	8	9	9	10 九	10 八	11	12	12	13	13	14	12	13
5	5	6	6	7	8	8	9	9	10	8	9	10	10	11	11	12 七	13 六	13	14	14	15	13	14
6	6	7	7	8	9	9	10	10	11	9	10	11	11	12	12	13	14	14 五	15 四	15	16	14	15
7	7	8	8	9	10	10	11	11	12	10	11	12	12	13	13	14	15	15	16	16 三	17 二	15 正	16
8	8	9	9	10	11	11	12	12	13	11	12	13	13	14	14	15	16	16	17	17	18	16	17 十二
9	9	10	10	11	12	12	13	13	14	12	13	14	14	15	15	16	17	17	18	18	19	17	18
10	10	11	11	12	13	13	14	14	15	13	14	15	15	16	16	17	18	18	19	19	20	18	19
11	11	12	12	13	14	14	15	15	16	14	15	16	16	17	17	18	19	19	20	20	21	19	20
12	12	13	13	14	15	15	16	16	17	15	16	17	17	18	18	19	20	20	21	21	22	20	21
13	13	14	14	15	16	16	17	17	18	16	17	18	18	19	19	20	21	21	22	22	23	21	22
14	14	15	15	16	17	17	18	18	19	17	18	19	19	20	20	21	22	22	23	23	24	22	23
15	15	16	16	17	18	18	19	19	20	18	19	20	20	21	21	22	23	23	24	24	25	23	24
16	16	17	17	18	19	19	20	20	21	19	20	21 冬	21	22	22	23	24	24	25	25	26	24	25
17	17	18	18	19	20	20	21	21	22	20	21	22	22	23	23	24	25	25	26	26	27	25	26
18	18	19	19	20	21	21	22	22	23	21	22	23	23	24	24	25	26	26	27	27	28	26	27
19	19	20	20	21	22	22	23	23	24	22	23	24	24	25	25	26	27	27	28	28	29	27	28
20	20	21	21	22	23	23	24	24	25	23	24	25	25	26	26	27	28	28	29	29	30	28	29
21 冬	21	22	22	23	24	24	25	25	26	24	25	26	26	27	27	28	29	29	30	30	31	**3**	30

勵耘書屋

二五五 乙亥 魏正元二 蜀延熙一八 吴五凤二

1008

二五六 丙子 魏甘露元 六月改 蜀延熙一九 吴太平元 十月改

1009

11	11	12	12	13	14	14	15	15	16	15	16	17	17十	18九	18八	19	20	20	21	21	22	20	21	22
12	12	13	13	14	15	15	16	16	17	16	17	18	18	19	19	20七	21六	21	22	22	23	21	22	23
13	13	14	14	15	16	16	17	17	18	17	18	19	19	20	20	21	22	22五	23四	23	24	22	23	24
14	14	15	15	16	17	17	18	18	19	18	19	20	20	21	21	22	23	23	24	24三	25二	23	24	25
15	15	16	16	17	18	18	19	19	20	19	20	21	21	22	22	23	24	24	25	25	26	24閏	25正	26
16	16	17	17	18	19	19	20	20	21	20	21	22冬	22	23	23	24	25	25	26	26	27	25	26	27十二
17	17	18	18	19	20	20	21	21	22	21	22	23	23	24	24	25	26	26	27	27	28	26	27	28
18	18	19	19	20	21	21	22	22	23	22	23	24	24	25	25	26	27	27	28	28	29	27	28	29
19	19	20	20	21	22	22	23	23	24	23	24	25	25	26	26	27	28	28	29	29	30	28	29	30
20	20	21	21	22	23	23	24	24	25	24	25	26	26	27	27	28	29	29	30	30	31	**3**	30	31
21冬	21	22	22	23	24	24	25	25	26	25	26	27	27	28	28	29	30	30	31	**5**	**4**	2	31	**1**
22	22	23	23	24	25	25	26	26	27	26	27	28	28	29	29	30	31	**7**	**6**	2	2	3	**2**	2
23	23	24	24	25	26	26	27	27	28	27	28	29	29	30	30	31	**8**	2	2	3	3	4	2	3
24	24	25	25	26	27	27	28	28	29	28	29	30	30	31	**10**	**9**	2	3	3	4	4	5	3	4
25	25	26	26	27	28	28	29	29	30	29	30	31	**12**	**11**	2	2	3	4	4	5	5	6	4	5
26	26	27	27	28	29	29	30	30	31	**3**	31	**1**	2	2	3	3	4	5	5	6	6	7	5	6
27	27	28	28	29	30	30	31	**5**	**4**	2	**2**	2	3	3	4	4	5	6	6	7	7	8	6	7
28	28	29	29	30	31	**7**	**6**	2	2	3	2	3	4	4	5	5	6	7	7	8	8	9	7	8
29	29	30	30	31	**8**	2	2	3	3	4	3	4	5	5	6	6	7	8	8	9	9	10	8	9
30	30	31	**10**	**9**	2	3	3	4	4	5	4	5	6	6	7	7	8	9	9	10	10	11	9	10
31	**12**	**11**	2	2	3	4	4	5	5	6	5	6	7	7	8	8	9	10	10	11	11	12	10	11
日	2	2	3	3	4	5	5	6	6	7	6	7	8	8	9	9	10	11	11	12	12	13	11	12
曜	3	3	4	4	5	6	6	7	7	8	7	8	9	9	10	10	11	12	12	13	13	14	12	13
表	4十一	4	5	5	6	7	7	8	8	9	8	9	10	10	11	11	12	13	13	14	14	15	13	14
5	5	5十	6九	6	7	8	8	9	9	10	9	10	11	11	12	12	13	14	14	15	15	16	14	15
甲	6	6	7	7八	8七	9	9	10	10	11	10	11	12	12	13	13	14	15	15	16	16	17	15	16
子	7	7	8	8	9	10六	10五	11	11	12	11	12	13	13	14	14	15	16	16	17	17	18	16	17
表	8	8	9	9	10	11	11	12四	12三	13	12	13	14	14	15	15	16	17	17	18	18	19	17	18
4	9	9	10	10	11	12	12	13	13	14二	13正	14	15	15	16	16	17	18	18	19	19	20	18	19
	10	10	11	11	12	13	13	14	14	15	14	15十二	16十一	16	17	17	18	19	19	20	20	21	19	20

二五八 戊寅 魏甘露三 蜀景耀元 吳永安元 孫休十月改 1011

二五七 丁丑 魏甘露二 蜀延熙二〇 吳太平二 蜀閏九月 1010

22	23	23	24	25	25	26	26	27	25	26	27	27	28	28	29	30	30	31	五5	四4	2	31	1
23	24	24	25	26	26	27	27	28	26	27	28	28	29	29	30	31	**7**	**6**	2	2	三3	二**2**	正2
24	25	25	26	27	27	28	28	29	27	28	29	29	30	30	31	**8**	2	2	3	3	4	2	3十二
25	26	26	27	28	28	29	29	30	28	29	30	30	31	**10**	**9**	2	3	3	4	4	5	3	4
26	27	27	28	29	29	30	30	31	**3**	30	31	**12**	**11**	2	2	3	4	4	5	5	6	4	5
27	28	28	29	30	30	31	**5**	**4**	2	31	**1**	2	2	3	3	4	5	5	6	6	7	5	6
28	29	29	30	31	**7**	**6**	2	2	3	**2**	2	3	3	4	4	5	6	6	7	7	8	6	7
29	30	30	31	**8**	2	2	3	3	4	2	3	4	4	5	5	6	7	7	8	8	9	7	8
30	31	**10**	**9**	2	3	3	4	4	5	3	4	5	5	6	6	7	8	8	9	9	10	8	9
12	**11**	2	2	3	4	4	5	5	6	4	5	6	6	7	7	8	9	9	10	10	11	9	10
2	2	3	3	4	5	5	6	6	7	5	6	7	7	8	8	9	10	10	11	11	12	10	11
3	3	4	4	5	6	6	7	7	8	6	7	8	8	9	9	10	11	11	12	12	13	11	12
4	4	5	5	6	7	7	8	8	9	7	8	9	9	10	10	11	12	12	13	13	14	12	13
5	5	6	6	7	8	8	9	9	10	8	9	10	10	11	11	12	13	13	14	14	15	13	14
6	6	7	7	8	9	9	10	10	11	9	10	11	11	12	12	13	14	14	15	15	16	14	15
7	7	8	8	9	10	10	11	11	12	10	11	12	12	13	13	14	15	15	16	16	17	15	16
8	8	9	9	10	11	11	12	12	13	11	12	13	13	14	14	15	16	16	17	17	18	16	17
9	9	10	10	11	12	12	13	13	14	12	13	14	14	15	15	16	17	17	18	18	19	17	18
10	10	11	11	12	13	13	14	14	15	13	14	15	15	16	16	17	18	18	19	19	20	18	19
11	11	12	12	13	14	14	15	15	16	14	15	16	16	17	17	18	19	19	20	20	21	19	20
12	12	13	13	14	15	15	16	16	17	15	16	17	17	18	18	19	20	20	21	21	22	20	21
13	十二13	十一14	14	15	16	16	17	17	18	16	17	18	18	19	19	20	21	21	22	22	23	21	22
14	14	15	九15	八16	17	17	18	18	19	17	18	19	19	20	20	21	22	22	23	23	24	22	23
15	15	16	16	17	七18	六18	五19	19	20	18	19	20	20	21	21	22	23	23	24	24	25	23	24
16	16	17	17	18	19	19	20	四20	三21	19	20	21	冬21	22	22	23	24	24	25	25	26	24	25
17	17	18	18	19	20	20	21	21	22	二20	正21	22	22	23	23	24	25	25	26	26	27	25	26
18	18	19	19	20	21	21	22	22	23	21	22	十二23	十一23	24	24	25	26	26	27	27	28	26	27
19	19	20	20	21	22	22	23	23	24	22	23	24	24	閏25	十25	26	27	27	28	28	29	27	28
20	20	21	21	22	23	23	24	24	25	23	24	25	25	26	26	九27	八28	28	29	29	30	28	29
21	冬21	22	22	23	24	24	25	25	26	24	25	26	26	27	27	28	29	七29	六30	30	31	**3**	30

二五九 己卯
魏甘露四
蜀景耀二
吳永安二
1012

二六〇 庚辰
魏景元元 陳留王六月改
蜀景耀三
吳永安三
1013

11	11	12	12	13	14	14	15	15	16	15	16	17	17	18	18	19	20	20	21	21	22	20	21	22
12	12	13	13	14	15	15	16	16	17	16	17	18	18	19	19	20	21	21	22	22	23	21	22	23
13	13	14	14	15	16	16	17	17	18	17	18	19	19	20	20	21	22	22	23	23	24	22	23	24
14	14	15	15	16	17	17	18	18	19	18	19	20	20	21	21	22	23	23	24	24	25	23	24	25
15	15	16	16	17	18	18	19	19	20	19	20	21	21	22	22	23	24	24	25	25	26	24	25	26
16	16	17	17	18	19	19	20	20	21	20	21	22 冬	22	23	23	24	25	25	26	26	27	25	26	27
17	17	18	18	19	20	20	21	21	22	21	22	23	23	24	24	25	26	26	27	27	28	26	27	28
18	18	19	19	20	21	21	22	22	23	22	23	24	24	25	25	26	27	27	28	28	29	27	28	29
19	19	20	20	21	22	22	23	23	24	23	24	25	25	26	26	27	28	28	29	29	30	28	29	30
20 十一	20 十	21	21	22	23	23	24	24	25	24	25	26	26	27	27	28	29	29	30	30	31	**3**	30	31
21 冬	21	22 九	22 八	23	24	24	25	25	26	25	26	27	27	28	28	29	30	30	31	**5**	**4**	2	31	**1**
22	22	23	23	24 閏	25 七	25	26	26	27	26	27	28	28	29	29	30	31	**7**	**6**	2	2	3	**2**	2
23	23	24	24	25	26	26 六	27 五	27	28	27	28	29	29	30	30	31	**8**	2	2	3	3	4	2	3
24	24	25	25	26	27	27	28	28 四	29 三	28	29	30	30	31	**10**	**9**	2	3	3	4	4	5	3	4
25	25	26	26	27	28	28	29	29	30	29 二	30 正	31	**12**	**11**	2	2	3	4	4	5	5	6	4	5
26	26	27	27	28	29	29	30	30	31	**3**	31	**1** 十二	2 十一	2	3	3	4	5	5	6	6	7	5	6
27	27	28	28	29	30	30	31	**5**	**4**	2	**2**	2	3	3 十	4 九	4 八	5	6	6	7	7	8	6	7
28	28	29	29	30	31	**7**	**6**	2	2	3	2	3	4	4	5	5	6 七	7 六	7	8	8	9	7	8
29	29	30	30	31	**8**	2	2	3	3	4	3	4	5	5	6	6	7	8	8 五	9 四	9	10	8	9
30	30	31	**10**	**9**	2	3	3	**4**	4	5	4	5	6	6	7	7	8	9	9	10	10 三	11 二	9	10
31	**12**	**11**	2	2	3	4	4	5	5	6	5	6	7	7	8	8	9	10	10	11	11	12	10 正	11 十二
日	2	2	3	3	4	5	5	6	6	7	6	7	8	8	9	9	10	11	11	12	12	13	11	12
曜	3	3	4	4	5	6	6	7	7	8	7	8	9	9	10	10	11	12	12	13	13	14	12	13
表	4	4	5	5	6	7	7	8	8	9	8	9	10	10	11	11	12	13	13	14	14	15	13	14
6	5	5	6	6	7	8	8	9	9	10	9	10	11	11	12	12	13	14	14	15	15	16	14	15
甲	6	6	7	7	8	9	9	10	10	11	10	11	12	12	13	13	14	15	15	16	16	17	15	16
子	7	7	8	8	9	10	10	11	11	12	11	12	13	13	14	14	15	16	16	17	17	18	16	17
表	8	8	9	9	10	11	11	12	12	13	12	13	14	14	15	15	16	17	17	18	18	19	17	18
5	9	9	10	10	11	12	12	13	13	14	13	14	15	15	16	16	17	18	18	19	19	20	18	19
	10	10	11	11	12	13	13	14	14	15	14	15	16	16	17	17	18	19	19	20	20	21	19	20

二六二
壬午
魏景元三
蜀景耀五
吳永安五
1015

二六一
辛巳
魏景元二
蜀景耀四
吳永安四
1014

22	23	23	24	25	25	26	26	27	25	26	27	27	28	28	29	30	30	31	**5**	**4**	2	31	**1**
23	24	24	25	26	26	27	27	28	26	27	28	28	29	29	30	31	**7**	**6**	2	2	3	**2**	2
24	25	25	26	27	27	28	28	29	27	28	29	29	30	30	31	**8**	2	2	3	3	4	2	3
25	26	26	27	28	28	29	29	30	28	29	30	30	31	**10**	**9**	2	3	3	4	4	5	3	4
26	27	27	28	29	29	30	30	31	**3**	30	31	**12**	**11**	2	2	3	4	4	5	5	6	**4**	5
27	28	28	29	30	30	31	**5**	**4**	2	31	**1**	2	2	3	3	4	5	5	6	6	7	5	6
28	29	29	30	31	**7**	**6**	2	2	3	**2**	2	3	3	4	4	5	6	6	7	7	8	6	7
29十一	30十	30	31	**8**	2	2	3	3	4	2	3	4	4	5	5	6	7	7	8	8	9	7	8
30	31	**10**九	**9**八	2	3	3	4	4	5	3	4	5	5	6	6	7	8	8	9	9	10	8	9
12	**11**	2	2	3七	4六	4五	5	5	6	4	5	6	6	7	7	8	9	9	10	10	11	9	10
2	2	3	3	4	5	5	6四	6三	7	5	6	7	7	8	8	9	10	10	11	11	12	10	11
3	3	4	4	5	6	6	7	7	8二	6正	7	8	8	9	9	10	11	11	12	12	13	11	12
4	4	5	5	6	7	7	8	8	9	7	8十二	9十一	9	10	10	11	12	12	13	13	14	12	13
5	5	6	6	7	8	8	9	9	10	8	9	10	10十	11九	11	12	13	13	14	14	15	13	14
6	6	7	7	8	9	9	10	10	11	9	10	11	11	12	12八	13	14	14	15	15	16	14	15
7	7	8	8	9	10	10	11	11	12	10	11	12	12	13	13	14	15六	15五	16	16	17	15	16
8	8	9	9	10	11	11	12	12	13	11	12	13	13	14	14	15	16	16	17四	17三	18	16	17
9	9	10	10	11	12	12	13	13	14	12	13	14	14	15	15	16	17	17	18	18	19二	17正	18十二
10	10	11	11	12	13	13	14	14	15	13	14	15	15	16	16	17	18	18	19	19	20	18	19
11	11	12	12	13	14	14	15	15	16	14	15	16	16	17	17	18	19	19	20	20	21	19	20
12	12	13	13	14	15	15	16	16	17	15	16	17	17	18	18	19	20	20	21	21	22	20	21
13	13	14	14	15	16	16	17	17	18	16	17	18	18	19	19	20	21	21	22	22	23	21	22
14	14	15	15	16	17	17	18	18	19	17	18	19	19	20	20	21	22	22	23	23	24	22	23
15	15	16	16	17	18	18	19	19	20	18	19	20	20	21	21	22	23	23	24	24	25	23	24
16	16	17	17	18	19	19	20	20	21	19	20	21冬	21	22	22	23	24	24	25	25	26	24	25
17	17	18	18	19	20	20	21	21	22	20	21	22	22	23	23	24	25	25	26	26	27	25	26
18	18	19	19	20	21	21	22	22	23	21	22	23	23	24	24	25	26	26	27	27	28	26	27
19	19	20	20	21	22	22	23	23	24	22	23	24	24	25	25	26	27	27	28	28	29	27	28
20	20	21	21	22	23	23	24	24	25	23	24	25	25	26	26	27	28	28	29	29	30	28	29
21冬	21	22	22	23	24	24	25	25	26	24	25	26	26	27	27	28	29	29	30	30	31	**3**	30

二六四
甲申
魏咸熙元 五月改
吳元興元 孫皓七月改
1017

二六三
癸未
魏景元四
蜀炎興元 八月改 十一月亡
吳永安六 蜀閏四月
1016

11	11	12	12	13	14	14	15	15	16	15	正16	十二17	17	18	18	19	20	20	21	21	22	20	21	22
12	12	13	13	14	15	15	16	16	17	16	17	18	十一18	十19	19	20	21	21	22	22	23	21	22	23
13	13	14	14	15	16	16	17	17	18	17	18	19	19	20	九20	八21	七22	22	23	23	24	22	23	24
14	14	15	15	16	17	17	18	18	19	18	19	20	20	21	21	22	23	六23	五24	24	25	23	24	25
15	15	16	16	17	18	18	19	19	20	19	20	21	21	22	22	23	24	24	25	四25	閏26	24	25	26
16	16	17	17	18	19	19	20	20	21	20	21	22	冬22	23	23	24	25	25	26	26	27	三25	二26	27
17	17	18	18	19	20	20	21	21	22	21	22	23	23	24	24	25	26	26	27	27	28	26	27	正28 十二
18	18	19	19	20	21	21	22	22	23	22	23	24	24	25	25	26	27	27	28	28	29	27	28	29
19	19	20	20	21	22	22	23	23	24	23	24	25	25	26	26	27	28	28	29	29	30	28	29	30
20	20	21	21	22	23	23	24	24	25	24	25	26	26	27	27	28	29	29	30	30	31	3	30	31
21	冬21	22	22	23	24	24	25	25	26	25	26	27	27	28	28	29	30	30	31	5	4	2	31	1
22	22	23	23	24	25	25	26	26	27	26	27	28	28	29	29	30	31	7	6	2	2	3	2	2
23	23	24	24	25	26	26	27	27	28	27	28	29	29	30	30	31	8	2	2	3	3	4	2	3
24	24	25	25	26	27	27	28	28	29	28	29	30	30	31	10	9	2	3	3	4	4	5	3	4
25	25	26	26	27	28	28	29	29	30	29	30	31	12	11	2	2	3	4	4	5	5	6	4	5
26	26	27	27	28	29	29	30	30	31	3	31	1	2	2	3	3	4	5	5	6	6	7	5	6
27	27	28	28	29	30	30	31	5	4	2	2	2	3	3	4	4	5	6	6	7	7	8	6	7
28	28	29	29	30	31	7	6	2	2	3	2	3	4	4	5	5	6	7	7	8	8	9	7	8
29	29	30	30	31	8	2	2	3	3	4	3	4	5	5	6	6	7	8	8	9	9	10	8	9
30	30	31	10	9	2	3	3	4	4	5	4	5	6	6	7	7	8	9	9	10	10	11	9	10
31	12	11	2	2	3	4	4	5	5	6	5	6	7	7	8	8	9	10	10	11	11	12	10	11
日	2	2	3	3	4	5	5	6	6	7	6	7	8	8	9	9	10	11	11	12	12	13	11	12
曜	3	3	4	4	5	6	6	7	7	8	7	8	9	9	10	10	11	12	12	13	13	14	12	13
表	4	4	5	5	6	7	7	8	8	9	8	9	10	10	11	11	12	13	13	14	14	15	13	14
7	5	5	6	6	7	8	8	9	9	10	9	10	11	11	12	12	13	14	14	15	15	16	14	15
甲	6	十一6	十7	7	8	9	9	10	10	11	10	11	12	12	13	13	14	15	15	16	16	17	15	16
子	7	7	8	九8	八9	10	10	11	11	12	11	12	13	13	14	14	15	16	16	17	17	18	16	17
表	8	8	9	9	10	七11	六11	12	12	13	12	13	14	14	15	15	16	17	17	18	18	19	17	18
6	9	9	10	10	11	12	12	五13	四13	14	13	14	15	15	16	16	17	18	18	19	19	20	18	19
	10	10	11	11	12	13	13	14	14	三15	二14	15	16	16	17	17	18	19	19	20	20	21	19	20

二六五 乙酉 晉泰始元（武帝十二月改） 吳甘露元（四月改） 1018

二六六 丙戌 晉泰始二 吳寶鼎元（八月改） 1019

22	23	23	24	25	25	26	26	27	25	26	27	27	28	28	29八	30七	30	31	**5**	**4**	2	31	**1**
23	24	24	25	26	26	27	27	28	26	27	28	28	29	29	30	31	**7**六	**6**五	2	2	3	**2**	2
24	25	25	26	27	27	28	28	29	27	28	29	29	30	30	31	**8**	2	2	3四	3三	4	2	3
25	26	26	27	28	28	29	29	30	28	29	30	30	31	**10**	**9**	2	3	3	4	4	5二	3正	4十二
26	27	27	28	29	29	30	30	31	**3**	30	31	**12**	**11**	2	2	3	4	4	5	5	6	4	5
27	28	28	29	30	30	31	**5**	**4**	2	31	**1**	2	2	3	3	4	5	5	6	6	7	5	6
28	29	29	30	31	**7**	**6**	2	2	3	**2**	2	3	3	4	4	5	6	6	7	7	8	6	7
29	30	30	31	**8**	2	2	3	3	4	2	3	4	4	5	5	6	7	7	8	8	9	7	8
30	31	**10**	**9**	2	3	3	4	4	5	3	4	5	5	6	6	7	8	8	9	9	10	8	9
12	**11**	2	2	3	4	4	5	5	6	4	5	6	6	7	7	8	9	9	10	10	11	9	10
2	2	3	3	4	5	5	6	6	7	5	6	7	7	8	8	9	10	10	11	11	12	10	11
3	3	4	4	5	6	6	7	7	8	6	7	8	8	9	9	10	11	11	12	12	13	11	12
4	4	5	5	6	7	7	8	8	9	7	8	9	9	10	10	11	12	12	13	13	14	12	13
5	5	6	6	7	8	8	9	9	10	8	9	10	10	11	11	12	13	13	14	14	15	13	14
6	6	7	7	8	9	9	10	10	11	9	10	11	11	12	12	13	14	14	15	15	16	14	15
7	7	8	8	9	10	10	11	11	12	10	11	12	12	13	13	14	15	15	16	16	17	15	16
8	8	9	9	10	11	11	12	12	13	11	12	13	13	14	14	15	16	16	17	17	18	16	17
9	9	10	10	11	12	12	13	13	14	12	13	14	14	15	15	16	17	17	18	18	19	17	18
10	10	11	11	12	13	13	14	14	15	13	14	15	15	16	16	17	18	18	19	19	20	18	19
11	11	12	12	13	14	14	15	15	16	14	15	16	16	17	17	18	19	19	20	20	21	19	20
12	12	13	13	14	15	15	16	16	17	15	16	17	17	18	18	19	20	20	21	21	22	20	21
13	13	14	14	15	16	16	17	17	18	16	17	18	18	19	19	20	21	21	22	22	23	21	22
14十一	14	15	15	16	17	17	18	18	19	17	18	19	19	20	20	21	22	22	23	23	24	22	23
15	15十	16九	16	17	18	18	19	19	20	18	19	20	20	21	21	22	23	23	24	24	25	23	24
16	16	17	17八	18七	19	19	20	20	21	19	20	21冬	21	22	22	23	24	24	25	25	26	24	25
17	17	18	18	19	20六	20五	21四	21	22	20	21	22	22	23	23	24	25	25	26	26	27	25	26
18	18	19	19	20	21	21	22	22三	23二	21	22	23	23	24	24	25	26	26	27	27	28	26	27
19	19	20	20	21	22	22	23	23	24	22正	23十二	24	24	25	25	26	27	27	28	28	29	27	28
20	20	21	21	22	23	23	24	24	25	23	24	25閏	25十一	26	26	27	28	28	29	29	30	28	29
21冬	21	22	22	23	24	24	25	25	26	24	25	26	26	27十	27九	28	29	29	30	30	31	**3**	30

	二六八 戊子 晉泰始四 吳寶鼎三 1021												二六七 丁亥 晉泰始三 吳寶鼎二 1020											
11	11	12	12	13	14	14	15	15	16	15	16	17	17	18	18	19	20	20	21	21	22	20	21	22
12	12	13	13	14	15	15	16	16	17	16	17	18	18	19	19	20	21	21	22	22	23	21	22	23
13	13	14	14	15	16	16	17	17	18	17	18	19	19	20	20	21	22	22	23	23	24	22	23	24
14	14	15	15	16	17	17	18	18	19	18	19	20	20	21	21	22	23	23	24	24	25	23	24	25
15	15	16	16	17	18	18	19	19	20	19	20	21冬	21	22	22	23	24	24	25	25	26	24	25	26
16	16	17	17	18	19	19	20	20	21	20	21	22	22	23	23	24	25	25	26	26	27	25	26	27
17	17	18	18	19	20	20	21	21	22	21	22	23	23	24	24	25	26	26	27	27	28	26	27	28
18	18	19	19	20	21	21	22	22	23	22	23	24	24	25	25	26	27	27	28	28	29	27	28	29
19	19	20	20	21	22	22	23	23	24	23	24	25	25	26	26	27	28	28	29	29	30	28	29	30
20	20	21	21	22	23	23	24	24	25	24	25	26	26	27	27	28	29	29	30	30	31	**3**	30	31
冬21十一	21	22	22	23	24	24	25	25	26	25	26	27	27	28	28	29	30	30	31	**5**	**4**	2	31	**1**
22	22十	23九	23	24	25	25	26	26	27	26	27	28	28	29	29	30	31	**7**	**6**	2	2	3	**2**	2
23	23	24	24閏	25八	26	26	27	27	28	27	28	29	29	30	30	31	**8**	2	2	3	3	4	2	3
24	24	25	25	26	27七	27六	28	28	29	28	29	30	30	31	**10**	**9**	2	3	3	4	4	5	3	4
25	25	26	26	27	28	28	29五	29四	30	29	30	31	**12**	**11**	2	2	3	4	4	5	5	6	4	5
26	26	27	27	28	29	29	30	30	31三	**3**二	31	**1**	2	2	3	3	4	5	5	6	6	7	5	6
27	27	28	28	29	30	30	31	**5**	**4**	2	**2**正	2十二	3	3	4	4	5	6	6	7	7	8	6	7
28	28	29	29	30	31	**7**	**6**	2	2	3	2	3	4十一	4十	5	5	6	7	7	8	8	9	7	8
29	29	30	30	31	**8**	2	2	3	3	4	3	4	5	5	6九	6八	7七	8	8	9	9	10	8	9
30	30	31	**10**	**9**	2	3	3	**4**	4	5	4	5	6	6	7	7	8	9六	9五	10	10	11	9	10
31	**12**	**11**	2	2	3	4	4	5	5	6	5	6	7	7	8	8	9	10	10	11四	11三	12	10	11
日	2	2	3	3	4	5	5	6	6	7	6	7	8	8	9	9	10	11	11	12	12	13二	11正	12
曜	3	3	4	4	5	6	6	7	7	8	7	8	9	9	10	10	11	12	12	13	13	14	12	13十二
表	4	4	5	5	6	7	7	8	8	9	8	9	10	10	11	11	12	13	13	14	14	15	13	14
1	5	5	6	6	7	8	8	9	9	10	9	10	11	11	12	12	13	14	14	15	15	16	14	15
甲	6	6	7	7	8	9	9	10	10	11	10	11	12	12	13	13	14	15	15	16	16	17	15	16
子	7	7	8	8	9	10	10	11	11	12	11	12	13	13	14	14	15	16	16	17	17	18	16	17
表	8	8	9	9	10	11	11	12	12	13	12	13	14	14	15	15	16	17	17	18	18	19	17	18
7	9	9	10	10	11	12	12	13	13	14	13	14	15	15	16	16	17	18	18	19	19	20	18	19
	10	10	11	11	12	13	13	14	14	15	14	15	16	16	17	17	18	19	19	20	20	21	19	20

二七〇 庚寅 晉泰始六 吳建衡二 1023

二六九 己丑 晉泰始五 吳建衡元（十月改） 1022

22	23	23	24	25	25	26	26	27	25	26	27	27	28	28	29	30	30	31	**5**	**4**	2	31	**1**
23	24	24	25	26	26	27	27	28	26	27	28	28	29	29	30	31	**7**	**6**	2	2	3	**2**	2
24	25	25	26	27	27	28	28	29	27	28	29	29	30	30	31	**8**	2	2	3	3	4	2	3
25	26	26	27	28	28	29	29	30	28	29	30	30	31	**10**	**9**	2	3	3	4	4	5	3	4
26	27	27	28	29	29	30	30	31	**3**	30	31	**12**	**11**	2	2	3	4	4	5	5	6	**4**	5
27	28	28	29	30	30	31	**5**	**4**	2	31	**1**	2	2	3	3	4	5	5	6	6	7	5	6
28	29	29	30	31	**7**	**6**	2	2	3	**2**	2	3	3	4	4	5	6	6	7	7	8	6	7
29	30	30	31	**8**	2	2	3	3	4	2	3	4	4	5	5	6	7	7	8	8	9	7	8
30十一	31	**10**	**9**	2	3	3	4	4	5	3	4	5	5	6	6	7	8	8	9	9	10	8	9
12	**11**十	2九	2	3	4	4	5	5	6	4	5	6	6	7	7	8	9	9	10	10	11	9	10
2	2	3	3八	4七	5	5	6	6	7	5	6	7	7	8	8	9	10	10	11	11	12	10	11
3	3	4	4	5	6六	6五	7四	7	8	6	7	8	8	9	9	10	11	11	12	12	13	11	12
4	4	5	5	6	7	7	8	8三	9二	7	8	9	9	10	10	11	12	12	13	13	14	12	13
5	5	6	6	7	8	8	9	9	10	8正	9十二	10	10	11	11	12	13	13	14	14	15	13	14
6	6	7	7	8	9	9	10	10	11	9	10	11十一	11十	12	12	13	14	14	15	15	16	14	15
7	7	8	8	9	10	10	11	11	12	10	11	12	12	13九	13八	14	15	15	16	16	17	15	16
8	8	9	9	10	11	11	12	12	13	11	12	13	13	14	14	15七	16六	16	17	17	18	16	17
9	9	10	10	11	12	12	13	13	14	12	13	14	14	15	15	16	17	17五	18四	18	19	17	18
10	10	11	11	12	13	13	14	14	15	13	14	15	15	16	16	17	18	18	19	19三	20二	18	19
11	11	12	12	13	14	14	15	15	16	14	15	16	16	17	17	18	19	19	20	20	21	19正	20十二
12	12	13	13	14	15	15	16	16	17	15	16	17	17	18	18	19	20	20	21	21	22	20	21
13	13	14	14	15	16	16	17	17	18	16	17	18	18	19	19	20	21	21	22	22	23	21	22
14	14	15	15	16	17	17	18	18	19	17	18	19	19	20	20	21	22	22	23	23	24	22	23
15	15	16	16	17	18	18	19	19	20	18	19	20	20	21	21	22	23	23	24	24	25	23	24
16	16	17	17	18	19	19	20	20	21	19	20	21冬	21	22	22	23	24	24	25	25	26	24	25
17	17	18	18	19	20	20	21	21	22	20	21	22	22	23	23	24	25	25	26	26	27	25	26
18	18	19	19	20	21	21	22	22	23	21	22	23	23	24	24	25	26	26	27	27	28	26	27
19	19	20	20	21	22	22	23	23	24	22	23	24	24	25	25	26	27	27	28	28	29	27	28
20	20	21	21	22	23	23	24	24	25	23	24	25	25	26	26	27	28	28	29	29	30	28	29
21冬	21	22	22	23	24	24	25	25	26	24	25	26	26	27	27	28	29	29	30	30	31	**3**	30

二七二 壬辰 晉泰始八 吳鳳皇元 1025													二七一 辛卯 晉泰始七 吳建衡三 1024											
11	11	12	12	13	14	14	15四	15三	16	15	16	17	17	18	18	19	20	20	21	21	22	20	21	22
12	12	13	13	14	15	15	16	16	17二	16正	17	18	18	19	19	20	21	21	22	22	23	21	22	23
13	13	14	14	15	16	16	17	17	18	17	18十二	19十一	19	20	20	21	22	22	23	23	24	22	23	24
14	14	15	15	16	17	17	18	18	19	18	19	20	20十	21九	21	22	23	23	24	24	25	23	24	25
15	15	16	16	17	18	18	19	19	20	19	20	21冬	21	22	22八	23七	24六	24	25	25	26	24	25	26
16	16	17	17	18	19	19	20	20	21	20	21	22	22	23	23	24	25	25閏	26五	26	27	25	26	27
17	17	18	18	19	20	20	21	21	22	21	22	23	23	24	24	25	26	26	27	27四	28三	26	27	28
18	18	19	19	20	21	21	22	22	23	22	23	24	24	25	25	26	27	27	28	28	29	27二	28正	29
19	19	20	20	21	22	22	23	23	24	23	24	25	25	26	26	27	28	28	29	29	30	28	29	30十二
20	20	21	21	22	23	23	24	24	25	24	25	26	26	27	27	28	29	29	30	30	31	**3**	30	31
21冬	21	22	22	23	24	24	25	25	26	25	26	27	27	28	28	29	30	30	31	**5**	**4**	2	31	**1**
22	22	23	23	24	25	25	26	26	27	26	27	28	28	29	29	30	31	**7**	**6**	2	2	3	**2**	2
23	23	24	24	25	26	26	27	27	28	27	28	29	29	30	30	31	**8**	2	2	3	3	4	2	3
24	24	25	25	26	27	27	28	28	29	28	29	30	30	31	**10**	**9**	2	3	3	4	4	5	3	4
25	25	26	26	27	28	28	29	29	30	29	30	31	**12**	**11**	2	2	3	4	4	5	5	6	4	5
26	26	27	27	28	29	29	30	30	31	**3**	31	**1**	2	2	3	3	4	5	5	6	6	7	5	6
27	27	28	28	29	30	30	31	**5**	**4**	2	**2**	2	3	3	4	4	5	6	6	7	7	8	6	7
28	28	29	29	30	31	**7**	**6**	2	2	3	2	3	4	4	5	5	6	7	7	8	8	9	7	8
29	29	30	30	31	**8**	2	2	3	3	4	3	4	5	5	6	6	7	8	8	9	9	10	8	9
30	30	31	**10**	**9**	2	3	3	4	4	5	4	5	6	6	7	7	8	9	9	10	10	11	9	10
31	**12**	**11**	2	2	3	4	4	5	5	6	5	6	7	7	8	8	9	10	10	11	11	12	10	11
日	2	2	3	3	4	5	5	6	6	7	6	7	8	8	9	9	10	11	11	12	12	13	11	12
曜	3	3	4	4	5	6	6	7	7	8	7	8	9	9	10	10	11	12	12	13	13	14	12	13
表	4	4	5	5	6	7	7	8	8	9	8	9	10	10	11	11	12	13	13	14	14	15	13	14
2	5	5	6	6	7	8	8	9	9	10	9	10	11	11	12	12	13	14	14	15	15	16	14	15
甲	6	6	7	7	8	9	9	10	10	11	10	11	12	12	13	13	14	15	15	16	16	17	15	16
子	7十一	7	8	8	9	10	10	11	11	12	11	12	13	13	14	14	15	16	16	17	17	18	16	17
表	8	8十	9九	9	10	11	11	12	12	13	12	13	14	14	15	15	16	17	17	18	18	19	17	18
8	9	9	10	10八	11七	12	12	13	13	14	13	14	15	15	16	16	17	18	18	19	19	20	18	19
	10	10	11	11	12	13六	13五	14	14	15	14	15	16	16	17	17	18	19	19	20	20	21	19	20

1026 二七三 癸巳 晉泰始九 吳鳳皇二

1027 二七四 甲午 晉泰始一〇 吳鳳皇三

22	23	23	24	25	25	26	26	27	25	26	27	27十一	28十	28	29	30	30	31	**5**	**4**	2	31	**1**
23	24	24	25	26	26	27	27	28	26	27	28	28	29	29九	30八	31	**7**	**6**	2	2	3	**2**	2
24	25	25	26	27	27	28	28	29	27	28	29	29	30	30	31	**8**七	2六	2	3	3	4	2	3
25	26	26	27	28	28	29	29	30	28	29	30	30	31	**10**	**9**	2	3	3五	4四	4	5	3	4
26	27	27	28	29	29	30	30	**31**	**3**	30	31	**12**	**11**	2	2	3	4	4	5	5三	6二	4	5
27	28	28	29	30	30	31	**5**	**4**	2	31	**1**	2	2	3	3	4	5	5	6	6	7	5正	6十二
28	29	29	30	31	**7**	**6**	2	2	3	**2**	2	3	3	4	4	5	6	6	7	7	8	6	7
29	30	30	31	**8**	2	2	3	3	4	2	3	4	4	5	5	6	7	7	8	8	9	7	8
30	31	**10**	**9**	2	3	3	4	4	5	3	4	5	5	6	6	7	8	8	9	9	10	8	9
12	**11**	2	2	3	4	4	5	5	6	4	5	6	6	7	7	8	9	9	10	10	11	9	10
2	2	3	3	4	5	5	6	6	7	5	6	7	7	8	8	9	10	10	11	11	12	10	11
3	3	4	4	5	6	6	7	7	8	6	7	8	8	9	9	10	11	11	12	12	13	11	12
4	4	5	5	6	7	7	8	8	9	7	8	9	9	10	10	11	12	12	13	13	14	12	13
5	5	6	6	7	8	8	9	9	10	8	9	10	10	11	11	12	13	13	14	14	15	13	14
6	6	7	7	8	9	9	10	10	11	9	10	11	11	12	12	13	14	14	15	15	16	14	15
7	7	8	8	9	10	10	11	11	12	10	11	12	12	13	13	14	15	15	16	16	17	15	16
8	8	9	9	10	11	11	12	12	13	11	12	13	13	14	14	15	16	13	17	17	18	16	17
9	9	10	10	11	12	12	13	13	14	12	13	14	14	15	15	16	17	17	18	18	19	17	18
10	10	11	11	12	13	13	14	14	15	13	14	15	15	16	16	17	18	18	19	19	20	18	19
11	11	12	12	13	14	14	15	15	16	14	15	16	16	17	17	18	19	19	20	20	21	19	20
12	12	13	13	14	15	15	16	16	17	15	16	17	17	18	18	19	20	20	21	21	22	20	21
13	13	14	14	15	16	16	17	17	18	16	17	18	18	19	19	20	21	21	22	22	23	21	22
14	14	15	15	16	17	17	18	18	19	17	18	19	19	20	20	21	22	22	23	23	24	22	23
15	15	16	16	17	18	18	19	19	20	18	19	20	20	21	21	22	23	23	24	24	25	23	24
16十一	16十	17	17	18	19	19	20	20	21	19	20	21冬	21	22	22	23	24	24	25	25	26	24	25
17	17	18九	18八	19	20	20	21	21	22	20	21	22	22	23	23	24	25	25	26	26	27	25	26
18	18	19	19	20七	21六	21	22	22	23	21	22	23	23	24	24	25	26	26	27	27	28	26	27
19	19	20	20	21	22	22五	23四	23三	24	22	23	24	24	25	25	26	27	27	28	28	29	27	28
20	20	21	21	22	23	23	24	24	25二	23閏	24	25	25	26	26	27	28	28	29	29	30	28	29
21冬	21	22	22	23	24	24	25	25	26	24	25正	26十二	26	27	27	28	29	29	30	30	31	**3**	30

勵耘書屋

二七五
乙未
晉咸寧元
吳天册元

1028

二七六
丙申
晉咸寧二
吳天璽元

吳閏十月

1029

11	11	12	12	13	14	14	15	15	16	15	16	17	17	18	18	19	20	20	21	21	22	20	21	22
12	12	13	13	14	15	15	16	16	17	16	17	18	18	19	19	20	21	21	22	22	23	21	22	23
13	13	14	14	15	16	16	17	17	18	17	18	19	19	20	20	21	22	22	23	23	24	22	23	24
14	14	15	15	16	17	17	18	18	19	18	19	20	20	21	21	22	23	23	24	24	25	23	24	25
15	15	16	16	17	18	18	19	19	20	19	20	21	冬21	22	22	23	24	24	25	25	26	24	25	26
16	16	17	17	18	19	19	20	20	21	20	21	22	22	23	23	24	25	25	26	26	27	25	26	27
17	17	18	18	19	20	20	21	21	22	21	22	23	23	24	24	25	26	26	27	27	28	26	27	28
18	18	19	19	20	21	21	22	22	23	22	23	24	24	25	25	26	27	27	28	28	29	27	28	29
19	19	20	20	21	22	22	23	23	24	23	24	25	25	26	26	27	28	28	29	29	30	28	29	30
20	20	21	21	22	23	23	24	24	25	24	25	26	26	27	27	28	29	29	30	30	31	**3**	30	31
21	冬21	22	22	23	24	24	25	25	26	25	26	27	27	28	28	29	30	30	31	**5**	**4**	2	31	**1**
22	22	23	23	24	25	25	26	26	27	26	27	28	28	29	29	30	31	**7**	**6**	2	2	3	**2**	2
23	十一23	十24	24	25	26	26	27	27	28	27	28	29	29	30	30	31	**8**	2	2	3	3	4	2	3
24	24	25	閏25	九26	27	27	28	28	29	28	29	30	30	31	**10**	**9**	2	3	3	4	4	5	3	4
25	25	26	26	27	八28	七28	29	29	30	29	30	31	**12**	**11**	2	2	3	4	4	5	5	6	4	5
26	26	27	27	28	29	29	六30	五30	31	**3**	31	**1**	2	2	3	3	4	5	5	6	6	7	5	6
27	27	28	28	29	30	30	31	**5**	四**4**	三2	**2**	2	3	3	4	4	5	6	6	7	7	8	6	7
28	28	29	29	30	31	**7**	**6**	2	2	3	二2	正3	4	4	5	5	6	7	7	8	8	9	7	8
29	29	30	30	31	**8**	2	2	3	3	4	3	4	十二5	十一5	6	6	7	8	8	9	9	10	8	9
30	30	31	**10**	**9**	2	3	3	**4**	**4**	5	4	5	6	6	十7	九7	8	9	9	10	10	11	9	10
31	**12**	**11**	2	2	3	4	4	5	5	6	5	6	7	7	8	8	八9	七10	六10	11	11	12	10	11
日	2	2	3	3	4	5	5	6	6	7	6	7	8	8	9	9	10	11	11	五12	四12	13	11	12
曜	3	3	4	4	5	6	6	7	7	8	7	8	9	9	10	10	11	12	12	13	13	三14	二12	13
表	4	4	5	5	6	7	7	8	8	9	8	9	10	10	11	11	12	13	13	14	14	15	13	正14十二
3	5	5	6	6	7	8	8	9	9	10	9	10	11	11	12	12	13	14	14	15	15	16	14	15
甲	6	6	7	7	8	9	9	10	10	11	10	11	12	12	13	13	14	15	15	16	16	17	15	16
子	7	7	8	8	9	10	10	11	11	12	11	12	13	13	14	14	15	16	16	17	17	18	16	17
表	8	8	9	9	10	11	11	12	12	13	12	13	14	14	15	15	16	17	17	18	18	19	17	18
9	9	9	10	10	11	12	12	13	13	14	13	14	15	15	16	16	17	18	18	19	19	20	18	19
	10	10	11	11	12	13	13	14	14	15	14	15	16	16	17	17	18	19	19	20	20	21	19	20

中西回史日曆 卷三 晉 吳 一〇 勵耘書屋

二七七 丁酉 晉咸寧三 吳天紀元 1030

二七八 戊戌 晉咸寧四 吳天紀二 1031

22	23	23	24	25	25	26	26	27	25	26	27	27	28	28	29	30	30	31	**5**	**4**	2	31	**1**
23	24	24	25	26	26	27	27	28	26	27	28	28	29	29	30	31	**7**	**6**	2	2	3	**2**	2
24	25	25	26	27	27	28	28	29	27	28	29	29	30	30	31	**8**	2	2	3	3	4	2	3
25	26	26	27	28	28	29	29	30	28	29	30	30	31	**10**	**9**	2	3	3	4	4	5	3	4
26	27	27	28	29	29	30	30	31	**3**	30	31	**12**	**11**	2	2	3	4	4	5	5	6	4	5
27	28	28	29	30	30	31	**5**	**4**	2	31	**1**	2	2	3	3	4	5	5	6	6	7	5	6
28	29	29	30	31	**7**	**6**	2	2	3	**2**	2	3	3	4	4	5	6	6	7	7	8	6	7
29	30	30	31	**8**	2	2	3	3	4	2	3	4	4	5	5	6	7	7	8	8	9	7	8
30	31	**10**	**9**	2	3	3	4	4	5	3	4	5	5	6	6	7	8	8	9	9	10	8	9
12	**11**	2	2	3	4	4	5	5	6	4	5	6	6	7	7	8	9	9	10	10	11	9	10
2十一	2十	3	3	4	5	5	6	6	7	5	6	7	7	8	8	9	10	10	11	11	12	10	11
3	3	4九	4八	5	6	6	7	7	8	6	7	8	8	9	9	10	11	11	12	12	13	11	12
4	4	5	5	6七	7六	7	8	8	9	7	8	9	9	10	10	11	12	12	13	13	14	12	13
5	5	6	6	7	8	8五	9四	9	10	8	9	10	10	11	11	12	13	13	14	14	15	13	14
6	6	7	7	8	9	9	10	10三	11二	9正	10	11	11	12	12	13	14	14	15	15	16	14	15
7	7	8	8	9	10	10	11	11	12	10	11十二	12十一	12	13	13	14	15	15	16	16	17	15	16
8	8	9	9	10	11	11	12	12	13	11	12	13	13十	14九	14	15	16	16	17	17	18	16	17
9	9	10	10	11	12	12	13	13	14	12	13	14	14	15	15八	16七	17	17	18	18	19	17	18
10	10	11	11	12	13	13	14	14	15	13	14	15	15	16	16	17	18六	18五	19	19	20	18	19
11	11	12	12	13	14	14	15	15	16	14	15	16	16	17	17	18	19	19	20四	20三	21	19	20
12	12	13	13	14	15	15	16	16	17	15	16	17	17	18	18	19	20	20	21	21	22二	20正	21
13	13	14	14	15	16	16	17	17	18	16	17	18	18	19	19	20	21	21	22	22	23	21	22十二
14	14	15	15	16	17	17	18	18	19	17	18	19	19	20	20	21	22	22	23	23	24	22	23
15	15	16	16	17	18	18	19	19	20	18	19	20	20	21	21	22	23	23	24	24	25	23	24
16	16	17	17	18	19	19	20	20	21	19	20	21冬	21	22	22	23	24	24	25	25	26	24	25
17	17	18	18	19	20	20	21	21	22	20	21	22	22	23	23	24	25	25	26	26	27	25	26
18	18	19	19	20	21	21	22	22	23	21	22	23	23	24	24	25	26	26	27	27	28	26	27
19	19	20	20	21	22	22	23	23	24	22	23	24	24	25	25	26	27	27	28	28	29	27	28
20	20	21	21	22	23	23	24	24	25	23	24	25	25	26	26	27	28	28	29	29	30	28	29
21冬	21	22	22	23	24	24	25	25	26	24	25	26	26	27	27	28	29	29	30	30	31	**3**	30

二七九
己亥
晋咸寧五
吳天紀三
1032

二八〇
庚子
晋太康元（四月改）
吳天紀四（三月亡）
1033

11	11	12	12	13七	14六	14	15	15	16	15	16	17	17	18	18	19	20	20	21	21	22	20	21	22
12	12	13	13	14	15	15五	16四	16	17	16	17	18	18	19	19	20	21	21	22	22	23	21	22	23
13	13	14	14	15	16	16	17	17三	18二	17	18	19	19	20	20	21	22	22	23	23	24	22	23	24
14	14	15	15	16	17	17	18	18	19	18正	19十二	20	20	21	21	22	23	23	24	24	25	23	24	25
15	15	16	16	17	18	18	19	19	20	19	20	21十一	21十	22	22	23	24	24	25	25	26	24	25	26
16	16	17	17	18	19	19	20	20	21	20	21	22	22	23九	23八	24	25	25	26	26	27	25	26	27
17	17	18	18	19	20	20	21	21	22	21	22	23	23	24	24	25閏	26七	26六	27	27	28	26	27	28
18	18	19	19	20	21	21	22	22	23	22	23	24	24	25	25	26	27	27	28五	28四	29	27	28	29
19	19	20	20	21	22	22	23	23	24	23	24	25	25	26	26	27	28	28	29	29	30三	28二	29	30
20	20	21	21	22	23	23	24	24	25	24	25	26	26	27	27	28	29	29	30	30	31	3	30正	31十二
21冬	21	22	22	23	24	24	25	25	26	25	26	27	27	28	28	29	30	30	31	5	4	2	31	1
22	22	23	23	24	25	25	26	26	27	26	27	28	28	29	29	30	31	7	6	2	2	3	2	2
23	23	24	24	25	26	26	27	27	28	27	28	29	29	30	30	31	8	2	2	3	3	4	2	3
24	24	25	25	26	27	27	28	28	29	28	29	30	30	31	10	9	2	3	3	4	4	5	3	4
25	25	26	26	27	28	28	29	29	30	29	30	31	12	11	2	2	3	4	4	5	5	6	4	5
26	26	27	27	28	29	29	30	30	31	3	31	1	2	2	3	3	4	5	5	6	6	7	5	6
27	27	28	28	29	30	30	31	5	4	2	2	2	3	3	4	4	5	6	6	7	7	8	6	7
28	28	29	29	30	31	7	6	2	2	3	2	3	4	4	5	5	6	7	7	8	8	9	7	8
29	29	30	30	31	8	2	2	3	3	4	3	4	5	5	6	6	7	8	8	9	9	10	8	9
30	30	31	10	9	2	3	3	4	4	5	4	5	6	6	7	7	8	9	9	10	10	11	9	10
31	12	11	2	2	3	4	4	5	5	6	5	6	7	7	8	8	9	10	10	11	11	12	10	11
日	2	2	3	3	4	5	5	6	6	7	6	7	8	8	9	9	10	11	11	12	12	13	11	12
曜	3	3	4	4	5	6	6	7	7	8	7	8	9	9	10	10	11	12	12	13	13	14	12	13
表	4	4	5	5	6	7	7	8	8	9	8	9	10	10	11	11	12	13	13	14	14	15	13	14
4	5	5	6	6	7	8	8	9	9	10	9	10	11	11	12	12	13	14	14	15	15	16	14	15
甲	6	6	7	7	8	9	9	10	10	11	10	11	12	12	13	13	14	15	15	16	16	17	15	16
子	7	7	8	8	9	10	10	11	11	12	11	12	13	13	14	14	15	16	16	17	17	18	16	17
表	8	8	9	9	10	11	11	12	12	13	12	13	14	14	15	15	16	17	17	18	18	19	17	18
10	9十一	9十	10	10	11	12	12	13	13	14	13	14	15	15	16	16	17	18	18	19	19	20	18	19
	10	10	11九	11八	12	13	13	14	14	15	14	15	16	16	17	17	18	19	19	20	20	21	19	20

二八二 壬寅 太康三 1035

二八一 辛丑 太康二 1034

22	23	23	24	25	25	26	26	27	25二	26正	27	27	28	28	29	30	30	31	**5**	**4**	2	31	**1**
23	24	24	25	26	26	27	27	28	26	27	28十二	28十一	29	29	30	31	**7**	**6**	2	2	3	**2**	2
24	25	25	26	27	27	28	28	29	27	28	29	29	30十	30九	31	**8**	2	2	3	3	4	2	3
25	26	26	27	28	28	29	29	30	28	29	30	30	31	**10**	**9**八	2七	3	3	4	4	5	3	4
26	27	27	28	29	29	30	30	**31**	**3**	30	31	**12**	**11**	2	2	3	4六	4五	5	5	6	4	5
27	28	28	29	30	30	31	**5**	**4**	2	31	**1**	2	2	3	3	4	5	5	6四	6三	7	5	6
28	29	29	30	31	**7**	**6**	2	2	3	**2**	2	3	3	4	4	**5**	6	6	7	7	8二	6正	7
29	30	30	31	**8**	2	2	3	3	4	2	3	4	4	5	5	6	7	7	8	8	9	7	8十二
30	31	**10**	**9**	2	3	3	4	4	5	3	4	5	5	6	6	7	8	8	9	9	10	8	9
12	**11**	2	2	3	4	4	5	5	6	4	5	6	6	7	7	8	9	9	10	10	11	9	10
2	2	3	3	4	5	5	6	6	7	5	6	7	7	8	8	9	10	10	11	11	12	10	11
3	3	4	4	5	6	6	7	7	8	6	7	8	8	9	9	10	11	11	12	12	13	11	12
4	4	5	5	6	7	7	8	8	9	7	8	9	9	10	10	11	12	12	13	13	14	12	13
5	5	6	6	7	8	8	9	9	10	8	9	10	10	11	11	12	13	13	14	14	15	13	14
6	6	7	7	8	9	9	10	10	11	9	10	11	11	12	12	13	14	14	15	15	16	14	15
7	7	8	8	9	10	10	11	11	12	10	11	12	12	13	13	14	15	15	16	16	17	15	16
8	8	9	9	10	11	11	12	12	13	11	12	13	13	14	14	15	16	16	17	17	18	16	17
9	9	10	10	11	12	12	13	13	14	12	13	14	14	15	15	16	17	17	18	18	19	17	18
10	10	11	11	12	13	13	14	14	15	13	14	15	15	16	16	17	18	18	19	19	20	18	19
11	11	12	12	13	14	14	15	15	16	14	15	16	16	17	17	18	19	19	20	20	21	19	20
12	12	13	13	14	15	15	16	16	17	15	16	17	17	18	18	19	20	20	21	21	22	20	21
13	13	14	14	15	16	16	17	17	18	16	17	18	18	19	19	20	21	21	22	22	23	21	22
14	14	15	15	16	17	17	18	18	19	17	18	19	19	20	20	21	22	22	23	23	24	22	23
15	15	16	16	17	18	18	19	19	20	18	19	20	20	21	21	22	23	23	24	24	25	23	24
16	16	17	17	18	19	19	20	20	21	19	20	21冬	21	22	22	23	24	24	25	25	26	24	25
17十一	17	18	18	19	20	20	21	21	22	20	21	22	22	23	23	24	25	25	26	26	27	25	26
18	18十	19九	19	20	21	21	22	22	23	21	22	23	23	24	24	25	26	26	27	27	28	26	27
19	19	20	20八	21七	22	22	23	23	24	22	23	24	24	25	25	26	27	27	28	28	29	27	28
20	20	21	21	22	23六	23五	24	24	25	23	24	25	25	26	26	27	28	28	29	29	30	28	29
21冬	21	22	22	23	24	24	25閏	25四	26三	24	25	26	26	27	27	28	29	29	30	30	31	**3**	30

二八四 甲辰 太康五 1037													二八三 癸卯 太康四 1036											
11	11	12	12	13	14	14	15	15	16	15	16	17	17	18	18	19	20	20	21	21	22	20	21	22
12	12	13	13	14	15	15	16	16	17	16	17	18	18	19	19	20	21	21	22	22	23	21	22	23
13	13	14	14	15	16	16	17	17	18	17	18	19	19	20	20	21	22	22	23	23	24	22	23	24
14	14	15	15	16	17	17	18	18	19	18	19	20	20	21	21	22	23	23	24	24	25	23	24	25
15	15	16	16	17	18	18	19	19	20	19	20	21	冬21	22	22	23	24	24	25	25	26	24	25	26
16	16	17	17	18	19	19	20	20	21	20	21	22	22	23	23	24	25	25	26	26	27	25	26	27
17	17	18	18	19	20	20	21	21	22	21	22	23	23	24	24	25	26	26	27	27	28	26	27	28
18	18	19	19	20	21	21	22	22	23	22	23	24	24	25	25	26	27	27	28	28	29	27	28	29
19	19	20	20	21	22	22	23	23	24	23	24	25	25	26	26	27	28	28	29	29	30	28	29	30
20	20	21	21	22	23	23	24	24	25	24	25	26	26	27	27	28	29	29	30	30	31	**3**	30	31
21	冬21	22	22	23	24	24	25	25	26	25	26	27	27	28	28	29	30	30	31	**5**	**4**	2	31	**1**
22	22	23	23	24	25	25	26	26	27	26	27	28	28	29	29	30	31	**7**	**6**	2	2	3	**2**	2
23	23	24	24	25	26	26	27	27	28	27	28	29	29	30	30	31	**8**	2	2	3	3	4	2	3
24	24	25	25	26	27	27	28	28	29	28	29	30	30	31	**10**	**9**	2	3	3	4	4	5	3	4
25	十二25	十一26	十26	27	28	28	29	29	30	29	30	31	**12**	**11**	2	2	3	4	4	5	5	6	4	5
26	26	27	27	九28	八29	29	30	30	31	**3**	31	**1**	2	2	3	3	4	5	5	6	6	7	5	6
27	27	28	28	29	30	七30	六31	**5**	**4**	2	**2**	2	3	3	4	4	5	6	6	7	7	8	6	7
28	28	29	29	30	31	**7**	**6**	五2	四2	3	2	3	4	4	5	5	6	7	7	8	8	9	7	8
29	29	30	30	31	**8**	2	2	3	3	三4	二3	4	5	5	6	6	7	8	8	9	9	10	8	9
30	30	31	**10**	**9**	2	3	3	**4**	4	5	4	正5	十二6	6	7	7	8	9	9	10	10	11	9	10
31	**12**	**11**	2	2	3	4	4	5	5	6	5	6	7	十一7	十8	8	9	10	10	11	11	12	10	11
日	2	2	3	3	4	5	5	6	6	7	6	7	8	8	9	九9	八10	11	11	12	12	13	11	12
曜	3	3	4	4	5	6	6	7	7	8	7	8	9	9	10	10	11	七12	六12	五13	13	14	12	13
表	4	4	5	5	6	7	7	8	8	9	8	9	10	10	11	11	12	13	13	14	四14	三15	13	14
5	5	5	6	6	7	8	8	9	9	10	9	10	11	11	12	12	13	14	14	15	15	16	二14	正15
甲	6	6	7	7	8	9	9	10	10	11	10	11	12	12	13	13	14	15	15	16	16	17	15	16十二
子	7	7	8	8	9	10	10	11	11	12	11	12	13	13	14	14	15	16	16	17	17	18	16	17
表	8	8	9	9	10	11	11	12	12	13	12	13	14	14	15	15	16	17	17	18	18	19	17	18
11	9	9	10	10	11	12	12	13	13	14	13	14	15	15	16	16	17	18	18	19	19	20	18	19
	10	10	11	11	12	13	13	14	14	15	14	15	16	16	17	17	18	19	19	20	20	21	19	20

二八五 乙巳 太康六 1038

二八六 丙午 太康七 1039

22	23	23	24	25	25	26	26	27	25	26	27	27	28	28	29	30	30	31	**5**	**4**	2	31	**1**
23	24	24	25	26	26	27	27	28	26	27	28	28	29	29	30	31	**7**	**6**	2	2	3	**2**	2
24	25	25	26	27	27	28	28	29	27	28	29	29	30	30	31	**8**	2	2	3	3	4	2	3
25	26	26	27	28	28	29	29	30	28	29	30	30	31	**10**	**9**	2	3	3	4	4	5	3	4
26	27	27	28	29	29	30	30	31	**3**	30	31	**12**	**11**	2	2	3	4	4	5	5	6	**4**	5
27	28	28	29	30	30	31	**5**	**4**	2	31	**1**	2	2	3	3	4	5	5	6	6	7	5	6
28	29	29	30	31	**7**	**6**	2	2	3	**2**	2	3	3	4	4	5	6	6	7	7	8	6	7
29	30	30	31	**8**	2	2	3	3	4	2	3	4	4	5	5	6	7	7	8	8	9	7	8
30	31	**10**	**9**	2	3	3	4	4	5	3	4	5	5	6	6	7	8	8	9	9	10	8	9
12	**11**	2	2	3	4	4	5	5	6	4	5	6	6	7	7	8	9	9	10	10	11	9	10
2	2	3	3	4	5	5	6	6	7	5	6	7	7	8	8	9	10	10	11	11	12	10	11
3十一	3	4	4	5	6	6	7	7	8	6	7	8	8	9	9	10	11	11	12	12	13	11	12
4	4十	5九	5	6	7	7	8	8	9	7	8	9	9	10	10	11	12	12	13	13	14	12	13
5	5	6	6八	7七	8	8	9	9	10	8	9	10	10	11	11	12	13	13	14	14	15	13	14
6	6	7	7	8	9六	9五	10	10	11	9	10	11	11	12	12	13	14	14	15	15	16	14	15
7	7	8	8	9	10	10	11四	11三	12二	10	11	12	12	13	13	14	15	15	16	16	17	15	16
8	8	9	9	10	11	11	12	12	13	11正	12十二	13	13	14	14	15	16	16	17	17	18	16	17
9	9	10	10	11	12	12	13	13	14	12	13	14十一	14十	15	15	16	17	17	18	18	19	17	18
10	10	11	11	12	13	13	14	14	15	13	14	15	15	16九	16八	17	18	18	19	19	20	18	19
11	11	12	12	13	14	14	15	15	16	14	15	16	16	17	17	18七	19六	19	20	20	21	19	20
12	12	13	13	14	15	15	16	16	17	15	16	17	17	18	18	19	20	20五	21四	21	22	20	21
13	13	14	14	15	16	16	17	17	18	16	17	18	18	19	19	20	21	21	22	22三	23二	21	22
14	14	15	15	16	17	17	18	18	19	17	18	19	19	20	20	21	22	22	23	23	24	22正	23閏
15	15	16	16	17	18	18	19	19	20	18	19	20	20	21	21	22	23	23	24	24	25	23	24
16	16	17	17	18	19	19	20	20	21	19	20	21冬	21	22	22	23	24	24	25	25	26	24	25
17	17	18	18	19	20	20	21	21	22	20	21	22	22	23	23	24	25	25	26	26	27	25	26
18	18	19	19	20	21	21	22	22	23	21	22	23	23	24	24	25	26	26	27	27	28	26	27
19	19	20	20	21	22	22	23	23	24	22	23	24	24	25	25	26	27	27	28	28	29	27	28
20	20	21	21	22	23	23	24	24	25	23	24	25	25	26	26	27	28	28	29	29	30	28	29
21冬	21	22	22	23	24	24	25	25	26	24	25	26	26	27	27	28	29	29	30	30	31	**3**	30

二八八
戊申
太康九
1041

二八七
丁未
太康八
1040

11十一	11十	12九	12	13	14	14	15	15	16	15	16	17	17	18	18	19	20	20	21	21	22	20	21	22
12	12	13	13八	14七	15	15	16	16	17	16	17	18	18	19	19	20	21	21	22	22	23	21	22	23
13	13	14	14	15	16六	16五	17	17	18	17	18	19	19	20	20	21	22	22	23	23	24	22	23	24
14	14	15	15	16	17	17	18四	18三	19	18	19	20	20	21	21	22	23	23	24	24	25	23	24	25
15	15	16	16	17	18	18	19	19	20二	19正	20	21冬	21	22	22	23	24	24	25	25	26	24	25	26
16	16	17	17	18	19	19	20	20	21	20	21十二	22十一	22	23	23	24	25	25	26	26	27	25	26	27
17	17	18	18	19	20	20	21	21	22	21	22	23	23十	24九	24	25	26	26	27	27	28	26	27	28
18	18	19	19	20	21	21	22	22	23	22	23	24	24	25	25閏	26八	27	27	28	28	29	27	28	29
19	19	20	20	21	22	22	23	23	24	23	24	25	25	26	26	27	28七	28六	29五	29	30	28	29	30
20	20	21	21	22	23	23	24	24	25	24	25	26	26	27	27	28	29	29	30	30四	31三	**3**	30	31
21冬	21	22	22	23	24	24	25	25	26	25	26	27	27	28	28	29	30	30	31	**5**	**4**	2二	31正	**1**
22	22	23	23	24	25	25	26	26	27	26	27	28	28	29	29	30	31	**7**	**6**	2	2	3	**2**	2十二
23	23	24	24	25	26	26	27	27	28	27	28	29	29	30	30	31	**8**	2	2	3	3	4	2	3
24	24	25	25	26	27	27	28	28	29	28	29	30	30	31	**10**	**9**	2	3	3	4	4	5	3	4
25	25	26	26	27	28	28	29	29	30	29	30	31	**12**	**11**	2	2	3	4	4	5	5	6	4	5
26	26	27	27	28	29	29	30	30	31	**3**	31	**1**	2	2	3	3	4	5	5	6	6	7	5	6
27	27	28	28	29	30	30	31	**5**	**4**	2	**2**	2	3	3	4	4	5	6	6	7	7	8	6	7
28	28	29	29	30	31	**7**	**6**	2	2	3	2	3	4	4	5	5	6	7	7	8	8	9	7	8
29	29	30	30	31	**8**	2	2	3	3	4	3	4	5	5	6	6	7	8	8	9	9	10	8	9
30	30	31	**10**	**9**	2	3	3	4	4	5	4	5	6	6	7	7	8	9	9	10	10	11	9	10
31	**12**	**11**	2	2	3	4	4	5	5	6	5	6	7	7	8	8	9	10	10	11	11	12	10	11
日	2	2	3	3	4	5	5	6	6	7	6	7	8	8	9	9	10	11	11	12	12	13	11	12
曜	3	3	4	4	5	6	6	7	7	8	7	8	9	9	10	10	11	12	12	13	13	14	12	13
表	4	4	5	5	6	7	7	8	8	9	8	9	10	10	11	11	12	13	13	14	14	15	13	14
6	5	5	6	6	7	8	8	9	9	10	9	10	11	11	12	12	13	14	14	15	15	16	14	15
甲	6	6	7	7	8	9	9	10	10	11	10	11	12	12	13	13	14	15	15	16	16	17	15	16
子	7	7	8	8	9	10	10	11	11	12	11	12	13	13	14	14	15	16	16	17	17	18	16	17
表	8	8	9	9	10	11	11	12	12	13	12	13	14	14	15	15	16	17	17	18	18	19	17	18
12	9	9	10	10	11	12	12	13	13	14	13	14	15	15	16	16	17	18	18	19	19	20	18	19
	10	10	11	11	12	13	13	14	14	15	14	15	16	16	17	17	18	19	19	20	20	21	19	20

二八九
己酉
太康一〇

1042

二九〇
庚戌
太熙元
晋惠帝
永熙元 四月改

1043

22	23	23	24	25	25閏	26五	26	27	25	26	27	27	28	28	29	30	30	31	**5**	**4**	2	31	**1**
23	24	24	25	26	26	27	27四	28三	26二	27	28	28	29	29	30	31	**7**	**6**	2	2	3	**2**	2
24	25	25	26	27	27	28	28	29	27	28正	29十二	29	30	30	31	**8**	2	2	3	3	4	2	3
25	26	26	27	28	28	29	29	30	28	29	30	30十一	31十	**10**	**9**	2	3	3	4	4	5	3	4
26	27	27	28	29	29	30	30	31	**3**	30	31	**12**	**11**	2九	2八	3	4	4	5	5	6	4	5
27	28	28	29	30	30	31	**5**	**4**	2	31	**1**	2	2	3	3	4七	5六	5	6	6	7	5	6
28	29	29	30	31	**7**	**6**	2	2	3	**2**	2	3	3	4	4	5	6	6五	7四	7	8	6	7
29	30	30	31	**8**	2	2	3	3	4	2	3	4	4	5	5	6	7	7	8	8三	9二	7	8
30	31	**10**	**9**	2	3	3	4	4	5	3	4	5	5	6	6	7	8	8	9	9	10	8正	9十二
12	**11**	2	2	3	4	4	5	5	6	4	5	6	6	7	7	8	9	9	10	10	11	9	10
2	2	3	3	4	5	5	6	6	7	5	6	7	7	8	8	9	10	10	11	11	12	10	11
3	3	4	4	5	6	6	7	7	8	6	7	8	8	9	9	10	11	11	12	12	13	11	12
4	4	5	5	6	7	7	8	8	9	7	8	9	9	10	10	11	12	12	13	13	14	12	13
5	5	6	6	7	8	8	9	9	10	8	9	10	10	11	11	12	13	13	14	14	15	13	14
6	6	7	7	8	9	9	10	10	11	9	10	11	11	12	12	13	14	14	15	15	16	14	15
7	7	8	8	9	10	10	11	11	12	10	11	12	12	13	13	14	15	15	16	16	17	15	16
8	8	9	9	10	11	11	12	12	13	11	12	13	13	14	14	15	16	16	17	17	18	16	17
9	9	10	10	11	12	12	13	13	14	12	13	14	14	15	15	16	17	17	18	18	19	17	18
10	10	11	11	12	13	13	14	14	15	13	14	15	15	16	16	17	18	18	19	19	20	18	19
11	11	12	12	13	14	14	15	15	16	14	15	16	16	17	17	18	19	19	20	20	21	19	20
12	12	13	13	14	15	15	16	16	17	15	16	17	17	18	18	19	20	20	21	21	22	20	21
13	13	14	14	15	16	16	17	17	18	16	17	18	18	19	19	20	21	21	22	22	23	21	22
14	14	15	15	16	17	17	18	18	19	17	18	19	19	20	20	21	22	22	23	23	24	22	23
15	15	16	16	17	18	18	19	19	20	18	19	20	20	21	21	22	23	23	24	24	25	23	24
16	16	17	17	18	19	19	20	20	21	19	20	21冬	21	22	22	23	24	24	25	25	26	24	25
17	17	18	18	19	20	20	21	21	22	20	21	22	22	23	23	24	25	25	26	26	27	25	26
18	18	19	19	20	21	21	22	22	23	21	22	23	23	24	24	25	26	26	27	27	28	26	27
19十一	19十	20	20	21	22	22	23	23	24	22	23	24	24	25	25	26	27	27	28	28	29	27	28
20	20	21九	21八	22	23	23	24	24	25	23	24	25	25	26	26	27	28	28	29	29	30	28	29
21冬	21	22	22	23七	24六	24	25	25	26	24	25	26	26	27	27	28	29	29	30	30	31	**3**	30

二九二 壬子 元康二 1045

二九一 辛亥 永平元 元康元三月改 1044

11	11	12	12	13	14	14	15	15	16	15	16	17	17	18	18	19	20	20	21	21	22	20	21	22
12	12	13	13	14	15	15	16	16	17	16	17	18	18	19	19	20	21	21	22	22	23	21	22	23
13	13	14	14	15	16	16	17	17	18	17	18	19	19	20	20	21	22	22	23	23	24	22	23	24
14	14	15	15	16	17	17	18	18	19	18	19	20	20	21	21	22	23	23	24	24	25	23	24	25
15	15	16	16	17	18	18	19	19	20	19	20	21冬	21	22	22	23	24	24	25	25	26	24	25	26
16	16	17	17	18	19	19	20	20	21	20	21	22	22	23	23	24	25	25	26	26	27	25	26	27
17	17	18	18	19	20	20	21	21	22	21	22	23	23	24	24	25	26	26	27	27	28	26	27	28
18	18	19	19	20	21	21	22	22	23	22	23	24	24	25	25	26	27	27	28	28	29	27	28	29
19	19	20	20	21	22	22	23	23	24	23	24	25	25	26	26	27	28	28	29	29	30	28	29	30
20	20	21	21	22	23	23	24	24	25	24	25	26	26	27	27	28	29	29	30	30	31	**3**	30	31
21冬	21	22	22	23	24	24	25	25	26	25	26	27	27	28	28	29	30	30	31	**5**	**4**	2	31	**1**
22	22	23	23	24	25	25	26	26	27	26	27	28	28	29	29	30	31	**7**	**6**	2	2	3	**2**	2
23	23	24	24	25	26	26	27	27	28	27	28	29	29	30	30	31	**8**	2	2	3	3	4	2	3
24	24	25	25	26	27	27	28	28	29	28	29	30	30	31	**10**	**9**	2	3	3	4	4	5	3	4
25	25	26	26	27	28	28	29	29	30	29	30	31	**12**	**11**	2	2	3	4	4	5	5	6	4	5
26十二	26	27	27	28	29	29	30	30	31	**3**	31	**1**	2	2	3	3	4	5	5	6	6	7	5	6
27	27十一	28十	28九	29	30	30	31	**5**	**4**	2	**2**	2	3	3	4	4	5	6	6	7	7	8	6	7
28	28	29	29	30八	31七	**7**	**6**	2	2	3	2	3	4	4	5	5	6	7	7	8	8	9	7	8
29	29	30	30	31	**8**	2六	2五	3	3	4	3	4	5	5	6	6	7	8	8	9	9	10	8	9
30	30	31	**10**	**9**	2	3	3	4四	4三	5	4	5	6	6	7	7	8	9	9	10	10	11	9	10
31	**12**	**11**	2	2	3	4	4	5	5	6二	5正	6	7	7	8	8	9	10	10	11	11	12	10	11
日	2	2	3	3	4	5	5	6	6	7	6	7十二	8十一	8	9	9	10	11	11	12	12	13	11	12
曜	3	3	4	4	5	6	6	7	7	8	7	8	9	9十	10九	10	11	12	12	13	13	14	12	13
表	4	4	5	5	6	7	7	8	8	9	8	9	10	10	11	11八	12七	13	13	14	14	15	13	14
7	5	5	6	6	7	8	8	9	9	10	9	10	11	11	12	12	13	14六	14五	15四	15	16	14	15
甲	6	6	7	7	8	9	9	10	10	11	10	11	12	12	13	13	14	15	15	16	16三	17二	15	16
子	7	7	8	8	9	10	10	11	11	12	11	12	13	13	14	14	15	16	16	17	17	18	16正	17十二
表	8	8	9	9	10	11	11	12	12	13	12	13	14	14	15	15	16	17	17	18	18	19	17	18
13	9	9	10	10	11	12	12	13	13	14	13	14	15	15	16	16	17	18	18	19	19	20	18	19
	10	10	11	11	12	13	13	14	14	15	14	15	16	16	17	17	18	19	19	20	20	21	19	20

二九四 甲寅 元康四 1047												二九三 癸丑 元康三 1046											
22	23	23	24	25	25	26	26	27	25	26	27	27	28	28	29	30	30	31	**5**	**4**	2	31	**1**
23	24	24	25	26	26	27	27	28	26	27	28	28	29	29	30	31	**7**	**6**	2	2	3	**2**	2
24	25	25	26	27	27	28	28	29	27	28	29	29	30	30	31	**8**	2	2	3	3	4	2	3
25	26	26	27	28	28	29	29	30	28	29	30	30	31	**10**	**9**	2	3	3	4	4	5	3	4
26	27	27	28	29	29	30	30	31	**3**	30	31	**12**	**11**	2	2	3	4	4	5	5	6	4	5
27	28	28	29	30	30	31	**5**	**4**	2	31	**1**	2	2	3	3	4	5	5	6	6	7	5	6
28	29	29	30	31	**7**	**6**	2	2	3	**2**	2	3	3	4	4	5	6	6	7	7	8	6	7
29	30	30	31	**8**	2	2	3	3	4	2	3	4	4	5	5	6	7	7	8	8	9	7	8
30	31	**10**	**9**	2	3	3	4	4	5	3	4	5	5	6	6	7	8	8	9	9	10	8	9
12	**11**	2	2	3	4	4	5	5	6	4	5	6	6	7	7	8	9	9	10	10	11	9	10
2	2	3	3	4	5	5	6	6	7	5	6	7	7	8	8	9	10	10	11	11	12	10	11
3	3	4	4	5	6	6	7	7	8	6	7	8	8	9	9	10	11	11	12	12	13	11	12
4	4	5	5	6	7	7	8	8	9	7	8	9	9	10	10	11	12	12	13	13	14	12	13
5 十一	5 十	6	6	7	8	8	9	9	10	8	9	10	10	11	11	12	13	13	14	14	15	13	14
6	6	7 九	7 八	8	9	9	10	10	11	9	10	11	11	12	12	13	14	14	15	15	16	14	15
7	7	8	8	9 七	10 六	10	11	11	12	10	11	12	12	13	13	14	15	15	16	16	17	15	16
8	8	9	9	10	11	11 五	12 四	12	13	11	12	13	13	14	14	15	16	16	17	17	18	16	17
9	9	10	10	11	12	12	13	13 三	14 二	12 正	13	14	14	15	15	16	17	17	18	18	19	17	18
10	10	11	11	12	13	13	14	14	15	13	14 十二	15 十一	15	16	16	17	18	18	19	19	20	18	19
11	11	12	12	13	14	14	15	15	16	14	15	16	16 十	17 九	17	18	19	19	20	20	21	19	20
12	12	13	13	14	15	15	16	16	17	15	16	17	17	18	18 八	19 七	20	20	21	21	22	20	21
13	13	14	14	15	16	16	17	17	18	16	17	18	18	19	19	20	21 六	21 五	22	22	23	21	22
14	14	15	15	16	17	17	18	18	19	17	18	19	19	20	20	21	22	22	23 四	23 三	24	22	23
15	15	16	16	17	18	18	19	19	20	18	19	20	20	21	21	22	23	23	24	24	25 閏	23 二	24
16	16	17	17	18	19	19	20	20	21	19	20	21 冬	21	22	22	23	24	24	25	25	26	24	25 正
17	17	18	18	19	20	20	21	21	22	20	21	22	22	23	23	24	25	25	26	26	27	25	26
18	18	19	19	20	21	21	22	22	23	21	22	23	23	24	24	25	26	26	27	27	28	26	27
19	19	20	20	21	22	22	23	23	24	22	23	24	24	25	25	26	27	27	28	28	29	27	28
20	20	21	21	22	23	23	24	24	25	23	24	25	25	26	26	27	28	28	29	29	30	28	29
21 冬	21	22	22	23	24	24	25	25	26	24	25	26	26	27	27	28	29	29	30	30	31	**3**	30

二九六 丙辰 元康六 1049

二九五 乙卯 元康五 1048

11	11	12	12	13	14	14	15	15	16	15	16	17	17	18	18	19	20	20	21	21	22	20	21	22
12 十一	12	13	13	14	15	15	16	16	17	16	17	18	18	19	19	20	21	21	22	22	23	21	22	23
13	13 十	14 九	14 八	15	16	16	17	17	18	17	18	19	19	20	20	21	22	22	23	23	24	22	23	24
14	14	15	15	16 七	17 六	17	18	18	19	18	19	20	20	21	21	22	23	23	24	24	25	23	24	25
15	15	16	16	17	18	18 五	19 四	19	20	19	20	21 冬	21	22	22	23	24	24	25	25	26	24	25	26
16	16	17	17	18	19	19	20	20 三	21 二	20	21	22	22	23	23	24	25	25	26	26	27	25	26	27
17	17	18	18	19	20	20	21	21	22	21 正	22 十二	23	23	24	24	25	26	26	27	27	28	26	27	28
18	18	19	19	20	21	21	22	22	23	22	23	24 十一	24 闰	25	25	26	27	27	28	28	29	27	28	29
19	19	20	20	21	22	22	23	23	24	23	24	25	25	26 十	26 九	27	28	28	29	29	30	28	29	30
20	20	21	21	22	23	23	24	24	25	24	25	26	26	27	27	28 八	29 七	29	30	30	31	**3**	30	31
21 冬	21	22	22	23	24	24	25	25	26	25	26	27	27	28	28	29	30	30 六	31 五	**5** 四	**4**	2	31	**1**
22	22	23	23	24	25	25	26	26	27	26	27	28	28	29	29	30	31	**7**	**6**	2	2 三	3 二	**2**	2
23	23	24	24	25	26	26	27	27	28	27	28	29	29	30	30	31	**8**	2	2	3	3	4	2 正	3 十二
24	24	25	25	26	27	27	28	28	29	28	29	30	30	31	**10**	**9**	2	3	3	4	4	5	3	4
25	25	26	26	27	28	28	29	29	30	29	30	31	**12**	**11**	2	2	3	4	4	5	5	6	4	5
26	26	27	27	28	29	29	30	30	31	**3**	31	**1**	2	2	3	3	4	5	5	6	6	7	5	6
27	27	28	28	29	30	30	31	**5**	**4**	2	**2**	2	3	3	4	4	5	6	6	7	7	8	6	7
28	28	29	29	30	31	**7**	**6**	2	2	3	2	3	4	4	5	5	6	7	7	8	8	9	7	8
29	29	30	30	31	**8**	2	2	3	3	4	3	4	5	5	6	6	7	8	8	9	9	10	8	9
30	30	31	**10**	**9**	2	3	3	4	4	5	4	5	6	6	7	7	8	9	9	10	10	11	9	10
31	**12**	**11**	2	2	3	4	4	5	5	6	5	6	7	7	8	8	9	10	10	11	11	12	10	11
日	2	2	3	3	4	5	5	6	6	7	6	7	8	8	9	9	10	11	11	12	12	13	11	12
曜	3	3	4	4	5	6	6	7	7	8	7	8	9	9	10	10	11	12	12	13	13	14	12	13
表	4	4	5	5	6	7	7	8	8	9	8	9	10	10	11	11	12	13	13	14	14	15	13	14
1	5	5	6	6	7	8	8	9	9	10	9	10	11	11	12	12	13	14	14	15	15	16	14	15
甲	6	6	7	7	8	9	9	10	10	11	10	11	12	12	13	13	14	15	15	16	16	17	15	16
子	7	7	8	8	9	10	10	11	11	12	11	12	13	13	14	14	15	16	16	17	17	18	16	17
表	8	8	9	9	10	11	11	12	12	13	12	13	14	14	15	15	16	17	17	18	18	19	17	18
14	9	9	10	10	11	12	12	13	13	14	13	14	15	15	16	16	17	18	18	19	19	20	18	19
	10	10	11	11	12	13	13	14	14	15	14	15	16	16	17	17	18	19	19	20	20	21	19	20

二九八 戊午 元康八 1051												二九七 丁巳 元康七 1050											
22	23	23	八24	七25	25	26	26	27	25	26	27	27	28	28	29	30	30	31	**5**	**4**	2	31	**1**
23	24	24	25	26	閏26	六27	27	28	26	27	28	28	29	29	30	31	**7**	**6**	2	2	3	**2**	2
24	25	25	26	27	27	28	五28	四29	27	28	29	29	30	30	31	**8**	2	2	3	3	4	2	3
25	26	26	27	28	28	29	29	30	三28	二29	正30	30	31	**10**	**9**	2	3	3	4	4	5	3	4
26	27	27	28	29	29	30	30	31	**3**	30	31	十二**12**	十一**11**	2	2	3	4	4	5	5	6	**4**	5
27	28	28	29	30	30	31	**5**	**4**	2	31	**1**	2	2	十3	九3	4	5	5	6	6	7	5	6
28	29	29	30	31	**7**	**6**	2	2	3	**2**	2	3	3	4	4	八5	七6	6	7	7	8	6	7
29	30	30	31	**8**	2	2	3	3	4	2	3	4	4	5	5	6	7	六7	五8	8	9	7	8
30	31	**10**	**9**	2	3	3	4	4	5	3	4	5	5	6	6	7	8	8	9	四9	三10	8	9
12	**11**	2	2	3	4	4	5	5	6	4	5	6	6	7	7	8	9	9	10	10	11	二9	正10
2	2	3	3	4	5	5	6	6	7	5	6	7	7	8	8	9	10	10	11	11	12	10	11十二
3	3	4	4	5	6	6	7	7	8	6	7	8	8	9	9	10	11	11	12	12	13	11	12
4	4	5	5	6	7	7	8	8	9	7	8	9	9	10	10	11	12	12	13	13	14	12	13
5	5	6	6	7	8	8	9	9	10	8	9	10	10	11	11	12	13	13	14	14	15	13	14
6	6	7	7	8	9	9	10	10	11	9	10	11	11	12	12	13	14	14	15	15	16	14	15
7	7	8	8	9	10	10	11	11	12	10	11	12	12	13	13	14	15	15	16	16	17	15	16
8	8	9	9	10	11	11	12	12	13	11	12	13	13	14	14	15	16	16	17	17	18	16	17
9	9	10	10	11	12	12	13	13	14	12	13	14	14	15	15	16	17	17	18	18	19	17	18
10	10	11	11	12	13	13	14	14	15	13	14	15	15	16	16	17	18	18	19	19	20	18	19
11	11	12	12	13	14	14	15	15	16	14	15	16	16	17	17	18	19	19	20	20	21	19	20
12	12	13	13	14	15	15	16	16	17	15	16	17	17	18	18	19	20	20	21	21	22	20	21
13	13	14	14	15	16	16	17	17	18	16	17	18	18	19	19	20	21	21	22	22	23	21	22
14	14	15	15	16	17	17	18	18	19	17	18	19	19	20	20	21	22	22	23	23	24	22	23
15	15	16	16	17	18	18	19	19	20	18	19	20	20	21	21	22	23	23	24	24	25	23	24
16	16	17	17	18	19	19	20	20	21	19	20	21	冬21	22	22	23	24	24	25	25	26	24	25
17	17	18	18	19	20	20	21	21	22	20	21	22	22	23	23	24	25	25	26	26	27	25	26
18	18	19	19	20	21	21	22	22	23	21	22	23	23	24	24	25	26	26	27	27	28	26	27
19	19	20	20	21	22	22	23	23	24	22	23	24	24	25	25	26	27	27	28	28	29	27	28
20	十一20	21	21	22	23	23	24	24	25	23	24	25	25	26	26	27	28	28	29	29	30	28	29
21	冬21	十22	九22	23	24	24	25	25	26	24	25	26	26	27	27	28	29	29	30	30	31	**3**	30

二九九 己未 元康九 1052

三〇〇 庚申 永康元 1053

11	11	12	12	13	14	14	15	15	16	15	16	17	17	18	18	19	20	20	21	21	22	20	21	22
12	12	13	13	14	15	15	16	16	17	16	17	18	18	19	19	20	21	21	22	22	23	21	22	23
13	13	14	14	15	16	16	17	17	18	17	18	19	19	20	20	21	22	22	23	23	24	22	23	24
14	14	15	15	16	17	17	18	18	19	18	19	20	20	21	21	22	23	23	24	24	25	23	24	25
15	15	16	16	17	18	18	19	19	20	19	20	21冬	21	22	22	23	24	24	25	25	26	24	25	26
16	16	17	17	18	19	19	20	20	21	20	21	22	22	23	23	24	25	25	26	26	27	25	26	27
17	17	18	18	19	20	20	21	21	22	21	22	23	23	24	24	25	26	26	27	27	28	26	27	28
18	18	19	19	20	21	21	22	22	23	22	23	24	24	25	25	26	27	27	28	28	29	27	28	29
19	19	20	20	21	22	22	23	23	24	23	24	25	25	26	26	27	28	28	29	29	30	28	29	30
20	20	21	21	22	23	23	24	24	25	24	25	26	26	27	27	28	29	29	30	30	31	**3**	30	31
21冬	21	22	22	23	24	24	25	25	26	25	26	27	27	28	28	29	30	30	31	**5**	**4**	2	31	**1**
22	22	23	23	24	25	25	26	26	27	26	27	28	28	29	29	30	31	**7**	**6**	2	2	3	**2**	2
23	23	24	24	25	26	26	27	27	28	27	28	29	29	30	30	31	**8**	2	2	3	3	4	2	3
24	24	25	25	26	27	27	28	28	29	28	29	30	30	31	**10**	**9**	2	3	3	4	4	5	3	4
25	25	26	26	27	28	28	29	29	30	29	30	31	**12**	**11**	2	2	3	4	4	5	5	6	4	5
26	26	27	27	28	29	29	30	30	31	**3**	31	**1**	2	2	3	3	4	5	5	6	6	7	5	6
27	27	28	28	29	30	30	31	**5**	**4**	2	**2**	2	3	3	4	4	5	6	6	7	7	8	6	7
28十二	28十一	29	29	30	31	**7**	**6**	2	2	3	2	3	4	4	5	5	6	7	7	8	8	9	7	8
29	29	30十	30九	31八	**8**	2	2	3	3	4	3	4	5	5	6	6	7	8	8	9	9	10	8	9
30	30	31	**10**	**9**	2七	3六	3	4	4	5	4	5	6	6	7	7	8	9	9	10	10	11	9	10
31	**12**	**11**	2	2	3	4	4五	5四	5	6	5	6	7	7	8	8	9	10	10	11	11	12	10	11
日	2	2	3	3	4	5	5	6	6三	7二	6	7	8	8	9	9	10	11	11	12	12	13	11	12
曜	3	3	4	4	5	6	6	7	7	8	7正	8十二	9	9	10	10	11	12	12	13	13	14	12	13
表	4	4	5	5	6	7	7	8	8	9	8	9	10十二	10十一	11	11	12	13	13	14	14	15	13	14
2	5	5	6	6	7	8	8	9	9	10	9	10	11	11	12九	12八	13	14	14	15	15	16	14	15
甲	6	6	7	7	8	9	9	10	10	11	10	11	12	12	13	13	14七	15六	15	16	16	17	15	16
子	7	7	8	8	9	10	10	11	11	12	11	12	13	13	14	14	15	16	16五	17四	17三	18	16	17
表	8	8	9	9	10	11	11	12	12	13	12	13	14	14	15	15	16	17	17	18	18	19二	17正	18
15	9	9	10	10	11	12	12	13	13	14	13	14	15	15	16	16	17	18	18	19	19	20	18	19十二
	10	10	11	11	12	13	13	14	14	15	14	15	16	16	17	17	18	19	19	20	20	21	19	20

三〇一 辛酉 永康二 永寧元四月改 1054

三〇二 壬戌 永寧二 太安元十二月改 1055

22	23	23	24	25	25	26	26	27	25	26	27	27	28	28	29	30	30	31	**5**	**4**	2	31	**1**
23	24	24	25	26	26	27	27	28	26	27	28	28	29	29	30	31	**7**	**6**	2	2	3	**2**	2
24	25	25	26	27	27	28	28	29	27	28	29	29	30	30	31	**8**	2	2	3	3	4	2	3
25	26	26	27	28	28	29	29	30	28	29	30	30	31	**10**	**9**	2	3	3	4	4	5	3	4
26	27	27	28	29	29	30	30	31	**3**	30	31	**12**	**11**	2	2	3	4	4	5	5	6	4	5
27	28	28	29	30	30	31	**5**	**4**	2	31	**1**	2	2	3	3	4	5	5	6	6	7	5	6
28	29	29	30	31	**7**	**6**	2	2	3	**2**	2	3	3	4	4	5	6	6	7	7	8	6	7
29	30	30	31	**8**	2	2	3	3	4	2	3	4	4	5	5	6	7	7	8	8	9	7	8
30	31	**10**	**9**	2	3	3	4	4	5	3	4	5	5	6	6	7	8	8	9	9	10	8	9
12	**11**	2	2	3	4	4	5	5	6	4	5	6	6	7	7	8	9	9	10	10	11	9	10
2	2	3	3	4	5	5	6	6	7	5	6	7	7	8	8	9	10	10	11	11	12	10	11
3	3	4	4	5	6	6	7	7	8	6	7	8	8	9	9	10	11	11	12	12	13	11	12
4	4	5	5	6	7	7	8	8	9	7	8	9	9	10	10	11	12	12	13	13	14	12	13
5	5	6	6	7	8	8	9	9	10	8	9	10	10	11	11	12	13	13	14	14	15	13	14
6 十一	6	7	7	8	9	9	10	10	11	9	10	11	11	12	12	13	14	14	15	15	16	14	15
7	7 十	8 九	8	9	10	10	11	11	12	10	11	12	12	13	13	14	15	15	16	16	17	15	16
8	8	9	9 八	10 七	11	11	12	12	13	11	12	13	13	14	14	15	16	16	17	17	18	16	17
9	9	10	10	11	12 六	12 五	13	13	14	12	13	14	14	15	15	16	17	17	18	18	19	17	18
10	10	11	11	12	13	13	14 四	14 三	15	13	14	15	15	16	16	17	18	18	19	19	20	18	19
11	11	12	12	13	14	14	15	15	16 二	14 正	15 十二	16	16	17	17	18	19	19	20	20	21	19	20
12	12	13	13	14	15	15	16	16	17	15	16	17 十一	17 十	18	18	19	20	20	21	21	22	20	21
13	13	14	14	15	16	16	17	17	18	16	17	18	18	19 九	19 八	20	21	21	22	22	23	21	22
14	14	15	15	16	17	17	18	18	19	17	18	19	19	20	20	21 七	22 六	22	23	23	24	22	23
15	15	16	16	17	18	18	19	19	20	18	19	20	20	21	21	22	23	23 五	24 四	24	25	23	24
16	16	17	17	18	19	19	20	20	21	19	20	21 冬	21	22	22	23	24	24	25	25 閏	26 三	24	25
17	17	18	18	19	20	20	21	21	22	20	21	22	22	23	23	24	25	25	26	26	27	25 二	26 正
18	18	19	19	20	21	21	22	22	23	21	22	23	23	24	24	25	26	26	27	27	28	26	27
19	19	20	20	21	22	22	23	23	24	22	23	24	24	25	25	26	27	27	28	28	29	27	28
20	20	21	21	22	23	23	24	24	25	23	24	25	25	26	26	27	28	28	29	29	30	28	29
21 冬	21	22	22	23	24	24	25	25	26	24	25	26	26	27	27	28	29	29	30	30	31	**3**	30

三〇三 癸亥 太安二

1056

三〇四 甲子 永安元正月改 建武元七月改 永安元十一月復 永興元十二月改

1057

11	11	12	12	13	14	14	15	15	16	15	16	17	17	18	18	19	20	20	21	21	22	20	21	22
12	12	13	13	14	15	15	16	16	17	16	17	18	18	19	19	20	21	21	22	22	23	21	22	23
13	13	14	14	15	16	16	17	17	18	17	18	19	19	20	20	21	22	22	23	23	24	22	23	24
14十一	14十	15	15	16	17	17	18	18	19	18	19	20	20	21	21	22	23	23	24	24	25	23	24	25
15	15	16九	16八	17七	18	18	19	19	20	19	20	21冬	21	22	22	23	24	24	25	25	26	24	25	26
16	16	17	17	18	19六	19五	20	20	21	20	21	22	22	23	23	24	25	25	26	26	27	25	26	27
17	17	18	18	19	20	20	21四	21三	22	21	22	23	23	24	24	25	26	26	27	27	28	26	27	28
18	18	19	19	20	21	21	22	22	23二	22正	23	24	24	25	25	26	27	27	28	28	29	27	28	29
19	19	20	20	21	22	22	23	23	24	23	24閏	25十二	25	26	26	27	28	28	29	29	30	28	29	30
20	20	21	21	22	23	23	24	24	25	24	25	26	26十一	27十	27	28	29	29	30	30	31	**3**	30	31
21冬	21	22	22	23	24	24	25	25	26	25	26	27	27	28	28九	29八	30	30	31	**5**	**4**	2	31	**1**
22	22	23	23	24	25	25	26	26	27	26	27	28	28	29	29	30	31七	**7**六	**6**	2	2	3	**2**	2
23	23	24	24	25	26	26	27	27	28	27	28	29	29	30	30	31	**8**	2	2五	3四	3三	4	2	3
24	24	25	25	26	27	27	28	28	29	28	29	30	30	31	**10**	**9**	2	3	3	4	4	5二	3正	4
25	25	26	26	27	28	28	29	29	30	29	30	31	**12**	**11**	2	2	3	4	4	5	5	6	4	5十二
26	26	27	27	28	29	29	30	30	31	**3**	31	**1**	2	2	3	3	4	5	5	6	6	7	5	6
27	27	28	28	29	30	30	31	**5**	**4**	2	**2**	2	3	3	4	4	5	6	6	7	7	8	6	7
28	28	29	29	30	31	**7**	**6**	2	2	3	2	3	4	4	5	5	6	7	7	8	8	9	7	8
29	29	30	30	31	**8**	2	2	3	3	4	3	4	5	5	6	6	7	8	8	9	9	10	8	9
30	30	31	**10**	**9**	2	3	3	4	4	5	4	5	6	6	7	7	8	9	9	10	10	11	9	10
31	**12**	**11**	2	2	3	4	4	5	5	6	5	6	7	7	8	8	9	10	10	11	11	12	10	11
日	2	2	3	3	4	5	5	6	6	7	6	7	8	8	9	9	10	11	11	12	12	13	11	12
曜	3	3	4	4	5	6	6	7	7	8	7	8	9	9	10	10	11	12	12	13	13	14	12	13
表	4	4	5	5	6	7	7	8	8	9	8	9	10	10	11	11	12	13	13	14	14	15	13	14
3	5	5	6	6	7	8	8	9	9	10	9	10	11	11	12	12	13	14	14	15	15	16	14	15
甲	6	6	7	7	8	9	9	10	10	11	10	11	12	12	13	13	14	15	15	16	16	17	15	16
子	7	7	8	8	9	10	10	11	11	12	11	12	13	13	14	14	15	16	16	17	17	18	16	17
表	8	8	9	9	10	11	11	12	12	13	12	13	14	14	15	15	16	17	17	18	18	19	17	18
16	9	9	10	10	11	12	12	13	13	14	13	14	15	15	16	16	17	18	18	19	19	20	18	19
	10	10	11	11	12	13	13	14	14	15	14	15	16	16	17	17	18	19	19	20	20	21	19	20

三〇六 丙寅 永興三 光熙元（六月改） 1059

三〇五 乙丑 永興二 1058

1059												1058											
22十	23	23	24	25	25	26	26	27	25	26	27	27	28	28	29	30	30	31	**5**	**4**	2	31	**1**
23	24九	24閏	25	26	26	27	27	28	26	27	28	28	29	29	30	31	**7**	**6**	2	2	3	**2**	2
24	25	25	26八	27七	27	28	28	29	27	28	29	29	30	30	31	**8**	2	2	3	3	4	2	3
25	26	26	27	28	28六	29五	29	30	28	29	30	30	31	**10**	**9**	2	3	3	4	4	5	3	4
26	27	27	28	29	29	30	30四	31三	**3**	30	31	**12**	**11**	2	2	3	4	4	5	5	6	**4**	5
27	28	28	29	30	30	31	**5**	**4**	2二	31正	**1**十二	2	2	3	3	4	5	5	6	6	7	5	6
28	29	29	30	31	**7**	**6**	2	2	3	**2**	2	3十一	3十	4	4	5	6	6	7	7	8	6	7
29	30	30	31	**8**	2	2	3	3	4	2	3	4	4	5九	5八	6	7	7	8	8	9	7	8
30	31	**10**	**9**	2	3	3	4	4	5	3	4	5	5	6	6	7七	8六	8	9	9	10	8	9
12	**11**	2	2	3	4	4	5	5	6	4	5	6	6	7	7	8	9	9五	10四	10	11	9	10
2	2	3	3	4	5	5	6	6	7	5	6	7	7	8	8	9	10	10	11	11三	12二	10	11
3	3	4	4	5	6	6	7	7	8	6	7	8	8	9	9	10	11	11	12	12	13	11正	12十二
4	4	5	5	6	7	7	8	8	9	7	8	9	9	10	10	11	12	12	13	13	14	12	13
5	5	6	6	7	8	8	9	9	10	8	9	10	10	11	11	12	13	13	14	14	15	13	14
6	6	7	7	8	9	9	10	10	11	9	10	11	11	12	12	13	14	14	15	15	16	14	15
7	7	8	8	9	10	10	11	11	12	10	11	12	12	13	13	14	15	15	16	16	17	15	16
8	8	9	9	10	11	11	12	12	13	11	12	13	13	14	14	15	16	16	17	17	18	16	17
9	9	10	10	11	12	12	13	13	14	12	13	14	14	15	15	16	17	17	18	18	19	17	18
10	10	11	11	12	13	13	14	14	15	13	14	15	15	16	16	17	18	18	19	19	20	18	19
11	11	12	12	13	14	14	15	15	16	14	15	16	16	17	17	18	19	19	20	20	21	19	20
12	12	13	13	14	15	15	16	16	17	15	16	17	17	18	18	19	20	20	21	21	22	20	21
13	13	14	14	15	16	16	17	17	18	16	17	18	18	19	19	20	21	21	22	22	23	21	22
14	14	15	15	16	17	17	18	18	19	17	18	19	19	20	20	21	22	22	23	23	24	22	23
15	15	16	16	17	18	18	19	19	20	18	19	20	20	21	21	22	23	23	24	24	25	23	24
16	16	17	17	18	19	19	20	20	21	19	20	21冬	21	22	22	23	24	24	25	25	26	24	25
17	17	18	18	19	20	20	21	21	22	20	21	22	22	23	23	24	25	25	26	26	27	25	26
18	18	19	19	20	21	21	22	22	23	21	22	23	23	24	24	25	26	26	27	27	28	26	27
19	19	20	20	21	22	22	23	23	24	22	23	24	24	25	25	26	27	27	28	28	29	27	28
20	20	21	21	22	23	23	24	24	25	23	24	25	25	26	26	27	28	28	29	29	30	28	29
21冬	21	22	22	23	24	24	25	25	26	24	25	26	26	27	27	28	29	29	30	30	31	**3**	30

三〇七 丁卯 晋怀帝 永嘉元 1060

三〇八 戊辰 永嘉二 1061

11	11	12	12	13	14	14	15	15	16	15	16	17	17	18	18	19	20	20	21	21	22	20	21	22十一
12	12	13	13	14	15	15	16	16	17	16	17	18	18	19	19	20	21	21	22	22	23	21	22	23
13	13	14	14	15	16	16	17	17	18	17	18	19	19	20	20	21	22	22	23	23	24	22	23	24
14	14	15	15	16	17	17	18	18	19	18	19	20	20	21	21	22	23	23	24	24	25	23	24	25
15	15	16	16	17	18	18	19	19	20	19	20	21冬	21	22	22	23	24	24	25	25	26	24	25	26
16	16	17	17	18	19	19	20	20	21	20	21	22	22	23	23	24	25	25	26	26	27	25	26	27
17	17	18	18	19	20	20	21	21	22	21	22	23	23	24	24	25	26	26	27	27	28	26	27	28
18	18	19	19	20	21	21	22	22	23	22	23	24	24	25	25	26	27	27	28	28	29	27	28	29
19	19	20	20	21	22	22	23	23	24	23	24	25	25	26	26	27	28	28	29	29	30	28	29	30
20	20	21	21	22	23	23	24	24	25	24	25	26	26	27	27	28	29	29	30	30	31	**3**	30	31
21冬	21	22	22	23	24	24	25	25	26	25	26	27	27	28	28	29	30	30	31	**5**	**4**	2	31	**1**
22	22	23	23	24	25	25	26	26	27	26	27	28	28	29	29	30	31	**7**	**6**	2	2	3	**2**	2
23	23	24	24	25	26	26	27	27	28	27	28	29	29	30	30	31	**8**	2	2	3	3	4	2	3
24	24	25	25	26	27	27	28	28	29	28	29	30	30	31	**10**	**9**	2	3	3	4	4	5	3	4
25	25	26	26	27	28	28	29	29	30	29	30	31	**12**	**11**	2	2	3	4	4	5	5	6	4	5
26	26	27	27	28	29	29	30	30	31	**3**	31	**1**	2	2	3	3	4	5	5	6	6	7	5	6
27	27	28	28	29	30	30	31	**5**	**4**	2	**2**	2	3	3	4	4	5	6	6	7	7	8	6	7
28	28	29	29	30	31	**7**	**6**	2	2	3	2	3	4	4	5	5	6	7	7	8	8	9	7	8
29十二	29	30	30	31	**8**	2	2	3	3	4	3	4	5	5	6	6	7	8	8	9	9	10	8	9
30	30十一	31十	**10**	**9**	2	3	3	4	4	5	4	5	6	6	7	7	8	9	9	10	10	11	9	10
31	**12**	**11**	2九	2八	3七	4	4	5	5	6	5•	6	7	7	8	8	9	10	10	11	11	12	10	11
日	2	2	3	3	4	5六	5五	6	6	7	6	7	8	8	9	9	10	11	11	12	12	13	11	12
曜	3	3	4	4	5	6	6	7四	7三	8	7	8	9	9	10	10	11	12	12	13	13	14	12	13
表	4	4	5	5	6	7	7	8	8	9二	8正	9	10	10	11	11	12	13	13	14	14	15	13	14
4	5	5	6	6	7	8	8	9	9	10	9	10十二	11十一	11	12	12	13	14	14	15	15	16	14	15
甲	6	6	7	7	8	9	9	10	10	11	10	11	12	12十	13九	13	14	15	15	16	16	17	15	16
子	7	7	8	8	9	10	10	11	11	12	11	12	13	13	14	14八	15七	16	16	17	17	18	16	17
表	8	8	9	9	10	11	11	12	12	13	12	13	14	14	15	15	16	17六	17五	18	18	19	17	18
17	9	9	10	10	11	12	12	13	13	14	13	14	15	15	16	16	17	18	18	19四	19三	20二	18	19
	10	10	11	11	12	13	13	14	14	15	14	15	16	16	17	17	18	19	19	20	20	21	19正	20十二

三一〇 庚午 永嘉四 1063												三〇九 己巳 永嘉三 1062											
22	23	23	24	25	25	26	26	27	25	26	27	27	28	28	29	30	30	31	**5**	**4**	2	31	**1**
23	24	24	25	26	26	27	27	28	26	27	28	28	29	29	30	31	**7**	**6**	2	2	3	**2**	2
24	25	25	26	27	27	28	28	29	27	28	29	29	30	30	31	**8**	2	2	3	3	4	2	3
25	26	26	27	28	28	29	29	30	28	29	30	30	31	**10**	**9**	2	3	3	4	4	5	3	4
26	27	27	28	29	29	30	30	31	**3**	30	31	**12**	**11**	2	2	3	4	4	5	5	6	**4**	5
27	28	28	29	30	30	31	**5**	**4**	2	31	**1**	2	2	3	3	4	5	5	6	6	7	5	6
28	29	29	30	31	**7**	**6**	2	2	3	**2**	2	3	3	4	4	5	6	6	7	7	8	6	7
29	30	30	31	**8**	2	2	3	3	4	2	3	4	4	5	5	6	7	7	8	8	9	7	8
30	31	**10**	**9**	2	3	3	4	4	5	3	4	5	5	6	6	7	8	8	9	9	10	8	9
12	**11**	2	2	3	4	4	5	5	6	4	5	6	6	7	7	8	9	9	10	10	11	9	10
2	2	3	3	4	5	5	6	6	7	5	6	7	7	8	8	9	10	10	11	11	12	10	11
3	3	4	4	5	6	6	7	7	8	6	7	8	8	9	9	10	11	11	12	12	13	11	12
4	4	5	5	6	7	7	8	8	9	7	8	9	9	10	10	11	12	12	13	13	14	12	13
5	5	6	6	7	8	8	9	9	10	8	9	10	10	11	11	12	13	13	14	14	15	13	14
6	6	7	7	8	9	9	10	10	11	9	10	11	11	12	12	13	14	14	15	15	16	14	15
7	7	8	8	9	10	10	11	11	12	10	11	12	12	13	13	14	15	15	16	16	17	15	16
8十一	8十	9	9	10	11	11	12	12	13	11	12	13	13	14	14	15	16	16	17	17	18	16	17
9	9	10九	10八	11	12	12	13	13	14	12	13	14	14	15	15	16	17	17	18	18	19	17	18
10	10	11	11	12七	13六	13	14	14	15	13	14	15	15	16	16	17	18	18	19	19	20	18	19
11	11	12	12	13	14	14五	15四	15	16	14	15	16	16	17	17	18	19	19	20	20	21	19	20
12	12	13	13	14	15	15	16	16三	17二	15	16	17	17	18	18	19	20	20	21	21	22	20	21
13	13	14	14	15	16	16	17	17	18	16正	17十二	18十一	18	19	19	20	21	21	22	22	23	21	22
14	14	15	15	16	17	17	18	18	19	17	18	19	19十	20九	20	21	22	22	23	23	24	22	23
15	15	16	16	17	18	18	19	19	20	18	19	20	20	21	21八	22七	23	23	24	24	25	23	24
16	16	17	17	18	19	19	20	20	21	19	20	21冬	21	22	22	23	24六	24五	25	25	26	24	25
17	17	18	18	19	20	20	21	21	22	20	21	22	22	23	23	24	25	25	26閏	26四	27	25	26
18	18	19	19	20	21	21	22	22	23	21	22	23	23	24	24	25	26	26	27	27	28三	26二	27
19	19	20	20	21	22	22	23	23	24	22	23	24	24	25	25	26	27	27	28	28	29	27	28正
20	20	21	21	22	23	23	24	24	25	23	24	25	25	26	26	27	28	28	29	29	30	28	29
21冬	21	22	22	23	24	24	25	25	26	24	25	26	26	27	27	28	29	29	30	30	31	**3**	30

三一二 壬申 永嘉六 1065

三一一 辛未 永嘉五 1064

11	11	12	12	13	14	14	15	15	16	15	16	17	17	18	18	19	20	20	21	21	22	20	21	22
12	12	13	13	14	15	15	16	16	17	16	17	18	18	19	19	20	21	21	22	22	23	21	22	23
13	13	14	14	15	16	16	17	17	18	17	18	19	19	20	20	21	22	22	23	23	24	22	23	24
14	14	15	15	16	17	17	18	18	19	18	19	20	20	21	21	22	23	23	24	24	25	23	24	25
15十一	15	16	16	17	18	18	19	19	20	19	20	21冬	21	22	22	23	24	24	25	25	26	24	25	26
16	16十	17九	17	18	19	19	20	20	21	20	21	22	22	23	23	24	25	25	26	26	27	25	26	27
17	17	18	18八	19七	20六	20	21	21	22	21	22	23	23	24	24	25	26	26	27	27	28	26	27	28
18	18	19	19	20	21	21五	22四	22	23	22	23	24	24	25	25	26	27	27	28	28	29	27	28	29
19	19	20	20	21	22	22	23	23三	24二	23	24	25	25	26	26	27	28	28	29	29	30	28	29	30
20	20	21	21	22	23	23	24	24	25	24閏	25正	26	26	27	27	28	29	29	30	30	31	**3**	30	31
21冬	21	22	22	23	24	24	25	25	26	25	26	27十二	27十一	28	28	29	30	30	31	**5**	**4**	2	31	**1**
22	22	23	23	24	25	25	26	26	27	26	27	28	28	29十	29九	30	31	**7**	**6**	2	2	3	**2**	2
23	23	24	24	25	26	26	27	27	28	27	28	29	29	30	30	31八	**8**七	2	2	3	3	4	2	3
24	24	25	25	26	27	27	28	28	29	28	29	30	30	31	**10**	**9**	2	3六	3五	4	4	5	3	4
25	25	26	26	27	28	28	29	29	30	29	30	31	**12**	**11**	2	2	3	4	4	5四	5三	6二	4	5
26	26	27	27	28	29	29	30	30	31	**3**	31	**1**	2	2	3	3	4	5	5	6	6	7	5正	6十二
27	27	28	28	29	30	30	31	**5**	**4**	2	**2**	2	3	3	4	4	5	6	6	7	7	8	6	7
28	28	29	29	30	31	**7**	**6**	2	2	3	2	3	4	4	5	5	6	7	7	8	8	9	7	8
29	29	30	30	31	**8**	2	2	3	3	4	3	4	5	5	6	6	7	8	8	9	9	10	8	9
30	30	31	**10**	**9**	2	3	3	4	4	5	4	5	6	6	7	7	8	9	9	10	10	11	9	10
31	**12**	**11**	2	2	3	4	4	5	5	6	5	6	7	7	8	8	9	10	10	11	11	12	10	11
日	2	2	3	3	4	5	5	6	6	7	6	7	8	8	9	9	10	11	11	12	12	13	11	12
曜	3	3	4	4	5	6	6	7	7	8	7	8	9	9	10	10	11	12	12	13	13	14	12	13
表	4	4	5	5	6	7	7	8	8	9	8	9	10	10	11	11	12	13	13	14	14	15	13	14
5	5	5	6	6	7	8	8	9	9	10	9	10	11	11	12	12	13	14	14	15	15	16	14	15
甲	6	6	7	7	8	9	9	10	10	11	10	11	12	12	13	13	14	15	15	16	16	17	15	16
子	7	7	8	8	9	10	10	11	11	12	11	12	13	13	14	14	15	16	16	17	17	18	16	17
表	8	8	9	9	10	11	11	12	12	13	12	13	14	14	15	15	16	17	17	18	18	19	17	18
18	9	9	10	10	11	12	12	13	13	14	13	14	15	15	16	16	17	18	18	19	19	20	18	19
	10	10	11	11	12	13	13	14	14	15	14	15	16	16	17	17	18	19	19	20	20	21	19	20

三一四 甲戌 建興二 1067												三一三 癸酉 永嘉七 晉愍帝 建興元 四月改 1066											
22	23	23	24	25	25	26	26	27	25	26	27	27	28	28	29	30	30	31	5	4	2	31	1
23	24	24	25	26	26	27	27	28	26	27	28	28	29	29	30	31	7	6	2	2	3	2	2
24閏	25十	25	26	27	27	28	28	29	27	28	29	29	30	30	31	8	2	2	3	3	4	2	3
25	26	26九	27八	28	28	29	29	30	28	29	30	30	31	10	9	2	3	3	4	4	5	3	4
26	27	27	28	29七	29六	30	30	31	3	30	31	12	11	2	2	3	4	4	5	5	6	4	5
27	28	28	29	30	30	31五	5四	4三	2	31	1	2	2	3	3	4	5	5	6	6	7	5	6
28	29	29	30	31	7	6	2	2	3二	2正	2	3	3	4	4	5	6	6	7	7	8	6	7
29	30	30	31	8	2	2	3	3	4	2	3十二	4十一	4	5	5	6	7	7	8	8	9	7	8
30	31	10	9	2	3	3	4	4	5	3	4	5	5十	6九	6	7	8	8	9	9	10	8	9
12	11	2	2	3	4	4	5	5	6	4	5	6	6	7	7八	8七	9	9	10	10	11	9	10
2	2	3	3	4	5	5	6	6	7	5	6	7	7	8	8	9	10六	10五	11	11	12	10	11
3	3	4	4	5	6	6	7	7	8	6	7	8	8	9	9	10	11	11	12四	12三	13	11	12
4	4	5	5	6	7	7	8	8	9	7	8	9	9	10	10	11	12	12	13	13	14二	12正	13
5	5	6	6	7	8	8	9	9	10	8	9	10	10	11	11	12	13	13	14	14	15	13	14十二
6	6	7	7	8	9	9	10	10	11	9	10	11	11	12	12	13	14	14	15	15	16	14	15
7	7	8	8	9	10	10	11	11	12	10	11	12	12	13	13	14	15	15	16	16	17	15	16
8	8	9	9	10	11	11	12	12	13	11	12	13	13	14	14	15	16	16	17	17	18	16	17
9	9	10	10	11	12	12	13	13	14	12	13	14	14	15	15	16	17	17	18	18	19	17	18
10	10	11	11	12	13	13	14	14	15	13	14	15	15	16	16	17	18	18	19	19	20	18	19
11	11	12	12	13	14	14	15	15	16	14	15	16	16	17	17	18	19	19	20	20	21	19	20
12	12	13	13	14	15	15	16	16	17	15	16	17	17	18	18	19	20	20	21	21	22	20	21
13	13	14	14	15	16	16	17	17	18	16	17	18	18	19	19	20	21	21	22	22	23	21	22
14	14	15	15	16	17	17	18	18	19	17	18	19	19	20	20	21	22	22	23	23	24	22	23
15	15	16	16	17	18	18	19	19	20	18	19	20	20	21	21	22	23	23	24	24	25	23	24
16	16	17	17	18	19	19	20	20	21	19	20	21冬	21	22	22	23	24	24	25	25	26	24	25
17	17	18	18	19	20	20	21	21	22	20	21	22	22	23	23	24	25	25	26	26	27	25	26
18	18	19	19	20	21	21	22	22	23	21	22	23	23	24	24	25	26	26	27	27	28	26	27
19	19	20	20	21	22	22	23	23	24	22	23	24	24	25	25	26	27	27	28	28	29	27	28
20	20	21	21	22	23	23	24	24	25	23	24	25	25	26	26	27	28	28	29	29	30	28	29
21冬	21	22	22	23	24	24	25	25	26	24	25	26	26	27	27	28	29	29	30	30	31	3	30

三一六 丙子 建興四 1069

三一五 乙亥 建興三 1068

11	11	12	12	13	14	14	15	15	16	15	16	17	17	18	18	19	20	20	21	21三	22二	20正	21	22
12	12	13	13	14	15	15	16	16	17	16	17	18	18	19	19	20	21	21	22	22	23	21	22十二	23十一
13	13	14	14	15	16	16	17	17	18	17	18	19	19	20	20	21	22	22	23	23	24	22	23	24
14	14	15	15	16	17	17	18	18	19	18	19	20	20	21	21	22	23	23	24	24	25	23	24	25
15	15	16	16	17	18	18	19	19	20	19	20	21冬	21	22	22	23	24	24	25	25	26	24	25	26
16	16	17	17	18	19	19	20	20	21	20	21	22	22	23	23	24	25	25	26	26	27	25	26	27
17	17	18	18	19	20	20	21	21	22	21	22	23	23	24	24	25	26	26	27	27	28	26	27	28
18	18	19	19	20	21	21	22	22	23	22	23	24	24	25	25	26	27	27	28	28	29	27	28	29
19	19	20	20	21	22	22	23	23	24	23	24	25	25	26	26	27	28	28	29	29	30	28	29	30
20冬	20	21	21	22	23	23	24	24	25	24	25	26	26	27	27	28	29	29	30	30	31	**3**	30	31
21	21	22	22	23	24	24	25	25	26	25	26	27	27	28	28	29	30	30	31	**5**	**4**	2	31	**1**
22	22	23	23	24	25	25	26	26	27	26	27	28	28	29	29	30	31	**7**	**6**	2	2	3	**2**	2
23	23	24	24	25	26	26	27	27	28	27	28	29	29	30	30	31	**8**	2	2	3	3	4	2	3
24	24	25	25	26	27	27	28	28	29	28	29	30	30	31	**10**	**9**	2	3	3	4	4	5	3	4
25	25	26	26	27	28	28	29	29	30	29	30	31	**12**	**11**	2	2	3	4	4	5	5	6	4	5
26	26	27	27	28	29	29	30	30	31	**3**	31	**1**	2	2	3	3	4	5	5	6	6	7	5	6
27	27	28	28	29	30	30	31	**5**	**4**	2	**2**	2	3	3	4	4	5	6	6	7	7	8	6	7
28	28	29	29	30	31	**7**	**6**	2	2	3	2	3	4	4	5	5	6	7	7	8	8	9	7	8
29	29	30	30	31	**8**	2	2	3	3	4	3	4	5	5	6	6	7	8	8	9	9	10	8	9
30	30	31	**10**	**9**	2	3	3	4	4	5	4	5	6	6	7	7	8	9	9	10	10	11	9	10
31十二	**12**十一	**11**	2	2	3	4	4	5	5	6	5	6	7	7	8	8	9	10	10	11	11	12	10	11
日	2	2十	3九	3	4	5	5	6	6	7	6	7	8	8	9	9	10	11	11	12	12	13	11	12
曜	3	3	4	4八	5七	6六	6	7	7	8	7	8	9	9	10	10	11	12	12	13	13	14	12	13
表	4	4	5	5	6	7	7五	8四	8	9	8	9	10	10	11	11	12	13	13	14	14	15	13	14
6	5	5	6	6	7	8	8	9	9三	10二	9	10	11	11	12	12	13	14	14	15	15	16	14	15
甲	6	6	7	7	8	9	9	10	10	11	10正	11十二	12	12	13	13	14	15	15	16	16	17	15	16
子	7	7	8	8	9	10	10	11	11	12	11	12	13十一	13十	14	14	15	16	16	17	17	18	16	17
表	8	8	9	9	10	11	11	12	12	13	12	13	14	14	15九	15八	16	17	17	18	18	19	17	18
19	9	9	10	10	11	12	12	13	13	14	13	14	15	15	16	16	17七	18六	18	19	19	20	18	19
	10	10	11	11	12	13	13	14	14	15	14	15	16	16	17	17	18	19	19五	20四	20	21	19	20

中西回史日曆

卷四 東晉

三一七 丁丑 建興五 晉元帝 建武元 三月改 1070

三一八 戊寅 建武二 大興元 三月改 1071

22	23	23	24	25	25	26	26	27	25	26	27	27	28	28	29	30	30	31	**5**	**4**	2	31	**1**
23	24	24	25	26	26	27	27	28	26	27	28	28	29	29	30	31	**7**	**6**	2	2	3	**2**	2
24	25	25	26	27	27	28	28	29	27	28	29	29	30	30	31	**8**	2	2	3	3	4	2	3
25	26	26	27	28	28	29	29	30	28	29	30	30	31	**10**	**9**	2	3	3	4	4	5	3	4
26	27	27	28	29	29	30	30	31	**3**	30	31	**12**	**11**	2	2	3	4	4	5	5	6	4	5
27	28	28	29	30	30	31	**5**	**4**	2	31	**1**	2	2	3	3	4	5	5	6	6	7	5	6
28	29	29	30	31	**7**	**6**	2	2	3	**2**	2	3	3	4	4	5	6	6	7	7	8	6	7
29	30	30	31	**8**	2	2	3	3	4	2	3	4	4	5	5	6	7	7	8	8	9	7	8
30	31	**10**	**9**	2	3	3	4	4	5	3	4	5	5	6	6	7	8	8	9	9	10	8	9
12	**11**	2	2	3	4	4	5	5	6	4	5	6	6	7	7	8	9	9	10	10	11	9	10
2	2	3	3	4	5	5	6	6	7	5	6	7	7	8	8	9	10	10	11	11	12	10	11
3	3	4	4	5	6	6	7	7	8	6	7	8	8	9	9	10	11	11	12	12	13	11	12
4	4	5	5	6	7	7	8	8	9	7	8	9	9	10	10	11	12	12	13	13	14	12	13
5	5	6	6	7	8	8	9	9	10	8	9	10	10	11	11	12	13	13	14	14	15	13	14
6	6	7	7	8	9	9	10	10	11	9	10	11	11	12	12	13	14	14	15	15	16	14	15
7	7	8	8	9	10	10	11	11	12	10	11	12	12	13	13	14	15	15	16	16	17	15	16
8	8	9	9	10	11	11	12	12	13	11	12	13	13	14	14	15	16	16	17	17	18	16	17
9	十一9	10	10	11	12	12	13	13	14	12	13	14	14	15	15	16	17	17	18	18	19	17	18
10	10	十11	九11	12	13	13	14	14	15	13	14	15	15	16	16	17	18	18	19	19	20	18	19
11	11	12	12	八13	七14	14	15	15	16	14	15	16	16	17	17	18	19	19	20	20	21	19	20
12	12	13	13	14	15	六15	五16	16	17	15	16	17	17	18	18	19	20	20	21	21	22	20	21
13	13	14	14	15	16	16	17	四17	三18	16	17	18	18	19	19	20	21	21	22	22	23	21	22
14	14	15	15	16	17	17	18	18	19	二17	正18	19	19	20	20	21	22	22	23	23	24	22	23
15	15	16	16	17	18	18	19	19	20	18	19	十二20	十一20	十21	21	22	23	23	24	24	25	23	24
16	16	17	17	18	19	19	20	20	21	19	20	21	冬21	22	九22	八23	24	24	25	25	26	24	25
17	17	18	18	19	20	20	21	21	22	20	21	22	22	23	23	24	閏25	七25	26	26	27	25	26
18	18	19	19	20	21	21	22	22	23	21	22	23	23	24	24	25	26	26	六27	五27	28	26	27
19	19	20	20	21	22	22	23	23	24	22	23	24	24	25	25	26	27	27	28	28	四29	三27	28
20	20	21	21	22	23	23	24	24	25	23	24	25	25	26	26	27	28	28	29	29	30	28	二29正
21	冬21	22	22	23	24	24	25	25	26	24	25	26	26	27	27	28	29	29	30	30	31	**3**	30

五

勵耘書屋

三二〇
庚辰
大興三
1073

三一九
己卯
大興二
1072

11	11	12	12	13	14	14	15	15	16	15	16	17	17	18	18	19	20	20	21	21	22	20	21	22
12	12	13	13	14	15	15	16	16	17	16	17	18	18	19	19	20	21	21	22	22	23	21	22	23
13	13	14	14	15	16	16	17	17	18	17	18	19	19	20	20	21	22	22	23	23	24	22	23	24
14	14	15	15	16	17	17	18	18	19	18	19	20	20	21	21	22	23	23	24	24	25	23	24	25
15	15	16	16	17	18	18	19	19	20	19	20	21冬	21	22	22	23	24	24	25	25	26	24	25	26
16	16	17	17	18	19	19	20	20	21	20	21	22	22	23	23	24	25	25	26	26	27	25	26	27
17十一	17十	18	18	19	20	20	21	21	22	21	22	23	23	24	24	25	26	26	27	27	28	26	27	28
18	18	19九	19八	20	21	21	22	22	23	22	23	24	24	25	25	26	27	27	28	28	29	27	28	29
19	19	20	20	21七	22六	22五	23	23	24	23	24	25	25	26	26	27	28	28	29	29	30	28	29	30
20冬	20	21	21	22	23	23	24四	24閏	25	24	25	26	26	27	27	28	29	29	30	30	31	**3**	30	31
21	21	22	22	23	24	24	25	25	26三	25二	26	27	27	28	28	29	30	30	31	**5**	**4**	2	31	**1**
22	22	23	23	24	25	25	26	26	27	26	27正	28十二	28	29	29	30	31	**7**	**6**	2	2	3	**2**	2
23	23	24	24	25	26	26	27	27	28	27	28	29	29十一	30十	30	31	**8**	2	2	3	3	4	2	3
24	24	25	25	26	27	27	28	28	29	28	29	30	30	31	**10**九	**9**八	2	3	3	4	4	5	3	4
25	25	26	26	27	28	28	29	29	30	29	30	31	**12**	**11**	2	2	3七	4六	4	5	5	6	4	5
26	26	27	27	28	29	29	30	30	31	**3**	31	**1**	2	2	3	3	4	5	5五	6四	6	7	5	6
27	27	28	28	29	30	30	31	**5**	**4**	2	**2**	2	3	3	4	4	5	6	6	7	7三	8二	6正	7
28	28	29	29	30	31	**7**	**6**	2	2	3	2	3	4	4	5	5	6	7	7	8	8	9	7	8十二
29	29	30	30	31	**8**	2	2	3	3	4	3	4	5	5	6	6	7	8	8	9	9	10	8	9
30	30	31	**10**	**9**	2	3	3	4	4	5	4	5	6	6	7	7	8	9	9	10	10	11	9	10
31	**12**	**11**	2	2	3	4	4	5	5	6	5	6	7	7	8	8	9	10	10	11	11	12	10	11
日	2	2	3	3	4	5	5	6	6	7	6	7	8	8	9	9	10	11	11	12	12	13	11	12
曜	3	3	4	4	5	6	6	7	7	8	7	8	9	9	10	10	11	12	12	13	13	14	12	13
表	4	4	5	5	6	7	7	8	8	9	8	9	10	10	11	11	12	13	13	14	14	15	13	14
7	5	5	6	6	7	8	8	9	9	10	9	10	11	11	12	12	13	14	14	15	15	16	14	15
甲	6	6	7	7	8	9	9	10	10	11	10	11	12	12	13	13	14	15	15	16	16	17	15	16
子	7	7	8	8	9	10	10	11	11	12	11	12	13	13	14	14	15	16	16	17	17	18	16	17
表	8	8	9	9	10	11	11	12	12	13	12	13	14	14	15	15	16	17	17	18	18	19	17	18
20	9	9	10	10	11	12	12	13	13	14	13	14	15	15	16	16	17	18	18	19	19	20	18	19
	10	10	11	11	12	13	13	14	14	15	14	15	16	16	17	17	18	19	19	20	20	21	19	20

中西回史日曆

卷四 東晉 六

三二一 辛巳 大興四 1074

三二二 壬午 永昌元 1075

22	23	23	24	25	25	26	26	27	25	26	27	27	28	28	29	30	30	31	**5**	**4**	2	31	**1**
23	24	24	25	26	26	27	27	28	26	27	28	28	29	29	30	31	**7**	**6**	2	2	3	**2**	2
24	25	25	26	27	27	28	28	29	27	28	29	29	30	30	31	**8**	2	2	3	3	4	2	3
25十二	26	26	27	28	28	29	29	30	28	29	30	30	31	**10**	**9**	2	3	3	4	4	5	3	4
26	27十	27九	28	29	29	30	30	31	**3**	30	31	**12**	**11**	2	2	3	4	4	5	5	6	4	5
27	28	28	29八	30七	30	31	**5**	**4**	2	31	**1**	2	2	3	3	4	5	5	6	6	7	5	6
28	29	29	30	31	**7**六	**6**五	2	2	3	**2**	2	3	3	4	4	5	6	6	7	7	8	6	7
29	30	30	31	**8**	2	2	3四	3三	4	2	3	4	4	5	5	6	7	7	8	8	9	7	8
30	31	**10**	**9**	2	3	3	4	4	5二	3正	4	5	5	6	6	7	8	8	9	9	10	8	9
12	**11**	2	2	3	4	4	5	5	6	4	5十二	6十一	6十	7	7	8	9	9	10	10	11	9	10
2	2	3	3	4	5	5	6	6	7	5	6	7	7	8九	8八	9	10	10	11	11	12	10	11
3	3	4	4	5	6	6	7	7	8	6	7	8	8	9	9	10七	11六	11	12	12	13	11	12
4	4	5	5	6	7	7	8	8	9	7	8	9	9	10	10	11	12	12五	13四	13	14	12	13
5	5	6	6	7	8	8	9	9	10	8	9	10	10	11	11	12	13	13	14	14三	15二	13	14
6	6	7	7	8	9	9	10	10	11	9	10	11	11	12	12	13	14	14	15	15	16	14正	15十二
7	7	8	8	9	10	10	11	11	12	10	11	12	12	13	13	14	15	15	16	16	17	15	16
8	8	9	9	10	11	11	12	12	13	11	12	13	13	14	14	15	16	16	17	17	18	16	17
9	9	10	10	11	12	12	13	13	14	12	13	14	14	15	15	16	17	17	18	18	19	17	18
10	10	11	11	12	13	13	14	14	15	13	14	15	15	16	16	17	18	18	19	19	20	18	19
11	11	12	12	13	14	14	15	15	16	14	15	16	16	17	17	18	19	19	20	20	21	19	20
12	12	13	13	14	15	15	16	16	17	15	16	17	17	18	18	19	20	20	21	21	22	20	21
13	13	14	14	15	16	16	17	17	18	16	17	18	18	19	19	20	21	21	22	22	23	21	22
14	14	15	15	16	17	17	18	18	19	17	18	19	19	20	20	21	22	22	23	23	24	22	23
15	15	16	16	17	18	18	19	19	20	18	19	20	20	21	21	22	23	23	24	24	25	23	24
16	16	17	17	18	19	19	20	20	21	19	20	21冬	21	22	22	23	24	24	25	25	26	24	25
17	17	18	18	19	20	20	21	21	22	20	21	22	22	23	23	24	25	25	26	26	27	25	26
18	18	19	19	20	21	21	22	22	23	21	22	23	23	24	24	25	26	26	27	27	28	26	27
19	19	20	20	21	22	22	23	23	24	22	23	24	24	25	25	26	27	27	28	28	29	27	28
20	20	21	21	22	23	23	24	24	25	23	24	25	25	26	26	27	28	28	29	29	30	28	29
21冬	21	22	22	23	24	24	25	25	26	24	25	26	26	27	27	28	29	29	30	30	31	**3**	30

勵耘書屋

三一四 甲申 太寧二 1077

三一三 癸未 永昌二 晋明帝 太寧元 三月改 1076

11	11	12	12	13	14	14	15	15	16	15	16	17	17	18	18	19	20六	20五	21	21	22	20	21	22
12	12	13	13	14	15	15	16	16	17	16	17	18	18	19	19	20	21	21	22四	22三	23	21	22	23
13	13	14	14	15	16	16	17	17	18	17	18	19	19	20	20	21	22	22	23	23	24二	22正	23十二	24
14	14	15	15	16	17	17	18	18	19	18	19	20	20	21	21	22	23	23	24	24	25	23	24	25閏
15	15	16	16	17	18	18	19	19	20	19	20	21冬	21	22	22	23	24	24	25	25	26	24	25	26
16	16	17	17	18	19	19	20	20	21	20	21	22	22	23	23	24	25	25	26	26	27	25	26	27
17	17	18	18	19	20	20	21	21	22	21	22	23	23	24	24	25	26	26	27	27	28	26	27	28
18	18	19	19	20	21	21	22	22	23	22	23	24	24	25	25	26	27	27	28	28	29	27	28	29
19	19	20	20	21	22	22	23	23	24	23	24	25	25	26	26	27	28	28	29	29	30	28	29	30
20冬	20	21	21	22	23	23	24	24	25	24	25	26	26	27	27	28	29	29	30	30	31	3	30	31
21	21	22	22	23	24	24	25	25	26	25	26	27	27	28	28	29	30	30	31	5	4	2	31	1
22	22	23	23	24	25	25	26	26	27	26	27	28	28	29	29	30	31	7	6	2	2	3	2	2
23	23	24	24	25	26	26	27	27	28	27	28	29	29	30	30	31	8	2	2	3	3	4	2	3
24	24	25	25	26	27	27	28	28	29	28	29	30	30	31	10	9	2	3	3	4	4	5	3	4
25	25	26	26	27	28	28	29	29	30	29	30	31	12	11	2	2	3	4	4	5	5	6	4	5
26	26	27	27	28	29	29	30	30	31	3	31	1	2	2	3	3	4	5	5	6	6	7	5	6
27	27	28	28	29	30	30	31	5	4	2	2	2	3	3	4	4	5	6	6	7	7	8	6	7
28	28	29	29	30	31	7	6	2	2	3	2	3	4	4	5	5	6	7	7	8	8	9	7	8
29	29	30	30	31	8	2	2	3	3	4	3	4	5	5	6	6	7	8	8	9	9	10	8	9
30	30	31	10	9	2	3	3	4	4	5	4	5	6	6	7	7	8	9	9	10	10	11	9	10
31	12	11	2	2	3	4	4	5	5	6	5	6	7	7	8	8	9	10	10	11	11	12	10	11
日	2	2	3	3	4	5	5	6	6	7	6	7	8	8	9	9	10	11	11	12	12	13	11	12
曜	3十一	3十	4	4	5	6	6	7	7	8	7	8	9	9	10	10	11	12	12	13	13	14	12	13
表	4	4	5九	5八	6	7	7	8	8	9	8	9	10	10	11	11	12	13	13	14	14	15	13	14
1	5	5	6	6	7七	8六	8五	9	9	10	9	10	11	11	12	12	13	14	14	15	15	16	14	15
甲	6	6	7	7	8	9	9	10四	10三	11	10	11	12	12	13	13	14	15	15	16	16	17	15	16
子	7	7	8	8	9	10	10	11	11	12二	11正	12	13	13	14	14	15	16	16	17	17	18	16	17
表	8	8	9	9	10	11	11	12	12	13	12	13十二	14十一	14	15	15	16	17	17	18	18	19	17	18
1	9	9	10	10	11	12	12	13	13	14	13	14	15	15十	16九	16	17	18	18	19	19	20	18	19
	10	10	11	11	12	13	13	14	14	15	14	15	16	16	17	17八	18七	19	19	20	20	21	19	20

三二六 丙戌 晉成帝 咸和元 1079

三二五 乙酉 太寧三 1078

22	23	23	24	25	25	26	26	27	25	26	27	27	28	28	29	30	30	31	**5**	**4**	2	31 正	**1** 十二
23	24	24	25	26	26	27	27	28	26	27	28	28	29	29	30	31	**7**	**6**	2	2	3	**2**	2
24	25	25	26	27	27	28	28	29	27	28	29	29	30	30	31	**8**	2	2	3	3	4	2	3
25	26	26	27	28	28	29	29	30	28	29	30	30	31	**10**	**9**	2	3	3	4	4	5	3	4
26	27	27	28	29	29	30	30	31	**3**	30	31	**12**	**11**	2	2	3	4	4	5	5	6	**4**	**5**
27	28	28	29	30	30	31	**5**	**4**	2	31	**1**	2	2	3	3	4	5	5	6	6	7	5	6
28	29	29	30	31	**7**	**6**	2	2	3	**2**	2	3	3	4	4	5	6	6	7	7	8	6	7
29	30	30	31	**8**	2	2	3	3	4	2	3	4	4	5	5	6	7	7	8	8	9	7	8
30	31	**10**	**9**	2	3	3	4	4	5	3	4	5	5	6	6	7	8	8	9	9	10	8	9
12	**11**	2	2	3	4	4	5	5	6	4	5	6	6	7	7	8	9	9	10	10	11	9	10
2	2	3	3	4	5	5	6	6	7	5	6	7	7	8	8	9	10	10	11	11	12	10	11
3	3	4	4	5	6	6	7	7	8	6	7	8	8	9	9	10	11	11	12	12	13	11	12
4	4	5	5	6	7	7	8	8	9	7	8	9	9	10	10	11	12	12	13	13	14	12	13
5	5	6	6	7	8	8	9	9	10	8	9	10	10	11	11	12	13	13	14	14	15	13	14
6	6	7	7	8	9	9	10	10	11	9	10	11	11	12	12	13	14	14	15	15	16	14	15
7	7	8	8	9	10	10	11	11	12	10	11	12	12	13	13	14	15	15	16	16	17	15	16
8	8	9	9	10	11	11	12	12	13	11	12	13	13	14	14	15	16	16	17	17	18	16	17
9	9	10	10	11	12	12	13	13	14	12	13	14	14	15	15	16	17	17	18	18	19	17	18
10	10	11	11	12	13	13	14	14	15	13	14	15	15	16	16	17	18	18	19	19	20	18	19
11 十二	11 十	12	12	13	14	14	15	15	16	14	15	16	16	17	17	18	19	19	20	20	21	19	20
12	12	13 九	13 八	14	15	15	16	16	17	15	16	17	17	18	18	19	20	20	21	21	22	20	21
13	13	14	14	15 七	16 六	16	17	17	18	16	17	18	18	19	19	20	21	21	22	22	23	21	22
14	14	15	15	16	17	17 五	18 四	18	19	17	18	19	19	20	20	21	22	22	23	23	24	22	23
15	15	16	16	17	18	18	19	19 三	20 二	18	19	20	20	21	21	22	23	23	24	24	25	23	24
16	16	17	17	18	19	19	20	20	21	19 正	20 十二	21 冬	21	22	22	23	24	24	25	25	26	24	25
17	17	18	18	19	20	20	21	21	22	20	21	22 十一	22 十	23 九	23	24	25	25	26	26	27	25	26
18	18	19	19	20	21	21	22	22	23	21	22	23	23	24	24 閏	25 八	26	26	27	27	28	26	27
19	19	20	20	21	22	22	23	23	24	22	23	24	24	25	25	26	27 七	27 六	28	28	29	27	28
20	20	21	21	22	23	23	24	24	25	23	24	25	25	26	26	27	28	28	29 五	29 四	30	28	29
21 冬	21	22	22	23	24	24	25	25	26	24	25	26	26	27	27	28	29	29	30	30	31 三	**3** 二	30

勵耘書屋

三二八 戊子 咸和三 1081

三二七 丁亥 咸和二 1080

11	11	12	12	13	14	14	15	15	16	15	16	17	17	18	18	19	20	20	21	21	22	20	21	22
12	12	13	13	14	15	15	16	16	17	16	17	18	18	19	19	20	21	21	22	22	23	21	22	23
13	13	14	14	15	16	16	17	17	18	17	18	19	19	20	20	21	22	22	23	23	24	22	23	24
14	14	15	15	16	17	17	18	18	19	18	19	20	20	21	21	22	23	23	24	24	25	23	24	25
15	15	16	16	17	18	18	19	19	20	19	20	21冬	21	22	22	23	24	24	25	25	26	24	25	26
16	16	17	17	18	19	19	20	20	21	20	21	22	22	23	23	24	25	25	26	26	27	25	26	27
17	17	18	18	19	20	20	21	21	22	21	22	23	23	24	24	25	26	26	27	27	28	26	27	28
18十二	18	19	19	20	21	21	22	22	23	22	23	24	24	25	25	26	27	27	28	28	29	27	28	29
19	19十	20九	20	21	22	22	23	23	24	23	24	25	25	26	26	27	28	28	29	29	30	28	29	30
20冬	20	21	21八	22七	23	23	24	24	25	24	25	26	26	27	27	28	29	29	30	30	31	3	30	31
21	21	22	22	23	24六	24閏	25五	25	26	25	26	27	27	28	28	29	30	30	31	5	4	2	31	1
22	22	23	23	24	25	25	26	26四	27三	26	27	28	28	29	29	30	31	7	6	2	2	3	2	2
23	23	24	24	25	26	26	27	27	28	27二	28正	29	29	30	30	31	8	2	2	3	3	4	2	3
24	24	25	25	26	27	27	28	28	29	28	29	30十二	30十一	31	10	9	2	3	3	4	4	5	3	4
25	25	26	26	27	28	28	29	29	30	29	30	31	12	11十	2九	2	3	4	4	5	5	6	4	5
26	26	27	27	28	29	29	30	30	31	3	31	1	2	2	3	3八	4七	5	5	6	6	7	5	6
27	27	28	28	29	30	30	31	5	4	2	2	2	3	3	4	4	5	6六	6五	7	7	8	6	7
28	28	29	29	30	31	7	6	2	2	3	2	3	4	4	5	5	6	7	7	8四	8三	9	7	8
29	29	30	30	31	8	2	2	3	3	4	3	4	5	5	6	6	7	8	8	9	9	10二	8正	9十二
30	30	31	10	9	2	3	3	4	4	5	4	5	6	6	7	7	8	9	9	10	10	11	9	10
31	12	11	2	2	3	4	4	5	5	6	5	6	7	7	8	8	9	10	10	11	11	12	10	11
日	2	2	3	3	4	5	5	6	6	7	6	7	8	8	9	9	10	11	11	12	12	13	11	12
曜	3	3	4	4	5	6	6	7	7	8	7	8	9	9	10	10	11	12	12	13	13	14	12	13
表	4	4	5	5	6	7	7	8	8	9	8	9	10	10	11	11	12	13	13	14	14	15	13	14
2	5	5	6	6	7	8	8	9	9	10	9	10	11	11	12	12	13	14	14	15	15	16	14	15
甲	6	6	7	7	8	9	9	10	10	11	10	11	12	12	13	13	14	15	15	16	16	17	15	16
子	7	7	8	8	9	10	10	11	11	12	11	12	13	13	14	14	15	16	16	17	17	18	16	17
表	8	8	9	9	10	11	11	12	12	13	12	13	14	14	15	15	16	17	17	18	18	19	17	18
2	9	9	10	10	11	12	12	13	13	14	13	14	15	15	16	16	17	18	18	19	19	20	18	19
	10	10	11	11	12	13	13	14	14	15	14	15	16	16	17	17	18	19	19	20	20	21	19	20

三三〇 庚寅 咸和五 1083

三二九 己丑 咸和四 1082

22	23	23	24	25	25	26	26	27	25	26	27	27	28	28	29	30	30	31	**5**	**4**	2	31	**1**
23	24	24	25	26	26	27	27	28	26	27	28	28	29	29	30	31	**7**	**6**	2	2	3	**2**	2
24	25	25	26	27	27	28	28	29	27	28	29	29	30	30	31	**8**	2	2	3	3	4	2	3
25	26	26	27	28	28	29	29	30	28	29	30	30	31	**10**	**9**	2	3	3	4	4	5	3	4
26	27	27	28	29	29	30	30	31	**3**	30	31	**12**	**11**	2	2	3	4	4	5	5	6	4	5
27十一	28十	28	29	30	30	31	**5**	**4**	2	31	**1**	2	2	3	3	4	5	5	6	6	7	5	6
28	29	29九	30八	31	**7**	**6**	2	2	3	**2**	2	3	3	4	4	5	6	6	7	7	8	6	7
29	30	30	31	**8**七	2六	2	3	3	4	2	3	4	4	5	5	6	7	7	8	8	9	7	8
30	31	**10**	**9**	2	3	3五	4四	4	5	3	4	5	5	6	6	7	8	8	9	9	10	8	9
12	**11**	2	2	3	4	4	5	5三	6二	4	5	6	6	7	7	8	9	9	10	10	11	9	10
2	2	3	3	4	5	5	6	6	7	5正	6十二	7	7	8	8	9	10	10	11	11	12	10	11
3	3	4	4	5	6	6	7	7	8	6	7	8十一	8十	9九	9	10	11	11	12	12	13	11	12
4	4	5	5	6	7	7	8	8	9	7	8	9	9	10	10八	11七	12	12	13	13	14	12	13
5	5	6	6	7	8	8	9	9	10	8	9	10	10	11	11	12	13六	13五	14	14	15	13	14
6	6	7	7	8	9	9	10	10	11	9	10	11	11	12	12	13	14	14	15四	15三	16	14	15
7	7	8	8	9	10	10	11	11	12	10	11	12	12	13	13	14	15	15	16	16	17二	15正	16
8	8	9	9	10	11	11	12	12	13	11	12	13	13	14	14	15	16	16	17	17	18	16	17十二
9	9	10	10	11	12	12	13	13	14	12	13	14	14	15	15	16	17	17	18	18	19	17	18
10	10	11	11	12	13	13	14	14	15	13	14	15	15	16	16	17	18	18	19	19	20	18	19
11	11	12	12	13	14	14	15	15	16	14	15	16	16	17	17	18	19	19	20	20	21	19	20
12	12	13	13	14	15	15	16	16	17	15	16	17	17	18	18	19	20	20	21	21	22	20	21
13	13	14	14	15	16	16	17	17	18	16	17	18	18	19	19	20	21	21	22	22	23	21	22
14	14	15	15	16	17	17	18	18	19	17	18	19	19	20	20	21	22	22	23	23	24	22	23
15	15	16	16	17	18	18	19	19	20	18	19	20	20	21	21	22	23	23	24	24	25	23	24
16	16	17	17	18	19	19	20	20	21	19	20	21冬	21	22	22	23	24	24	25	25	26	24	25
17	17	18	18	19	20	20	21	21	22	20	21	22	22	23	23	24	25	25	26	26	27	25	26
18	18	19	19	20	21	21	22	22	23	21	22	23	23	24	24	25	26	26	27	27	28	26	27
19	19	20	20	21	22	22	23	23	24	22	23	24	24	25	25	26	27	27	28	28	29	27	28
20	20	21	21	22	23	23	24	24	25	23	24	25	25	26	26	27	28	28	29	29	30	28	29
21冬	21	22	22	23	24	24	25	25	26	24	25	26	26	27	27	28	29	29	30	30	31	**3**	30

三三二 壬辰 咸和七 1085

三三一 辛卯 咸和六 1084

11	11	12	12	13	14	14	15	15	16	15	16	17	17	18九	18八	19	20	20	21	21	22	20	21	22
12	12	13	13	14	15	15	16	16	17	16	17	18	18	19	19	20七	21六	21	22	22	23	21	22	23
13	13	14	14	15	16	16	17	17	18	17	18	19	19	20	20	21	22	22五	23四	23	24	22	23	24
14	14	15	15	16	17	17	18	18	19	18	19	20	20	21	21	22	23	23	24	24三	25二	23	24	25
15	15	16	16	17	18	18	19	19	20	19	20	21冬	21	22	22	23	24	24	25	25	26	24閏	25正	26十二
16	16	17	17	18	19	19	20	20	21	20	21	22	22	23	23	24	25	25	26	26	27	25	26	27
17	17	18	18	19	20	20	21	21	22	21	22	23	23	24	24	25	26	26	27	27	28	26	27	28
18	18	19	19	20	21	21	22	22	23	22	23	24	24	25	25	26	27	27	28	28	29	27	28	29
19	19	20	20	21	22	22	23	23	24	23	24	25	25	26	26	27	28	28	29	29	30	28	29	30
20冬	20	21	21	22	23	23	24	24	25	24	25	26	26	27	27	28	29	29	30	30	31	**3**	30	31
21	21	22	22	23	24	24	25	25	26	25	26	27	27	28	28	29	30	30	31	**5**	**4**	2	31	**1**
22	22	23	23	24	25	25	26	26	27	26	27	28	28	29	29	30	31	**7**	**6**	2	2	3	**2**	2
23	23	24	24	25	26	26	27	27	28	27	28	29	29	30	30	31	**8**	2	2	3	3	4	2	3
24	24	25	25	26	27	27	28	28	29	28	29	30	30	31	**10**	**9**	2	3	3	4	4	5	3	4
25	25	26	26	27	28	28	29	29	30	29	30	31	**12**	**11**	2	2	3	4	4	5	5	6	4	5
26	26	27	27	28	29	29	30	30	31	**3**	31	**1**	2	2	3	3	4	5	5	6	6	7	5	6
27	27	28	28	29	30	30	31	**5**	**4**	2	**2**	2	3	3	4	4	5	6	6	7	7	8	6	7
28	28	29	29	30	31	**7**	**6**	2	2	3	2	3	4	4	5	5	6	7	7	8	8	9	7	8
29	29	30	30	31	**8**	2	2	3	3	4	3	4	5	5	6	6	7	8	8	9	9	10	8	9
30	30	31	**10**	**9**	2	3	3	**4**	4	5	4	5	6	6	7	7	8	9	9	10	10	11	9	10
31	**12**	**11**	2	2	3	4	4	5	5	6	5	6	7	7	8	8	9	10	10	11	11	12	10	11
日	2	2	3	3	4	5	5	6	6	7	6	7	8	8	9	9	10	11	11	12	12	13	11	12
曜	3	3	4	4	5	6	6	7	7	8	7	8	9	9	10	10	11	12	12	13	13	14	12	13
表	4十一	4	5	5	6	7	7	8	8	9	8	9	10	10	11	11	12	13	13	14	14	15	13	14
3	5	5十	6九	6	7	8	8	9	9	10	9	10	11	11	12	12	13	14	14	15	15	16	14	15
甲	6	6	7	7八	8七	9	9	10	10	11	10	11	12	12	13	13	14	15	15	16	16	17	15	16
子	7	7	8	8	9	10六	10五	11四	11	12	11	12	13	13	14	14	15	16	16	17	17	18	16	17
表	8	8	9	9	10	11	11	12	12三	13二	12	13	14	14	15	15	16	17	17	18	18	19	17	18
3	9	9	10	10	11	12	12	13	13	14	13正	14十二	15	15	16	16	17	18	18	19	19	20	18	19
	10	10	11	11	12	13	13	14	14	15	14	15	16十一	16十	17	17	18	19	19	20	20	21	19	20

三三四 甲午 咸和九 1087

三三三 癸巳 咸和八 1086

22	23	23	24	25	25	26	26	27	25	26	27	27	28	28	29	30	30	31	**5**	四**4**	三2	31	**1**
23	24	24	25	26	26	27	27	28	26	27	28	28	29	29	30	31	**7**	**6**	2	2	3	二**2**	正2
24	25	25	26	27	27	28	28	29	27	28	29	29	30	30	31	**8**	2	2	3	3	4	2	3十二
25	26	26	27	28	28	29	29	30	28	29	30	30	31	**10**	**9**	2	3	3	4	4	5	3	4
26	27	27	28	29	29	30	30	31	**3**	30	31	**12**	**11**	2	2	3	4	4	5	5	6	4	5
27	28	28	29	30	30	31	**5**	**4**	2	31	**1**	2	2	3	3	4	5	5	6	6	7	5	6
28	29	29	30	31	**7**	**6**	2	2	3	**2**	2	3	3	4	4	5	6	6	7	7	8	6	7
29	30	30	31	**8**	2	2	3	3	4	2	3	4	4	5	5	6	7	7	8	8	9	7	8
30	31	**10**	**9**	2	3	3	4	4	5	3	4	5	5	6	6	7	8	8	9	9	10	8	9
12	**11**	2	2	3	4	4	5	5	6	4	5	6	6	7	7	8	9	9	10	10	11	9	10
2	2	3	3	4	5	5	6	6	7	5	6	7	7	8	8	9	10	10	11	11	12	10	11
3	3	4	4	5	6	6	7	7	8	6	7	8	8	9	9	10	11	11	12	12	13	11	12
4	4	5	5	6	7	7	8	8	9	7	8	9	9	10	10	11	12	12	13	13	14	12	13
5	5	6	6	7	8	8	9	9	10	8	9	10	10	11	11	12	13	13	14	14	15	13	14
6	6	7	7	8	9	9	10	10	11	9	10	11	11	12	12	13	14	14	15	15	16	14	15
7	7	8	8	9	10	10	11	11	12	10	11	12	12	13	13	14	15	15	16	16	17	15	16
8	8	9	9	10	11	11	12	12	13	11	12	13	13	14	14	15	16	16	17	17	18	16	17
9	9	10	10	11	12	12	13	13	14	12	13	14	14	15	15	16	17	17	18	18	19	17	18
10	10	11	11	12	13	13	14	14	15	13	14	15	15	16	16	17	18	18	19	19	20	18	19
11	11	12	12	13	14	14	15	15	16	14	15	16	16	17	17	18	19	19	20	20	21	19	20
12	十一12	13	13	14	15	15	16	16	17	15	16	17	17	18	18	19	20	20	21	21	22	20	21
13	13	十14	九14	15	16	16	17	17	18	16	17	18	18	19	19	20	21	21	22	22	23	21	22
14	14	15	15	八16	七17	17	18	18	19	17	18	19	19	20	20	21	22	22	23	23	24	22	23
15	15	16	16	17	18	六18	五19	19	20	18	19	20	20	21	21	22	23	23	24	24	25	23	24
16	16	17	17	18	19	19	20	四20	三21	19	20	21	冬21	22	22	23	24	24	25	25	26	24	25
17	17	18	18	19	20	20	21	21	22	二20	正21	22	22	23	23	24	25	25	26	26	27	25	26
18	18	19	19	20	21	21	22	22	23	21	22	十二23	十一23	24	24	25	26	26	27	27	28	26	27
19	19	20	20	21	22	22	23	23	24	22	23	24	24	閏25	十25	九26	27	27	28	28	29	27	28
20	20	21	21	22	23	23	24	24	25	23	24	25	25	26	26	27	八28	七28	29	29	30	28	29
21	冬21	22	22	23	24	24	25	25	26	24	25	26	26	27	27	28	29	29	六30	五30	31	**3**	30

三三六 丙申 咸康二 1089

三三五 乙未 咸康元 1088

11	11	12	12	13	14	14	15	15	16	15	16	17	17	18	18	19	20	20	21	21	22	20	21	22
12	12	13	13	14	15	15	16	16	17	16	17	18	18	19	19	20	21	21	22	22	23	21	22	23
13	13	14	14	15	16	16	17	17	18	17	18	19	19	20	20	21	22	22	23	23	24	22	23	24
14	14	15	15	16	17	17	18	18	19	18	19	20	20	21	21	22	23	23	24	24	25	23	24	25
15	15	16	16	17	18	18	19	19	20	19	20	21冬	21	22	22	23	24	24	25	25	26	24	25	26
16	16	17	17	18	19	19	20	20	21	20	21	22	22	23	23	24	25	25	26	26	27	25	26	27
17	17	18	18	19	20	20	21	21	22	21	22	23	23	24	24	25	26	26	27	27	28	26	27	28
18	18	19	19	20	21	21	22	22	23	22	23	24	24	25	25	26	27	27	28	28	29	27	28	29
19	19	20	20	21	22	22	23	23	24	23	24	25	25	26	26	27	28	28	29	29	30	28	29	30
20冬十一	20十	21	21	22	23	23	24	24	25	24	25	26	26	27	27	28	29	29	30	30	31	**3**	30	31
21	21	22九	22八	23	24	24	25	25	26	25	26	27	27	28	28	29	30	30	31	**5**	**4**	2	31	**1**
22	22	23	23	24閏	25七	25	26	26	27	26	27	28	28	29	29	30	31	**7**	**6**	2	2	3	**2**	2
23	23	24	24	25	26	26六	27五	27四	28	27	28	29	29	30	30	31	**8**	2	2	3	3	4	2	3
24	24	25	25	26	27	27	28	28	29三	28二	29	30	30	31	**10**	**9**	2	3	3	4	4	5	3	4
25	25	26	26	27	28	28	29	29	30	29	30正	31十二	**12**	**11**	2	2	3	4	4	5	5	6	4	5
26	26	27	27	28	29	29	30	30	31	**3**	31	**1**	2十一	2十	3	3	4	5	5	6	6	7	5	6
27	27	28	28	29	30	30	31	**5**	**4**	2	**2**	2	3	3	4九	4八	5	6	6	7	7	8	6	7
28	28	29	29	30	31	**7**	**6**	2	2	3	2	3	4	4	5	5	6七	7六	7	8	8	9	7	8
29	29	30	30	31	**8**	2	2	3	3	4	3	4	5	5	6	6	7	8	8五	9四	9	10	8	9
30	30	31	**10**	**9**	2	3	3	**4**	4	5	4	5	6	6	7	7	8	9	9	10	10三	11二	9	10
31	**12**	**11**	2	2	3	4	4	5	5	6	5	6	7	7	8	8	9	10	10	11	11	12	10正	11十二
日	2	2	3	3	4	5	5	6	6	7	6	7	8	8	9	9	10	11	11	12	12	13	11	12
曜	3	3	4	4	5	6	6	7	7	8	7	8	9	9	10	10	11	12	12	13	13	14	12	13
表	4	4	5	5	6	7	7	8	8	9	8	9	10	10	11	11	12	13	13	14	14	15	13	14
4	5	5	6	6	7	8	8	9	9	10	9	10	11	11	12	12	13	14	14	15	15	16	14	15
甲	6	6	7	7	8	9	9	10	10	11	10	11	12	12	13	13	14	15	15	16	16	17	15	16
子	7	7	8	8	9	10	10	11	11	12	11	12	13	13	14	14	15	16	16	17	17	18	16	17
表	8	8	9	9	10	11	11	12	12	13	12	13	14	14	15	15	16	17	17	18	18	19	17	18
4	9	9	10	10	11	12	12	13	13	14	13	14	15	15	16	16	17	18	18	19	19	20	18	19
	10	10	11	11	12	13	13	14	14	15	14	15	16	16	17	17	18	19	19	20	20	21	19	20

中西回史日曆

卷四

東晉

三三八 戊戌 咸康四 1091

三三七 丁酉 咸康三 1090

22	23	23	24	25	25	26	26	27	25	26	27	27	28	28	29	30	30	31	**5**	**4**	2	31	**1**
23	24	24	25	26	26	27	27	28	26	27	28	28	29	29	30	31	**7**	**6**	2	2	3	**2**	2
24	25	25	26	27	27	28	28	29	27	28	29	29	30	30	31	**8**	2	2	3	3	4	2	3
25	26	26	27	28	28	29	29	30	28	29	30	30	31	**10**	**9**	2	3	3	4	4	5	3	4
26	27	27	28	29	29	30	30	31	**3**	30	31	**12**	**11**	2	2	3	4	4	5	5	6	4	5
27	28	28	29	30	30	31	**5**	**4**	2	31	**1**	2	2	3	3	4	5	5	6	6	7	5	6
28	十一29	29	30	31	**7**	**6**	2	2	3	**2**	2	3	3	4	4	5	6	6	7	7	8	6	7
29	30	十30	九31	**8**	2	2	3	3	4	2	3	4	4	5	5	6	7	7	8	8	9	7	8
30	31	**10**	**9**	八2	七3	3	4	4	5	3	4	5	5	6	6	7	8	8	9	9	10	8	9
12	**11**	2	2	3	4	六4	五5	5	6	4	5	6	6	7	7	8	9	9	10	10	11	9	10
2	2	3	3	4	5	5	6	四6	三7	5	6	7	7	8	8	9	10	10	11	11	12	10	11
3	3	4	4	5	6	6	7	7	8	二6	正7	8	8	9	9	10	11	11	12	12	13	11	12
4	4	5	5	6	7	7	8	8	9	7	8	十二9	十一9	10	10	11	12	12	13	13	14	12	13
5	5	6	6	7	8	8	9	9	10	8	9	10	10	十11	九11	八12	13	13	14	14	15	13	14
6	6	7	7	8	9	9	10	10	11	9	10	11	11	12	12	13	七14	六14	15	15	16	14	15
7	7	8	8	9	10	10	11	11	12	10	11	12	12	13	13	14	15	15	五16	四16	17	15	16
8	8	9	9	10	11	11	12	12	13	11	12	13	13	14	14	15	16	16	17	17	三18	二16	17
9	9	10	10	11	12	12	13	13	14	12	13	14	14	15	15	16	17	17	18	18	19	17	正18十二
10	10	11	11	12	13	13	14	14	15	13	14	15	15	16	16	17	18	18	19	19	20	18	19
11	11	12	12	13	14	14	15	15	16	14	15	16	16	17	17	18	19	19	20	20	21	19	20
12	12	13	13	14	15	15	16	16	17	15	16	17	17	18	18	19	20	20	21	21	22	20	21
13	13	14	14	15	16	16	17	17	18	16	17	18	18	19	19	20	21	21	22	22	23	21	22
14	14	15	15	16	17	17	18	18	19	17	18	19	19	20	20	21	22	22	23	23	24	22	23
15	15	16	16	17	18	18	19	19	20	18	19	20	冬20	21	21	22	23	23	24	24	25	23	24
16	16	17	17	18	19	19	20	20	21	19	20	21	21	22	22	23	24	24	25	25	26	24	25
17	17	18	18	19	20	20	21	21	22	20	21	22	22	23	23	24	25	25	26	26	27	25	26
18	18	19	19	20	21	21	22	22	23	21	22	23	23	24	24	25	26	26	27	27	28	26	27
19	19	20	20	21	22	22	23	23	24	22	23	24	24	25	25	26	27	27	28	28	29	27	28
20	20	21	21	22	23	23	24	24	25	23	24	25	25	26	26	27	28	28	29	29	30	28	29
21	冬21	22	22	23	24	24	25	25	26	24	25	26	26	27	27	28	29	29	30	30	31	**3**	30

一〇

勵耘書屋

三三九 己亥 咸康五 1092

三四〇 庚子 咸康六 1093

11	11	12	12	13	14	14	15	15	16	15	16十二	17十一	17	18	18	19	20	20	21	21	22	20	21	22
12	12	13	13	14	15	15	16	16	17	16	17	18	18十	19九	19	20	21	21	22	22	23	21	22	23
13	13	14	14	15	16	16	17	17	18	17	18	19	19	20	20八	21七	22	22	23	23	24	22	23	24
14	14	15	15	16	17	17	18	18	19	18	19	20	20	21	21	22	23六	23五	24	24	25	23	24	25
15	15	16	16	17	18	18	19	19	20	19	20	21冬	21	22	22	23	24	24	25閏	25四	26	24	25	26
16	16	17	17	18	19	19	20	20	21	20	21	22	22	23	23	24	25	25	26	26	27三	25二	26	27
17	17	18	18	19	20	20	21	21	22	21	22	23	23	24	24	25	26	26	27	27	28	26	27正	28十二
18	18	19	19	20	21	21	22	22	23	22	23	24	24	25	25	26	27	27	28	28	29	27	28	29
19	19	20	20	21	22	22	23	23	24	23	24	25	25	26	26	27	28	28	29	29	30	28	29	30
20冬	20	21	21	22	23	23	24	24	25	24	25	26	26	27	27	28	29	29	30	30	31	**3**	30	31
21	21	22	22	23	24	24	25	25	26	25	26	27	27	28	28	29	30	30	31	**5**	**4**	2	31	**1**
22	22	23	23	24	25	25	26	26	27	26	27	28	28	29	29	30	31	**7**	**6**	2	2	3	**2**	2
23	23	24	24	25	26	26	27	27	28	27	28	29	29	30	30	31	**8**	2	2	3	3	4	2	3
24	24	25	25	26	27	27	28	28	29	28	29	30	30	31	**10**	**9**	2	3	3	4	4	5	3	4
25	25	26	26	27	28	28	29	29	30	29	30	31	**12**	**11**	2	2	3	4	4	5	5	6	4	5
26	26	27	27	28	29	29	30	30	31	**3**	31	**1**	2	2	3	3	4	5	5	6	6	7	5	6
27	27	28	28	29	30	30	31	**5**	**4**	2	**2**	2	3	3	4	4	5	6	6	7	7	8	6	7
28	28	29	29	30	31	**7**	**6**	2	2	3	2	3	4	4	5	5	6	7	7	8	8	9	7	8
29	29	30	30	31	**8**	2	2	3	3	4	3	4	5	5	6	6	7	8	8	9	9	10	8	9
30	30	31	**10**	**9**	2	3	3	4	4	5	4	5	6	6	7	7	8	9	9	10	10	11	9	10
31	**12**	**11**	2	2	3	4	4	5	5	6	5	6	7	7	8	8	9	10	10	11	11	12	10	11
日	2	2	3	3	4	5	5	6	6	7	6	7	8	8	9	9	10	11	11	12	12	13	11	12
曜	3	3	4	4	5	6	6	7	7	8	7	8	9	9	10	10	11	12	12	13	13	14	12	13
表	4	4	5	5	6	7	7	8	8	9	8	9	10	10	11	11	12	13	13	14	14	15	13	14
5	5	5	6	6	7	8	8	9	9	10	9	10	11	11	12	12	13	14	14	15	15	16	14	15
甲	6十一	6十	7	7	8	9	9	10	10	11	10	11	12	12	13	13	14	15	15	16	16	17	15	16
子	7	7	8九	8八	9	10	10	11	11	12	11	12	13	13	14	14	15	16	16	17	17	18	16	17
表	8	8	9	9	10七	11六	11	12	12	13	12	13	14	14	15	15	16	17	17	18	18	19	17	18
5	9	9	10	10	11	12	12五	13四	13三	14	13	14	15	15	16	16	17	18	18	19	19	20	18	19
	10	10	11	11	12	13	13	14	14	15二	14正	15	16	16	17	17	18	19	19	20	20	21	19	20

三四二 壬寅 咸康八 1095												三四一 辛丑 咸康七 1094											
22	23	23	24	25	25	26	26	27	25	26	27	27	28	28	29	30七	30六	31	**5**	**4**	2	31	**1**
23	24	24	25	26	26	27	27	28	26	27	28	28	29	29	30	31	**7**	**6**五	2四	2	3	**2**	2
24	25	25	26	27	27	28	28	29	27	28	29	29	30	30	31	**8**	2	2	3	3三	4二	2	3
25	26	26	27	28	28	29	29	30	28	29	30	30	31	**10**	**9**	2	3	3	4	4	5	3正	4十二
26	27	27	28	29	29	30	30	31	**3**	30	31	**12**	**11**	2	2	3	4	4	5	5	6	4	5
27	28	28	29	30	30	31	**5**	**4**	2	31	**1**	2	2	3	3	4	5	5	6	6	7	5	6
28	29	29	30	31	**7**	**6**	2	2	3	**2**	2	3	3	4	4	5	6	6	7	7	8	6	7
29	30	30	31	**8**	2	2	3	3	4	2	3	4	4	5	5	6	7	7	8	8	9	7	8
30	31	**10**	**9**	2	3	3	4	4	5	3	4	5	5	6	6	7	8	8	9	9	10	8	9
12	**11**	2	2	3	4	4	5	5	6	4	5	6	6	7	7	8	9	9	10	10	11	9	10
2	2	3	3	4	5	5	6	6	7	5	6	7	7	8	8	9	10	10	11	11	12	10	11
3	3	4	4	5	6	6	7	7	8	6	7	8	8	9	9	10	11	11	12	12	13	11	12
4	4	5	5	6	7	7	8	8	9	7	8	9	9	10	10	11	12	12	13	13	14	12	13
5	5	6	6	7	8	8	9	9	10	8	9	10	10	11	11	12	13	13	14	14	15	13	14
6	6	7	7	8	9	9	10	10	11	9	10	11	11	12	12	13	14	14	15	15	16	14	15
7	7	8	8	9	10	10	11	11	12	10	11	12	12	13	13	14	15	15	16	16	17	15	16
8	8	9	9	10	11	11	12	12	13	11	12	13	13	14	14	15	16	16	17	17	18	16	17
9	9	10	10	11	12	12	13	13	14	12	13	14	14	15	15	16	17	17	18	18	19	17	18
10	10	11	11	12	13	13	14	14	15	13	14	15	15	16	16	17	18	18	19	19	20	18	19
11	11	12	12	13	14	14	15	15	16	14	15	16	16	17	17	18	19	19	20	20	21	19	20
12	12	13	13	14	15	15	16	16	17	15	16	17	17	18	18	19	20	20	21	21	22	20	21
13	13	14	14	15	16	16	17	17	18	16	17	18	18	19	19	20	21	21	22	22	23	21	22
14十一	14十	15	15	16	17	17	18	18	19	17	18	19	19	20	20	21	22	22	23	23	24	22	23
15	15	16九	16八	17	18	18	19	19	20	18	19	20冬	20	21	21	22	23	23	24	24	25	23	24
16	16	17	17	18七	19六	19	20	20	21	19	20	21	21	22	22	23	24	24	25	25	26	24	25
17	17	18	18	19	20	20五	21四	21	22	20	21	22	22	23	23	24	25	25	26	26	27	25	26
18	18	19	19	20	21	21	22	22三	23二	21	22	23	23	24	24	25	26	26	27	27	28	26	27
19	19	20	20	21	22	22	23	23	24	22正	23閏	24	24	25	25	26	27	27	28	28	29	27	28
20	20	21	21	22	23	23	24	24	25	23	24	25十二	25十一	26	26	27	28	28	29	29	30	28	29
21冬	21	22	22	23	24	24	25	25	26	24	25	26	26	27十	27九	28八	29	29	30	30	31	**3**	30

勵耘書屋

三四四 甲辰 建元二 1097

三四三 癸卯 晋康帝 建元元 1096

11	11	12	12	13	14	14	15	15	16	15	16	17	17	18	18	19	20	20	21	21	22	20	21	22
12	12	13	13	14	15	15	16	16	17	16	17	18	18	19	19	20	21	21	22	22	23	21	22	23
13	13	14	14	15	16	16	17	17	18	17	18	19	19	20	20	21	22	22	23	23	24	22	23	24
14	14	15	15	16	17	17	18	18	19	18	19	20	20	21	21	22	23	23	24	24	25	23	24	25
15	15	16	16	17	18	18	19	19	20	19	20	21冬	21	22	22	23	24	24	25	25	26	24	25	26
16	16	17	17	18	19	19	20	20	21	20	21	22	22	23	23	24	25	25	26	26	27	25	26	27
17	17	18	18	19	20	20	21	21	22	21	22	23	23	24	24	25	26	26	27	27	28	26	27	28
18	18	19	19	20	21	21	22	22	23	22	23	24	24	25	25	26	27	27	28	28	29	27	28	29
19	19	20	20	21	22	22	23	23	24	23	24	25	25	26	26	27	28	28	29	29	30	28	29	30
20冬	20	21	21	22	23	23	24	24	25	24	25	26	26	27	27	28	29	29	30	30	31	**3**	30	31
21十一	21	22	22	23	24	24	25	25	26	25	26	27	27	28	28	29	30	30	31	**5**	**4**	2	31	**1**
22	22十	23九	23	24	25	25	26	26	27	26	27	28	28	29	29	30	31	**7**	**6**	2	2	3	**2**	2
23	23	24	24閏	25八	26	26	27	27	28	27	28	29	29	30	30	31	**8**	2	2	3	3	4	2	3
24	24	25	25	26	27七	27六	28	28	29	28	29	30	30	31	**10**	**9**	2	3	3	4	4	5	3	4
25	25	26	26	27	28	28	29五	29四	30三	29	30	31	**12**	**11**	2	2	3	4	4	5	5	6	4	5
26	26	27	27	28	29	29	30	30	31	**3**二	31正	**1**	2	2	3	3	4	5	5	6	6	7	5	6
27	27	28	28	29	30	30	31	**5**	**4**	2	**2**	2十二	3十一	3	4	4	5	6	6	7	7	8	6	7
28	28	29	29	30	31	**7**	**6**	2	2	3	2	3	4	4十	5九	5	6	7	7	8	8	9	7	8
29	29	30	30	31	**8**	2	2	3	3	4	3	4	5	5	6	6八	7七	8	8	9	9	10	8	9
30	30	31	**10**	**9**	2	3	3	**4**	**4**	5	4	5	6	6	7	7	8	9六	9五	10	10	11	9	10
31	**12**	**11**	2	2	3	4	4	5	5	6	5	6	7	7	8	8	9	10	10	11四	11三	12	10	11
日	2	2	3	3	4	5	5	6	6	7	6	7	8	8	9	9	10	11	11	12	12	13二	11正	12
曜	3	3	4	4	5	6	6	7	7	8	7	8	9	9	10	10	11	12	12	13	13	14	12	13十二
表	4	4	5	5	6	7	7	8	8	9	8	9	10	10	11	11	12	13	13	14	14	15	13	14
6	5	5	6	6	7	8	8	9	9	10	9	10	11	11	12	12	13	14	14	15	15	16	14	15
甲	6	6	7	7	8	9	9	10	10	11	10	11	12	12	13	13	14	15	15	16	16	17	15	16
子	7	7	8	8	9	10	10	11	11	12	11	12	13	13	14	14	15	16	16	17	17	18	16	17
表	8	8	9	9	10	11	11	12	12	13	12	13	14	14	15	15	16	17	17	18	18	19	17	18
6	9	9	10	10	11	12	12	13	13	14	13	14	15	15	16	16	17	18	18	19	19	20	18	19
	10	10	11	11	12	13	13	14	14	15	14	15	16	16	17	17	18	19	19	20	20	21	19	20

三四六 丙午 永和二 1099

三四五 乙巳 晉穆帝 永和元 1098

22	23	23	24	25	25	26	26	27	25	26	27	27	28	28	29	30	30	31	**5**	**4**	2	31	**1**
23	24	24	25	26	26	27	27	28	26	27	28	28	29	29	30	31	**7**	**6**	2	2	3	**2**	2
24	25	25	26	27	27	28	28	29	27	28	29	29	30	30	31	**8**	2	2	3	3	4	2	3
25	26	26	27	28	28	29	29	30	28	29	30	30	31	**10**	**9**	2	3	3	4	4	5	3	4
26	27	27	28	29	29	30	30	31	**3**	30	31	**12**	**11**	2	2	3	4	4	5	5	6	4	5
27	28	28	29	30	30	31	**5**	**4**	2	31	**1**	2	2	3	3	4	5	5	6	6	7	5	6
28	29	29	30	31	**7**	**6**	2	2	3	**2**	2	3	3	4	4	5	6	6	7	7	8	6	7
29	30	30	31	**8**	2	2	3	3	4	2	3	4	4	5	5	6	7	7	8	8	9	7	8
30十二	31十	**10**	**9**	2	3	3	4	4	5	3	4	5	5	6	6	7	8	8	9	9	10	8	9
12	**11**	2九	2八	3	4	4	5	5	6	4	5	6	6	7	7	8	9	9	10	10	11	9	10
2	2	3	3	4七	5六	5	6	6	7	5	6	7	7	8	8	9	10	10	11	11	12	10	11
3	3	4	4	5	6	6五	7四	7	8	6	7	8	8	9	9	10	11	11	12	12	13	11	12
4	4	5	5	6	7	7	8	8三	9二	7	8	9	9	10	10	11	12	12	13	13	14	12	13
5	5	6	6	7	8	8	9	9	10	8正	9十二	10	10	11	11	12	13	13	14	14	15	13	14
6	6	7	7	8	9	9	10	10	11	9	10	11十一	11十	12	12	13	14	14	15	15	16	14	15
7	7	8	8	9	10	10	11	11	12	10	11	12	12	13九	13八	14七	15	15	16	16	17	15	16
8	8	9	9	10	11	11	12	12	13	11	12	13	13	14	14	15	16六	16五	17	17	18	16	17
9	9	10	10	11	12	12	13	13	14	12	13	14	14	15	15	16	17	17	18四	18三	19	17	18
10	10	11	11	12	13	13	14	14	15	13	14	15	15	16	16	17	18	18	19	19	20二	18正	19
11	11	12	12	13	14	14	15	15	16	14	15	16	16	17	17	18	19	19	20	20	21	19	20十二
12	12	13	13	14	15	15	16	16	17	15	16	17	17	18	18	19	20	20	21	21	22	20	21
13	13	14	14	15	16	16	17	17	18	16	17	18	18	19	19	20	21	21	22	22	23	21	22
14	14	15	15	16	17	17	18	18	19	17	18	19	19	20	20	21	22	22	23	23	24	22	23
15	15	16	16	17	18	18	19	19	20	18	19	20冬	20	21	21	22	23	23	24	24	25	23	24
16	16	17	17	18	19	19	20	20	21	19	20	21	21	22	22	23	24	24	25	25	26	24	25
17	17	18	18	19	20	20	21	21	22	20	21	22	22	23	23	24	25	25	26	26	27	25	26
18	18	19	19	20	21	21	22	22	23	21	22	23	23	24	24	25	26	26	27	27	28	26	27
19	19	20	20	21	22	22	23	23	24	22	23	24	24	25	25	26	27	27	28	28	29	27	28
20	20	21	21	22	23	23	24	24	25	23	24	25	25	26	26	27	28	28	29	29	30	28	29
21冬	21	22	22	23	24	24	25	25	26	24	25	26	26	27	27	28	29	29	30	30	31	**3**	30

三四八 戊申 永和四 1101

三四七 丁未 永和三 1100

11	11	12	12	13	14	14	15	四15	三16	二15	16	17	17	18	18	19	20	20	21	21	22	20	21	22
12	12	13	13	14	15	15	16	16	17	16	正17	十二18	18	19	19	20	21	21	22	22	23	21	22	23
13	13	14	14	15	16	16	17	17	18	17	18	19	十一19	十20	20	21	22	22	23	23	24	22	23	24
14	14	15	15	16	17	17	18	18	19	18	19	20	20	21	九21	八22	23	23	24	24	25	23	24	25
15	15	16	16	17	18	18	19	19	20	19	20	21	冬21	22	22	23	七24	六24	25	25	26	24	25	26
16	16	17	17	18	19	19	20	20	21	20	21	22	22	23	23	24	25	25	閏26	五26	27	25	26	27
17	17	18	18	19	20	20	21	21	22	21	22	23	23	24	24	25	26	26	27	27	四28	三26	27	28
18	18	19	19	20	21	21	22	22	23	22	23	24	24	25	25	26	27	27	28	28	29	27	二28	正29
19	19	20	20	21	22	22	23	23	24	23	24	25	25	26	26	27	28	28	29	29	30	28	29	30十二
20	冬20	21	21	22	23	23	24	24	25	24	25	26	26	27	27	28	29	29	30	30	31	**3**	30	31
21	21	22	22	23	24	24	25	25	26	25	26	27	27	28	28	29	30	30	31	**5**	**4**	2	31	**1**
22	22	23	23	24	25	25	26	26	27	26	27	28	28	29	29	30	31	**7**	**6**	2	2	3	**2**	2
23	23	24	24	25	26	26	27	27	28	27	28	29	29	30	30	31	**8**	2	2	3	3	4	2	3
24	24	25	25	26	27	27	28	28	29	28	29	30	30	31	**10**	**9**	2	3	3	4	4	5	3	4
25	25	26	26	27	28	28	29	29	30	29	30	31	**12**	**11**	2	2	3	4	4	5	5	6	4	5
26	26	27	27	28	29	29	30	30	31	**3**	31	**1**	2	2	3	3	4	5	5	6	6	7	5	6
27	27	28	28	29	30	30	31	**5**	**4**	2	**2**	2	3	3	4	4	5	6	6	7	7	8	6	7
28	28	29	29	30	31	**7**	**6**	2	2	3	2	3	4	4	5	5	6	7	7	8	8	9	7	8
29	29	30	30	31	**8**	2	2	3	3	4	3	4	5	5	6	6	7	8	8	9	9	10	8	9
30	30	31	**10**	**9**	2	3	3	**4**	4	5	4	5	6	6	7	7	8	9	9	10	10	11	9	10
31	**12**	**11**	2	2	3	4	4	5	5	6	5	6	7	7	8	8	9	10	10	11	11	12	10	11
日	2	2	3	3	4	5	5	6	6	7	6	7	8	8	9	9	10	11	11	12	12	13	11	12
曜	3	3	4	4	5	6	6	7	7	8	7	8	9	9	10	10	11	12	12	13	13	14	12	13
表	4	4	5	5	6	7	7	8	8	9	8	9	10	10	11	11	12	13	13	14	14	15	13	14
7	5	5	6	6	7	8	8	9	9	10	9	10	11	11	12	12	13	14	14	15	15	16	14	15
甲	6	6	7	7	8	9	9	10	10	11	10	11	12	12	13	13	14	15	15	16	16	17	15	16
子	7	十一7	8	8	9	10	10	11	11	12	11	12	13	13	14	14	15	16	16	17	17	18	16	17
表	8	8	十9	九9	10	11	11	12	12	13	12	13	14	14	15	15	16	17	17	18	18	19	17	18
7	9	9	10	10	八11	七12	12	13	13	14	13	14	15	15	16	16	17	18	18	19	19	20	18	19
	10	10	11	11	12	13	六13	五14	14	15	14	15	16	16	17	17	18	19	19	20	20	21	19	20

三五〇 庚戌 永和六 1103												三四九 己酉 永和五 1102											
22	23	23	24	25	25	26	26	27	25	26	27	27十一	28十	28	29	30	30	31	**5**	**4**	2	31	**1**
23	24	24	25	26	26	27	27	28	26	27	28	28	29	29九	30八	31七	**7**	**6**	2	2	3	**2**	2
24	25	25	26	27	27	28	28	29	27	28	29	29	30	30	31	**8**	2六	2五	3	3	4	2	3
25	26	26	27	28	28	29	29	30	28	29	30	30	31	**10**	**9**	2	3	3	4四	4三	5	3	4
26	27	27	28	29	29	30	30	31	**3**	30	31	**12**	**11**	2	2	3	4	4	5	5	6二	**4**正	5
27	28	28	29	30	30	31	**5**	**4**	2	31	**1**	2	2	3	3	4	5	5	6	6	7	5	6十二
28	29	29	30	31	**7**	**6**	2	2	3	**2**	2	3	3	4	4	5	6	6	7	7	8	6	7
29	30	30	31	**8**	2	2	3	3	4	2	3	4	4	5	5	6	7	7	8	8	9	7	8
30	31	**10**	**9**	2	3	3	4	4	5	3	4	5	5	6	6	7	8	8	9	9	10	8	9
12	**11**	2	2	3	4	4	5	5	6	4	5	6	6	7	7	8	9	9	10	10	11	9	10
2	2	3	3	4	5	5	6	6	7	5	6	7	7	8	8	9	10	10	11	11	12	10	11
3	3	4	4	5	6	6	7	7	8	6	7	8	8	9	9	10	11	11	12	12	13	11	12
4	4	5	5	6	7	7	8	8	9	7	8	9	9	10	10	11	12	12	13	13	14	12	13
5	5	6	6	7	8	8	9	9	10	8	9	10	10	11	11	12	13	13	14	14	15	13	14
6	6	7	7	8	9	9	10	10	11	9	10	11	11	12	12	13	14	14	15	15	16	14	15
7	7	8	8	9	10	10	11	11	12	10	11	12	12	13	13	14	15	15	16	16	17	15	16
8	8	9	9	10	11	11	12	12	13	11	12	13	13	14	14	15	16	16	17	17	18	16	17
9	9	10	10	11	12	12	13	13	14	12	13	14	14	15	15	16	17	17	18	18	19	17	18
10	10	11	11	12	13	13	14	14	15	13	14	15	15	16	16	17	18	18	19	19	20	18	19
11	11	12	12	13	14	14	15	15	16	14	15	16	16	17	17	18	19	19	20	20	21	19	20
12	12	13	13	14	15	15	16	16	17	15	16	17	17	18	18	19	20	20	21	21	22	20	21
13	13	14	14	15	16	16	17	17	18	16	17	18	18	19	19	20	21	21	22	22	23	21	22
14	14	15	15	16	17	17	18	18	19	17	18	19	19	20	20	21	22	22	23	23	24	22	23
15	15	16	16	17	18	18	19	19	20	18	19	20冬	20	21	21	22	23	23	24	24	25	23	24
16十一	16十	17九	17	18	19	19	20	20	21	19	20	21	21	22	22	23	24	24	25	25	26	24	25
17	17	18	18八	19七	20	20	21	21	22	20	21	22	22	23	23	24	25	25	26	26	27	25	26
18	18	19	19	20	21六	21五	22	22	23	21	22	23	23	24	24	25	26	26	27	27	28	26	27
19	19	20	20	21	22	22	23四	23三	24	22	23	24	24	25	25	26	27	27	28	28	29	27	28
20	20	21	21	22	23	23	24	24	25閏	23二	24	25	25	26	26	27	28	28	29	29	30	28	29
21冬	21	22	22	23	24	24	25	25	26	24	25正	26十二	26	27	27	28	29	29	30	30	31	**3**	30

三五二 壬子 永和八

三五一 辛亥 永和七

												1105												1104
11	11	12	12	13	14	14	15	15	16	15	16	17	17	18	18	19	20	20	21	21	22	20	21	22
12	12	13	13	14	15	15	16	16	17	16	17	18	18	19	19	20	21	21	22	22	23	21	22	23
13	13	14	14	15	16	16	17	17	18	17	18	19	19	20	20	21	22	22	23	23	24	22	23	24
14	14	15	15	16	17	17	18	18	19	18	19	20	20	21	21	22	23	23	24	24	25	23	24	25
15	15	16	16	17	18	18	19	19	20	19	20	21冬	21	22	22	23	24	24	25	25	26	24	25	26
16	16	17	17	18	19	19	20	20	21	20	21	22	22	23	23	24	25	25	26	26	27	25	26	27
17	17	18	18	19	20	20	21	21	22	21	22	23	23	24	24	25	26	26	27	27	28	26	27	28
18	18	19	19	20	21	21	22	22	23	22	23	24	24	25	25	26	27	27	28	28	29	27	28	29
19	19	20	20	21	22	22	23	23	24	23	24	25	25	26	26	27	28	28	29	29	30	28	29	30
20冬	20	21	21	22	23	23	24	24	25	24	25	26	26	27	27	28	29	29	30	30	31	**3**	30	31
21	21	22	22	23	24	24	25	25	26	25	26	27	27	28	28	29	30	30	31	**5**	**4**	2	31	**1**
22	22	23	23	24	25	25	26	26	27	26	27	28	28	29	29	30	31	**7**	**6**	2	2	3	**2**	2
23十一	23閏	24	24	25	26	26	27	27	28	27	28	29	29	30	30	31	**8**	2	2	3	3	4	2	3
24	24	25十	25九	26	27	27	28	28	29	28	29	30	30	31	**10**	**9**	2	3	3	4	4	5	3	4
25	25	26	26	27八	28七	28	29	29	30	29	30	31	**12**	**11**	2	2	3	4	4	5	5	6	4	5
26	26	27	27	28	29	29六	30五	30	31	**3**	31	**1**	2	2	3	3	4	5	5	6	6	7	5	6
27	27	28	28	29	30	30	31	**5**四	**4**三	2二	**2**	2	3	3	4	4	5	6	6	7	7	8	6	7
28	28	29	29	30	31	**7**	**6**	2	2	3	2正	3十二	4	4	5	5	6	7	7	8	8	9	7	8
29	29	30	30	31	**8**	2	2	3	3	4	3	4	5十一	5十	6	6	7	8	8	9	9	10	8	9
30	30	31	**10**	**9**	2	3	3	**4**	4	5	4	5	6	6	7九	7八	8	9	9	10	10	11	9	10
31	**12**	**11**	2	2	3	4	4	5	5	6	5	6	7	7	8	8	9七	10六	10	11	11	12	10	11
日	2	2	3	3	4	5	5	6	6	7	6	7	8	8	9	9	10	11	11五	12四	12	13	11	12
曜	3	3	4	4	5	6	6	7	7	8	7	8	9	9	10	10	11	12	12	13	13三	14二	12	13
表	4	4	5	5	6	7	7	8	8	9	8	9	10	10	11	11	12	13	13	14	14	15	13正	14十二
1	5	5	6	6	7	8	8	9	9	10	9	10	11	11	12	12	13	14	14	15	15	16	14	15
甲	6	6	7	7	8	9	9	10	10	11	10	11	12	12	13	13	14	15	15	16	16	17	15	16
子	7	7	8	8	9	10	10	11	11	12	11	12	13	13	14	14	15	16	16	17	17	18	16	17
表	8	8	9	9	10	11	11	12	12	13	12	13	14	14	15	15	16	17	17	18	18	19	17	18
8	9	9	10	10	11	12	12	13	13	14	13	14	15	15	16	16	17	18	18	19	19	20	18	19
	10	10	11	11	12	13	13	14	14	15	14	15	16	16	17	17	18	19	19	20	20	21	19	20

三五四 甲寅 永和一〇 1107

三五三 癸丑 永和九 1106

22	23	23	24	25	25	26	26	27	25	26	27	27	28	28	29	30	30	31	**5**	**4**	2	31	**1**
23	24	24	25	26	26	27	27	28	26	27	28	28	29	29	30	31	**7**	**6**	2	2	3	**2**	2
24	25	25	26	27	27	28	28	29	27	28	29	29	30	30	31	**8**	2	2	3	3	4	2	3
25	26	26	27	28	28	29	29	30	28	29	30	30	31	**10**	**9**	2	3	3	4	4	5	3	4
26	27	27	28	29	29	30	30	31	**3**	30	31	**12**	**11**	2	2	3	4	4	5	5	6	4	5
27	28	28	29	30	30	31	**5**	**4**	2	31	**1**	2	2	3	3	4	5	5	6	6	7	5	6
28	29	29	30	31	**7**	**6**	2	2	3	**2**	2	3	3	4	4	5	6	6	7	7	8	6	7
29	30	30	31	**8**	2	2	3	3	4	2	3	4	4	5	5	6	7	7	8	8	9	7	8
30	31	**10**	**9**	2	3	3	4	4	5	3	4	5	5	6	6	7	8	8	9	9	10	8	9
12	**11**	2	2	3	4	4	5	5	6	4	5	6	6	7	7	8	9	9	10	10	11	9	10
2	十一2	十3	九3	4	5	5	6	6	7	5	6	7	7	8	8	9	10	10	11	11	12	10	11
3	3	4	4	八5	七6	6	7	7	8	6	7	8	8	9	9	10	11	11	12	12	13	11	12
4	4	5	5	6	7	六7	五8	8	9	7	8	9	9	10	10	11	12	12	13	13	14	12	13
5	5	6	6	7	8	8	9	四9	三10	8	9	10	10	11	11	12	13	13	14	14	15	13	14
6	6	7	7	8	9	9	10	10	11	二9	正10	11	11	12	12	13	14	14	15	15	16	14	15
7	7	8	8	9	10	10	11	11	12	10	11	十二12	十一12	13	13	14	15	15	16	16	17	15	16
8	8	9	9	10	11	11	12	12	13	11	12	13	13	十14	九14	15	16	16	17	17	18	16	17
9	9	10	10	11	12	12	13	13	14	12	13	14	14	15	15	八16	七17	六17	18	18	19	17	18
10	10	11	11	12	13	13	14	14	15	13	14	15	15	16	16	17	18	18	五19	四19	20	18	19
11	11	12	12	13	14	14	15	15	16	14	15	16	16	17	17	18	19	19	20	20	三21	二19	20
12	12	13	13	14	15	15	16	16	17	15	16	17	17	18	18	19	20	20	21	21	22	20	正21 十二
13	13	14	14	15	16	16	17	17	18	16	17	18	18	19	19	20	21	21	22	22	23	21	22
14	14	15	15	16	17	17	18	18	19	17	18	19	19	20	20	21	22	22	23	23	24	22	23
15	15	16	16	17	18	18	19	19	20	18	19	20	冬20	21	21	22	23	23	24	24	25	23	24
16	16	17	17	18	19	19	20	20	21	19	20	21	21	22	22	23	24	24	25	25	26	24	25
17	17	18	18	19	20	20	21	21	22	20	21	22	22	23	23	24	25	25	26	26	27	25	26
18	18	19	19	20	21	21	22	22	23	21	22	23	23	24	24	25	26	26	27	27	28	26	27
19	19	20	20	21	22	22	23	23	24	22	23	24	24	25	25	26	27	27	28	28	29	27	28
20	20	21	21	22	23	23	24	24	25	23	24	25	25	26	26	27	28	28	29	29	30	28	29
21	冬21	22	22	23	24	24	25	25	26	24	25	26	26	27	27	28	29	29	30	30	31	**3**	30

三五六
丙辰
永和一二
1109

三五五
乙卯
永和一一
1108

11	11	12	12	13	七14	六14	15	15	16	15	16	17	17	18	18	19	20	20	21	21	22	20	21	22
12	12	13	13	14	15	15	五16	四16	17	16	17	18	18	19	19	20	21	21	22	22	23	21	22	23
13	13	14	14	15	16	16	17	17	三18	二17	正18	19	19	20	20	21	22	22	23	23	24	22	23	24
14	14	15	15	16	17	17	18	18	19	18	19	十二20	十一20	21	21	22	23	23	24	24	25	23	24	25
15	15	16	16	17	18	18	19	19	20	19	20	21	冬21	十22	九22	23	24	24	25	25	26	24	25	26
16	16	17	17	18	19	19	20	20	21	20	21	22	22	23	23	八24	七25	25	26	26	27	25	26	27
17	17	18	18	19	20	20	21	21	22	21	22	23	23	24	24	25	26	閏26	六27	27	28	26	27	28
18	18	19	19	20	21	21	22	22	23	22	23	24	24	25	25	26	27	27	28	五28	四29	27	28	29
19	19	20	20	21	22	22	23	23	24	23	24	25	25	26	26	27	28	28	29	29	30	三28	二29	30
20	冬20	21	21	22	23	23	24	24	25	24	25	26	26	27	27	28	29	29	30	30	31	3	30	正31 十二
21	21	22	22	23	24	24	25	25	26	25	26	27	27	28	28	29	30	30	31	5	4	2	31	1
22	22	23	23	24	25	25	26	26	27	26	27	28	28	29	29	30	31	7	6	2	2	3	2	2
23	23	24	24	25	26	26	27	27	28	27	28	29	29	30	30	31	8	2	2	3	3	4	2	3
24	24	25	25	26	27	27	28	28	29	28	29	30	30	31	10	9	2	3	3	4	4	5	3	4
25	25	26	26	27	28	28	29	29	30	29	30	31	12	11	2	2	3	4	4	5	5	6	4	5
26	26	27	27	28	29	29	30	30	31	3	31	1	2	2	3	3	4	5	5	6	6	7	5	6
27	27	28	28	29	30	30	31	5	4	2	2	2	3	3	4	4	5	6	6	7	7	8	6	7
28	28	29	29	30	31	7	6	2	2	3	2	3	4	4	5	5	6	7	7	8	8	9	7	8
29	29	30	30	31	8	2	2	3	3	4	3	4	5	5	6	6	7	8	8	9	9	10	8	9
30	30	31	10	9	2	3	3	4	4	5	4	5	6	6	7	7	8	9	9	10	10	11	9	10
31	12	11	2	2	3	4	4	5	5	6	5	6	7	7	8	8	9	10	10	11	11	12	10	11
日	2	2	3	3	4	5	5	6	6	7	6	7	8	8	9	9	10	11	11	12	12	13	11	12
曜	3	3	4	4	5	6	6	7	7	8	7	8	9	9	10	10	11	12	12	13	13	14	12	13
表	4	4	5	5	6	7	7	8	8	9	8	9	10	10	11	11	12	13	13	14	14	15	13	14
2	5	5	6	6	7	8	8	9	9	10	9	10	11	11	12	12	13	14	14	15	15	16	14	15
甲	6	6	7	7	8	9	9	10	10	11	10	11	12	12	13	13	14	15	15	16	16	17	15	16
子	7	7	8	8	9	10	10	11	11	12	11	12	13	13	14	14	15	16	16	17	17	18	16	17
表	8	8	9	9	10	11	11	12	12	13	12	13	14	14	15	15	16	17	17	18	18	19	17	18
9	9	十一9	十10	10	11	12	12	13	13	14	13	14	15	15	16	16	17	18	18	19	19	20	18	19
	10	10	11	九11	八12	13	13	14	14	15	14	15	16	16	17	17	18	19	19	20	20	21	19	20

中西回史日曆 卷四 東晉 一五

三五八 戊午 升平二 1111

三五七 丁巳 升平元 1110

22	23	23	24	25	25	26	26	27	25二	26正	27	27	28	28	29	30	30	31	**5**	**4**	2	31	**1**
23	24	24	25	26	26	27	27	28	26	27	28十二	28十一	29	29	30	31	**7**	**6**	2	2	3	**2**	2
24	25	25	26	27	27	28	28	29	27	28	29	29	30十	30九	31	**8**	2	2	3	3	4	2	3
25	26	26	27	28	28	29	29	30	28	29	30	30	31	**10**	**9**八	2七	3六	3	4	4	5	3	4
26	27	27	28	29	29	30	30	31	**3**	30	31	**12**	**11**	2	2	3	4	4五	5四	5	6	**4**	5
27	28	28	29	30	30	31	**5**	**4**	2	31	**1**	2	2	3	3	4	5	5	6	6三	7二	5	6
28	29	29	30	31	**7**	**6**	2	2	3	**2**	2	3	3	4	4	5	6	6	7	7	8	6正	7十二
29	30	30	31	**8**	2	2	3	3	4	2	3	4	4	5	5	6	7	7	8	8	9	7	8
30	31	**10**	**9**	2	3	3	4	4	5	3	4	5	5	6	6	7	8	8	9	9	10	8	9
12	**11**	2	2	3	4	4	5	5	6	4	5	6	6	7	7	8	9	9	10	10	11	9	10
2	2	3	3	4	5	5	6	6	7	5	6	7	7	8	8	9	10	10	11	11	12	10	11
3	3	4	4	5	6	6	7	7	8	6	7	8	8	9	9	10	11	11	12	12	13	11	12
4	4	5	5	6	7	7	8	8	9	7	8	9	9	10	10	11	12	12	13	13	14	12	13
5	5	6	6	7	8	8	9	9	10	8	9	10	10	11	11	12	13	13	14	14	15	13	14
6	6	7	7	8	9	9	10	10	11	9	10	11	11	12	12	13	14	14	15	15	16	14	15
7	7	8	8	9	10	10	11	11	12	10	11	12	12	13	13	14	15	15	16	16	17	15	16
8	8	9	9	10	11	11	12	12	13	11	12	13	13	14	14	15	16	16	17	17	18	16	17
9	9	10	10	11	12	12	13	13	14	12	13	14	14	15	15	16	17	17	18	18	19	17	18
10	10	11	11	12	13	13	14	14	15	13	14	15	15	16	16	17	18	18	19	19	20	18	19
11	11	12	12	13	14	14	15	15	16	14	15	16	16	17	17	18	19	19	20	20	21	19	20
12	12	13	13	14	15	15	16	16	17	15	16	17	17	18	18	19	20	20	21	21	22	20	21
13	13	14	14	15	16	16	17	17	18	16	17	18	18	19	19	20	21	21	22	22	23	21	22
14	14	15	15	16	17	17	18	18	19	17	18	19	19	20	20	21	22	22	23	23	24	22	23
15	15	16	16	17	18	18	19	19	20	18	19	20冬	20	21	21	22	23	23	24	24	25	23	24
16	16	17	17	18	19	19	20	20	21	19	20	21	21	22	22	23	24	24	25	25	26	24	25
17十一	17	18	18	19	20	20	21	21	22	20	21	22	22	23	23	24	25	25	26	26	27	25	26
18	18十	19九	19八	20	21	21	22	22	23	21	22	23	23	24	24	25	26	26	27	27	28	26	27
19	19	20	20	21七	22六	22	23	23	24	22	23	24	24	25	25	26	27	27	28	28	29	27	28
20	20	21	21	22	23	23五	24四	24	25	23	24	25	25	26	26	27	28	28	29	29	30	28	29
21冬	21	22	22	23	24	24	25	25閏	26三	24	25	26	26	27	27	28	29	29	30	30	31	**3**	30

勵耘書屋

三六〇 庚申 升平四 1113

三五九 己未 升平三 1112

11	11	12	12	13	14	14	15	15	16	15	16	17	17	18	18	19	20	20	21	21	22	20	21	22
12	12	13	13	14	15	15	16	16	17	16	17	18	18	19	19	20	21	21	22	22	23	21	22	23
13	13	14	14	15	16	16	17	17	18	17	18	19	19	20	20	21	22	22	23	23	24	22	23	24
14	14	15	15	16	17	17	18	18	19	18	19	20	20	21	21	22	23	23	24	24	25	23	24	25
15	15	16	16	17	18	18	19	19	20	19	20	21冬	21	22	22	23	24	24	25	25	26	24	25	26
16	16	17	17	18	19	19	20	20	21	20	21	22	22	23	23	24	25	25	26	26	27	25	26	27
17	17	18	18	19	20	20	21	21	22	21	22	23	23	24	24	25	26	26	27	27	28	26	27	28
18	18	19	19	20	21	21	22	22	23	22	23	24	24	25	25	26	27	27	28	28	29	27	28	29
19	19	20	20	21	22	22	23	23	24	23	24	25	25	26	26	27	28	28	29	29	30	28	29	30
20冬	20	21	21	22	23	23	24	24	25	24	25	26	26	27	27	28	29	29	30	30	31	3	30	31
21	21	22	22	23	24	24	25	25	26	25	26	27	27	28	28	29	30	30	31	5	4	2	31	1
22	22	23	23	24	25	25	26	26	27	26	27	28	28	29	29	30	31	7	6	2	2	3	2	2
23	23	24	24	25	26	26	27	27	28	27	28	29	29	30	30	31	8	2	2	3	3	4	2	3
24十二	24	25	25	26	27	27	28	28	29	28	29	30	30	31	10	9	2	3	3	4	4	5	3	4
25	25十一	26十	26	27	28	28	29	29	30	29	30	31	12	11	2	2	3	4	4	5	5	6	4	5
26	26	27	27九	28八	29	29	30	30	31	3	31	1	2	2	3	3	4	5	5	6	6	7	5	6
27	27	28	28	29	30七	30六	31	5	4	2	2	2	3	3	4	4	5	6	6	7	7	8	6	7
28	28	29	29	30	31	7	6五	2四	2	3	2	3	4	4	5	5	6	7	7	8	8	9	7	8
29	29	30	30	31	8	2	2	3	3三	4二	3正	4	5	5	6	6	7	8	8	9	9	10	8	9
30	30	31	10	9	2	3	3	4	4	5	4	5十二	6十一	6	7	7	8	9	9	10	10	11	9	10
31	12	11	2	2	3	4	4	5	5	6	5	6	7	7十	8九	8	9	10	10	11	11	12	10	11
日	2	2	3	3	4	5	5	6	6	7	6	7	8	8	9	9八	10七	11	11	12	12	13	11	12
曜	3	3	4	4	5	6	6	7	7	8	7	8	9	9	10	10	11	12六	12五	13	13	14	12	13
表	4	4	5	5	6	7	7	8	8	9	8	9	10	10	11	11	12	13	13	14四	14三	15	13	14
3	5	5	6	6	7	8	8	9	9	10	9	10	11	11	12	12	13	14	14	15	15	16二	14正	15
甲	6	6	7	7	8	9	9	10	10	11	10	11	12	12	13	13	14	15	15	16	16	17	15	16十二
子	7	7	8	8	9	10	10	11	11	12	11	12	13	13	14	14	15	16	16	17	17	18	16	17
表	8	8	9	9	10	11	11	12	12	13	12	13	14	14	15	15	16	17	17	18	18	19	17	18
10	9	9	10	10	11	12	12	13	13	14	13	14	15	15	16	16	17	18	18	19	19	20	18	19
	10	10	11	11	12	13	13	14	14	15	14	15	16	16	17	17	18	19	19	20	20	21	19	20

三六二 壬戌 晉哀帝 隆和元 1115

三六一 辛酉 升平五 1114

22	23	23	24	25	25	26	26	27	25	26	27	27	28	28	29	30	30	31	5	4	2	31	1
23	24	24	25	26	26	27	27	28	26	27	28	28	29	29	30	31	7	6	2	2	3	2	2
24	25	25	26	27	27	28	28	29	27	28	29	29	30	30	31	8	2	2	3	3	4	2	3
25	26	26	27	28	28	29	29	30	28	29	30	30	31	10	9	2	3	3	4	4	5	3	4
26	27	27	28	29	29	30	30	31	3	30	31	12	11	2	2	3	4	4	5	5	6	4	5
27	28	28	29	30	30	31	5	4	2	31	1	2	2	3	3	4	5	5	6	6	7	5	6
28	29	29	30	31	7	6	2	2	3	2	2	3	3	4	4	5	6	6	7	7	8	6	7
29	30	30	31	8	2	2	3	3	4	2	3	4	4	5	5	6	7	7	8	8	9	7	8
30	31	10	9	2	3	3	4	4	5	3	4	5	5	6	6	7	8	8	9	9	10	8	9
12	11	2	2	3	4	4	5	5	6	4	5	6	6	7	7	8	9	9	10	10	11	9	10
2	2	3	3	4	5	5	6	6	7	5	6	7	7	8	8	9	10	10	11	11	12	10	11
3	十一3	4	4	5	6	6	7	7	8	6	7	8	8	9	9	10	11	11	12	12	13	11	12
4	4	十5	九5	八6	7	7	8	8	9	7	8	9	9	10	10	11	12	12	13	13	14	12	13
5	5	6	6	7	七8	六8	9	9	10	8	9	10	10	11	11	12	13	13	14	14	15	13	14
6	6	7	7	8	9	9	五10	四10	11	9	10	11	11	12	12	13	14	14	15	15	16	14	15
7	7	8	8	9	10	10	11	11	三12	二10	11	12	12	13	13	14	15	15	16	16	17	15	16
8	8	9	9	10	11	11	12	12	13	11	正12	十二13	13	14	14	15	16	16	17	17	18	16	17
9	9	10	10	11	12	12	13	13	14	12	13	14	十一14	十15	15	16	17	17	18	18	19	17	18
10	10	11	11	12	13	13	14	14	15	13	14	15	15	16	九16	八17	18	18	19	19	20	18	19
11	11	12	12	13	14	14	15	15	16	14	15	16	16	17	17	18	七19	六19	五20	20	21	19	20
12	12	13	13	14	15	15	16	16	17	15	16	17	17	18	18	19	20	20	21	四21	三22	20	21
13	13	14	14	15	16	16	17	17	18	16	17	18	18	19	19	20	21	21	22	22	23	二21	正22
14	14	15	15	16	17	17	18	18	19	17	18	19	19	20	20	21	22	22	23	23	24	22	23閏
15	15	16	16	17	18	18	19	19	20	18	19	20	冬20	21	21	22	23	23	24	24	25	23	24
16	16	17	17	18	19	19	20	20	21	19	20	21	21	22	22	23	24	24	25	25	26	24	25
17	17	18	18	19	20	20	21	21	22	20	21	22	22	23	23	24	25	25	26	26	27	25	26
18	18	19	19	20	21	21	22	22	23	21	22	23	23	24	24	25	26	26	27	27	28	26	27
19	19	20	20	21	22	22	23	23	24	22	23	24	24	25	25	26	27	27	28	28	29	27	28
20	20	21	21	22	23	23	24	24	25	23	24	25	25	26	26	27	28	28	29	29	30	28	29
21	冬21	22	22	23	24	24	25	25	26	24	25	26	26	27	27	28	29	29	30	30	31	3	30

三六三
癸亥
興寧元
1116

三六四
甲子
興寧二
1117

11	11十	12九	12	13	14	14	15	15	16	15	16	17	17	18	18	19	20	20	21	21	22	20	21	22
12	12	13	13八	14七	15	15	16	16	17	16	17	18	18	19	19	20	21	21	22	22	23	21	22	23
13	13	14	14	15	16六	16五	17	17	18	17	18	19	19	20	20	21	22	22	23	23	24	22	23	24
14	14	15	15	16	17	17	18四	18三	19	18	19	20	20	21	21	22	23	23	24	24	25	23	24	25
15	15	16	16	17	18	18	19	19	20二	19正	20十二	21冬	21	22	22	23	24	24	25	25	26	24	25	26
16	16	17	17	18	19	19	20	20	21	20	21	22十一	22十	23	23	24	25	25	26	26	27	25	26	27
17	17	18	18	19	20	20	21	21	22	21	22	23	23	24九	24閏	25	26	26	27	27	28	26	27	28
18	18	19	19	20	21	21	22	22	23	22	23	24	24	25	25	26八	27七	27	28	28	29	27	28	29
19	19	20	20	21	22	22	23	23	24	23	24	25	25	26	26	27	28	28六	29五	29	30	28	29	30
20冬	20	21	21	22	23	23	24	24	25	24	25	26	26	27	27	28	29	29	30	30四	31三	**3**	30	31
21	21	22	22	23	24	24	25	25	26	25	26	27	27	28	28	29	30	30	31	**5**	**4**	2二	31正	**1**
22	22	23	23	24	25	25	26	26	27	26	27	28	28	29	29	30	31	**7**	**6**	2	2	3	**2**	2十二
23	23	24	24	25	26	26	27	27	28	27	28	29	29	30	30	31	**8**	2	2	3	3	4	2	3
24	24	25	25	26	27	27	28	28	29	28	29	30	30	31	**10**	**9**	2	3	3	4	4	5	3	4
25	25	26	26	27	28	28	29	29	30	29	30	31	**12**	**11**	2	2	3	4	4	5	5	6	4	5
26	26	27	27	28	29	29	30	30	31	**3**	31	**1**	2	2	3	3	4	5	5	6	6	7	5	6
27	27	28	28	29	30	30	31	**5**	**4**	2	**2**	2	3	3	4	4	5	6	6	7	7	8	6	7
28	28	29	29	30	31	**7**	**6**	2	2	3	2	3	4	4	5	5	6	7	7	8	8	9	7	8
29	29	30	30	31	**8**	2	2	3	3	4	3	4	5	5	6	6	7	8	8	9	9	10	8	9
30	30	31	**10**	**9**	2	3	3	4	4	5	4	5	6	6	7	7	8	9	9	10	10	11	9	10
31	**12**	**11**	2	2	3	4	4	5	5	6	5	6	7	7	8	8	9	10	10	11	11	12	10	11
日	2	2	3	3	4	5	5	6	6	7	6	7	8	8	9	9	10	11	11	12	12	13	11	12
曜	3	3	4	4	5	6	6	7	7	8	7	8	9	9	10	10	11	12	12	13	13	14	12	13
表	4	4	5	5	6	7	7	8	8	9	8	9	10	10	11	11	12	13	13	14	14	15	13	14
4	5	5	6	6	7	8	8	9	9	10	9	10	11	11	12	12	13	14	14	15	15	16	14	15
甲	6	6	7	7	8	9	9	10	10	11	10	11	12	12	13	13	14	15	15	16	16	17	15	16
子	7	7	8	8	9	10	10	11	11	12	11	12	13	13	14	14	15	16	16	17	17	18	16	17
表	8	8	9	9	10	11	11	12	12	13	12	13	14	14	15	15	16	17	17	18	18	19	17	18
11	9	9	10	10	11	12	12	13	13	14	13	14	15	15	16	16	17	18	18	19	19	20	18	19
	10十一	10	11	11	12	13	13	14	14	15	14	15	16	16	17	17	18	19	19	20	20	21	19	20

三六六 丙寅 晉海西公 太和元 1119

三六五 乙丑 興寧三 1118

22	23	23	24	25	25	26	閏26	四27	25	26	27	27	28	28	29	30	30	31	**5**	**4**	2	31	**1**
23	24	24	25	26	26	27	27	28	三26	二27	28	28	29	29	30	31	**7**	**6**	2	2	3	**2**	2
24	25	25	26	27	27	28	28	29	27	28	正29	十二29	30	30	31	**8**	2	2	3	3	4	2	3
25	26	26	27	28	28	29	29	30	28	29	30	30	十一31	十**10**	**9**	2	3	3	4	4	5	3	4
26	27	27	28	29	29	30	30	31	**3**	30	31	**12**	**11**	2	九2	八3	4	4	5	5	6	**4**	5
27	28	28	29	30	30	31	**5**	**4**	2	31	**1**	2	2	3	3	4	七5	六5	五6	6	7	5	6
28	29	29	30	31	**7**	**6**	2	2	3	**2**	2	3	3	4	4	5	6	6	7	四7	三8	6	7
29	30	30	31	**8**	2	2	3	3	4	2	3	4	4	5	5	6	7	7	8	8	9	二7	正8
30	31	**10**	**9**	2	3	3	4	4	5	3	4	5	5	6	6	7	8	8	9	9	10	8	9十二
12	**11**	2	2	3	4	4	5	5	6	4	5	6	6	7	7	8	9	9	10	10	11	9	10
2	2	3	3	4	5	5	6	6	7	5	6	7	7	8	8	9	10	10	11	11	12	10	11
3	3	4	4	5	6	6	7	7	8	6	7	8	8	9	9	10	11	11	12	12	13	11	12
4	4	5	5	6	7	7	8	8	9	7	8	9	9	10	10	11	12	12	13	13	14	12	13
5	5	6	6	7	8	8	9	9	10	8	9	10	10	11	11	12	13	13	14	14	15	13	14
6	6	7	7	8	9	9	10	10	11	9	10	11	11	12	12	13	14	14	15	15	16	14	15
7	7	8	8	9	10	10	11	11	12	10	11	12	12	13	13	14	15	15	16	16	17	15	16
8	8	9	9	10	11	11	12	12	13	11	12	13	13	14	14	15	16	16	17	17	18	16	17
9	9	10	10	11	12	12	13	13	14	12	13	14	14	15	15	16	17	17	18	18	19	17	18
10	10	11	11	12	13	13	14	14	15	13	14	15	15	16	16	17	18	18	19	19	20	18	19
11	11	12	12	13	14	14	15	15	16	14	15	16	16	17	17	18	19	19	20	20	21	19	20
12	12	13	13	14	15	15	16	16	17	15	16	17	17	18	18	19	20	20	21	21	22	20	21
13	13	14	14	15	16	16	17	17	18	16	17	18	18	19	19	20	21	21	22	22	23	21	22
14	14	15	15	16	17	17	18	18	19	17	18	19	19	20	20	21	22	22	23	23	24	22	23
15	15	16	16	17	18	18	19	19	20	18	19	20	冬20	21	21	22	23	23	24	24	25	23	24
16	16	17	17	18	19	19	20	20	21	19	20	21	21	22	22	23	24	24	25	25	26	24	25
17	17	18	18	19	20	20	21	21	22	20	21	22	22	23	23	24	25	25	26	26	27	25	26
18	18	19	19	20	21	21	22	22	23	21	22	23	23	24	24	25	26	26	27	27	28	26	27
19	十一19	十20	20	21	22	22	23	23	24	22	23	24	24	25	25	26	27	27	28	28	29	27	28
20	20	21	九21	八22	七23	23	24	24	25	23	24	25	25	26	26	27	28	28	29	29	30	28	29
21	冬21	22	22	**23**	24	六24	五25	25	26	24	25	26	26	27	27	28	29	29	30	30	31	**3**	30

三六七 丁卯 太和二 1120

三六八 戊辰 太和三 1121

11	11	12	12	13	14	14	15	15	16	15	16	17	17	18	18	19	20	20	21	21	22	20	21	22
12	12	13	13	14	15	15	16	16	17	16	17	18	18	19	19	20	21	21	22	22	23	21	22	23
13	13	14	14	15	16	16	17	17	18	17	18	19	19	20	20	21	22	22	23	23	24	22	23	24
14	14	15	15	16	17	17	18	18	19	18	19	20	20	21	21	22	23	23	24	24	25	23	24	25
15	15	16	16	17	18	18	19	19	20	19	20	21冬	21	22	22	23	24	24	25	25	26	24	25	26
16	16	17	17	18	19	19	20	20	21	20	21	22	22	23	23	24	25	25	26	26	27	25	26	27
17	17	18	18	19	20	20	21	21	22	21	22	23	23	24	24	25	26	26	27	27	28	26	27	28
18	18	19	19	20	21	21	22	22	23	22	23	24	24	25	25	26	27	27	28	28	29	27	28	29
19	19	20	20	21	22	22	23	23	24	23	24	25	25	26	26	27	28	28	29	29	30	28	29	30
20冬	20	21	21	22	23	23	24	24	25	24	25	26	26	27	27	28	29	29	30	30	31	**3**	30	31
21	21	22	22	23	24	24	25	25	26	25	26	27	27	28	28	29	30	30	31	**5**	**4**	2	31	**1**
22	22	23	23	24	25	25	26	26	27	26	27	28	28	29	29	30	31	**7**	**6**	2	2	3	**2**	2
23	23	24	24	25	26	26	27	27	28	27	28	29	29	30	30	31	**8**	2	2	3	3	4	2	3
24	24	25	25	26	27	27	28	28	29	28	29	30	30	31	**10**	**9**	2	3	3	4	4	5	3	4
25	25	26	26	27	28	28	29	29	30	29	30	31	**12**	**11**	2	2	3	4	4	5	5	6	4	5
26十二	26十一	27	27	28	29	29	30	30	31	**3**	31	**1**	2	2	3	3	4	5	5	6	6	7	5	6
27	27	28十	28九	29	30	30	31	**5**	**4**	2	**2**	2	3	3	4	4	5	6	6	7	7	8	6	7
28	28	29	29	30八	31七	**7**	**6**	2	2	3	2	3	4	4	5	5	6	7	7	8	8	9	7	8
29	29	30	30	31	**8**	2六	2五	3	3	4	3	4	5	5	6	6	7	8	8	9	9	10	8	9
30	30	31	**10**	**9**	2	3	3	4四	4三	5	4	5	6	6	7	7	8	9	9	10	10	11	9	10
31	**12**	**11**	2	2	3	4	4	5	5	6二	5正	6十二	7	7	8	8	9	10	10	11	11	12	10	11
日	2	2	3	3	4	5	5	6	6	7	6	7	8十一	8十	9	9	10	11	11	12	12	13	11	12
曜	3	3	4	4	5	6	6	7	7	8	7	8	9	9	10九	10八	11	12	12	13	13	14	12	13
表	4	4	5	5	6	7	7	8	8	9	8	9	10	10	11	11	12七	13六	13	14	14	15	13	14
5	5	5	6	6	7	8	8	9	9	10	9	10	11	11	12	12	13	14	14五	15四	15	16	14	15
甲	6	6	7	7	8	9	9	10	10	11	10	11	12	12	13	13	14	15	15	16	16三	17二	15	16
子	7	7	8	8	9	10	10	11	11	12	11	12	13	13	14	14	15	16	16	17	17	18	16正	17十二
表	8	8	9	9	10	11	11	12	12	13	12	13	14	14	15	15	16	17	17	18	18	19	17	18
12	9	9	10	10	11	12	12	13	13	14	13	14	15	15	16	16	17	18	18	19	19	20	18	19
	10	10	11	11	12	13	13	14	14	15	14	15	16	16	17	17	18	19	19	20	20	21	19	20

三六九 己巳 太和四 1122

三七〇 庚午 太和五 1123

22	23	23	24	25	25	26	26	27	25	26	27	27	28	28	29	30	30	31	**5**	**4**	2	31	**1**
23	24	24	25	26	26	27	27	28	26	27	28	28	29	29	30	31	**7**	**6**	2	2	3	**2**	2
24	25	25	26	27	27	28	28	29	27	28	29	29	30	30	31	**8**	2	2	3	3	4	2	3
25	26	26	27	28	28	29	29	30	28	29	30	30	31	**10**	**9**	2	3	3	4	4	5	3	4
26	27	27	28	29	29	30	30	31	**3**	30	31	**12**	**11**	2	2	3	4	4	5	5	6	4	5
27	28	28	29	30	30	31	**5**	**4**	2	31	**1**	2	2	3	3	4	5	5	6	6	7	5	6
28	29	29	30	31	**7**	**6**	2	2	3	**2**	2	3	3	4	4	5	6	6	7	7	8	6	7
29	30	30	31	**8**	2	2	3	3	4	2	3	4	4	5	5	6	7	7	8	8	9	7	8
30	31	**10**	**9**	2	3	3	4	4	5	3	4	5	5	6	6	7	8	8	9	9	10	8	9
12	**11**	2	2	3	4	4	5	5	6	4	5	6	6	7	7	8	9	9	10	10	11	9	10
2	2	3	3	4	5	5	6	6	7	5	6	7	7	8	8	9	10	10	11	11	12	10	11
3	3	4	4	5	6	6	7	7	8	6	7	8	8	9	9	10	11	11	12	12	13	11	12
4	4	5	5	6	7	7	8	8	9	7	8	9	9	10	10	11	12	12	13	13	14	12	13
5 十一	5 十	6 九	6	7	8	8	9	9	10	8	9	10	10	11	11	12	13	13	14	14	15	13	14
6	6	7	7 八	8 七	9	9	10	10	11	9	10	11	11	12	12	13	14	14	15	15	16	14	15
7	7	8	8	9	10 六	10 五	11	11	12	10	11	12	12	13	13	14	15	15	16	16	17	15	16
8	8	9	9	10	11	11	12 四	12 三	13	11	12	13	13	14	14	15	16	16	17	17	18	16	17
9	9	10	10	11	12	12	13	13	14 二	12 正	13	14	14	15	15	16	17	17	18	18	19	17	18
10	10	11	11	12	13	13	14	14	15	13	14 十二	15 十一	15	16	16	17	18	18	19	19	20	18	19
11	11	12	12	13	14	14	15	15	16	14	15	16	16 十	17 九	17	18	19	19	20	20	21	19	20
12	12	13	13	14	15	15	16	16	17	15	16	17	17	18	18 八	19 七	20	20	21	21	22	20	21
13	13	14	14	15	16	16	17	17	18	16	17	18	18	19	19	20	21 六	21 五	22 四	22	23	21	22
14	14	15	15	16	17	17	18	18	19	17	18	19	19	20	20	21	22	22	23	23 三	24 二	22	23
15	15	16	16	17	18	18	19	19	20	18	19	20 冬	20	21	21	22	23	23	24	24	25	23 閏	24 正
16	16	17	17	18	19	19	20	20	21	19	20	21	21	22	22	23	24	24	25	25	26	24	25
17	17	18	18	19	20	20	21	21	22	20	21	22	22	23	23	24	25	25	26	26	27	25	26
18	18	19	19	20	21	21	22	22	23	21	22	23	23	24	24	25	26	26	27	27	28	26	27
19	19	20	20	21	22	22	23	23	24	22	23	24	24	25	25	26	27	27	28	28	29	27	28
20	20	21	21	22	23	23	24	24	25	23	24	25	25	26	26	27	28	28	29	29	30	28	29
21 冬	21	22	22	23	24	24	25	25	26	24	25	26	26	27	27	28	29	29	30	30	31	**3**	30

勵耘書屋

1124

三七一 辛未 太和六 晉簡文帝 咸安元 十一月改

1125

三七二 壬申 咸安二

11	11	12	12	13	14	14	15	15	16	15	16	17	17	18	18	19	20	20	21	21	22	20	21	22
12	十一12	十13	13	14	15	15	16	16	17	16	17	18	18	19	19	20	21	21	22	22	23	21	22	23
13	13	14	九14	八15	16	16	17	17	18	17	18	19	19	20	20	21	22	22	23	23	24	22	23	24
14	14	15	15	16	七17	六17	18	18	19	18	19	20	20	21	21	22	23	23	24	24	25	23	24	25
15	15	16	16	17	18	18	五19	四19	20	19	20	21	冬21	22	22	23	24	24	25	25	26	24	25	26
16	16	17	17	18	19	19	20	20	三21	二20	21	22	22	23	23	24	25	25	26	26	27	25	26	27
17	17	18	18	19	20	20	21	21	22	21	正22	十二23	十一23	24	24	25	26	26	27	27	28	26	27	28
18	18	19	19	20	21	21	22	22	23	22	23	24	24	閏25	十25	26	27	27	28	28	29	27	28	29
19	19	20	20	21	22	22	23	23	24	23	24	25	25	26	26	九27	八28	28	29	29	30	28	29	30
20	冬20	21	21	22	23	23	24	24	25	24	25	26	26	27	27	28	29	七29	六30	30	31	3	30	31
21	21	22	22	23	24	24	25	25	26	25	26	27	27	28	28	29	30	30	31	五5	四4	2	31	1
22	22	23	23	24	25	25	26	26	27	26	27	28	28	29	29	30	31	7	6	2	2	三3	二2	2
23	23	24	24	25	26	26	27	27	28	27	28	29	29	30	30	31	8	2	2	3	3	4	2	正3十二
24	24	25	25	26	27	27	28	28	29	28	29	30	30	31	10	9	2	3	3	4	4	5	3	4
25	25	26	26	27	28	28	29	29	30	29	30	31	12	11	2	2	3	4	4	5	5	6	4	5
26	26	27	27	28	29	29	30	30	31	3	31	1	2	2	3	3	4	5	5	6	6	7	5	6
27	27	28	28	29	30	30	31	5	4	2	2	2	3	3	4	4	5	6	6	7	7	8	6	7
28	28	29	29	30	31	7	6	2	2	3	2	3	4	4	5	5	6	7	7	8	8	9	7	8
29	29	30	30	31	8	2	2	3	3	4	3	4	5	5	6	6	7	8	8	9	9	10	8	9
30	30	31	10	9	2	3	3	4	4	5	4	5	6	6	7	7	8	9	9	10	10	11	9	10
31	12	11	2	2	3	4	4	5	5	6	5	6	7	7	8	8	9	10	10	11	11	12	10	11
日	2	2	3	3	4	5	5	6	6	7	6	7	8	8	9	9	10	11	11	12	12	13	11	12
曜	3	3	4	4	5	6	6	7	7	8	7	8	9	9	10	10	11	12	12	13	13	14	12	13
表	4	4	5	5	6	7	7	8	8	9	8	9	10	10	11	11	12	13	13	14	14	15	13	14
6	5	5	6	6	7	8	8	9	9	10	9	10	11	11	12	12	13	14	14	15	15	16	14	15
甲	6	6	7	7	8	9	9	10	10	11	10	11	12	12	13	13	14	15	15	16	16	17	15	16
子	7	7	8	8	9	10	10	11	11	12	11	12	13	13	14	14	15	16	16	17	17	18	16	17
表	8	8	9	9	10	11	11	12	12	13	12	13	14	14	15	15	16	17	17	18	18	19	17	18
13	9	9	10	10	11	12	12	13	13	14	13	14	15	15	16	16	17	18	18	19	19	20	18	19
	10	10	11	11	12	13	13	14	14	15	14	15	16	16	17	17	18	19	19	20	20	21	19	20

中西回史日曆

卷四 東晉

一九

勵耘書屋

三七三 癸酉 晉孝武帝 寧康元 1126

三七四 甲戌 寧康二 1127

22	23	23	24閏	25七	25	26	26	27	25	26	27	27	28	28	29	30	30	31	**5**	**4**	2	31	**1**
23	24	24	25	26	26六	27五	27	28	26	27	28	28	29	29	30	31	**7**	**6**	2	2	3	**2**	2
24	25	25	26	27	27	28	28四	29三	27	28	29	29	30	30	31	**8**	2	2	3	3	4	2	3
25	26	26	27	28	28	29	29	30	28二	29正	30	30	31	**10**	**9**	2	3	3	4	4	5	3	4
26	27	27	28	29	29	30	30	31	**3**	30	31十二	**12**十一	**11**	2	2	3	4	4	5	5	6	**4**	5
27	28	28	29	30	30	31	**5**	**4**	2	31	**1**	2	2十	3九	3	4	5	5	6	6	7	5	6
28	29	29	30	31	**7**	**6**	2	2	3	**2**	2	3	3	4	4八	5七	6	6	7	7	8	6	7
29	30	30	31	**8**	2	2	3	3	4	2	3	4	4	5	5	6	7六	7五	8四	8	9	7	8
30	31	**10**	**9**	2	3	3	4	4	5	3	4	5	5	6	6	7	8	8	9	9三	10二	8	9
12	**11**	2	2	3	4	4	5	5	6	4	5	6	6	7	7	8	9	9	10	10	11	9正	10十二
2	2	3	3	4	5	5	6	6	7	5	6	7	7	8	8	9	10	10	11	11	12	10	11
3	3	4	4	5	6	6	7	7	8	6	7	8	8	9	9	10	11	11	12	12	13	11	12
4	4	5	5	6	7	7	8	8	9	7	8	9	9	10	10	11	12	12	13	13	14	12	13
5	5	6	6	7	8	8	9	9	10	8	9	10	10	11	11	12	13	13	14	14	15	13	14
6	6	7	7	8	9	9	10	10	11	9	10	11	11	12	12	13	14	14	15	15	16	14	15
7	7	8	8	9	10	10	11	11	12	10	11	12	12	13	13	14	15	15	16	16	17	15	16
8	8	9	9	10	11	11	12	12	13	11	12	13	13	14	14	15	16	16	17	17	18	16	17
9	9	10	10	11	12	12	13	13	14	12	13	14	14	15	15	16	17	17	18	18	19	17	18
10	10	11	11	12	13	13	14	14	15	13	14	15	15	16	16	17	18	18	19	19	20	18	19
11	11	12	12	13	14	14	15	15	16	14	15	16	16	17	17	18	19	19	20	20	21	19	20
12	12	13	13	14	15	15	16	16	17	15	16	17	17	18	18	19	20	20	21	21	22	20	21
13	13	14	14	15	16	16	17	17	18	16	17	18	18	19	19	20	21	21	22	22	23	21	22
14	14	15	15	16	17	17	18	18	19	17	18	19	19	20	20	21	22	22	23	23	24	22	23
15	15	16	16	17	18	18	19	19	20	18	19	20冬	20	21	21	22	23	23	24	24	25	23	24
16	16	17	17	18	19	19	20	20	21	19	20	21	21	22	22	23	24	24	25	25	26	24	25
17	17	18	18	19	20	20	21	21	22	20	21	22	22	23	23	24	25	25	26	26	27	25	26
18	18	19	19	20	21	21	22	22	23	21	22	23	23	24	24	25	26	26	27	27	28	26	27
19	19	20	20	21	22	22	23	23	24	22	23	24	24	25	25	26	27	27	28	28	29	27	28
20夏十一	20	21	21	22	23	23	24	24	25	23	24	25	25	26	26	27	28	28	29	29	30	28	29
21	21十	22九	22八	23	24	24	25	25	26	24	25	26	26	27	27	28	29	29	30	30	31	**3**	30

三七六 丙子 太元元 1129

三七五 乙亥 寧康三 1128

11	11	12	12	13	14	14	15	15	16	15	16	17	17	18	18	19	20	20	21	21	22	20	21	22
12	12	13	13	14	15	15	16	16	17	16	17	18	18	19	19	20	21	21	22	22	23	21	22	23
13	13	14	14	15	16	16	17	17	18	17	18	19	19	20	20	21	22	22	23	23	24	22	23	24
14	14	15	15	16	17	17	18	18	19	18	19	20	20	21	21	22	23	23	24	24	25	23	24	25
15	15	16	16	17	18	18	19	19	20	19	20	21冬	21	22	22	23	24	24	25	25	26	24	25	26
16	16	17	17	18	19	19	20	20	21	20	21	22	22	23	23	24	25	25	26	26	27	25	26	27
17	17	18	18	19	20	20	21	21	22	21	22	23	23	24	24	25	26	26	27	27	28	26	27	28
18	18	19	19	20	21	21	22	22	23	22	23	24	24	25	25	26	27	27	28	28	29	27	28	29
19	19	20	20	21	22	22	23	23	24	23	24	25	25	26	26	27	28	28	29	29	30	28	29	30
20冬	20	21	21	22	23	23	24	24	25	24	25	26	26	27	27	28	29	29	30	30	31	3	30	31
21	21	22	22	23	24	24	25	25	26	25	26	27	27	28	28	29	30	30	31	5	4	2	31	1
22	22	23	23	24	25	25	26	26	27	26	27	28	28	29	29	30	31	7	6	2	2	3	2	2
23	23	24	24	25	26	26	27	27	28	27	28	29	29	30	30	31	8	2	2	3	3	4	2	3
24	24	25	25	26	27	27	28	28	29	28	29	30	30	31	10	9	2	3	3	4	4	5	3	4
25	25	26	26	27	28	28	29	29	30	29	30	31	12	11	2	2	3	4	4	5	5	6	4	5
26	26	27	27	28	29	29	30	30	31	3	31	1	2	2	3	3	4	5	5	6	6	7	5	6
27十二	27	28	28	29	30	30	31	5	4	2	2	2	3	3	4	4	5	6	6	7	7	8	6	7
28	28十一	29十	29	30	31	7	6	2	2	3	2	3	4	4	5	5	6	7	7	8	8	9	7	8
29	29	30	30九	31八	8	2	2	3	3	4	3	4	5	5	6	6	7	8	8	9	9	10	8	9
30	30	31	10	9	2七	3六	3	4	4	5	4	5	6	6	7	7	8	9	9	10	10	11	9	10
31	12	11	2	2	3	4	4五	5四	5	6	5	6	7	7	8	8	9	10	10	11	11	12	10	11
日	2	2	3	3	4	5	5	6	6三	7二	6	7	8	8	9	9	10	11	11	12	12	13	11	12
曜	3	3	4	4	5	6	6	7	7	8	7正	8十二	9十一	9	10	10	11	12	12	13	13	14	12	13
表	4	4	5	5	6	7	7	8	8	9	8	9	10	10十	11九	11	12	13	13	14	14	15	13	14
7	5	5	6	6	7	8	8	9	9	10	9	10	11	11	12	12八	13七	14	14	15	15	16	14	15
甲	6	6	7	7	8	9	9	10	10	11	10	11	12	12	13	13	14	15六	15五	16	16	17	15	16
子	7	7	8	8	9	10	10	11	11	12	11	12	13	13	14	14	15	16	16	17四	17三	18	16	17
表	8	8	9	9	10	11	11	12	12	13	12	13	14	14	15	15	16	17	17	18	18	19二	17正	18
14	9	9	10	10	11	12	12	13	13	14	13	14	15	15	16	16	17	18	18	19	19	20	18	19十二
	10	10	11	11	12	13	13	14	14	15	14	15	16	16	17	17	18	19	19	20	20	21	19	20

三七八 戊寅 太元三 1131												三七七 丁丑 太元二 1130											
22	23	23	24	25	25	26	26	27	25	26	27	27	28	28	29	30	30	31	**5**	**4**	2	31	**1**
23	24	24	25	26	26	27	27	28	26	27	28	28	29	29	30	31	**7**	**6**	2	2	3	**2**	2
24	25	25	26	27	27	28	28	29	27	28	29	29	30	30	31	**8**	2	2	3	3	4	2	3
25	26	26	27	28	28	29	29	30	28	29	30	30	31	**10**	**9**	2	3	3	4	4	5	3	4
26	27	27	28	29	29	30	30	31	**3**	30	31	**12**	**11**	2	2	3	4	4	5	5	6	4	5
27	28	28	29	30	30	31	**5**	**4**	2	31	**1**	2	2	3	3	4	5	5	6	6	7	5	6
28	29	29	30	31	**7**	**6**	2	2	3	**2**	2	3	3	4	4	5	6	6	7	7	8	6	7
29	30	30	31	**8**	2	2	3	3	4	2	3	4	4	5	5	6	7	7	8	8	9	7	8
30	31	**10**	**9**	2	3	3	4	4	5	3	4	5	5	6	6	7	8	8	9	9	10	8	9
12	**11**	2	2	3	4	4	5	5	6	4	5	6	6	7	7	8	9	9	10	10	11	9	10
2	2	3	3	4	5	5	6	6	7	5	6	7	7	8	8	9	10	10	11	11	12	10	11
3	3	4	4	5	6	6	7	7	8	6	7	8	8	9	9	10	11	11	12	12	13	11	12
4	4	5	5	6	7	7	8	8	9	7	8	9	9	10	10	11	12	12	13	13	14	12	13
5	5	6	6	7	8	8	9	9	10	8	9	10	10	11	11	12	13	13	14	14	15	13	14
6	十一 6	7	7	8	9	9	10	10	11	9	10	11	11	12	12	13	14	14	15	15	16	14	15
7	7	十 8	九 8	八 9	10	10	11	11	12	10	11	12	12	13	13	14	15	15	16	16	17	15	16
8	8	9	9	10	七 11	六 11	12	12	13	11	12	13	13	14	14	15	16	16	17	17	18	16	17
9	9	10	10	11	12	12	五 13	四 13	14	12	13	14	14	15	15	16	17	17	18	18	19	17	18
10	10	11	11	12	13	13	14	14	三 15	二 13	14	15	15	16	16	17	18	18	19	19	20	18	19
11	11	12	12	13	14	14	15	15	16	14	正 15	十二 16	16	17	17	18	19	19	20	20	21	19	20
12	12	13	13	14	15	15	16	16	17	15	16	17	十一 17	十 18	18	19	20	20	21	21	22	20	21
13	13	14	14	15	16	16	17	17	18	16	17	18	18	19	九 19	八 20	21	21	22	22	23	21	22
14	14	15	15	16	17	17	18	18	19	17	18	19	19	20	20	21	七 22	六 22	23	23	24	22	23
15	15	16	16	17	18	18	19	19	20	18	19	20	冬 20	21	21	22	23	23	五 24	四 24	閏 25	23	24
16	16	17	17	18	19	19	20	20	21	19	20	21	21	22	22	23	24	24	25	25	26	三 24	二 25
17	17	18	18	19	20	20	21	21	22	20	21	22	22	23	23	24	25	25	26	26	27	25	26 正
18	18	19	19	20	21	21	22	22	23	21	22	23	23	24	24	25	26	26	27	27	28	26	27
19	19	20	20	21	22	22	23	23	24	22	23	24	24	25	25	26	27	27	28	28	29	27	28
20	冬 20	21	21	22	23	23	24	24	25	23	24	25	25	26	26	27	28	28	29	29	30	28	29
21	21	22	22	23	24	24	25	25	26	24	25	26	26	27	27	28	29	29	30	30	31	**3**	30

三八〇 庚辰 太元五 1133

三七九 己卯 太元四 1132

11	11	12	12	13	14	14	15	15	16	15	16	17	17	18	18	19	20	20	21	21	22	20	21	22
12	12	13	13	14	15	15	16	16	17	16	17	18	18	19	19	20	21	21	22	22	23	21	22	23
13	十一13	14	14	15	16	16	17	17	18	17	18	19	19	20	20	21	22	22	23	23	24	22	23	24
14	14	十15	九15	16	17	17	18	18	19	18	19	20	20	21	21	22	23	23	24	24	25	23	24	25
15	15	16	16	八17	七18	18	19	19	20	19	20	21	冬21	22	22	23	24	24	25	25	26	24	25	26
16	16	17	17	18	19	六19	五20	20	21	20	21	22	22	23	23	24	25	25	26	26	27	25	26	27
17	17	18	18	19	20	20	21	四21	三22	21	22	23	23	24	24	25	26	26	27	27	28	26	27	28
18	18	19	19	20	21	21	22	22	23	二22	正23	24	24	25	25	26	27	27	28	28	29	27	28	29
19	19	20	20	21	22	22	23	23	24	23	24	閏25	十二25	十一26	26	27	28	28	29	29	30	28	29	30
20	冬20	21	21	22	23	23	24	24	25	24	25	26	26	27	十27	九28	29	29	30	30	31	**3**	30	31
21	21	22	22	23	24	24	25	25	26	25	26	27	27	28	28	29	八30	七30	31	**5**	**4**	2	31	**1**
22	22	23	23	24	25	25	26	26	27	26	27	28	28	29	29	30	31	**7**	六**6**	五2	2	3	**2**	2
23	23	24	24	25	26	26	27	27	28	27	28	29	29	30	30	31	**8**	2	2	3	四3	三4	2	3
24	24	25	25	26	27	27	28	28	29	28	29	30	30	31	**10**	**9**	2	3	3	4	4	5	二3	正4
25	25	26	26	27	28	28	29	29	30	29	30	31	**12**	**11**	2	2	3	4	4	5	5	6	4	5十二
26	26	27	27	28	29	29	30	30	31	**3**	31	**1**	2	2	3	3	4	5	5	6	6	7	5	6
27	27	28	28	29	30	30	31	**5**	**4**	2	**2**	2	3	3	4	4	5	6	6	7	7	8	6	7
28	28	29	29	30	31	**7**	**6**	2	2	3	2	3	4	4	5	5	6	7	7	8	8	9	7	8
29	29	30	30	31	**8**	2	2	3	3	4	3	4	5	5	6	6	7	8	8	9	9	10	8	9
30	30	31	**10**	**9**	2	3	3	4	4	5	4	5	6	6	7	7	8	9	9	10	10	11	9	10
31	**12**	**11**	2	2	3	4	4	5	5	6	5	6	7	7	8	8	9	10	10	11	11	12	10	11
日	2	2	3	3	4	5	5	6	6	7	6	7	8	8	9	9	10	11	11	12	12	13	11	12
曜	3	3	4	4	5	6	6	7	7	8	7	8	9	9	10	10	11	12	12	13	13	14	12	13
表	4	4	5	5	6	7	7	8	8	9	8	9	10	10	11	11	12	13	13	14	14	15	13	14
1	5	5	6	6	7	8	8	9	9	10	9	10	11	11	12	12	13	14	14	15	15	16	14	15
甲	6	6	7	7	8	9	9	10	10	11	10	11	12	12	13	13	14	15	15	16	16	17	15	16
子	7	7	8	8	9	10	10	11	11	12	11	12	13	13	14	14	15	16	16	17	17	18	16	17
表	8	8	9	9	10	11	11	12	12	13	12	13	14	14	15	15	16	17	17	18	18	19	17	18
15	9	9	10	10	11	12	12	13	13	14	13	14	15	15	16	16	17	18	18	19	19	20	18	19
	10	10	11	11	12	13	13	14	14	15	14	15	16	16	17	17	18	19	19	20	20	21	19	20

三八二 壬午 太元七 1135

三八一 辛巳 太元六 1134

22十	23	23	24	25	25	26	26	27	25	26	27	27	28	28	29	30	30	31	**5**	**4**	2	31	**1**
23	24閏	24九	25八	26	26	27	27	28	26	27	28	28	29	29	30	31	**7**	**6**	2	2	3	**2**	2
24	25	25	26	27七	27六	28	28	29	27	28	29	29	30	30	31	**8**	2	2	3	3	4	2	3
25	26	26	27	28	28	29五	29四	30	28	29	30	30	31	**10**	**9**	2	3	3	4	4	5	3	4
26	27	27	28	29	29	30	30	31三	**3**二	30	31	**12**	**11**	2	2	3	4	4	5	5	6	**4**	5
27	28	28	29	30	30	31	**5**	**4**	2	31正	**1**十二	2	2	3	3	4	5	5	6	6	7	5	6
28	29	29	30	31	**7**	**6**	2	2	3	**2**	2	3十一	3十	4	4	5	6	6	7	7	8	6	7
29	30	30	31	**8**	2	2	3	3	4	2	3	4	4	5九	5八	6	7	7	8	8	9	7	8
30	31	**10**	**9**	2	3	3	4	4	5	3	4	5	5	6	6	7七	8六	8	9	9	10	8	9
12	**11**	2	2	3	4	4	5	5	6	4	5	6	6	7	7	8	9	9五	10四	10三	11	9	10
2	2	3	3	4	5	5	6	6	7	5	6	7	7	8	8	9	10	10	11	11	12二	10正	11
3	3	4	4	5	6	6	7	7	8	6	7	8	8	9	9	10	11	11	12	12	13	11	12十二
4	4	5	5	6	7	7	8	8	9	7	8	9	9	10	10	11	12	12	13	13	14	12	13
5	5	6	6	7	8	8	9	9	10	8	9	10	10	11	11	12	13	13	14	14	15	13	14
6	6	7	7	8	9	9	10	10	11	9	10	11	11	12	12	13	14	14	15	15	16	14	15
7	7	8	8	9	10	10	11	11	12	10	11	12	12	13	13	14	15	15	16	16	17	15	16
8	8	9	9	10	11	11	12	12	13	11	12	13	13	14	14	15	16	16	17	17	18	16	17
9	9	10	10	11	12	12	13	13	14	12	13	14	14	15	15	16	17	17	18	18	19	17	18
10	10	11	11	12	13	13	14	14	15	13	14	15	15	16	16	17	18	18	19	19	20	18	19
11	11	12	12	13	14	14	15	15	16	14	15	16	16	17	17	18	19	19	20	20	21	19	20
12	12	13	13	14	15	15	16	16	17	15	16	17	17	18	18	19	20	20	21	21	22	20	21
13	13	14	14	15	16	16	17	17	18	16	17	18	18	19	19	20	21	21	22	22	23	21	22
14	14	15	15	16	17	17	18	18	19	17	18	19	19	20	20	21	22	22	23	23	24	22	23
15	15	16	16	17	18	18	19	19	20	18	19	20冬	20	21	21	22	23	23	24	24	25	23	24
16	16	17	17	18	19	19	20	20	21	19	20	21	21	22	22	23	24	24	25	25	26	24	25
17	17	18	18	19	20	20	21	21	22	20	21	22	22	23	23	24	25	25	26	26	27	25	26
18	18	19	19	20	21	21	22	22	23	21	22	23	23	24	24	25	26	26	27	27	28	26	27
19	19	20	20	21	22	22	23	23	24	22	23	24	24	25	25	26	27	27	28	28	29	27	28
20冬	20	21	21	22	23	23	24	24	25	23	24	25	25	26	26	27	28	28	29	29	30	28	29
21	21	22	22	23	24	24	25	25	26	24	25	26	26	27	27	28	29	29	30	30	31	**3**	30

三八三 癸未 太元八

1136

三八四 甲申 太元九

1137

11	11	12	12	13	14	14	15	15	16	15	16	17	17	18	18	19	20	20	21	21	22	20	21	22十一
12	12	13	13	14	15	15	16	16	17	16	17	18	18	19	19	20	21	21	22	22	23	21	22	23
13	13	14	14	15	16	16	17	17	18	17	18	19	19	20	20	21	22	22	23	23	24	22	23	24
14	14	15	15	16	17	17	18	18	19	18	19	20	20	21	21	22	23	23	24	24	25	23	24	25
15	15	16	16	17	18	18	19	19	20	19	20	21冬	21	22	22	23	24	24	25	25	26	24	25	26
16	16	17	17	18	19	19	20	20	21	20	21	22	22	23	23	24	25	25	26	26	27	25	26	27
17	17	18	18	19	20	20	21	21	22	21	22	23	23	24	24	25	26	26	27	27	28	26	27	28
18	18	19	19	20	21	21	22	22	23	22	23	24	24	25	25	26	27	27	28	28	29	27	28	29
19	19	20	20	21	22	22	23	23	24	23	24	25	25	26	26	27	28	28	29	29	30	28	29	30
20冬	20	21	21	22	23	23	24	24	25	24	25	26	26	27	27	28	29	29	30	30	31	3	30	31
21	21	22	22	23	24	24	25	25	26	25	26	27	27	28	28	29	30	30	31	5	4	2	31	1
22	22	23	23	24	25	25	26	26	27	26	27	28	28	29	29	30	31	7	6	2	2	3	2	2
23	23	24	24	25	26	26	27	27	28	27	28	29	29	30	30	31	8	2	2	3	3	4	2	3
24	24	25	25	26	27	27	28	28	29	28	29	30	30	31	10	9	2	3	3	4	4	5	3	4
25	25	26	26	27	28	28	29	29	30	29	30	31	12	11	2	2	3	4	4	5	5	6	4	5
26	26	27	27	28	29	29	30	30	31	3	31	1	2	2	3	3	4	5	5	6	6	7	5	6
27	27	28	28	29	30	30	31	5	4	2	2	2	3	3	4	4	5	6	6	7	7	8	6	7
28	28	29	29	30	31	7	6	2	2	3	2	3	4	4	5	5	6	7	7	8	8	9	7	8
29十二	29十一	30	30	31	8	2	2	3	3	4	3	4	5	5	6	6	7	8	8	9	9	10	8	9
30	30	31十	10九	9	2	3	3	4	4	5	4	5	6	6	7	7	8	9	9	10	10	11	9	10
31	12	11	2	2八	3七	4	4	5	5	6	5	6	7	7	8	8	9	10	10	11	11	12	10	11
日	2	2	3	3	4	5六	5五	6	6	7	6	7	8	8	9	9	10	11	11	12	12	13	11	12
曜	3	3	4	4	5	6	6	7四	7三	8	7	8	9	9	10	10	11	12	12	13	13	14	12	13
表	4	4	5	5	6	7	7	8	8	9二	8正	9	10	10	11	11	12	13	13	14	14	15	13	14
2	5	5	6	6	7	8	8	9	9	10	9	10十二	11十一	11十	12	12	13	14	14	15	15	16	14	15
甲	6	6	7	7	8	9	9	10	10	11	10	11	12	12	13九	13八	14	15	15	16	16	17	15	16
子	7	7	8	8	9	10	10	11	11	12	11	12	13	13	14	14	15七	16六	16	17	17	18	16	17
表	8	8	9	9	10	11	11	12	12	13	12	13	14	14	15	15	16	17	17五	18四	18	19	17	18
16	9	9	10	10	11	12	12	13	13	14	13	14	15	15	16	16	17	18	18	19	19三	20二	18	19
	10	10	11	11	12	13	13	14	14	15	14	15	16	16	17	17	18	19	19	20	20	21	19正	20十二

三八六 丙戌 晉太元一一 魏登國元（道武帝） 1139												三八五 乙酉 太元一〇 1138											
22	23	23	24	25	25	26	26	27	25	26	27	27	28	28	29	30	30	31	**5**	**4**	2	31	**1**
23	24	24	25	26	26	27	27	28	26	27	28	28	29	29	30	31	**7**	**6**	2	2	3	**2**	2
24	25	25	26	27	27	28	28	29	27	28	29	29	30	30	31	**8**	2	2	3	3	4	2	3
25	26	26	27	28	28	29	29	30	28	29	30	30	31	**10**	**9**	2	3	3	4	4	5	3	4
26	27	27	28	29	29	30	30	31	**3**	30	31	**12**	**11**	2	2	3	4	4	5	5	6	4	5
27	28	28	29	30	30	31	**5**	**4**	2	31	**1**	2	2	3	3	4	5	5	6	6	7	5	6
28	29	29	30	31	**7**	**6**	2	2	3	**2**	2	3	3	4	4	5	6	6	7	7	8	6	7
29	30	30	31	**8**	2	2	3	3	4	2	3	4	4	5	5	6	7	7	8	8	9	7	8
30	31	**10**	**9**	2	3	3	4	4	5	3	4	5	5	6	6	7	8	8	9	9	10	8	9
12	**11**	2	2	3	4	4	5	5	6	4	5	6	6	7	7	8	9	9	10	10	11	9	10
2	2	3	3	4	5	5	6	6	7	5	6	7	7	8	8	9	10	10	11	11	12	10	11
3	3	4	4	5	6	6	7	7	8	6	7	8	8	9	9	10	11	11	12	12	13	11	12
4	4	5	5	6	7	7	8	8	9	7	8	9	9	10	10	11	12	12	13	13	14	12	13
5	5	6	6	7	8	8	9	9	10	8	9	10	10	11	11	12	13	13	14	14	15	13	14
6	6	7	7	8	9	9	10	10	11	9	10	11	11	12	12	13	14	14	15	15	16	14	15
7	7	8	8	9	10	10	11	11	12	10	11	12	12	13	13	14	15	15	16	16	17	15	16
8 十一	8 十	9	9	10	11	11	12	12	13	11	12	13	13	14	14	15	16	16	17	17	18	16	17
9	9	10 九	10 八	11 七	12	12	13	13	14	12	13	14	14	15	15	16	17	17	18	18	19	17	18
10	10	11	11	12	13 六	13 五	14	14	15	13	14	15	15	16	16	17	18	18	19	19	20	18	19
11	11	12	12	13	14	14	15 四	15 三	16	14	15	16	16	17	17	18	19	19	20	20	21	19	20
12	12	13	13	14	15	15	16	16	17 二	15 正	16	17	17	18	18	19	20	20	21	21	22	20	21
13	13	14	14	15	16	16	17	17	18	16	17 十二	18 十一	18	19	19	20	21	21	22	22	23	21	22
14	14	15	15	16	17	17	18	18	19	17	18	19	19 十	20 九	20	21	22	22	23	23	24	22	23
15	15	16	16	17	18	18	19	19	20	18	19	20 冬	20	21	21 八	22 七	23	23	24	24	25	23	24
16	16	17	17	18	19	19	20	20	21	19	20	21	21	22	22	23	24 六	24 閏	25	25	26	24	25
17	17	18	18	19	20	20	21	21	22	20	21	22	22	23	23	24	25	25	26 五	26 四	27 三	25	26
18	18	19	19	20	21	21	22	22	23	21	22	23	23	24	24	25	26	26	27	27	28	26 二	27 正
19	19	20	20	21	22	22	23	23	24	22	23	24	24	25	25	26	27	27	28	28	29	27	28
20 冬	20	21	21	22	23	23	24	24	25	23	24	25	25	26	26	27	28	28	29	29	30	28	29
21	21	22	22	23	24	24	25	25	26	24	25	26	26	27	27	28	29	29	30	30	31	**3**	30

三八七
丁亥
晉太元一二
魏登國二
1140

三八八
戊子
晉太元一三
魏登國三
1141

11	11	12	12	13	14	14	15	15	16	15	16	17	17	18	18	19	20	20	21	21	22	20	21	22
12	12	13	13	14	15	15	16	16	17	16	17	18	18	19	19	20	21	21	22	22	23	21	22	23
13	13	14	14	15	16	16	17	17	18	17	18	19	19	20	20	21	22	22	23	23	24	22	23	24
14	14	15	15	16	17	17	18	18	19	18	19	20	20	21	21	22	23	23	24	24	25	23	24	25
15十二	15十	16	16	17	18	18	19	19	20	19	20	21冬	21	22	22	23	24	24	25	25	26	24	25	26
16	16	17九	17八	18	19	19	20	20	21	20	21	22	22	23	23	24	25	25	26	26	27	25	26	27
17	17	18	18	19七	20六	20	21	21	22	21	22	23	23	24	24	25	26	26	27	27	28	26	27	28
18	18	19	19	20	21	21五	22四	22	23	22	23	24	24	25	25	26	27	27	28	28	29	27	28	29
19	19	20	20	21	22	22	23	23三	24二	23	24	25	25	26	26	27	28	28	29	29	30	28	29	30
20冬	20	21	21	22	23	23	24	24	25	24閏	25正	26	26	27	27	28	29	29	30	30	31	**3**	30	31
21	21	22	22	23	24	24	25	25	26	25	26	27十二	27十一	28十	28	29	30	30	31	**5**	**4**	2	31	**1**
22	22	23	23	24	25	25	26	26	27	26	27	28	28	29	29九	30八	31	**7**	**6**	2	2	3	**2**	2
23	23	24	24	25	26	26	27	27	28	27	28	29	29	30	30	31	**8**七	2六	2	3	3	4	2	3
24	24	25	25	26	27	27	28	28	29	28	29	30	30	31	**10**	**9**	2	3	3五	4四	4	5	3	4
25	25	26	26	27	28	28	29	29	30	29	30	31	**12**	**11**	2	2	3	4	4	5	5三	6二	4	5
26	26	27	27	28	29	29	30	30	31	**3**	31	**1**	2	2	3	3	4	5	5	6	6	7	5正	6十二
27	27	28	28	29	30	30	31	**5**	**4**	2	**2**	2	3	3	4	4	5	6	6	7	7	8	6	7
28	28	29	29	30	31	**7**	**6**	2	2	3	2	3	4	4	5	5	6	7	7	8	8	9	7	8
29	29	30	30	31	**8**	2	2	3	3	4	3	4	5	5	6	6	7	8	8	9	9	10	8	9
30	30	31	**10**	**9**	2	3	3	**4**	**4**	5	4	5	6	6	7	7	8	9	9	10	10	11	9	10
31	**12**	**11**	2	2	3	4	4	5	5	6	5	6	7	7	8	8	9	10	10	11	11	12	10	11
日	2	2	3	3	4	5	5	6	6	7	6	7	8	8	9	9	10	11	11	12	12	13	11	12
曜	3	3	4	4	5	6	6	7	7	8	7	8	9	9	10	10	11	12	12	13	13	14	12	13
表	4	4	5	5	6	7	7	8	8	9	8	9	10	10	11	11	12	13	13	14	14	15	13	14
3	5	5	6	6	7	8	8	9	9	10	9	10	11	11	12	12	13	14	14	15	15	16	14	15
甲	6	6	7	7	8	9	9	10	10	11	10	11	12	12	13	13	14	15	15	16	16	17	15	16
子	7	7	8	8	9	10	10	11	11	12	11	12	13	13	14	14	15	16	16	17	17	18	16	17
表	8	8	9	9	10	11	11	12	12	13	12	13	14	14	15	15	16	17	17	18	18	19	17	18
17	9	9	10	10	11	12	12	13	13	14	13	14	15	15	16	16	17	18	18	19	19	20	18	19
	10	10	11	11	12	13	13	14	14	15	14	15	16	16	17	17	18	19	19	20	20	21	19	20

三八九
己丑
晉太元一四
魏登國四
1142

三九〇
庚寅
晉太元一五
魏登國五
1143

22	23	23	24	25	25	26	26	27	25	26	27	27	28	28	29	30	30	31	**5**	**4**	2	31	**1**
23	24	24	25	26	26	27	27	28	26	27	28	28	29	29	30	31	**7**	**6**	2	2	3	**2**	2
24閏	25十	25	26	27	27	28	28	29	27	28	29	29	30	30	31	**8**	2	2	3	3	4	2	3
25	26	26九	27八	28七	28	29	29	30	28	29	30	30	31	**10**	**9**	2	3	3	4	4	5	3	4
26	27	27	28	29	29六	30五	30	31	**3**	30	31	**12**	**11**	2	2	3	4	4	5	5	6	4	5
27	28	28	29	30	30	31	**5**四	**4**三	2	31	**1**	2	2	3	3	4	5	5	6	6	7	5	6
28	29	29	30	31	**7**	**6**	2	2	3二	**2**正	2	3	3	4	4	5	6	6	7	7	8	6	7
29	30	30	31	**8**	2	2	3	3	4	2	3十二	4十一	4	5	5	6	7	7	8	8	9	7	8
30	31	**10**	**9**	2	3	3	4	4	5	3	4	5	5十	6九	6	7	8	8	9	9	10	8	9
12	**11**	2	2	3	4	4	5	5	6	4	5	6	6	7	7八	8七	9	9	10	10	11	9	10
2	2	3	3	4	5	5	6	6	7	5	6	7	7	8	8	9	10六	10五	11	11	12	10	11
3	3	4	4	5	6	6	7	7	8	6	7	8	8	9	9	10	11	11	12四	12三	13二	11	12
4	4	5	5	6	7	7	8	8	9	7	8	9	9	10	10	11	12	12	13	13	14	12正	13十二
5	5	6	6	7	8	8	9	9	10	8	9	10	10	11	11	12	13	13	14	14	15	13	14
6	6	7	7	8	9	9	10	10	11	9	10	11	11	12	12	13	14	14	15	15	16	14	15
7	7	8	8	9	10	10	11	11	12	10	11	12	12	13	13	14	15	15	16	16	17	15	16
8	8	9	9	10	11	11	12	12	13	11	12	13	13	14	14	15	16	16	17	17	18	16	17
9	9	10	10	11	12	12	13	13	14	12	13	14	14	15	15	16	17	17	18	18	19	17	18
10	10	11	11	12	13	13	14	14	15	13	14	15	15	16	16	17	18	18	19	19	20	18	19
11	11	12	12	13	14	14	15	15	16	14	15	16	16	17	17	18	19	19	20	20	21	19	20
12	12	13	13	14	15	15	16	16	17	15	16	17	17	18	18	19	20	20	21	21	22	20	21
13	13	14	14	15	16	16	17	17	18	16	17	18	18	19	19	20	21	21	22	22	23	21	22
14	14	15	15	16	17	17	18	18	19	17	18	19	19	20	20	21	22	22	23	23	24	22	23
15	15	16	16	17	18	18	19	19	20	18	19	20冬	20	21	21	22	23	23	24	24	25	23	24
16	16	17	17	18	19	19	20	20	21	19	20	21	21	22	22	23	24	24	25	25	26	24	25
17	17	18	18	19	20	20	21	21	22	20	21	22	22	23	23	24	25	25	26	26	27	25	26
18	18	19	19	20	21	21	22	22	23	21	22	23	23	24	24	25	26	26	27	27	28	26	27
19	19	20	20	21	22	22	23	23	24	22	23	24	24	25	25	26	27	27	28	28	29	27	28
20冬	20	21	21	22	23	23	24	24	25	23	24	25	25	26	26	27	28	28	29	29	30	28	29
21	21	22	22	23	24	24	25	25	26	24	25	26	26	27	27	28	29	29	30	30	31	**3**	30

三九一
辛卯
晋太元一六
魏登國六
1144

三九二
壬辰
晋太元一七
魏登國七
1145

11	11	12	12	13	14	14	15	15	16	15	16	17	17	18	18	19	20	20	21	21	22二	20正	21	22
12	12	13	13	14	15	15	16	16	17	16	17	18	18	19	19	20	21	21	22	22	23	21	22十二	23十一
13	13	14	14	15	16	16	17	17	18	17	18	19	19	20	20	21	22	22	23	23	24	22	23	24
14	14	15	15	16	17	17	18	18	19	18	19	20	20	21	21	22	23	23	24	24	25	23	24	25
15	15	16	16	17	18	18	19	19	20	19	20	21冬	21	22	22	23	24	24	25	25	26	24	25	26
16	16	17	17	18	19	19	20	20	21	20	21	22	22	23	23	24	25	25	26	26	27	25	26	27
17	17	18	18	19	20	20	21	21	22	21	22	23	23	24	24	25	26	26	27	27	28	26	27	28
18	18	19	19	20	21	21	22	22	23	22	23	24	24	25	25	26	27	27	28	28	29	27	28	29
19	19	20	20	21	22	22	23	23	24	23	24	25	25	26	26	27	28	28	29	29	30	28	29	30
20冬	20	21	21	22	23	23	24	24	25	24	25	26	26	27	27	28	29	29	30	30	31	**3**	30	31
21	21	22	22	23	24	24	25	25	26	25	26	27	27	28	28	29	30	30	31	**5**	**4**	2	31	**1**
22	22	23	23	24	25	25	26	26	27	26	27	28	28	29	29	30	31	**7**	**6**	2	2	3	**2**	2
23	23	24	24	25	26	26	27	27	28	27	28	29	29	30	30	31	**8**	2	2	3	3	4	2	3
24	24	25	25	26	27	27	28	28	29	28	29	30	30	31	**10**	**9**	2	3	3	4	4	5	3	4
25	25	26	26	27	28	28	29	29	30	29	30	31	**12**	**11**	2	2	3	4	4	5	5	6	4	5
26	26	27	27	28	29	29	30	30	31	**3**	31	**1**	2	2	3	3	4	5	5	6	6	7	5	6
27	27	28	28	29	30	30	31	**5**	**4**	2	**2**	2	3	3	4	4	5	6	6	7	7	8	6	7
28	28	29	29	30	31	**7**	**6**	2	2	3	2	3	4	4	5	5	6	7	7	8	8	9	7	8
29	29	30	30	31	**8**	2	2	3	3	4	3	4	5	5	6	6	7	8	8	9	9	10	8	9
30十二	30	31	**10**	**9**	2	3	3	**4**	4	5	4	5	6	6	7	7	8	9	9	10	10	11	9	10
31	**12**十一	**11**十	2	2	3	4	4	5	5	6	5	6	7	7	8	8	9	10	10	11	11	12	10	11
日	2	2	3九	3八	4	5	5	6	6	7	6	7	8	8	9	9	10	11	11	12	12	13	11	12
曜	3	3	4	4	5七	6六	6	7	7	8	7	8	9	9	10	10	11	12	12	13	13	14	12	13
表	4	4	5	5	6	7	7五	8四	8	9	8	9	10	10	11	11	12	13	13	14	14	15	13	14
4	5	5	6	6	7	8	8	9	9三	10二	9	10	11	11	12	12	13	14	14	15	15	16	14	15
甲	6	6	7	7	8	9	9	10	10	11	10正	11十二	12	12	13	13	14	15	15	16	16	17	15	16
子	7	7	8	8	9	10	10	11	11	12	11	12	13十一	13十	14九	14	15	16	16	17	17	18	16	17
表	8	8	9	9	10	11	11	12	12	13	12	13	14	14	15	15八	16七	17	17	18	18	19	17	18
18	9	9	10	10	11	12	12	13	13	14	13	14	15	15	16	16	17	18六	18五	19	19	20	18	19
	10	10	11	11	12	13	13	14	14	15	14	15	16	16	17	17	18	19	19	20四	20三	21	19	20

三九四 甲午 晉太元一九 魏登國九 1147												三九三 癸巳 晉太元一八 魏登國八 1146											
22	23	23	24	25	25	26	26	27	25	26	27	27	28	28	29	30	30	31	**5**	**4**	2	31	**1**
23	24	24	25	26	26	27	27	28	26	27	28	28	29	29	30	31	**7**	**6**	2	2	3	**2**	2
24	25	25	26	27	27	28	28	29	27	28	29	29	30	30	31	**8**	2	2	3	3	4	2	3
25	26	26	27	28	28	29	29	30	28	29	30	30	31	**10**	**9**	2	3	3	4	4	5	3	4
26	27	27	28	29	29	30	30	31	**3**	30	31	**12**	**11**	2	2	3	4	4	5	5	6	4	5
27	28	28	29	30	30	31	**5**	**4**	2	31	**1**	2	2	3	3	4	5	5	6	6	7	5	6
28	29	29	30	31	**7**	**6**	2	2	3	**2**	2	3	3	4	4	5	6	6	7	7	8	6	7
29	30	30	31	**8**	2	2	3	3	4	2	3	4	4	5	5	6	7	7	8	8	9	7	8
30	31	**10**	**9**	2	3	3	4	4	5	3	4	5	5	6	6	7	8	8	9	9	10	8	9
12	**11**	2	2	3	4	4	5	5	6	4	5	6	6	7	7	8	9	9	10	10	11	9	10
2	2	3	3	4	5	5	6	6	7	5	6	7	7	8	8	9	10	10	11	11	12	10	11
3	3	4	4	5	6	6	7	7	8	6	7	8	8	9	9	10	11	11	12	12	13	11	12
4	4	5	5	6	7	7	8	8	9	7	8	9	9	10	10	11	12	12	13	13	14	12	13
5	5	6	6	7	8	8	9	9	10	8	9	10	10	11	11	12	13	13	14	14	15	13	14
6	6	7	7	8	9	9	10	10	11	9	10	11	11	12	12	13	14	14	15	15	16	14	15
7	7	8	8	9	10	10	11	11	12	10	11	12	12	13	13	14	15	15	16	16	17	15	16
8	8	9	9	10	11	11	12	12	13	11	12	13	13	14	14	15	16	16	17	17	18	16	17
9十一	9	10	10	11	12	12	13	13	14	12	13	14	14	15	15	16	17	17	18	18	19	17	18
10	10十	11九	11	12	13	13	14	14	15	13	14	15	15	16	16	17	18	18	19	19	20	18	19
11	11	12	12八	13七	14六	14	15	15	16	14	15	16	16	17	17	18	19	19	20	20	21	19	20
12	12	13	13	14	15	15五	16四	16	17	15	16	17	17	18	18	19	20	20	21	21	22	20	21
13	13	14	14	15	16	16	17	17三	18二	16	17	18	18	19	19	20	21	21	22	22	23	21	22
14	14	15	15	16	17	17	18	18	19	17正	18十二	19	19	20	20	21	22	22	23	23	24	22	23
15	15	16	16	17	18	18	19	19	20	18	19	20冬十一	20十	21	21	22	23	23	24	24	25	23	24
16	16	17	17	18	19	19	20	20	21	19	20	21	21	22九	22八	23	24	24	25	25	26	24	25
17	17	18	18	19	20	20	21	21	22	20	21	22	22	23	23	24閏	25七	25	26	26	27	25	26
18	18	19	19	20	21	21	22	22	23	21	22	23	23	24	24	25	26	26六	27五	27	28	26	27
19	19	20	20	21	22	22	23	23	24	22	23	24	24	25	25	26	27	27	28	28四	29三	27二	28
20冬	20	21	21	22	23	23	24	24	25	23	24	25	25	26	26	27	28	28	29	29	30	28	29正
21	21	22	22	23	24	24	25	25	26	24	25	26	26	27	27	28	29	29	30	30	31	**3**	30

三九五
乙未
晉太元二〇
魏登國一〇
1148

三九六
丙申
晉太元二一
魏皇始元七月改
是年羅馬分東西二國
1149

11	11	12	12	13	14	14	15	15	16	15	16	17	17	18	18	19	20	20	21	21	22	20	21	22
12	12	13	13	14	15	15	16	16	17	16	17	18	18	19	19	20	21	21	22	22	23	21	22	23
13	13	14	14	15	16	16	17	17	18	17	18	19	19	20	20	21	22	22	23	23	24	22	23	24
14	14	15	15	16	17	17	18	18	19	18	19	20	20	21	21	22	23	23	24	24	25	23	24	25
15	15	16	16	17	18	18	19	19	20	19	20	21冬	21	22	22	23	24	24	25	25	26	24	25	26
16十二	16	17	17	18	19	19	20	20	21	20	21	22	22	23	23	24	25	25	26	26	27	25	26	27
17	17十	18九	18	19	20	20	21	21	22	21	22	23	23	24	24	25	26	26	27	27	28	26	27	28
18	18	19	19八	20七	21	21	22	22	23	22	23	24	24	25	25	26	27	27	28	28	29	27	28	29
19	19	20	20	21	22六	22五	23	23	24	23	24	25	25	26	26	27	28	28	29	29	30	28	29	30
20冬	20	21	21	22	23	23	24四	24閏	25	24	25	26	26	27	27	28	29	29	30	30	31	3	30	31
21	21	22	22	23	24	24	25	25	26三	25二	26	27	27	28	28	29	30	30	31	5	4	2	31	1
22	22	23	23	24	25	25	26	26	27	26	27正	28十二	28	29	29	30	31	7	6	2	2	3	2	2
23	23	24	24	25	26	26	27	27	28	27	28	29	29十一	30十	30九	31	8	2	2	3	3	4	2	3
24	24	25	25	26	27	27	28	28	29	28	29	30	30	31	10	9八	2七	3	3	4	4	5	3	4
25	25	26	26	27	28	28	29	29	30	29	30	31	12	11	2	2	3	4六	4五	5	5	6	4	5
26	26	27	27	28	29	29	30	30	31	3	31	1	2	2	3	3	4	5	5	6四	6三	7	5	6
27	27	28	28	29	30	30	31	5	4	2	2	2	3	3	4	4	5	6	6	7	7	8二	6正	7
28	28	29	29	30	31	7	6	2	2	3	2	3	4	4	5	5	6	7	7	8	8	9	7	8十二
29	29	30	30	31	8	2	2	3	3	4	3	4	5	5	6	6	7	8	8	9	9	10	8	9
30	30	31	10	9	2	3	3	4	4	5	4	5	6	6	7	7	8	9	9	10	10	11	9	10
31	12	11	2	2	3	4	4	5	5	6	5	6	7	7	8	8	9	10	10	11	11	12	10	11
日	2	2	3	3	4	5	5	6	6	7	6	7	8	8	9	9	10	11	11	12	12	13	11	12
曜	3	3	4	4	5	6	6	7	7	8	7	8	9	9	10	10	11	12	12	13	13	14	12	13
表	4	4	5	5	6	7	7	8	8	9	8	9	10	10	11	11	12	13	13	14	14	15	13	14
5	5	5	6	6	7	8	8	9	9	10	9	10	11	11	12	12	13	14	14	15	15	16	14	15
甲	6	6	7	7	8	9	9	10	10	11	10	11	12	12	13	13	14	15	15	16	16	17	15	16
子	7	7	8	8	9	10	10	11	11	12	11	12	13	13	14	14	15	16	16	17	17	18	16	17
表	8	8	9	9	10	11	11	12	12	13	12	13	14	14	15	15	16	17	17	18	18	19	17	18
19	9	9	10	10	11	12	12	13	13	14	13	14	15	15	16	16	17	18	18	19	19	20	18	19
	10	10	11	11	12	13	13	14	14	15	14	15	16	16	17	17	18	19	19	20	20	21	19	20

三九八 戊戌 晉隆安二 魏天興元（十二月改） 1151												三九七 丁酉 晉隆安元（安帝） 魏皇始二 1150											
22	23	23	24	25	25	26	26	27	25	26	27	27	28	28	29	30	30	31	**5**	**4**	2	31	**1**
23	24	24	25	26	26	27	27	28	26	27	28	28	29	29	30	31	**7**	**6**	2	2	3	**2**	2
24	25	25	26	27	27	28	28	29	27	28	29	29	30	30	31	**8**	2	2	3	3	4	2	3
25十一	26	26	27	28	28	29	29	30	28	29	30	30	31	**10**	**9**	2	3	3	4	4	5	3	4
26	27十	27九	28	29	29	30	30	31	**3**	30	31	**12**	**11**	2	2	3	4	4	5	5	6	4	5
27	28	28	29八	30七	30六	31	**5**	**4**	2	31	**1**	2	2	3	3	4	5	5	6	6	7	5	6
28	29	29	30	31	**7**	**6**五	2四	2	3	**2**	2	3	3	4	4	5	6	6	7	7	8	6	7
29	30	30	31	**8**	2	2	3	3三	4二	2	3	4	4	5	5	6	7	7	8	8	9	7	8
30	31	**10**	**9**	2	3	3	4	4	5	3正	4十二	5	5	6	6	7	8	8	9	9	10	8	9
12	**11**	2	2	3	4	4	5	5	6	4	5	6十一	6十	7	7	8	9	9	10	10	11	9	10
2	2	3	3	4	5	5	6	6	7	5	6	7	7	8九	8八	9	10	10	11	11	12	10	11
3	3	4	4	5	6	6	7	7	8	6	7	8	8	9	9	10七	11六	11	12	12	13	11	12
4	4	5	5	6	7	7	8	8	9	7	8	9	9	10	10	11	12	12五	13四	13	14	12	13
5	5	6	6	7	8	8	9	9	10	8	9	10	10	11	11	12	13	13	14	14三	15二	13正	14
6	6	7	7	8	9	9	10	10	11	9	10	11	11	12	12	13	14	14	15	15	16	14	15十二
7	7	8	8	9	10	10	11	11	12	10	11	12	12	13	13	14	15	15	16	16	17	15	16
8	8	9	9	10	11	11	12	12	13	11	12	13	13	14	14	15	16	16	17	17	18	16	17
9	9	10	10	11	12	12	13	13	14	12	13	14	14	15	15	16	17	17	18	18	19	17	18
10	10	11	11	12	13	13	14	14	15	13	14	15	15	16	16	17	18	18	19	19	20	18	19
11	11	12	12	13	14	14	15	15	16	14	15	16	16	17	17	18	19	19	20	20	21	19	20
12	12	13	13	14	15	15	16	16	17	15	16	17	17	18	18	19	20	20	21	21	22	20	21
13	13	14	14	15	16	16	17	17	18	16	17	18	18	19	19	20	21	21	22	22	23	21	22
14	14	15	15	16	17	17	18	18	19	17	18	19	19	20	20	21	22	22	23	23	24	22	23
15	15	16	16	17	18	18	19	19	20	18	19	20冬	20	21	21	22	23	23	24	24	25	23	24
16	16	17	17	18	19	19	20	20	21	19	20	21	21	22	22	23	24	24	25	25	26	24	25
17	17	18	18	19	20	20	21	21	22	20	21	22	22	23	23	24	25	25	26	26	27	25	26
18	18	19	19	20	21	21	22	22	23	21	22	23	23	24	24	25	26	26	27	27	28	26	27
19	19	20	20	21	22	22	23	23	24	22	23	24	24	25	25	26	27	27	28	28	29	27	28
20冬	20	21	21	22	23	23	24	24	25	23	24	25	25	26	26	27	28	28	29	29	30	28	29
21	21	22	22	23	24	24	25	25	26	24	25	26	26	27	27	28	29	29	30	30	31	**3**	30

四〇〇 庚子 晉隆安四 魏天興三 1153

三九九 己亥 晉隆安三 魏天興二 1152

11	11	12	12	13	14	14	15	15	16	15	16	17	17	18	18	19	20	20五	21四	21	22	20	21	22
12	12	13	13	14	15	15	16	16	17	16	17	18	18	19	19	20	21	21	22	22三	23二	21	22	23
13	13	14	14	15	16	16	17	17	18	17	18	19	19	20	20	21	22	22	23	23	24	22正	23十二	24
14	14	15	15	16	17	17	18	18	19	18	19	20	20	21	21	22	23	23	24	24	25	23	24	25閏
15	15	16	16	17	18	18	19	19	20	19	20	21冬	21	22	22	23	24	24	25	25	26	24	25	26
16	16	17	17	18	19	19	20	20	21	20	21	22	22	23	23	24	25	25	26	26	27	25	26	27
17	17	18	18	19	20	20	21	21	22	21	22	23	23	24	24	25	26	26	27	27	28	26	27	28
18	18	19	19	20	21	21	22	22	23	22	23	24	24	25	25	26	27	27	28	28	29	27	28	29
19	19	20	20	21	22	22	23	23	24	23	24	25	25	26	26	27	28	28	29	29	30	28	29	30
20冬	20	21	21	22	23	23	24	24	25	24	25	26	26	27	27	28	29	29	30	30	31	**3**	30	31
21	21	22	22	23	24	24	25	25	26	25	26	27	27	28	28	29	30	30	31	**5**	**4**	2	31	**1**
22	22	23	23	24	25	25	26	26	27	26	27	28	28	29	29	30	31	**7**	**6**	2	2	3	**2**	2
23	23	24	24	25	26	26	27	27	28	27	28	29	29	30	30	31	**8**	2	2	3	3	4	2	3
24	24	25	25	26	27	27	28	28	29	28	29	30	30	31	**10**	**9**	2	3	3	4	4	5	3	4
25	25	26	26	27	28	28	29	29	30	29	30	31	**12**	**11**	2	2	3	4	4	5	5	6	4	5
26	26	27	27	28	29	29	30	30	31	**3**	31	**1**	2	2	3	3	4	5	5	6	6	7	5	6
27	27	28	28	29	30	30	31	**5**	**4**	2	**2**	2	3	3	4	4	5	6	6	7	7	8	6	7
28	28	29	29	30	31	**7**	**6**	2	2	3	2	3	4	4	5	5	6	7	7	8	8	9	7	8
29	29	30	30	31	**8**	2	2	3	3	4	3	4	5	5	6	6	7	8	8	9	9	10	8	9
30	30	31	**10**	**9**	2	3	3	4	4	5	4	5	6	6	7	7	8	9	9	10	10	11	9	10
31	**12**	**11**	2	2	3	4	4	5	5	6	5	6	7	7	8	8	9	10	10	11	11	12	10	11
日	2十一	2	3	3	4	5	5	6	6	7	6	7	8	8	9	9	10	11	11	12	12	13	11	12
曜	3	3十	4九	4	5	6	6	7	7	8	7	8	9	9	10	10	11	12	12	13	13	14	12	13
表	4	4	5	5八	6七	7	7	8	8	9	8	9	10	10	11	11	12	13	13	14	14	15	13	14
6	5	5	6	6	7	8六	8五	9	9	10	9	10	11	11	12	12	13	14	14	15	15	16	14	15
甲	6	6	7	7	8	9	9	10四	10三	11	10	11	12	12	13	13	14	15	15	16	16	17	15	16
子	7	7	8	8	9	10	10	11	11	12二	11正	12	13	13	14	14	15	16	16	17	17	18	16	17
表	8	8	9	9	10	11	11	12	12	13	12	13十二	14十一	14	15	15	16	17	17	18	18	19	17	18
20	9	9	10	10	11	12	12	13	13	14	13	14	15	15十	16九	16八	17	18	18	19	19	20	18	19
	10	10	11	11	12	13	13	14	14	15	14	15	16	16	17	17	18七	19六	19	20	20	21	19	20

中西回史日曆 卷五 東晉 魏 一 勵耘書屋

四〇二 壬寅 晉元興元 魏天興五 1155												四〇一 辛丑 晉隆安五 魏天興四 1154											
22	23	23	24	25	25	26	26	27	25	26	27	27	28	28	29	30	30	31	**5**	**4**	2	31	**1**十二
23	24	24	25	26	26	27	27	28	26	27	28	28	29	29	30	31	**7**	**6**	2	2	3	**2**	2
24	25	25	26	27	27	28	28	29	27	28	29	29	30	30	31	**8**	2	2	3	3	4	2	3
25	26	26	27	28	28	29	29	30	28	29	30	30	31	**10**	**9**	2	3	3	4	4	5	3	4
26	27	27	28	29	29	30	30	31	**3**	30	31	**12**	**11**	2	2	3	4	4	5	5	6	4	5
27	28	28	29	30	30	31	**5**	**4**	2	31	**1**	2	2	3	3	4	5	5	6	6	7	5	6
28	29	29	30	31	**7**	**6**	2	2	3	**2**	2	3	3	4	4	5	6	6	7	7	8	6	7
29	30	30	31	**8**	2	2	3	3	4	2	3	4	4	5	5	6	7	7	8	8	9	7	8
30	31	**10**	**9**	2	3	3	4	4	5	3	4	5	5	6	6	7	8	8	9	9	10	8	9
12	**11**	2	2	3	4	4	5	5	6	4	5	6	6	7	7	8	9	9	10	10	11	9	10
2	2	3	3	4	5	5	6	6	7	5	6	7	7	8	8	9	10	10	11	11	12	10	11
3	3	4	4	5	6	6	7	7	8	6	7	8	8	9	9	10	11	11	12	12	13	11	12
4	4	5	5	6	7	7	8	8	9	7	8	9	9	10	10	11	12	12	13	13	14	12	13
5	5	6	6	7	8	8	9	9	10	8	9	10	10	11	11	12	13	13	14	14	15	13	14
6	6	7	7	8	9	9	10	10	11	9	10	11	11	12	12	13	14	14	15	15	16	14	15
7	7	8	8	9	10	10	11	11	12	10	11	12	12	13	13	14	15	15	16	16	17	15	16
8	8	9	9	10	11	11	12	12	13	11	12	13	13	14	14	15	16	16	17	17	18	16	17
9	9	10	10	11	12	12	13	13	14	12	13	14	14	15	15	16	17	17	18	18	19	17	18
10	10	11	11	12	13	13	14	14	15	13	14	15	15	16	16	17	18	18	19	19	20	18	19
11十一	11十	12	12	13	14	14	15	15	16	14	15	16	16	17	17	18	19	19	20	20	21	19	20
12	12	13九	13八	14	15	15	16	16	17	15	16	17	17	18	18	19	20	20	21	21	22	20	21
13	13	14	14	15七	16六	16五	17	17	18	16	17	18	18	19	19	20	21	21	22	22	23	21	22
14	14	15	15	16	17	17	18四	18三	19	17	18	19	19	20	20	21	22	22	23	23	24	22	23
15	15	16	16	17	18	18	19	19	20二	18正	19	20冬	20	21	21	22	23	23	24	24	25	23	24
16	16	17	17	18	19	19	20	20	21	19	20十二	21十一	21	22	22	23	24	24	25	25	26	24	25
17	17	18	18	19	20	20	21	21	22	20	21	22	22十	23九	23	24	25	25	26	26	27	25	26
18	18	19	19	20	21	21	22	22	23	21	22	23	23	24	24閏	25八	26	26	27	27	28	26	27
19	19	20	20	21	22	22	23	23	24	22	23	24	24	25	25	26	27七	27六	28	28	29	27	28
20冬	20	21	21	22	23	23	24	24	25	23	24	25	25	26	26	27	28	28	29五	29四	30	28	29
21	21	22	22	23	24	24	25	25	26	24	25	26	26	27	27	28	29	29	30	30	31三	**3**二	30正

四〇三
癸卯
晉元興二
魏天興六

1156

四〇四
甲辰
晉元興三
魏天賜元十月改

1157

11	11	12	12	13	14	14	15	15	16	15	16	17	17	18	18	19	20	20	21	21	22	20	21	22
12	12	13	13	14	15	15	16	16	17	16	17	18	18	19	19	20	21	21	22	22	23	21	22	23
13	13	14	14	15	16	16	17	17	18	17	18	19	19	20	20	21	22	22	23	23	24	22	23	24
14	14	15	15	16	17	17	18	18	19	18	19	20	20	21	21	22	23	23	24	24	25	23	24	25
15	15	16	16	17	18	18	19	19	20	19	20	21冬	21	22	22	23	24	24	25	25	26	24	25	26
16	16	17	17	18	19	19	20	20	21	20	21	22	22	23	23	24	25	25	26	26	27	25	26	27
17	17	18	18	19	20	20	21	21	22	21	22	23	23	24	24	25	26	26	27	27	28	26	27	28
18十一	18十	19	19	20	21	21	22	22	23	22	23	24	24	25	25	26	27	27	28	28	29	27	28	29
19	19	20九	20八	21	22	22	23	23	24	23	24	25	25	26	26	27	28	28	29	29	30	28	29	30
20冬	20	21	21	22七	23六	23	24	24	25	24	25	26	26	27	27	28	29	29	30	30	31	**3**	30	31
21	21	22	22	23	24	24閏	25五	25	26	25	26	27	27	28	28	29	30	30	31	**5**	**4**	2	31	**1**
22	22	23	23	24	25	25	26	26四	27三	26	27	28	28	29	29	30	31	**7**	**6**	2	2	3	**2**	2
23	23	24	24	25	26	26	27	27	28	27二	28正	29	29	30	30	31	**8**	2	2	3	3	4	2	3
24	24	25	25	26	27	27	28	28	29	28	29	30十二	30十一	31	**10**	**9**	2	3	3	4	4	5	3	4
25	25	26	26	27	28	28	29	29	30	29	30	31	**12**	**11**十	2九	2八	3	4	4	5	5	6	4	5
26	26	27	27	28	29	29	30	30	31	**3**	31	**1**	2	2	3	3	4七	5六	5	6	6	7	5	6
27	27	28	28	29	30	30	31	**5**	**4**	2	**2**	2	3	3	4	4	5	6	6五	7四	7	8	6	7
28	28	29	29	30	31	**7**	**6**	2	2	3	2	3	4	4	5	5	6	7	7	8	8三	9二	7	8
29	29	30	30	31	**8**	2	2	3	3	4	3	4	5	5	6	6	7	8	8	9	9	10	8正	9十二
30	30	31	**10**	**9**	2	3	3	4	4	5	4	5	6	6	7	7	8	9	9	10	10	11	9	10
31	**12**	**11**	2	2	3	4	4	5	5	6	5	6	7	7	8	8	9	10	10	11	11	12	10	11
日	2	2	3	3	4	5	5	6	6	7	6	7	8	8	9	9	10	11	11	12	12	13	11	12
曜	3	3	4	4	5	6	6	7	7	8	7	8	9	9	10	10	11	12	12	13	13	14	12	13
表	4	4	5	5	6	7	7	8	8	9	8	9	10	10	11	11	12	13	13	14	14	15	13	14
7	5	5	6	6	7	8	8	9	9	10	9	10	11	11	12	12	13	14	14	15	15	16	14	15
甲	6	6	7	7	8	9	9	10	10	11	10	11	12	12	13	13	14	15	15	16	16	17	15	16
子	7	7	8	8	9	10	10	11	11	12	11	12	13	13	14	14	15	16	16	17	17	18	16	17
表	8	8	9	9	10	11	11	12	12	13	12	13	14	14	15	15	16	17	17	18	18	19	17	18
1	9	9	10	10	11	12	12	13	13	14	13	14	15	15	16	16	17	18	18	19	19	20	18	19
	10	10	11	11	12	13	13	14	14	15	14	15	16	16	17	17	18	19	19	20	20	21	19	20

四〇六 丙午 晉義熙二 魏天賜三 1159

四〇五 乙巳 晉義熙元 魏天賜二 1158

22	23	23	24	25	25	26	26	27	25	26	27	27	28	28	29	30	30	31	**5**	**4**	2	31	**1**
23	24	24	25	26	26	27	27	28	26	27	28	28	29	29	30	31	**7**	**6**	2	2	3	**2**	2
24	25	25	26	27	27	28	28	29	27	28	29	29	30	30	31	**8**	2	2	3	3	4	2	3
25	26	26	27	28	28	29	29	30	28	29	30	30	31	**10**	**9**	2	3	3	4	4	5	3	4
26	27	27	28	29	29	30	30	31	**3**	30	31	**12**	**11**	2	2	3	4	4	5	5	6	4	5
27	十一28	十28	29	30	30	31	**5**	**4**	2	31	**1**	2	2	3	3	4	5	5	6	6	7	5	6
28	29	29	九30	八31	**7**	**6**	2	2	3	**2**	2	3	3	4	4	5	6	6	7	7	8	6	7
29	30	30	31	**8**	七2	六2	五3	3	4	2	3	4	4	5	5	6	7	7	8	8	9	7	8
30	31	**10**	**9**	2	3	3	4	四4	三5	3	4	5	5	6	6	7	8	8	9	9	10	8	9
12	**11**	2	2	3	4	4	5	5	6	二4	正5	6	6	7	7	8	9	9	10	10	11	9	10
2	2	3	3	4	5	5	6	6	7	5	6	十二7	十一7	8	8	9	10	10	11	11	12	10	11
3	3	4	4	5	6	6	7	7	8	6	7	8	8	十9	九9	10	11	11	12	12	13	11	12
4	4	5	5	6	7	7	8	8	9	7	8	9	9	10	10	八11	七12	12	13	13	14	12	13
5	5	6	6	7	8	8	9	9	10	8	9	10	10	11	11	12	13	六13	五14	14	15	13	14
6	6	7	7	8	9	9	10	10	11	9	10	11	11	12	12	13	14	14	15	四15	三16	14	15
7	7	8	8	9	10	10	11	11	12	10	11	12	12	13	13	14	15	15	16	16	17	二15	正16十二
8	8	9	9	10	11	11	12	12	13	11	12	13	13	14	14	15	16	16	17	17	18	16	17
9	9	10	10	11	12	12	13	13	14	12	13	14	14	15	15	16	17	17	18	18	19	17	18
10	10	11	11	12	13	13	14	14	15	13	14	15	15	16	16	17	18	18	19	19	20	18	19
11	11	12	12	13	14	14	15	15	16	14	15	16	16	17	17	18	19	19	20	20	21	19	20
12	12	13	13	14	15	15	16	16	17	15	16	17	17	18	18	19	20	20	21	21	22	20	21
13	13	14	14	15	16	16	17	17	18	16	17	18	18	19	19	20	21	21	22	22	23	21	22
14	14	15	15	16	17	17	18	18	19	17	18	19	19	20	20	21	22	22	23	23	24	22	23
15	15	16	16	17	18	18	19	19	20	18	19	20	冬20	21	21	22	23	23	24	24	25	23	24
16	16	17	17	18	19	19	20	20	21	19	20	21	21	22	22	23	24	24	25	25	26	24	25
17	17	18	18	19	20	20	21	21	22	20	21	22	22	23	23	24	25	25	26	26	27	25	26
18	18	19	19	20	21	21	22	22	23	21	22	23	23	24	24	25	26	26	27	27	28	26	27
19	19	20	20	21	22	22	23	23	24	22	23	24	24	25	25	26	27	27	28	28	29	27	28
20	冬20	21	21	22	23	23	24	24	25	23	24	25	25	26	26	27	28	28	29	29	30	28	29
21	21	22	22	23	24	24	25	25	26	24	25	26	26	27	27	28	29	29	30	30	31	**3**	30

												四〇八 戊申 晋義熙四 魏天賜五 1161												四〇七 丁未 晋義熙三 魏天賜四 1160
11	11	12	12	13	14	14	15	15	16	15	16	17	17	18	九18	八19	七20	20	21	21	22	20	21	22
12	12	13	13	14	15	15	16	16	17	16	17	18	18	19	19	20	21	六21	五22	22	23	21	22	23
13	13	14	14	15	16	16	17	17	18	17	18	19	19	20	20	21	22	22	23	四23	三24	22	23	24
14	14	15	15	16	17	17	18	18	19	18	19	20	冬20	21	21	22	23	23	24	24	25	閏23	二24	25
15	15	16	16	17	18	18	19	19	20	19	20	21	21	22	22	23	24	24	25	25	26	24	25	正26十二
16	16	17	17	18	19	19	20	20	21	20	21	22	22	23	23	24	25	25	26	26	27	25	26	27
17	17	18	18	19	20	20	21	21	22	21	22	23	23	24	24	25	26	26	27	27	28	26	27	28
18	18	19	19	20	21	21	22	22	23	22	23	24	24	25	25	26	27	27	28	28	29	27	28	29
19	19	20	20	21	22	22	23	23	24	23	24	25	25	26	26	27	28	28	29	29	30	28	29	30
20	冬20	21	21	22	23	23	24	24	25	24	25	26	26	27	27	28	29	29	30	30	31	**3**	30	31
21	21	22	22	23	24	24	25	25	26	25	26	27	27	28	28	29	30	30	31	**5**	**4**	2	31	**1**
22	22	23	23	24	25	25	26	26	27	26	27	28	28	29	29	30	31	**7**	**6**	2	2	3	**2**	2
23	23	24	24	25	26	26	27	27	28	27	28	29	29	30	30	31	**8**	2	2	3	3	4	2	3
24	24	25	25	26	27	27	28	28	29	28	29	30	30	31	**10**	**9**	2	3	3	4	4	5	3	4
25	25	26	26	27	28	28	29	29	30	29	30	31	**12**	**11**	2	2	3	4	4	5	5	6	4	5
26	26	27	27	28	29	29	30	30	31	**3**	31	**1**	2	2	3	3	4	5	5	6	6	7	5	6
27	27	28	28	29	30	30	31	**5**	**4**	2	**2**	2	3	3	4	4	5	6	6	7	7	8	6	7
28	28	29	29	30	31	**7**	**6**	2	2	3	2	3	4	4	5	5	6	7	7	8	8	9	7	8
29	29	30	30	31	**8**	2	2	3	3	4	3	4	5	5	6	6	7	8	8	9	9	10	8	9
30	30	31	**10**	**9**	2	3	3	**4**	4	5	4	5	6	6	7	7	8	9	9	10	10	11	9	10
31	**12**	**11**	2	2	3	4	4	5	5	6	5	6	7	7	8	8	9	10	10	11	11	12	10	11
日	2	2	3	3	4	5	5	6	6	7	6	7	8	8	9	9	10	11	11	12	12	13	11	12
曜	3	3	4	4	5	6	6	7	7	8	7	8	9	9	10	10	11	12	12	13	13	14	12	13
表	4	十一4	十5	5	6	7	7	8	8	9	8	9	10	10	11	11	12	13	13	14	14	15	13	14
1	5	5	6	九6	八7	8	8	9	9	10	9	10	11	11	12	12	13	14	14	15	15	16	14	15
甲	6	6	7	7	8	七9	六9	10	10	11	10	11	12	12	13	13	14	15	15	16	16	17	15	16
子	7	7	8	8	9	10	10	五11	四11	12	11	12	13	13	14	14	15	16	16	17	17	18	16	17
表	8	8	9	9	10	11	11	12	12	三13	二12	13	14	14	15	15	16	17	17	18	18	19	17	18
2	9	9	10	10	11	12	12	13	13	14	13	正14	十二15	15	16	16	17	18	18	19	19	20	18	19
	10	10	11	11	12	13	13	14	14	15	14	15	16	十一16	十17	17	18	19	19	20	20	21	19	20

四一〇 庚戌 晉義熙六 魏永興二 1163												四〇九 己酉 晉義熙五 魏永興元 明元帝十月改元 1162											
22	23	23	24	25	25	26	26	27	25	26	27	27	28	28	29	30	30	31	5四	4三	2	31	1
23	24	24	25	26	26	27	27	28	26	27	28	28	29	29	30	31	7	6	2	2	3二	2正	2十二
24	25	25	26	27	27	28	28	29	27	28	29	29	30	30	31	8	2	2	3	3	4	2	3
25	26	26	27	28	28	29	29	30	28	29	30	30	31	10	9	2	3	3	4	4	5	3	4
26	27	27	28	29	29	30	30	31	3	30	31	12	11	2	2	3	4	4	5	5	6	4	5
27	28	28	29	30	30	31	5	4	2	31	1	2	2	3	3	4	5	5	6	6	7	5	6
28	29	29	30	31	7	6	2	2	3	2	2	3	3	4	4	5	6	6	7	7	8	6	7
29	30	30	31	8	2	2	3	3	4	2	3	4	4	5	5	6	7	7	8	8	9	7	8
30	31	10	9	2	3	3	4	4	5	3	4	5	5	6	6	7	8	8	9	9	10	8	9
12	11	2	2	3	4	4	5	5	6	4	5	6	6	7	7	8	9	9	10	10	11	9	10
2	2	3	3	4	5	5	6	6	7	5	6	7	7	8	8	9	10	10	11	11	12	10	11
3	3	4	4	5	6	6	7	7	8	6	7	8	8	9	9	10	11	11	12	12	13	11	12
4	4	5	5	6	7	7	8	8	9	7	8	9	9	10	10	11	12	12	13	13	14	12	13
5	5	6	6	7	8	8	9	9	10	8	9	10	10	11	11	12	13	13	14	14	15	13	14
6	6	7	7	8	9	9	10	10	11	9	10	11	11	12	12	13	14	14	15	15	16	14	15
7	7	8	8	9	10	10	11	11	12	10	11	12	12	13	13	14	15	15	16	16	17	15	16
8	8	9	9	10	11	11	12	12	13	11	12	13	13	14	14	15	16	16	17	17	18	16	17
9	9	10	10	11	12	12	13	13	14	12	13	14	14	15	15	16	17	17	18	18	19	17	18
10	10	11	11	12	13	13	14	14	15	13	14	15	15	16	16	17	18	18	19	19	20	18	19
11	11	12	12	13	14	14	15	15	16	14	15	16	16	17	17	18	19	19	20	20	21	19	20
12十一	12	13	13	14	15	15	16	16	17	15	16	17	17	18	18	19	20	20	21	21	22	20	21
13	13十	14九	14	15	16	16	17	17	18	16	17	18	18	19	19	20	21	21	22	22	23	21	22
14	14	15	15八	16七	17	17	18	18	19	17	18	19	19	20	20	21	22	22	23	23	24	22	23
15	15	16	16	17	18六	18五	19四	19	20	18	19	20冬	20	21	21	22	23	23	24	24	25	23	24
16	16	17	17	18	19	19	20	20三	21二	19	20	21	21	22	22	23	24	24	25	25	26	24	25
17	17	18	18	19	20	20	21	21	22	20正	21十二	22	22	23	23	24	25	25	26	26	27	25	26
18	18	19	19	20	21	21	22	22	23	21	22	23十一	23閏	24	24	25	26	26	27	27	28	26	27
19	19	20	20	21	22	22	23	23	24	22	23	24	24	25十	25九	26	27	27	28	28	29	27	28
20冬	20	21	21	22	23	23	24	24	25	23	24	25	25	26	26	27八	28七	28	29	29	30	28	29
21	21	22	22	23	24	24	25	25	26	24	25	26	26	27	27	28	29	29六	30五	30	31	3	30

四一一
辛亥
晉義熙七
魏永興三
1164

四一二
壬子
晉義熙八
魏永興四
1165

11	11	12	12	13	14	14	15	15	16	15	16	17	17	18	18	19	20	20	21	21	22	20	21	22
12	12	13	13	14	15	15	16	16	17	16	17	18	18	19	19	20	21	21	22	22	23	21	22	23
13	13	14	14	15	16	16	17	17	18	17	18	19	19	20	20	21	22	22	23	23	24	22	23	24
14	14	15	15	16	17	17	18	18	19	18	19	20冬	20	21	21	22	23	23	24	24	25	23	24	25
15	15	16	16	17	18	18	19	19	20	19	20	21	21	22	22	23	24	24	25	25	26	24	25	26
16	16	17	17	18	19	19	20	20	21	20	21	22	22	23	23	24	25	25	26	26	27	25	26	27
17	17	18	18	19	20	20	21	21	22	21	22	23	23	24	24	25	26	26	27	27	28	26	27	28
18	18	19	19	20	21	21	22	22	23	22	23	24	24	25	25	26	27	27	28	28	29	27	28	29
19十一	19	20	20	21	22	22	23	23	24	23	24	25	25	26	26	27	28	28	29	29	30	28	29	30
20冬	20十	21九	21	22	23	23	24	24	25	24	25	26	26	27	27	28	29	29	30	30	31	3	30	31
21	21	22	22八	23七	24	24	25	25	26	25	26	27	27	28	28	29	30	30	31	5	4	2	31	1
22	22	23	23	24	25閏	25六	26	26	27	26	27	28	28	29	29	30	31	7	6	2	2	3	2	2
23	23	24	24	25	26	26	27五	27四	28	27	28	29	29	30	30	31	8	2	2	3	3	4	2	3
24	24	25	25	26	27	27	28	28	29三	28二	29	30	30	31	10	9	2	3	3	4	4	5	3	4
25	25	26	26	27	28	28	29	29	30	29	30正	31十二	12	11	2	2	3	4	4	5	5	6	4	5
26	26	27	27	28	29	29	30	30	31	3	31	1	2十一	2十	3	3	4	5	5	6	6	7	5	6
27	27	28	28	29	30	30	31	5	4	2	2	2	3	3	4九	4八	5七	6	6	7	7	8	6	7
28	28	29	29	30	31	7	6	2	2	3	2	3	4	4	5	5	6	7六	7五	8	8	9	7	8
29	29	30	30	31	8	2	2	3	3	4	3	4	5	5	6	6	7	8	8	9四	9三	10	8	9
30	30	31	10	9	2	3	3	4	4	5	4	5	6	6	7	7	8	9	9	10	10	11二	9正	10
31	12	11	2	2	3	4	4	5	5	6	5	6	7	7	8	8	9	10	10	11	11	12	10	11十二
日	2	2	3	3	4	5	5	6	6	7	6	7	8	8	9	9	10	11	11	12	12	13	11	12
曜	3	3	4	4	5	6	6	7	7	8	7	8	9	9	10	10	11	12	12	13	13	14	12	13
表	4	4	5	5	6	7	7	8	8	9	8	9	10	10	11	11	12	13	13	14	14	15	13	14
2	5	5	6	6	7	8	8	9	9	10	9	10	11	11	12	12	13	14	14	15	15	16	14	15
甲	6	6	7	7	8	9	9	10	10	11	10	11	12	12	13	13	14	15	15	16	16	17	15	16
子	7	7	8	8	9	10	10	11	11	12	11	12	13	13	14	14	15	16	16	17	17	18	16	17
表	8	8	9	9	10	11	11	12	12	13	12	13	14	14	15	15	16	17	17	18	18	19	17	18
3	9	9	10	10	11	12	12	13	13	14	13	14	15	15	16	16	17	18	18	19	19	20	18	19
	10	10	11	11	12	13	13	14	14	15	14	15	16	16	17	17	18	19	19	20	20	21	19	20

四一四 甲寅 晉義熙一〇 魏神瑞元 1167

四一三 癸丑 晉義熙九 魏永興五 1166

22	23	23	24	25	25	26	26	27	25	26	27	27	28	28	29	30	30	31	5	4	2	31	1
23	24	24	25	26	26	27	27	28	26	27	28	28	29	29	30	31	7	6	2	2	3	2	2
24	25	25	26	27	27	28	28	29	27	28	29	29	30	30	31	8	2	2	3	3	4	2	3
25	26	26	27	28	28	29	29	30	28	29	30	30	31	10	9	2	3	3	4	4	5	3	4
26	27	27	28	29	29	30	30	31	3	30	31	12	11	2	2	3	4	4	5	5	6	4	5
27	28	28	29	30	30	31	5	4	2	31	1	2	2	3	3	4	5	5	6	6	7	5	6
28	十二29	29	30	31	7	6	2	2	3	2	2	3	3	4	4	5	6	6	7	7	8	6	7
29	30	十30	九31	8	2	2	3	3	4	2	3	4	4	5	5	6	7	7	8	8	9	7	8
30	31	10	9	八2	七3	3	4	4	5	3	4	5	5	6	6	7	8	8	9	9	10	8	9
12	11	2	2	3	4	六4	五5	四5	6	4	5	6	6	7	7	8	9	9	10	10	11	9	10
2	2	3	3	4	5	5	6	6	三7	二5	6	7	7	8	8	9	10	10	11	11	12	10	11
3	3	4	4	5	6	6	7	7	8	6	正7	十二8	8	9	9	10	11	11	12	12	13	11	12
4	4	5	5	6	7	7	8	8	9	7	8	9	十一9	十10	10	11	12	12	13	13	14	12	13
5	5	6	6	7	8	8	9	9	10	8	9	10	10	11	九11	八12	13	13	14	14	15	13	14
6	6	7	7	8	9	9	10	10	11	9	10	11	11	12	12	13	七14	六14	15	15	16	14	15
7	7	8	8	9	10	10	11	11	12	10	11	12	12	13	13	14	15	15	五16	四16	17	15	16
8	8	9	9	10	11	11	12	12	13	11	12	13	13	14	14	15	16	16	17	17	三18	二16	17
9	9	10	10	11	12	12	13	13	14	12	13	14	14	15	15	16	17	17	18	18	19	17	正18 十二
10	10	11	11	12	13	13	14	14	15	13	14	15	15	16	16	17	18	18	19	19	20	18	19
11	11	12	12	13	14	14	15	15	16	14	15	16	16	17	17	18	19	19	20	20	21	19	20
12	12	13	13	14	15	15	16	16	17	15	16	17	17	18	18	19	20	20	21	21	22	20	21
13	13	14	14	15	16	16	17	17	18	16	17	18	18	19	19	20	21	21	22	22	23	21	22
14	14	15	15	16	17	17	18	18	19	17	18	19	19	20	20	21	22	22	23	23	24	22	23
15	15	16	16	17	18	18	19	19	20	18	19	20	冬20	21	21	22	23	23	24	24	25	23	24
16	16	17	17	18	19	19	20	20	21	19	20	21	21	22	22	23	24	24	25	25	26	24	25
17	17	18	18	19	20	20	21	21	22	20	21	22	22	23	23	24	25	25	26	26	27	25	26
18	18	19	19	20	21	21	22	22	23	21	22	23	23	24	24	25	26	26	27	27	28	26	27
19	19	20	20	21	22	22	23	23	24	22	23	24	24	25	25	26	27	27	28	28	29	27	28
20	冬20	21	21	22	23	23	24	24	25	23	24	25	25	26	26	27	28	28	29	29	30	28	29
21	21	22	22	23	24	24	25	25	26	24	25	26	26	27	27	28	29	29	30	30	31	3	30

四一六 丙辰 晉義熙一二 魏泰常元（四月改） 1169

四一五 乙卯 晉義熙一一 魏神瑞二 1168

11	11	12	12	13	14	14	15	15	16	15	16	十二17	十一17	18	18	19	20	20	21	21	22	20	21	22
12	12	13	13	14	15	15	16	16	17	16	17	18	18	十19	九19	20	21	21	22	22	23	21	22	23
13	13	14	14	15	16	16	17	17	18	17	18	19	19	20	20	八21	七22	六22	23	23	24	22	23	24
14	14	15	15	16	17	17	18	18	19	18	19	20	冬20	21	21	22	23	23	五24	四24	25	23	24	25
15	15	16	16	17	18	18	19	19	20	19	20	21	21	22	22	23	24	24	25	25	閏26	三24	25	26
16	16	17	17	18	19	19	20	20	21	20	21	22	22	23	23	24	25	25	26	26	27	25	二26	正27
17	17	18	18	19	20	20	21	21	22	21	22	23	23	24	24	25	26	26	27	27	28	26	27	28十二
18	18	19	19	20	21	21	22	22	23	22	23	24	24	25	25	26	27	27	28	28	29	27	28	29
19	19	20	20	21	22	22	23	23	24	23	24	25	25	26	26	27	28	28	29	29	30	28	29	30
20	冬20	21	21	22	23	23	24	24	25	24	25	26	26	27	27	28	29	29	30	30	31	**3**	30	31
21	21	22	22	23	24	24	25	25	26	25	26	27	27	28	28	29	30	30	31	**5**	**4**	2	31	**1**
22	22	23	23	24	25	25	26	26	27	26	27	28	28	29	29	30	31	**7**	**6**	2	2	3	**2**	2
23	23	24	24	25	26	26	27	27	28	27	28	29	29	30	30	31	**8**	2	2	3	3	4	2	3
24	24	25	25	26	27	27	28	28	29	28	29	30	30	31	**10**	**9**	2	3	3	4	4	5	3	4
25	25	26	26	27	28	28	29	29	30	29	30	31	**12**	**11**	2	2	3	4	4	5	5	6	4	5
26	26	27	27	28	29	29	30	30	31	**3**	31	**1**	2	2	3	3	4	5	5	6	6	7	5	6
27	27	28	28	29	30	30	31	**5**	**4**	2	**2**	2	3	3	4	4	5	6	6	7	7	8	6	7
28	28	29	29	30	31	**7**	**6**	2	2	3	2	3	4	4	5	5	6	7	7	8	8	9	7	8
29	29	30	30	31	**8**	2	2	3	3	4	3	4	5	5	6	6	7	8	8	9	9	10	8	9
30	30	31	**10**	**9**	2	3	3	4	4	5	4	5	6	6	7	7	8	9	9	10	10	11	9	10
31	**12**	**11**	2	2	3	4	4	5	5	6	5	6	7	7	8	8	9	10	10	11	11	12	10	11
日	2	2	3	3	4	5	5	6	6	7	6	7	8	8	9	9	10	11	11	12	12	13	11	12
曜	3	3	4	4	5	6	6	7	7	8	7	8	9	9	10	10	11	12	12	13	13	14	12	13
表	4	4	5	5	6	7	7	8	8	9	8	9	10	10	11	11	12	13	13	14	14	15	13	14
3	5	十一5	6	6	7	8	8	9	9	10	9	10	11	11	12	12	13	14	14	15	15	16	14	15
甲	6	6	十7	九7	8	9	9	10	10	11	10	11	12	12	13	13	14	15	15	16	16	17	15	16
子	7	7	8	8	八9	七10	10	11	11	12	11	12	13	13	14	14	15	16	16	17	17	18	16	17
表	8	8	9	9	10	11	六11	五12	12	13	12	13	14	14	15	15	16	17	17	18	18	19	17	18
4	9	9	10	10	11	12	12	13	四13	三14	13	14	15	15	16	16	17	18	18	19	19	20	18	19
	10	10	11	11	12	13	13	14	14	15	二14	正15	16	16	17	17	18	19	19	20	20	21	19	20

中西回史日曆

卷五

東晉 魏

四一八 戊午 晉義熙一四 魏泰常三 1171

四一七 丁巳 晉義熙一三 魏泰常二 1170

22	23	23	24	25	25	26	26	27	25	26	27	27	28	28	29	30七	30六	31	**5**	**4**	2	31	**1**
23	24	24	25	26	26	27	27	28	26	27	28	28	29	29	30	31	**7**	**6**五	2四	2	3	**2**	2
24	25	25	26	27	27	28	28	29	27	28	29	29	30	30	31	**8**	2	2	3	3三	4二	2	3
25	26	26	27	28	28	29	29	30	28	29	30	30	31	**10**	**9**	2	3	3	4	4	5	3正	4十二
26	27	27	28	29	29	30	30	31	**3**	30	31	**12**	**11**	2	2	3	4	4	5	5	6	4	5
27	28	28	29	30	30	31	**5**	**4**	2	31	**1**	2	2	3	3	4	5	5	6	6	7	5	6
28	29	29	30	31	**7**	**6**	2	2	3	**2**	2	3	3	4	4	5	6	6	7	7	8	6	7
29	30	30	31	**8**	2	2	3	3	4	2	3	4	4	5	5	6	7	7	8	8	9	7	8
30	31	**10**	**9**	2	3	3	4	4	5	3	4	5	5	6	6	7	8	8	9	9	10	8	9
12	**11**	2	2	3	4	4	5	5	6	4	5	6	6	7	7	8	9	9	10	10	11	9	10
2	2	3	3	4	5	5	6	6	7	5	6	7	7	8	8	9	10	10	11	11	12	10	11
3	3	4	4	5	6	6	7	7	8	6	7	8	8	9	9	10	11	11	12	12	13	11	12
4	4	5	5	6	7	7	8	8	9	7	8	9	9	10	10	11	12	12	13	13	14	12	13
5	5	6	6	7	8	8	9	9	10	8	9	10	10	11	11	12	13	13	14	14	15	13	14
6	6	7	7	8	9	9	10	10	11	9	10	11	11	12	12	13	14	14	15	15	16	14	15
7	7	8	8	9	10	10	11	11	12	10	11	12	12	13	13	14	15	15	16	16	17	15	16
8	8	9	9	10	11	11	12	12	13	11	12	13	13	14	14	15	16	16	17	17	18	16	17
9	9	10	10	11	12	12	13	13	14	12	13	14	14	15	15	16	17	17	18	18	19	17	18
10	10	11	11	12	13	13	14	14	15	13	14	15	15	16	16	17	18	18	19	19	20	18	19
11	11	12	12	13	14	14	15	15	16	14	15	16	16	17	17	18	19	19	20	20	21	19	20
12	12	13	13	14	15	15	16	16	17	15	16	17	17	18	18	19	20	20	21	21	22	20	21
13	13	14	14	15	16	16	17	17	18	16	17	18	18	19	19	20	21	21	22	22	23	21	22
14十一	14十	15	15	16	17	17	18	18	19	17	18	19	19	20	20	21	22	22	23	23	24	22	23
15	15	16九	16八	17	18	18	19	19	20	18	19	20冬	20	21	21	22	23	23	24	24	25	23	24
16	16	17	17	18七	19六	19	20	20	21	19	20	21	21	22	22	23	24	24	25	25	26	24	25
17	17	18	18	19	20	20五	21四	21三	22	20	21	22	22	23	23	24	25	25	26	26	27	25	26
18	18	19	19	20	21	21	22	22	23二	21正	22	23	23	24	24	25	26	26	27	27	28	26	27
19	19	20	20	21	22	22	23	23	24	22	23閏	24十二	24	25	25	26	27	27	28	28	29	27	28
20冬	20	21	21	22	23	23	24	24	25	23	24	25	25十一	26十	26	27	28	28	29	29	30	28	29
21	21	22	22	23	24	24	25	25	26	24	25	26	26	27	27九	28八	29	29	30	30	31	**3**	30

五

勵耘書屋

四二〇 庚申 宋永初元（武帝 六月改） 魏泰常五 1173

四一九 己未 晋元熙元（恭帝） 魏泰常四 1172

11	11	12	12	13	14	14	15	15	16	15	16	17	17	18	18	19	20	20	21	21	22	20	21	22
12	12	13	13	14	15	15	16	16	17	16	17	18	18	19	19	20	21	21	22	22	23	21	22	23
13	13	14	14	15	16	16	17	17	18	17	18	19	19	20	20	21	22	22	23	23	24	22	23	24
14	14	15	15	16	17	17	18	18	19	18	19	20	冬20	21	21	22	23	23	24	24	25	23	24	25
15	15	16	16	17	18	18	19	19	20	19	20	21	21	22	22	23	24	24	25	25	26	24	25	26
16	16	17	17	18	19	19	20	20	21	20	21	22	22	23	23	24	25	25	26	26	27	25	26	27
17	17	18	18	19	20	20	21	21	22	21	22	23	23	24	24	25	26	26	27	27	28	26	27	28
18	18	19	19	20	21	21	22	22	23	22	23	24	24	25	25	26	27	27	28	28	29	27	28	29
19	19	20	20	21	22	22	23	23	24	23	24	25	25	26	26	27	28	28	29	29	30	28	29	30
20	冬20	21	21	22	23	23	24	24	25	24	25	26	26	27	27	28	29	29	30	30	31	3	30	31
21	十二21	十一22	22	23	24	24	25	25	26	25	26	27	27	28	28	29	30	30	31	5	4	2	31	1
22	22	23	九23	閏24	25	25	26	26	27	26	27	28	28	29	29	30	31	7	6	2	2	3	2	2
23	23	24	24	25	八26	七26	27	27	28	27	28	29	29	30	30	31	8	2	2	3	3	4	2	3
24	24	25	25	26	27	27	六28	五28	29	28	29	30	30	31	10	9	2	3	3	4	4	5	3	4
25	25	26	26	27	28	28	29	29	四30	三29	30	31	12	11	2	2	3	4	4	5	5	6	4	5
26	26	27	27	28	29	29	30	30	31	3	二31	正1	2	2	3	3	4	5	5	6	6	7	5	6
27	27	28	28	29	30	30	31	5	4	2	2	2	十二3	十一3	4	4	5	6	6	7	7	8	6	7
28	28	29	29	30	31	7	6	2	2	3	2	3	4	4	十5	九5	6	7	7	8	8	9	7	8
29	29	30	30	31	8	2	2	3	3	4	3	4	5	5	6	6	八7	七8	六8	9	9	10	8	9
30	30	31	10	9	2	3	3	4	4	5	4	5	6	6	7	7	8	9	9	五10	四10	11	9	10
31	12	11	2	2	3	4	4	5	5	6	5	6	7	7	8	8	9	10	10	11	11	三12	二10	11
日	2	2	3	3	4	5	5	6	6	7	6	7	8	8	9	9	10	11	11	12	12	13	11	正12 十二
曜	3	3	4	4	5	6	6	7	7	8	7	8	9	9	10	10	11	12	12	13	13	14	12	13
表	4	4	5	5	6	7	7	8	8	9	8	9	10	10	11	11	12	13	13	14	14	15	13	14
4	5	5	6	6	7	8	8	9	9	10	9	10	11	11	12	12	13	14	14	15	15	16	14	15
甲	6	6	7	7	8	9	9	10	10	11	10	11	12	12	13	13	14	15	15	16	16	17	15	16
子	7	7	8	8	9	10	10	11	11	12	11	12	13	13	14	14	15	16	16	17	17	18	16	17
表	8	8	9	9	10	11	11	12	12	13	12	13	14	14	15	15	16	17	17	18	18	19	17	18
5	9	9	10	10	11	12	12	13	13	14	13	14	15	15	16	16	17	18	18	19	19	20	18	19
	10	10	11	11	12	13	13	14	14	15	14	15	16	16	17	17	18	19	19	20	20	21	19	20

中西回史日曆

卷五 宋魏 六

勵耘書屋

1175 四二二 壬戌 宋永初三 魏泰常七												1174 四二一 辛酉 宋永初二 魏泰常六											
22	23	23	24	25	25	26	26	27	25	26	27	27	28	28	29	30	30	31	**5**	**4**	2	31	**1**
23	24	24	25	26	26	27	27	28	26	27	28	28	29	29	30	31	**7**	**6**	2	2	3	**2**	2
24	25	25	26	27	27	28	28	29	27	28	29	29	30	30	31	**8**	2	2	3	3	4	2	3
25	26	26	27	28	28	29	29	30	28	29	30	30	31	**10**	**9**	2	3	3	4	4	5	3	4
26	27	27	28	29	29	30	30	31	**3**	30	31	**12**	**11**	2	2	3	4	4	5	5	6	**4**	5
27	28	28	29	30	30	31	**5**	**4**	2	31	**1**	2	2	3	3	4	5	5	6	6	7	5	6
28	29	29	30	31	**7**	**6**	2	2	3	**2**	2	3	3	4	4	5	6	6	7	7	8	6	7
29	30	30	31	**8**	2	2	3	3	4	2	3	4	4	5	5	6	7	7	8	8	9	7	8
30十一	31十	**10**	**9**	2	3	3	4	4	5	3	4	5	5	6	6	7	8	8	9	9	10	8	9
12	**11**	2九	2八	3	4	4	5	5	6	4	5	6	6	7	7	8	9	9	10	10	11	9	10
2	2	3	3	4七	5六	5	6	6	7	5	6	7	7	8	8	9	10	10	11	11	12	10	11
3	3	4	4	5	6	6五	7四	7三	8	6	7	8	8	9	9	10	11	11	12	12	13	11	12
4	4	5	5	6	7	7	8	8	9二	7正	8	9	9	10	10	11	12	12	13	13	14	12	13
5	5	6	6	7	8	8	9	9	10	8	9十二	10十一	10	11	11	12	13	13	14	14	15	13	14
6	6	7	7	8	9	9	10	10	11	9	10	11	11十	12九	12	13	14	14	15	15	16	14	15
7	7	8	8	9	10	10	11	11	12	10	11	12	12	13	13八	14七	15	15	16	16	17	15	16
8	8	9	9	10	11	11	12	12	13	11	12	13	13	14	14	15	16六	16五	17	17	18	16	17
9	9	10	10	11	12	12	13	13	14	12	13	14	14	15	15	16	17	17	18四	18三	19	17	18
10	10	11	11	12	13	13	14	14	15	13	14	15	15	16	16	17	18	18	19	19	20二	18正	19
11	11	12	12	13	14	14	15	15	16	14	15	16	16	17	17	18	19	19	20	20	21	19	20十二
12	12	13	13	14	15	15	16	16	17	15	16	17	17	18	18	19	20	20	21	21	22	20	21
13	13	14	14	15	16	16	17	17	18	16	17	18	18	19	19	20	21	21	22	22	23	21	22
14	14	15	15	16	17	17	18	18	19	17	18	19	19	20	20	21	22	22	23	23	24	22	23
15	15	16	16	17	18	18	19	19	20	18	19	20冬	20	21	21	22	23	23	24	24	25	23	24
16	16	17	17	18	19	19	20	20	21	19	20	21	21	22	22	23	24	24	25	25	26	24	25
17	17	18	18	19	20	20	21	21	22	20	21	22	22	23	23	24	25	25	26	26	27	25	26
18	18	19	19	20	21	21	22	22	23	21	22	23	23	24	24	25	26	26	27	27	28	26	27
19	19	20	20	21	22	22	23	23	24	22	23	24	24	25	25	26	27	27	28	28	29	27	28
20冬	20	21	21	22	23	23	24	24	25	23	24	25	25	26	26	27	28	28	29	29	30	28	29
21	21	22	22	23	24	24	25	25	26	24	25	26	26	27	27	28	29	29	30	30	31	**3**	30

四二三
癸亥
宋景平元 少帝
魏泰常八
1176

四二四
甲子
宋元嘉元 文帝八月改
魏始光元 太武帝
1177

11	11	12	12	13	14	14	15	15三	16二	15	16	17	17	18	18	19	20	20	21	21	22	20	21	22
12	12	13	13	14	15	15	16	16	17	16正	17十二	18	18	19	19	20	21	21	22	22	23	21	22	23
13	13	14	14	15	16	16	17	17	18	17	18	19十一	19十	20	20	21	22	22	23	23	24	22	23	24
14	14	15	15	16	17	17	18	18	19	18	19	20冬	20	21九	21八	22	23	23	24	24	25	23	24	25
15	15	16	16	17	18	18	19	19	20	19	20	21	21	22	22	23七	24六	24五	25	25	26	24	25	26
16	16	17	17	18	19	19	20	20	21	20	21	22	22	23	23	24	25	25	26閏	26四	27	25	26	27
17	17	18	18	19	20	20	21	21	22	21	22	23	23	24	24	25	26	26	27	27	28三	26二	27	28
18	18	19	19	20	21	21	22	22	23	22	23	24	24	25	25	26	27	27	28	28	29	27	28正	29十二
19	19	20	20	21	22	22	23	23	24	23	24	25	25	26	26	27	28	28	29	29	30	28	29	30
20冬	20	21	21	22	23	23	24	24	25	24	25	26	26	27	27	28	29	29	30	30	31	3	30	31
21	21	22	22	23	24	24	25	25	26	25	26	27	27	28	28	29	30	30	31	5	4	2	31	1
22	22	23	23	24	25	25	26	26	27	26	27	28	28	29	29	30	31	7	6	2	2	3	2	2
23	23	24	24	25	26	26	27	27	28	27	28	29	29	30	30	31	8	2	2	3	3	4	2	3
24	24	25	25	26	27	27	28	28	29	28	29	30	30	31	10	9	2	3	3	4	4	5	3	4
25	25	26	26	27	28	28	29	29	30	29	30	31	12	11	2	2	3	4	4	5	5	6	4	5
26	26	27	27	28	29	29	30	30	31	3	31	1	2	2	3	3	4	5	5	6	6	7	5	6
27	27	28	28	29	30	30	31	5	4	2	2	2	3	3	4	4	5	6	6	7	7	8	6	7
28	28	29	29	30	31	7	6	2	2	3	2	3	4	4	5	5	6	7	7	8	8	9	7	8
29	29	30	30	31	8	2	2	3	3	4	3	4	5	5	6	6	7	8	8	9	9	10	8	9
30	30	31	10	9	2	3	3	4	4	5	4	5	6	6	7	7	8	9	9	10	10	11	9	10
31	12	11	2	2	3	4	4	5	5	6	5	6	7	7	8	8	9	10	10	11	11	12	10	11
日	2	2	3	3	4	5	5	6	6	7	6	7	8	8	9	9	10	11	11	12	12	13	11	12
曜	3	3	4	4	5	6	6	7	7	8	7	8	9	9	10	10	11	12	12	13	13	14	12	13
表	4	4	5	5	6	7	7	8	8	9	8	9	10	10	11	11	12	13	13	14	14	15	13	14
5	5	5	6	6	7	8	8	9	9	10	9	10	11	11	12	12	13	14	14	15	15	16	14	15
甲	6	6	7	7	8	9	9	10	10	11	10	11	12	12	13	13	14	15	15	16	16	17	15	16
子	7十一	7十	8	8	9	10	10	11	11	12	11	12	13	13	14	14	15	16	16	17	17	18	16	17
表	8	8	9九	9八	10	11	11	12	12	13	12	13	14	14	15	15	16	17	17	18	18	19	17	18
6	9	9	10	10	11七	12六	12	13	13	14	13	14	15	15	16	16	17	18	18	19	19	20	18	19
	10	10	11	11	12	13	13五	14四	14	15	14	15	16	16	17	17	18	19	19	20	20	21	19	20

中西回史日曆

卷五　宋　魏

七

勵耘書屋

四二五　乙丑　宋元嘉二　魏始光二　1178

四二六　丙寅　宋元嘉三　魏始光三　1179

22	23	23	24	25	25	26	26	27	25	26	27	27	28十	28九	29	30	30	31	**5**	**4**	2	31	**1**
23	24	24	25	26	26	27	27	28	26	27	28	28	29	29	30八	31七	**7**	**6**	2	2	3	**2**	2
24	25	25	26	27	27	28	28	29	27	28	29	29	30	30	31	**8**	2六	2五	3	3	4	2	3
25	26	26	27	28	28	29	29	30	28	29	30	30	31	**10**	**9**	2	3	3	4四	4三	5	3	4
26	27	27	28	29	29	30	30	31	**3**	30	31	**12**	**11**	2	2	3	4	4	5	5	6二	4正	5
27	28	28	29	30	30	31	**5**	**4**	2	31	**1**	2	2	3	3	4	5	5	6	6	7	5	6土
28	29	29	30	31	**7**	**6**	2	2	3	**2**	2	3	3	4	4	5	6	6	7	7	8	6	7
29	30	30	31	**8**	2	2	3	3	4	2	3	4	4	5	5	6	7	7	8	8	9	7	8
30	31	**10**	**9**	2	3	3	4	4	5	3	4	5	5	6	6	7	8	8	9	9	10	8	9
12	**11**	2	2	3	4	4	5	5	6	4	5	6	6	7	7	8	9	9	10	10	11	9	10
2	2	3	3	4	5	5	6	6	7	5	6	7	7	8	8	9	10	10	11	11	12	10	11
3	3	4	4	5	6	6	7	7	8	6	7	8	8	9	9	10	11	11	12	12	13	11	12
4	4	5	5	6	7	7	8	8	9	7	8	9	9	10	10	11	12	12	13	13	14	12	13
5	5	6	6	7	8	8	9	9	10	8	9	10	10	11	11	12	13	13	14	14	15	13	14
6	6	7	7	8	9	9	10	10	11	9	10	11	11	12	12	13	14	14	15	15	16	14	15
7	7	8	8	9	10	10	11	11	12	10	11	12	12	13	13	14	15	15	16	16	17	15	16
8	8	9	9	10	11	11	12	12	13	11	12	13	13	14	14	15	16	16	17	17	18	16	17
9	9	10	10	11	12	12	13	13	14	12	13	14	14	15	15	16	17	17	18	18	19	17	18
10	10	11	11	12	13	13	14	14	15	13	14	15	15	16	16	17	18	18	19	19	20	18	19
11	11	12	12	13	14	14	15	15	16	14	15	16	16	17	17	18	19	19	20	20	21	19	20
12	12	13	13	14	15	15	16	16	17	15	16	17	17	18	18	19	20	20	21	21	22	20	21
13	13	14	14	15	16	16	17	17	18	16	17	18	18	19	19	20	21	21	22	22	23	21	22
14	14	15	15	16	17	17	18	18	19	17	18	19	19	20	20	21	22	22	23	23	24	22	23
15土	15	16	16	17	18	18	19	19	20	18	19	20冬	20	21	21	22	23	23	24	24	25	23	24
16	16十	17九	17	18	19	19	20	20	21	19	20	21	21	22	22	23	24	24	25	25	26	24	25
17	17	18	18八	19七	20	20	21	21	22	20	21	22	22	23	23	24	25	25	26	26	27	25	26
18	18	19	19	20	21六	21五	22	22	23	21	22	23	23	24	24	25	26	26	27	27	28	26	27
19	19	20	20	21	22	22	23四	23三	24二	22	23	24	24	25	25	26	27	27	28	28	29	27	28
20冬	20	21	21	22	23	23	24	24	25	23閏	24正	25	25	26	26	27	28	28	29	29	30	28	29
21	21	22	22	23	24	24	25	25	26	24	25	26土	26土	27	27	28	29	29	30	30	31	**3**	30

四二八 戊辰 宋元嘉五 魏神䴥元（二月改） 1181

四二七 丁卯 宋元嘉四 魏始光四 1180

11	11	12	12	13	14	14	15	15	16	15	16	17	17	18	18	19	20	20	21	21	22	20	21	22
12	12	13	13	14	15	15	16	16	17	16	17	18	18	19	19	20	21	21	22	22	23	21	22	23
13	13	14	14	15	16	16	17	17	18	17	18	19	19	20	20	21	22	22	23	23	24	22	23	24
14	14	15	15	16	17	17	18	18	19	18	19	20冬	20	21	21	22	23	23	24	24	25	23	24	25
15	15	16	16	17	18	18	19	19	20	19	20	21	21	22	22	23	24	24	25	25	26	24	25	26
16	16	17	17	18	19	19	20	20	21	20	21	22	22	23	23	24	25	25	26	26	27	25	26	27
17	17	18	18	19	20	20	21	21	22	21	22	23	23	24	24	25	26	26	27	27	28	26	27	28
18	18	19	19	20	21	21	22	22	23	22	23	24	24	25	25	26	27	27	28	28	29	27	28	29
19	19	20	20	21	22	22	23	23	24	23	24	25	25	26	26	27	28	28	29	29	30	28	29	30
20冬	20	21	21	22	23	23	24	24	25	24	25	26	26	27	27	28	29	29	30	30	31	**3**	30	31
21	21	22	22	23	24	24	25	25	26	25	26	27	27	28	28	29	30	30	31	**5**	**4**	2	31	**1**
22	22	23	23	24	25	25	26	26	27	26	27	28	28	29	29	30	31	**7**	**6**	2	2	3	**2**	2
23十一	23閏	24十	24	25	26	26	27	27	28	27	28	29	29	30	30	31	**8**	2	2	3	3	4	2	3
24	24	25	25九	26八	27	27	28	28	29	28	29	30	30	31	**10**	**9**	2	3	3	4	4	5	3	4
25	25	26	26	27	28七	28六	29	29	30	29	30	31	**12**	**11**	2	2	3	4	4	5	5	6	4	5
26	26	27	27	28	29	29	30五	30四	31	**3**	31	**1**	2	2	3	3	4	5	5	6	6	7	5	6
27	27	28	28	29	30	30	31	**5**	**4**三	2二	**2**	2	3	3	4	4	5	6	6	7	7	8	6	7
28	28	29	29	30	31	**7**	**6**	2	2	3	2正	3十二	4	4	5	5	6	7	7	8	8	9	7	8
29	29	30	30	31	**8**	2	2	3	3	4	3	4	5十一	5十	6	6	7	8	8	9	9	10	8	9
30	30	31	**10**	**9**	2	3	3	**4**	**4**	5	4	5	6	6	7九	7八	8	9	9	10	10	11	9	10
31	**12**	**11**	2	2	3	4	4	5	5	6	5	6	7	7	8	8	9七	10六	10五	11	11	12	10	11
日	2	2	3	3	4	5	5	6	6	7	6	7	8	8	9	9	10	11	11	12四	12三	13	11	12
曜	3	3	4	4	5	6	6	7	7	8	7	8	9	9	10	10	11	12	12	13	13	14二	12正	13
表	4	4	5	5	6	7	7	8	8	9	8	9	10	10	11	11	12	13	13	14	14	15	13	14十二
6	5	5	6	6	7	8	8	9	9	10	9	10	11	11	12	12	13	14	14	15	15	16	14	15
甲	6	6	7	7	8	9	9	10	10	11	10	11	12	12	13	13	14	15	15	16	16	17	15	16
子	7	7	8	8	9	10	10	11	11	12	11	12	13	13	14	14	15	16	16	17	17	18	16	17
表	8	8	9	9	10	11	11	12	12	13	12	13	14	14	15	15	16	17	17	18	18	19	17	18
7	9	9	10	10	11	12	12	13	13	14	13	14	15	15	16	16	17	18	18	19	19	20	18	19
	10	10	11	11	12	13	13	14	14	15	14	15	16	16	17	17	18	19	19	20	20	21	19	20

四二九 己巳 宋元嘉六 魏神䴥二 1182

四三〇 庚午 宋元嘉七 魏神䴥三 1183

22	23	23	24	25	25	26	26	27	25	26	27	27	28	28	29	30	30	31	**5**	**4**	2	31	**1**
23	24	24	25	26	26	27	27	28	26	27	28	28	29	29	30	31	**7**	**6**	2	2	3	**2**	2
24	25	25	26	27	27	28	28	29	27	28	29	29	30	30	31	**8**	2	2	3	3	4	2	3
25	26	26	27	28	28	29	29	30	28	29	30	30	31	**10**	**9**	2	3	3	4	4	5	3	4
26	27	27	28	29	29	30	30	31	**3**	30	31	**12**	**11**	2	2	3	4	4	5	5	6	**4**	5
27	28	28	29	30	30	31	**5**	**4**	2	31	**1**	2	2	3	3	**4**	5	5	6	6	7	5	6
28	29	29	30	31	**7**	**6**	2	2	3	**2**	2	3	3	4	4	5	6	6	7	7	8	6	7
29	30	30	31	**8**	2	2	3	3	4	2	3	4	4	5	5	6	7	7	8	8	9	7	8
30	31	**10**	**9**	2	3	3	4	4	5	3	4	5	5	6	6	7	8	8	9	9	10	8	9
12十一	**11**	2	2	3	4	4	5	5	6	4	5	6	6	7	7	8	9	9	10	10	11	9	10
2	2十	3九	3	4	5	5	6	6	7	5	6	7	7	8	8	9	10	10	11	11	12	10	11
3	3	4	4八	5七	6	6	7	7	8	6	7	8	8	9	9	10	11	11	12	12	13	11	12
4	4	5	5	6	7六	7五	8	8	9	7	8	9	9	10	10	11	12	12	13	13	14	12	13
5	5	6	6	7	8	8	9四	9三	10	8	9	10	10	11	11	12	13	13	14	14	15	13	14
6	6	7	7	8	9	9	10	10	11二	9正	10十二	11	11	12	12	13	14	14	15	15	16	14	15
7	7	8	8	9	10	10	11	11	12	10	11	12十一	12十	13	13	14	15	15	16	16	17	15	16
8	8	9	9	10	11	11	12	12	13	11	12	13	13	14九	14八	15	16	16	17	17	18	16	17
9	9	10	10	11	12	12	13	13	14	12	13	14	14	15	15	16七	17六	17	18	18	19	17	18
10	10	11	11	12	13	13	14	14	15	13	14	15	15	16	16	17	18	18五	19四	19	20	18	19
11	11	12	12	13	14	14	15	15	16	14	15	16	16	17	17	18	19	19	20	20三	21二	19	20
12	12	13	13	14	15	15	16	16	17	15	16	17	17	18	18	19	20	20	21	21	22	20正	21十二
13	13	14	14	15	16	16	17	17	18	16	17	18	18	19	19	20	21	21	22	22	23	21	22
14	14	15	15	16	17	17	18	18	19	17	18	19	19	20	20	21	22	22	23	23	24	22	23
15	15	16	16	17	18	18	19	19	20	18	19	20冬	20	21	21	22	23	23	24	24	25	23	24
16	16	17	17	18	19	19	20	20	21	19	20	21	21	22	22	23	24	24	25	25	26	24	25
17	17	18	18	19	20	20	21	21	22	20	21	22	22	23	23	24	25	25	26	26	27	25	26
18	18	19	19	20	21	21	22	22	23	21	22	23	23	24	24	25	26	26	27	27	28	26	27
19	19	20	20	21	22	22	23	23	24	22	23	24	24	25	25	26	27	27	28	28	29	27	28
20冬	20	21	21	22	23	23	24	24	25	23	24	25	25	26	26	27	28	28	29	29	30	28	29
21	21	22	22	23	24	24	25	25	26	24	25	26	26	27	27	28	29	29	30	30	31	**3**	30

四三一
辛未
宋元嘉八
魏神䴥四

1184

四三二
壬申
宋元嘉九
魏延和元

1185

11	11	12	12	13	14	六14	五15	15	16	15	16	17	17	18	18	19	20	20	21	21	22	20	21	22
12	12	13	13	14	15	15	16	四16	三17	16	17	18	18	19	19	20	21	21	22	22	23	21	22	23
13	13	14	14	15	16	16	17	17	18	二17	正18	19	19	20	20	21	22	22	23	23	24	22	23	24
14	14	15	15	16	17	17	18	18	19	18	19	十二20	十一20	21	21	22	23	23	24	24	25	23	24	25
15	15	16	16	17	18	18	19	19	20	19	20	21	21	十22	九22	23	24	24	25	25	26	24	25	26
16	16	17	17	18	19	19	20	20	21	20	21	22	22	23	23	八24	七25	25	26	26	27	25	26	27
17	17	18	18	19	20	20	21	21	22	21	22	23	23	24	24	25	26	閏26	六27	五27	28	26	27	28
18	18	19	19	20	21	21	22	22	23	22	23	24	24	25	25	26	27	27	28	28	四29	三27	28	29
19	19	20	20	21	22	22	23	23	24	23	24	25	25	26	26	27	28	28	29	29	30	28	二29	正30
20	冬20	21	21	22	23	23	24	24	25	24	25	26	26	27	27	28	29	29	30	30	31	**3**	30	31十二
21	21	22	22	23	24	24	25	25	26	25	26	27	27	28	28	29	30	30	31	**5**	**4**	2	31	**1**
22	22	23	23	24	25	25	26	26	27	26	27	28	28	29	29	30	31	**7**	**6**	2	2	3	**2**	2
23	23	24	24	25	26	26	27	27	28	27	28	29	29	30	30	31	**8**	2	2	3	3	4	2	3
24	24	25	25	26	27	27	28	28	29	28	29	30	30	31	**10**	**9**	2	3	3	4	4	5	3	4
25	25	26	26	27	28	28	29	29	30	29	30	31	**12**	**11**	2	2	3	4	4	5	5	6	4	5
26	26	27	27	28	29	29	30	30	31	**3**	31	**1**	2	2	3	3	4	5	5	6	6	7	5	6
27	27	28	28	29	30	30	31	**5**	**4**	2	**2**	2	3	3	4	4	5	6	6	7	7	8	6	7
28	28	29	29	30	31	**7**	**6**	2	2	3	2	3	4	4	5	5	6	7	7	8	8	9	7	8
29	29	30	30	31	**8**	2	2	3	3	4	3	4	5	5	6	6	7	8	8	9	9	10	8	9
30	30	31	**10**	**9**	2	3	3	4	4	5	4	5	6	6	7	7	8	9	9	10	10	11	9	10
31	**12**	**11**	2	2	3	4	4	5	5	6	5	6	7	7	8	8	9	10	10	11	11	12	10	11
日	2	2	3	3	4	5	5	6	6	7	6	7	8	8	9	9	10	11	11	12	12	13	11	12
曜	3	3	4	4	5	6	6	7	7	8	7	8	9	9	10	10	11	12	12	13	13	14	12	13
表	4	4	5	5	6	7	7	8	8	9	8	9	10	10	11	11	12	13	13	14	14	15	13	14
7	5	5	6	6	7	8	8	9	9	10	9	10	11	11	12	12	13	14	14	15	15	16	14	15
甲	6	6	7	7	8	9	9	10	10	11	10	11	12	12	13	13	14	15	15	16	16	17	15	16
子	7	7	8	8	9	10	10	11	11	12	11	12	13	13	14	14	15	16	16	17	17	18	16	17
表	8	8	9	9	10	11	11	12	12	13	12	13	14	14	15	15	16	17	17	18	18	19	17	18
8	9	十一9	十10	九10	11	12	12	13	13	14	13	14	15	15	16	16	17	18	18	19	19	20	18	19
	10	10	11	11	八12	七13	13	14	14	15	14	15	16	16	17	17	18	19	19	20	20	21	19	20

四三四 甲戌 宋元嘉一一 魏延和三 1187

四三三 癸酉 宋元嘉一〇 魏延和二 1186

22	23	23	24	25	25	26	26	27	25	26 正	27 十二	27	28	28	29	30	30	31	**5**	**4**	2	31	**1**
23	24	24	25	26	26	27	27	28	26	27	28	28 十一	29 十	29	30	31	**7**	**6**	2	2	3	**2**	2
24	25	25	26	27	27	28	28	29	27	28	29	29	30	30 九	31 八	**8**	2	2	3	3	4	2	3
25	26	26	27	28	28	29	29	30	28	29	30	30	31	**10**	**9**	2 七	3 六	3	4	4	5	3	4
26	27	27	28	29	29	30	30	31	**3**	30	31	**12**	**11**	2	2	3	4	4 五	5 四	5	6	4	5
27	28	28	29	30	30	31	**5**	**4**	2	31	**1**	2	2	3	3	4	5	5	6	6 三	7 二	5	6
28	29	29	30	31	**7**	**6**	2	2	3	**2**	2	3	3	4	4	5	6	6	7	7	8	6 正	7 十二
29	30	30	31	**8**	2	2	3	3	4	2	3	4	4	5	5	6	7	7	8	8	9	7	8
30	31	**10**	**9**	2	3	3	4	4	5	3	4	5	5	6	6	7	8	8	9	9	10	8	9
12	**11**	2	2	3	4	4	5	5	6	4	5	6	6	7	7	8	9	9	10	10	11	9	10
2	2	3	3	4	5	5	6	6	7	5	6	7	7	8	8	9	10	10	11	11	12	10	11
3	3	4	4	5	6	6	7	7	8	6	7	8	8	9	9	10	11	11	12	12	13	11	12
4	4	5	5	6	7	7	8	8	9	7	8	9	9	10	10	11	12	12	13	13	14	12	13
5	5	6	6	7	8	8	9	9	10	8	9	10	10	11	11	12	13	13	14	14	15	13	14
6	6	7	7	8	9	9	10	10	11	9	10	11	11	12	12	13	14	14	15	15	16	14	15
7	7	8	8	9	10	10	11	11	12	10	11	12	12	13	13	14	15	15	16	16	17	15	16
8	8	9	9	10	11	11	12	12	13	11	12	13	13	14	14	15	16	16	17	17	18	16	17
9	9	10	10	11	12	12	13	13	14	12	13	14	14	15	15	16	17	17	18	18	19	17	18
10	10	11	11	12	13	13	14	14	15	13	14	15	15	16	16	17	18	18	19	19	20	18	19
11	11	12	12	13	14	14	15	15	16	14	15	16	16	17	17	18	19	19	20	20	21	19	20
12	12	13	13	14	15	15	16	16	17	15	16	17	17	18	18	19	20	20	21	21	22	20	21
13	13	14	14	15	16	16	17	17	18	16	17	18	18	19	19	20	21	21	22	22	23	21	22
14	14	15	15	16	17	17	18	18	19	17	18	19	19	20	20	21	22	22	23	23	24	22	23
15	15	16	16	17	18	18	19	19	20	18	19	20 冬	20	21	21	22	23	23	24	24	25	23	24
16	16	17	17	18	19	19	20	20	21	19	20	21	21	22	22	23	24	24	25	25	26	24	25
17 十一	17 十	18	18	19	20	20	21	21	22	20	21	22	22	23	23	24	25	25	26	26	27	25	26
18	18	19 九	19 八	20	21	21	22	22	23	21	22	23	23	24	24	25	26	26	27	27	28	26	27
19	19	20	20	21 七	22 六	22	23	23	24	22	23	24	24	25	25	26	27	27	28	28	29	27	28
20 冬	20	21	21	22	23	23 五	24 四	24	25	23	24	25	25	26	26	27	28	28	29	29	30	28	29
21	21	22	22	23	24	24	25	25 閏	26 三	24 二	25	26	26	27	27	28	29	29	30	30	31	**3**	30

四三五 乙亥 宋元嘉一二 魏太延元 1188

四三六 丙子 宋元嘉一三 魏太延二 1189

11	11	12	12	13	14	14	15	15	16	15	16	17	17	18	18	19	20	20	21	21	22	20	21	22
12	12	13	13	14	15	15	16	16	17	16	17	18	18	19	19	20	21	21	22	22	23	21	22	23
13	13	14	14	15	16	16	17	17	18	17	18	19	19	20	20	21	22	22	23	23	24	22	23	24
14	14	15	15	16	17	17	18	18	19	18	19	20冬	20	21	21	22	23	23	24	24	25	23	24	25
15	15	16	16	17	18	18	19	19	20	19	20	21	21	22	22	23	24	24	25	25	26	24	25	26
16	16	17	17	18	19	19	20	20	21	20	21	22	22	23	23	24	25	25	26	26	27	25	26	27
17	17	18	18	19	20	20	21	21	22	21	22	23	23	24	24	25	26	26	27	27	28	26	27	28
18	18	19	19	20	21	21	22	22	23	22	23	24	24	25	25	26	27	27	28	28	29	27	28	29
19	19	20	20	21	22	22	23	23	24	23	24	25	25	26	26	27	28	28	29	29	30	28	29	30
20冬	20	21	21	22	23	23	24	24	25	24	25	26	26	27	27	28	29	29	30	30	31	3	30	31
21	21	22	22	23	24	24	25	25	26	25	26	27	27	28	28	29	30	30	31	5	4	2	31	1
22	22	23	23	24	25	25	26	26	27	26	27	28	28	29	29	30	31	7	6	2	2	3	2	2
23	23	24	24	25	26	26	27	27	28	27	28	29	29	30	30	31	8	2	2	3	3	4	2	3
24十二	24	25	25	26	27	27	28	28	29	28	29	30	30	31	10	9	2	3	3	4	4	5	3	4
25	25十一	26十	26九	27	28	28	29	29	30	29	30	31	12	11	2	2	3	4	4	5	5	6	4	5
26	26	27	27	28八	29七	29	30	30	31	3	31	1	2	2	3	3	4	5	5	6	6	7	5	6
27	27	28	28	29	30	30六	31五	5	4	2	2	2	3	3	4	4	5	6	6	7	7	8	6	7
28	28	29	29	30	31	7	6	2四	2三	3	2	3	4	4	5	5	6	7	7	8	8	9	7	8
29	29	30	30	31	8	2	2	3	3	4二	3正	4	5	5	6	6	7	8	8	9	9	10	8	9
30	30	31	10	9	2	3	3	4	4	5	4	5十二	6十一	6	7	7	8	9	9	10	10	11	9	10
31	12	11	2	2	3	4	4	5	5	6	5	6	7	7十	8九	8	9	10	10	11	11	12	10	11
日	2	2	3	3	4	5	5	6	6	7	6	7	8	8	9	9八	10七	11	11	12	12	13	11	12
曜	3	3	4	4	5	6	6	7	7	8	7	8	9	9	10	10	11	12六	12五	13四	13	14	12	13
表	4	4	5	5	6	7	7	8	8	9	8	9	10	10	11	11	12	13	13	14	14三	15二	13	14
1	5	5	6	6	7	8	8	9	9	10	9	10	11	11	12	12	13	14	14	15	15	16	14正	15十二
甲	6	6	7	7	8	9	9	10	10	11	10	11	12	12	13	13	14	15	15	16	16	17	15	16
子	7	7	8	8	9	10	10	11	11	12	11	12	13	13	14	14	15	16	16	17	17	18	16	17
表	8	8	9	9	10	11	11	12	12	13	12	13	14	14	15	15	16	17	17	18	18	19	17	18
	9	9	10	10	11	12	12	13	13	14	13	14	15	15	16	16	17	18	18	19	19	20	18	19
	10	10	11	11	12	13	13	14	14	15	14	15	16	16	17	17	18	19	19	20	20	21	19	20

四三八 戊寅 宋元嘉一五 魏太延四 1191												四三七 丁丑 宋元嘉一四 魏太延三 1190											
22	23	23	24	25	25	26	26	27	25	26	27	27	28	28	29	30	30	31	**5**	**4**	2	31	**1**
23	24	24	25	26	26	27	27	28	26	27	28	28	29	29	30	31	**7**	**6**	2	2	3	**2**	2
24	25	25	26	27	27	28	28	29	27	28	29	29	30	30	31	**8**	2	2	3	3	4	2	3
25	26	26	27	28	28	29	29	30	28	29	30	30	31	**10**	**9**	2	3	3	4	4	5	3	4
26	27	27	28	29	29	30	30	31	**3**	30	31	**12**	**11**	2	2	3	4	4	5	5	6	4	5
27	28	28	29	30	30	31	**5**	**4**	2	31	**1**	2	2	3	3	4	5	5	6	6	7	5	6
28	29	29	30	31	**7**	**6**	2	2	3	**2**	2	3	3	4	4	5	6	6	7	7	8	6	7
29	30	30	31	**8**	2	2	3	3	4	2	3	4	4	5	5	6	7	7	8	8	9	7	8
30	31	**10**	**9**	2	3	3	4	4	5	3	4	5	5	6	6	7	8	8	9	9	10	8	9
12	**11**	2	2	3	4	4	5	5	6	4	5	6	6	7	7	8	9	9	10	10	11	9	10
2	2	3	3	4	5	5	6	6	7	5	6	7	7	8	8	9	10	10	11	11	12	10	11
3	十一3	十4	4	5	6	6	7	7	8	6	7	8	8	9	9	10	11	11	12	12	13	11	12
4	4	5	九5	八6	7	7	8	8	9	7	8	9	9	10	10	11	12	12	13	13	14	12	13
5	5	6	6	7	七8	六8	9	9	10	8	9	10	10	11	11	12	13	13	14	14	15	13	14
6	6	7	7	8	9	9	五10	四10	11	9	10	11	11	12	12	13	14	14	15	15	16	14	15
7	7	8	8	9	10	10	11	11	三12	二10	正11	12	12	13	13	14	15	15	16	16	17	15	16
8	8	9	9	10	11	11	12	12	13	11	12	十二13	十一13	14	14	15	16	16	17	17	18	16	17
9	9	10	10	11	12	12	13	13	14	12	13	14	14	十15	九15	16	17	17	18	18	19	17	18
10	10	11	11	12	13	13	14	14	15	13	14	15	15	16	16	八17	七18	18	19	19	20	18	19
11	11	12	12	13	14	14	15	15	16	14	15	16	16	17	17	18	19	六19	五20	20	21	19	20
12	12	13	13	14	15	15	16	16	17	15	16	17	17	18	18	19	20	20	21	四21	三22	20	21
13	13	14	14	15	16	16	17	17	18	16	17	18	18	19	19	20	21	21	22	22	23	二21	正22
14	14	15	15	16	17	17	18	18	19	17	18	19	19	20	20	21	22	22	23	23	24	22	23閏
15	15	16	16	17	18	18	19	19	20	18	19	20	冬20	21	21	22	23	23	24	24	25	23	24
16	16	17	17	18	19	19	20	20	21	19	20	21	21	22	22	23	24	24	25	25	26	24	25
17	17	18	18	19	20	20	21	21	22	20	21	22	22	23	23	24	25	25	26	26	27	25	26
18	18	19	19	20	21	21	22	22	23	21	22	23	23	24	24	25	26	26	27	27	28	26	27
19	19	20	20	21	22	22	23	23	24	22	23	24	24	25	25	26	27	27	28	28	29	27	28
20	冬20	21	21	22	23	23	24	24	25	23	24	25	25	26	26	27	28	28	29	29	30	28	29
21	21	22	22	23	24	24	25	25	26	24	25	26	26	27	27	28	29	29	30	30	31	**3**	30

四三九 己卯 宋元嘉一六 魏太延五 1192

四四〇 庚辰 宋元嘉一七 魏太平眞君元（六月改） 1193

11	11十	12九	12八	13	14	14	15	15	16	15	16	17	17	18	18	19	20	20	21	21	22	20	21	22
12	12	13	13	14七	15六	15	16	16	17	16	17	18	18	19	19	20	21	21	22	22	23	21	22	23
13	13	14	14	15	16	16五	17四	17	18	17	18	19	19	20	20	21	22	22	23	23	24	22	23	24
14	14	15	15	16	17	17	18	18三	19二	18	19	20冬	20	21	21	22	23	23	24	24	25	23	24	25
15	15	16	16	17	18	18	19	19	20	19正	20十二	21	21	22	22	23	24	24	25	25	26	24	25	26
16	16	17	17	18	19	19	20	20	21	20	21	22十一	22十	23	23	24	25	25	26	26	27	25	26	27
17	17	18	18	19	20	20	21	21	22	21	22	23	23	24閏	24九	25	26	26	27	27	28	26	27	28
18	18	19	19	20	21	21	22	22	23	22	23	24	24	25	25	26八	27七	27	28	28	29	27	28	29
19	19	20	20	21	22	22	23	23	24	23	24	25	25	26	26	27	28	28六	29五	29四	30	28	29	30
20冬	20	21	21	22	23	23	24	24	25	24	25	26	26	27	27	28	29	29	30	30	31三	**3**二	30	31
21	21	22	22	23	24	24	25	25	26	25	26	27	27	28	28	29	30	30	31	**5**	**4**	2	31正	**1**十二
22	22	23	23	24	25	25	26	26	27	26	27	28	28	29	29	30	31	**7**	**6**	2	2	3	**2**	2
23	23	24	24	25	26	26	27	27	28	27	28	29	29	30	30	31	**8**	2	2	3	3	4	2	3
24	24	25	25	26	27	27	28	28	29	28	29	30	30	31	**10**	**9**	2	3	3	4	4	5	3	4
25	25	26	26	27	28	28	29	29	30	29	30	31	**12**	**11**	2	2	3	4	4	5	5	6	4	5
26	26	27	27	28	29	29	30	30	31	**3**	31	**1**	2	2	3	3	4	5	5	6	6	7	5	6
27	27	28	28	29	30	30	31	**5**	**4**	2	**2**	2	3	3	4	4	5	6	6	7	7	8	6	7
28	28	29	29	30	31	**7**	**6**	2	2	3	2	3	4	4	5	5	6	7	7	8	8	9	7	8
29	29	30	30	31	**8**	2	2	3	3	4	3	4	5	5	6	6	7	8	8	9	9	10	8	9
30	30	31	**10**	**9**	2	3	3	4	4	5	4	5	6	6	7	7	8	9	9	10	10	11	9	10
31	**12**	**11**	2	2	3	4	4	5	5	6	5	6	7	7	8	8	9	10	10	11	11	12	10	11
日	2	2	3	3	4	5	5	6	6	7	6	7	8	8	9	9	10	11	11	12	12	13	11	12
曜	3	3	4	4	5	6	6	7	7	8	7	8	9	9	10	10	11	12	12	13	13	14	12	13
表	4	4	5	5	6	7	7	8	8	9	8	9	10	10	11	11	12	13	13	14	14	15	13	14
2	5	5	6	6	7	8	8	9	9	10	9	10	11	11	12	12	13	14	14	15	15	16	14	15
甲	6	6	7	7	8	9	9	10	10	11	10	11	12	12	13	13	14	15	15	16	16	17	15	16
子	7	7	8	8	9	10	10	11	11	12	11	12	13	13	14	14	15	16	16	17	17	18	16	17
表	8	8	9	9	10	11	11	12	12	13	12	13	14	14	15	15	16	17	17	18	18	19	17	18
10	9	9	10	10	11	12	12	13	13	14	13	14	15	15	16	16	17	18	18	19	19	20	18	19
	10十一	10	11	11	12	13	13	14	14	15	14	15	16	16	17	17	18	19	19	20	20	21	19	20

四四二 壬午 宋元嘉一九 魏太平眞君三 1195

四四一 辛巳 宋元嘉一八 魏太平眞君二 1194

22	23	23	24	25	25	26	五26	四27	25	26	27	27	28	28	29	30	30	31	**5**	**4**	2	31	**1**
23	24	24	25	26	26	27	27	28	三26	二27	正28	28	29	29	30	31	**7**	**6**	2	2	3	**2**	2
24	25	25	26	27	27	28	28	29	27	28	29	十二29	十一30	30	31	**8**	2	2	3	3	4	2	3
25	26	26	27	28	28	29	29	30	28	29	30	30	31	十**10**	九**9**	2	3	3	4	4	5	3	4
26	27	27	28	29	29	30	30	31	**3**	30	31	**12**	**11**	2	2	八3	七4	4	5	5	6	4	5
27	28	28	29	30	30	31	**5**	**4**	2	31	**1**	2	2	3	3	4	5	六5	五6	6	7	5	6
28	29	29	30	31	**7**	**6**	2	2	3	**2**	2	3	3	4	4	5	6	6	7	四7	三8	6	7
29	30	30	31	**8**	2	2	3	3	4	2	3	4	4	5	5	6	7	7	8	8	9	二7	正8
30	31	**10**	**9**	2	3	3	4	4	5	3	4	5	5	6	6	7	8	8	9	9	10	8	9十二
12	**11**	2	2	3	4	4	5	5	6	4	5	6	6	7	7	8	9	9	10	10	11	9	10
2	2	3	3	4	5	5	6	6	7	5	6	7	7	8	8	9	10	10	11	11	12	10	11
3	3	4	4	5	6	6	7	7	8	6	7	8	8	9	9	10	11	11	12	12	13	11	12
4	4	5	5	6	7	7	8	8	9	7	8	9	9	10	10	11	12	12	13	13	14	12	13
5	5	6	6	7	8	8	9	9	10	8	9	10	10	11	11	12	13	13	14	14	15	13	14
6	6	7	7	8	9	9	10	10	11	9	10	11	11	12	12	13	14	14	15	15	16	14	15
7	7	8	8	9	10	10	11	11	12	10	11	12	12	13	13	14	15	15	16	16	17	15	16
8	8	9	9	10	11	11	12	12	13	11	12	13	13	14	14	15	16	16	17	17	18	16	17
9	9	10	10	11	12	12	13	13	14	12	13	14	14	15	15	16	17	17	18	18	19	17	18
10	10	11	11	12	13	13	14	14	15	13	14	15	15	16	16	17	18	18	19	19	20	18	19
11	11	12	12	13	14	14	15	15	16	14	15	16	16	17	17	18	19	19	20	20	21	19	20
12	12	13	13	14	15	15	16	16	17	15	16	17	17	18	18	19	20	20	21	21	22	20	21
13	13	14	14	15	16	16	17	17	18	16	17	18	18	19	19	20	21	21	22	22	23	21	22
14	14	15	15	16	17	17	18	18	19	17	18	19	19	20	20	21	22	22	23	23	24	22	23
15	15	16	16	17	18	18	19	19	20	18	19	20	冬20	21	21	22	23	23	24	24	25	23	24
16	16	17	17	18	19	19	20	20	21	19	20	21	21	22	22	23	24	24	25	25	26	24	25
17	17	18	18	19	20	20	21	21	22	20	21	22	22	23	23	24	25	25	26	26	27	25	26
18	十一18	19	19	20	21	21	22	22	23	21	22	23	23	24	24	25	26	26	27	27	28	26	27
19	19	十20	九20	21	22	22	23	23	24	22	23	24	24	25	25	26	27	27	28	28	29	27	28
20	冬20	21	21	八22	七23	23	24	24	25	23	24	25	25	26	26	27	28	28	29	29	30	28	29
21	21	22	22	23	24	六24	閏25	25	26	24	25	26	26	27	27	28	29	29	30	30	31	**3**	30

四四三 癸未 宋元嘉二〇 魏太平眞君四

1196

四四四 甲申 宋元嘉二一 魏太平眞君五

1197

11	11	12	12	13	14	14	15	15	16	15	16	17	17	18	18	19	20	20	21	21	22	20	21	22
12	12	13	13	14	15	15	16	16	17	16	17	18	18	19	19	20	21	21	22	22	23	21	22	23
13	13	14	14	15	16	16	17	17	18	17	18	19	19	20	20	21	22	22	23	23	24	22	23	24
14	14	15	15	16	17	17	18	18	19	18	19	20冬	20	21	21	22	23	23	24	24	25	23	24	25
15	15	16	16	17	18	18	19	19	20	19	20	21	21	22	22	23	24	24	25	25	26	24	25	26
16	16	17	17	18	19	19	20	20	21	20	21	22	22	23	23	24	25	25	26	26	27	25	26	27
17	17	18	18	19	20	20	21	21	22	21	22	23	23	24	24	25	26	26	27	27	28	26	27	28
18	18	19	19	20	21	21	22	22	23	22	23	24	24	25	25	26	27	27	28	28	29	27	28	29
19	19	20	20	21	22	22	23	23	24	23	24	25	25	26	26	27	28	28	29	29	30	28	29	30
20冬	20	21	21	22	23	23	24	24	25	24	25	26	26	27	27	28	29	29	30	30	31	3	30	31
21	21	22	22	23	24	24	25	25	26	25	26	27	27	28	28	29	30	30	31	5	4	2	31	1
22	22	23	23	24	25	25	26	26	27	26	27	28	28	29	29	30	31	7	6	2	2	3	2	2
23	23	24	24	25	26	26	27	27	28	27	28	29	29	30	30	31	8	2	2	3	3	4	2	3
24	24	25	25	26	27	27	28	28	29	28	29	30	30	31	10	9	2	3	3	4	4	5	3	4
25	25	26	26	27	28	28	29	29	30	29	30	31	12	11	2	2	3	4	4	5	5	6	4	5
26十二	26十一	27	27	28	29	29	30	30	31	3	31	1	2	2	3	3	4	5	5	6	6	7	5	6
27	27	28十	28九	29八	30	30	31	5	4	2	2	2	3	3	4	4	5	6	6	7	7	8	6	7
28	28	29	29	30	31七	7六	6	2	2	3	2	3	4	4	5	5	6	7	7	8	8	9	7	8
29	29	30	30	31	8	2	2五	3四	3	4	3	4	5	5	6	6	7	8	8	9	9	10	8	9
30	30	31	10	9	2	3	3	4	4三	5二	4	5	6	6	7	7	8	9	9	10	10	11	9	10
31	12	11	2	2	3	4	4	5	5	6	5正	6十二	7	7	8	8	9	10	10	11	11	12	10	11
日	2	2	3	3	4	5	5	6	6	7	6	7	8十一	8十	9	9	10	11	11	12	12	13	11	12
曜	3	3	4	4	5	6	6	7	7	8	7	8	9	9	10九	10八	11	12	12	13	13	14	12	13
表	4	4	5	5	6	7	7	8	8	9	8	9	10	10	11	11	12七	13六	13	14	14	15	13	14
3	5	5	6	6	7	8	8	9	9	10	9	10	11	11	12	12	13	14	14五	15四	15三	16	14	15
甲	6	6	7	7	8	9	9	10	10	11	10	11	12	12	13	13	14	15	15	16	16	17二	15正	16
子	7	7	8	8	9	10	10	11	11	12	11	12	13	13	14	14	15	16	16	17	17	18	16	17十二
表	8	8	9	9	10	11	11	12	12	13	12	13	14	14	15	15	16	17	17	18	18	19	17	18
11	9	9	10	10	11	12	12	13	13	14	13	14	15	15	16	16	17	18	18	19	19	20	18	19
	10	10	11	11	12	13	13	14	14	15	14	15	16	16	17	17	18	19	19	20	20	21	19	20

四四六 丙戌 宋元嘉二三 魏太平眞君七 1199												四四五 乙酉 宋元嘉二二 魏太平眞君六 魏閏正月 1198											
22	23	23	24	25	25	26	26	27	25	26	27	27	28	28	29	30	30	31	**5**	**4**	2	31	**1**
23	24	24	25	26	26	27	27	28	26	27	28	28	29	29	30	31	**7**	**6**	2	2	3	**2**	2
24	25	25	26	27	27	28	28	29	27	28	29	29	30	30	31	**8**	2	2	3	3	4	2	3
25	26	26	27	28	28	29	29	30	28	29	30	30	31	**10**	**9**	2	3	3	4	4	5	3	4
26	27	27	28	29	29	30	30	31	**3**	30	31	**12**	**11**	2	2	3	4	4	5	5	6	4	5
27	28	28	29	30	30	31	**5**	**4**	2	31	**1**	2	2	3	3	4	5	5	6	6	7	5	6
28	29	29	30	31	**7**	**6**	2	2	3	**2**	2	3	3	4	4	5	6	6	7	7	8	6	7
29	30	30	31	**8**	2	2	3	3	4	2	3	4	4	5	5	6	7	7	8	8	9	7	8
30	31	**10**	**9**	2	3	3	4	4	5	3	4	5	5	6	6	7	8	8	9	9	10	8	9
12	**11**	2	2	3	4	4	5	5	6	4	5	6	6	7	7	8	9	9	10	10	11	9	10
2	2	3	3	4	5	5	6	6	7	5	6	7	7	8	8	9	10	10	11	11	12	10	11
3	3	4	4	5	6	6	7	7	8	6	7	8	8	9	9	10	11	11	12	12	13	11	12
4 十一	4	5	5	6	7	7	8	8	9	7	8	9	9	10	10	11	12	12	13	13	14	12	13
5	5 十	6 九	6	7	8	8	9	9	10	8	9	10	10	11	11	12	13	13	14	14	15	13	14
6	6	7	7 八	8 七	9	9	10	10	11	9	10	11	11	12	12	13	14	14	15	15	16	14	15
7	7	8	8	9	10 六	10 五	11	11	12	10	11	12	12	13	13	14	15	15	16	16	17	15	16
8	8	9	9	10	11	11	12 四	12 三	13	11	12	13	13	14	14	15	16	16	17	17	18	16	17
9	9	10	10	11	12	12	13	13	14 二	12 正	13 十二	14	14	15	15	16	17	17	18	18	19	17	18
10	10	11	11	12	13	13	14	14	15	13	14	15 十一	15 十	16	16	17	18	18	19	19	20	18	19
11	11	12	12	13	14	14	15	15	16	14	15	16	16	17 九	17 八	18	19	19	20	20	21	19	20
12	12	13	13	14	15	15	16	16	17	15	16	17	17	18	18	19 七	20 六	20	21	21	22	20	21
13	13	14	14	15	16	16	17	17	18	16	17	18	18	19	19	20	21	21 閏	22 五	22	23	21	22
14	14	15	15	16	17	17	18	18	19	17	18	19	19	20	20	21	22	22	23	23 四	24 三	22	23
15	15	16	16	17	18	18	19	19	20	18	19	20 冬	20	21	21	22	23	23	24	24	25	23 二	24 正
16	16	17	17	18	19	19	20	20	21	19	20	21	21	22	22	23	24	24	25	25	26	24	25
17	17	18	18	19	20	20	21	21	22	20	21	22	22	23	23	24	25	25	26	26	27	25	26
18	18	19	19	20	21	21	22	22	23	21	22	23	23	24	24	25	26	26	27	27	28	26	27
19	19	20	20	21	22	22	23	23	24	22	23	24	24	25	25	26	27	27	28	28	29	27	28
20 冬	20	21	21	22	23	23	24	24	25	23	24	25	25	26	26	27	28	28	29	29	30	28	29
21	21	22	22	23	24	24	25	25	26	24	25	26	26	27	27	28	29	29	30	30	31	**3**	30

四四八 戊子 宋元嘉二五 魏太平眞君九 1201													四四七 丁亥 宋元嘉二四 魏太平眞君八 魏閏十月 1200											
11	11	12	12	13	14	14	15	15	16	15	16	17	17	18	18	19	20	20	21	21	22	20	21	22
12 十一	12 十	13	13	14	15	15	16	16	17	16	17	18	18	19	19	20	21	21	22	22	23	21	22	23
13	13	14 九	14 八	15 七	16	16	17	17	18	17	18	19	19	20	20	21	22	22	23	23	24	22	23	24
14	14	15	15	16	17 六	17 五	18	18	19	18	19	20 冬	20	21	21	22	23	23	24	24	25	23	24	25
15	15	16	16	17	18	18	19 四	19 三	20	19	20	21	21	22	22	23	24	24	25	25	26	24	25	26
16	16	17	17	18	19	19	20	20	21 閏	20 二	21	22	22	23	23	24	25	25	26	26	27	25	26	27
17	17	18	18	19	20	20	21	21	22	21	22 正	23 十二	23	24	24	25	26	26	27	27	28	26	27	28
18	18	19	19	20	21	21	22	22	23	22	23	24	24 十一	25 十	25	26	27	27	28	28	29	27	28	29
19	19	20	20	21	22	22	23	23	24	23	24	25	25	26	26 九	27 八	28	28	29	29	30	28	29	30
20 冬	20	21	21	22	23	23	24	24	25	24	25	26	26	27	27	28	29 七	29 六	30	30	31	3	30	31
21	21	22	22	23	24	24	25	25	26	25	26	27	27	28	28	29	30	30	31 五	5 四	4 三	2	31	1
22	22	23	23	24	25	25	26	26	27	26	27	28	28	29	29	30	31	7	6	2	2	3 二	2 正	2
23	23	24	24	25	26	26	27	27	28	27	28	29	29	30	30	31	8	2	2	3	3	4	2	3 十二
24	24	25	25	26	27	27	28	28	29	28	29	30	30	31	10	9	2	3	3	4	4	5	3	4
25	25	26	26	27	28	28	29	29	30	29	30	31	12	11	2	2	3	4	4	5	5	6	4	5
26	26	27	27	28	29	29	30	30	31	3	31	1	2	2	3	3	4	5	5	6	6	7	5	6
27	27	28	28	29	30	30	31	5	4	2	2	2	3	3	4	4	5	6	6	7	7	8	6	7
28	28	29	29	30	31	7	6	2	2	3	2	3	4	4	5	5	6	7	7	8	8	9	7	8
29	29	30	30	31	8	2	2	3	3	4	3	4	5	5	6	6	7	8	8	9	9	10	8	9
30	30	31	10	9	2	3	3	4	4	5	4	5	6	6	7	7	8	9	9	10	10	11	9	10
31	12	11	2	2	3	4	4	5	5	6	5	6	7	7	8	8	9	10	10	11	11	12	10	11
日	2	2	3	3	4	5	5	6	6	7	6	7	8	8	9	9	10	11	11	12	12	13	11	12
曜	3	3	4	4	5	6	6	7	7	8	7	8	9	9	10	10	11	12	12	13	13	14	12	13
表 4	4	4	5	5	6	7	7	8	8	9	8	9	10	10	11	11	12	13	13	14	14	15	13	14
	5	5	6	6	7	8	8	9	9	10	9	10	11	11	12	12	13	14	14	15	15	16	14	15
甲	6	6	7	7	8	9	9	10	10	11	10	11	12	12	13	13	14	15	15	16	16	17	15	16
子	7	7	8	8	9	10	10	11	11	12	11	12	13	13	14	14	15	16	16	17	17	18	16	17
表 12	8	8	9	9	10	11	11	12	12	13	12	13	14	14	15	15	16	17	17	18	18	19	17	18
	9	9	10	10	11	12	12	13	13	14	13	14	15	15	16	16	17	18	18	19	19	20	18	19
	10	10	11	11	12	13	13	14	14	15	14	15	16	16	17	17	18	19	19	20	20	21	19	20

1202 四四九 己丑 宋元嘉二六 魏太平眞君一〇

1203 四五〇 庚寅 宋元嘉二七 魏太平眞君一一 魏閏七月

22	23	23	24八	25七	25	26	26	27	25	26	27	27	28	28	29	30	30	31	**5**	**4**	2	31	**1**
23	24	24	25	26	26六	27五	27	28	26	27	28	28	29	29	30	31	**7**	**6**	2	2	3	**2**	2
24	25	25	26	27	27	28	28四	29三	27	28	29	29	30	30	31	**8**	2	2	3	3	4	2	3
25	26	26	27	28	28	29	29	30	28二	29正	30十二	30	31	**10**	**9**	2	3	3	4	4	5	3	4
26	27	27	28	29	29	30	30	31	**3**	30	31	**12**十一	**11**十	2	2	3	4	4	5	5	6	4	5
27	28	28	29	30	30	31	**5**	**4**	2	31	**1**	2	2	3九	3八	4	5	5	6	6	7	5	6
28	29	29	30	31	**7**	**6**	2	2	3	**2**	2	3	3	4	4	5七	6六	6	7	7	8	6	7
29	30	30	31	**8**	2	2	3	3	4	2	3	4	4	5	5	6	7	7五	8四	8	9	7	8
30	31	**10**	**9**	2	3	3	4	4	5	3	4	5	5	6	6	7	8	8	9	9三	10二	8	9
12	**11**	2	2	3	4	4	5	5	6	4	5	6	6	7	7	8	9	9	10	10	11	9正	10十二
2	2	3	3	4	5	5	6	6	7	5	6	7	7	8	8	9	10	10	11	11	12	10	11
3	3	4	4	5	6	6	7	7	8	6	7	8	8	9	9	10	11	11	12	12	13	11	12
4	4	5	5	6	7	7	8	8	9	7	8	9	9	10	10	11	12	12	13	13	14	12	13
5	5	6	6	7	8	8	9	9	10	8	9	10	10	11	11	12	13	13	14	14	15	13	14
6	6	7	7	8	9	9	10	10	11	9	10	11	11	12	12	13	14	14	15	15	16	14	15
7	7	8	8	9	10	10	11	11	12	10	11	12	12	13	13	14	15	15	16	16	17	15	16
8	8	9	9	10	11	11	12	12	13	11	12	13	13	14	14	15	16	16	17	17	18	16	17
9	9	10	10	11	12	12	13	13	14	12	13	14	14	15	15	16	17	17	18	18	19	17	18
10	10	11	11	12	13	13	14	14	15	13	14	15	15	16	16	17	18	18	19	19	20	18	19
11	11	12	12	13	14	14	15	15	16	14	15	16	16	17	17	18	19	19	20	20	21	19	20
12	12	13	13	14	15	15	16	16	17	15	16	17	17	18	18	19	20	20	21	21	22	20	21
13	13	14	14	15	16	16	17	17	18	16	17	18	18	19	19	20	21	21	22	22	23	21	22
14	14	15	15	16	17	17	18	18	19	17	18	19	19	20	20	21	22	22	23	23	24	22	23
15	15	16	16	17	18	18	19	19	20	18	19	20冬	20	21	21	22	23	23	24	24	25	23	24
16	16	17	17	18	19	19	20	20	21	19	20	21	21	22	22	23	24	24	25	25	26	24	25
17	17	18	18	19	20	20	21	21	22	20	21	22	22	23	23	24	25	25	26	26	27	25	26
18	18	19	19	20	21	21	22	22	23	21	22	23	23	24	24	25	26	26	27	27	28	26	27
19	19	20	20	21	22	22	23	23	24	22	23	24	24	25	25	26	27	27	28	28	29	27	28
20十一	20閏	21	21	22	23	23	24	24	25	23	24	25	25	26	26	27	28	28	29	29	30	28	29
21	21	22十	22九	23	24	24	25	25	26	24	25	26	26	27	27	28	29	29	30	30	31	**3**	30

1204 四五一 辛卯 宋元嘉二八 魏正平元（六月改）

1205 四五二 壬辰 宋元嘉二九 魏永平元（南安王三月改）（永平一作承平） 魏興安元（文成帝十月改）

11	11	12	12	13	14	14	15	15	16	15	16	17	17	18	18	19	20	20	21	21	22	20	21	22
12	12	13	13	14	15	15	16	16	17	16	17	18	18	19	19	20	21	21	22	22	23	21	22	23
13	13	14	14	15	16	16	17	17	18	17	18	19	19	20	20	21	22	22	23	23	24	22	23	24
14	14	15	15	16	17	17	18	18	19	18	19	20冬	20	21	21	22	23	23	24	24	25	23	24	25
15	15	16	16	17	18	18	19	19	20	19	20	21	21	22	22	23	24	24	25	25	26	24	25	26
16	16	17	17	18	19	19	20	20	21	20	21	22	22	23	23	24	25	25	26	26	27	25	26	27
17	17	18	18	19	20	20	21	21	22	21	22	23	23	24	24	25	26	26	27	27	28	26	27	28
18	18	19	19	20	21	21	22	22	23	22	23	24	24	25	25	26	27	27	28	28	29	27	28	29
19	19	20	20	21	22	22	23	23	24	23	24	25	25	26	26	27	28	28	29	29	30	28	29	30
20冬	20	21	21	22	23	23	24	24	25	24	25	26	26	27	27	28	29	29	30	30	31	**3**	30	31
21	21	22	22	23	24	24	25	25	26	25	26	27	27	28	28	29	30	30	31	**5**	**4**	2	31	**1**
22	22	23	23	24	25	25	26	26	27	26	27	28	28	29	29	30	31	**7**	**6**	2	2	3	**2**	2
23	23	24	24	25	26	26	27	27	28	27	28	29	29	30	30	31	**8**	2	2	3	3	4	2	3
24	24	25	25	26	27	27	28	28	29	28	29	30	30	31	**10**	**9**	2	3	3	4	4	5	3	4
25	25	26	26	27	28	28	29	29	30	29	30	31	**12**	**11**	2	2	3	4	4	5	5	6	4	5
26	26	27	27	28	29	29	30	30	31	**3**	31	**1**	2	2	3	3	4	5	5	6	6	7	5	6
27十二	27	28	28	29	30	30	31	**5**	**4**	2	**2**	2	3	3	4	4	5	6	6	7	7	8	6	7
28	28十一	29十	29	30	31	**7**	**6**	2	2	3	2	3	4	4	5	5	6	7	7	8	8	9	7	8
29	29	30	30九	31八	**8**七	2	2	3	3	4	3	4	5	5	6	6	7	8	8	9	9	10	8	9
30	30	31	**10**	**9**	2	3六	3五	4	4	5	4	5	6	6	7	7	8	9	9	10	10	11	9	10
31	**12**	**11**	2	2	3	4	4	5四	5三	6	5	6	7	7	8	8	9	10	10	11	11	12	10	11
日	2	2	3	3	4	5	5	6	6	7二	6正	7	8	8	9	9	10	11	11	12	12	13	11	12
曜	3	3	4	4	5	6	6	7	7	8	7	8十二	9十一	9	10	10	11	12	12	13	13	14	12	13
表	4	4	5	5	6	7	7	8	8	9	8	9	10	10十	11九	11	12	13	13	14	14	15	13	14
5	5	5	6	6	7	8	8	9	9	10	9	10	11	11	12	12八	13七	14	14	15	15	16	14	15
甲	6	6	7	7	8	9	9	10	10	11	10	11	12	12	13	13	14	15六	15五	16	16	17	15	16
子	7	7	8	8	9	10	10	11	11	12	11	12	13	13	14	14	15	16	16	17四	17三	18二	16	17
表	8	8	9	9	10	11	11	12	12	13	12	13	14	14	15	15	16	17	17	18	18	19	17正	18十二
13	9	9	10	10	11	12	12	13	13	14	13	14	15	15	16	16	17	18	18	19	19	20	18	19
	10	10	11	11	12	13	13	14	14	15	14	15	16	16	17	17	18	19	19	20	20	21	19	20

四五三
癸巳
宋元嘉三〇
魏興安二
1206

四五四
甲午
宋孝建元 孝武帝
魏興光元 七月改
1207

22	23	23	24	25	25	26	26	27	25	26	27	27	28	28	29	30	30	31	**5**	**4**	2	31	**1**
23	24	24	25	26	26	27	27	28	26	27	28	28	29	29	30	31	**7**	**6**	2	2	3	**2**	2
24	25	25	26	27	27	28	28	29	27	28	29	29	30	30	31	**8**	2	2	3	3	4	2	3
25	26	26	27	28	28	29	29	30	28	29	30	30	31	**10**	**9**	2	3	3	4	4	5	3	4
26	27	27	28	29	29	30	30	31	**3**	30	31	**12**	**11**	2	2	3	4	4	5	5	6	**4**	5
27	28	28	29	30	30	31	**5**	**4**	2	31	**1**	2	2	3	3	4	5	5	6	6	7	5	6
28	29	29	30	31	**7**	**6**	2	2	3	**2**	2	3	3	4	4	5	6	6	7	7	8	6	7
29	30	30	31	**8**	2	2	3	3	4	2	3	4	4	5	5	6	7	7	8	8	9	7	8
30	31	**10**	**9**	2	3	3	4	4	5	3	4	5	5	6	6	7	8	8	9	9	10	8	9
12	**11**	2	2	3	4	4	5	5	6	4	5	6	6	7	7	8	9	9	10	10	11	9	10
2	2	3	3	4	5	5	6	6	7	5	6	7	7	8	8	9	10	10	11	11	12	10	11
3	3	4	4	5	6	6	7	7	8	6	7	8	8	9	9	10	11	11	12	12	13	11	12
4	4	5	5	6	7	7	8	8	9	7	8	9	9	10	10	11	12	12	13	13	14	12	13
5	5	6	6	7	8	8	9	9	10	8	9	10	10	11	11	12	13	13	14	14	15	13	14
6 十一	6 十	7	7	8	9	9	10	10	11	9	10	11	11	12	12	13	14	14	15	15	16	14	15
7	7	8 九	8 八	9	10	10	11	11	12	10	11	12	12	13	13	14	15	15	16	16	17	15	16
8	8	9	9	10 七	11 六	11	12	12	13	11	12	13	13	14	14	15	16	16	17	17	18	16	17
9	9	10	10	11	12	12 五	13 四	13	14	12	13	14	14	15	15	16	17	17	18	18	19	17	18
10	10	11	11	12	13	13	14	14 三	15 二	13	14	15	15	16	16	17	18	18	19	19	20	18	19
11	11	12	12	13	14	14	15	15	16	14 正	15 十二	16 十一	16	17	17	18	19	19	20	20	21	19	20
12	12	13	13	14	15	15	16	16	17	15	16	17	17 十	18 九	18	19	20	20	21	21	22	20	21
13	13	14	14	15	16	16	17	17	18	16	17	18	18	19	19 八	20 七	21	21	22	22	23	21	22
14	14	15	15	16	17	17	18	18	19	17	18	19	19	20	20	21	22 閏	22 六	23	23	24	22	23
15	15	16	16	17	18	18	19	19	20	18	19	20 冬	20	21	21	22	23	23	24 五	24 四	25	23	24
16	16	17	17	18	19	19	20	20	21	19	20	21	21	22	22	23	24	24	25	25	26 三	24 二	25
17	17	18	18	19	20	20	21	21	22	20	21	22	22	23	23	24	25	25	26	26	27	25	26 正
18	18	19	19	20	21	21	22	22	23	21	22	23	23	24	24	25	26	26	27	27	28	26	27
19	19	20	20	21	22	22	23	23	24	22	23	24	24	25	25	26	27	27	28	28	29	27	28
20 冬	20	21	21	22	23	23	24	24	25	23	24	25	25	26	26	27	28	28	29	29	30	28	29
21	21	22	22	23	24	24	25	25	26	24	25	26	26	27	27	28	29	29	30	30	31	**3**	30

四五六 丙申 宋孝建三 魏太安二 魏閏二月 1209

四五五 乙未 宋孝建二 魏太安元 六月改 1208

11	11	12	12	13	14	14	15	15	16	15	16	17	17	18	18	19	20	20	21	21	22	20	21	22
12	12	13	13	14	15	15	16	16	17	16	17	18	18	19	19	20	21	21	22	22	23	21	22	23
13十一	13	14	14	15	16	16	17	17	18	17	18	19	19	20	20	21	22	22	23	23	24	22	23	24
14	14十	15九	15	16	17	17	18	18	19	18	19	20冬	20	21	21	22	23	23	24	24	25	23	24	25
15	15	16	16八	17七	18六	18	19	19	20	19	20	21	21	22	22	23	24	24	25	25	26	24	25	26
16	16	17	17	18	19	19五	20四	20	21	20	21	22	22	23	23	24	25	25	26	26	27	25	26	27
17	17	18	18	19	20	20	21	21閏	22三	21	22	23	23	24	24	25	26	26	27	27	28	26	27	28
18	18	19	19	20	21	21	22	22	23	22二	23正	24	24	25	25	26	27	27	28	28	29	27	28	29
19冬	19	20	20	21	22	22	23	23	24	23	24	25十二	25十一	26	26	27	28	28	29	29	30	28	29	30
20	20	21	21	22	23	23	24	24	25	24	25	26	26	27十	27九	28	29	29	30	30	31	3	30	31
21	21	22	22	23	24	24	25	25	26	25	26	27	27	28	28	29八	30七	30	31	5	4	2	31	1
22	22	23	23	24	25	25	26	26	27	26	27	28	28	29	29	30	31	7六	6五	2	2	3	2	2
23	23	24	24	25	26	26	27	27	28	27	28	29	29	30	30	31	8	2	2	3四	3三	4二	2	3
24	24	25	25	26	27	27	28	28	29	28	29	30	30	31	10	9	2	3	3	4	4	5	3正	4十二
25	25	26	26	27	28	28	29	29	30	29	30	31	12	11	2	2	3	4	4	5	5	6	4	5
26	26	27	27	28	29	29	30	30	31	3	31	1	2	2	3	3	4	5	5	6	6	7	5	6
27	27	28	28	29	30	30	31	5	4	2	2	2	3	3	4	4	5	6	6	7	7	8	6	7
28	28	29	29	30	31	7	6	2	2	3	2	3	4	4	5	5	6	7	7	8	8	9	7	8
29	29	30	30	31	8	2	2	3	3	4	3	4	5	5	6	6	7	8	8	9	9	10	8	9
30	30	31	10	9	2	3	3	4	4	5	4	5	6	6	7	7	8	9	9	10	10	11	9	10
31	12	11	2	2	3	4	4	5	5	6	5	6	7	7	8	8	9	10	10	11	11	12	10	11
日	2	2	3	3	4	5	5	6	6	7	6	7	8	8	9	9	10	11	11	12	12	13	11	12
曜	3	3	4	4	5	6	6	7	7	8	7	8	9	9	10	10	11	12	12	13	13	14	12	13
表	4	4	5	5	6	7	7	8	8	9	8	9	10	10	11	11	12	13	13	14	14	15	13	14
6	5	5	6	6	7	8	8	9	9	10	9	10	11	11	12	12	13	14	14	15	15	16	14	15
甲	6	6	7	7	8	9	9	10	10	11	10	11	12	12	13	13	14	15	15	16	16	17	15	16
子	7	7	8	8	9	10	10	11	11	12	11	12	13	13	14	14	15	16	16	17	17	18	16	17
表	8	8	9	9	10	11	11	12	12	13	12	13	14	14	15	15	16	17	17	18	18	19	17	18
14	9	9	10	10	11	12	12	13	13	14	13	14	15	15	16	16	17	18	18	19	19	20	18	19
	10	10	11	11	12	13	13	14	14	15	14	15	16	16	17	17	18	19	19	20	20	21	19	20

四五七
丁酉
宋大明元
魏太安三

1210

四五八
戊戌
宋大明二
魏太安四

魏閏十月

1211

22十二	23十	23	24	25	25	26	26	27	25	26	27	27	28	28	29	30	30	31	**5**	**4**	2	31	**1**
23	24	24九	25八	26	26	27	27	28	26	27	28	28	29	29	30	31	**7**	**6**	2	2	3	**2**	2
24	25	25	26	27七	27六	28	28	29	27	28	29	29	30	30	31	**8**	2	2	3	3	4	2	3
25	26	26	27	28	28	29五	29四	30	28	29	30	30	31	**10**	**9**	2	3	3	4	4	5	3	4
26	27	27	28	29	29	30	30	31三	**3**二	30	31	**12**	**11**	2	2	3	4	4	5	5	6	4	5
27	28	28	29	30	30	31	**5**	**4**	2	31正	**1**十二	2十一	2	3	3	4	5	5	6	6	7	5	6
28	29	29	30	31	**7**	**6**	2	2	3	**2**	2	3	3十	4九	4	5	6	6	7	7	8	6	7
29	30	30	31	**8**	2	2	3	3	4	2	3	4	4	5	5八	6七	7	7	8	8	9	7	8
30	31	**10**	**9**	2	3	3	4	4	5	3	4	5	5	6	6	7	8六	8五	9	9	10	8	9
12	**11**	2	2	3	4	4	5	5	6	4	5	6	6	7	7	8	9	9	10四	10三	11	9	10
2	2	3	3	4	5	5	6	6	7	5	6	7	7	8	8	9	10	10	11	11	12二	10正	11
3	3	4	4	5	6	6	7	7	8	6	7	8	8	9	9	10	11	11	12	12	13	11	12十二
4	4	5	5	6	7	7	8	8	9	7	8	9	9	10	10	11	12	12	13	13	14	12	13
5	5	6	6	7	8	8	9	9	10	8	9	10	10	11	11	12	13	13	14	14	15	13	14
6	6	7	7	8	9	9	10	10	11	9	10	11	11	12	12	13	14	14	15	15	16	14	15
7	7	8	8	9	10	10	11	11	12	10	11	12	12	13	13	14	15	15	16	16	17	15	16
8	8	9	9	10	11	11	12	12	13	11	12	13	13	14	14	15	16	16	17	17	18	16	17
9	9	10	10	11	12	12	13	13	14	12	13	14	14	15	15	16	17	17	18	18	19	17	18
10	10	11	11	12	13	13	14	14	15	13	14	15	15	16	16	17	18	18	19	19	20	18	19
11	11	12	12	13	14	14	15	15	16	14	15	16	16	17	17	18	19	19	20	20	21	19	20
12	12	13	13	14	15	15	16	16	17	15	16	17	17	18	18	19	20	20	21	21	22	20	21
13	13	14	14	15	16	16	17	17	18	16	17	18	18	19	19	20	21	21	22	22	23	21	22
14	14	15	15	16	17	17	18	18	19	17	18	19	19	20	20	21	22	22	23	23	24	22	23
15	15	16	16	17	18	18	19	19	20	18	19	20冬	20	21	21	22	23	23	24	24	25	23	24
16	16	17	17	18	19	19	20	20	21	19	20	21	21	22	22	23	24	24	25	25	26	24	25
17	17	18	18	19	20	20	21	21	22	20	21	22	22	23	23	24	25	25	26	26	27	25	26
18	18	19	19	20	21	21	22	22	23	21	22	23	23	24	24	25	26	26	27	27	28	26	27
19	19	20	20	21	22	22	23	23	24	22	23	24	24	25	25	26	27	27	28	28	29	27	28
20冬	20	21	21	22	23	23	24	24	25	23	24	25	25	26	26	27	28	28	29	29	30	28	29
21十二	21	22	22	23	24	24	25	25	26	24	25	26	26	27	27	28	29	29	30	30	31	**3**	30

	四六〇 庚子 宋大明四 魏和平元 1213												四五九 己亥 宋大明三 魏太安五 1212											
11	11	12	12	13	14	14	15	15	16	15	16	17	17	18	18	19	20	20	21	21	22	20	21	22
12	12	13	13	14	15	15	16	16	17	16	17	18	18	19	19	20	21	21	22	22	23	21	22	23
13	13	14	14	15	16	16	17	17	18	17	18	19	19	20	20	21	22	22	23	23	24	22	23	24
14	14	15	15	16	17	17	18	18	19	18	19	20冬	20	21	21	22	23	23	24	24	25	23	24	25
15	15	16	16	17	18	18	19	19	20	19	20	21	21	22	22	23	24	24	25	25	26	24	25	26
16	16	17	17	18	19	19	20	20	21	20	21	22	22	23	23	24	25	25	26	26	27	25	26	27
17	17	18	18	19	20	20	21	21	22	21	22	23	23	24	24	25	26	26	27	27	28	26	27	28
18	18	19	19	20	21	21	22	22	23	22	23	24	24	25	25	26	27	27	28	28	29	27	28	29
19冬	19	20	20	21	22	22	23	23	24	23	24	25	25	26	26	27	28	28	29	29	30	28	29	30
20	20	21	21	22	23	23	24	24	25	24	25	26	26	27	27	28	29	29	30	30	31	**3**	30	31
21	21	22	22	23	24	24	25	25	26	25	26	27	27	28	28	29	30	30	31	**5**	**4**	2	31	**1**
22	22	23	23	24	25	25	26	26	27	26	27	28	28	29	29	30	31	**7**	**6**	2	2	3	**2**	2
23	23	24	24	25	26	26	27	27	28	27	28	29	29	30	30	31	**8**	2	2	3	3	4	2	3
24	24	25	25	26	27	27	28	28	29	28	29	30	30	31	**10**	**9**	2	3	3	4	4	5	3	4
25	25	26	26	27	28	28	29	29	30	29	30	31	**12**	**11**	2	2	3	4	4	5	5	6	4	5
26	26	27	27	28	29	29	30	30	31	**3**	31	**1**	2	2	3	3	4	5	5	6	6	7	5	6
27	27	28	28	29	30	30	31	**5**	**4**	2	**2**	2	3	3	4	4	5	6	6	7	7	8	6	7
28	28	29	29	30	31	**7**	**6**	2	2	3	2	3	4	4	5	5	6	7	7	8	8	9	7	8
29十二	29十一	30	30	31	**8**	2	2	3	3	4	3	4	5	5	6	6	7	8	8	9	9	10	8	9
30	30	31十	**10**九	**9**	2	3	3	4	4	5	4	5	6	6	7	7	8	9	9	10	10	11	9	10
31	**12**	**11**	2	2八	3七	4六	4	5	5	6	5	6	7	7	8	8	9	10	10	11	11	12	10	11
日	2	2	3	3	4	5	5五	6四	6	7	6	7	8	8	9	9	10	11	11	12	12	13	11	12
曜	3	3	4	4	5	6	6	7	7三	8二	7	8	9	9	10	10	11	12	12	13	13	14	12	13
表	4	4	5	5	6	7	7	8	8	9	8正	9十二	10	10	11	11	12	13	13	14	14	15	13	14
7	5	5	6	6	7	8	8	9	9	10	9	10	11十一	11十	12	12	13	14	14	15	15	16	14	15
甲	6	6	7	7	8	9	9	10	10	11	10	11	12	12	13九	13八	14	15	15	16	16	17	15	16
子	7	7	8	8	9	10	10	11	11	12	11	12	13	13	14	14	15七	16六	16	17	17	18	16	17
表	8	8	9	9	10	11	11	12	12	13	12	13	14	14	15	15	16	17	17五	18四	18三	19	17	18
15	9	9	10	10	11	12	12	13	13	14	13	14	15	15	16	16	17	18	18	19	19	20二	18正	19
	10	10	11	11	12	13	13	14	14	15	14	15	16	16	17	17	18	19	19	20	20	21	19	20闰

四六二 壬寅 宋大明六 魏和平三 1215												四六一 辛丑 宋大明五 魏和平二 魏閏七月 1214											
22	23	23	24	25	25	26	26	27	25	26	27	27	28	28	29	30	30	31	**5**	**4**	2	31	**1**
23	24	24	25	26	26	27	27	28	26	27	28	28	29	29	30	31	**7**	**6**	2	2	3	**2**	2
24	25	25	26	27	27	28	28	29	27	28	29	29	30	30	31	**8**	2	2	3	3	4	2	3
25	26	26	27	28	28	29	29	30	28	29	30	30	31	**10**	**9**	2	3	3	4	4	5	3	4
26	27	27	28	29	29	30	30	31	**3**	30	31	**12**	**11**	2	2	3	4	4	5	5	6	**4**	5
27	28	28	29	30	30	31	**5**	**4**	2	31	**1**	2	2	3	3	4	5	5	6	6	7	5	6
28	29	29	30	31	**7**	**6**	2	2	3	**2**	2	3	3	4	4	5	6	6	7	7	8	6	7
29	30	30	31	**8**	2	2	3	3	4	2	3	4	4	5	5	6	7	7	8	8	9	7	8
30	31	**10**	**9**	2	3	3	4	4	5	3	4	5	5	6	6	7	8	8	9	9	10	8	9
12	**11**	2	2	3	4	4	5	5	6	4	5	6	6	7	7	8	9	9	10	10	11	9	10
2	2	3	3	4	5	5	6	6	7	5	6	7	7	8	8	9	10	10	11	11	12	10	11
3	3	4	4	5	6	6	7	7	8	6	7	8	8	9	9	10	11	11	12	12	13	11	12
4	4	5	5	6	7	7	8	8	9	7	8	9	9	10	10	11	12	12	13	13	14	12	13
5	5	6	6	7	8	8	9	9	10	8	9	10	10	11	11	12	13	13	14	14	15	13	14
6	6	7	7	8	9	9	10	10	11	9	10	11	11	12	12	13	14	14	15	15	16	14	15
7	十一 7	8	8	9	10	10	11	11	12	10	11	12	12	13	13	14	15	15	16	16	17	15	16
8	8	十 9	九 9	10	11	11	12	12	13	11	12	13	13	14	14	15	16	16	17	17	18	16	17
9	9	10	10	八 11	七 12	12	13	13	14	12	13	14	14	15	15	16	17	17	18	18	19	17	18
10	10	11	11	12	13	六 13	五 14	14	15	13	14	15	15	16	16	17	18	18	19	19	20	18	19
11	11	12	12	13	14	14	15	四 15	三 16	14	15	16	16	17	17	18	19	19	20	20	21	19	20
12	12	13	13	14	15	15	16	16	17	二 15	正 16	17	17	18	18	19	20	20	21	21	22	20	21
13	13	14	14	15	16	16	17	17	18	16	17	十二 18	十一 18	十 19	19	20	21	21	22	22	23	21	22
14	14	15	15	16	17	17	18	18	19	17	18	19	19	20	閏 20	九 21	22	22	23	23	24	22	23
15	15	16	16	17	18	18	19	19	20	18	19	20	冬 20	21	21	22	八 23	七 23	24	24	25	23	24
16	16	17	17	18	19	19	20	20	21	19	20	21	21	22	22	23	24	24	六 25	五 25	26	24	25
17	17	18	18	19	20	20	21	21	22	20	21	22	22	23	23	24	25	25	26	26	四 27	三 25	26
18	18	19	19	20	21	21	22	22	23	21	22	23	23	24	24	25	26	26	27	27	28	26	二 27 正
19	19	20	20	21	22	22	23	23	24	22	23	24	24	25	25	26	27	27	28	28	29	27	28
20	冬 20	21	21	22	23	23	24	24	25	23	24	25	25	26	26	27	28	28	29	29	30	28	29
21	21	22	22	23	24	24	25	25	26	24	25	26	26	27	27	28	29	29	30	30	31	**3**	30

四六三
癸卯
宋大明七
魏和平四

1216

四六四
甲辰
宋大明八
魏和平五
魏閏四月

1217

11	11	12	12	13	14	14	15	15	16	15	16	17	17	18	18	19	20	20	21	21	22	20	21	22
12	12	13	13	14	15	15	16	16	17	16	17	18	18	19	19	20	21	21	22	22	23	21	22	23
13	13	14	14	15	16	16	17	17	18	17	18	19	19	20	20	21	22	22	23	23	24	22	23	24
14	14	15	15	16	17	17	18	18	19	18	19	20冬	20	21	21	22	23	23	24	24	25	23	24	25
15十一	15十	16	16	17	18	18	19	19	20	19	20	21	21	22	22	23	24	24	25	25	26	24	25	26
16	16	17九	17八	18	19	19	20	20	21	20	21	22	22	23	23	24	25	25	26	26	27	25	26	27
17	17	18	18	19七	20六	20閏	21	21	22	21	22	23	23	24	24	25	26	26	27	27	28	26	27	28
18	18	19	19	20	21	21	22五	22四	23	22	23	24	24	25	25	26	27	27	28	28	29	27	28	29
19冬	19	20	20	21	22	22	23	23	24三	23二	24	25	25	26	26	27	28	28	29	29	30	28	29	30
20	20	21	21	22	23	23	24	24	25	24	25正	26十二	26	27	27	28	29	29	30	30	31	3	30	31
21	21	22	22	23	24	24	25	25	26	25	26	27	27十一	28十	28	29	30	30	31	5	4	2	31	1
22	22	23	23	24	25	25	26	26	27	26	27	28	28	29	29九	30八	31	7	6	2	2	3	2	2
23	23	24	24	25	26	26	27	27	28	27	28	29	29	30	30	31	8七	2六	2	3	3	4	2	3
24	24	25	25	26	27	27	28	28	29	28	29	30	30	31	10	9	2	3	3五	4四	4三	5	3	4
25	25	26	26	27	28	28	29	29	30	29	30	31	12	11	2	2	3	4	4	5	5	6二	4正	5
26	26	27	27	28	29	29	30	30	31	3	31	1	2	2	3	3	4	5	5	6	6	7	5	6十二
27	27	28	28	29	30	30	31	5	4	2	2	2	3	3	4	4	5	6	6	7	7	8	6	7
28	28	29	29	30	31	7	6	2	2	3	2	3	4	4	5	5	6	7	7	8	8	9	7	8
29	29	30	30	31	8	2	2	3	3	4	3	4	5	5	6	6	7	8	8	9	9	10	8	9
30	30	31	10	9	2	3	3	4	4	5	4	5	6	6	7	7	8	9	9	10	10	11	9	10
31	12	11	2	2	3	4	4	5	5	6	5	6	7	7	8	8	9	10	10	11	11	12	10	11
日	2	2	3	3	4	5	5	6	6	7	6	7	8	8	9	9	10	11	11	12	12	13	11	12
曜	3	3	4	4	5	6	6	7	7	8	7	8	9	9	10	10	11	12	12	13	13	14	12	13
表	4	4	5	5	6	7	7	8	8	9	8	9	10	10	11	11	12	13	13	14	14	15	13	14
1	5	5	6	6	7	8	8	9	9	10	9	10	11	11	12	12	13	14	14	15	15	16	14	15
甲	6	6	7	7	8	9	9	10	10	11	10	11	12	12	13	13	14	15	15	16	16	17	15	16
子	7	7	8	8	9	10	10	11	11	12	11	12	13	13	14	14	15	16	16	17	17	18	16	17
表	8	8	9	9	10	11	11	12	12	13	12	13	14	14	15	15	16	17	17	18	18	19	17	18
16	9	9	10	10	11	12	12	13	13	14	13	14	15	15	16	16	17	18	18	19	19	20	18	19
	10	10	11	11	12	13	13	14	14	15	14	15	16	16	17	17	18	19	19	20	20	21	19	20

四六五 乙巳 宋永光元（前廢帝） 宋景和元（八月改） 宋泰始元（明帝十二月改） 魏和平六 1218

四六六 丙午 宋泰始二 魏天安元（獻文帝） 1219

22	23	23	24	25	25	26	26	27	25	26	27	27	28	28	29	30	30	31	5	4	2	31	1
23	十一24	24	25	26	26	27	27	28	26	27	28	28	29	29	30	31	7	6	2	2	3	2	2
24	25	十25	九26	27	27	28	28	29	27	28	29	29	30	30	31	8	2	2	3	3	4	2	3
25	26	26	27	八28	七28	29	29	30	28	29	30	30	31	10	9	2	3	3	4	4	5	3	4
26	27	27	28	29	29	六30	五30	31	3	30	31	12	11	2	2	3	4	4	5	5	6	4	5
27	28	28	29	30	30	31	5	四4	三2	31	1	2	2	3	3	4	5	5	6	6	7	5	6
28	29	29	30	31	7	6	2	2	3	二2	正2	3	3	4	4	5	6	6	7	7	8	6	7
29	30	30	31	8	2	2	3	3	4	2	3	十二4	十一4	十5	5	6	7	7	8	8	9	7	8
30	31	10	9	2	3	3	4	4	5	3	4	5	5	6	九6	八7	8	8	9	9	10	8	9
12	11	2	2	3	4	4	5	5	6	4	5	6	6	7	7	8	七9	六9	10	10	11	9	10
2	2	3	3	4	5	5	6	6	7	5	6	7	7	8	8	9	10	10	五11	四11	12	10	11
3	3	4	4	5	6	6	7	7	8	6	7	8	8	9	9	10	11	11	12	12	三13	二11	12
4	4	5	5	6	7	7	8	8	9	7	8	9	9	10	10	11	12	12	13	13	14	12	正13 十二
5	5	6	6	7	8	8	9	9	10	8	9	10	10	11	11	12	13	13	14	14	15	13	14
6	6	7	7	8	9	9	10	10	11	9	10	11	11	12	12	13	14	14	15	15	16	14	15
7	7	8	8	9	10	10	11	11	12	10	11	12	12	13	13	14	15	15	16	16	17	15	16
8	8	9	9	10	11	11	12	12	13	11	12	13	13	14	14	15	16	16	17	17	18	16	17
9	9	10	10	11	12	12	13	13	14	12	13	14	14	15	15	16	17	17	18	18	19	17	18
10	10	11	11	12	13	13	14	14	15	13	14	15	15	16	16	17	18	18	19	19	20	18	19
11	11	12	12	13	14	14	15	15	16	14	15	16	16	17	17	18	19	19	20	20	21	19	20
12	12	13	13	14	15	15	16	16	17	15	16	17	17	18	18	19	20	20	21	21	22	20	21
13	13	14	14	15	16	16	17	17	18	16	17	18	18	19	19	20	21	21	22	22	23	21	22
14	14	15	15	16	17	17	18	18	19	17	18	19	19	20	20	21	22	22	23	23	24	22	23
15	15	16	16	17	18	18	19	19	20	18	19	20	冬20	21	21	22	23	23	24	24	25	23	24
16	16	17	17	18	19	19	20	20	21	19	20	21	21	22	22	23	24	24	25	25	26	24	25
17	17	18	18	19	20	20	21	21	22	20	21	22	22	23	23	24	25	25	26	26	27	25	26
18	18	19	19	20	21	21	22	22	23	21	22	23	23	24	24	25	26	26	27	27	28	26	27
19	19	20	20	21	22	22	23	23	24	22	23	24	24	25	25	26	27	27	28	28	29	27	28
20	冬20	21	21	22	23	23	24	24	25	23	24	25	25	26	26	27	28	28	29	29	30	28	29
21	21	22	22	23	24	24	25	25	26	24	25	26	26	27	27	28	29	29	30	30	31	3	30

四六八
戊申
宋泰始四
魏皇興二

1221

四六七
丁未
宋泰始三
魏皇興元 八月改

1220

11	11	12	12	13	14	14	15	15	16	15	16	17	17	18	18	19	20	20	21	21	22	20閏	21正	22
12	12	13	13	14	15	15	16	16	17	16	17	18	18	19	19	20	21	21	22	22	23	21	22	23十二
13	13	14	14	15	16	16	17	17	18	17	18	19	19	20	20	21	22	22	23	23	24	22	23	24
14	14	15	15	16	17	17	18	18	19	18	19	20冬	20	21	21	22	23	23	24	24	25	23	24	25
15	15	16	16	17	18	18	19	19	20	19	20	21	21	22	22	23	24	24	25	25	26	24	25	26
16	16	17	17	18	19	19	20	20	21	20	21	22	22	23	23	24	25	25	26	26	27	25	26	27
17	17	18	18	19	20	20	21	21	22	21	22	23	23	24	24	25	26	26	27	27	28	26	27	28
18	18	19	19	20	21	21	22	22	23	22	23	24	24	25	25	26	27	27	28	28	29	27	28	29
19冬	19	20	20	21	22	22	23	23	24	23	24	25	25	26	26	27	28	28	29	29	30	28	29	30
20	20	21	21	22	23	23	24	24	25	24	25	26	26	27	27	28	29	29	30	30	31	**3**	30	31
21	21	22	22	23	24	24	25	25	26	25	26	27	27	28	28	29	30	30	31	**5**	**4**	2	31	**1**
22	22	23	23	24	25	25	26	26	27	26	27	28	28	29	29	30	31	**7**	**6**	2	2	3	**2**	2
23	23	24	24	25	26	26	27	27	28	27	28	29	29	30	30	31	**8**	2	2	3	3	4	2	3
24	24	25	25	26	27	27	28	28	29	28	29	30	30	31	**10**	**9**	2	3	3	4	4	5	3	4
25	25	26	26	27	28	28	29	29	30	29	30	31	**12**	**11**	2	2	3	4	4	5	5	6	4	5
26	26	27	27	28	29	29	30	30	31	**3**	31	**1**	2	2	3	3	4	5	5	6	6	7	5	6
27	27	28	28	29	30	30	31	**5**	**4**	2	**2**	2	3	3	4	4	5	6	6	7	7	8	6	7
28	28	29	29	30	31	**7**	**6**	2	2	3	2	3	4	4	5	5	6	7	7	8	8	9	7	8
29	29	30	30	31	**8**	2	2	3	3	4	3	4	5	5	6	6	7	8	8	9	9	10	8	9
30十二	30	31	**10**	**9**	2	3	3	4	4	5	4	5	6	6	7	7	8	9	9	10	10	11	9	10
31	**12**十一	**11**十	2	2	3	4	4	5	5	6	5	6	7	7	8	8	9	10	10	11	11	12	10	11
日	2	2	3九	3八	4	5	5	6	6	7	6	7	8	8	9	9	10	11	11	12	12	13	11	12
曜	3	3	4	4	5七	6六	6五	7	7	8	7	8	9	9	10	10	11	12	12	13	13	14	12	13
表	4	4	5	5	6	7	7	8四	8三	9	8	9	10	10	11	11	12	13	13	14	14	15	13	14
2	5	5	6	6	7	8	8	9	9	10二	9正	10	11	11	12	12	13	14	14	15	15	16	14	15
甲	6	6	7	7	8	9	9	10	10	11	10	11十二	12十一	12	13	13	14	15	15	16	16	17	15	16
子	7	7	8	8	9	10	10	11	11	12	11	12	13	13十	14九	14	15	16	16	17	17	18	16	17
表	8	8	9	9	10	11	11	12	12	13	12	13	14	14	15	15八	16七	17	17	18	18	19	17	18
17	9	9	10	10	11	12	12	13	13	14	13	14	15	15	16	16	17	18六	18五	19	19	20	18	19
	10	10	11	11	12	13	13	14	14	15	14	15	16	16	17	17	18	19	19	20四	20三	21二	19	20

四六九 己酉 宋泰始五 魏皇興三 1222

魏閏九月

四七〇 庚戌 宋泰始六 魏皇興四 1223

22	23	23	24	25	25	26	26	27	25	26	27	27	28	28	29	30	30	31	**5**	**4**	2	31	**1**
23	24	24	25	26	26	27	27	28	26	27	28	28	29	29	30	31	**7**	**6**	2	2	3	**2**	2
24	25	25	26	27	27	28	28	29	27	28	29	29	30	30	31	**8**	2	2	3	3	4	2	3
25	26	26	27	28	28	29	29	30	28	29	30	30	31	**10**	**9**	2	3	3	4	4	5	3	4
26	27	27	28	29	29	30	30	31	**3**	30	31	**12**	**11**	2	2	3	4	4	5	5	6	**4**	5
27	28	28	29	30	30	31	**5**	**4**	2	31	**1**	2	2	3	3	4	5	5	6	6	7	5	6
28	29	29	30	31	**7**	**6**	2	2	3	**2**	2	3	3	4	4	5	6	6	7	7	8	6	7
29	30	30	31	**8**	2	2	3	3	4	2	3	4	4	5	5	6	7	7	8	8	9	7	8
30	31	**10**	**9**	2	3	3	4	4	5	3	4	5	5	6	6	7	8	8	9	9	10	8	9
12	**11**	2	2	3	4	4	5	5	6	4	5	6	6	7	7	8	9	9	10	10	11	9	10
2	2	3	3	4	5	5	6	6	7	5	6	7	7	8	8	9	10	10	11	11	12	10	11
3	3	4	4	5	6	6	7	7	8	6	7	8	8	9	9	10	11	11	12	12	13	11	12
4	4	5	5	6	7	7	8	8	9	7	8	9	9	10	10	11	12	12	13	13	14	12	13
5	5	6	6	7	8	8	9	9	10	8	9	10	10	11	11	12	13	13	14	14	15	13	14
6	6	7	7	8	9	9	10	10	11	9	10	11	11	12	12	13	14	14	15	15	16	14	15
7	7	8	8	9	10	10	11	11	12	10	11	12	12	13	13	14	15	15	16	16	17	15	16
8	8	9	9	10	11	11	12	12	13	11	12	13	13	14	14	15	16	16	17	17	18	16	17
9	十一 9	十 10	10	11	12	12	13	13	14	12	13	14	14	15	15	16	17	17	18	18	19	17	18
10	10	11	九 11	八 12	13	13	14	14	15	13	14	15	15	16	16	17	18	18	19	19	20	18	19
11	11	12	12	13	七 14	六 14	15	15	16	14	15	16	16	17	17	18	19	19	20	20	21	19	20
12	12	13	13	14	15	15	五 16	四 16	17	15	16	17	17	18	18	19	20	20	21	21	22	20	21
13	13	14	14	15	16	16	17	17	三 18	二 16	17	18	18	19	19	20	21	21	22	22	23	21	22
14	14	15	15	16	17	17	18	18	19	17	正 18	十二 19	19	20	20	21	22	22	23	23	24	22	23
15	15	16	16	17	18	18	19	19	20	18	19	20 冬	閏 20	十一 21	十 21	22	23	23	24	24	25	23	24
16	16	17	17	18	19	19	20	20	21	19	20	21	21	22	22	九 23	八 24	24	25	25	26	24	25
17	17	18	18	19	20	20	21	21	22	20	21	22	22	23	23	24	25	七 25	六 26	26	27	25	26
18	18	19	19	20	21	21	22	22	23	21	22	23	23	24	24	25	26	26	27	五 27	四 28	26	27
19	19	20	20	21	22	22	23	23	24	22	23	24	24	25	25	26	27	27	28	28	29	三 27	二 28
20 冬	20	21	21	22	23	23	24	24	25	23	24	25	25	26	26	27	28	28	29	29	30	28	29 正
21	21	22	22	23	24	24	25	25	26	24	25	26	26	27	27	28	29	29	30	30	31	**3**	30

四七二
壬子
宋泰豫元
魏延興二
魏閏六月
1225

四七一
辛亥
宋泰始七
魏延興元 孝文帝八月改
1224

11	11	12	12	13	14	14	15	15	16	15	16	17	17	18	18	19	20	20	21	21	22	20	21	22
12	12	13	13	14	15	15	16	16	17	16	17	18	18	19	19	20	21	21	22	22	23	21	22	23
13	13	14	14	15	16	16	17	17	18	17	18	19	19	20	20	21	22	22	23	23	24	22	23	24
14	14	15	15	16	17	17	18	18	19	18	19	20冬	20	21	21	22	23	23	24	24	25	23	24	25
15	15	16	16	17	18	18	19	19	20	19	20	21	21	22	22	23	24	24	25	25	26	24	25	26
16十一	16	17	17	18	19	19	20	20	21	20	21	22	22	23	23	24	25	25	26	26	27	25	26	27
17	17十	18九	18	19	20	20	21	21	22	21	22	23	23	24	24	25	26	26	27	27	28	26	27	28
18	18	19	19八	20閏	21	21	22	22	23	22	23	24	24	25	25	26	27	27	28	28	29	27	28	29
19冬	19	20	20	21	22七	22六	23五	23	24	23	24	25	25	26	26	27	28	28	29	29	30	28	29	30
20	20	21	21	22	23	23	24	24四	25三	24	25	26	26	27	27	28	29	29	30	30	31	3	30	31
21	21	22	22	23	24	24	25	25	26	25二	26正	27	27	28	28	29	30	30	31	5	4	2	31	1
22	22	23	23	24	25	25	26	26	27	26	27	28十二	28十一	29	29	30	31	7	6	2	2	3	2	2
23	23	24	24	25	26	26	27	27	28	27	28	29	29	30十	30九	31	8	2	2	3	3	4	2	3
24	24	25	25	26	27	27	28	28	29	28	29	30	30	31	10	9八	2七	3	3	4	4	5	3	4
25	25	26	26	27	28	28	29	29	30	29	30	31	12	11	2	2	3	4六	4五	5	5	6	4	5
26	26	27	27	28	29	29	30	30	31	3	31	1	2	2	3	3	4	5	5	6四	6三	7二	5	6
27	27	28	28	29	30	30	31	5	4	2	2	2	3	3	4	4	5	6	6	7	7	8	6正	7十二
28	28	29	29	30	31	7	6	2	2	3	2	3	4	4	5	5	6	7	7	8	8	9	7	8
29	29	30	30	31	8	2	2	3	3	4	3	4	5	5	6	6	7	8	8	9	9	10	8	9
30	30	31	10	9	2	3	3	4	4	5	4	5	6	6	7	7	8	9	9	10	10	11	9	10
31	12	11	2	2	3	4	4	5	5	6	5	6	7	7	8	8	9	10	10	11	11	12	10	11
日	2	2	3	3	4	5	5	6	6	7	6	7	8	8	9	9	10	11	11	12	12	13	11	12
曜	3	3	4	4	5	6	6	7	7	8	7	8	9	9	10	10	11	12	12	13	13	14	12	13
表	4	4	5	5	6	7	7	8	8	9	8	9	10	10	11	11	12	13	13	14	14	15	13	14
3	5	5	6	6	7	8	8	9	9	10	9	10	11	11	12	12	13	14	14	15	15	16	14	15
甲	6	6	7	7	8	9	9	10	10	11	10	11	12	12	13	13	14	15	15	16	16	17	15	16
子	7	7	8	8	9	10	10	11	11	12	11	12	13	13	14	14	15	16	16	17	17	18	16	17
表	8	8	9	9	10	11	11	12	12	13	12	13	14	14	15	15	16	17	17	18	18	19	17	18
18	9	9	10	10	11	12	12	13	13	14	13	14	15	15	16	16	17	18	18	19	19	20	18	19
	10	10	11	11	12	13	13	14	14	15	14	15	16	16	17	17	18	19	19	20	20	21	19	20

四七三 癸丑 宋元徽元(後廢帝) 魏延興三 1226

四七四 甲寅 宋元徽二 魏延興四 1227

22	23	23	24	25	25	26	26	27	25	26	27	27	28	28	29	30	30	31	**5**	**4**	2	31	**1**
23	24	24	25	26	26	27	27	28	26	27	28	28	29	29	30	31	**7**	**6**	2	2	3	**2**	2
24	25	25	26	27	27	28	28	29	27	28	29	29	30	30	31	**8**	2	2	3	3	4	2	3
25	十一26	十26	27	28	28	29	29	30	28	29	30	30	31	**10**	**9**	2	3	3	4	4	5	3	4
26	27	27	九28	八29	29	30	30	31	**3**	30	31	**12**	**11**	2	2	3	4	4	5	5	6	4	5
27	28	28	29	30	七30	六31	**5**	**4**	2	31	**1**	2	2	3	3	4	5	5	6	6	7	5	6
28	29	29	30	31	**7**	**6**	五2	四2	3	**2**	2	3	3	4	4	**5**	6	6	7	7	8	6	7
29	30	30	31	**8**	2	2	3	3	三4	二2	3	4	4	5	5	6	7	**7**	8	8	9	7	8
30	31	**10**	**9**	2	3	3	4	4	5	3	正4	十二5	5	6	6	7	8	8	9	9	10	8	9
12	**11**	2	2	3	4	4	5	5	6	4	5	6	十一6	十7	九7	8	9	9	10	10	11	9	10
2	2	3	3	4	5	5	6	6	7	5	6	7	7	8	8	八9	七10	10	11	11	12	10	11
3	3	4	4	5	6	6	7	7	8	6	7	8	8	9	9	10	11	六11	五12	12	13	11	12
4	4	5	5	6	7	7	8	8	9	7	8	9	9	10	10	11	12	12	13	四13	三14	12	13
5	5	6	6	7	8	8	9	9	10	8	9	10	10	11	11	12	13	13	14	14	15	二13	正14
6	6	7	7	8	9	9	10	10	11	9	10	11	11	12	12	13	14	14	15	15	16	14	15十二
7	7	8	8	9	10	10	11	11	12	10	11	12	12	13	13	14	15	15	16	16	17	15	16
8	8	9	9	10	11	11	12	12	13	11	12	13	13	14	14	15	16	16	17	17	18	16	17
9	9	10	10	11	12	12	13	13	14	12	13	14	14	15	15	16	17	17	18	18	19	17	18
10	10	11	11	12	13	13	14	14	15	13	14	15	15	16	16	17	18	18	19	19	20	18	19
11	11	12	12	13	14	14	15	15	16	14	15	16	16	17	17	18	19	19	20	20	21	19	20
12	12	13	13	14	15	15	16	16	17	15	16	17	17	18	18	19	20	20	21	21	22	20	21
13	13	14	14	15	16	16	17	17	18	16	17	18	18	19	19	20	21	21	22	22	23	21	22
14	14	15	15	16	17	17	18	18	19	17	18	19	19	20	20	21	22	22	23	23	24	22	23
15	15	16	16	17	18	18	19	19	20	18	19	20	冬20	21	21	22	23	23	24	24	25	23	24
16	16	17	17	18	19	19	20	20	21	19	20	21	21	22	22	23	24	24	25	25	26	24	25
17	17	18	18	19	20	20	21	21	22	20	21	22	22	23	23	24	25	25	26	26	27	25	26
18	18	19	19	20	21	21	22	22	23	21	22	23	23	24	24	25	26	26	27	27	28	26	27
19	19	20	20	21	22	22	23	23	24	22	23	24	24	25	25	26	27	27	28	28	29	27	28
20	冬20	21	21	22	23	23	24	24	25	23	24	25	25	26	26	27	28	28	29	29	30	28	29
21	21	22	22	23	24	24	25	25	26	24	25	26	26	27	27	28	29	29	30	30	31	**3**	30

四七五 乙卯 宋元徽三 魏延興五 1228

四七六 丙辰 宋元徽四 魏承明元 六月改 是年西羅馬亡 1229

11	11	12	12	13	14	14	15	15	16	15	16	17	17	18	18	19	20	20五	21四	21	22	20	21	22
12	12	13	13	14	15	15	16	16	17	16	17	18	18	19	19	20	21	21	22	22閏	23三	21二	22	23
13	13	14	14	15	16	16	17	17	18	17	18	19	19	20	20	21	22	22	23	23	24	22	23正	24十二
14	14	15	15	16	17	17	18	18	19	18	19	20冬	20	21	21	22	23	23	24	24	25	23	24	25
15	15	16	16	17	18	18	19	19	20	19	20	21	21	22	22	23	24	24	25	25	26	24	25	26
16	16	17	17	18	19	19	20	20	21	20	21	22	22	23	23	24	25	25	26	26	27	25	26	27
17	17	18	18	19	20	20	21	21	22	21	22	23	23	24	24	25	26	26	27	27	28	26	27	28
18	18	19	19	20	21	21	22	22	23	22	23	24	24	25	25	26	27	27	28	28	29	27	28	29
19冬	19	20	20	21	22	22	23	23	24	23	24	25	25	26	26	27	28	28	29	29	30	28	29	30
20	20	21	21	22	23	23	24	24	25	24	25	26	26	27	27	28	29	29	30	30	31	**3**	30	31
21	21	22	22	23	24	24	25	25	26	25	26	27	27	28	28	29	30	30	31	**5**	**4**	2	31	**1**
22	22	23	23	24	25	25	26	26	27	26	27	28	28	29	29	30	31	**7**	**6**	2	2	3	**2**	2
23	23	24	24	25	26	26	27	27	28	27	28	29	29	30	30	31	**8**	2	2	3	3	4	2	3
24	24	25	25	26	27	27	28	28	29	28	29	30	30	31	**10**	**9**	2	3	3	4	4	5	3	4
25	25	26	26	27	28	28	29	29	30	29	30	31	**12**	**11**	2	2	3	4	4	5	5	6	4	5
26	26	27	27	28	29	29	30	30	31	**3**	31	**1**	2	2	3	3	4	5	5	6	6	7	5	6
27	27	28	28	29	30	30	31	**5**	**4**	2	**2**	2	3	3	4	4	5	6	6	7	7	8	6	7
28	28	29	29	30	31	**7**	**6**	2	2	3	2	3	4	4	5	5	6	7	7	8	8	9	7	8
29	29	30	30	31	**8**	2	2	3	3	4	3	4	5	5	6	6	7	8	8	9	9	10	8	9
30	30	31	**10**	**9**	2	3	3	4	4	5	4	5	6	6	7	7	8	9	9	10	10	11	9	10
31	**12**	**11**	2	2	3	4	4	5	5	6	5	6	7	7	8	8	9	10	10	11	11	12	10	11
日	2十一	2	3	3	4	5	5	6	6	7	6	7	8	8	9	9	10	11	11	12	12	13	11	12
曜	3	3十	4九	4	5	6	6	7	7	8	7	8	9	9	10	10	11	12	12	13	13	14	12	13
表	4	4	5	5八	6七	7	7	8	8	9	8	9	10	10	11	11	12	13	13	14	14	15	13	14
4	5	5	6	6	7	8六	8五	9四	9	10	9	10	11	11	12	12	13	14	14	15	15	16	14	15
甲	6	6	7	7	8	9	9	10	10三	11二	10	11	12	12	13	13	14	15	15	16	16	17	15	16
子	7	7	8	8	9	10	10	11	11	12	11正	12十二	13	13	14	14	15	16	16	17	17	18	16	17
表	8	8	9	9	10	11	11	12	12	13	12	13	14十一	14十	15	15	16	17	17	18	18	19	17	18
19	9	9	10	10	11	12	12	13	13	14	13	14	15	15	16九	16八	17	18	18	19	19	20	18	19
	10	10	11	11	12	13	13	14	14	15	14	15	16	16	17	17	18七	19六	19	20	20	21	19	20

四七八 戊午 宋昇明二 魏太和二

魏閏十一月

四七七 丁巳 宋昇明元 順帝七月改 魏太和元

22	23	23	24	25	25	26	26	27	25	26	27	27	28	28	29	30	30	31	**5**	**4**	2	31	**1**十二
23	24	24	25	26	26	27	27	28	26	27	28	28	29	29	30	31	**7**	**6**	2	2	3	**2**	2
24	25	25	26	27	27	28	28	29	27	28	29	29	30	30	31	**8**	2	2	3	3	4	2	3
25	26	26	27	28	28	29	29	30	28	29	30	30	31	**10**	**9**	2	3	3	4	4	5	3	4
26	27	27	28	29	29	30	30	31	**3**	30	31	**12**	**11**	2	2	3	4	4	5	5	6	**4**	5
27	28	28	29	30	30	31	**5**	**4**	2	31	**1**	2	2	3	3	4	5	5	6	6	7	5	6
28	29	29	30	31	**7**	**6**	2	2	3	**2**	2	3	3	4	4	5	6	6	7	7	8	6	7
29	30	30	31	**8**	2	2	3	3	4	2	3	4	4	5	5	6	7	7	8	8	9	7	8
30	31	**10**	**9**	2	3	3	4	4	5	3	4	5	5	6	6	7	8	8	9	9	10	8	9
12	**11**	2	2	3	4	4	5	5	6	4	5	6	6	7	7	8	9	9	10	10	11	9	10
2	2	3	3	4	5	5	6	6	7	5	6	7	7	8	8	9	10	10	11	11	12	10	11
3	3	4	4	5	6	6	7	7	8	6	7	8	8	9	9	10	11	11	12	12	13	11	12
4	4	5	5	6	7	7	8	8	9	7	8	9	9	10	10	11	12	12	13	13	14	12	13
5	5	6	6	7	8	8	9	9	10	8	9	10	10	11	11	12	13	13	14	14	15	13	14
6	6	7	7	8	9	9	10	10	11	9	10	11	11	12	12	13	14	14	15	15	16	14	15
7	7	8	8	9	10	10	11	11	12	10	11	12	12	13	13	14	15	15	16	16	17	15	16
8	8	9	9	10	11	11	12	12	13	11	12	13	13	14	14	15	16	16	17	17	18	16	17
9	9	10	10	11	12	12	13	13	14	12	13	14	14	15	15	16	17	17	18	18	19	17	18
10十一	10	11	11	12	13	13	14	14	15	13	14	15	15	16	16	17	18	18	19	19	20	18	19
11	11十	12九	12	13	14	14	15	15	16	14	15	16	16	17	17	18	19	19	20	20	21	19	20
12	12	13	13八	14七	15	15	16	16	17	15	16	17	17	18	18	19	20	20	21	21	22	20	21
13	13	14	14	15	16六	16五	17	17	18	16	17	18	18	19	19	20	21	21	22	22	23	21	22
14	14	15	15	16	17	17	18四	18三	19	17	18	19	19	20	20	21	22	22	23	23	24	22	23
15	15	16	16	17	18	18	19	19	20二	18正	19	20冬	20	21	21	22	23	23	24	24	25	23	24
16	16	17	17	18	19	19	20	20	21	19	20閏	21十二	21	22	22	23	24	24	25	25	26	24	25
17	17	18	18	19	20	20	21	21	22	20	21	22	22十一	23十	23九	24	25	25	26	26	27	25	26
18	18	19	19	20	21	21	22	22	23	21	22	23	23	24	24	25八	26七	26	27	27	28	26	27
19	19	20	20	21	22	22	23	23	24	22	23	24	24	25	25	26	27	27六	28五	28	29	27	28
20冬	20	21	21	22	23	23	24	24	25	23	24	25	25	26	26	27	28	28	29	29四	30三	28	29
21	21	22	22	23	24	24	25	25	26	24	25	26	26	27	27	28	29	29	30	30	31	**3**二	30正

魏閏七月	四八〇 庚申 齊建元二 魏太和四											四七九 己未 齊建元元（高帝四月改） 魏太和三												
11	11	12	12	13	14	14	15	15	16	15	16	17	17	18	18	19	20	20	21	21	22	20	21	22
12	12	13	13	14	15	15	16	16	17	16	17	18	18	19	19	20	21	21	22	22	23	21	22	23
13	13	14	14	15	16	16	17	17	18	17	18	19	19	20	20	21	22	22	23	23	24	22	23	24
14	14	15	15	16	17	17	18	18	19	18	19	20冬	20	21	21	22	23	23	24	24	25	23	24	25
15	15	16	16	17	18	18	19	19	20	19	20	21	21	22	22	23	24	24	25	25	26	24	25	26
16	16	17	17	18	19	19	20	20	21	20	21	22	22	23	23	24	25	25	26	26	27	25	26	27
17	17	18	18	19	20	20	21	21	22	21	22	23	23	24	24	25	26	26	27	27	28	26	27	28
18十一	18十	19	19	20	21	21	22	22	23	22	23	24	24	25	25	26	27	27	28	28	29	27	28	29
19冬	19	20閏	20九	21	22	22	23	23	24	23	24	25	25	26	26	27	28	28	29	29	30	28	29	30
20	20	21	21	22八	23七	23	24	24	25	24	25	26	26	27	27	28	29	29	30	30	31	3	30	31
21	21	22	22	23	24	24六	25五	25四	26	25	26	27	27	28	28	29	30	30	31	5	4	2	31	1
22	22	23	23	24	25	25	26	26	27三	26二	27	28	28	29	29	30	31	7	6	2	2	3	2	2
23	23	24	24	25	26	26	27	27	28	27	28正	29十二	29	30	30	31	8	2	2	3	3	4	2	3
24	24	25	25	26	27	27	28	28	29	28	29	30	30十一	31十	10	9	2	3	3	4	4	5	3	4
25	25	26	26	27	28	28	29	29	30	29	30	31	12	11	2九	2八	3	4	4	5	5	6	4	5
26	26	27	27	28	29	29	30	30	31	3	31	1	2	2	3	3	4七	5六	5	6	6	7	5	6
27	27	28	28	29	30	30	31	5	4	2	2	2	3	3	4	4	5	6	6五	7四	7	8	6	7
28	28	29	29	30	31	7	6	2	2	3	2	3	4	4	5	5	6	7	7	8	8三	9二	7正	8
29	29	30	30	31	8	2	2	3	3	4	3	4	5	5	6	6	7	8	8	9	9	10	8	9十二
30	30	31	10	9	2	3	3	4	4	5	4	5	6	6	7	7	8	9	9	10	10	11	9	10
31	12	11	2	2	3	4	4	5	5	6	5	6	7	7	8	8	9	10	10	11	11	12	10	11
日	2	2	3	3	4	5	5	6	6	7	6	7	8	8	9	9	10	11	11	12	12	13	11	12
曜	3	3	4	4	5	6	6	7	7	8	7	8	9	9	10	10	11	12	12	13	13	14	12	13
表	4	4	5	5	6	7	7	8	8	9	8	9	10	10	11	11	12	13	13	14	14	15	13	14
5	5	5	6	6	7	8	8	9	9	10	9	10	11	11	12	12	13	14	14	15	15	16	14	15
甲	6	6	7	7	8	9	9	10	10	11	10	11	12	12	13	13	14	15	15	16	16	17	15	16
子	7	7	8	8	9	10	10	11	11	12	11	12	13	13	14	14	15	16	16	17	17	18	16	17
表	8	8	9	9	10	11	11	12	12	13	12	13	14	14	15	15	16	17	17	18	18	19	17	18
20	9	9	10	10	11	12	12	13	13	14	13	14	15	15	16	16	17	18	18	19	19	20	18	19
	10	10	11	11	12	13	13	14	14	15	14	15	16	16	17	17	18	19	19	20	20	21	19	20

四八二 壬戌 齊建元四 魏太和六												四八一 辛酉 齊建元三 魏太和五											
22	23	23	24	25	25	26	26	27	25	26	27	27	28	28	29	30	30	31	**5**	**4**	2	31	**1**
23	24	24	25	26	26	27	27	28	26	27	28	28	29	29	30	31	**7**	**6**	2	2	3	**2**	2
24	25	25	26	27	27	28	28	29	27	28	29	29	30	30	31	**8**	2	2	3	3	4	2	3
25	26	26	27	28	28	29	29	30	28	29	30	30	31	**10**	**9**	2	3	3	4	4	5	3	4
26	十一27	27	28	29	29	30	30	31	**3**	30	31	**12**	**11**	2	2	3	4	4	5	5	6	4	5
27	28	十28	九29	30	30	31	**5**	**4**	2	31	**1**	2	2	3	3	4	5	5	6	6	7	5	6
28	29	29	30	八31	七**7**	**6**	2	2	3	**2**	2	3	3	4	4	5	6	6	7	7	8	6	7
29	30	30	31	**8**	2	六2	五3	3	4	2	3	4	4	5	5	6	7	7	8	8	9	7	8
30	31	**10**	**9**	2	3	3	4	四4	三5	3	4	5	5	6	6	7	8	8	9	9	10	8	9
12	**11**	2	2	3	4	4	5	5	6	二4	正5	6	6	7	7	8	9	9	10	10	11	9	10
2	2	3	3	4	5	5	6	6	7	5	6	十二7	十一7	8	8	9	10	10	11	11	12	10	11
3	3	4	4	5	6	6	7	7	8	6	7	8	8	十9	九9	八10	11	11	12	12	13	11	12
4	4	5	5	6	7	7	8	8	9	7	8	9	9	10	10	11	七12	六12	13	13	14	12	13
5	5	6	6	7	8	8	9	9	10	8	9	10	10	11	11	12	13	13	五14	四14	15	13	14
6	6	7	7	8	9	9	10	10	11	9	10	11	11	12	12	13	14	14	15	15	三16	二14	15
7	7	8	8	9	10	10	11	11	12	10	11	12	12	13	13	14	15	15	16	16	17	15	正16十二
8	8	9	9	10	11	11	12	12	13	11	12	13	13	14	14	15	16	16	17	17	18	16	17
9	9	10	10	11	12	12	13	13	14	12	13	14	14	15	15	16	17	17	18	18	19	17	18
10	10	11	11	12	13	13	14	14	15	13	14	15	15	16	16	17	18	18	19	19	20	18	19
11	11	12	12	13	14	14	15	15	16	14	15	16	16	17	17	18	19	19	20	20	21	19	20
12	12	13	13	14	15	15	16	16	17	15	16	17	17	18	18	19	20	20	21	21	22	20	21
13	13	14	14	15	16	16	17	17	18	16	17	18	18	19	19	20	21	21	22	22	23	21	22
14	14	15	15	16	17	17	18	18	19	17	18	19	冬19	20	20	21	22	22	23	23	24	22	23
15	15	16	16	17	18	18	19	19	20	18	19	20	20	21	21	22	23	23	24	24	25	23	24
16	16	17	17	18	19	19	20	20	21	19	20	21	21	22	22	23	24	24	25	25	26	24	25
17	17	18	18	19	20	20	21	21	22	20	21	22	22	23	23	24	25	25	26	26	27	25	26
18	18	19	19	20	21	21	22	22	23	21	22	23	23	24	24	25	26	26	27	27	28	26	27
19	19	20	20	21	22	22	23	23	24	22	23	24	24	25	25	26	27	27	28	28	29	27	28
20	冬20	21	21	22	23	23	24	24	25	23	24	25	25	26	26	27	28	28	29	29	30	28	29
21	21	22	22	23	24	24	25	25	26	24	25	26	26	27	27	28	29	29	30	30	31	**3**	30

四八四 甲子 齊永明二 魏太和八

四八三 癸亥 齊永明元（武帝） 魏太和七 魏閏四月

11	11	12	12	13	14	14	15	15	16	15	16	17	17	18	18	八19	七20	20	21	21	22	20	21	22
12	12	13	13	14	15	15	16	16	17	16	17	18	18	19	19	20	21	六21	閏22	22	23	21	22	23
13	13	14	14	15	16	16	17	17	18	17	18	19	19	20	20	21	22	22	23	五23	四24	22	23	24
14	14	15	15	16	17	17	18	18	19	18	19	20	冬20	21	21	22	23	23	24	24	25	三23	二24	正25
15	15	16	16	17	18	18	19	19	20	19	20	21	21	22	22	23	24	24	25	25	26	24	25	26十二
16	16	17	17	18	19	19	20	20	21	20	21	22	22	23	23	24	25	25	26	26	27	25	26	27
17	17	18	18	19	20	20	21	21	22	21	22	23	23	24	24	25	26	26	27	27	28	26	27	28
18	18	19	19	20	21	21	22	22	23	22	23	24	24	25	25	26	27	27	28	28	29	27	28	29
19	冬19	20	20	21	22	22	23	23	24	23	24	25	25	26	26	27	28	28	29	29	30	28	29	30
20	20	21	21	22	23	23	24	24	25	24	25	26	26	27	27	28	29	29	30	30	31	**3**	30	31
21	21	22	22	23	24	24	25	25	26	25	26	27	27	28	28	29	30	30	31	**5**	**4**	2	31	**1**
22	22	23	23	24	25	25	26	26	27	26	27	28	28	29	29	30	31	**7**	**6**	2	2	3	**2**	2
23	23	24	24	25	26	26	27	27	28	27	28	29	29	30	30	31	**8**	2	2	3	3	4	2	3
24	24	25	25	26	27	27	28	28	29	28	29	30	30	31	**10**	**9**	2	3	3	4	4	5	3	4
25	25	26	26	27	28	28	29	29	30	29	30	31	**12**	**11**	2	2	3	4	4	5	5	6	4	5
26	26	27	27	28	29	29	30	30	31	**3**	31	**1**	2	2	3	3	4	5	5	6	6	7	5	6
27	27	28	28	29	30	30	31	**5**	**4**	2	**2**	2	3	3	4	4	5	6	6	7	7	8	6	7
28	28	29	29	30	31	**7**	**6**	2	2	3	2	3	4	4	5	5	6	7	7	8	8	9	7	8
29	29	30	30	31	**8**	2	2	3	3	4	3	4	5	5	6	6	7	8	8	9	9	10	8	9
30	30	31	**10**	**9**	2	3	3	**4**	**4**	5	4	5	6	6	7	7	8	9	9	10	10	11	9	10
31	**12**	**11**	2	2	3	4	4	5	5	6	5	6	7	7	8	8	9	10	10	11	11	12	10	11
日	2	2	3	3	4	5	5	6	6	7	6	7	8	8	9	9	10	11	11	12	12	13	11	12
曜	3	3	4	4	5	6	6	7	7	8	7	8	9	9	10	10	11	12	12	13	13	14	12	13
表	4	十一4	十5	5	6	7	7	8	8	9	8	9	10	10	11	11	12	13	13	14	14	15	13	14
6	5	5	6	九6	八7	8	8	9	9	10	9	10	11	11	12	12	13	14	14	15	15	16	14	15
甲	6	6	7	7	8	七9	六9	10	10	11	10	11	12	12	13	13	14	15	15	16	16	17	15	16
子	7	7	8	8	9	10	10	五11	四11	三12	11	12	13	13	14	14	15	16	16	17	17	18	16	17
表	8	8	9	9	10	11	11	12	12	13	二12	正13	14	14	15	15	16	17	17	18	18	19	17	18
1	9	9	10	10	11	12	12	13	13	14	13	14	十二15	十一15	16	16	17	18	18	19	19	20	18	19
	10	10	11	11	12	13	13	14	14	15	14	15	16	16	十17	九17	18	19	19	20	20	21	19	20

四八五 乙丑 齊永明三 魏太和九

四八六 丙寅 齊永明四 魏太和一〇

22	23	23	24	25	25	26	26	27	25	26	27	27	28	28	29	30	30	31	**5**	**4** 三	2 二	31	**1**
23	24	24	25	26	26	27	27	28	26	27	28	28	29	29	30	31	**7**	**6**	2	2	3	**2** 正	2 十二
24	25	25	26	27	27	28	28	29	27	28	29	29	30	30	31	**8**	2	2	3	3	4	2	3
25	26	26	27	28	28	29	29	30	28	29	30	30	31	**10**	**9**	2	3	3	4	4	5	3	4
26	27	27	28	29	29	30	30	31	**3**	30	31	**12**	**11**	2	2	3	4	4	5	5	6	4	5
27	28	28	29	30	30	31	**5**	**4**	2	31	**1**	2	2	3	3	4	5	5	6	6	7	5	6
28	29	29	30	31	**7**	**6**	2	2	3	**2**	2	3	3	4	4	5	6	6	7	7	8	6	7
29	30	30	31	**8**	2	2	3	3	4	2	3	4	4	5	5	6	7	7	8	8	9	7	8
30	31	**10**	**9**	2	3	3	4	4	5	3	4	5	5	6	6	7	8	8	9	9	10	8	9
12	**11**	2	2	3	4	4	5	5	6	4	5	6	6	7	7	8	9	9	10	10	11	9	10
2	2	3	3	4	5	5	6	6	7	5	6	7	7	8	8	9	10	10	11	11	12	10	11
3	3	4	4	5	6	6	7	7	8	6	7	8	8	9	9	10	11	11	12	12	13	11	12
4	4	5	5	6	7	7	8	8	9	7	8	9	9	10	10	11	12	12	13	13	14	12	13
5	5	6	6	**7**	8	8	9	9	10	8	9	10	10	11	11	12	13	13	14	14	15	13	14
6	6	7	7	8	9	9	10	10	11	9	10	11	11	12	12	13	14	14	15	15	16	14	15
7	7	8	8	9	10	10	11	11	12	10	11	12	12	13	13	14	15	15	16	16	17	15	16
8	8	9	9	10	11	11	12	12	13	11	12	13	13	14	14	15	16	16	17	17	18	16	17
9	9	10	10	11	12	12	13	13	14	12	13	14	14	15	15	16	17	17	18	18	19	17	18
10	10	11	11	12	13	13	14	14	15	13	14	15	15	16	16	17	18	18	19	19	20	18	19
11	11	12	12	13	14	14	15	15	16	14	15	16	16	17	17	18	19	19	20	20	21	19	20
12 十一	12 十	13	13	14	15	15	16	16	17	15	16	17	17	18	18	19	20	20	21	21	22	20	21
13	13	14 九	14 八	15	16	16	17	17	18	16	17	18	18	19	19	20	21	21	22	22	23	21	22
14	14	15	15	16 七	17 六	17	18	18	19	17	18	19 冬	19	20	20	21	22	22	23	23	24	22	23
15	15	16	16	17	18	18 五	19 四	19	20	18	19	20	20	21	21	22	23	23	24	24	25	23	24
16	16	17	17	18	19	19	20	20 三	21 二	19	20	21	21	22	22	23	24	24	25	25	26	24	25
17	17	18	18	19	20	20	21	21	22	20 閏	21 正	22	22	23	23	24	25	25	26	26	27	25	26
18	18	19	19	20	21	21	22	22	23	21	22	23 十二	23 十一	24	24	25	26	26	27	27	28	26	27
19	19	20	20	21	22	22	23	23	24	22	23	24	24	25 十	25 九	26 八	27	27	28	28	29	27	28
20 冬	20	21	21	22	23	23	24	24	25	23	24	25	25	26	26	27	28 七	28 六	29	29	30	28	29
21	21	22	22	23	24	24	25	25	26	24	25	26	26	27	27	28	29	29	30 五	30 四	31	**3**	30

四八八
戊辰
齊永明六
魏太和一二

魏閏九月

四八七
丁卯
齊永明五
魏太和一一

11	11	12	12	13	14	14	15	15	16	15	16	17	17	18	18	19	20	20	21	21	22	20	21	22
12	12	13	13	14	15	15	16	16	17	16	17	18	18	19	19	20	21	21	22	22	23	21	22	23
13	13	14	14	15	16	16	17	17	18	17	18	19	19	20	20	21	22	22	23	23	24	22	23	24
14	14	15	15	16	17	17	18	18	19	18	19	20冬	20	21	21	22	23	23	24	24	25	23	24	25
15	15	16	16	17	18	18	19	19	20	19	20	21	21	22	22	23	24	24	25	25	26	24	25	26
16	16	17	17	18	19	19	20	20	21	20	21	22	22	23	23	24	25	25	26	26	27	25	26	27
17	17	18	18	19	20	20	21	21	22	21	22	23	23	24	24	25	26	26	27	27	28	26	27	28
18	18	19	19	20	21	21	22	22	23	22	23	24	24	25	25	26	27	27	28	28	29	27	28	29
19冬十二	19	20	20	21	22	22	23	23	24	23	24	25	25	26	26	27	28	28	29	29	30	28	29	30
20	20閏	21十	21	22	23	23	24	24	25	24	25	26	26	27	27	28	29	29	30	30	31	**3**	30	31
21	21	22	22九	23八	24	24	25	25	26	25	26	27	27	28	28	29	30	30	31	**5**	**4**	2	31	**1**
22	22	23	23	24	25七	25六	26	26	27	26	27	28	28	29	29	30	31	**7**	**6**	2	2	3	**2**	2
23	23	24	24	25	26	26	27五	27四	28三	27	28	29	29	30	30	31	**8**	2	2	3	3	4	2	3
24	24	25	25	26	27	27	28	28	29	28二	29正	30	30	31	**10**	**9**	2	3	3	4	4	5	3	4
25	25	26	26	27	28	28	29	29	30	29	30	31十二	**12**十一	**11**	2	2	3	4	4	5	5	6	4	5
26	26	27	27	28	29	29	30	30	31	**3**	31	**1**	2	2十	3九	3	4	5	5	6	6	7	5	6
27	27	28	28	29	30	30	31	**5**	**4**	2	**2**	2	3	3	4	4八	5七	6	6	7	7	8	6	7
28	28	29	29	30	31	**7**	**6**	2	2	3	2	3	4	4	5	5	6	7六	7五	8	8	9	7	8
29	29	30	30	31	**8**	2	2	3	3	**4**	3	4	5	5	6	6	7	8	8	9四	9三	10	8	9
30	30	31	**10**	**9**	2	3	3	**4**	4	5	4	5	6	6	7	7	8	9	9	10	10	11二	9正	10十二
31	**12**	**11**	2	2	3	4	4	5	5	6	5	6	7	7	8	8	9	10	10	11	11	12	10	11
日	2	2	3	3	4	5	5	6	6	7	6	7	8	8	9	9	10	11	11	12	12	13	11	12
曜	3	3	4	4	5	6	6	7	7	8	7	8	9	9	10	10	11	12	12	13	13	14	12	13
表	4	4	5	5	6	7	7	8	8	9	8	9	10	10	11	11	12	13	13	14	14	15	13	14
7	5	5	6	6	7	8	8	9	9	10	9	10	11	11	12	12	13	14	14	15	15	16	14	15
甲	6	6	7	7	8	9	9	10	10	11	10	11	12	12	13	13	14	15	15	16	16	17	15	16
子	7	7	8	8	9	10	10	11	11	12	11	12	13	13	14	14	15	16	16	17	17	18	16	17
表	8	8	9	9	10	11	11	12	12	13	12	13	14	14	15	15	16	17	17	18	18	19	17	18
2	9	9	10	10	11	12	12	13	13	14	13	14	15	15	16	16	17	18	18	19	19	20	18	19
	10	10	11	11	12	13	13	14	14	15	14	15	16	16	17	17	18	19	19	20	20	21	19	20

四九〇 庚午 齊永明八 魏太和一四												四八九 己巳 齊永明七 魏太和一三											
22	23	23	24	25	25	26	26	27	25	26	27	27	28	28	29	30	30	31	**5**	**4**	2	31	**1**
23	24	24	25	26	26	27	27	28	26	27	28	28	29	29	30	31	**7**	**6**	2	2	3	**2**	2
24	25	25	26	27	27	28	28	29	27	28	29	29	30	30	31	**8**	2	2	3	3	4	2	3
25	26	26	27	28	28	29	29	30	28	29	30	30	31	**10**	**9**	2	3	3	4	4	5	3	4
26	27	27	28	29	29	30	30	31	**3**	30	31	**12**	**11**	2	2	3	4	4	5	5	6	4	5
27	28	28	29	30	30	31	**5**	**4**	2	31	**1**	2	2	3	3	4	5	5	6	6	7	5	6
28 十一	29 十	29	30	31	**7**	**6**	2	2	3	**2**	2	3	3	4	4	5	6	6	7	7	8	6	7
29	30	30 九	31 八	**8**	2	2	3	3	4	2	3	4	4	5	5	6	7	7	8	8	9	7	8
30	31	**10**	**9**	2 七	3 六	3	4	4	5	3	4	5	5	6	6	7	8	8	9	9	10	8	9
12	**11**	2	2	3	4	4 五	5 四	5	6	4	5	6	6	7	7	8	9	9	10	10	11	9	10
2	2	3	3	4	5	5	6	6 三	7 二	5	6	7	7	8	8	9	10	10	11	11	12	10	11
3	3	4	4	5	6	6	7	7	8	6 正	7 十二	8	8	9	9	10	11	11	12	12	13	11	12
4	4	5	5	6	7	7	8	8	9	7	8	9 十一	9 十	10	10	11	12	12	13	13	14	12	13
5	5	6	6	7	8	8	9	9	10	8	9	10	10	11 九	11 八	12 七	13	13	14	14	15	13	14
6	6	7	7	8	9	9	10	10	11	9	10	11	11	12	12	13	14 六	14 五	15	15	16	14	15
7	7	8	8	9	10	10	11	11	12	10	11	12	12	13	13	14	15	15	16 四	16 三	17	15	16
8	8	9	9	10	11	11	12	12	13	11	12	13	13	14	14	15	16	16	17	17	18 二	16 正	17
9	9	10	10	11	12	12	13	13	14	12	13	14	14	15	15	16	17	17	18	18	19	17	18 十二
10	10	11	11	12	13	13	14	14	15	13	14	15	15	16	16	17	18	18	19	19	20	18	19
11	11	12	12	13	14	14	15	15	16	14	15	16	16	17	17	18	19	19	20	20	21	19	20
12	12	13	13	14	15	15	16	16	17	15	16	17	17	18	18	19	20	20	21	21	22	20	21
13	13	14	14	15	16	16	17	17	18	16	17	18	18	19	19	20	21	21	22	22	23	21	22
14	14	15	15	16	17	17	18	18	19	17	18	19 冬	19	20	20	21	22	22	23	23	24	22	23
15	15	16	16	17	18	18	19	19	20	18	19	20	20	21	21	22	23	23	24	24	25	23	24
16	16	17	17	18	19	19	20	20	21	19	20	21	21	22	22	23	24	24	25	25	26	24	25
17	17	18	18	19	20	20	21	21	22	20	21	22	22	23	23	24	25	25	26	26	27	25	26
18	18	19	19	20	21	21	22	22	23	21	22	23	23	24	24	25	26	26	27	27	28	26	27
19	19	20	20	21	22	22	23	23	24	22	23	24	24	25	25	26	27	27	28	28	29	27	28
20 冬	20	21	21	22	23	23	24	24	25	23	24	25	25	26	26	27	28	28	29	29	30	28	29
21	21	22	22	23	24	24	25	25	26	24	25	26	26	27	27	28	29	29	30	30	31	**3**	30

	四九二 壬申 齊永明一〇 魏太和一六												四九一 辛未 齊永明九 魏太和一五 魏閏五月											
11	11	12	12	13	14	14	15	15	16	15	16	17十一	17十	18	18	19	20	20	21	21	22	20	21	22
12	12	13	13	14	15	15	16	16	17	16	17	18	18	19九	19八	20	21	21	22	22	23	21	22	23
13	13	14	14	15	16	16	17	17	18	17	18	19	19	20	20	21閏	22七	22	23	23	24	22	23	24
14	14	15	15	16	17	17	18	18	19	18	19	20冬	20	21	21	22	23	23六	24五	24	25	23	24	25
15	15	16	16	17	18	18	19	19	20	19	20	21	21	22	22	23	24	24	25	25四	26三	24	25	26
16	16	17	17	18	19	19	20	20	21	20	21	22	22	23	23	24	25	25	26	26	27	25二	26正	27十二
17	17	18	18	19	20	20	21	21	22	21	22	23	23	24	24	25	26	26	27	27	28	26	27	28
18	18	19	19	20	21	21	22	22	23	22	23	24	24	25	25	26	27	27	28	28	29	27	28	29
19冬	19	20	20	21	22	22	23	23	24	23	24	25	25	26	26	27	28	28	29	29	30	28	29	30
20	20	21	21	22	23	23	24	24	25	24	25	26	26	27	27	28	29	29	30	30	31	**3**	30	31
21	21	22	22	23	24	24	25	25	26	25	26	27	27	28	28	29	30	30	31	**5**	**4**	2	31	**1**
22	22	23	23	24	25	25	26	26	27	26	27	28	28	29	29	30	31	**7**	**6**	2	2	3	**2**	2
23	23	24	24	25	26	26	27	27	28	27	28	29	29	30	30	31	**8**	2	2	3	3	4	2	3
24	24	25	25	26	27	27	28	28	29	28	29	30	30	31	**10**	**9**	2	3	3	4	4	5	3	4
25	25	26	26	27	28	28	29	29	30	29	30	31	**12**	**11**	2	2	3	4	4	5	5	6	4	5
26	26	27	27	28	29	29	30	30	31	**3**	31	**1**	2	2	3	3	4	5	5	6	6	7	5	6
27	27	28	28	29	30	30	31	**5**	**4**	2	**2**	2	3	3	4	4	5	6	6	7	7	8	6	7
28	28	29	29	30	31	**7**	**6**	2	2	3	2	3	4	4	5	5	6	7	7	8	8	9	7	8
29	29	30	30	31	**8**	2	2	3	3	4	3	4	5	5	6	6	7	8	8	9	9	10	8	9
30	30	31	**10**	**9**	2	3	3	**4**	4	5	4	5	6	6	7	7	8	9	9	10	10	11	9	10
31	**12**	**11**	2	2	3	4	4	5	5	6	5	6	7	7	8	8	9	10	10	11	11	12	10	11
日	2	2	3	3	4	5	5	6	6	7	6	7	8	8	9	9	10	11	11	12	12	13	11	12
曜	3	3	4	4	5	6	6	7	7	8	7	8	9	9	10	10	11	12	12	13	13	14	12	13
表	4	4	5	5	6	7	7	8	8	9	8	9	10	10	11	11	12	13	13	14	14	15	13	14
1	5十一	5	6	6	7	8	8	9	9	10	9	10	11	11	12	12	13	14	14	15	15	16	14	15
甲	6	6十	7九	7	8	9	9	10	10	11	10	11	12	12	13	13	14	15	15	16	16	17	15	16
子	7	7	8	8八	9七	10	10	11	11	12	11	12	13	13	14	14	15	16	16	17	17	18	16	17
表	8	8	9	9	10	11六	11五	12	12	13	12	13	14	14	15	15	16	17	17	18	18	19	17	18
3	9	9	10	10	11	12	12	13四	13三	14二	13	14	15	15	16	16	17	18	18	19	19	20	18	19
	10	10	11	11	12	13	13	14	14	15	14正	15十二	16	16	17	17	18	19	19	20	20	21	19	20

四九三
癸酉
齊永明一一
魏太和一七

四九四
甲戌
齊隆昌元（鬱林王）
齊延興元（海陵王七月改）
齊建武元（明帝十月改）
魏太和一八
魏閏二月

22	23	23	24	25	25	26	26	27	25	26	27	27	28	28	29	30	30	六31	五5	4	2	31	1
23	24	24	25	26	26	27	27	28	26	27	28	28	29	29	30	31	7	6	2	四2	三3	2	2
24	25	25	26	27	27	28	28	29	27	28	29	29	30	30	31	8	2	2	3	3	4	二2	正3
25	26	26	27	28	28	29	29	30	28	29	30	30	31	10	9	2	3	3	4	4	5	3	4十二
26	27	27	28	29	29	30	30	31	3	30	31	12	11	2	2	3	4	4	5	5	6	4	5
27	28	28	29	30	30	31	5	4	2	31	1	2	2	3	3	4	5	5	6	6	7	5	6
28	29	29	30	31	7	6	2	2	3	2	2	3	3	4	4	5	6	6	7	7	8	6	7
29	30	30	31	8	2	2	3	3	4	2	3	4	4	5	5	6	7	7	8	8	9	7	8
30	31	10	9	2	3	3	4	4	5	3	4	5	5	6	6	7	8	8	9	9	10	8	9
12	11	2	2	3	4	4	5	5	6	4	5	6	6	7	7	8	9	9	10	10	11	9	10
2	2	3	3	4	5	5	6	6	7	5	6	7	7	8	8	9	10	10	11	11	12	10	11
3	3	4	4	5	6	6	7	7	8	6	7	8	8	9	9	10	11	11	12	12	13	11	12
4	4	5	5	6	7	7	8	8	9	7	8	9	9	10	10	11	12	12	13	13	14	12	13
5	5	6	6	7	8	8	9	9	10	8	9	10	10	11	11	12	13	13	14	14	15	13	14
6	6	7	7	8	9	9	10	10	11	9	10	11	11	12	12	13	14	14	15	15	16	14	15
7	7	8	8	9	10	10	11	11	12	10	11	12	12	13	13	14	15	15	16	16	17	15	16
8	8	9	9	10	11	11	12	12	13	11	12	13	13	14	14	15	16	16	17	17	18	16	17
9	9	10	10	11	12	12	13	13	14	12	13	14	14	15	15	16	17	17	18	18	19	17	18
10	10	11	11	12	13	13	14	14	15	13	14	15	15	16	16	17	18	18	19	19	20	18	19
11	11	12	12	13	14	14	15	15	16	14	15	16	16	17	17	18	19	19	20	20	21	19	20
12	12	13	13	14	15	15	16	16	17	15	16	17	17	18	18	19	20	20	21	21	22	20	21
13	十一13	14	14	15	16	16	17	17	18	16	17	18	18	19	19	20	21	21	22	22	23	21	22
14	14	十15	九15	16	17	17	18	18	19	17	18	19	冬19	20	20	21	22	22	23	23	24	22	23
15	15	16	16	八17	七18	18	19	19	20	18	19	20	20	21	21	22	23	23	24	24	25	23	24
16	16	17	17	18	19	六19	五20	20	21	19	20	21	21	22	22	23	24	24	25	25	26	24	25
17	17	18	18	19	20	20	21	閏21	四22	20	21	22	22	23	23	24	25	25	26	26	27	25	26
18	18	19	19	20	21	21	22	22	23	三21	二22	23	23	24	24	25	26	26	27	27	28	26	27
19	19	20	20	21	22	22	23	23	24	22	23	正24	十二24	25	25	26	27	27	28	28	29	27	28
20	冬20	21	21	22	23	23	24	24	25	23	24	25	25	十一26	十26	27	28	28	29	29	30	28	29
21	21	22	22	23	24	24	25	25	26	24	25	26	26	27	27	九28	八29	七29	30	30	31	3	30

四九五 乙亥 齊建武二 魏太和一九

四九六 丙子 齊建武三 魏太和二〇

魏閏十一月

11	11	12	12	13	14	14	15	15	16	15	16	17	17	18	18	19	20	20	21	21	22	20	21	22
12	12	13	13	14	15	15	16	16	17	16	17	18	18	19	19	20	21	21	22	22	23	21	22	23
13	13	14	14	15	16	16	17	17	18	17	18	19	19	20	20	21	22	22	23	23	24	22	23	24
14	14	15	15	16	17	17	18	18	19	18	19	20冬	20	21	21	22	23	23	24	24	25	23	24	25
15	15	16	16	17	18	18	19	19	20	19	20	21	21	22	22	23	24	24	25	25	26	24	25	26
16	16	17	17	18	19	19	20	20	21	20	21	22	22	23	23	24	25	25	26	26	27	25	26	27
17	17	18	18	19	20	20	21	21	22	21	22	23	23	24	24	25	26	26	27	27	28	26	27	28
18	18	19	19	20	21	21	22	22	23	22	23	24	24	25	25	26	27	27	28	28	29	27	28	29
19冬	19	20	20	21	22	22	23	23	24	23	24	25	25	26	26	27	28	28	29	29	30	28	29	30
20	20	21	21	22	23	23	24	24	25	24	25	26	26	27	27	28	29	29	30	30	31	**3**	30	31
21十二	21十一	22	22	23	24	24	25	25	26	25	26	27	27	28	28	29	30	30	31	**5**	**4**	2	31	**1**
22	22	23十	23九	24	25	25	26	26	27	26	27	28	28	29	29	30	31	**7**	**6**	2	2	3	**2**	2
23	23	24	24	25八	26七	26	27	27	28	27	28	29	29	30	30	31	**8**	2	2	3	3	4	2	3
24	24	25	25	26	27	27六	28五	28	29	28	29	30	30	31	**10**	**9**	2	3	3	4	4	5	3	4
25	25	26	26	27	28	28	29	29四	30三	29二	30	31	**12**	**11**	2	2	3	4	4	5	5	6	4	5
26	26	27	27	28	29	29	30	30	31	**3**	31正	**1**十二	2	2	3	3	4	5	5	6	6	7	5	6
27	27	28	28	29	30	30	31	**5**	**4**	2	**2**	2	3十一	3十	4	4	5	6	6	7	7	8	6	7
28	28	29	29	30	31	**7**	**6**	2	2	3	2	3	4	4	5九	5八	6	7	7	8	8	9	7	8
29	29	30	30	31	**8**	2	2	3	3	4	3	4	5	5	6	6	7七	8六	8	9	9	10	8	9
30	30	31	**10**	**9**	2	3	3	**4**	4	5	4	5	6	6	7	7	8	9	9五	10四	10	11	9	10
31	**12**	**11**	2	2	3	4	4	5	5	6	5	6	7	7	8	8	9	10	10	11	11三	12二	10	11
日	2	2	3	3	4	5	5	6	6	7	6	7	8	8	9	9	10	11	11	12	12	13	11正	12十二
曜	3	3	4	4	5	6	6	7	7	8	7	8	9	9	10	10	11	12	12	13	13	14	12	13
表	4	4	5	5	6	7	7	8	8	9	8	9	10	10	11	11	12	13	13	14	14	15	13	14
2	5	5	6	6	7	8	8	9	9	10	9	10	11	11	12	12	13	14	14	15	15	16	14	15
甲	6	6	7	7	8	9	9	10	10	11	10	11	12	12	13	13	14	15	15	16	16	17	15	16
子	7	7	8	8	9	10	10	11	11	12	11	12	13	13	14	14	15	16	16	17	17	18	16	17
表	8	8	9	9	10	11	11	12	12	13	12	13	14	14	15	15	16	17	17	18	18	19	17	18
4	9	9	10	10	11	12	12	13	13	14	13	14	15	15	16	16	17	18	18	19	19	20	18	19
	10	10	11	11	12	13	13	14	14	15	14	15	16	16	17	17	18	19	19	20	20	21	19	20

四九七 丁丑 齊建武四 魏太和二一

四九八 戊寅 齊永泰元（四月改） 魏太和二二

22	23	23	24	25	25	26	26	27	25	26	27	27	28	28	29	30	30	31	**5**	**4**	2	31	**1**
23	24	24	25	26	26	27	27	28	26	27	28	28	29	29	30	31	**7**	**6**	2	2	3	**2**	2
24	25	25	26	27	27	28	28	29	27	28	29	29	30	30	31	**8**	2	2	3	3	4	2	3
25	26	26	27	28	28	29	29	30	28	29	30	30	31	**10**	**9**	2	3	3	4	4	5	3	4
26	27	27	28	29	29	30	30	31	**3**	30	31	**12**	**11**	2	2	3	4	4	5	5	6	4	5
27	28	28	29	30	30	31	**5**	**4**	2	31	**1**	2	2	3	3	4	5	5	6	6	7	5	6
28	29	29	30	31	**7**	**6**	2	2	3	**2**	2	3	3	4	4	5	6	6	7	7	8	6	7
29十一	30	30	31	**8**	2	2	3	3	4	2	3	4	4	5	5	6	7	7	8	8	9	7	8
30	31十	**10**九	**9**	2	3	3	4	4	5	3	4	5	5	6	6	7	8	8	9	9	10	8	9
12	**11**	2	2八	3七	4	4	5	5	6	4	5	6	6	7	7	8	9	9	10	10	11	9	10
2	2	3	3	4	5六	5五	6	6	7	5	6	7	7	8	8	9	10	10	11	11	12	10	11
3	3	4	4	5	6	6	7四	7三	8	6	7	8	8	9	9	10	11	11	12	12	13	11	12
4	4	5	5	6	7	7	8	8	9二	7正	8	9	9	10	10	11	12	12	13	13	14	12	13
5	5	6	6	7	8	8	9	9	10	8	9十二	10十一	10	11	11	12	13	13	14	14	15	13	14
6	6	7	7	8	9	9	10	10	11	9	10	11	11十	12九	12	13	14	14	15	15	16	14	15
7	7	8	8	9	10	10	11	11	12	10	11	12	12	13	13八	14七	15六	15	16	16	17	15	16
8	8	9	9	10	11	11	12	12	13	11	12	13	13	14	14	15	16	16五	17四	17	18	16	17
9	9	10	10	11	12	12	13	13	14	12	13	14	14	15	15	16	17	17	18	18三	19二	17	18
10	10	11	11	12	13	13	14	14	15	13	14	15	15	16	16	17	18	18	19	19	20	18正	19閏
11	11	12	12	13	14	14	15	15	16	14	15	16	16	17	17	18	19	19	20	20	21	19	20
12	12	13	13	14	15	15	16	16	17	15	16	17	17	18	18	19	20	20	21	21	22	20	21
13	13	14	14	15	16	16	17	17	18	16	17	18	18	19	19	20	21	21	22	22	23	21	22
14	14	15	15	16	17	17	18	18	19	17	18	19冬	19	20	20	21	22	22	23	23	24	22	23
15	15	16	16	17	18	18	19	19	20	18	19	20	20	21	21	22	23	23	24	24	25	23	24
16	16	17	17	18	19	19	20	20	21	19	20	21	21	22	22	23	24	24	25	25	26	24	25
17	17	18	18	19	20	20	21	21	22	20	21	22	22	23	23	24	25	25	26	26	27	25	26
18	18	19	19	20	21	21	22	22	23	21	22	23	23	24	24	25	26	26	27	27	28	26	27
19	19	20	20	21	22	22	23	23	24	22	23	24	24	25	25	26	27	27	28	28	29	27	28
20冬	20	21	21	22	23	23	24	24	25	23	24	25	25	26	26	27	28	28	29	29	30	28	29
21	21	22	22	23	24	24	25	25	26	24	25	26	26	27	27	28	29	29	30	30	31	**3**	30

四九九 己卯 齊永元元 東昏侯 魏太和二三

五〇〇 庚辰 齊永元二 魏景明元 宣武帝

11	11	12	12	13	14	14	15	15三	16二	15正	16	17	17	18	18	19	20	20	21	21	22	20	21	22
12	12	13	13	14	15	15	16	16	17	16	17土	18土	18	19	19	20	21	21	22	22	23	21	22	23
13	13	14	14	15	16	16	17	17	18	17	18	19	19十	20九	20	21	22	22	23	23	24	22	23	24
14	14	15	15	16	17	17	18	18	19	18	19	20冬	20	21	21閏	22八	23	23	24	24	25	23	24	25
15	15	16	16	17	18	18	19	19	20	19	20	21	21	22	22	23	24七	24六	25	25	26	24	25	26
16	16	17	17	18	19	19	20	20	21	20	21	22	22	23	23	24	25	25	26五	26四	27	25	26	27
17	17	18	18	19	20	20	21	21	22	21	22	23	23	24	24	25	26	26	27	27	28三	26二	27	28
18	18	19	19	20	21	21	22	22	23	22	23	24	24	25	25	26	27	27	28	28	29	27	28正	29土
19冬	19	20	20	21	22	22	23	23	24	23	24	25	25	26	26	27	28	28	29	29	30	28	29	30
20	20	21	21	22	23	23	24	24	25	24	25	26	26	27	27	28	29	29	30	30	31	**3**	30	31
21	21	22	22	23	24	24	25	25	26	25	26	27	27	28	28	29	30	30	31	**5**	**4**	2	31	**1**
22	22	23	23	24	25	25	26	26	27	26	27	28	28	29	29	30	31	**7**	**6**	2	2	3	**2**	2
23	23	24	24	25	26	26	27	27	28	27	28	29	29	30	30	31	**8**	2	2	3	3	4	2	3
24	24	25	25	26	27	27	28	28	29	28	29	30	30	31	**10**	**9**	2	3	3	4	4	5	3	4
25	25	26	26	27	28	28	29	29	30	29	30	31	**12**	**11**	2	2	3	4	4	5	5	6	4	5
26	26	27	27	28	29	29	30	30	31	**3**	31	**1**	2	2	3	3	4	5	5	6	6	7	5	6
27	27	28	28	29	30	30	31	**5**	**4**	2	**2**	2	3	3	4	4	5	6	6	7	7	8	6	7
28	28	29	29	30	31	**7**	**6**	2	2	3	2	3	4	4	5	5	6	7	7	8	8	9	7	8
29	29	30	30	31	**8**	2	2	3	3	4	3	4	5	5	6	6	7	8	8	9	9	10	8	9
30	30	31	**10**	**9**	2	3	3	4	4	5	4	5	6	6	7	7	8	9	9	10	10	11	9	10
31	**12**	**11**	2	2	3	4	4	5	5	6	5	6	7	7	8	8	9	10	10	11	11	12	10	11
日	2	2	3	3	4	5	5	6	6	7	6	7	8	8	9	9	10	11	11	12	12	13	11	12
曜	3	3	4	4	5	6	6	7	7	8	7	8	9	9	10	10	11	12	12	13	13	14	12	13
表	4	4	5	5	6	7	7	8	8	9	8	9	10	10	11	11	12	13	13	14	14	15	13	14
3	5	5	6	6	7	8	8	9	9	10	9	10	11	11	12	12	13	14	14	15	15	16	14	15
甲	6	6	7	7	8	9	9	10	10	11	10	11	12	12	13	13	14	15	15	16	16	17	15	16
子	7土	7十	8	8	9	10	10	11	11	12	11	12	13	13	14	14	15	16	16	17	17	18	16	17
表	8	8	9九	9八	10	11	11	12	12	13	12	13	14	14	15	15	16	17	17	18	18	19	17	18
5	9	9	10	10	11七	12六	12	13	13	14	13	14	15	15	16	16	17	18	18	19	19	20	18	19
	10	10	11	11	12	13	13五	14四	14	15	14	15	16	16	17	17	18	19	19	20	20	21	19	20

五〇一 辛巳 齊中興元 和帝 三月改 魏景明二

五〇二 壬午 梁天監元 武帝 四月改 魏景明三

22	23	23	24	25	25	26	25	27	25	26	27	27	28十	28九	29	30	30	31	**5**	**4**	2	31	**1**
23	24	24	25	26	26	27	27	28	26	27	28	28	29	29	30八	31七	**7**六	**6**	2	2	3	**2**	2
24	25	25	26	27	27	28	28	29	27	28	29	29	30	30	31	**8**	2	2五	3四	3	4	2	3
25	26	26	27	28	28	29	29	30	28	29	30	30	31	**10**	**9**	2	3	3	4	4三	5二	3	4
26	27	27	28	29	29	30	30	31	**3**	30	31	**12**	**11**	2	2	3	4	4	5	5	6	4正	5十二
27	28	28	29	30	30	31	**5**	**4**	2	31	**1**	2	2	3	3	4	5	5	6	6	7	5	6
28	29	29	30	31	**7**	**6**	2	2	3	**2**	2	3	3	4	4	5	6	6	7	7	8	6	7
29	30	30	31	**8**	2	2	3	3	4	2	3	4	4	5	5	6	7	7	8	8	9	7	8
30	31	**10**	**9**	2	3	3	4	4	5	3	4	5	5	6	6	7	8	8	9	9	10	8	9
12	**11**	2	2	3	4	4	5	5	6	4	5	6	6	7	7	8	9	9	10	10	11	9	10
2	2	3	3	4	5	5	6	6	7	5	6	7	7	8	8	9	10	10	11	11	12	10	11
3	3	4	4	5	6	6	7	7	8	6	7	8	8	9	9	10	11	11	12	12	13	11	12
4	4	5	5	6	7	7	8	8	9	7	8	9	9	10	10	11	12	12	13	13	14	12	13
5	5	6	6	7	8	8	9	9	10	8	9	10	10	11	11	12	13	13	14	14	15	13	14
6	6	7	7	8	9	9	10	10	11	9	10	11	11	12	12	13	14	14	15	15	16	14	15
7	7	8	8	9	10	10	11	11	12	10	11	12	12	13	13	14	15	15	16	16	17	15	16
8	8	9	9	10	11	11	12	12	13	11	12	13	13	14	14	15	16	16	17	17	18	16	17
9	9	10	10	11	12	12	13	13	14	12	13	14	14	15	15	16	17	17	18	18	19	17	18
10	10	11	11	12	13	13	14	14	15	13	14	15	15	16	16	17	18	18	19	19	20	18	19
11	11	12	12	13	14	14	15	15	16	14	15	16	16	17	17	18	19	19	20	20	21	19	20
12	12	13	13	14	15	15	16	16	17	15	16	17	17	18	18	19	20	20	21	21	22	20	21
13	13	14	14	15	16	16	17	17	18	16	17	18	18	19	19	20	21	21	22	22	23	21	22
14	14	15	15	16	17	17	18	18	19	17	18	19冬	19	20	20	21	22	22	23	23	24	22	23
15十二	15十	16	16	17	18	18	19	19	20	18	19	20	20	21	21	22	23	23	24	24	25	23	24
16	16	17九	17八	18	19	19	20	20	21	19	20	21	21	22	22	23	24	24	25	25	26	24	25
17	17	18	18	19七	20六	20	21	21	22	20	21	22	22	23	23	24	25	25	26	26	27	25	26
18	18	19	19	20	21	21五	22閏	22	23	21	22	23	23	24	24	25	26	26	27	27	28	26	27
19	19	20	20	21	22	22	23	23四	24三	22	23	24	24	25	25	26	27	27	28	28	29	27	28
20冬	20	21	21	22	23	23	24	24	25	23二	24正	25	25	26	26	27	28	28	29	29	30	28	29
21	21	22	22	23	24	24	25	25	26	24	25	26十二	26十一	27	27	28	29	29	30	30	31	**3**	30

五〇三
癸未
梁天監二
魏景明四

五〇四
甲申
梁天監三
魏正始元

魏閏十二月

11	11	12	12	13	14	14	15	15	16	15	16	17	17	18	18	19	20	20	21	21	22	20	21	22
12	12	13	13	14	15	15	16	16	17	16	17	18	18	19	19	20	21	21	22	22	23	21	22	23
13	13	14	14	15	16	16	17	17	18	17	18	19	19	20	20	21	22	22	23	23	24	22	23	24
14	14	15	15	16	17	17	18	18	19	18	19	20冬	20	21	21	22	23	23	24	24	25	23	24	25
15	15	16	16	17	18	18	19	19	20	19	20	21	21	22	22	23	24	24	25	25	26	24	25	26
16	16	17	17	18	19	19	20	20	21	20	21	22	22	23	23	24	25	25	26	26	27	25	26	27
17	17	18	18	19	20	20	21	21	22	21	22	23	23	24	24	25	26	26	27	27	28	26	27	28
18	18	19	19	20	21	21	22	22	23	22	23	24	24	25	25	26	27	27	28	28	29	27	28	29
19冬	19	20	20	21	22	22	23	23	24	23	24	25	25	26	26	27	28	28	29	29	30	28	29	30
20	20	21	21	22	23	23	24	24	25	24	25	26	26	27	27	28	29	29	30	30	31	**3**	30	31
21	21	22	22	23	24	24	25	25	26	25	26	27	27	28	28	29	30	30	31	**5**	**4**	2	31	**1**
22十二	22	23	23	24	25	25	26	26	27	26	27	28	28	29	29	30	31	**7**	**6**	2	2	3	**2**	2
23	23十一	24十	24	25	26	26	27	27	28	27	28	29	29	30	30	31	**8**	2	2	3	3	4	2	3
24	24	25	25九	26八	27	27	28	28	29	28	29	30	30	31	**10**	**9**	2	3	3	4	4	5	3	4
25	25	26	26	27	28七	28六	29	29	30	29	30	31	**12**	**11**	2	2	3	4	4	5	5	6	4	5
26	26	27	27	28	29	29	30五	30四	31	**3**	31	**1**	2	2	3	3	4	5	5	6	6	7	5	6
27	27	28	28	29	30	30	31	**5**	**4**三	2二	**2**正	2	3	3	4	4	5	6	6	7	7	8	6	7
28	28	29	29	30	31	**7**	**6**	2	2	3	2	3十二	4十一	4	5	5	6	7	7	8	8	9	7	8
29	29	30	30	31	**8**	2	2	3	3	4	3	4	5	5十	6九	6	7	8	8	9	9	10	8	9
30	30	31	**10**	**9**	2	3	3	4	4	5	4	5	6	6	7	7八	8七	9	9	10	10	11	9	10
31	**12**	**11**	2	2	3	4	4	5	5	6	5	6	7	7	8	8	9	10六	10五	11	11	12	10	11
日	2	2	3	3	4	5	5	6	6	7	6	7	8	8	9	9	10	11	11	12四	12三	13	11	12
曜	3	3	4	4	5	6	6	7	7	8	7	8	9	9	10	10	11	12	12	13	13	14二	12正	13
表	4	4	5	5	6	7	7	8	8	9	8	9	10	10	11	11	12	13	13	14	14	15	13	14十二
4	5	5	6	6	7	8	8	9	9	10	9	10	11	11	12	12	13	14	14	15	15	16	14	15
甲	6	6	7	7	8	9	9	10	10	11	10	11	12	12	13	13	14	15	15	16	16	17	15	16
子	7	7	8	8	9	10	10	11	11	12	11	12	13	13	14	14	15	16	16	17	17	18	16	17
表	8	8	9	9	10	11	11	12	12	13	12	13	14	14	15	15	16	17	17	18	18	19	17	18
6	9	9	10	10	11	12	12	13	13	14	13	14	15	15	16	16	17	18	18	19	19	20	18	19
	10	10	11	11	12	13	13	14	14	15	14	15	16	16	17	17	18	19	19	20	20	21	19	20

五〇五 乙酉 梁天監四 魏正始二

五〇六 丙戌 梁天監五 魏正始三

22	23	23	24	25	25	26	26	27	25	26	27	27	28	28	29	30	30	31	5	4	2	31	1
23	24	24	25	26	26	27	27	28	26	27	28	28	29	29	30	31	7	6	2	2	3	2	2
24	25	25	26	27	27	28	28	29	27	28	29	29	30	30	31	8	2	2	3	3	4	2	3
25	26	26	27	28	28	29	29	30	28	29	30	30	31	10	9	2	3	3	4	4	5	3	4
26	27	27	28	29	29	30	30	31	3	30	31	12	11	2	2	3	4	4	5	5	6	4	5
27	28	28	29	30	30	31	5	4	2	31	1	2	2	3	3	4	5	5	6	6	7	5	6
28	29	29	30	31	7	6	2	2	3	2	2	3	3	4	4	5	6	6	7	7	8	6	7
29	30	30	31	8	2	2	3	3	4	2	3	4	4	5	5	6	7	7	8	8	9	7	8
30	31	10	9	2	3	3	4	4	5	3	4	5	5	6	6	7	8	8	9	9	10	8	9
12十一	11十	2	2	3	4	4	5	5	6	4	5	6	6	7	7	8	9	9	10	10	11	9	10
2	2	3九	3八	4	5	5	6	6	7	5	6	7	7	8	8	9	10	10	11	11	12	10	11
3	3	4	4	5七	6六	6	7	7	8	6	7	8	8	9	9	10	11	11	12	12	13	11	12
4	4	5	5	6	7	7五	8四	8	9	7	8	9	9	10	10	11	12	12	13	13	14	12	13
5	5	6	6	7	8	8	9	9三	10二	8	9	10	10	11	11	12	13	13	14	14	15	13	14
6	6	7	7	8	9	9	10	10	11	9正	10十二	11	11	12	12	13	14	14	15	15	16	14	15
7	7	8	8	9	10	10	11	11	12	10	11	12十一	12十	13	13	14	15	15	16	16	17	15	16
8	8	9	9	10	11	11	12	12	13	11	12	13	13	14九	14八	15	16	16	17	17	18	16	17
9	9	10	10	11	12	12	13	13	14	12	13	14	14	15	15	16七	17六	17五	18	18	19	17	18
10	10	11	11	12	13	13	14	14	15	13	14	15	15	16	16	17	18	18	19四	19三	20	18	19
11	11	12	12	13	14	14	15	15	16	14	15	16	16	17	17	18	19	19	20	20	21閏	19二	20
12	12	13	13	14	15	15	16	16	17	15	16	17	17	18	18	19	20	20	21	21	22	20	21正
13	13	14	14	15	16	16	17	17	18	16	17	18	18	19	19	20	21	21	22	22	23	21	22
14	14	15	15	16	17	17	18	18	19	17	18	19冬	19	20	20	21	22	22	23	23	24	22	23
15	15	16	16	17	18	18	19	19	20	18	19	20	20	21	21	22	23	23	24	24	25	23	24
16	16	17	17	18	19	19	20	20	21	19	20	21	21	22	22	23	24	24	25	25	26	24	25
17	17	18	18	19	20	20	21	21	22	20	21	22	22	23	23	24	25	25	26	26	27	25	26
18	18	19	19	20	21	21	22	22	23	21	22	23	23	24	24	25	26	26	27	27	28	26	27
19	19	20	20	21	22	22	23	23	24	22	23	24	24	25	25	26	27	27	28	28	29	27	28
20冬	20	21	21	22	23	23	24	24	25	23	24	25	25	26	26	27	28	28	29	29	30	28	29
21	21	22	22	23	24	24	25	25	26	24	25	26	26	27	27	28	29	29	30	30	31	3	30

五〇七 丁亥 梁天監六 魏正始四

魏閏九月

五〇八 戊子 梁天監七 魏永平元（八月改）

11	11	12	12	13	14	六14	五15	15	16	15	16	17	17	18	18	19	20	20	21	21	22	20	21	22
12	12	13	13	14	15	15	16	四16	三17	16	17	18	18	19	19	20	21	21	22	22	23	21	22	23
13	13	14	14	15	16	16	17	17	18	二17	正18	十二19	19	20	20	21	22	22	23	23	24	22	23	24
14	14	15	15	16	17	17	18	18	19	18	19	20冬	十一20	閏21	21	22	23	23	24	24	25	23	24	25
15	15	16	16	17	18	18	19	19	20	19	20	21	21	22	十22	九23	24	24	25	25	26	24	25	26
16	16	17	17	18	19	19	20	20	21	20	21	22	22	23	23	24	八25	七25	26	26	27	25	26	27
17	17	18	18	19	20	20	21	21	22	21	22	23	23	24	24	25	26	26	六27	五27	28	26	27	28
18	18	19	19	20	21	21	22	22	23	22	23	24	24	25	25	26	27	27	28	28	四29	三27	28	29
19	冬19	20	20	21	22	22	23	23	24	23	24	25	25	26	26	27	28	28	29	29	30	28	二29	正30
20	20	21	21	22	23	23	24	24	25	24	25	26	26	27	27	28	29	29	30	30	31	**3**	30	31十二
21	21	22	22	23	24	24	25	25	26	25	26	27	27	28	28	29	30	30	31	**5**	**4**	2	31	**1**
22	22	23	25	24	25	25	26	26	27	26	27	28	28	29	29	30	31	**7**	**6**	2	2	3	**2**	2
23	23	24	24	25	26	26	27	27	28	27	28	29	29	30	30	31	**8**	2	2	3	3	4	2	3
24	24	25	25	26	27	27	28	28	29	28	29	30	30	31	**10**	**9**	2	3	3	4	4	5	3	4
25	25	26	26	27	28	28	29	29	30	29	30	31	**12**	**11**	2	2	3	4	4	5	5	6	4	5
26	26	27	27	28	29	29	30	30	31	**3**	31	**1**	2	2	3	3	4	5	5	6	6	7	5	6
27	27	28	28	29	30	30	31	**5**	**4**	2	**2**	2	3	3	4	4	5	6	6	7	7	8	6	7
28	28	29	29	30	31	**7**	**6**	2	2	3	2	3	4	4	5	5	6	7	7	8	8	9	7	8
29	29	30	30	31	**8**	2	2	3	3	4	3	4	5	5	6	6	7	8	8	9	9	10	8	9
30	30	31	**10**	**9**	2	3	3	**4**	4	5	4	5	6	6	7	7	8	9	9	10	10	11	9	10
31	**12**	**11**	2	2	3	4	4	5	5	6	5	6	7	7	8	8	9	10	10	11	11	12	10	11
日	2	2	3	3	4	5	5	6	6	7	6	7	8	8	9	9	10	11	11	12	12	13	11	12
曜	3	3	4	4	5	6	6	7	7	8	7	8	9	9	10	10	11	12	12	13	13	14	12	13
表	4	4	5	5	6	7	7	8	8	9	8	9	10	10	11	11	12	13	13	14	14	15	13	14
5	5	5	6	6	7	8	8	9	9	10	9	10	11	11	12	12	13	14	14	15	15	16	14	15
甲	6	6	7	7	8	9	9	10	10	11	10	11	12	12	13	13	14	15	15	16	16	17	15	16
子	7	7	8	8	9	10	10	11	11	12	11	12	13	13	14	14	15	16	16	17	17	18	16	17
表	8	十二8	9	9	10	11	11	12	12	13	12	13	14	14	15	15	16	17	17	18	18	19	17	18
7	9	9	十10	九10	11	12	12	13	13	14	13	14	15	15	16	16	17	18	18	19	19	20	18	19
	10	10	11	11	八12	七13	13	14	14	15	14	15	16	16	17	17	18	19	19	20	20	21	19	20

五一〇 庚寅 梁天監九 魏永平三

五〇九 己丑 梁天監八 魏永平二

22	23	23	24	25	25	26	26	27	25	26正	27十二	27	28	28	29	30	30	31	**5**	**4**	2	31	**1**
23	24	24	25	26	26	27	27	28	26	27	28	28十一	29十	29	30	31	**7**	**6**	2	2	3	**2**	2
24	25	25	26	27	27	28	28	29	27	28	29	29	30	30九	31八	**8**	2	2	3	3	4	2	3
25	26	26	27	28	28	29	29	30	28	29	30	30	31	**10**	**9**	2七	3六	3五	4	4	5	3	4
26	27	27	28	29	29	30	30	31	**3**	30	31	**12**	**11**	2	2	3	4	4	5四	5三	6	4	5
27	28	28	29	30	30	31	**5**	**4**	2	31	**1**	2	2	3	3	4	5	5	6	6	7二	5正	6
28	29	29	30	31	**7**	**6**	2	2	3	**2**	2	3	3	4	4	5	6	6	7	7	8	6	7十二
29	30	30	31	**8**	2	2	3	3	4	2	3	4	4	5	5	6	7	7	8	8	9	7	8
30	31	**10**	**9**	2	3	3	4	4	5	3	4	5	5	6	6	7	8	8	9	9	10	8	9
12	**11**	2	2	3	4	4	5	5	6	4	5	6	6	7	7	8	9	9	10	10	11	9	10
2	2	3	3	4	5	5	6	6	7	5	6	7	7	8	8	9	10	10	11	11	12	10	11
3	3	4	4	5	6	6	7	7	8	6	7	8	8	9	9	10	11	11	12	12	13	11	12
4	4	5	5	6	7	7	8	8	9	7	8	9	9	10	10	11	12	12	13	13	14	12	13
5	5	6	6	7	8	8	9	9	10	8	9	10	10	11	11	12	13	13	14	14	15	13	14
6	6	7	7	8	9	9	10	10	11	9	10	11	11	12	12	13	14	14	15	15	16	14	15
7	7	8	8	9	10	10	11	11	12	10	11	12	12	13	13	14	15	15	16	16	17	15	16
8	8	9	9	10	11	11	12	12	13	11	12	13	13	14	14	15	16	16	17	17	18	16	17
9	9	10	10	11	12	12	13	13	14	12	13	14	14	15	15	16	17	17	18	18	19	17	18
10	10	11	11	12	13	13	14	14	15	13	14	15	15	16	16	17	18	18	19	19	20	18	19
11	11	12	12	13	14	14	15	15	16	14	15	16	16	17	17	18	19	19	20	20	21	19	20
12	12	13	13	14	15	15	16	16	17	15	16	17	17	18	18	19	20	20	21	21	22	20	21
13	13	14	14	15	16	16	17	17	18	16	17	18	18	19	19	20	21	21	22	22	23	21	22
14	14	15	15	16	17	17	18	18	19	17	18	19冬	19	20	20	21	22	22	23	23	24	22	23
15	15	16	16	17	18	18	19	19	20	18	19	20	20	21	21	22	23	23	24	24	25	23	24
16	16	17	17	18	19	19	20	20	21	19	20	21	21	22	22	23	24	24	25	25	26	24	25
17十一	17十	18九	18	19	20	20	21	21	22	20	21	22	22	23	23	24	25	25	26	26	27	25	26
18	18	19	19八	20七	21	21	22	22	23	21	22	23	23	24	24	25	26	26	27	27	28	26	27
19	19	20	20	21	22閏	22六	23	23	24	22	23	24	24	25	25	26	27	27	28	28	29	27	28
20冬	20	21	21	22	23	23	24五	24四	25	23	24	25	25	26	26	27	28	28	29	29	30	28	29
21	21	22	22	23	24	24	25	25	26三	24二	25	26	26	27	27	28	29	29	30	30	31	**3**	30

五一一
辛卯
梁天監一〇
魏永平四

五一二
壬辰
梁天監一一
魏延昌元（四月改）

11	11	12	12	13	14	14	15	15	16	15	16	17	17	18	18	19	20	20	21	21	22	20	21	22
12	12	13	13	14	15	15	16	16	17	16	17	18	18	19	19	20	21	21	22	22	23	21	22	23
13	13	14	14	15	16	16	17	17	18	17	18	19	19	20	20	21	22	22	23	23	24	22	23	24
14	14	15	15	16	17	17	18	18	19	18	19	20	冬20	21	21	22	23	23	24	24	25	23	24	25
15	15	16	16	17	18	18	19	19	20	19	20	21	21	22	22	23	24	24	25	25	26	24	25	26
16	16	17	17	18	19	19	20	20	21	20	21	22	22	23	23	24	25	25	26	26	27	25	26	27
17	17	18	18	19	20	20	21	21	22	21	22	23	23	24	24	25	26	26	27	27	28	26	27	28
18	18	19	19	20	21	21	22	22	23	22	23	24	24	25	25	26	27	27	28	28	29	27	28	29
19	冬19	20	20	21	22	22	23	23	24	23	24	25	25	26	26	27	28	28	29	29	30	28	29	30
20	20	21	21	22	23	23	24	24	25	24	25	26	26	27	27	28	29	29	30	30	31	**3**	30	31
21	21	22	22	23	24	24	25	25	26	25	26	27	27	28	28	29	30	30	31	**5**	**4**	2	31	**1**
22	22	23	23	24	25	25	26	26	27	26	27	28	28	29	29	30	31	**7**	**6**	2	2	3	**2**	2
23	23	24	24	25	26	26	27	27	28	27	28	29	29	30	30	31	**8**	2	2	3	3	4	2	3
24	十二24	十一25	25	26	27	27	28	28	29	28	29	30	30	31	**10**	**9**	2	3	3	4	4	5	3	4
25	25	26	十26	九27	28	28	29	29	30	29	30	31	**12**	**11**	2	2	3	4	4	5	5	6	4	5
26	26	27	27	28	八29	七29	30	30	31	**3**	31	**1**	2	2	3	3	4	5	5	6	6	7	5	6
27	27	28	28	29	30	30	六31	五**5**	**4**	2	**2**	2	3	3	4	4	5	6	6	7	7	8	6	7
28	28	29	29	30	31	**7**	**6**	2	四2	三3	2	3	4	4	5	5	6	7	7	8	8	9	7	8
29	29	30	30	31	**8**	2	2	3	3	4	二3	正4	十二5	5	6	6	7	8	8	9	9	10	8	9
30	30	31	**10**	**9**	2	3	3	**4**	**4**	5	4	5	6	十一6	十7	7	8	9	9	10	10	11	9	10
31	**12**	**11**	2	2	3	4	4	5	5	6	5	6	7	7	8	九8	八9	10	10	11	11	12	10	11
日	2	2	3	3	4	5	5	6	6	7	6	7	8	8	9	9	10	七11	六11	12	12	13	11	12
曜	3	3	4	4	5	6	6	7	7	8	7	8	9	9	10	10	11	12	12	五13	四13	14	12	13
表	4	4	5	5	6	7	7	8	8	9	8	9	10	10	11	11	12	13	13	14	14	三15	二13	14
6	5	5	6	6	7	8	8	9	9	10	9	10	11	11	12	12	13	14	14	15	15	16	14	正15十二
甲	6	6	7	7	8	9	9	10	10	11	10	11	12	12	13	13	14	15	15	16	16	17	15	16
子	7	7	8	8	9	10	10	11	11	12	11	12	13	13	14	14	15	16	16	17	17	18	16	17
表	8	8	9	9	10	11	11	12	12	13	12	13	14	14	15	15	16	17	17	18	18	19	17	18
8	9	9	10	10	11	12	12	13	13	14	13	14	15	15	16	16	17	18	18	19	19	20	18	19
	10	10	11	11	12	13	13	14	14	15	14	15	16	16	17	17	18	19	19	20	20	21	19	20

五一三 癸巳 梁天監一二 魏延昌二 魏閏二月

五一四 甲午 梁天監一三 魏延昌三

22	23	23	24	25	25	26	26	27	25	26	27	27	28	28	29	30	30	31	**5**	**4**	2	31	**1**
23	24	24	25	26	26	27	27	28	26	27	28	28	29	29	30	31	**7**	**6**	2	2	3	**2**	2
24	25	25	26	27	27	28	28	29	27	28	29	29	30	30	31	**8**	2	2	3	3	4	2	3
25	26	26	27	28	28	29	29	30	28	29	30	30	31	**10**	**9**	2	3	3	4	4	5	3	4
26	27	27	28	29	29	30	30	31	**3**	30	31	**12**	**11**	2	2	3	4	4	5	5	6	4	5
27	28	28	29	30	30	31	**5**	**4**	2	31	**1**	2	2	3	3	4	5	5	6	6	7	5	6
28	29	29	30	31	**7**	**6**	2	2	3	**2**	2	3	3	4	4	5	6	6	7	7	8	6	7
29	30	30	31	**8**	2	2	3	3	4	2	3	4	4	5	5	6	7	7	8	8	9	7	8
30	31	**10**	**9**	2	3	3	4	4	5	3	4	5	5	6	6	7	8	8	9	9	10	8	9
12	**11**	2	2	3	4	4	5	5	6	4	5	6	6	7	7	8	9	9	10	10	11	9	10
2	2	3	3	4	5	5	6	6	7	5	6	7	7	8	8	9	10	10	11	11	12	10	11
3十一	3十	4九	4	5	6	6	7	7	8	6	7	8	8	9	9	10	11	11	12	12	13	11	12
4	4	5	5八	6七	7	7	8	8	9	7	8	9	9	10	10	11	12	12	13	13	14	12	13
5	5	6	6	7	8六	8五	9	9	10	8	9	10	10	11	11	12	13	13	14	14	15	13	14
6	6	7	7	8	9	9	10四	10三	11	9	10	11	11	12	12	13	14	14	15	15	16	14	15
7	7	8	8	9	10	10	11	11	12二	10正	11	12	12	13	13	14	15	15	16	16	17	15	16
8	8	9	9	10	11	11	12	12	13	11	12十二	13十一	13	14	14	15	16	16	17	17	18	16	17
9	9	10	10	11	12	12	13	13	14	12	13	14	14十	15九	15	16	17	17	18	18	19	17	18
10	10	11	11	12	13	13	14	14	15	13	14	15	15	16	16八	17七	18	18	19	19	20	18	19
11	11	12	12	13	14	14	15	15	16	14	15	16	16	17	17	18	19六	19五	20四	20	21	19	20
12	12	13	13	14	15	15	16	16	17	15	16	17	17	18	18	19	20	20	21	21閏	22三	20	21
13	13	14	14	15	16	16	17	17	18	16	17	18	18	19	19	20	21	21	22	22	23	21二	22正
14	14	15	15	16	17	17	18	18	19	17	18	19冬	19	20	20	21	22	22	23	23	24	22	23
15	15	16	16	17	18	18	19	19	20	18	19	20	20	21	21	22	23	23	24	24	25	23	24
16	16	17	17	18	19	19	20	20	21	19	20	21	21	22	22	23	24	24	25	25	26	24	25
17	17	18	18	19	20	20	21	21	22	20	21	22	22	23	23	24	25	25	26	26	27	25	26
18	18	19	19	20	21	21	22	22	23	21	22	23	23	24	24	25	26	26	27	27	28	26	27
19冬	19	20	20	21	22	22	23	23	24	22	23	24	24	25	25	26	27	27	28	28	29	27	28
20	20	21	21	22	23	23	24	24	25	23	24	25	25	26	26	27	28	28	29	29	30	28	29
21	21	22	22	23	24	24	25	25	26	24	25	26	26	27	27	28	29	29	30	30	31	**3**	30

五一五
乙未
梁天監一四
魏延昌四

魏閏十月

五一六
丙申
梁天監一五
魏熙平元 孝明帝

11	11	12九	12八	13	14	14	15	15	16	15	16	17	17	18	18	19	20	20	21	21	22	20	21	22
12	12	13	13	14七	15六	15	16	16	17	16	17	18	18	19	19	20	21	21	22	22	23	21	22	23
13	13	14	14	15	16	16五	17四	17	18	17	18	19	19	20	20	21	22	22	23	23	24	22	23	24
14	14	15	15	16	17	17	18	18三	19二	18正	19	20冬	20	21	21	22	23	23	24	24	25	23	24	25
15	15	16	16	17	18	18	19	19	20	19	20閏	21十二	21	22	22	23	24	24	25	25	26	24	25	26
16	16	17	17	18	19	19	20	20	21	20	21	22	22十一	23十	23	24	25	25	26	26	27	25	26	27
17	17	18	18	19	20	20	21	21	22	21	22	23	23	24	24九	25八	26	26	27	27	28	26	27	28
18	18	19	19	20	21	21	22	22	23	22	23	24	24	25	25	26	27七	27六	28	28	29	27	28	29
19冬	19	20	20	21	22	22	23	23	24	23	24	25	25	26	26	27	28	28	29五	29四	30	28	29	30
20	20	21	21	22	23	23	24	24	25	24	25	26	26	27	27	28	29	29	30	30	31三	3二	30	31
21	21	22	22	23	24	24	25	25	26	25	26	27	27	28	28	29	30	30	31	5	4	2	31正	1十二
22	22	23	23	24	25	25	26	26	27	26	27	28	28	29	29	30	31	7	6	2	2	3	2	2
23	23	24	24	25	26	26	27	27	28	27	28	29	29	30	30	31	8	2	2	3	3	4	2	3
24	24	25	25	26	27	27	28	28	29	28	29	30	30	31	10	9	2	3	3	4	4	5	3	4
25	25	26	26	27	28	28	29	29	30	29	30	31	12	11	2	2	3	4	4	5	5	6	4	5
26	26	27	27	28	29	29	30	30	31	3	31	1	2	2	3	3	4	5	5	6	6	7	5	6
27	27	28	28	29	30	30	31	5	4	2	2	2	3	3	4	4	5	6	6	7	7	8	6	7
28	28	29	29	30	31	7	6	2	2	3	2	3	4	4	5	5	6	7	7	8	8	9	7	8
29	29	30	30	31	8	2	2	3	3	4	3	4	5	5	6	6	7	8	8	9	9	10	8	9
30	30	31	10	9	2	3	3	4	4	5	4	5	6	6	7	7	8	9	9	10	10	11	9	10
31	12	11	2	2	3	4	4	5	5	6	5	6	7	7	8	8	9	10	10	11	11	12	10	11
日	2	2	3	3	4	5	5	6	6	7	6	7	8	8	9	9	10	11	11	12	12	13	11	12
曜	3	3	4	4	5	6	6	7	7	8	7	8	9	9	10	10	11	12	12	13	13	14	12	13
表	4	4	5	5	6	7	7	8	8	9	8	9	10	10	11	11	12	13	13	14	14	15	13	14
7	5	5	6	6	7	8	8	9	9	10	9	10	11	11	12	12	13	14	14	15	15	16	14	15
甲	6	6	7	7	8	9	9	10	10	11	10	11	12	12	13	13	14	15	15	16	16	17	15	16
子	7	7	8	8	9	10	10	11	11	12	11	12	13	13	14	14	15	16	16	17	17	18	16	17
表	8	8	9	9	10	11	11	12	12	13	12	13	14	14	15	15	16	17	17	18	18	19	17	18
9	9	9	10	10	11	12	12	13	13	14	13	14	15	15	16	16	17	18	18	19	19	20	18	19
	10十一	10十	11	11	12	13	13	14	14	15	14	15	16	16	17	17	18	19	19	20	20	21	19	20

五一八 戊戌 梁天監一七 魏神龜元（二月改） 魏閏七月

五一七 丁酉 梁天監一六 魏熙平二

22	23	23	24	25	25	26	26四	27三	25	26	27	27	28	28	29	30	30	31	**5**	**4**	2	31	**1**
23	24	24	25	26	26	27	27	28	26二	27正	28	28	29	29	30	31	**7**	**6**	2	2	3	**2**	2
24	25	25	26	27	27	28	28	29	27	28	29十二	29十一	30	30	31	**8**	2	2	3	3	4	2	3
25	26	26	27	28	28	29	29	30	28	29	30	30	31十	**10**九	**9**	2	3	3	4	4	5	3	4
26	27	27	28	29	29	30	30	31	**3**	30	31	**12**	**11**	2	2八	3七	4	4	5	5	6	4	5
27	28	28	29	30	30	31	**5**	**4**	2	31	**1**	2	2	3	3	4	5六	5五	6四	6	7	5	6
28	29	29	30	31	**7**	**6**	2	2	3	**2**	2	3	3	4	4	5	6	6	7	7三	8二	6	7
29	30	30	31	**8**	2	2	3	3	4	2	3	4	4	5	5	6	7	7	8	8	9	7正	8十二
30	31	**10**	**9**	2	3	3	4	4	5	3	4	5	5	6	6	7	8	8	9	9	10	8	9
12	**11**	2	2	3	4	4	5	5	6	4	5	6	6	7	7	8	9	9	10	10	11	9	10
2	2	3	3	4	5	5	6	6	7	5	6	7	7	8	8	9	10	10	11	11	12	10	11
3	3	4	4	5	6	6	7	7	8	6	7	8	8	9	9	10	11	11	12	12	13	11	12
4	4	5	5	6	7	7	8	8	9	7	8	9	9	10	10	11	12	12	13	13	14	12	13
5	5	6	6	7	8	8	9	9	10	8	9	10	10	11	11	12	13	13	14	14	15	13	14
6	6	7	7	8	9	9	10	10	11	9	10	11	11	12	12	13	14	14	15	15	16	14	15
7	7	8	8	9	10	10	11	11	12	10	11	12	12	13	13	14	15	15	16	16	17	15	16
8	8	9	9	10	11	11	12	12	13	11	12	13	13	14	14	15	16	16	17	17	18	16	17
9	9	10	10	11	12	12	13	13	14	12	13	14	14	15	15	16	17	17	18	18	19	17	18
10	10	11	11	12	13	13	14	14	15	13	14	15	15	16	16	17	18	18	19	19	20	18	19
11	11	12	12	13	14	14	15	15	16	14	15	16	16	17	17	18	19	19	20	20	21	19	20
12	12	13	13	14	15	15	16	16	17	15	16	17	17	18	18	19	20	20	21	21	22	20	21
13	13	14	14	15	16	16	17	17	18	16	17	18	18	19	19	20	21	21	22	22	23	21	22
14	14	15	15	16	17	17	18	18	19	17	18	19冬	19	20	20	21	22	22	23	23	24	22	23
15	15	16	16	17	18	18	19	19	20	18	19	20	20	21	21	22	23	23	24	24	25	23	24
16	16	17	17	18	19	19	20	20	21	19	20	21	21	22	22	23	24	24	25	25	26	24	25
17	17	18	18	19	20	20	21	21	22	20	21	22	22	23	23	24	25	25	26	26	27	25	26
18十一	18	19	19	20	21	21	22	22	23	21	22	23	23	24	24	25	26	26	27	27	28	26	27
19冬	19十	20九	20閏	21	22	22	23	23	24	22	23	24	24	25	25	26	27	27	28	28	29	27	28
20	20	21	21	22八	23七	23	24	24	25	23	24	25	25	26	26	27	28	28	29	29	30	28	29
21	21	22	22	23	24	24六	25五	25	26	24	25	26	26	27	27	28	29	29	30	30	31	**3**	30

五二〇 庚子 梁普通元 魏正光元（七月改）

五一九 己亥 梁天監一八 魏神龜二

11	11	12	12	13	14	14	15	15	16	15	16	17	17	18	18	19	20	20	21	21	22	20	21	22
12	12	13	13	14	15	15	16	16	17	16	17	18	18	19	19	20	21	21	22	22	23	21	22	23
13	13	14	14	15	16	16	17	17	18	17	18	19	19	20	20	21	22	22	23	23	24	22	23	24
14	14	15	15	16	17	17	18	18	19	18	19	20冬	20	21	21	22	23	23	24	24	25	23	24	25
15	15	16	16	17	18	18	19	19	20	19	20	21	21	22	22	23	24	24	25	25	26	24	25	26
16	16	17	17	18	19	19	20	20	21	20	21	22	22	23	23	24	25	25	26	26	27	25	26	27
17	17	18	18	19	20	20	21	21	22	21	22	23	23	24	24	25	26	26	27	27	28	26	27	28
18	18	19	19	20	21	21	22	22	23	22	23	24	24	25	25	26	27	27	28	28	29	27	28	29
19冬	19	20	20	21	22	22	23	23	24	23	24	25	25	26	26	27	28	28	29	29	30	28	29	30
20	20	21	21	22	23	23	24	24	25	24	25	26	26	27	27	28	29	29	30	30	31	**3**	30	31
21	21	22	22	23	24	24	25	25	26	25	26	27	27	28	28	29	30	30	31	**5**	**4**	2	31	**1**
22	22	23	23	24	25	25	26	26	27	26	27	28	28	29	29	30	31	**7**	**6**	2	2	3	**2**	2
23	23	24	24	25	26	26	27	27	28	27	28	29	29	30	30	31	**8**	2	2	3	3	4	2	3
24	24	25	25	26	27	27	28	28	29	28	29	30	30	31	**10**	**9**	2	3	3	4	4	5	3	4
25十二	25	26	26	27	28	28	29	29	30	29	30	31	**12**	**11**	2	2	3	4	4	5	5	6	4	5
26	26十一	27十	27	28	29	29	30	30	31	**3**	31	**1**	2	2	3	3	4	5	5	6	6	7	5	6
27	27	28	28九	29八	30	30	31	**5**	**4**	2	**2**	2	3	3	4	4	5	6	6	7	7	8	6	7
28	28	29	29	30	31七	**7**六	**6**	2	2	3	2	3	4	4	5	5	6	7	7	8	8	9	7	8
29	29	30	30	31	**8**	2	2五	3四	3	4	3	4	5	5	6	6	7	8	8	9	9	10	8	9
30	30	31	**10**	**9**	2	3	3	**4**	4三	5二	4正	5	6	6	7	7	8	9	9	10	10	11	9	10
31	**12**	**11**	2	2	3	4	4	5	5	6	5	6十二	7十一	7	8	8	9	10	10	11	11	12	10	11
日	2	2	3	3	4	5	5	6	6	7	6	7	8	8十	9九	9	10	11	11	12	12	13	11	12
曜	3	3	4	4	5	6	6	7	7	8	7	8	9	9	10	10八	11七	12	12	13	13	14	12	13
表	4	4	5	5	6	7	7	8	8	9	8	9	10	10	11	11	12	13六	13五	14	14	15	13	14
1	5	5	6	6	7	8	8	9	9	10	9	10	11	11	12	12	13	14	14	15四	15三	16	14	15
甲	6	6	7	7	8	9	9	10	10	11	10	11	12	12	13	13	14	15	15	16	16	17二	15正	16
子	7	7	8	8	9	10	10	11	11	12	11	12	13	13	14	14	15	16	16	17	17	18	16	17十二
表	8	8	9	9	10	11	11	12	12	13	12	13	14	14	15	15	16	17	17	18	18	19	17	18
10	9	9	10	10	11	12	12	13	13	14	13	14	15	15	16	16	17	18	18	19	19	20	18	19
	10	10	11	11	12	13	13	14	14	15	14	15	16	16	17	17	18	19	19	20	20	21	19	20

五二二 壬寅 梁普通三 魏正光三

五二一 辛丑 梁普通二 魏正光二

22	23	23	24	25	25	26	26	27	25	26	27	27	28	28	29	30	30	31	**5**	**4**	2	31	**1**
23	24	24	25	26	26	27	27	28	26	27	28	28	29	29	30	31	**7**	**6**	2	2	3	**2**	2
24	25	25	26	27	27	28	28	29	27	28	29	29	30	30	31	**8**	2	2	3	3	4	2	3
25	26	26	27	28	28	29	29	30	28	29	30	30	31	**10**	**9**	2	3	3	4	4	5	3	4
26	27	27	28	29	29	30	30	31	**3**	30	31	**12**	**11**	2	2	3	4	4	5	5	6	4	5
27	28	28	29	30	30	31	**5**	**4**	2	31	**1**	2	2	3	3	4	5	5	6	6	7	5	6
28	29	29	30	31	**7**	**6**	2	2	3	**2**	2	3	3	4	4	5	6	6	7	7	8	6	7
29	30	30	31	**8**	2	2	3	3	4	2	3	4	4	5	5	6	7	7	8	8	9	7	8
30	31	**10**	**9**	2	3	3	4	4	5	3	4	5	5	6	6	7	8	8	9	9	10	8	9
12	**11**	2	2	3	4	4	5	5	6	4	5	6	6	7	7	8	9	9	10	10	11	9	10
2	2	3	3	4	5	5	6	6	7	5	6	7	7	8	8	9	10	10	11	11	12	10	11
3	3	4	4	5	6	6	7	7	8	6	7	8	8	9	9	10	11	11	12	12	13	11	12
4 十一	4	5	5	6	7	7	8	8	9	7	8	9	9	10	10	11	12	12	13	13	14	12	13
5	5 十	6 九	6 八	7	8	8	9	9	10	8	9	10	10	11	11	12	13	13	14	14	15	13	14
6	6	7	7	8 七	9 六	9	10	10	11	9	10	11	11	12	12	13	14	14	15	15	16	14	15
7	7	8	8	9	10	10 五	11 四	11	12	10	11	12	12	13	13	14	15	15	16	16	17	15	16
8	8	9	9	10	11	11	12	12 三	13 二	11	12	13	13	14	14	15	16	16	17	17	18	16	17
9	9	10	10	11	12	12	13	13	14	12 正	13 十二	14	14	15	15	16	17	17	18	18	19	17	18
10	10	11	11	12	13	13	14	14	15	13	14	15 十一	15 十	16	16	17	18	18	19	19	20	18	19
11	11	12	12	13	14	14	15	15	16	14	15	16	16	17 九	17 八	18	19	19	20	20	21	19	20
12	12	13	13	14	15	15	16	16	17	15	16	17	17	18	18	19 七	20 六	20	21	21	22	20	21
13	13	14	14	15	16	16	17	17	18	16	17	18	18	19	19	20	21	21 閏	22 五	22 四	23	21	22
14	14	15	15	16	17	17	18	18	19	17	18	19 冬	19	20	20	21	22	22	23	23	24 三	22 二	23
15	15	16	16	17	18	18	19	19	20	18	19	20	20	21	21	22	23	23	24	24	25	23	24 正
16	16	17	17	18	19	19	20	20	21	19	20	21	21	22	22	23	24	24	25	25	26	24	25
17	17	18	18	19	20	20	21	21	22	20	21	22	22	23	23	24	25	25	26	26	27	25	26
18	18	19	19	20	21	21	22	22	23	21	22	23	23	24	24	25	26	26	27	27	28	26	27
19 冬	19	20	20	21	22	22	23	23	24	22	23	24	24	25	25	26	27	27	28	28	29	27	28
20	20	21	21	22	23	23	24	24	25	23	24	25	25	26	26	27	28	28	29	29	30	28	29
21	21	22	22	23	24	24	25	25	26	24	25	26	26	27	27	28	29	29	30	30	31	**3**	30

五二四 甲辰 梁普通五 魏正光五													五二三 癸卯 梁普通四 魏正光四											
11十二	11	12	12	13	14	14	15	15	16	15	16	17	17	18	18	19	20	20	21	21	22	20	21	22
12	12十	13九	13	14	15	15	16	16	17	16	17	18	18	19	19	20	21	21	22	22	23	21	22	23
13	13	14	14八	15七	16	16	17	17	18	17	18	19	19	20	20	21	22	22	23	23	24	22	23	24
14	14	15	15	16	17六	17五	18	18	19	18	19	20冬	20	21	21	22	23	23	24	24	25	23	24	25
15	15	16	16	17	18	18	19四	19三	20	19	20	21	21	22	22	23	24	24	25	25	26	24	25	26
16	16	17	17	18	19	19	20	20	21閏	20二	21正	22	22	23	23	24	25	25	26	26	27	25	26	27
17	17	18	18	19	20	20	21	21	22	21	22	23十二	23十一	24	24	25	26	26	27	27	28	26	27	28
18	18	19	19	20	21	21	22	22	23	22	23	24	24	25十	25九	26	27	27	28	28	29	27	28	29
19冬	19	20	20	21	22	22	23	23	24	23	24	25	25	26	26	27八	28七	28	29	29	30	28	29	30
20	20	21	21	22	23	23	24	24	25	24	25	26	26	27	27	28	29	29六	30五	30	31	**3**	30	31
21	21	22	22	23	24	24	25	25	26	25	26	27	27	28	28	29	30	30	31	**5**四	**4**三	2	31	**1**
22	22	23	23	24	25	25	26	26	27	26	27	28	28	29	29	30	31	**7**	**6**	2	2	3二	**2**正	2
23	23	24	24	25	26	26	27	27	28	27	28	29	29	30	30	31	**8**	2	2	3	3	4	2	3十二
24	24	25	25	26	27	27	28	28	29	28	29	30	30	31	**10**	**9**	2	3	3	4	4	5	3	4
25	25	26	26	27	28	28	29	29	30	29	30	31	**12**	**11**	2	2	3	4	4	5	5	6	4	5
26	26	27	27	28	29	29	30	30	31	**3**	31	**1**	2	2	3	3	4	5	5	6	6	7	5	6
27	27	28	28	29	30	30	31	**5**	**4**	2	**2**	2	3	3	4	4	5	6	6	7	7	8	6	7
28	28	29	29	30	31	**7**	**6**	2	2	3	2	3	4	4	5	5	6	7	7	8	8	9	7	8
29	29	30	30	31	**8**	2	2	3	3	4	3	4	5	5	6	6	7	8	8	9	9	10	8	9
30	30	31	**10**	**9**	2	3	3	4	4	5	4	5	6	6	7	7	8	9	9	10	10	11	9	10
31	**12**	**11**	2	2	3	4	4	5	5	6	5	6	7	7	8	8	9	10	10	11	11	12	10	11
日	2	2	3	3	4	5	5	6	6	7	6	7	8	8	9	9	10	11	11	12	12	13	11	12
曜	3	3	4	4	5	6	6	7	7	8	7	8	9	9	10	10	11	12	12	13	13	14	12	13
表	4	4	5	5	6	7	7	8	8	9	8	9	10	10	11	11	12	13	13	14	14	15	13	14
2	5	5	6	6	7	8	8	9	9	10	9	10	11	11	12	12	13	14	14	15	15	16	14	15
甲	6	6	7	7	8	9	9	10	10	11	10	11	12	12	13	13	14	15	15	16	16	17	15	16
子	7	7	8	8	9	10	10	11	11	12	11	12	13	13	14	14	15	16	16	17	17	18	16	17
表	8	8	9	9	10	11	11	12	12	13	12	13	14	14	15	15	16	17	17	18	18	19	17	18
11	9	9	10	10	11	12	12	13	13	14	13	14	15	15	16	16	17	18	18	19	19	20	18	19
	10	10	11	11	12	13	13	14	14	15	14	15	16	16	17	17	18	19	19	20	20	21	19	20

五二六
丙午
梁普通七
魏孝昌二

魏閏十一月

五二五
乙巳
梁普通六
魏孝昌元（六月改）

22	23	23	24	25七	25六	26	26	27	25	26	27	27	28	28	29	30	30	31	**5**	**4**	2	31	**1**
23	24	24	25	26	26	27五	27四	28	26	27	28	28	29	29	30	31	**7**	**6**	2	2	3	**2**	2
24	25	25	26	27	27	28	28	29三	27二	28	29	29	30	30	31	**8**	2	2	3	3	4	2	3
25	26	26	27	28	28	29	29	30	28	29正	30十二	30	31	**10**	**9**	2	3	3	4	4	5	3	4
26	27	27	28	29	29	30	30	31	**3**	30	31	**12**十二	**11**十	2	2	3	4	4	5	5	6	4	5
27	28	28	29	30	30	31	**5**	**4**	2	31	**1**	2	2	3九	3八	4	5	5	6	6	7	5	6
28	29	29	30	31	**7**	**6**	2	2	3	**2**	2	3	3	4	4	5七	6六	6	7	7	8	6	7
29	30	30	31	**8**	2	2	3	3	4	2	3	4	4	5	5	6	7	7五	8四	8三	9	7	8
30	31	**10**	**9**	2	3	3	4	4	5	3	4	5	5	6	6	7	8	8	9	9	10二	8正	9
12	**11**	2	2	3	4	4	5	5	6	4	5	6	6	7	7	8	9	9	10	10	11	9	10十二
2	2	3	3	4	5	5	6	6	7	5	6	7	7	8	8	9	10	10	11	11	12	10	11
3	3	4	4	5	6	6	7	7	8	6	7	8	8	9	9	10	11	11	12	12	13	11	12
4	4	5	5	6	7	7	8	8	9	7	8	9	9	10	10	11	12	12	13	13	14	12	13
5	5	6	6	7	8	8	9	9	10	8	9	10	10	11	11	12	13	13	14	14	15	13	14
6	6	7	7	8	9	9	10	10	11	9	10	11	11	12	12	13	14	14	15	15	16	14	15
7	7	8	8	9	10	10	11	11	12	10	11	12	12	13	13	14	15	15	16	16	17	15	16
8	8	9	9	10	11	11	12	12	13	11	12	13	13	14	14	15	16	16	17	17	18	16	17
9	9	10	10	11	12	12	13	13	14	12	13	14	14	15	15	16	17	17	18	18	19	17	18
10	10	11	11	12	13	13	14	14	15	13	14	15	15	16	16	17	18	18	19	19	20	18	19
11	11	12	12	13	14	14	15	15	16	14	15	16	16	17	17	18	19	19	20	20	21	19	20
12	12	13	13	14	15	15	16	16	17	15	16	17	17	18	18	19	20	20	21	21	22	20	21
13	13	14	14	15	16	16	17	17	18	16	17	18	18	19	19	20	21	21	22	22	23	21	22
14	14	15	15	16	17	17	18	18	19	17	18	19冬	19	20	20	21	22	22	23	23	24	22	23
15	15	16	16	17	18	18	19	19	20	18	19	20	20	21	21	22	23	23	24	24	25	23	24
16	16	17	17	18	19	19	20	20	21	19	20	21	21	22	22	23	24	24	25	25	26	24	25
17	17	18	18	19	20	20	21	21	22	20	21	22	22	23	23	24	25	25	26	26	27	25	26
18	18	19	19	20	21	21	22	22	23	21	22	23	23	24	24	25	26	26	27	27	28	26	27
19冬	19	20	20	21	22	22	23	23	24	22	23	24	24	25	25	26	27	27	28	28	29	27	28
20十二	20閏	21	21	22	23	23	24	24	25	23	24	25	25	26	26	27	28	28	29	29	30	28	29
21	21	22十	22九	23八	24	24	25	25	26	24	25	26	26	27	27	28	29	29	30	30	31	**3**	30

勵耘書屋

												五二八 戊申 梁大通二 魏武泰元 魏建義元（孝莊帝四月改） 魏永安元（九月改）												**五二七** 丁未 梁大通元（三月改） 魏孝昌三 是年羅馬教士若尼斯始推定耶穌降生歲爲元年
11	11	12	12	13	14	14	15	15	16	15	16	17	17	18	18	19	20	20	21	21	22	20	21	22
12	12	13	13	14	15	15	16	16	17	16	17	18	18	19	19	20	21	21	22	22	23	21	22	23
13	13	14	14	15	16	16	17	17	18	17	18	19	19	20	20	21	22	22	23	23	24	22	23	24
14	14	15	15	16	17	17	18	18	19	18	19	20冬	20	21	21	22	23	23	24	24	25	23	24	25
15	15	16	16	17	18	18	19	19	20	19	20	21	21	22	22	23	24	24	25	25	26	24	25	26
16	16	17	17	18	19	19	20	20	21	20	21	22	22	23	23	24	25	25	26	26	27	25	26	27
17	17	18	18	19	20	20	21	21	22	21	22	23	23	24	24	25	26	26	27	27	28	26	27	28
18	18	19	19	20	21	21	22	22	23	22	23	24	24	25	25	26	27	27	28	28	29	27	28	29
19冬	19	20	20	21	22	22	23	23	24	23	24	25	25	26	26	27	28	28	29	29	30	28	29	30
20	20	21	21	22	23	23	24	24	25	24	25	26	26	27	27	28	29	29	30	30	31	**3**	30	31
21	21	22	22	23	24	24	25	25	26	25	26	27	27	28	28	29	30	30	31	**5**	**4**	2	31	**1**
22	22	23	23	24	25	25	26	26	27	26	27	28	28	29	29	30	31	**7**	**6**	2	2	3	**2**	2
23	23	24	24	25	26	26	27	27	28	27	28	29	29	30	30	31	**8**	2	2	3	3	4	2	3
24	24	25	25	26	27	27	28	28	29	28	29	30	30	31	**10**	**9**	2	3	3	4	4	5	3	4
25	25	26	26	27	28	28	29	29	30	29	30	31	**12**	**11**	2	2	3	4	4	5	5	6	4	5
26	26	27	27	28	29	29	30	30	31	**3**	31	**1**	2	2	3	3	4	5	5	6	6	7	5	6
27十二	27十一	28	28	29	30	30	31	**5**	**4**	2	**2**	2	3	3	4	4	5	6	6	7	7	8	6	7
28	28	29十	29九	30	31	**7**	**6**	2	2	3	2	3	4	4	5	5	6	7	7	8	8	9	7	8
29	29	30	30	31八	**8**七	2	2	3	3	4	3	4	5	5	6	6	7	8	8	9	9	10	8	9
30	30	31	**10**	**9**	2	3六	3五	**4**	4	5	4	5	6	6	7	7	8	9	9	10	10	11	9	10
31	**12**	**11**	2	2	3	4	4	5四	5三	6	5	6	7	7	8	8	9	10	10	11	11	12	10	11
日	2	2	3	3	4	5	5	6	6	7二	6正	7十二	8	8	9	9	10	11	11	12	12	13	11	12
曜	3	3	4	4	5	6	6	7	7	8	7	8	9十一	9十	10	10	11	12	12	13	13	14	12	13
表	4	4	5	5	6	7	7	8	8	9	8	9	10	10	11九	11八	12	13	13	14	14	15	13	14
3	5	5	6	6	7	8	8	9	9	10	9	10	11	11	12	12	13七	14六	14	15	15	16	14	15
甲	6	6	7	7	8	9	9	10	10	11	10	11	12	12	13	13	14	15	15五	16四	16	17	15	16
子	7	7	8	8	9	10	10	11	11	12	11	12	13	13	14	14	15	16	16	17	17三	18二	16	17
表	8	8	9	9	10	11	11	12	12	13	12	13	14	14	15	15	16	17	17	18	18	19	17正	18十二	
12	9	9	10	10	11	12	12	13	13	14	13	14	15	15	16	16	17	18	18	19	19	20	18	19
	10	10	11	11	12	13	13	14	14	15	14	15	16	16	17	17	18	19	19	20	20	21	19	20

五二九 己酉 梁中大通元（十月改） 魏永安二

魏閏七月

五三〇 庚戌 梁中大通二 魏建明元（十月改）

22	23	23	24	25	25	26	26	27	25	26	27	27	28	28	29	30	30	31	**5**	**4**	2	31	**1**
23	24	24	25	26	26	27	27	28	26	27	28	28	29	29	30	31	**7**	**6**	2	2	3	**2**	2
24	25	25	26	27	27	28	28	29	27	28	29	29	30	30	31	**8**	2	2	3	3	4	2	3
25	26	26	27	28	28	29	29	30	28	29	30	30	31	**10**	**9**	2	3	3	4	4	5	3	4
26	27	27	28	29	29	30	30	31	**3**	30	31	**12**	**11**	2	2	3	4	4	5	5	6	4	5
27	28	28	29	30	30	31	**5**	**4**	2	31	**1**	2	2	3	3	4	5	5	6	6	7	5	6
28	29	29	30	31	**7**	**6**	2	2	3	**2**	2	3	3	4	4	5	6	6	7	7	8	6	7
29	30	30	31	**8**	2	2	3	3	4	2	3	4	4	5	5	6	7	7	8	8	9	7	8
30	31	**10**	**9**	2	3	3	4	4	5	3	4	5	5	6	6	7	8	8	9	9	10	8	9
12	**11**	2	2	3	4	4	5	5	6	4	5	6	6	7	7	8	9	9	10	10	11	9	10
2	2	3	3	4	5	5	6	6	7	5	6	7	7	8	8	9	10	10	11	11	12	10	11
3	3	4	4	5	6	6	7	7	8	6	7	8	8	9	9	10	11	11	12	12	13	11	12
4	4	5	5	6	7	7	8	8	9	7	8	9	9	10	10	11	12	12	13	13	14	12	13
5	5	6	6	7	8	8	9	9	10	8	9	10	10	11	11	12	13	13	14	14	15	13	14
6 十一	6 十	7	7	8	9	9	10	10	11	9	10	11	11	12	12	13	14	14	15	15	16	14	15
7	7	8 九	8 八	9 七	10	10	11	11	12	10	11	12	12	13	13	14	15	15	16	16	17	15	16
8	8	9	9	10	11 六	11 五	12	12	13	11	12	13	13	14	14	15	16	16	17	17	18	16	17
9	9	10	10	11	12	12	13 四	13 三	14	12	13	14	14	15	15	16	17	17	18	18	19	17	18
10	10	11	11	12	13	13	14	14	15 二	13 正	14	15	15	16	16	17	18	18	19	19	20	18	19
11	11	12	12	13	14	14	15	15	16	14	15 十二	16 十一	16	17	17	18	19	19	20	20	21	19	20
12	12	13	13	14	15	15	16	16	17	15	16	17	17 十	18 九	18	19	20	20	21	21	22	20	21
13	13	14	14	15	16	16	17	17	18	16	17	18	18	19	19 八	20 七	21	21	22	22	23	21	22
14	14	15	15	16	17	17	18	18	19	17	18	19 冬	19	20	20	21	22 閏	22 六	23	23	24	22	23
15	15	16	16	17	18	18	19	19	20	18	19	20	20	21	21	22	23	23	24 五	24 四	25 三	23	24
16	16	17	17	18	19	19	20	20	21	19	20	21	21	22	22	23	24	24	25	25	26	24 二	25 正
17	17	18	18	19	20	20	21	21	22	20	21	22	22	23	23	24	25	25	26	26	27	25	26
18	18	19	19	20	21	21	22	22	23	21	22	23	23	24	24	25	26	26	27	27	28	26	27
19 冬	19	20	20	21	22	22	23	23	24	22	23	24	24	25	25	26	27	27	28	28	29	27	28
20	20	21	21	22	23	23	24	24	25	23	24	25	25	26	26	27	28	28	29	29	30	28	29
21	21	22	22	23	24	24	25	25	26	24	25	26	26	27	27	28	29	29	30	30	31	**3**	30

勵耘書屋

五三一 辛亥

梁中大通三

魏普泰元 廣陵王二月改

魏中興元 安定王十月改

五三二 壬子

梁中大通四

魏太昌元 出帝四月改

魏永興元 十二月改

魏永熙元 十二月又改

魏閏二月

11	11	12	12	13	14	14	15	15	16	15	16	17	17	18	18	19	20	20	21	21	22	20	21	22
12	12	13	13	14	15	15	16	16	17	16	17	18	18	19	19	20	21	21	22	22	23	21	22	23
13 十一	13 十	14	14	15	16	16	17	17	18	17	18	19	19	20	20	21	22	22	23	23	24	22	23	24
14	14	15 九	15 八	16	17	17	18	18	19	18	19	20 冬	20	21	21	22	23	23	24	24	25	23	24	25
15	15	16	16	17 七	18 六	18	19	19	20	19	20	21	21	22	22	23	24	24	25	25	26	24	25	26
16	16	17	17	18	19	19 五	20 四	20	21	20	21	22	22	23	23	24	25	25	26	26	27	25	26	27
17	17	18	18	19	20	20	21	21 閏	22 三	21	22	23	23	24	24	25	26	26	27	27	28	26	27	28
18	18	19	19	20	21	21	22	22	23	22 二	23 正	24 十二	24	25	25	26	27	27	28	28	29	27	28	29
19 冬	19	20	20	21	22	22	23	23	24	23	24	25	25 十一	26 十	26	27	28	28	29	29	30	28	29	30
20	20	21	21	22	23	23	24	24	25	24	25	26	26	27	27 九	28 八	29	29	30	30	31	**3**	30	31
21	21	22	22	23	24	24	25	25	26	25	26	27	27	28	28	29	30 七	30 六	31	**5**	**4**	2	31	**1**
22	22	23	23	24	25	25	26	26	27	26	27	28	28	29	29	30	31	**7**	**6** 五	2 四	2	3	**2**	2
23	23	24	24	25	26	26	27	27	28	27	28	29	29	30	30	31	**8**	2	2	3	3 三	4 二	2	3
24	24	25	25	26	27	27	28	28	29	28	29	30	30	31	**10**	**9**	2	3	3	4	4	5	3 正	4 十二
25	25	26	26	27	28	28	29	29	30	29	30	31	**12**	**11**	2	2	3	4	4	5	5	6	4	5
26	26	27	27	28	29	29	30	30	31	**3**	31	**1**	2	2	3	3	4	5	5	6	6	7	5	6
27	27	28	28	29	30	30	31	**5**	**4**	2	**2**	2	3	3	4	4	5	6	6	7	7	8	6	7
28	28	29	29	30	31	**7**	**6**	2	2	3	2	3	4	4	5	5	6	7	7	8	8	9	7	8
29	29	30	30	31	**8**	2	2	3	3	4	3	4	5	5	6	6	7	8	8	9	9	10	8	9
30	30	31	**10**	**9**	2	3	3	4	4	5	4	5	6	6	7	7	8	9	9	10	10	11	9	10
31	**12**	**11**	2	2	3	4	4	5	5	6	5	6	7	7	8	8	9	10	10	11	11	12	10	11
日	2	2	3	3	4	5	5	6	6	7	6	7	8	8	9	9	10	11	11	12	12	13	11	12
曜	3	3	4	4	5	6	6	7	7	8	7	8	9	9	10	10	11	12	12	13	13	14	12	13
表	4	4	5	5	6	7	7	8	8	9	8	9	10	10	11	11	12	13	13	14	14	15	13	14
4	5	5	6	6	7	8	8	9	9	10	9	10	11	11	12	12	13	14	14	15	15	16	14	15
甲	6	6	7	7	8	9	9	10	10	11	10	11	12	12	13	13	14	15	15	16	16	17	15	16
子	7	7	8	8	9	10	10	11	11	12	11	12	13	13	14	14	15	16	16	17	17	18	16	17
表	8	8	9	9	10	11	11	12	12	13	12	13	14	14	15	15	16	17	17	18	18	19	17	18
13	9	9	10	10	11	12	12	13	13	14	13	14	15	15	16	16	17	18	18	19	19	20	18	19
	10	10	11	11	12	13	13	14	14	15	14	15	16	16	17	17	18	19	19	20	20	21	19	20

五三四 甲寅 梁中大通六 魏永熙三 東魏天平元（孝靜帝十月改）

五三三 癸丑 梁中大通五 魏永熙二

22十一	23十	23	24	25	25	26	26	27	25	26	27	27	28	28	29	30	30	31	5	4	2	31	1
23	24	24九	25八	26七	26	27	27	28	26	27	28	28	29	29	30	31	7	6	2	2	3	2	2
24	25	25	26	27	27六	28五	28	29	27	28	29	29	30	30	31	8	2	2	3	3	4	2	3
25	26	26	27	28	28	29	29四	30三	28	29	30	30	31	10	9	2	3	3	4	4	5	3	4
26	27	27	28	29	29	30	30	31	3二	30正	31	12	11	2	2	3	4	4	5	5	6	4	5
27	28	28	29	30	30	31	5	4	2	31	1十二	2十一	2	3	3	4	5	5	6	6	7	5	6
28	29	29	30	31	7	6	2	2	3	2	2	3	3十	4九	4	5	6	6	7	7	8	6	7
29	30	30	31	8	2	2	3	3	4	2	3	4	4	5	5八	6七	7	7	8	8	9	7	8
30	31	10	9	2	3	3	4	4	5	3	4	5	5	6	6	7	8六	8五	9	9	10	8	9
12	11	2	2	3	4	4	5	5	6	4	5	6	6	7	7	8	9	9	10四	10三	11二	9	10
2	2	3	3	4	5	5	6	6	7	5	6	7	7	8	8	9	10	10	11	11	12	10正	11十二
3	3	4	4	5	6	6	7	7	8	6	7	8	8	9	9	10	11	11	12	12	13	11	12
4	4	5	5	6	7	7	8	8	9	7	8	9	9	10	10	11	12	12	13	13	14	12	13
5	5	6	6	7	8	8	9	9	10	8	9	10	10	11	11	12	13	13	14	14	15	13	14
6	6	7	7	8	9	9	10	10	11	9	10	11	11	12	12	13	14	14	15	15	16	14	15
7	7	8	8	9	10	10	11	11	12	10	11	12	12	13	13	14	15	15	16	16	17	15	16
8	8	9	9	10	11	11	12	12	13	11	12	13	13	14	14	15	16	16	17	17	18	16	17
9	9	10	10	11	12	12	13	13	14	12	13	14	14	15	15	16	17	17	18	18	19	17	18
10	10	11	11	12	13	13	14	14	15	13	14	15	15	16	16	17	18	18	19	19	20	18	19
11	11	12	12	13	14	14	15	15	16	14	15	16	16	17	17	18	19	19	20	20	21	19	20
12	12	13	13	14	15	15	16	16	17	15	16	17	17	18	18	19	20	20	21	21	22	20	21
13	13	14	14	15	16	16	17	17	18	16	17	18	18	19	19	20	21	21	22	22	23	21	22
14	14	15	15	16	17	17	18	18	19	17	18	19冬	19	20	20	21	22	22	23	23	24	22	23
15	15	16	16	17	18	18	19	19	20	18	19	20	20	21	21	22	23	23	24	24	25	23	24
16	16	17	17	18	19	19	20	20	21	19	20	21	21	22	22	23	24	24	25	25	26	24	25
17	17	18	18	19	20	20	21	21	22	20	21	22	22	23	23	24	25	25	26	26	27	25	26
18	18	19	19	20	21	21	22	22	23	21	22	23	23	24	24	25	26	26	27	27	28	26	27
19冬	19	20	20	21	22	22	23	23	24	22	23	24	24	25	25	26	27	27	28	28	29	27	28
20	20	21	21	22	23	23	24	24	25	23	24	25	25	26	26	27	28	28	29	29	30	28	29
21十二	21	22	22	23	24	24	25	25	26	24	25	26	26	27	27	28	29	29	30	30	31	3	30

五三五 乙卯 梁大同元 西魏大統元（文帝） 東魏天平二

五三六 丙辰 梁大同二 西魏大統二 東魏天平三

11	11	12	12	13	14	14	15	15	16	15	16	17	17	18	18	19	20	20	21	21	22	20	21	22
12	12	13	13	14	15	15	16	16	17	16	17	18	18	19	19	20	21	21	22	22	23	21	22	23
13	13	14	14	15	16	16	17	17	18	17	18	19	19	20	20	21	22	22	23	23	24	22	23	24
14	14	15	15	16	17	17	18	18	19	18	19	20冬	20	21	21	22	23	23	24	24	25	23	24	25
15	15	16	16	17	18	18	19	19	20	19	20	21	21	22	22	23	24	24	25	25	26	24	25	26
16	16	17	17	18	19	19	20	20	21	20	21	22	22	23	23	24	25	25	26	26	27	25	26	27
17	17	18	18	19	20	20	21	21	22	21	22	23	23	24	24	25	26	26	27	27	28	26	27	28
18	18	19	19	20	21	21	22	22	23	22	23	24	24	25	25	26	27	27	28	28	29	27	28	29
19冬	19	20	20	21	22	22	23	23	24	23	24	25	25	26	26	27	28	28	29	29	30	28	29	30
20	20	21	21	22	23	23	24	24	25	24	25	26	26	27	27	28	29	29	30	30	31	**3**	30	31
21	21	22	22	23	24	24	25	25	26	25	26	27	27	28	28	29	30	30	31	**5**	**4**	2	31	**1**
22	22	23	23	24	25	25	26	26	27	26	27	28	28	29	29	30	31	**7**	**6**	2	2	3	**2**	2
23	23	24	24	25	26	26	27	27	28	27	28	29	29	30	30	31	**8**	2	2	3	3	4	2	3
24	24	25	25	26	27	27	28	28	29	28	29	30	30	31	**10**	**9**	2	3	3	4	4	5	3	4
25	25	26	26	27	28	28	29	29	30	29	30	31	**12**	**11**	2	2	3	4	4	5	5	6	4	5
26	26	27	27	28	29	29	30	30	31	**3**	31	**1**	2	2	3	3	4	5	5	6	6	7	5	6
27	27	28	28	29	30	30	31	**5**	**4**	2	**2**	2	3	3	4	4	5	6	6	7	7	8	6	7
28十二	28	29	29	30	31	**7**	**6**	2	2	3	2	3	4	4	5	5	6	7	7	8	8	9	7	8
29	29十一	30十	30	31	**8**	2	2	3	3	4	3	4	5	5	6	6	7	8	8	9	9	10	8	9
30	30	31	**10**九	**9**八	2	3	3	**4**	**4**	5	4	5	6	6	7	7	8	9	9	10	10	11	9	10
31	**12**	**11**	2	2	3七	4六	4	5	5	6	5	6	7	7	8	8	9	10	10	11	11	12	10	11
日	2	2	3	3	4	5	5五	6四	6	7	6	7	8	8	9	9	10	11	11	12	12	13	11	12
曜	3	3	4	4	5	6	6	7	7三	8二	7	8	9	9	10	10	11	12	12	13	13	14	12	13
表	4	4	5	5	6	7	7	8	8	9	8正	9十二	10十一	10	11	11	12	13	13	14	14	15	13	14
5	5	5	6	6	7	8	8	9	9	10	9	10	11	11十	12九	12	13	14	14	15	15	16	14	15
甲	6	6	7	7	8	9	9	10	10	11	10	11	12	12	13	13八	14七	15	15	16	16	17	15	16
子	7	7	8	8	9	10	10	11	11	12	11	12	13	13	14	14	15	16六	16五	17	17	18	16	17
表	8	8	9	9	10	11	11	12	12	13	12	13	14	14	15	15	16	17	17	18四	18三	19	17	18
14	9	9	10	10	11	12	12	13	13	14	13	14	15	15	16	16	17	18	18	19	19	20二	18正	19
	10	10	11	11	12	13	13	14	14	15	14	15	16	16	17	17	18	19	19	20	20	21	19	20閏

五三八
戊午
梁大同四
西魏大統四
東魏元象元

五三七
丁巳
梁大同三
西魏大統三
東魏天平四

22	23	23	24	25	25	26	26	27	25	26	27	27	28	28	29	30	30	31	**5**	**4**	2	31	**1**
23	24	24	25	26	26	27	27	28	26	27	28	28	29	29	30	31	**7**	**6**	2	2	3	**2**	2
24	25	25	26	27	27	28	28	29	27	28	29	29	30	30	31	**8**	2	2	3	3	4	2	3
25	26	26	27	28	28	29	29	30	28	29	30	30	31	**10**	**9**	2	3	3	4	4	5	3	4
26	27	27	28	29	29	30	30	31	**3**	30	31	**12**	**11**	2	2	3	4	4	5	5	6	4	5
27	28	28	29	30	30	31	**5**	**4**	2	31	**1**	2	2	3	3	4	5	5	6	6	7	5	6
28	29	29	30	31	**7**	**6**	2	2	3	**2**	2	3	3	4	4	5	6	6	7	7	8	6	7
29	30	30	31	**8**	2	2	3	3	4	2	3	4	4	5	5	6	7	7	8	8	9	7	8
30	31	**10**	**9**	2	3	3	4	4	5	3	4	5	5	6	6	7	8	8	9	9	10	8	9
12	**11**	2	2	3	4	4	5	5	6	4	5	6	6	7	7	8	9	9	10	10	11	9	10
2	2	3	3	4	5	5	6	6	7	5	6	7	7	8	8	9	10	10	11	11	12	10	11
3	3	4	4	5	6	6	7	7	8	6	7	8	8	9	9	10	11	11	12	12	13	11	12
4	4	5	5	6	7	7	8	8	9	7	8	9	9	10	10	11	12	12	13	13	14	12	13
5	5	6	6	7	8	8	9	9	10	8	9	10	10	11	11	12	13	13	14	14	15	13	14
6	6	7	7	8	9	9	10	10	11	9	10	11	11	12	12	13	14	14	15	15	16	14	15
7十一	7	8	8	9	10	10	11	11	12	10	11	12	12	13	13	14	15	15	16	16	17	15	16
8	8十	9九	9	10	11	11	12	12	13	11	12	13	13	14	14	15	16	16	17	17	18	16	17
9	9	10	10八	11七	12六	12	13	13	14	12	13	14	14	15	15	16	17	17	18	18	19	17	18
10	10	11	11	12	13	13五	14四	14	15	13	14	15	15	16	16	17	18	18	19	19	20	18	19
11	11	12	12	13	14	14	15	15三	16二	14	15	16	16	17	17	18	19	19	20	20	21	19	20
12	12	13	13	14	15	15	16	16	17	15正	16十二	17	17	18	18	19	20	20	21	21	22	20	21
13	13	14	14	15	16	16	17	17	18	16	17	18十一	18十	19	19	20	21	21	22	22	23	21	22
14	14	15	15	16	17	17	18	18	19	17	18	19冬	19	20閏	20九	21	22	22	23	23	24	22	23
15	15	16	16	17	18	18	19	19	20	18	19	20	20	21	21	22八	23七	23	24	24	25	23	24
16	16	17	17	18	19	19	20	20	21	19	20	21	21	22	22	23	24	24六	25五	25	26	24	25
17	17	18	18	19	20	20	21	21	22	20	21	22	22	23	23	24	25	25	26	26四	27三	25二	26
18	18	19	19	20	21	21	22	22	23	21	22	23	23	24	24	25	26	26	27	27	28	26	27正
19冬	19	20	20	21	22	22	23	23	24	22	23	24	24	25	25	26	27	27	28	28	29	27	28
20	20	21	21	22	23	23	24	24	25	23	24	25	25	26	26	27	28	28	29	29	30	28	29
21	21	22	22	**23**	24	24	25	25	26	24	25	26	26	27	27	28	29	29	30	30	31	**3**	30

五三九
己未
梁大同五
西魏大統五
東魏興和元
十一月改

五四〇
庚申
梁大同六
西魏大統六
東魏興和二

11	11	12	12	13	14	14	15	15	16	15	16	17	17	18	18	19	20	20	21	21	22	20	21	22
12	12	13	13	14	15	15	16	16	17	16	17	18	18	19	19	20	21	21	22	22	23	21	22	23
13	13	14	14	15	16	16	17	17	18	17	18	19	19	20	20	21	22	22	23	23	24	22	23	24
14十一	14	15	15	16	17	17	18	18	19	18	19	20冬	20	21	21	22	23	23	24	24	25	23	24	25
15	15十	16九	16	17	18	18	19	19	20	19	20	21	21	22	22	23	24	24	25	25	26	24	25	26
16	16	17	17八	18七	19	19	20	20	21	20	21	22	22	23	23	24	25	25	26	26	27	25	26	27
17	17	18	18	19	20六	20閏	21	21	22	21	22	23	23	24	24	25	26	26	27	27	28	26	27	28
18	18	19	19	20	21	21	22五	22四	23	22	23	24	24	25	25	26	27	27	28	28	29	27	28	29
19冬	19	20	20	21	22	22	23	23	24三	23二	24	25	25	26	26	27	28	28	29	29	30	28	29	30
20	20	21	21	22	23	23	24	24	25	24	25正	26十二	26十一	27	27	28	29	29	30	30	31	**3**	30	31
21	21	22	22	23	24	24	25	25	26	25	26	27	27	28十	28九	29	30	30	31	**5**	**4**	2	31	**1**
22	22	23	23	24	25	25	26	26	27	26	27	28	28	29	29	30八	31七	**7**	**6**	2	2	3	**2**	2
23	23	24	24	25	26	26	27	27	28	27	28	29	29	30	30	31	**8**	2六	2五	3	3	4	2	3
24	24	25	25	26	27	27	28	28	29	28	29	30	30	31	**10**	**9**	2	3	3	4四	4三	5	3	4
25	25	26	26	27	28	28	29	29	30	29	30	31	**12**	**11**	2	2	3	4	4	5	5	6二	4正	5
26	26	27	27	28	29	29	30	30	31	**3**	31	**1**	2	2	3	3	4	5	5	6	6	7	5	6十二
27	27	28	28	29	30	30	31	**5**	**4**	2	**2**	2	3	3	4	4	5	6	6	7	7	8	6	7
28	28	29	29	30	31	**7**	**6**	2	2	3	2	3	4	4	5	5	6	7	7	8	8	9	7	8
29	29	30	30	31	**8**	2	2	3	3	4	3	4	5	5	6	6	7	8	8	9	9	10	8	9
30	30	31	**10**	**9**	2	3	3	4	4	5	4	5	6	6	7	7	8	9	9	10	10	11	9	10
31	**12**	**11**	2	2	3	4	4	5	5	6	5	6	7	7	8	8	9	10	10	11	11	12	10	11
日	2	2	3	3	4	5	5	6	6	7	6	7	8	8	9	9	10	11	11	12	12	13	11	12
曜	3	3	4	4	5	6	6	7	7	8	7	8	9	9	10	10	11	12	12	13	13	14	12	13
表	4	4	5	5	6	7	7	8	8	9	8	9	10	10	11	11	12	13	13	14	14	15	13	14
6	5	5	6	6	7	8	8	9	9	10	9	10	11	11	12	12	13	14	14	15	15	16	14	15
甲	6	6	7	7	8	9	9	10	10	11	10	11	12	12	13	13	14	15	15	16	16	17	15	16
子	7	7	8	8	9	10	10	11	11	12	11	12	13	13	14	14	15	16	16	17	17	18	16	17
表	8	8	9	9	10	11	11	12	12	13	12	13	14	14	15	15	16	17	17	18	18	19	17	18
15	9	9	10	10	11	12	12	13	13	14	13	14	15	15	16	16	17	18	18	19	19	20	18	19
	10	10	11	11	12	13	13	14	14	15	14	15	16	16	17	17	18	19	19	20	20	21	19	20

中西回史日曆

卷六　梁　西魏　東魏　一二

五四一　辛酉　梁大同七　西魏大統七　東魏興和三

五四二　壬戌　梁大同八　西魏大統八　東魏興和四

22	23	23	24	25	25	26	26	27	25	26	27	27	28	28	29	30	30	31	**5**	**4**	2	31	**1**
23十一	24	24	25	26	26	27	27	28	26	27	28	28	29	29	30	31	**7**	**6**	2	2	3	**2**	2
24	25十	25九	26	27	27	28	28	29	27	28	29	29	30	30	31	**8**	2	2	3	3	4	2	3
25	26	26	27八	28七	28六	29	29	30	28	29	30	30	31	**10**	**9**	2	3	3	4	4	5	3	4
26	27	27	28	29	29	30五	30四	31	**3**	30	31	**12**	**11**	2	2	3	4	4	5	5	6	4	5
27	28	28	29	30	30	31	**5**	**4**三	2二	31	**1**	2	2	3	3	4	5	5	6	6	7	5	6
28	29	29	30	31	**7**	**6**	2	2	3	**2**正	2十二	3	3	4	4	5	6	6	7	7	8	6	7
29	30	30	31	**8**	2	2	3	3	4	2	3	4十一	4十	5	5	6	7	7	8	8	9	7	8
30	31	**10**	**9**	2	3	3	4	4	5	3	4	5	5	6九	6八	7	8	8	9	9	10	8	9
12	**11**	2	2	3	4	4	5	5	6	4	5	6	6	7	7	8七	9六	9	10	10	11	9	10
2	2	3	3	4	5	5	6	6	7	5	6	7	7	8	8	9	10	10五	11四	11	12	10	11
3	3	4	4	5	6	6	7	7	8	6	7	8	8	9	9	10	11	11	12	12三	13二	11正	12
4	4	5	5	6	7	7	8	8	9	7	8	9	9	10	10	11	12	12	13	13	14	12	13十二
5	5	6	6	7	8	8	9	9	10	8	9	10	10	11	11	12	13	13	14	14	15	13	14
6	6	7	7	8	9	9	10	10	11	9	10	11	11	12	12	13	14	14	15	15	16	14	15
7	7	8	8	9	10	10	11	11	12	10	11	12	12	13	13	14	15	15	16	16	17	15	16
8	8	9	9	10	11	11	12	12	13	11	12	13	13	14	14	15	16	16	17	17	18	16	17
9	9	10	10	11	12	12	13	13	14	12	13	14	14	15	15	16	17	17	18	18	19	17	18
10	10	11	11	12	13	13	14	14	15	13	14	15	15	16	16	17	18	18	19	19	20	18	19
11	11	12	12	13	14	14	15	15	16	14	15	16	16	17	17	18	19	19	20	20	21	19	20
12	12	13	13	14	15	15	16	16	17	15	16	17	17	18	18	19	20	20	21	21	22	20	21
13	13	14	14	15	16	16	17	17	18	16	17	18	18	19	19	20	21	21	22	22	23	21	22
14	14	15	15	16	17	17	18	18	19	17	18	19冬	19	20	20	21	22	22	23	23	24	22	23
15	15	16	16	17	18	18	19	19	20	18	19	20	20	21	21	22	23	23	24	24	25	23	24
16	16	17	17	18	19	19	20	20	21	19	20	21	21	22	22	23	24	24	25	25	26	24	25
17	17	18	18	19	20	20	21	21	22	20	21	22	22	23	23	24	25	25	26	26	27	25	26
18	18	19	19	20	21	21	22	22	23	21	22	23	23	24	24	25	26	26	27	27	28	26	27
19冬	19	20	20	21	22	22	23	23	24	22	23	24	24	25	25	26	27	27	28	28	29	27	28
20	20	21	21	22	23	23	24	24	25	23	24	25	25	26	26	27	28	28	29	29	30	28	29
21	21	22	22	23	24	24	25	25	26	24	25	26	26	27	27	28	29	29	30	30	31	**3**	30

勵耘書屋

五四三　癸亥　梁大同九　西魏大統九　東魏武定元

五四四　甲子　梁大同一〇　西魏大統一〇　東魏武定二

11	11	12	12	13	14	14	15	15	16	15	16	17	17	18	18	19	20	20	21	21	22	20閏	21正	22
12	12	13	13	14	15	15	16	16	17	16	17	18	18	19	19	20	21	21	22	22	23	21	22	23十二
13	13	14	14	15	16	16	17	17	18	17	18	19	19	20	20	21	22	22	23	23	24	22	23	24
14	14	15	15	16	17	17	18	18	19	18	19	20冬	20	21	21	22	23	23	24	24	25	23	24	25
15	15	16	16	17	18	18	19	19	20	19	20	21	21	22	22	23	24	24	25	25	26	24	25	26
16	16	17	17	18	19	19	20	20	21	20	21	22	22	23	23	24	25	25	26	26	27	25	26	27
17	17	18	18	19	20	20	21	21	22	21	22	23	23	24	24	25	26	26	27	27	28	26	27	28
18	18	19	19	20	21	21	22	22	23	22	23	24	24	25	25	26	27	27	28	28	29	27	28	29
19冬	19	20	20	21	22	22	23	23	24	23	24	25	25	26	26	27	28	28	29	29	30	28	29	30
20	20	21	21	22	23	23	24	24	25	24	25	26	26	27	27	28	29	29	30	30	31	**3**	30	31
21	21	22	22	23	24	24	25	25	26	25	26	27	27	28	28	29	30	30	31	**5**	**4**	2	31	**1**
22	22	23	23	24	25	25	26	26	27	26	27	28	28	29	29	30	31	**7**	**6**	2	2	3	**2**	2
23	23	24	24	25	26	26	27	27	28	27	28	29	29	30	30	31	**8**	2	2	3	3	4	2	3
24	24	25	25	26	27	27	28	28	29	28	29	30	30	31	**10**	**9**	2	3	3	4	4	5	3	4
25	25	26	26	27	28	28	29	29	30	29	30	31	**12**	**11**	2	2	3	4	4	5	5	6	4	5
26	26	27	27	28	29	29	30	30	31	**3**	31	**1**	2	2	3	3	4	5	5	6	6	7	5	6
27	27	28	28	29	30	30	31	**5**	**4**	2	**2**	2	3	3	4	4	5	6	6	7	7	8	6	7
28	28	29	29	30	31	**7**	**6**	2	2	3	2	3	4	4	5	5	6	7	7	8	8	9	7	8
29	29	30	30	31	**8**	2	2	3	3	4	3	4	5	5	6	6	7	8	8	9	9	10	8	9
30十二	30十一	31	**10**	**9**	2	3	3	4	4	5	4	5	6	6	7	7	8	9	9	10	10	11	9	10
31	**12**	**11**十	2九	2	3	4	4	5	5	6	5	6	7	7	8	8	9	10	10	11	11	12	10	11
日	2	2	3	3八	4七	5	5	6	6	7	6	7	8	8	9	9	10	11	11	12	12	13	11	12
曜	3	3	4	4	5	6六	6五	7	7	8	7	8	9	9	10	10	11	12	12	13	13	14	12	13
表	4	4	5	5	6	7	7	8四	8三	9	8	9	10	10	11	11	12	13	13	14	14	15	13	14
7	5	5	6	6	7	8	8	9	9	10二	9正	10	11	11	12	12	13	14	14	15	15	16	14	15
甲	6	6	7	7	8	9	9	10	10	11	10	11十二	12十一	12十	13	13	14	15	15	16	16	17	15	16
子	7	7	8	8	9	10	10	11	11	12	11	12	13	13	14九	14八	15	16	16	17	17	18	16	17
表	8	8	9	9	10	11	11	12	12	13	12	13	14	14	15	15	16七	17六	17	18	18	19	17	18
16	9	9	10	10	11	12	12	13	13	14	13	14	15	15	16	16	17	18	18五	19四	19	20	18	19
	10	10	11	11	12	13	13	14	14	15	14	15	16	16	17	17	18	19	19	20	20三	21二	19	20

五四六 丙寅 梁中大同元(四月改) 西魏大統一二 東魏武定四

五四五 乙丑 梁大同一一 西魏大統一一 東魏武定三

22	23	23	24	25	25	26	26	27	25	26	27	27	28	28	29	30	30	31	**5**	**4**	2	31	**1**
23	24	24	25	26	26	27	27	28	26	27	28	28	29	29	30	31	**7**	**6**	2	2	3	**2**	2
24	25	25	26	27	27	28	28	29	27	28	29	29	30	30	31	**8**	2	2	3	3	4	2	3
25	26	26	27	28	28	29	29	30	28	29	30	30	31	**10**	**9**	2	3	3	4	4	5	3	4
26	27	27	28	29	29	30	30	31	**3**	30	31	**12**	**11**	2	2	3	4	4	5	5	6	4	5
27	28	28	29	30	30	31	**5**	**4**	2	31	**1**	2	2	3	3	4	5	5	6	6	7	5	6
28	29	29	30	31	**7**	**6**	2	2	3	**2**	2	3	3	4	4	5	6	6	7	7	8	6	7
29	30	30	31	**8**	2	2	3	3	4	2	3	4	4	5	5	6	7	7	8	8	9	7	8
30	31	**10**	**9**	2	3	3	4	4	5	3	4	5	5	6	6	7	8	8	9	9	10	8	9
12	**11**	2	2	3	4	4	5	5	6	4	5	6	6	7	7	8	9	9	10	10	11	9	10
2	2	3	3	4	5	5	6	6	7	5	6	7	7	8	8	9	10	10	11	11	12	10	11
3	3	4	4	5	6	6	7	7	8	6	7	8	8	9	9	10	11	11	12	12	13	11	12
4	4	5	5	6	7	7	8	8	9	7	8	9	9	10	10	11	12	12	13	13	14	12	13
5	5	6	6	7	8	8	9	9	10	8	9	10	10	11	11	12	13	13	14	14	15	13	14
6	6	7	7	8	9	9	10	10	11	9	10	11	11	12	12	13	14	14	15	15	16	14	15
7	7	8	8	9	10	10	11	11	12	10	11	12	12	13	13	14	15	15	16	16	17	15	16
8	8	9	9	10	11	11	12	12	13	11	12	13	13	14	14	15	16	16	17	17	18	16	17
9十一	9十	10	10	11	12	12	13	13	14	12	13	14	14	15	15	16	17	17	18	18	19	17	18
10	10	11九	11八	12	13	13	14	14	15	13	14	15	15	16	16	17	18	18	19	19	20	18	19
11	11	12	12	13七	14六	14五	15	15	16	14	15	16	16	17	17	18	19	19	20	20	21	19	20
12	12	13	13	14	15	15	16四	16三	17	15	16	17	17	18	18	19	20	20	21	21	22	20	21
13	13	14	14	15	16	16	17	17	18二	16正	17	18	18	19	19	20	21	21	22	22	23	21	22
14	14	15	15	16	17	17	18	18	19	17	18十二	19十一	19	20	20	21	22	22	23	23	24	22	23
15	15	16	16	17	18	18	19	19	20	18	19	20	20閏	21十	21	22	23	23	24	24	25	23	24
16	16	17	17	18	19	19	20	20	21	19	20	21	21	22	22九	23八	24	24	25	25	26	24	25
17	17	18	18	19	20	20	21	21	22	20	21	22	22	23	23	24	25七	25六	26	26	27	25	26
18	18	19	19	20	21	21	22	22	23	21	22	23	23	24	24	25	26	26	27五	27四	28	26	27
19冬	19	20	20	21	22	22	23	23	24	22	23	24	24	25	25	26	27	27	28	28	29三	27二	28正
20	20	21	21	22	23	23	24	24	25	23	24	25	25	26	26	27	28	28	29	29	30	28	29
21	21	22	22	23	24	24	25	25	26	24	25	26	26	27	27	28	29	29	30	30	31	**3**	30

五四七 丁卯 梁太清元（四月改） 西魏大統一三 東魏武定五

五四八 戊辰 梁太清二 西魏大統一四 東魏武定六

11	11	12	12	13	14	14	15	15	16	15	16	17	17	18	18	19	20	20	21	21	22	20	21	22	
12	12	13	13	14	15	15	16	16	17	16	17	18	18	19	19	20	21	21	22	22	23	21	22	23	
13	13	14	14	15	16	16	17	17	18	17	18	19	19	20	20	21	22	22	23	23	24	22	23	24	
14	14	15	15	16	17	17	18	18	19	18	19	20 冬	20	21	21	22	23	23	24	24	25	23	24	25	
15	15	16	16	17	18	18	19	19	20	19	20	21	21	22	22	23	24	24	25	25	26	24	25	26	
16 十一	16 十	17	17	18	19	19	20	20	21	20	21	22	22	23	23	24	25	25	26	26	27	25	26	27	
17	17	18 九	18 八	19	20	20	21	21	22	21	22	23	23	24	24	25	26	26	27	27	28	26	27	28	
18	18	19	19	20 閏	21 七	21	22	22	23	22	23	24	24	25	25	26	27	27	28	28	29	27	28	29	
19 冬	19	20	20	21	22	22 六	23 五	23	24	23	24	25	25	26	26	27	28	28	29	29	30	28	29	30	
20	20	21	21	22	23	23	24	24 四	25 三	24	25	26	26	27	27	28	29	29	30	30	31	3	30	31	
21	21	22	22	23	24	24	25	25	26	25 二	26 正	27	27	28	28	29	30	30	31	5	4	2	31	1	
22	22	23	23	24	25	25	26	26	27	26	27	28 十二	28 十一	29 十	29	30	31	7	6	2	2	3	2	2	
23	23	24	24	25	26	26	27	27	28	27	28	29	29	30	30 九	31 八	8	2	2	3	3	4	2	3	
24	24	25	25	26	27	27	28	28	29	28	29	30	30	31	10	9	2 七	3 六	3	4	4	5	3	4	
25	25	26	26	27	28	28	29	29	30	29	30	31	12	11	2	2	3	4	4 五	5 四	5	6	4	5	
26	26	27	27	28	29	29	30	30	31	3	31	1	2	2	3	3	4	5	5	6	6 三	7 二	5	6	
27	27	28	28	29	30	30	31	5	4	2	2	2	3	3	4	4	5	6	6	7	7	8	6 正	7 十二	
28	28	29	29	30	31	7	6	2	2	3	2	3	4	4	5	5	6	7	7	8	8	9	7	8	
29	29	30	30	31	8	2	2	3	3	4	3	4	5	5	6	6	7	8	8	9	9	10	8	9	
30	30	31	10	9	2	3	3	4	4	5	4	5	6	6	7	7	8	9	9	10	10	11	9	10	
31	12	11	2	2	3	4	4	5	5	6	5	6	7	7	8	8	9	10	10	11	11	12	10	11	
日	2	2	3	3	4	5	5	6	6	7	6	7	8	8	9	9	10	11	11	12	12	13	11	12	
曜	3	3	4	4	5	6	6	7	7	8	7	8	9	9	10	10	11	12	12	13	13	14	12	13	
表	4	4	5	5	6	7	7	8	8	9	8	9	10	10	11	11	12	13	13	14	14	15	13	14	
1	5	5	6	6	7	8	8	9	9	10	9	10	11	11	12	12	13	14	14	15	15	16	14	15	
甲	6	6	7	7	8	9	9	10	10	11	10	11	12	12	13	13	14	15	15	16	16	17	15	16	
子	7	7	8	8	9	10	10	11	11	12	11	12	13	13	14	14	15	16	16	17	17	18	16	17	
表	8	8	9	9	10	11	11	12	12	13	12	13	14	14	15	15	16	17	17	18	18	19	17	18	
17	9	9	10	10	11	12	12	13	13	14	13	14	15	15	16	16	17	18	18	19	19	20	18	19	
	10	10	11	11	12	13	13	14	14	15	14	15	16	16	17	17	18	19	19	20	20	21	19	20	

五五〇 庚午 梁大寶元（簡文帝） 西魏大統一六 北齊天保元（文宣帝五月改） 北齊代東魏

五四九 己巳 梁太清三 西魏大統一五 東魏武定七

22	23	23	24	25	25	26	26	27	25	26	27	27	28	28	29	30	30	31	**5**	**4**	2	31	**1**
23	24	24	25	26	26	27	27	28	26	27	28	28	29	29	30	31	**7**	**6**	2	2	3	**2**	2
24	25	25	26	27	27	28	28	29	27	28	29	29	30	30	31	**8**	2	2	3	3	4	2	3
25十一	26十	26	27	28	28	29	29	30	28	29	30	30	31	**10**	**9**	2	3	3	4	4	5	3	4
26	27	27九	28八	29	29	30	30	31	**3**	30	31	**12**	**11**	2	2	3	4	4	5	5	6	4	5
27	28	28	29	30七	30六	31五	**5**	**4**	2	31	**1**	2	2	3	3	4	5	5	6	6	7	5	6
28	29	29	30	31	**7**	**6**	2四	2三	3	**2**	2	3	3	4	4	5	6	6	7	7	8	6	7
29	30	30	31	**8**	2	2	3	3	4二	2正	3	4	4	5	5	6	7	7	8	8	9	7	8
30	31	**10**	**9**	2	3	3	4	4	5	3	4十二	5十一	5	6	6	7	8	8	9	9	10	8	9
12	**11**	2	2	3	4	4	5	5	6	4	5	6	6十	7九	7	8	9	9	10	10	11	9	10
2	2	3	3	4	5	5	6	6	7	5	6	7	7	8	8八	9七	10	10	11	11	12	10	11
3	3	4	4	5	6	6	7	7	8	6	7	8	8	9	9	10	11六	11五	12	12	13	11	12
4	4	5	5	6	7	7	8	8	9	7	8	9	9	10	10	11	12	12	13四	13三	14	12	13
5	5	6	6	7	8	8	9	9	10	8	9	10	10	11	11	12	13	13	14	14	15二	13正	14十二
6	6	7	7	8	9	9	10	10	11	9	10	11	11	12	12	13	14	14	15	15	16	14	15
7	7	8	8	9	10	10	11	11	12	10	11	12	12	13	13	14	15	15	16	16	17	15	16
8	8	9	9	10	11	11	12	12	13	11	12	13	13	14	14	15	16	16	17	17	18	16	17
9	9	10	10	11	12	12	13	13	14	12	13	14	14	15	15	16	17	17	18	18	19	17	18
10	10	11	11	12	13	13	14	14	15	13	14	15	15	16	16	17	18	18	19	19	20	18	19
11	11	12	12	13	14	14	15	15	16	14	15	16	16	17	17	18	19	19	20	20	21	19	20
12	12	13	13	14	15	15	16	16	17	15	16	17	17	18	18	19	20	20	21	21	22	20	21
13	13	14	14	15	16	16	17	17	18	16	17	18	18	19	19	20	21	21	22	22	23	21	22
14	14	15	15	16	17	17	18	18	19	17	18	19冬	19	20	20	21	22	22	23	23	24	22	23
15	15	16	16	17	18	18	19	19	20	18	19	20	20	21	21	22	23	23	24	24	25	23	24
16	16	17	17	18	19	19	20	20	21	19	20	21	21	22	22	23	24	24	25	25	26	24	25
17	17	18	18	19	20	20	21	21	22	20	21	22	22	23	23	24	25	25	26	26	27	25	26
18	18	19	19	20	21	21	22	22	23	21	22	23	23	24	24	25	26	26	27	27	28	26	27
19冬	19	20	20	21	22	22	23	23	24	22	23	24	24	25	25	26	27	27	28	28	29	27	28
20	20	21	21	22	23	23	24	24	25	23	24	25	25	26	26	27	28	28	29	29	30	28	29
21	21	22	22	23	24	24	25	25	26	24	25	26	26	27	27	28	29	29	30	30	31	**3**	30

五五一 辛未
梁天正元（豫章王八月改）
西魏大統一七
北齊天保二
齊閏二月
魏閏四月

五五二 壬申
梁承聖元（元帝十一月改）
西魏廢帝元
北齊天保三

11	11	12	12	13	14	14	15	15	16	15	16	17	17	18	18	19	20	20	21四	21閏	22	20	21	22
12	12	13	13	14	15	15	16	16	17	16	17	18	18	19	19	20	21	21	22	22	23三	21二	22	23
13	13	14	14	15	16	16	17	17	18	17	18	19冬	19	20	20	21	22	22	23	23	24	22	23正	24十二
14	14	15	15	16	17	17	18	18	19	18	19	20	20	21	21	22	23	23	24	24	25	23	24	25
15	15	16	16	17	18	18	19	19	20	19	20	21	21	22	22	23	24	24	25	25	26	24	25	26
16	16	17	17	18	19	19	20	20	21	20	21	22	22	23	23	24	25	25	26	26	27	25	26	27
17	17	18	18	19	20	20	21	21	22	21	22	23	23	24	24	25	26	26	27	27	28	26	27	28
18	18	19	19	20	21	21	22	22	23	22	23	24	24	25	25	26	27	27	28	28	29	27	28	29
19冬	19	20	20	21	22	22	23	23	24	23	24	25	25	26	26	27	28	28	29	29	30	28	29	30
20	20	21	21	22	23	23	24	24	25	24	25	26	26	27	27	28	29	29	30	30	31	**3**	30	31
21	21	22	22	23	24	24	25	25	26	25	26	27	27	28	28	29	30	30	31	**5**	**4**	2	31	**1**
22	22	23	23	24	25	25	26	26	27	26	27	28	28	29	29	30	31	**7**	**6**	2	2	3	**2**	2
23	23	24	24	25	26	26	27	27	28	27	28	29	29	30	30	31	**8**	2	2	3	3	4	2	3
24	24	25	25	26	27	27	28	28	29	28	29	30	30	31	**10**	**9**	2	3	3	4	4	5	3	4
25	25	26	26	27	28	28	29	29	30	29	30	31	**12**	**11**	2	2	3	4	4	5	5	6	4	5
26	26	27	27	28	29	29	30	30	31	**3**	31	**1**	2	2	3	3	4	5	5	6	6	7	5	6
27	27	28	28	29	30	30	31	**5**	**4**	2	**2**	2	3	3	4	4	5	6	6	7	7	8	6	7
28	28	29	29	30	31	**7**	**6**	2	2	3	2	3	4	4	5	5	6	7	7	8	8	9	7	8
29	29	30	30	31	**8**	2	2	3	3	4	3	4	5	5	6	6	7	8	8	9	9	10	8	9
30	30	31	**10**	**9**	2	3	3	**4**	4	5	4	5	6	6	7	7	8	9	9	10	10	11	9	10
31十二	**12**	**11**	2	2	3	4	4	5	5	6	5	6	7	7	8	8	9	10	10	11	11	12	10	11
日	2十一	2十	3	3	4	5	5	6	6	7	6	7	8	8	9	9	10	11	11	12	12	13	11	12
曜	3	3	4九	4八	5	6	6	7	7	8	7	8	9	9	10	10	11	12	12	13	13	14	12	13
表	4	4	5	5	6七	7六	7	8	8	9	8	9	10	10	11	11	12	13	13	14	14	15	13	14
2	5	5	6	6	7	8	8五	9四	9	10	9	10	11	11	12	12	13	14	14	15	15	16	14	15
甲	6	6	7	7	8	9	9	10	10三	11二	10	11	12	12	13	13	14	15	15	16	16	17	15	16
子	7	7	8	8	9	10	10	11	11	12	11正	12十二	13	13	14	14	15	16	16	17	17	18	16	17
表	8	8	9	9	10	11	11	12	12	13	12	13	14十一	14十	15九	15	16	17	17	18	18	19	17	18
18	9	9	10	10	11	12	12	13	13	14	13	14	15	15	16	16八	17七	18	18	19	19	20	18	19
	10	10	11	11	12	13	13	14	14	15	14	15	16	16	17	17	18	19六	19五	20	20	21	19	20

中西回史日曆

卷六 梁 西魏 北齊

五五三 癸酉 梁承聖二 西魏廢帝二 北齊天保四

魏閏十二月

五五四 甲戌 梁承聖三 西魏恭帝元 北齊天保五

22	23	23	24	25	25	26	26	27	25	26	27	27	28	28	29	30	30	31	**5**	**4**	2	31	**1**
23	24	24	25	26	26	27	27	28	26	27	28	28	29	29	30	31	**7**	**6**	2	2	3	**2**	2
24	25	25	26	27	27	28	28	29	27	28	29	29	30	30	31	**8**	2	2	3	3	4	2	3
25	26	26	27	28	28	29	29	30	28	29	30	30	31	**10**	**9**	2	3	3	4	4	5	3	4
26	27	27	28	29	29	30	30	31	**3**	30	31	**12**	**11**	2	2	3	4	4	5	5	6	4	5
27	28	28	29	30	30	31	**5**	**4**	2	31	**1**	2	2	3	3	4	5	5	6	6	7	5	6
28	29	29	30	31	**7**	**6**	2	2	3	**2**	2	3	3	4	4	5	6	6	7	7	8	6	7
29	30	30	31	**8**	2	2	3	3	4	2	3	4	4	5	5	6	7	7	8	8	9	7	8
30	31	**10**	**9**	2	3	3	4	4	5	3	4	5	5	6	6	7	8	8	9	9	10	8	9
12	**11**	2	2	3	4	4	5	5	6	4	5	6	6	7	7	8	9	9	10	10	11	9	10
2	2	3	3	4	5	5	6	6	7	5	6	7	7	8	8	9	10	10	11	11	12	10	11
3	3	4	4	5	6	6	7	7	8	6	7	8	8	9	9	10	11	11	12	12	13	11	12
4	4	5	5	6	7	7	8	8	9	7	8	9	9	10	10	11	12	12	13	13	14	12	13
5	5	6	6	7	8	8	9	9	10	8	9	10	10	11	11	12	13	13	14	14	15	13	14
6	6	7	7	8	9	9	10	10	11	9	10	11	11	12	12	13	14	14	15	15	16	14	15
7	7	8	8	9	10	10	11	11	12	10	11	12	12	13	13	14	15	15	16	16	17	15	16
8	8	9	9	10	11	11	12	12	13	11	12	13	13	14	14	15	16	16	17	17	18	16	17
9	9	10	10	11	12	12	13	13	14	12	13	14	14	15	15	16	17	17	18	18	19	17	18
10土	10	11	11	12	13	13	14	14	15	13	14	15	15	16	16	17	18	18	19	19	20	18	19
11	11十	12九	12	13	14	14	15	15	16	14	15	16	16	17	17	18	19	19	20	20	21	19	20
12	12	13	13八	14七	15	15	16	16	17	15	16	17	17	18	18	19	20	20	21	21	22	20	21
13	13	14	14	15	16六	16五	17四	17	18	16	17	18	18	19	19	20	21	21	22	22	23	21	22
14	14	15	15	16	17	17	18	18三	19二	17	18	19冬	19	20	20	21	22	22	23	23	24	22	23
15	15	16	16	17	18	18	19	19	20	18正	19土	20	20	21	21	22	23	23	24	24	25	23	24
16	16	17	17	18	19	19	20	20	21	19	20	21閏	21士	22	22	23	24	24	25	25	26	24	25
17	17	18	18	19	20	20	21	21	22	20	21	22	22	23十	23九	24	25	25	26	26	27	25	26
18	18	19	19	20	21	21	22	22	23	21	22	23	23	24	24	25八	26七	26	27	27	28	26	27
19冬	19	20	20	21	22	22	23	23	24	22	23	24	24	25	25	26	27	27六	28五	28	29	27	28
20	20	21	21	22	23	23	24	24	25	23	24	25	25	26	26	27	28	28	29	29四	30三	28	29
21	21	22	22	23	24	24	25	25	26	24	25	26	26	27	27	28	29	29	30	30	31	**3**二	30正

一四

勵耘書屋

五五六 丙子 梁太平元（九月改） 西魏恭帝三 北齊天保七（十二月西魏禪於周）

五五五 乙亥 梁天成元（貞陽侯五月改） 梁紹泰元（敬帝十月改） 西魏恭帝二 北齊天保六

11	11	12	12	13	14	14	15	15	16	15	16	17	17	18	18	19	20	20	21	21	22	20	21	22
12	12	13	13	14	15	15	16	16	17	16	17	18	18	19	19	20	21	21	22	22	23	21	22	23
13	13	14	14	15	16	16	17	17	18	17	18	19冬	19	20	20	21	22	22	23	23	24	22	23	24
14	14	15	15	16	17	17	18	18	19	18	19	20	20	21	21	22	23	23	24	24	25	23	24	25
15	15	16	16	17	18	18	19	19	20	19	20	21	21	22	22	23	24	24	25	25	26	24	25	26
16	16	17	17	18	19	19	20	20	21	20	21	22	22	23	23	24	25	25	26	26	27	25	26	27
17十一	17	18	18	19	20	20	21	21	22	21	22	23	23	24	24	25	26	26	27	27	28	26	27	28
18	18十	19九	19	20	21	21	22	22	23	22	23	24	24	25	25	26	27	27	28	28	29	27	28	29
19冬	19	20	20閏	21八	22	22	23	23	24	23	24	25	25	26	26	27	28	28	29	29	30	28	29	30
20	20	21	21	22	23七	23六	24	24	25	24	25	26	26	27	27	28	29	29	30	30	31	3	30	31
21	21	22	22	23	24	24	25五	25四	26	25	26	27	27	28	28	29	30	30	31	5	4	2	31	1
22	22	23	23	24	25	25	26	26	27三	26二	27	28	28	29	29	30	31	7	6	2	2	3	2	2
23	23	24	24	25	26	26	27	27	28	27	28正	29十二	29	30	30	31	8	2	2	3	3	4	2	3
24	24	25	25	26	27	27	28	28	29	28	29	30	30十一	31十	10九	9	2	3	3	4	4	5	3	4
25	25	26	26	27	28	28	29	29	30	29	30	31	12	11	2	2八	3七	4	4	5	5	6	4	5
26	26	27	27	28	29	29	30	30	31	3	31	1	2	2	3	3	4	5六	5五	6	6	7	5	6
27	27	28	28	29	30	30	31	5	4	2	2	2	3	3	4	4	5	6	6	7四	7三	8	6	7
28	28	29	29	30	31	7	6	2	2	3	2	3	4	4	5	5	6	7	7	8	8	9二	7正	8
29	29	30	30	31	8	2	2	3	3	4	3	4	5	5	6	6	7	8	8	9	9	10	8	9十二
30	30	31	10	9	2	3	3	4	4	5	4	5	6	6	7	7	8	9	9	10	10	11	9	10
31	12	11	2	2	3	4	4	5	5	6	5	6	7	7	8	8	9	10	10	11	11	12	10	11
日	2	2	3	3	4	5	5	6	6	7	6	7	8	8	9	9	10	11	11	12	12	13	11	12
曜	3	3	4	4	5	6	6	7	7	8	7	8	9	9	10	10	11	12	12	13	13	14	12	13
表	4	4	5	5	6	7	7	8	8	9	8	9	10	10	11	11	12	13	13	14	14	15	13	14
3	5	5	6	6	7	8	8	9	9	10	9	10	11	11	12	12	13	14	14	15	15	16	14	15
甲	6	6	7	7	8	9	9	10	10	11	10	11	12	12	13	13	14	15	15	16	16	17	15	16
子	7	7	8	8	9	10	10	11	11	12	11	12	13	13	14	14	15	16	16	17	17	18	16	17
表	8	8	9	9	10	11	11	12	12	13	12	13	14	14	15	15	16	17	17	18	18	19	17	18
19	9	9	10	10	11	12	12	13	13	14	13	14	15	15	16	16	17	18	18	19	19	20	18	19
	10	10	11	11	12	13	13	14	14	15	14	15	16	16	17	17	18	19	19	20	20	21	19	20

五五七
丁丑
陳永定元（武帝十月改）
周閔帝元
周明帝元（九月改）
齊天保八

五五八
戊寅
陳永定二
周明帝二
齊天保九

22	23	23	24	25	25	26	26	27	25	26	27	27	28	28	29	30	30	31	5	4	2	31	1
23	24	24	25	26	26	27	27	28	26	27	28	28	29	29	30	31	7	6	2	2	3	2	2
24	25	25	26	27	27	28	28	29	27	28	29	29	30	30	31	8	2	2	3	3	4	2	3
25	26	26	27	28	28	29	29	30	28	29	30	30	31	10	9	2	3	3	4	4	5	3	4
26十一	27	27	28	29	29	30	30	31	3	30	31	12	11	2	2	3	4	4	5	5	6	4	5
27	28十	28九	29	30	30	31	5	4	2	31	1	2	2	3	3	4	5	5	6	6	7	5	6
28	29	29	30八	31七	7	6	2	2	3	2	2	3	3	4	4	5	6	6	7	7	8	6	7
29	30	30	31	8	2六	2五	3四	3	4	2	3	4	4	5	5	6	7	7	8	8	9	7	8
30	31	10	9	2	3	3	4	4三	5二	3	4	5	5	6	6	7	8	8	9	9	10	8	9
12	11	2	2	3	4	4	5	5	6	4正	5十二	6	6	7	7	8	9	9	10	10	11	9	10
2	2	3	3	4	5	5	6	6	7	5	6	7十一	7十	8	8	9	10	10	11	11	12	10	11
3	3	4	4	5	6	6	7	7	8	6	7	8	8	9九	9八	10	11	11	12	12	13	11	12
4	4	5	5	6	7	7	8	8	9	7	8	9	9	10	10	11七	12六	12	13	13	14	12	13
5	5	6	6	7	8	8	9	9	10	8	9	10	10	11	11	12	13	13五	14四	14	15	13	14
6	6	7	7	8	9	9	10	10	11	9	10	11	11	12	12	13	14	14	15	15三	16二	14	15
7	7	8	8	9	10	10	11	11	12	10	11	12	12	13	13	14	15	15	16	16	17	15正	16十二
8	8	9	9	10	11	11	12	12	13	11	12	13	13	14	14	15	16	16	17	17	18	16	17
9	9	10	10	11	12	12	13	13	14	12	13	14	14	15	15	16	17	17	18	18	19	17	18
10	10	11	11	12	13	13	14	14	15	13	14	15	15	16	16	17	18	18	19	19	20	18	19
11	11	12	12	13	14	14	15	15	16	14	15	16	16	17	17	18	19	19	20	20	21	19	20
12	12	13	13	14	15	15	16	16	17	15	16	17	17	18	18	19	20	20	21	21	22	20	21
13	13	14	14	15	16	16	17	17	18	16	17	18	18	19	19	20	21	21	22	22	23	21	22
14	14	15	15	16	17	17	18	18	19	17	18	19冬	19	20	20	21	22	22	23	23	24	22	23
15	15	16	16	17	18	18	19	19	20	18	19	20	20	21	21	22	23	23	24	24	25	23	24
16	16	17	17	18	19	19	20	20	21	19	20	21	21	22	22	23	24	24	25	25	26	24	25
17	17	18	18	19	20	20	21	21	22	20	21	22	22	23	23	24	25	25	26	26	27	25	26
18	18	19	19	20	21	21	22	22	23	21	22	23	23	24	24	25	26	26	27	27	28	26	27
19冬	19	20	20	21	22	22	23	23	24	22	23	24	24	25	25	26	27	27	28	28	29	27	28
20	20	21	21	22	23	23	24	24	25	23	24	25	25	26	26	27	28	28	29	29	30	28	29
21	21	22	22	23	24	24	25	25	26	24	25	26	26	27	27	28	29	29	30	30	31	3	30

五六〇
庚辰
陳天嘉元 文帝
周武成二
齊乾明元 廢帝
齊皇建元 孝昭帝 八月改

五五九
己卯
陳永定三
周武成元 八月改
齊天保一〇

11	11	12	12	13	14	14	15	15	16	15	16	17	17	18	18	19七	20六	20	21	21	22	20	21	22
12	12	13	13	14	15	15	16	16	17	16	17	18	18	19	19	20	21	21五	22閏	22	23	21	22	23
13	13	14	14	15	16	16	17	17	18	17	18	19冬	19	20	20	21	22	22	23	23四	24三	22	23	24
14	14	15	15	16	17	17	18	18	19	18	19	20	20	21	21	22	23	23	24	24	25	23二	24正	25
15	15	16	16	17	18	18	19	19	20	19	20	21	21	22	22	23	24	24	25	25	26	24	25	26十二
16	16	17	17	18	19	19	20	20	21	20	21	22	22	23	23	24	25	25	26	26	27	25	26	27
17	17	18	18	19	20	20	21	21	22	21	22	23	23	24	24	25	26	26	27	27	28	26	27	28
18	18	19	19	20	21	21	22	22	23	22	23	24	24	25	25	26	27	27	28	28	29	27	28	29
19冬	19	20	20	21	22	22	23	23	24	23	24	25	25	26	26	27	28	28	29	29	30	28	29	30
20	20	21	21	22	23	23	24	24	25	24	25	26	26	27	27	28	29	29	30	30	31	**3**	30	31
21	21	22	22	23	24	24	25	25	26	25	26	27	27	28	28	29	30	30	31	**5**	**4**	2	31	**1**
22	22	23	23	24	25	25	26	26	27	26	27	28	28	29	29	30	31	**7**	**6**	2	2	3	**2**	2
23	23	24	24	25	26	26	27	27	28	27	28	29	29	30	30	31	**8**	2	2	3	3	4	2	3
24	24	25	25	26	27	27	28	28	29	28	29	30	30	31	**10**	**9**	2	3	3	4	4	5	3	4
25	25	26	26	27	28	28	29	29	30	29	30	31	**12**	**11**	2	2	3	4	4	5	5	6	4	5
26	26	27	27	28	29	29	30	30	31	**3**	31	**1**	2	2	3	3	4	5	5	6	6	7	5	6
27	27	28	28	29	30	30	31	**5**	**4**	2	**2**	2	3	3	4	4	5	6	6	7	7	8	6	7
28	28	29	29	30	31	**7**	**6**	2	2	3	2	3	4	4	5	5	6	7	7	8	8	9	7	8
29	29	30	30	31	**8**	2	2	3	3	4	3	4	5	5	6	6	7	8	8	9	9	10	8	9
30	30	31	**10**	**9**	2	3	3	4	4	5	4	5	6	6	7	7	8	9	9	10	10	11	9	10
31	**12**	**11**	2	2	3	4	4	5	5	6	5	6	7	7	8	8	9	10	10	11	11	12	10	11
日	2	2	3	3	4	5	5	6	6	7	6	7	8	8	9	9	10	11	11	12	12	13	11	12
曜	3十一	3	4	4	5	6	6	7	7	8	7	8	9	9	10	10	11	12	12	13	13	14	12	13
表	4	4十	5九	5	6	7	7	8	8	9	8	9	10	10	11	11	12	13	13	14	14	15	13	14
4	5	5	6	6八	7七	8	8	9	9	10	9	10	11	11	12	12	13	14	14	15	15	16	14	15
甲	6	6	7	7	8	9六	9五	10	10	11	10	11	12	12	13	13	14	15	15	16	16	17	15	16
子	7	7	8	8	9	10	10	11四	11三	12	11	12	13	13	14	14	15	16	16	17	17	18	16	17
表	8	8	9	9	10	11	11	12	12	13二	12正	13	14	14	15	15	16	17	17	18	18	19	17	18
20	9	9	10	10	11	12	12	13	13	14	13	14十二	15十一	15	16	16	17	18	18	19	19	20	18	19
	10	10	11	11	12	13	13	14	14	15	14	15	16	16十	17九	17八	18	19	19	20	20	21	19	20

五六二 壬午 陳天嘉三 周保定二 齊河清元 四月改 周閏正月

五六一 辛巳 陳天嘉二 周保定元 武帝 齊太寧元 武成帝 十一月改 齊閏十二月

22	23	23	24	25	25	26	26	27	25	26	27	27	28	28	29	30	30	31	**5**	**4**三	2二	31	**1**
23	24	24	25	26	26	27	27	28	26	27	28	28	29	29	30	31	**7**	**6**	2	2	3	**2**正	2十二
24	25	25	26	27	27	28	28	29	27	28	29	29	30	30	31	**8**	2	2	3	3	4	2	3
25	26	26	27	28	28	29	29	30	28	29	30	30	31	**10**	**9**	2	3	3	4	4	5	3	4
26	27	27	28	29	29	30	30	31	**3**	30	31	**12**	**11**	2	2	3	4	4	5	5	6	4	5
27	28	28	29	30	30	31	**5**	**4**	2	31	**1**	2	2	3	3	4	5	5	6	6	7	5	6
28	29	29	30	31	**7**	**6**	2	2	3	**2**	2	3	3	4	4	5	6	6	7	7	8	6	7
29	30	30	31	**8**	2	2	3	3	4	2	3	4	4	5	5	6	7	7	8	8	9	7	8
30	31	**10**	**9**	2	3	3	4	4	5	3	4	5	5	6	6	7	8	8	9	9	10	8	9
12	**11**	2	2	3	4	4	5	5	6	4	5	6	6	7	7	8	9	9	10	10	11	9	10
2	2	3	3	4	5	5	6	6	7	5	6	7	7	8	8	9	10	10	11	11	12	10	11
3	3	4	4	5	6	6	7	7	8	6	7	8	8	9	9	10	11	11	12	12	13	11	12
4	4	5	5	6	7	7	8	8	9	7	8	9	9	10	10	11	12	12	13	13	14	12	13
5	5	6	6	7	8	8	9	9	10	8	9	10	10	11	11	12	13	13	14	14	15	13	14
6	6	7	7	8	9	9	10	10	11	9	10	11	11	12	12	13	14	14	15	15	16	14	15
7	7	8	8	9	10	10	11	11	12	10	11	12	12	13	13	14	15	15	16	16	17	15	16
8	8	9	9	10	11	11	12	12	13	11	12	13	13	14	14	15	16	16	17	17	18	16	17
9	9	10	10	11	12	12	13	13	14	12	13	14	14	15	15	16	17	17	18	18	19	17	18
10	10	11	11	12	13	13	14	14	15	13	14	15	15	16	16	17	18	18	19	19	20	18	19
11	11	12	12	13	14	14	15	15	16	14	15	16	16	17	17	18	19	19	20	20	21	19	20
12十一	12十	13	13	14	15	15	16	16	17	15	16	17	17	18	18	19	20	20	21	21	22	20	21
13	13	14九	14八	15	16	16	17	17	18	16	17	18	18	19	19	20	21	21	22	22	23	21	22
14	14	15	15	16七	17六	17	18	18	19	17	18	19冬	19	20	20	21	22	22	23	23	24	22	23
15	15	16	16	17	18	18五	19四	19三	20	18	19	20	20	21	21	22	23	23	24	24	25	23	24
16	16	17	17	18	19	19	20	20	21閏	19二	20	21	21	22	22	23	24	24	25	25	26	24	25
17	17	18	18	19	20	20	21	21	22	20	21正	22十二	22	23	23	24	25	25	26	26	27	25	26
18	18	19	19	20	21	21	22	22	23	21	22	23	23十一	24十	24	25	26	26	27	27	28	26	27
19冬	19	20	20	21	22	22	23	23	24	22	23	24	24	25	25九	26八	27	27	28	28	29	27	28
20	20	21	21	22	23	23	24	24	25	23	24	25	25	26	26	27	28七	28六	29	29	30	28	29
21	21	22	22	23	24	24	25	25	26	24	25	26	26	27	27	28	29	29	30五	30四	31	**3**	30

五六四 甲申 陳天嘉五 周保定四 齊河清三

周齊閏九月

五六三 癸未 陳天嘉四 周保定三 齊河清二

11	11	12	12	13	14	14	15	15	16	15	16	17	17	18	18	19	20	20	21	21	22	20	21	22
12	12	13	13	14	15	15	16	16	17	16	17	18	18	19	19	20	21	21	22	22	23	21	22	23
13	13	14	14	15	16	16	17	17	18	17	18	19冬	19	20	20	21	22	22	23	23	24	22	23	24
14	14	15	15	16	17	17	18	18	19	18	19	20	20	21	21	22	23	23	24	24	25	23	24	25
15	15	16	16	17	18	18	19	19	20	19	20	21	21	22	22	23	24	24	25	25	26	24	25	26
16	16	17	17	18	19	19	20	20	21	20	21	22	22	23	23	24	25	25	26	26	27	25	26	27
17	17	18	18	19	20	20	21	21	22	21	22	23	23	24	24	25	26	26	27	27	28	26	27	28
18	18	19	19	20	21	21	22	22	23	22	23	24	24	25	25	26	27	27	28	28	29	27	28	29
19冬十一	19閏	20	20	21	22	22	23	23	24	23	24	25	25	26	26	27	28	28	29	29	30	28	29	30
20	20	21十	21九	22	23	23	24	24	25	24	25	26	26	27	27	28	29	29	30	30	31	**3**	30	31
21	21	22	22	23八	24七	24	25	25	26	25	26	27	27	28	28	29	30	30	31	**5**	**4**	2	31	**1**
22	22	23	23	24	25	25六	26五	26	27	26	27	28	28	29	29	30	31	**7**	**6**	2	2	3	**2**	2
23	23	24	24	25	26	26	27	27四	28三	27	28	29	29	30	30	31	**8**	2	2	3	3	4	2	3
24	24	25	25	26	27	27	28	28	29	28二	29正	30	30	31	**10**	**9**	2	3	3	4	4	5	3	4
25	25	26	26	27	28	28	29	29	30	29	30	31十二	**12**十一	**11**	2	2	3	4	4	5	5	6	4	5
26	26	27	27	28	29	29	30	30	31	**3**	31	**1**	2	2十	3九	3八	4	5	5	6	6	7	5	6
27	27	28	28	29	30	30	31	**5**	**4**	2	**2**	2	3	3	4	4	5七	6六	6	7	7	8	6	7
28	28	29	29	30	31	**7**	**6**	2	2	3	2	3	4	4	5	5	6	7	7五	8四	8	9	7	8
29	29	30	30	31	**8**	2	2	3	3	4	3	4	5	5	6	6	7	8	8	9	9三	10二	8	9
30	30	31	**10**	**9**	2	3	3	**4**	4	5	4	5	6	6	7	7	8	9	9	10	10	11	9正	10十二
31	**12**	**11**	2	2	3	4	4	5	5	6	5	6	7	7	8	8	9	10	10	11	11	12	10	11
日	2	2	3	3	4	5	5	6	6	7	6	7	8	8	9	9	10	11	11	12	12	13	11	12
曜	3	3	4	4	5	6	6	7	7	8	7	8	9	9	10	10	11	12	12	13	13	14	12	13
表	4	4	5	5	6	7	7	8	8	9	8	9	10	10	11	11	12	13	13	14	14	15	13	14
5	5	5	6	6	7	8	8	9	9	10	9	10	11	11	12	12	13	14	14	15	15	16	14	15
甲	6	6	7	7	8	9	9	10	10	11	10	11	12	12	13	13	14	15	15	16	16	17	15	16
子	7	7	8	8	9	10	10	11	11	12	11	12	13	13	14	14	15	16	16	17	17	18	16	17
表	8	8	9	9	10	11	11	12	12	13	12	13	14	14	15	15	16	17	17	18	18	19	17	18
1	9	9	10	10	11	12	12	13	13	14	13	14	15	15	16	16	17	18	18	19	19	20	18	19
	10	10	11	11	12	13	13	14	14	15	14	15	16	16	17	17	18	19	19	20	20	21	19	20

五六六 丙戌 陳天康元（二月改） 周天和元 齊天統二												五六五 乙酉 陳天嘉六 周保定五 齊天統元（後主四月改）											
22	23	23	24	25	25	26	26	27	25	26	27	27	28	28	29	30	30	31	**5**	**4**	2	31	**1**
23	24	24	25	26	26	27	27	28	26	27	28	28	29	29	30	31	**7**	**6**	2	2	3	**2**	2
24	25	25	26	27	27	28	28	29	27	28	29	29	30	30	31	**8**	2	2	3	3	4	2	3
25	26	26	27	28	28	29	29	30	28	29	30	30	31	**10**	**9**	2	3	3	4	4	5	3	4
26	27	27	28	29	29	30	30	31	**3**	30	31	**12**	**11**	2	2	3	4	4	5	5	6	4	5
27	28	28	29	30	30	31	**5**	**4**	2	31	**1**	2	2	3	3	4	5	5	6	6	7	5	6
28十一	29十	29	30	31	**7**	**6**	2	2	3	**2**	2	3	3	4	4	5	6	6	7	7	8	6	7
29	30	30九	31八	**8**	2	2	3	3	4	2	3	4	4	5	5	6	7	7	8	8	9	7	8
30	31	**10**	**9**	2七	3六	3	4	4	5	3	4	5	5	6	6	7	8	8	9	9	10	8	9
12	**11**	2	2	3	4	4五	5四	5三	6	4	5	6	6	7	7	8	9	9	10	10	11	9	10
2	2	3	3	4	5	5	6	6	7二	5正	6	7	7	8	8	9	10	10	11	11	12	10	11
3	3	4	4	5	6	6	7	7	8	6	7十二	8十一	8	9	9	10	11	11	12	12	13	11	12
4	4	5	5	6	7	7	8	8	9	7	8	9	9十	10九	10	11	12	12	13	13	14	12	13
5	5	6	6	7	8	8	9	9	10	8	9	10	10	11	11八	12七	13	13	14	14	15	13	14
6	6	7	7	8	9	9	10	10	11	9	10	11	11	12	12	13	14六	14五	15	15	16	14	15
7	7	8	8	9	10	10	11	11	12	10	11	12	12	13	13	14	15	15	16四	16三	17	15	16
8	8	9	9	10	11	11	12	12	13	11	12	13	13	14	14	15	16	16	17	17	18二	16正	17
9	9	10	10	11	12	12	13	13	14	12	13	14	14	15	15	16	17	17	18	18	19	17	18十二
10	10	11	11	12	13	13	14	14	15	13	14	15	15	16	16	17	18	18	19	19	20	18	19
11	11	12	12	13	14	14	15	15	16	14	15	16	16	17	17	18	19	19	20	20	21	19	20
12	12	13	13	14	15	15	16	16	17	15	16	17	17	18	18	19	20	20	21	21	22	20	21
13	13	14	14	15	16	16	17	17	18	16	17	18	18	19	19	20	21	21	22	22	23	21	22
14	14	15	15	16	17	17	18	18	19	17	18	19冬	19	20	20	21	22	22	23	23	24	22	23
15	15	16	16	17	18	18	19	19	20	18	19	20	20	21	21	22	23	23	24	24	25	23	24
16	16	17	17	18	19	19	20	20	21	19	20	21	21	22	22	23	24	24	25	25	26	24	25
17	17	18	18	19	20	20	21	21	22	20	21	22	22	23	23	24	25	25	26	26	27	25	26
18	18	19	19	20	21	21	22	22	23	21	22	23	23	24	24	25	26	26	27	27	28	26	27
19冬	19	20	20	21	22	22	23	23	24	22	23	24	24	25	25	26	27	27	28	28	29	27	28
20	20	21	21	22	23	23	24	24	25	23	24	25	25	26	26	27	28	28	29	29	30	28	29
21	21	22	22	23	24	24	25	25	26	24	25	26	26	27	27	28	29	29	30	30	31	**3**	30

五六七 丁亥 陳光大元（廢帝） 周天和二 齊天統三

周閏八月

五六八 戊子 陳光大二 周天和三 齊天統四

11	11	12	12	13	14	14	15	15	16	15	16	17十一	17十	18	18	19	20	20	21	21	22	20	21	22
12	12	13	13	14	15	15	16	16	17	16	17	18	18	19九	19八	20七	21	21	22	22	23	21	22	23
13	13	14	14	15	16	16	17	17	18	17	18	19冬	19	20	20	21	22閏	22六	23	23	24	22	23	24
14	14	15	15	16	17	17	18	18	19	18	19	20	20	21	21	22	23	23	24五	24四	25	23	24	25
15	15	16	16	17	18	18	19	19	20	19	20	21	21	22	22	23	24	24	25	25	26三	24二	25	26
16	16	17	17	18	19	19	20	20	21	20	21	22	22	23	23	24	25	25	26	26	27	25	26正	27十二
17	17	18	18	19	20	20	21	21	22	21	22	23	23	24	24	25	26	26	27	27	28	26	27	28
18	18	19	19	20	21	21	22	22	23	22	23	24	24	25	25	26	27	27	28	28	29	27	28	29
19冬	19	20	20	21	22	22	23	23	24	23	24	25	25	26	26	27	28	28	29	29	30	28	29	30
20	20	21	21	22	23	23	24	24	25	24	25	26	26	27	27	28	29	29	30	30	31	3	30	31
21	21	22	22	23	24	24	25	25	26	25	26	27	27	28	28	29	30	30	31	5	4	2	31	1
22	22	23	23	24	25	25	26	26	27	26	27	28	28	29	29	30	31	7	6	2	2	3	2	2
23	23	24	24	25	26	26	27	27	28	27	28	29	29	30	30	31	8	2	2	3	3	4	2	3
24	24	25	25	26	27	27	28	28	29	28	29	30	30	31	10	9	2	3	3	4	4	5	3	4
25	25	26	26	27	28	28	29	29	30	29	30	31	12	11	2	2	3	4	4	5	5	6	4	5
26	26	27	27	28	29	29	30	30	31	3	31	1	2	2	3	3	4	5	5	6	6	7	5	6
27	27	28	28	29	30	30	31	5	4	2	2	2	3	3	4	4	5	6	6	7	7	8	6	7
28	28	29	29	30	31	7	6	2	2	3	2	3	4	4	5	5	6	7	7	8	8	9	7	8
29	29	30	30	31	8	2	2	3	3	4	3	4	5	5	6	6	7	8	8	9	9	10	8	9
30	30	31	10	9	2	3	3	4	4	5	4	5	6	6	7	7	8	9	9	10	10	11	9	10
31	12	11	2	2	3	4	4	5	5	6	5	6	7	7	8	8	9	10	10	11	11	12	10	11
日	2	2	3	3	4	5	5	6	6	7	6	7	8	8	9	9	10	11	11	12	12	13	11	12
曜	3	3	4	4	5	6	6	7	7	8	7	8	9	9	10	10	11	12	12	13	13	14	12	13
表	4	4	5	5	6	7	7	8	8	9	8	9	10	10	11	11	12	13	13	14	14	15	13	14
6	5十一	5十	6	6	7	8	8	9	9	10	9	10	11	11	12	12	13	14	14	15	15	16	14	15
甲	6	6	7九	7八	8	9	9	10	10	11	10	11	12	12	13	13	14	15	15	16	16	17	15	16
子	7	7	8	8	9七	10六	10	11	11	12	11	12	13	13	14	14	15	16	16	17	17	18	16	17
表	8	8	9	9	10	11	11五	12四	12	13	12	13	14	14	15	15	16	17	17	18	18	19	17	18
2	9	9	10	10	11	12	12	13	13三	14二	13	14	15	15	16	16	17	18	18	19	19	20	18	19
	10	10	11	11	12	13	13	14	14	15	14正	15十二	16	16	17	17	18	19	19	20	20	21	19	20

五七〇 庚寅 陳太建二 周天和五 齊武平元 齊閏二月												五六九 己丑 陳太建元宣帝 周天和四 齊天統五											
22	23	23	24	25	25	26	26	27	25	26	27	27	28	28	29	30	30	六31	五**5**	**4**	2	31	**1**
23	24	24	25	26	26	27	27	28	26	27	28	28	29	29	30	31	**7**	**6**	2	四2	三3	**2**	2
24	25	25	26	27	27	28	28	29	27	28	29	29	30	30	31	**8**	2	2	3	3	4	二2	正3
25	26	26	27	28	28	29	29	30	28	29	30	30	31	**10**	**9**	2	3	3	4	4	5	3	4十二
26	27	27	28	29	29	30	30	31	**3**	30	31	**12**	**11**	2	2	3	4	4	5	5	6	4	5
27	28	28	29	30	30	31	**5**	**4**	2	31	**1**	2	2	3	3	4	5	5	6	6	7	5	6
28	29	29	30	31	**7**	**6**	2	2	3	**2**	2	3	3	4	4	5	6	6	7	7	8	6	7
29	30	30	31	**8**	2	2	3	3	4	2	3	4	4	5	5	6	7	7	8	8	9	7	8
30	31	**10**	**9**	2	3	3	4	4	5	3	4	5	5	6	6	7	8	8	9	9	10	8	9
12	**11**	2	2	3	4	4	5	5	6	4	5	6	6	7	7	8	9	9	10	10	11	9	10
2	2	3	3	4	5	5	6	6	7	5	6	7	7	8	8	9	10	10	11	11	12	10	11
3	3	4	4	5	6	6	7	7	8	6	7	8	8	9	9	10	11	11	12	12	13	11	12
4	4	5	5	6	7	7	8	8	9	7	8	9	9	10	10	11	12	12	13	13	14	12	13
5	5	6	6	7	8	8	9	9	10	8	9	10	10	11	11	12	13	13	14	14	15	13	14
6	6	7	7	8	9	9	10	10	11	9	10	11	11	12	12	13	14	14	15	15	16	14	15
7	7	8	8	9	10	10	11	11	12	10	11	12	12	13	13	14	15	15	16	16	17	15	16
8	8	9	9	10	11	11	12	12	13	11	12	13	13	14	14	15	16	16	17	17	18	16	17
9	9	10	10	11	12	12	13	13	14	12	13	14	14	15	15	16	17	17	18	18	19	17	18
10	10	11	11	12	13	13	14	14	15	13	14	15	15	16	16	17	18	18	19	19	20	18	19
11	11	12	12	13	14	14	15	15	16	14	15	16	16	17	17	18	19	19	20	20	21	19	20
12	12	13	13	14	15	15	16	16	17	15	16	17	17	18	18	19	20	20	21	21	22	20	21
13	十二13	14	14	15	16	16	17	17	18	16	17	18	18	19	19	20	21	21	22	22	23	21	22
14	14	十15	九15	16	17	17	18	18	19	17	18	19	冬19	20	20	21	22	22	23	23	24	22	23
15	15	16	16	八17	七18	18	19	19	20	18	19	20	20	21	21	22	23	23	24	24	25	23	24
16	16	17	17	18	19	六19	五20	20	21	19	20	21	21	22	22	23	24	24	25	25	26	24	25
17	17	18	18	19	20	20	21	閏21	四22	三20	21	22	22	23	23	24	25	25	26	26	27	25	26
18	18	19	19	20	21	21	22	22	23	21	二22	正23	23	24	24	25	26	26	27	27	28	26	27
19	冬19	20	20	21	22	22	23	23	24	22	23	24	十二24	十一25	25	26	27	27	28	28	29	27	28
20	20	21	21	22	23	23	24	24	25	23	24	25	25	26	十26	九27	28	28	29	29	30	28	29
21	21	22	22	23	24	24	25	25	26	24	25	26	26	27	27	28	八29	七29	30	30	31	**3**	30

五七二 壬辰 陳太建四 周建德元（三月改） 齊武平三

齊閏十一月

五七一 辛卯 陳太建三 周天和六 齊武平二

11	11	12	12	13	14	14	15	15	16	15	16	17	17	18	18	19	20	20	21	21	22	20	21	22
12	12	13	13	14	15	15	16	16	17	16	17	18	18	19	19	20	21	21	22	22	23	21	22	23
13	13	14	14	15	16	16	17	17	18	17	18	19	冬19	20	20	21	22	22	23	23	24	22	23	24
14	14	15	15	16	17	17	18	18	19	18	19	20	20	21	21	22	23	23	24	24	25	23	24	25
15	15	16	16	17	18	18	19	19	20	19	20	21	21	22	22	23	24	24	25	25	26	24	25	26
16	16	17	17	18	19	19	20	20	21	20	21	22	22	23	23	24	25	25	26	26	27	25	26	27
17	17	18	18	19	20	20	21	21	22	21	22	23	23	24	24	25	26	26	27	27	28	26	27	28
18	18	19	19	20	21	21	22	22	23	22	23	24	24	25	25	26	27	27	28	28	29	27	28	29
19	冬19	20	20	21	22	22	23	23	24	23	24	25	25	26	26	27	28	28	29	29	30	28	29	30
20	20	21	21	22	23	23	24	24	25	24	25	26	26	27	27	28	29	29	30	30	31	3	30	31
21	十二21	十一22	十22	23	24	24	25	25	26	25	26	27	27	28	28	29	30	30	31	5	4	2	31	1
22	22	23	23	九24	八25	25	26	26	27	26	27	28	28	29	29	30	31	7	6	2	2	3	2	2
23	23	24	24	25	26	七26	六27	27	28	27	28	29	29	30	30	31	8	2	2	3	3	4	2	3
24	24	25	25	26	27	27	28	五28	四29	28	29	30	30	31	10	9	2	3	3	4	4	5	3	4
25	25	26	26	27	28	28	29	29	30	三29	二30	31	12	11	2	2	3	4	4	5	5	6	4	5
26	26	27	27	28	29	29	30	30	31	3	31	正1	十二2	2	3	3	4	5	5	6	6	7	5	6
27	27	28	28	29	30	30	31	5	4	2	2	2	3	十一3	十4	4	5	6	6	7	7	8	6	7
28	28	29	29	30	31	7	6	2	2	3	2	3	4	4	5	九5	八6	七7	7	8	8	9	7	8
29	29	30	30	31	8	2	2	3	3	4	3	4	5	5	6	6	7	8	六8	五9	9	10	8	9
30	30	31	10	9	2	3	3	4	4	5	4	5	6	6	7	7	8	9	9	10	四10	三11	9	10
31	12	11	2	2	3	4	4	5	5	6	5	6	7	7	8	8	9	10	10	11	11	12	二10	正11
日	2	2	3	3	4	5	5	6	6	7	6	7	8	8	9	9	10	11	11	12	12	13	11	12 十二
曜	3	3	4	4	5	6	6	7	7	8	7	8	9	9	10	10	11	12	12	13	13	14	12	13
表	4	4	5	5	6	7	7	8	8	9	8	9	10	10	11	11	12	13	13	14	14	15	13	14
7	5	5	6	6	7	8	8	9	9	10	9	10	11	11	12	12	13	14	14	15	15	16	14	15
甲	6	6	7	7	8	9	9	10	10	11	10	11	12	12	13	13	14	15	15	16	16	17	15	16
子	7	7	8	8	9	10	10	11	11	12	11	12	13	13	14	14	15	16	16	17	17	18	16	17
表	8	8	9	9	10	11	11	12	12	13	12	13	14	14	15	15	16	17	17	18	18	19	17	18
3	9	9	10	10	11	12	12	13	13	14	13	14	15	15	16	16	17	18	18	19	19	20	18	19
	10	10	11	11	12	13	13	14	14	15	14	15	16	16	17	17	18	19	19	20	20	21	19	20

齊武平五 周建德三 陳太建六 甲午 五七四

齊武平四 周閏正月 周建德二 陳太建五 癸巳 五七三

22	23	23	24	25	25	26	26	27	25	26	27	27	28	28	29	30	30	31	**5**	**4**	2	31	**1**
23	24	24	25	26	26	27	27	28	26	27	28	28	29	29	30	31	**7**	**6**	2	2	3	**2**	2
24	25	25	26	27	27	28	28	29	27	28	29	29	30	30	31	**8**	2	2	3	3	4	2	3
25	26	26	27	28	28	29	29	30	28	29	30	30	31	**10**	**9**	2	3	3	4	4	5	3	4
26	27	27	28	29	29	30	30	31	**3**	30	31	**12**	**11**	2	2	3	4	4	5	5	6	4	5
27	28	28	29	30	30	31	**5**	**4**	2	31	**1**	2	2	3	3	4	5	5	6	6	7	5	6
28	29	29	30	31	**7**	**6**	2	2	3	**2**	2	3	3	4	4	5	6	6	7	7	8	6	7
29十一	30	30	31	**8**	2	2	3	3	4	2	3	4	4	5	5	6	7	7	8	8	9	7	8
30	31十	**10**九	**9**	2	3	3	4	4	5	3	4	5	5	6	6	7	8	8	9	9	10	8	9
12	**11**	2	2八	3七	4	4	5	5	6	4	5	6	6	7	7	8	9	9	10	10	11	9	10
2	2	3	3	4	5六	5五	6	6	7	5	6	7	7	8	8	9	10	10	11	11	12	10	11
3	3	4	4	5	6	6	7四	7三	8二	6	7	8	8	9	9	10	11	11	12	12	13	11	12
4	4	5	5	6	7	7	8	8	9	7正	8十二	9	9	10	10	11	12	12	13	13	14	12	13
5	5	6	6	7	8	8	9	9	10	8	9	10十一	10十	11	11	12	13	13	14	14	15	13	14
6	6	7	7	8	9	9	10	10	11	9	10	11	11	12九	12八	13	14	14	15	15	16	14	15
7	7	8	8	9	10	10	11	11	12	10	11	12	12	13	13	14七	15六	15	16	16	17	15	16
8	8	9	9	10	11	11	12	12	13	11	12	13	13	14	14	15	16	16五	17四	17	18	16	17
9	9	10	10	11	12	12	13	13	14	12	13	14	14	15	15	16	17	17	18	18三	19二	17	18
10	10	11	11	12	13	13	14	14	15	13	14	15	15	16	16	17	18	18	19	19	20	18正	19閏
11	11	12	12	13	14	14	15	15	16	14	15	16	16	17	17	18	19	19	20	20	21	19	20
12	12	13	13	14	15	15	16	16	17	15	16	17	17	18	18	19	20	20	21	21	22	20	21
13	13	14	14	15	16	16	17	17	18	16	17	18	18	19	19	20	21	21	22	22	23	21	22
14	14	15	15	16	17	17	18	18	19	17	18	19冬	19	20	20	21	22	22	23	23	24	22	23
15	15	16	16	17	18	18	19	19	20	18	19	20	20	21	21	22	23	23	24	24	25	23	24
16	16	17	17	18	19	19	20	20	21	19	20	21	21	22	22	23	24	24	25	25	26	24	25
17	17	18	18	19	20	20	21	21	22	20	21	22	22	23	23	24	25	25	26	26	27	25	26
18	18	19	19	20	21	21	22	22	23	21	22	23	23	24	24	25	26	26	27	27	28	26	27
19冬	19	20	20	21	22	22	23	23	24	22	23	24	24	25	25	26	27	27	28	28	29	27	28
20	20	21	21	22	23	23	24	24	25	23	24	25	25	26	26	27	28	28	29	29	30	28	29
21	21	22	22	23	24	24	25	25	26	24	25	26	26	27	27	28	29	29	30	30	31	**3**	30

五七五 乙未 陳太建七 周建德四 齊武平六

齊閏八月

周閏十月

五七六 丙申 陳太建八 周建德五 齊隆化元 十二月改 齊德昌元 安德王 十二月改

11	11	12	12	13	14	14	15	15	16二	15正	16	17	17	18	18	19	20	20	21	21	22	20	21	22
12	12	13	13	14	15	15	16	16	17	16	17十二	18十一	18	19	19	20	21	21	22	22	23	21	22	23
13	13	14	14	15	16	16	17	17	18	17	18	19冬	19十	20閏	20	21	22	22	23	23	24	22	23	24
14	14	15	15	16	17	17	18	18	19	18	19	20	20	21	21九	22八	23七	23	24	24	25	23	24	25
15	15	16	16	17	18	18	19	19	20	19	20	21	21	22	22	23	24	24六	25五	25	26	24	25	26
16	16	17	17	18	19	19	20	20	21	20	21	22	22	23	23	24	25	25	26	26四	27三	25	26	27
17	17	18	18	19	20	20	21	21	22	21	22	23	23	24	24	25	26	26	27	27	28	26二	27正	28
18	18	19	19	20	21	21	22	22	23	22	23	24	24	25	25	26	27	27	28	28	29	27	28	29十二
19冬	19	20	20	21	22	22	23	23	24	23	24	25	25	26	26	27	28	28	29	29	30	28	29	30
20	20	21	21	22	23	23	24	24	25	24	25	26	26	27	27	28	29	29	30	30	31	3	30	31
21	21	22	22	23	24	24	25	25	26	25	26	27	27	28	28	29	30	30	31	5	4	2	31	1
22	22	23	23	24	25	25	26	26	27	26	27	28	28	29	29	30	31	7	6	2	2	3	2	2
23	23	24	24	25	26	26	27	27	28	27	28	29	29	30	30	31	8	2	2	3	3	4	2	3
24	24	25	25	26	27	27	28	28	29	28	29	30	30	31	10	9	2	3	3	4	4	5	3	4
25	25	26	26	27	28	28	29	29	30	29	30	31	12	11	2	2	3	4	4	5	5	6	4	5
26	26	27	27	28	29	29	30	30	31	3	31	1	2	2	3	3	4	5	5	6	6	7	5	6
27	27	28	28	29	30	30	31	5	4	2	2	2	3	3	4	4	5	6	6	7	7	8	6	7
28	28	29	29	30	31	7	6	2	2	3	2	3	4	4	5	5	6	7	7	8	8	9	7	8
29	29	30	30	31	8	2	2	3	3	4	3	4	5	5	6	6	7	8	8	9	9	10	8	9
30	30	31	10	9	2	3	3	4	4	5	4	5	6	6	7	7	8	9	9	10	10	11	9	10
31	12	11	2	2	3	4	4	5	5	6	5	6	7	7	8	8	9	10	10	11	11	12	10	11
日	2	2	3	3	4	5	5	6	6	7	6	7	8	8	9	9	10	11	11	12	12	13	11	12
曜	3	3	4	4	5	6	6	7	7	8	7	8	9	9	10	10	11	12	12	13	13	14	12	13
表	4	4	5	5	6	7	7	8	8	9	8	9	10	10	11	11	12	13	13	14	14	15	13	14
1	5	5	6	6	7	8	8	9	9	10	9	10	11	11	12	12	13	14	14	15	15	16	14	15
甲	6	6	7	7	8	9	9	10	10	11	10	11	12	12	13	13	14	15	15	16	16	17	15	16
子	7十一	7十	8九	8	9	10	10	11	11	12	11	12	13	13	14	14	15	16	16	17	17	18	16	17
表	8	8	9	9八	10七	11	11	12	12	13	12	13	14	14	15	15	16	17	17	18	18	19	17	18
4	9	9	10	10	11	12六	12五	13	13	14	13	14	15	15	16	16	17	18	18	19	19	20	18	19
	10	10	11	11	12	13	13	14四	14三	15	14	15	16	16	17	17	18	19	19	20	20	21	19	20

五七七 丁酉 陳太建九 周建德六 齊承光元幼主 齊爲周所滅

五七八 戊戌 陳太建一〇 周宣政元三月改 周閏六月

22	23	23	24	25	25	26	26	27	25	26	27	27	28	28九	29八	30	30	31	**5**	**4**	2	31	**1**
23	24	24	25	26	26	27	27	28	26	27	28	28	29	29	30	31七	**7**六	**6**	2	2	3	**2**	2
24	25	25	26	27	27	28	28	29	27	28	29	29	30	30	31	**8**	2	2五	3四	3	4	2	3
25	26	26	27	28	28	29	29	30	28	29	30	30	31	**10**	**9**	2	3	3	4	4三	5二	3	4
26	27	27	28	29	29	30	30	31	**3**	30	31	**12**	**11**	2	2	3	4	4	5	5	6	4正	5十二
27	28	28	29	30	30	31	**5**	**4**	2	31	**1**	2	2	3	3	4	5	5	6	6	7	5	6
28	29	29	30	31	**7**	**6**	2	2	3	**2**	2	3	3	4	4	5	6	6	7	7	8	6	7
29	30	30	31	**8**	2	2	3	3	4	2	3	4	4	5	5	6	7	7	8	8	9	7	8
30	31	**10**	**9**	2	3	3	4	4	5	3	4	5	5	6	6	7	8	8	9	9	10	8	9
12	**11**	2	2	3	4	4	5	5	6	4	5	6	6	7	7	8	9	9	10	10	11	9	10
2	2	3	3	4	5	5	6	6	7	5	6	7	7	8	8	9	10	10	11	11	12	10	11
3	3	4	4	5	6	6	7	7	8	6	7	8	8	9	9	10	11	11	12	12	13	11	12
4	4	5	5	6	7	7	8	8	9	7	8	9	9	10	10	11	12	12	13	13	14	12	13
5	5	6	6	7	8	8	9	9	10	8	9	10	10	11	11	12	13	13	14	14	15	13	14
6	6	7	7	8	9	9	10	10	11	9	10	11	11	12	12	13	14	14	15	15	16	14	15
7	7	8	8	9	10	10	11	11	12	10	11	12	12	13	13	14	15	15	16	16	17	15	16
8	8	9	9	10	11	11	12	12	13	11	12	13	13	14	14	15	16	16	17	17	18	16	17
9	9	10	10	11	12	12	13	13	14	12	13	14	14	15	15	16	17	17	18	18	19	17	18
10	10	11	11	12	13	13	14	14	15	13	14	15	15	16	16	17	18	18	19	19	20	18	19
11	11	12	12	13	14	14	15	15	16	14	15	16	16	17	17	18	19	19	20	20	21	19	20
12	12	13	13	14	15	15	16	16	17	15	16	17	17	18	18	19	20	20	21	21	22	20	21
13	13	14	14	15	16	16	17	17	18	16	17	18	18	19	19	20	21	21	22	22	23	21	22
14	14	15	15	16	17	17	18	18	19	17	18	19冬	19	20	20	21	22	22	23	23	24	22	23
15十一	15十	16	16	17	18	18	19	19	20	18	19	20	20	21	21	22	23	23	24	24	25	23	24
16	16	17九	17八	18	19	19	20	20	21	19	20	21	21	22	22	23	24	24	25	25	26	24	25
17	17	18	18	19七	20六	20	21	21	22	20	21	22	22	23	23	24	25	25	26	26	27	25	26
18	18	19	19	20	21	21閏	22五	22	23	21	22	23	23	24	24	25	26	26	27	27	28	26	27
19冬	19	20	20	21	22	22	23	23四	24三	22二	23	24	24	25	25	26	27	27	28	28	29	27	28
20	20	21	21	22	23	23	24	24	25	23	24正	25十二	25	26	26	27	28	28	29	29	30	28	29
21	21	22	22	23	24	24	25	25	26	24	25	26	26十一	27十	27	28	29	29	30	30	31	**3**	30

五七九 己亥 陳太建一一 周大成元（宣帝） 周大象元（二月改）

五八〇 庚子 陳太建一二 周大象二

11	11	12	12	13	14	14	15	15	16	15	16	17	17	18	18	19	20	20	21	21	22	20	21	22
12	12	13	13	14	15	15	16	16	17	16	17	18	18	19	19	20	21	21	22	22	23	21	22	23
13	13	14	14	15	16	16	17	17	18	17	18	19	冬19	20	20	21	22	22	23	23	24	22	23	24
14	14	15	15	16	17	17	18	18	19	18	19	20	20	21	21	22	23	23	24	24	25	23	24	25
15	15	16	16	17	18	18	19	19	20	19	20	21	21	22	22	23	24	24	25	25	26	24	25	26
16	16	17	17	18	19	19	20	20	21	20	21	22	22	23	23	24	25	25	26	26	27	25	26	27
17	17	18	18	19	20	20	21	21	22	21	22	23	23	24	24	25	26	26	27	27	28	26	27	28
18	18	19	19	20	21	21	22	22	23	22	23	24	24	25	25	26	27	27	28	28	29	27	28	29
19	冬19	20	20	21	22	22	23	23	24	23	24	25	25	26	26	27	28	28	29	29	30	28	29	30
20	20	21	21	22	23	23	24	24	25	24	25	26	26	27	27	28	29	29	30	30	31	**3**	30	31
21	21	22	22	23	24	24	25	25	26	25	26	27	27	28	28	29	30	30	31	**5**	**4**	2	31	**1**
22	十二22	23	23	24	25	25	26	26	27	26	27	28	28	29	29	30	31	**7**	**6**	2	2	3	**2**	2
23	23	十一24	十24	九25	26	26	27	27	28	27	28	29	29	30	30	31	**8**	2	2	3	3	4	2	3
24	24	25	25	26	八27	七27	28	28	29	28	29	30	30	31	**10**	**9**	2	3	3	4	4	5	3	4
25	25	26	26	27	28	28	六29	五29	30	29	30	31	**12**	**11**	2	2	3	4	4	5	5	6	4	5
26	26	27	27	28	29	29	30	30	四31	三**3**	31	**1**	2	2	3	3	4	5	5	6	6	7	5	6
27	27	28	28	29	30	30	31	**5**	**4**	2	二**2**	正2	3	3	4	4	5	6	6	7	7	8	6	7
28	28	29	29	30	31	**7**	**6**	2	2	3	2	3	十二4	十一4	5	5	6	7	7	8	8	9	7	8
29	29	30	30	31	**8**	2	2	3	3	4	3	4	5	5	十6	九6	7	8	8	9	9	10	8	9
30	30	31	**10**	**9**	2	3	3	**4**	4	5	4	5	6	6	7	7	八8	七9	六9	10	10	11	9	10
31	**12**	**11**	2	2	3	4	4	5	5	6	5	6	7	7	8	8	9	10	10	五11	四11	12	10	11
日	2	2	3	3	4	5	5	6	6	7	6	7	8	8	9	9	10	11	11	12	12	三13	二11	12
曜	3	3	4	4	5	6	6	7	7	8	7	8	9	9	10	10	11	12	12	13	13	14	12	正13十二
表	4	4	5	5	6	7	7	8	8	9	8	9	10	10	11	11	12	13	13	14	14	15	13	14
2	5	5	6	6	7	8	8	9	9	10	9	10	11	11	12	12	13	14	14	15	15	16	14	15
甲	6	6	7	7	8	9	9	10	10	11	10	11	12	12	13	13	14	15	15	16	16	17	15	16
子	7	7	8	8	9	10	10	11	11	12	11	12	13	13	14	14	15	16	16	17	17	18	16	17
表	8	8	9	9	10	11	11	12	12	13	12	13	14	14	15	15	16	17	17	18	18	19	17	18
5	9	9	10	10	11	12	12	13	13	14	13	14	15	15	16	16	17	18	18	19	19	20	18	19
	10	10	11	11	12	13	13	14	14	15	14	15	16	16	17	17	18	19	19	20	20	21	19	20

五八一
辛丑
陳太建一三
周大定元 靜帝
隋開皇元 文帝二月改
隋閏三月
隋受周禪

五八二
壬寅
陳太建一四
隋開皇二

22	23	23	24	25	25	26	26	27	25	26	27	27	28	28	29	30	30	31	**5**	**4**	2	31	**1**
23	24	24	25	26	26	27	27	28	26	27	28	28	29	29	30	31	**7**	**6**	2	2	3	**2**	2
24	25	25	26	27	27	28	28	29	27	28	29	29	30	30	31	**8**	2	2	3	3	4	2	3
25	26	26	27	28	28	29	29	30	28	29	30	30	31	**10**	**9**	2	3	3	4	4	5	3	4
26	27	27	28	29	29	30	30	31	**3**	30	31	**12**	**11**	2	2	3	4	4	5	5	6	4	5
27	28	28	29	30	30	31	**5**	**4**	2	31	**1**	2	2	3	3	4	5	5	6	6	7	5	6
28	29	29	30	31	**7**	**6**	2	2	3	**2**	2	3	3	4	4	5	6	6	7	7	8	6	7
29	30	30	31	**8**	2	2	3	3	4	2	3	4	4	5	5	6	7	7	8	8	9	7	8
30	31	**10**	**9**	2	3	3	4	4	5	3	4	5	5	6	6	7	8	8	9	9	10	8	9
12十一	**11**十	2	2	3	4	4	5	5	6	4	5	6	6	7	7	8	9	9	10	10	11	9	10
2	2	3九	3八	4	5	5	6	6	7	5	6	7	7	8	8	9	10	10	11	11	12	10	11
3	3	4	4	5七	6六	6	7	7	8	6	7	8	8	9	9	10	11	11	12	12	13	11	12
4	4	5	5	6	7	7五	8四	8	9	7	8	9	9	10	10	11	12	12	13	13	14	12	13
5	5	6	6	7	8	8	9	9三	10二	8正	9	10	10	11	11	12	13	13	14	14	15	13	14
6	6	7	7	8	9	9	10	10	11	9	10十二	11十一	11	12	12	13	14	14	15	15	16	14	15
7	7	8	8	9	10	10	11	11	12	10	11	12	12十	13九	13	14	15	15	16	16	17	15	16
8	8	9	9	10	11	11	12	12	13	11	12	13	13	14	14八	15七	16	16	17	17	18	16	17
9	9	10	10	11	12	12	13	13	14	12	13	14	14	15	15	16	17六	17五	18	18	19	17	18
10	10	11	11	12	13	13	14	14	15	13	14	15	15	16	16	17	18	18	19四	19三	20	18	19
11	11	12	12	13	14	14	15	15	16	14	15	16	16	17	17	18	19	19	20	20	21閏	19二	20
12	12	13	13	14	15	15	16	16	17	15	16	17	17	18	18	19	20	20	21	21	22	20	21正
13	13	14	14	15	16	16	17	17	18	16	17	18	18	19	19	20	21	21	22	22	23	21	22
14	14	15	15	16	17	17	18	18	19	17	18	19冬	19	20	20	21	22	22	23	23	24	22	23
15	15	16	16	17	18	18	19	19	20	18	19	20	20	21	21	22	23	23	24	24	25	23	24
16	16	17	17	18	19	19	20	20	21	19	20	21	21	22	22	23	24	24	25	25	26	24	25
17	17	18	18	19	20	20	21	21	22	20	21	22	22	23	23	24	25	25	26	26	27	25	26
18	18	19	19	20	21	21	22	22	23	21	22	23	23	24	24	25	26	26	27	27	28	26	27
19冬	19	20	20	21	22	22	23	23	24	22	23	24	24	25	25	26	27	27	28	28	29	27	28
20	20	21	21	22	23	23	24	24	25	23	24	25	25	26	26	27	28	28	29	29	30	28	29
21	21	22	22	23	24	24	25	25	26	24	25	26	26	27	27	28	29	29	30	30	31	**3**	30

五八三
癸卯
陳至德元 後主
隋開皇三

隋閏十二月

五八四
甲辰
陳至德二
隋開皇四

11	11	12	12	13	14	14五	15四	15	16	15	16	17	17	18	18	19	20	20	21	21	22	20	21	22
12	12	13	13	14	15	15	16	16三	17二	16	17	18	18	19	19	20	21	21	22	22	23	21	22	23
13	13	14	14	15	16	16	17	17	18	17正	18土	19冬	19	20	20	21	22	22	23	23	24	22	23	24
14	14	15	15	16	17	17	18	18	19	18	19	20閏	20土	21	21	22	23	23	24	24	25	23	24	25
15	15	16	16	17	18	18	19	19	20	19	20	21	21	22十	22九	23	24	24	25	25	26	24	25	26
16	16	17	17	18	19	19	20	20	21	20	21	22	22	23	23	24八	25七	25六	26	26	27	25	26	27
17	17	18	18	19	20	20	21	21	22	21	22	23	23	24	24	25	26	26	27五	27四	28	26	27	28
18	18	19	19	20	21	21	22	22	23	22	23	24	24	25	25	26	27	27	28	28	29三	27二	28	29
19冬	19	20	20	21	22	22	23	23	24	23	24	25	25	26	26	27	28	28	29	29	30	28	29正	30土
20	20	21	21	22	23	23	24	24	25	24	25	26	26	27	27	28	29	29	30	30	31	**3**	30	31
21	21	22	22	23	24	24	25	25	26	25	26	27	27	28	28	29	30	30	31	**5**	**4**	2	31	**1**
22	22	23	23	24	25	25	26	26	27	26	27	28	28	29	29	30	31	**7**	**6**	2	2	3	**2**	2
23	23	24	24	25	26	26	27	27	28	27	28	29	29	30	30	31	**8**	2	2	3	3	4	2	3
24	24	25	25	26	27	27	28	28	29	28	29	30	30	31	**10**	**9**	2	3	3	4	4	5	3	4
25	25	26	26	27	28	28	29	29	30	29	30	31	**12**	**11**	2	2	3	4	4	5	5	6	4	5
26	26	27	27	28	29	29	30	30	31	**3**	31	**1**	2	2	3	3	4	5	5	6	6	7	5	6
27	27	28	28	29	30	30	31	**5**	**4**	2	**2**	2	3	3	4	4	5	6	6	7	7	8	6	7
28	28	29	29	30	31	**7**	**6**	2	2	3	2	3	4	4	5	5	6	7	7	8	8	9	7	8
29	29	30	30	31	**8**	2	2	3	3	4	3	4	5	5	6	6	7	8	8	9	9	10	8	9
30	30	31	**10**	**9**	2	3	3	**4**	4	5	4	5	6	6	7	7	8	9	9	10	10	11	9	10
31	**12**	**11**	2	2	3	4	4	5	5	6	5	6	7	7	8	8	9	10	10	11	11	12	10	11
日	2	2	3	3	4	5	5	6	6	7	6	7	8	8	9	9	10	11	11	12	12	13	11	12
曜	3	3	4	4	5	6	6	7	7	8	7	8	9	9	10	10	11	12	12	13	13	14	12	13
表	4	4	5	5	6	7	7	8	8	9	8	9	10	10	11	11	12	13	13	14	14	15	13	14
3	5	5	6	6	7	8	8	9	9	10	9	10	11	11	12	12	13	14	14	15	15	16	14	15
甲	6	6	7	7	8	9	9	10	10	11	10	11	12	12	13	13	14	15	15	16	16	17	15	16
子	7	7	8	8	9	10	10	11	11	12	11	12	13	13	14	14	15	16	16	17	17	18	16	17
表	8土	8	9	9	10	11	11	12	12	13	12	13	14	14	15	15	16	17	17	18	18	19	17	18
6	9	9十	10九	10八	11	12	12	13	13	14	13	14	15	15	16	16	17	18	18	19	19	20	18	19
	10	10	11	11	12七	13六	13	14	14	15	14	15	16	16	17	17	18	19	19	20	20	21	19	20

五八六 丙午 陳至德四 隋開皇六

隋閏八月

五八五 乙巳 陳至德三 隋開皇五

22	23	23	24	25	25	26	26	27	25	26	27十二	27十一	28	28	29	30	30	31	**5**	**4**	2	31	**1**
23	24	24	25	26	26	27	27	28	26	27	28	28	29十	29九	30	31	**7**	**6**	2	2	3	**2**	2
24	25	25	26	27	27	28	28	29	27	28	29	29	30	30	31八	**8**七	2	2	3	3	4	2	3
25	26	26	27	28	28	29	29	30	28	29	30	30	31	**10**	**9**	2	3六	3五	4	4	5	3	4
26	27	27	28	29	29	30	30	31	**3**	30	31	**12**	**11**	2	2	3	4	4	5四	5三	6	4	5
27	28	28	29	30	30	31	**5**	**4**	2	31	**1**	2	2	3	3	4	5	5	6	6	7二	5正	6
28	29	29	30	31	**7**	**6**	2	2	3	**2**	2	3	3	4	4	5	6	6	7	7	8	6	7十二
29	30	30	31	**8**	2	2	3	3	4	2	3	4	4	5	5	6	7	7	8	8	9	7	8
30	31	**10**	**9**	2	3	3	4	4	5	3	4	5	5	6	6	7	8	8	9	9	10	8	9
12	**11**	2	2	3	4	4	5	5	6	4	5	6	6	7	7	8	9	9	10	10	11	9	10
2	2	3	3	4	5	5	6	6	7	5	6	7	7	8	8	9	10	10	11	11	12	10	11
3	3	4	4	5	6	6	7	7	8	6	7	8	8	9	9	10	11	11	12	12	13	11	12
4	4	5	5	6	7	7	8	8	9	7	8	9	9	10	10	11	12	12	13	13	14	12	13
5	5	6	6	7	8	8	9	9	10	8	9	10	10	11	11	12	13	13	14	14	15	13	14
6	6	7	7	8	9	9	10	10	11	9	10	11	11	12	12	13	14	14	15	15	16	14	15
7	7	8	8	9	10	10	11	11	12	10	11	12	12	13	13	14	15	15	16	16	17	15	16
8	8	9	9	10	11	11	12	12	13	11	12	13	13	14	14	15	16	16	17	17	18	16	17
9	9	10	10	11	12	12	13	13	14	12	13	14	14	15	15	16	17	17	18	18	19	17	18
10	10	11	11	12	13	13	14	14	15	13	14	15	15	16	16	17	18	18	19	19	20	18	19
11	11	12	12	13	14	14	15	15	16	14	15	16	16	17	17	18	19	19	20	20	21	19	20
12	12	13	13	14	15	15	16	16	17	15	16	17	17	18	18	19	20	20	21	21	22	20	21
13	13	14	14	15	16	16	17	17	18	16	17	18	18	19	19	20	21	21	22	22	23	21	22
14	14	15	15	16	17	17	18	18	19	17	18	19冬	19	20	20	21	22	22	23	23	24	22	23
15	15	16	16	17	18	18	19	19	20	18	19	20	20	21	21	22	23	23	24	24	25	23	24
16十一	16	17	17	18	19	19	20	20	21	19	20	21	21	22	22	23	24	24	25	25	26	24	25
17	17十	18九	18	19	20	20	21	21	22	20	21	22	22	23	23	24	25	25	26	26	27	25	26
18	18	19	19八	20閏	21	21	22	22	23	21	22	23	23	24	24	25	26	26	27	27	28	26	27
19冬	19	20	20	21	22七	22六	23	23	24	22	23	24	24	25	25	26	27	27	28	28	29	27	28
20	20	21	21	22	23	23	24五	24四	25	23	24	25	25	26	26	27	28	28	29	29	30	28	29
21	21	22	22	23	24	24	25	25	26三	24二	25正	26	26	27	27	28	29	29	30	30	31	**3**	30

五八八 戊申 陳禎明二 隋開皇八													五八七 丁未 陳禎明元 隋開皇七											
11	11	12	12	13	14	14	15	15	16	15	16	17	17	18	18	19	20	20	21	21	22	20	21	22
12	12	13	13	14	15	15	16	16	17	16	17	18	18	19	19	20	21	21	22	22	23	21	22	23
13	13	14	14	15	16	16	17	17	18	17	18	19冬	19	20	20	21	22	22	23	23	24	22	23	24
14	14	15	15	16	17	17	18	18	19	18	19	20	20	21	21	22	23	23	24	24	25	23	24	25
15	15	16	16	17	18	18	19	19	20	19	20	21	21	22	22	23	24	24	25	25	26	24	25	26
16	16	17	17	18	19	19	20	20	21	20	21	22	22	23	23	24	25	25	26	26	27	25	26	27
17	17	18	18	19	20	20	21	21	22	21	22	23	23	24	24	25	26	26	27	27	28	26	27	28
18	18	19	19	20	21	21	22	22	23	22	23	24	24	25	25	26	27	27	28	28	29	27	28	29
19冬	19	20	20	21	22	22	23	23	24	23	24	25	25	26	26	27	28	28	29	29	30	28	29	30
20	20	21	21	22	23	23	24	24	25	24	25	26	26	27	27	28	29	29	30	30	31	**3**	30	31
21	21	22	22	23	24	24	25	25	26	25	26	27	27	28	28	29	30	30	31	**5**	**4**	2	31	**1**
22	22	23	23	24	25	25	26	26	27	26	27	28	28	29	29	30	31	**7**	**6**	2	2	3	**2**	2
23	23	24	24	25	26	26	27	27	28	27	28	29	29	30	30	31	**8**	2	2	3	3	4	2	3
24十二	24十一	25	25	26	27	27	28	28	29	28	29	30	30	31	**10**	**9**	2	3	3	4	4	5	3	4
25	25	26十	26九	27八	28	28	29	29	30	29	30	31	**12**	**11**	2	2	3	4	4	5	5	6	4	5
26	26	27	27	28	29七	29六	30	30	31	**3**	31	**1**	2	2	3	3	4	5	5	6	6	7	5	6
27	27	28	28	29	30	30	31五	**5**四	**4**	2	**2**	2	3	3	4	4	5	6	6	7	7	8	6	7
28	28	29	29	30	31	**7**	**6**	2	2三	3二	2	3	4	4	5	5	6	7	7	8	8	9	7	8
29	29	30	30	31	**8**	2	2	3	3	4	3正	4十二	5	5	6	6	7	8	8	9	9	10	8	9
30	30	31	**10**	**9**	2	3	3	**4**	4	5	4	5	6十一	6十	7	7	8	9	9	10	10	11	9	10
31	**12**	**11**	2	2	3	4	4	5	5	6	5	6	7	7	8九	8八	9	10	10	11	11	12	10	11
日	2	2	3	3	4	5	5	6	6	7	6	7	8	8	9	9	10七	11六	11五	12	12	13	11	12
曜	3	3	4	4	5	6	6	7	7	8	7	8	9	9	10	10	11	12	12	13四	13三	14	12	13
表	4	4	5	5	6	7	7	8	8	9	8	9	10	10	11	11	12	13	13	14	14	15二	13正	14
4	5	5	6	6	7	8	8	9	9	10	9	10	11	11	12	12	13	14	14	15	15	16	14	15十二
甲	6	6	7	7	8	9	9	10	10	11	10	11	12	12	13	13	14	15	15	16	16	17	15	16
子	7	7	8	8	9	10	10	11	11	12	11	12	13	13	14	14	15	16	16	17	17	18	16	17
表	8	8	9	9	10	11	11	12	12	13	12	13	14	14	15	15	16	17	17	18	18	19	17	18
7	9	9	10	10	11	12	12	13	13	14	13	14	15	15	16	16	17	18	18	19	19	20	18	19
	10	10	11	11	12	13	13	14	14	15	14	15	16	16	17	17	18	19	19	20	20	21	19	20

五九〇 庚戌 開皇一〇												五八九 己酉 陳禎明三 隋開皇九 (隋閏四月)											
22	23	23	24	25	25	26	26	27	25	26	27	27	28	28	29	30	30	31	**5**	**4**	2	31	**1**
23	24	24	25	26	26	27	27	28	26	27	28	28	29	29	30	31	**7**	**6**	2	2	3	**2**	2
24	25	25	26	27	27	28	28	29	27	28	29	29	30	30	31	**8**	2	2	3	3	4	2	3
25	26	26	27	28	28	29	29	30	28	29	30	30	31	**10**	**9**	2	3	3	4	4	5	3	4
26	27	27	28	29	29	30	30	31	**3**	30	31	**12**	**11**	2	2	3	4	4	5	5	6	4	5
27	28	28	29	30	30	31	**5**	**4**	2	31	**1**	2	2	3	3	4	5	5	6	6	7	5	6
28	29	29	30	31	**7**	**6**	2	2	3	**2**	2	3	3	4	4	5	6	6	7	7	8	6	7
29	30	30	31	**8**	2	2	3	3	4	2	3	4	4	5	5	6	7	7	8	8	9	7	8
30	31	**10**	**9**	2	3	3	4	4	5	3	4	5	5	6	6	7	8	8	9	9	10	8	9
12	**11**	2	2	3	4	4	5	5	6	4	5	6	6	7	7	8	9	9	10	10	11	9	10
2	2	3	3	4	5	5	6	6	7	5	6	7	7	8	8	9	10	10	11	11	12	10	11
3	十一3	十4	九4	5	6	6	7	7	8	6	7	8	8	9	9	10	11	11	12	12	13	11	12
4	4	5	5	八6	七7	7	8	8	9	7	8	9	9	10	10	11	12	12	13	13	14	12	13
5	5	6	6	7	8	六8	五9	9	10	8	9	10	10	11	11	12	13	13	14	14	15	13	14
6	6	7	7	8	9	9	10	四10	三11	9	10	11	11	12	12	13	14	14	15	15	16	14	15
7	7	8	8	9	10	10	11	11	12	二10	正11	十二12	12	13	13	14	15	15	16	16	17	15	16
8	8	9	9	10	11	11	12	12	13	11	12	13	十一13	十14	14	15	16	16	17	17	18	16	17
9	9	10	10	11	12	12	13	13	14	12	13	14	14	15	九15	八16	17	17	18	18	19	17	18
10	10	11	11	12	13	13	14	14	15	13	14	15	15	16	16	17	七18	六18	19	19	20	18	19
11	11	12	12	13	14	14	15	15	16	14	15	16	16	17	17	18	19	19	五20	四20	21	19	20
12	12	13	13	14	15	15	16	16	17	15	16	17	17	18	18	19	20	20	21	21	閏22	三20	21
13	13	14	14	15	16	16	17	17	18	16	17	18	18	19	19	20	21	21	22	22	23	21	二22正
14	14	15	15	16	17	17	18	18	19	17	18	19	冬19	20	20	21	22	22	23	23	24	22	23
15	15	16	16	17	18	18	19	19	20	18	19	20	20	21	21	22	23	23	24	24	25	23	24
16	16	17	17	18	19	19	20	20	21	19	20	21	21	22	22	23	24	24	25	25	26	24	25
17	17	18	18	19	20	20	21	21	22	20	21	22	22	23	23	24	25	25	26	26	27	25	26
18	18	19	19	20	21	21	22	22	23	21	22	23	23	24	24	25	26	26	27	27	28	26	27
19	冬19	20	20	21	22	22	23	23	24	22	23	24	24	25	25	26	27	27	28	28	29	27	28
20	20	21	21	22	23	23	24	24	25	23	24	25	25	26	26	27	28	28	29	29	30	28	29
21	21	22	22	23	24	24	25	25	26	24	25	26	26	27	27	28	29	29	30	30	31	**3**	30

五九二 壬子 開皇一二

五九一 辛亥 開皇一一

11	11	12九	12八	13	14	14	15	15	16	15	16	17	17	18	18	19	20	20	21	21	22	20	21	22
12	12	13	13	14七	15六	15	16	16	17	16	17	18	18	19	19	20	21	21	22	22	23	21	22	23
13	13	14	14	15	16	16五	17四	17	18	17	18	19冬	19	20	20	21	22	22	23	23	24	22	23	24
14	14	15	15	16	17	17	18	18三	19二	18正	19	20	20	21	21	22	23	23	24	24	25	23	24	25
15	15	16	16	17	18	18	19	19	20	19	20閏	21十二	21	22	22	23	24	24	25	25	26	24	25	26
16	16	17	17	18	19	19	20	20	21	20	21	22	22十一	23十	23	24	25	25	26	26	27	25	26	27
17	17	18	18	19	20	20	21	21	22	21	22	23	23	24	24九	25八	26	26	27	27	28	26	27	28
18冬	18	19	19	20	21	21	22	22	23	22	23	24	24	25	25	26	27七	27六	28	28	29	27	28	29
19	19	20	20	21	22	22	23	23	24	23	24	25	25	26	26	27	28	28	29五	29四	30	28	29	30
20	20	21	21	22	23	23	24	24	25	24	25	26	26	27	27	28	29	29	30	30	31三	**3**二	30	31
21	21	22	22	23	24	24	25	25	26	25	26	27	27	28	28	29	30	30	31	**5**	**4**	2	31正	**1**十二
22	22	23	23	24	25	25	26	26	27	26	27	28	28	29	29	30	31	**7**	**6**	2	2	3	**2**	2
23	23	24	24	25	26	26	27	27	28	27	28	29	29	30	30	31	**8**	2	2	3	3	4	2	3
24	24	25	25	26	27	27	28	28	29	28	29	30	30	31	**10**	**9**	2	3	3	4	4	5	3	4
25	25	26	26	27	28	28	29	29	30	29	30	31	**12**	**11**	2	2	3	4	4	5	5	6	4	5
26	26	27	27	28	29	29	30	30	31	**3**	31	**1**	2	2	3	3	4	5	5	6	6	7	5	6
27	27	28	28	29	30	30	31	**5**	**4**	2	**2**	2	3	3	4	4	5	6	6	7	7	8	6	7
28	28	29	29	30	31	**7**	**6**	2	2	3	2	3	4	4	5	5	6	7	7	8	8	9	7	8
29	29	30	30	31	**8**	2	2	3	3	4	3	4	5	5	6	6	7	8	8	9	9	10	8	9
30	30	31	**10**	**9**	2	3	3	4	4	5	4	5	6	6	7	7	8	9	9	10	10	11	9	10
31	**12**	**11**	2	2	3	4	4	5	5	6	5	6	7	7	8	8	9	10	10	11	11	12	10	11
日	2	2	3	3	4	5	5	6	6	7	6	7	8	8	9	9	10	11	11	12	12	13	11	12
曜	3	3	4	4	5	6	6	7	7	8	7	8	9	9	10	10	11	12	12	13	13	14	12	13
表	4	4	5	5	6	7	7	8	8	9	8	9	10	10	11	11	12	13	13	14	14	15	13	14
5	5	5	6	6	7	8	8	9	9	10	9	10	11	11	12	12	13	14	14	15	15	16	14	15
甲	6	6	7	7	8	9	9	10	10	11	10	11	12	12	13	13	14	15	15	16	16	17	15	16
子	7	7	8	8	9	10	10	11	11	12	11	12	13	13	14	14	15	16	16	17	17	18	16	17
表	8	8	9	9	10	11	11	12	12	13	12	13	14	14	15	15	16	17	17	18	18	19	17	18
8	9	9	10	10	11	12	12	13	13	14	13	14	15	15	16	16	17	18	18	19	19	20	18	19
	10十一	10十	11	11	12	13	13	14	14	15	14	15	16	16	17	17	18	19	19	20	20	21	19	20

中西回史日曆

卷六 隋

一一四

勵耘書屋

五九四 甲寅 開皇一四												五九三 癸丑 開皇一三											
22	23	23	24	25	25	26	26四	27三	25	26	27	27	28	28	29	30	30	31	**5**	**4**	2	31	**1**
23	24	24	25	26	26	27	27	28	26二	27正	28	28	29	29	30	31	**7**	**6**	2	2	3	**2**	2
24	25	25	26	27	27	28	28	29	27	28	29十二	29十一	30	30	31	**8**	2	2	3	3	4	2	3
25	26	26	27	28	28	29	29	30	28	29	30	30	31十	**10**九	**9**	2	3	3	4	4	5	3	4
26	27	27	28	29	29	30	30	31	**3**	30	31	**12**	**11**	2	2八	3七	4	4	5	5	6	4	5
27	28	28	29	30	30	31	**5**	**4**	2	31	**1**	2	2	3	3	4	5六	5五	6四	6	7	5	6
28	29	29	30	31	**7**	**6**	2	2	3	**2**	2	3	3	4	4	5	6	6	7	7三	8二	6	7
29	30	30	31	**8**	2	2	3	3	4	2	3	4	4	5	5	6	7	7	8	8	9	7正	8十二
30	31	**10**	**9**	2	3	3	4	4	5	3	4	5	5	6	6	7	8	8	9	9	10	8	9
12	**11**	2	2	3	4	4	5	5	6	4	5	6	6	7	7	8	9	9	10	10	11	9	10
2	2	3	3	4	5	5	6	6	7	5	6	7	7	8	8	9	10	10	11	11	12	10	11
3	3	4	4	5	6	6	7	7	8	6	7	8	8	9	9	10	11	11	12	12	13	11	12
4	4	5	5	6	7	7	8	8	9	7	8	9	9	10	10	11	12	12	13	13	14	12	13
5	5	6	6	7	8	8	9	9	10	8	9	10	10	11	11	12	13	13	14	14	15	13	14
6	6	7	7	8	9	9	10	10	11	9	10	11	11	12	12	13	14	14	15	15	16	14	15
7	7	8	8	9	10	10	11	11	12	10	11	12	12	13	13	14	15	15	16	16	17	15	16
8	8	9	9	10	11	11	12	12	13	11	12	13	13	14	14	15	16	16	17	17	18	16	17
9	9	10	10	11	12	12	13	13	14	12	13	14	14	15	15	16	17	17	18	18	19	17	18
10	10	11	11	12	13	13	14	14	15	13	14	15	15	16	16	17	18	18	19	19	20	18	19
11	11	12	12	13	14	14	15	15	16	14	15	16	16	17	17	18	19	19	20	20	21	19	20
12	12	13	13	14	15	15	16	16	17	15	16	17	17	18	18	19	20	20	21	21	22	20	21
13	13	14	14	15	16	16	17	17	18	16	17	18	18	19	19	20	21	21	22	22	23	21	22
14	14	15	15	16	17	17	18	18	19	17	18	19冬	19	20	20	21	22	22	23	23	24	22	23
15	15	16	16	17	18	18	19	19	20	18	19	20	20	21	21	22	23	23	24	24	25	23	24
16	16	17	17	18	19	19	20	20	21	19	20	21	21	22	22	23	24	24	25	25	26	24	25
17	17	18	18	19	20	20	21	21	22	20	21	22	22	23	23	24	25	25	26	26	27	25	26
18十一	18	19	19	20	21	21	22	22	23	21	22	23	23	24	24	25	26	26	27	27	28	26	27
19冬	19閏	20十	20九	21	22	22	23	23	24	22	23	24	24	25	25	26	27	27	28	28	29	27	28
20	20	21	21	22八	23七	23	24	24	25	23	24	25	25	26	26	27	28	28	29	29	30	28	29
21	21	22	22	23	24	24六	25五	25	26	24	25	26	26	27	27	28	29	29	30	30	31	**3**	30

五九五 乙卯 開皇一五

五九六 丙辰 開皇一六

11	11	12	12	13	14	14	15	15	16	15	16	17	17	18	18	19	20	20	21	21	22	20	21	22
12	12	13	13	14	15	15	16	16	17	16	17	18	18	19	19	20	21	21	22	22	23	21	22	23
13	13	14	14	15	16	16	17	17	18	17	18	19冬	19	20	20	21	22	22	23	23	24	22	23	24
14	14	15	15	16	17	17	18	18	19	18	19	20	20	21	21	22	23	23	24	24	25	23	24	25
15	15	16	16	17	18	18	19	19	20	19	20	21	21	22	22	23	24	24	25	25	26	24	25	26
16	16	17	17	18	19	19	20	20	21	20	21	22	22	23	23	24	25	25	26	26	27	25	26	27
17	17	18	18	19	20	20	21	21	22	21	22	23	23	24	24	25	26	26	27	27	28	26	27	28
18冬	18	19	19	20	21	21	22	22	23	22	23	24	24	25	25	26	27	27	28	28	29	27	28	29
19	19	20	20	21	22	22	23	23	24	23	24	25	25	26	26	27	28	28	29	29	30	28	29	30
20	20	21	21	22	23	23	24	24	25	24	25	26	26	27	27	28	29	29	30	30	31	**3**	30	31
21	21	22	22	23	24	24	25	25	26	25	26	27	27	28	28	29	30	30	31	**5**	**4**	2	31	**1**
22	22	23	23	24	25	25	26	26	27	26	27	28	28	29	29	30	31	**7**	**6**	2	2	3	**2**	2
23	23	24	24	25	26	26	27	27	28	27	28	29	29	30	30	31	**8**	2	2	3	3	4	2	3
24	24	25	25	26	27	27	28	28	29	28	29	30	30	31	**10**	**9**	2	3	3	4	4	5	3	4
25十二	25	26	26	27	28	28	29	29	30	29	30	31	**12**	**11**	2	2	3	4	4	5	5	6	4	5
26	26十一	27十	27	28	29	29	30	30	31	**3**	31	**1**	2	2	3	3	4	5	5	6	6	7	5	6
27	27	28	28九	29八	30	30	31	**5**	**4**	2	**2**	2	3	3	4	4	5	6	6	7	7	8	6	7
28	28	29	29	30	31七	**7**六	**6**	2	2	3	2	3	4	4	5	5	6	7	7	8	8	9	7	8
29	29	30	30	31	**8**	2	2五	3四	3	4	3	4	5	5	6	6	7	8	8	9	9	10	8	9
30	30	31	**10**	**9**	2	3	3	4	4三	5二	4正	5	6	6	7	7	8	9	9	10	10	11	9	10
31	**12**	**11**	2	2	3	4	4	5	5	6	5	6十二	7十一	7	8	8	9	10	10	11	11	12	10	11
日	2	2	3	3	4	5	5	6	6	7	6	7	8	8十	9九	9	10	11	11	12	12	13	11	12
曜	3	3	4	4	5	6	6	7	7	8	7	8	9	9	10	10八	11七	12	12	13	13	14	12	13
表	4	4	5	5	6	7	7	8	8	9	8	9	10	10	11	11	12	13六	13五	14	14	15	13	14
6	5	5	6	6	7	8	8	9	9	10	9	10	11	11	12	12	13	14	14	15四	15三	16	14	15
甲	6	6	7	7	8	9	9	10	10	11	10	11	12	12	13	13	14	15	15	16	16	17二	15正	16
子	7	7	8	8	9	10	10	11	11	12	11	12	13	13	14	14	15	16	16	17	17	18	16	17十二
表	8	8	9	9	10	11	11	12	12	13	12	13	14	14	15	15	16	17	17	18	18	19	17	18
9	9	9	10	10	11	12	12	13	13	14	13	14	15	15	16	16	17	18	18	19	19	20	18	19
	10	10	11	11	12	13	13	14	14	15	14	15	16	16	17	17	18	19	19	20	20	21	19	20

五九八 戊午 開皇一八 | 五九七 丁巳 開皇一七

五九八 戊午 開皇一八												五九七 丁巳 開皇一七											
22	23	23	24	25	25	26	26	27	25	26	27	27	28	28	29	30	30	31	**5**	**4**	2	31	**1**
23	24	24	25	26	26	27	27	28	26	27	28	28	29	29	30	31	**7**	**6**	2	2	3	**2**	2
24	25	25	26	27	27	28	28	29	27	28	29	29	30	30	31	**8**	2	2	3	3	4	2	3
25	26	26	27	28	28	29	29	30	28	29	30	30	31	**10**	**9**	2	3	3	4	4	5	3	4
26	27	27	28	29	29	30	30	31	**3**	30	31	**12**	**11**	2	2	3	4	4	5	5	6	**4**	5
27	28	28	29	30	30	31	**5**	**4**	2	31	**1**	2	2	3	3	4	5	5	6	6	7	5	6
28	29	29	30	31	**7**	**6**	2	2	3	**2**	2	3	3	4	4	5	6	6	7	7	8	6	7
29	30	30	31	**8**	2	2	3	3	4	2	3	4	4	5	5	6	7	7	8	8	9	7	8
30	31	**10**	**9**	2	3	3	4	4	5	3	4	5	5	6	6	7	8	8	9	9	10	8	9
12	**11**	2	2	3	4	4	5	5	6	4	5	6	6	7	7	8	9	9	10	10	11	9	10
2	2	3	3	4	5	5	6	6	7	5	6	7	7	8	8	9	10	10	11	11	12	10	11
3	3	4	4	5	6	6	7	7	8	6	7	8	8	9	9	10	11	11	12	12	13	11	12
4	十一 4	十 5	5	6	7	7	8	8	9	7	8	9	9	10	10	11	12	12	13	13	14	12	13
5	5	6	九 6	八 7	8	8	9	9	10	8	9	10	10	11	11	12	13	13	14	14	15	13	14
6	6	7	7	8	七 9	六 9	10	10	11	9	10	11	11	12	12	13	14	14	15	15	16	14	15
7	7	8	8	9	10	10	五 11	四 11	12	10	11	12	12	13	13	14	15	15	16	16	17	15	16
8	8	9	9	10	11	11	12	12	三 13	二 11	12	13	13	14	14	15	16	16	17	17	18	16	17
9	9	10	10	11	12	12	13	13	14	12	正 13	十二 14	14	15	15	16	17	17	18	18	19	17	18
10	10	11	11	12	13	13	14	14	15	13	14	15	十一 15	十 16	九 16	17	18	18	19	19	20	18	19
11	11	12	12	13	14	14	15	15	16	14	15	16	16	17	17	八 18	七 19	19	20	20	21	19	20
12	12	13	13	14	15	15	16	16	17	15	16	17	17	18	18	19	20	六 20	閏 21	21	22	20	21
13	13	14	14	15	16	16	17	17	18	16	17	18	18	19	19	20	21	21	22	五 22	四 23	21	22
14	14	15	15	16	17	17	18	18	19	17	18	19	冬 19	20	20	21	22	22	23	23	24	三 22	二 23
15	15	16	16	17	18	18	19	19	20	18	19	20	20	21	21	22	23	23	24	24	25	23	24 正
16	16	17	17	18	19	19	20	20	21	19	20	21	21	22	22	23	24	24	25	25	26	24	25
17	17	18	18	19	20	20	21	21	22	20	21	22	22	23	23	24	25	25	26	26	27	25	26
18	18	19	19	20	21	21	22	22	23	21	22	23	23	24	24	25	26	26	27	27	28	26	27
19	冬 19	20	20	21	22	22	23	23	24	22	23	24	24	25	25	26	27	27	28	28	29	27	28
20	20	21	21	22	23	23	24	24	25	23	24	25	25	26	26	27	28	28	29	29	30	28	29
21	21	22	22	23	24	24	25	25	26	24	25	26	26	27	27	28	29	29	30	30	31	**3**	30

五九九 己未 開皇一九

六〇〇 庚申 開皇二〇

11	十一11	12	12	13	14	14	15	15	16	15	16	17	17	18	18	19	20	20	21	21	22	20	21	22
12	12	十13	九13	14	15	15	16	16	17	16	17	18	18	19	19	20	21	21	22	22	23	21	22	23
13	13	14	14	八15	七16	六16	17	17	18	17	18	19	冬19	20	20	21	22	22	23	23	24	22	23	24
14	14	15	15	16	17	17	五18	四18	19	18	19	20	20	21	21	22	23	23	24	24	25	23	24	25
15	15	16	16	17	18	18	19	19	三20	二19	20	21	21	22	22	23	24	24	25	25	26	24	25	26
16	16	17	17	18	19	19	20	20	21	20	閏21	正22	22	23	23	24	25	25	26	26	27	25	26	27
17	17	18	18	19	20	20	21	21	22	21	22	23	十二23	十一24	24	25	26	26	27	27	28	26	27	28
18	冬18	19	19	20	21	21	22	22	23	22	23	24	24	25	十25	九26	27	27	28	28	29	27	28	29
19	19	20	20	21	22	22	23	23	24	23	24	25	25	26	26	27	八28	七28	29	29	30	28	29	30
20	20	21	21	22	23	23	24	24	25	24	25	26	26	27	27	28	29	29	六30	五30	31	**3**	30	31
21	21	22	22	23	24	24	25	25	26	25	26	27	27	28	28	29	30	30	31	**5**	四**4**	三2	二31	**1**
22	22	23	23	24	25	25	26	26	27	26	27	28	28	29	29	30	31	**7**	**6**	2	2	3	**2**	正2十二
23	23	24	24	25	26	26	27	27	28	27	28	29	29	30	30	31	**8**	2	2	3	3	4	2	3
24	24	25	25	26	27	27	28	28	29	28	29	30	30	31	**10**	**9**	2	3	3	4	4	5	3	4
25	25	26	26	27	28	28	29	29	30	29	30	31	**12**	**11**	2	2	3	4	4	5	5	6	4	5
26	26	27	27	28	29	29	30	30	31	**3**	31	**1**	2	2	3	3	4	5	5	6	6	7	5	6
27	27	28	28	29	30	30	31	**5**	**4**	2	**2**	2	3	3	4	4	5	6	6	7	7	8	6	7
28	28	29	29	30	31	**7**	**6**	2	2	3	2	3	4	4	5	5	6	7	7	8	8	9	7	8
29	29	30	30	31	**8**	2	2	3	3	4	3	4	5	5	6	6	7	8	8	9	9	10	8	9
30	30	31	**10**	**9**	2	3	3	**4**	**4**	5	4	5	6	6	7	7	8	9	9	10	10	11	9	10
31	**12**	**11**	2	2	3	4	4	5	5	6	5	6	7	7	8	8	9	10	10	11	11	12	10	11
日	2	2	3	3	4	5	5	6	6	7	6	7	8	8	9	9	10	11	11	12	12	13	11	12
曜	3	3	4	4	5	6	6	7	7	8	7	8	9	9	10	10	11	12	12	13	13	14	12	13
表	4	4	5	5	6	7	7	8	8	9	8	9	10	10	11	11	12	13	13	14	14	15	13	14
7	5	5	6	6	7	8	8	9	9	10	9	10	11	11	12	12	13	14	14	15	15	16	14	15
甲	6	6	7	7	8	9	9	10	10	11	10	11	12	12	13	13	14	15	15	16	16	17	15	16
子	7	7	8	8	9	10	10	11	11	12	11	12	13	13	14	14	15	16	16	17	17	18	16	17
表	8	8	9	9	10	11	11	12	12	13	12	13	14	14	15	15	16	17	17	18	18	19	17	18
10	9	9	10	10	11	12	12	13	13	14	13	14	15	15	16	16	17	18	18	19	19	20	18	19
	10	10	11	11	12	13	13	14	14	15	14	15	16	16	17	17	18	19	19	20	20	21	19	20

中西回史日曆 卷七 隋 一 勵耘書屋

六〇二 壬戌 仁壽二

六〇一 辛酉 仁壽元

22	23	23	24	25七	25六	26	26	27	25	26	27	27	28	28	29	30	30	31	**5**	**4**	2	31	**1**
23	24	24	25	26	26	27五	27四	28	26	27	28	28	29	29	30	31	**7**	**6**	2	2	3	**2**	2
24	25	25	26	27	27	28	28	29三	27二	28	29	29	30	30	31	**8**	2	2	3	3	4	2	3
25	26	26	27	28	28	29	29	30	28	29正	30十二	30	31	**10**	**9**	2	3	3	4	4	5	3	4
26	27	27	28	29	29	30	30	31	**3**	30	31	**12**十一	**11**十	2九	2	3	4	4	5	5	6	4	5
27	28	28	29	30	30	31	**5**	**4**	2	31	**1**	2	2	3	3八	4七	5	5	6	6	7	5	6
28	29	29	30	31	**7**	**6**	2	2	3	**2**	2	3	3	4	4	5	6六	6五	7	7	8	6	7
29	30	30	31	**8**	2	2	3	3	4	2	3	4	4	5	5	6	7	7	8四	8三	9	7	8
30	31	**10**	**9**	2	3	3	4	4	5	3	4	5	5	6	6	7	8	8	9	9	10二	8正	9
12	**11**	2	2	3	4	4	5	5	6	4	5	6	6	7	7	8	9	9	10	10	11	9	10十二
2	2	3	3	4	5	5	6	6	7	5	6	7	7	8	8	9	10	10	11	11	12	10	11
3	3	4	4	5	6	6	7	7	8	6	7	8	8	9	9	10	11	11	12	12	13	11	12
4	4	5	5	6	7	7	8	8	9	7	8	9	9	10	10	11	12	12	13	13	14	12	13
5	5	6	6	7	8	8	9	9	10	8	9	10	10	11	11	12	13	13	14	14	15	13	14
6	6	7	7	8	9	9	10	10	11	9	10	11	11	12	12	13	14	14	15	15	16	14	15
7	7	8	8	9	10	10	11	11	12	10	11	12	12	13	13	14	15	15	16	16	17	15	16
8	8	9	9	10	11	11	12	12	13	11	12	13	13	14	14	15	16	16	17	17	18	16	17
9	9	10	10	11	12	12	13	13	14	12	13	14	14	15	15	16	17	17	18	18	19	17	18
10	10	11	11	12	13	13	14	14	15	13	14	15	15	16	16	17	18	18	19	19	20	18	19
11	11	12	12	13	14	14	15	15	16	14	15	16	16	17	17	18	19	19	20	20	21	19	20
12	12	13	13	14	15	15	16	16	17	15	16	17	17	18	18	19	20	20	21	21	22	20	21
13	13	14	14	15	16	16	17	17	18	16	17	18	18	19	19	20	21	21	22	22	23	21	22
14	14	15	15	16	17	17	18	18	19	17	18	19冬	19	20	20	21	22	22	23	23	24	22	23
15	15	16	16	17	18	18	19	19	20	18	19	20	20	21	21	22	23	23	24	24	25	23	24
16	16	17	17	18	19	19	20	20	21	19	20	21	21	22	22	23	24	24	25	25	26	24	25
17	17	18	18	19	20	20	21	21	22	20	21	22	22	23	23	24	25	25	26	26	27	25	26
18	18	19	19	20	21	21	22	22	23	21	22	23	23	24	24	25	26	26	27	27	28	26	27
冬19十一	19	20	20	21	22	22	23	23	24	22	23	24	24	25	25	26	27	27	28	28	29	27	28
20	20閏	21十	21	22	23	23	24	24	25	23	24	25	25	26	26	27	28	28	29	29	30	28	29
21	21	22	22九	23八	24	24	25	25	26	24	25	26	26	27	27	28	29	29	30	30	31	**3**	30

六〇四 甲子 仁壽四													六〇三 癸亥 仁壽三											
11	11	12	12	13	14	14	15	15	16	15	16	17	17	18	18	19	20	20	21	21	22	20	21	22
12	12	13	13	14	15	15	16	16	17	16	17	18	18	19	19	20	21	21	22	22	23	21	22	23
13	13	14	14	15	16	16	17	17	18	17	18	19冬	19	20	20	21	22	22	23	23	24	22	23	24
14	14	15	15	16	17	17	18	18	19	18	19	20	20	21	21	22	23	23	24	24	25	23	24	25
15	15	16	16	17	18	18	19	19	20	19	20	21	21	22	22	23	24	24	25	25	26	24	25	26
16	16	17	17	18	19	19	20	20	21	20	21	22	22	23	23	24	25	25	26	26	27	25	26	27
17	17	18	18	19	20	20	21	21	22	21	22	23	23	24	24	25	26	26	27	27	28	26	27	28
18冬	18	19	19	20	21	21	22	22	23	22	23	24	24	25	25	26	27	27	28	28	29	27	28	29
19	19	20	20	21	22	22	23	23	24	23	24	25	25	26	26	27	28	28	29	29	30	28	29	30
20	20	21	21	22	23	23	24	24	25	24	25	26	26	27	27	28	29	29	30	30	31	**3**	30	31
21	21	22	22	23	24	24	25	25	26	25	26	27	27	28	28	29	30	30	31	**5**	**4**	2	31	**1**
22	22	23	23	24	25	25	26	26	27	26	27	28	28	29	29	30	31	**7**	**6**	2	2	3	**2**	2
23	23	24	24	25	26	26	27	27	28	27	28	29	29	30	30	31	**8**	2	2	3	3	4	2	3
24	24	25	25	26	27	27	28	28	29	28	29	30	30	31	**10**	**9**	2	3	3	4	4	5	3	4
25	25	26	26	27	28	28	29	29	30	29	30	31	**12**	**11**	2	2	3	4	4	5	5	6	4	5
26	26	27	27	28	29	29	30	30	31	**3**	31	**1**	2	2	3	3	4	5	5	6	6	7	5	6
27十二	27十一	28	28	29	30	30	31	**5**	**4**	2	**2**	2	3	3	4	4	5	6	6	7	7	8	6	7
28	28	29十	29九	30	31	**7**	**6**	2	2	3	2	3	4	4	5	5	6	7	7	8	8	9	7	8
29	29	30	30	31八	**8**七	2六	2	3	3	4	3	4	5	5	6	6	7	8	8	9	9	10	8	9
30	30	31	**10**	**9**	2	3	3五	4四	4	5	4	5	6	6	7	7	8	9	9	10	10	11	9	10
31	**12**	**11**	2	2	3	4	4	5	5三	6二	5	6	7	7	8	8	9	10	10	11	11	12	10	11
日	2	2	3	3	4	5	5	6	6	7	6正	7十二	8	8	9	9	10	11	11	12	12	13	11	12
曜	3	3	4	4	5	6	6	7	7	8	7	8	9十一	9十	10	10	11	12	12	13	13	14	12	13
表	4	4	5	5	6	7	7	8	8	9	8	9	10	10	11九	11八	12	13	13	14	14	15	13	14
1	5	5	6	6	7	8	8	9	9	10	9	10	11	11	12	12	13七	14六	14	15	15	16	14	15
甲	6	6	7	7	8	9	9	10	10	11	10	11	12	12	13	13	14	15	15五	16四	16	17	15	16
子	7	7	8	8	9	10	10	11	11	12	11	12	13	13	14	14	15	16	16	17	17三	18二	16正	17
表	8	8	9	9	10	11	11	12	12	13	12	13	14	14	15	15	16	17	17	18	18	19	17	18十二
11	9	9	10	10	11	12	12	13	13	14	13	14	15	15	16	16	17	18	18	19	19	20	18	19
	10	10	11	11	12	13	13	14	14	15	14	15	16	16	17	17	18	19	19	20	20	21	19	20

中西回史日曆

卷七 隋 二一

勵耘書屋

六〇六 丙寅 大業二												六〇五 乙丑 隋煬帝 大業元											
22	23	23	24	25	25	26	26	27	25	26	27	27	28	28	29	30	30	31	**5**	**4**	2	31	**1**
23	24	24	25	26	26	27	27	28	26	27	28	28	29	29	30	31	**7**	**6**	2	2	3	**2**	2
24	25	25	26	27	27	28	28	29	27	28	29	29	30	30	31	**8**	2	2	3	3	4	2	3
25	26	26	27	28	28	29	29	30	28	29	30	30	31	**10**	**9**	2	3	3	4	4	5	3	4
26	27	27	28	29	29	30	30	31	**3**	30	31	**12**	**11**	2	2	3	4	4	5	5	6	**4**	5
27	28	28	29	30	30	31	**5**	**4**	2	31	**1**	2	2	3	3	4	5	5	6	6	7	5	6
28	29	29	30	31	**7**	**6**	2	2	3	**2**	2	3	3	4	4	5	6	6	7	7	8	6	7
29	30	30	31	**8**	2	2	3	3	4	2	3	4	4	5	5	6	7	7	8	8	9	7	8
30	31	**10**	**9**	2	3	3	4	4	5	3	4	5	5	6	6	7	8	8	9	9	10	8	9
12	**11**	2	2	3	4	4	5	5	6	4	5	6	6	7	7	8	9	9	10	10	11	9	10
2	2	3	3	4	5	5	6	6	7	5	6	7	7	8	8	9	10	10	11	11	12	10	11
3	3	4	4	5	6	6	7	7	8	6	7	8	8	9	9	10	11	11	12	12	13	11	12
4	4	5	5	6	7	7	8	8	9	7	8	9	9	10	10	11	12	12	13	13	14	12	13
5十一	5	6	6	7	8	8	9	9	10	8	9	10	10	11	11	12	13	13	14	14	15	13	14
6	6十	7九	7	8	9	9	10	10	11	9	10	11	11	12	12	13	14	14	15	15	16	14	15
7	7	8	8八	9七	10	10	11	11	12	10	11	12	12	13	13	14	15	15	16	16	17	15	16
8	8	9	9	10	11六	11五	12	12	13	11	12	13	13	14	14	15	16	16	17	17	18	16	17
9	9	10	10	11	12	12	13四	13三	14	12	13	14	14	15	15	16	17	17	18	18	19	17	18
10	10	11	11	12	13	13	14	14	15二	13正	14	15	15	16	16	17	18	18	19	19	20	18	19
11	11	12	12	13	14	14	15	15	16	14	15十二	16十二	16	17	17	18	19	19	20	20	21	19	20
12	12	13	13	14	15	15	16	16	17	15	16	17	17十	18九	18八	19	20	20	21	21	22	20	21
13	13	14	14	15	16	16	17	17	18	16	17	18	18	19	19	20閏	21七	21	22	22	23	21	22
14	14	15	15	16	17	17	18	18	19	17	18	19冬	19	20	20	21	22	22六	23五	23	24	22	23
15	15	16	16	17	18	18	19	19	20	18	19	20	20	21	21	22	23	23	24	24四	25三	23	24
16	16	17	17	18	19	19	20	20	21	19	20	21	21	22	22	23	24	24	25	25	26	24二	25正
17	17	18	18	19	20	20	21	21	22	20	21	22	22	23	23	24	25	25	26	26	27	25	26
18	18	19	19	20	21	21	22	22	23	21	22	23	23	24	24	25	26	26	27	27	28	26	27
19冬	19	20	20	21	22	22	23	23	24	22	23	24	24	25	25	26	27	27	28	28	29	27	28
20	20	21	21	22	23	23	24	24	25	23	24	25	25	26	26	27	28	28	29	29	30	28	29
21	21	22	22	23	24	24	25	25	26	24	25	26	26	27	27	28	29	29	30	30	31	**3**	30

六〇八 戊辰 大業四													六〇七 丁卯 大業三											
11	11	12	12	13	14	14	15	15	16	15	16	17	17	18	18	19	20	20	21	21	22	20	21	22
12	12	13	13	14	15	15	16	16	17	16	17	18	18	19	19	20	21	21	22	22	23	21	22	23
13	十一13	十14	14	15	16	16	17	17	18	17	18	19	冬19	20	20	21	22	22	23	23	24	22	23	24
14	14	15	九15	八16	17	17	18	18	19	18	19	20	20	21	21	22	23	23	24	24	25	23	24	25
15	15	16	16	17	七18	六18	五19	19	20	19	20	21	21	22	22	23	24	24	25	25	26	24	25	26
16	16	17	17	18	19	19	20	四20	閏21	20	21	22	22	23	23	24	25	25	26	26	27	25	26	27
17	17	18	18	19	20	20	21	21	22	三21	二22	23	23	24	24	25	26	26	27	27	28	26	27	28
18	冬18	19	19	20	21	21	22	22	23	22	23	正24	十二24	25	25	26	27	27	28	28	29	27	28	29
19	19	20	20	21	22	22	23	23	24	23	24	25	25	十一26	十26	27	28	28	29	29	30	28	29	30
20	20	21	21	22	23	23	24	24	25	24	25	26	26	27	九28	八29	29	30	30	31	**3**	30	31
21	21	22	22	23	24	24	25	25	26	25	26	27	27	28	28	29	30	七30	六31	**5**	**4**	2	31	**1**
22	22	23	23	24	25	25	26	26	27	26	27	28	28	29	29	30	31	**7**	**6**	五2	四2	3	**2**	2
23	23	24	24	25	26	26	27	27	28	27	28	29	29	30	30	31	**8**	2	2	3	3	三4	二2	正3
24	24	25	25	26	27	27	28	28	29	28	29	30	30	31	**10**	**9**	2	3	3	4	4	5	3	4十二
25	25	26	26	27	28	28	29	29	30	29	30	31	**12**	**11**	2	2	3	4	4	5	5	6	4	5
26	26	27	27	28	29	29	30	30	31	**3**	31	**1**	2	2	3	3	4	5	5	6	6	7	5	6
27	27	28	28	29	30	30	31	**5**	**4**	2	**2**	2	3	3	4	4	5	6	6	7	7	8	6	7
28	28	29	29	30	31	**7**	**6**	2	2	3	2	3	4	4	5	5	6	7	7	8	8	9	7	8
29	29	30	30	31	**8**	2	2	3	3	4	3	4	5	5	6	6	7	8	8	9	9	10	8	9
30	30	31	**10**	**9**	2	3	3	4	4	5	4	5	6	6	7	7	8	9	9	10	10	11	9	10
31	**12**	**11**	2	2	3	4	4	5	5	6	5	6	7	7	8	8	9	10	10	11	11	12	10	11
日	2	2	3	3	4	5	5	6	6	7	6	7	8	8	9	9	10	11	11	12	12	13	11	12
曜	3	3	4	4	5	6	6	7	7	8	7	8	9	9	10	10	11	12	12	13	13	14	12	13
表	4	4	5	5	6	7	7	8	8	9	8	9	10	10	11	11	12	13	13	14	14	15	13	14
2	5	5	6	6	7	8	8	9	9	10	9	10	11	11	12	12	13	14	14	15	15	16	14	15
甲	6	6	7	7	8	9	9	10	10	11	10	11	12	12	13	13	14	15	15	16	16	17	15	16
子	7	7	8	8	9	10	10	11	11	12	11	12	13	13	14	14	15	16	16	17	17	18	16	17
表	8	8	9	9	10	11	11	12	12	13	12	13	14	14	15	15	16	17	17	18	18	19	17	18
12	9	9	10	10	11	12	12	13	13	14	13	14	15	15	16	16	17	18	18	19	19	20	18	19
	10	10	11	11	12	13	13	14	14	15	14	15	16	16	17	17	18	19	19	20	20	21	19	20

六一〇 庚午 大業六												六〇九 己巳 大業五											
22	23十	23九	24	25	25	26	26	27	25	26	27	27	28	28	29	30	30	31	**5**	**4**	2	31	**1**
23	24	24	25八	26七	26	27	27	28	26	27	28	28	29	29	30	31	**7**	**6**	2	2	3	**2**	2
24	25	25	26	27	27六	28五	28	29	27	28	29	29	30	30	31	**8**	2	2	3	3	4	2	3
25	26	26	27	28	28	29	29四	30三	28	29	30	30	31	**10**	**9**	2	3	3	4	4	5	3	4
26	27	27	28	29	29	30	30	31	**3**二	30正	31	**12**	**11**	2	2	3	4	4	5	5	6	4	5
27	28	28	29	30	30	31	**5**	**4**	2	31	**1**十二	2十一	2	3	3	4	5	5	6	6	7	5	6
28	29	29	30	31	**7**	**6**	2	2	3	**2**	2	3	3十	4九	4八	5	6	6	7	7	8	6	7
29	30	30	31	**8**	2	2	3	3	4	2	3	4	4	5	5	6七	7六	7	8	8	9	7	8
30	31	**10**	**9**	2	3	3	4	4	5	3	4	5	5	6	6	7	8	8五	9四	9	10	8	9
12	**11**	2	2	3	4	4	5	5	6	4	5	6	6	7	7	8	9	9	10	10三	11二	9	10
2	2	3	3	4	5	5	6	6	7	5	6	7	7	8	8	9	10	10	11	11	12	10正	11十二
3	3	4	4	5	6	6	7	7	8	6	7	8	8	9	9	10	11	11	12	12	13	11	12
4	4	5	5	6	7	7	8	8	9	7	8	9	9	10	10	11	12	12	13	13	14	12	13
5	5	6	6	7	8	8	9	9	10	8	9	10	10	11	11	12	13	13	14	14	15	13	14
6	6	7	7	8	9	9	10	10	11	9	10	11	11	12	12	13	14	14	15	15	16	14	15
7	7	8	8	9	10	10	11	11	12	10	11	12	12	13	13	14	15	15	16	16	17	15	16
8	8	9	9	10	11	11	12	12	13	11	12	13	13	14	14	15	16	16	17	17	18	16	17
9	9	10	10	11	12	12	13	13	14	12	13	14	14	15	15	16	17	17	18	18	19	17	18
10	10	11	11	12	13	13	14	14	15	13	14	15	15	16	16	17	18	18	19	19	20	18	19
11	11	12	12	13	14	14	15	15	16	14	15	16	16	17	17	18	19	19	20	20	21	19	20
12	12	13	13	14	15	15	16	16	17	15	16	17	17	18	18	19	20	20	21	21	22	20	21
13	13	14	14	15	16	16	17	17	18	16	17	18	18	19	19	20	21	21	22	22	23	21	22
14	14	15	15	16	17	17	18	18	19	17	18	19冬	19	20	20	21	22	22	23	23	24	22	23
15	15	16	16	17	18	18	19	19	20	18	19	20	20	21	21	22	23	23	24	24	25	23	24
16	16	17	17	18	19	19	20	20	21	19	20	21	21	22	22	23	24	24	25	25	26	24	25
17	17	18	18	19	20	20	21	21	22	20	21	22	22	23	23	24	25	25	26	26	27	25	26
18	18	19	19	20	21	21	22	22	23	21	22	23	23	24	24	25	26	26	27	27	28	26	27
19冬	19	20	20	21	22	22	23	23	24	22	23	24	24	25	25	26	27	27	28	28	29	27	28
20	20	21	21	22	23	23	24	24	25	23	24	25	25	26	26	27	28	28	29	29	30	28	29
21閏	21十一	22	22	23	24	24	25	25	26	24	25	26	26	27	27	28	29	29	30	30	31	**3**	30

												六一二 壬申 大業八												六一一 辛未 大業七
11	11	12	12	13	14	14	15	15	16	15	16	17	17	18	18	19	20	20	21	21	22	20	21	22
12	12	13	13	14	15	15	16	16	17	16	17	18	18	19	19	20	21	21	22	22	23	21	22	23
13	13	14	14	15	16	16	17	17	18	17	18	19冬	19	20	20	21	22	22	23	23	24	22	23	24
14	14	15	15	16	17	17	18	18	19	18	19	20	20	21	21	22	23	23	24	24	25	23	24	25
15	15	16	16	17	18	18	19	19	20	19	20	21	21	22	22	23	24	24	25	25	26	24	25	26
16	16	17	17	18	19	19	20	20	21	20	21	22	22	23	23	24	25	25	26	26	27	25	26	27
17	17	18	18	19	20	20	21	21	22	21	22	23	23	24	24	25	26	26	27	27	28	26	27	28
18冬	18	19	19	20	21	21	22	22	23	22	23	24	24	25	25	26	27	27	28	28	29	27	28	29
19	19	20	20	21	22	22	23	23	24	23	24	25	25	26	26	27	28	28	29	29	30	28	29	30
20	20	21	21	22	23	23	24	24	25	24	25	26	26	27	27	28	29	29	30	30	31	3	30	31
21	21	22	22	23	24	24	25	25	26	25	26	27	27	28	28	29	30	30	31	5	4	2	31	1
22	22	23	23	24	25	25	26	26	27	26	27	28	28	29	29	30	31	7	6	2	2	3	2	2
23	23	24	24	25	26	26	27	27	28	27	28	29	29	30	30	31	8	2	2	3	3	4	2	3
24	24	25	25	26	27	27	28	28	29	28	29	30	30	31	10	9	2	3	3	4	4	5	3	4
25	25	26	26	27	28	28	29	29	30	29	30	31	12	11	2	2	3	4	4	5	5	6	4	5
26	26	27	27	28	29	29	30	30	31	3	31	1	2	2	3	3	4	5	5	6	6	7	5	6
27	27	28	28	29	30	30	31	5	4	2	2	2	3	3	4	4	5	6	6	7	7	8	6	7
28十二	28	29	29	30	31	7	6	2	2	3	2	3	4	4	5	5	6	7	7	8	8	9	7	8
29	29十一	30十	30	31	8	2	2	3	3	4	3	4	5	5	6	6	7	8	8	9	9	10	8	9
30	30	31	10九	9八	2	3	3	4	4	5	4	5	6	6	7	7	8	9	9	10	10	11	9	10
31	12	11	2	2	3七	4六	4五	5	5	6	5	6	7	7	8	8	9	10	10	11	11	12	10	11
日	2	2	3	3	4	5	5	6四	6三	7	6	7	8	8	9	9	10	11	11	12	12	13	11	12
曜	3	3	4	4	5	6	6	7	7	8二	7正	8	9	9	10	10	11	12	12	13	13	14	12	13
表	4	4	5	5	6	7	7	8	8	9	8	9十二	10十一	10	11	11	12	13	13	14	14	15	13	14
3	5	5	6	6	7	8	8	9	9	10	9	10	11	11十	12九	12	13	14	14	15	15	16	14	15
甲	6	6	7	7	8	9	9	10	10	11	10	11	12	12	13	13八	14七	15	15	16	16	17	15	16
子	7	7	8	8	9	10	10	11	11	12	11	12	13	13	14	14	15	16六	16五	17	17	18	16	17
表	8	8	9	9	10	11	11	12	12	13	12	13	14	14	15	15	16	17	17	18四	18三	19	17	18
13	9	9	10	10	11	12	12	13	13	14	13	14	15	15	16	16	17	18	18	19	19	20二	18正	19十二
	10	10	11	11	12	13	13	14	14	15	14	15	16	16	17	17	18	19	19	20	20	21	19	20

六一四 甲戌 大業一〇												六一三 癸酉 大業九											
22	23	23	24	25	25	26	26	27	25	26	27	27	28	28	29	30	30	31	**5**	**4**	2	31	**1**
23	24	24	25	26	26	27	27	28	26	27	28	28	29	29	30	31	**7**	**6**	2	2	3	**2**	2
24	25	25	26	27	27	28	28	29	27	28	29	29	30	30	31	**8**	2	2	3	3	4	2	3
25	26	26	27	28	28	29	29	30	28	29	30	30	31	**10**	**9**	2	3	3	4	4	5	3	4
26	27	27	28	29	29	30	30	31	**3**	30	31	**12**	**11**	2	2	3	4	4	5	5	6	**4**	5
27	28	28	29	30	30	31	**5**	**4**	2	31	**1**	2	2	3	3	4	5	5	6	6	7	5	6
28	29	29	30	31	**7**	**6**	2	2	3	**2**	2	3	3	4	4	5	6	6	7	7	8	6	7
29	30	30	31	**8**	2	2	3	3	4	2	3	4	4	5	5	6	7	7	8	8	9	7	8
30	31	**10**	**9**	2	3	3	4	4	5	3	4	5	5	6	6	7	8	8	9	9	10	8	9
12	**11**	2	2	3	4	4	5	5	6	4	5	6	6	7	7	8	9	9	10	10	11	9	10
2	2	3	3	4	5	5	6	6	7	5	6	7	7	8	8	9	10	10	11	11	12	10	11
3	3	4	4	5	6	6	7	7	8	6	7	8	8	9	9	10	11	11	12	12	13	11	12
4	4	5	5	6	7	7	8	8	9	7	8	9	9	10	10	11	12	12	13	13	14	12	13
5	5	6	6	7	8	8	9	9	10	8	9	10	10	11	11	12	13	13	14	14	15	13	14
6	6	7	7	8	9	9	10	10	11	9	10	11	11	12	12	13	14	14	15	15	16	14	15
7 十一	7 十	8	8	9	10	10	11	11	12	10	11	12	12	13	13	14	15	15	16	16	17	15	16
8	8	9 九	9 八	10	11	11	12	12	13	11	12	13	13	14	14	15	16	16	17	17	18	16	17
9	9	10	10	11 七	12 六	12	13	13	14	12	13	14	14	15	15	16	17	17	18	18	19	17	18
10	10	11	11	12	13	13 五	14 四	14	15	13	14	15	15	16	16	17	18	18	19	19	20	18	19
11	11	12	12	13	14	14	15	15 三	16 二	14	15	16	16	17	17	18	19	19	20	20	21	19	20
12	12	13	13	14	15	15	16	16	17	15 正	16 十二	17	17	18	18	19	20	20	21	21	22	20	21
13	13	14	14	15	16	16	17	17	18	16	17	18 十一	18 十	19	19	20	21	21	22	22	23	21	22
14	14	15	15	16	17	17	18	18	19	17	18	19 冬	19	20 閏	20 九	21 八	22	22	23	23	24	22	23
15	15	16	16	17	18	18	19	19	20	18	19	20	20	21	21	22	23 七	23 六	24	24	25	23	24
16	16	17	17	18	19	19	20	20	21	19	20	21	21	22	22	23	24	24	25 五	25 四	26	24	25
17	17	18	18	19	20	20	21	21	22	20	21	22	22	23	23	24	25	25	26	26	27 三	25 二	26
18	18	19	19	20	21	21	22	22	23	21	22	23	23	24	24	25	26	26	27	27	28	26	27 正
19 冬	19	20	20	21	22	22	23	23	24	22	23	24	24	25	25	26	27	27	28	28	29	27	28
20	20	21	21	22	23	23	24	24	25	23	24	25	25	26	26	27	28	28	29	29	30	28	29
21	21	22	22	23	24	24	25	25	26	24	25	26	26	27	27	28	29	29	30	30	31	**3**	30

勵耘書屋

	六一六 丙子 大業十二												六一五 乙亥 大業十一											
11	11	12	12	13	14	14	15	15	16	15	16	17	17	18	18	19	20	20	21	21	22	20	21	22
12	12	13	13	14	15	15	16	16	17	16	17	18	18	19	19	20	21	21	22	22	23	21	22	23
13	13	14	14	15	16	16	17	17	18	17	18	19冬	19	20	20	21	22	22	23	23	24	22	23	24
14十一	14	15	15	16	17	17	18	18	19	18	19	20	20	21	21	22	23	23	24	24	25	23	24	25
15	15十	16九	16	17	18	18	19	19	20	19	20	21	21	22	22	23	24	24	25	25	26	24	25	26
16	16	17	17八	18七	19	19	20	20	21	20	21	22	22	23	23	24	25	25	26	26	27	25	26	27
17	17	18	18	19	20六	20閏	21五	21	22	21	22	23	23	24	24	25	26	26	27	27	28	26	27	28
18冬	18	19	19	20	21	21	22	22四	23三	22	23	24	24	25	25	26	27	27	28	28	29	27	28	29
19	19	20	20	21	22	22	23	23	24	23二	24正	25	25	26	26	27	28	28	29	29	30	28	29	30
20	20	21	21	22	23	23	24	24	25	24	25	26十二	26十一	27	27	28	29	29	30	30	31	**3**	30	31
21	21	22	22	23	24	24	25	25	26	25	26	27	27	28十	28九	29	30	30	31	**5**	**4**	2	31	**1**
22	22	23	23	24	25	25	26	26	27	26	27	28	28	29	29	30八	31七	**7**	**6**	2	2	3	**2**	2
23	23	24	24	25	26	26	27	27	28	27	28	29	29	30	30	31	**8**	2六	2五	3	3	4	2	3
24	24	25	25	26	27	27	28	28	29	28	29	30	30	31	**10**	**9**	2	3	3	4四	4三	5	3	4
25	25	26	26	27	28	28	29	29	30	29	30	31	**12**	**11**	2	2	3	4	4	5	5	6二	4正	5十二
26	26	27	27	28	29	29	30	30	31	**3**	31	**1**	2	2	3	3	4	5	5	6	6	7	5	6
27	27	28	28	29	30	30	31	**5**	**4**	2	**2**	2	3	3	4	4	5	6	6	7	7	8	6	7
28	28	29	29	30	31	**7**	**6**	2	2	3	2	3	4	4	5	5	6	7	7	8	8	9	7	8
29	29	30	30	31	**8**	2	2	3	3	4	3	4	5	5	6	6	7	8	8	9	9	10	8	9
30	30	31	**10**	**9**	2	3	3	4	4	5	4	5	6	6	7	7	8	9	9	10	10	11	9	10
31	**12**	**11**	2	2	3	4	4	5	5	6	5	6	7	7	8	8	9	10	10	11	11	12	10	11
日	2	2	3	3	4	5	5	6	6	7	6	7	8	8	9	9	10	11	11	12	12	13	11	12
曜	3	3	4	4	5	6	6	7	7	8	7	8	9	9	10	10	11	12	12	13	13	14	12	13
表	4	4	5	5	6	7	7	8	8	9	8	9	10	10	11	11	12	13	13	14	14	15	13	14
4	5	5	6	6	7	8	8	9	9	10	9	10	11	11	12	12	13	14	14	15	15	16	14	15
甲	6	6	7	7	8	9	9	10	10	11	10	11	12	12	13	13	14	15	15	16	16	17	15	16
子	7	7	8	8	9	10	10	11	11	12	11	12	13	13	14	14	15	16	16	17	17	18	16	17
表	8	8	9	9	10	11	11	12	12	13	12	13	14	14	15	15	16	17	17	18	18	19	17	18
14	9	9	10	10	11	12	12	13	13	14	13	14	15	15	16	16	17	18	18	19	19	20	18	19
	10	10	11	11	12	13	13	14	14	15	14	15	16	16	17	17	18	19	19	20	20	21	19	20

六一八 戊寅 義寧二 唐高祖 武德元五月改

六一七 丁丑 大業一三 隋恭帝 義寧元十一月改

22	23	23	24	25	25	26	26	27	25	26	27	27	28	28	29	30	30	31	**5**	**4**	2	31	**1**
23	十一24	十24	25	26	26	27	27	28	26	27	28	28	29	29	30	31	**7**	**6**	2	2	3	**2**	2
24	25	25	九26	八27	27	28	28	29	27	28	29	29	30	30	31	**8**	2	2	3	3	4	2	3
25	26	26	27	28	七28	六29	29	30	28	29	30	30	31	**10**	**9**	2	3	3	4	4	5	3	4
26	27	27	28	29	29	30	五30	四31	**3**	30	31	**12**	**11**	2	2	3	4	4	5	5	6	4	5
27	28	28	29	30	30	31	**5**	**4**	三2	二31	**1**	2	2	3	3	4	5	5	6	6	7	5	6
28	29	29	30	31	**7**	**6**	2	2	3	**2**	正2	十二3	3	4	4	5	6	6	7	7	8	6	7
29	30	30	31	**8**	2	2	3	3	4	2	3	4	十一4	十5	5	6	7	7	8	8	9	7	8
30	31	**10**	**9**	2	3	3	4	4	5	3	4	5	5	6	九6	八7	七8	8	9	9	10	8	9
12	**11**	2	2	3	4	4	5	5	6	4	5	6	6	7	7	8	9	六9	五10	10	11	9	10
2	2	3	3	4	5	5	6	6	7	5	6	7	7	8	8	9	10	10	11	四11	三12	10	11
3	3	4	4	5	6	6	7	7	8	6	7	8	8	9	9	10	11	11	12	12	13	二11	正12
4	4	5	5	6	7	7	8	8	9	7	8	9	9	10	10	11	12	12	13	13	14	12	13十二
5	5	6	6	7	8	8	9	9	10	8	9	10	10	11	11	12	13	13	14	14	15	13	14
6	6	7	7	8	9	9	10	10	11	9	10	11	11	12	12	13	14	14	15	15	16	14	15
7	7	8	8	9	10	10	11	11	12	10	11	12	12	13	13	14	15	15	16	16	17	15	16
8	8	9	9	10	11	11	12	12	13	11	12	13	13	14	14	15	16	16	17	17	18	16	17
9	9	10	10	11	12	12	13	13	14	12	13	14	14	15	15	16	17	17	18	18	19	17	18
10	10	11	11	12	13	13	14	14	15	13	14	15	15	16	16	17	18	18	19	19	20	18	19
11	11	12	12	13	14	14	15	15	16	14	15	16	16	17	17	18	19	19	20	20	21	19	20
12	12	13	13	14	15	15	16	16	17	15	16	17	17	18	18	19	20	20	21	21	22	20	21
13	13	14	14	15	16	16	17	17	18	16	17	18	18	19	19	20	21	21	22	22	23	21	22
14	14	15	15	16	17	17	18	18	19	17	18	19	冬19	20	20	21	22	22	23	23	24	22	23
15	15	16	16	17	18	18	19	19	20	18	19	20	20	21	21	22	23	23	24	24	25	23	24
16	16	17	17	18	19	19	20	20	21	19	20	21	21	22	22	23	24	24	25	25	26	24	25
17	17	18	18	19	20	20	21	21	22	20	21	22	22	23	23	24	25	25	26	26	27	25	26
18	18	19	19	20	21	21	22	22	23	21	22	23	23	24	24	25	26	26	27	27	28	26	27
19	冬19	20	20	21	22	22	23	23	24	22	23	24	24	25	25	26	27	27	28	28	29	27	28
20	20	21	21	22	23	23	24	24	25	23	24	25	25	26	26	27	28	28	29	29	30	28	29
21	21	22	22	23	24	24	25	25	26	24	25	26	26	27	27	28	29	29	30	30	31	**3**	30

六一九 己卯 武德二

六二〇 庚辰 武德三

11	11	12	12	13	14	14	15	15	16	15	16	17	17	18	18	19	20	20	21	21	22閏	20二	21正	22十二
12	12	13	13	14	15	15	16	16	17	16	17	18	18	19	19	20	21	21	22	22	23	21	22	23
13	13	14	14	15	16	16	17	17	18	17	18	19冬	19	20	20	21	22	22	23	23	24	22	23	24
14	14	15	15	16	17	17	18	18	19	18	19	20	20	21	21	22	23	23	24	24	25	23	24	25
15	15	16	16	17	18	18	19	19	20	19	20	21	21	22	22	23	24	24	25	25	26	24	25	26
16	16	17	17	18	19	19	20	20	21	20	21	22	22	23	23	24	25	25	26	26	27	25	26	27
17	17	18	18	19	20	20	21	21	22	21	22	23	23	24	24	25	26	26	27	27	28	26	27	28
18冬	18	19	19	20	21	21	22	22	23	22	23	24	24	25	25	26	27	27	28	28	29	27	28	29
19	19	20	20	21	22	22	23	23	24	23	24	25	25	26	26	27	28	28	29	29	30	28	29	30
20	20	21	21	22	23	23	24	24	25	24	25	26	26	27	27	28	29	29	30	30	31	**3**	30	31
21	21	22	22	23	24	24	25	25	26	25	26	27	27	28	28	29	30	30	31	**5**	**4**	2	31	**1**
22	22	23	23	24	25	25	26	26	27	26	27	28	28	29	29	30	31	**7**	**6**	2	2	3	**2**	2
23	23	24	24	25	26	26	27	27	28	27	28	29	29	30	30	31	**8**	2	2	3	3	4	2	3
24	24	25	25	26	27	27	28	28	29	28	29	30	30	31	**10**	**9**	2	3	3	4	4	5	3	4
25	25	26	26	27	28	28	29	29	30	29	30	31	**12**	**11**	2	2	3	4	4	5	5	6	4	5
26	26	27	27	28	29	29	30	30	31	**3**	31	**1**	2	2	3	3	4	5	5	6	6	7	5	6
27	27	28	28	29	30	30	31	**5**	**4**	2	**2**	2	3	3	4	4	5	6	6	7	7	8	6	7
28	28	29	29	30	31	**7**	**6**	2	2	3	2	3	4	4	5	5	6	7	7	8	8	9	7	8
29十二	29	30	30	31	**8**	2	2	3	3	4	3	4	5	5	6	6	7	8	8	9	9	10	8	9
30	30十一	31十	**10**	**9**	2	3	3	4	4	5	4	5	6	6	7	7	8	9	9	10	10	11	9	10
31	**12**	**11**	2九	2八	3	4	4	5	5	6	5	6	7	7	8	8	9	10	10	11	11	12	10	11
日	2	2	3	3	4七	5六	5	6	6	7	6	7	8	8	9	9	10	11	11	12	12	13	11	12
曜	3	3	4	4	5	6	6五	7	7	8	7	8	9	9	10	10	11	12	12	13	13	14	12	13
表	4	4	5	5	6	7	7	8四	8三	9	8	9	10	10	11	11	12	13	13	14	14	15	13	14
5	5	5	6	6	7	8	8	9	9	10二	9正	10	11	11	12	12	13	14	14	15	15	16	14	15
甲	6	6	7	7	8	9	9	10	10	11	10	11十二	12十一	12十	13九	13	14	15	15	16	16	17	15	16
子	7	7	8	8	9	10	10	11	11	12	11	12	13	13	14	14八	15七	16	16	17	17	18	16	17
表	8	8	9	9	10	11	11	12	12	13	12	13	14	14	15	15	16	17六	17五	18	18	19	17	18
15	9	9	10	10	11	12	12	13	13	14	13	14	15	15	16	16	17	18	18	19四	19	20	18	19
	10	10	11	11	12	13	13	14	14	15	14	15	16	16	17	17	18	19	19	20	20三	21	19	20

六二一 辛巳 武德四

六二二 壬午 武德五

西曆七月十六日金曜日中曆六月三日癸丑爲回曆元年一月一日

					1																		
22	23	23	24	25	25	26	26	27	25	26	27	27	28	28	29	30	30	31	**5**	**4**	2	31	**1**
23	24	24	25	26	26	27	27	28	26	27	28	28	29	29	30	31	**7**	**6**	2	2	3	**2**	2
24	25	25	26	27	27	28	28	29	27	28	29	29	30	30	31	**8**	2	2	3	3	4	2	3
25	26	26	27	28	28	29	29	30	28	29	30	30	31	**10**	**9**	2	3	3	4	4	5	3	4
26	27	27	28	29	29	30	30	31	**3**	30	31	**12**	**11**	2	2	3	4	4	5	5	6	4	5
27	28	28	29	30	30	31	**5**	**4**	2	31	**1**	2	2	3	3	4	5	5	6	6	7	5	6
28	29	29	30	31	**7**	**6**	2	2	3	**2**	2	3	3	4	4	5	6	6	7	7	8	6	7
29	30	30	31	**8**	2	2	3	3	4	2	3	4	4	5	5	6	7	7	8	8	9	7	8
30	31	**10**	**9**	2	3	3	4	4	5	3	4	5	5	6	6	7	8	8	9	9	10	8	9
12	**11**	2	2	3	4	4	5	5	6	4	5	6	6	7	7	8	9	9	10	10	11	9	10
2	2	3	3	4	5	5	6	6	7	5	6	7	7	8	8	9	10	10	11	11	12	10	11
3	3	4	4	5	6	6	7	7	8	6	7	8	8	9	9	10	11	11	12	12	13	11	12
4	4	5	5	6	7	7	8	8	9	7	8	9	9	10	10	11	12	12	13	13	14	12	13
5	5	6	6	7	8	8	9	9	10	8	9	10	10	11	11	12	13	13	14	14	15	13	14
6	6	7	7	8	9	9	10	10	11	9	10	11	11	12	12	13	14	14	15	15	16	14	15
7	7	8	8	9	10	10	11	11	12	10	11	12	12	13	13	14	15	15	16	16	17	15	16
8	土8	9	9	10	11	11	12	12	13	11	12	13	13	14	14	15	16	16	17	17	18	16	17
9	9	十10	九10	11	12	12	13	13	14	12	13	14	14	15	15	16	17	17	18	18	19	17	18
10	10	11	11	八12	七13	13	14	14	15	13	14	15	15	16	16	17	18	18	19	19	20	18	19
11	6 11	5 12	12	13	14	六14	15	15	16	14	15	16	16	17	17	18	19	19	20	20	21	19	20
12	12	13	4 13	3 14	15	15	五16	四16	三17	15	16	17	17	18	18	19	20	20	21	21	22	20	21
13	13	14	14	15	2 16	1 16	17	17	18	二16	正17	土18	冬18	19	19	20	21	21	22	22	23	21	22
14	14	15	15	16	17	17	18	18	19	17	18	19	土19	閏20	20	21	22	22	23	23	24	22	23
15	15	16	16	17	18	18	19	19	20	18	19	20	20	21	十21	九22	23	23	24	24	25	23	24
16	16	17	17	18	19	19	20	20	21	19	20	21	21	22	22	23	八24	七24	25	25	26	24	25
17	17	18	18	19	20	20	21	21	22	20	21	22	22	23	23	24	25	25	六26	26	27	25	26
18	18	19	19	20	21	21	22	22	23	21	22	23	23	24	24	25	26	26	27	五27	四28	26	27
19	冬19	20	20	21	22	22	23	23	24	22	23	24	24	25	25	26	27	27	28	28	29	三27	二28 正
20	20	21	21	22	23	23	24	24	25	23	24	25	25	26	26	27	28	28	29	29	30	28	29
21	21	22	22	23	24	24	25	25	26	24	25	26	26	27	27	28	29	29	30	30	31	**3**	30

六

六二四 甲申 武德七

六二三 癸未 武德六

							3											2						
11	11	12	12	13	14	14	15	15	16	15	16	17	17	18	18	19	20	20	21	21	22	20	21	22
12	12	13	13	14	15	15	16	16	17	16	17	18	18	19	19	20	21	21	22	22	23	21	22	23
13	13	14	14	15	16	16	17	17	18	17	18	19 冬	19	20	20	21	22	22	23	23	24	22	23	24
14	14	15	15	16	17	17	18	18	19	18	19	20	20	21	21	22	23	23	24	24	25	23	24	25
15	15	16	16	17	18	18	19	19	20	19	20	21	21	22	22	23	24	24	25	25	26	24	25	26
16 十一	16 十	17	17	18	19	19	20	20	21	20	21	22	22	23	23	24	25	25	26	26	27	25	26	27
17	17	18 九	18 八	19	20	20	21	21	22	21	22	23	23	24	24	25	26	26	27	27	28	26	27	28
18 十二 7	18	19	19	20 閏	21 七	21 六	22	22	23	22	23	24	24	25	25	26	27	27	28	28	29	27	28	29
19	19 6	20 5	20	21	22	22	23 五	23 四	24	23	24	25	25	26	26	27	28	28	29	29	30	28	29	30
20	20	21	21 4	22 3	23	23	24	24	25 三	24 二	25	26	26	27	27	28	29	29	30	30	31	3	30	31
21	21	22	22	23	24 2	24 1	25 12	25 11	26	25	26 正	27 十二	27	28	28	29	30	30	31	5	4	2	31	1
22	22	23	23	24	25	25	26	26	27 10	26 9	27	28	28 十一	29 十	29	30	31	7	6	2	2	3	2	2
23	23	24	24	25	26	26	27	27	28	27	28 8	29 7	29	30	30 九	31 八	8	2	2	3	3	4	2	3
24	24	25	25	26	27	27	28	28	29	28	29	30	30 6	31 5	10	9	2 七	3 六	3	4	4	5	3	4
25	25	26	26	27	28	28	29	29	30	29	30	31	12	11	2 4	2 3	3	4	4 五	5 四	5	6	4	5
26	26	27	27	28	29	29	30	30	31	3	31	1	2	2	3	3	4 2	5 1	5	6	6 三	7 二	5 正	6
27	27	28	28	29	30	30	31	5	4	2	2	2	3	3	4	4	5	6	6 12	7 11	7	8	6	7 十二
28	28	29	29	30	31	7	6	2	2	3	2	3	4	4	5	5	6	7	7	8	8 10	9 9	7	8
29	29	30	30	31	8	2	2	3	3	4	3	4	5	5	6	6	7	8	8	9	9	10	8 8	9 7
30	30	31	10	9	2	3	3	4	4	5	4	5	6	6	7	7	8	9	9	10	10	11	9	10
31	12	11	2	2	3	4	4	5	5	6	5	6	7	7	8	8	9	10	10	11	11	12	10	11
日	2	2	3	3	4	5	5	6	6	7	6	7	8	8	9	9	10	11	11	12	12	13	11	12
曜	3	3	4	4	5	6	6	7	7	8	7	8	9	9	10	10	11	12	12	13	13	14	12	13
表	4	4	5	5	6	7	7	8	8	9	8	9	10	10	11	11	12	13	13	14	14	15	13	14
6	5	5	6	6	7	8	8	9	9	10	9	10	11	11	12	12	13	14	14	15	15	16	14	15
甲	6	6	7	7	8	9	9	10	10	11	10	11	12	12	13	13	14	15	15	16	16	17	15	16
子	7	7	8	8	9	10	10	11	11	12	11	12	13	13	14	14	15	16	16	17	17	18	16	17
表	8	8	9	9	10	11	11	12	12	13	12	13	14	14	15	15	16	17	17	18	18	19	17	18
16	9	9	10	10	11	12	12	13	13	14	13	14	15	15	16	16	17	18	18	19	19	20	18	19
	10	10	11	11	12	13	13	14	14	15	14	15	16	16	17	17	18	19	19	20	20	21	19	20

六二六 丙戌 武德九

六二五 乙酉 武德八

						5												4					
22	23	23	24	25	25	26	26	27	25	26	27	27	28	28	29	30	30	31	5	4	2	31	1
23	24	24	25	26	26	27	27	28	26	27	28	28	29	29	30	31	7	6	2	2	3	2	2
24	25	25	26	27	27	28	28	29	27	28	29	29	30	30	31	8	2	2	3	3	4	2	3
25 十一	26 十	26 九	27 八	28	28	29	29	30	28	29	30	30	31	10	9	2	3	3	4	4	5	3	4
26 7	27	27	28	29 七	29 六	30	30	31	3	30	31	12	11	2	2	3	4	4	5	5	6	4	5
27	28 6	28 5	29	30	30	31 五	5	4	2	31	1	2	2	3	3	4	5	5	6	6	7	5	6
28	29	29	30 4	31 3	7	6	2 四	2 三	3	2	2	3	3	4	4	5	6	6	7	7	8	6	7
29	30	30	31	8	2 2	2 1	3	3	4 二	2 正	3	4	4	5	5	6	7	7	8	8	9	7	8
30	31	10	9	2	3	3	4 12	4 11	5	3	4 十二	5 十一	5	6	6	7	8	8	9	9	10	8	9
12	11	2	2	3	4	4	5	5	6 10	4 9	5	6	6 十	7 九	7 八	8	9	9	10	10	11	9	10
2	2	3	3	4	5	5	6	6	7	5	6 8	7 7	7	8	8	9 七	10 六	10	11	11	12	10	11
3	3	4	4	5	6	6	7	7	8	6	7	8	8 6	9 5	9	10	11	11 五	12 四	12	13	11	12
4	4	5	5	6	7	7	8	8	9	7	8	9	9	10	10 4	11 3	12	12	13	13 三	14 二	12	13
5	5	6	6	7	8	8	9	9	10	8	9	10	10	11	11	12	13 2	13 1	14	14	15	13 正	14 十二
6	6	7	7	8	9	9	10	10	11	9	10	11	11	12	12	13	14	14	15 12	15 11	16	14	15
7	7	8	8	9	10	10	11	11	12	10	11	12	12	13	13	14	15	15	16	16	17 10	15 9	16
8	8	9	9	10	11	11	12	12	13	11	12	13	13	14	14	15	16	16	17	17	18	16	17 8
9	9	10	10	11	12	12	13	13	14	12	13	14	14	15	15	16	17	17	18	18	19	17	18
10	10	11	11	12	13	13	14	14	15	13	14	15	15	16	16	17	18	18	19	19	20	18	19
11	11	12	12	13	14	14	15	15	16	14	15	16	16	17	17	18	19	19	20	20	21	19	20
12	12	13	13	14	15	15	16	16	17	15	16	17	17	18	18	19	20	20	21	21	22	20	21
13	13	14	14	15	16	16	17	17	18	16	17	18 冬	18	19	19	20	21	21	22	22	23	21	22
14	14	15	15	16	17	17	18	18	19	17	18	19	19	20	20	21	22	22	23	23	24	22	23
15	15	16	16	17	18	18	19	19	20	18	19	20	20	21	21	22	23	23	24	24	25	23	24
16	16	17	17	18	19	19	20	20	21	19	20	21	21	22	22	23	24	24	25	25	26	24	25
17	17	18	18	19	20	20	21	21	22	20	21	22	22	23	23	24	25	25	26	26	27	25	26
18	18	19	19	20	21	21	22	22	23	21	22	23	23	24	24	25	26	26	27	27	28	26	27
19 冬	19	20	20	21	22	22	23	23	24	22	23	24	24	25	25	26	27	27	28	28	29	27	28
20	20	21	21	22	23	23	24	24	25	23	24	25	25	26	26	27	28	28	29	29	30	28	29
21	21	22	22	23	24	24	25	25	26	24	25	26	26	27	27	28	29	29	30	30	31	3	30

六二七 丁亥 唐太宗 貞觀元

六二八 戊子 貞觀二

								7											6					
11	11	12	12	13	14	14	15	15	16	15	16	17	17	18 6	18 5	19	20	20	21	21 閏	22	20	21	22
12	12	13	13	14	15	15	16	16	17	16	17	18	18	19	19	20 4	21 3	21	22	22	23 三	21 二	22	23
13	13	14	14	15	16	16	17	17	18	17	18	19 冬	19	20	20	21	22	22 2	23 1	23 12	24 11	22	23 正	24 十二
14	14	15	15	16	17	17	18	18	19	18	19	20	20	21	21	22	23	23	24	24	25	23 10	24 9	25
15	15	16	16	17	18	18	19	19	20	19	20	21	21	22	22	23	24	24	25	25	26	24	25	26 8
16	16	17	17	18	19	19	20	20	21	20	21	22	22	23	23	24	25	25	26	26	27	25	26	27
17	17	18	18	19	20	20	21	21	22	21	22	23	23	24	24	25	26	26	27	27	28	26	27	28
18 冬	18	19	19	20	21	21	22	22	23	22	23	24	24	25	25	26	27	27	28	28	29	27	28	29
19	19	20	20	21	22	22	23	23	24	23	24	25	25	26	26	27	28	28	29	29	30	28	29	30
20	20	21	21	22	23	23	24	24	25	24	25	26	26	27	27	28	29	29	30	30	31	3	30	31
21	21	22	22	23	24	24	25	25	26	25	26	27	27	28	28	29	30	30	31	5	4	2	31	1
22	22	23	23	24	25	25	26	26	27	26	27	28	28	29	29	30	31	7	6	2	2	3	2	2
23	23	24	24	25	26	26	27	27	28	27	28	29	29	30	30	31	8	2	2	3	3	4	2	3
24	24	25	25	26	27	27	28	28	29	28	29	30	30	31	10	9	2	3	3	4	4	5	3	4
25	25	26	26	27	28	28	29	29	30	29	30	31	12	11	2	2	3	4	4	5	5	6	4	5
26	26	27	27	28	29	29	30	30	31	3	31	1	2	2	3	3	4	5	5	6	6	7	5	6
27	27	28	28	29	30	30	31	5	4	2	2	2	3	3	4	4	5	6	6	7	7	8	6	7
28	28	29	29	30	31	7	6	2	2	3	2	3	4	4	5	5	6	7	7	8	8	9	7	8
29	29	30	30	31	8	2	2	3	3	4	3	4	5	5	6	6	7	8	8	9	9	10	8	9
30	30	31	10	9	2	3	3	4	4	5	4	5	6	6	7	7	8	9	9	10	10	11	9	10
31 十二	12 十一	11	2	2	3	4	4	5	5	6	5	6	7	7	8	8	9	10	10	11	11	12	10	11
日	2	2 十	3 九	3 八	4	5	5	6	6	7	6	7	8	8	9	9	10	11	11	12	12	13	11	12
曜	3	3	4	4	5 七	6	6	7	7	8	7	8	9	9	10	10	11	12	12	13	13	14	12	13
表	4 8	4 7	5	5	6	7 六	7 五	8	8	9	8	9	10	10	11	11	12	13	13	14	14	15	13	14
7	5	5	6 6	6 5	7	8	8	9 四	9	10	9	10	11	11	12	12	13	14	14	15	15	16	14	15
甲	6	6	7	7	8 4	9 3	9	10	10 三	11 二	10	11	12	12	13	13	14	15	15	16	16	17	15	16
子	7	7	8	8	9	10	10 2	11 1	11	12	11 正	12 十二	13 十一	13	14	14	15	16	16	17	17	18	16	17
表	8	8	9	9	10	11	11	12	12 12	13 11	12	13	14	14 十	15 九	15 八	16	17	17	18	18	19	17	18
17	9	9	10	10	11	12	12	13	13	14	13 10	14 9	15	15	16	16	17 七	18 六	18	19	19	20	18	19
	10	10	11	11	12	13	13	14	14	15	14	15	16 8	16 7	17	17	18	19	19 五	20 四	20	21	19	20

								9			六三〇 庚寅 貞觀四								8				六二九 己丑 貞觀三
22	23	23	24	25	25	26	26	27	25	26	27	27	28	28	29	30	30	31 2	**5** 1	**4** 12	2 11	31	**1**
23	24	24	25	26	26	27	27	28	26	27	28	28	29	29	30	31	**7**	**6**	2	2	3	**2** 10	2 9
24	25	25	26	27	27	28	28	29	27	28	29	29	30	30	31	**8**	2	2	3	3	4	2	3
25	26	26	27	28	28	29	29	30	28	29	30	30	31	**10**	**9**	2	3	3	4	4	5	3	4
26	27	27	28	29	29	30	30	31	**3**	30	31	**12**	**11**	2	2	3	4	4	5	5	6	4	5
27	28	28	29	30	30	31	**5**	**4**	2	31	**1**	2	2	3	3	4	5	5	6	6	7	5	6
28	29	29	30	31	**7**	**6**	2	2	3	**2**	2	3	3	4	4	5	6	6	7	7	8	6	7
29	30	30	31	**8**	2	2	3	3	4	2	3	4	4	5	5	6	7	7	8	8	9	7	8
30	31	**10**	**9**	2	3	3	4	4	5	3	4	5	5	6	6	7	8	8	9	9	10	8	9
12	**11**	2	2	3	4	4	5	5	6	4	5	6	6	7	7	8	9	9	10	10	11	9	10
2	2	3	3	4	5	5	6	6	7	5	6	7	7	8	8	9	10	10	11	11	12	10	11
3	3	4	4	5	6	6	7	7	8	6	7	8	8	9	9	10	11	11	12	12	13	11	12
4	4	5	5	6	7	7	8	8	9	7	8	9	9	10	10	11	12	12	13	13	14	12	13
5	5	6	6	7	8	8	9	9	10	8	9	10	10	11	11	12	13	13	14	14	15	13	14
6	6	7	7	8	9	9	10	10	11	9	10	11	11	12	12	13	14	14	15	15	16	14	15
7	7	8	8	9	10	10	11	11	12	10	11	12	12	13	13	14	15	15	16	16	17	15	16
8	8	9	9	10	11	11	12	12	13	11	12	13	13	14	14	15	16	16	17	17	18	16	17
9	9	10	10	11	12	12	13	13	14	12	13	14	14	15	15	16	17	17	18	18	19	17	18
10 十二	10 十一	11	11	12	13	13	14	14	15	13	14	15	15	16	16	17	18	18	19	19	20	18	19
11	11	12 九	12 八	13	14	14	15	15	16	14	15	16	16	17	17	18	19	19	20	20	21	19	20
12 9	12	13	13	14 七	15 六	15	16	16	17	15	16	17	17	18	18	19	20	20	21	21	22	20	21
13	13 8	14 7	14	15	16	16 五	17	17	18	16	17	18 冬	18	19	19	20	21	21	22	22	23	21	22
14	14	15	15 6	16 5	17	17	18 四	18 三	19	17	18	19	19	20	20	21	22	22	23	23	24	22	23
15	15	16	16	17	18 4	18 3	19	19	20 二	18 正	19 閏	20 十二	20	21	21	22	23	23	24	24	25	23	24
16	16	17	17	18	19	19	20 2	20 1	21	19	20	21	21 十一	22 十	22 九	23	24	24	25	25	26	24	25
17	17	18	18	19	20	20	21	21	22 12	20 11	21	22	22	23	23	24 八	25	25	26	26	27	25	26
18	18	19	19	20	21	21	22	22	23	21	22 10	23 9	23	24	24	25	26 七	26	27	27	28	26	27
19 冬	19	20	20	21	22	22	23	23	24	22	23	24	24 8	25 7	25	26	27	27 六	28 五	28	29	27	28
20	20	21	21	22	23	23	24	24	25	23	24	25	25	26	26 6	27 5	28	28	29	29 四	30 三	28	29
21	21	22	22	23	24	24	25	25	26	24	25	26	26	27	27	28	29 4	29 3	30	30	31	**3** 二	30 正

六三二 壬辰 貞觀六 11

六三一 辛卯 貞觀五 10

11	11	12	12	13	14	14	15	15	16	15	16	17	17	18	18	19	20	20	21	21	22	20	21	22
12	12	13	13	14	15	15	16	16	17	16	17	18	18	19	19	20	21	21	22	22	23	21	22	23
13	13	14	14	15	16	16	17	17	18	17	18	19冬	19	20	20	21	22	22	23	23	24	22	23	24
14	14	15	15	16	17	17	18	18	19	18	19	20	20	21	21	22	23	23	24	24	25	23	24	25
15	15	16	16	17	18	18	19	19	20	19	20	21	21	22	22	23	24	24	25	25	26	24	25	26
16	16	17	17	18	19	19	20	20	21	20	21	22	22	23	23	24	25	25	26	26	27	25	26	27
17十一	17	18	18	19	20	20	21	21	22	21	22	23	23	24	24	25	26	26	27	27	28	26	27	28
18冬	18十	19九	19	20	21	21	22	22	23	22	23	24	24	25	25	26	27	27	28	28	29	27	28	29
19	19	20	20閏	21八	22	22	23	23	24	23	24	25	25	26	26	27	28	28	29	29	30	28	29	30
20 10	20 9	21	21	22	23七	23六	24	24	25	24	25	26	26	27	27	28	29	29	30	30	31	**3**	30	31
21	21	22 8	22 7	23	24	24	25五	25四	26三	25	26	27	27	28	28	29	30	30	31	**5**	**4**	2	31	**1**
22	22	23	23	24 6	25 5	25	26	26	27	26二	27正	28	28	29	29	30	31	**7**	**6**	2	2	3	**2**	2
23	23	24	24	25	26	26 4	27 3	27	28	27	28	29十二	29十一	30	30	31	**8**	2	2	3	3	4	2	3
24	24	25	25	26	27	27	28	28 2	29 1	28 12	29 11	30	30	31十	**10**九	**9**	2	3	3	4	4	5	3	4
25	25	26	26	27	28	28	29	29	30	29	30	31 10	**12** 9	**11**	2	2八	3七	4	4	5	5	6	4	5
26	26	27	27	28	29	29	30	30	31	**3**	31	**1**	2	2 8	3 7	3	4	5六	5五	6	6	7	5	6
27	27	28	28	29	30	30	31	**5**	**4**	2	**2**	2	3	3	4	4 6	5 5	6	6	7四	7三	8	6	7
28	28	29	29	30	31	**7**	**6**	2	2	3	2	3	4	4	5	5	6	7 4	7 3	8	8	9二	7正	8十二
29	29	30	30	31	**8**	2	2	3	3	4	3	4	5	5	6	6	7	8	8	9 2	9 1	10	8	9
30	30	31	**10**	**9**	2	3	3	**4**	**4**	5	4	5	6	6	7	7	8	9	9	10	10	11 12	9 11	10
31	**12**	**11**	2	2	3	4	4	5	5	6	5	6	7	7	8	8	9	10	10	11	11	12	10	11 10
日	2	2	3	3	4	5	5	6	6	7	6	7	8	8	9	9	10	11	11	12	12	13	11	12
曜	3	3	4	4	5	6	6	7	7	8	7	8	9	9	10	10	11	12	12	13	13	14	12	13
表	4	4	5	5	6	7	7	8	8	9	8	9	10	10	11	11	12	13	13	14	14	15	13	14
1	5	5	6	6	7	8	8	9	9	10	9	10	11	11	12	12	13	14	14	15	15	16	14	15
甲	6	6	7	7	8	9	9	10	10	11	10	11	12	12	13	13	14	15	15	16	16	17	15	16
子	7	7	8	8	9	10	10	11	11	12	11	12	13	13	14	14	15	16	16	17	17	18	16	17
表	8	8	9	9	10	11	11	12	12	13	12	13	14	14	15	15	16	17	17	18	18	19	17	18
18	9	9	10	10	11	12	12	13	13	14	13	14	15	15	16	16	17	18	18	19	19	20	18	19
	10	10	11	11	12	13	13	14	14	15	14	15	16	16	17	17	18	19	19	20	20	21	19	20

六三四 甲午 貞觀八 13												六三三 癸巳 貞觀七 12											
22	23	23	24	25	25	26	26	27	25	26	27	27	28	28	29	30	30	31	**5**	**4**	2	31	**1**
23	24	24	25	26	26	27	27	28	26	27	28	28	29	29	30	31	**7**	**6**	2	2	3	**2**	2
24	25	25	26	27	27	28	28	29	27	28	29	29	30	30	31	**8**	2	2	3	3	4	2	3
25	26	26	27	28	28	29	29	30	28	29	30	30	31	**10**	**9**	2	3	3	4	4	5	3	4
26 十二	27	27	28	29	29	30	30	31	**3**	30	31	**12**	**11**	2	2	3	4	4	5	5	6	4	5
27	28 十	28 九	29 八	30	30	31	**5**	**4**	2	31	**1**	2	2	3	3	4	5	5	6	6	7	5	6
28 **10**	29 **9**	29	30	31 七	**7** 六	**6** 五	2	2	3	**2**	2	3	3	4	4	5	6	6	7	7	8	6	7
29	30	30 **8**	31 **7**	**8**	2	2	3 四	3	4	2	3	4	4	5	5	6	7	7	8	8	9	7	8
30	31	**10**	**9**	2 **6**	3 **5**	3	4	4 三	5 二	3	4	5	5	6	6	7	8	8	9	9	10	8	9
12	**11**	2	2	3	4	4 **4**	5 **3**	5	6	4 正	5 十二	6	6	7	7	8	9	9	10	10	11	9	10
2	2	3	3	4	5	5	6	6 **2**	7 **1**	5	6	7 十一	7 十	8	8	9	10	10	11	11	12	10	11
3	3	4	4	5	6	6	7	7	8	6 **12**	7 **11**	8	8	9 九	9 八	10	11	11	12	12	13	11	12
4	4	5	5	6	7	7	8	8	9	7	8	9 **10**	9 **9**	10	10	11 七	12 六	12 五	13	13	14	12	13
5	5	6	6	7	8	8	9	9	10	8	9	10	10	11 **8**	11 **7**	12	13	13	14 四	14 三	15	13	14
6	6	7	7	8	9	9	10	10	11	9	10	11	11	12	12	13 **6**	14 **5**	14	15	15	16 二	14 正	15
7	7	8	8	9	10	10	11	11	12	10	11	12	12	13	13	14	15	15 **4**	16 **3**	16	17	15	16 十二
8	8	9	9	10	11	11	12	12	13	11	12	13	13	14	14	15	16	16	17	17 **2**	18 **1**	16	17
9	9	10	10	11	12	12	13	13	14	12	13	14	14	15	15	16	17	17	18	18	19	17 **12**	18 **11**
10	10	11	11	12	13	13	14	14	15	13	14	15	15	16	16	17	18	18	19	19	20	18	19
11	11	12	12	13	14	14	15	15	16	14	15	16	16	17	17	18	19	19	20	20	21	19	20
12	12	13	13	14	15	15	16	16	17	15	16	17	17	18	18	19	20	20	21	21	22	20	21
13	13	14	14	15	16	16	17	17	18	16	17	18 冬	18	19	19	20	21	21	22	22	23	21	22
14	14	15	15	16	17	17	18	18	19	17	18	19	19	20	20	21	22	22	23	23	24	22	23
15	15	16	16	17	18	18	19	19	20	18	19	20	20	21	21	22	23	23	24	24	25	23	24
16	16	17	17	18	19	19	20	20	21	19	20	21	21	22	22	23	24	24	25	25	26	24	25
17	17	18	18	19	20	20	21	21	22	20	21	22	22	23	23	24	25	25	26	26	27	25	26
18	18	19	19	20	21	21	22	22	23	21	22	23	23	24	24	25	26	26	27	27	28	26	27
19 冬	19	20	20	21	22	22	23	23	24	22	23	24	24	25	25	26	27	27	28	28	29	27	28
20	20	21	21	22	23	23	24	24	25	23	24	25	25	26	26	27	28	28	29	29	30	28	29
21	21	22	22	23	24	24	25	25	26	24	25	26	26	27	27	28	29	29	30	30	31	**3**	30

六三六 丙申 貞觀一〇 15

六三五 乙未 貞觀九 14

11	11	12	12	13	14	14	15	15	16	15	16 12	17 11	17	18	18	19	20 六	20 五	21	21	22	20	21	22
12	12	13	13	14	15	15	16	16	17	16	17	18	18 10	19 9	19	20	21	21	22 閏	22	23	21	22	23
13	13	14	14	15	16	16	17	17	18	17	18	19 冬	19	20	20 8	21 7	22	22	23	23 四	24 三	22	23	24
14	14	15	15	16	17	17	18	18	19	18	19	20	20	21	21	22	23 6	23 5	24	24	25	23 二	24 正	25
15	15	16	16	17	18	18	19	19	20	19	20	21	21	22	22	23	24	24	25 4	25 3	26	24	25	26 十二
16	16	17	17	18	19	19	20	20	21	20	21	22	22	23	23	24	25	25	26	26	27 2	25 1	26 12	27 11
17	17	18	18	19	20	20	21	21	22	21	22	23	23	24	24	25	26	26	27	27	28	26	27	28
18 冬	18	19	19	20	21	21	22	22	23	22	23	24	24	25	25	26	27	27	28	28	29	27	28	29
19	19	20	20	21	22	22	23	23	24	23	24	25	25	26	26	27	28	28	29	29	30	28	29	30
20	20	21	21	22	23	23	24	24	25	24	25	26	26	27	27	28	29	29	30	30	31	**3**	30	31
21	21	22	22	23	24	24	25	25	26	25	26	27	27	28	28	29	30	30	31	**5**	**4**	2	31	**1**
22	22	23	23	24	25	25	26	26	27	26	27	28	28	29	29	30	31	**7**	**6**	2	2	3	**2**	2
23	23	24	24	25	26	26	27	27	28	27	28	29	29	30	30	31	**8**	2	2	3	3	4	2	3
24	24	25	25	26	27	27	28	28	29	28	29	30	30	31	**10**	**9**	2	3	3	4	4	5	3	4
25	25	26	26	27	28	28	29	29	30	29	30	31	**12**	**11**	2	2	3	4	4	5	5	6	4	5
26	26	27	27	28	29	29	30	30	31	**3**	31	**1**	2	2	3	3	4	5	5	6	6	7	5	6
27	27	28	28	29	30	30	31	**5**	**4**	2	**2**	2	3	3	4	4	5	6	6	7	7	8	6	7
28	28	29	29	30	31	**7**	**6**	2	2	3	2	3	4	4	5	5	6	7	7	8	8	9	7	8
29	29	30	30	31	**8**	2	2	3	3	4	3	4	5	5	6	6	7	8	8	9	9	10	8	9
30	30	31	**10**	**9**	2	3	3	4	4	5	4	5	6	6	7	7	8	9	9	10	10	11	9	10
31	**12**	**11**	2	2	3	4	4	5	5	6	5	6	7	7	8	8	9	10	10	11	11	12	10	11
日	2	2	3	3	4	5	5	6	6	7	6	7	8	8	9	9	10	11	11	12	12	13	11	12
曜	3 十一	3 十	4	4	5	6	6	7	7	8	7	8	9	9	10	10	11	12	12	13	13	14	12	13
表	4	4	5 九	5 八	6	7	7	8	8	9	8	9	10	10	11	11	12	13	13	14	14	15	13	14
2	5 11	5	6	6	7 七	8 六	8	9	9	10	9	10	11	11	12	12	13	14	14	15	15	16	14	15
甲	6	6 10	7 9	7	8	9	9 五	10	10	11	10	11	12	12	13	13	14	15	15	16	16	17	15	16
子	7	7	8	8 8	9 7	10	10	11 四	11 三	12	11	12	13	13	14	14	15	16	16	17	17	18	16	17
表	8	8	9	9	10	11 6	11 5	12	12	13 二	12 正	13	14	14	15	15	16	17	17	18	18	19	17	18
19	9	9	10	10	11	12	12	13 4	13 3	14	13	14 十二	15 十一	15	16	16	17	18	18	19	19	20	18	19
	10	10	11	11	12	13	13	14	14	15 2	14 1	15	16	16 十	17 九	17 八	18 七	19	19	20	20	21	19	20

中西回史日曆

卷七 唐

六三八 戊戌 貞觀一二 17												六三七 丁酉 貞觀一一 16											
22	23	23	24	25	25	26	26	27	25	26	27	27	28	28	29	30	30 [6]	31 [5]	**5**	**4** [三]	2 [二]	31	**1**
23	24	24	25	26	26	27	27	28	26	27	28	28	29	29	30	31	**7**	**6**	2 [4]	2 [3]	3	**2** [正]	2 [十二]
24	25	25	26	27	27	28	28	29	27	28	29	29	30	30	31	**8**	2	2	3	3	4 [2]	2 [1]	3
25	26	26	27	28	28	29	29	30	28	29	30	30	31	**10**	**9**	2	3	3	4	4	5	3	4 [12]
26	27	27	28	29	29	30	30	31	**3**	30	31	**12**	**11**	2	2	3	4	4	5	5	6	4	5
27	28	28	29	30	30	31	**5**	**4**	2	31	**1**	2	2	3	3	4	5	5	6	6	7	5	6
28	29	29	30	31	**7**	**6**	2	2	3	**2**	2	3	3	4	4	5	6	6	7	7	8	6	7
29	30	30	31	**8**	2	2	3	3	4	2	3	4	4	5	5	6	7	7	8	8	9	7	8
30	31	**10**	**9**	2	3	3	4	4	5	3	4	5	5	6	6	7	8	8	9	9	10	8	9
12	**11**	2	2	3	4	4	5	5	6	4	5	6	6	7	7	8	9	9	10	10	11	9	10
2	2	3	3	4	5	5	6	6	7	5	6	7	7	8	8	9	10	10	11	11	12	10	11
3	3	4	4	5	6	6	7	7	8	6	7	8	8	9	9	10	11	11	12	12	13	11	12
4	4	5	5	6	7	7	8	8	9	7	8	9	9	10	10	11	12	12	13	13	14	12	13
5	5	6	6	7	8	8	9	9	10	8	9	10	10	11	11	12	13	13	14	14	15	13	14
6	6	7	7	8	9	9	10	10	11	9	10	11	11	12	12	13	14	14	15	15	16	14	15
7	7	8	8	9	10	10	11	11	12	10	11	12	12	13	13	14	15	15	16	16	17	15	16
8	8	9	9	10	11	11	12	12	13	11	12	13	13	14	14	15	16	16	17	17	18	16	17
9	9	10	10	11	12	12	13	13	14	12	13	14	14	15	15	16	17	17	18	18	19	17	18
10	10	11	11	12	13	13	14	14	15	13	14	15	15	16	16	17	18	18	19	19	20	18	19
11 [十一]	11 [十]	12	12	13	14	14	15	15	16	14	15	16	16	17	17	18	19	19	20	20	21	19	20
12	12	13 [九]	13 [八]	14	15	15	16	16	17	15	16	17	17	18	18	19	20	20	21	21	22	20	21
13	13	14	14	15 [七]	16	16	17	17	18	16	17	18 [冬]	18	19	19	20	21	21	22	22	23	21	22
14 [12]	14 [11]	15	15	16	17 [六]	17 [五]	18	18	19	17	18	19	19	20	20	21	22	22	23	23	24	22	23
15	15	16 [10]	16 [9]	17	18	18	19 [四]	19	20	18	19	20	20	21	21	22	23	23	24	24	25	23	24
16	16	17	17	18 [8]	19 [7]	19	20	20 [三]	21 [閏]	19	20	21	21	22	22	23	24	24	25	25	26	24	25
17	17	18	18	19	20	20 [6]	21 [5]	21	22	20 [二]	21 [正]	22 [十二]	22 [十一]	23	23	24	25	25	26	26	27	25	26
18	18	19	19	20	21	21	22	22 [4]	23 [3]	21	22	23	23	24 [十]	24 [九]	25	26	26	27	27	28	26	27
19 [冬]	19	20	20	21	22	22	23	23	24	22 [2]	23 [1]	24 [12]	24 [11]	25	25	26 [八]	27 [七]	27	28	28	29	27	28
20	20	21	21	22	23	23	24	24	25	23	24	25	25	26 [10]	26 [9]	27	28	28 [六]	29	29	30	28	29
21	21	22	22	23	24	24	25	25	26	24	25	26	26	27	27	28 [8]	29 [7]	29	30 [五]	30 [四]	31	**3**	30

一〇

勵耘書屋

六四〇 庚子 貞觀一四

六三九 己亥 貞觀一三

20												19												18
11	11	12	12	13	14	14	15	15	16	15	16	17	17	18	18	19	20	20	21	21	22	20	21	22
12	12	13	13	14	15	15	16	16	17	16	17	18	18	19	19	20	21	21	22	22	23	21	22	23
13	13	14	14	15	16	16	17	17	18	17	18	19冬	19	20	20	21	22	22	23	23	24	22	23	24
14	14	15	15	16	17	17	18	18	19	18	19	20	20	21	21	22	23	23	24	24	25	23	24	25
15	15	16	16	17	18	18	19	19	20	19	20	21	21	22	22	23	24	24	25	25	26	24	25	26
16	16	17	17	18	19	19	20	20	21	20	21	22	22	23	23	24	25	25	26	26	27	25	26	27
17	17	18	18	19	20	20	21	21	22	21	22	23	23	24	24	25	26	26	27	27	28	26	27	28
18冬	18	19	19	20	21	21	22	22	23	22	23	24	24	25	25	26	27	27	28	28	29	27	28	29
19十二	19閏	20	20	21	22	22	23	23	24	23	24	25	25	26	26	27	28	28	29	29	30	28	29	30
20	20	21十	21九	22	23	23	24	24	25	24	25	26	26	27	27	28	29	29	30	30	31	3	30	31
21 1	21	22	22	23八	24七	24	25	25	26	25	26	27	27	28	28	29	30	30	31	5	4	2	31	1
22	22 12	23 11	23	24	25	25六	26五	26	27	26	27	28	28	29	29	30	31	7	6	2	2	3	2	2
23	23	24	24 10	25 9	26	26	27	27四	28三	27二	28	29	29	30	30	31	8	2	2	3	3	4	2	3
24	24	25	25	26	27 8	27 7	28	28	29	28	29正	30十二	30十二	31	10	9	2	3	3	4	4	5	3	4
25	25	26	26	27	28	28	29 6	29 5	30	29	30	31	12	11十	2九	2	3	4	4	5	5	6	4	5
26	26	27	27	28	29	29	30	30	31 4	3 3	31	1	2	2	3	3八	4	5	5	6	6	7	5	6
27	27	28	28	29	30	30	31	5	4	2	2 2	2 1	3 12	3 11	4	4	5七	6六	6	7	7	8	6	7
28	28	29	29	30	31	7	6	2	2	3	2	3	4	4	5 10	5 9	6	7	7五	8	8	9	7	8
29	29	30	30	31	8	2	2	3	3	4	3	4	5	5	6	6	7 8	8 7	8	9四	9三	10二	8	9
30	30	31	10	9	2	3	3	4	4	5	4	5	6	6	7	7	8	9	9 6	10 5	10	11	9正	10十二
31	12	11	2	2	3	4	4	5	5	6	5	6	7	7	8	8	9	10	10	11	11 4	12 3	10	11
日	2	2	3	3	4	5	5	6	6	7	6	7	8	8	9	9	10	11	11	12	12	13	11 2	12 1
曜	3	3	4	4	5	6	6	7	7	8	7	8	9	9	10	10	11	12	12	13	13	14	12	13
表	4	4	5	5	6	7	7	8	8	9	8	9	10	10	11	11	12	13	13	14	14	15	13	14
3	5	5	6	6	7	8	8	9	9	10	9	10	11	11	12	12	13	14	14	15	15	16	14	15
甲	6	6	7	7	8	9	9	10	10	11	10	11	12	12	13	13	14	15	15	16	16	17	15	16
子	7	7	8	8	9	10	10	11	11	12	11	12	13	13	14	14	15	16	16	17	17	18	16	17
表	8	8	9	9	10	11	11	12	12	13	12	13	14	14	15	15	16	17	17	18	18	19	17	18
20	9	9	10	10	11	12	12	13	13	14	13	14	15	15	16	16	17	18	18	19	19	20	18	19
	10	10	11	11	12	13	13	14	14	15	14	15	16	16	17	17	18	19	19	20	20	21	19	20

中西回史日曆

卷七　唐　一二

勵耘書屋

六四二　壬寅　貞觀一六　22

六四一　辛丑　貞觀一五　21

22	23	23	24	25	25	26	26	27	25	26	27	27	28	28	29	30	30	31	5	4	2	31	1
23	24	24	25	26	26	27	27	28	26	27	28	28	29	29	30	31	7	6	2	2	3	2	2
24	25	25	26	27	27	28	28	29	27	28	29	29	30	30	31	8	2	2	3	3	4	2	3
25	26	26	27	28	28	29	29	30	28	29	30	30	31	10	9	2	3	3	4	4	5	3	4
26	27	27	28	29	29	30	30	31	3	30	31	12	11	2	2	3	4	4	5	5	6	4	5
27	28	28	29	30	30	31	5	4	2	31	1	2	2	3	3	4	5	5	6	6	7	5	6
28	十一 29	十 29	30	31	7	6	2	2	3	2	2	3	3	4	4	5	6	6	7	7	8	6	7
29	30	30	九 31	八 8	七 2	2	3	3	4	2	3	4	4	5	5	6	7	7	8	8	9	7	8
30	1 31	12 10	11 9	2	3	六 3	五 4	4	5	3	4	5	5	6	6	7	8	8	9	9	10	8	9
12	11	2	2	10 3	9 4	4	5	四 5	三 6	4	5	6	6	7	7	8	9	9	10	10	11	9	10
2	2	3	3	4	5	8 5	7 6	6	7	二 5	正 6	7	7	8	8	9	10	10	11	11	12	10	11
3	3	4	4	5	6	6	7	6 7	5 8	6	7	十二 8	十一 8	9	9	10	11	11	12	12	13	11	12
4	4	5	5	6	7	7	8	8	9	4 7	3 8	9	9	十 10	九 10	11	12	12	13	13	14	12	13
5	5	6	6	7	8	8	9	9	10	8	9	2 10	1 10	11	11	八 12	七 13	13	14	14	15	13	14
6	6	7	7	8	9	9	10	10	11	9	10	11	11	12 12	11 12	13	14	六 14	五 15	四 15	16	14	15
7	7	8	8	9	10	10	11	11	12	10	11	12	12	13	13	10 14	9 15	15	16	16	三 17	二 15	16
8	8	9	9	10	11	11	12	12	13	11	12	13	13	14	14	15	16	8 16	7 17	17	18	16	正 17 十二
9	9	10	10	11	12	12	13	13	14	12	13	14	14	15	15	16	17	17	18	6 18	5 19	17	18
10	10	11	11	12	13	13	14	14	15	13	14	15	15	16	16	17	18	18	19	19	20	4 18	3 19
11	11	12	12	13	14	14	15	15	16	14	15	16	16	17	17	18	19	19	20	20	21	19	20 2
12	12	13	13	14	15	15	16	16	17	15	16	17	17	18	18	19	20	20	21	21	22	20	21
13	13	14	14	15	16	16	17	17	18	16	17	18	冬 18	19	19	20	21	21	22	22	23	21	22
14	14	15	15	16	17	17	18	18	19	17	18	19	19	20	20	21	22	22	23	23	24	22	23
15	15	16	16	17	18	18	19	19	20	18	19	20	20	21	21	22	23	23	24	24	25	23	24
16	16	17	17	18	19	19	20	20	21	19	20	21	21	22	22	23	24	24	25	25	26	24	25
17	17	18	18	19	20	20	21	21	22	20	21	22	22	23	23	24	25	25	26	26	27	25	26
18	18	19	19	20	21	21	22	22	23	21	22	23	23	24	24	25	26	26	27	27	28	26	27
19	冬 19	20	20	21	22	22	23	23	24	22	23	24	24	25	25	26	27	27	28	28	29	27	28
20	20	21	21	22	23	23	24	24	25	23	24	25	25	26	26	27	28	28	29	29	30	28	29
21	21	22	22	23	24	24	25	25	26	24	25	26	26	27	27	28	29	29	30	30	31	3	30

	六四四 甲辰 貞觀一八 24												六四三 癸卯 貞觀一七 23											
11	11	12	12	13	14	14	15	15	6 16	5 15	16	十二 17	十一 17	十 18	九 18	19	20	20	21	21	22	20	21	22
12	12	13	13	14	15	15	16	16	17	16	4 17	3 18	18	19	19	八 20	七 21	閏 21	22	22	23	21	22	23
13	13	14	14	15	16	16	17	17	18	17	18	冬 19	2 19	1 20	20	21	22	22	六 23	五 23	24	22	23	24
14	14	15	15	16	17	17	18	18	19	18	19	20	20	21	12 21	11 22	23	23	24	24	四 25	23	24	25
15	15	16	16	17	18	18	19	19	20	19	20	21	21	22	22	23	10 24	9 24	25	25	26	三 24	二 25	26
16	16	17	17	18	19	19	20	20	21	20	21	22	22	23	23	24	25	25	8 26	7 26	27	25	26	正 27 十二
17	17	18	18	19	20	20	21	21	22	21	22	23	23	24	24	25	26	26	27	27	6 28	5 26	27	28
18	冬 18	19	19	20	21	21	22	22	23	22	23	24	24	25	25	26	27	27	28	28	29	27	4 28	3 29
19	19	20	20	21	22	22	23	23	24	23	24	25	25	26	26	27	28	28	29	29	30	28	29	30 2
20	20	21	21	22	23	23	24	24	25	24	25	26	26	27	27	28	29	29	30	30	31	**3**	30	31
21	21	22	22	23	24	24	25	25	26	25	26	27	27	28	28	29	30	30	31	**5**	**4**	2	31	**1**
22	22	23	23	24	25	25	26	26	27	26	27	28	28	29	29	30	31	**7**	**6**	2	2	3	**2**	2
23	23	24	24	25	26	26	27	27	28	27	28	29	29	30	30	31	**8**	2	2	3	3	4	2	3
24	24	25	25	26	27	27	28	28	29	28	29	30	30	31	**10**	**9**	2	3	3	4	4	5	3	4
25	25	26	26	27	28	28	29	29	30	29	30	31	**12**	**11**	2	2	3	4	4	5	5	6	4	5
26	26	27	27	28	29	29	30	30	31	**3**	31	**1**	2	2	3	3	4	5	5	6	6	7	5	6
27	27	28	28	29	30	30	31	**5**	**4**	2	**2**	2	3	3	4	4	5	6	6	7	7	8	6	7
28	28	29	29	30	31	**7**	**6**	2	2	3	2	3	4	4	5	5	6	7	7	8	8	9	7	8
29	29	30	30	31	**8**	2	2	3	3	4	3	4	5	5	6	6	7	8	8	9	9	10	8	9
30	30	31	**10**	**9**	2	3	3	4	4	5	4	5	6	6	7	7	8	9	9	10	10	11	9	10
31	**12**	**11**	2	2	3	4	4	5	5	6	5	6	7	7	8	8	9	10	10	11	11	12	10	11
日	2	2	3	3	4	5	5	6	6	7	6	7	8	8	9	9	10	11	11	12	12	13	11	12
曜	3	3	4	4	5	6	6	7	7	8	7	8	9	9	10	10	11	12	12	13	13	14	12	13
表	4	4	5	5	6	7	7	8	8	9	8	9	10	10	11	11	12	13	13	14	14	15	13	14
4	5	十一 5	十 6	九 6	7	8	8	9	9	10	9	10	11	11	12	12	13	14	14	15	15	16	14	15
甲	6	6	7	7	八 8	七 9	9	10	10	11	10	11	12	12	13	13	14	15	15	16	16	17	15	16
子	7	2 7	1 8	8	9	10	六 10	五 11	11	12	11	12	13	13	14	14	15	16	16	17	17	18	16	17
表	8	8	9	12 9	11 10	11	11	12	四 12	13	12	13	14	14	15	15	16	17	17	18	18	19	17	18
1	9	9	10	10	11	10 12	9 12	13	13	三 14	二 13	14	15	15	16	16	17	18	18	19	19	20	18	19
	10	10	11	11	12	13	13	8 14	7 14	15	14	正 15	16	16	17	17	18	19	19	20	20	21	19	20

六四六 丙午 貞觀二〇

六四五 乙巳 貞觀一九

26 25

22	23	23	24	25	25	26	26	27	25	26	27	27 2	28 1	28 12	29 11	30	30	31五	**5**四	**4**	2	31	**1**
23	24	24	25	26	26	27	27	28	26	27	28	28	29	29	30	31 10	**7** 9	**6**	2	2三	3二	**2**	2
24	25	25	26	27	27	28	28	29	27	28	29	29	30	30	31	**8**	2	2 8	3 7	3	4	2正	3
25	26	26	27	28	28	29	29	30	28	29	30	30	31	**10**	**9**	2	3	3	4	4 6	5 5	3	4十二
26	27	27	28	29	29	30	30	31	**3**	30	31	**12**	**11**	2	2	3	4	4	5	5	6	4 4	5 3
27	28	28	29	30	30	31	**5**	**4**	2	31	**1**	2	2	3	3	4	5	5	6	6	7	5	6
28	29	29	30	31	**7**	**6**	2	2	3	**2**	2	3	3	4	4	5	6	6	7	7	8	6	7
29	30	30	31	**8**	2	2	3	3	4	2	3	4	4	5	5	6	7	7	8	8	9	7	8
30	31	**10**	**9**	2	3	3	4	4	5	3	4	5	5	6	6	7	8	8	9	9	10	8	9
12	**11**	2	2	3	4	4	5	5	6	4	5	6	6	7	7	8	9	9	10	10	11	9	10
2	2	3	3	4	5	5	6	6	7	5	6	7	7	8	8	9	10	10	11	11	12	10	11
3	3	4	4	5	6	6	7	7	8	6	7	8	8	9	9	10	11	11	12	12	13	11	12
4	4	5	5	6	7	7	8	8	9	7	8	9	9	10	10	11	12	12	13	13	14	12	13
5	5	6	6	7	8	8	9	9	10	8	9	10	10	11	11	12	13	13	14	14	15	13	14
6	6	7	7	8	9	9	10	10	11	9	10	11	11	12	12	13	14	14	15	15	16	14	15
7	7	8	8	9	10	10	11	11	12	10	11	12	12	13	13	14	15	15	16	16	17	15	16
8	8	9	9	10	11	11	12	12	13	11	12	13	13	14	14	15	16	16	17	17	18	16	17
9	9	10	10	11	12	12	13	13	14	12	13	14	14	15	15	16	17	17	18	18	19	17	18
10	10	11	11	12	13	13	14	14	15	13	14	15	15	16	16	17	18	18	19	19	20	18	19
11	11	12	12	13	14	14	15	15	16	14	15	16	16	17	17	18	19	19	20	20	21	19	20
12	12	13	13	14	15	15	16	16	17	15	16	17	17	18	18	19	20	20	21	21	22	20	21
13十一	13十	14	14	15	16	16	17	17	18	16	17	18冬	18	19	19	20	21	21	22	22	23	21	22
14	14	15九	15八	16	17	17	18	18	19	17	18	19	19	20	20	21	22	22	23	23	24	22	23
15 3	15	16	16	17七	18六	18	19	19	20	18	19	20	20	21	21	22	23	23	24	24	25	23	24
16	16 2	17 1	17	18	19	19五	20四	20	21	19	20	21	21	22	22	23	24	24	25	25	26	24	25
17	17	18	18 12	19 11	20	20	21	21閏	22三	20	21	22	22	23	23	24	25	25	26	26	27	25	26
18	18	19	19	20	21 10	21 9	22	22	23	21二	22正	23	23	24	24	25	26	26	27	27	28	26	27
19冬	19	20	20	21	22	22	23 8	23 7	24	22	23	24十二	24十一	25	25	26	27	27	28	28	29	27	28
20	20	21	21	22	23	23	24	24	25 6	23 5	24	25	25	26十	26九	27	28	28	29	29	30	28	29
21	21	22	22	23	24	24	25	25	26	24	25 4	26 3	26	27	27	28八	29七	29六	30	30	31	**3**	30

	六四八 戊申 貞觀二二			28											六四七 丁未 貞觀二一	27								
11	11	12	12	13	14	14	15	15	16	15	16	17	17	18	18	19	20	20	21	21	22	20	21	22
12	12	13	13	14	15	15	16	16	17	16	17	18	18	19	19	20	21	21	22	22	23	21	22	23
13	13	14	14	15	16	16	17	17	18	17	18	19冬	19	20	20	21	22	22	23	23	24	22	23	24
14	14	15	15	16	17	17	18	18	19	18	19	20	20	21	21	22	23	23	24	24	25	23	24	25
15	15	16	16	17	18	18	19	19	20	19	20	21	21	22	22	23	24	24	25	25	26	24	25	26
16	16	17	17	18	19	19	20	20	21	20	21	22	22	23	23	24	25	25	26	26	27	25	26	27
17	17	18	18	19	20	20	21	21	22	21	22	23	23	24	24	25	26	26	27	27	28	26	27	28
18冬	18	19	19	20	21	21	22	22	23	22	23	24	24	25	25	26	27	27	28	28	29	27	28	29
19	19	20	20	21	22	22	23	23	24	23	24	25	25	26	26	27	28	28	29	29	30	28	29	30
20十二	20	21	21	22	23	23	24	24	25	24	25	26	26	27	27	28	29	29	30	30	31	3	30	31
21	21十一	22十	22	23	24	24	25	25	26	25	26	27	27	28	28	29	30	30	31	5	4	2	31	1
22	22	23	23九	24八	25	25	26	26	27	26	27	28	28	29	29	30	31	7	6	2	2	3	2	2
23 4	23 3	24	24	25	26七	26六	27	27	28	27	28	29	29	30	30	31	8	2	2	3	3	4	2	3
24	24	25 2	25 1	26	27	27	28五	28四	29三	28	29	30	30	31	10	9	2	3	3	4	4	5	3	4
25	25	26	26	27 12	28 11	28	29	29	30	29二	30正	31	12	11	2	2	3	4	4	5	5	6	4	5
26	26	27	27	28	29	29 10	30 9	30	31	3	31	1十二	2十一	2	3	3	4	5	5	6	6	7	5	6
27	27	28	28	29	30	30	31	5 8	4 7	2	2	2	3	3十	4九	4	5	6	6	7	7	8	6	7
28	28	29	29	30	31	7	6	2	2	3 6	2 5	3	4	4	5	5八	6七	7	7	8	8	9	7	8
29	29	30	30	31	8	2	2	3	3	4	3	4 4	5 3	5	6	6	7	8六	8五	9	9	10	8	9
30	30	31	10	9	2	3	3	4	4	5	4	5	6	6 2	7 1	7 12	8 11	9	9	10四	10三	11	9	10
31	12	11	2	2	3	4	4	5	5	6	5	6	7	7	8	8	9	10 10	10 9	11	11	12二	10正	11
日	2	2	3	3	4	5	5	6	6	7	6	7	8	8	9	9	10	11	11	12 8	12 7	13	11	12十二
曜	3	3	4	4	5	6	6	7	7	8	7	8	9	9	10	10	11	12	12	13	13	14 6	12 5	13
表	4	4	5	5	6	7	7	8	8	9	8	9	10	10	11	11	12	13	13	14	14	15	13	14 4
5	5	5	6	6	7	8	8	9	9	10	9	10	11	11	12	12	13	14	14	15	15	16	14	15
甲	6	6	7	7	8	9	9	10	10	11	10	11	12	12	13	13	14	15	15	16	16	17	15	16
子	7	7	8	8	9	10	10	11	11	12	11	12	13	13	14	14	15	16	16	17	17	18	16	17
表	8	8	9	9	10	11	11	12	12	13	12	13	14	14	15	15	16	17	17	18	18	19	17	18
2	9	9	10	10	11	12	12	13	13	14	13	14	15	15	16	16	17	18	18	19	19	20	18	19
	10	10	11	11	12	13	13	14	14	15	14	15	16	16	17	17	18	19	19	20	20	21	19	20

六五〇 庚戌 唐高宗 永徽元

30

六四九 己酉 貞觀二三

29

22	23	23	24	25	25	26	26	27	25	26	27	27	28	28	29	30	30	31	**5**	**4**	2	31	**1**
23	24	24	25	26	26	27	27	28	26	27	28	28	29	29	30	31	**7**	**6**	2	2	3	**2**	2
24	25	25	26	27	27	28	28	29	27	28	29	29	30	30	31	**8**	2	2	3	3	4	2	3
25	26	26	27	28	28	29	29	30	28	29	30	30	31	**10**	**9**	2	3	3	4	4	5	3	4
26	27	27	28	29	29	30	30	31	**3**	30	31	**12**	**11**	2	2	3	4	4	5	5	6	4	5
27	28	28	29	30	30	31	**5**	**4**	2	31	**1**	2	2	3	3	4	5	5	6	6	7	5	6
28	29	29	30	31	**7**	**6**	2	2	3	**2**	2	3	3	4	4	5	6	6	7	7	8	6	7
29	十一30	十30	31	**8**	2	2	3	3	4	2	3	4	4	5	5	6	7	7	8	8	9	7	8
30	31	**10**	九**9**	八2	3	3	4	4	5	3	4	5	5	6	6	7	8	8	9	9	10	8	9
12	**11**	2	2	3	七4	六4	5	5	6	4	5	6	6	7	7	8	9	9	10	10	11	9	10
2	4 2	3 3	3	4	5	5	五6	四6	7	5	6	7	7	8	8	9	10	10	11	11	12	10	11
3	3	4	2 4	1 5	12 6	11 6	7	7	三8	二6	7	8	8	9	9	10	11	11	12	12	13	11	12
4	4	5	5	6	7	7	10 8	9 8	9	7	正8	十二9	9	10	10	11	12	12	13	13	14	12	13
5	5	6	6	7	8	8	9	9	8 10	7 8	9	10	十一10	十11	11	12	13	13	14	14	15	13	14
6	6	7	7	8	9	9	10	10	11	9	6 10	5 11	11	12	九12	八13	14	14	15	15	16	14	15
7	7	8	8	9	10	10	11	11	12	10	11	12	4 12	3 13	13	14	七15	六15	五16	16	17	15	16
8	8	9	9	10	11	11	12	12	13	11	12	13	13	14	2 14	1 15	16	16	17	四17	三18	16	17
9	9	10	10	11	12	12	13	13	14	12	13	14	14	15	15	16	12 17	11 17	18	18	19	二17	正18
10	10	11	11	12	13	13	14	14	15	13	14	15	15	16	16	17	18	18	10 19	9 19	20	18	19 閏
11	11	12	12	13	14	14	15	15	16	14	15	16	16	17	17	18	19	19	20	20	8 21	7 19	20
12	12	13	13	14	15	15	16	16	17	15	16	17	17	18	18	19	20	20	21	21	22	20	6 21 5
13	13	14	14	15	16	16	17	17	18	16	17	18	冬18	19	19	20	21	21	22	22	23	21	22
14	14	15	15	16	17	17	18	18	19	17	18	19	19	20	20	21	22	22	23	23	24	22	23
15	15	16	16	17	18	18	19	19	20	18	19	20	20	21	21	22	23	23	24	24	25	23	24
16	16	17	17	18	19	19	20	20	21	19	20	21	21	22	22	23	24	24	25	25	26	24	25
17	17	18	18	19	20	20	21	21	22	20	21	22	22	23	23	24	25	25	26	26	27	25	26
18	18	19	19	20	21	21	22	22	23	21	22	23	23	24	24	25	26	26	27	27	28	26	27
19	冬19	20	20	21	22	22	23	23	24	22	23	24	24	25	25	26	27	27	28	28	29	27	28
20	20	21	21	22	23	23	24	24	25	23	24	25	25	26	26	27	28	28	29	29	30	28	29
21	21	22	22	23	24	24	25	25	26	24	25	26	26	27	27	28	29	29	30	30	31	**3**	30

六五二 壬子 永徽三　　32

六五一 辛亥 永徽二　　31

11	11	12	12	13	14	(12)14	(11)15	15	16	15	(正)16	(十二)17	17	18	18	19	20	20	21	21	22	20	21	22
12	12	13	13	14	15	15	16	(10)16	(9)17	16	17	18	(十一)18	(十)19	19	20	21	21	22	22	23	21	22	23
13	13	14	14	15	16	16	17	17	18	(8)17	(7)18	19	(冬)19	20	(閏)20	(九)21	22	22	23	23	24	22	23	24
14	14	15	15	16	17	17	18	18	19	18	19	(6)20	(5)20	21	21	22	(八)23	(七)23	24	24	25	23	24	25
15	15	16	16	17	18	18	19	19	20	19	20	21	21	(4)22	(3)22	23	24	24	(六)25	(五)25	26	24	25	26
16	16	17	17	18	19	19	20	20	21	20	21	22	22	23	23	(2)24	(1)25	25	26	26	(四)27	(三)25	26	27
17	17	18	18	19	20	20	21	21	22	21	22	23	23	24	24	25	26	(12)26	(11)27	27	28	26	(二)27	(正)28
18	(冬)18	19	19	20	21	21	22	22	23	22	23	24	24	25	25	26	27	27	28	(10)28	(9)29	27	28	29(十二)
19	19	20	20	21	22	22	23	23	24	23	24	25	25	26	26	27	28	28	29	29	30	(8)28	(7)29	30
20	20	21	21	22	23	23	24	24	25	24	25	26	26	27	27	28	29	29	30	30	31	3	30	(6)31(5)
21	21	22	22	23	24	24	25	25	26	25	26	27	27	28	28	29	30	30	31	5	4	2	31	1
22	22	23	23	24	25	25	26	26	27	26	27	28	28	29	29	30	31	7	6	2	2	3	2	2
23	23	24	24	25	26	26	27	27	28	27	28	29	29	30	30	31	8	2	2	3	3	4	2	3
24	24	25	25	26	27	27	28	28	29	28	29	30	30	31	10	9	2	3	3	4	4	5	3	4
25	25	26	26	27	28	28	29	29	30	29	30	31	12	11	2	2	3	4	4	5	5	6	4	5
26	26	27	27	28	29	29	30	30	31	3	31	1	2	2	3	3	4	5	5	6	6	7	5	6
27	27	28	28	29	30	30	31	5	4	2	2	2	3	3	4	4	5	6	6	7	7	8	6	7
28	28	29	29	30	31	7	6	2	2	3	2	3	4	4	5	5	6	7	7	8	8	9	7	8
29	29	30	30	31	8	2	2	3	3	4	3	4	5	5	6	6	7	8	8	9	9	10	8	9
30	30	31	10	9	2	3	3	4	4	5	4	5	6	6	7	7	8	9	9	10	10	11	9	10
31	12	11	2	2	3	4	4	5	5	6	5	6	7	7	8	8	9	10	10	11	11	12	10	11
日	2	2	3	3	4	5	5	6	6	7	6	7	8	8	9	9	10	11	11	12	12	13	11	12
曜	3	3	4	4	5	6	6	7	7	8	7	8	9	9	10	10	11	12	12	13	13	14	12	13
表	4	4	5	5	6	7	7	8	8	9	8	9	10	10	11	11	12	13	13	14	14	15	13	14
6	5	5	6	6	7	8	8	9	9	10	9	10	11	11	12	12	13	14	14	15	15	16	14	15
甲	6	(十一)6	7	7	8	9	9	10	10	11	10	11	12	12	13	13	14	15	15	16	16	17	15	16
子	7	7	(十)8	(九)8	9	10	10	11	11	12	11	12	13	13	14	14	15	16	16	17	17	18	16	17
表	8	(5)8	9	9	(八)10	(七)11	11	12	12	13	12	13	14	14	15	15	16	17	17	18	18	19	17	18
3	9	9	(4)10	(3)10	11	12	(六)12	(五)13	13	14	13	14	15	15	16	16	17	18	18	19	19	20	18	19
	10	10	11	11	(2)12	(1)13	13	14	(四)14	(三)15	(二)14	15	16	16	17	17	18	19	19	20	20	21	19	20

中西回史日曆 卷七 唐 一四

六五四 甲寅 永徽五 34

六五三 癸丑 永徽四 33

22	23	23	24	25	25	26	26	27	25 8	26 7	27	27	28	28九	29八	30	30	31	**5**	**4**	2	31	**1**
23	24	24	25	26	26	27	27	28	26	27	28 6	28 5	29	29	30	31七	**7**六	**6**五	2	2	3	**2**	2
24	25	25	26	27	27	28	28	29	27	28	29	29	30 4	30 3	31	**8**	2	2	3四	3三	4	2	3
25	26	26	27	28	28	29	29	30	28	29	30	30	31	**10**	**9** 2	2 1	3 12	3 11	4	4	5二	3正	4
26	27	27	28	29	29	30	30	31	**3**	30	31	**12**	**11**	2	2	3	4	4	5 10	5 9	6	**4**	5十二
27	28	28	29	30	30	31	**5**	**4**	2	31	**1**	2	2	3	3	4	5	5	6	6	7 8	5 7	6
28	29	29	30	31	**7**	**6**	2	2	3	**2**	2	3	3	4	4	5	6	6	7	7	8	6	7 6
29	30	30	31	**8**	2	2	3	3	4	2	3	4	4	5	5	6	7	7	8	8	9	7	8
30	31	**10**	**9**	2	3	3	4	4	5	3	4	5	5	6	6	7	8	8	9	9	10	8	9
12	**11**	2	2	3	4	4	5	5	6	4	5	6	6	7	7	8	9	9	10	10	11	9	10
2	2	3	3	4	5	5	6	6	7	5	6	7	7	8	8	9	10	10	11	11	12	10	11
3	3	4	4	5	6	6	7	7	8	6	7	8	8	9	9	10	11	11	12	12	13	11	12
4	4	5	5	6	7	7	8	8	9	7	8	9	9	10	10	11	12	12	13	13	14	12	13
5	5	6	6	7	8	8	9	9	10	8	9	10	10	11	11	12	13	13	14	14	15	13	14
6	6	7	7	8	9	9	10	10	11	9	10	11	11	12	12	13	14	14	15	15	16	14	15
7	7	8	8	9	10	10	11	11	12	10	11	12	12	13	13	14	15	15	16	16	17	15	16
8	8	9	9	10	11	11	12	12	13	11	12	13	13	14	14	15	16	16	17	17	18	16	17
9	9	10	10	11	12	12	13	13	14	12	13	14	14	15	15	16	17	17	18	18	19	17	18
10	10	11	11	12	13	13	14	14	15	13	14	15	15	16	16	17	18	18	19	19	20	18	19
11	11	12	12	13	14	14	15	15	16	14	15	16	16	17	17	18	19	19	20	20	21	19	20
12	12	13	13	14	15	15	16	16	17	15	16	17	17	18	18	19	20	20	21	21	22	20	21
13	13	14	14	15	16	16	17	17	18	16	17	18冬	18	19	19	20	21	21	22	22	23	21	22
14	14	15	15	16	17	17	18	18	19	17	18	19	19	20	20	21	22	22	23	23	24	22	23
15十一	15十	16九	16	17	18	18	19	19	20	18	19	20	20	21	21	22	23	23	24	24	25	23	24
16	16	17	17八	18七	19	19	20	20	21	19	20	21	21	22	22	23	24	24	25	25	26	24	25
17 6	17 5	18	18	19	20六	20閏	21	21	22	20	21	22	22	23	23	24	25	25	26	26	27	25	26
18	18	19 4	19 3	20	21	21	22五	22四	23	21	22	23	23	24	24	25	26	26	27	27	28	26	27
19冬	19	20	20	21 2	22 1	22	23	23	24三	22二	23	24	24	25	25	26	27	27	28	28	29	27	28
20	20	21	21	22	23	23 12	24 11	24	25	23	24正	25十二	25	26	26	27	28	28	29	29	30	28	29
21	21	22	22	23	24	24	25	25 10	26 9	24	25	26	26十一	27十	27	28	29	29	30	30	31	**3**	30

勵耘書屋

	六五六 丙辰 顯慶元 36												六五五 乙卯 永徽六 35											
11	11	12	12	13	14	14	15	15	16	15	16	17	17	18	18	19	20	20	21	21	22	20	21	22
12	12	13	13	14	15	15	16	16	17	16	17	18	18	19	19	20	21	21	22	22	23	21	22	23
13	13	14	14	15	16	16	17	17	18	17	18	19	冬19	20	20	21	22	22	23	23	24	22	23	24
14	14	15	15	16	17	17	18	18	19	18	19	20	20	21	21	22	23	23	24	24	25	23	24	25
15	15	16	16	17	18	18	19	19	20	19	20	21	21	22	22	23	24	24	25	25	26	24	25	26
16	16	17	17	18	19	19	20	20	21	20	21	22	22	23	23	24	25	25	26	26	27	25	26	27
17	17	18	18	19	20	20	21	21	22	21	22	23	23	24	24	25	26	26	27	27	28	26	27	28
18	冬18	19	19	20	21	21	22	22	23	22	23	24	24	25	25	26	27	27	28	28	29	27	28	29
19	19	20	20	21	22	22	23	23	24	23	24	25	25	26	26	27	28	28	29	29	30	28	29	30
20	20	21	21	22	23	23	24	24	25	24	25	26	26	27	27	28	29	29	30	30	31	**3**	30	31
21	21	22	22	23	24	24	25	25	26	25	26	27	27	28	28	29	30	30	31	**5**	**4**	2	31	**1**
22	十二22	十一23	23	24	25	25	26	26	27	26	27	28	28	29	29	30	31	**7**	**6**	2	2	3	**2**	2
23	23	24	十24	九25	26	26	27	27	28	27	28	29	29	30	30	31	**8**	2	2	3	3	4	2	3
24	7 24	25	25	26	八27	七27	28	28	29	28	29	30	30	31	**10**	**9**	2	3	3	4	4	5	3	4
25	25	6 26	5 26	27	28	28	六29	五29	30	29	30	31	**12**	**11**	2	2	3	4	4	5	5	6	4	5
26	26	27	27	4 28	3 29	29	30	30	四31	三**3**	二31	**1**	2	2	3	3	4	5	5	6	6	7	5	6
27	27	28	28	29	30	2 30	1 31	12 **5**	11 **4**	2	**2**	正2	十二3	3	4	4	5	6	6	7	7	8	6	7
28	28	29	29	30	31	**7**	**6**	2	2	10 3	9 2	3	4	十一4	十5	5	6	7	7	8	8	9	7	8
29	29	30	30	31	**8**	2	2	3	3	4	3	8 4	7 5	5	6	九6	八7	8	8	9	9	10	8	9
30	30	31	**10**	**9**	2	3	3	**4**	**4**	5	4	5	6	6 6	5 7	7	8	七9	六9	10	10	11	9	10
31	**12**	**11**	2	2	3	4	4	5	5	6	5	6	7	7	8	4 8	3 9	10	10	五11	四11	12	10	11
日	2	2	3	3	4	5	5	6	6	7	6	7	8	8	9	9	10	2 11	1 11	12	12	三13	二11	12
曜	3	3	4	4	5	6	6	7	7	8	7	8	9	9	10	10	11	12	12	12 13	11 13	14	12	正13 十二
表	4	4	5	5	6	7	7	8	8	9	8	9	10	10	11	11	12	13	13	14	14	10 15	9 13	14
7	5	5	6	6	7	8	8	9	9	10	9	10	11	11	12	12	13	14	14	15	15	16	14	8 15 7
甲	6	6	7	7	8	9	9	10	10	11	10	11	12	12	13	13	14	15	15	16	16	17	15	16
子	7	7	8	8	9	10	10	11	11	12	11	12	13	13	14	14	15	16	16	17	17	18	16	17
表	8	8	9	9	10	11	11	12	12	13	12	13	14	14	15	15	16	17	17	18	18	19	17	18
4	9	9	10	10	11	12	12	13	13	14	13	14	15	15	16	16	17	18	18	19	19	20	18	19
	10	10	11	11	12	13	13	14	14	15	14	15	16	16	17	17	18	19	19	20	20	21	19	20

六五八 戊午 顯慶三 38

六五七 丁巳 顯慶二 37

22	23	23	24	25	25	26	26	27	25	26	27	27	28	28	29	30	30	31	5	4	2	31	1
23	24	24	25	26	26	27	27	28	26	27	28	28	29	29	30	31	7	6	2	2	3	2	2
24	25	25	26	27	27	28	28	29	27	28	29	29	30	30	31	8	2	2	3	3	4	2	3
25	26	26	27	28	28	29	29	30	28	29	30	30	31	10	9	2	3	3	4	4	5	3	4
26	27	27	28	29	29	30	30	31	3	30	31	12	11	2	2	3	4	4	5	5	6	4	5
27	28	28	29	30	30	31	5	4	2	31	1	2	2	3	3	4	5	5	6	6	7	5	6
28	29	29	30	31	7	6	2	2	3	2	2	3	3	4	4	5	6	6	7	7	8	6	7
29	30	30	31	8	2	2	3	3	4	2	3	4	4	5	5	6	7	7	8	8	9	7	8
30	31	10	9	2	3	3	4	4	5	3	4	5	5	6	6	7	8	8	9	9	10	8	9
12	十一 11	十 2	九 2	3	4	4	5	5	6	4	5	6	6	7	7	8	9	9	10	10	11	9	10
2	2	3	3	八 4	七 5	5	6	6	7	5	6	7	7	8	8	9	10	10	11	11	12	10	11
3	7 3	4	4	5	6	六 6	五 7	7	8	6	7	8	8	9	9	10	11	11	12	12	13	11	12
4	4	6 5	5 5	6	7	7	8	四 8	三 9	7	8	9	9	10	10	11	12	12	13	13	14	12	13
5	5	6	6	4 7	3 8	8	9	9	10	二 8	正 9	10	10	11	11	12	13	13	14	14	15	13	14
6	6	7	7	8	9	2 9	1 10	12 10	11 11	9	10	十二 11	十一 11	12	12	13	14	14	15	15	16	14	15
7	7	8	8	9	10	10	11	11	12	10 10	9 11	12	12	十 13	九 13	14	15	15	16	16	17	15	16
8	8	9	9	10	11	11	12	12	13	11	12	8 13	7 13	14	14	八 15	七 16	13	17	17	18	16	17
9	9	10	10	11	12	12	13	13	14	12	13	14	14	6 15	5 15	16	17	六 17	五 18	四 18	19	17	18
10	10	11	11	12	13	13	14	14	15	13	14	15	15	16	16	4 17	3 18	18	19	19	三 20	二 18	19
11	11	12	12	13	14	14	15	15	16	14	15	16	16	17	17	18	19	2 19	1 20	20	21	19	閏 20 正
12	12	13	13	14	15	15	16	16	17	15	16	17	17	18	18	19	20	20	21	12 21	11 22	20	21
13	13	14	14	15	16	16	17	17	18	16	17	18	冬 18	19	19	20	21	21	22	22	23	10 21	9 22
14	14	15	15	16	17	17	18	18	19	17	18	19	19	20	20	21	22	22	23	23	24	22	23 8
15	15	16	16	17	18	18	19	19	20	18	19	20	20	21	21	22	23	23	24	24	25	23	24
16	16	17	17	18	19	19	20	20	21	19	20	21	21	22	22	23	24	24	25	25	26	24	25
17	17	18	18	19	20	20	21	21	22	20	21	22	22	23	23	24	25	25	26	26	27	25	26
18	冬 18	19	19	20	21	21	22	22	23	21	22	23	23	24	24	25	26	26	27	27	28	26	27
19	19	20	20	21	22	22	23	23	24	22	23	24	24	25	25	26	27	27	28	28	29	27	28
20	20	21	21	22	23	23	24	24	25	23	24	25	25	26	26	27	28	28	29	29	30	28	29
21	21	22	22	23	24	24	25	25	26	24	25	26	26	27	27	28	29	29	30	30	31	3	30

六六〇 庚申 顯慶五 40

六五九 己未 顯慶四 39

11	11	12 6	12 5	13	14	14 五	15 四	15	16	15	16	17	17	18	18	19	20	20	21	21	22	20	21	22
12	12	13	13	14 4	15 3	15	16	16 三	17 二	16 正	17	18	18	19	19	20	21	21	22	22	23	21	22	23
13	13	14	14	15	16	16 2	17 1	17	18	17	18 十二	19 冬 十一	19	20	20	21	22	22	23	23	24	22	23	24
14	14	15	15	16	17	17	18	18 12	19 11	18	19	20	20 閏	21 十	21	22	23	23	24	24	25	23	24	25
15	15	16	16	17	18	18	19	19	20	19 10	20 9	21	21	22	22 九	23 八	24	24	25	25	26	24	25	26
16	16	17	17	18	19	19	20	20	21	20	21	22 8	22 7	23	23	24	25 七	25 六	26	26	27	25	26	27
17	17	18	18	19	20	20	21	21	22	21	22	23	23	24 6	24 5	25	26	26	27 五	27 四	28	26	27	28
18 冬	18	19	19	20	21	21	22	22	23	22	23	24	24	25	25	26 4	27 3	27	28	28	29 三	27 二	28	29
19	19	20	20	21	22	22	23	23	24	23	24	25	25	26	26	27	28	28 2	29 1	29	30	28	29 正	30 十二
20	20	21	21	22	23	23	24	24	25	24	25	26	26	27	27	28	29	29	30	30 12	31 11	3	30	31
21	21	22	22	23	24	24	25	25	26	25	26	27	27	28	28	29	30	30	31	5	4	2 10	31 9	1
22	22	23	23	24	25	25	26	26	27	26	27	28	28	29	29	30	31	7	6	2	2	3	2	2 8
23	23	24	24	25	26	26	27	27	28	27	28	29	29	30	30	31	8	2	2	3	3	4	2	3
24	24	25	25	26	27	27	28	28	29	28	29	30	30	31	10	9	2	3	3	4	4	5	3	4
25	25	26	26	27	28	28	29	29	30	29	30	31	12	11	2	2	3	4	4	5	5	6	4	5
26	26	27	27	28	29	29	30	30	31	3	31	1	2	2	3	3	4	5	5	6	6	7	5	6
27	27	28	28	29	30	30	31	5	4	2	2	2	3	3	4	4	5	6	6	7	7	8	6	7
28	28	29	29	30	31	7	6	2	2	3	2	3	4	4	5	5	6	7	7	8	8	9	7	8
29	29	30	30	31	8	2	2	3	3	4	3	4	5	5	6	6	7	8	8	9	9	10	8	9
30	30	31	10	9	2	3	3	4	4	5	4	5	6	6	7	7	8	9	9	10	10	11	9	10
31	12	11	2	2	3	4	4	5	5	6	5	6	7	7	8	8	9	10	10	11	11	12	10	11
日	2	2	3	3	4	5	5	6	6	7	6	7	8	8	9	9	10	11	11	12	12	13	11	12
曜	3	3	4	4	5	6	6	7	7	8	7	8	9	9	10	10	11	12	12	13	13	14	12	13
表	4	4	5	5	6	7	7	8	8	9	8	9	10	10	11	11	12	13	13	14	14	15	13	14
1	5	5	6	6	7	8	8	9	9	10	9	10	11	11	12	12	13	14	14	15	15	16	14	15
甲	6	6	7	7	8	9	9	10	10	11	10	11	12	12	13	13	14	15	15	16	16	17	15	16
子	7	7	8	8	9	10	10	11	11	12	11	12	13	13	14	14	15	16	16	17	17	18	16	17
表	8 十一	8 十	9	9	10	11	11	12	12	13	12	13	14	14	15	15	16	17	17	18	18	19	17	18
5	9	9	10 九	10 八	11	12	12	13	13	14	13	14	15	15	16	16	17	18	18	19	19	20	18	19
	10 8	10 7	11	11	12 七	13 六	13	14	14	15	14	15	16	16	17	17	18	19	19	20	20	21	19	20

六六二 壬戌 龍朔二 42

六六一 辛酉 顯慶六 龍朔元 三月改 41

22	23	23	24	25	25	26	2 26	1 27	25	26	27	十二 27	十一 28	28	29	30	30	31	**5**	**4**	2	31	**1**
23	24	24	25	26	26	27	27	28	12 26	11 27	28	28	29	十 29	九 30	31	**7**	**6**	2	2	3	**2**	2
24	25	25	26	27	27	28	28	29	27	28	10 29	9 29	30	30	31	八 **8**	七 2	2	3	3	4	2	3
25	26	26	27	28	28	29	29	30	28	29	30	30	8 31	7 **10**	**9**	2	3	六 3	五 4	四 4	5	3	4
26	27	27	28	29	29	30	30	31	**3**	30	31	**12**	**11**	2	6 2	5 3	4	4	5	5	三 6	二 4	5
27	28	28	29	30	30	31	**5**	**4**	2	31	**1**	2	2	3	3	4	4 5	3 5	6	6	7	5	正 6 十二
28	29	29	30	31	**7**	**6**	2	2	3	**2**	2	3	3	4	4	5	6	6	2 7	1 7	12 8	11 6	7
29	30	30	31	**8**	2	2	3	3	4	2	3	4	4	5	5	6	7	7	8	8	9	7	10 8 9
30	31	**10**	**9**	2	3	3	4	4	5	3	4	5	5	6	6	7	8	8	9	9	10	8	9
12	**11**	2	2	3	4	4	5	5	6	4	5	6	6	7	7	8	9	9	10	10	11	9	10
2	2	3	3	4	5	5	6	6	7	5	6	7	7	8	8	9	10	10	11	11	12	10	11
3	3	4	4	5	6	6	7	7	8	6	7	8	8	9	9	10	11	11	12	12	13	11	12
4	4	5	5	6	7	7	8	8	9	7	8	9	9	10	10	11	12	12	13	13	14	12	13
5	5	6	6	7	8	8	9	9	10	8	9	10	10	11	11	12	13	13	14	14	15	13	14
6	6	7	7	8	9	9	10	10	11	9	10	11	11	12	12	13	14	14	15	15	16	14	15
7	7	8	8	9	10	10	11	11	12	10	11	12	12	13	13	14	15	15	16	16	17	15	16
8	8	9	9	10	11	11	12	12	13	11	12	13	13	14	14	15	16	16	17	17	18	16	17
9	9	10	10	11	12	12	13	13	14	12	13	14	14	15	15	16	17	17	18	18	19	17	18
10	10	11	11	12	13	13	14	14	15	13	14	15	15	16	16	17	18	18	19	19	20	18	19
11	11	12	12	13	14	14	15	15	16	14	15	16	16	17	17	18	19	19	20	20	21	19	20
12	12	13	13	14	15	15	16	16	17	15	16	17	17	18	18	19	20	20	21	21	22	20	21
13	13	14	14	15	16	16	17	17	18	16	17	18	冬 18	19	19	20	21	21	22	22	23	21	22
14	14	15	15	16	17	17	18	18	19	17	18	19	19	20	20	21	22	22	23	23	24	22	23
15	15	16	16	17	18	18	19	19	20	18	19	20	20	21	21	22	23	23	24	24	25	23	24
16	十一 16	17	17	18	19	19	20	20	21	19	20	21	21	22	22	23	24	24	25	25	26	24	25
17	17	十 18	九 18	八 19	20	20	21	21	22	20	21	22	22	23	23	24	25	25	26	26	27	25	26
冬 18	9 18	19	19	20	閏 21	七 21	22	22	23	21	22	23	23	24	24	25	26	26	27	27	28	26	27
19	19	8 20	7 20	21	22	22	六 23	五 23	24	22	23	24	24	25	25	26	27	27	28	28	29	27	28
20	20	21	21	6 22	5 23	23	24	24	四 25	三 23	24	25	25	26	26	27	28	28	29	29	30	28	29
21	21	22	22	23	24	4 24	3 25	25	26	24	二 25	正 26	26	27	27	28	29	29	30	30	31	**3**	30

六六四 甲子 麟德元 44

六六三 癸亥 龍朔三 43

11	11	12	12	13	14	14	15	15	16	15	16	17	17	18	18	19	20	20	21	21	22	20	21	22
12	12	13	13	14	15	15	16	16	17	16	17	18	18	19	19	20	21	21	22	22	23	21	22	23
13	13	14	14	15	16	16	17	17	18	17	18	19冬	19	20	20	21	22	22	23	23	24	22	23	24
14	14	15	15	16	17	17	18	18	19	18	19	20	20	21	21	22	23	23	24	24	25	23	24	25
15	15	16	16	17	18	18	19	19	20	19	20	21	21	22	22	23	24	24	25	25	26	24	25	26
16	16	17	17	18	19	19	20	20	21	20	21	22	22	23	23	24	25	25	26	26	27	25	26	27
17	17	18	18	19	20	20	21	21	22	21	22	23	23	24	24	25	26	26	27	27	28	26	27	28
18冬	18	19	19	20	21	21	22	22	23	22	23	24	24	25	25	26	27	27	28	28	29	27	28	29
19	19	20	20	21	22	22	23	23	24	23	24	25	25	26	26	27	28	28	29	29	30	28	29	30
20	20	21	21	22	23	23	24	24	25	24	25	26	26	27	27	28	29	29	30	30	31	3	30	31
21	21	22	22	23	24	24	25	25	26	25	26	27	27	28	28	29	30	30	31	5	4	2	31	1
22	22	23	23	24	25	25	26	26	27	26	27	28	28	29	29	30	31	7	6	2	2	3	2	2
23十二	23	24	24	25	26	26	27	27	28	27	28	29	29	30	30	31	8	2	2	3	3	4	2	3
24	24十一	25十	25	26	27	27	28	28	29	28	29	30	30	31	10	9	2	3	3	4	4	5	3	4
25	25	26	26九	27八	28	28	29	29	30	29	30	31	12	11	2	2	3	4	4	5	5	6	4	5
26 10	26 9	27	27	28	29七	29六	30	30	31	3	31	1	2	2	3	3	4	5	5	6	6	7	5	6
27	27	28 8	28 7	29	30	30	31五	5四	4	2	2	2	3	3	4	4	5	6	6	7	7	8	6	7
28	28	29	29	30 6	31 5	7	6	2	2三	3二	2正	3	4	4	5	5	6	7	7	8	8	9	7	8
29	29	30	30	31	8	2 4	2 3	3	3	4	3	4十二	5十一	5	6	6	7	8	8	9	9	10	8	9
30	30	31	10	9	2	3	3	4 2	4 1	5 12	4 11	5	6	6十	7九	7	8	9	9	10	10	11	9	10
31	12	11	2	2	3	4	4	5	5	6	5	6 10	7 9	7	8	8八	9七	10	10	11	11	12	10	11
日	2	2	3	3	4	5	5	6	6	7	6	7	8	8 8	9 7	9	10	11六	11五	12	12	13	11	12
曜	3	3	4	4	5	6	6	7	7	8	7	8	9	9	10	10 6	11 5	12	12	13四	13三	14	12	13
表	4	4	5	5	6	7	7	8	8	9	8	9	10	10	11	11	12	13 4	13 3	14	14	15二	13正	14
2	5	5	6	6	7	8	8	9	9	10	9	10	11	11	12	12	13	14	14	15 2	15 1	16	14	15十二
甲	6	6	7	7	8	9	9	10	10	11	10	11	12	12	13	13	14	15	15	16	16	17 12	15 11	16
子	7	7	8	8	9	10	10	11	11	12	11	12	13	13	14	14	15	16	16	17	17	18	16	17 10
表	8	8	9	9	10	11	11	12	12	13	12	13	14	14	15	15	16	17	17	18	18	19	17	18
6	9	9	10	10	11	12	12	13	13	14	13	14	15	15	16	16	17	18	18	19	19	20	18	19
	10	10	11	11	12	13	13	14	14	15	14	15	16	16	17	17	18	19	19	20	20	21	19	20

六六六 丙寅 乾封元 46												六六五 乙丑 麟德二 45											
22	23	23	24	25	25	26	26	27	25	26	27	27	28	28	29	30	30	31	**5**	**4**	2	31	**1**
23	24	24	25	26	26	27	27	28	26	27	28	28	29	29	30	31	**7**	**6**	2	2	3	**2**	2
24	25	25	26	27	27	28	28	29	27	28	29	29	30	30	31	**8**	2	2	3	3	4	2	3
25	26	26	27	28	28	29	29	30	28	29	30	30	31	**10**	**9**	2	3	3	4	4	5	3	4
26	27	27	28	29	29	30	30	31	**3**	30	31	**12**	**11**	2	2	3	4	4	5	5	6	4	5
27	28	28	29	30	30	31	**5**	**4**	2	31	**1**	2	2	3	3	4	5	5	6	6	7	5	6
28	29	29	30	31	**7**	**6**	2	2	3	**2**	2	3	3	4	4	5	6	6	7	7	8	6	7
29	30	30	31	**8**	2	2	3	3	4	2	3	4	4	5	5	6	7	7	8	8	9	7	8
30	31	**10**	**9**	2	3	3	4	4	5	3	4	5	5	6	6	7	8	8	9	9	10	8	9
12	**11**	2	2	3	4	4	5	5	6	4	5	6	6	7	7	8	9	9	10	10	11	9	10
2 十一	2 十	3	3	4	5	5	6	6	7	5	6	7	7	8	8	9	10	10	11	11	12	10	11
3	3	4 九	4 八	5	6	6	7	7	8	6	7	8	8	9	9	10	11	11	12	12	13	11	12
4 10	4 9	5	5	6 七	7	7	8	8	9	7	8	9	9	10	10	11	12	12	13	13	14	12	13
5	5	6 8	6 7	7	8 六	8 五	9	9	10	8	9	10	10	11	11	12	13	13	14	14	15	13	14
6	6	7	7	8 6	9 5	9	10 四	10 三	11	9	10	11	11	12	12	13	14	14	15	15	16	14	15
7	7	8	8	9	10	10 4	11 3	11	12 二	10 正	11 十二	12	12	13	13	14	15	15	16	16	17	15	16
8	8	9	9	10	11	11	12	12 2	13 1	11	12	13 十一	13 十	14	14	15	16	16	17	17	18	16	17
9	9	10	10	11	12	12	13	13	14	12 12	13 11	14	14	15 九	15 八	16	17	17	18	18	19	17	18
10	10	11	11	12	13	13	14	14	15	13	14	15 10	15 9	16	16	17 七	18 六	18	19	19	20	18	19
11	11	12	12	13	14	14	15	15	16	14	15	16	16	17 8	17 7	18	19	19 五	20 四	20 閏	21	19	20
12	12	13	13	14	15	15	16	16	17	15	16	17	17	18	18	19 6	20 5	20	21	21	22 三	20 二	21
13	13	14	14	15	16	16	17	17	18	16	17	18 冬	18	19	19	20	21	21 4	22 3	22	23	21	22 正
14	14	15	15	16	17	17	18	18	19	17	18	19	19	20	20	21	22	22	23	23 2	24 1	22	23
15	15	16	16	17	18	18	19	19	20	18	19	20	20	21	21	22	23	23	24	24	25	23 12	24 11
16	16	17	17	18	19	19	20	20	21	19	20	21	21	22	22	23	24	24	25	25	26	24	25
17	17	18	18	19	20	20	21	21	22	20	21	22	22	23	23	24	25	25	26	26	27	25	26
18 冬	18	19	19	20	21	21	22	22	23	21	22	23	23	24	24	25	26	26	27	27	28	26	27
19	19	20	20	21	22	22	23	23	24	22	23	24	24	25	25	26	27	27	28	28	29	27	28
20	20	21	21	22	23	23	24	24	25	23	24	25	25	26	26	27	28	28	29	29	30	28	29
21	21	22	22	23	24	24	25	25	26	24	25	26	26	27	27	28	29	29	30	30	31	**3**	30

	六六八 戊辰 乾封三 總章元（三月改） 48												六六七 丁卯 乾封二 47											
11 (11)	11	12	12 (八)	13 (七)	14	14	15	15	16	15	16	17	17	18	18	19	20	20	21	21	22	20	21	22
12	12 (10)	13 (9)	13	14	15 (六)	15 (五)	16	16	17	16	17	18	18	19	19	20	21	21	22	22	23	21	22	23
13	13	14	14 (8)	15 (7)	16	16	17 (四)	17 (三)	18 (二)	17	18	19 (冬)	19	20	20	21	22	22	23	23	24	22	23	24
14	14	15	15	16	17 (6)	17 (5)	18	18	19	18 (正)	19 (閏)	20	20	21	21	22	23	23	24	24	25	23	24	25
15	15	16	16	17	18	18	19 (4)	19 (3)	20	19	20	21 (十二)	21 (十一)	22	22	23	24	24	25	25	26	24	25	26
16	16	17	17	18	19	19	20	20	21 (2)	20 (1)	21	22	22	23 (十)	23 (九)	24	25	25	26	26	27	25	26	27
17	17	18	18	19	20	20	21	21	22	21	22 (12)	23 (11)	23	24	24	25 (八)	26	26	27	27	28	26	27	28
18 (冬)	18	19	19	20	21	21	22	22	23	22	23	24	24 (10)	25 (9)	25	26	27 (七)	27 (六)	28	28	29	27	28	29
19	19	20	20	21	22	22	23	23	24	23	24	25	25	26	26 (8)	27 (7)	28	28	29 (五)	29 (四)	30 (三)	28	29	30
20	20	21	21	22	23	23	24	24	25	24	25	26	26	27	27	28	29 (6)	29 (5)	30	30	31	**3** (二)	30 (正)	31 (十二)
21	21	22	22	23	24	24	25	25	26	25	26	27	27	28	28	29	30	30	31 (4)	**5** (3)	**4**	2	31	**1**
22	22	23	23	24	25	25	26	26	27	26	27	28	28	29	29	30	31	**7**	**6**	2	2 (2)	3 (1)	**2** (12)	2 (11)
23	23	24	24	25	26	26	27	27	28	27	28	29	29	30	30	31	**8**	2	2	3	3	4	2	3
24	24	25	25	26	27	27	28	28	29	28	29	30	30	31	**10**	**9**	2	3	3	4	4	5	3	4
25	25	26	26	27	28	28	29	29	30	29	30	31	**12**	**11**	2	2	3	4	4	5	5	6	4	5
26	26	27	27	28	29	29	30	30	31	**3**	31	**1**	2	2	3	3	4	5	5	6	6	7	5	6
27	27	28	28	29	30	30	31	**5**	**4**	2	**2**	2	3	3	4	4	5	6	6	7	7	8	6	7
28	28	29	29	30	31	**7**	**6**	2	2	3	2	3	4	4	5	5	6	7	7	8	8	9	7	8
29	29	30	30	31	**8**	2	2	3	3	4	3	4	5	5	6	6	7	8	8	9	9	10	8	9
30	30	31	**10**	**9**	2	3	3	4	4	5	4	5	6	6	7	7	8	9	9	10	10	11	9	10
31	**12**	**11**	2	2	3	4	4	5	5	6	5	6	7	7	8	8	9	10	10	11	11	12	10	11
日	2	2	3	3	4	5	5	6	6	7	6	7	8	8	9	9	10	11	11	12	12	13	11	12
曜	3	3	4	4	5	6	6	7	7	8	7	8	9	9	10	10	11	12	12	13	13	14	12	13
表	4	4	5	5	6	7	7	8	8	9	8	9	10	10	11	11	12	13	13	14	14	15	13	14
3	5	5	6	6	7	8	8	9	9	10	9	10	11	11	12	12	13	14	14	15	15	16	14	15
甲	6	6	7	7	8	9	9	10	10	11	10	11	12	12	13	13	14	15	15	16	16	17	15	16
子	7	7	8	8	9	10	10	11	11	12	11	12	13	13	14	14	15	16	16	17	17	18	16	17
表	8	8	9	9	10	11	11	12	12	13	12	13	14	14	15	15	16	17	17	18	18	19	17	18
7	9 (十一)	9	10	10	11	12	12	13	13	14	13	14	15	15	16	16	17	18	18	19	19	20	18	19
	10	10 (十)	11 (九)	11	12	13	13	14	14	15	14	15	16	16	17	17	18	19	19	20	20	21	19	20

六六九 己巳 總章二 49

六七〇 庚午 總章三 咸亨元 三月改 50

六七〇 庚午 總章三 咸亨元（三月改） 50												六六九 己巳 總章二 49											
22	23	23	24	8 25	7 25	26	26	27	三 25	二 26	27	27	28	28	29	30	30	31	**5**	**4**	2	31	**1**
23	24	24	25	26	26	6 27	5 27	28	26	27	正 28	28	29	29	30	31	**7**	**6**	2	2	3	**2**	2
24	25	25	26	27	27	28	28	4 29	3 27	28	29	十二 29	十一 30	十 30	31	**8**	2	2	3	3	4	2	3
25	26	26	27	28	28	29	29	30	28	2 29	1 30	30	31	**10**	九 **9**	八 2	七 3	3	4	4	5	3	4
26	27	27	28	29	29	30	30	31	**3**	30	31	12 **12**	11 **11**	2	2	3	4	六 4	五 5	5	6	4	5
27	28	28	29	30	30	31	**5**	**4**	2	31	**1**	2	2	10 3	9 3	4	5	5	6	四 6	三 7	5	6
28	29	29	30	31	**7**	**6**	2	2	3	**2**	2	3	3	4	4	8 5	7 6	6	7	7	8	二 6	正 7
29	30	30	31	**8**	2	2	3	3	4	2	3	4	4	5	5	6	7	6 7	5 8	8	9	7	8 十二
30	31	**10**	**9**	2	3	3	4	4	5	3	4	5	5	6	6	7	8	8	9	4 9	3 10	8	9
12	**11**	2	2	3	4	4	5	5	6	4	5	6	6	7	7	8	9	9	10	10	11	2 9	1 10 12
2	2	3	3	4	5	5	6	6	7	5	6	7	7	8	8	9	10	10	11	11	12	10	11
3	3	4	4	5	6	6	7	7	8	6	7	8	8	9	9	10	11	11	12	12	13	11	12
4	4	5	5	6	7	7	8	8	9	7	8	9	9	10	10	11	12	12	13	13	14	12	13
5	5	6	6	7	8	8	9	9	10	8	9	10	10	11	11	12	13	13	14	14	15	13	14
6	6	7	7	8	9	9	10	10	11	9	10	11	11	12	12	13	14	14	15	15	16	14	15
7	7	8	8	9	10	10	11	11	12	10	11	12	12	13	13	14	15	15	16	16	17	15	16
8	8	9	9	10	11	11	12	12	13	11	12	13	13	14	14	15	16	16	17	17	18	16	17
9	9	10	10	11	12	12	13	13	14	12	13	14	14	15	15	16	17	17	18	18	19	17	18
10	10	11	11	12	13	13	14	14	15	13	14	15	15	16	16	17	18	18	19	19	20	18	19
11	11	12	12	13	14	14	15	15	16	14	15	16	16	17	17	18	19	19	20	20	21	19	20
12	12	13	13	14	15	15	16	16	17	15	16	17	17	18	18	19	20	20	21	21	22	20	21
13	13	14	14	15	16	16	17	17	18	16	17	18	冬 18	19	19	20	21	21	22	22	23	21	22
14	14	15	15	16	17	17	18	18	19	17	18	19	19	20	20	21	22	22	23	23	24	22	23
15	15	16	16	17	18	18	19	19	20	18	19	20	20	21	21	22	23	23	24	24	25	23	24
16	16	17	17	18	19	19	20	20	21	19	20	21	21	22	22	23	24	24	25	25	26	24	25
17	17	18	18	19	20	20	21	21	22	20	21	22	22	23	23	24	25	25	26	26	27	25	26
冬 18	十二 18	十 19	19	20	21	21	22	22	23	21	22	23	23	24	24	25	26	26	27	27	28	26	27
19	19	20	閏 20	九 21	八 22	22	23	23	24	22	23	24	24	25	25	26	27	27	28	28	29	27	28
20	12 20	11 21	21	22	23	七 23	六 24	24	25	23	24	25	25	26	26	27	28	28	29	29	30	28	29
21	21	22	10 22	9 23	24	24	25	五 25	四 26	24	25	26	26	27	27	28	29	29	30	30	31	**3**	30

六七二 壬申 咸亨三

六七一 辛未 咸亨二

53 52 51

11	11	12	12	13	14	14	15	15	16	15	16	17	17	18	18	19	20	20	21	21	22	20	21	22
12	12	13	13	14	15	15	16	16	17	16	17	18	18	19	19	20	21	21	22	22	23	21	22	23
13	13	14	14	15	16	16	17	17	18	17	18	19 冬	19	20	20	21	22	22	23	23	24	22	23	24
14	14	15	15	16	17	17	18	18	19	18	19	20	20	21	21	22	23	23	24	24	25	23	24	25
15	15	16	16	17	18	18	19	19	20	19	20	21	21	22	22	23	24	24	25	25	26	24	25	26
16	16	17	17	18	19	19	20	20	21	20	21	22	22	23	23	24	25	25	26	26	27	25	26	27
17	17	18	18	19	20	20	21	21	22	21	22	23	23	24	24	25	26	26	27	27	28	26	27	28
18 冬	18	19	19	20	21	21	22	22	23	22	23	24	24	25	25	26	27	27	28	28	29	27	28	29
19	19	20	20	21	22	22	23	23	24	23	24	25	25	26	26	27	28	28	29	29	30	28	29	30
20	20	21	21	22	23	23	24	24	25	24	25	26	26	27	27	28	29	29	30	30	31	**3**	30	31
21	21	22	22	23	24	24	25	25	26	25	26	27	27	28	28	29	30	30	31	**5**	**4**	2	31	**1**
22	22	23	23	24	25	25	26	26	27	26	27	28	28	29	29	30	31	**7**	**6**	2	2	3	**2**	2
23	23	24	24	25	26	26	27	27	28	27	28	29	29	30	30	31	**8**	2	2	3	3	4	2	3
24	24	25	25	26	27	27	28	28	29	28	29	30	30	31	**10**	**9**	2	3	3	4	4	5	3	4
25 十二	25 十一	26 十	26	27	28	28	29	29	30	29	30	31	**12**	**11**	2	2	3	4	4	5	5	6	4	5
26	26	27	27 九	28 八	29	29	30	30	31	**3**	31	**1**	2	2	3	3	4	5	5	6	6	7	5	6
27 **1**	27	28	28	29	30 七	30 六	31	**5**	**4**	2	**2**	2	3	3	4	4	5	6	6	7	7	8	6	7
28	28 **12**	29 **11**	29	30	31	**7**	**6** 五	2	2	3	2	3	4	4	5	5	6	7	7	8	8	9	7	8
29	29	30	30 **10**	31 **9**	**8**	2	2	3 四	3	4	3	4	5	5	6	6	7	8	8	9	9	10	8	9
30	30	31	**10**	**9**	2 **8**	3 **7**	3	4	4 三	5 二	4	5	6	6	7	7	8	9	9	10	10	11	9	10
31	**12**	**11**	2	2	3	4	4 **6**	5 **5**	5	6	5 正	6 十二	7 十一	7 十	8	8	9	10	10	11	11	12	10	11
日	2	2	3	3	4	5	5	6	6 **4**	7 **3**	6	7	8	8	9 九	9 八	10 七	11	11	12	12	13	11	12
曜	3	3	4	4	5	6	6	7	7	8	7 **2**	8 **1**	9 **12**	9 **11**	10	10	11	12 六	12 五	13	13	14	12	13
表	4	4	5	5	6	7	7	8	8	9	8	9	10	10	11 **10**	11 **9**	12	13	13	14 四	14	15	13	14
4	5	5	6	6	7	8	8	9	9	10	9	10	11	11	12	12	13 **8**	14 **7**	14	15	15 三	16 二	14	15
甲	6	6	7	7	8	9	9	10	10	11	10	11	12	12	13	13	14	15	15 **6**	16 **5**	16	17	15 正	16
子	7	7	8	8	9	10	10	11	11	12	11	12	13	13	14	14	15	16	16	17	17 **4**	18 **3**	16	17 十二
表	8	8	9	9	10	11	11	12	12	13	12	13	14	14	15	15	16	17	17	18	18	19	17 **2**	18 **1**
8	9	9	10	10	11	12	12	13	13	14	13	14	15	15	16	16	17	18	18	19	19	20	18	19
	10	10	11	11	12	13	13	14	14	15	14	15	16	16	17	17	18	19	19	20	20	21	19	20

六七三 癸酉 咸亨四 54

六七四 甲戌 咸亨五 上元元（八月改） 55

22	23	23	24	25	25	26	26	27	25	26	27	27	28	28	29	30	30	31	**5**	**4**	2	31	**1**
23	24	24	25	26	26	27	27	28	26	27	28	28	29	29	30	31	**7**	**6**	2	2	3	**2**	2
24	25	25	26	27	27	28	28	29	27	28	29	29	30	30	31	**8**	2	2	3	3	4	2	3
25	26	26	27	28	28	29	29	30	28	29	30	30	31	**10**	**9**	2	3	3	4	4	5	3	4
26	27	27	28	29	29	30	30	31	**3**	30	31	**12**	**11**	2	2	3	4	4	5	5	6	4	5
27	28	28	29	30	30	31	**5**	**4**	2	31	**1**	2	2	3	3	4	5	5	6	6	7	5	6
28	29	29	30	31	**7**	**6**	2	2	3	**2**	2	3	3	4	4	5	6	6	7	7	8	6	7
29	30	30	31	**8**	2	2	3	3	4	2	3	4	4	5	5	6	7	7	8	8	9	7	8
30	31	**10**	**9**	2	3	3	4	4	5	3	4	5	5	6	6	7	8	8	9	9	10	8	9
12	**11**	2	2	3	4	4	5	5	6	4	5	6	6	7	7	8	9	9	10	10	11	9	10
2	2	3	3	4	5	5	6	6	7	5	6	7	7	8	8	9	10	10	11	11	12	10	11
3	十一 3	4	4	5	6	6	7	7	8	6	7	8	8	9	9	10	11	11	12	12	13	11	12
4	4	十 5	九 5	6	7	7	8	8	9	7	8	9	9	10	10	11	12	12	13	13	14	12	13
5	5	6	6	八 7	七 8	8	9	9	10	8	9	10	10	11	11	12	13	13	14	14	15	13	14
6	1 6	12 7	11 7	8	9	六 9	10	10	11	9	10	11	11	12	12	13	14	14	15	15	16	14	15
7	7	8	8	10 9	9 10	10	五 11	四 11	12	10	11	12	12	13	13	14	15	15	16	16	17	15	16
8	8	9	9	10	11	8 11	7 12	12	三 13	二 11	12	13	13	14	14	15	16	16	17	17	18	16	17
9	9	10	10	11	12	12	13	6 13	5 14	12	正 13	十二 14	十一 14	十 15	15	16	17	17	18	18	19	17	18
10	10	11	11	12	13	13	14	14	15	4 13	3 14	15	15	16	九 16	八 17	18	18	19	19	20	18	19
11	11	12	12	13	14	14	15	15	16	14	15	2 16	1 16	17	17	18	七 19	六 19	20	20	21	19	20
12	12	13	13	14	15	15	16	16	17	15	16	17	17	12 18	11 18	19	20	20	閏 21	21	22	20	21
13	13	14	14	15	16	16	17	17	18	16	17	18	冬 18	19	19	10 20	9 21	21	22	五 22	四 23	21	22
14	14	15	15	16	17	17	18	18	19	17	18	19	19	20	20	21	22	8 22	7 23	23	24	三 22	二 23
15	15	16	16	17	18	18	19	19	20	18	19	20	20	21	21	22	23	23	24	6 24	5 25	23	24 正
16	16	17	17	18	19	19	20	20	21	19	20	21	21	22	22	23	24	24	25	25	26	4 24	3 25
17	17	18	18	19	20	20	21	21	22	20	21	22	22	23	23	24	25	25	26	26	27	25	26 2
18	冬 18	19	19	20	21	21	22	22	23	21	22	23	23	24	24	25	26	26	27	27	28	26	27
19	19	20	20	21	22	22	23	23	24	22	23	24	24	25	25	26	27	27	28	28	29	27	28
20	20	21	21	22	23	23	24	24	25	23	24	25	25	26	26	27	28	28	29	29	30	28	29
21	21	22	22	23	24	24	25	25	26	24	25	26	26	27	27	28	29	29	30	30	31	**3**	30

六七六 丙子 上元三 儀鳳元 十一月改 57													六七五 乙亥 上元二 56											
11 十一	11 十	12	12	13	14	14	15	15	16	15	16	17	17	18	18	19	20	20	21	21	22	20	21	22
12	12	13 九	13 八	14	15	15	16	16	17	16	17	18	18	19	19	20	21	21	22	22	23	21	22	23
13	13	14	14	15 七	16 六	16	17	17	18	17	18	19 冬	19	20	20	21	22	22	23	23	24	22	23	24
14 2	14 1	15 12	15 11	16	17	17 五	18 四	18	19	18	19	20	20	21	21	22	23	23	24	24	25	23	24	25
15	15	16	16	17 10	18 9	18	19	19 閏	20 三	19 二	20	21	21	22	22	23	24	24	25	25	26	24	25	26
16	16	17	17	18	19	19 8	20 7	20	21	20	21 正	22 十二	22	23	23	24	25	25	26	26	27	25	26	27
17	17	18	18	19	20	20	21	21 6	22 5	21	22	23	23 十一	24 十	24	25	26	26	27	27	28	26	27	28
18 冬	18	19	19	20	21	21	22	22	23	22 4	23 3	24	24	25	25 九	26 八	27	27	28	28	29	27	28	29
19	19	20	20	21	22	22	23	23	24	23	24	25 2	25 1	26	26	27	28 七	28	29	29	30	28	29	30
20	20	21	21	22	23	23	24	24	25	24	25	26	26	27 12	27 11	28	29	29 六	30 五	30	31	**3**	30	31
21	21	22	22	23	24	24	25	25	26	25	26	27	27	28	28	29 10	30 9	30	31	**5** 四	**4** 三	2 二	31	**1**
22	22	23	23	24	25	25	26	26	27	26	27	28	28	29	29	30	31	**7** 8	**6** 7	2	2	3	**2** 正	2 十二
23	23	24	24	25	26	26	27	27	28	27	28	29	29	30	30	31	**8**	2	2	3 6	3 5	4	2	3
24	24	25	25	26	27	27	28	28	29	28	29	30	30	31	**10**	**9**	2	3	3	4	4	5 4	3 3	4
25	25	26	26	27	28	28	29	29	30	29	30	31	**12**	**11**	2	2	3	4	4	5	5	6	4	5 2
26	26	27	27	28	29	29	30	30	31	**3**	31	**1**	2	2	3	3	4	5	5	6	6	7	5	6
27	27	28	28	29	30	30	31	**5**	**4**	2	**2**	2	3	3	4	4	5	6	6	7	7	8	6	7
28	28	29	29	30	31	**7**	**6**	2	2	3	2	3	4	4	5	5	6	7	7	8	8	9	7	8
29	29	30	30	31	**8**	2	2	3	3	4	3	4	5	5	6	6	7	8	8	9	9	10	8	9
30	30	31	**10**	**9**	2	3	3	**4**	**4**	5	4	5	6	6	7	7	8	9	9	10	10	11	9	10
31	**12**	**11**	2	2	3	4	4	5	5	6	5	6	7	7	8	8	9	10	10	11	11	12	10	11
日	2	2	3	3	4	5	5	6	6	7	6	7	8	8	9	9	10	11	11	12	12	13	11	12
曜	3	3	4	4	5	6	6	7	7	8	7	8	9	9	10	10	11	12	12	13	13	14	12	13
表	4	4	5	5	6	7	7	8	8	9	8	9	10	10	11	11	12	13	13	14	14	15	13	14
5	5	5	6	6	7	8	8	9	9	10	9	10	11	11	12	12	13	14	14	15	15	16	14	15
甲	6	6	7	7	8	9	9	10	10	11	10	11	12	12	13	13	14	15	15	16	16	17	15	16
子	7	7	8	8	9	10	10	11	11	12	11	12	13	13	14	14	15	16	16	17	17	18	16	17
表	8	8	9	9	10	11	11	12	12	13	12	13	14	14	15	15	16	17	17	18	18	19	17	18
9	9	9	10	10	11	12	12	13	13	14	13	14	15	15	16	16	17	18	18	19	19	20	18	19
	10	10	11	11	12	13	13	14	14	15	14	15	16	16	17	17	18	19	19	20	20	21	19	20

六七八 戊寅 儀鳳三

六七七 丁丑 儀鳳二

	59												58										
22	2 23	1 23	24	25	25	六26	五26	27	25	26	27	27	28	28	29	30	30	31	5	4	2	31	1
23	24	24	12 25	11 26	26	27	27	四28	三26	27	28	28	29	29	30	31	7	6	2	2	3	2	2
24	25	25	26	27	10 27	9 28	28	29	27	二28	正29	29	30	30	31	8	2	2	3	3	4	2	3
25	26	26	27	28	28	29	8 29	7 30	28	29	30	十二30	十一31	10	9	2	3	3	4	4	5	3	4
26	27	27	28	29	29	30	30	31	6 3	5 30	31	12	11	十2	九2	3	4	4	5	5	6	4	5
27	28	28	29	30	30	31	5	4	2	31	4 1	3 2	2	3	3	八4	七5	5	6	6	7	5	6
28	29	29	30	31	7	6	2	2	3	2	2	3	2 3	1 4	4	5	6	六6	五7	四7	8	6	7
29	30	30	31	8	2	2	3	3	4	2	3	4	4	5	12 5	11 6	7	7	8	8	三9	二7	8
30	31	10	9	2	3	3	4	4	5	3	4	5	5	6	6	7	10 8	9 8	9	9	10	8	正9 十二
12	11	2	2	3	4	4	5	5	6	4	5	6	6	7	7	8	9	9	8 10	7 10	11	9	10
2	2	3	3	4	5	5	6	6	7	5	6	7	7	8	8	9	10	10	11	11	6 12	5 10	11
3	3	4	4	5	6	6	7	7	8	6	7	8	8	9	9	10	11	11	12	12	13	11	4 12 3
4	4	5	5	6	7	7	8	8	9	7	8	9	9	10	10	11	12	12	13	13	14	12	13
5	5	6	6	7	8	8	9	9	10	8	9	10	10	11	11	12	13	13	14	14	15	13	14
6	6	7	7	8	9	9	10	10	11	9	10	11	11	12	12	13	14	14	15	15	16	14	15
7	7	8	8	9	10	10	11	11	12	10	11	12	12	13	13	14	15	15	16	16	17	15	16
8	8	9	9	10	11	11	12	12	13	11	12	13	13	14	14	15	16	16	17	17	18	16	17
9	9	10	10	11	12	12	13	13	14	12	13	14	14	15	15	16	17	17	18	18	19	17	18
10	10	11	11	12	13	13	14	14	15	13	14	15	15	16	16	17	18	18	19	19	20	18	19
11	11	12	12	13	14	14	15	15	16	14	15	16	16	17	17	18	19	19	20	20	21	19	20
12	12	13	13	14	15	15	16	16	17	15	16	17	17	18	18	19	20	20	21	21	22	20	21
13	13	14	14	15	16	16	17	17	18	16	17	18	冬18	19	19	20	21	21	22	22	23	21	22
14	14	15	15	16	17	17	18	18	19	17	18	19	19	20	20	21	22	22	23	23	24	22	23
15	15	16	16	17	18	18	19	19	20	18	19	20	20	21	21	22	23	23	24	24	25	23	24
16	16	17	17	18	19	19	20	20	21	19	20	21	21	22	22	23	24	24	25	25	26	24	25
17	17	18	18	19	20	20	21	21	22	20	21	22	22	23	23	24	25	25	26	26	27	25	26
18	冬18	19	19	20	21	21	22	22	23	21	22	23	23	24	24	25	26	26	27	27	28	26	27
19	閏19	20	20	21	22	22	23	23	24	22	23	24	24	25	25	26	27	27	28	28	29	27	28
20	20	十一21	十21	22	23	23	24	24	25	23	24	25	25	26	26	27	28	28	29	29	30	28	29
21	3 21	22	22	九23	八24	七24	25	25	26	24	25	26	26	27	27	28	29	29	30	30	31	3	30

六七九 己卯 儀鳳四 調露元 六月改

60

六八〇 庚辰 調露二 永隆元 八月改

61

11	11	12	12	13	14	14	15	15	16	15	16	17	17	18	18	19	20	20	21	21	22	20	21	22
12	12	13	13	14	15	15	16	16	17	16	17	18	18	19	19	20	21	21	22	22	23	21	22	23
13	13	14	14	15	16	16	17	17	18	17	18	19冬	19	20	20	21	22	22	23	23	24	22	23	24
14	14	15	15	16	17	17	18	18	19	18	19	20	20	21	21	22	23	23	24	24	25	23	24	25
15	15	16	16	17	18	18	19	19	20	19	20	21	21	22	22	23	24	24	25	25	26	24	25	26
16	16	17	17	18	19	19	20	20	21	20	21	22	22	23	23	24	25	25	26	26	27	25	26	27
17	17	18	18	19	20	20	21	21	22	21	22	23	23	24	24	25	26	26	27	27	28	26	27	28
18冬	18	19	19	20	21	21	22	22	23	22	23	24	24	25	25	26	27	27	28	28	29	27	28	29
19	19	20	20	21	22	22	23	23	24	23	24	25	25	26	26	27	28	28	29	29	30	28	29	30
20	20	21	21	22	23	23	24	24	25	24	25	26	26	27	27	28	29	29	30	30	31	**3**	30	31
21	21	22	22	23	24	24	25	25	26	25	26	27	27	28	28	29	30	30	31	**5**	**4**	2	31	**1**
22	22	23	23	24	25	25	26	26	27	26	27	28	28	29	29	30	31	**7**	**6**	2	2	3	**2**	2
23	23	24	24	25	26	26	27	27	28	27	28	29	29	30	30	31	**8**	2	2	3	3	4	2	3
24	24	25	25	26	27	27	28	28	29	28	29	30	30	31	**10**	**9**	2	3	3	4	4	5	3	4
25	25	26	26	27	28	28	29	29	30	29	30	31	**12**	**11**	2	2	3	4	4	5	5	6	4	5
26	26	27	27	28	29	29	30	30	31	**3**	31	**1**	2	2	3	3	4	5	5	6	6	7	5	6
27十二	27十一	28十	28九	29	30	30	31	**5**	**4**	2	**2**	2	3	3	4	4	5	6	6	7	7	8	6	7
28	28	29	29	30八	31七	**7**	**6**	2	2	3	2	3	4	4	5	5	6	7	7	8	8	9	7	8
29 **4**	29 **3**	30	30	31	**8**	2六	2五	3	3	4	3	4	5	5	6	6	7	8	8	9	9	10	8	9
30	30	31 **2**	**10** **1**	**9**	2	3	3	4四	4	5	4	5	6	6	7	7	8	9	9	10	10	11	9	10
31	**12**	**11**	2	2 **12**	3 **11**	4	4	5	5三	6二	5	6	7	7	8	8	9	10	10	11	11	12	10	11
日	2	2	3	3	4	5 **10**	5 **9**	6	6	7	6正	7十二	8	8	9	9	10	11	11	12	12	13	11	12
曜	3	3	4	4	5	6	6	7 **8**	7 **7**	8	7	8	9十一	9十	10九	10	11	12	12	13	13	14	12	13
表	4	4	5	5	6	7	7	8	8	9 **6**	8 **5**	9	10	10	11	11八	12七	13六	13	14	14	15	13	14
6	5	5	6	6	7	8	8	9	9	10	9	10 **4**	11 **3**	11	12	12	13	14	14五	15四	15	16	14	15
甲	6	6	7	7	8	9	9	10	10	11	10	11	12	12 **2**	13 **1**	13 **12**	14 **11**	15	15	16	16三	17	15	16
子	7	7	8	8	9	10	10	11	11	12	11	12	13	13	14	14	15	16 **10**	16 **9**	17	17	18二	16正	17
表	8	8	9	9	10	11	11	12	12	13	12	13	14	14	15	15	16	17	17	18 **8**	18 **7**	19	17	18十二
10	9	9	10	10	11	12	12	13	13	14	13	14	15	15	16	16	17	18	18	19	19	20 **6**	18 **5**	19
	10	10	11	11	12	13	13	14	14	15	14	15	16	16	17	17	18	19	19	20	20	21	19	20 **4**

六八一 辛巳 永隆二 開耀元九月改 62

六八二 壬午 開耀二 永淳元二月改 63

22	23	23	24	25	25	26	26	27	25	26	27	27	28	28	29	30	30	31	**5**	**4**	2	31	**1**
23	24	24	25	26	26	27	27	28	26	27	28	28	29	29	30	31	**7**	**6**	2	2	3	**2**	2
24	25	25	26	27	27	28	28	29	27	28	29	29	30	30	31	**8**	2	2	3	3	4	2	3
25	26	26	27	28	28	29	29	30	28	29	30	30	31	**10**	**9**	2	3	3	4	4	5	3	4
26	27	27	28	29	29	30	30	31	**3**	30	31	**12**	**11**	2	2	3	4	4	5	5	6	4	5
27	28	28	29	30	30	31	**5**	**4**	2	31	**1**	2	2	3	3	4	5	5	6	6	7	5	6
28	29	29	30	31	**7**	**6**	2	2	3	**2**	2	3	3	4	4	5	6	6	7	7	8	6	7
29	30	30	31	**8**	2	2	3	3	4	2	3	4	4	5	5	6	7	7	8	8	9	7	8
30	31	**10**	**9**	2	3	3	4	4	5	3	4	5	5	6	6	7	8	8	9	9	10	8	9
12	**11**	2	2	3	4	4	5	5	6	4	5	6	6	7	7	8	9	9	10	10	11	9	10
2	2	3	3	4	5	5	6	6	7	5	6	7	7	8	8	9	10	10	11	11	12	10	11
3	3	4	4	5	6	6	7	7	8	6	7	8	8	9	9	10	11	11	12	12	13	11	12
4	4	5	5	6	7	7	8	8	9	7	8	9	9	10	10	11	12	12	13	13	14	12	13
5 十一	5 十	6 九	6	7	8	8	9	9	10	8	9	10	10	11	11	12	13	13	14	14	15	13	14
6	6	7	7 八	8	9	9	10	10	11	9	10	11	11	12	12	13	14	14	15	15	16	14	15
7	7	8	8	9 七	10 六	10	11	11	12	10	11	12	12	13	13	14	15	15	16	16	17	15	16
8 4	8 3	9	9	10	11	11 五	12	12	13	11	12	13	13	14	14	15	16	16	17	17	18	16	17
9	9	10 2	10 1	11 12	12 11	12	13 四	13 三	14	12	13	14	14	15	15	16	17	17	18	18	19	17	18
10	10	11	11	12	13	13 10	14 9	14	15 二	13 正	14	15	15	16	16	17	18	18	19	19	20	18	19
11	11	12	12	13	14	14	15	15 8	16 7	14	15 十二	16 十一	16 十	17 九	17	18	19	19	20	20	21	19	20
12	12	13	13	14	15	15	16	16	17	15 6	16 5	17	17	18	18 八	19 閏	20	20	21	21	22	20	21
13	13	14	14	15	16	16	17	17	18	16	17	18 冬 4	18 3	19	19	20	21 七	21 六	22	22	23	21	22
14	14	15	15	16	17	17	18	18	19	17	18	19	19	20 2	20 1	21	22	22	23 五	23	24	22	23
15	15	16	16	17	18	18	19	19	20	18	19	20	20	21	21	22 12	23 11	23	24	24 四	25 三	23	24
16	16	17	17	18	19	19	20	20	21	19	20	21	21	22	22	23	24	24 10	25 9	25	26	24 二	25 正
17	17	18	18	19	20	20	21	21	22	20	21	22	22	23	23	24	25	25	26	26 8	27 7	25	26
18 冬	18	19	19	20	21	21	22	22	23	21	22	23	23	24	24	25	26	26	27	27	28	26 6	27 5
19	19	20	20	21	22	22	23	23	24	22	23	24	24	25	25	26	27	27	28	28	29	27	28
20	20	21	21	22	23	23	24	24	25	23	24	25	25	26	26	27	28	28	29	29	30	28	29
21	21	22	22	23	24	24	25	25	26	24	25	26	26	27	27	28	29	29	30	30	31	**3**	30

六八三
癸未
永淳二
弘道元十二月改
64

六八四
甲申
唐中宗
嗣聖元
唐睿宗
文明元二月改
唐武后
光宅元九月改
65

11	11	12	12	13	14	14	15	15	16	15	16	17	17	18	18	19	20	20	21	21	22	20	21	22
12十一	12	13	13	14	15	15	16	16	17	16	17	18	18	19	19	20	21	21	22	22	23	21	22	23
13	13十	14九	14	15	16	16	17	17	18	17	18	19冬	19	20	20	21	22	22	23	23	24	22	23	24
14 5	14	15	15八	16七	17	17	18	18	19	18	19	20	20	21	21	22	23	23	24	24	25	23	24	25
15	15 4	16 3	16	17	18六	18	19	19	20	19	20	21	21	22	22	23	24	24	25	25	26	24	25	26
16	16	17	17 2	18 1	19	19閏	20五	20四	21	20	21	22	22	23	23	24	25	25	26	26	27	25	26	27
17	17	18	18	19	20 12	20 11	21	21	22三	21二	22	23	23	24	24	25	26	26	27	27	28	26	27	28
18冬	18	19	19	20	21	21	22 10	22 9	23	22	23正	24十二	24十一	25十	25	26	27	27	28	28	29	27	28	29
19	19	20	20	21	22	22	23	23	24 8	23 7	24	25	25	26	26九	27	28	28	29	29	30	28	29	30
20	20	21	21	22	23	23	24	24	25	24	25 6	26 5	26	27	27	28八	29七	29	30	30	31	3	30	31
21	21	22	22	23	24	24	25	25	26	25	26	27	27 4	28 3	28	29	30	30六	31	5	4	2	31	1
22	22	23	23	24	25	25	26	26	27	26	27	28	28	29	29 2	30 1	31	7	6五	2四	2	3	2	2
23	23	24	24	25	26	26	27	27	28	27	28	29	29	30	30	31	8 12	2 11	2	3	3三	4二	2正	3十二
24	24	25	25	26	27	27	28	28	29	28	29	30	30	31	10	9	2	3	3 10	4 9	4	5	3	4
25	25	26	26	27	28	28	29	29	30	29	30	31	12	11	2	2	3	4	4	5	5 8	6 7	4	5
26	26	27	27	28	29	29	30	30	31	3	31	1	2	2	3	3	4	5	5	6	6	7	5 6	6 5
27	27	28	28	29	30	30	31	5	4	2	2	2	3	3	4	4	5	6	6	7	7	8	6	7
28	28	29	29	30	31	7	6	2	2	3	2	3	4	4	5	5	6	7	7	8	8	9	7	8
29	29	30	30	31	8	2	2	3	3	4	3	4	5	5	6	6	7	8	8	9	9	10	8	9
30	30	31	10	9	2	3	3	4	4	5	4	5	6	6	7	7	8	9	9	10	10	11	9	10
31	12	11	2	2	3	4	4	5	5	6	5	6	7	7	8	8	9	10	10	11	11	12	10	11
日	2	2	3	3	4	5	5	6	6	7	6	7	8	8	9	9	10	11	11	12	12	13	11	12
曜	3	3	4	4	5	6	6	7	7	8	7	8	9	9	10	10	11	12	12	13	13	14	12	13
表	4	4	5	5	6	7	7	8	8	9	8	9	10	10	11	11	12	13	13	14	14	15	13	14
7	5	5	6	6	7	8	8	9	9	10	9	10	11	11	12	12	13	14	14	15	15	16	14	15
甲	6	6	7	7	8	9	9	10	10	11	10	11	12	12	13	13	14	15	15	16	16	17	15	16
子	7	7	8	8	9	10	10	11	11	12	11	12	13	13	14	14	15	16	16	17	17	18	16	17
表	8	8	9	9	10	11	11	12	12	13	12	13	14	14	15	15	16	17	17	18	18	19	17	18
11	9	9	10	10	11	12	12	13	13	14	13	14	15	15	16	16	17	18	18	19	19	20	18	19
	10	10	11	11	12	13	13	14	14	15	14	15	16	16	17	17	18	19	19	20	20	21	19	20

六八六 丙戌 垂拱二 67

六八五 乙酉 垂拱元 66

22	23	十23	九24	25	25	26	26	27	25	26	27	27	28	28	29	30	30	31	**5**	**4**	2	31	**1**
23	5 24	24	25	八26	七26	六27	27	28	26	27	28	28	29	29	30	31	**7**	**6**	2	2	3	**2**	2
24	25	4 25	3 26	27	27	28	五28	四29	27	28	29	29	30	30	31	**8**	2	2	3	3	4	2	3
25	26	26	27	2 28	1 28	29	29	30	三28	二29	30	30	31	**10**	**9**	2	3	3	4	4	5	3	4
26	27	27	28	29	29	12 30	11 30	31	**3**	30	正31	十二**12**	**11**	2	2	3	4	4	5	5	6	4	5
27	28	28	29	30	30	31	**5**	10 **4**	9 2	31	**1**	2	十一2	十3	3	4	5	5	6	6	7	5	6
28	29	29	30	31	**7**	**6**	2	2	3	8 **2**	7 2	3	3	4	九4	八5	6	6	7	7	8	6	7
29	30	30	31	**8**	2	2	3	3	4	2	3	6 4	5 4	5	5	6	七7	六7	8	8	9	7	8
30	31	**10**	**9**	2	3	3	4	4	5	3	4	5	5	4 6	3 6	7	8	8	五9	四9	三10	8	9
12	**11**	2	2	3	4	4	5	5	6	4	5	6	6	7	7	2 8	1 9	12 9	11 10	10	11	二9	正10
2	2	3	3	4	5	5	6	6	7	5	6	7	7	8	8	9	10	10	11	10 11	9 12	10	11 十二
3	3	4	4	5	6	6	7	7	8	6	7	8	8	9	9	10	11	11	12	12	13	8 11	7 12
4	4	5	5	6	7	7	8	8	9	7	8	9	9	10	10	11	12	12	13	13	14	12	13 6
5	5	6	6	7	8	8	9	9	10	8	9	10	10	11	11	12	13	13	14	14	15	13	14
6	6	7	7	8	9	9	10	10	11	9	10	11	11	12	12	13	14	14	15	15	16	14	15
7	7	8	8	9	10	10	11	11	12	10	11	12	12	13	13	14	15	15	16	16	17	15	16
8	8	9	9	10	11	11	12	12	13	11	12	13	13	14	14	15	16	16	17	17	18	16	17
9	9	10	10	11	12	12	13	13	14	12	13	14	14	15	15	16	17	17	18	18	19	17	18
10	10	11	11	12	13	13	14	14	15	13	14	15	15	16	16	17	18	18	19	19	20	18	19
11	11	12	12	13	14	14	15	15	16	14	15	16	16	17	17	18	19	19	20	20	21	19	20
12	12	13	13	14	15	15	16	16	17	15	16	17	17	18	18	19	20	20	21	21	22	20	21
13	13	14	14	15	16	16	17	17	18	16	17	18	冬18	19	19	20	21	21	22	22	23	21	22
14	14	15	15	16	17	17	18	18	19	17	18	19	19	20	20	21	22	22	23	23	24	22	23
15	15	16	16	17	18	18	19	19	20	18	19	20	20	21	21	22	23	23	24	24	25	23	24
16	16	17	17	18	19	19	20	20	21	19	20	21	21	22	22	23	24	24	25	25	26	24	25
17	17	18	18	19	20	20	21	21	22	20	21	22	22	23	23	24	25	25	26	26	27	25	26
18	冬18	19	19	20	21	21	22	22	23	21	22	23	23	24	24	25	26	26	27	27	28	26	27
19	19	20	20	21	22	22	23	23	24	22	23	24	24	25	25	26	27	27	28	28	29	27	28
20	20	21	21	22	23	23	24	24	25	23	24	25	25	26	26	27	28	28	29	29	30	28	29
21	十二21	十一22	22	23	24	24	25	25	26	24	25	26	26	27	27	28	29	29	30	30	31	**3**	30

六八八 戊子 垂拱四 69													六八七 丁亥 垂拱三 68											
11	11	12	12	13	14	14	15	15	16	15	16	17	17	18	18	19	20	20	21	21	22	20	8 21	7 22
12	12	13	13	14	15	15	16	16	17	16	17	18	18	19	19	20	21	21	22	22	23	21	22	23 6
13	13	14	14	15	16	16	17	17	18	17	18	19	冬19	20	20	21	22	22	23	23	24	22	23	24
14	14	15	15	16	17	17	18	18	19	18	19	20	20	21	21	22	23	23	24	24	25	23	24	25
15	15	16	16	17	18	18	19	19	20	19	20	21	21	22	22	23	24	24	25	25	26	24	25	26
16	16	17	17	18	19	19	20	20	21	20	21	22	22	23	23	24	25	25	26	26	27	25	26	27
17	17	18	18	19	20	20	21	21	22	21	22	23	23	24	24	25	26	26	27	27	28	26	27	28
18	冬18	19	19	20	21	21	22	22	23	22	23	24	24	25	25	26	27	27	28	28	29	27	28	29
19	19	20	20	21	22	22	23	23	24	23	24	25	25	26	26	27	28	28	29	29	30	28	29	30
20	20	21	21	22	23	23	24	24	25	24	25	26	26	27	27	28	29	29	30	30	31	3	30	31
21	21	22	22	23	24	24	25	25	26	25	26	27	27	28	28	29	30	30	31	5	4	2	31	1
22	22	23	23	24	25	25	26	26	27	26	27	28	28	29	29	30	31	7	6	2	2	3	2	2
23	23	24	24	25	26	26	27	27	28	27	28	29	29	30	30	31	8	2	2	3	3	4	2	3
24	24	25	25	26	27	27	28	28	29	28	29	30	30	31	10	9	2	3	3	4	4	5	3	4
25	25	26	26	27	28	28	29	29	30	29	30	31	12	11	2	2	3	4	4	5	5	6	4	5
26	26	27	27	28	29	29	30	30	31	3	31	1	2	2	3	3	4	5	5	6	6	7	5	6
27	27	28	28	29	30	30	31	5	4	2	2	2	3	3	4	4	5	6	6	7	7	8	6	7
28	十二28	29	29	30	31	7	6	2	2	3	2	3	4	4	5	5	6	7	7	8	8	9	7	8
29	29	十一30	十30	九31	八8	2	2	3	3	4	3	4	5	5	6	6	7	8	8	9	9	10	8	9
30	7 30	31	10	9	2	七3	六3	4	4	5	4	5	6	6	7	7	8	9	9	10	10	11	9	10
31	12	6 11	5 2	2	3	4	4	五5	四5	6	5	6	7	7	8	8	9	10	10	11	11	12	10	11
日	2	2	3	4 3	3 4	5	5	6	6	三7	6	7	8	8	9	9	10	11	11	12	12	13	11	12
曜	3	3	4	4	5	2 6	1 6	7	7	8	二7	正8	9	9	10	10	11	12	12	13	13	14	12	13
表	4	4	5	5	6	7	7	12 8	11 8	9	8	9	十二10	十一10	11	11	12	13	13	14	14	15	13	14
1	5	5	6	6	7	8	8	9	9	10 10	9 9	10	11	11	十12	九12	八13	14	14	15	15	16	14	15
甲	6	6	7	7	8	9	9	10	10	11	10	8 11	7 12	12	13	13	14	七15	六15	16	16	17	15	16
子	7	7	8	8	9	10	10	11	11	12	11	12	13	6 13	5 14	14	15	16	16	五17	四17	18	16	17
表	8	8	9	9	10	11	11	12	12	13	12	13	14	14	15	4 15	3 16	17	17	18	18	三19	二17	18
12	9	9	10	10	11	12	12	13	13	14	13	14	15	15	16	16	17	2 18	1 18	12 19	11 19	20	18	閏19 正
	10	10	11	11	12	13	13	14	14	15	14	15	16	16	17	17	18	19	19	20	20	10 21	9 19	20

六八九 己丑 永昌元 載初元十一月改 用子正以十一月爲正月十二月爲臘月建寅月爲一月 70

六九〇 庚寅 天授元九月改 國號周 71

22	23	23	24	25	25	26	26	27	25	26	27	27	28	28	29	30	30	31	**5**	**4**	2	31	**1**
23	24	24	25	26	26	27	27	28	26	27	28	28	29	29	30	31	**7**	**6**	2	2	3	**2**	2
24	25	25	26	27	27	28	28	29	27	28	29	29	30	30	31	**8**	2	2	3	3	4	2	3
25	26	26	27	28	28	29	29	30	28	29	30	30	31	**10**	**9**	2	3	3	4	4	5	3	4
26	27	27	28	29	29	30	30	31	**3**	30	31	**12**	**11**	2	2	3	4	4	5	5	6	4	5
27	28	28	29	30	30	31	**5**	**4**	2	31	**1**	2	2	3	3	4	5	5	6	6	7	5	6
28	29	29	30	31	**7**	**6**	2	2	3	**2**	2	3	3	4	4	5	6	6	7	7	8	6	7
29	30	30	31	**8**	2	2	3	3	4	2	3	4	4	5	5	6	7	7	8	8	9	7	8
30	31	**10**	**9**	2	3	3	4	4	5	3	4	5	5	6	6	7	8	8	9	9	10	8	9
12	**11**	2	2	3	4	4	5	5	6	4	5	6	6	7	7	8	9	9	10	10	11	9	10
2	2	3	3	4	5	5	6	6	7	5	6	7	7	8	8	9	10	10	11	11	12	10	11
3	3	4	4	5	6	6	7	7	8	6	7	8	8	9	9	10	11	11	12	12	13	11	12
4	4	5	5	6	7	7	8	8	9	7	8	9	9	10	10	11	12	12	13	13	14	12	13
5	5	6	6	7	8	8	9	9	10	8	9	10	10	11	11	12	13	13	14	14	15	13	14
6	正6	7	7	8	9	9	10	10	11	9	10	11	11	12	12	13	14	14	15	15	16	14	15
7	7	十8	九8	八9	10	10	11	11	12	10	11	12	12	13	13	14	15	15	16	16	17	15	16
8	8	9	9	10	七11	11	12	12	13	11	12	13	13	14	14	15	16	16	17	17	18	16	17
9	7 9	10	10	11	12	六12	五13	13	14	12	13	14	14	15	15	16	17	17	18	18	19	17	18
10	10	6 11	5 11	12	13	13	14	四14	15	13	14	15	15	16	16	17	18	18	19	19	20	18	19
11	11	12	12	4 13	3 14	14	15	15	三16	二14	15	16	16	17	17	18	19	19	20	20	21	19	20
12	12	13	13	14	15	2 15	1 16	12 16	11 17	15	一16	臘17	17	18	18	19	20	20	21	21	22	20	21
13	13	14	14	15	16	16	17	17	18	10 16	9 17	冬18	正18	十19	閏19	九20	21	21	22	22	23	21	22
14	14	15	15	16	17	17	18	18	19	17	18	8 19	7 19	20	20	21	八22	七22	23	23	24	22	23
15	15	16	16	17	18	18	19	19	20	18	19	20	20	6 21	5 21	22	23	23	六24	五24	25	23	24
16	16	17	17	18	19	19	20	20	21	19	20	21	21	22	22	4 23	3 24	24	25	25	四26	24	25
17	17	18	18	19	20	20	21	21	22	20	21	22	22	23	23	24	25	2 25	1 26	26	27	三25	二26
18	冬18	19	19	20	21	21	22	22	23	21	22	23	23	24	24	25	26	26	27	12 27	11 28	26	27 正
19	19	20	20	21	22	22	23	23	24	22	23	24	24	25	25	26	27	27	28	28	29	10 27	9 28
20	20	21	21	22	23	23	24	24	25	23	24	25	25	26	26	27	28	28	29	29	30	28	29 8
21	21	22	22	23	24	24	25	25	26	24	25	26	26	27	27	28	29	29	30	30	31	**3**	30

六九二 壬辰 天授三 如意元 四月改 長壽元 九月改 73													六九一 辛卯 天授二 72											
11	11	12	12	13	14	14	15	15	16	15	16	17	17	18	18	19	20	20	21	21	22	20	21	22
12	12	13	13	14	15	15	16	16	17	16	17	18冬	18	19	19	20	21	21	22	22	23	21	22	23
13	13	14	14	15	16	16	17	17	18	17	18	19	19	20	20	21	22	22	23	23	24	22	23	24
14正	14十	15九	15	16	17	17	18	18	19	18	19	20	20	21	21	22	23	23	24	24	25	23	24	25
15	15	16	16八	17	18	18	19	19	20	19	20	21	21	22	22	23	24	24	25	25	26	24	25	26
16 8	16 7	17	17	18七	19六	19	20	20	21	20	21	22	22	23	23	24	25	25	26	26	27	25	26	27
17	17	18 6	18 5	19	20	20閏	21	21	22	21	22	23	23	24	24	25	26	26	27	27	28	26	27	28
18冬	18	19	19	20 4	21 3	21	22五	22四	23	22	23	24	24	25	25	26	27	27	28	28	29	27	28	29
19	19	20	20	21	22	22 2	23 1	23	24三	23二	24一	25臘	25	26	26	27	28	28	29	29	30	28	29	30
20	20	21	21	22	23	23	24	24 12	25 11	24	25	26	26正	27十	27九	28	29	29	30	30	31	3	30	31
21	21	22	22	23	24	24	25	25	26	25 10	26 9	27	27	28	28	29八	30	30	31	5	4	2	31	1
22	22	23	23	24	25	25	26	26	27	26	27	28 8	28 7	29	29	30	31七	7六	6	2	2	3	2	2
23	23	24	24	25	26	26	27	27	28	27	28	29	29	30 6	30 5	31	8	2	2五	3	3	4	2	3
24	24	25	25	26	27	27	28	28	29	28	29	30	30	31	10	9 4	2 3	3	3	4四	4三	5	3	4
25	25	26	26	27	28	28	29	29	30	29	30	31	12	11	2	2	3	4 2	4 1	5	5	6二	4一	5臘
26	26	27	27	28	29	29	30	30	31	3	31	1	2	2	3	3	4	5	5	6 12	6 11	7	5	6
27	27	28	28	29	30	30	31	5	4	2	2	2	3	3	4	4	5	6	6	7	7	8 10	6 9	7
28	28	29	29	30	31	7	6	2	2	3	2	3	4	4	5	5	6	7	7	8	8	9	7	8 8
29	29	30	30	31	8	2	2	3	3	4	3	4	5	5	6	6	7	8	8	9	9	10	8	9
30	30	31	10	9	2	3	3	4	4	5	4	5	6	6	7	7	8	9	9	10	10	11	9	10
31	12	11	2	2	3	4	4	5	5	6	5	6	7	7	8	8	9	10	10	11	11	12	10	11
日	2	2	3	3	4	5	5	6	6	7	6	7	8	8	9	9	10	11	11	12	12	13	11	12
曜	3	3	4	4	5	6	6	7	7	8	7	8	9	9	10	10	11	12	12	13	13	14	12	13
表	4	4	5	5	6	7	7	8	8	9	8	9	10	10	11	11	12	13	13	14	14	15	13	14
2	5	5	6	6	7	8	8	9	9	10	9	10	11	11	12	12	13	14	14	15	15	16	14	15
甲	6	6	7	7	8	9	9	10	10	11	10	11	12	12	13	13	14	15	15	16	16	17	15	16
子	7	7	8	8	9	10	10	11	11	12	11	12	13	13	14	14	15	16	16	17	17	18	16	17
表	8	8	9	9	10	11	11	12	12	13	12	13	14	14	15	15	16	17	17	18	18	19	17	18
13	9	9	10	10	11	12	12	13	13	14	13	14	15	15	16	16	17	18	18	19	19	20	18	19
	10	10	11	11	12	13	13	14	14	15	14	15	16	16	17	17	18	19	19	20	20	21	19	20

六九三 癸巳 長壽二 74

六九四 甲午 長壽三 延載元 五月改 75

22	23	23	24	25	25	26	26	27	25	26	27	27	28	28	29	30	30	31	**5**	**4**	2	31	**1**
23	正24	十24	25	26	26	27	27	28	26	27	28	28	29	29	30	31	**7**	**6**	2	2	3	**2**	2
24	25	25	九26	八27	27	28	28	29	27	28	29	29	30	30	31	**8**	2	2	3	3	4	2	3
25	8 26	7 26	27	28	七28	六29	29	30	28	29	30	30	31	**10**	**9**	2	3	3	4	4	5	3	4
26	27	27	6 28	5 29	29	30	五30	四31	三**3**	30	31	**12**	**11**	2	2	3	4	4	5	5	6	**4**	5
27	28	28	29	30	4 30	3 31	**5**	**4**	2	二31	一**1**	2	2	3	3	4	5	5	6	6	7	5	6
28	29	29	30	31	**7**	**6**	2 2	1 2	3	**2**	2	臘3	正3	4	4	5	6	6	7	7	8	6	7
29	30	30	31	**8**	2	2	3	3	12 4	11 2	3	4	4	十5	九5	6	7	7	8	8	9	7	8
30	31	**10**	**9**	2	3	3	4	4	5	3	10 4	9 5	5	6	6	八7	七8	8	9	9	10	8	9
12	**11**	2	2	3	4	4	5	5	6	4	5	6	8 6	7 7	7	8	9	六9	五10	10	11	9	10
2	2	3	3	4	5	5	6	6	7	5	6	7	7	8	6 8	5 9	10	10	11	四11	三12	10	11
3	3	4	4	5	6	6	7	7	8	6	7	8	8	9	9	10	4 11	3 11	12	12	13	二11	一12 臘
4	4	5	5	6	7	7	8	8	9	7	8	9	9	10	10	11	12	12	2 13	1 13	12 14	11 12	13
5	5	6	6	7	8	8	9	9	10	8	9	10	10	11	11	12	13	13	14	14	15	13	10 14 9
6	6	7	7	8	9	9	10	10	11	9	10	11	11	12	12	13	14	14	15	15	16	14	15
7	7	8	8	9	10	10	11	11	12	10	11	12	12	13	13	14	15	15	16	16	17	15	16
8	8	9	9	10	11	11	12	12	13	11	12	13	13	14	14	15	16	16	17	17	18	16	17
9	9	10	10	11	12	12	13	13	14	12	13	14	14	15	15	16	17	17	18	18	19	17	18
10	10	11	11	12	13	13	14	14	15	13	14	15	15	16	16	17	18	18	19	19	20	18	19
11	11	12	12	13	14	14	15	15	16	14	15	16	16	17	17	18	19	19	20	20	21	19	20
12	12	13	13	14	15	15	16	16	17	15	16	17	17	18	18	19	20	20	21	21	22	20	21
13	13	14	14	15	16	16	17	17	18	16	17	18	冬18	19	19	20	21	21	22	22	23	21	22
14	14	15	15	16	17	17	18	18	19	17	18	19	19	20	20	21	22	22	23	23	24	22	23
15	15	16	16	17	18	18	19	19	20	18	19	20	20	21	21	22	23	23	24	24	25	23	24
16	16	17	17	18	19	19	20	20	21	19	20	21	21	22	22	23	24	24	25	25	26	24	25
17	17	18	18	19	20	20	21	21	22	20	21	22	22	23	23	24	25	25	26	26	27	25	26
18	冬18	19	19	20	21	21	22	22	23	21	22	23	23	24	24	25	26	26	27	27	28	26	27
19	19	20	20	21	22	22	23	23	24	22	23	24	24	25	25	26	27	27	28	28	29	27	28
20	20	21	21	22	23	23	24	24	25	23	24	25	25	26	26	27	28	28	29	29	30	28	29
21	21	22	22	23	24	24	25	25	26	24	25	26	26	27	27	28	29	29	30	30	31	**3**	30

六九五 乙未 證聖元 天冊萬歲元（九月改） 萬歲登封元（臘月改） 76

六九六 丙申 萬歲通天元（三月改） 77

11	11	12	12	13	14	14	15	15	16	15	16	17	17	18	18	19	20	20	21 2	21 1	22	20	21 一	22 臘	
12	12	13	13	14	15	15	16	16	17	16	17	18 冬	18	19	19	20	21	21	22	22	23 12	21 11	22	23	
13	13	14	14	15	16	16	17	17	18	17	18	19	19	20	20	21	22	22	23	23	24	22	23 10	24 9	
14	14	15	15	16	17	17	18	18	19	18	19	20	20	21	21	22	23	23	24	24	25	23	24	25	
15	15	16	16	17	18	18	19	19	20	19	20	21	21	22	22	23	24	24	25	25	26	24	25	26	
16	16	17	17	18	19	19	20	20	21	20	21	22	22	23	23	24	25	25	26	26	27	25	26	27	
17	17	18	18	19	20	20	21	21	22	21	22	23	23	24	24	25	26	26	27	27	28	26	27	28	
18 冬	18	19	19	20	21	21	22	22	23	22	23	24	24	25	25	26	27	27	28	28	29	27	28	29	
19	19	20	20	21	22	22	23	23	24	23	24	25	25	26	26	27	28	28	29	29	30	28	29	30	
20	20	21	21	22	23	23	24	24	25	24	25	26	26	27	27	28	29	29	30	30	31	3	30	31	
21	21	22	22	23	24	24	25	25	26	25	26	27	27	28	28	29	30	30	31	5	4	2	31	1	
22	22	23	23	24	25	25	26	26	27	26	27	28	28	29	29	30	31	7	6	2	2	3	2	2	
23	23	24	24	25	26	26	27	27	28	27	28	29	29	30	30	31	8	2	2	3	3	4	2	3	
24	24	25	25	26	27	27	28	28	29	28	29	30	30	31	10	9	2	3	3	4	4	5	3	4	
25	25	26	26	27	28	28	29	29	30	29	30	31	12	11	2	2	3	4	4	5	5	6	4	5	
26	26	27	27	28	29	29	30	30	31	3	31	1	2	2	3	3	4	5	5	6	6	7	5	6	
27	27	28	28	29	30	30	31	5	4	2	2	2	3	3	4	4	5	6	6	7	7	8	6	7	
28	28	29	29	30	31	7	6	2	2	3	2	3	4	4	5	5	6	7	7	8	8	9	7	8	
29	29	30	30	31	8	2	2	3	3	4	3	4	5	5	6	6	7	8	8	9	9	10	8	9	
30 臘	30 正	31	10	9	2	3	3	4	4	5	4	5	6	6	7	7	8	9	9	10	10	11	9	10	
31	12	11 十	2 九	2 八	3	4	4	5	5	6	5	6	7	7	8	8	9	10	10	11	11	12	10	11	
日	2 9	2	3	3	4 七	5 六	5 五	6	6	7	6	7	8	8	9	9	10	11	11	12	12	13	11	12	
曜	3	3 8	4 7	4	5	6	6	7 四	7 三	8	7	8	9	9	10	10	11	12	12	13	13	14	12	13	
表	4	4	5	5 6	6 5	7	7	8	8	9 二	8	9	10	10	11	11	12	13	13	14	14	15	13	14	
3	5	5	6	6	7	8 4	8 3	9	9	10	9 一	10 臘	11	11	12	12	13	14	14	15	15	16	14	15	
甲	6	6	7	7	8	9	9	10 2	10 1	11 12	10 11	11	12 正	12 十	13	13	14	15	15	16	16	17	15	16	
子	7	7	8	8	9	10	10	11	11	12	11	12 10	13 9	13	14 九	14 八	15	16	16	17	17	18	16	17	
表	8	8	9	9	10	11	11	12	12	13	12	13	14	14 8	15 7	15	16 七	17 六	17 五	18	18	19	17	18	
14	9	9	10	10	11	12	12	13	13	14	13	14	15	15	16	16 6	17 5	18	18	19 四	19 三	20	18	19	
	10	10	11	11	12	13	13	14	14	15	14	15	16	16	17	17	18	19 4	19 3	20	20	21 閏	19 二	20	

六九八 戊戌 聖曆元 79												六九七 丁酉 萬歲通天二 神功元九月改 78											
22	23	23	24	25	25	26	26	27	25	26	27	27	28	28	29	30	30	31	**5**	**4**	2	31	**1** 10
23	24	24	25	26	26	27	27	28	26	27	28	28	29	29	30	31	**7**	**6**	2	2	3	**2**	2
24	25	25	26	27	27	28	28	29	27	28	29	29	30	30	31	**8**	2	2	3	3	4	2	3
25	26	26	27	28	28	29	29	30	28	29	30	30	31	**10**	**9**	2	3	3	4	4	5	3	4
26	27	27	28	29	29	30	30	31	**3**	30	31	**12**	**11**	2	2	3	4	4	5	5	6	4	5
27	28	28	29	30	30	31	**5**	**4**	2	31	**1**	2	2	3	3	4	5	5	6	6	7	5	6
28	29	29	30	31	**7**	**6**	2	2	3	**2**	2	3	3	4	4	5	6	6	7	7	8	6	7
29	30	30	31	**8**	2	2	3	3	4	2	3	4	4	5	5	6	7	7	8	8	9	7	8
30	31	**10**	**9**	2	3	3	4	4	5	3	4	5	5	6	6	7	8	8	9	9	10	8	9
12	**11**	2	2	3	4	4	5	5	6	4	5	6	6	7	7	8	9	9	10	10	11	9	10
2	2	3	3	4	5	5	6	6	7	5	6	7	7	8	8	9	10	10	11	11	12	10	11
3	3	4	4	5	6	6	7	7	8	6	7	8	8	9	9	10	11	11	12	12	13	11	12
4	4	5	5	6	7	7	8	8	9	7	8	9	9	10	10	11	12	12	13	13	14	12	13
5	5	6	6	7	8	8	9	9	10	8	9	10	10	11	11	12	13	13	14	14	15	13	14
6	6	7	7	8	9	9	10	10	11	9	10	11	11	12	12	13	14	14	15	15	16	14	15
7	7	8	8	9	10	10	11	11	12	10	11	12	12	13	13	14	15	15	16	16	17	15	16
8 正	8 十	9	9	10	11	11	12	12	13	11	12	13	13	14	14	15	16	16	17	17	18	16	17
9	9	10 九	10 八	11	12	12	13	13	14	12	13	14	14	15	15	16	17	17	18	18	19	17	18
10	10	11	11	12 七	13 六	13	14	14	15	13	14	15	15	16	16	17	18	18	19	19	20	18	19
11 **10**	11 **9**	12	12	13	14	14 五	15 四	15	16	14	15	16	16	17	17	18	19	19	20	20	21	19	20
12	12	13 **8**	13 **7**	14	15	15	16	16 三	17	15	16	17	17	18	18	19	20	20	21	21	22	20	21
13	13	14	14	15 **6**	16 **5**	16	17	17	18 二	16 一	17	18 冬	18	19	19	20	21	21	22	22	23	21	22
14	14	15	15	16	17	17 **4**	18 **3**	18	19	17	18 臘	19	19	20	20	21	22	22	23	23	24	22	23
15	15	16	16	17	18	18	19	19 **2**	20 **1**	18 **12**	19 **11**	20 正	20 閏	21 十	21 九	22 八	23	23	24	24	25	23	24
16	16	17	17	18	19	19	20	20	21	19	20	21 **10**	21 **9**	22	22	23	24 七	24 六	25	25	26	24	25
17	17	18	18	19	20	20	21	21	22	20	21	22	22	23 **8**	23 **7**	24	25	25	26 五	26 四	27	25	26
18 冬	18	19	19	20	21	21	22	22	23	21	22	23	23	24	24	25 **6**	26 **5**	26	27	27	28 三	26	27
19	19	20	20	21	22	22	23	23	24	22	23	24	24	25	25	26	27	27 **4**	28 **3**	28	29	27 二	28 一
20	20	21	21	22	23	23	24	24	25	23	24	25	25	26	26	27	28	28	29	29 **2**	30 **1**	28	29
21	21	22	22	23	24	24	25	25	26	24	25	26	26	27	27	28	29	29	30	30	31	**31** **12**	30 **11**

七〇〇 庚子 聖曆三 久視元 五月改 十月復寅正 81

六九九 己亥 聖曆二 80

11	11	12	12	13	14	14	15	15	16	15	16	17	17	18	18	19	20	20	21	21	22	20	21	22
12	12	13	13	14	15	15	16	16	17	16	17	18 冬	18	19	19	20	21	21	22	22	23	21	22	23
13	13	14	14	15	16	16	17	17	18	17	18	19	19	20	20	21	22	22	23	23	24	22	23	24
14	14	15	15	16	17	17	18	18	19	18	19	20	20	21	21	22	23	23	24	24	25	23	24	25
15 十一	15 十	16	16	17	18	18	19	19	20	19	20	21	21	22	22	23	24	24	25	25	26	24	25	26
16	16	17 九	17 八	18	19	19	20	20	21	20	21	22	22	23	23	24	25	25	26	26	27	25	26	27
17 11	17	18	18	19 閏	20	20	21	21	22	21	22	23	23	24	24	25	26	26	27	27	28	26	27	28
18 冬	18 10	19 9	19	20	21 七	21 六	22	22	23	22	23	24	24	25	25	26	27	27	28	28	29	27	28	29
19	19	20	20 8	21 7	22	22	23 五	23	24	23	24	25	25	26	26	27	28	28	29	29	30	28	29	30
20	20	21	21	22	23 6	23 5	24	24 四	25 三	24	25	26	26	27	27	28	29	29	30	30	31	**3**	30	31
21	21	22	22	23	24	24	25 4	25 3	26	25 二	26 一	27 臘	27 正	28	28	29	30	30	31	**5**	**4**	2	31	**1**
22	22	23	23	24	25	25	26	26	27 2	26 1	27	28	28	29 十	29 九	30 八	31	**7**	**6**	2	2	3	**2**	2
23	23	24	24	25	26	26	27	27	28	27	28 12	29 11	29	30	30	31	**8** 七	2	2	3	3	4	2	3
24	24	25	25	26	27	27	28	28	29	28	29	30	30 10	31 9	**10**	**9**	2	3 六	3 五	4	4	5	3	4
25	25	26	26	27	28	28	29	29	30	29	30	31	**12**	**11**	2 8	2 7	3	4	4	5 四	5	6	4	5
26	26	27	27	28	29	29	30	30	31	**3**	31	**1**	2	2	3	3	4 6	5 5	5	6	6 三	7 二	5	6
27	27	28	28	29	30	30	31	**5**	**4**	2	**2**	2	3	3	4	4	5	6	6 4	7 3	7	8	6 一	7 臘
28	28	29	29	30	31	**7**	**6**	2	2	3	2	3	4	4	5	5	6	7	7	8	8 2	9 1	7	8
29	29	30	30	31	**8**	2	2	3	3	4	3	4	5	5	6	6	7	8	8	9	9	10	8 12	9 11
30	30	31	**10**	**9**	2	3	3	4	4	5	4	5	6	6	7	7	8	9	9	10	10	11	9	10
31	**12**	**11**	2	2	3	4	4	5	5	6	5	6	7	7	8	8	9	10	10	11	11	12	10	11
日	2	2	3	3	4	5	5	6	6	7	6	7	8	8	9	9	10	11	11	12	12	13	11	12
曜	3	3	4	4	5	6	6	7	7	8	7	8	9	9	10	10	11	12	12	13	13	14	12	13
表	4	4	5	5	6	7	7	8	8	9	8	9	10	10	11	11	12	13	13	14	14	15	13	14
4	5	5	6	6	7	8	8	9	9	10	9	10	11	11	12	12	13	14	14	15	15	16	14	15
甲	6	6	7	7	8	9	9	10	10	11	10	11	12	12	13	13	14	15	15	16	16	17	15	16
子	7	7	8	8	9	10	10	11	11	12	11	12	13	13	14	14	15	16	16	17	17	18	16	17
表	8	8	9	9	10	11	11	12	12	13	12	13	14	14	15	15	16	17	17	18	18	19	17	18
15	9	9	10	10	11	12	12	13	13	14	13	14	15	15	16	16	17	18	18	19	19	20	18	19
	10	10	11	11	12	13	13	14	14	15	14	15	16	16	17	17	18	19	19	20	20	21	19	20

七〇一 辛丑 大足元 長安元 十月改 82

七〇二 壬寅 長安二 83

22	23	23	24	25	25	26	26	27	25	26	27	27	28	28	29	30	30	31	**5**	**4**	2	31	**1**
23	24	24	25	26	26	27	27	28	26	27	28	28	29	29	30	31	**7**	**6**	2	2	3	**2**	2
24	十一 25	25	26	27	27	28	28	29	27	28	29	29	30	30	31	**8**	2	2	3	3	4	2	3
25	26	十 26	九 27	28	28	29	29	30	28	29	30	30	31	**10**	**9**	2	3	3	4	4	5	3	4
26	11 27	27	28	八 29	七 29	30	30	31	**3**	30	31	**12**	**11**	2	2	3	4	4	5	5	6	4	5
27	28	10 28	9 29	30	30	六 31	五 **5**	**4**	2	31	**1**	2	2	3	3	4	5	5	6	6	7	5	6
28	29	29	30	8 31	7 **7**	**6**	2	四 2	三 3	二 **2**	2	3	3	4	4	5	6	6	7	7	8	6	7
29	30	30	31	**8**	2	6 2	5 3	3	4	2	正 3	十二 4	十一 4	5	5	6	7	7	8	8	9	7	8
30	31	**10**	**9**	2	3	3	4	4 4	3 5	3	4	5	5	十 6	九 6	7	8	8	9	9	10	8	9
12	**11**	2	2	3	4	4	5	5	6	2 4	1 5	6	6	7	7	八 8	9	9	10	10	11	9	10
2	2	3	3	4	5	5	6	6	7	5	6	12 7	11 7	8	8	9	七 10	六 10	11	11	12	10	11
3	3	4	4	5	6	6	7	7	8	6	7	8	8	10 9	9 9	10	11	11	五 12	12	13	11	12
4	4	5	5	6	7	7	8	8	9	7	8	9	9	10	10	8 11	7 12	12	13	四 13	三 14	二 12	13
5	5	6	6	7	8	8	9	9	10	8	9	10	10	11	11	12	13	6 13	5 14	14	15	13	正 14 十二
6	6	7	7	8	9	9	10	10	11	9	10	11	11	12	12	13	14	14	15	4 15	3 16	14	15
7	7	8	8	9	10	10	11	11	12	10	11	12	12	13	13	14	15	15	16	16	17	2 15	1 16 12
8	8	9	9	10	11	11	12	12	13	11	12	13	13	14	14	15	16	16	17	17	18	16	17
9	9	10	10	11	12	12	13	13	14	12	13	14	14	15	15	16	17	17	18	18	19	17	18
10	10	11	11	12	13	13	14	14	15	13	14	15	15	16	16	17	18	18	19	19	20	18	19
11	11	12	12	13	14	14	15	15	16	14	15	16	16	17	17	18	19	19	20	20	21	19	20
12	12	13	13	14	15	15	16	16	17	15	16	17	17	18	18	19	20	20	21	21	22	20	21
13	13	14	14	15	16	16	17	17	18	16	17	18	冬 18	19	19	20	21	21	22	22	23	21	22
14	14	15	15	16	17	17	18	18	19	17	18	19	19	20	20	21	22	22	23	23	24	22	23
15	15	16	16	17	18	18	19	19	20	18	19	20	20	21	21	22	23	23	24	24	25	23	24
16	16	17	17	18	19	19	20	20	21	19	20	21	21	22	22	23	24	24	25	25	26	24	25
17	17	18	18	19	20	20	21	21	22	20	21	22	22	23	23	24	25	25	26	26	27	25	26
18	冬 18	19	19	20	21	21	22	22	23	21	22	23	23	24	24	25	26	26	27	27	28	26	27
19	19	20	20	21	22	22	23	23	24	22	23	24	24	25	25	26	27	27	28	28	29	27	28
20	20	21	21	22	23	23	24	24	25	23	24	25	25	26	26	27	28	28	29	29	30	28	29
21	21	22	22	23	24	24	25	25	26	24	25	26	26	27	27	28	29	29	30	30	31	**3**	30

七〇四 甲辰 長安四 85													七〇三 癸卯 長安三 84											
11	11	12	12	13	14	14	15	15	16	15	16	17	17	18	18	19 8	20 7	20	21	21 四	22 三	20	21	22
12	12	13	13	14	15	15	16	16	17	16	17	18 冬	18	19	19	20	21	21 6	22 5	22	23	21 二	22 正	23 十二
13	13	14	14	15	16	16	17	17	18	17	18	19	19	20	20	21	22	22	23	23 4	24 3	22	23	24
14	14	15	15	16	17	17	18	18	19	18	19	20	20	21	21	22	23	23	24	24	25	23 2	24 1	25
15	15	16	16	17	18	18	19	19	20	19	20	21	21	22	22	23	24	24	25	25	26	24	25	26 12
16	16	17	17	18	19	19	20	20	21	20	21	22	22	23	23	24	25	25	26	26	27	25	26	27
17	17	18	18	19	20	20	21	21	22	21	22	23	23	24	24	25	26	26	27	27	28	26	27	28
18 冬	18	19	19	20	21	21	22	22	23	22	23	24	24	25	25	26	27	27	28	28	29	27	28	29
19	19	20	20	21	22	22	23	23	24	23	24	25	25	26	26	27	28	28	29	29	30	28	29	30
20	20	21	21	22	23	23	24	24	25	24	25	26	26	27	27	28	29	29	30	30	31	**3**	30	31
21	21	22	22	23	24	24	25	25	26	25	26	27	27	28	28	29	30	30	31	**5**	**4**	2	31	**1**
22	22	23	23	24	25	25	26	26	27	26	27	28	28	29	29	30	31	**7**	**6**	2	2	3	**2**	2
23	23	24	24	25	26	26	27	27	28	27	28	29	29	30	30	31	**8**	2	2	3	3	4	2	3
24	24	25	25	26	27	27	28	28	29	28	29	30	30	31	**10**	**9**	2	3	3	4	4	5	3	4
25	25	26	26	27	28	28	29	29	30	29	30	31	**12**	**11**	2	2	3	4	4	5	5	6	4	5
26	26	27	27	28	29	29	30	30	31	**3**	31	**1**	2	2	3	3	4	5	5	6	6	7	5	6
27	27	28	28	29	30	30	31	**5**	**4**	2	**2**	2	3	3	4	4	5	6	6	7	7	8	6	7
28	28	29	29	30	31	**7**	**6**	2	2	3	2	3	4	4	5	5	6	7	7	8	8	9	7	8
29	29	30	30	31	**8**	2	2	3	3	4	3	4	5	5	6	6	7	8	8	9	9	10	8	9
30	30	31	**10**	**9**	2	3	3	**4**	**4**	5	4	5	6	6	7	7	8	9	9	10	10	11	9	10
31 十二	**12**	**11**	2	2	3	4	4	5	5	6	5	6	7	7	8	8	9	10	10	11	11	12	10	11
日	2 十一	2 十	3	3	4	5	5	6	6	7	6	7	8	8	9	9	10	11	11	12	12	13	11	12
曜	3	3	4 九	4 八	5 七	6	6	7	7	8	7	8	9	9	10	10	11	12	12	13	13	14	12	13
表	4 12	4 11	5	5	6	7 六	7 五	8	8	9	8	9	10	10	11	11	12	13	13	14	14	15	13	14
5	5	5	6 10	6 9	7	8	8	9 四	9 三	10 二	9	10	11	11	12	12	13	14	14	15	15	16	14	15
甲	6	6	7	7	8 8	9 7	9	10	10	11	10 正	11	12	12	13	13	14	15	15	16	16	17	15	16
子	7	7	8	8	9	10	10 6	11 5	11	12	11	12 十二	13 十一	13	14	14	15	16	16	17	17	18	16	17
表	8	8	9	9	10	11	11	12	12 4	13 3	12	13	14	14 十	15 九	15	16	17	17	18	18	19	17	18
16	9	9	10	10	11	12	12	13	13	14	13 2	14 1	15 12	15 11	16	16 八	17 七	18	18	19	19	20	18	19
	10	10	11	11	12	13	13	14	14	15	14	15	16	16	17 10	17 9	18	19 六	19 五	20 閏	20	21	19	20

七〇六 丙午 神龍二

88

七〇五 乙巳 唐中宗 神龍元 二月復國號曰唐

87 86

22	23	23	24	25	25	26	26	27	25	26	27	27	28	28	29	30	30	31	**5**	**4** 4	2 3	31	**1**
23	24	24	25	26	26	27	27	28	26	27	28	28	29	29	30	31	**7**	**6**	2	2	3	**2** 2	2 1
24	25	25	26	27	27	28	28	29	27	28	29	29	30	30	31	**8**	2	2	3	3	4	2	3
25	26	26	27	28	28	29	29	30	28	29	30	30	31	**10**	**9**	2	3	3	4	4	5	3	4
26	27	27	28	29	29	30	30	31	**3**	30	31	**12**	**11**	2	2	3	4	4	5	5	6	4	5
27	28	28	29	30	30	31	**5**	**4**	2	31	**1**	2	2	3	3	4	5	5	6	6	7	5	6
28	29	29	30	31	**7**	**6**	2	2	3	**2**	2	3	3	4	4	5	6	6	7	7	8	6	7
29	30	30	31	**8**	2	2	3	3	4	2	3	4	4	5	5	6	7	7	8	8	9	7	8
30	31	**10**	**9**	2	3	3	4	4	5	3	4	5	5	6	6	7	8	8	9	9	10	8	9
12	**11**	2	2	3	4	4	5	5	6	4	5	6	6	7	7	8	9	9	10	10	11	9	10
2	2	3	3	4	5	5	6	6	7	5	6	7	7	8	8	9	10	10	11	11	12	10	11
3	3	4	4	5	6	6	7	7	8	6	7	8	8	9	9	10	11	11	12	12	13	11	12
4	4	5	5	6	7	7	8	8	9	7	8	9	9	10	10	11	12	12	13	13	14	12	13
5	5	6	6	7	8	8	9	9	10	8	9	10	10	11	11	12	13	13	14	14	15	13	14
6	6	7	7	8	9	9	10	10	11	9	10	11	11	12	12	13	14	14	15	15	16	14	15
7	7	8	8	9	10	10	11	11	12	10	11	12	12	13	13	14	15	15	16	16	17	15	16
8	8	9	9	10	11	11	12	12	13	11	12	13	13	14	14	15	16	16	17	17	18	16	17
9	9	10	10	11	12	12	13	13	14	12	13	14	14	15	15	16	17	17	18	18	19	17	18
10 十一	10 十	11	11	12	13	13	14	14	15	13	14	15	15	16	16	17	18	18	19	19	20	18	19
11	11	12 九	12 八	13 七	14	14	15	15	16	14	15	16	16	17	17	18	19	19	20	20	21	19	20
12 1	12	13	13	14	15 六	15 五	16	16	17	15	16	17	17	18	18	19	20	20	21	21	22	20	21
13	13 12	14 11	14	15	16	16	17 四	17 三	18	16	17	18 冬	18	19	19	20	21	21	22	22	23	21	22
14	14	15	15 10	16 9	17	17	18	18	19 二	17	18	19	19	20	20	21	22	22	23	23	24	22	23
15	15	16	16	17	18 8	18 7	19	19	20	18 閏	19 正	20	20	21	21	22	23	23	24	24	25	23	24
16	16	17	17	18	19	19	20 6	20 5	21	19	20	21 十二	21 十一	22 十	22	23	24	24	25	25	26	24	25
17	17	18	18	19	20	20	21	21	22 4	20 3	21	22	22	23	23 九	24 八	25 七	25	26	26	27	25	26
18 冬	18	19	19	20	21	21	22	22	23	21	22 2	23 1	23 12	24 11	24	25	26	26 六	27 五	27	28	26	27
19	19	20	20	21	22	22	23	23	24	22	23	24	24	25	25 10	26 9	27	27	28	28 四	29 三	27	28
20	20	21	21	22	23	23	24	24	25	23	24	25	25	26	26	27	28 8	28 7	29	29	30	28 二	29
21	21	22	22	23	24	24	25	25	26	24	25	26	26	27	27	28	29	29	30 6	30 5	31	**3**	30 正

	七〇八 戊申 景龍二 (90)												七〇七 丁未 神龍三 景龍元九月改 (89)											
11	11	12	12	13	14	14	15	15	16	15	16	17	17	18	18	19	20	20	21	21	22	20	21	22
12	12	13	13	14	15	15	16	16	17	16	17	18	冬18	19	19	20	21	21	22	22	23	21	22	23
13	13	14	14	15	16	16	17	17	18	17	18	19	19	20	20	21	22	22	23	23	24	22	23	24
14	14	15	15	16	17	17	18	18	19	18	19	20	20	21	21	22	23	23	24	24	25	23	24	25
15	15	16	16	17	18	18	19	19	20	19	20	21	21	22	22	23	24	24	25	25	26	24	25	26
16	16	17	17	18	19	19	20	20	21	20	21	22	22	23	23	24	25	25	26	26	27	25	26	27
17	十一17	十18	18	19	20	20	21	21	22	21	22	23	23	24	24	25	26	26	27	27	28	26	27	28
18	冬18	19	閏19	九20	八21	21	22	22	23	22	23	24	24	25	25	26	27	27	28	28	29	27	28	29
19	19	20	20	21	22	七22	23	23	24	23	24	25	25	26	26	27	28	28	29	29	30	28	29	30
20	2 20	1 21	12 21	11 22	23	23	六24	五24	25	24	25	26	26	27	27	28	29	29	30	30	31	3	30	31
21	21	22	22	23	10 24	9 24	25	25	四26	25	26	27	27	28	28	29	30	30	31	5	4	2	31	1
22	22	23	23	24	25	25	8 26	7 26	27	三26	二27	28	28	29	29	30	31	7	6	2	2	3	2	2
23	23	24	24	25	26	26	27	27	6 28	5 27	28	正29	十二29	十一30	十30	31	8	2	2	3	3	4	2	3
24	24	25	25	26	27	27	28	28	29	28	4 29	3 30	30	31	10	九9	八2	七3	3	4	4	5	3	4
25	25	26	26	27	28	28	29	29	30	29	30	31	2 12	1 11	2	2	3	4	六4	5	5	6	4	5
26	26	27	27	28	29	29	30	30	31	3	31	1	2	2	12 3	11 3	4	5	5	五6	四6	7	5	6
27	27	28	28	29	30	30	31	5	4	2	2	2	3	3	4	4	10 5	9 6	6	7	7	三8	6	7
28	28	29	29	30	31	7	6	2	2	3	2	3	4	4	5	5	6	7	8 7	7 8	8	9	二7	正8
29	29	30	30	31	8	2	2	3	3	4	3	4	5	5	6	6	7	8	8	9	6 9	5 10	8	9 十二
30	30	31	10	9	2	3	3	4	4	5	4	5	6	6	7	7	8	9	9	10	10	11	4 9	3 10
31	12	11	2	2	3	4	4	5	5	6	5	6	7	7	8	8	9	10	10	11	11	12	10	11 2
日	2	2	3	3	4	5	5	6	6	7	6	7	8	8	9	9	10	11	11	12	12	13	11	12
曜	3	3	4	4	5	6	6	7	7	8	7	8	9	9	10	10	11	12	12	13	13	14	12	13
表	4	4	5	5	6	7	7	8	8	9	8	9	10	10	11	11	12	13	13	14	14	15	13	14
6	5	5	6	6	7	8	8	9	9	10	9	10	11	11	12	12	13	14	14	15	15	16	14	15
甲	6	6	7	7	8	9	9	10	10	11	10	11	12	12	13	13	14	15	15	16	16	17	15	16
子	7	7	8	8	9	10	10	11	11	12	11	12	13	13	14	14	15	16	16	17	17	18	16	17
表	8	8	9	9	10	11	11	12	12	13	12	13	14	14	15	15	16	17	17	18	18	19	17	18
17	9	9	10	10	11	12	12	13	13	14	13	14	15	15	16	16	17	18	18	19	19	20	18	19
	10	10	11	11	12	13	13	14	14	15	14	15	16	16	17	17	18	19	19	20	20	21	19	20

七〇九 己酉 景龍三

七一〇 庚戌 景龍四 唐溫王 唐隆元六月改 唐睿宗 景雲元七月改

	92												91										
22	23	23	24	25	25	26	26	27	25	26	27	27	28	28	29	30	30	31	**5**	**4**	2	31	**1**
23	24	24	25	26	26	27	27	28	26	27	28	28	29	29	30	31	**7**	**6**	2	2	3	**2**	2
24	25	25	26	27	27	28	28	29	27	28	29	29	30	30	31	**8**	2	2	3	3	4	2	3
25	26	26	27	28	28	29	29	30	28	29	30	30	31	**10**	**9**	2	3	3	4	4	5	3	4
26 十二	27 十一	27	28	29	29	30	30	31	**3**	30	31	**12**	**11**	2	2	3	4	4	5	5	6	**4**	5
27	28	28 九	29 八	30	30	31	**5**	**4**	2	31	**1**	2	2	3	3	4	5	5	6	6	7	5	6
28 **2**	29 **1**	29	30	31 七	**7**	**6**	2	2	3	**2**	2	3	3	4	4	5	6	6	7	7	8	6	7
29	30	30 **12**	31 **11**	**8**	2 六	2 五	3	3	4	2	3	4	4	5	5	6	7	7	8	8	9	7	8
30	31	**10**	**9**	2 **10**	3 **9**	3	4 四	4 三	5 二	3	4	5	5	6	6	7	8	8	9	9	10	8	9
12	**11**	2	2	3	4	4 **8**	5 **7**	5	6	4 正	5 十二	6 十一	6 十	7	7	8	9	9	10	10	11	9	10
2	2	3	3	4	5	5	6	6 **6**	7 **5**	5	6	7	7	8 九	8	9	10	10	11	11	12	10	11
3	3	4	4	5	6	6	7	7	8	6 **4**	7 **3**	8	8	9	9 八	10 七	11	11	12	12	13	11	12
4	4	5	5	6	7	7	8	8	9	7	8	9 **2**	9 **1**	10	10	11	12 六	12 五	13	13	14	12	13
5	5	6	6	7	8	8	9	9	10	8	9	10	10	11 **12**	11 **11**	12	13	13	14 四	14	15	13	14
6	6	7	7	8	9	9	10	10	11	9	10	11	11	12	12	13 **10**	14 **9**	14	15	15 三	16 二	14	15
7	7	8	8	9	10	10	11	11	12	10	11	12	12	13	13	14	15	15 **8**	16 **7**	16	17	15 正	16 十二
8	8	9	9	10	11	11	12	12	13	11	12	13	13	14	14	15	16	16	17	17 **6**	18 **5**	16	17
9	9	10	10	11	12	12	13	13	14	12	13	14	14	15	15	16	17	17	18	18	19	17 **4**	18 **3**
10	10	11	11	12	13	13	14	14	15	13	14	15	15	16	16	17	18	18	19	19	20	18	19
11	11	12	12	13	14	14	15	15	16	14	15	16	16	17	17	18	19	19	20	20	21	19	20
12	12	13	13	14	15	15	16	16	17	15	16	17	17	18	18	19	20	20	21	21	22	20	21
13	13	14	14	15	16	16	17	17	18	16	17	18 冬	18	19	19	20	21	21	22	22	23	21	22
14	14	15	15	16	17	17	18	18	19	17	18	19	19	20	20	21	22	22	23	23	24	22	23
15	15	16	16	17	18	18	19	19	20	18	19	20	20	21	21	22	23	23	24	24	25	23	24
16	16	17	17	18	19	19	20	20	21	19	20	21	21	22	22	23	24	24	25	25	26	24	25
17	17	18	18	19	20	20	21	21	22	20	21	22	22	23	23	24	25	25	26	26	27	25	26
18 冬	18	19	19	20	21	21	22	22	23	21	22	23	23	24	24	25	26	26	27	27	28	26	27
19	19	20	20	21	22	22	23	23	24	22	23	24	24	25	25	26	27	27	28	28	29	27	28
20	20	21	21	22	23	23	24	24	25	23	24	25	25	26	26	27	28	28	29	29	30	28	29
21	21	22	22	23	24	24	25	25	26	24	25	26	26	27	27	28	29	29	30	30	31	**3**	30

七一二 壬子 太極元 延和元 五月改 唐玄宗 先天元 八月改													七一一 辛亥 景雲二											
			94											93										
11	11	12	12	13	14	14	15	15	16	15	16 4	17 3	17	18	18	19 七	20 閏	20	21	21	22	20	21	22
12	12	13	13	14	15	15	16	16	17	16	17	18 冬	18 2	19 1	19 12	20 11	21	21 六	22 五	22	23	21	22	23
13	13	14	14	15	16	16	17	17	18	17	18	19	19	20	20	21	22 10	22 9	23	23 四	24 三	22 二	23	24
14	14	15	15	16	17	17	18	18	19	18	19	20	20	21	21	22	23	23	24 8	24 7	25	23	24 正	25 十二
15	15	16	16	17	18	18	19	19	20	19	20	21	21	22	22	23	24	24	25	25	26 6	24 5	25	26
16	16	17	17	18	19	19	20	20	21	20	21	22	22	23	23	24	25	25	26	26	27	25	26 4	27 3
17	17	18	18	19	20	20	21	21	22	21	22	23	23	24	24	25	26	26	27	27	28	26	27	28
18 冬	18	19	19	20	21	21	22	22	23	22	23	24	24	25	25	26	27	27	28	28	29	27	28	29
19	19	20	20	21	22	22	23	23	24	23	24	25	25	26	26	27	28	28	29	29	30	28	29	30
20	20	21	21	22	23	23	24	24	25	24	25	26	26	27	27	28	29	29	30	30	31	3	30	31
21	21	22	22	23	24	24	25	25	26	25	26	27	27	28	28	29	30	30	31	5	4	2	31	1
22	22	23	23	24	25	25	26	26	27	26	27	28	28	29	29	30	31	7	6	2	2	3	2	2
23	23	24	24	25	26	26	27	27	28	27	28	29	29	30	30	31	8	2	2	3	3	4	2	3
24	24	25	25	26	27	27	28	28	29	28	29	30	30	31	10	9	2	3	3	4	4	5	3	4
25	25	26	26	27	28	28	29	29	30	29	30	31	12	11	2	2	3	4	4	5	5	6	4	5
26	26	27	27	28	29	29	30	30	31	3	31	1	2	2	3	3	4	5	5	6	6	7	5	6
27	27	28	28	29	30	30	31	5	4	2	2	2	3	3	4	4	5	6	6	7	7	8	6	7
28	28	29	29	30	31	7	6	2	2	3	2	3	4	4	5	5	6	7	7	8	8	9	7	8
29	29	30	30	31	8	2	2	3	3	4	3	4	5	5	6	6	7	8	8	9	9	10	8	9
30	30	31	10	9	2	3	3	4	4	5	4	5	6	6	7	7	8	9	9	10	10	11	9	10
31	12	11	2	2	3	4	4	5	5	6	5	6	7	7	8	8	9	10	10	11	11	12	10	11
日	2	2	3	3	4	5	5	6	6	7	6	7	8	8	9	9	10	11	11	12	12	13	11	12
曜	3 十一	3	4	4	5	6	6	7	7	8	7	8	9	9	10	10	11	12	12	13	13	14	12	13
表	4	4 十	5 九	5	6	7	7	8	8	9	8	9	10	10	11	11	12	13	13	14	14	15	13	14
7	5 3	5	6	6 八	7 七	8	8	9	9	10	9	10	11	11	12	12	13	14	14	15	15	16	14	15
甲	6	6 2	7 1	7	8	9 六	9 五	10 四	10	11	10	11	12	12	13	13	14	15	15	16	16	17	15	16
子	7	7	8	8 12	9 11	10	10	11	11 三	12 二	11	12	13	13	14	14	15	16	16	17	17	18	16	17
表	8	8	9	9	10	11 10	11 9	12	12	13	12 正	13 十二	14 十一	14	15	15	16	17	17	18	18	19	17	18
18	9	9	10	10	11	12	12	13 8	13 7	14	13	14	15	15 十	16	16	17	18	18	19	19	20	18	19
	10	10	11	11	12	13	13	14	14	15 6	14 5	15	16	16	17 九	17 八	18	19	19	20	20	21	19	20

七一四 甲寅 開元二 96

七一三 癸丑 先天二 開元元 十二月改 95

22	23	23	24	25	25	26	26	27	25	26	27	27	28	28	29	30	30	10 31	9 **5**	**4**	2	31	正 **1**
23	24	24	25	26	26	27	27	28	26	27	28	28	29	29	30	31	**7**	**6**	2	8 2	7 3	**2**	2 十二
24	25	25	26	27	27	28	28	29	27	28	29	29	30	30	31	**8**	2	2	3	3	4	6 2	5 3
25	26	26	27	28	28	29	29	30	28	29	30	30	31	**10**	**9**	2	3	3	4	4	5	3	4 4
26	27	27	28	29	29	30	30	31	**3**	30	31	**12**	**11**	2	2	3	4	4	5	5	6	4	5
27	28	28	29	30	30	31	**5**	**4**	2	31	**1**	2	2	3	3	4	5	5	6	6	7	5	6
28	29	29	30	31	**7**	**6**	2	2	3	**2**	2	3	3	4	4	5	6	6	7	7	8	6	7
29	30	30	31	**8**	2	2	3	3	4	2	3	4	4	5	5	6	7	7	8	8	9	7	8
30	31	**10**	**9**	2	3	3	4	4	5	3	4	5	5	6	6	7	8	8	9	9	10	8	9
12	**11**	2	2	3	4	4	5	5	6	4	5	6	6	7	7	8	9	9	10	10	11	9	10
2	2	3	3	4	5	5	6	6	7	5	6	7	7	8	8	9	10	10	11	11	12	10	11
3	3	4	4	5	6	6	7	7	8	6	7	8	8	9	9	10	11	11	12	12	13	11	12
4	4	5	5	6	7	7	8	8	9	7	8	9	9	10	10	11	12	12	13	13	14	12	13
5	5	6	6	7	8	8	9	9	10	8	9	10	10	11	11	12	13	13	14	14	15	13	14
6	6	7	7	8	9	9	10	10	11	9	10	11	11	12	12	13	14	14	15	15	16	14	15
7	7	8	8	9	10	10	11	11	12	10	11	12	12	13	13	14	15	15	16	16	17	15	16
8	8	9	9	10	11	11	12	12	13	11	12	13	13	14	14	15	16	16	17	17	18	16	17
9	9	10	10	11	12	12	13	13	14	12	13	14	14	15	15	16	17	17	18	18	19	17	18
10	10	11	11	12	13	13	14	14	15	13	14	15	15	16	16	17	18	18	19	19	20	18	19
11	11	12	12	13	14	14	15	15	16	14	15	16	16	17	17	18	19	19	20	20	21	19	20
12	十二 12	十 13	九 13	14	15	15	16	16	17	15	16	17	17	18	18	19	20	20	21	21	22	20	21
13	13	14	14	八 15	七 16	六 16	17	17	18	16	17	18	冬 18	19	19	20	21	21	22	22	23	21	22
14	4 14	3 15	15	16	17	17	五 18	四 18	19	17	18	19	19	20	20	21	22	22	23	23	24	22	23
15	15	16	2 16	1 17	12 18	11 18	19	19	三 20	18	19	20	20	21	21	22	23	23	24	24	25	23	24
16	16	17	17	18	19	19	10 20	9 20	21	閏 19	二 20	21	21	22	22	23	24	24	25	25	26	24	25
17	17	18	18	19	20	20	21	21	8 22	7 20	21	正 22	十二 22	23	23	24	25	25	26	26	27	25	26
18	冬 18	19	19	20	21	21	22	22	23	21	6 22	5 23	23	十一 24	十 24	九 25	26	26	27	27	28	26	27
19	19	20	20	21	22	22	23	23	24	22	23	24	4 24	3 25	25	26	八 27	七 27	28	28	29	27	28
20	20	21	21	22	23	23	24	24	25	23	24	25	25	26	2 26	1 27	28	28	六 29	五 29	30	28	29
21	21	22	22	23	24	24	25	25	26	24	25	26	26	27	27	28	12 29	11 29	30	30	四 31	三 **3**	二 30

勵耘書屋

	七一六 丙辰 開元四 98												七一五 乙卯 開元三 97											
11	11	12	12	13	14	14	15	15	16	15	16	17	17	18	18	19	20	20	21	21	22	20	21	22
12	12	13	13	14	15	15	16	16	17	16	17	18 冬	18	19	19	20	21	21	22	22	23	21	22	23
13	13	14	14	15	16	16	17	17	18	17	18	19	19	20	20	21	22	22	23	23	24	22	23	24
14	14	15	15	16	17	17	18	18	19	18	19	20	20	21	21	22	23	23	24	24	25	23	24	25
15	15	16	16	17	18	18	19	19	20	19	20	21	21	22	22	23	24	24	25	25	26	24	25	26
16	16	17	17	18	19	19	20	20	21	20	21	22	22	23	23	24	25	25	26	26	27	25	26	27
17	17	18	18	19	20	20	21	21	22	21	22	23	23	24	24	25	26	26	27	27	28	26	27	28
18 冬	18	19	19	20	21	21	22	22	23	22	23	24	24	25	25	26	27	27	28	28	29	27	28	29
19 十二	19 十一	20 十	20	21	22	22	23	23	24	23	24	25	25	26	26	27	28	28	29	29	30	28	29	30
20	20	21	21 九	22 八	23	23	24	24	25	24	25	26	26	27	27	28	29	29	30	30	31	**3**	30	31
21 5	21	22	22	23	24 七	24 六	25	25	26	25	26	27	27	28	28	29	30	30	31	**5**	**4**	2	31	**1**
22	22 4	23 3	23	24	25	25	26 五	26	27	26	27	28	28	29	29	30	31	**7**	**6**	2	2	3	**2**	2
23	23	24	24 2	25 1	26 12	26 11	27	27 四	28 三	27	28	29	29	30	30	31	**8**	2	2	3	3	4	2	3
24	24	25	25	26	27	27	28 10	28 9	29	28 二	29 正	30	30	31	**10**	**9**	2	3	3	4	4	5	3	4
25	25	26	26	27	28	28	29	29	30 8	29 7	30	31 十二	**12** 十一	**11** 十	2 九	2	3	4	4	5	5	6	4	5
26	26	27	27	28	29	29	30	30	31	**3**	31 6	**1** 5	2	2	3	3 八	4 七	5	5	6	6	7	5	6
27	27	28	28	29	30	30	31	**5**	**4**	2	**2**	2	3 4	3 3	4	4	5	6 六	6 五	7	7	8	6	7
28	28	29	29	30	31	**7**	**6**	2	2	3	2	3	4	4	5 2	5 1	6	7	7	8 四	8	9	7	8
29	29	30	30	31	**8**	2	2	3	3	4	3	4	5	5	6	6	7 12	8 11	8	9	9 三	10 二	8	9
30	30	31	**10**	**9**	2	3	3	**4**	**4**	5	4	5	6	6	7	7	8	9	9 10	10 9	10	11	9 正	10 十二
31	**12**	**11**	2	2	3	4	4	5	5	6	5	6	7	7	8	8	9	10	10	11	11 8	12 7	10	11
日	2	2	3	3	4	5	5	6	6	7	6	7	8	8	9	9	10	11	11	12	12	13	11 6	12 5
曜	3	3	4	4	5	6	6	7	7	8	7	8	9	9	10	10	11	12	12	13	13	14	12	13
表	4	4	5	5	6	7	7	8	8	9	8	9	10	10	11	11	12	13	13	14	14	15	13	14
1	5	5	6	6	7	8	8	9	9	10	9	10	11	11	12	12	13	14	14	15	15	16	14	15
甲	6	6	7	7	8	9	9	10	10	11	10	11	12	12	13	13	14	15	15	16	16	17	15	16
子	7	7	8	8	9	10	10	11	11	12	11	12	13	13	14	14	15	16	16	17	17	18	16	17
表	8	8	9	9	10	11	11	12	12	13	12	13	14	14	15	15	16	17	17	18	18	19	17	18
19	9	9	10	10	11	12	12	13	13	14	13	14	15	15	16	16	17	18	18	19	19	20	18	19
	10	10	11	11	12	13	13	14	14	15	14	15	16	16	17	17	18	19	19	20	20	21	19	20

中西回史日曆 卷八 唐 五

七一八 戊午 開元六					100							七一七 丁巳 開元五					99						
22	23	23	24	25	25	26	26	27	25	26	27	27	28	28	29	30	30	31	**5**	**4**	2	31	**1**
23	24	24	25	26	26	27	27	28	26	27	28	28	29	29	30	31	**7**	**6**	2	2	3	**2**	2
24	25	25	26	27	27	28	28	29	27	28	29	29	30	30	31	**8**	2	2	3	3	4	2	3
25	26	26	27	28	28	29	29	30	28	29	30	30	31	**10**	**9**	2	3	3	4	4	5	3	4
26	27	27	28	29	29	30	30	31	**3**	30	31	**12**	**11**	2	2	3	4	4	5	5	6	4	5
27十一	28十	28	29	30	30	31	**5**	**4**	2	31	**1**	2	2	3	3	**4**	5	5	6	6	7	5	6
28	29	29九	30	31	**7**	**6**	2	2	3	**2**	2	3	3	4	4	5	6	6	7	7	8	6	7
29 5	30	30	31八	**8**七	2	2	3	3	4	2	3	4	4	5	5	6	7	7	8	8	9	7	8
30	31 4	**10** 3	**9**	2	3六	3五	4	4	5	3	4	5	5	6	6	7	8	8	9	9	10	8	9
12	**11**	2	2 2	3 1	4	4	5四	5	6	4	5	6	6	7	7	8	9	9	10	10	11	9	10
2	2	3	3	4	5 12	5 11	6	6三	7二	5正	6十二	7	7	8	8	9	10	10	11	11	12	10	11
3	3	4	4	5	6	6	7 10	7 9	8	6	7	8十一	8十	9九	9	10	11	11	12	12	13	11	12
4	4	5	5	6	7	7	8	8	9 8	7 7	8	9	9	10	10八	11七	12	12	13	13	14	12	13
5	5	6	6	7	8	8	9	9	10	8	9 6	10 5	10	11	11	12	13六	13	14	14	15	13	14
6	6	7	7	8	9	9	10	10	11	9	10	11	11 4	12 3	12	13	14	14五	15四	15	16	14	15
7	7	8	8	9	10	10	11	11	12	10	11	12	12	13	13 2	14 1	15	15	16	16三	17	15	16
8	8	9	9	10	11	11	12	12	13	11	12	13	13	14	14	15	16 12	16 11	17	17	18二	16正	17閏
9	9	10	10	11	12	12	13	13	14	12	13	14	14	15	15	16	17	17	18 10	18 9	19	17	18
10	10	11	11	12	13	13	14	14	15	13	14	15	15	16	16	17	18	18	19	19	20 8	18 7	19
11	11	12	12	13	14	14	15	15	16	14	15	16	16	17	17	18	19	19	20	20	21	19	20 6
12	12	13	13	14	15	15	16	16	17	15	16	17	17	18	18	19	20	20	21	21	22	20	21
13	13	14	14	15	16	16	17	17	18	16	17	18冬	18	19	19	20	21	21	22	22	23	21	22
14	14	15	15	16	17	17	18	18	19	17	18	19	19	20	20	21	22	22	23	23	24	22	23
15	15	16	16	17	18	18	19	19	20	18	19	20	20	21	21	22	23	23	24	24	25	23	24
16	16	17	17	18	19	19	20	20	21	19	20	21	21	22	22	23	24	24	25	25	26	24	25
17	17	18	18	19	20	20	21	21	22	20	21	22	22	23	23	24	25	25	26	26	27	25	26
18冬	18	19	19	20	21	21	22	22	23	21	22	23	23	24	24	25	26	26	27	27	28	26	27
19	19	20	20	21	22	22	23	23	24	22	23	24	24	25	25	26	27	27	28	28	29	27	28
20	20	21	21	22	23	23	24	24	25	23	24	25	25	26	26	27	28	28	29	29	30	28	29
21	21	22	22	23	24	24	25	25	26	24	25	26	26	27	27	28	29	29	30	30	31	**3**	30

勵耘書屋

七二〇 庚申 開元八

102

七一九 己未 開元七

101

11	11	12	12	13	14	14	15	15 **10**	16 **9**	15	16	17	17	18 九	18 八	19	20	20	21	21	22	20	21	22
12	12	13	13	14	15	15	16	16	17	16 **8**	17 **7**	18 冬	18	19	19	20 閏	21	21	22	22	23	21	22	23
13	13	14	14	15	16	16	17	17	18	17	18	19 **6**	19 **5**	20	20	21	22 七	22 六	23	23	24	22	23	24
14	14	15	15	16	17	17	18	18	19	18	19	20	20	21 **4**	21 **3**	22	23	23	24 五	24 四	25	23	24	25
15	15	16	16	17	18	18	19	19	20	19	20	21	21	22	22	23 **2**	24 **1**	24 **12**	25 **11**	25	26 三	24 二	25	26
16	16	17	17	18	19	19	20	20	21	20	21	22	22	23	23	24	25	25	26	26 **10**	27 **9**	25	26 正	27 十二
17	17	18	18	19	20	20	21	21	22	21	22	23	23	24	24	25	26	26	27	27	28	26 **8**	27 **7**	28
18 冬	18	19	19	20	21	21	22	22	23	22	23	24	24	25	25	26	27	27	28	28	29	27	28	29 **6**
19	19	20	20	21	22	22	23	23	24	23	24	25	25	26	26	27	28	28	29	29	30	28	29	30
20	20	21	21	22	23	23	24	24	25	24	25	26	26	27	27	28	29	29	30	30	31	**3**	30	31
21	21	22	22	23	24	24	25	25	26	25	26	27	27	28	28	29	30	30	31	**5**	**4**	2	31	**1**
22	22	23	23	24	25	25	26	26	27	26	27	28	28	29	29	30	31	**7**	**6**	2	2	3	**2**	2
23	23	24	24	25	26	26	27	27	28	27	28	29	29	30	30	31	**8**	2	2	3	3	4	2	3
24	24	25	25	26	27	27	28	28	29	28	29	30	30	31	**10**	**9**	2	3	3	4	4	5	3	4
25	25	26	26	27	28	28	29	29	30	29	30	31	**12**	**11**	2	2	3	4	4	5	5	6	4	5
26	26	27	27	28	29	29	30	30	31	**3**	31	**1**	2	2	3	3	4	5	5	6	6	7	5	6
27	27	28	28	29	30	30	31	**5**	**4**	2	**2**	2	3	3	4	4	5	6	6	7	7	8	6	7
28	28	29	29	30	31	**7**	**6**	2	2	3	2	3	4	4	5	5	6	7	7	8	8	9	7	8
29	29	30	30	31	**8**	2	2	3	3	4	3	4	5	5	6	6	7	8	8	9	9	10	8	9
30	30	31	**10**	**9**	2	3	3	**4**	4	5	4	5	6	6	7	7	8	9	9	10	10	11	9	10
31	**12**	**11**	2	2	3	4	4	5	5	6	5	6	7	7	8	8	9	10	10	11	11	12	10	11
日	2	2	3	3	4	5	5	6	6	7	6	7	8	8	9	9	10	11	11	12	12	13	11	12
曜	3	3	4	4	5	6	6	7	7	8	7	8	9	9	10	10	11	12	12	13	13	14	12	13
表	4 十一	4	5	5	6	7	7	8	8	9	8	9	10	10	11	11	12	13	13	14	14	15	13	14
2	5	5 十	6 九	6	7	8	8	9	9	10	9	10	11	11	12	12	13	14	14	15	15	16	14	15
甲	6	6	7	7 八	8	9	9	10	10	11	10	11	12	12	13	13	14	15	15	16	16	17	15	16
子	7 **6**	7 **5**	8	8	9 七	10 六	10	11	11	12	11	12	13	13	14	14	15	16	16	17	17	18	16	17
表	8	8	9 **4**	9 **3**	10	11	11 五	12 四	12 三	13	12	13	14	14	15	15	16	17	17	18	18	19	17	18
20	9	9	10	10	11 **2**	12 **1**	12	13	13	14 二	13 正	14 十二	15	15	16	16	17	18	18	19	19	20	18	19
	10	10	11	11	12	13	13 **12**	14 **11**	14	15	14	15	16 十一	16 十	17	17	18	19	19	20	20	21	19	20

七二二 壬戌 開元一〇

七二一 辛酉 開元九

104 103

22	23	23	24	25	25	26	26	27	25	26	27	27	28	28	4 29	3 30	30	六 31	五 **5**	四 **4**	三 2	31	**1**
23	24	24	25	26	26	27	27	28	26	27	28	28	29	29	30	31	2 **7**	1 **6**	2	2	3	二 **2**	正 2
24	25	25	26	27	27	28	28	29	27	28	29	29	30	30	31	**8**	2	2	12 3	11 3	4	2	3 十二
25	26	26	27	28	28	29	29	30	28	29	30	30	31	**10**	**9**	2	3	3	4	4	10 5	9 3	4
26	27	27	28	29	29	30	30	31	**3**	30	31	**12**	**11**	2	2	3	4	4	5	5	6	4	8 5 7
27	28	28	29	30	30	31	**5**	**4**	2	31	**1**	2	2	3	3	4	5	5	6	6	7	5	6
28	29	29	30	31	**7**	**6**	2	2	3	**2**	2	3	3	4	4	5	6	6	7	7	8	6	7
29	30	30	31	**8**	2	2	3	3	4	2	3	4	4	5	5	6	7	7	8	8	9	7	8
30	31	**10**	**9**	2	3	3	4	4	5	3	4	5	5	6	6	7	8	8	9	9	10	8	9
12	**11**	2	2	3	4	4	5	5	6	4	5	6	6	7	7	8	9	9	10	10	11	9	10
2	2	3	3	4	5	5	6	6	7	5	6	7	7	8	8	9	10	10	11	11	12	10	11
3	3	4	4	5	6	6	7	7	8	6	7	8	8	9	9	10	11	11	12	12	13	11	12
4	4	5	5	6	7	7	8	8	9	7	8	9	9	10	10	11	12	12	13	13	14	12	13
5	5	6	6	7	8	8	9	9	10	8	9	10	10	11	11	12	13	13	14	14	15	13	14
6	6	7	7	8	9	9	10	10	11	9	10	11	11	12	12	13	14	14	15	15	16	14	15
7	7	8	8	9	10	10	11	11	12	10	11	12	12	13	13	14	15	15	16	16	17	15	16
8	8	9	9	10	11	11	12	12	13	11	12	13	13	14	14	15	16	16	17	17	18	16	17
9	9	10	10	11	12	12	13	13	14	12	13	14	14	15	15	16	17	17	18	18	19	17	18
10	10	11	11	12	13	13	14	14	15	13	14	15	15	16	16	17	18	18	19	19	20	18	19
11	11	12	12	13	14	14	15	15	16	14	15	16	16	17	17	18	19	19	20	20	21	19	20
12	12	13	13	14	15	15	16	16	17	15	16	17	17	18	18	19	20	20	21	21	22	20	21
13	十一 13	14	14	15	16	16	17	17	18	16	17	18	冬 18	19	19	20	21	21	22	22	23	21	22
14	14	十 15	九 15	16	17	17	18	18	19	17	18	19	19	20	20	21	22	22	23	23	24	22	23
15	7 15	16	16	八 17	七 18	六 18	19	19	20	18	19	20	20	21	21	22	23	23	24	24	25	23	24
16	16	6 17	5 17	18	19	19	閏 20	五 20	四 21	19	20	21	21	22	22	23	24	24	25	25	26	24	25
17	17	18	18	4 19	3 20	20	21	21	22	三 20	二 21	22	22	23	23	24	25	25	26	26	27	25	26
18	冬 18	19	19	20	21	2 21	1 22	12 22	11 23	21	22	正 23	十二 23	24	24	25	26	26	27	27	28	26	27
19	19	20	20	21	22	22	23	23	24	10 22	9 23	24	24	十一 25	25	26	27	27	28	28	29	27	28
20	20	21	21	22	23	23	24	24	25	23	24	8 25	7 25	26	十 26	九 27	八 28	28	29	29	30	28	29
21	21	22	22	23	24	24	25	25	26	24	25	26	26	6 27	5 27	28	29	七 29	30	30	31	**3**	30

七二四 甲子 開元一二

106

七二三 癸亥 開元一一

105

11	11	12	12	13	14	14	15	15	16	15	16	17	17	18	18	19	20	20	21	21	22	20	21	22
12	12	13	13	14	15	15	16	16	17	16	17	18冬	18	19	19	20	21	21	22	22	23	21	22	23
13	13	14	14	15	16	16	17	17	18	17	18	19	19	20	20	21	22	22	23	23	24	22	23	24
14	14	15	15	16	17	17	18	18	19	18	19	20	20	21	21	22	23	23	24	24	25	23	24	25
15	15	16	16	17	18	18	19	19	20	19	20	21	21	22	22	23	24	24	25	25	26	24	25	26
16	16	17	17	18	19	19	20	20	21	20	21	22	22	23	23	24	25	25	26	26	27	25	26	27
17	17	18	18	19	20	20	21	21	22	21	22	23	23	24	24	25	26	26	27	27	28	26	27	28
18冬	18	19	19	20	21	21	22	22	23	22	23	24	24	25	25	26	27	27	28	28	29	27	28	29
19	19	20	20	21	22	22	23	23	24	23	24	25	25	26	26	27	28	28	29	29	30	28	29	30
20	20	21	21	22	23	23	24	24	25	24	25	26	26	27	27	28	29	29	30	30	31	3	30	31
21 十二	21 十一	22 十	22 九	23	24	24	25	25	26	25	26	27	27	28	28	29	30	30	31	5	4	2	31	1
22 8	22 7	23	23	24 八	25 七	25 六	26	26	27	26	27	28	28	29	29	30	31	7	6	2	2	3	2	2
23	23	24 6	24 5	25	26	26	27 五	27	28	27	28	29	29	30	30	31	8	2	2	3	3	4	2	3
24	24	25	25	26 4	27 3	27	28	28 四	29 三	28	29	30	30	31	10	9	2	3	3	4	4	5	3	4
25	25	26	26	27	28	28 2	29 1	29	30	29 二	30	31	12	11	2	2	3	4	4	5	5	6	4	5
26	26	27	27	28	29	29	30	30 12	31 11	3	31 正	1 十二	2	2	3	3	4	5	5	6	6	7	5	6
27	27	28	28	29	30	30	31	5	4	2 10	2 9	2	3 十一	3 十	4 九	4	5	6	6	7	7	8	6	7
28	28	29	29	30	31	7	6	2	2	3	2	3 8	4 7	4	5	5 八	6 七	7 六	7	8	8	9	7	8
29	29	30	30	31	8	2	2	3	3	4	3	4	5	5 6	6 5	6	7	8	8 五	9 四	9	10	8	9
30	30	31	10	9	2	3	3	4	4	5	4	5	6	6	7	7 4	8 3	9	9	10	10 三	11	9	10
31	12	11	2	2	3	4	4	5	5	6	5	6	7	7	8	8	9	10 2	10 1	11	11	12 二	10 正	11
日	2	2	3	3	4	5	5	6	6	7	6	7	8	8	9	9	10	11	11	12 12	12 11	13	11	12 十二
曜	3	3	4	4	5	6	6	7	7	8	7	8	9	9	10	10	11	12	12	13	13	14 10	12 9	13
表 3	4	4	5	5	6	7	7	8	8	9	8	9	10	10	11	11	12	13	13	14	14	15	13	14 8
	5	5	6	6	7	8	8	9	9	10	9	10	11	11	12	12	13	14	14	15	15	16	14	15
甲	6	6	7	7	8	9	9	10	10	11	10	11	12	12	13	13	14	15	15	16	16	17	15	16
子	7	7	8	8	9	10	10	11	11	12	11	12	13	13	14	14	15	16	16	17	17	18	16	17
表	8	8	9	9	10	11	11	12	12	13	12	13	14	14	15	15	16	17	17	18	18	19	17	18
1	9	9	10	10	11	12	12	13	13	14	13	14	15	15	16	16	17	18	18	19	19	20	18	19
	10	10	11	11	12	13	13	14	14	15	14	15	16	16	17	17	18	19	19	20	20	21	19	20

七二六 丙寅 開元一四 108												七二五 乙丑 開元一三 107											
22	23	23	24	25	25	26	26	27	25	26	27	27	28	28	29	30	30	31	**5**	**4**	2	31	**1**
23	24	24	25	26	26	27	27	28	26	27	28	28	29	29	30	31	**7**	**6**	2	2	3	**2**	2
24	25	25	26	27	27	28	28	29	27	28	29	29	30	30	31	**8**	2	2	3	3	4	2	3
25	26	26	27	28	28	29	29	30	28	29	30	30	31	**10**	**9**	2	3	3	4	4	5	3	4
26	27	27	28	29	29	30	30	31	**3**	30	31	**12**	**11**	2	2	3	4	4	5	5	6	4	5
27	28	28	29	30	30	31	**5**	**4**	2	31	**1**	2	2	3	3	4	5	5	6	6	7	5	6
28	29	29	30	31	**7**	**6**	2	2	3	**2**	2	3	3	4	4	5	6	6	7	7	8	6	7
29 十一	30 十	30 九	31	**8**	2	2	3	3	4	2	3	4	4	5	5	6	7	7	8	8	9	7	8
30	31	**10**	**9** 八	2 七	3	3	4	4	5	3	4	5	5	6	6	7	8	8	9	9	10	8	9
12 8	**11** 7	2	2	3	4 六	4	5	5	6	4	5	6	6	7	7	8	9	9	10	10	11	9	10
2	2	3 6	3 5	4	5	5 五	6	6	7	5	6	7	7	8	8	9	10	10	11	11	12	10	11
3	3	4	4	5 4	6 3	6	7 四	7 三	8	6	7	8	8	9	9	10	11	11	12	12	13	11	12
4	4	5	5	6	7	7 2	8 1	8	9 二	7 正	8 十二	9	9	10	10	11	12	12	13	13	14	12	13
5	5	6	6	7	8	8	9	9 12	10 11	8	9	10 十一	10 十	11 九	11 八	12	13	13	14	14	15	13	14
6	6	7	7	8	9	9	10	10	11	9 10	10 9	11	11	12	12	13 七	14	14	15	15	16	14	15
7	7	8	8	9	10	10	11	11	12	10	11	12 8	12 7	13	13	14	15 六	15 五	16	16	17	15	16
8	8	9	9	10	11	11	12	12	13	11	12	13	13	14 6	14 5	15	16	16	17 四	17	18	16	17
9	9	10	10	11	12	12	13	13	14	12	13	14	14	15	15	16 4	17 3	17	18	18 三	19 二	17	18
10	10	11	11	12	13	13	14	14	15	13	14	15	15	16	16	17	18	18 2	19 1	19 12	20 11	18 正	19 閏
11	11	12	12	13	14	14	15	15	16	14	15	16	16	17	17	18	19	19	20	20	21	19 10	20 9
12	12	13	13	14	15	15	16	16	17	15	16	17	17	18	18	19	20	20	21	21	22	20	21
13	13	14	14	15	16	16	17	17	18	16	17	18 冬	18	19	19	20	21	21	22	22	23	21	22
14	14	15	15	16	17	17	18	18	19	17	18	19	19	20	20	21	22	22	23	23	24	22	23
15	15	16	16	17	18	18	19	19	20	18	19	20	20	21	21	22	23	23	24	24	25	23	24
16	16	17	17	18	19	19	20	20	21	19	20	21	21	22	22	23	24	24	25	25	26	24	25
17	17	18	18	19	20	20	21	21	22	20	21	22	22	23	23	24	25	25	26	26	27	25	26
18 冬	18	19	19	20	21	21	22	22	23	21	22	23	23	24	24	25	26	26	27	27	28	26	27
19	19	20	20	21	22	22	23	23	24	22	23	24	24	25	25	26	27	27	28	28	29	27	28
20	20	21	21	22	23	23	24	24	25	23	24	25	25	26	26	27	28	28	29	29	30	28	29
21	21	22	22	23	24	24	25	25	26	24	25	26	26	27	27	28	29	29	30	30	31	**3**	30

	七二八 戊辰 開元一六					110							七二七 丁卯 開元一五					109						
11	11	12	12	13	14 4	14 3	15	15	16	15正	16土	17	17	18	18	19	20	20	21	21	22	20	21	22
12	12	13	13	14	15	15	16 2	16 1	17	16	17	18土	18十	19閏	19	20	21	21	22	22	23	21	22	23
13	13	14	14	15	16	16	17	17	18 12	17 11	18	19	19	20	20九	21	22	22	23	23	24	22	23	24
14	14	15	15	16	17	17	18	18	19	18	19 10	20 9	20	21	21	22八	23七	23	24	24	25	23	24	25
15	15	16	16	17	18	18	19	19	20	19	20	21	21 8	22 7	22	23	24	24六	25	25	26	24	25	26
16	16	17	17	18	19	19	20	20	21	20	21	22	22	23	23 6	24 5	25	25	26五	26四	27三	25	26	27
17冬	17	18	18	19	20	20	21	21	22	21	22	23	23	24	24	25	26 4	26 3	27	27	28	26二	27正	28土
18	18	19	19	20	21	21	22	22	23	22	23	24	24	25	25	26	27	27	28 2	28 1	29 12	27 11	28	29
19	19	20	20	21	22	22	23	23	24	23	24	25	25	26	26	27	28	28	29	29	30	28	29 10	30 9
20	20	21	21	22	23	23	24	24	25	24	25	26	26	27	27	28	29	29	30	30	31	3	30	31
21	21	22	22	23	24	24	25	25	26	25	26	27	27	28	28	29	30	30	31	5	4	2	31	1
22	22	23	23	24	25	25	26	26	27	26	27	28	28	29	29	30	31	7	6	2	2	3	2	2
23	23	24	24	25	26	26	27	27	28	27	28	29	29	30	30	31	8	2	2	3	3	4	2	3
24	24	25	25	26	27	27	28	28	29	28	29	30	30	31	10	9	2	3	3	4	4	5	3	4
25	25	26	26	27	28	28	29	29	30	29	30	31	12	11	2	2	3	4	4	5	5	6	4	5
26	26	27	27	28	29	29	30	30	31	3	31	1	2	2	3	3	4	5	5	6	6	7	5	6
27	27	28	28	29	30	30	31	5	4	2	2	2	3	3	4	4	5	6	6	7	7	8	6	7
28	28	29	29	30	31	7	6	2	2	3	2	3	4	4	5	5	6	7	7	8	8	9	7	8
29	29	30	30	31	8	2	2	3	3	4	3	4	5	5	6	6	7	8	8	9	9	10	8	9
30	30	31	10	9	2	3	3	4	4	5	4	5	6	6	7	7	8	9	9	10	10	11	9	10
31	12	11	2	2	3	4	4	5	5	6	5	6	7	7	8	8	9	10	10	11	11	12	10	11
日	2	2	3	3	4	5	5	6	6	7	6	7	8	8	9	9	10	11	11	12	12	13	11	12
曜	3	3	4	4	5	6	6	7	7	8	7	8	9	9	10	10	11	12	12	13	13	14	12	13
表	4	4	5	5	6	7	7	8	8	9	8	9	10	10	11	11	12	13	13	14	14	15	13	14
4	5	5	6	6	7	8	8	9	9	10	9	10	11	11	12	12	13	14	14	15	15	16	14	15
甲	6土	6十	7	7	8	9	9	10	10	11	10	11	12	12	13	13	14	15	15	16	16	17	15	16
子	7	7	8九	8八	9	10	10	11	11	12	11	12	13	13	14	14	15	16	16	17	17	18	16	17
表	8 9	8	9	9	10七	11	11	12	12	13	12	13	14	14	15	15	16	17	17	18	18	19	17	18
2	9	9 8	10 7	10	11	12六	12五	13	13	14	13	14	15	15	16	16	17	18	18	19	19	20	18	19
	10	10	11	11 6	12 5	13	13	14四	14三	15二	14	15	16	16	17	17	18	19	19	20	20	21	19	20

七三〇 庚午 開元一八 112

七二九 己巳 開元一七 111

22	23	23	24	25	25	26	26	27	25	26	27 10	27 9	28	28	29 八	30 七	30	31	5	4	2	31	1
23	24	24	25	26	26	27	27	28	26	27	28	28	29 8	29 7	30	31	7 六	6 五	2	2	3	2	2
24	25	25	26	27	27	28	28	29	27	28	29	29	30	30	31 6	8 5	2	2	3 四	3 三	4	2	3
25	26	26	27	28	28	29	29	30	28	29	30	30	31	10	9	2	3 4	3 3	4	4	5 二	3 正	4 十二
26	27	27	28	29	29	30	30	31	3	30	31	12	11	2	2	3	4	4	5 2	5 1	6	4	5
27	28	28	29	30	30	31	5	4	2	31	1	2	2	3	3	4	5	5	6	6	7 12	5 11	6
28	29	29	30	31	7	6	2	2	3	2	2	3	3	4	4	5	6	6	7	7	8	6	7 10
29	30	30	31	8	2	2	3	3	4	2	3	4	4	5	5	6	7	7	8	8	9	7	8
30	31	10	9	2	3	3	4	4	5	3	4	5	5	6	6	7	8	8	9	9	10	8	9
12	11	2	2	3	4	4	5	5	6	4	5	6	6	7	7	8	9	9	10	10	11	9	10
2	2	3	3	4	5	5	6	6	7	5	6	7	7	8	8	9	10	10	11	11	12	10	11
3	3	4	4	5	6	6	7	7	8	6	7	8	8	9	9	10	11	11	12	12	13	11	12
4	4	5	5	6	7	7	8	8	9	7	8	9	9	10	10	11	12	12	13	13	14	12	13
5	5	6	6	7	8	8	9	9	10	8	9	10	10	11	11	12	13	13	14	14	15	13	14
6	6	7	7	8	9	9	10	10	11	9	10	11	11	12	12	13	14	14	15	15	16	14	15
7	7	8	8	9	10	10	11	11	12	10	11	12	12	13	13	14	15	15	16	16	17	15	16
8	8	9	9	10	11	11	12	12	13	11	12	13	13	14	14	15	16	16	17	17	18	16	17
9	9	10	10	11	12	12	13	13	14	12	13	14	14	15	15	16	17	17	18	18	19	17	18
10	10	11	11	12	13	13	14	14	15	13	14	15	15	16	16	17	18	18	19	19	20	18	19
11	11	12	12	13	14	14	15	15	16	14	15	16	16	17	17	18	19	19	20	20	21	19	20
12	12	13	13	14	15	15	16	16	17	15	16	17	17	18	18	19	20	20	21	21	22	20	21
13	13	14	14	15	16	16	17	17	18	16	17	18 冬	18	19	19	20	21	21	22	22	23	21	22
14 十一	14	15	15	16	17	17	18	18	19	17	18	19	19	20	20	21	22	22	23	23	24	22	23
15	15 十	16 九	16	17	18	18	19	19	20	18	19	20	20	21	21	22	23	23	24	24	25	23	24
16	16	17	17 八	18 七	19	19	20	20	21	19	20	21	21	22	22	23	24	24	25	25	26	24	25
17 10	17 9	18	18	19	20 閏	20 六	21 五	21	22	20	21	22	22	23	23	24	25	25	26	26	27	25	26
18 冬	18	19 8	19 7	20	21	21	22	22 四	23 三	21	22	23	23	24	24	25	26	26	27	27	28	26	27
19	19	20	20	21 6	22 5	22	23	23	24	22 二	23 正	24	24	25	25	26	27	27	28	28	29	27	28
20	20	21	21	22	23	23 4	24 3	24	25	23	24	25 十二	25 十一	26	26	27	28	28	29	29	30	28	29
21	21	22	22	23	24	24	25	25 2	26 1	24 12	25 11	26	26	27 十	27 九	28	29	29	30	30	31	3	30

七三二 壬申 開元二〇 114

七三一 辛未 開元一九 113

11	11	12	12	13	14	14	15	15	16	15	16	17	17	18	18	19	20	20	21	21	22	20	21	22
12	12	13	13	14	15	15	16	16	17	16	17	18冬	18	19	19	20	21	21	22	22	23	21	22	23
13	13	14	14	15	16	16	17	17	18	17	18	19	19	20	20	21	22	22	23	23	24	22	23	24
14	14	15	15	16	17	17	18	18	19	18	19	20	20	21	21	22	23	23	24	24	25	23	24	25
15	15	16	16	17	18	18	19	19	20	19	20	21	21	22	22	23	24	24	25	25	26	24	25	26
16	16	17	17	18	19	19	20	20	21	20	21	22	22	23	23	24	25	25	26	26	27	25	26	27
17冬	17	18	18	19	20	20	21	21	22	21	22	23	23	24	24	25	26	26	27	27	28	26	27	28
18	18	19	19	20	21	21	22	22	23	22	23	24	24	25	25	26	27	27	28	28	29	27	28	29
19	19	20	20	21	22	22	23	23	24	23	24	25	25	26	26	27	28	28	29	29	30	28	29	30
20	20	21	21	22	23	23	24	24	25	24	25	26	26	27	27	28	29	29	30	30	31	**3**	30	31
21	21	22	22	23	24	24	25	25	26	25	26	27	27	28	28	29	30	30	31	**5**	**4**	2	31	**1**
22十二	22十一	23	23	24	25	25	26	26	27	26	27	28	28	29	29	30	31	**7**	**6**	2	2	3	**2**	2
23 **11**	23	24十	24九	25八	26	26	27	27	28	27	28	29	29	30	30	31	**8**	2	2	3	3	4	2	3
24	24 **10**	25 **9**	25	26	27七	27六	28	28	29	28	29	30	30	31	**10**	**9**	2	3	3	4	4	5	3	4
25	25	26	26 **8**	27 **7**	28	28	29五	29四	30	29	30	31	**12**	**11**	2	2	3	4	4	5	5	6	4	5
26	26	27	27	28	29 **6**	29 **5**	30	30	31三	**3**二	31	**1**	2	2	3	3	4	5	5	6	6	7	5	6
27	27	28	28	29	30	30	31 **4**	**5** **3**	**4**	2	**2**正	2	3	3	4	4	5	6	6	7	7	8	6	7
28	28	29	29	30	31	**7**	**6**	2	2 **2**	3 **1**	2	3十二	4十一	4十	5	5	6	7	7	8	8	9	7	8
29	29	30	30	31	**8**	2	2	3	3	4	3 **12**	4 **11**	5	5	6九	6八	7七	8	8	9	9	10	8	9
30	30	31	**10**	**9**	2	3	3	**4**	4	5	4	5	6 **10**	6 **9**	7	7	8	9六	9五	10	10	11	9	10
31	**12**	**11**	2	2	3	4	4	5	5	6	5	6	7	7	8 **8**	8 **7**	9	10	10	11四	11三	12	10	11
日	2	2	3	3	4	5	5	6	6	7	6	7	8	8	9	9	10 **6**	11 **5**	11	12	12	13二	11正	12
曜	3	3	4	4	5	6	6	7	7	8	7	8	9	9	10	10	11	12	12 **4**	13 **3**	13	14	12	13十二
表	4	4	5	5	6	7	7	8	8	9	8	9	10	10	11	11	12	13	13	14	14 **2**	15 **1**	13	14
5	5	5	6	6	7	8	8	9	9	10	9	10	11	11	12	12	13	14	14	15	15	16	14 **12**	15 **11**
甲	6	6	7	7	8	9	9	10	10	11	10	11	12	12	13	13	14	15	15	16	16	17	15	16
子	7	7	8	8	9	10	10	11	11	12	11	12	13	13	14	14	15	16	16	17	17	18	16	17
表	8	8	9	9	10	11	11	12	12	13	12	13	14	14	15	15	16	17	17	18	18	19	17	18
3	9	9	10	10	11	12	12	13	13	14	13	14	15	15	16	16	17	18	18	19	19	20	18	19
	10	10	11	11	12	13	13	14	14	15	14	15	16	16	17	17	18	19	19	20	20	21	19	20

中西回史日曆

卷八 唐 九

七三四 甲戌 開元二二 116

七三三 癸酉 開元二一 115

22	23	23	24	25	25	26	26	27	25	26	27	27	28	28	29	30	30	31	**5**	**4**	2	31	**1**
23	24	24	25	26	26	27	27	28	26	27	28	28	29	29	30	31	**7**	**6**	2	2	3	**2**	2
24	25	25	26	27	27	28	28	29	27	28	29	29	30	30	31	**8**	2	2	3	3	4	2	3
25	26	26	27	28	28	29	29	30	28	29	30	30	31	**10**	**9**	2	3	3	4	4	5	3	4
26	27	27	28	29	29	30	30	31	**3**	30	31	**12**	**11**	2	2	3	4	4	5	5	6	4	5
27	28	28	29	30	30	31	**5**	**4**	2	31	**1**	2	2	3	3	4	5	5	6	6	7	5	6
28	29	29	30	31	**7**	**6**	2	2	3	**2**	2	3	3	4	4	5	6	6	7	7	8	6	7
29	30	30	31	**8**	2	2	3	3	4	2	3	4	4	5	5	6	7	7	8	8	9	7	8
30	十一 31	十 **10**	**9**	2	3	3	4	4	5	3	4	5	5	6	6	7	8	8	9	9	10	8	9
12	**11**	2	九 2	八 3	4	4	5	5	6	4	5	6	6	7	7	8	9	9	10	10	11	9	10
2	11 2	3	3	4	七 5	六 5	6	6	7	5	6	7	7	8	8	9	10	10	11	11	12	10	11
3	3	10 4	9 4	5	6	6	五 7	7	8	6	7	8	8	9	9	10	11	11	12	12	13	11	12
4	4	5	5	8 6	7 7	7	8	四 8	三 9	7	8	9	9	10	10	11	12	12	13	13	14	12	13
5	5	6	6	7	8	6 8	5 9	9	10	二 8	9	10	10	11	11	12	13	13	14	14	15	13	14
6	6	7	7	8	9	9	10	4 10	3 11	9	正 10	十二 11	十一 11	十 12	12	13	14	14	15	15	16	14	15
7	7	8	8	9	10	10	11	11	12	2 10	1 11	12	12	13	九 13	八 14	七 15	15	16	16	17	15	16
8	8	9	9	10	11	11	12	12	13	11	12	12 13	11 13	14	14	15	16	六 16	17	17	18	16	17
9	9	10	10	11	12	12	13	13	14	12	13	14	14	10 15	9 15	16	17	17	五 18	四 18	19	17	18
10	10	11	11	12	13	13	14	14	15	13	14	15	15	16	16	8 17	7 18	18	19	19	閏 20	18	19
11	11	12	12	13	14	14	15	15	16	14	15	16	16	17	17	18	19	6 19	5 20	20	21	三 19	二 20
12	12	13	13	14	15	15	16	16	17	15	16	17	17	18	18	19	20	20	21	4 21	3 22	20	21 正
13	13	14	14	15	16	16	17	17	18	16	17	18	冬 18	19	19	20	21	21	22	22	23	2 21	1 22 12
14	14	15	15	16	17	17	18	18	19	17	18	19	19	20	20	21	22	22	23	23	24	22	23
15	15	16	16	17	18	18	19	19	20	18	19	20	20	21	21	22	23	23	24	24	25	23	24
16	16	17	17	18	19	19	20	20	21	19	20	21	21	22	22	23	24	24	25	25	26	24	25
17	17	18	18	19	20	20	21	21	22	20	21	22	22	23	23	24	25	25	26	26	27	25	26
18	冬 18	19	19	20	21	21	22	22	23	21	22	23	23	24	24	25	26	26	27	27	28	26	27
19	19	20	20	21	22	22	23	23	24	22	23	24	24	25	25	26	27	27	28	28	29	27	28
20	20	21	21	22	23	23	24	24	25	23	24	25	25	26	26	27	28	28	29	29	30	28	29
21	21	22	22	23	24	24	25	25	26	24	25	26	26	27	27	28	29	29	30	30	31	**3**	30

勵耘書屋

七三五
乙亥
開元二三

117

七三六
丙子
開元二四

118

11	11	12	10 12	9 13	14	14	五 15	四 15	16	15	16	17	17	18	18	19	20	20	21	21	22	20	21	22
12	12	13	13	14	8 15	7 15	16	16	三 17	二 16	正 17	18	冬 18	19	19	20	21	21	22	22	23	21	22	23
13	13	14	14	15	16	16	6 17	5 17	18	17	18	十二 19	閏 19	十一 20	20	21	22	22	23	23	24	22	23	24
14	14	15	15	16	17	17	18	18	4 19	3 18	19	20	20	21	十 21	九 22	23	23	24	24	25	23	24	25
15	15	16	16	17	18	18	19	19	20	19	2 20	1 21	21	22	22	23	八 24	七 24	25	25	26	24	25	26
16	16	17	17	18	19	19	20	20	21	20	21	22	12 22	11 23	23	24	25	25	六 26	26	27	25	26	27
17	冬 17	18	18	19	20	20	21	21	22	21	22	23	23	24	10 24	9 25	26	26	27	五 27	四 28	26	27	28
18	18	19	19	20	21	21	22	22	23	22	23	24	24	25	25	26	8 27	7 27	28	28	29	三 27	二 28	29
19	19	20	20	21	22	22	23	23	24	23	24	25	25	26	26	27	28	28	6 29	5 29	30	28	29	正 30 十二
20	20	21	21	22	23	23	24	24	25	24	25	26	26	27	27	28	29	29	30	30	4 31	3 **3**	30	31
21	21	22	22	23	24	24	25	25	26	25	26	27	27	28	28	29	30	30	31	**5**	**4**	2	2 31	1 **1** 12
22	22	23	23	24	25	25	26	26	27	26	27	28	28	29	29	30	31	**7**	**6**	2	2	3	**2**	2
23	23	24	24	25	26	26	27	27	28	27	28	29	29	30	30	31	**8**	2	2	3	3	4	2	3
24	24	25	25	26	27	27	28	28	29	28	29	30	30	31	**10**	**9**	2	3	3	4	4	5	3	4
25	25	26	26	27	28	28	29	29	30	29	30	31	**12**	**11**	2	2	3	4	4	5	5	6	4	5
26	26	27	27	28	29	29	30	30	31	**3**	31	**1**	2	2	3	3	4	5	5	6	6	7	5	6
27	27	28	28	29	30	30	31	**5**	**4**	2	**2**	2	3	3	4	4	5	6	6	7	7	8	6	7
28	28	29	29	30	31	**7**	**6**	2	2	3	2	3	4	4	5	5	6	7	7	8	8	9	7	8
29	29	30	30	31	**8**	2	2	3	3	4	3	4	5	5	6	6	7	8	8	9	9	10	8	9
30	30	31	**10**	**9**	2	3	3	**4**	4	5	4	5	6	6	7	7	8	9	9	10	10	11	9	10
31	**12**	**11**	2	2	3	4	4	5	5	6	5	6	7	7	8	8	9	10	10	11	11	12	10	11
日	2	2	3	3	4	5	5	6	6	7	6	7	8	8	9	9	10	11	11	12	12	13	11	12
曜	3	3	4	4	5	6	6	7	7	8	7	8	9	9	10	10	11	12	12	13	13	14	12	13
表	4	4	5	5	6	7	7	8	8	9	8	9	10	10	11	11	12	13	13	14	14	15	13	14
6	5	5	6	6	7	8	8	9	9	10	9	10	11	11	12	12	13	14	14	15	15	16	14	15
甲	6	6	7	7	8	9	9	10	10	11	10	11	12	12	13	13	14	15	15	16	16	17	15	16
子	7	十一 7	8	8	9	10	10	11	11	12	11	12	13	13	14	14	15	16	16	17	17	18	16	17
表	8	8	十 9	九 9	10	11	11	12	12	13	12	13	14	14	15	15	16	17	17	18	18	19	17	18
4	9	9	10	10	八 11	七 12	12	13	13	14	13	14	15	15	16	16	17	18	18	19	19	20	18	19
	10	12 10	11 11	11	12	13	六 13	14	14	15	14	15	16	16	17	17	18	19	19	20	20	21	19	20

七三七 丁丑 開元二五 119

七三八 戊寅 開元二六 120

121

22	23	23	24	25	25	26 6	26 5	27	25	26	27	27 十一	28 十	28	29	30	30	31	**5**	**4**	2	31	**1**
23	24	24	25	26	26	27	27	28 4	26 3	27	28	28	29	29 九	30	31	**7**	**6**	2	2	3	**2**	2
24	25	25	26	27	27	28	28	29	27	28 2	29 1	29 12	30 11	30	31 八	**8** 七	2	2	3	3	4	2	3
25	26	26	27	28	28	29	29	30	28	29	30	30	31	**10** 10	**9** 9	2	3 六	3 五	4	4	5	3	4
26	27	27	28	29	29	30	30	31	**3**	30	31	**12**	**11**	2	2	3 8	4 7	4	5 四	5 三	6 二	4 正	5
27	28	28	29	30	30	31	**5**	**4**	2	31	**1**	2	2	3	3	4	5	5 6	6 5	6	7	5	6 十二
28	29	29	30	31	**7**	**6**	2	2	3	**2**	2	3	3	4	4	5	6	6	7	7 4	8 3	6	7
29	30	30	31	**8**	2	2	3	3	4	2	3	4	4	5	5	6	7	7	8	8	9	7 2	8 1
30	31	**10**	**9**	2	3	3	4	4	5	3	4	5	5	6	6	7	8	8	9	9	10	8	9
12	**11**	2	2	3	4	4	5	5	6	4	5	6	6	7	7	8	9	9	10	10	11	9	10
2	2	3	3	4	5	5	6	6	7	5	6	7	7	8	8	9	10	10	11	11	12	10	11
3	3	4	4	5	6	6	7	7	8	6	7	8	8	9	9	10	11	11	12	12	13	11	12
4	4	5	5	6	7	7	8	8	9	7	8	9	9	10	10	11	12	12	13	13	14	12	13
5	5	6	6	7	8	8	9	9	10	8	9	10	10	11	11	12	13	13	14	14	15	13	14
6	6	7	7	8	9	9	10	10	11	9	10	11	11	12	12	13	14	14	15	15	16	14	15
7	7	8	8	9	10	10	11	11	12	10	11	12	12	13	13	14	15	15	16	16	17	15	16
8	8	9	9	10	11	11	12	12	13	11	12	13	13	14	14	15	16	16	17	17	18	16	17
9	9	10	10	11	12	12	13	13	14	12	13	14	14	15	15	16	17	17	18	18	19	17	18
10	10	11	11	12	13	13	14	14	15	13	14	15	15	16	16	17	18	18	19	19	20	18	19
11	11	12	12	13	14	14	15	15	16	14	15	16	16	17	17	18	19	19	20	20	21	19	20
12	12	13	13	14	15	15	16	16	17	15	16	17	17	18	18	19	20	20	21	21	22	20	21
13	13	14	14	15	16	16	17	17	18	16	17	18 冬	18	19	19	20	21	21	22	22	23	21	22
14	14	15	15	16	17	17	18	18	19	17	18	19	19	20	20	21	22	22	23	23	24	22	23
15	15	16	16	17	18	18	19	19	20	18	19	20	20	21	21	22	23	23	24	24	25	23	24
16 十一	16 十	17	17	18	19	19	20	20	21	19	20	21	21	22	22	23	24	24	25	25	26	24	25
17	17	18 九	18	19	20	20	21	21	22	20	21	22	22	23	23	24	25	25	26	26	27	25	26
18 1	18	19	19 閏	20 八	21	21	22	22	23	21	22	23	23	24	24	25	26	26	27	27	28	26	27
19	19 12	20 11	20	21	22 七	22 六	23 五	23	24	22	23	24	24	25	25	26	27	27	28	28	29	27	28
20	20	21	21 10	22 9	23	23	24	24 四	25 三	23 二	24	25	25	26	26	27	28	28	29	29	30	28	29
21	21	22	22	23	24 8	24 7	25	25	26	24	25 正	26 十二	26	27	27	28	29	29	30	30	31	**3**	30

勵耘書屋

七三九 己卯 開元二七 122

七四〇 庚辰 開元二八 123

11	11	12	12	13	14	14	15	15	16	15	16	17	17	18	18	19	20	20	21	21	22	20	21	22
12	12	13	13	14	15	15	16	16	17	16	17	18冬	18	19	19	20	21	21	22	22	23	21	22	23
13	13	14	14	15	16	16	17	17	18	17	18	19	19	20	20	21	22	22	23	23	24	22	23	24
14	14	15	15	16	17	17	18	18	19	18	19	20	20	21	21	22	23	23	24	24	25	23	24	25
15	15	16	16	17	18	18	19	19	20	19	20	21	21	22	22	23	24	24	25	25	26	24	25	26
16	16	17	17	18	19	19	20	20	21	20	21	22	22	23	23	24	25	25	26	26	27	25	26	27
17冬	17	18	18	19	20	20	21	21	22	21	22	23	23	24	24	25	26	26	27	27	28	26	27	28
18	18	19	19	20	21	21	22	22	23	22	23	24	24	25	25	26	27	27	28	28	29	27	28	29
19	19	20	20	21	22	22	23	23	24	23	24	25	25	26	26	27	28	28	29	29	30	28	29	30
20	20	21	21	22	23	23	24	24	25	24	25	26	26	27	27	28	29	29	30	30	31	**3**	30	31
21	21	22	22	23	24	24	25	25	26	25	26	27	27	28	28	29	30	30	31	**5**	**4**	2	31	**1**
22	22	23	23	24	25	25	26	26	27	26	27	28	28	29	29	30	31	**7**	**6**	2	2	3	**2**	2
23十二	23	24	24	25	26	26	27	27	28	27	28	29	29	30	30	31	**8**	2	2	3	3	4	2	3
24	24十一	25十	25	26	27	27	28	28	29	28	29	30	30	31	**10**	**9**	2	3	3	4	4	5	3	4
25	25	26	26九	27八	28七	28	29	29	30	29	30	31	**12**	**11**	2	2	3	4	4	5	5	6	4	5
26 2	26 1	27 12	27 11	28	29	29六	30五	30	31	**3**	31	**1**	2	2	3	3	4	5	5	6	6	7	5	6
27	27	28	28	29 10	30 9	30	31	**5**四	**4**三	2	**2**	2	3	3	4	4	5	6	6	7	7	8	6	7
28	28	29	29	30	31	**7** 8	**6** 7	2	2	3二	2正	3	4	4	5	5	6	7	7	8	8	9	7	8
29	29	30	30	31	**8**	2	2	3 6	3 5	4	3	4十二	5十一	5	6	6	7	8	8	9	9	10	8	9
30	30	31	**10**	**9**	2	3	3	4	4	5 4	4 3	5	6	6十	7九	7	8	9	9	10	10	11	9	10
31	**12**	**11**	2	2	3	4	4	5	5	6	5	6 2	7 1	7	8	8八	9七	10	10	11	11	12	10	11
日	2	2	3	3	4	5	5	6	6	7	6	7	8	8 12	9 11	9	10	11六	11五	12四	12	13	11	12
曜	3	3	4	4	5	6	6	7	7	8	7	8	9	9	10	10 10	11 9	12	12	13	13三	14二	12	13
表	4	4	5	5	6	7	7	8	8	9	8	9	10	10	11	11	12	13 8	13 7	14	14	15	13正	14十二
7	5	5	6	6	7	8	8	9	9	10	9	10	11	11	12	12	13	14	14	15 6	15 5	16	14	15
甲	6	6	7	7	8	9	9	10	10	11	10	11	12	12	13	13	14	15	15	16	16	17 4	15 3	16
子	7	7	8	8	9	10	10	11	11	12	11	12	13	13	14	14	15	16	16	17	17	18	16	17 2
表	8	8	9	9	10	11	11	12	12	13	12	13	14	14	15	15	16	17	17	18	18	19	17	18
5	9	9	10	10	11	12	12	13	13	14	13	14	15	15	16	16	17	18	18	19	19	20	18	19
	10	10	11	11	12	13	13	14	14	15	14	15	16	16	17	17	18	19	19	20	20	21	19	20

七四一 辛巳 開元二九

124

七四二 壬午 天寶元

125

22	23	23	24	25	25	26	26	27	25	26	27	27	28	28	29	30	30	31	**5**	**4**	2	31	**1**
23	24	24	25	26	26	27	27	28	26	27	28	28	29	29	30	31	**7**	**6**	2	2	3	**2**	2
24	25	25	26	27	27	28	28	29	27	28	29	29	30	30	31	**8**	2	2	3	3	4	2	3
25	26	26	27	28	28	29	29	30	28	29	30	30	31	**10**	**9**	2	3	3	4	4	5	3	4
26	27	27	28	29	29	30	30	31	**3**	30	31	**12**	**11**	2	2	3	4	4	5	5	6	**4**	5
27	28	28	29	30	30	31	**5**	**4**	2	31	**1**	2	2	3	3	4	5	5	6	6	7	5	6
28	29	29	30	31	**7**	**6**	2	2	3	**2**	2	3	3	4	4	5	6	6	7	7	8	6	7
29	30	30	31	**8**	2	2	3	3	4	2	3	4	4	5	5	6	7	7	8	8	9	7	8
30	31	**10**	**9**	2	3	3	4	4	5	3	4	5	5	6	6	7	8	8	9	9	10	8	9
12	**11**	2	2	3	4	4	5	5	6	4	5	6	6	7	7	8	9	9	10	10	11	9	10
2 十二	2 十	3	3	4	5	5	6	6	7	5	6	7	7	8	8	9	10	10	11	11	12	10	11
3	3	4 九	4 八	5 七	6	6	7	7	8	6	7	8	8	9	9	10	11	11	12	12	13	11	12
4 2	4 1	5	5	6	7 六	7	8	8	9	7	8	9	9	10	10	11	12	12	13	13	14	12	13
5	5	6 12	6 11	7	8	8 五	9 四	9	10	8	9	10	10	11	11	12	13	13	14	14	15	13	14
6	6	7	7	8 10	9 9	9	10	10 三	11	9	10	11	11	12	12	13	14	14	15	15	16	14	15
7	7	8	8	9	10	10 8	11 7	11	12 二	10 正	11	12	12	13	13	14	15	15	16	16	17	15	16
8	8	9	9	10	11	11	12	12 6	13 5	11	12 十二	13 十一	13 十	14	14	15	16	16	17	17	18	16	17
9	9	10	10	11	12	12	13	13	14	12 4	13 3	14	14	15 九	15 八	16 七	17	17	18	18	19	17	18
10	10	11	11	12	13	13	14	14	15	13	14	15 2	15 1	16	16	17	18 六	18 五	19	19	20	18	19
11	11	12	12	13	14	14	15	15	16	14	15	16	16	17 12	17 11	18	19	19	20 閏	20 四	21	19	20
12	12	13	13	14	15	15	16	16	17	15	16	17	17	18	18	19 10	20 9	20	21	21	22 三	20	21
13	13	14	14	15	16	16	17	17	18	16	17	18 冬	18	19	19	20	21	21 8	22 7	22	23	21 二	22 正
14	14	15	15	16	17	17	18	18	19	17	18	19	19	20	20	21	22	22	23	23 6	24 5	22	23
15	15	16	16	17	18	18	19	19	20	18	19	20	20	21	21	22	23	23	24	24	25	23 4	24 3
16	16	17	17	18	19	19	20	20	21	19	20	21	21	22	22	23	24	24	25	25	26	24	25
17	17	18	18	19	20	20	21	21	22	20	21	22	22	23	23	24	25	25	26	26	27	25	26
18 冬	18	19	19	20	21	21	22	22	23	21	22	23	23	24	24	25	26	26	27	27	28	26	27
19	19	20	20	21	22	22	23	23	24	22	23	24	24	25	25	26	27	27	28	28	29	27	28
20	20	21	21	22	23	23	24	24	25	23	24	25	25	26	26	27	28	28	29	29	30	28	29
21	21	22	22	23	24	24	25	25	26	24	25	26	26	27	27	28	29	29	30	30	31	**3**	30

七四四 甲申 天寶三 127

七四三 癸未 天寶二 126

11 3	11	12	12	13七	14	14	15	15	16	15	16	17	17	18	18	19	20	20	21	21	22	20	21	22
12	12 2	13 1	13	14	15六	15五	16	16	17	16	17	18冬	18	19	19	20	21	21	22	22	23	21	22	23
13	13	14	14 12	15 11	16	16	17四	17	18	17	18	19	19	20	20	21	22	22	23	23	24	22	23	24
14	14	15	15	16	17 10	17 9	18	18三	19閏	18二	19	20	20	21	21	22	23	23	24	24	25	23	24	25
15	15	16	16	17	18	18	19 8	19 7	20	19	20正	21十二	21十一	22十	22	23	24	24	25	25	26	24	25	26
16	16	17	17	18	19	19	20	20	21 6	20 5	21	22	22	23	23九	24八	25	25	26	26	27	25	26	27
17冬	17	18	18	19	20	20	21	21	22	21	22 4	23 3	23	24	24	25	26七	26	27	27	28	26	27	28
18	18	19	19	20	21	21	22	22	23	22	23	24	24 2	25 1	25 12	26 11	27	27六	28五	28	29	27	28	29
19	19	20	20	21	22	22	23	23	24	23	24	25	25	26	26	27	28 10	28 9	29	29四	30	28	29	30
20	20	21	21	22	23	23	24	24	25	24	25	26	26	27	27	28	29	29	30 8	30 7	31三	3二	30正	31
21	21	22	22	23	24	24	25	25	26	25	26	27	27	28	28	29	30	30	31	5	4 6	2 5	31	1十二
22	22	23	23	24	25	25	26	26	27	26	27	28	28	29	29	30	31	7	6	2	2	3	2 4	2 3
23	23	24	24	25	26	26	27	27	28	27	28	29	29	30	30	31	8	2	2	3	3	4	2	3
24	24	25	25	26	27	27	28	28	29	28	29	30	30	31	10	9	2	3	3	4	4	5	3	4
25	25	26	26	27	28	28	29	29	30	29	30	31	12	11	2	2	3	4	4	5	5	6	4	5
26	26	27	27	28	29	29	30	30	31	3	31	1	2	2	3	3	4	5	5	6	6	7	5	6
27	27	28	28	29	30	30	31	5	4	2	2	2	3	3	4	4	5	6	6	7	7	8	6	7
28	28	29	29	30	31	7	6	2	2	3	2	3	4	4	5	5	6	7	7	8	8	9	7	8
29	29	30	30	31	8	2	2	3	3	4	3	4	5	5	6	6	7	8	8	9	9	10	8	9
30	30	31	10	9	2	3	3	4	4	5	4	5	6	6	7	7	8	9	9	10	10	11	9	10
31	12	11	2	2	3	4	4	5	5	6	5	6	7	7	8	8	9	10	10	11	11	12	10	11
日	2	2	3	3	4	5	5	6	6	7	6	7	8	8	9	9	10	11	11	12	12	13	11	12
曜	3	3	4	4	5	6	6	7	7	8	7	8	9	9	10	10	11	12	12	13	13	14	12	13
表	4	4	5	5	6	7	7	8	8	9	8	9	10	10	11	11	12	13	13	14	14	15	13	14
1	5	5	6	6	7	8	8	9	9	10	9	10	11	11	12	12	13	14	14	15	15	16	14	15
甲	6	6	7	7	8	9	9	10	10	11	10	11	12	12	13	13	14	15	15	16	16	17	15	16
子	7	7	8	8	9	10	10	11	11	12	11	12	13	13	14	14	15	16	16	17	17	18	16	17
表	8	8	9	9	10	11	11	12	12	13	12	13	14	14	15	15	16	17	17	18	18	19	17	18
6	9十一	9十	10	10	11	12	12	13	13	14	13	14	15	15	16	16	17	18	18	19	19	20	18	19
	10	10	11九	11八	12	13	13	14	14	15	14	15	16	16	17	17	18	19	19	20	20	21	19	20

中西回史日曆

卷八 唐 一二一

七四六 丙戌 天寶五 129												七四五 乙酉 天寶四 128											
22	23	23	24 12	25 11	25	26	26 四	27 三	25 二	26 正	27	27	28	28	29	30	30	31	**5**	**4**	2	31	**1**
23	24	24	25	26	26 10	27 9	27	28	26	27	28 十二	28 十一	29	29	30	31	**7**	**6**	2	2	3	**2**	2
24	25	25	26	27	27	28	28 8	29 7	27	28	29	29	30 十	30 九	31	**8**	2	2	3	3	4	2	3
25	26	26	27	28	28	29	29	30	28 6	29 5	30	30	31	**10**	**9** 八	2	3	3	4	4	5	3	4
26	27	27	28	29	29	30	30	31	**3**	30	31 4	**12** 3	**11**	2	2	3 七	4 六	4	5	5	6	4	5
27	28	28	29	30	30	31	**5**	**4**	2	31	**1**	2	2 2	3 1	3 12	4 11	5	5 五	6 四	6	7	5	6
28	29	29	30	31	**7**	**6**	2	2	3	**2**	2	3	3	4	4	5	6 10	6 9	7	7 三	8 二	6 正	7
29	30	30	31	**8**	2	2	3	3	4	2	3	4	4	5	5	6	7	7	8 8	8 7	9	7	8 十二
30	31	**10**	**9**	2	3	3	4	4	5	3	4	5	5	6	6	7	8	8	9	9	10 6	8 5	9
12	**11**	2	2	3	4	4	5	5	6	4	5	6	6	7	7	8	9	9	10	10	11	9	10 4
2	2	3	3	4	5	5	6	6	7	5	6	7	7	8	8	9	10	10	11	11	12	10	11
3	3	4	4	5	6	6	7	7	8	6	7	8	8	9	9	10	11	11	12	12	13	11	12
4	4	5	5	6	7	7	8	8	9	7	8	9	9	10	10	11	12	12	13	13	14	12	13
5	5	6	6	7	8	8	9	9	10	8	9	10	10	11	11	12	13	13	14	14	15	13	14
6	6	7	7	8	9	9	10	10	11	9	10	11	11	12	12	13	14	14	15	15	16	14	15
7	7	8	8	9	10	10	11	11	12	10	11	12	12	13	13	14	15	15	16	16	17	15	16
8	8	9	9	10	11	11	12	12	13	11	12	13	13	14	14	15	16	16	17	17	18	16	17
9	9	10	10	11	12	12	13	13	14	12	13	14	14	15	15	16	17	17	18	18	19	17	18
10	10	11	11	12	13	13	14	14	15	13	14	15	15	16	16	17	18	18	19	19	20	18	19
11	11	12	12	13	14	14	15	15	16	14	15	16	16	17	17	18	19	19	20	20	21	19	20
12	12	13	13	14	15	15	16	16	17	15	16	17	17	18	18	19	20	20	21	21	22	20	21
13	13	14	14	15	16	16	17	17	18	16	17	18 冬	18	19	19	20	21	21	22	22	23	21	22
14	14	15	15	16	17	17	18	18	19	17	18	19	19	20	20	21	22	22	23	23	24	22	23
15	15	16	16	17	18	18	19	19	20	18	19	20	20	21	21	22	23	23	24	24	25	23	24
16	16	17	17	18	19	19	20	20	21	19	20	21	21	22	22	23	24	24	25	25	26	24	25
17 十一	17	18	18	19	20	20	21	21	22	20	21	22	22	23	23	24	25	25	26	26	27	25	26
18 冬	18 閏	19 十	19	20	21	21	22	22	23	21	22	23	23	24	24	25	26	26	27	27	28	26	27
19	19	20	20 九	21	22	22	23	23	24	22	23	24	24	25	25	26	27	27	28	28	29	27	28
20 4	20 3	21	21	22 八	23 七	23	24	24	25	23	24	25	25	26	26	27	28	28	29	29	30	28	29
21	21	22 2	22 1	23	24	24 六	25 五	25	26	24	25	26	26	27	27	28	29	29	30	30	31	**3**	30

	七四八 戊子 天寶七 131												七四七 丁亥 天寶六 130											
11	11	12	12	13	14	14	15	15	16	15	16	17	17	18	18	19	20	20	21	21	22	20	21	22
12	12	13	13	14	15	15	16	16	17	16	17	18	冬18	19	19	20	21	21	22	22	23	21	22	23
13	13	14	14	15	16	16	17	17	18	17	18	19	19	20	20	21	22	22	23	23	24	22	23	24
14	14	15	15	16	17	17	18	18	19	18	19	20	20	21	21	22	23	23	24	24	25	23	24	25
15	15	16	16	17	18	18	19	19	20	19	20	21	21	22	22	23	24	24	25	25	26	24	25	26
16	16	17	17	18	19	19	20	20	21	20	21	22	22	23	23	24	25	25	26	26	27	25	26	27
17	冬17	18	18	19	20	20	21	21	22	21	22	23	23	24	24	25	26	26	27	27	28	26	27	28
18	18	19	19	20	21	21	22	22	23	22	23	24	24	25	25	26	27	27	28	28	29	27	28	29
19	19	20	20	21	22	22	23	23	24	23	24	25	25	26	26	27	28	28	29	29	30	28	29	30
20	20	21	21	22	23	23	24	24	25	24	25	26	26	27	27	28	29	29	30	30	31	3	30	31
21	21	22	22	23	24	24	25	25	26	25	26	27	27	28	28	29	30	30	31	5	4	2	31	1
22	22	23	23	24	25	25	26	26	27	26	27	28	28	29	29	30	31	7	6	2	2	3	2	2
23	23	24	24	25	26	26	27	27	28	27	28	29	29	30	30	31	8	2	2	3	3	4	2	3
24	24	25	25	26	27	27	28	28	29	28	29	30	30	31	10	9	2	3	3	4	4	5	3	4
25	十二25	十一26	26	27	28	28	29	29	30	29	30	31	12	11	2	2	3	4	4	5	5	6	4	5
26	26	27	十27	九28	29	29	30	30	31	3	31	1	2	2	3	3	4	5	5	6	6	7	5	6
27	5 27	28	28	29	八30	七30	31	5	4	2	2	2	3	3	4	4	5	6	6	7	7	8	6	7
28	28	4 29	3 29	30	31	7	六6	五2	四2	3	2	3	4	4	5	5	6	7	7	8	8	9	7	8
29	29	30	30	2 31	1 8	12 2	11 2	3	3	三4	二3	4	5	5	6	6	7	8	8	9	9	10	8	9
30	30	31	10	9	2	3	3	10 4	9 4	5	4	正5	十二6	6	7	7	8	9	9	10	10	11	9	10
31	12	11	2	2	3	4	4	5	5	8 6	7 5	6	7	十一7	十8	8	9	10	10	11	11	12	10	11
日	2	2	3	3	4	5	5	6	6	7	6	6 7	5 8	8	9	九9	八10	11	11	12	12	13	11	12
曜	3	3	4	4	5	6	6	7	7	8	7	8	9	4 9	3 10	10	11	七12	六12	13	13	14	12	13
表	4	4	5	5	6	7	7	8	8	9	8	9	10	10	11	2 11	1 12	13	13	五14	四14	15	13	14
2	5	5	6	6	7	8	8	9	9	10	9	10	11	11	12	12	13	12 14	11 14	15	15	三16	二14	正15
甲	6	6	7	7	8	9	9	10	10	11	10	11	12	12	13	13	14	15	15	10 16	9 16	17	15	16 十二
子	7	7	8	8	9	10	10	11	11	12	11	12	13	13	14	14	15	16	16	17	17	8 18	7 16	17
表	8	8	9	9	10	11	11	12	12	13	12	13	14	14	15	15	16	17	17	18	18	19	17	6 18 5
7	9	9	10	10	11	12	12	13	13	14	13	14	15	15	16	16	17	18	18	19	19	20	18	19
	10	10	11	11	12	13	13	14	14	15	14	15	16	16	17	17	18	19	19	20	20	21	19	20

七五〇 庚寅 天寶九 133												七四九 己丑 天寶八 132											
22	23	23	24	25	25	26	26	27	25	26	27	27	28	28	29	30	30	31	**5**	**4**	2	31	**1**
23	24	24	25	26	26	27	27	28	26	27	28	28	29	29	30	31	**7**	**6**	2	2	3	**2**	2
24	25	25	26	27	27	28	28	29	27	28	29	29	30	30	31	**8**	2	2	3	3	4	2	3
25	26	26	27	28	28	29	29	30	28	29	30	30	31	**10**	**9**	2	3	3	4	4	5	3	4
26	27	27	28	29	29	30	30	31	**3**	30	31	**12**	**11**	2	2	3	4	4	5	5	6	4	5
27	28	28	29	30	30	31	**5**	**4**	2	31	**1**	2	2	3	3	4	5	5	6	6	7	5	6
28	29	29	30	31	**7**	**6**	2	2	3	**2**	2	3	3	4	4	5	6	6	7	7	8	6	7
29	30	30	31	**8**	2	2	3	3	4	2	3	4	4	5	5	6	7	7	8	8	9	7	8
30	31	**10**	**9**	2	3	3	4	4	5	3	4	5	5	6	6	7	8	8	9	9	10	8	9
12	**11**	2	2	3	4	4	5	5	6	4	5	6	6	7	7	8	9	9	10	10	11	9	10
2	2	3	3	4	5	5	6	6	7	5	6	7	7	8	8	9	10	10	11	11	12	10	11
3	3	4	4	5	6	6	7	7	8	6	7	8	8	9	9	10	11	11	12	12	13	11	12
4 十二	4 十	5 九	5	6	7	7	8	8	9	7	8	9	9	10	10	11	12	12	13	13	14	12	13
5 5	5	6	6 八	7 七	8 六	8	9	9	10	8	9	10	10	11	11	12	13	13	14	14	15	13	14
6	6 4	7 3	7	8	9	9 五	10	10	11	9	10	11	11	12	12	13	14	14	15	15	16	14	15
7	7	8	8 2	9 1	10	10	11 四	11 三	12	10	11	12	12	13	13	14	15	15	16	16	17	15	16
8	8	9	9	10	11 12	11 11	12	12	13 二	11 正	12	13	13	14	14	15	16	16	17	17	18	16	17
9	9	10	10	11	12	12	13 10	13 9	14	12	13 十二	14 十一	14	15	15	16	17	17	18	18	19	17	18
10	10	11	11	12	13	13	14	14	15 8	13 7	14	15	15 十	16 九	16 八	17	18	18	19	19	20	18	19
11	11	12	12	13	14	14	15	15	16	14	15 6	16 5	16	17	17	18 七	19 閏	19	20	20	21	19	20
12	12	13	13	14	15	15	16	16	17	15	16	17	17 4	18 3	18	19	20	20 六	21 五	21	22	20	21
13	13	14	14	15	16	16	17	17	18	16	17	18 冬	18	19	19 2	20 1	21	21	22	22 四	23 三	21	22
14	14	15	15	16	17	17	18	18	19	17	18	19	19	20	20	21	22 12	22 11	23	23	24	22 二	23 正
15	15	16	16	17	18	18	19	19	20	18	19	20	20	21	21	22	23	23	24 10	24 9	25	23	24
16	16	17	17	18	19	19	20	20	21	19	20	21	21	22	22	23	24	24	25	25	26 8	24 7	25
17	17	18	18	19	20	20	21	21	22	20	21	22	22	23	23	24	25	25	26	26	27	25	26 6
18 冬	18	19	19	20	21	21	22	22	23	21	22	23	23	24	24	25	26	26	27	27	28	26	27
19	19	20	20	21	22	22	23	23	24	22	23	24	24	25	25	26	27	27	28	28	29	27	28
20	20	21	21	22	23	23	24	24	25	23	24	25	25	26	26	27	28	28	29	29	30	28	29
21	21	22	22	23	24	24	25	25	26	24	25	26	26	27	27	28	29	29	30	30	31	**3**	30

七五一 辛卯 天寶一〇 134

七五二 壬辰 天寶一一 135

11十一	11十	12九	12	13	14	14	15	15	16	15	16	17	17	18	18	19	20	20	21	21	22	20	21	22
12	12	13	13八	14七	15	15	16	16	17	16	17	18冬	18	19	19	20	21	21	22	22	23	21	22	23
13 6	13 5	14	14	15	16六	16五	17	17	18	17	18	19	19	20	20	21	22	22	23	23	24	22	23	24
14	14	15 4	15 3	16	17	17	18四	18	19	18	19	20	20	21	21	22	23	23	24	24	25	23	24	25
15	15	16	16	17 2	18 1	18	19	19閏	20三	19	20	21	21	22	22	23	24	24	25	25	26	24	25	26
16	16	17	17	18	19	19 12	20 11	20	21	20二	21正	22	22	23	23	24	25	25	26	26	27	25	26	27
17冬	17	18	18	19	20	20	21	21 10	22 9	21	22	23十二	23十一	24十	24九	25	26	26	27	27	28	26	27	28
18	18	19	19	20	21	21	22	22	23	22 8	23 7	24	24	25	25	26八	27七	27	28	28	29	27	28	29
19	19	20	20	21	22	22	23	23	24	23	24	25 6	25 5	26	26	27	28	28六	29	29	30	28	29	30
20	20	21	21	22	23	23	24	24	25	24	25	26	26	27 4	27 3	28	29	29	30五	30四	31	**3**	30	31
21	21	22	22	23	24	24	25	25	26	25	26	27	27	28	28	29 2	30 1	30 12	31 11	**5**	**4**三	2	31	**1**
22	22	23	23	24	25	25	26	26	27	26	27	28	28	29	29	30	31	**7**	**6**	2 10	2 9	3二	**2**正	2
23	23	24	24	25	26	26	27	27	28	27	28	29	29	30	30	31	**8**	2	2	3	3	4 8	2 7	3十二
24	24	25	25	26	27	27	28	28	29	28	29	30	30	31	**10**	**9**	2	3	3	4	4	5	3	4 6
25	25	26	26	27	28	28	29	29	30	29	30	31	**12**	**11**	2	2	3	4	4	5	5	6	4	5
26	26	27	27	28	29	29	30	30	31	**3**	31	**1**	2	2	3	3	4	5	5	6	6	7	5	6
27	27	28	28	29	30	30	31	**5**	**4**	2	**2**	2	3	3	4	4	5	6	6	7	7	8	6	7
28	28	29	29	30	31	**7**	**6**	2	2	3	2	3	4	4	5	5	6	7	7	8	8	9	7	8
29	29	30	30	31	**8**	2	2	3	3	4	3	4	5	5	6	6	7	8	8	9	9	10	8	9
30	30	31	**10**	**9**	2	3	3	4	4	5	4	5	6	6	7	7	8	9	9	10	10	11	9	10
31	**12**	**11**	2	2	3	4	4	5	5	6	5	6	7	7	8	8	9	10	10	11	11	12	10	11
日	2	2	3	3	4	5	5	6	6	7	6	7	8	8	9	9	10	11	11	12	12	13	11	12
曜	3	3	4	4	5	6	6	7	7	8	7	8	9	9	10	10	11	12	12	13	13	14	12	13
表	4	4	5	5	6	7	7	8	8	9	8	9	10	10	11	11	12	13	13	14	14	15	13	14
3	5	5	6	6	7	8	8	9	9	10	9	10	11	11	12	12	13	14	14	15	15	16	14	15
甲	6	6	7	7	8	9	9	10	10	11	10	11	12	12	13	13	14	15	15	16	16	17	15	16
子	7	7	8	8	9	10	10	11	11	12	11	12	13	13	14	14	15	16	16	17	17	18	16	17
表	8	8	9	9	10	11	11	12	12	13	12	13	14	14	15	15	16	17	17	18	18	19	17	18
8	9	9	10	10	11	12	12	13	13	14	13	14	15	15	16	16	17	18	18	19	19	20	18	19
	10	10	11	11	12	13	13	14	14	15	14	15	16	16	17	17	18	19	19	20	20	21	19	20

七五三 癸巳 天寶一二 136

七五四 甲午 天寶一三 137

22 6	23 5	23	24	25	25 六	26	26	27	25	26	27	27	28	28	29	30	30	31	**5**	**4**	2	31	**1**
23	24	24 4	25 3	26	26	27 五	27 四	28	26	27	28	28	29	29	30	31	**7**	**6**	2	2	3	**2**	2
24	25	25	26	27 2	27 1	28 12	28 11	29 三	27 二	28 正	29 十二	29	30	30	31	**8**	2	2	3	3	4	2	3
25	26	26	27	28	28	29	29	30 10	28 9	29	30	30 十一	31 十	**10**	**9**	2	3	3	4	4	5	3	4
26	27	27	28	29	29	30	30	31	**3**	30 8	31 7	**12**	**11**	2 九	2 八	3	4	4	5	5	6	4	5
27	28	28	29	30	30	31	**5**	**4**	2	31	**1**	2 6	2 5	3	3	4 七	5 六	5	6	6	7	5	6
28	29	29	30	31	**7**	**6**	2	2	3	**2**	2	3	3	4 4	4 3	5	6	6 五	7	7	8	6	7
29	30	30	31	**8**	2	2	3	3	4	2	3	4	4	5	5	6 2	7 1	7	8 四	8 三	9	7	8
30	31	**10**	**9**	2	3	3	4	4	5	3	4	5	5	6	6	7	8	8 12	9 11	9	10 二	8 正	9 十二
12	**11**	2	2	3	4	4	5	5	6	4	5	6	6	7	7	8	9	9	10	10 10	11 9	9	10
2	2	3	3	4	5	5	6	6	7	5	6	7	7	8	8	9	10	10	11	11	12	10 8	11 7
3	3	4	4	5	6	6	7	7	8	6	7	8	8	9	9	10	11	11	12	12	13	11	12
4	4	5	5	6	7	7	8	8	9	7	8	9	9	10	10	11	12	12	13	13	14	12	13
5	5	6	6	7	8	8	9	9	10	8	9	10	10	11	11	12	13	13	14	14	15	13	14
6	6	7	7	8	9	9	10	10	11	9	10	11	11	12	12	13	14	14	15	15	16	14	15
7	7	8	8	9	10	10	11	11	12	10	11	12	12	13	13	14	15	15	16	16	17	15	16
8	8	9	9	10	11	11	12	12	13	11	12	13	13	14	14	15	16	16	17	17	18	16	17
9	9	10	10	11	12	12	13	13	14	12	13	14	14	15	15	16	17	17	18	18	19	17	18
10	10	11	11	12	13	13	14	14	15	13	14	15	15	16	16	17	18	18	19	19	20	18	19
11	11	12	12	13	14	14	15	15	16	14	15	16	16	17	17	18	19	19	20	20	21	19	20
12	12	13	13	14	15	15	16	16	17	15	16	17	17	18	18	19	20	20	21	21	22	20	21
13	13	14	14	15	16	16	17	17	18	16	17	18 冬	18	19	19	20	21	21	22	22	23	21	22
14	14	15	15	16	17	17	18	18	19	17	18	19	19	20	20	21	22	22	23	23	24	22	23
15	15	16	16	17	18	18	19	19	20	18	19	20	20	21	21	22	23	23	24	24	25	23	24
16	16	17	17	18	19	19	20	20	21	19	20	21	21	22	22	23	24	24	25	25	26	24	25
17	17	18	18	19	20	20	21	21	22	20	21	22	22	23	23	24	25	25	26	26	27	25	26
18 冬	18	19	19	20	21	21	22	22	23	21	22	23	23	24	24	25	26	26	27	27	28	26	27
19 閏	19 十二	20	20	21	22	22	23	23	24	22	23	24	24	25	25	26	27	27	28	28	29	27	28
20	20	21 十	21 九	22	23	23	24	24	25	23	24	25	25	26	26	27	28	28	29	29	30	28	29
21 7	21	22	22	23 八	24 七	24	25	25	26	24	25	26	26	27	27	28	29	29	30	30	31	**3**	30

七五六 丙申 天寶一五 唐肅宗 至德元 七月改 139													七五五 乙未 天寶一四 138											
11	11	12	12	13	14	14	15	15	16	15	16	17	17	18	18	19	20	20	21	21	22	20	21	22
12	12	13	13	14	15	15	16	16	17	16	17	18冬	18	19	19	20	21	21	22	22	23	21	22	23
13	13	14	14	15	16	16	17	17	18	17	18	19	19	20	20	21	22	22	23	23	24	22	23	24
14	14	15	15	16	17	17	18	18	19	18	19	20	20	21	21	22	23	23	24	24	25	23	24	25
15	15	16	16	17	18	18	19	19	20	19	20	21	21	22	22	23	24	24	25	25	26	24	25	26
16	16	17	17	18	19	19	20	20	21	20	21	22	22	23	23	24	25	25	26	26	27	25	26	27
17冬	17	18	18	19	20	20	21	21	22	21	22	23	23	24	24	25	26	26	27	27	28	26	27	28
18	18	19	19	20	21	21	22	22	23	22	23	24	24	25	25	26	27	27	28	28	29	27	28	29
19	19	20	20	21	22	22	23	23	24	23	24	25	25	26	26	27	28	28	29	29	30	28	29	30
20	20	21	21	22	23	23	24	24	25	24	25	26	26	27	27	28	29	29	30	30	31	3	30	31
21	21	22	22	23	24	24	25	25	26	25	26	27	27	28	28	29	30	30	31	5	4	2	31	1
22	22	23	23	24	25	25	26	26	27	26	27	28	28	29	29	30	31	7	6	2	2	3	2	2
23	23	24	24	25	26	26	27	27	28	27	28	29	29	30	30	31	8	2	2	3	3	4	2	3
24	24	25	25	26	27	27	28	28	29	28	29	30	30	31	10	9	2	3	3	4	4	5	3	4
25	25	26	26	27	28	28	29	29	30	29	30	31	12	11	2	2	3	4	4	5	5	6	4	5
26十二	26	27	27	28	29	29	30	30	31	3	31	1	2	2	3	3	4	5	5	6	6	7	5	6
27	27十一	28十	28	29	30	30	31	5	4	2	2	2	3	3	4	4	5	6	6	7	7	8	6	7
28	28	29	29九	30八	31	7	6	2	2	3	2	3	4	4	5	5	6	7	7	8	8	9	7	8
29 8	29 7	30	30	31	8七	2六	2	3	3	4	3	4	5	5	6	6	7	8	8	9	9	10	8	9
30	30	31 6	10 5	9	2	3	3五	4四	4三	5	4	5	6	6	7	7	8	9	9	10	10	11	9	10
31	12	11	2	2 4	3 3	4	4	5	5	6二	5正	6	7	7	8	8	9	10	10	11	11	12	10	11
日	2	2	3	3	4	5 2	5 1	6 12	6 11	7	6	7十二	8十一	8	9	9	10	11	11	12	12	13	11	12
曜	3	3	4	4	5	6	6	7	7	8 10	7 9	8	9	9十	10九	10	11	12	12	13	13	14	12	13
表	4	4	5	5	6	7	7	8	8	9	8	9 8	10 7	10	11	11八	12七	13	13	14	14	15	13	14
4	5	5	6	6	7	8	8	9	9	10	9	10	11	11 6	12 5	12	13	14六	14五	15	15	16	14	15
甲	6	6	7	7	8	9	9	10	10	11	10	11	12	12	13	13 4	14 3	15	15	16四	16三	17二	15	16
子	7	7	8	8	9	10	10	11	11	12	11	12	13	13	14	14	15	16 2	16 1	17	17	18	16正	17十二
表	8	8	9	9	10	11	11	12	12	13	12	13	14	14	15	15	16	17	17	18 12	18 11	19	17	18
9	9	9	10	10	11	12	12	13	13	14	13	14	15	15	16	16	17	18	18	19	19	20 10	18 9	19
	10	10	11	11	12	13	13	14	14	15	14	15	16	16	17	17	18	19	19	20	20	21	19	20 8

中西回史日曆

卷八 唐

七五八 戊戌 至德三 乾元元 二月改

141

七五七 丁酉 至德二

140

22	23	23	24	25	25	26	26	27	25	26	27	27	28	28	29	30	30	31	**5**	**4**	2	31	**1**
23	24	24	25	26	26	27	27	28	26	27	28	28	29	29	30	31	**7**	**6**	2	2	3	**2**	2
24	25	25	26	27	27	28	28	29	27	28	29	29	30	30	31	**8**	2	2	3	3	4	2	3
25	26	26	27	28	28	29	29	30	28	29	30	30	31	**10**	**9**	2	3	3	4	4	5	3	4
26	27	27	28	29	29	30	30	31	**3**	30	31	**12**	**11**	2	2	3	4	4	5	5	6	4	5
27	28	28	29	30	30	31	**5**	**4**	2	31	**1**	2	2	3	3	4	5	5	6	6	7	5	6
28	29	29	30	31	**7**	**6**	2	2	3	**2**	2	3	3	4	4	5	6	6	7	7	8	6	7
29	30	30	31	**8**	2	2	3	3	4	2	3	4	4	5	5	6	7	7	8	8	9	7	8
30	31	**10**	**9**	2	3	3	4	4	5	3	4	5	5	6	6	7	8	8	9	9	10	8	9
12	**11**	2	2	3	4	4	5	5	6	4	5	6	6	7	7	8	9	9	10	10	11	9	10
2	2	3	3	4	5	5	6	6	7	5	6	7	7	8	8	9	10	10	11	11	12	10	11
3	3	4	4	5	6	6	7	7	8	6	7	8	8	9	9	10	11	11	12	12	13	11	12
4	4	5	5	6	7	7	8	8	9	7	8	9	9	10	10	11	12	12	13	13	14	12	13
5	5	6	6	7	8	8	9	9	10	8	9	10	10	11	11	12	13	13	14	14	15	13	14
6土	6十	7九	7八	8	9	9	10	10	11	9	10	11	11	12	12	13	14	14	15	15	16	14	15
7 8	7 7	8	8	9七	10六	10	11	11	12	10	11	12	12	13	13	14	15	15	16	16	17	15	16
8	8	9 6	9 5	10	11	11五	12四	12	13	11	12	13	13	14	14	15	16	16	17	17	18	16	17
9	9	10	10	11 4	12 3	12	13	13三	14二	12	13	14	14	15	15	16	17	17	18	18	19	17	18
10	10	11	11	12	13	13 2	14 1	14	15	13正	14士	15	15	16	16	17	18	18	19	19	20	18	19
11	11	12	12	13	14	14	15	15 12	16 11	14	15	16土	16十	17	17	18	19	19	20	20	21	19	20
12	12	13	13	14	15	15	16	16	17	15 10	16 9	17	17	18九	18閏	19	20	20	21	21	22	20	21
13	13	14	14	15	16	16	17	17	18	16	17	18 8	18 7	19	19	20八	21七	21六	22	22	23	21	22
14	14	15	15	16	17	17	18	18	19	17	18	19	19	20 6	20 5	21	22	22	23五	23四	24	22	23
15	15	16	16	17	18	18	19	19	20	18	19	20	20	21	21	22 4	23 3	23	24	24	25三	23二	24
16	16	17	17	18	19	19	20	20	21	19	20	21	21	22	22	23	24	24 2	25 1	25	26	24	25正
17	17	18	18	19	20	20	21	21	22	20	21	22	22	23	23	24	25	25	26	26 12	27 11	25	26
18冬	18	19	19	20	21	21	22	22	23	21	22	23	23	24	24	25	26	26	27	27	28	26 10	27 9
19	19	20	20	21	22	22	23	23	24	22	23	24	24	25	25	26	27	27	28	28	29	27	28
20	20	21	21	22	23	23	24	24	25	23	24	25	25	26	26	27	28	28	29	29	30	28	29
21	21	22	22	23	24	24	25	25	26	24	25	26	26	27	27	28	29	29	30	30	31	**3**	30

一五

勵耘書屋

七六〇 庚子 乾元三 上元元 閏四月改 143

七五九 己亥 乾元二 142

11	11	12	12	13	14	14	15	15	16	15	16	17	17	18	18	19	20	20	21	21	22	20	21	22
12 十一	12	13	13	14	15	15	16	16	17	16	17	18 冬	18	19	19	20	21	21	22	22	23	21	22	23
13	13 十	14 九	14 八	15	16	16	17	17	18	17	18	19	19	20	20	21	22	22	23	23	24	22	23	24
14 9	14	15	15	16 七	17 六	17	18	18	19	18	19	20	20	21	21	22	23	23	24	24	25	23	24	25
15	15 8	16 7	16	17	18	18 五	19	19	20	19	20	21	21	22	22	23	24	24	25	25	26	24	25	26
16	16	17	17 6	18 5	19	19	20 閏	20 四	21	20	21	22	22	23	23	24	25	25	26	26	27	25	26	27
17 冬	17	18	18	19	20 4	20 3	21	21	22 三	21	22	23	23	24	24	25	26	26	27	27	28	26	27	28
18	18	19	19	20	21	21	22 2	22 1	23	22 二	23 正	24 十二	24	25	25	26	27	27	28	28	29	27	28	29
19	19	20	20	21	22	22	23	23	24 12	23 11	24	25	25 十一	26 十	26 九	27 八	28	28	29	29	30	28	29	30
20	20	21	21	22	23	23	24	24	25	24	25 10	26 9	26	27	27	28	29 七	29 六	30	30	31	3	30	31
21	21	22	22	23	24	24	25	25	26	25	26	27	27 8	28 7	28	29	30	30	31 五	5	4	2	31	1
22	22	23	23	24	25	25	26	26	27	26	27	28	28	29	29 6	30 5	31	7	6	2 四	2 三	3	2	2
23	23	24	24	25	26	26	27	27	28	27	28	29	29	30	30	31	8 4	2 3	2	3	3	4 二	2	3
24	24	25	25	26	27	27	28	28	29	28	29	30	30	31	10	9	2	3	3 2	4 1	4 12	5 11	3 正	4 十二
25	25	26	26	27	28	28	29	29	30	29	30	31	12	11	2	2	3	4	4	5	5	6	4 10	5 9
26	26	27	27	28	29	29	30	30	31	3	31	1	2	2	3	3	4	5	5	6	6	7	5	6
27	27	28	28	29	30	30	31	5	4	2	2	2	3	3	4	4	5	6	6	7	7	8	6	7
28	28	29	29	30	31	7	6	2	2	3	2	3	4	4	5	5	6	7	7	8	8	9	7	8
29	29	30	30	31	8	2	2	3	3	4	3	4	5	5	6	6	7	8	8	9	9	10	8	9
30	30	31	10	9	2	3	3	4	4	5	4	5	6	6	7	7	8	9	9	10	10	11	9	10
31	12	11	2	2	3	4	4	5	5	6	5	6	7	7	8	8	9	10	10	11	11	12	10	11
日	2	2	3	3	4	5	5	6	6	7	6	7	8	8	9	9	10	11	11	12	12	13	11	12
曜	3	3	4	4	5	6	6	7	7	8	7	8	9	9	10	10	11	12	12	13	13	14	12	13
表	4	4	5	5	6	7	7	8	8	9	8	9	10	10	11	11	12	13	13	14	14	15	13	14
5	5	5	6	6	7	8	8	9	9	10	9	10	11	11	12	12	13	14	14	15	15	16	14	15
甲	6	6	7	7	8	9	9	10	10	11	10	11	12	12	13	13	14	15	15	16	16	17	15	16
子	7	7	8	8	9	10	10	11	11	12	11	12	13	13	14	14	15	16	16	17	17	18	16	17
表	8	8	9	9	10	11	11	12	12	13	12	13	14	14	15	15	16	17	17	18	18	19	17	18
10	9	9	10	10	11	12	12	13	13	14	13	14	15	15	16	16	17	18	18	19	19	20	18	19
	10	10	11	11	12	13	13	14	14	15	14	15	16	16	17	17	18	19	19	20	20	21	19	20

中西回史日曆 卷八 唐 一六 勵耘書屋

七六二 壬寅 寶應元 四月改

四月復寅正代宗卽位不改元

145

七六一 辛丑 上元二

九月去年號但稱元年以建子月爲歲首月以所建辰爲名

144

22	23	23	九24	八25	25	26	26	27	25	26	27	27	28	28	29	30	30	31	5	4	2	31	1
23	9 24	24	25	26	七26	27	27	28	26	27	28	28	29	29	30	31	7	6	2	2	3	2	2
24	25	8 25	7 26	27	27	六28	五28	29	27	28	29	29	30	30	31	8	2	2	3	3	4	2	3
25	26	26	27	6 28	5 28	29	29	四30	辰28	29	30	30	31	10	9	2	3	3	4	4	5	3	4
26	27	27	28	29	29	4 30	3 30	31	3	卯30	寅31	丑12	11	2	2	3	4	4	5	5	6	4	5
27	28	28	29	30	30	31	5	2 4	1 2	12 31	11 1	2	子2	亥3	九3	4	5	5	6	6	7	5	6
28	29	29	30	31	7	6	2	2	3	2	2	10 3	9 3	4	4	八5	七6	6	7	7	8	6	7
29	30	30	31	8	2	2	3	3	4	2	3	4	4	8 5	7 5	6	7	六7	8	8	9	7	8
30	31	10	9	2	3	3	4	4	5	3	4	5	5	6	6	6 7	5 8	8	五9	四9	10	8	9
12	11	2	2	3	4	4	5	5	6	4	5	6	6	7	7	8	9	4 9	3 10	10	三11	二9	10
2	2	3	3	4	5	5	6	6	7	5	6	7	7	8	8	9	10	10	11	2 11	1 12	10	正11 十二
3	3	4	4	5	6	6	7	7	8	6	7	8	8	9	9	10	11	11	12	12	13	12 11	11 12
4	4	5	5	6	7	7	8	8	9	7	8	9	9	10	10	11	12	12	13	13	14	12	13 10
5	5	6	6	7	8	8	9	9	10	8	9	10	10	11	11	12	13	13	14	14	15	13	14
6	6	7	7	8	9	9	10	10	11	9	10	11	11	12	12	13	14	14	15	15	16	14	15
7	7	8	8	9	10	10	11	11	12	10	11	12	12	13	13	14	15	15	16	16	17	15	16
8	8	9	9	10	11	11	12	12	13	11	12	13	13	14	14	15	16	16	17	17	18	16	17
9	9	10	10	11	12	12	13	13	14	12	13	14	14	15	15	16	17	17	18	18	19	17	18
10	10	11	11	12	13	13	14	14	15	13	14	15	15	16	16	17	18	18	19	19	20	18	19
11	11	12	12	13	14	14	15	15	16	14	15	16	16	17	17	18	19	19	20	20	21	19	20
12	12	13	13	14	15	15	16	16	17	15	16	17	冬17	18	18	19	20	20	21	21	22	20	21
13	13	14	14	15	16	16	17	17	18	16	17	18	18	19	19	20	21	21	22	22	23	21	22
14	14	15	15	16	17	17	18	18	19	17	18	19	19	20	20	21	22	22	23	23	24	22	23
15	15	16	16	17	18	18	19	19	20	18	19	20	20	21	21	22	23	23	24	24	25	23	24
16	16	17	17	18	19	19	20	20	21	19	20	21	21	22	22	23	24	24	25	25	26	24	25
17	17	18	18	19	20	20	21	21	22	20	21	22	22	23	23	24	25	25	26	26	27	25	26
18	冬18	19	19	20	21	21	22	22	23	21	22	23	23	24	24	25	26	26	27	27	28	26	27
19	19	20	20	21	22	22	23	23	24	22	23	24	24	25	25	26	27	27	28	28	29	27	28
20	十二20	21	21	22	23	23	24	24	25	23	24	25	25	26	26	27	28	28	29	29	30	28	29
21	21	十一22	十22	23	24	24	25	25	26	24	25	26	26	27	27	28	29	29	30	30	31	3	30

七六四 甲辰 廣德二 147

七六三 癸卯 寶應二 廣德元七月改 146

11	11	12	12	13	14	14	15	15	16	15	16	17	17	18	18	19	20	20	21	21	22	20 12	21 11	22
12	12	13	13	14	15	15	16	16	17	16	17	18冬	18	19	19	20	21	21	22	22	23	21	22	23 10
13	13	14	14	15	16	16	17	17	18	17	18	19	19	20	20	21	22	22	23	23	24	22	23	24
14	14	15	15	16	17	17	18	18	19	18	19	20	20	21	21	22	23	23	24	24	25	23	24	25
15	15	16	16	17	18	18	19	19	20	19	20	21	21	22	22	23	24	24	25	25	26	24	25	26
16	16	17	17	18	19	19	20	20	21	20	21	22	22	23	23	24	25	25	26	26	27	25	26	27
17冬	17	18	18	19	20	20	21	21	22	21	22	23	23	24	24	25	26	26	27	27	28	26	27	28
18	18	19	19	20	21	21	22	22	23	22	23	24	24	25	25	26	27	27	28	28	29	27	28	29
19	19	20	20	21	22	22	23	23	24	23	24	25	25	26	26	27	28	28	29	29	30	28	29	30
20	20	21	21	22	23	23	24	24	25	24	25	26	26	27	27	28	29	29	30	30	31	**3**	30	31
21	21	22	22	23	24	24	25	25	26	25	26	27	27	28	28	29	30	30	31	**5**	**4**	2	31	**1**
22	22	23	23	24	25	25	26	26	27	26	27	28	28	29	29	30	31	**7**	**6**	2	2	3	**2**	2
23	23	24	24	25	26	26	27	27	28	27	28	29	29	30	30	31	**8**	2	2	3	3	4	2	3
24	24	25	25	26	27	27	28	28	29	28	29	30	30	31	**10**	**9**	2	3	3	4	4	5	3	4
25	25	26	26	27	28	28	29	29	30	29	30	31	**12**	**11**	2	2	3	4	4	5	5	6	4	5
26	26	27	27	28	29	29	30	30	31	**3**	31	**1**	2	2	3	3	4	5	5	6	6	7	5	6
27	27	28	28	29	30	30	31	**5**	**4**	2	**2**	2	3	3	4	4	5	6	6	7	7	8	6	7
28十二	28十一	29	29	30	31	**7**	**6**	2	2	3	2	3	4	4	5	5	6	7	7	8	8	9	7	8
29	29	30十	30九	31	**8**	2	2	3	3	4	3	4	5	5	6	6	7	8	8	9	9	10	8	9
30 11	30	31	**10**	**9**八	2七	3	3	4	4	5	4	5	6	6	7	7	8	9	9	10	10	11	9	10
31	**12** 10	**11** 9	2	2	3	4六	4五	5	5	6	5	6	7	7	8	8	9	10	10	11	11	12	10	11
日	2	2	3 8	3 7	4	5	5	6四	6三	7	6	7	8	8	9	9	10	11	11	12	12	13	11	12
曜	3	3	4	4	5 6	6 5	6	7	7	8二	7正	8十二	9	9	10	10	11	12	12	13	13	14	12	13
表	4	4	5	5	6	7	7 4	8 3	8	9	8	9	10十一	10十	11	11	12	13	13	14	14	15	13	14
6	5	5	6	6	7	8	8	9	9 2	10 1	9 12	10 11	11	11	12九	12八	13	14	14	15	15	16	14	15
甲	6	6	7	7	8	9	9	10	10	11	10	11	12 10	12 9	13	13	14七	15	15	16	16	17	15	16
子	7	7	8	8	9	10	10	11	11	12	11	12	13	13	14 8	14 7	15	16六	16五	17	17	18	16	17
表	8	8	9	9	10	11	11	12	12	13	12	13	14	14	15	15	16 6	17 5	17	18四	18三	19二	17	18
11	9	9	10	10	11	12	12	13	13	14	13	14	15	15	16	16	17	18	18 4	19 3	19	20	18閏	19正
	10	10	11	11	12	13	13	14	14	15	14	15	16	16	17	17	18	19	19	20	20 2	21 1	19	20

七六六 丙午 永泰二 大曆元十一月改 149												七六五 乙巳 永泰元 148											
22	23	23	24	25	25	26	26	27	25	26	27	27	28	28	29	30	30	31	**5**	**4**	2	31	**1**
23	24	24	25	26	26	27	27	28	26	27	28	28	29	29	30	31	**7**	**6**	2	2	3	**2**	2
24	25	25	26	27	27	28	28	29	27	28	29	29	30	30	31	**8**	2	2	3	3	4	2	3
25	26	26	27	28	28	29	29	30	28	29	30	30	31	**10**	**9**	2	3	3	4	4	5	3	4
26	27	27	28	29	29	30	30	31	**3**	30	31	**12**	**11**	2	2	3	4	4	5	5	6	**4**	5
27	28	28	29	30	30	31	**5**	**4**	2	31	**1**	2	2	3	3	4	5	5	6	6	7	5	6
28	29	29	30	31	**7**	**6**	2	2	3	**2**	2	3	3	4	4	5	6	6	7	7	8	6	7
29	30	30	31	**8**	2	2	3	3	4	2	3	4	4	5	5	6	7	7	8	8	9	7	8
30	31	**10**	**9**	2	3	3	4	4	5	3	4	5	5	6	6	7	8	8	9	9	10	8	9
12	**11**	2	2	3	4	4	5	5	6	4	5	6	6	7	7	8	9	9	10	10	11	9	10
2	2	3	3	4	5	5	6	6	7	5	6	7	7	8	8	9	10	10	11	11	12	10	11
3	3	4	4	5	6	6	7	7	8	6	7	8	8	9	9	10	11	11	12	12	13	11	12
4	4	5	5	6	7	7	8	8	9	7	8	9	9	10	10	11	12	12	13	13	14	12	13
5	5	6	6	7	8	8	9	9	10	8	9	10	10	11	11	12	13	13	14	14	15	13	14
6	6	7	7	8	9	9	10	10	11	9	10	11	11	12	12	13	14	14	15	15	16	14	15
7 十二	7 十	8	8	9	10	10	11	11	12	10	11	12	12	13	13	14	15	15	16	16	17	15	16
8 11	8	9 九	9 八	10 七	11	11	12	12	13	11	12	13	13	14	14	15	16	16	17	17	18	16	17
9	9 10	10 9	10	11	12 六	12 五	13	13	14	12	13	14	14	15	15	16	17	17	18	18	19	17	18
10	10	11	11 8	12 7	13	13	14 四	14 三	15	13	14	15	15	16	16	17	18	18	19	19	20	18	19
11	11	12	12	13	14 6	14 5	15	15	16 二	14 正	15	16	16	17	17	18	19	19	20	20	21	19	20
12	12	13	13	14	15	15	16 4	16 3	17	15	16 十二	17 冬 十一	17	18	18	19	20	20	21	21	22	20	21
13	13	14	14	15	16	16	17	17	18 2	16 1	17	18	18 閏	19 十	19	20	21	21	22	22	23	21	22
14	14	15	15	16	17	17	18	18	19	17	18 12	19 11	19	20	20 九	21 八	22	22	23	23	24	22	23
15	15	16	16	17	18	18	19	19	20	18	19	20	20 10	21 9	21	22	23 七	23 六	24	24	25	23	24
16	16	17	17	18	19	19	20	20	21	19	20	21	21	22	22 8	23 7	24	24	25 五	25 四	26 三	24	25
17	17	18	18	19	20	20	21	21	22	20	21	22	22	23	23	24	25 6	25 5	26	26	27	25 二	26 正
18 冬	18	19	19	20	21	21	22	22	23	21	22	23	23	24	24	25	26	26	27 4	27 3	28	26	27
19	19	20	20	21	22	22	23	23	24	22	23	24	24	25	25	26	27	27	28	28	29 2	27 1	28
20	20	21	21	22	23	23	24	24	25	23	24	25	25	26	26	27	28	28	29	29	30	28	29 12
21	21	22	22	23	24	24	25	25	26	24	25	26	26	27	27	28	29	29	30	30	31	**3**	30

七六七 丁未 大曆二 150

七六八 戊申 大曆三 151

11	11	12	12	13	14	14	15	15	16	15	16	17	17	18	18	19	20	20	21	21	22	20	21	22
12	12	13	13	14	15	15	16	16	17	16	17	18冬	18	19	19	20	21	21	22	22	23	21	22	23
13	13	14	14	15	16	16	17	17	18	17	18	19	19	20	20	21	22	22	23	23	24	22	23	24
14十一	14十	15	15	16	17	17	18	18	19	18	19	20	20	21	21	22	23	23	24	24	25	23	24	25
15	15	16九	16八	17七	18	18	19	19	20	19	20	21	21	22	22	23	24	24	25	25	26	24	25	26
16 (12)	16 (11)	17	17	18	19閏	19六	20	20	21	20	21	22	22	23	23	24	25	25	26	26	27	25	26	27
17冬	17	18 (10)	18 (9)	19	20	20	21五	21	22	21	22	23	23	24	24	25	26	26	27	27	28	26	27	28
18	18	19	19	20 (8)	21 (7)	21	22	22四	23三	22	23	24	24	25	25	26	27	27	28	28	29	27	28	29
19	19	20	20	21	22	22 (6)	23 (5)	23	24	23二	24正	25	25	26	26	27	28	28	29	29	30	28	29	30
20	20	21	21	22	23	23	24	24 (4)	25 (3)	24	25	26十二	26十一	27	27	28	29	29	30	30	31	**3**	30	31
21	21	22	22	23	24	24	25	25	26	25 (2)	26 (1)	27	27	28十	28九	29八	30七	30	31	**5**	**4**	2	31	**1**
22	22	23	23	24	25	25	26	26	27	26	27	28 (12)	28 (11)	29	29	30	31	**7**六	**6**五	2	2	3	**2**	2
23	23	24	24	25	26	26	27	27	28	27	28	29	29	30 (10)	30 (9)	31	**8**	2	2	3四	3	4	2	3
24	24	25	25	26	27	27	28	28	29	28	29	30	30	31	**10**	**9** (8)	2 (7)	3	3	4	4三	5二	3	4
25	25	26	26	27	28	28	29	29	30	29	30	31	**12**	**11**	2	2	3	4 (6)	4 (5)	5	5	6	4正	5十二
26	26	27	27	28	29	29	30	30	31	**3**	31	**1**	2	2	3	3	4	5	5	6 (4)	6 (3)	7	5	6
27	27	28	28	29	30	30	31	**5**	**4**	2	**2**	2	3	3	4	4	5	6	6	7	7	8 (2)	6 (1)	7 (12)
28	28	29	29	30	31	**7**	**6**	2	2	3	2	3	4	4	5	5	6	7	7	8	8	9	7	8
29	29	30	30	31	**8**	2	2	3	3	4	3	4	5	5	6	6	7	8	8	9	9	10	8	9
30	30	31	**10**	**9**	2	3	3	4	4	5	4	5	6	6	7	7	8	9	9	10	10	11	9	10
31	**12**	**11**	2	2	3	4	4	5	5	6	5	6	7	7	8	8	9	10	10	11	11	12	10	11
日	2	2	3	3	4	5	5	6	6	7	6	7	8	8	9	9	10	11	11	12	12	13	11	12
曜	3	3	4	4	5	6	6	7	7	8	7	8	9	9	10	10	11	12	12	13	13	14	12	13
表	4	4	5	5	6	7	7	8	8	9	8	9	10	10	11	11	12	13	13	14	14	15	13	14
7	5	5	6	6	7	8	8	9	9	10	9	10	11	11	12	12	13	14	14	15	15	16	14	15
甲	6	6	7	7	8	9	9	10	10	11	10	11	12	12	13	13	14	15	15	16	16	17	15	16
子	7	7	8	8	9	10	10	11	11	12	11	12	13	13	14	14	15	16	16	17	17	18	16	17
表	8	8	9	9	10	11	11	12	12	13	12	13	14	14	15	15	16	17	17	18	18	19	17	18
12	9	9	10	10	11	12	12	13	13	14	13	14	15	15	16	16	17	18	18	19	19	20	18	19
	10	10	11	11	12	13	13	14	14	15	14	15	16	16	17	17	18	19	19	20	20	21	19	20

七七〇 庚戌 大曆五 153

七六九 己酉 大曆四 152

22	十一23	十23	24	25	25	26	26	27	25	26	27	27	28	28	29	30	30	31	**5**	**4**	2	31	**1**
23	24	24	九25	26	26	27	27	28	26	27	28	28	29	29	30	31	**7**	**6**	2	2	3	**2**	2
24	25	25	26	八27	七27	28	28	29	27	28	29	29	30	30	31	**8**	2	2	3	3	4	2	3
25	12 26	11 26	27	28	28	六29	29	30	28	29	30	30	31	**10**	**9**	2	3	3	4	4	5	3	4
26	27	27	10 28	9 29	29	30	五30	四31	**3**	30	31	**12**	**11**	2	2	3	4	4	5	5	6	4	5
27	28	28	29	30	8 30	7 31	**5**	**4**	三2	二31	**1**	2	2	3	3	4	5	5	6	6	7	5	6
28	29	29	30	31	**7**	**6**	6 2	5 2	3	**2**	正2	十二3	十一3	十4	4	5	6	6	7	7	8	6	7
29	30	30	31	**8**	2	2	3	3	4 4	3 2	3	4	4	5	九5	八6	七7	7	8	8	9	7	8
30	31	**10**	**9**	2	3	3	4	4	5	3	2 4	1 5	12 5	11 6	6	7	8	六8	9	9	10	8	9
12	**11**	2	2	3	4	4	5	5	6	4	5	6	6	7	10 7	9 8	9	9	五10	10	11	9	10
2	2	3	3	4	5	5	6	6	7	5	6	7	7	8	8	9	8 10	7 10	11	四11	三12	10	11
3	3	4	4	5	6	6	7	7	8	6	7	8	8	9	9	10	11	11	6 12	5 12	13	二11	正12
4	4	5	5	6	7	7	8	8	9	7	8	9	9	10	10	11	12	12	13	13	4 14	3 12	13 十二
5	5	6	6	7	8	8	9	9	10	8	9	10	10	11	11	12	13	13	14	14	15	13	2 14 1
6	6	7	7	8	9	9	10	10	11	9	10	11	11	12	12	13	14	14	15	15	16	14	15
7	7	8	8	9	10	10	11	11	12	10	11	12	12	13	13	14	15	15	16	16	17	15	16
8	8	9	9	10	11	11	12	12	13	11	12	13	13	14	14	15	16	16	17	17	18	16	17
9	9	10	10	11	12	12	13	13	14	12	13	14	14	15	15	16	17	17	18	18	19	17	18
10	10	11	11	12	13	13	14	14	15	13	14	15	15	16	16	17	18	18	19	19	20	18	19
11	11	12	12	13	14	14	15	15	16	14	15	16	16	17	17	18	19	19	20	20	21	19	20
12	12	13	13	14	15	15	16	16	17	15	16	17	冬17	18	18	19	20	20	21	21	22	20	21
13	13	14	14	15	16	16	17	17	18	16	17	18	18	19	19	20	21	21	22	22	23	21	22
14	14	15	15	16	17	17	18	18	19	17	18	19	19	20	20	21	22	22	23	23	24	22	23
15	15	16	16	17	18	18	19	19	20	18	19	20	20	21	21	22	23	23	24	24	25	23	24
16	16	17	17	18	19	19	20	20	21	19	20	21	21	22	22	23	24	24	25	25	26	24	25
17	17	18	18	19	20	20	21	21	22	20	21	22	22	23	23	24	25	25	26	26	27	25	26
18	冬18	19	19	20	21	21	22	22	23	21	22	23	23	24	24	25	26	26	27	27	28	26	27
19	19	20	20	21	22	22	23	23	24	22	23	24	24	25	25	26	27	27	28	28	29	27	28
20	20	21	21	22	23	23	24	24	25	23	24	25	25	26	26	27	28	28	29	29	30	28	29
21	21	22	22	23	24	24	25	25	26	24	25	26	26	27	27	28	29	29	30	30	31	**3**	30

												七七二 壬子 大曆七												七七一 辛亥 大曆六
	156												155											154
11	11	12	12	13	14	14	15	15	16	15	16	17	17	18	18	19	20	20	21	6 21	5 22	20	21	正22 十二
12	12	13	13	14	15	15	16	16	17	16	17	18	冬18	19	19	20	21	21	22	22	23	4 21	3 22	23
13	13	14	14	15	16	16	17	17	18	17	18	19	19	20	20	21	22	22	23	23	24	22	23	2 24 1
14	14	15	15	16	17	17	18	18	19	18	19	20	20	21	21	22	23	23	24	24	25	23	24	25
15	15	16	16	17	18	18	19	19	20	19	20	21	21	22	22	23	24	24	25	25	26	24	25	26
16	16	17	17	18	19	19	20	20	21	20	21	22	22	23	23	24	25	25	26	26	27	25	26	27
17	冬17	18	18	19	20	20	21	21	22	21	22	23	23	24	24	25	26	26	27	27	28	26	27	28
18	18	19	19	20	21	21	22	22	23	22	23	24	24	25	25	26	27	27	28	28	29	27	28	29
19	19	20	20	21	22	22	23	23	24	23	24	25	25	26	26	27	28	28	29	29	30	28	29	30
20	20	21	21	22	23	23	24	24	25	24	25	26	26	27	27	28	29	29	30	30	31	**3**	30	31
21	21	22	22	23	24	24	25	25	26	25	26	27	27	28	28	29	30	30	31	**5**	**4**	2	31	**1**
22	22	23	23	24	25	25	26	26	27	26	27	28	28	29	29	30	31	**7**	**6**	2	2	3	**2**	2
23	23	24	24	25	26	26	27	27	28	27	28	29	29	30	30	31	**8**	2	2	3	3	4	2	3
24	24	25	25	26	27	27	28	28	29	28	29	30	30	31	**10**	**9**	2	3	3	4	4	5	3	4
25	25	26	26	27	28	28	29	29	30	29	30	31	**12**	**11**	2	2	3	4	4	5	5	6	4	5
26	26	27	27	28	29	29	30	30	31	**3**	31	**1**	2	2	3	3	4	5	5	6	6	7	5	6
27	27	28	28	29	30	30	31	**5**	**4**	2	**2**	2	3	3	4	4	5	6	6	7	7	8	6	7
28	28	29	29	30	31	**7**	**6**	2	2	3	2	3	4	4	5	5	6	7	7	8	8	9	7	8
29	十二29	十一30	30	31	**8**	2	2	3	3	4	3	4	5	5	6	6	7	8	8	9	9	10	8	9
30	30	31	十**10**	**9**	2	3	3	**4**	**4**	5	4	5	6	6	7	7	8	9	9	10	10	11	9	10
31	**12**	**11**	2	九2	八3	4	4	5	5	6	5	6	7	7	8	8	9	10	10	11	11	12	10	11
日	2	1 2	12 3	11 3	4	七5	六5	6	6	7	6	7	8	8	9	9	10	11	11	12	12	13	11	12
曜	3	3	4	4	10 5	9 6	6	五7	四7	8	7	8	9	9	10	10	11	12	12	13	13	14	12	13
表	4	4	5	5	6	7	8 7	7 8	8	三9	二8	9	10	10	11	11	12	13	13	14	14	15	13	14
1	5	5	6	6	7	8	8	9	6 9	5 10	9	正10	十二11	十一11	十12	12	13	14	14	15	15	16	14	15
甲	6	6	7	7	8	9	9	10	10	11	4 10	3 11	12	12	13	九13	八14	15	15	16	16	17	15	16
子	7	7	8	8	9	10	10	11	11	12	11	12	2 13	1 13	14	14	15	七16	16	17	17	18	16	17
表	8	8	9	9	10	11	11	12	12	13	12	13	14	14	12 15	11 15	16	17	六17	五18	18	19	17	18
13	9	9	10	10	11	12	12	13	13	14	13	14	15	15	16	16	10 17	9 18	18	19	四19	20	18	19
	10	10	11	11	12	13	13	14	14	15	14	15	16	16	17	17	18	19	8 19	7 20	20	閏21	三19	二20

七七四 甲寅 大曆九 158												七七三 癸丑 大曆八 157											
22	23	23	24	25	25	26	26	27	25	26	27	27	28	28	29	30	30	31	5	4	2	31	1 2
23	24	24	25	26	26	27	27	28	26	27	28	28	29	29	30	31	7	6	2	2	3	2	2
24	25	25	26	27	27	28	28	29	27	28	29	29	30	30	31	8	2	2	3	3	4	2	3
25	26	26	27	28	28	29	29	30	28	29	30	30	31	10	9	2	3	3	4	4	5	3	4
26	27	27	28	29	29	30	30	31	3	30	31	12	11	2	2	3	4	4	5	5	6	4	5
27	28	28	29	30	30	31	5	4	2	31	1	2	2	3	3	4	5	5	6	6	7	5	6
28	29	29	30	31	7	6	2	2	3	2	2	3	3	4	4	5	6	6	7	7	8	6	7
29	30	30	31	8	2	2	3	3	4	2	3	4	4	5	5	6	7	7	8	8	9	7	8
30	31	10	9	2	3	3	4	4	5	3	4	5	5	6	6	7	8	8	9	9	10	8	9
12	11	2	2	3	4	4	5	5	6	4	5	6	6	7	7	8	9	9	10	10	11	9	10
2	2	3	3	4	5	5	6	6	7	5	6	7	7	8	8	9	10	10	11	11	12	10	11
3	3	4	4	5	6	6	7	7	8	6	7	8	8	9	9	10	11	11	12	12	13	11	12
4	4	5	5	6	7	7	8	8	9	7	8	9	9	10	10	11	12	12	13	13	14	12	13
5	5	6	6	7	8	8	9	9	10	8	9	10	10	11	11	12	13	13	14	14	15	13	14
6	6	7	7	8	9	9	10	10	11	9	10	11	11	12	12	13	14	14	15	15	16	14	15
7	7	8	8	9	10	10	11	11	12	10	11	12	12	13	13	14	15	15	16	16	17	15	16
8 十一	8	9	9	10	11	11	12	12	13	11	12	13	13	14	14	15	16	16	17	17	18	16	17
9	9 十	10 九	10	11	12	12	13	13	14	12	13	14	14	15	15	16	17	17	18	18	19	17	18
10	10	11	11 八	12 七	13	13	14	14	15	13	14	15	15	16	16	17	18	18	19	19	20	18	19
11 2	11 1	12 12	12 11	13	14 六	14 五	15 四	15	16	14	15	16	16	17	17	18	19	19	20	20	21	19	20
12	12	13	13	14 10	15 9	15	16	16 三	17 二	15 正	16	17 冬	17	18	18	19	20	20	21	21	22	20	21
13	13	14	14	15	16	16 8	17 7	17	18	16	17 十二	18	18	19	19	20	21	21	22	22	23	21	22
14	14	15	15	16	17	17	18	18 6	19 5	17	18	19 閏	19 十一	20	20	21	22	22	23	23	24	22	23
15	15	16	16	17	18	18	19	19	20	18 4	19 3	20	20	21 十	21 九	22	23	23	24	24	25	23	24
16	16	17	17	18	19	19	20	20	21	19	20	21 2	21 1	22	22	23 八	24 七	24	25	25	26	24	25
17	17	18	18	19	20	20	21	21	22	20	21	22	22	23 12	23 11	24	25	25 六	26 五	26	27	25	26
18 冬	18	19	19	20	21	21	22	22	23	21	22	23	23	24	24	25 10	26 9	26	27	27 四	28 三	26 二	27
19	19	20	20	21	22	22	23	23	24	22	23	24	24	25	25	26	27	27 8	28 7	28	29	27	28 正
20	20	21	21	22	23	23	24	24	25	23	24	25	25	26	26	27	28	28	29	29 6	30 5	28	29
21	21	22	22	23	24	24	25	25	26	24	25	26	26	27	27	28	29	29	30	30	31	3 4	30 3

七七五 乙卯 大曆一〇

七七六 丙辰 大曆一一

160 159

11	11	12	12	13	14	14	15	15	16	15	16	17	17	18	18	19	20	20	21	21	22	20	21	22
12	12	13	13	14	15	15	16	16	17	16	17	18 冬	18	19	19	20	21	21	22	22	23	21	22	23
13	13	14	14	15	16	16	17	17	18	17	18	19	19	20	20	21	22	22	23	23	24	22	23	24
14	14	15	15	16	17	17	18	18	19	18	19	20	20	21	21	22	23	23	24	24	25	23	24	25
15	15	16	16	17	18	18	19	19	20	19	20	21	21	22	22	23	24	24	25	25	26	24	25	26
16 十一	16 十	17 九	17	18	19	19	20	20	21	20	21	22	22	23	23	24	25	25	26	26	27	25	26	27
17 3	17	18	18 閏	19 八	20 七	20	21	21	22	21	22	23	23	24	24	25	26	26	27	27	28	26	27	28
18	18 2	19 1	19	20	21	21 六	22 五	22	23	22	23	24	24	25	25	26	27	27	28	28	29	27	28	29
19	19	20	20 12	21 11	22	22	23	23 四	24 三	23	24	25	25	26	26	27	28	28	29	29	30	28	29	30
20	20	21	21	22	23 10	23 9	24	24	25	24 二	25	26	26	27	27	28	29	29	30	30	31	3	30	31
21	21	22	22	23	24	24	25 8	25 7	26	25	26 正	27 十二	27	28	28	29	30	30	31	5	4	2	31	1
22	22	23	23	24	25	25	26	26	27 6	26 5	27	28	28 十一	29 十	29	30	31	7	6	2	2	3	2	2
23	23	24	24	25	26	26	27	27	28	27	28 4	29 3	29	30	30 九	31 八	8 七	2	2	3	3	4	2	3
24	24	25	25	26	27	27	28	28	29	28	29	30	30 2	31 1	10	9	2	3 六	3 五	4 四	4	5	3	4
25	25	26	26	27	28	28	29	29	30	29	30	31	12	11	2 12	2 11	3	4	4	5	5 三	6	4	5
26	26	27	27	28	29	29	30	30	31	3	31	1	2	2	3	3	4 10	5 9	5	6	6	7 二	5 正	6
27	27	28	28	29	30	30	31	5	4	2	2	2	3	3	4	4	5	6	6 8	7 7	7	8	6	7 十二
28	28	29	29	30	31	7	6	2	2	3	2	3	4	4	5	5	6	7	7	8	8 6	9 5	7	8
29	29	30	30	31	8	2	2	3	3	4	3	4	5	5	6	6	7	8	8	9	9	10	8 4	9 3
30	30	31	10	9	2	3	3	4	4	5	4	5	6	6	7	7	8	9	9	10	10	11	9	10
31	12	11	2	2	3	4	4	5	5	6	5	6	7	7	8	8	9	10	10	11	11	12	10	11
日	2	2	3	3	4	5	5	6	6	7	6	7	8	8	9	9	10	11	11	12	12	13	11	12
曜	3	3	4	4	5	6	6	7	7	8	7	8	9	9	10	10	11	12	12	13	13	14	12	13
表	4	4	5	5	6	7	7	8	8	9	8	9	10	10	11	11	12	13	13	14	14	15	13	14
2	5	5	6	6	7	8	8	9	9	10	9	10	11	11	12	12	13	14	14	15	15	16	14	15
甲	6	6	7	7	8	9	9	10	10	11	10	11	12	12	13	13	14	15	15	16	16	17	15	16
子	7	7	8	8	9	10	10	11	11	12	11	12	13	13	14	14	15	16	16	17	17	18	16	17
表	8	8	9	9	10	11	11	12	12	13	12	13	14	14	15	15	16	17	17	18	18	19	17	18
14	9	9	10	10	11	12	12	13	13	14	13	14	15	15	16	16	17	18	18	19	19	20	18	19
	10	10	11	11	12	13	13	14	14	15	14	15	16	16	17	17	18	19	19	20	20	21	19	20

七七八
戊午
大曆十三

162

七七七
丁巳
大曆十二

161

22	23	23	24	25	25	26	26	27	25	26	27	27	28	28	29	30	30	31	**5**	**4**	2	31	**1**
23	24	24	25	26	26	27	27	28	26	27	28	28	29	29	30	31	**7**	**6**	2	2	3	**2**	2
24 十一	25 十	25	26	27	27	28	28	29	27	28	29	29	30	30	31	**8**	2	2	3	3	4	2	3
25	26	26 九	27 八	28	28	29	29	30	28	29	30	30	31	**10**	**9**	2	3	3	4	4	5	3	4
26 3	27	27	28	29 七	29 六	30	30	31	**3**	30	31	**12**	**11**	2	2	3	4	4	5	5	6	4	5
27	28 2	28 1	29	30	30	31 五	**5**	**4**	2	31	**1**	2	2	3	3	4	5	5	6	6	7	5	6
28	29	29	30 12	31 11	**7**	**6**	2 四	2 三	3	**2**	2	3	3	4	4	5	6	6	7	7	8	6	7
29	30	30	31	**8**	2 10	2 9	3	3	4 二	2 正	3	4	4	5	5	6	7	7	8	8	9	7	8
30	31	**10**	**9**	2	3	3	4 8	4 7	5	3	4 十二	5 十一	5 十	6 九	6	7	8	8	9	9	10	8	9
12	**11**	2	2	3	4	4	5	5	6 6	4 5	5	6	6	7	7 八	8 七	9	9	10	10	11	9	10
2	2	3	3	4	5	5	6	6	7	5	6 4	7 3	7	8	8	9	10 六	10 五	11	11	12	10	11
3	3	4	4	5	6	6	7	7	8	6	7	8	8 2	9 1	9 12	10 11	11	11	12 四	12	13	11	12
4	4	5	5	6	7	7	8	8	9	7	8	9	9	10	10	11	12 10	12 9	13	13 三	14 二	12	13
5	5	6	6	7	8	8	9	9	10	8	9	10	10	11	11	12	13	13	14 8	14 7	15	13 正	14 十二
6	6	7	7	8	9	9	10	10	11	9	10	11	11	12	12	13	14	14	15	15	16 6	14 5	15
7	7	8	8	9	10	10	11	11	12	10	11	12	12	13	13	14	15	15	16	16	17	15	16 4
8	8	9	9	10	11	11	12	12	13	11	12	13	13	14	14	15	16	16	17	17	18	16	17
9	9	10	10	11	12	12	13	13	14	12	13	14	14	15	15	16	17	17	18	18	19	17	18
10	10	11	11	12	13	13	14	14	15	13	14	15	15	16	16	17	18	18	19	19	20	18	19
11	11	12	12	13	14	14	15	15	16	14	15	16	16	17	17	18	19	19	20	20	21	19	20
12	12	13	13	14	15	15	16	16	17	15	16	17 冬	17	18	18	19	20	20	21	21	22	20	21
13	13	14	14	15	16	16	17	17	18	16	17	18	18	19	19	20	21	21	22	22	23	21	22
14	14	15	15	16	17	17	18	18	19	17	18	19	19	20	20	21	22	22	23	23	24	22	23
15	15	16	16	17	18	18	19	19	20	18	19	20	20	21	21	22	23	23	24	24	25	23	24
16	16	17	17	18	19	19	20	20	21	19	20	21	21	22	22	23	24	24	25	25	26	24	25
17	17	18	18	19	20	20	21	21	22	20	21	22	22	23	23	24	25	25	26	26	27	25	26
18 冬	18	19	19	20	21	21	22	22	23	21	22	23	23	24	24	25	26	26	27	27	28	26	27
19	19	20	20	21	22	22	23	23	24	22	23	24	24	25	25	26	27	27	28	28	29	27	28
20	20	21	21	22	23	23	24	24	25	23	24	25	25	26	26	27	28	28	29	29	30	28	29
21	21	22	22	23	24	24	25	25	26	24	25	26	26	27	27	28	29	29	30	30	31	**3**	30

七八〇 庚申 唐德宗 建中元 164													七七九 己未 大曆一四 163											
11	11	12	12	13	14	14	15	15	16	15	16	17	17	18	18	19 12	20 11	20	21 五	21 四	22	20	21	22
12	12	13	13	14	15	15	16	16	17	16	17	18 冬	18	19	19	20	21	21 10	22 9	22	23 三	21 二	22 正	23
13	13	14	14	15	16	16	17	17	18	17	18	19	19	20	20	21	22	22	23	23 8	24 7	22	23	24 十二
14	14	15	15	16	17	17	18	18	19	18	19	20	20	21	21	22	23	23	24	24	25	23 6	24 5	25
15	15	16	16	17	18	18	19	19	20	19	20	21	21	22	22	23	24	24	25	25	26	24	25	26 4
16	16	17	17	18	19	19	20	20	21	20	21	22	22	23	23	24	25	25	26	26	27	25	26	27
17 冬	17	18	18	19	20	20	21	21	22	21	22	23	23	24	24	25	26	26	27	27	28	26	27	28
18	18	19	19	20	21	21	22	22	23	22	23	24	24	25	25	26	27	27	28	28	29	27	28	29
19	19	20	20	21	22	22	23	23	24	23	24	25	25	26	26	27	28	28	29	29	30	28	29	30
20	20	21	21	22	23	23	24	24	25	24	25	26	26	27	27	28	29	29	30	30	31	**3**	30	31
21	21	22	22	23	24	24	25	25	26	25	26	27	27	28	28	29	30	30	31	**5**	**4**	2	31	**1**
22	22	23	23	24	25	25	26	26	27	26	27	28	28	29	29	30	31	**7**	**6**	2	2	3	**2**	2
23	23	24	24	25	26	26	27	27	28	27	28	29	29	30	30	31	**8**	2	2	3	3	4	2	3
24	24	25	25	26	27	27	28	28	29	28	29	30	30	31	**10**	**9**	2	3	3	4	4	5	3	4
25	25	26	26	27	28	28	29	29	30	29	30	31	**12**	**11**	2	2	3	4	4	5	5	6	4	5
26	26	27	27	28	29	29	30	30	31	**3**	31	**1**	2	2	3	3	4	5	5	6	6	7	5	6
27	27	28	28	29	30	30	31	**5**	**4**	2	**2**	2	3	3	4	4	5	6	6	7	7	8	6	7
28	28	29	29	30	31	**7**	**6**	2	2	3	2	3	4	4	5	5	6	7	7	8	8	9	7	8
29	29	30	30	31	**8**	2	2	3	3	4	3	4	5	5	6	6	7	8	8	9	9	10	8	9
30	30	31	**10**	**9**	2	3	3	**4**	4	5	4	5	6	6	7	7	8	9	9	10	10	11	9	10
31 十二	**12** 十一	**11** 十	2	2	3	4	4	5	5	6	5	6	7	7	8	8	9	10	10	11	11	12	10	11
日	2	2	3 九	3 八	4	5	5	6	6	7	6	7	8	8	9	9	10	11	11	12	12	13	11	12
曜	3	3	4	4	5 七	6	6	7	7	8	7	8	9	9	10	10	11	12	12	13	13	14	12	13
表	4 4	4 3	5	5	6	7 六	7 五	8	8	9	8	9	10	10	11	11	12	13	13	14	14	15	13	14
3	5	5	6 2	6 1	7 12	8 11	8	9 四	9	10	9	10	11	11	12	12	13	14	14	15	15	16	14	15
甲	6	6	7	7	8	9	9 10	10 9	10 三	11 二	10	11	12	12	13	13	14	15	15	16	16	17	15	16
子	7	7	8	8	9	10	10	11	11 8	12 7	11 正	12 十二	13 十一	13 十	14	14	15	16	16	17	17	18	16	17
表	8	8	9	9	10	11	11	12	12	13	12 6	13 5	14	14	15 九	15 八	16 七	17	17	18	18	19	17	18
15	9	9	10	10	11	12	12	13	13	14	13	14	15 4	15 3	16	16	17	18 六	18	19	19	20	18	19
	10	10	11	11	12	13	13	14	14	15	14	15	16	16	17 2	17 1	18	19	19 閏	20	20	21	19	20

七八二 壬戌 建中三 166

七八一 辛酉 建中二 165

22	23	23	24	25	25	26	26	27	25	26	27	27	28	28	29	30	30	31	**5**	**4** 8	2 7	31	**1**
23	24	24	25	26	26	27	27	28	26	27	28	28	29	29	30	31	**7**	**6**	2	2	3	**2** 6	2 5
24	25	25	26	27	27	28	28	29	27	28	29	29	30	30	31	**8**	2	2	3	3	4	2	3
25	26	26	27	28	28	29	29	30	28	29	30	30	31	**10**	**9**	2	3	3	4	4	5	3	4
26	27	27	28	29	29	30	30	31	**3**	30	31	**12**	**11**	2	2	3	4	4	5	5	6	4	5
27	28	28	29	30	30	31	**5**	**4**	2	31	**1**	2	2	3	3	4	5	5	6	6	7	5	6
28	29	29	30	31	**7**	**6**	2	2	3	**2**	2	3	3	4	4	5	6	6	7	7	8	6	7
29	30	30	31	**8**	2	2	3	3	4	2	3	4	4	5	5	6	7	7	8	8	9	7	8
30	31	**10**	**9**	2	3	3	4	4	5	3	4	5	5	6	6	7	8	8	9	9	10	8	9
12	**11**	2	2	3	4	4	5	5	6	4	5	6	6	7	7	8	9	9	10	10	11	9	10
2	2	3	3	4	5	5	6	6	7	5	6	7	7	8	8	9	10	10	11	11	12	10	11
3	3	4	4	5	6	6	7	7	8	6	7	8	8	9	9	10	11	11	12	12	13	11	12
4	4	5	5	6	7	7	8	8	9	7	8	9	9	10	10	11	12	12	13	13	14	12	13
5	5	6	6	7	8	8	9	9	10	8	9	10	10	11	11	12	13	13	14	14	15	13	14
6	6	7	7	8	9	9	10	10	11	9	10	11	11	12	12	13	14	14	15	15	16	14	15
7	7	8	8	9	10	10	11	11	12	10	11	12	12	13	13	14	15	15	16	16	17	15	16
8	8	9	9	10	11	11	12	12	13	11	12	13	13	14	14	15	16	16	17	17	18	16	17
9 十一	9	10	10	11	12	12	13	13	14	12	13	14	14	15	15	16	17	17	18	18	19	17	18
10	10 十	11	11	12	13	13	14	14	15	13	14	15	15	16	16	17	18	18	19	19	20	18	19
11 5	11	12 九	12 八	13	14	14	15	15	16	14	15	16	16	17	17	18	19	19	20	20	21	19	20
12	12 4	13 3	13	14 七	15 六	15	16	16	17	15	16	17 冬	17	18	18	19	20	20	21	21	22	20	21
13	13	14	14 2	15 1	16	16 五	17 四	17 三	18	16	17	18	18	19	19	20	21	21	22	22	23	21	22
14	14	15	15	16	17 12	17 11	18	18	19 二	17 閏	18	19	19	20	20	21	22	22	23	23	24	22	23
15	15	16	16	17	18	18	19 10	19 9	20	18	19 正	20 十二	20 十一	21	21	22	23	23	24	24	25	23	24
16	16	17	17	18	19	19	20	20	21 8	19 7	20	21	21	22 十	22 九	23	24	24	25	25	26	24	25
17	17	18	18	19	20	20	21	21	22	20	21 6	22 5	22	23	23	24 八	25	25	26	26	27	25	26
18 冬	18	19	19	20	21	21	22	22	23	21	22	23	23 4	24 3	24	25	26 七	26 六	27	27	28	26	27
19	19	20	20	21	22	22	23	23	24	22	23	24	24	25	25 2	26 1	27	27	28 五	28 四	29	27	28
20	20	21	21	22	23	23	24	24	25	23	24	25	25	26	26	27	28 12	28 11	29	29	30 三	28 二	29 正
21	21	22	22	23	24	24	25	25	26	24	25	26	26	27	27	28	29	29	30 10	30 9	31	**3**	30

二二

七八四 甲子 興元元 168

七八三 癸亥 建中四 167

11	11	12	12	13	14	14	15	15	16	15	16	17	17	18	18	19	20	20	21	21	22	20	21	22
12	12	13	13	14	15	15	16	16	17	16	17	18冬	18	19	19	20	21	21	22	22	23	21	22	23
13	13	14	14	15	16	16	17	17	18	17	18	19	19	20	20	21	22	22	23	23	24	22	23	24
14	14	15	15	16	17	17	18	18	19	18	19	20	20	21	21	22	23	23	24	24	25	23	24	25
15	15	16	16	17	18	18	19	19	20	19	20	21	21	22	22	23	24	24	25	25	26	24	25	26
16	16	17	17	18	19	19	20	20	21	20	21	22	22	23	23	24	25	25	26	26	27	25	26	27
冬17十二	17	18	18	19	20	20	21	21	22	21	22	23	23	24	24	25	26	26	27	27	28	26	27	28
18	18閏	19十	19九	20	21	21	22	22	23	22	23	24	24	25	25	26	27	27	28	28	29	27	28	29
19 6	19 5	20	20	21八	22七	22六	23	23	24	23	24	25	25	26	26	27	28	28	29	29	30	28	29	30
20	20	21 4	21 3	22	23	23	24五	24四	25	24	25	26	26	27	27	28	29	29	30	30	31	**3**	30	31
21	21	22	22	23 2	24 1	24	25	25	26三	25二	26	27	27	28	28	29	30	30	31	**5**	**4**	2	31	**1**
22	22	23	23	24	25	25 12	26 11	26	27	26	27正	28	28	29	29	30	31	**7**	**6**	2	2	3	**2**	2
23	23	24	24	25	26	26	27	27 10	28 9	27	28	29十二	29十一	30	30	31	**8**	2	2	3	3	4	2	3
24	24	25	25	26	27	27	28	28	29	28 8	29 7	30	30	31十	**10**九	**9**	2	3	3	4	4	5	3	4
25	25	26	26	27	28	28	29	29	30	29	30	31 6	**12** 5	**11**	2	2八	3七	4六	4	5	5	6	4	5
26	26	27	27	28	29	29	30	30	31	**3**	31	**1**	2	2 4	3 3	3	4	5	5五	6四	6	7	5	6
27	27	28	28	29	30	30	31	**5**	**4**	2	**2**	2	3	3	4	4 2	5 1	6 12	6 11	7	7三	8二	6正	7
28	28	29	29	30	31	**7**	**6**	2	2	3	2	3	4	4	5	5	6	7	7	8 10	8 9	9	7	8十二
29	29	30	30	31	**8**	2	2	3	3	4	3	4	5	5	6	6	7	8	8	9	9	10 8	8 7	9
30	30	31	**10**	**9**	2	3	3	**4**	4	5	4	5	6	6	7	7	8	9	9	10	10	11	9	10 6
31	**12**	**11**	2	2	3	4	4	5	5	6	5	6	7	7	8	8	9	10	10	11	11	12	10	11
日	2	2	3	3	4	5	5	6	6	7	6	7	8	8	9	9	10	11	11	12	12	13	11	12
曜	3	3	4	4	5	6	6	7	7	8	7	8	9	9	10	10	11	12	12	13	13	14	12	13
表	4	4	5	5	6	7	7	8	8	9	8	9	10	10	11	11	12	13	13	14	14	15	13	14
4	5	5	6	6	7	8	8	9	9	10	9	10	11	11	12	12	13	14	14	15	15	16	14	15
甲	6	6	7	7	8	9	9	10	10	11	10	11	12	12	13	13	14	15	15	16	16	17	15	16
子	7	7	8	8	9	10	10	11	11	12	11	12	13	13	14	14	15	16	16	17	17	18	16	17
表	8	8	9	9	10	11	11	12	12	13	12	13	14	14	15	15	16	17	17	18	18	19	17	18
16	9	9	10	10	11	12	12	13	13	14	13	14	15	15	16	16	17	18	18	19	19	20	18	19
	10	10	11	11	12	13	13	14	14	15	14	15	16	16	17	17	18	19	19	20	20	21	19	20

七八六 丙寅 貞元二 170												七八五 乙丑 貞元元 169											
22	23	23	24	25	25	26	26	27	25	26	27	27	28	28	29	30	30	31	**5**	**4**	2	31	**1**
23	24	24	25	26	26	27	27	28	26	27	28	28	29	29	30	31	**7**	**6**	2	2	3	**2**	2
24	25	25	26	27	27	28	28	29	27	28	29	29	30	30	31	**8**	2	2	3	3	4	2	3
25	26	26	27	28	28	29	29	30	28	29	30	30	31	**10**	**9**	2	3	3	4	4	5	3	4
26十一	27十	27九	28八	29	29	30	30	**31**	**3**	30	31	**12**	**11**	2	2	3	4	4	5	5	6	4	5
27	28	28	29	30七	30六	31	**5**	**4**	2	31	**1**	2	2	3	3	4	5	5	6	6	7	5	6
28 6	29 5	29	30	31	**7**	**6**五	2	2	3	**2**	2	3	3	4	4	5	6	6	7	7	8	6	7
29	30	30 4	31 3	**8**	2	2	3四	3三	4	2	3	4	4	5	5	6	7	7	8	8	9	7	8
30	31	**10**	**9**	2 2	3 1	3	4	4	5二	3	4	5	5	6	6	7	8	8	9	9	10	8	9
12	**11**	2	2	3	4	4 12	5 11	5	6	4正	5十二	6	6	7	7	8	9	9	10	10	11	9	10
2	2	3	3	4	5	5	6	6 10	7 9	5	6	7十一	7十	8九	8八	9	10	10	11	11	12	10	11
3	3	4	4	5	6	6	7	7	8	6 8	7 7	8	8	9	9	10七	11六	11	12	12	13	11	12
4	4	5	5	6	7	7	8	8	9	7	8	9 6	9 5	10	10	11	12	12五	13四	13	14	12	13
5	5	6	6	7	8	8	9	9	10	8	9	10	10	11 4	11 3	12	13	13	14	14三	15二	13	14
6	6	7	7	8	9	9	10	10	11	9	10	11	11	12	12	13 2	14 1	14 12	15 11	15	16	14正	15
7	7	8	8	9	10	10	11	11	12	10	11	12	12	13	13	14	15	15	16	16 10	17 9	15	16十二
8	8	9	9	10	11	11	12	12	13	11	12	13	13	14	14	15	16	16	17	17	18	16 8	17 7
9	9	10	10	11	12	12	13	13	14	12	13	14	14	15	15	16	17	17	18	18	19	17	18
10	10	11	11	12	13	13	14	14	15	13	14	15	15	16	16	17	18	18	19	19	20	18	19
11	11	12	12	13	14	14	15	15	16	14	15	16	16	17	17	18	19	19	20	20	21	19	20
12	12	13	13	14	15	15	16	16	17	15	16	17冬	17	18	18	19	20	20	21	21	22	20	21
13	13	14	14	15	16	16	17	17	18	16	17	18	18	19	19	20	21	21	22	22	23	21	22
14	14	15	15	16	17	17	18	18	19	17	18	19	19	20	20	21	22	22	23	23	24	22	23
15	15	16	16	17	18	18	19	19	20	18	19	20	20	21	21	22	23	23	24	24	25	23	24
16	16	17	17	18	19	19	20	20	21	19	20	21	21	22	22	23	24	24	25	25	26	24	25
17	17	18	18	19	20	20	21	21	22	20	21	22	22	23	23	24	25	25	26	26	27	25	26
18冬	18	19	19	20	21	21	22	22	23	21	22	23	23	24	24	25	26	26	27	27	28	26	27
19	19	20	20	21	22	22	23	23	24	22	23	24	24	25	25	26	27	27	28	28	29	27	28
20	20	21	21	22	23	23	24	24	25	23	24	25	25	26	26	27	28	28	29	29	30	28	29
21	21	22	22	23	24	24	25	25	26	24	25	26	26	27	27	28	29	29	30	30	31	**3**	30

七八八 戊辰 貞元四

172

七八七 丁卯 貞元三

171

11	11	12	12	13	14	14	15	15	16	15	16	17	17	6 18	5 18	19	20	20	閏 21	21	22	20	21	22
12	12	13	13	14	15	15	16	16	17	16	17	18	冬 18	19	19	4 20	3 21	21	22	五 22	23	21	22	23
13	13	14	14	15	16	16	17	17	18	17	18	19	19	20	20	21	22	2 22	1 23	23	四 24	三 22	23	24
14	14	15	15	16	17	17	18	18	19	18	19	20	20	21	21	22	23	23	24	12 24	11 25	23	二 24	正 25 十二
15	15	16	16	17	18	18	19	19	20	19	20	21	21	22	22	23	24	24	25	25	26	10 24	9 25	26
16	16	17	17	18	19	19	20	20	21	20	21	22	22	23	23	24	25	25	26	26	27	25	26	8 27 7
17	冬 17	18	18	19	20	20	21	21	22	21	22	23	23	24	24	25	26	26	27	27	28	26	27	28
18	18	19	19	20	21	21	22	22	23	22	23	24	24	25	25	26	27	27	28	28	29	27	28	29
19	19	20	20	21	22	22	23	23	24	23	24	25	25	26	26	27	28	28	29	29	30	28	29	30
20	20	21	21	22	23	23	24	24	25	24	25	26	26	27	27	28	29	29	30	30	31	**3**	30	31
21	21	22	22	23	24	24	25	25	26	25	26	27	27	28	28	29	30	30	31	**5**	**4**	2	31	**1**
22	22	23	23	24	25	25	26	26	27	26	27	28	28	29	29	30	31	**7**	**6**	2	2	3	**2**	2
23	23	24	24	25	26	26	27	27	28	27	28	29	29	30	30	31	**8**	2	2	3	3	4	2	3
24	24	25	25	26	27	27	28	28	29	28	29	30	30	31	**10**	**9**	2	3	3	4	4	5	3	4
25	25	26	26	27	28	28	29	29	30	29	30	31	**12**	**11**	2	2	3	4	4	5	5	6	4	5
26	26	27	27	28	29	29	30	30	31	**3**	31	**1**	2	2	3	3	4	5	5	6	6	**7**	5	6
27	27	28	28	29	30	30	31	**5**	**4**	2	**2**	2	3	3	4	4	5	6	6	7	7	8	6	7
28	28	29	29	30	31	**7**	**6**	2	2	3	2	3	4	4	5	5	6	7	7	8	8	9	7	8
29	29	30	30	31	**8**	2	2	3	3	4	3	4	5	5	6	6	7	8	8	9	9	10	8	9
30	30	31	**10**	**9**	2	3	3	**4**	4	5	4	5	6	6	7	7	8	9	9	10	10	11	9	10
31	**12**	**11**	2	2	3	4	4	5	5	6	5	6	7	7	8	8	9	10	10	11	11	12	10	11
日	2	2	3	3	4	5	5	6	6	7	6	7	8	8	9	9	10	11	11	12	12	13	11	12
曜	3	十一 3	十 4	九 4	5	6	6	7	7	8	7	8	9	9	10	10	11	12	12	13	13	14	12	13
表	4	4	5	5	八 6	七 7	7	8	8	9	8	9	10	10	11	11	12	13	13	14	14	15	13	14
5	5	7 5	6	6	7	8	六 8	9	9	10	9	10	11	11	12	12	13	14	14	15	15	16	14	15
甲	6	6	6 7	5 7	8	9	9	五 10	四 10	11	10	11	12	12	13	13	14	15	15	16	16	17	15	16
子	7	7	8	8	4 9	3 10	10	11	11	三 12	11	12	13	13	14	14	15	16	16	17	17	18	16	17
表	8	8	9	9	10	11	2 11	1 12	12 12	11 13	二 12	正 13	十二 14	14	15	15	16	17	17	18	18	19	17	18
17	9	9	10	10	11	12	12	13	13	14	10 13	9 14	15	十一 15	十 16	九 16	八 17	18	18	19	19	20	18	19
	10	10	11	11	12	13	13	14	14	15	14	15	8 16	7 16	17	17	18	七 19	六 19	20	20	21	19	20

七九〇 庚午 貞元六

174

七八九 己巳 貞元五

173

22	23	23	24	25	25	26	26	27	25	26	27	27	28	28	29	30	30 2	31 1	5	4	2 二	31 正	1 十二
23	24	24	25	26	26	27	27	28	26	27	28	28	29	29	30	31	7	6	2 12	2 11	3	2	2
24	25	25	26	27	27	28	28	29	27	28	29	29	30	30	31	8	2	2	3	3	4 10	2 9	3
25	26	26	27	28	28	29	29	30	28	29	30	30	31	10	9	2	3	3	4	4	5	3	4 8
26	27	27	28	29	29	30	30	31	3	30	31	12	11	2	2	3	4	4	5	5	6	4	5
27	28	28	29	30	30	31	5	4	2	31	1	2	2	3	3	4	5	5	6	6	7	5	6
28	29	29	30	31	7	6	2	2	3	2	2	3	3	4	4	5	6	6	7	7	8	6	7
29	30	30	31	8	2	2	3	3	4	2	3	4	4	5	5	6	7	7	8	8	9	7	8
30	31	10	9	2	3	3	4	4	5	3	4	5	5	6	6	7	8	8	9	9	10	8	9
12	11	2	2	3	4	4	5	5	6	4	5	6	6	7	7	8	9	9	10	10	11	9	10
2	2	3	3	4	5	5	6	6	7	5	6	7	7	8	8	9	10	10	11	11	12	10	11
3	3	4	4	5	6	6	7	7	8	6	7	8	8	9	9	10	11	11	12	12	13	11	12
4	4	5	5	6	7	7	8	8	9	7	8	9	9	10	10	11	12	12	13	13	14	12	13
5	5	6	6	7	8	8	9	9	10	8	9	10	10	11	11	12	13	13	14	14	15	13	14
6	6	7	7	8	9	9	10	10	11	9	10	11	11	12	12	13	14	14	15	15	16	14	15
7	7	8	8	9	10	10	11	11	12	10	11	12	12	13	13	14	15	15	16	16	17	15	16
8	8	9	9	10	11	11	12	12	13	11	12	13	13	14	14	15	16	16	17	17	18	16	17
9	9	10	10	11	12	12	13	13	14	12	13	14	14	15	15	16	17	17	18	18	19	17	18
10	10	11	11	12	13	13	14	14	15	13	14	15	15	16	16	17	18	18	19	19	20	18	19
11 十一	11 十	12	12	13	14	14	15	15	16	14	15	16	16	17	17	18	19	19	20	20	21	19	20
12	12	13 九	13 八	14	15	15	16	16	17	15	16	17 冬	17	18	18	19	20	20	21	21	22	20	21
13 8	13 7	14	14	15 七	16	16	17	17	18	16	17	18	18	19	19	20	21	21	22	22	23	21	22
14	14	15 6	15 5	16	17 六	17 五	18	18	19	17	18	19	19	20	20	21	22	22	23	23	24	22	23
15	15	16	16	17 4	18 3	18	19 閏	19 四	20	18	19	20	20	21	21	22	23	23	24	24	25	23	24
16	16	17	17	18	19	19 2	20 1	20	21 三	19 二	20 正	21 十二	21	22	22	23	24	24	25	25	26	24	25
17	17	18	18	19	20	20	21	21 12	22 11	20	21	22	22 十一	23 十	23	24	25	25	26	26	27	25	26
18 冬	18	19	19	20	21	21	22	22	23	21 10	22 9	23	23	24	24 九	25 八	26	26	27	27	28	26	27
19	19	20	20	21	22	22	23	23	24	22	23	24 8	24 7	25	25	26	27 七	27	28	28	29	27	28
20	20	21	21	22	23	23	24	24	25	23	24	25	25	26 6	26 5	27	28	28 六	29 五	29	30	28	29
21	21	22	22	23	24	24	25	25	26	24	25	26	26	27	27	28 4	29 3	29	30	30 四	31 三	3	30

七九二 壬申 貞元八 176													七九一 辛未 貞元七 175											
11	11	12	12	13	14	14	15	15	16	15	16	17	17	18	18	19	20	20	21	21	22	20	21	22
12	12	13	13	14	15	15	16	16	17	16	17	18冬	18	19	19	20	21	21	22	22	23	21	22	23
13	13	14	14	15	16	16	17	17	18	17	18	19	19	20	20	21	22	22	23	23	24	22	23	24
14	14	15	15	16	17	17	18	18	19	18	19	20	20	21	21	22	23	23	24	24	25	23	24	25
15	15	16	16	17	18	18	19	19	20	19	20	21	21	22	22	23	24	24	25	25	26	24	25	26
16	16	17	17	18	19	19	20	20	21	20	21	22	22	23	23	24	25	25	26	26	27	25	26	27
17冬	17	18	18	19	20	20	21	21	22	21	22	23	23	24	24	25	26	26	27	27	28	26	27	28
18	18	19	19	20	21	21	22	22	23	22	23	24	24	25	25	26	27	27	28	28	29	27	28	29
19十二	19十一	20	20	21	22	22	23	23	24	23	24	25	25	26	26	27	28	28	29	29	30	28	29	30
20 9	20	21十	21九	22八	23	23	24	24	25	24	25	26	26	27	27	28	29	29	30	30	31	3	30	31
21	21 8	22 7	22	23	24七	24六	25	25	26	25	26	27	27	28	28	29	30	30	31	5	4	2	31	1
22	22	23	23 6	24 5	25	25	26五	26四	27三	26	27	28	28	29	29	30	31	7	6	2	2	3	2	2
23	23	24	24	25	26 4	26 3	27	27	28	27二	28正	29	29	30	30	31	8	2	2	3	3	4	2	3
24	24	25	25	26	27	27	28 2	28 1	29	28	29	30十二	30十一	31	10	9	2	3	3	4	4	5	3	4
25	25	26	26	27	28	28	29	29	30 12	29 11	30	31	12	11十	2	2	3	4	4	5	5	6	4	5
26	26	27	27	28	29	29	30	30	31	3	31 10	1 9	2	2	3九	3八	4	5	5	6	6	7	5	6
27	27	28	28	29	30	30	31	5	4	2	2	2	3 8	3 7	4	4	5七	6六	6五	7	7	8	6	7
28	28	29	29	30	31	7	6	2	2	3	2	3	4	4	5 6	5 5	6	7	7	8四	8三	9	7	8
29	29	30	30	31	8	2	2	3	3	4	3	4	5	5	6	6	7 4	8 3	8	9	9	10二	8正	9十二
30	30	31	10	9	2	3	3	4	4	5	4	5	6	6	7	7	8	9	9 2	10 1	10 12	11 11	9	10
31	12	11	2	2	3	4	4	5	5	6	5	6	7	7	8	8	9	10	10	11	11	12	10 10	11 9
日	2	2	3	3	4	5	5	6	6	7	6	7	8	8	9	9	10	11	11	12	12	13	11	12
曜	3	3	4	4	5	6	6	7	7	8	7	8	9	9	10	10	11	12	12	13	13	14	12	13
表	4	4	5	5	6	7	7	8	8	9	8	9	10	10	11	11	12	13	13	14	14	15	13	14
6	5	5	6	6	7	8	8	9	9	10	9	10	11	11	12	12	13	14	14	15	15	16	14	15
甲	6	6	7	7	8	9	9	10	10	11	10	11	12	12	13	13	14	15	15	16	16	17	15	16
子	7	7	8	8	9	10	10	11	11	12	11	12	13	13	14	14	15	16	16	17	17	18	16	17
表	8	8	9	9	10	11	11	12	12	13	12	13	14	14	15	15	16	17	17	18	18	19	17	18
18	9	9	10	10	11	12	12	13	13	14	13	14	15	15	16	16	17	18	18	19	19	20	18	19
	10	10	11	11	12	13	13	14	14	15	14	15	16	16	17	17	18	19	19	20	20	21	19	20

七九四 甲戌 貞元一〇 178

七九三 癸酉 貞元九 177

178												177											
22	23	23	24	25	25	26	26	27	25	26	27	27	28	28	29	30	30	31	**5**	**4**	2	31	**1**
23	24	24	25	26	26	27	27	28	26	27	28	28	29	29	30	31	**7**	**6**	2	2	3	**2**	2
24	25	25	26	27	27	28	28	29	27	28	29	29	30	30	31	**8**	2	2	3	3	4	2	3
25	26	26	27	28	28	29	29	30	28	29	30	30	31	**10**	**9**	2	3	3	4	4	5	3	4
26	27	27	28	29	29	30	30	31	**3**	30	31	**12**	**11**	2	2	3	4	4	5	5	6	4	5
27十一	28	28	29	30	30	31	**5**	**4**	2	31	**1**	2	2	3	3	4	5	5	6	6	7	5	6
28	29十	29九	30八	31	**7**	**6**	2	2	3	**2**	2	3	3	4	4	5	6	6	7	7	8	6	7
29 9	30	30	31	**8**七	2六	2	3	3	4	2	3	4	4	5	5	6	7	7	8	8	9	7	8
30	31 8	**10** 7	**9**	2	3	3五	4四	4	5	3	4	5	5	6	6	7	8	8	9	9	10	8	9
12	**11**	2	2 6	3 5	4	4	5	5三	6二	4	5	6	6	7	7	8	9	9	10	10	11	9	10
2	2	3	3	4	5 4	5 3	6	6	7	5正	6	7	7	8	8	9	10	10	11	11	12	10	11
3	3	4	4	5	6	6	7 2	7 1	8	6	7十二	8十一	8	9	9	10	11	11	12	12	13	11	12
4	4	5	5	6	7	7	8	8	9 12	7 11	8	9	9十	10九	10八	11七	12	12	13	13	14	12	13
5	5	6	6	7	8	8	9	9	10	8	9 10	10 9	10	11	11	12	13六	13五	14	14	15	13	14
6	6	7	7	8	9	9	10	10	11	9	10	11	11 8	12 7	12	13	14	14	15四	15三	16	14	15
7	7	8	8	9	10	10	11	11	12	10	11	12	12	13	13 6	14 5	15	15	16	16	17二	15正	16
8	8	9	9	10	11	11	12	12	13	11	12	13	13	14	14	15	16 4	16 3	17	17	18	16	17閏
9	9	10	10	11	12	12	13	13	14	12	13	14	14	15	15	16	17	17	18 2	18 1	19 12	17 11	18
10	10	11	11	12	13	13	14	14	15	13	14	15	15	16	16	17	18	18	19	19	20	18	19 10
11	11	12	12	13	14	14	15	15	16	14	15	16	16	17	17	18	19	19	20	20	21	19	20
12	12	13	13	14	15	15	16	16	17	15	16	17冬	17	18	18	19	20	20	21	21	22	20	21
13	13	14	14	15	16	16	17	17	18	16	17	18	18	19	19	20	21	21	22	22	23	21	22
14	14	15	15	16	17	17	18	18	19	17	18	19	19	20	20	21	22	22	23	23	24	22	23
15	15	16	16	17	18	18	19	19	20	18	19	20	20	21	21	22	23	23	24	24	25	23	24
16	16	17	17	18	19	19	20	20	21	19	20	21	21	22	22	23	24	24	25	25	26	24	25
17	17	18	18	19	20	20	21	21	22	20	21	22	22	23	23	24	25	25	26	26	27	25	26
18冬	18	19	19	20	21	21	22	22	23	21	22	23	23	24	24	25	26	26	27	27	28	26	27
19	19	20	20	21	22	22	23	23	24	22	23	24	24	25	25	26	27	27	28	28	29	27	28
20	20	21	21	22	23	23	24	24	25	23	24	25	25	26	26	27	28	28	29	29	30	28	29
21	21	22	22	23	24	24	25	25	26	24	25	26	26	27	27	28	29	29	30	30	31	**3**	30

七九五
乙亥
貞元一一

179

七九六
丙子
貞元一二

180

11	11	12	12	13	14	14	15	15 2	16 1	15 12	16 11	17	17	18九	18閏	19八	20	20	21	21	22	20	21	22
12	12	13	13	14	15	15	16	16	17	16	17	18冬 10	18 9	19	19	20	21七	21	22	22	23	21	22	23
13	13	14	14	15	16	16	17	17	18	17	18	19	19	20 8	20 7	21	22	22六	23五	23	24	22	23	24
14	14	15	15	16	17	17	18	18	19	18	19	20	20	21	21	22 6	23 5	23	24	24四	25	23	24	25
15	15	16	16	17	18	18	19	19	20	19	20	21	21	22	22	23	24	24 4	25 3	25	26三	24二	25	26
16	16	17	17	18	19	19	20	20	21	20	21	22	22	23	23	24	25	25	26	26 2	27 1	25	26正	27十二
17冬	17	18	18	19	20	20	21	21	22	21	22	23	23	24	24	25	26	26	27	27	28	26 12	27 11	28
18	18	19	19	20	21	21	22	22	23	22	23	24	24	25	25	26	27	27	28	28	29	27	28	29 10
19	19	20	20	21	22	22	23	23	24	23	24	25	25	26	26	27	28	28	29	29	30	28	29	30
20	20	21	21	22	23	23	24	24	25	24	25	26	26	27	27	28	29	29	30	30	31	**3**	30	31
21	21	22	22	23	24	24	25	25	26	25	26	27	27	28	28	29	30	30	31	**5**	**4**	2	31	**1**
22	22	23	23	24	25	25	26	26	27	26	27	28	28	29	29	30	31	**7**	**6**	2	2	3	**2**	2
23	23	24	24	25	26	26	27	27	28	27	28	29	29	30	30	31	**8**	2	2	3	3	4	2	3
24	24	25	25	26	27	27	28	28	29	28	29	30	30	31	**10**	**9**	2	3	3	4	4	5	3	4
25	25	26	26	27	28	28	29	29	30	29	30	31	**12**	**11**	2	2	3	4	4	5	5	6	4	5
26	26	27	27	28	29	29	30	30	31	**3**	31	**1**	2	2	3	3	4	5	5	6	6	7	5	6
27	27	28	28	29	30	30	31	**5**	**4**	2	**2**	2	3	3	4	4	5	6	6	7	7	8	6	7
28	28	29	29	30	31	**7**	**6**	2	2	3	2	3	4	4	5	5	6	7	7	8	8	9	7	8
29	29	30	30	31	**8**	2	2	3	3	4	3	4	5	5	6	6	7	8	8	9	9	10	8	9
30	30	31	**10**	**9**	2	3	3	4	4	5	4	5	6	6	7	7	8	9	9	10	10	11	9	10
31	**12**	**11**	2	2	3	4	4	5	5	6	5	6	7	7	8	8	9	10	10	11	11	12	10	11
日	2	2	3	3	4	5	5	6	6	7	6	7	8	8	9	9	10	11	11	12	12	13	11	12
曜	3	3	4	4	5	6	6	7	7	8	7	8	9	9	10	10	11	12	12	13	13	14	12	13
表	4十一	4十	5	5	6	7	7	8	8	9	8	9	10	10	11	11	12	13	13	14	14	15	13	14
7	5	5	6九	6八	7	8	8	9	9	10	9	10	11	11	12	12	13	14	14	15	15	16	14	15
甲	6	6	7	7	8七	9六	9	10	10	11	10	11	12	12	13	13	14	15	15	16	16	17	15	16
子	7 10	7 9	8	8	9	10	10五	11	11	12	11	12	13	13	14	14	15	16	16	17	17	18	16	17
表	8	8	9 8	9 7	10	11	11	12四	12	13	12	13	14	14	15	15	16	17	17	18	18	19	17	18
19	9	9	10	10	11 6	12 5	12	13	13三	14二	13	14	15	15	16	16	17	18	18	19	19	20	18	19
	10	10	11	11	12	13	13 4	14 3	14	15	14正	15十二	16十一	16十	17	17	18	19	19	20	20	21	19	20

中西回史日曆

卷八 唐 一二五

勵耘書屋

七九八 戊寅 貞元一四 182

七九七 丁丑 貞元一三 181

22	23	23	24	25	25	26	26	27	25	26	27	27	28	28	8 29	7 30	30	31	五 **5**	四 **4**	2	31	**1**
23	24	24	25	26	26	27	27	28	26	27	28	28	29	29	30	31	6 **7**	5 **6**	2	2	三 3	二 **2**	2
24	25	25	26	27	27	28	28	29	27	28	29	29	30	30	31	**8**	2	2	4 3	3 3	4	2	正 3 十二
25	26	26	27	28	28	29	29	30	28	29	30	30	31	**10**	**9**	2	3	3	4	4	2 5	1 3	4
26	27	27	28	29	29	30	30	31	**3**	30	31	**12**	**11**	2	2	3	4	4	5	5	6	4	12 5 11
27	28	28	29	30	30	31	**5**	**4**	2	31	**1**	2	2	3	3	4	5	5	6	6	7	5	6
28	29	29	30	31	**7**	**6**	2	2	3	**2**	2	3	3	4	4	5	6	6	7	7	8	6	7
29	30	30	31	**8**	2	2	3	3	4	2	3	4	4	5	5	6	7	7	8	8	9	7	8
30	31	**10**	**9**	2	3	3	4	4	5	3	4	5	5	6	6	7	8	8	9	9	10	8	9
12	**11**	2	2	3	4	4	5	5	6	4	5	6	6	7	7	8	9	9	10	10	11	9	10
2	2	3	3	4	5	5	6	6	7	5	6	7	7	8	8	9	10	10	11	11	12	10	11
3	3	4	4	5	6	6	7	7	8	6	7	8	8	9	9	10	11	11	12	12	13	11	12
4	4	5	5	6	7	7	8	8	9	7	8	9	9	10	10	11	12	12	13	13	14	12	13
5	5	6	6	7	8	8	9	9	10	8	9	10	10	11	11	12	13	13	14	14	15	13	14
6	6	7	7	8	9	9	10	10	11	9	10	11	11	12	12	13	14	14	15	15	16	14	15
7	7	8	8	9	10	10	11	11	12	10	11	12	12	13	13	14	15	15	16	16	17	15	16
8	8	9	9	10	11	11	12	12	13	11	12	13	13	14	14	15	16	16	17	17	18	16	17
9	9	10	10	11	12	12	13	13	14	12	13	14	14	15	15	16	17	17	18	18	19	17	18
10	10	11	11	12	13	13	14	14	15	13	14	15	15	16	16	17	18	18	19	19	20	18	19
11	11	12	12	13	14	14	15	15	16	14	15	16	16	17	17	18	19	19	20	20	21	19	20
12	十一 12	13	13	14	15	15	16	16	17	15	16	17	冬 17	18	18	19	20	20	21	21	22	20	21
13	13	十 14	九 14	15	16	16	17	17	18	16	17	18	18	19	19	20	21	21	22	22	23	21	22
14	11 14	15	15	八 16	七 17	17	18	18	19	17	18	19	19	20	20	21	22	22	23	23	24	22	23
15	15	10 16	9 16	17	18	六 18	19	19	20	18	19	20	20	21	21	22	23	23	24	24	25	23	24
16	16	17	17	8 18	7 19	19	閏 20	五 20	21	19	20	21	21	22	22	23	24	24	25	25	26	24	25
17	冬 17	18	18	19	20	6 20	5 21	21	四 22	三 20	21	22	22	23	23	24	25	25	26	26	27	25	26
18	18	19	19	20	21	21	22	4 22	3 23	21	二 22	正 23	十二 23	十一 24	24	25	26	26	27	27	28	26	27
19	19	20	20	21	22	22	23	23	24	2 22	1 23	24	24	25	十 25	九 26	27	27	28	28	29	27	28
20	20	21	21	22	23	23	24	24	25	23	24	12 25	11 25	26	26	27	八 28	七 28	29	29	30	28	29
21	21	22	22	23	24	24	25	25	26	24	25	26	26	10 27	9 27	28	29	29	六 30	30	31	**3**	30

八〇〇 庚辰 貞元一六 184													七九九 己卯 貞元一五 183											
11	11	12	12	13	14	14	15	15	16	15	16	17	17	18	18	19	20	20	21	21	22	20	21	22
12	12	13	13	14	15	15	16	16	17	16	17	18 冬	18	19	19	20	21	21	22	22	23	21	22	23
13	13	14	14	15	16	16	17	17	18	17	18	19	19	20	20	21	22	22	23	23	24	22	23	24
14	14	15	15	16	17	17	18	18	19	18	19	20	20	21	21	22	23	23	24	24	25	23	24	25
15	15	16	16	17	18	18	19	19	20	19	20	21	21	22	22	23	24	24	25	25	26	24	25	26
16	16	17	17	18	19	19	20	20	21	20	21	22	22	23	23	24	25	25	26	26	27	25	26	27
17 冬	17	18	18	19	20	20	21	21	22	21	22	23	23	24	24	25	26	26	27	27	28	26	27	28
18	18	19	19	20	21	21	22	22	23	22	23	24	24	25	25	26	27	27	28	28	29	27	28	29
19	19	20	20	21	22	22	23	23	24	23	24	25	25	26	26	27	28	28	29	29	30	28	29	30
20 十二	20 十一	21	21	22	23	23	24	24	25	24	25	26	26	27	27	28	29	29	30	30	31	3	30	31
21	21	22 十	22 九	23	24	24	25	25	26	25	26	27	27	28	28	29	30	30	31	5	4	2	31	1
22 12	22 11	23	23	24 八	25 七	25	26	26	27	26	27	28	28	29	29	30	31	7	6	2	2	3	2	2
23	23	24 10	24 9	25	26	26 六	27 五	27	28	27	28	29	29	30	30	31	8	2	2	3	3	4	2	3
24	24	25	25	26 8	27 7	27	28	28 四	29 三	28 二	29	30	30	31	10	9	2	3	3	4	4	5	3	4
25	25	26	26	27	28	28 6	29 5	29	30	29	30 正	31 十二	12	11	2	2	3	4	4	5	5	6	4	5
26	26	27	27	28	29	29	30	30 4	31 3	3	31	1	2 十一	2 十	3	3	4	5	5	6	6	7	5	6
27	27	28	28	29	30	30	31	5	4	2 2	2 1	2	3	3	4 九	4 八	5	6	6	7	7	8	6	7
28	28	29	29	30	31	7	6	2	2	3	2	3 12	4 11	4	5	5	6 七	7	7	8	8	9	7	8
29	29	30	30	31	8	2	2	3	3	4	3	4	5	5 10	6 9	6	7	8 六	8 五	9	9	10	8	9
30	30	31	10	9	2	3	3	4	4	5	4	5	6	6	7	7 8	8 7	9	9	10 四	10 三	11 二	9	10
31	12	11	2	2	3	4	4	5	5	6	5	6	7	7	8	8	9	10 6	10 5	11	11	12	10 正	11 十二
日	2	2	3	3	4	5	5	6	6	7	6	7	8	8	9	9	10	11	11	12 4	12 3	13	11	12
曜	3	3	4	4	5	6	6	7	7	8	7	8	9	9	10	10	11	12	12	13	13	14 2	12 1	13 12
表	4	4	5	5	6	7	7	8	8	9	8	9	10	10	11	11	12	13	13	14	14	15	13	14
1	5	5	6	6	7	8	8	9	9	10	9	10	11	11	12	12	13	14	14	15	15	16	14	15
甲	6	6	7	7	8	9	9	10	10	11	10	11	12	12	13	13	14	15	15	16	16	17	15	16
子	7	7	8	8	9	10	10	11	11	12	11	12	13	13	14	14	15	16	16	17	17	18	16	17
表	8	8	9	9	10	11	11	12	12	13	12	13	14	14	15	15	16	17	17	18	18	19	17	18
20	9	9	10	10	11	12	12	13	13	14	13	14	15	15	16	16	17	18	18	19	19	20	18	19
	10	10	11	11	12	13	13	14	14	15	14	15	16	16	17	17	18	19	19	20	20	21	19	20

八〇二 壬午 貞元一八 186

八〇一 辛巳 貞元一七 185

22	23	23	24	25	25	26	26	27	25	26	27	27	28	28	29	30	30	31	**5**	**4**	2	31	**1**
23	24	24	25	26	26	27	27	28	26	27	28	28	29	29	30	31	**7**	**6**	2	2	3	**2**	2
24	25	25	26	27	27	28	28	29	27	28	29	29	30	30	31	**8**	2	2	3	3	4	2	3
25	26	26	27	28	28	29	29	30	28	29	30	30	31	**10**	**9**	2	3	3	4	4	5	3	4
26	27	27	28	29	29	30	30	31	**3**	30	31	**12**	**11**	2	2	3	4	4	5	5	6	4	5
27	28	28	29	30	30	31	**5**	**4**	2	31	**1**	2	2	3	3	4	5	5	6	6	7	5	6
28	29	29	30	31	**7**	**6**	2	2	3	**2**	2	3	3	4	4	5	6	6	7	7	8	6	7
29 十一	30 十	30	31	**8**	2	2	3	3	4	2	3	4	4	5	5	6	7	7	8	8	9	7	8
30	31	**10** 九	9 八	2 七	3	3	4	4	5	3	4	5	5	6	6	7	8	8	9	9	10	8	9
12 12	**11** 11	2	2	3	4 六	4 五	5	5	6	4	5	6	6	7	7	8	9	9	10	10	11	9	10
2	2	3 10	3 9	4	5	5	6 四	6 三	7	5	6	7	7	8	8	9	10	10	11	11	12	10	11
3	3	4	4	5 8	6 7	6	7	7	8 二	6 正	7	8	8	9	9	10	11	11	12	12	13	11	12
4	4	5	5	6	7	7 6	8 5	8	9	7	8 十二	9 十一	9	10	10	11	12	12	13	13	14	12	13
5	5	6	6	7	8	8	9	9 4	10 3	8	9	10	10 十	11 九	11	12	13	13	14	14	15	13	14
6	6	7	7	8	9	9	10	10	11	9 2	10 1	11 12	11 11	12	12 八	13 七	14	14	15	15	16	14	15
7	7	8	8	9	10	10	11	11	12	10	11	12	12	13 10	13 9	14	15 六	15 五	16 四	16	17	15	16
8	8	9	9	10	11	11	12	12	13	11	12	13	13	14	14	15 8	16 7	16	17	17 三	18 二	16	17
9	9	10	10	11	12	12	13	13	14	12	13	14	14	15	15	16	17	17 6	18 5	18	19	17 閏	18 正
10	10	11	11	12	13	13	14	14	15	13	14	15	15	16	16	17	18	18	19	19 4	20 3	18	19
11	11	12	12	13	14	14	15	15	16	14	15	16	16	17	17	18	19	19	20	20	21	19 2	20 1
12	12	13	13	14	15	15	16	16	17	15	16	17 冬	17	18	18	19	20	20	21	21	22	20	21
13	13	14	14	15	16	16	17	17	18	16	17	18	18	19	19	20	21	21	22	22	23	21	22
14	14	15	15	16	17	17	18	18	19	17	18	19	19	20	20	21	22	22	23	23	24	22	23
15	15	16	16	17	18	18	19	19	20	18	19	20	20	21	21	22	23	23	24	24	25	23	24
16	16	17	17	18	19	19	20	20	21	19	20	21	21	22	22	23	24	24	25	25	26	24	25
17 冬	17	18	18	19	20	20	21	21	22	20	21	22	22	23	23	24	25	25	26	26	27	25	26
18	18	19	19	20	21	21	22	22	23	21	22	23	23	24	24	25	26	26	27	27	28	26	27
19	19	20	20	21	22	22	23	23	24	22	23	24	24	25	25	26	27	27	28	28	29	27	28
20	20	21	21	22	23	23	24	24	25	23	24	25	25	26	26	27	28	28	29	29	30	28	29
21	21	22	22	23	24	24	25	25	26	24	25	26	26	27	27	28	29	29	30	30	31	**3**	30

八〇三
癸未
貞元一九

187

八〇四
甲申
貞元二〇

188

189

11	11	12	12	13	14 8	14 7	15	15	16	15 正	16	17	17	18	18	19	20	20	21	21	22	20	21	22
12	12	13	13	14	15	15	16 6	16 5	17	16	17 十二	18 冬 十一	18 閏	19 十	19	20	21	21	22	22	23	21	22	23
13	13	14	14	15	16	16	17	17	18 4	17 3	18	19	19	20	20 九	21 八	22 七	22	23	23	24	22	23	24
14	14	15	15	16	17	17	18	18	19	18	19 2	20 1	20 12	21 11	21	22	23	23 六	24 五	24	25	23	24	25
15	15	16	16	17	18	18	19	19	20	19	20	21	21	22	22 10	23 9	24	24	25	25 四	26	24	25	26
16	16	17	17	18	19	19	20	20	21	20	21	22	22	23	23	24	25 8	25 7	26	26	27 三	25 二	26	27
17 冬	17	18	18	19	20	20	21	21	22	21	22	23	23	24	24	25	26	26	27 6	27 5	28	26	27 正	28
18	18	19	19	20	21	21	22	22	23	22	23	24	24	25	25	26	27	27	28	28	29 4	27 3	28	29 十二
19	19	20	20	21	22	22	23	23	24	23	24	25	25	26	26	27	28	28	29	29	30	28	29 2	30 1
20	20	21	21	22	23	23	24	24	25	24	25	26	26	27	27	28	29	29	30	30	31	**3**	30	31
21	21	22	22	23	24	24	25	25	26	25	26	27	27	28	28	29	30	30	31	**5**	**4**	2	31	**1**
22	22	23	23	24	25	25	26	26	27	26	27	28	28	29	29	30	31	**7**	**6**	2	2	3	**2**	2
23	23	24	24	25	26	26	27	27	28	27	28	29	29	30	30	31	**8**	2	2	3	3	4	2	3
24	24	25	25	26	27	27	28	28	29	28	29	30	30	31	**10**	**9**	2	3	3	4	4	5	3	4
25	25	26	26	27	28	28	29	29	30	29	30	31	**12**	**11**	2	2	3	4	4	5	5	6	4	5
26	26	27	27	28	29	29	30	30	31	**3**	31	**1**	2	2	3	3	4	5	5	6	6	7	5	6
27	27	28	28	29	30	30	31	**5**	**4**	2	**2**	2	3	3	4	4	5	6	6	7	7	8	6	7
28	28	29	29	30	31	**7**	**6**	2	2	3	2	3	4	4	5	5	6	7	7	8	8	9	7	8
29	29	30	30	31	**8**	2	2	3	3	4	3	4	5	5	6	6	7	8	8	9	9	10	8	9
30	30	31	**10**	**9**	2	3	3	4	4	5	4	5	6	6	7	7	8	9	9	10	10	11	9	10
31	**12**	**11**	2	2	3	4	4	5	5	6	5	6	7	7	8	8	9	10	10	11	11	12	10	11
日	2	2	3	3	4	5	5	6	6	7	6	7	8	8	9	9	10	11	11	12	12	13	11	12
曜	3	3	4	4	5	6	6	7	7	8	7	8	9	9	10	10	11	12	12	13	13	14	12	13
表	4	4	5	5	6	7	7	8	8	9	8	9	10	10	11	11	12	13	13	14	14	15	13	14
2	5	5	6	6	7	8	8	9	9	10	9	10	11	11	12	12	13	14	14	15	15	16	14	15
甲	6 十一	6 十	7 九	7	8	9	9	10	10	11	10	11	12	12	13	13	14	15	15	16	16	17	15	16
子	7	7	8	8 八	9 七	10	10	11	11	12	11	12	13	13	14	14	15	16	16	17	17	18	16	17
表	8 1	8	9	9	10	11 六	11 五	12	12	13	12	13	14	14	15	15	16	17	17	18	18	19	17	18
1	9	9 12	10 11	10	11	12	12	13 四	13	14	13	14	15	15	16	16	17	18	18	19	19	20	18	19
	10	10	11	11 10	12 9	13	13	14	14 三	15 二	14	15	16	16	17	17	18	19	19	20	20	21	19	20

八〇六 丙戌 唐憲宗 元和元

八〇五 乙酉 貞元二一 唐順宗 永貞元 八月改

191 190

22	23	23	24	25	25	26	26	27	25	26	27 2	27 1	28	28	29	30七	30六	31	5	4	2	31	1
23	24	24	25	26	26	27	27	28	26	27	28	28	29 12	29 11	30	31	7	6五	2	2	3	2	2
24	25	25	26	27	27	28	28	29	27	28	29	29	30	30	31 10	8 9	2	2	3四	3三	4	2	3
25	26	26	27	28	28	29	29	30	28	29	30	30	31	10	9	2	3 8	3 7	4	4	5二	3正	4
26	27	27	28	29	29	30	30	31	3	30	31	12	11	2	2	3	4	4	5 6	5 5	6	4	5十二
27	28	28	29	30	30	31	5	4	2	31	1	2	2	3	3	4	5	5	6	6	7 4	5 3	6
28	29	29	30	31	7	6	2	2	3	2	2	3	3	4	4	5	6	6	7	7	8	6	7 2
29	30	30	31	8	2	2	3	3	4	2	3	4	4	5	5	6	7	7	8	8	9	7	8
30	31	10	9	2	3	3	4	4	5	3	4	5	5	6	6	7	8	8	9	9	10	8	9
12	11	2	2	3	4	4	5	5	6	4	5	6	6	7	7	8	9	9	10	10	11	9	10
2	2	3	3	4	5	5	6	6	7	5	6	7	7	8	8	9	10	10	11	11	12	10	11
3	3	4	4	5	6	6	7	7	8	6	7	8	8	9	9	10	11	11	12	12	13	11	12
4	4	5	5	6	7	7	8	8	9	7	8	9	9	10	10	11	12	12	13	13	14	12	13
5	5	6	6	7	8	8	9	9	10	8	9	10	10	11	11	12	13	13	14	14	15	13	14
6	6	7	7	8	9	9	10	10	11	9	10	11	11	12	12	13	14	14	15	15	16	14	15
7	7	8	8	9	10	10	11	11	12	10	11	12	12	13	13	14	15	15	16	16	17	15	16
8	8	9	9	10	11	11	12	12	13	11	12	13	13	14	14	15	16	16	17	17	18	16	17
9	9	10	10	11	12	12	13	13	14	12	13	14	14	15	15	16	17	17	18	18	19	17	18
10	10	11	11	12	13	13	14	14	15	13	14	15	15	16	16	17	18	18	19	19	20	18	19
11	11	12	12	13	14	14	15	15	16	14	15	16	16	17	17	18	19	19	20	20	21	19	20
12	12	13	13	14	15	15	16	16	17	15	16	17冬	17	18	18	19	20	20	21	21	22	20	21
13	13	14	14	15	16	16	17	17	18	16	17	18	18	19	19	20	21	21	22	22	23	21	22
14十一	14十	15	15	16	17	17	18	18	19	17	18	19	19	20	20	21	22	22	23	23	24	22	23
15	15	16九	16八	17	18	18	19	19	20	18	19	20	20	21	21	22	23	23	24	24	25	23	24
16	16	17	17	18七	19閏	19	20	20	21	19	20	21	21	22	22	23	24	24	25	25	26	24	25
17冬 2	17 1	18 12	18 11	19	20	20六	21	21	22	20	21	22	22	23	23	24	25	25	26	26	27	25	26
18	18	19	19	20 10	21 9	21	22五	22四	23	21	22	23	23	24	24	25	26	26	27	27	28	26	27
19	19	20	20	21	22	22 8	23 7	23	24三	22二	23	24	24	25	25	26	27	27	28	28	29	27	28
20	20	21	21	22	23	23	24	24 6	25 5	23	24正	25十二	25十一	26十	26	27	28	28	29	29	30	28	29
21	21	22	22	23	24	24	25	25	26	24 4	25 3	26	26	27	27九	28八	29	29	30	30	31	3	30

八〇八 戊子 元和三 193													八〇七 丁亥 元和二 192											
11	11	12	12	13	14	14	15	15	16	15	16	17	17	18	18	19	20	20	21	21	22	20	21	22
12	12	13	13	14	15	15	16	16	17	16	17	18冬	18	19	19	20	21	21	22	22	23	21	22	23
13	13	14	14	15	16	16	17	17	18	17	18	19	19	20	20	21	22	22	23	23	24	22	23	24
14	14	15	15	16	17	17	18	18	19	18	19	20	20	21	21	22	23	23	24	24	25	23	24	25
15	15	16	16	17	18	18	19	19	20	19	20	21	21	22	22	23	24	24	25	25	26	24	25	26
16	16	17	17	18	19	19	20	20	21	20	21	22	22	23	23	24	25	25	26	26	27	25	26	27
17冬	17	18	18	19	20	20	21	21	22	21	22	23	23	24	24	25	26	26	27	27	28	26	27	28
18	18	19	19	20	21	21	22	22	23	22	23	24	24	25	25	26	27	27	28	28	29	27	28	29
19	19	20	20	21	22	22	23	23	24	23	24	25	25	26	26	27	28	28	29	29	30	28	29	30
20	20	21	21	22	23	23	24	24	25	24	25	26	26	27	27	28	29	29	30	30	31	**3**	30	31
21十二	21	22	22	23	24	24	25	25	26	25	26	27	27	28	28	29	30	30	31	**5**	**4**	2	31	**1**
22	22十一	23十	23	24	25	25	26	26	27	26	27	28	28	29	29	30	31	**7**	**6**	2	2	3	**2**	2
23 3	23	24	24九	25	26	26	27	27	28	27	28	29	29	30	30	31	**8**	2	2	3	3	4	2	3
24	24 2	25 1	25	26八	27七	27	28	28	29	28	29	30	30	31	**10**	**9**	2	3	3	4	4	5	3	4
25	25	26	26 12	27 11	28	28六	29五	29	30	29	30	31	**12**	**11**	2	2	3	4	4	5	5	6	4	5
26	26	27	27	28	29 10	29 9	30	30四	31三	**3**二	31正	**1**	2	2	3	3	4	5	5	6	6	7	5	6
27	27	28	28	29	30	30	31 8	**5** 7	**4**	2	**2**	2十二	3十一	3	4	4	5	6	6	7	7	8	6	7
28	28	29	29	30	31	**7**	**6**	2	2 6	3 5	2	3	4	4十	5九	5	6	7	7	8	8	9	7	8
29	29	30	30	31	**8**	2	2	3	3	4	3 4	4 3	5	5	6	6八	7七	8	8	9	9	10	8	9
30	30	31	**10**	**9**	2	3	3	4	4	5	4	5	6 2	6 1	7	7	8	9六	9	10	10	11	9	10
31	**12**	**11**	2	2	3	4	4	5	5	6	5	6	7	7	8 12	8 11	9	10	10五	11四	11	12	10	11
日	2	2	3	3	4	5	5	6	6	7	6	7	8	8	9	9	10 10	11 9	11	12	12三	13二	11正	12
曜	3	3	4	4	5	6	6	7	7	8	7	8	9	9	10	10	11	12	12 8	13 7	13	14	12	13十二
表	4	4	5	5	6	7	7	8	8	9	8	9	10	10	11	11	12	13	13	14	14 6	15 5	13	14
3	5	5	6	6	7	8	8	9	9	10	9	10	11	11	12	12	13	14	14	15	15	16	14 4	15 3
甲	6	6	7	7	8	9	9	10	10	11	10	11	12	12	13	13	14	15	15	16	16	17	15	16
子	7	7	8	8	9	10	10	11	11	12	11	12	13	13	14	14	15	16	16	17	17	18	16	17
表	8	8	9	9	10	11	11	12	12	13	12	13	14	14	15	15	16	17	17	18	18	19	17	18
2	9	9	10	10	11	12	12	13	13	14	13	14	15	15	16	16	17	18	18	19	19	20	18	19
	10	10	11	11	12	13	13	14	14	15	14	15	16	16	17	17	18	19	19	20	20	21	19	20

八一〇 庚寅 元和五 195

八〇九 己丑 元和四 194

22	23	23	24	25	25	26	26	27	25	26	27	27	28	28	29	30	30	31	**5**	**4**	2	31	**1**
23	24	24	25	26	26	27	27	28	26	27	28	28	29	29	30	31	**7**	**6**	2	2	3	**2**	2
24	25	25	26	27	27	28	28	29	27	28	29	29	30	30	31	**8**	2	2	3	3	4	2	3
25	26	26	27	28	28	29	29	30	28	29	30	30	31	**10**	**9**	2	3	3	4	4	5	3	4
26	27	27	28	29	29	30	30	31	**3**	30	31	**12**	**11**	2	2	3	4	4	5	5	6	4	5
27	28	28	29	30	30	31	**5**	**4**	2	31	**1**	2	2	3	3	4	5	5	6	6	7	5	6
28	29	29	30	31	**7**	**6**	2	2	3	**2**	2	3	3	4	4	5	6	6	7	7	8	6	7
29	30	30	31	**8**	2	2	3	3	4	2	3	4	4	5	5	6	7	7	8	8	9	7	8
30	31	**10**	**9**	2	3	3	4	4	5	3	4	5	5	6	6	7	8	8	9	9	10	8	9
12	十一**11**	十2	九2	3	4	4	5	5	6	4	5	6	6	7	7	8	9	9	10	10	11	9	10
2	**3**2	3	3	八4	七5	5	6	6	7	5	6	7	7	8	8	9	10	10	11	11	12	10	11
3	3	**2**4	**1**4	5	6	六6	五7	四7	8	6	7	8	8	9	9	10	11	11	12	12	13	11	12
4	4	5	5	**12**6	**11**7	7	8	8	三9	二7	8	9	9	10	10	11	12	12	13	13	14	12	13
5	5	6	6	7	8	**10**8	**9**9	9	10	8	正9	十二10	10	11	11	12	13	13	14	14	15	13	14
6	6	7	7	8	9	9	10	**8**10	**7**11	9	10	11	十一11	十12	12	13	14	14	15	15	16	14	15
7	7	8	8	9	10	10	11	11	12	**6**10	**5**11	12	12	13	九13	八14	15	15	16	16	17	15	16
8	8	9	9	10	11	11	12	12	13	11	12	**4**13	**3**13	14	14	15	七16	六16	17	17	18	16	17
9	9	10	10	11	12	12	13	13	14	12	13	14	14	**2**15	**1**15	**12**16	**11**17	17	五18	四18	19	17	18
10	10	11	11	12	13	13	14	14	15	13	14	15	15	16	16	17	18	**10**18	**9**19	19	閏20	三18	二19
11	11	12	12	13	14	14	15	15	16	14	15	16	16	17	17	18	19	19	20	**8**20	**7**21	19	20正
12	12	13	13	14	15	15	16	16	17	15	16	17	冬17	18	18	19	20	20	21	21	22	**6**20	**5**21
13	13	14	14	15	16	16	17	17	18	16	17	18	18	19	19	20	21	21	22	22	23	21	22**4**
14	14	15	15	16	17	17	18	18	19	17	18	19	19	20	20	21	22	22	23	23	24	22	23
15	15	16	16	17	18	18	19	19	20	18	19	20	20	21	21	22	23	23	24	24	25	23	24
16	16	17	17	18	19	19	20	20	21	19	20	21	21	22	22	23	24	24	25	25	26	24	25
17	冬17	18	18	19	20	20	21	21	22	20	21	22	22	23	23	24	25	25	26	26	27	25	26
18	18	19	19	20	21	21	22	22	23	21	22	23	23	24	24	25	26	26	27	27	28	26	27
19	19	20	20	21	22	22	23	23	24	22	23	24	24	25	25	26	27	27	28	28	29	27	28
20	20	21	21	22	23	23	24	24	25	23	24	25	25	26	26	27	28	28	29	29	30	28	29
21	21	22	22	23	24	24	25	25	26	24	25	26	26	27	27	28	29	29	30	30	31	**3**	30

八一一 辛卯 元和六

196

八一二 壬辰 元和七

197

11	11	12	2 12	1 13	12 14	11 14	15	15	三16	15	16	17	17	18	18	19	20	20	21	21	22	20	21	22
12	12	13	13	14	15	15	10 16	9 16	17	二16	17	18	冬18	19	19	20	21	21	22	22	23	21	22	23
13	13	14	14	15	16	16	17	17	8 18	7 17	正18	閏19	19	20	20	21	22	22	23	23	24	22	23	24
14	14	15	15	16	17	17	18	18	19	18	6 19	5 20	十二20	十一21	十21	22	23	23	24	24	25	23	24	25
15	15	16	16	17	18	18	19	19	20	19	20	21	4 21	3 22	22	九23	八24	七24	25	25	26	24	25	26
16	16	17	17	18	19	19	20	20	21	20	21	22	22	23	2 23	1 24	25	25	六26	五26	27	25	26	27
17	冬17	18	18	19	20	20	21	21	22	21	22	23	23	24	24	25	12 26	11 26	27	27	四28	三26	27	28
18	18	19	19	20	21	21	22	22	23	22	23	24	24	25	25	26	27	27	10 28	9 28	29	27	二28	正29
19	19	20	20	21	22	22	23	23	24	23	24	25	25	26	26	27	28	28	29	29	8 30	7 28	29	30 十二
20	20	21	21	22	23	23	24	24	25	24	25	26	26	27	27	28	29	29	30	30	31	3	6 30	5 31
21	21	22	22	23	24	24	25	25	26	25	26	27	27	28	28	29	30	30	31	5	4	2	31	1 4
22	22	23	23	24	25	25	26	26	27	26	27	28	28	29	29	30	31	7	6	2	2	3	2	2
23	23	24	24	25	26	26	27	27	28	27	28	29	29	30	30	31	8	2	2	3	3	4	2	3
24	24	25	25	26	27	27	28	28	29	28	29	30	30	31	10	9	2	3	3	4	4	5	3	4
25	25	26	26	27	28	28	29	29	30	29	30	31	12	11	2	2	3	4	4	5	5	6	4	5
26	26	27	27	28	29	29	30	30	31	3	31	1	2	2	3	3	4	5	5	6	6	7	5	6
27	27	28	28	29	30	30	31	5	4	2	2	2	3	3	4	4	5	6	6	7	7	8	6	7
28	28	29	29	30	31	7	6	2	2	3	2	3	4	4	5	5	6	7	7	8	8	9	7	8
29	29	30	30	31	8	2	2	3	3	4	3	4	5	5	6	6	7	8	8	9	9	10	8	9
30	30	31	10	9	2	3	3	4	4	5	4	5	6	6	7	7	8	9	9	10	10	11	9	10
31	12	11	2	2	3	4	4	5	5	6	5	6	7	7	8	8	9	10	10	11	11	12	10	11
日	2	2	3	3	4	5	5	6	6	7	6	7	8	8	9	9	10	11	11	12	12	13	11	12
曜	3	3	4	4	5	6	6	7	7	8	7	8	9	9	10	10	11	12	12	13	13	14	12	13
表	4	4	5	5	6	7	7	8	8	9	8	9	10	10	11	11	12	13	13	14	14	15	13	14
4	5	5	6	6	7	8	8	9	9	10	9	10	11	11	12	12	13	14	14	15	15	16	14	15
甲	6	6	7	7	8	9	9	10	10	11	10	11	12	12	13	13	14	15	15	16	16	17	15	16
子	7	7	8	8	9	10	10	11	11	12	11	12	13	13	14	14	15	16	16	17	17	18	16	17
表	8	十一8	十9	九9	10	11	11	12	12	13	12	13	14	14	15	15	16	17	17	18	18	19	17	18
3	9	9	10	10	八11	七12	六12	13	13	14	13	14	15	15	16	16	17	18	18	19	19	20	18	19
	10	4 10	3 11	11	12	13	13	五14	四14	15	14	15	16	16	17	17	18	19	19	20	20	21	19	20

八一三 癸巳 元和八 198

八一四 甲午 元和九 199

22	23	23	24	25	25	26	26	27 8	25 7	26	27 十二	27 十一	28 十	28 九	29	30	30	31	5	4	2	31	1
23	24	24	25	26	26	27	27	28	26	27 6	28 5	28	29	29	30 八	31 七	7	6	2	2	3	2	2
24	25	25	26	27	27	28	28	29	27	28	29	29 4	30 3	30	31	8	2 六	2 五	3	3	4	2	3
25	26	26	27	28	28	29	29	30	28	29	30	30	31	10 2	9 1	2	3	3	4 四	4	5	3	4
26	27	27	28	29	29	30	30	31	3	30	31	12	11	2	2	3 12	4 11	4	5	5 三	6	4	5
27	28	28	29	30	30	31	5	4	2	31	1	2	2	3	3	4	5	5 10	6 9	6	7 二	5 正	6
28	29	29	30	31	7	6	2	2	3	2	2	3	3	4	4	5	6	6	7	7 8	8 7	6	7 十二
29	30	30	31	8	2	2	3	3	4	2	3	4	4	5	5	6	7	7	8	8	9	7 6	8 5
30	31	10	9	2	3	3	4	4	5	3	4	5	5	6	6	7	8	8	9	9	10	8	9
12	11	2	2	3	4	4	5	5	6	4	5	6	6	7	7	8	9	9	10	10	11	9	10
2	2	3	3	4	5	5	6	6	7	5	6	7	7	8	8	9	10	10	11	11	12	10	11
3	3	4	4	5	6	6	7	7	8	6	7	8	8	9	9	10	11	11	12	12	13	11	12
4	4	5	5	6	7	7	8	8	9	7	8	9	9	10	10	11	12	12	13	13	14	12	13
5	5	6	6	7	8	8	9	9	10	8	9	10	10	11	11	12	13	13	14	14	15	13	14
6	6	7	7	8	9	9	10	10	11	9	10	11	11	12	12	13	14	14	15	15	16	14	15
7	7	8	8	9	10	10	11	11	12	10	11	12	12	13	13	14	15	15	16	16	17	15	16
8	8	9	9	10	11	11	12	12	13	11	12	13	13	14	14	15	16	16	17	17	18	16	17
9	9	10	10	11	12	12	13	13	14	12	13	14	14	15	15	16	17	17	18	18	19	17	18
10	10	11	11	12	13	13	14	14	15	13	14	15	15	16	16	17	18	18	19	19	20	18	19
11	11	12	12	13	14	14	15	15	16	14	15	16	16	17	17	18	19	19	20	20	21	19	20
12	12	13	13	14	15	15	16	16	17	15	16	17 冬	17	18	18	19	20	20	21	21	22	20	21
13	13	14	14	15	16	16	17	17	18	16	17	18	18	19	19	20	21	21	22	22	23	21	22
14	14	15	15	16	17	17	18	18	19	17	18	19	19	20	20	21	22	22	23	23	24	22	23
15	15	16	16	17	18	18	19	19	20	18	19	20	20	21	21	22	23	23	24	24	25	23	24
16 十一	16 十	17 九	17	18	19	19	20	20	21	19	20	21	21	22	22	23	24	24	25	25	26	24	25
17 冬	17	18	18 閏	19 八	20	20	21	21	22	20	21	22	22	23	23	24	25	25	26	26	27	25	26
18 5	18	19	19	20	21 七	21 六	22	22	23	21	22	23	23	24	24	25	26	26	27	27	28	26	27
19	19 4	20 3	20	21	22	22	23 五	23	24	22	23	24	24	25	25	26	27	27	28	28	29	27	28
20	20	21	21 2	22 1	23 12	23 11	24	24 四	25	23	24	25	25	26	26	27	28	28	29	29	30	28	29
21	21	22	22	23	24	24	25 10	25 9	26 三	24 二	25 正	26	26	27	27	28	29	29	30	30	31	3	30

八一六 丙申 元和一一 201

八一五 乙未 元和一〇 200

11	11	12	12	13	14	14	15	15	16	15	16	17	17	18	18	19	20	20	21	21	22	20	21	22
12	12	13	13	14	15	15	16	16	17	16	17	18	冬18	19	19	20	21	21	22	22	23	21	22	23
13	13	14	14	15	16	16	17	17	18	17	18	19	19	20	20	21	22	22	23	23	24	22	23	24
14	14	15	15	16	17	17	18	18	19	18	19	20	20	21	21	22	23	23	24	24	25	23	24	25
15	15	16	16	17	18	18	19	19	20	19	20	21	21	22	22	23	24	24	25	25	26	24	25	26
16	16	17	17	18	19	19	20	20	21	20	21	22	22	23	23	24	25	25	26	26	27	25	26	27
17	冬17	18	18	19	20	20	21	21	22	21	22	23	23	24	24	25	26	26	27	27	28	26	27	28
18	18	19	19	20	21	21	22	22	23	22	23	24	24	25	25	26	27	27	28	28	29	27	28	29
19	19	20	20	21	22	22	23	23	24	23	24	25	25	26	26	27	28	28	29	29	30	28	29	30
20	20	21	21	22	23	23	24	24	25	24	25	26	26	27	27	28	29	29	30	30	31	**3**	30	31
21	21	22	22	23	24	24	25	25	26	25	26	27	27	28	28	29	30	30	31	**5**	**4**	2	31	**1**
22	22	23	23	24	25	25	26	26	27	26	27	28	28	29	29	30	31	**7**	**6**	2	2	3	**2**	2
23	十二23	十一24	24	25	26	26	27	27	28	27	28	29	29	30	30	31	**8**	2	2	3	3	4	2	3
24	24	25	十25	九26	27	27	28	28	29	28	29	30	30	31	**10**	**9**	2	3	3	4	4	5	3	4
25	6 25	5 26	26	27	八28	28	29	29	30	29	30	31	**12**	**11**	2	2	3	4	4	5	5	6	4	5
26	26	27	4 27	3 28	29	七29	六30	30	31	**3**	31	**1**	2	2	3	3	4	5	5	6	6	7	5	6
27	27	28	28	29	2 30	1 30	31	五**5**	四**4**	2	**2**	2	3	3	4	4	5	6	6	7	7	8	6	7
28	28	29	29	30	31	**7**	12 **6**	11 2	2	三3	二2	正3	4	4	5	5	6	7	7	8	8	9	7	8
29	29	30	30	31	**8**	2	2	3	10 3	9 4	3	4	十二5	十一5	十6	6	7	8	8	9	9	10	8	9
30	30	31	**10**	**9**	2	3	3	**4**	**4**	5	8 4	7 5	6	6	7	九7	八8	9	9	10	10	11	9	10
31	**12**	**11**	2	2	3	4	4	5	5	6	5	6	6 7	5 7	8	8	9	七10	10	11	11	12	10	11
日	2	2	3	3	4	5	5	6	6	7	6	7	8	8	4 9	3 9	10	11	六11	五12	12	13	11	12
曜	3	3	4	4	5	6	6	7	7	8	7	8	9	9	10	10	2 11	1 12	12	13	四13	三14	12	13
表	4	4	5	5	6	7	7	8	8	9	8	9	10	10	11	11	12	13	12 13	11 14	14	15	二13	正14
5	5	5	6	6	7	8	8	9	9	10	9	10	11	11	12	12	13	14	14	15	10 15	9 16	14	15十二
甲	6	6	7	7	8	9	9	10	10	11	10	11	12	12	13	13	14	15	15	16	16	17	8 15	7 16
子	7	7	8	8	9	10	10	11	11	12	11	12	13	13	14	14	15	16	16	17	17	18	16	17 6
表	8	8	9	9	10	11	11	12	12	13	12	13	14	14	15	15	16	17	17	18	18	19	17	18
4	9	9	10	10	11	12	12	13	13	14	13	14	15	15	16	16	17	18	18	19	19	20	18	19
	10	10	11	11	12	13	13	14	14	15	14	15	16	16	17	17	18	19	19	20	20	21	19	20

卷九

唐

五

八一八 戊戌 元和一三 203

八一七 丁酉 元和一二 202

22	23	23	24	25	25	26	26	27	25	26	27	27	28	28	29	30	30	31	5	4	2	31	1
23	24	24	25	26	26	27	27	28	26	27	28	28	29	29	30	31	7	6	2	2	3	2	2
24	25	25	26	27	27	28	28	29	27	28	29	29	30	30	31	8	2	2	3	3	4	2	3
25	26	26	27	28	28	29	29	30	28	29	30	30	31	10	9	2	3	3	4	4	5	3	4
26	27	27	28	29	29	30	30	31	3	30	31	12	11	2	2	3	4	4	5	5	6	4	5
27	28	28	29	30	30	31	5	4	2	31	1	2	2	3	3	4	5	5	6	6	7	5	6
28	29	29	30	31	7	6	2	2	3	2	2	3	3	4	4	5	6	6	7	7	8	6	7
29	30	30	31	8	2	2	3	3	4	2	3	4	4	5	5	6	7	7	8	8	9	7	8
30	31	10	9	2	3	3	4	4	5	3	4	5	5	6	6	7	8	8	9	9	10	8	9
12	11	2	2	3	4	4	5	5	6	4	5	6	6	7	7	8	9	9	10	10	11	9	10
2	十一 2	十 3	3	4	5	5	6	6	7	5	6	7	7	8	8	9	10	10	11	11	12	10	11
3	3	4	九 4	八 5	6	6	7	7	8	6	7	8	8	9	9	10	11	11	12	12	13	11	12
4	6 4	5 5	5	6	七 7	六 7	8	8	9	7	8	9	9	10	10	11	12	12	13	13	14	12	13
5	5	6	4 6	3 7	8	8	五 9	四 9	三 10	8	9	10	10	11	11	12	13	13	14	14	15	13	14
6	6	7	7	8	2 9	1 9	10	10	11	二 9	正 10	11	11	12	12	13	14	14	15	15	16	14	15
7	7	8	8	9	10	10	12 11	11 11	12	10	11	十二 12	十一 12	13	13	14	15	15	16	16	17	15	16
8	8	9	9	10	11	11	12	12	10 13	9 11	12	13	13	十 14	九 14	15	16	16	17	17	18	16	17
9	9	10	10	11	12	12	13	13	14	12	8 13	7 14	14	15	15	八 16	七 17	17	18	18	19	17	18
10	10	11	11	12	13	13	14	14	15	13	14	15	6 15	5 16	16	17	18	六 18	19	19	20	18	19
11	11	12	12	13	14	14	15	15	16	14	15	16	16	17	4 17	3 18	19	19	閏 20	五 20	四 21	19	20
12	12	13	13	14	15	15	16	16	17	15	16	17	冬 17	18	18	19	2 20	1 20	12 21	11 21	22	三 20	二 21 正
13	13	14	14	15	16	16	17	17	18	16	17	18	18	19	19	20	21	21	22	22	10 23	9 21	22
14	14	15	15	16	17	17	18	18	19	17	18	19	19	20	20	21	22	22	23	23	24	22	8 23 7
15	15	16	16	17	18	18	19	19	20	18	19	20	20	21	21	22	23	23	24	24	25	23	24
16	16	17	17	18	19	19	20	20	21	19	20	21	21	22	22	23	24	24	25	25	26	24	25
17	冬 17	18	18	19	20	20	21	21	22	20	21	22	22	23	23	24	25	25	26	26	27	25	26
18	18	19	19	20	21	21	22	22	23	21	22	23	23	24	24	25	26	26	27	27	28	26	27
19	19	20	20	21	22	22	23	23	24	22	23	24	24	25	25	26	27	27	28	28	29	27	28
20	20	21	21	22	23	23	24	24	25	23	24	25	25	26	26	27	28	28	29	29	30	28	29
21	21	22	22	23	24	24	25	25	26	24	25	26	26	27	27	28	29	29	30	30	31	3	30

勵耘書屋

八二〇 庚子 元和一五

205

八一九 己亥 元和一四

204

11 7	11	12	12	13 七	14 六	14	15	15	16	15	16	17	17	18	18	19	20	20	21	21	22	20	21	22
12	12 6	13 5	13	14	15	15 五	16 四	16	17	16	17	18 冬	18	19	19	20	21	21	22	22	23	21	22	23
13	13	14	14 4	15 3	16	16	17	17 三	18 二	17	18	19	19	20	20	21	22	22	23	23	24	22	23	24
14	14	15	15	16	17 2	17 1	18 12	18 11	19	18 閏	19 正	20	20	21	21	22	23	23	24	24	25	23	24	25
15	15	16	16	17	18	18	19	19	20 10	19 9	20	21 十二	21 十一	22	22	23	24	24	25	25	26	24	25	26
16	16	17	17	18	19	19	20	20	21	20	21 8	22 7	22	23 十	23 九	24	25	25	26	26	27	25	26	27
17 冬	17	18	18	19	20	20	21	21	22	21	22	23	23 6	24 5	24	25 八	26 七	26 六	27	27	28	26	27	28
18	18	19	19	20	21	21	22	22	23	22	23	24	24	25	25 4	26 3	27	27	28 五	28 四	29	27	28	29
19	19	20	20	21	22	22	23	23	24	23	24	25	25	26	26	27	28 2	28 1	29	29	30 三	28 二	29	30
20	20	21	21	22	23	23	24	24	25	24	25	26	26	27	27	28	29	29	30 12	30 11	31	3	30 正	31 十二
21	21	22	22	23	24	24	25	25	26	25	26	27	27	28	28	29	30	30	31	5	4 10	2 9	31	1
22	22	23	23	24	25	25	26	26	27	26	27	28	28	29	29	30	31	7	6	2	2	3	2 8	2 7
23	23	24	24	25	26	26	27	27	28	27	28	29	29	30	30	31	8	2	2	3	3	4	2	3
24	24	25	25	26	27	27	28	28	29	28	29	30	30	31	10	9	2	3	3	4	4	5	3	4
25	25	26	26	27	28	28	29	29	30	29	30	31	12	11	2	2	3	4	4	5	5	6	4	5
26	26	27	27	28	29	29	30	30	31	3	31	1	2	2	3	3	4	5	5	6	6	7	5	6
27	27	28	28	29	30	30	31	5	4	2	2	2	3	3	4	4	5	6	6	7	7	8	6	7
28	28	29	29	30	31	7	6	2	2	3	2	3	4	4	5	5	6	7	7	8	8	9	7	8
29	29	30	30	31	8	2	2	3	3	4	3	4	5	5	6	6	7	8	8	9	9	10	8	9
30	30	31	10	9	2	3	3	4	4	5	4	5	6	6	7	7	8	9	9	10	10	11	9	10
31	12	11	2	2	3	4	4	5	5	6	5	6	7	7	8	8	9	10	10	11	11	12	10	11
日	2	2	3	3	4	5	5	6	6	7	6	7	8	8	9	9	10	11	11	12	12	13	11	12
曜	3	3	4	4	5	6	6	7	7	8	7	8	9	9	10	10	11	12	12	13	13	14	12	13
表	4	4	5	5	6	7	7	8	8	9	8	9	10	10	11	11	12	13	13	14	14	15	13	14
6	5	5	6	6	7	8	8	9	9	10	9	10	11	11	12	12	13	14	14	15	15	16	14	15
甲	6	6	7	7	8	9	9	10	10	11	10	11	12	12	13	13	14	15	15	16	16	17	15	16
子	7	7	8	8	9	10	10	11	11	12	11	12	13	13	14	14	15	16	16	17	17	18	16	17
表	8	8	9	9	10	11	11	12	12	13	12	13	14	14	15	15	16	17	17	18	18	19	17	18
5	9 十一	9	10	10	11	12	12	13	13	14	13	14	15	15	16	16	17	18	18	19	19	20	18	19
	10	10 十	11 九	11 八	12	13	13	14	14	15	14	15	16	16	17	17	18	19	19	20	20	21	19	20

八二二 壬寅 長慶二

八二一 辛丑 唐穆宗 長慶元

207 206

22	23	23	24	4 25	3 25	26	26	27	三 25	26	27	27	28	28	29	30	30	31	**5**	**4**	2	31	**1**
23	24	24	25	26	26	2 27	1 27	12 28	11 26	二 27	正 28	十二 28	29	29	30	31	**7**	**6**	2	2	3	**2**	2
24	25	25	26	27	27	28	28	29	27	10 28	9 29	29	十一 30	十 30	九 31	八 **8**	2	2	3	3	4	2	3
25	26	26	27	28	28	29	29	30	28	29	30	8 30	7 31	**10**	**9**	2	七 3	六 3	4	4	5	3	4
26	27	27	28	29	29	30	30	31	**3**	30	31	**12**	**11**	6 2	5 2	3	4	4	五 5	5	6	4	5
27	28	28	29	30	30	31	**5**	**4**	2	31	**1**	2	2	3	3	4 4	3 5	5	6	四 6	三 7	5	6
28	29	29	30	31	**7**	**6**	2	2	3	**2**	2	3	3	4	4	5	6	2 6	1 7	7	8	二 6	正 7
29	30	30	31	**8**	2	2	3	3	4	2	3	4	4	5	5	6	7	7	8	12 8	11 9	7	8 十二
30	31	**10**	**9**	2	3	3	4	4	5	3	4	5	5	6	6	7	8	8	9	9	10	10 8	9 9
12	**11**	2	2	3	4	4	5	5	6	4	5	6	6	7	7	8	9	9	10	10	11	9	10 8
2	2	3	3	4	5	5	6	6	7	5	6	7	7	8	8	9	10	10	11	11	12	10	11
3	3	4	4	5	6	6	7	7	8	6	7	8	8	9	9	10	11	11	12	12	13	11	12
4	4	5	5	6	7	7	8	8	9	7	8	9	9	10	10	11	12	12	13	13	14	12	13
5	5	6	6	7	8	8	9	9	10	8	9	10	10	11	11	12	13	13	14	14	15	13	14
6	6	7	7	8	9	9	10	10	11	9	10	11	11	12	12	13	14	14	15	15	16	14	15
7	7	8	8	9	10	10	11	11	12	10	11	12	12	13	13	14	15	15	16	16	17	15	16
8	8	9	9	10	11	11	12	12	13	11	12	13	13	14	14	15	16	16	17	17	18	16	17
9	9	10	10	11	12	12	13	13	14	12	13	14	14	15	15	16	17	17	18	18	19	17	18
10	10	11	11	12	13	13	14	14	15	13	14	15	15	16	16	17	18	18	19	19	20	18	19
11	11	12	12	13	14	14	15	15	16	14	15	16	16	17	17	18	19	19	20	20	21	19	20
12	12	13	13	14	15	15	16	16	17	15	16	17	冬 17	18	18	19	20	20	21	21	22	20	21
13	13	14	14	15	16	16	17	17	18	16	17	18	18	19	19	20	21	21	22	22	23	21	22
14	14	15	15	16	17	17	18	18	19	17	18	19	19	20	20	21	22	22	23	23	24	22	23
15	15	16	16	17	18	18	19	19	20	18	19	20	20	21	21	22	23	23	24	24	25	23	24
16	16	17	17	18	19	19	20	20	21	19	20	21	21	22	22	23	24	24	25	25	26	24	25
17 冬	十二 17	18	18	19	20	20	21	21	22	20	21	22	22	23	23	24	25	25	26	26	27	25	26
18	18	閏 19	十 19	九 20	21	21	22	22	23	21	22	23	23	24	24	25	26	26	27	27	28	26	27
19	19	20	20	21	八 22	七 22	23	23	24	22	23	24	24	25	25	26	27	27	28	28	29	27	28
20	8 20	7 21	21	22	23	23	六 24	24	25	23	24	25	25	26	26	27	28	28	29	29	30	28	29
21	21	22	6 22	5 23	24	24	25	五 25	四 26	24	25	26	26	27	27	28	29	29	30	30	31	**3**	30

	八二四 甲辰 長慶四 209												八二三 癸卯 長慶三 208											
11	11	12	12	13	14	14	15	15	16	15	16	17	17	18	18	19	20	20	21	21	22	20	21	22
12	12	13	13	14	15	15	16	16	17	16	17	18冬	18	19	19	20	21	21	22	22	23	21	22	23
13	13	14	14	15	16	16	17	17	18	17	18	19	19	20	20	21	22	22	23	23	24	22	23	24
14	14	15	15	16	17	17	18	18	19	18	19	20	20	21	21	22	23	23	24	24	25	23	24	25
15	15	16	16	17	18	18	19	19	20	19	20	21	21	22	22	23	24	24	25	25	26	24	25	26
16	16	17	17	18	19	19	20	20	21	20	21	22	22	23	23	24	25	25	26	26	27	25	26	27
17冬	17	18	18	19	20	20	21	21	22	21	22	23	23	24	24	25	26	26	27	27	28	26	27	28
18	18	19	19	20	21	21	22	22	23	22	23	24	24	25	25	26	27	27	28	28	29	27	28	29
19	19	20	20	21	22	22	23	23	24	23	24	25	25	26	26	27	28	28	29	29	30	28	29	30
20	20	21	21	22	23	23	24	24	25	24	25	26	26	27	27	28	29	29	30	30	31	**3**	30	31
21	21	22	22	23	24	24	25	25	26	25	26	27	27	28	28	29	30	30	31	**5**	**4**	2	31	**1**
22	22	23	23	24	25	25	26	26	27	26	27	28	28	29	29	30	31	**7**	**6**	2	2	3	**2**	2
23	23	24	24	25	26	26	27	27	28	27	28	29	29	30	30	31	**8**	2	2	3	3	4	2	3
24十二	24	25	25	26	27	27	28	28	29	28	29	30	30	31	**10**	**9**	2	3	3	4	4	5	3	4
25	25十一	26十	26九	27	28	28	29	29	30	29	30	31	**12**	**11**	2	2	3	4	4	5	5	6	4	5
26 9	26	27	27	28八	29	29	30	30	31	**3**	31	**1**	2	2	3	3	4	5	5	6	6	7	5	6
27	27 8	28 7	28	29	30七	30	31	**5**	**4**	2	**2**	2	3	3	4	4	5	6	6	7	7	8	6	7
28	28	29	29 6	30 5	31	**7**六	**6**五	2	2	3	2	3	4	4	5	5	6	7	7	8	8	9	7	8
29	29	30	30	31	**8** 4	2 3	2	3四	3三	4	3	4	5	5	6	6	7	8	8	9	9	10	8	9
30	30	31	**10**	**9**	2	3	3 2	**4** 1	4	5二	4正	5十二	6十一	6	7	7	8	9	9	10	10	11	9	10
31	**12**	**11**	2	2	3	4	4	5	5 12	6 11	5	6	7	7十	8九	8	9	10	10	11	11	12	10	11
日	2	2	3	3	4	5	5	6	6	7	6 10	7 9	8	8	9	9八	10七	11	11	12	12	13	11	12
曜	3	3	4	4	5	6	6	7	7	8	7	8	9 8	9 7	10	10	11	12六	12	13	13	14	12	13
表	4	4	5	5	6	7	7	8	8	9	8	9	10	10	11 6	11 5	12	13	13五	14四	14	15	13	14
7	5	5	6	6	7	8	8	9	9	10	9	10	11	11	12	12	13 4	14 3	14	15	15三	16二	14	15
甲	6	6	7	7	8	9	9	10	10	11	10	11	12	12	13	13	14	15	15 2	16 1	16	17	15正	16十二
子	7	7	8	8	9	10	10	11	11	12	11	12	13	13	14	14	15	16	16	17	17 12	18 11	16	17
表	8	8	9	9	10	11	11	12	12	13	12	13	14	14	15	15	16	17	17	18	18	19	17 10	18 9
6	9	9	10	10	11	12	12	13	13	14	13	14	15	15	16	16	17	18	18	19	19	20	18	19
	10	10	11	11	12	13	13	14	14	15	14	15	16	16	17	17	18	19	19	20	20	21	19	20

八二六 丙午 寶曆二 211

八二五 乙巳 唐敬宗 寶曆元 210

22	23	23	24	25	25	26	26	27	25	26	27	27	28	28	29	30	30	31	**5**	**4**	2	31	**1**
23	24	24	25	26	26	27	27	28	26	27	28	28	29	29	30	31	**7**	**6**	2	2	3	**2**	2
24	25	25	26	27	27	28	28	29	27	28	29	29	30	30	31	**8**	2	2	3	3	4	2	3
25	26	26	27	28	28	29	29	30	28	29	30	30	31	**10**	**9**	2	3	3	4	4	5	3	4
26	27	27	28	29	29	30	30	31	**3**	30	31	**12**	**11**	2	2	3	4	4	5	5	6	4	5
27	28	28	29	30	30	31	**5**	**4**	2	31	**1**	2	2	3	3	4	5	5	6	6	7	5	6
28	29	29	30	31	**7**	**6**	2	2	3	**2**	2	3	3	4	4	5	6	6	7	7	8	6	7
29	30	30	31	**8**	2	2	3	3	4	2	3	4	4	5	5	6	7	7	8	8	9	7	8
30	31	**10**	**9**	2	3	3	4	4	5	3	4	5	5	6	6	7	8	8	9	9	10	8	9
12	**11**	2	2	3	4	4	5	5	6	4	5	6	6	7	7	8	9	9	10	10	11	9	10
2	2	3	3	4	5	5	6	6	7	5	6	7	7	8	8	9	10	10	11	11	12	10	11
3 十一	3	4	4	5	6	6	7	7	8	6	7	8	8	9	9	10	11	11	12	12	13	11	12
4	4 十	5 九	5	6	7	7	8	8	9	7	8	9	9	10	10	11	12	12	13	13	14	12	13
5 9	5	6	6 八	7 七	8	8	9	9	10	8	9	10	10	11	11	12	13	13	14	14	15	13	14
6	6 8	7 7	7	8	9 六	9	10	10	11	9	10	11	11	12	12	13	14	14	15	15	16	14	15
7	7	8	8 6	9 5	10	10 五	11 四	11 三	12	10	11	12	12	13	13	14	15	15	16	16	17	15	16
8	8	9	9	10	11 4	11 3	12	12	13 二	11 正	12 十二	13	13	14	14	15	16	16	17	17	18	16	17
9	9	10	10	11	12	12	13 2	13 1	14	12	13	14 十一	14 十	15	15	16	17	17	18	18	19	17	18
10	10	11	11	12	13	13	14	14	15 12	13 11	14	15	15	16 九	16 八	17	18	18	19	19	20	18	19
11	11	12	12	13	14	14	15	15	16	14	15 10	16 9	16	17	17	18 閏	19	19	20	20	21	19	20
12	12	13	13	14	15	15	16	16	17	15	16	17 冬	17 8	18 7	18	19	20 七	20 六	21	21	22	20	21
13	13	14	14	15	16	16	17	17	18	16	17	18	18	19	19 6	20 5	21	21	22 五	22 四	23	21	22
14	14	15	15	16	17	17	18	18	19	17	18	19	19	20	20	21	22 4	22 3	23	23	24 三	22 二	23 正
15	15	16	16	17	18	18	19	19	20	18	19	20	20	21	21	22	23	23	24 2	24 1	25 12	23 11	24
16	16	17	17	18	19	19	20	20	21	19	20	21	21	22	22	23	24	24	25	25	26	24	25 10
17 冬	17	18	18	19	20	20	21	21	22	20	21	22	22	23	23	24	25	25	26	26	27	25	26
18	18	19	19	20	21	21	22	22	23	21	22	23	23	24	24	25	26	26	27	27	28	26	27
19	19	20	20	21	22	22	23	23	24	22	23	24	24	25	25	26	27	27	28	28	29	27	28
20	20	21	21	22	23	23	24	24	25	23	24	25	25	26	26	27	28	28	29	29	30	28	29
21	21	22	22	23	24	24	25	25	26	24	25	26	26	27	27	28	29	29	30	30	31	**3**	30

勵耘書屋

八二八
戊申
太和二

八二七
丁未
寶曆三
唐文宗
太和元 二月改 （太本作大）

213　　212

11十一	11十	12	12	13	14	14	15	15	16	15	16	17	17	18	18	19	20	20	21	21	22	20	21	22
12	12	13九	13八	14	15	15	16	16	17	16	17	18冬	18	19	19	20	21	21	22	22	23	21	22	23
13 10	13 9	14	14	15七	16六	16五	17	17	18	17	18	19	19	20	20	21	22	22	23	23	24	22	23	24
14	14	15 8	15 7	16	17	17	18四	18閏	19	18	19	20	20	21	21	22	23	23	24	24	25	23	24	25
15	15	16	16	17 6	18 5	18	19	19	20三	19二	20	21	21	22	22	23	24	24	25	25	26	24	25	26
16	16	17	17	18	19	19 4	20 3	20	21	20	21正	22十二	22	23	23	24	25	25	26	26	27	25	26	27
17冬	17	18	18	19	20	20	21	21 2	22 1	21 12	22 11	23	23十一	24十	24	25	26	26	27	27	28	26	27	28
18	18	19	19	20	21	21	22	22	23	22	23	24 10	24 9	25	25九	26八	27	27	28	28	29	27	28	29
19	19	20	20	21	22	22	23	23	24	23	24	25	25	26 8	26 7	27	28七	28六	29	29	30	28	29	30
20	20	21	21	22	23	23	24	24	25	24	25	26	26	27	27	28 6	29 5	29	30五	30四	31三	3	30	31
21	21	22	22	23	24	24	25	25	26	25	26	27	27	28	28	29	30	30 4	31 3	5	4	2二	31正	1
22	22	23	23	24	25	25	26	26	27	26	27	28	28	29	29	30	31	7	6	2 2	2 1	3	2	2十二
23	23	24	24	25	26	26	27	27	28	27	28	29	29	30	30	31	8	2	2	3	3	4 12	2 11	3
24	24	25	25	26	27	27	28	28	29	28	29	30	30	31	10	9	2	3	3	4	4	5	3	4 10
25	25	26	26	27	28	28	29	29	30	29	30	31	12	11	2	2	3	4	4	5	5	6	4	5
26	26	27	27	28	29	29	30	30	31	3	31	1	2	2	3	3	4	5	5	6	6	7	5	6
27	27	28	28	29	30	30	31	5	4	2	2	2	3	3	4	4	5	6	6	7	7	8	6	7
28	28	29	29	30	31	7	6	2	2	3	2	3	4	4	5	5	6	7	7	8	8	9	7	8
29	29	30	30	31	8	2	2	3	3	4	3	4	5	5	6	6	7	8	8	9	9	10	8	9
30	30	31	10	9	2	3	3	4	4	5	4	5	6	6	7	7	8	9	9	10	10	11	9	10
31	12	11	2	2	3	4	4	5	5	6	5	6	7	7	8	8	9	10	10	11	11	12	10	11
日	2	2	3	3	4	5	5	6	6	7	6	7	8	8	9	9	10	11	11	12	12	13	11	12
曜	3	3	4	4	5	6	6	7	7	8	7	8	9	9	10	10	11	12	12	13	13	14	12	13
表	4	4	5	5	6	7	7	8	8	9	8	9	10	10	11	11	12	13	13	14	14	15	13	14
1	5	5	6	6	7	8	8	9	9	10	9	10	11	11	12	12	13	14	14	15	15	16	14	15
甲	6	6	7	7	8	9	9	10	10	11	10	11	12	12	13	13	14	15	15	16	16	17	15	16
子	7	7	8	8	9	10	10	11	11	12	11	12	13	13	14	14	15	16	16	17	17	18	16	17
表	8	8	9	9	10	11	11	12	12	13	12	13	14	14	15	15	16	17	17	18	18	19	17	18
7	9	9	10	10	11	12	12	13	13	14	13	14	15	15	16	16	17	18	18	19	19	20	18	19
	10	10	11	11	12	13	13	14	14	15	14	15	16	16	17	17	18	19	19	20	20	21	19	20

八三〇 庚戌 太和四 215												八二九 己酉 太和三 214											
22	23	23	8 24	7 25	25	26	五 26	27	25	26	27	27	28	28	29	30	30	31	**5**	**4**	2	31	**1**
23	24	24	25	26	6 26	5 27	27	四 28	三 26	27	28	28	29	29	30	31	**7**	**6**	2	2	3	**2**	2
24	25	25	26	27	27	28	4 28	3 29	27	二 28	正 29	29	30	30	31	**8**	2	2	3	3	4	2	3
25	26	26	27	28	28	29	29	30	2 28	1 29	30	十二 30	十一 31	**10**	**9**	2	3	3	4	4	5	3	4
26	27	27	28	29	29	30	30	31	**3**	30	12 31	11 **12**	**11**	十 2	九 2	八 3	4	4	5	5	6	4	5
27	28	28	29	30	30	31	**5**	**4**	2	31	**1**	2	10 2	9 3	3	4	七 5	六 5	五 6	6	7	5	6
28	29	29	30	31	**7**	**6**	2	2	3	**2**	2	3	3	4	8 4	7 5	6	6	7	四 7	8	6	7
29	30	30	31	**8**	2	2	3	3	4	2	3	4	4	5	5	6	6 7	5 7	8	8	三 9	二 7	8
30	31	**10**	**9**	2	3	3	4	4	5	3	4	5	5	6	6	7	8	8	4 9	3 9	10	8	正 9 十二
12	**11**	2	2	3	4	4	5	5	6	4	5	6	6	7	7	8	9	9	10	10	2 11	1 9	10
2	2	3	3	4	5	5	6	6	7	5	6	7	7	8	8	9	10	10	11	11	12	10	12 11 11
3	3	4	4	5	6	6	7	7	8	6	7	8	8	9	9	10	11	11	12	12	13	11	12
4	4	5	5	6	7	7	8	8	9	7	8	9	9	10	10	11	12	12	13	13	14	12	13
5	5	6	6	7	8	8	9	9	10	8	9	10	10	11	11	12	13	13	14	14	15	13	14
6	6	7	7	8	9	9	10	10	11	9	10	11	11	12	12	13	14	14	15	15	16	14	15
7	7	8	8	9	10	10	11	11	12	10	11	12	12	13	13	14	15	15	16	16	17	15	16
8	8	9	9	10	11	11	12	12	13	11	12	13	13	14	14	15	16	16	17	17	18	16	17
9	9	10	10	11	12	12	13	13	14	12	13	14	14	15	15	16	17	17	18	18	19	17	18
10	10	11	11	12	13	13	14	14	15	13	14	15	15	16	16	17	18	18	19	19	20	18	19
11	11	12	12	13	14	14	15	15	16	14	15	16	16	17	17	18	19	19	20	20	21	19	20
12	12	13	13	14	15	15	16	16	17	15	16	17	冬 17	18	18	19	20	20	21	21	22	20	21
13	13	14	14	15	16	16	17	17	18	16	17	18	18	19	19	20	21	21	22	22	23	21	22
14	14	15	15	16	17	17	18	18	19	17	18	19	19	20	20	21	22	22	23	23	24	22	23
15	15	16	16	17	18	18	19	19	20	18	19	20	20	21	21	22	23	23	24	24	25	23	24
16	16	17	17	18	19	19	20	20	21	19	20	21	21	22	22	23	24	24	25	25	26	24	25
17	冬 17	18	18	19	20	20	21	21	22	20	21	22	22	23	23	24	25	25	26	26	27	25	26
18	18	19	19	20	21	21	22	22	23	21	22	23	23	24	24	25	26	26	27	27	28	26	27
19	十二 19	十一 20	20	21	22	22	23	23	24	22	23	24	24	25	25	26	27	27	28	28	29	27	28
20	11 20	21	十 21	九 22	八 23	23	24	24	25	23	24	25	25	26	26	27	28	28	29	29	30	28	29
21	21	10 22	9 22	23	24	七 24	六 25	25	26	24	25	26	26	27	27	28	29	29	30	30	31	**3**	30

八三二 壬子 太和六 217													八三一 辛亥 太和五 216											
11	11	12	12	13	14	14	15	15	16	15	16	17冬	17	18	18	19	20	20	21	21	22	20	21	22
12	12	13	13	14	15	15	16	16	17	16	17	18	18	19	19	20	21	21	22	22	23	21	22	23
13	13	14	14	15	16	16	17	17	18	17	18	19	19	20	20	21	22	22	23	23	24	22	23	24
14	14	15	15	16	17	17	18	18	19	18	19	20	20	21	21	22	23	23	24	24	25	23	24	25
15	15	16	16	17	18	18	19	19	20	19	20	21	21	22	22	23	24	24	25	25	26	24	25	26
16	16	17	17	18	19	19	20	20	21	20	21	22	22	23	23	24	25	25	26	26	27	25	26	27
17冬	17	18	18	19	20	20	21	21	22	21	22	23	23	24	24	25	26	26	27	27	28	26	27	28
18	18	19	19	20	21	21	22	22	23	22	23	24	24	25	25	26	27	27	28	28	29	27	28	29
19	19	20	20	21	22	22	23	23	24	23	24	25	25	26	26	27	28	28	29	29	30	28	29	30
20	20	21	21	22	23	23	24	24	25	24	25	26	26	27	27	28	29	29	30	30	31	**3**	30	31
21	21	22	22	23	24	24	25	25	26	25	26	27	27	28	28	29	30	30	31	**5**	**4**	2	31	**1**
22	22	23	23	24	25	25	26	26	27	26	27	28	28	29	29	30	31	**7**	**6**	2	2	3	**2**	2
23	23	24	24	25	26	26	27	27	28	27	28	29	29	30	30	31	**8**	2	2	3	3	4	2	3
24	24	25	25	26	27	27	28	28	29	28	29	30	30	31	**10**	**9**	2	3	3	4	4	5	3	4
25	25	26	26	27	28	28	29	29	30	29	30	31	**12**	**11**	2	2	3	4	4	5	5	6	4	5
26十二	26十一	27	27	28	29	29	30	30	31	**3**	31	**1**	2	2	3	3	4	5	5	6	6	7	5	6
27	27	28十	28九	29	30	30	31	**5**	**4**	2	**2**	2	3	3	4	4	5	6	6	7	7	8	6	7
28 **12**	28 **11**	29	29	30八	31七	**7**	**6**	2	2	3	2	3	4	4	5	5	6	7	7	8	8	9	7	8
29	29	30 **10**	30 **9**	31	**8**	2六	2	3	3	4	3	4	5	5	6	6	7	8	8	9	9	10	8	9
30	30	31	**10**	**9** **8**	2 **7**	3	3五	**4**四	4	5	4	5	6	6	7	7	8	9	9	10	10	11	9	10
31	**12**	**11**	2	2	3	4 **6**	4 **5**	5	5三	6二	5	6	7	7	8	8	9	10	10	11	11	12	10	11
日	2	2	3	3	4	5	5	6 **4**	6 **3**	7	6正	7十二	8十一	8十	9	9	10	11	11	12	12	13	11	12
曜	3	3	4	4	5	6	6	7	7	8 **2**	7 **1**	8	9	9	10九	10八	11	12	12	13	13	14	12	13
表	4	4	5	5	6	7	7	8	8	9	8	9 **12**	10 **11**	10	11	11	12七	13六	13	14	14	15	13	14
2	5	5	6	6	7	8	8	9	9	10	9	10	11	11 **10**	12 **9**	12	13	14	14五	15	15	16	14	15
甲	6	6	7	7	8	9	9	10	10	11	10	11	12	12	13	13 **8**	14 **7**	15	15	16四	16三	17	15	16
子	7	7	8	8	9	10	10	11	11	12	11	12	13	13	14	14	15	16 **6**	16 **5**	17	17	18二	16正	17
表	8	8	9	9	10	11	11	12	12	13	12	13	14	14	15	15	16	17	17	18 **4**	18 **3**	19	17	18閏
8	9	9	10	10	11	12	12	13	13	14	13	14	15	15	16	16	17	18	18	19	19	20 **2**	18 **1**	19 **12**
	10	10	11	11	12	13	13	14	14	15	14	15	16	16	17	17	18	19	19	20	20	21	19	20

八三四 甲寅 太和八 219

八三三 癸丑 太和七 218

22	23	23	24	25	25	26	26	27	25	26	27	27	28	28	29	30	30	31	**5**	**4**	2	31	**1**
23	24	24	25	26	26	27	27	28	26	27	28	28	29	29	30	31	**7**	**6**	2	2	3	**2**	2
24	25	25	26	27	27	28	28	29	27	28	29	29	30	30	31	**8**	2	2	3	3	4	2	3
25	26	26	27	28	28	29	29	30	28	29	30	30	31	**10**	**9**	2	3	3	4	4	5	3	4
26	27	27	28	29	29	30	30	31	**3**	30	31	**12**	**11**	2	2	3	4	4	5	5	6	4	5
27	28	28	29	30	30	31	**5**	**4**	2	31	**1**	2	2	3	3	4	5	5	6	6	7	5	6
28	29	29	30	31	**7**	**6**	2	2	3	**2**	2	3	3	4	4	5	6	6	7	7	8	6	7
29	30	30	31	**8**	2	2	3	3	4	2	3	4	4	5	5	6	7	7	8	8	9	7	8
30	31	**10**	**9**	2	3	3	4	4	5	3	4	5	5	6	6	7	8	8	9	9	10	8	9
12	**11**	2	2	3	4	4	5	5	6	4	5	6	6	7	7	8	9	9	10	10	11	9	10
2	2	3	3	4	5	5	6	6	7	5	6	7	7	8	8	9	10	10	11	11	12	10	11
3	3	4	4	5	6	6	7	7	8	6	7	8	8	9	9	10	11	11	12	12	13	11	12
4 十一	4	5	5	6	7	7	8	8	9	7	8	9	9	10	10	11	12	12	13	13	14	12	13
5	5 十	6	6	7	8	8	9	9	10	8	9	10	10	11	11	12	13	13	14	14	15	13	14
6	6	7 九	7 八	8	9	9	10	10	11	9	10	11	11	12	12	13	14	14	15	15	16	14	15
7 12	7 11	8	8	9 七	10 六	10	11	11	12	10	11	12	12	13	13	14	15	15	16	16	17	15	16
8	8	9 10	9 9	10	11	11 五	12	12	13	11	12	13	13	14	14	15	16	16	17	17	18	16	17
9	9	10	10	11 8	12 7	12	13 四	13 三	14 二	12	13	14	14	15	15	16	17	17	18	18	19	17	18
10	10	11	11	12	13	13 6	14 5	14	15	13 正	14 十二	15 十一	15 十	16	16	17	18	18	19	19	20	18	19
11	11	12	12	13	14	14	15	15 4	16 3	14	15	16	16	17 九	17 八	18	19	19	20	20	21	19	20
12	12	13	13	14	15	15	16	16	17	15 2	16 1	17 冬	17	18	18	19 閏	20	20	21	21	22	20	21
13	13	14	14	15	16	16	17	17	18	16	17	18 12	18 11	19	19	20	21 七	21	22	22	23	21	22
14	14	15	15	16	17	17	18	18	19	17	18	19	19	20 10	20 9	21	22	22 六	23 五	23	24	22	23
15	15	16	16	17	18	18	19	19	20	18	19	20	20	21	21	22 8	23 7	23	24	24 四	25 三	23	24
16	16	17	17	18	19	19	20	20	21	19	20	21	21	22	22	23	24	24 6	25 5	25	26	24 二	25 正
17 冬	17	18	18	19	20	20	21	21	22	20	21	22	22	23	23	24	25	25	26	26 4	27 3	25	26
18	18	19	19	20	21	21	22	22	23	21	22	23	23	24	24	25	26	26	27	27	28	26 2	27 1
19	19	20	20	21	22	22	23	23	24	22	23	24	24	25	25	26	27	27	28	28	29	27	28
20	20	21	21	22	23	23	24	24	25	23	24	25	25	26	26	27	28	28	29	29	30	28	29
21	21	22	22	23	24	24	25	25	26	24	25	26	26	27	27	28	29	29	30	30	31	**3**	30

八三六 丙辰 開成元

八三五 乙卯 太和九

222												221												220
11	11	12	12	13	14	14	15	15	16	15	16	17冬	17	18	18	19	20	20	21	21	22	20	21	22
12十一	12	13	13	14	15	15	16	16	17	16	17	18	18	19	19	20	21	21	22	22	23	21	22	23
13	13十	14九	14	15	16	16	17	17	18	17	18	19	19	20	20	21	22	22	23	23	24	22	23	24
14 1	14	15	15八	16七	17六	17	18	18	19	18	19	20	20	21	21	22	23	23	24	24	25	23	24	25
15	15 12	16 11	16	17	18	18閏	19五	19	20	19	20	21	21	22	22	23	24	24	25	25	26	24	25	26
16	16	17	17 10	18 9	19	19	20	20四	21三	20	21	22	22	23	23	24	25	25	26	26	27	25	26	27
17冬	17	18	18	19	20 8	20 7	21	21	22	21二	22正	23	23	24	24	25	26	26	27	27	28	26	27	28
18	18	19	19	20	21	21	22 6	22 5	23	22	23	24十二	24十一	25	25	26	27	27	28	28	29	27	28	29
19	19	20	20	21	22	22	23	23	24 4	23 3	24	25	25	26十	26九	27	28	28	29	29	30	28	29	30
20	20	21	21	22	23	23	24	24	25	24	25 2	26 1	26 12	27 11	27	28八	29七	29	30	30	31	3	30	31
21	21	22	22	23	24	24	25	25	26	25	26	27	27	28	28 10	29 9	30	30六	31五	5	4	2	31	1
22	22	23	23	24	25	25	26	26	27	26	27	28	28	29	29	30	31 8	7 7	6	2四	2三	3二	2	2
23	23	24	24	25	26	26	27	27	28	27	28	29	29	30	30	31	8	2	2 6	3 5	3	4	2正	3十二
24	24	25	25	26	27	27	28	28	29	28	29	30	30	31	10	9	2	3	3	4	4 4	5 3	3	4
25	25	26	26	27	28	28	29	29	30	29	30	31	12	11	2	2	3	4	4	5	5	6	4 2	5 1
26	26	27	27	28	29	29	30	30	31	3	31	1	2	2	3	3	4	5	5	6	6	7	5	6
27	27	28	28	29	30	30	31	5	4	2	2	2	3	3	4	4	5	6	6	7	7	8	6	7
28	28	29	29	30	31	7	6	2	2	3	2	3	4	4	5	5	6	7	7	8	8	9	7	8
29	29	30	30	31	8	2	2	3	3	4	3	4	5	5	6	6	7	8	8	9	9	10	8	9
30	30	31	10	9	2	3	3	4	4	5	4	5	6	6	7	7	8	9	9	10	10	11	9	10
31	12	11	2	2	3	4	4	5	5	6	5	6	7	7	8	8	9	10	10	11	11	12	10	11
日	2	2	3	3	4	5	5	6	6	7	6	7	8	8	9	9	10	11	11	12	12	13	11	12
曜	3	3	4	4	5	6	6	7	7	8	7	8	9	9	10	10	11	12	12	13	13	14	12	13
表	4	4	5	5	6	7	7	8	8	9	8	9	10	10	11	11	12	13	13	14	14	15	13	14
3	5	5	6	6	7	8	8	9	9	10	9	10	11	11	12	12	13	14	14	15	15	16	14	15
甲	6	6	7	7	8	9	9	10	10	11	10	11	12	12	13	13	14	15	15	16	16	17	15	16
子	7	7	8	8	9	10	10	11	11	12	11	12	13	13	14	14	15	16	16	17	17	18	16	17
表	8	8	9	9	10	11	11	12	12	13	12	13	14	14	15	15	16	17	17	18	18	19	17	18
9	9	9	10	10	11	12	12	13	13	14	13	14	15	15	16	16	17	18	18	19	19	20	18	19
	10	10	11	11	12	13	13	14	14	15	14	15	16	16	17	17	18	19	19	20	20	21	19	20

224 八三八 戊午 開成三												223 八三七 丁巳 開成二											
22	23	23	九24	八25	七25	26	26	27	25	26	27	27	28	28	29	30	30	31	**5**	**4**	2	31	**1**
23	1 24	12 24	11 25	26	26	六27	五27	28	26	27	28	28	29	29	30	31	**7**	**6**	2	2	3	**2**	2
24	25	25	26	10 27	9 27	28	28	四29	27	28	29	29	30	30	31	**8**	2	2	3	3	4	2	3
25	26	26	27	28	28	8 29	7 29	30	三28	二29	30	30	31	**10**	**9**	2	3	3	4	4	5	3	4
26	27	27	28	29	29	30	30	6 31	5 **3**	30	正31	十二**12**	**11**	2	2	3	4	4	5	5	6	4	5
27	28	28	29	30	30	31	**5**	**4**	2	4 31	3 **1**	2	十一2	十3	3	4	5	5	6	6	7	5	6
28	29	29	30	31	**7**	**6**	2	2	3	**2**	2	2 3	1 3	4	九4	八5	七6	6	7	7	8	6	7
29	30	30	31	**8**	2	2	3	3	4	2	3	4	4	12 5	11 5	6	7	六7	五8	8	9	7	8
30	31	**10**	**9**	2	3	3	4	4	5	3	4	5	5	6	6	10 7	9 8	8	9	四9	三10	8	9
12	**11**	2	2	3	4	4	5	5	6	4	5	6	6	7	7	8	9	8 9	7 10	10	11	二9	正10
2	2	3	3	4	5	5	6	6	7	5	6	7	7	8	8	9	10	10	11	6 11	5 12	10	11 十二
3	3	4	4	5	6	6	7	7	8	6	7	8	8	9	9	10	11	11	12	12	13	4 11	3 12
4	4	5	5	6	7	7	8	8	9	7	8	9	9	10	10	11	12	12	13	13	14	12	13 2
5	5	6	6	7	8	8	9	9	10	8	9	10	10	11	11	12	13	13	14	14	15	13	14
6	6	7	7	8	9	9	10	10	11	9	10	11	11	12	12	13	14	14	15	15	16	14	15
7	7	8	8	9	10	10	11	11	12	10	11	12	12	13	13	14	15	15	16	16	17	15	16
8	8	9	9	10	11	11	12	12	13	11	12	13	13	14	14	15	16	16	17	17	18	16	17
9	9	10	10	11	12	12	13	13	14	12	13	14	14	15	15	16	17	17	18	18	19	17	18
10	10	11	11	12	13	13	14	14	15	13	14	15	15	16	16	17	18	18	19	19	20	18	19
11	11	12	12	13	14	14	15	15	16	14	15	16	16	17	17	18	19	19	20	20	21	19	20
12	12	13	13	14	15	15	16	16	17	15	16	17	冬17	18	18	19	20	20	21	21	22	20	21
13	13	14	14	15	16	16	17	17	18	16	17	18	18	19	19	20	21	21	22	22	23	21	22
14	14	15	15	16	17	17	18	18	19	17	18	19	19	20	20	21	22	22	23	23	24	22	23
15	15	16	16	17	18	18	19	19	20	18	19	20	20	21	21	22	23	23	24	24	25	23	24
16	16	17	17	18	19	19	20	20	21	19	20	21	21	22	22	23	24	24	25	25	26	24	25
17	冬17	18	18	19	20	20	21	21	22	20	21	22	22	23	23	24	25	25	26	26	27	25	26
18	18	19	19	20	21	21	22	22	23	21	22	23	23	24	24	25	26	26	27	27	28	26	27
19	19	20	20	21	22	22	23	23	24	22	23	24	24	25	25	26	27	27	28	28	29	27	28
20	20	21	21	22	23	23	24	24	25	23	24	25	25	26	26	27	28	28	29	29	30	28	29
21	十二21	十一22	十22	23	24	24	25	25	26	24	25	26	26	27	27	28	29	29	30	30	31	**3**	30

八四〇 庚申 開成五 (226)

八三九 己未 開成四 (225)

11	11	12	12	13	14	14	15	15	16	15	16	17冬	17	18	18	19	20	20	21	21	22	20 4	21 3	22
12	12	13	13	14	15	15	16	16	17	16	17	18	18	19	19	20	21	21	22	22	23	21	22	23 2
13	13	14	14	15	16	16	17	17	18	17	18	19	19	20	20	21	22	22	23	23	24	22	23	24
14	14	15	15	16	17	17	18	18	19	18	19	20	20	21	21	22	23	23	24	24	25	23	24	25
15	15	16	16	17	18	18	19	19	20	19	20	21	21	22	22	23	24	24	25	25	26	24	25	26
16	16	17	17	18	19	19	20	20	21	20	21	22	22	23	23	24	25	25	26	26	27	25	26	27
17冬	17	18	18	19	20	20	21	21	22	21	22	23	23	24	24	25	26	26	27	27	28	26	27	28
18	18	19	19	20	21	21	22	22	23	22	23	24	24	25	25	26	27	27	28	28	29	27	28	29
19	19	20	20	21	22	22	23	23	24	23	24	25	25	26	26	27	28	28	29	29	30	28	29	30
20	20	21	21	22	23	23	24	24	25	24	25	26	26	27	27	28	29	29	30	30	31	**3**	30	31
21	21	22	22	23	24	24	25	25	26	25	26	27	27	28	28	29	30	30	31	**5**	**4**	2	31	**1**
22	22	23	23	24	25	25	26	26	27	26	27	28	28	29	29	30	31	**7**	**6**	2	2	3	**2**	2
23	23	24	24	25	26	26	27	27	28	27	28	29	29	30	30	31	**8**	2	2	3	3	4	2	3
24	24	25	25	26	27	27	28	28	29	28	29	30	30	31	**10**	**9**	2	3	3	4	4	5	3	4
25	25	26	26	27	28	28	29	29	30	29	30	31	**12**	**11**	2	2	3	4	4	5	5	6	4	5
26	26	27	27	28	29	29	30	30	31	**3**	31	**1**	2	2	3	3	4	5	5	6	6	7	5	6
27	27	28	28	29	30	30	31	**5**	**4**	2	**2**	2	3	3	4	4	5	6	6	7	7	8	6	7
28十二	28十一	29十	29	30	31	**7**	**6**	2	2	3	2	3	4	4	5	5	6	7	7	8	8	9	7	8
29 3	29	30	30九	31八	**8**	2	2	3	3	4	3	4	5	5	6	6	7	8	8	9	9	10	8	9
30	30 2	31 1	**10**	**9**	2七	3六	3	**4**	**4**	5	4	5	6	6	7	7	8	9	9	10	10	11	9	10
31	**12**	**11**	2 12	2 11	3	4	4五	5	5	6	5	6	7	7	8	8	9	10	10	11	11	12	10	11
日	2	2	3	3	4 10	5 9	5	6四	6三	7	6	7	8	8	9	9	10	11	11	12	12	13	11	12
曜	3	3	4	4	5	6	6 8	7 7	7	8二	7正	8	9	9	10	10	11	12	12	13	13	14	12	13
表	4	4	5	5	6	7	7	8	8 6	9 5	8	9十二	10十一	10十	11九	11	12	13	13	14	14	15	13	14
4	5	5	6	6	7	8	8	9	9	10	9 4	10 3	11	11	12	12八	13七	14	14	15	15	16	14	15
甲	6	6	7	7	8	9	9	10	10	11	10	11	12 2	12 1	13	13	14	15六	15五	16	16	17	15	16
子	7	7	8	8	9	10	10	11	11	12	11	12	13	13	14 12	14 11	15	16	16	17四	17	18	16	17
表	8	8	9	9	10	11	11	12	12	13	12	13	14	14	15	15	16 10	17 9	17	18	18三	19二	17	18
10	9	9	10	10	11	12	12	13	13	14	13	14	15	15	16	16	17	18	18 8	19 7	19	20	18閏	19正
	10	10	11	11	12	13	13	14	14	15	14	15	16	16	17	17	18	19	19	20	20 6	21 5	19	20

八四二 壬戌 會昌二 228

八四一 辛酉 唐武宗 會昌元 227

22	23	23	24	25	25	26	26	27	25	26	27	27	28	28	29	30	30	31	**5**	**4**	2	31	**1**
23	24	24	25	26	26	27	27	28	26	27	28	28	29	29	30	31	**7**	**6**	2	2	3	**2**	2
24	25	25	26	27	27	28	28	29	27	28	29	29	30	30	31	**8**	2	2	3	3	4	2	3
25	26	26	27	28	28	29	29	30	28	29	30	30	31	**10**	**9**	2	3	3	4	4	5	3	4
26	27	27	28	29	29	30	30	31	**3**	30	31	**12**	**11**	2	2	3	4	4	5	5	6	4	5
27	28	28	29	30	30	31	**5**	**4**	2	31	**1**	2	2	3	3	4	5	5	6	6	7	5	6
28	29	29	30	31	**7**	**6**	2	2	3	**2**	2	3	3	4	4	5	6	6	7	7	8	6	7
29	30	30	31	**8**	2	2	3	3	4	2	3	4	4	5	5	6	7	7	8	8	9	7	8
30	31	**10**	**9**	2	3	3	4	4	5	3	4	5	5	6	6	7	8	8	9	9	10	8	9
12	**11**	2	2	3	4	4	5	5	6	4	5	6	6	7	7	8	9	9	10	10	11	9	10
2	2	3	3	4	5	5	6	6	7	5	6	7	7	8	8	9	10	10	11	11	12	10	11
3	3	4	4	5	6	6	7	7	8	6	7	8	8	9	9	10	11	11	12	12	13	11	12
4	4	5	5	6	7	7	8	8	9	7	8	9	9	10	10	11	12	12	13	13	14	12	13
5	5	6	6	7	8	8	9	9	10	8	9	10	10	11	11	12	13	13	14	14	15	13	14
6 十一	6 十	7	7	8	9	9	10	10	11	9	10	11	11	12	12	13	14	14	15	15	16	14	15
7	7	8 九	8 八	9	10	10	11	11	12	10	11	12	12	13	13	14	15	15	16	16	17	15	16
8 **3**	8	9	9	10 七	11	11	12	12	13	11	12	13	13	14	14	15	16	16	17	17	18	16	17
9	9 **2**	10 **1**	10	11	12 六	12	13	13	14	12	13	14	14	15	15	16	17	17	18	18	19	17	18
10	10	11	11 **12**	12 **11**	13	13 五	14 四	14	15	13	14	15	15	16	16	17	18	18	19	19	20	18	19
11	11	12	12	13	14 **10**	14 **9**	15	15 三	16 二	14 正	15	16	16	17	17	18	19	19	20	20	21	19	20
12	12	13	13	14	15	15	16 **8**	16 **7**	17	15	16 十二	17 十一	17 十	18 閏	18	19	20	20	21	21	22	20	21
13	13	14	14	15	16	16	17	17	18 **6**	16 **5**	17	18	18	19	19 九	20 八	21	21	22	22	23	21	22
14	14	15	15	16	17	17	18	18	19	17	18 **4**	19 **3**	19	20	20	21	22 七	22	23	23	24	22	23
15	15	16	16	17	18	18	19	19	20	18	19	20	20 **2**	21 **1**	21 **12**	22 **11**	23	23 六	24	24	25	23	24
16	16	17	17	18	19	19	20	20	21	19	20	21	21	22	22	23	24 **10**	24 **9**	25 五	25 四	26	24	25
17 冬	17	18	18	19	20	20	21	21	22	20	21	22	22	23	23	24	25	25	26 **8**	26 **7**	27 三	25 二	26
18	18	19	19	20	21	21	22	22	23	21	22	23	23	24	24	25	26	26	27	27	28 **6**	26 **5**	27 正
19	19	20	20	21	22	22	23	23	24	22	23	24	24	25	25	26	27	27	28	28	29	27	28 **4**
20	20	21	21	22	23	23	24	24	25	23	24	25	25	26	26	27	28	28	29	29	30	28	29
21	21	22	22	23	24	24	25	25	26	24	25	26	26	27	27	28	29	29	30	30	31	**3**	30

八四四 甲子 會昌四

八四三 癸亥 會昌三

230　　　　229

11	11	12	12	13	14	14	15	15	16	15	16	17	冬17	18	18	19	20	20	21	21	22	20	21	22
12	12	13	13	14	15	15	16	16	17	16	17	18	18	19	19	20	21	21	22	22	23	21	22	23
13	土13	14	14	15	16	16	17	17	18	17	18	19	19	20	20	21	22	22	23	23	24	22	23	24
14	14	十15	15	16	17	17	18	18	19	18	19	20	20	21	21	22	23	23	24	24	25	23	24	25
15	15	16	九16	八17	18	18	19	19	20	19	20	21	21	22	22	23	24	24	25	25	26	24	25	26
16	4 16	3 17	17	18	閏19	七19	20	20	21	20	21	22	22	23	23	24	25	25	26	26	27	25	26	27
17	冬17	18	2 18	1 19	20	20	六21	五21	22	21	22	23	23	24	24	25	26	26	27	27	28	26	27	28
18	18	19	19	20	12 21	11 21	22	22	四23	三22	二23	24	24	25	25	26	27	27	28	28	29	27	28	29
19	19	20	20	21	22	22	10 23	9 23	24	23	24	正25	土25	土26	26	27	28	28	29	29	30	28	29	30
20	20	21	21	22	23	23	24	24	8 25	7 24	25	26	26	27	十27	28	29	29	30	30	31	3	30	31
21	21	22	22	23	24	24	25	25	26	25	6 26	5 27	27	28	28	九29	八30	30	31	5	4	2	31	1
22	22	23	23	24	25	25	26	26	27	26	27	28	4 28	3 29	29	30	31	七7	六6	2	2	3	2	2
23	23	24	24	25	26	26	27	27	28	27	28	29	29	30	2 30	1 31	12 8	11 2	2	五3	四3	4	2	3
24	24	25	25	26	27	27	28	28	29	28	29	30	30	31	10	9	2	3	10 3	9 4	4	三5	二3	正4 土
25	25	26	26	27	28	28	29	29	30	29	30	31	12	11	2	2	3	4	4	5	8 5	7 6	4	5
26	26	27	27	28	29	29	30	30	31	3	31	1	2	2	3	3	4	5	5	6	6	7	6 5	5 6
27	27	28	28	29	30	30	31	5	4	2	2	2	3	3	4	4	5	6	6	7	7	8	6	7 4
28	28	29	29	30	31	7	6	2	2	3	2	3	4	4	5	5	6	7	7	8	8	9	7	8
29	29	30	30	31	8	2	2	3	3	4	3	4	5	5	6	6	7	8	8	9	9	10	8	9
30	30	31	10	9	2	3	3	4	4	5	4	5	6	6	7	7	8	9	9	10	10	11	9	10
31	12	11	2	2	3	4	4	5	5	6	5	6	7	7	8	8	9	10	10	11	11	12	10	11
日	2	2	3	3	4	5	5	6	6	7	6	7	8	8	9	9	10	11	11	12	12	13	11	12
曜	3	3	4	4	5	6	6	7	7	8	7	8	9	9	10	10	11	12	12	13	13	14	12	13
表	4	4	5	5	6	7	7	8	8	9	8	9	10	10	11	11	12	13	13	14	14	15	13	14
5	5	5	6	6	7	8	8	9	9	10	9	10	11	11	12	12	13	14	14	15	15	16	14	15
甲	6	6	7	7	8	9	9	10	10	11	10	11	12	12	13	13	14	15	15	16	16	17	15	16
子	7	7	8	8	9	10	10	11	11	12	11	12	13	13	14	14	15	16	16	17	17	18	16	17
表	8	8	9	9	10	11	11	12	12	13	12	13	14	14	15	15	16	17	17	18	18	19	17	18
11	9	9	10	10	11	12	12	13	13	14	13	14	15	15	16	16	17	18	18	19	19	20	18	19
	10	10	11	11	12	13	13	14	14	15	14	15	16	16	17	17	18	19	19	20	20	21	19	20

八四六 丙寅 會昌六 232

八四五 乙丑 會昌五 231

22	23	23	24	25	25	26	26	27	25	26	27	27	28	28	29	30	30	31	**5**	**4**	2	31	**1**
23十一	24十	24九	25	26	26	27	27	28	26	27	28	28	29	29	30	31	**7**	**6**	2	2	3	**2**	2
24	25	25	26八	27七	27	28	28	29	27	28	29	29	30	30	31	**8**	2	2	3	3	4	2	3
25 **4**	26 **3**	26	27	28	28六	29五	29四	30	28	29	30	30	31	**10**	**9**	2	3	3	4	4	5	3	4
26	27	27 **2**	28 **1**	29 **12**	29 **11**	30	30	31三	**3**二	30	31	**12**	**11**	2	2	3	4	4	5	5	6	4	5
27	28	28	29	30	30	31 **10**	**5** **9**	**4**	2	31正	**1**	2	2	3	3	4	5	5	6	6	7	5	6
28	29	29	30	31	**7**	**6**	2	2 **8**	3 **7**	**2**	2十二	3十一	3	4	4	5	6	6	7	7	8	6	7
29	30	30	31	**8**	2	2	3	3	4	2 **6**	3 **5**	4	4十	5九	5	6	7	7	8	8	9	7	8
30	31	**10**	**9**	2	3	3	4	4	5	3	4	5 **4**	5 **3**	6	6八	7七	8六	8	9	9	10	8	9
12	**11**	2	2	3	4	4	5	5	6	4	5	6	6	7 **2**	7 **1**	8	9	9五	10四	10	11	9	10
2	2	3	3	4	5	5	6	6	7	5	6	7	7	8	8	9 **12**	10 **11**	10	11	11三	12二	10	11
3	3	4	4	5	6	6	7	7	8	6	7	8	8	9	9	10	11	11 **10**	12 **9**	12	13	11正	12十二
4	4	5	5	6	7	7	8	8	9	7	8	9	9	10	10	11	12	12	13	13 **8**	14 **7**	12	13
5	5	6	6	7	8	8	9	9	10	8	9	10	10	11	11	12	13	13	14	14	15	13 **6**	14 **5**
6	6	7	7	8	9	9	10	10	11	9	10	11	11	12	12	13	14	14	15	15	16	14	15
7	7	8	8	9	10	10	11	11	12	10	11	12	12	13	13	14	15	15	16	16	17	15	16
8	8	9	9	10	11	11	12	12	13	11	12	13	13	14	14	15	16	16	17	17	18	16	17
9	9	10	10	11	12	12	13	13	14	12	13	14	14	15	15	16	17	17	18	18	19	17	18
10	10	11	11	12	13	13	14	14	15	13	14	15	15	16	16	17	18	18	19	19	20	18	19
11	11	12	12	13	14	14	15	15	16	14	15	16	16	17	17	18	19	19	20	20	21	19	20
12	12	13	13	14	15	15	16	16	17	15	16	17冬	17	18	18	19	20	20	21	21	22	20	21
13	13	14	14	15	16	16	17	17	18	16	17	18	18	19	19	20	21	21	22	22	23	21	22
14	14	15	15	16	17	17	18	18	19	17	18	19	19	20	20	21	22	22	23	23	24	22	23
15	15	16	16	17	18	18	19	19	20	18	19	20	20	21	21	22	23	23	24	24	25	23	24
16	16	17	17	18	19	19	20	20	21	19	20	21	21	22	22	23	24	24	25	25	26	24	25
17冬	17	18	18	19	20	20	21	21	22	20	21	22	22	23	23	24	25	25	26	26	27	25	26
18	18	19	19	20	21	21	22	22	23	21	22	23	23	24	24	25	26	26	27	27	28	26	27
19	19	20	20	21	22	22	23	23	24	22	23	24	24	25	25	26	27	27	28	28	29	27	28
20	20	21	21	22	23	23	24	24	25	23	24	25	25	26	26	27	28	28	29	29	30	28	29
21	21	22	22	23	24	24	25	25	26	24	25	26	26	27	27	28	29	29	30	30	31	**3**	30

八四七 丁卯 唐宣宗 大中元

233

八四八 戊辰 大中二

234

11	11	12	12	13	14	14	15	15	16	15	16	17冬	17	18	18	19	20	20	21 10	21 9	22	20	21正	22十二
12	12	13	13	14	15	15	16	16	17	16	17	18	18	19	19	20	21	21	22	22	23 8	21 7	22	23
13	13	14	14	15	16	16	17	17	18	17	18	19	19	20	20	21	22	22	23	23	24	22	23 6	24 5
14	14	15	15	16	17	17	18	18	19	18	19	20	20	21	21	22	23	23	24	24	25	23	24	25
15	15	16	16	17	18	18	19	19	20	19	20	21	21	22	22	23	24	24	25	25	26	24	25	26
16	16	17	17	18	19	19	20	20	21	20	21	22	22	23	23	24	25	25	26	26	27	25	26	27
17冬	17	18	18	19	20	20	21	21	22	21	22	23	23	24	24	25	26	26	27	27	28	26	27	28
18	18	19	19	20	21	21	22	22	23	22	23	24	24	25	25	26	27	27	28	28	29	27	28	29
19	19	20	20	21	22	22	23	23	24	23	24	25	25	26	26	27	28	28	29	29	30	28	29	30
20	20	21	21	22	23	23	24	24	25	24	25	26	26	27	27	28	29	29	30	30	31	3	30	31
21	21	22	22	23	24	24	25	25	26	25	26	27	27	28	28	29	30	30	31	5	4	2	31	1
22	22	23	23	24	25	25	26	26	27	26	27	28	28	29	29	30	31	7	6	2	2	3	2	2
23	23	24	24	25	26	26	27	27	28	27	28	29	29	30	30	31	8	2	2	3	3	4	2	3
24	24	25	25	26	27	27	28	28	29	28	29	30	30	31	10	9	2	3	3	4	4	5	3	4
25	25	26	26	27	28	28	29	29	30	29	30	31	12	11	2	2	3	4	4	5	5	6	4	5
26	26	27	27	28	29	29	30	30	31	3	31	1	2	2	3	3	4	5	5	6	6	7	5	6
27	27	28	28	29	30	30	31	5	4	2	2	2	3	3	4	4	5	6	6	7	7	8	6	7
28	28	29	29	30	31	7	6	2	2	3	2	3	4	4	5	5	6	7	7	8	8	9	7	8
29	29	30	30	31	8	2	2	3	3	4	3	4	5	5	6	6	7	8	8	9	9	10	8	9
30十二	30十一	31十	10九	9	2	3	3	4	4	5	4	5	6	6	7	7	8	9	9	10	10	11	9	10
31 6	12 5	11	2	2八	3七	4	4	5	5	6	5	6	7	7	8	8	9	10	10	11	11	12	10	11
日	2	2 4	3 3	3	4	5六	5五	6	6	7	6	7	8	8	9	9	10	11	11	12	12	13	11	12
曜	3	3	4	4 2	5 1	6	6	7四	7	8	7	8	9	9	10	10	11	12	12	13	13	14	12	13
表	4	4	5	5	6	7 12	7 11	8	8三	9二	8	9	10	10	11	11	12	13	13	14	14	15	13	14
6	5	5	6	6	7	8	8	9 10	9 9	10	9正	10十二	11	11	12	12	13	14	14	15	15	16	14	15
甲	6	6	7	7	8	9	9	10	10	11 8	10 7	11	12十一	12十	13九	13	14	15	15	16	16	17	15	16
子	7	7	8	8	9	10	10	11	11	12	11	12 6	13 5	13	14	14八	15七	16六	16	17	17	18	16	17
表	8	8	9	9	10	11	11	12	12	13	12	13	14	14 4	15 3	15	16	17	17五	18四	18	19	17	18
12	9	9	10	10	11	12	12	13	13	14	13	14	15	15	16	16 2	17 1	18	18	19	19閏	20	18	19
	10	10	11	11	12	13	13	14	14	15	14	15	16	16	17	17	18	19 12	19 11	20	20	21三	19二	20

八五〇 庚午 大中四

236

八四九 己巳 大中三

235

22	23	23	24	25	25	26	26	27	25	26	27	27	28	28	29	30	30	31	**5**	**4**	2	31	**1**
23	24	24	25	26	26	27	27	28	26	27	28	28	29	29	30	31	**7**	**6**	2	2	3	**2**	2
24	25	25	26	27	27	28	28	29	27	28	29	29	30	30	31	**8**	2	2	3	3	4	2	3
25	26	26	27	28	28	29	29	30	28	29	30	30	31	**10**	**9**	2	3	3	4	4	5	3	4
26	27	27	28	29	29	30	30	31	**3**	30	31	**12**	**11**	2	2	3	4	4	5	5	6	4	5
27	28	28	29	30	30	31	**5**	**4**	2	31	**1**	2	2	3	3	4	5	5	6	6	7	5	6
28	29	29	30	31	**7**	**6**	2	2	3	**2**	2	3	3	4	4	5	6	6	7	7	8	6	7
29	30	30	31	**8**	2	2	3	3	4	2	3	4	4	5	5	6	7	7	8	8	9	7	8
30	31	**10**	**9**	2	3	3	4	4	5	3	4	5	5	6	6	7	8	8	9	9	10	8	9
12	**11**	2	2	3	4	4	5	5	6	4	5	6	6	7	7	8	9	9	10	10	11	9	10
2	2	3	3	4	5	5	6	6	7	5	6	7	7	8	8	9	10	10	11	11	12	10	11
3	3	4	4	5	6	6	7	7	8	6	7	8	8	9	9	10	11	11	12	12	13	11	12
4	4	5	5	6	7	7	8	8	9	7	8	9	9	10	10	11	12	12	13	13	14	12	13
5	5	6	6	7	8	8	9	9	10	8	9	10	10	11	11	12	13	13	14	14	15	13	14
6	6	7	7	8	9	9	10	10	11	9	10	11	11	12	12	13	14	14	15	15	16	14	15
7	7	8	8	9	10	10	11	11	12	10	11	12	12	13	13	14	15	15	16	16	17	15	16
8 十一	8 十	9 九	9	10	11	11	12	12	13	11	12	13	13	14	14	15	16	16	17	17	18	16	17
9	9	10	10 八	11 七	12	12	13	13	14	12	13	14	14	15	15	16	17	17	18	18	19	17	18
10 6	10 5	11	11	12	13 六	13	14	14	15	13	14	15	15	16	16	17	18	18	19	19	20	18	19
11	11	12 4	12 3	13	14	14 五	15	15	16	14	15	16	16	17	17	18	19	19	20	20	21	19	20
12	12	13	13	14 2	15 1	15	16 四	16 三	17	15	16	17 冬	17	18	18	19	20	20	21	21	22	20	21
13	13	14	14	15	16	16 12	17 11	17	18 二	16 正	17 十二	18	18	19	19	20	21	21	22	22	23	21	22
14	14	15	15	16	17	17	18	18 10	19 9	17	18	19 閏	19 十一	20 十	20 九	21	22	22	23	23	24	22	23
15	15	16	16	17	18	18	19	19	20	18 8	19 7	20	20	21	21	22 八	23 七	23	24	24	25	23	24
16	16	17	17	18	19	19	20	20	21	19	20	21 6	21 5	22	22	23	24	24 六	25	25	26	24	25
17 冬	17	18	18	19	20	20	21	21	22	20	21	22	22	23 4	23 3	24	25	25	26 五	26	27	25	26
18	18	19	19	20	21	21	22	22	23	21	22	23	23	24	24	25 2	26 1	26 12	27 11	27 四	28 三	26	27
19	19	20	20	21	22	22	23	23	24	22	23	24	24	25	25	26	27	27	28	28 10	29 9	27 二	28 正
20	20	21	21	22	23	23	24	24	25	23	24	25	25	26	26	27	28	28	29	29	30	28 8	29 7
21	21	22	22	23	24	24	25	25	26	24	25	26	26	27	27	28	29	29	30	30	31	**3**	30

八五二 壬申 大中六 238

八五一 辛未 大中五 237

11	11	12	12	13	14	14	15	15	16	15	16	17冬	17	18	18	19	20	20	21	21	22	20	21	22
12	12	13	13	14	15	15	16	16	17	16	17	18	18	19	19	20	21	21	22	22	23	21	22	23
13	13	14	14	15	16	16	17	17	18	17	18	19	19	20	20	21	22	22	23	23	24	22	23	24
14	14	15	15	16	17	17	18	18	19	18	19	20	20	21	21	22	23	23	24	24	25	23	24	25
15十一	15十	16	16	17	18	18	19	19	20	19	20	21	21	22	22	23	24	24	25	25	26	24	25	26
16	16	17九	17八	18	19	19	20	20	21	20	21	22	22	23	23	24	25	25	26	26	27	25	26	27
17冬 7	17	18	18	19閏	20	20	21	21	22	21	22	23	23	24	24	25	26	26	27	27	28	26	27	28
18	18 6	19 5	19	20	21七	21六	22	22	23	22	23	24	24	25	25	26	27	27	28	28	29	27	28	29
19	19	20	20 4	21 3	22	22	23五	23四	24	23	24	25	25	26	26	27	28	28	29	29	30	28	29	30
20	20	21	21	22	23 2	23 1	24	24	25三	24二	25正	26十二	26	27	27	28	29	29	30	30	31	**3**	30	31
21	21	22	22	23	24	24	25 12	25 11	26	25	26	27	27十一	28十	28	29	30	30	31	**5**	**4**	2	31	**1**
22	22	23	23	24	25	25	26	26	27 10	26 9	27	28	28	29	29九	30八	31	**7**	**6**	2	2	3	**2**	2
23	23	24	24	25	26	26	27	27	28	27	28 8	29 7	29	30	30	31	**8**七	2	2	3	3	4	2	3
24	24	25	25	26	27	27	28	28	29	28	29	30	30 6	31 5	**10**	**9**	2	3六	3	4	4	5	3	4
25	25	26	26	27	28	28	29	29	30	29	30	31	**12**	**11**	2 4	2 3	3	4	4五	5四	5	6	4	5
26	26	27	27	28	29	29	30	30	31	**3**	31	**1**	2	2	3	3	4 2	5 1	5 12	6 11	6三	7二	5正	6十二
27	27	28	28	29	30	30	31	**5**	**4**	2	**2**	2	3	3	4	4	5	6	6	7	7 10	8 9	6	7
28	28	29	29	30	31	**7**	**6**	2	2	3	2	3	4	4	5	5	6	7	7	8	8	9	7 8	8 7
29	29	30	30	31	**8**	2	2	3	3	4	3	4	5	5	6	6	7	8	8	9	9	10	8	9
30	30	31	**10**	**9**	2	3	3	4	4	5	4	5	6	6	7	7	8	9	9	10	10	11	9	10
31	**12**	**11**	2	2	3	4	4	5	5	6	5	6	7	7	8	8	9	10	10	11	11	12	10	11
日	2	2	3	3	4	5	5	6	6	7	6	7	8	8	9	9	10	11	11	12	12	13	11	12
曜	3	3	4	4	5	6	6	7	7	8	7	8	9	9	10	10	11	12	12	13	13	14	12	13
表	4	4	5	5	6	7	7	8	8	9	8	9	10	10	11	11	12	13	13	14	14	15	13	14
7	5	5	6	6	7	8	8	9	9	10	9	10	11	11	12	12	13	14	14	15	15	16	14	15
甲	6	6	7	7	8	9	9	10	10	11	10	11	12	12	13	13	14	15	15	16	16	17	15	16
子	7	7	8	8	9	10	10	11	11	12	11	12	13	13	14	14	15	16	16	17	17	18	16	17
表	8	8	9	9	10	11	11	12	12	13	12	13	14	14	15	15	16	17	17	18	18	19	17	18
13	9	9	10	10	11	12	12	13	13	14	13	14	15	15	16	16	17	18	18	19	19	20	18	19
	10	10	11	11	12	13	13	14	14	15	14	15	16	16	17	17	18	19	19	20	20	21	19	20

八五四 甲戌 大中八 240

八五三 癸酉 大中七 239

22	23	23	24	25	25	26	26	27	25	26	27	27	28	28	29	30	30	31	5	4	2	31	1
23	24	24	25	26	26	27	27	28	26	27	28	28	29	29	30	31	7	6	2	2	3	2	2
24	十一25	25	26	27	27	28	28	29	27	28	29	29	30	30	31	8	2	2	3	3	4	2	3
25	26	十26	九27	八28	28	29	29	30	28	29	30	30	31	10	9	2	3	3	4	4	5	3	4
26	7 27	27	28	29	七29	六30	30	31	3	30	31	12	11	2	2	3	4	4	5	5	6	4	5
27	28	6 28	5 29	30	30	31	五5	四4	三2	31	1	2	2	3	3	4	5	5	6	6	7	5	6
28	29	29	30	4 31	3 7	6	2	2	3	二2	正2	3	3	4	4	5	6	6	7	7	8	6	7
29	30	30	31	8	2	2 2	1 3	12 3	11 4	2	3	十二4	十一4	5	5	6	7	7	8	8	9	7	8
30	31	10	9	2	3	3	4	4	5	10 3	9 4	5	5	十6	6	7	8	8	9	9	10	8	9
12	11	2	2	3	4	4	5	5	6	4	5	8 6	7 6	7	九7	八8	9	9	10	10	11	9	10
2	2	3	3	4	5	5	6	6	7	5	6	7	7	6 8	5 8	9	七10	六10	11	11	12	10	11
3	3	4	4	5	6	6	7	7	8	6	7	8	8	9	9	4 10	3 11	11	五12	四12	三13	11	12
4	4	5	5	6	7	7	8	8	9	7	8	9	9	10	10	11	12	2 12	1 13	13	14	二12	正13 十二
5	5	6	6	7	8	8	9	9	10	8	9	10	10	11	11	12	13	13	14	12 14	11 15	13	14
6	6	7	7	8	9	9	10	10	11	9	10	11	11	12	12	13	14	14	15	15	16	10 14	9 15
7	7	8	8	9	10	10	11	11	12	10	11	12	12	13	13	14	15	15	16	16	17	15	16 8
8	8	9	9	10	11	11	12	12	13	11	12	13	13	14	14	15	16	16	17	17	18	16	17
9	9	10	10	11	12	12	13	13	14	12	13	14	14	15	15	16	17	17	18	18	19	17	18
10	10	11	11	12	13	13	14	14	15	13	14	15	15	16	16	17	18	18	19	19	20	18	19
11	11	12	12	13	14	14	15	15	16	14	15	16	16	17	17	18	19	19	20	20	21	19	20
12	12	13	13	14	15	15	16	16	17	15	16	17	冬17	18	18	19	20	20	21	21	22	20	21
13	13	14	14	15	16	16	17	17	18	16	17	18	18	19	19	20	21	21	22	22	23	21	22
14	14	15	15	16	17	17	18	18	19	17	18	19	19	20	20	21	22	22	23	23	24	22	23
15	15	16	16	17	18	18	19	19	20	18	19	20	20	21	21	22	23	23	24	24	25	23	24
16	16	17	17	18	19	19	20	20	21	19	20	21	21	22	22	23	24	24	25	25	26	24	25
17	冬17	18	18	19	20	20	21	21	22	20	21	22	22	23	23	24	25	25	26	26	27	25	26
18	18	19	19	20	21	21	22	22	23	21	22	23	23	24	24	25	26	26	27	27	28	26	27
19	19	20	20	21	22	22	23	23	24	22	23	24	24	25	25	26	27	27	28	28	29	27	28
20	20	21	21	22	23	23	24	24	25	23	24	25	25	26	26	27	28	28	29	29	30	28	29
21	21	22	22	23	24	24	25	25	26	24	25	26	26	27	27	28	29	29	30	30	31	3	30

八五六 丙子 大中一〇 242													八五五 乙亥 大中九 241											
11	11	12	12	13	14	14	15	15	16	15	16	17冬	17	18	18	19 4	20 3	20	21	21	22 三	20 二	21	22
12	12	13	13	14	15	15	16	16	17	16	17	18	18	19	19	20	21	21 2	22 1	22	23	21	22 正	23
13	13	14	14	15	16	16	17	17	18	17	18	19	19	20	20	21	22	22	23	23 12	24 11	22	23	24 十二
14	14	15	15	16	17	17	18	18	19	18	19	20	20	21	21	22	23	23	24	24	25	23 10	24 9	25
15	15	16	16	17	18	18	19	19	20	19	20	21	21	22	22	23	24	24	25	25	26	24	25	26 8
16	16	17	17	18	19	19	20	20	21	20	21	22	22	23	23	24	25	25	26	26	27	25	26	27
17冬	17	18	18	19	20	20	21	21	22	21	22	23	23	24	24	25	26	26	27	27	28	26	27	28
18	18	19	19	20	21	21	22	22	23	22	23	24	24	25	25	26	27	27	28	28	29	27	28	29
19	19	20	20	21	22	22	23	23	24	23	24	25	25	26	26	27	28	28	29	29	30	28	29	30
20	20	21	21	22	23	23	24	24	25	24	25	26	26	27	27	28	29	29	30	30	31	**3**	30	31
21	21	22	22	23	24	24	25	25	26	25	26	27	27	28	28	29	30	30	31	**5**	**4**	2	31	**1**
22	22	23	23	24	25	25	26	26	27	26	27	28	28	29	29	30	31	**7**	**6**	2	2	3	**2**	2
23	23	24	24	25	26	26	27	27	28	27	28	29	29	30	30	31	**8**	2	2	3	3	4	2	3
24	24	25	25	26	27	27	28	28	29	28	29	30	30	31	**10**	**9**	2	3	3	4	4	5	3	4
25	25	26	26	27	28	28	29	29	30	29	30	31	**12**	**11**	2	2	3	4	4	5	5	6	4	5
26	26	27	27	28	29	29	30	30	31	**3**	31	**1**	2	2	3	3	4	5	5	6	6	7	5	6
27	27	28	28	29	30	30	31	**5**	**4**	2	**2**	2	3	3	4	4	5	6	6	7	7	8	6	7
28	28	29	29	30	31	**7**	**6**	2	2	3	2	3	4	4	5	5	6	7	7	8	8	9	7	8
29	29	30	30	31	**8**	2	2	3	3	4	3	4	5	5	6	6	7	8	8	9	9	10	8	9
30	30	31	**10**	**9**	2	3	3	**4**	**4**	5	4	5	6	6	7	7	8	9	9	10	10	11	9	10
31 十二	**12** 十一	**11**	2	2	3	4	4	5	5	6	5	6	7	7	8	8	9	10	10	11	11	12	10	11
日	2	2 十	3 九	3 八	4	5	5	6	6	7	6	7	8	8	9	9	10	11	11	12	12	13	11	12
曜	3 8	3 7	4	4	5 七	6 六	6	7	7	8	7	8	9	9	10	10	11	12	12	13	13	14	12	13
表	4	4	5 6	5 5	6	7	7 五	8 四	8	9	8	9	10	10	11	11	12	13	13	14	14	15	13	14
1	5	5	6	6	7 4	8 3	8	9	9 三	10 二	9	10	11	11	12	12	13	14	14	15	15	16	14	15
甲	6	6	7	7	8	9	9 2	10 1	10	11	10 正	11	12	12	13	13	14	15	15	16	16	17	15	16
子	7	7	8	8	9	10	10	11	11 12	12 11	11	12 十二	13 十一	13	14	14	15	16	16	17	17	18	16	17
表	8	8	9	9	10	11	11	12	12	13	12 10	13 9	14	14 十	15 九	15 八	16	17	17	18	18	19	17	18
14	9	9	10	10	11	12	12	13	13	14	13	14	15 8	15 7	16	16	17 七	18 六	18 五	19	19	20	18	19
	10	10	11	11	12	13	13	14	14	15	14	15	16	16	17 6	17 5	18	19	19	20 閏	20 四	21	19	20

八五八 戊寅 大中一二 244

八五七 丁丑 大中一一 243

22	23	23	24	25	25	26	26	27	25	26	27	27	28	28	29	30	30	31	5	4	2	31	10 1 9
23	24	24	25	26	26	27	27	28	26	27	28	28	29	29	30	31	7	6	2	2	3	2	2
24	25	25	26	27	27	28	28	29	27	28	29	29	30	30	31	8	2	2	3	3	4	2	3
25	26	26	27	28	28	29	29	30	28	29	30	30	31	10	9	2	3	3	4	4	5	3	4
26	27	27	28	29	29	30	30	31	3	30	31	12	11	2	2	3	4	4	5	5	6	4	5
27	28	28	29	30	30	31	5	4	2	31	1	2	2	3	3	4	5	5	6	6	7	5	6
28	29	29	30	31	7	6	2	2	3	2	2	3	3	4	4	5	6	6	7	7	8	6	7
29	30	30	31	8	2	2	3	3	4	2	3	4	4	5	5	6	7	7	8	8	9	7	8
30	31	10	9	2	3	3	4	4	5	3	4	5	5	6	6	7	8	8	9	9	10	8	9
12	11	2	2	3	4	4	5	5	6	4	5	6	6	7	7	8	9	9	10	10	11	9	10
2	2	3	3	4	5	5	6	6	7	5	6	7	7	8	8	9	10	10	11	11	12	10	11
3	3	4	4	5	6	6	7	7	8	6	7	8	8	9	9	10	11	11	12	12	13	11	12
4	4	5	5	6	7	7	8	8	9	7	8	9	9	10	10	11	12	12	13	13	14	12	13
5	5	6	6	7	8	8	9	9	10	8	9	10	10	11	11	12	13	13	14	14	15	13	14
6	6	7	7	8	9	9	10	10	11	9	10	11	11	12	12	13	14	14	15	15	16	14	15
7	7	8	8	9	10	10	11	11	12	10	11	12	12	13	13	14	15	15	16	16	17	15	16
8	8	9	9	10	11	11	12	12	13	11	12	13	13	14	14	15	16	16	17	17	18	16	17
9	十一9	10	10	11	12	12	13	13	14	12	13	14	14	15	15	16	17	17	18	18	19	17	18
10	10	十11	九11	八12	13	13	14	14	15	13	14	15	15	16	16	17	18	18	19	19	20	18	19
11	9 11	12	12	13	七14	14	15	15	16	14	15	16	16	17	17	18	19	19	20	20	21	19	20
12	12	8 13	7 13	14	15	六15	五16	16	17	15	16	17	冬17	18	18	19	20	20	21	21	22	20	21
13	13	14	14	6 15	5 16	16	17	四17	18	16	17	18	18	19	19	20	21	21	22	22	23	21	22
14	14	15	15	16	17	4 17	3 18	18	三19	閏17	18	19	19	20	20	21	22	22	23	23	24	22	23
15	15	16	16	17	18	18	19	2 19	1 20	18	二19	正20	十二20	21	21	22	23	23	24	24	25	23	24
16	16	17	17	18	19	19	20	20	21	12 19	11 20	21	21	十一22	十22	九23	八24	24	25	25	26	24	25
17	冬17	18	18	19	20	20	21	21	22	20	21	10 22	9 22	23	23	24	25	七25	26	26	27	25	26
18	18	19	19	20	21	21	22	22	23	21	22	23	23	8 24	7 24	25	26	26	六27	五27	28	26	27
19	19	20	20	21	22	22	23	23	24	22	23	24	24	25	25	6 26	5 27	27	28	28	四29	27	28
20	20	21	21	22	23	23	24	24	25	23	24	25	25	26	26	27	28	4 28	3 29	29	30	三28	二29
21	21	22	22	23	24	24	25	25	26	24	25	26	26	27	27	28	29	29	30	2 30	1 31	12 3	11 30 正

一五

八五九
己卯
大中一三
245

八六〇
庚辰
大中一四
唐懿宗
咸通元 十一月改
246

11	11	12	12	13	14	14	15	15	16	15	16	17	冬17	18	18	19	20	20	21	21	22	20	21	22
12	12	13	13	14	15	15	16	16	17	16	17	18	18	19	19	20	21	21	22	22	23	21	22	23
13	13	14	14	15	16	16	17	17	18	17	18	19	19	20	20	21	22	22	23	23	24	22	23	24
14	14	15	15	16	17	17	18	18	19	18	19	20	20	21	21	22	23	23	24	24	25	23	24	25
15	15	16	16	17	18	18	19	19	20	19	20	21	21	22	22	23	24	24	25	25	26	24	25	26
16	十二16	17	17	18	19	19	20	20	21	20	21	22	22	23	23	24	25	25	26	26	27	25	26	27
17	冬17	閏18	十18	19	20	20	21	21	22	21	22	23	23	24	24	25	26	26	27	27	28	26	27	28
18	18	19	19	九20	21	21	22	22	23	22	23	24	24	25	25	26	27	27	28	28	29	27	28	29
19	10 19	9 20	20	21	八22	七22	23	23	24	23	24	25	25	26	26	27	28	28	29	29	30	28	29	30
20	20	21	8 21	7 22	23	23	六24	五24	25	24	25	26	26	27	27	28	29	29	30	30	31	3	30	31
21	21	22	22	23	6 24	5 24	25	25	四26	三25	26	27	27	28	28	29	30	30	31	5	4	2	31	1
22	22	23	23	24	25	25	4 26	3 26	27	26	二27	正28	十二28	十一29	29	30	31	7	6	2	2	3	2	2
23	23	24	24	25	26	26	27	27	2 28	1 27	12 28	11 29	29	30	十30	九31	8	2	2	3	3	4	2	3
24	24	25	25	26	27	27	28	28	29	28	29	30	10 30	9 31	10	9	八2	七3	3	4	4	5	3	4
25	25	26	26	27	28	28	29	29	30	29	30	31	12	11	8 2	7 2	3	4	六4	5	5	6	4	5
26	26	27	27	28	29	29	30	30	31	3	31	1	2	2	3	3	6 4	5 5	5	五6	6	7	5	6
27	27	28	28	29	30	30	31	5	4	2	2	2	3	3	4	4	5	6	4 6	3 7	四7	三8	6	7
28	28	29	29	30	31	7	6	2	2	3	2	3	4	4	5	5	6	7	7	8	2 8	1 9	二7	正8 十二
29	29	30	30	31	8	2	2	3	3	4	3	4	5	5	6	6	7	8	8	9	9	10	12 8	11 9
30	30	31	10	9	2	3	3	4	4	5	4	5	6	6	7	7	8	9	9	10	10	11	9	10 10
31	12	11	2	2	3	4	4	5	5	6	5	6	7	7	8	8	9	10	10	11	11	12	10	11
日	2	2	3	3	4	5	5	6	6	7	6	7	8	8	9	9	10	11	11	12	12	13	11	12
曜	3	3	4	4	5	6	6	7	7	8	7	8	9	9	10	10	11	12	12	13	13	14	12	13
表	4	4	5	5	6	7	7	8	8	9	8	9	10	10	11	11	12	13	13	14	14	15	13	14
2	5	5	6	6	7	8	8	9	9	10	9	10	11	11	12	12	13	14	14	15	15	16	14	15
甲	6	6	7	7	8	9	9	10	10	11	10	11	12	12	13	13	14	15	15	16	16	17	15	16
子	7	7	8	8	9	10	10	11	11	12	11	12	13	13	14	14	15	16	16	17	17	18	16	17
表	8	8	9	9	10	11	11	12	12	13	12	13	14	14	15	15	16	17	17	18	18	19	17	18
15	9	9	10	10	11	12	12	13	13	14	13	14	15	15	16	16	17	18	18	19	19	20	18	19
	10	10	11	11	12	13	13	14	14	15	14	15	16	16	17	17	18	19	19	20	20	21	19	20

八六二 壬午 咸通三 248												八六一 辛巳 咸通二 247											
22	23	23	24	25	25	26	26	27	25	26	27	27	28	28	29	30	30	31	**5**	**4**	2	31	**1**
23	24	24	25	26	26	27	27	28	26	27	28	28	29	29	30	31	**7**	**6**	2	2	3	**2**	2
24	25	25	26	27	27	28	28	29	27	28	29	29	30	30	31	**8**	2	2	3	3	4	2	3
25 十二	26	26	27	28	28	29	29	30	28	29	30	30	31	**10**	**9**	2	3	3	4	4	5	3	4
26	27 十	27	28	29	29	30	30	31	**3**	30	31	**12**	**11**	2	2	3	4	4	5	5	6	4	5
27	28	28 九	29 八	30	30	31	**5**	**4**	2	31	**1**	2	2	3	3	4	5	5	6	6	7	5	6
28 10	29 9	29	30	31 七	**7** 六	**6** 五	2	2	3	**2**	2	3	3	4	4	5	6	6	7	7	8	6	7
29	30	30 8	31 7	**8**	2	2	3 四	3 三	4	2	3	4	4	5	5	6	7	7	8	8	9	7	8
30	31	**10**	**9**	2 6	3 5	3	4	4	5 二	3 正	4 十二	5	5	6	6	7	8	8	9	9	10	8	9
12	**11**	2	2	3	4	4 4	5 3	5	6	4	5	6 十一	6 十	7	7	8	9	9	10	10	11	9	10
2	2	3	3	4	5	5	6	6 2	7 1	5 12	6 11	7	7	8 九	8	9	10	10	11	11	12	10	11
3	3	4	4	5	6	6	7	7	8	6	7	8 10	8 9	9	9 八	10 七	11	11	12	12	13	11	12
4	4	5	5	6	7	7	8	8	9	7	8	9	9	10 8	10 7	11	12 六	12 五	13	13	14	12	13
5	5	6	6	7	8	8	9	9	10	8	9	10	10	11	11	12 6	13 5	13	14 四	14 三	15 二	13	14
6	6	7	7	8	9	9	10	10	11	9	10	11	11	12	12	13	14	14 4	15 3	15	16	14 正	15 十二
7	7	8	8	9	10	10	11	11	12	10	11	12	12	13	13	14	15	15	16	16 2	17 1	15	16
8	8	9	9	10	11	11	12	12	13	11	12	13	13	14	14	15	16	16	17	17	18	16 12	17 11
9	9	10	10	11	12	12	13	13	14	12	13	14	14	15	15	16	17	17	18	18	19	17	18
10	10	11	11	12	13	13	14	14	15	13	14	15	15	16	16	17	18	18	19	19	20	18	19
11	11	12	12	13	14	14	15	15	16	14	15	16	16	17	17	18	19	19	20	20	21	19	20
12	12	13	13	14	15	15	16	16	17	15	16	17 冬	17	18	18	19	20	20	21	21	22	20	21
13	13	14	14	15	16	16	17	17	18	16	17	18	18	19	19	20	21	21	22	22	23	21	22
14	14	15	15	16	17	17	18	18	19	17	18	19	19	20	20	21	22	22	23	23	24	22	23
15	15	16	16	17	18	18	19	19	20	18	19	20	20	21	21	22	23	23	24	24	25	23	24
16	16	17	17	18	19	19	20	20	21	19	20	21	21	22	22	23	24	24	25	25	26	24	25
17 冬	17	18	18	19	20	20	21	21	22	20	21	22	22	23	23	24	25	25	26	26	27	25	26
18	18	19	19	20	21	21	22	22	23	21	22	23	23	24	24	25	26	26	27	27	28	26	27
19	19	20	20	21	22	22	23	23	24	22	23	24	24	25	25	26	27	27	28	28	29	27	28
20	20	21	21	22	23	23	24	24	25	23	24	25	25	26	26	27	28	28	29	29	30	28	29
21	21	22	22	23	24	24	25	25	26	24	25	26	26	27	27	28	29	29	30	30	31	**3**	30

八六四 甲申 咸通五 250

八六三 癸未 咸通四 249

11	11	12	12	13	14	14	15	15	16	15	16	17冬	17 10	18 9	18	19	20閏	20六	21	21	22	20	21	22
12	12	13	13	14	15	15	16	16	17	16	17	18	18	19	19 8	20 7	21	21	22五	22四	23三	21	22	23
13	13	14	14	15	16	16	17	17	18	17	18	19	19	20	20	21	22 6	22 5	23	23	24	22二	23正	24
14	14	15	15	16	17	17	18	18	19	18	19	20	20	21	21	22	23	23	24 4	24 3	25	23	24	25十二
15	15	16	16	17	18	18	19	19	20	19	20	21	21	22	22	23	24	24	25	25	26 2	24 1	25	26
16	16	17	17	18	19	19	20	20	21	20	21	22	22	23	23	24	25	25	26	26	27	25	26 12	27 11
17冬	17	18	18	19	20	20	21	21	22	21	22	23	23	24	24	25	26	26	27	27	28	26	27	28
18	18	19	19	20	21	21	22	22	23	22	23	24	24	25	25	26	27	27	28	28	29	27	28	29
19	19	20	20	21	22	22	23	23	24	23	24	25	25	26	26	27	28	28	29	29	30	28	29	30
20	20	21	21	22	23	23	24	24	25	24	25	26	26	27	27	28	29	29	30	30	31	3	30	31
21	21	22	22	23	24	24	25	25	26	25	26	27	27	28	28	29	30	30	31	5	4	2	31	1
22	22	23	23	24	25	25	26	26	27	26	27	28	28	29	29	30	31	7	6	2	2	3	2	2
23	23	24	24	25	26	26	27	27	28	27	28	29	29	30	30	31	8	2	2	3	3	4	2	3
24	24	25	25	26	27	27	28	28	29	28	29	30	30	31	10	9	2	3	3	4	4	5	3	4
25	25	26	26	27	28	28	29	29	30	29	30	31	12	11	2	2	3	4	4	5	5	6	4	5
26	26	27	27	28	29	29	30	30	31	3	31	1	2	2	3	3	4	5	5	6	6	7	5	6
27	27	28	28	29	30	30	31	5	4	2	2	2	3	3	4	4	5	6	6	7	7	8	6	7
28	28	29	29	30	31	7	6	2	2	3	2	3	4	4	5	5	6	7	7	8	8	9	7	8
29	29	30	30	31	8	2	2	3	3	4	3	4	5	5	6	6	7	8	8	9	9	10	8	9
30	30	31	10	9	2	3	3	4	4	5	4	5	6	6	7	7	8	9	9	10	10	11	9	10
31	12	11	2	2	3	4	4	5	5	6	5	6	7	7	8	8	9	10	10	11	11	12	10	11
日	2	2	3	3	4	5	5	6	6	7	6	7	8	8	9	9	10	11	11	12	12	13	11	12
曜	3十一	3十	4	4	5	6	6	7	7	8	7	8	9	9	10	10	11	12	12	13	13	14	12	13
表	4 11	4	5九	5八	6七	7	7	8	8	9	8	9	10	10	11	11	12	13	13	14	14	15	13	14
3	5	5 10	6 9	6	7	8六	8五	9	9	10	9	10	11	11	12	12	13	14	14	15	15	16	14	15
甲	6	6	7	7 8	8 7	9	9	10四	10三	11	10	11	12	12	13	13	14	15	15	16	16	17	15	16
子	7	7	8	8	9	10 6	10 5	11	11	12二	11正	12	13	13	14	14	15	16	16	17	17	18	16	17
表	8	8	9	9	10	11	11	12 4	12 3	13	12	13十二	14	14	15	15	16	17	17	18	18	19	17	18
16	9	9	10	10	11	12	12	13	13	14 2	13 1	14	15十一	15十	16九	16	17	18	18	19	19	20	18	19
	10	10	11	11	12	13	13	14	14	15	14	15 12	16 11	16	17	17八	18七	19	19	20	20	21	19	20

中西回史日曆 卷九 唐 一七

八六六 丙戌 咸通七 252

八六五 乙酉 咸通六 251

22	23	23	24	25	25	26	26	27	25	26	27	27	28	28	29	30	30 6	31 5	**5**	**4**	2	31 正	**1**
23	24	24	25	26	26	27	27	28	26	27	28	28	29	29	30	31	**7**	**6**	2 4	2 3	3	**2**	2 十二
24	25	25	26	27	27	28	28	29	27	28	29	29	30	30	31	**8**	2	2	3	3	4 2	2 1	3 12
25	26	26	27	28	28	29	29	30	28	29	30	30	31	**10**	**9**	2	3	3	4	4	5	3	4
26	27	27	28	29	29	30	30	31	**3**	30	31	**12**	**11**	2	2	3	4	4	5	5	6	4	5
27	28	28	29	30	30	31	**5**	**4**	2	31	**1**	2	2	3	3	4	5	5	6	6	7	5	6
28	29	29	30	31	**7**	**6**	2	2	3	**2**	2	3	3	4	4	5	6	6	7	7	8	6	7
29	30	30	31	**8**	2	2	3	3	4	2	3	4	4	5	5	6	7	7	8	8	9	7	8
30	31	**10**	**9**	2	3	3	4	4	5	3	4	5	5	6	6	7	8	8	9	9	10	8	9
12	**11**	2	2	3	4	4	5	5	6	4	5	6	6	7	7	8	9	9	10	10	11	9	10
2	2	3	3	4	5	5	6	6	7	5	6	7	7	8	8	9	10	10	11	11	12	10	11
3	3	4	4	5	6	6	7	7	8	6	7	8	8	9	9	10	11	11	12	12	13	11	12
4	4	5	5	6	7	7	8	8	9	7	8	9	9	10	10	11	12	12	13	13	14	12	13
5	5	6	6	7	8	8	9	9	10	8	9	10	10	11	11	12	13	13	14	14	15	13	14
6	6	7	7	8	9	9	10	10	11	9	10	11	11	12	12	13	14	14	15	15	16	14	15
7	7	8	8	9	10	10	11	11	12	10	11	12	12	13	13	14	15	15	16	16	17	15	16
8	8	9	9	10	11	11	12	12	13	11	12	13	13	14	14	15	16	16	17	17	18	16	17
9	9	10	10	11	12	12	13	13	14	12	13	14	14	15	15	16	17	17	18	18	19	17	18
10	10	11	11	12	13	13	14	14	15	13	14	15	15	16	16	17	18	18	19	19	20	18	19
11 十一	11 十	12	12	13	14	14	15	15	16	14	15	16	16	17	17	18	19	19	20	20	21	19	20
12	12	13 九	13 八	14 七	15	15	16	16	17	15	16	17 冬	17	18	18	19	20	20	21	21	22	20	21
13 12	13 11	14	14	15	16 六	16 五	17	17	18	16	17	18	18	19	19	20	21	21	22	22	23	21	22
14	14	15 10	15 9	16	17	17	18 四	18	19	17	18	19	19	20	20	21	22	22	23	23	24	22	23
15	15	16	16	17 8	18 7	18	19	19 閏	20	18	19	20	20	21	21	22	23	23	24	24	25	23	24
16	16	17	17	18	19	19 6	20 5	20	21 三	19 二	20	21	21	22	22	23	24	24	25	25	26	24	25
17 冬	17	18	18	19	20	20	21	21 4	22 3	20	21 正	22 十二	22 十一	23	23	24	25	25	26	26	27	25	26
18	18	19	19	20	21	21	22	22	23	21 2	22 1	23	23	24 十	24 九	25 八	26	26	27	27	28	26	27
19	19	20	20	21	22	22	23	23	24	22	23	24 12	24 11	25	25	26	27 七	27 六	28	28	29	27	28
20	20	21	21	22	23	23	24	24	25	23	24	25	25	26 10	26 9	27	28	28	29 五	29 四	30	28	29
21	21	22	22	23	24	24	25	25	26	24	25	26	26	27	27	28 8	29 7	29	30	30	31 三	**3** 二	30

勵耘書屋

八六八 戊子 咸通九

255 254

八六七 丁亥 咸通八

253

11	11	12	12	13	14	14	15	15	16	15	16	17 冬	17	18	18	19	20	20	21	21	22	20	21	22
12	12	13	13	14	15	15	16	16	17	16	17	18	18	19	19	20	21	21	22	22	23	21	22	23
13	13	14	14	15	16	16	17	17	18	17	18	19	19	20	20	21	22	22	23	23	24	22	23	24
14	14	15	15	16	17	17	18	18	19	18	19	20	20	21	21	22	23	23	24	24	25	23	24	25
15	15	16	16	17	18	18	19	19	20	19	20	21	21	22	22	23	24	24	25	25	26	24	25	26
16 冬	16	17	17	18	19	19	20	20	21	20	21	22	22	23	23	24	25	25	26	26	27	25	26	27
17	17	18	18	19	20	20	21	21	22	21	22	23	23	24	24	25	26	26	27	27	28	26	27	28
18 十二	18 十一	19	19	20	21	21	22	22	23	22	23	24	24	25	25	26	27	27	28	28	29	27	28	29
19	19	20 十	20 九	21	22	22	23	23	24	23	24	25	25	26	26	27	28	28	29	29	30	28	29	30
20 1	20	21	21	22 八	23 七	23	24	24	25	24	25	26	26	27	27	28	29	29	30	30	31	3	30	31
21	21 12	22 11	22	23	24	24 六	25	25	26	25	26	27	27	28	28	29	30	30	31	5	4	2	31	1
22	22	23	23 10	24 9	25	25	26 五	26	27	26	27	28	28	29	29	30	31	7	6	2	2	3	2	2
23	23	24	24	25	26 8	26 7	27	27 四	28 三	27 二	28	29	29	30	30	31	8	2	2	3	3	4	2	3
24	24	25	25	26	27	27	28 6	28 5	29	28	29 正	30 十二	30 十一	31 十	10	9	2	3	3	4	4	5	3	4
25	25	26	26	27	28	28	29	29	30 4	29 3	30	31	12	11	2 九	2 八	3	4	4	5	5	6	4	5
26	26	27	27	28	29	29	30	30	31	3	31 2	1 1	2 12	2 11	3	3	4 七	5 六	5	6	6	7	5	6
27	27	28	28	29	30	30	31	5	4	2	2	2	3	3	4 10	4 9	5	6	6 五	7	7	8	6	7
28	28	29	29	30	31	7	6	2	2	3	2	3	4	4	5	5	6 8	7 7	7	8 四	8	9	7	8
29	29	30	30	31	8	2	2	3	3	4	3	4	5	5	6	6	7	8	8 6	9 5	9 三	10 二	8	9
30	30	31	10	9	2	3	3	4	4	5	4	5	6	6	7	7	8	9	9	10	10 4	11 3	9 正	10 十二
31	12	11	2	2	3	4	4	5	5	6	5	6	7	7	8	8	9	10	10	11	11	12	10 2	11 1
日	2	2	3	3	4	5	5	6	6	7	6	7	8	8	9	9	10	11	11	12	12	13	11	12
曜	3	3	4	4	5	6	6	7	7	8	7	8	9	9	10	10	11	12	12	13	13	14	12	13
表	4	4	5	5	6	7	7	8	8	9	8	9	10	10	11	11	12	13	13	14	14	15	13	14
4	5	5	6	6	7	8	8	9	9	10	9	10	11	11	12	12	13	14	14	15	15	16	14	15
甲	6	6	7	7	8	9	9	10	10	11	10	11	12	12	13	13	14	15	15	16	16	17	15	16
子	7	7	8	8	9	10	10	11	11	12	11	12	13	13	14	14	15	16	16	17	17	18	16	17
表	8	8	9	9	10	11	11	12	12	13	12	13	14	14	15	15	16	17	17	18	18	19	17	18
17	9	9	10	10	11	12	12	13	13	14	13	14	15	15	16	16	17	18	18	19	19	20	18	19
	10	10	11	11	12	13	13	14	14	15	14	15	16	16	17	17	18	19	19	20	20	21	19	20

八七〇 庚寅 咸通一一 257												八六九 己丑 咸通一〇 256											
22	23	23	24	25	25	26	26	27	25	26	27	27	28	28	29	30	30	31	**5**	**4**	2	31	**1**
23	24	24	25	26	26	27	27	28	26	27	28	28	29	29	30	31	**7**	**6**	2	2	3	**2**	2
24	25	25	26	27	27	28	28	29	27	28	29	29	30	30	31	**8**	2	2	3	3	4	2	3
25	26	26	27	28	28	29	29	30	28	29	30	30	31	**10**	**9**	2	3	3	4	4	5	3	4
26	27	27	28	29	29	30	30	31	**3**	30	31	**12**	**11**	2	2	3	4	4	5	5	6	4	5
27土	28十	28	29	30	30	31	**5**	**4**	2	31	**1**	2	2	3	3	4	5	5	6	6	7	5	6
28	29	29九	30	31	**7**	**6**	2	2	3	**2**	2	3	3	4	4	5	6	6	7	7	8	6	7
29 1	30 12	30 11	31八	**8**七	2	2	3	3	4	2	3	4	4	5	5	6	7	7	8	8	9	7	8
30	31	**10**	**9** 10	2 9	3六	3五	4	4	5	3	4	5	5	6	6	7	8	8	9	9	10	8	9
12	**11**	2	2	3	4 8	4 7	5四	5三	6二	4	5	6	6	7	7	8	9	9	10	10	11	9	10
2	2	3	3	4	5	5	6 6	6 5	7	5正	6士	7土	7	8	8	9	10	10	11	11	12	10	11
3	3	4	4	5	6	6	7	7	8 4	6 3	7	8	8十	9九	9	10	11	11	12	12	13	11	12
4	4	5	5	6	7	7	8	8	9	7	8 2	9 1	9	10	10八	11	12	12	13	13	14	12	13
5	5	6	6	7	8	8	9	9	10	8	9	10	10 12	11 11	11	12七	13六	13	14	14	15	13	14
6	6	7	7	8	9	9	10	10	11	9	10	11	11	12	12 10	13 9	14	14五	15四	15	16	14	15
7	7	8	8	9	10	10	11	11	12	10	11	12	12	13	13	14	15 8	15 7	16	16三	17二	15正	16
8	8	9	9	10	11	11	12	12	13	11	12	13	13	14	14	15	16	16	17 6	17 5	18	16	17閏
9	9	10	10	11	12	12	13	13	14	12	13	14	14	15	15	16	17	17	18	18	19 4	17 3	18
10	10	11	11	12	13	13	14	14	15	13	14	15	15	16	16	17	18	18	19	19	20	18	19 2
11	11	12	12	13	14	14	15	15	16	14	15	16	16	17	17	18	19	19	20	20	21	19	20
12	12	13	13	14	15	15	16	16	17	15	16	17冬	17	18	18	19	20	20	21	21	22	20	21
13	13	14	14	15	16	16	17	17	18	16	17	18	18	19	19	20	21	21	22	22	23	21	22
14	14	15	15	16	17	17	18	18	19	17	18	19	19	20	20	21	22	22	23	23	24	22	23
15	15	16	16	17	18	18	19	19	20	18	19	20	20	21	21	22	23	23	24	24	25	23	24
16	16	17	17	18	19	19	20	20	21	19	20	21	21	22	22	23	24	24	25	25	26	24	25
17冬	17	18	18	19	20	20	21	21	22	20	21	22	22	23	23	24	25	25	26	26	27	25	26
18	18	19	19	20	21	21	22	22	23	21	22	23	23	24	24	25	26	26	27	27	28	26	27
19	19	20	20	21	22	22	23	23	24	22	23	24	24	25	25	26	27	27	28	28	29	27	28
20	20	21	21	22	23	23	24	24	25	23	24	25	25	26	26	27	28	28	29	29	30	28	29
21	21	22	22	23	24	24	25	25	26	24	25	26	26	27	27	28	29	29	30	30	31	**3**	30

八七一 辛卯 咸通一二

258

八七二 壬辰 咸通一三

259

11	11	12	12	13	14	14	15	15	16	15 4	16 3	17 冬	17	18 九	18 閏	19	20	20	21	21	22	20	21	22
12	12	13	13	14	15	15	16	16	17	16	17	18 2	18 1	19	19	20 八	21 七	21	22	22	23	21	22	23
13	13	14	14	15	16	16	17	17	18	17	18	19	19	20 12	20 11	21	22	22 六	23 五	23	24	22	23	24
14	14	15	15	16	17	17	18	18	19	18	19	20	20	21	21	22 10	23 9	23	24	24 四	25 三	23 二	24	25
15	15	16	16	17	18	18	19	19	20	19	20	21	21	22	22	23	24	24 8	25 7	25	26	24	25 正	26 十二
16 冬	16	17	17	18	19	19	20	20	21	20	21	22	22	23	23	24	25	25	26	26 6	27 5	25	26	27
17	17	18	18	19	20	20	21	21	22	21	22	23	23	24	24	25	26	26	27	27	28	26 4	27 3	28
18	18	19	19	20	21	21	22	22	23	22	23	24	24	25	25	26	27	27	28	28	29	27	28	29 2
19	19	20	20	21	22	22	23	23	24	23	24	25	25	26	26	27	28	28	29	29	30	28	29	30
20	20	21	21	22	23	23	24	24	25	24	25	26	26	27	27	28	29	29	30	30	31	**3**	30	31
21	21	22	22	23	24	24	25	25	26	25	26	27	27	28	28	29	30	30	31	**5**	**4**	2	31	**1**
22	22	23	23	24	25	25	26	26	27	26	27	28	28	29	29	30	31	**7**	**6**	2	2	3	**2**	2
23	23	24	24	25	26	26	27	27	28	27	28	29	29	30	30	31	**8**	2	2	3	3	4	2	3
24	24	25	25	26	27	27	28	28	29	28	29	30	30	31	**10**	**9**	2	3	3	4	4	5	3	4
25	25	26	26	27	28	28	29	29	30	29	30	31	**12**	**11**	2	2	3	4	4	5	5	6	4	5
26	26	27	27	28	29	29	30	30	31	**3**	31	**1**	2	2	3	3	4	5	5	6	6	7	5	6
27	27	28	28	29	30	30	31	**5**	**4**	2	**2**	2	3	3	4	4	5	6	6	7	7	8	6	7
28	28	29	29	30	31	**7**	**6**	2	2	3	2	3	4	4	5	5	6	7	7	8	8	9	7	8
29	29	30	30	31	**8**	2	2	3	3	4	3	4	5	5	6	6	7	8	8	9	9	10	8	9
30	30	31	**10**	**9**	2	3	3	4	4	5	4	5	6	6	7	7	8	9	9	10	10	11	9	10
31	**12**	**11**	2	2	3	4	4	5	5	6	5	6	7	7	8	8	9	10	10	11	11	12	10	11
日	2	2	3	3	4	5	5	6	6	7	6	7	8	8	9	9	10	11	11	12	12	13	11	12
曜	3	3	4	4	5	6	6	7	7	8	7	8	9	9	10	10	11	12	12	13	13	14	12	13
表	4 十一	4	5	5	6	7	7	8	8	9	8	9	10	10	11	11	12	13	13	14	14	15	13	14
5	5	5 十	6 九	6	7	8	8	9	9	10	9	10	11	11	12	12	13	14	14	15	15	16	14	15
甲	6	6	7	7 八	8 七	9	9	10	10	11	10	11	12	12	13	13	14	15	15	16	16	17	15	16
子	7 2	7 1	8 12	8 11	9	10 六	10 五	11 四	11	12	11	12	13	13	14	14	15	16	16	17	17	18	16	17
表	8	8	9	9	10 10	11 9	11	12	12 三	13 二	12	13	14	14	15	15	16	17	17	18	18	19	17	18
18	9	9	10	10	11	12	12 8	13 7	13	14	13 正	14 十二	15	15	16	16	17	18	18	19	19	20	18	19
	10	10	11	11	12	13	13	14	14 6	15 5	14	15	16 十一	16 十	17	17	18	19	19	20	20	21	19	20

八七三 癸巳 咸通一四

260

八七四 甲午 咸通一五 唐僖宗 乾符元 十一月改

261

22	23	23	24	25	25	26	26	27	25	26	27	27	28	28	12 29	11 30	30	31	5	四 4	三 2	31	1
23	24	24	25	26	26	27	27	28	26	27	28	28	29	29	30	31	10 7	9 6	2	2	3	二 2	正 2
24	25	25	26	27	27	28	28	29	27	28	29	29	30	30	31	8	2	2	8 3	7 3	4	2	3 十二
25	26	26	27	28	28	29	29	30	28	29	30	30	31	10	9	2	3	3	4	4	6 5	5 3	4
26	27	27	28	29	29	30	30	31	3	30	31	12	11	2	2	3	4	4	5	5	6	4	4 5 3
27	28	28	29	30	30	31	5	4	2	31	1	2	2	3	3	4	5	5	6	6	7	5	6
28	29	29	30	31	7	6	2	2	3	2	2	3	3	4	4	5	6	6	7	7	8	6	7
29	30	30	31	8	2	2	3	3	4	2	3	4	4	5	5	6	7	7	8	8	9	7	8
30	31	10	9	2	3	3	4	4	5	3	4	5	5	6	6	7	8	8	9	9	10	8	9
12	11	2	2	3	4	4	5	5	6	4	5	6	6	7	7	8	9	9	10	10	11	9	10
2	2	3	3	4	5	5	6	6	7	5	6	7	7	8	8	9	10	10	11	11	12	10	11
3	3	4	4	5	6	6	7	7	8	6	7	8	8	9	9	10	11	11	12	12	13	11	12
4	4	5	5	6	7	7	8	8	9	7	8	9	9	10	10	11	12	12	13	13	14	12	13
5	5	6	6	7	8	8	9	9	10	8	9	10	10	11	11	12	13	13	14	14	15	13	14
6	6	7	7	8	9	9	10	10	11	9	10	11	11	12	12	13	14	14	15	15	16	14	15
7	7	8	8	9	10	10	11	11	12	10	11	12	12	13	13	14	15	15	16	16	17	15	16
8	8	9	9	10	11	11	12	12	13	11	12	13	13	14	14	15	16	16	17	17	18	16	17
9	9	10	10	11	12	12	13	13	14	12	13	14	14	15	15	16	17	17	18	18	19	17	18
10	10	11	11	12	13	13	14	14	15	13	14	15	15	16	16	17	18	18	19	19	20	18	19
11	11	12	12	13	14	14	15	15	16	14	15	16	16	17	17	18	19	19	20	20	21	19	20
12	12	13	13	14	15	15	16	16	17	15	16	17	冬 17	18	18	19	20	20	21	21	22	20	21
13	十一 13	十 14	九 14	15	16	16	17	17	18	16	17	18	18	19	19	20	21	21	22	22	23	21	22
14	3 14	15	15	八 16	七 17	六 17	18	18	19	17	18	19	19	20	20	21	22	22	23	23	24	22	23
15	15	2 16	1 16	17	18	18	五 19	19	20	18	19	20	20	21	21	22	23	23	24	24	25	23	24
16	16	17	17	12 18	11 19	19	20	閏 20	四 21	19	20	21	21	22	22	23	24	24	25	25	26	24	25
17	冬 17	18	18	19	20	10 20	9 21	21	22	三 20	二 21	22	22	23	23	24	25	25	26	26	27	25	26
18	18	19	19	20	21	21	22	8 22	7 23	21	22	正 23	23	24	24	25	26	26	27	27	28	26	27
19	19	20	20	21	22	22	23	23	24	6 22	5 23	24	十二 24	十一 25	十 25	26	27	27	28	28	29	27	28
20	20	21	21	22	23	23	24	24	25	23	24	4 25	3 25	26	26	九 27	八 28	七 28	29	29	30	28	29
21	21	22	22	23	24	24	25	25	26	24	25	26	26	2 27	1 27	28	29	29	六 30	五 30	31	3	30

八七六 丙申 乾符三 263

八七五 乙未 乾符二 262

11	11	12	12	13	14	14	15	15	16	15	16	17冬	17	18	18	19	20	20	21	21	22	20	21	22
12	12	13	13	14	15	15	16	16	17	16	17	18	18	19	19	20	21	21	22	22	23	21	22	23
13	13	14	14	15	16	16	17	17	18	17	18	19	19	20	20	21	22	22	23	23	24	22	23	24
14	14	15	15	16	17	17	18	18	19	18	19	20	20	21	21	22	23	23	24	24	25	23	24	25
15	15	16	16	17	18	18	19	19	20	19	20	21	21	22	22	23	24	24	25	25	26	24	25	26
16冬	16	17	17	18	19	19	20	20	21	20	21	22	22	23	23	24	25	25	26	26	27	25	26	27
17	17	18	18	19	20	20	21	21	22	21	22	23	23	24	24	25	26	26	27	27	28	26	27	28
18	18	19	19	20	21	21	22	22	23	22	23	24	24	25	25	26	27	27	28	28	29	27	28	29
19	19	20	20	21	22	22	23	23	24	23	24	25	25	26	26	27	28	28	29	29	30	28	29	30
20十二	20十一	21十	21	22	23	23	24	24	25	24	25	26	26	27	27	28	29	29	30	30	31	**3**	30	31
21	21	22	22九	23八	24	24	25	25	26	25	26	27	27	28	28	29	30	30	31	**5**	**4**	2	31	**1**
22 4	22 3	23	23	24	25七	25六	26	26	27	26	27	28	28	29	29	30	31	**7**	**6**	2	2	3	**2**	2
23	23	24 2	24 1	25	26	26	27五	27	28	27	28	29	29	30	30	31	**8**	2	2	3	3	4	2	3
24	24	25	25	26 12	27 11	27	28	28四	29	28	29	30	30	31	**10**	**9**	2	3	3	4	4	5	3	4
25	25	26	26	27	28	28 10	29 9	29	30三	29二	30正	31	**12**	**11**	2	2	3	4	4	5	5	6	4	5
26	26	27	27	28	29	29	30	30 8	31 7	**3**	31	**1**十二	2十一	2十	3九	3	4	5	5	6	6	7	5	6
27	27	28	28	29	30	30	31	**5**	**4**	2 6	**2** 5	2	3	3	4	4八	5七	6	6	7	7	8	6	7
28	28	29	29	30	31	**7**	**6**	2	2	3	2	3 4	4 3	4	5	5	6	7六	7	8	8	9	7	8
29	29	30	30	31	**8**	2	2	3	3	4	3	4	5	5 2	6 1	6 12	7 11	8	8五	9四	9	10	8	9
30	30	31	**10**	**9**	2	3	3	**4**	**4**	5	4	5	6	6	7	7	8	9 10	9 9	10	10三	11	9	10
31	**12**	**11**	2	2	3	4	4	5	5	6	5	6	7	7	8	8	9	10	10	11 8	11 7	12二	10正	11十二
日	2	2	3	3	4	5	5	6	6	7	6	7	8	8	9	9	10	11	11	12	12	13 6	11 5	12
曜	3	3	4	4	5	6	6	7	7	8	7	8	9	9	10	10	11	12	12	13	13	14	12	13 4
表	4	4	5	5	6	7	7	8	8	9	8	9	10	10	11	11	12	13	13	14	14	15	13	14
6	5	5	6	6	7	8	8	9	9	10	9	10	11	11	12	12	13	14	14	15	15	16	14	15
甲	6	6	7	7	8	9	9	10	10	11	10	11	12	12	13	13	14	15	15	16	16	17	15	16
子	7	7	8	8	9	10	10	11	11	12	11	12	13	13	14	14	15	16	16	17	17	18	16	17
表	8	8	9	9	10	11	11	12	12	13	12	13	14	14	15	15	16	17	17	18	18	19	17	18
19	9	9	10	10	11	12	12	13	13	14	13	14	15	15	16	16	17	18	18	19	19	20	18	19
	10	10	11	11	12	13	13	14	14	15	14	15	16	16	17	17	18	19	19	20	20	21	19	20

八七八 戊戌 乾符五 265

八七七 丁酉 乾符四 264

22	23	23	24	25	25	26	26	27	25	26	27	27	28	28	29	30	30	31	5	4	2	31	1
23	24	24	25	26	26	27	27	28	26	27	28	28	29	29	30	31	7	6	2	2	3	2	2
24	25	25	26	27	27	28	28	29	27	28	29	29	30	30	31	8	2	2	3	3	4	2	3
25	26	26	27	28	28	29	29	30	28	29	30	30	31	10	9	2	3	3	4	4	5	3	4
26	27	27	28	29	29	30	30	31	3	30	31	12	11	2	2	3	4	4	5	5	6	4	5
27	28	28	29	30	30	31	5	4	2	31	1	2	2	3	3	4	5	5	6	6	7	5	6
28 十一	29	29	30	31	7	6	2	2	3	2	2	3	3	4	4	5	6	6	7	7	8	6	7
29	30 十	30 九	31	8	2	2	3	3	4	2	3	4	4	5	5	6	7	7	8	8	9	7	8
30	31	10	9 八	2	3	3	4	4	5	3	4	5	5	6	6	7	8	8	9	9	10	8	9
12 4	11 3	2	2	3 七	4 六	4	5	5	6	4	5	6	6	7	7	8	9	9	10	10	11	9	10
2	2	3 2	3 1	4 12	5 11	5 五	6 四	6	7	5	6	7	7	8	8	9	10	10	11	11	12	10	11
3	3	4	4	5	6	6 10	7 9	7 三	8 二	6 正	7 十二	8	8	9	9	10	11	11	12	12	13	11	12
4	4	5	5	6	7	7	8	8 8	9 7	7	8	9 十一	9 十	10	10	11	12	12	13	13	14	12	13
5	5	6	6	7	8	8	9	9	10	8 6	9 5	10	10	11 九	11 八	12	13	13	14	14	15	13	14
6	6	7	7	8	9	9	10	10	11	9	10	11 4	11 3	12	12	13 七	14	14	15	15	16	14	15
7	7	8	8	9	10	10	11	11	12	10	11	12	12	13 2	13 1	14	15 六	15 五	16	16	17	15	16
8	8	9	9	10	11	11	12	12	13	11	12	13	13	14	14	15 12	16 11	16	17 四	17 三	18	16	17
9	9	10	10	11	12	12	13	13	14	12	13	14	14	15	15	16	17	17 10	18 9	18	19 閏	17 二	18 正
10	10	11	11	12	13	13	14	14	15	13	14	15	15	16	16	17	18	18	19	19 8	20 7	18	19
11	11	12	12	13	14	14	15	15	16	14	15	16	16	17	17	18	19	19	20	20	21	19 6	20 5
12	12	13	13	14	15	15	16	16	17	15	16	17 冬	17	18	18	19	20	20	21	21	22	20	21
13	13	14	14	15	16	16	17	17	18	16	17	18	18	19	19	20	21	21	22	22	23	21	22
14	14	15	15	16	17	17	18	18	19	17	18	19	19	20	20	21	22	22	23	23	24	22	23
15	15	16	16	17	18	18	19	19	20	18	19	20	20	21	21	22	23	23	24	24	25	23	24
16	16	17	17	18	19	19	20	20	21	19	20	21	21	22	22	23	24	24	25	25	26	24	25
17 冬	17	18	18	19	20	20	21	21	22	20	21	22	22	23	23	24	25	25	26	26	27	25	26
18	18	19	19	20	21	21	22	22	23	21	22	23	23	24	24	25	26	26	27	27	28	26	27
19	19	20	20	21	22	22	23	23	24	22	23	24	24	25	25	26	27	27	28	28	29	27	28
20	20	21	21	22	23	23	24	24	25	23	24	25	25	26	26	27	28	28	29	29	30	28	29
21	21	22	22	23	24	24	25	25	26	24	25	26	26	27	27	28	29	29	30	30	31	3	30

八七九 己亥 乾符六

266

八八〇 庚子 廣明元

267

11	11	12	12	13	14	14	15 10	15 9	16	15	16 十二	17 冬 十一	17	18	18	19	20	20	21	21	22	20	21	22
12	12	13	13	14	15	15	16	16	17 8	16 7	17	18	18 閏	19 十	19	20	21	21	22	22	23	21	22	23
13	13	14	14	15	16	16	17	17	18	17	18 6	19 5	19	20	20 九	21 八	22	22	23	23	24	22	23	24
14	14	15	15	16	17	17	18	18	19	18	19	20	20 4	21 3	21	22	23 七	23	24	24	25	23	24	25
15	15	16	16	17	18	18	19	19	20	19	20	21	21	22	22 2	23 1	24	24 六	25 五	25 四	26	24	25	26
16 冬	16	17	17	18	19	19	20	20	21	20	21	22	22	23	23	24	25 12	25 11	26	26	27 三	25 二	26 正	27
17	17	18	18	19	20	20	21	21	22	21	22	23	23	24	24	25	26	26	27 10	27 9	28	26	27	28 十二
18	18	19	19	20	21	21	22	22	23	22	23	24	24	25	25	26	27	27	28	28	29 8	27 7	28	29
19	19	20	20	21	22	22	23	23	24	23	24	25	25	26	26	27	28	28	29	29	30	28	29 6	30 5
20	20	21	21	22	23	23	24	24	25	24	25	26	26	27	27	28	29	29	30	30	31	3	30	31
21	21	22	22	23	24	24	25	25	26	25	26	27	27	28	28	29	30	30	31	5	4	2	31	1
22	22	23	23	24	25	25	26	26	27	26	27	28	28	29	29	30	31	7	6	2	2	3	2	2
23	23	24	24	25	26	26	27	27	28	27	28	29	29	30	30	31	8	2	2	3	3	4	2	3
24	24	25	25	26	27	27	28	28	29	28	29	30	30	31	10	9	2	3	3	4	4	5	3	4
25	25	26	26	27	28	28	29	29	30	29	30	31	12	11	2	2	3	4	4	5	5	6	4	5
26	26	27	27	28	29	29	30	30	31	3	31	1	2	2	3	3	4	5	5	6	6	7	5	6
27	27	28	28	29	30	30	31	5	4	2	2	2	3	3	4	4	5	6	6	7	7	8	6	7
28	28	29	29	30	31	7	6	2	2	3	2	3	4	4	5	5	6	7	7	8	8	9	7	8
29	29	30	30	31	8	2	2	3	3	4	3	4	5	5	6	6	7	8	8	9	9	10	8	9
30	30	31	10	9	2	3	3	4	4	5	4	5	6	6	7	7	8	9	9	10	10	11	9	10
31	12	11	2	2	3	4	4	5	5	6	5	6	7	7	8	8	9	10	10	11	11	12	10	11
日	2	2	3	3	4	5	5	6	6	7	6	7	8	8	9	9	10	11	11	12	12	13	11	12
曜	3	3	4	4	5	6	6	7	7	8	7	8	9	9	10	10	11	12	12	13	13	14	12	13
表	4	4	5	5	6	7	7	8	8	9	8	9	10	10	11	11	12	13	13	14	14	15	13	14
7	5	5	6	6	7	8	8	9	9	10	9	10	11	11	12	12	13	14	14	15	15	16	14	15
甲	6 十二	6 十	7	7	8	9	9	10	10	11	10	11	12	12	13	13	14	15	15	16	16	17	15	16
子	7	7	8 九	8 八	9	10	10	11	11	12	11	12	13	13	14	14	15	16	16	17	17	18	16	17
表	8 5	8	9	9	10 七	11 六	11	12	12	13	12	13	14	14	15	15	16	17	17	18	18	19	17	18
20	9	9 4	10 3	10	11	12	12 五	13 四	13 三	14	13	14	15	15	16	16	17	18	18	19	19	20	18	19
	10	10	11	11 2	12 1	13 12	13 11	14	14	15 二	14 正	15	16	16	17	17	18	19	19	20	20	21	19	20

八八一
辛丑
廣明二
中和元 七月改
268

八八二
壬寅
中和二
269

22	23	23	24	25	25	26	26	27	25	26	27 6	27 5	28	28	29 八	30 七	30 六	31	5	4	2	31	1
23	24	24	25	26	26	27	27	28	26	27	28	28	29 4	29 3	30	31	7	6 五	2 四	2	3	2	2
24	25	25	26	27	27	28	28	29	27	28	29	29	30	30	31 2	8 1	2	2	3	3 三	4 二	2	3
25	26	26	27	28	28	29	29	30	28	29	30	30	31	10	9	2	3 12	3 11	4	4	5	3 正	4 十二
26	27	27	28	29	29	30	30	31	3	30	31	12	11	2	2	3	4	4	5 10	5 9	6	4	5
27	28	28	29	30	30	31	5	4	2	31	1	2	2	3	3	4	5	5	6	6	7 8	5 7	6
28	29	29	30	31	7	6	2	2	3	2	2	3	3	4	4	5	6	6	7	7	8	6	7 6
29	30	30	31	8	2	2	3	3	4	2	3	4	4	5	5	6	7	7	8	8	9	7	8
30	31	10	9	2	3	3	4	4	5	3	4	5	5	6	6	7	8	8	9	9	10	8	9
12	11	2	2	3	4	4	5	5	6	4	5	6	6	7	7	8	9	9	10	10	11	9	10
2	2	3	3	4	5	5	6	6	7	5	6	7	7	8	8	9	10	10	11	11	12	10	11
3	3	4	4	5	6	6	7	7	8	6	7	8	8	9	9	10	11	11	12	12	13	11	12
4	4	5	5	6	7	7	8	8	9	7	8	9	9	10	10	11	12	12	13	13	14	12	13
5	5	6	6	7	8	8	9	9	10	8	9	10	10	11	11	12	13	13	14	14	15	13	14
6	6	7	7	8	9	9	10	10	11	9	10	11	11	12	12	13	14	14	15	15	16	14	15
7	7	8	8	9	10	10	11	11	12	10	11	12	12	13	13	14	15	15	16	16	17	15	16
8	8	9	9	10	11	11	12	12	13	11	12	13	13	14	14	15	16	16	17	17	18	16	17
9	9	10	10	11	12	12	13	13	14	12	13	14	14	15	15	16	17	17	18	18	19	17	18
10	10	11	11	12	13	13	14	14	15	13	14	15	15	16	16	17	18	18	19	19	20	18	19
11	11	12	12	13	14	14	15	15	16	14	15	16	16	17	17	18	19	19	20	20	21	19	20
12	12	13	13	14	15	15	16	16	17	15	16	17 冬	17	18	18	19	20	20	21	21	22	20	21
13	13	14	14	15	16	16	17	17	18	16	17	18	18	19	19	20	21	21	22	22	23	21	22
14 十二	14	15	15	16	17	17	18	18	19	17	18	19	19	20	20	21	22	22	23	23	24	22	23
15	15 十	16 九	16 八	17	18	18	19	19	20	18	19	20	20	21	21	22	23	23	24	24	25	23	24
16 6	16 5	17	17	18 閏	19 七	19	20	20	21	19	20	21	21	22	22	23	24	24	25	25	26	24	25
17 冬	17	18 4	18 3	19	20	20 六	21 五	21	22	20	21	22	22	23	23	24	25	25	26	26	27	25	26
18	18	19	19	20 2	21 1	21	22	22 四	23 三	21	22	23	23	24	24	25	26	26	27	27	28	26	27
19	19	20	20	21	22	22 12	23 11	23	24	22 二	23 正	24	24	25	25	26	27	27	28	28	29	27	28
20	20	21	21	22	23	23	24	24 10	25 9	23	24	25 十二	25 十一	26	26	27	28	28	29	29	30	28	29
21	21	22	22	23	24	24	25	25	26	24 8	25 7	26	26	27 十	27 九	28	29	29	30	30	31	3	30

八八三
癸卯
中和三

270

八八四
甲辰
中和四

271

11	11	12	12	13	14	14	15	15	16	15	16	17冬	17	18	18	19	20	20	21	21	22	20	21	22
12	12	13	13	14	15	15	16	16	17	16	17	18	18	19	19	20	21	21	22	22	23	21	22	23
13	13	14	14	15	16	16	17	17	18	17	18	19	19	20	20	21	22	22	23	23	24	22	23	24
14	14	15	15	16	17	17	18	18	19	18	19	20	20	21	21	22	23	23	24	24	25	23	24	25
15	15	16	16	17	18	18	19	19	20	19	20	21	21	22	22	23	24	24	25	25	26	24	25	26
16冬	16	17	17	18	19	19	20	20	21	20	21	22	22	23	23	24	25	25	26	26	27	25	26	27
17	17	18	18	19	20	20	21	21	22	21	22	23	23	24	24	25	26	26	27	27	28	26	27	28
18	18	19	19	20	21	21	22	22	23	22	23	24	24	25	25	26	27	27	28	28	29	27	28	29
19	19	20	20	21	22	22	23	23	24	23	24	25	25	26	26	27	28	28	29	29	30	28	29	30
20	20	21	21	22	23	23	24	24	25	24	25	26	26	27	27	28	29	29	30	30	31	3	30	31
21十二	21	22	22	23	24	24	25	25	26	25	26	27	27	28	28	29	30	30	31	5	4	2	31	1
22	22十一	23十	23九	24	25	25	26	26	27	26	27	28	28	29	29	30	31	7	6	2	2	3	2	2
23 7	23	24	24	25八	26七	26	27	27	28	27	28	29	29	30	30	31	8	2	2	3	3	4	2	3
24	24 6	25 5	25	26	27	27六	28	28	29	28	29	30	30	31	10	9	2	3	3	4	4	5	3	4
25	25	26	26 4	27 3	28	28	29五	29四	30	29	30	31	12	11	2	2	3	4	4	5	5	6	4	5
26	26	27	27	28	29 2	29 1	30	30	31三	3二	31	1	2	2	3	3	4	5	5	6	6	7	5	6
27	27	28	28	29	30	30	31 12	5 11	4	2	2正	2十二	3	3	4	4	5	6	6	7	7	8	6	7
28	28	29	29	30	31	7	6	2	2 10	3 9	2	3	4十一	4十	5九	5八	6	7	7	8	8	9	7	8
29	29	30	30	31	8	2	2	3	3	4	3 8	4 7	5	5	6	6	7七	8六	8	9	9	10	8	9
30	30	31	10	9	2	3	3	4	4	5	4	5	6 6	6 5	7	7	8	9	9五	10	10	11	9	10
31	12	11	2	2	3	4	4	5	5	6	5	6	7	7	8 4	8 3	9	10	10	11四	11三	12	10	11
日	2	2	3	3	4	5	5	6	6	7	6	7	8	8	9	9	10 2	11 1	11 12	12 11	12	13二	11正	12
曜	3	3	4	4	5	6	6	7	7	8	7	8	9	9	10	10	11	12	12	13	13 10	14 9	12	13十二
表	4	4	5	5	6	7	7	8	8	9	8	9	10	10	11	11	12	13	13	14	14	15	13 8	14 7
1	5	5	6	6	7	8	8	9	9	10	9	10	11	11	12	12	13	14	14	15	15	16	14	15
甲	6	6	7	7	8	9	9	10	10	11	10	11	12	12	13	13	14	15	15	16	16	17	15	16
子	7	7	8	8	9	10	10	11	11	12	11	12	13	13	14	14	15	16	16	17	17	18	16	17
表	8	8	9	9	10	11	11	12	12	13	12	13	14	14	15	15	16	17	17	18	18	19	17	18
1	9	9	10	10	11	12	12	13	13	14	13	14	15	15	16	16	17	18	18	19	19	20	18	19
	10	10	11	11	12	13	13	14	14	15	14	15	16	16	17	17	18	19	19	20	20	21	19	20

八八六 丙午 光啓二 (273)												八八五 乙巳 中和五 光啓元三月改 (272)											
22	23	23	24	25	25	26	26	27	25	26	27	27	28	28	29	30	30	31	**5**	**4**	2	31	**1**
23	24	24	25	26	26	27	27	28	26	27	28	28	29	29	30	31	**7**	**6**	2	2	3	**2**	2
24	25	25	26	27	27	28	28	29	27	28	29	29	30	30	31	**8**	2	2	3	3	4	2	3
25	26	26	27	28	28	29	29	30	28	29	30	30	31	**10**	**9**	2	3	3	4	4	5	3	4
26	27	27	28	29	29	30	30	31	**3**	30	31	**12**	**11**	2	2	3	4	4	5	5	6	**4**	5
27	28	28	29	30	30	31	**5**	**4**	2	31	**1**	2	2	3	3	4	5	5	6	6	7	5	6
28	29	29	30	31	**7**	**6**	2	2	3	**2**	2	3	3	4	4	5	6	6	7	7	8	6	7
29	30	30	31	**8**	2	2	3	3	4	2	3	4	4	5	5	6	7	7	8	8	9	7	8
30	十一31	十**10**	**9**	2	3	3	4	4	5	3	4	5	5	6	6	7	8	8	9	9	10	8	9
12	**11**	2	九2	八3	4	4	5	5	6	4	5	6	6	7	7	8	9	9	10	10	11	9	10
2	7 2	3	3	4	七5	5	6	6	7	5	6	7	7	8	8	9	10	10	11	11	12	10	11
3	3	6 4	5 4	5	6	六6	五7	7	8	6	7	8	8	9	9	10	11	11	12	12	13	11	12
4	4	5	5	4 6	3 7	7	8	四8	三9	7	8	9	9	10	10	11	12	12	13	13	14	12	13
5	5	6	6	7	8	2 8	1 9	12 9	11 10	二8	正9	十二10	十一10	11	11	12	13	13	14	14	15	13	14
6	6	7	7	8	9	9	10	10	11	10 9	9 10	11	11	十12	九12	13	14	14	15	15	16	14	15
7	7	8	8	9	10	10	11	11	12	10	11	8 12	7 12	13	13	八14	七15	15	16	16	17	15	16
8	8	9	9	10	11	11	12	12	13	11	12	13	13	6 14	5 14	15	16	六16	17	17	18	16	17
9	9	10	10	11	12	12	13	13	14	12	13	14	14	15	15	4 16	3 17	17	五18	四18	19	17	18
10	10	11	11	12	13	13	14	14	15	13	14	15	15	16	16	17	18	2 18	1 19	19	閏20	三18	19
11	11	12	12	13	14	14	15	15	16	14	15	16	16	17	17	18	19	19	20	12 20	11 21	19	二20 正
12	12	13	13	14	15	15	16	16	17	15	16	17	冬17	18	18	19	20	20	21	21	22	10 20	9 21
13	13	14	14	15	16	16	17	17	18	16	17	18	18	19	19	20	21	21	22	22	23	21	22 8
14	14	15	15	16	17	17	18	18	19	17	18	19	19	20	20	21	22	22	23	23	24	22	23
15	15	16	16	17	18	18	19	19	20	18	19	20	20	21	21	22	23	23	24	24	25	23	24
16	16	17	17	18	19	19	20	20	21	19	20	21	21	22	22	23	24	24	25	25	26	24	25
17	冬17	18	18	19	20	20	21	21	22	20	21	22	22	23	23	24	25	25	26	26	27	25	26
18	18	19	19	20	21	21	22	22	23	21	22	23	23	24	24	25	26	26	27	27	28	26	27
19	19	20	20	21	22	22	23	23	24	22	23	24	24	25	25	26	27	27	28	28	29	27	28
20	20	21	21	22	23	23	24	24	25	23	24	25	25	26	26	27	28	28	29	29	30	28	29
21	21	22	22	23	24	24	25	25	26	24	25	26	26	27	27	28	29	29	30	30	31	**3**	30

八八七 丁未 光啓三

274

八八八 戊申 光啓四 文德元（二月改）

275

11	11	12	12	13	4 14	3 14	15	四 15	三 16	15	16	17	冬 17	18	18	19	20	20	21	21	22	20	21	22
12	12	13	13	14	15	15	2 16	1 16	17	二 16	正 17	十二 18	18	19	19	20	21	21	22	22	23	21	22	23
13	13	14	14	15	16	16	17	17	12 18	11 17	18	19	閏 19	十一 20	20	21	22	22	23	23	24	22	23	24
14	14	15	15	16	17	17	18	18	19	18	10 19	9 20	20	21	十 21	九 22	23	23	24	24	25	23	24	25
15	15	16	16	17	18	18	19	19	20	19	20	21	8 21	7 22	22	23	八 24	七 24	25	25	26	24	25	26
16	冬 16	17	17	18	19	19	20	20	21	20	21	22	22	23	6 23	5 24	25	25	六 26	26	27	25	26	27
17	17	18	18	19	20	20	21	21	22	21	22	23	23	24	24	25	4 26	3 26	27	五 27	四 28	26	27	28
18	18	19	19	20	21	21	22	22	23	22	23	24	24	25	25	26	27	27	2 28	1 28	29	三 27	二 28	正 29 十二
19	19	20	20	21	22	22	23	23	24	23	24	25	25	26	26	27	28	28	29	29	12 30	11 28	29	30
20	20	21	21	22	23	23	24	24	25	24	25	26	26	27	27	28	29	29	30	30	31	**3**	10 30	9 31
21	21	22	22	23	24	24	25	25	26	25	26	27	27	28	28	29	30	30	31	**5**	**4**	2	31	**1**8
22	22	23	23	24	25	25	26	26	27	26	27	28	28	29	29	30	31	**7**	**6**	2	2	3	**2**	2
23	23	24	24	25	26	26	27	27	28	27	28	29	29	30	30	31	**8**	2	2	3	3	4	2	3
24	24	25	25	26	27	27	28	28	29	28	29	30	30	31	**10**	**9**	2	3	3	4	4	5	3	4
25	25	26	26	27	28	28	29	29	30	29	30	31	**12**	**11**	2	2	3	4	4	5	5	6	4	5
26	26	27	27	28	29	29	30	30	31	**3**	31	**1**	2	2	3	3	4	5	5	6	6	7	5	6
27	27	28	28	29	30	30	31	**5**	**4**	2	**2**	2	3	3	4	4	5	6	6	7	7	8	6	7
28	28	29	29	30	31	**7**	**6**	2	2	3	2	3	4	4	5	5	6	7	7	8	8	9	7	8
29	29	30	30	31	**8**	2	2	3	3	4	3	4	5	5	6	6	7	8	8	9	9	10	8	9
30	30	31	**10**	**9**	2	3	3	4	4	5	4	5	6	6	7	7	8	9	9	10	10	11	9	10
31	**12**	**11**	2	2	3	4	4	5	5	6	5	6	7	7	8	8	9	10	10	11	11	12	10	11
日	2	2	3	3	4	5	5	6	6	7	6	7	8	8	9	9	10	11	11	12	12	13	11	12
曜	3	3	4	4	5	6	6	7	7	8	7	8	9	9	10	10	11	12	12	13	13	14	12	13
表	4	4	5	5	6	7	7	8	8	9	8	9	10	10	11	11	12	13	13	14	14	15	13	14
2	5	5	6	6	7	8	8	9	9	10	9	10	11	11	12	12	13	14	14	15	15	16	14	15
甲	6	6	7	7	8	9	9	10	10	11	10	11	12	12	13	13	14	15	15	16	16	17	15	16
子	7	十一 7	8	8	9	10	10	11	11	12	11	12	13	13	14	14	15	16	16	17	17	18	16	17
表	8	8	十 9	九 9	10	11	11	12	12	13	12	13	14	14	15	15	16	17	17	18	18	19	17	18
2	9	8 9	7 10	10	八 11	七 12	12	13	13	14	13	14	15	15	16	16	17	18	18	19	19	20	18	19
	10	10	11	6 11	5 12	13	六 13	五 14	14	15	14	15	16	16	17	17	18	19	19	20	20	21	19	20

中西回史日曆　卷九　唐　一三三　勵耘書屋

八九〇　庚戌　大順元　277

八八九　己酉　唐昭宗　龍紀元　276

22	23	23	24	25	25	26	26	27 [12]	25 [11]	26	27	27 [十一]	28 [十]	28	29	30	30	31	**5**	**4**	2	31	**1**
23	24	24	25	26	26	27	27	28	26	27 [10]	28 [9]	28	29	29 [九]	30 [八]	31	**7**	**6**	2	2	3	**2**	2
24	25	25	26	27	27	28	28	29	27	28	29	29 [8]	30 [7]	30	31	**8** [七]	2 [六]	2	3	3	4	2	3
25	26	26	27	28	28	29	29	30	28	29	30	30	31	**10** [6]	**9** [5]	2	3	3 [五]	4 [四]	4 [三]	5	3	4
26	27	27	28	29	29	30	30	31	**3**	30	31	**12**	**11**	2	2	3 [4]	4 [3]	4	5	5	6 [二]	4 [正]	5
27	28	28	29	30	30	31	**5**	**4**	2	31	**1**	2	2	3	3	4	5	5 [2]	6 [1]	6 [12]	7 [11]	5	6 [十二]
28	29	29	30	31	**7**	**6**	2	2	3	**2**	2	3	3	4	4	5	6	6	7	7	8	6 [10]	7 [9]
29	30	30	31	**8**	2	2	3	3	4	2	3	4	4	5	5	6	7	7	8	8	9	7	8
30	31	**10**	**9**	2	3	3	4	4	5	3	4	5	5	6	6	7	8	8	9	9	10	8	9
12	**11**	2	2	3	4	4	5	5	6	4	5	6	6	7	7	8	9	9	10	10	11	9	10
2	2	3	3	4	5	5	6	6	7	5	6	7	7	8	8	9	10	10	11	11	12	10	11
3	3	4	4	5	6	6	7	7	8	6	7	8	8	9	9	10	11	11	12	12	13	11	12
4	4	5	5	6	7	7	8	8	9	7	8	9	9	10	10	11	12	12	13	13	14	12	13
5	5	6	6	7	8	8	9	9	10	8	9	10	10	11	11	12	13	13	14	14	15	13	14
6	6	7	7	8	9	9	10	10	11	9	10	11	11	12	12	13	14	14	15	15	16	14	15
7	7	8	8	9	10	10	11	11	12	10	11	12	12	13	13	14	15	15	16	16	17	15	16
8	8	9	9	10	11	11	12	12	13	11	12	13	13	14	14	15	16	16	17	17	18	16	17
9	9	10	10	11	12	12	13	13	14	12	13	14	14	15	15	16	17	17	18	18	19	17	18
10	10	11	11	12	13	13	14	14	15	13	14	15	15	16	16	17	18	18	19	19	20	18	19
11	11	12	12	13	14	14	15	15	16	14	15	16	16	17	17	18	19	19	20	20	21	19	20
12	12	13	13	14	15	15	16	16	17	15	16	17 [冬]	17	18	18	19	20	20	21	21	22	20	21
13	13	14	14	15	16	16	17	17	18	16	17	18	18	19	19	20	21	21	22	22	23	21	22
14	14	15	15	16	17	17	18	18	19	17	18	19	19	20	20	21	22	22	23	23	24	22	23
15	15	16	16	17	18	18	19	19	20	18	19	20	20	21	21	22	23	23	24	24	25	23	24
16 [十一]	16 [十]	17	17	18	19	19	20	20	21	19	20	21	21	22	22	23	24	24	25	25	26	24	25
17 [冬] [9]	17	18 [閏]	18 [九]	19 [八]	20	20	21	21	22	20	21	22	22	23	23	24	25	25	26	26	27	25	26
18	18 [8]	19 [7]	19	20	21 [七]	21 [六]	22	22	23	21	22	23	23	24	24	25	26	26	27	27	28	26	27
19	19	20	20 [6]	21 [5]	22	22	23 [五]	23 [四]	24	22	23	24	24	25	25	26	27	27	28	28	29	27	28
20	20	21	21	22	23 [4]	23 [3]	24	24	25 [三]	23 [二]	24	25	25	26	26	27	28	28	29	29	30	28	29
21	21	22	22	23	24	24	25 [2]	25 [1]	26	24	25 [正]	26 [十二]	26	27	27	28	29	29	30	30	31	**3**	30

八九二 壬子 景福元 279

八九一 辛亥 大順二 278

11	11	12	12	13	14	14	15	15	16	15	16	17	冬17	18	18	19	20	20	21	21	22	20	21	22
12	12	13	13	14	15	15	16	16	17	16	17	18	18	19	19	20	21	21	22	22	23	21	22	23
13	13	14	14	15	16	16	17	17	18	17	18	19	19	20	20	21	22	22	23	23	24	22	23	24
14	14	15	15	16	17	17	18	18	19	18	19	20	20	21	21	22	23	23	24	24	25	23	24	25
15	15	16	16	17	18	18	19	19	20	19	20	21	21	22	22	23	24	24	25	25	26	24	25	26
16	冬16	17	17	18	19	19	20	20	21	20	21	22	22	23	23	24	25	25	26	26	27	25	26	27
17	17	18	18	19	20	20	21	21	22	21	22	23	23	24	24	25	26	26	27	27	28	26	27	28
18	18	19	19	20	21	21	22	22	23	22	23	24	24	25	25	26	27	27	28	28	29	27	28	29
19	19	20	20	21	22	22	23	23	24	23	24	25	25	26	26	27	28	28	29	29	30	28	29	30
20	20	21	21	22	23	23	24	24	25	24	25	26	26	27	27	28	29	29	30	30	31	3	30	31
21	21	22	22	23	24	24	25	25	26	25	26	27	27	28	28	29	30	30	31	5	4	2	31	1
22	22	23	23	24	25	25	26	26	27	26	27	28	28	29	29	30	31	7	6	2	2	3	2	2
23	十二23	十一24	24	25	26	26	27	27	28	27	28	29	29	30	30	31	8	2	2	3	3	4	2	3
24	24	25	十25	九26	八27	27	28	28	29	28	29	30	30	31	10	9	2	3	3	4	4	5	3	4
25	10 25	9 26	26	27	28	七28	六29	29	30	29	30	31	12	11	2	2	3	4	4	5	5	6	4	5
26	26	27	8 27	7 28	29	29	30	五30	四31	3	31	1	2	2	3	3	4	5	5	6	6	7	5	6
27	27	28	28	29	6 30	5 30	31	5	4	三2	2	2	3	3	4	4	5	6	6	7	7	8	6	7
28	28	29	29	30	31	7	4 6	3 2	2	3	二2	正3	4	4	5	5	6	7	7	8	8	9	7	8
29	29	30	30	31	8	2	2	3	2 3	1 4	3	4	十二5	十一5	6	6	7	8	8	9	9	10	8	9
30	30	31	10	9	2	3	3	4	4	5	12 4	11 5	6	6	十7	九7	八8	七9	9	10	10	11	9	10
31	12	11	2	2	3	4	4	5	5	6	5	6	10 7	9 7	8	8	9	10	六10	五11	11	12	10	11
日	2	2	3	3	4	5	5	6	6	7	6	7	8	8	8 9	7 9	10	11	11	12	四12	13	11	12
曜	3	3	4	4	5	6	6	7	7	8	7	8	9	9	10	10	6 11	5 12	12	13	13	三14	二12	13
表	4	4	5	5	6	7	7	8	8	9	8	9	10	10	11	11	12	13	4 13	3 14	14	15	13	正14 十二
3	5	5	6	6	7	8	8	9	9	10	9	10	11	11	12	12	13	14	14	15	2 15	1 16	12 14	11 15
甲	6	6	7	7	8	9	9	10	10	11	10	11	12	12	13	13	14	15	15	16	16	17	15	16 10
子	7	7	8	8	9	10	10	11	11	12	11	12	13	13	14	14	15	16	16	17	17	18	16	17
表	8	8	9	9	10	11	11	12	12	13	12	13	14	14	15	15	16	17	17	18	18	19	17	18
3	9	9	10	10	11	12	12	13	13	14	13	14	15	15	16	16	17	18	18	19	19	20	18	19
	10	10	11	11	12	13	13	14	14	15	14	15	16	16	17	17	18	19	19	20	20	21	19	20

八九三 癸丑 景福二 280

八九四 甲寅 乾寧元 281

22	23	23	24	25	25	26	26	27	25	26	27	27	28	28	29	30	30	31	**5**	**4**	2	31	**1**
23	24	24	25	26	26	27	27	28	26	27	28	28	29	29	30	31	**7**	**6**	2	2	3	**2**	2
24	25	25	26	27	27	28	28	29	27	28	29	29	30	30	31	**8**	2	2	3	3	4	2	3
25	26	26	27	28	28	29	29	30	28	29	30	30	31	**10**	**9**	2	3	3	4	4	5	3	4
26	27	27	28	29	29	30	30	31	**3**	30	31	**12**	**11**	2	2	3	4	4	5	5	6	**4**	5
27	28	28	29	30	30	31	**5**	**4**	2	31	**1**	2	2	3	3	4	5	5	6	6	7	5	6
28	29	29	30	31	**7**	**6**	2	2	3	**2**	2	3	3	4	4	5	6	6	7	7	8	6	7
29	30	30	31	**8**	2	2	3	3	4	2	3	4	4	5	5	6	7	7	8	8	9	7	8
30	31	**10**	**9**	2	3	3	4	4	5	3	4	5	5	6	6	7	8	8	9	9	10	8	9
12 十一	**11**	2	2	3	4	4	5	5	6	4	5	6	6	7	7	8	9	9	10	10	11	9	10
2	2 十	3 九	3 八	4	5	5	6	6	7	5	6	7	7	8	8	9	10	10	11	11	12	10	11
3	3	4	4	5 七	6	6	7	7	8	6	7	8	8	9	9	10	11	11	12	12	13	11	12
4 10	4 9	5	5	6	7 六	7 五	8	8	9	7	8	9	9	10	10	11	12	12	13	13	14	12	13
5	5	6 8	6 7	7	8	8	9 四	9	10	8	9	10	10	11	11	12	13	13	14	14	15	13	14
6	6	7	7	8 6	9 5	9	10	10 三	11 二	9	10	11	11	12	12	13	14	14	15	15	16	14	15
7	7	8	8	9	10	10 4	11 3	11	12	10 正	11 十二	12 十一	12 十	13	13	14	15	15	16	16	17	15	16
8	8	9	9	10	11	11	12	12 2	13 1	11 12	12 11	13	13	14 九	14 八	15	16	16	17	17	18	16	17
9	9	10	10	11	12	12	13	13	14	12	13	14 10	14 9	15	15	16 七	17 六	17	18	18	19	17	18
10	10	11	11	12	13	13	14	14	15	13	14	15	15	16 8	16 7	17	18	18 閏	19	19	20	18	19
11	11	12	12	13	14	14	15	15	16	14	15	16	16	17	17	18 6	19 5	19	20 五	20 四	21	19	20
12	12	13	13	14	15	15	16	16	17	15	16	17 冬	17	18	18	19	20	20 4	21 3	21	22 三	20 二	21
13	13	14	14	15	16	16	17	17	18	16	17	18	18	19	19	20	21	21	22	22 2	23 1	21	22 正
14	14	15	15	16	17	17	18	18	19	17	18	19	19	20	20	21	22	22	23	23	24	22 12	23 11
15	15	16	16	17	18	18	19	19	20	18	19	20	20	21	21	22	23	23	24	24	25	23	24
16	16	17	17	18	19	19	20	20	21	19	20	21	21	22	22	23	24	24	25	25	26	24	25
17 冬	17	18	18	19	20	20	21	21	22	20	21	22	22	23	23	24	25	25	26	26	27	25	26
18	18	19	19	20	21	21	22	22	23	21	22	23	23	24	24	25	26	26	27	27	28	26	27
19	19	20	20	21	22	22	23	23	24	22	23	24	24	25	25	26	27	27	28	28	29	27	28
20	20	21	21	22	23	23	24	24	25	23	24	25	25	26	26	27	28	28	29	29	30	28	29
21	21	22	22	23	24	24	25	25	26	24	25	26	26	27	27	28	29	29	30	30	31	**3**	30

	八九六 丙辰 乾寧三 283												八九五 乙卯 乾寧二 282											
11	11	10 12	9 12	13	七 14	六 14	15	15	16	15	16	17	冬 17	18	18	19	20	20	21	21	22	20	21	22
12	12	13	13	8 14	7 15	15	五 16	16	17	16	17	18	18	19	19	20	21	21	22	22	23	21	22	23
13	13	14	14	15	16	6 16	5 17	四 17	三 18	二 17	18	19	19	20	20	21	22	22	23	23	24	22	23	24
14	14	15	15	16	17	17	18	4 18	3 19	18	閏 19	正 20	十二 20	十一 21	21	22	23	23	24	24	25	23	24	25
15	15	16	16	17	18	18	19	19	20	2 19	1 20	21	21	22	十 22	九 23	24	24	25	25	26	24	25	26
16	冬 16	17	17	18	19	19	20	20	21	20	21	12 22	11 22	23	23	24	八 25	25	26	26	27	25	26	27
17	17	18	18	19	20	20	21	21	22	21	22	23	23	10 24	9 24	25	26	七 26	27	27	28	26	27	28
18	18	19	19	20	21	21	22	22	23	22	23	24	24	25	25	8 26	7 27	27	六 28	五 28	29	27	28	29
19	19	20	20	21	22	22	23	23	24	23	24	25	25	26	26	27	28	6 28	5 29	29	四 30	三 28	29	30
20	20	21	21	22	23	23	24	24	25	24	25	26	26	27	27	28	29	29	30	4 30	3 31	**3**	二 30	正 31 十二
21	21	22	22	23	24	24	25	25	26	25	26	27	27	28	28	29	30	30	31	**5**	**4**	2 2	1 31	**1**
22	22	23	23	24	25	25	26	26	27	26	27	28	28	29	29	30	31	**7**	**6**	2	2	3	**2**	12 2 11
23	23	24	24	25	26	26	27	27	28	27	28	29	29	30	30	31	**8**	2	2	3	3	4	2	3
24	24	25	25	26	27	27	28	28	29	28	29	30	30	31	**10**	**9**	2	3	3	4	4	5	3	4
25	25	26	26	27	28	28	29	29	30	29	30	31	**12**	**11**	2	2	3	4	4	5	5	6	4	5
26	26	27	27	28	29	29	30	30	31	**3**	31	**1**	2	2	3	3	4	5	5	6	6	7	5	6
27	27	28	28	29	30	30	31	**5**	**4**	2	**2**	2	3	3	4	4	5	6	6	7	7	8	6	7
28	28	29	29	30	31	**7**	**6**	2	2	3	2	3	4	4	5	5	6	7	7	8	8	9	7	8
29	29	30	30	31	**8**	2	2	3	3	4	3	4	5	5	6	6	7	8	8	9	9	10	8	9
30	30	31	**10**	**9**	2	3	3	**4**	4	5	4	5	6	6	7	7	8	9	9	10	10	11	9	10
31	**12**	**11**	2	2	3	4	4	5	5	6	5	6	7	7	8	8	9	10	10	11	11	12	10	11
日	2	2	3	3	4	5	5	6	6	7	6	7	8	8	9	9	10	11	11	12	12	13	11	12
曜	3	3	4	4	5	6	6	7	7	8	7	8	9	9	10	10	11	12	12	13	13	14	12	13
表	4	4	5	5	6	7	7	8	8	9	8	9	10	10	11	11	12	13	13	14	14	15	13	14
4	5	5	6	6	7	8	8	9	9	10	9	10	11	11	12	12	13	14	14	15	15	16	14	15
甲	6	6	7	7	8	9	9	10	10	11	10	11	12	12	13	13	14	15	15	16	16	17	15	16
子	7	7	8	8	9	10	10	11	11	12	11	12	13	13	14	14	15	16	16	17	17	18	16	17
表	8	十二 8	9	9	10	11	11	12	12	13	12	13	14	14	15	15	16	17	17	18	18	19	17	18
4	9	9	十 10	10	11	12	12	13	13	14	13	14	15	15	16	16	17	18	18	19	19	20	18	19
	10	11 10	11	九 11	八 12	13	13	14	14	15	14	15	16	16	17	17	18	19	19	20	20	21	19	20

八九八 戊午 乾寧五 光化元 八月改 285												八九七 丁巳 乾寧四 284											
22	23	23	24	25	25 6	26 5	26	27	25 二	26 正	27	27	28	28	29	30	30	31	**5**	**4**	2	31	**1**
23	24	24	25	26	26	27	27 4	28 3	26	27	28 十二	28 十一	29	29	30	31	**7**	**6**	2	2	3	**2**	2
24	25	25	26	27	27	28	28	29	27 2	28 1	29	29	30 十	30 九	31	**8**	2	2	3	3	4	2	3
25	26	26	27	28	28	29	29	30	28	29	30 12	30 11	31	**10**	**9** 八	2 七	3	3	4	4	5	3	4
26	27	27	28	29	29	30	30	31	**3**	30	31	**12**	**11** 10	2 9	2	3	4 六	4 五	5	5	6	4	5
27	28	28	29	30	30	31	**5**	**4**	2	31	**1**	2	2	3	3 8	4 7	5	5	6 四	6 三	7 二	5	6
28	29	29	30	31	**7**	**6**	2	2	3	**2**	2	3	3	4	4	5	6 6	6 5	7	7	8	6 正	7 十二
29	30	30	31	**8**	2	2	3	3	4	2	3	4	4	5	5	6	7	7	8 4	8 3	9	7	8
30	31	**10**	**9**	2	3	3	4	4	5	3	4	5	5	6	6	7	8	8	9	9	10 2	8 1	9 12
12	**11**	2	2	3	4	4	5	5	6	4	5	6	6	7	7	8	9	9	10	10	11	9	10
2	2	3	3	4	5	5	6	6	7	5	6	7	7	8	8	9	10	10	11	11	12	10	11
3	3	4	4	5	6	6	7	7	8	6	7	8	8	9	9	10	11	11	12	12	13	11	12
4	4	5	5	6	7	7	8	8	9	7	8	9	9	10	10	11	12	12	13	13	14	12	13
5	5	6	6	7	8	8	9	9	10	8	9	10	10	11	11	12	13	13	14	14	15	13	14
6	6	7	7	8	9	9	10	10	11	9	10	11	11	12	12	13	14	14	15	15	16	14	15
7	7	8	8	9	10	10	11	11	12	10	11	12	12	13	13	14	15	15	16	16	17	15	16
8	8	9	9	10	11	11	12	12	13	11	12	13	13	14	14	15	16	16	17	17	18	16	17
9	9	10	10	11	12	12	13	13	14	12	13	14	14	15	15	16	17	17	18	18	19	17	18
10	10	11	11	12	13	13	14	14	15	13	14	15	15	16	16	17	18	18	19	19	20	18	19
11	11	12	12	13	14	14	15	15	16	14	15	16	16	17	17	18	19	19	20	20	21	19	20
12	12	13	13	14	15	15	16	16	17	15	16	17 冬	17	18	18	19	20	20	21	21	22	20	21
13	13	14	14	15	16	16	17	17	18	16	17	18	18	19	19	20	21	21	22	22	23	21	22
14	14	15	15	16	17	17	18	18	19	17	18	19	19	20	20	21	22	22	23	23	24	22	23
15	15	16	16	17	18	18	19	19	20	18	19	20	20	21	21	22	23	23	24	24	25	23	24
16	16	17	17	18	19	19	20	20	21	19	20	21	21	22	22	23	24	24	25	25	26	24	25
17 冬 十一	17	18	18	19	20	20	21	21	22	20	21	22	22	23	23	24	25	25	26	26	27	25	26
18	18 閏	19 十	19	20	21	21	22	22	23	21	22	23	23	24	24	25	26	26	27	27	28	26	27
19 12	19 11	20	20 九	21 八	22	22	23	23	24	22	23	24	24	25	25	26	27	27	28	28	29	27	28
20	20	21 10	21 9	22	23 七	23 六	24 五	24	25	23	24	25	25	26	26	27	28	28	29	29	30	28	29
21	21	22	22	23 8	24 7	24	25	25 四	26 三	24	25	26	26	27	27	28	29	29	30	30	31	**3**	30

九〇〇 庚申 光化三

八九九 己未 光化二

288 287 286

11	11	12	12	13	14	14	15	15	16	15	16	17冬	17	18	18	19	20	20	21	21	22	20	21	22
12	12	13	13	14	15	15	16	16	17	16	17	18	18	19	19	20	21	21	22	22	23	21	22	23
13	13	14	14	15	16	16	17	17	18	17	18	19	19	20	20	21	22	22	23	23	24	22	23	24
14	14	15	15	16	17	17	18	18	19	18	19	20	20	21	21	22	23	23	24	24	25	23	24	25
15	15	16	16	17	18	18	19	19	20	19	20	21	21	22	22	23	24	24	25	25	26	24	25	26
16冬	16	17	17	18	19	19	20	20	21	20	21	22	22	23	23	24	25	25	26	26	27	25	26	27
17	17	18	18	19	20	20	21	21	22	21	22	23	23	24	24	25	26	26	27	27	28	26	27	28
18	18	19	19	20	21	21	22	22	23	22	23	24	24	25	25	26	27	27	28	28	29	27	28	29
19	19	20	20	21	22	22	23	23	24	23	24	25	25	26	26	27	28	28	29	29	30	28	29	30
20	20	21	21	22	23	23	24	24	25	24	25	26	26	27	27	28	29	29	30	30	31	3	30	31
21	21	22	22	23	24	24	25	25	26	25	26	27	27	28	28	29	30	30	31	5	4	2	31	1
22	22	23	23	24	25	25	26	26	27	26	27	28	28	29	29	30	31	7	6	2	2	3	2	2
23	23	24	24	25	26	26	27	27	28	27	28	29	29	30	30	31	8	2	2	3	3	4	2	3
24	24	25	25	26	27	27	28	28	29	28	29	30	30	31	10	9	2	3	3	4	4	5	3	4
25十二	25十一	26十	26	27	28	28	29	29	30	29	30	31	12	11	2	2	3	4	4	5	5	6	4	5
26 1	26	27	27九	28八	29七	29	30	30	31	3	31	1	2	2	3	3	4	5	5	6	6	7	5	6
27	27 12	28 11	28	29	30	30六	31五	5	4	2	2	2	3	3	4	4	5	6	6	7	7	8	6	7
28	28	29	29 10	30 9	31	7	6	2四	2三	3	2	3	4	4	5	5	6	7	7	8	8	9	7	8
29	29	30	30	31	8 8	2 7	2	3	3	4二	3	4	5	5	6	6	7	8	8	9	9	10	8	9
30	30	31	10	9	2	3	3 6	4 5	4	5	4正	5十二	6	6	7	7	8	9	9	10	10	11	9	10
31	12	11	2	2	3	4	4	5	5 4	6 3	5	6	7十一	7十	8	8	9	10	10	11	11	12	10	11
日	2	2	3	3	4	5	5	6	6	7	6 2	7 1	8 12	8 11	9九	9八	10七	11	11	12	12	13	11	12
曜	3	3	4	4	5	6	6	7	7	8	7	8	9	9	10 10	10 9	11	12六	12五	13	13	14	12	13
表	4	4	5	5	6	7	7	8	8	9	8	9	10	10	11	11	12 8	13 7	13	14四	14三	15二	13	14
5	5	5	6	6	7	8	8	9	9	10	9	10	11	11	12	12	13	14	14 6	15 5	15	16	14正	15
甲	6	6	7	7	8	9	9	10	10	11	10	11	12	12	13	13	14	15	15	16	16 4	17 3	15	16十二
子	7	7	8	8	9	10	10	11	11	12	11	12	13	13	14	14	15	16	16	17	17	18	16 2	17 1
表	8	8	9	9	10	11	11	12	12	13	12	13	14	14	15	15	16	17	17	18	18	19	17	18
5	9	9	10	10	11	12	12	13	13	14	13	14	15	15	16	16	17	18	18	19	19	20	18	19
	10	10	11	11	12	13	13	14	14	15	14	15	16	16	17	17	18	19	19	20	20	21	19	20

九〇二 壬戌 天復二 (290)

九〇一 辛酉 光化四 天復元 四月改 (289)

290												289											
22	23	23	24	25	25	26	26	27	25	26	27	27	28	28	29	30	30	31	**5**	**4**	2	31	**1**
23	24	24	25	26	26	27	27	28	26	27	28	28	29	29	30	31	**7**	**6**	2	2	3	**2**	2
24	25	25	26	27	27	28	28	29	27	28	29	29	30	30	31	**8**	2	2	3	3	4	2	3
25	26	26	27	28	28	29	29	30	28	29	30	30	31	**10**	**9**	2	3	3	4	4	5	3	4
26	27	27	28	29	29	30	30	31	**3**	30	31	**12**	**11**	2	2	3	4	4	5	5	6	4	5
27	28	28	29	30	30	31	**5**	**4**	2	31	**1**	2	2	3	3	4	5	5	6	6	7	5	6
28	29	29	30	31	**7**	**6**	2	2	3	**2**	2	3	3	4	4	5	6	6	7	7	8	6	7
29	30	30	31	**8**	2	2	3	3	4	2	3	4	4	5	5	6	7	7	8	8	9	7	8
30	31	**10**	**9**	2	3	3	4	4	5	3	4	5	5	6	6	7	8	8	9	9	10	8	9
12	**11**	2	2	3	4	4	5	5	6	4	5	6	6	7	7	8	9	9	10	10	11	9	10
2	2	3	3	4	5	5	6	6	7	5	6	7	7	8	8	9	10	10	11	11	12	10	11
3	十一3	十4	4	5	6	6	7	7	8	6	7	8	8	9	9	10	11	11	12	12	13	11	12
4	4	5	九5	八6	七7	7	8	8	9	7	8	9	9	10	10	11	12	12	13	13	14	12	13
5	1 5	6	6	7	8	六8	9	9	10	8	9	10	10	11	11	12	13	13	14	14	15	13	14
6	6	12 7	11 7	8	9	9	五10	10	11	9	10	11	11	12	12	13	14	14	15	15	16	14	15
7	7	8	8	10 9	9 10	10	11	四11	三12	10	11	12	12	13	13	14	15	15	16	16	17	15	16
8	8	9	9	10	11	8 11	7 12	12	13	二11	正12	13	13	14	14	15	16	16	17	17	18	16	17
9	9	10	10	11	12	12	13	6 13	5 14	12	13	十二14	十一14	十15	九15	16	17	17	18	18	19	17	18
10	10	11	11	12	13	13	14	14	15	4 13	3 14	15	15	16	16	八17	七18	18	19	19	20	18	19
11	11	12	12	13	14	14	15	15	16	14	15	2 冬16	1 16	12 17	11 17	18	19	閏19	六20	20	21	19	20
12	12	13	13	14	15	15	16	16	17	15	16	17	17	18	18	10 19	9 20	20	21	五21	22	20	21
13	13	14	14	15	16	16	17	17	18	16	17	18	18	19	19	20	21	8 21	7 22	22	四23	三21	22
14	14	15	15	16	17	17	18	18	19	17	18	19	19	20	20	21	22	22	23	6 23	5 24	22	二23 正
15	15	16	16	17	18	18	19	19	20	18	19	20	20	21	21	22	23	23	24	24	25	4 23	3 24
16	16	17	17	18	19	19	20	20	21	19	20	21	21	22	22	23	24	24	25	25	26	24	25 2
17	冬17	18	18	19	20	20	21	21	22	20	21	22	22	23	23	24	25	25	26	26	27	25	26
18	18	19	19	20	21	21	22	22	23	21	22	23	23	24	24	25	26	26	27	27	28	26	27
19	19	20	20	21	22	22	23	23	24	22	23	24	24	25	25	26	27	27	28	28	29	27	28
20	20	21	21	22	23	23	24	24	25	23	24	25	25	26	26	27	28	28	29	29	30	28	29
21	21	22	22	23	24	24	25	25	26	24	25	26	26	27	27	28	29	29	30	30	31	**3**	30

九〇三 癸亥 天復三

291

九〇四 甲子 天復四 天祐元 閏四月改 八月哀帝即位不改元

292

11	11	12九	12八	13	14	14	15	15	16	15	16	17冬	17	18	18	19	20	20	21	21	22	20	21	22
12	12	13	13	14七	15	15	16	16	17	16	17	18	18	19	19	20	21	21	22	22	23	21	22	23
13 2	13 1	14 12	14 11	15	16六	16	17	17	18	17	18	19	19	20	20	21	22	22	23	23	24	22	23	24
14	14	15	15	16 10	17 9	17五	18閏	18	19	18	19	20	20	21	21	22	23	23	24	24	25	23	24	25
15	15	16	16	17	18	18 8	19 7	19四	20三	19二	20	21	21	22	22	23	24	24	25	25	26	24	25	26
16冬	16	17	17	18	19	19	20	20 6	21 5	20	21正	22十二	22十一	23十	23	24	25	25	26	26	27	25	26	27
17	17	18	18	19	20	20	21	21	22	21 4	22 3	23	23	24	24九	25八	26	26	27	27	28	26	27	28
18	18	19	19	20	21	21	22	22	23	22	23	24 2	24 1	25	25	26	27七	27	28	28	29	27	28	29
19	19	20	20	21	22	22	23	23	24	23	24	25	25	26 12	26 11	27	28	28六	29	29	30	28	29	30
20	20	21	21	22	23	23	24	24	25	24	25	26	26	27	27	28 10	29 9	29	30五	30四	31	**3**	30	31
21	21	22	22	23	24	24	25	25	26	25	26	27	27	28	28	29	30	30 8	31 7	**5**	**4**三	2二	31	**1**
22	22	23	23	24	25	25	26	26	27	26	27	28	28	29	29	30	31	**7**	**6**	2 6	2 5	3	**2**正	2十二
23	23	24	24	25	26	26	27	27	28	27	28	29	29	30	30	31	**8**	2	2	3	3	4 4	2 3	3
24	24	25	25	26	27	27	28	28	29	28	29	30	30	31	**10**	**9**	2	3	3	4	4	5	3	4 2
25	25	26	26	27	28	28	29	29	30	29	30	31	**12**	**11**	2	2	3	4	4	5	5	6	4	5
26	26	27	27	28	29	29	30	30	31	**3**	31	**1**	2	2	3	3	4	5	5	6	6	7	5	6
27	27	28	28	29	30	30	31	**5**	**4**	2	**2**	2	3	3	4	4	5	6	6	7	7	8	6	7
28	28	29	29	30	31	**7**	**6**	2	2	3	2	3	4	4	5	5	6	7	7	8	8	9	7	8
29	29	30	30	31	**8**	2	2	3	3	4	3	4	5	5	6	6	7	8	8	9	9	10	8	9
30	30	31	**10**	**9**	2	3	3	**4**	4	5	4	5	6	6	7	7	8	9	9	10	10	11	9	10
31	**12**	**11**	2	2	3	4	4	5	5	6	5	6	7	7	8	8	9	10	10	11	11	12	10	11
日	2	2	3	3	4	5	5	6	6	7	6	7	8	8	9	9	10	11	11	12	12	13	11	12
曜	3	3	4	4	5	6	6	7	7	8	7	8	9	9	10	10	11	12	12	13	13	14	12	13
表	4	4	5	5	6	7	7	8	8	9	8	9	10	10	11	11	12	13	13	14	14	15	13	14
6	5	5	6	6	7	8	8	9	9	10	9	10	11	11	12	12	13	14	14	15	15	16	14	15
甲	6	6	7	7	8	9	9	10	10	11	10	11	12	12	13	13	14	15	15	16	16	17	15	16
子	7	7	8	8	9	10	10	11	11	12	11	12	13	13	14	14	15	16	16	17	17	18	16	17
表	8	8	9	9	10	11	11	12	12	13	12	13	14	14	15	15	16	17	17	18	18	19	17	18
6	9	9	10	10	11	12	12	13	13	14	13	14	15	15	16	16	17	18	18	19	19	20	18	19
	10十一	10十	11	11	12	13	13	14	14	15	14	15	16	16	17	17	18	19	19	20	20	21	19	20

九〇六 丙寅 天祐三 294												九〇五 乙丑 天祐二 293											
22	23	23 12	24 11	25	25 六	26 五	26 四	27	25	26	27	27	28	28	29	30	30	31	5	4	2	31	1
23	24	24	25	26 10	26 9	27	27	28 三	26 二	27	28	28	29	29	30	31	7	6	2	2	3	2	2
24	25	25	26	27	27	28 8	28 7	29	27	28 正	29 十二	29 十一	30	30	31	8	2	2	3	3	4	2	3
25	26	26	27	28	28	29	29	30 6	28 5	29	30	30	31 十	10	9	2	3	3	4	4	5	3	4
26	27	27	28	29	29	30	30	31	3	30 4	31 3	12	11	2 九	2 八	3	4	4	5	5	6	4	5
27	28	28	29	30	30	31	5	4	2	31	1	2 2	2 1	3	3	4 七	5 六	5	6	6	7	5	6
28	29	29	30	31	7	6	2	2	3	2	2	3	3	4 12	4 11	5	6	6 五	7 四	7	8	6	7
29	30	30	31	8	2	2	3	3	4	2	3	4	4	5	5	6 10	7 9	7	8	8 三	9 二	7 正	8
30	31	10	9	2	3	3	4	4	5	3	4	5	5	6	6	7	8	8 8	9 7	9	10	8	9 十二
12	11	2	2	3	4	4	5	5	6	4	5	6	6	7	7	8	9	9	10	10 6	11 5	9	10
2	2	3	3	4	5	5	6	6	7	5	6	7	7	8	8	9	10	10	11	11	12	10 4	11 3
3	3	4	4	5	6	6	7	7	8	6	7	8	8	9	9	10	11	11	12	12	13	11	12
4	4	5	5	6	7	7	8	8	9	7	8	9	9	10	10	11	12	12	13	13	14	12	13
5	5	6	6	7	8	8	9	9	10	8	9	10	10	11	11	12	13	13	14	14	15	13	14
6	6	7	7	8	9	9	10	10	11	9	10	11	11	12	12	13	14	14	15	15	16	14	15
7	7	8	8	9	10	10	11	11	12	10	11	12	12	13	13	14	15	15	16	16	17	15	16
8	8	9	9	10	11	11	12	12	13	11	12	13	13	14	14	15	16	16	17	17	18	16	17
9	9	10	10	11	12	12	13	13	14	12	13	14	14	15	15	16	17	17	18	18	19	17	18
10	10	11	11	12	13	13	14	14	15	13	14	15	15	16	16	17	18	18	19	19	20	18	19
11	11	12	12	13	14	14	15	15	16	14	15	16 冬	16	17	17	18	19	19	20	20	21	19	20
12	12	13	13	14	15	15	16	16	17	15	16	17	17	18	18	19	20	20	21	21	22	20	21
13	13	14	14	15	16	16	17	17	18	16	17	18	18	19	19	20	21	21	22	22	23	21	22
14	14	15	15	16	17	17	18	18	19	17	18	19	19	20	20	21	22	22	23	23	24	22	23
15	15	16	16	17	18	18	19	19	20	18	19	20	20	21	21	22	23	23	24	24	25	23	24
16	16	17	17	18	19	19	20	20	21	19	20	21	21	22	22	23	24	24	25	25	26	24	25
17 冬	17	18	18	19	20	20	21	21	22	20	21	22	22	23	23	24	25	25	26	26	27	25	26
18 十二	18	19	19	20	21	21	22	22	23	21	22	23	23	24	24	25	26	26	27	27	28	26	27
19	19 十一	20	20	21	22	22	23	23	24	22	23	24	24	25	25	26	27	27	28	28	29	27	28
20 3	20	21 十	21 九	22	23	23	24	24	25	23	24	25	25	26	26	27	28	28	29	29	30	28	29
21	21 2	22 1	22	23 八	24 七	24	25	25	26	24	25	26	26	27	27	28	29	29	30	30	31	3	30

九〇八 戊辰 梁開平二 遼太祖二

296

九〇七 丁卯 唐天祐四 梁開平元（太祖四月改） 遼太祖元

295

11	11	12	12	13	14	14	15	15	16	15	16	17	冬17	18	18	19	20	20	21	21	22	20	21	22
12	12	13	13	14	15	15	16	16	17	16	17	18	18	19	19	20	21	21	22	22	23	21	22	23
13	13	14	14	15	16	16	17	17	18	17	18	19	19	20	20	21	22	22	23	23	24	22	23	24
14	14	15	15	16	17	17	18	18	19	18	19	20	20	21	21	22	23	23	24	24	25	23	24	25
15	15	16	16	17	18	18	19	19	20	19	20	21	21	22	22	23	24	24	25	25	26	24	25	26
16	冬16	17	17	18	19	19	20	20	21	20	21	22	22	23	23	24	25	25	26	26	27	25	26	27
17	17	18	18	19	20	20	21	21	22	21	22	23	23	24	24	25	26	26	27	27	28	26	27	28
18	18	19	19	20	21	21	22	22	23	22	23	24	24	25	25	26	27	27	28	28	29	27	28	29
19	19	20	20	21	22	22	23	23	24	23	24	25	25	26	26	27	28	28	29	29	30	28	29	30
20	20	21	21	22	23	23	24	24	25	24	25	26	26	27	27	28	29	29	30	30	31	3	30	31
21	21	22	22	23	24	24	25	25	26	25	26	27	27	28	28	29	30	30	31	5	4	2	31	1
22	22	23	23	24	25	25	26	26	27	26	27	28	28	29	29	30	31	7	6	2	2	3	2	2
23	23	24	24	25	26	26	27	27	28	27	28	29	29	30	30	31	8	2	2	3	3	4	2	3
24	24	25	25	26	27	27	28	28	29	28	29	30	30	31	10	9	2	3	3	4	4	5	3	4
25	25	26	26	27	28	28	29	29	30	29	30	31	12	11	2	2	3	4	4	5	5	6	4	5
26	十二26	27	27	28	29	29	30	30	31	3	31	1	2	2	3	3	4	5	5	6	6	7	5	6
27	27	十一28	十28	九29	30	30	31	5	4	2	2	2	3	3	4	4	5	6	6	7	7	8	6	7
28	4 28	3 29	29	30	八31	七7	六6	2	2	3	2	3	4	4	5	5	6	7	7	8	8	9	7	8
29	29	30	2 30	1 31	8	2	2	五3	四3	4	3	4	5	5	6	6	7	8	8	9	9	10	8	9
30	30	31	10	9	12 2	11 3	3	4	4	三5	二4	5	6	6	7	7	8	9	9	10	10	11	9	10
31	12	11	2	2	3	4	10 4	9 5	5	6	5	正6	7	7	8	8	9	10	10	11	11	12	10	11
日	2	2	3	3	4	5	5	6	8 6	7 7	6	7	十二8	十一8	9	9	10	11	11	12	12	13	11	12
曜	3	3	4	4	5	6	6	7	7	8	6 7	5 8	9	9	十10	九10	11	12	12	13	13	14	12	13
表	4	4	5	5	6	7	7	8	8	9	8	9	4 10	3 10	11	11	八12	七13	六13	14	14	15	13	14
7	5	5	6	6	7	8	8	9	9	10	9	10	11	11	2 12	1 12	12 13	11 14	14	五15	四15	16	14	15
甲	6	6	7	7	8	9	9	10	10	11	10	11	12	12	13	13	14	15	10 15	9 16	16	三17	二15	正16
子	7	7	8	8	9	10	10	11	11	12	11	12	13	13	14	14	15	16	16	17	8 17	7 18	16	17閏
表	8	8	9	9	10	11	11	12	12	13	12	13	14	14	15	15	16	17	17	18	18	19	6 17	5 18
7	9	9	10	10	11	12	12	13	13	14	13	14	15	15	16	16	17	18	18	19	19	20	18	19 4
	10	10	11	11	12	13	13	14	14	15	14	15	16	16	17	17	18	19	19	20	20	21	19	20

九〇九 己巳 梁開平三 遼太祖三

九一〇 庚午 梁開平四 遼太祖四

298 297

22	23	23	24	25	25	26	26	27	25	26	27	27	28	28	29	30	30	31	5	4	2	31	1
23	24	24	25	26	26	27	27	28	26	27	28	28	29	29	30	31	7	6	2	2	3	2	2
24	25	25	26	27	27	28	28	29	27	28	29	29	30	30	31	8	2	2	3	3	4	2	3
25	26	26	27	28	28	29	29	30	28	29	30	30	31	10	9	2	3	3	4	4	5	3	4
26	27	27	28	29	29	30	30	31	3	30	31	12	11	2	2	3	4	4	5	5	6	4	5
27	28	28	29	30	30	31	5	4	2	31	1	2	2	3	3	4	5	5	6	6	7	5	6
28	29	29	30	31	7	6	2	2	3	2	2	3	3	4	4	5	6	6	7	7	8	6	7
29	30	30	31	8	2	2	3	3	4	2	3	4	4	5	5	6	7	7	8	8	9	7	8
30	31	10	9	2	3	3	4	4	5	3	4	5	5	6	6	7	8	8	9	9	10	8	9
12	11	2	2	3	4	4	5	5	6	4	5	6	6	7	7	8	9	9	10	10	11	9	10
2	2	3	3	4	5	5	6	6	7	5	6	7	7	8	8	9	10	10	11	11	12	10	11
3	3	4	4	5	6	6	7	7	8	6	7	8	8	9	9	10	11	11	12	12	13	11	12
4	4	5	5	6	7	7	8	8	9	7	8	9	9	10	10	11	12	12	13	13	14	12	13
5十一	5十	6九	6	7	8	8	9	9	10	8	9	10	10	11	11	12	13	13	14	14	15	13	14
6	6	7	7八	8七	9	9	10	10	11	9	10	11	11	12	12	13	14	14	15	15	16	14	15
7 **4**	7 **3**	8	8	9	10六	10五	11	11	12	10	11	12	12	13	13	14	15	15	16	16	17	15	16
8	8	9 **2**	9 **1**	10	11	11	12四	12	13	11	12	13	13	14	14	15	16	16	17	17	18	16	17
9	9	10	10	11 **12**	12 **11**	12	13	13三	14二	12	13	14	14	15	15	16	17	17	18	18	19	17	18
10	10	11	11	12	13	13 **10**	14 **9**	14	15	13正	14十二	15	15	16	16	17	18	18	19	19	20	18	19
11	11	12	12	13	14	14	15	15 **8**	16 **7**	14	15冬	16十一	16十	17九	17閏	18	19	19	20	20	21	19	20
12	12	13	13	14	15	15	16	16	17	15 **6**	16 **5**	17	17	18	18	19八	20七	20	21	21	22	20	21
13	13	14	14	15	16	16	17	17	18	16	17	18 **4**	18 **3**	19	19	20	21	21六	22五	22	23	21	22
14	14	15	15	16	17	17	18	18	19	17	18	19	19	20 **2**	20 **1**	21 **12**	22 **11**	22	23	23四	24三	22	23
15	15	16	16	17	18	18	19	19	20	18	19	20	20	21	21	22	23	23 **10**	24 **9**	24	25	23二	24
16	16	17	17	18	19	19	20	20	21	19	20	21	21	22	22	23	24	24	25	25 **8**	26 **7**	24	25正
17冬	17	18	18	19	20	20	21	21	22	20	21	22	22	23	23	24	25	25	26	26	27	25 **6**	26 **5**
18	18	19	19	20	21	21	22	22	23	21	22	23	23	24	24	25	26	26	27	27	28	26	27
19	19	20	20	21	22	22	23	23	24	22	23	24	24	25	25	26	27	27	28	28	29	27	28
20	20	21	21	22	23	23	24	24	25	23	24	25	25	26	26	27	28	28	29	29	30	28	29
21	21	22	22	23	24	24	25	25	26	24	25	26	26	27	27	28	29	29	30	30	31	3	30

九一一 辛未 梁乾化元（五月改） 遼太祖五

299

九一二 壬申 梁乾化二 遼太祖六

300

11	11	12	12	13	14	14	15	15	16	15	16	17冬	17	18	18	19	20	20	21	21	22	20	21	22
12十一	12十	13九	13	14	15	15	16	16	17	16	17	18	18	19	19	20	21	21	22	22	23	21	22	23
13	13	14	14八	15七	16	16	17	17	18	17	18	19	19	20	20	21	22	22	23	23	24	22	23	24
14 5	14	15	15	16	17六	17	18	18	19	18	19	20	20	21	21	22	23	23	24	24	25	23	24	25
15	15 4	16 3	16	17	18	18閏	19	19	20	19	20	21	21	22	22	23	24	24	25	25	26	24	25	26
16冬	16	17	17 2	18 1	19 12	19 11	20五	20四	21	20	21	22	22	23	23	24	25	25	26	26	27	25	26	27
17	17	18	18	19	20	20	21 10	21 9	22三	21二	22正	23	23	24	24	25	26	26	27	27	28	26	27	28
18	18	19	19	20	21	21	22	22	23 8	22 7	23	24十二	24十一	25十	25九	26	27	27	28	28	29	27	28	29
19	19	20	20	21	22	22	23	23	24	23	24 6	25 5	25	26	26	27八	28七	28	29	29	30	28	29	30
20	20	21	21	22	23	23	24	24	25	24	25	26	26 4	27 3	27	28	29	29六	30	30	31	3	30	31
21	21	22	22	23	24	24	25	25	26	25	26	27	27	28	28 2	29 1	30	30	31五	5	4	2	31	1
22	22	23	23	24	25	25	26	26	27	26	27	28	28	29	29	30	31 12	7 11	6	2四	2三	3	2	2
23	23	24	24	25	26	26	27	27	28	27	28	29	29	30	30	31	8	2	2 10	3 9	3	4二	2正	3
24	24	25	25	26	27	27	28	28	29	28	29	30	30	31	10	9	2	3	3	4	4 8	5 7	3	4十二
25	25	26	26	27	28	28	29	29	30	29	30	31	12	11	2	2	3	4	4	5	5	6	4 6	5 5
26	26	27	27	28	29	29	30	30	31	3	31	1	2	2	3	3	4	5	5	6	6	7	5	6
27	27	28	28	29	30	30	31	5	4	2	2	2	3	3	4	4	5	6	6	7	7	8	6	7
28	28	29	29	30	31	7	6	2	2	3	2	3	4	4	5	5	6	7	7	8	8	9	7	8
29	29	30	30	31	8	2	2	3	3	4	3	4	5	5	6	6	7	8	8	9	9	10	8	9
30	30	31	10	9	2	3	3	4	4	5	4	5	6	6	7	7	8	9	9	10	10	11	9	10
31	12	11	2	2	3	4	4	5	5	6	5	6	7	7	8	8	9	10	10	11	11	12	10	11
日	2	2	3	3	4	5	5	6	6	7	6	7	8	8	9	9	10	11	11	12	12	13	11	12
曜	3	3	4	4	5	6	6	7	7	8	7	8	9	9	10	10	11	12	12	13	13	14	12	13
表	4	4	5	5	6	7	7	8	8	9	8	9	10	10	11	11	12	13	13	14	14	15	13	14
1	5	5	6	6	7	8	8	9	9	10	9	10	11	11	12	12	13	14	14	15	15	16	14	15
甲	6	6	7	7	8	9	9	10	10	11	10	11	12	12	13	13	14	15	15	16	16	17	15	16
子	7	7	8	8	9	10	10	11	11	12	11	12	13	13	14	14	15	16	16	17	17	18	16	17
表	8	8	9	9	10	11	11	12	12	13	12	13	14	14	15	15	16	17	17	18	18	19	17	18
8	9	9	10	10	11	12	12	13	13	14	13	14	15	15	16	16	17	18	18	19	19	20	18	19
	10	10	11	11	12	13	13	14	14	15	14	15	16	16	17	17	18	19	19	20	20	21	19	20

九一四　甲戌　梁乾化四　遼太祖八　302

九一三　癸酉　梁鳳曆元（庶人友珪）　梁乾化三（末帝二月復）　遼太祖七　301

22	5 23	23	九 24	八 25	25	26	26	27	25	26	27	27	28	28	29	30	30	31	**5**	**4**	2	31	**1**
23	24	4 24	3 25	26	七 26	六 27	27	28	26	27	28	28	29	29	30	31	**7**	**6**	2	2	3	**2**	2
24	25	25	26	2 27	1 27	28	五 28	四 29	27	28	29	29	30	30	31	**8**	2	2	3	3	4	2	3
25	26	26	27	28	28	12 29	11 29	30	三 28	二 29	正 30	十二 30	31	**10**	**9**	2	3	3	4	4	5	3	4
26	27	27	28	29	29	30	30	10 31	9 **3**	30	31	**12**	十一 **11**	十 2	2	3	4	4	5	5	6	4	5
27	28	28	29	30	30	31	**5**	**4**	2	8 31	7 **1**	2	2	3	九 3	八 4	5	5	6	6	7	5	6
28	29	29	30	31	**7**	**6**	2	2	3	**2**	2	6 3	5 3	4	4	5	七 6	6	7	7	8	6	7
29	30	30	31	**8**	2	2	3	3	4	2	3	4	4	4 5	3 5	6	7	六 7	五 8	8	9	7	8
30	31	**10**	**9**	2	3	3	4	4	5	3	4	5	5	6	6	2 7	1 8	8	9	四 9	10	8	9
12	**11**	2	2	3	4	4	5	5	6	4	5	6	6	7	7	8	9	12 9	11 10	10	三 11	二 9	正 10 十二
2	2	3	3	4	5	5	6	6	7	5	6	7	7	8	8	9	10	10	11	10 11	9 12	10	11
3	3	4	4	5	6	6	7	7	8	6	7	8	8	9	9	10	11	11	12	12	13	8 11	7 12
4	4	5	5	6	7	7	8	8	9	7	8	9	9	10	10	11	12	12	13	13	14	12	13 6
5	5	6	6	7	8	8	9	9	10	8	9	10	10	11	11	12	13	13	14	14	15	13	14
6	6	7	7	8	9	9	10	10	11	9	10	11	11	12	12	13	14	14	15	15	16	14	15
7	7	8	8	9	10	10	11	11	12	10	11	12	12	13	13	14	15	15	16	16	17	15	16
8	8	9	9	10	11	11	12	12	13	11	12	13	13	14	14	15	16	16	17	17	18	16	17
9	9	10	10	11	12	12	13	13	14	12	13	14	14	15	15	16	17	17	18	18	19	17	18
10	10	11	11	12	13	13	14	14	15	13	14	15	15	16	16	17	18	18	19	19	20	18	19
11	11	12	12	13	14	14	15	15	16	14	15	16	冬 16	17	17	18	19	19	20	20	21	19	20
12	12	13	13	14	15	15	16	16	17	15	16	17	17	18	18	19	20	20	21	21	22	20	21
13	13	14	14	15	16	16	17	17	18	16	17	18	18	19	19	20	21	21	22	22	23	21	22
14	14	15	15	16	17	17	18	18	19	17	18	19	19	20	20	21	22	22	23	23	24	22	23
15	15	16	16	17	18	18	19	19	20	18	19	20	20	21	21	22	23	23	24	24	25	23	24
16	16	17	17	18	19	19	20	20	21	19	20	21	21	22	22	23	24	24	25	25	26	24	25
17	冬 17	18	18	19	20	20	21	21	22	20	21	22	22	23	23	24	25	25	26	26	27	25	26
18	18	19	19	20	21	21	22	22	23	21	22	23	23	24	24	25	26	26	27	27	28	26	27
19	19	20	20	21	22	22	23	23	24	22	23	24	24	25	25	26	27	27	28	28	29	27	28
20	十二 20	十一 21	21	22	23	23	24	24	25	23	24	25	25	26	26	27	28	28	29	29	30	28	29
21	21	22	十 22	23	24	24	25	25	26	24	25	26	26	27	27	28	29	29	30	30	31	**3**	30

勵耘書屋

九一六 丙子 梁貞明二 遼神册元 改十二月 304													九一五 乙亥 梁貞明元 改十一月 遼太祖九 303											
11	11	12	12	13	14	14	15	15	16	15	16	17 冬	17	18	18	19	20	20	21	21	22	20	21	22 6
12	12	13	13	14	15	15	16	16	17	16	17	18	18	19	19	20	21	21	22	22	23	21	22	23
13	13	14	14	15	16	16	17	17	18	17	18	19	19	20	20	21	22	22	23	23	24	22	23	24
14	14	15	15	16	17	17	18	18	19	18	19	20	20	21	21	22	23	23	24	24	25	23	24	25
15	15	16	16	17	18	18	19	19	20	19	20	21	21	22	22	23	24	24	25	25	26	24	25	26
16 冬	16	17	17	18	19	19	20	20	21	20	21	22	22	23	23	24	25	25	26	26	27	25	26	27
17	17	18	18	19	20	20	21	21	22	21	22	23	23	24	24	25	26	26	27	27	28	26	27	28
18	18	19	19	20	21	21	22	22	23	22	23	24	24	25	25	26	27	27	28	28	29	27	28	29
19	19	20	20	21	22	22	23	23	24	23	24	25	25	26	26	27	28	28	29	29	30	28	29	30
20	20	21	21	22	23	23	24	24	25	24	25	26	26	27	27	28	29	29	30	30	31	**3**	30	31
21	21	22	22	23	24	24	25	25	26	25	26	27	27	28	28	29	30	30	31	**5**	**4**	2	31	**1**
22	22	23	23	24	25	25	26	26	27	26	27	28	28	29	29	30	31	**7**	**6**	2	2	3	**2**	2
23	23	24	24	25	26	26	27	27	28	27	28	29	29	30	30	31	**8**	2	2	3	3	4	2	3
24	24	25	25	26	27	27	28	28	29	28	29	30	30	31	**10**	**9**	2	3	3	4	4	5	3	4
25	25	26	26	27	28	28	29	29	30	29	30	31	**12**	**11**	2	2	3	4	4	5	5	6	4	5
26	26	27	27	28	29	29	30	30	31	**3**	31	**1**	2	2	3	3	4	5	5	6	6	7	5	6
27	27	28	28	29	30	30	31	**5**	**4**	2	**2**	2	3	3	4	4	5	6	6	7	7	8	6	7
28 十二	28 十一	29	29	30	31	**7**	**6**	2	2	3	2	3	4	4	5	5	6	7	7	8	8	9	7	8
29 7	29	30 十	30 九	31 八	**8**	2	2	3	3	4	3	4	5	5	6	6	7	8	8	9	9	10	8	9
30	30 6	31 5	**10**	**9**	2 七	3 六	3	4	4	5	4	5	6	6	7	7	8	9	9	10	10	11	9	10
31	**12**	**11**	2 4	2 3	3	4	4 五	5 四	5 三	6	5	6	7	7	8	8	9	10	10	11	11	12	10	11
日	2	2	3	3	4 2	5 1	5	6	6	7 二	6 正	7	8	8	9	9	10	11	11	12	12	13	11	12
曜	3	3	4	4	5	6	6 12	7 11	7	8	7	8 十二	9 十一	9	10	10	11	12	12	13	13	14	12	13
表	4	4	5	5	6	7	7	8	8 10	9 9	8	9	10	10 十	11	11	12	13	13	14	14	15	13	14
2	5	5	6	6	7	8	8	9	9	10	9 8	10 7	11	11	12 九	12 八	13	14	14	15	15	16	14	15
甲	6	6	7	7	8	9	9	10	10	11	10	11	12 6	12 5	13	13	14 七	15 六	15	16	16	17	15	16
子	7	7	8	8	9	10	10	11	11	12	11	12	13	13	14 4	14 3	15	16	16 五	17 四	17 三	18	16	17
表	8	8	9	9	10	11	11	12	12	13	12	13	14	14	15	15	16 2	17 1	17 12	18 11	18	19 閏	17 二	18 正
9	9	9	10	10	11	12	12	13	13	14	13	14	15	15	16	16	17	18	18	19	19 10	20 9	18	19
	10	10	11	11	12	13	13	14	14	15	14	15	16	16	17	17	18	19	19	20	20	21	19 8	20 7

九一八 戊寅 梁貞明四 遼神册三 306

九一七 丁丑 梁貞明三 遼神册二 305

九一八 戊寅 梁貞明四 遼神册三 306												九一七 丁丑 梁貞明三 遼神册二 305											
22	23	23	24	25	25	26	26	27	25	26	27	27	28	28	29	30	30	31	**5**	**4**	2	31	**1**
23	24	24	25	26	26	27	27	28	26	27	28	28	29	29	30	31	**7**	**6**	2	2	3	**2**	2
24	25	25	26	27	27	28	28	29	27	28	29	29	30	30	31	**8**	2	2	3	3	4	2	3
25	26	26	27	28	28	29	29	30	28	29	30	30	31	**10**	**9**	2	3	3	4	4	5	3	4
26	27	27	28	29	29	30	30	31	**3**	30	31	**12**	**11**	2	2	3	4	4	5	5	6	4	5
27	28	28	29	30	30	31	**5**	**4**	2	31	**1**	2	2	3	3	4	5	5	6	6	7	5	6
28	29	29	30	31	**7**	**6**	2	2	3	**2**	2	3	3	4	4	5	6	6	7	7	8	6	7
29	30	30	31	**8**	2	2	3	3	4	2	3	4	4	5	5	6	7	7	8	8	9	7	8
30	31	**10**	**9**	2	3	3	4	4	5	3	4	5	5	6	6	7	8	8	9	9	10	8	9
12	**11**	2	2	3	4	4	5	5	6	4	5	6	6	7	7	8	9	9	10	10	11	9	10
2	2	3	3	4	5	5	6	6	7	5	6	7	7	8	8	9	10	10	11	11	12	10	11
3	3	4	4	5	6	6	7	7	8	6	7	8	8	9	9	10	11	11	12	12	13	11	12
4	4	5	5	6	7	7	8	8	9	7	8	9	9	10	10	11	12	12	13	13	14	12	13
5	5	6	6	7	8	8	9	9	10	8	9	10	10	11	11	12	13	13	14	14	15	13	14
6 十一	6	7	7	8	9	9	10	10	11	9	10	11	11	12	12	13	14	14	15	15	16	14	15
7	7 十	8 九	8 八	9	10	10	11	11	12	10	11	12	12	13	13	14	15	15	16	16	17	15	16
8 7	8	9	9	10 七	11 六	11	12	12	13	11	12	13	13	14	14	15	16	16	17	17	18	16	17
9	9 6	10 5	10	11	12	12 五	13 四	13	14	12	13	14	14	15	15	16	17	17	18	18	19	17	18
10	10	11	11 4	12 3	13	13	14	14 三	15 二	13	14	15	15	16	16	17	18	18	19	19	20	18	19
11	11	12	12	13	14 2	14 1	15 12	15 11	16	14 正	15	16 冬	16	17	17	18	19	19	20	20	21	19	20
12	12	13	13	14	15	15	16	16	17 10	15 9	16 十二	17 十一	17	18	18	19	20	20	21	21	22	20	21
13	13	14	14	15	16	16	17	17	18	16	17 8	18 7	18 閏	19 十	19 九	20	21	21	22	22	23	21	22
14	14	15	15	16	17	17	18	18	19	17	18	19	19 6	20 5	20	21 八	22 七	22 六	23	23	24	22	23
15	15	16	16	17	18	18	19	19	20	18	19	20	20	21	21 4	22 3	23	23	24 五	24 四	25	23	24
16	16	17	17	18	19	19	20	20	21	19	20	21	21	22	22	23	24 2	24 1	25	25	26 三	24 二	25
17 冬	17	18	18	19	20	20	21	21	22	20	21	22	22	23	23	24	25	25	26 12	26 11	27	25	26 正
18	18	19	19	20	21	21	22	22	23	21	22	23	23	24	24	25	26	26	27	27	28 10	26 9	27
19	19	20	20	21	22	22	23	23	24	22	23	24	24	25	25	26	27	27	28	28	29	27	28 8
20	20	21	21	22	23	23	24	24	25	23	24	25	25	26	26	27	28	28	29	29	30	28	29
21	21	22	22	23	24	24	25	25	26	24	25	26	26	27	27	28	29	29	30	30	31	**3**	30

五

勵耘書屋

九二〇 庚辰 梁貞明六 遼神册五

308

九一九 己卯 梁貞明五 遼神册四

307

11	11	12	12	13	14	14	15	15	16	15	16	17冬	17	18	18	19	20	20	21	21	22	20	21	22
12	12	13	13	14	15	15	16	16	17	16	17	18	18	19	19	20	21	21	22	22	23	21	22	23
13十一	13	14	14	15	16	16	17	17	18	17	18	19	19	20	20	21	22	22	23	23	24	22	23	24
14	14十	15九	15八	16	17	17	18	18	19	18	19	20	20	21	21	22	23	23	24	24	25	23	24	25
15	15	16	16	17七	18閏	18	19	19	20	19	20	21	21	22	22	23	24	24	25	25	26	24	25	26
16 8	16 7	17	17	18	19	19六	20	20	21	20	21	22	22	23	23	24	25	25	26	26	27	25	26	27
17	17	18 6	18 5	19	20	20	21五	21	22	21	22	23	23	24	24	25	26	26	27	27	28	26	27	28
18	18	19	19	20 4	21 3	21	22	22四	23三	22	23	24	24	25	25	26	27	27	28	28	29	27	28	29
19	19	20	20	21	22	22 2	23 1	23 12	24 11	23二	24正	25十二	25	26	26	27	28	28	29	29	30	28	29	30
20	20	21	21	22	23	23	24	24	25	24 10	25 9	26	26十一	27十	27九	28八	29	29	30	30	31	**3**	30	31
21	21	22	22	23	24	24	25	25	26	25	26	27 8	27 7	28	28	29	30七	30六	31	**5**	**4**	2	31	**1**
22	22	23	23	24	25	25	26	26	27	26	27	28	28	29 6	29 5	30	31	**7**	**6**五	2	2	3	**2**	2
23	23	24	24	25	26	26	27	27	28	27	28	29	29	30	30	31 4	**8** 3	2	2	3四	3	4	2	3
24	24	25	25	26	27	27	28	28	29	28	29	30	30	31	**10**	**9**	2	3 2	3 1	4	4三	5二	3	4
25	25	26	26	27	28	28	29	29	30	29	30	31	**12**	**11**	2	2	3	4	4	5 12	5 11	6	4正	5十二
26	26	27	27	28	29	29	30	30	31	**3**	31	**1**	2	2	3	3	4	5	5	6	6	7 10	5 9	6
27	27	28	28	29	30	30	31	**5**	**4**	2	**2**	2	3	3	4	4	5	6	6	7	7	8	6	7 8
28	28	29	29	30	31	**7**	**6**	2	2	3	2	3	4	4	5	5	6	7	7	8	8	9	7	8
29	29	30	30	31	**8**	2	2	3	3	4	3	4	5	5	6	6	7	8	8	9	9	10	8	9
30	30	31	**10**	**9**	2	3	3	**4**	4	5	4	5	6	6	7	7	8	9	9	10	10	11	9	10
31	**12**	**11**	2	2	3	4	4	5	5	6	5	6	7	7	8	8	9	10	10	11	11	12	10	11
日	2	2	3	3	4	5	5	6	6	7	6	7	8	8	9	9	10	11	11	12	12	13	11	12
曜	3	3	4	4	5	6	6	7	7	8	7	8	9	9	10	10	11	12	12	13	13	14	12	13
表	4	4	5	5	6	7	7	8	8	9	8	9	10	10	11	11	12	13	13	14	14	15	13	14
3	5	5	6	6	7	8	8	9	9	10	9	10	11	11	12	12	13	14	14	15	15	16	14	15
甲	6	6	7	7	8	9	9	10	10	11	10	11	12	12	13	13	14	15	15	16	16	17	15	16
子	7	7	8	8	9	10	10	11	11	12	11	12	13	13	14	14	15	16	16	17	17	18	16	17
表	8	8	9	9	10	11	11	12	12	13	12	13	14	14	15	15	16	17	17	18	18	19	17	18
10	9	9	10	10	11	12	12	13	13	14	13	14	15	15	16	16	17	18	18	19	19	20	18	19
	10	10	11	11	12	13	13	14	14	15	14	15	16	16	17	17	18	19	19	20	20	21	19	20

九二二 壬午 梁龍德二 遼天贊元 310

九二一 辛巳 梁龍德元（五月改） 遼神册六 309

22 十一	23 十	23	24	25	25	26	26	27	25	26	27	27	28	28	29	30	30	31	**5**	**4**	2	31	**1**
23	24	24 九	25 八	26	26	27	27	28	26	27	28	28	29	29	30	31	**7**	**6**	2	2	3	**2**	2
24 8	25 7	25	26	27 七	27	28	28	29	27	28	29	29	30	30	31	**8**	2	2	3	3	4	2	3
25	26	26 6	27 5	28	28 六	29 五	29	30	28	29	30	30	31	**10**	**9**	2	3	3	4	4	5	3	4
26	27	27	28	29 4	29 3	30	30 四	31 三	**3**	30	31	**12**	**11**	2	2	3	4	4	5	5	6	**4**	5
27	28	28	29	30	30	31 2	**5** 1	**4**	2 二	31 正	**1** 十二	2 十一	2	3	3	**4**	5	5	6	6	7	5	6
28	29	29	30	31	**7**	**6**	2	2 12	3 11	**2**	2	3	3 十	**4** 九	4	5	6	6	7	7	8	6	7
29	30	30	31	**8**	2	2	3	3	4	2 10	3 9	4	4	5	5 八	6 七	7	7	8	8	9	7	8
30	31	**10**	**9**	2	3	3	4	4	5	3	4	5 8	5 7	6	6	7	8 六	8	9	9	10	8	9
12	**11**	2	2	3	4	4	5	5	6	4	5	6	6	7 6	7 5	8	9	9 五	10	10	11	9	10
2	2	3	3	4	5	5	6	6	7	5	6	7	7	8	8	9 4	10 3	10	11 四	11 三	12	10	11
3	3	4	4	5	6	6	7	7	8	6	7	8	8	9	9	10	11	11 2	12 1	12	13 二	11 正	12 十二
4	4	5	5	6	7	7	8	8	9	7	8	9	9	10	10	11	12	12	13	13 12	14 11	12	13
5	5	6	6	7	8	8	9	9	10	8	9	10	10	11	11	12	13	13	14	14	15	13 10	14 9
6	6	7	7	8	9	9	10	10	11	9	10	11	11	12	12	13	14	14	15	15	16	14	15
7	7	8	8	9	10	10	11	11	12	10	11	12	12	13	13	14	15	15	16	16	17	15	16
8	8	9	9	10	11	11	12	12	13	11	12	13	13	14	14	15	16	16	17	17	18	16	17
9	9	10	10	11	12	12	13	13	14	12	13	14	14	15	15	16	17	17	18	18	19	17	18
10	10	11	11	12	13	13	14	14	15	13	14	15	15	16	16	17	18	18	19	19	20	18	19
11	11	12	12	13	14	14	15	15	16	14	15	16 冬	16	17	17	18	19	19	20	20	21	19	20
12	12	13	13	14	15	15	16	16	17	15	16	17	17	18	18	19	20	20	21	21	22	20	21
13	13	14	14	15	16	16	17	17	18	16	17	18	18	19	19	20	21	21	22	22	23	21	22
14	14	15	15	16	17	17	18	18	19	17	18	19	19	20	20	21	22	22	23	23	24	22	23
15	15	16	16	17	18	18	19	19	20	18	19	20	20	21	21	22	23	23	24	24	25	23	24
16	16	17	17	18	19	19	20	20	21	19	20	21	21	22	22	23	24	24	25	25	26	24	25
17 冬	17	18	18	19	20	20	21	21	22	20	21	22	22	23	23	24	25	25	26	26	27	25	26
18	18	19	19	20	21	21	22	22	23	21	22	23	23	24	24	25	26	26	27	27	28	26	27
19	19	20	20	21	22	22	23	23	24	22	23	24	24	25	25	26	27	27	28	28	29	27	28
20	20	21	21	22	23	23	24	24	25	23	24	25	25	26	26	27	28	28	29	29	30	28	29
21 十二	21	22	22	23	24	24	25	25	26	24	25	26	26	27	27	28	29	29	30	30	31	**3**	30

九二四 甲申 唐同光二 遼天贊三 312

九二三 癸未 唐同光元 莊宗四月改 遼天贊二 311

11	11	12	12	13	14	14	15	15	16	15	16	17 冬	17	18	18	19	20	20	21 2	21 1	22 12	20 11	21	22
12	12	13	13	14	15	15	16	16	17	16	17	18	18	19	19	20	21	21	22	22	23	21	22 10	23 9
13	13	14	14	15	16	16	17	17	18	17	18	19	19	20	20	21	22	22	23	23	24	22	23	24
14	14	15	15	16	17	17	18	18	19	18	19	20	20	21	21	22	23	23	24	24	25	23	24	25
15	15	16	16	17	18	18	19	19	20	19	20	21	21	22	22	23	24	24	25	25	26	24	25	26
16 冬	16	17	17	18	19	19	20	20	21	20	21	22	22	23	23	24	25	25	26	26	27	25	26	27
17	17	18	18	19	20	20	21	21	22	21	22	23	23	24	24	25	26	26	27	27	28	26	27	28
18	18	19	19	20	21	21	22	22	23	22	23	24	24	25	25	26	27	27	28	28	29	27	28	29
19	19	20	20	21	22	22	23	23	24	23	24	25	25	26	26	27	28	28	29	29	30	28	29	30
20	20	21	21	22	23	23	24	24	25	24	25	26	26	27	27	28	29	29	30	30	31	**3**	30	31
21	21	22	22	23	24	24	25	25	26	25	26	27	27	28	28	29	30	30	31	**5**	**4**	2	31	**1**
22	22	23	23	24	25	25	26	26	27	26	27	28	28	29	29	30	31	**7**	**6**	2	2	3	**2**	2
23	23	24	24	25	26	26	27	27	28	27	28	29	29	30	30	31	**8**	2	2	3	3	4	2	3
24	24	25	25	26	27	27	28	28	29	28	29	30	30	31	**10**	**9**	2	3	3	4	4	5	3	4
25	25	26	26	27	28	28	29	29	30	29	30	31	**12**	**11**	2	2	3	4	4	5	5	6	4	5
26	26	27	27	28	29	29	30	30	31	**3**	31	**1**	2	2	3	3	4	5	5	6	6	7	5	6
27	27	28	28	29	30	30	31	**5**	**4**	2	**2**	2	3	3	4	4	5	6	6	7	7	8	6	7
28	28	29	29	30	31	**7**	**6**	2	2	3	2	3	4	4	5	5	6	7	7	8	8	9	7	8
29 十二	29 十二	30	30	31	**8**	2	2	3	3	4	3	4	5	5	6	6	7	8	8	9	9	10	8	9
30	30	31 十	**10**	**9**	2	3	3	**4**	4	5	4	5	6	6	7	7	8	9	9	10	10	11	9	10
31 10	**12** 9	**11**	2 九	2 八	3	4	4	5	5	6	5	6	7	7	8	8	9	10	10	11	11	12	10	11
日	2	2 8	3 7	3	4 七	5 六	5 五	6	6	7	6	7	8	8	9	9	10	11	11	12	12	13	11	12
曜	3	3	4	4 6	5 5	6	6	7 四	7 三	8 二	7	8	9	9	10	10	11	12	12	13	13	14	12	13
表	4	4	5	5	6	7 4	7 3	8	8	9	8 正	9 十二	10	10	11	11	12	13	13	14	14	15	13	14
4	5	5	6	6	7	8	8	9 2	9 1	10	9	10	11 十二	11 十	12	12	13	14	14	15	15	16	14	15
甲	6	6	7	7	8	9	9	10	10	11 12	10 11	11	12	12	13 九	13 八	14	15	15	16	16	17	15	16
子	7	7	8	8	9	10	10	11	11	12	11	12 10	13 9	13	14	14	15 七	16	16	17	17	18	16	17
表	8	8	9	9	10	11	11	12	12	13	12	13	14	14 8	15 7	15	16	17 六	17 五	18	18	19	17	18
11	9	9	10	10	11	12	12	13	13	14	13	14	15	15	16	16 6	17 5	18	18	19 閏	19 四	20 三	18	19
	10	10	11	11	12	13	13	14	14	15	14	15	16	16	17	17	18	19 4	19 3	20	20	21	19 二	20 正

九二六
丙戌
唐同光四
唐天成元 明宗四月改
遼天顯元 二月改
314

九二五
乙酉
唐同光三
遼天贊四
313

22	23	23	24	25	25	26	26	27	25	26	27	27	28	28	29	30	30	31	**5**	**4**	2	31	**1**
23	24	24	25	26	26	27	27	28	26	27	28	28	29	29	30	31	**7**	**6**	2	2	3	**2**	2
24	25	25	26	27	27	28	28	29	27	28	29	29	30	30	31	**8**	2	2	3	3	4	2	3
25	26	26	27	28	28	29	29	30	28	29	30	30	31	**10**	**9**	2	3	3	4	4	5	3	4
26	27	27	28	29	29	30	30	31	**3**	30	31	**12**	**11**	2	2	3	4	4	5	5	6	4	5
27	28	28	29	30	30	31	**5**	**4**	2	31	**1**	2	2	3	3	4	5	5	6	6	7	5	6
28	29	29	30	31	**7**	**6**	2	2	3	**2**	2	3	3	4	4	5	6	6	7	7	8	6	7
29	30	30	31	**8**	2	2	3	3	4	2	3	4	4	5	5	6	7	7	8	8	9	7	8
30	31	**10**	**9**	2	3	3	4	4	5	3	4	5	5	6	6	7	8	8	9	9	10	8	9
12	**11**	2	2	3	4	4	5	5	6	4	5	6	6	7	7	8	9	9	10	10	11	9	10
2	2	3	3	4	5	5	6	6	7	5	6	7	7	8	8	9	10	10	11	11	12	10	11
3	3	4	4	5	6	6	7	7	8	6	7	8	8	9	9	10	11	11	12	12	13	11	12
4	4	5	5	6	7	7	8	8	9	7	8	9	9	10	10	11	12	12	13	13	14	12	13
5	5	6	6	7	8	8	9	9	10	8	9	10	10	11	11	12	13	13	14	14	15	13	14
6	6	7	7	8	9	9	10	10	11	9	10	11	11	12	12	13	14	14	15	15	16	14	15
7	7	8	8	9	10	10	11	11	12	10	11	12	12	13	13	14	15	15	16	16	17	15	16
8	十二8	十9	9	10	11	11	12	12	13	11	12	13	13	14	14	15	16	16	17	17	18	16	17
9	9	10	九10	八11	七12	12	13	13	14	12	13	14	14	15	15	16	17	17	18	18	19	17	18
10	10 10	9 11	11	12	13	六13	五14	14	15	13	14	15	15	16	16	17	18	18	19	19	20	18	19
11	11	12	8 12	7 13	14	14	15	四15	三16	14	15	16	冬16	17	17	18	19	19	20	20	21	19	20
12	12	13	13	14	6 15	5 15	16	16	17	二15	正16	17	17	18	18	19	20	20	21	21	22	20	21
13	13	14	14	15	16	16	4 17	3 17	18	16	17	閏18	18	19	19	20	21	21	22	22	23	21	22
14	14	15	15	16	17	17	18	18	2 19	1 17	12 18	11 19	十二19	十一20	十20	21	22	22	23	23	24	22	23
15	15	16	16	17	18	18	19	19	20	18	19	20	10 20	9 21	21	九22	八23	23	24	24	25	23	24
16	16	17	17	18	19	19	20	20	21	19	20	21	21	22	8 22	7 23	24	七24	六25	五25	26	24	25
17	冬17	18	18	19	20	20	21	21	22	20	21	22	22	23	23	24	6 25	5 25	26	26	四27	三25	26
18	18	19	19	20	21	21	22	22	23	21	22	23	23	24	24	25	26	26	4 27	3 27	28	26	二27 正
19	19	20	20	21	22	22	23	23	24	22	23	24	24	25	25	26	27	27	28	28	2 29	1 27	28
20	20	21	21	22	23	23	24	24	25	23	24	25	25	26	26	27	28	28	29	29	30	28	12 29 11
21	21	22	22	23	24	24	25	25	26	24	25	26	26	27	27	28	29	29	30	30	31	**3**	30

九二七
丁亥
唐天成二
遼天顯二
太宗即位不改元
315

九二八
戊子
唐天成三
遼天顯三
316

11	11	12	12	13	14	14	15	15	16	15	16	17冬	17	18	18	19	20	20	21	21	22	20	21	22
12	12	13	13	14	15	15	16	16	17	16	17	18	18	19	19	20	21	21	22	22	23	21	22	23
13	13	14	14	15	16	16	17	17	18	17	18	19	19	20	20	21	22	22	23	23	24	22	23	24
14	14	15	15	16	17	17	18	18	19	18	19	20	20	21	21	22	23	23	24	24	25	23	24	25
15十一	15十	16	16	17	18	18	19	19	20	19	20	21	21	22	22	23	24	24	25	25	26	24	25	26
16冬11	16	17九	17閏	18八	19	19	20	20	21	20	21	22	22	23	23	24	25	25	26	26	27	25	26	27
17	17 10	18 9	18	19	20七	20六	21	21	22	21	22	23	23	24	24	25	26	26	27	27	28	26	27	28
18	18	19	19 8	20 7	21	21	22五	22	23	22	23	24	24	25	25	26	27	27	28	28	29	27	28	29
19	19	20	20	21	22 6	22 5	23	23四	24	23	24	25	25	26	26	27	28	28	29	29	30	28	29	30
20	20	21	21	22	23	23	24 4	24 3	25三	24二	25	26	26	27	27	28	29	29	30	30	31	3	30	31
21	21	22	22	23	24	24	25	25	26 2	25 1	26正	27十二	27十一	28	28	29	30	30	31	5	4	2	31	1
22	22	23	23	24	25	25	26	26	27	26	27 12	28 11	28	29十	29九	30八	31	7	6	2	2	3	2	2
23	23	24	24	25	26	26	27	27	28	27	28	29	29 10	30 9	30	31	8七	2六	2	3	3	4	2	3
24	24	25	25	26	27	27	28	28	29	28	29	30	30	31	10 8	9 7	2	3	3五	4四	4	5	3	4
25	25	26	26	27	28	28	29	29	30	29	30	31	12	11	2	2	3 6	4 5	4	5	5三	6二	4	5
26	26	27	27	28	29	29	30	30	31	3	31	1	2	2	3	3	4	5	5 4	6 3	6	7	5正	6
27	27	28	28	29	30	30	31	5	4	2	2	2	3	3	4	4	5	6	6	7	7 2	8 1	6	7十二
28	28	29	29	30	31	7	6	2	2	3	2	3	4	4	5	5	6	7	7	8	8	9	7 12	8 11
29	29	30	30	31	8	2	2	3	3	4	3	4	5	5	6	6	7	8	8	9	9	10	8	9
30	30	31	10	9	2	3	3	4	4	5	4	5	6	6	7	7	8	9	9	10	10	11	9	10
31	12	11	2	2	3	4	4	5	5	6	5	6	7	7	8	8	9	10	10	11	11	12	10	11
日	2	2	3	3	4	5	5	6	6	7	6	7	8	8	9	9	10	11	11	12	12	13	11	12
曜	3	3	4	4	5	6	6	7	7	8	7	8	9	9	10	10	11	12	12	13	13	14	12	13
表	4	4	5	5	6	7	7	8	8	9	8	9	10	10	11	11	12	13	13	14	14	15	13	14
5	5	5	6	6	7	8	8	9	9	10	9	10	11	11	12	12	13	14	14	15	15	16	14	15
甲	6	6	7	7	8	9	9	10	10	11	10	11	12	12	13	13	14	15	15	16	16	17	15	16
子	7	7	8	8	9	10	10	11	11	12	11	12	13	13	14	14	15	16	16	17	17	18	16	17
表	8	8	9	9	10	11	11	12	12	13	12	13	14	14	15	15	16	17	17	18	18	19	17	18
12	9	9	10	10	11	12	12	13	13	14	13	14	15	15	16	16	17	18	18	19	19	20	18	19
	10	10	11	11	12	13	13	14	14	15	14	15	16	16	17	17	18	19	19	20	20	21	19	20

九三〇 庚寅 唐長興元（二月改） 遼天顯五 318

九二九 己丑 唐天成四 遼天顯四 317

22	23	23	24	25	25	26	26	27	25	26	27	27	28	28	29	30	30	31	5	4	2	31	1
23十二	24	24	25	26	26	27	27	28	26	27	28	28	29	29	30	31	7	6	2	2	3	2	2
24	25十	25九	26	27	27	28	28	29	27	28	29	29	30	30	31	8	2	2	3	3	4	2	3
25 11	26	26	27八	28七	28	29	29	30	28	29	30	30	31	10	9	2	3	3	4	4	5	3	4
26	27 10	27 9	28	29	29六	30	30	31	3	30	31	12	11	2	2	3	4	4	5	5	6	4	5
27	28	28	29 8	30 7	30	31五	5四	4	2	31	1	2	2	3	3	4	5	5	6	6	7	5	6
28	29	29	30	31	7 6	6 5	2	2三	3二	2	2	3	3	4	4	5	6	6	7	7	8	6	7
29	30	30	31	8	2	2	3 4	3 3	4	2正	3十二	4十一	4十	5	5	6	7	7	8	8	9	7	8
30	31	10	9	2	3	3	4	4	5 2	3 1	4	5	5	6九	6八	7	8	8	9	9	10	8	9
12	11	2	2	3	4	4	5	5	6	4	5 12	6 11	6	7	7	8七	9六	9	10	10	11	9	10
2	2	3	3	4	5	5	6	6	7	5	6	7	7 10	8 9	8	9	10	10五	11	11	12	10	11
3	3	4	4	5	6	6	7	7	8	6	7	8	8	9	9 8	10 7	11	11	12四	12	13	11	12
4	4	5	5	6	7	7	8	8	9	7	8	9	9	10	10	11	12 6	12 5	13	13三	14二	12	13
5	5	6	6	7	8	8	9	9	10	8	9	10	10	11	11	12	13	13	14 4	14 3	15	13正	14十二
6	6	7	7	8	9	9	10	10	11	9	10	11	11	12	12	13	14	14	15	15	16 2	14 1	15 12
7	7	8	8	9	10	10	11	11	12	10	11	12	12	13	13	14	15	15	16	16	17	15	16
8	8	9	9	10	11	11	12	12	13	11	12	13	13	14	14	15	16	16	17	17	18	16	17
9	9	10	10	11	12	12	13	13	14	12	13	14	14	15	15	16	17	17	18	18	19	17	18
10	10	11	11	12	13	13	14	14	15	13	14	15	15	16	16	17	18	18	19	19	20	18	19
11	11	12	12	13	14	14	15	15	16	14	15	16冬	16	17	17	18	19	19	20	20	21	19	20
12	12	13	13	14	15	15	16	16	17	15	16	17	17	18	18	19	20	20	21	21	22	20	21
13	13	14	14	15	16	16	17	17	18	16	17	18	18	19	19	20	21	21	22	22	23	21	22
14	14	15	15	16	17	17	18	18	19	17	18	19	19	20	20	21	22	22	23	23	24	22	23
15	15	16	16	17	18	18	19	19	20	18	19	20	20	21	21	22	23	23	24	24	25	23	24
16	16	17	17	18	19	19	20	20	21	19	20	21	21	22	22	23	24	24	25	25	26	24	25
17冬	17	18	18	19	20	20	21	21	22	20	21	22	22	23	23	24	25	25	26	26	27	25	26
18	18	19	19	20	21	21	22	22	23	21	22	23	23	24	24	25	26	26	27	27	28	26	27
19	19	20	20	21	22	22	23	23	24	22	23	24	24	25	25	26	27	27	28	28	29	27	28
20	20	21	21	22	23	23	24	24	25	23	24	25	25	26	26	27	28	28	29	29	30	28	29
21	21	22	22	23	24	24	25	25	26	24	25	26	26	27	27	28	29	29	30	30	31	3	30

九三一
辛卯
唐長興二
遼天顯六

319

九三二
壬辰
唐長興三
遼天顯七

320

11	11	12	12	13	14	14	15	15	16	15	16	17冬	17	18	18	19 8	20 7	20	21	21四	22三	20二	21	22
12	12	13	13	14	15	15	16	16	17	16	17	18	18	19	19	20	21	21 6	22 5	22	23	21	22正	23十二
13	13	14	14	15	16	16	17	17	18	17	18	19	19	20	20	21	22	22	23	23 4	24 3	22	23	24
14	14	15	15	16	17	17	18	18	19	18	19	20	20	21	21	22	23	23	24	24	25	23 2	24 1	25 12
15	15	16	16	17	18	18	19	19	20	19	20	21	21	22	22	23	24	24	25	25	26	24	25	26
16冬	16	17	17	18	19	19	20	20	21	20	21	22	22	23	23	24	25	25	26	26	27	25	26	27
17	17	18	18	19	20	20	21	21	22	21	22	23	23	24	24	25	26	26	27	27	28	26	27	28
18	18	19	19	20	21	21	22	22	23	22	23	24	24	25	25	26	27	27	28	28	29	27	28	29
19	19	20	20	21	22	22	23	23	24	23	24	25	25	26	26	27	28	28	29	29	30	28	29	30
20	20	21	21	22	23	23	24	24	25	24	25	26	26	27	27	28	29	29	30	30	31	3	30	31
21	21	22	22	23	24	24	25	25	26	25	26	27	27	28	28	29	30	30	31	5	4	2	31	1
22	22	23	23	24	25	25	26	26	27	26	27	28	28	29	29	30	31	7	6	2	2	3	2	2
23	23	24	24	25	26	26	27	27	28	27	28	29	29	30	30	31	8	2	2	3	3	4	2	3
24	24	25	25	26	27	27	28	28	29	28	29	30	30	31	10	9	2	3	3	4	4	5	3	4
25	25	26	26	27	28	28	29	29	30	29	30	31	12	11	2	2	3	4	4	5	5	6	4	5
26	26	27	27	28	29	29	30	30	31	3	31	1	2	2	3	3	4	5	5	6	6	7	5	6
27	27	28	28	29	30	30	31	5	4	2	2	2	3	3	4	4	5	6	6	7	7	8	6	7
28	28	29	29	30	31	7	6	2	2	3	2	3	4	4	5	5	6	7	7	8	8	9	7	8
29	29	30	30	31	8	2	2	3	3	4	3	4	5	5	6	6	7	8	8	9	9	10	8	9
30十二	30	31	10	9	2	3	3	4	4	5	4	5	6	6	7	7	8	9	9	10	10	11	9	10
31	12十一	11十	2	2	3	4	4	5	5	6	5	6	7	7	8	8	9	10	10	11	11	12	10	11
日	2	2	3九	3八	4	5	5	6	6	7	6	7	8	8	9	9	10	11	11	12	12	13	11	12
曜	3 12	3 11	4	4	5七	6	6	7	7	8	7	8	9	9	10	10	11	12	12	13	13	14	12	13
表	4	4	5 10	5 9	6	7六	7五	8	8	9	8	9	10	10	11	11	12	13	13	14	14	15	13	14
6	5	5	6	6	7 8	8 7	8	9四	9三	10二	9正	10	11	11	12	12	13	14	14	15	15	16	14	15
甲	6	6	7	7	8	9	9 6	10 5	10	11	10	11十二	12十一	12	13	13	14	15	15	16	16	17	15	16
子	7	7	8	8	9	10	10	11	11 4	12 3	11	12	13	13十	14九	14	15	16	16	17	17	18	16	17
表	8	8	9	9	10	11	11	12	12	13	12 2	13 1	14	14	15	15八	16七	17	17	18	18	19	17	18
13	9	9	10	10	11	12	12	13	13	14	13	14	15 12	15 11	16	16	17	18六	18	19	19	20	18	19
	10	10	11	11	12	13	13	14	14	15	14	15	16	16	17 10	17 9	18	19	19閏	20五	20	21	19	20

九三四
甲午
唐應順元 閔帝
唐清泰元 末帝四月改
遼天顯九

九三三
癸巳
唐長興四
遼天顯八

323												322											321
22	23	23	24	25	25	26	26	27	25	26	27	27	28	28	29	30	30	31	5	4	2	31 2	1 1
23	24	24	25	26	26	27	27	28	26	27	28	28	29	29	30	31	7	6	2	2	3	2	2
24	25	25	26	27	27	28	28	29	27	28	29	29	30	30	31	8	2	2	3	3	4	2	3
25	26	26	27	28	28	29	29	30	28	29	30	30	31	10	9	2	3	3	4	4	5	3	4
26	27	27	28	29	29	30	30	31	3	30	31	12	11	2	2	3	4	4	5	5	6	4	5
27	28	28	29	30	30	31	5	4	2	31	1	2	2	3	3	4	5	5	6	6	7	5	6
28	29	29	30	31	7	6	2	2	3	2	2	3	3	4	4	5	6	6	7	7	8	6	7
29	30	30	31	8	2	2	3	3	4	2	3	4	4	5	5	6	7	7	8	8	9	7	8
30	31	10	9	2	3	3	4	4	5	3	4	5	5	6	6	7	8	8	9	9	10	8	9
12	11	2	2	3	4	4	5	5	6	4	5	6	6	7	7	8	9	9	10	10	11	9	10
2	2	3	3	4	5	5	6	6	7	5	6	7	7	8	8	9	10	10	11	11	12	10	11
3	3	4	4	5	6	6	7	7	8	6	7	8	8	9	9	10	11	11	12	12	13	11	12
4	4	5	5	6	7	7	8	8	9	7	8	9	9	10	10	11	12	12	13	13	14	12	13
5	5	6	6	7	8	8	9	9	10	8	9	10	10	11	11	12	13	13	14	14	15	13	14
6	6	7	7	8	9	9	10	10	11	9	10	11	11	12	12	13	14	14	15	15	16	14	15
7	7	8	8	9	10	10	11	11	12	10	11	12	12	13	13	14	15	15	16	16	17	15	16
8	8	9	9	10	11	11	12	12	13	11	12	13	13	14	14	15	16	16	17	17	18	16	17
9 十一	9	10	10	11	12	12	13	13	14	12	13	14	14	15	15	16	17	17	18	18	19	17	18
10	10 十	11 九	11	12	13	13	14	14	15	13	14	15	15	16	16	17	18	18	19	19	20	18	19
11 1	11	12	12 八	13 七	14	14	15	15	16	14	15	16 冬	16	17	17	18	19	19	20	20	21	19	20
12	12 12	13 11	13	14	15 六	15 五	16 四	16	17	15	16	17	17	18	18	19	20	20	21	21	22	20	21
13	13	14	14 10	15 9	16	16	17	17 三	18 二	16	17	18	18	19	19	20	21	21	22	22	23	21	22
14	14	15	15	16	17 8	17 7	18	18	19	17 閏	18 正	19	19	20	20	21	22	22	23	23	24	22	23
15	15	16	16	17	18	18	19 6	19 5	20	18	19	20 十二	20 十一	21	21	22	23	23	24	24	25	23	24
16	16	17	17	18	19	19	20	20	21 4	19 3	20	21	21	22 十	22 九	23	24	24	25	25	26	24	25
17 冬	17	18	18	19	20	20	21	21	22	20	21 2	22 1	22 12	23 11	23	24 八	25 七	25	26	26	27	25	26
18	18	19	19	20	21	21	22	22	23	21	22	23	23	24	24 10	25 9	26	26 六	27 五	27	28	26	27
19	19	20	20	21	22	22	23	23	24	22	23	24	24	25	25	26	27 8	27 7	28	28 四	29 三	27 二	28
20	20	21	21	22	23	23	24	24	25	23	24	25	25	26	26	27	28	28	29 6	29 5	30	28	29 正
21	21	22	22	23	24	24	25	25	26	24	25	26	26	27	27	28	29	29	30	30	31 4	3 3	30

九三六
丙申
晉天福元（高祖十一月改）
遼天顯一一

325

九三五
乙未
唐清泰二
遼天顯一〇

324

11	11	12	12	13	14	14	15	15	16	15	16	17冬	17	18	18	19	20	20	21	21	22	20	21	22
12	12	13	13	14	15	15	16	16	17	16	17	18	18	19	19	20	21	21	22	22	23	21	22	23
13	13	14	14	15	16	16	17	17	18	17	18	19	19	20	20	21	22	22	23	23	24	22	23	24
14	14	15	15	16	17	17	18	18	19	18	19	20	20	21	21	22	23	23	24	24	25	23	24	25
15	15	16	16	17	18	18	19	19	20	19	20	21	21	22	22	23	24	24	25	25	26	24	25	26
16冬	16	17	17	18	19	19	20	20	21	20	21	22	22	23	23	24	25	25	26	26	27	25	26	27
17閏	17十一	18十	18	19	20	20	21	21	22	21	22	23	23	24	24	25	26	26	27	27	28	26	27	28
18	18	19	19九	20八	21七	21	22	22	23	22	23	24	24	25	25	26	27	27	28	28	29	27	28	29
19 2	19 1	20 12	20 11	21	22	22六	23	23	24	23	24	25	25	26	26	27	28	28	29	29	30	28	29	30
20	20	21	21	22 10	23 9	23	24五	24四	25	24	25	26	26	27	27	28	29	29	30	30	31	**3**	30	31
21	21	22	22	23	24	24 8	25 7	25	26三	25二	26	27	27	28	28	29	30	30	31	**5**	**4**	2	31	**1**
22	22	23	23	24	25	25	26	26 6	27 5	26	27正	28	28	29	29	30	31	**7**	**6**	2	2	3	**2**	2
23	23	24	24	25	26	26	27	27	28	27 4	28 3	29十二	29十一	30十	30	31	**8**	2	2	3	3	4	2	3
24	24	25	25	26	27	27	28	28	29	28	29	30 2	30 1	31	**10**九	**9**八	2七	3	3	4	4	5	3	4
25	25	26	26	27	28	28	29	29	30	29	30	31	**12**	**11** 12	2 11	2	3	4六	4五	5	5	6	4	5
26	26	27	27	28	29	29	30	30	31	**3**	31	**1**	2	2	3	3 10	4 9	5	5	6四	6三	7	5	6
27	27	28	28	29	30	30	31	**5**	**4**	2	**2**	2	3	3	4	4	5	6 8	6 7	7	7	8二	6正	7
28	28	29	29	30	31	**7**	**6**	2	2	3	2	3	4	4	5	5	6	7	7	8 6	8 5	9	7	8十二
29	29	30	30	31	**8**	2	2	3	3	4	3	4	5	5	6	6	7	8	8	9	9	10 4	8 3	9
30	30	31	**10**	**9**	2	3	3	4	4	5	4	5	6	6	7	7	8	9	9	10	10	11	9	10 2
31	**12**	**11**	2	2	3	4	4	5	5	6	5	6	7	7	8	8	9	10	10	11	11	12	10	11
日	2	2	3	3	4	5	5	6	6	7	6	7	8	8	9	9	10	11	11	12	12	13	11	12
曜	3	3	4	4	5	6	6	7	7	8	7	8	9	9	10	10	11	12	12	13	13	14	12	13
表	4	4	5	5	6	7	7	8	8	9	8	9	10	10	11	11	12	13	13	14	14	15	13	14
7	5	5	6	6	7	8	8	9	9	10	9	10	11	11	12	12	13	14	14	15	15	16	14	15
甲	6	6	7	7	8	9	9	10	10	11	10	11	12	12	13	13	14	15	15	16	16	17	15	16
子	7	7	8	8	9	10	10	11	11	12	11	12	13	13	14	14	15	16	16	17	17	18	16	17
表	8	8	9	9	10	11	11	12	12	13	12	13	14	14	15	15	16	17	17	18	18	19	17	18
14	9	9	10	10	11	12	12	13	13	14	13	14	15	15	16	16	17	18	18	19	19	20	18	19
	10	10	11	11	12	13	13	14	14	15	14	15	16	16	17	17	18	19	19	20	20	21	19	20

九三八　戊戌　晉天福三　遼會同元 改十一月

九三七　丁酉　晉天福二　遼天顯一二

327												326											
22	23	23	24	25	25	26	26	27	25	26	27	27	28	28	29	30	30	31	**5**	**4**	2	31	**1**
23	24	24	25	26	26	27	27	28	26	27	28	28	29	29	30	31	**7**	**6**	2	2	3	**2**	2
24	25	25	26	27	27	28	28	29	27	28	29	29	30	30	31	**8**	2	2	3	3	4	2	3
25 十一	26 十	26	27	28	28	29	29	30	28	29	30	30	31	**10**	**9**	2	3	3	4	4	5	3	4
26	27	27 九	28 八	29	29	30	30	31	**3**	30	31	**12**	**11**	2	2	3	4	4	5	5	6	4	5
27	28	28	29	30 七	30 六	31	**5**	**4**	2	31	**1**	2	2	3	3	4	5	5	6	6	7	5	6
28 2	29 1	29 12	30 11	31	**7**	**6** 五	2	2	3	**2**	2	3	3	4	4	5	6	6	7	7	8	6	7
29	30	30	31	**8** 10	2 9	2	3 四	3 三	4 二	2 正	3	4	4	5	5	6	7	7	8	8	9	7	8
30	31	**10**	**9**	2	3	3 8	4 7	4	5	3	4 十二	5	5	6	6	7	8	8	9	9	10	8	9
12	**11**	2	2	3	4	4	5	5 6	6 5	4	5	6 十一	6 十	7 九	7	8	9	9	10	10	11	9	10
2	2	3	3	4	5	5	6	6	7	5 4	6 3	7	7	8	8 八	9 七	10	10	11	11	12	10	11
3	3	4	4	5	6	6	7	7	8	6	7	8 2	8 1	9	9	10	11 六	11 五	12	12	13	11	12
4	4	5	5	6	7	7	8	8	9	7	8	9	9	10 12	10 11	11	12	12	13 四	13	14	12	13
5	5	6	6	7	8	8	9	9	10	8	9	10	10	11	11	12 10	13 9	13	14	14 三	15 二	13 正	14
6	6	7	7	8	9	9	10	10	11	9	10	11	11	12	12	13	14	14 8	15 7	15	16	14	15 十二
7	7	8	8	9	10	10	11	11	12	10	11	12	12	13	13	14	15	15	16	16 6	17 5	15	16
8	8	9	9	10	11	11	12	12	13	11	12	13	13	14	14	15	16	16	17	17	18	16 4	17 3
9	9	10	10	11	12	12	13	13	14	12	13	14	14	15	15	16	17	17	18	18	19	17	18
10	10	11	11	12	13	13	14	14	15	13	14	15	15	16	16	17	18	18	19	19	20	18	19
11	11	12	12	13	14	14	15	15	16	14	15	16 冬	16	17	17	18	19	19	20	20	21	19	20
12	12	13	13	14	15	15	16	16	17	15	16	17	17	18	18	19	20	20	21	21	22	20	21
13	13	14	14	15	16	16	17	17	18	16	17	18	18	19	19	20	21	21	22	22	23	21	22
14	14	15	15	16	17	17	18	18	19	17	18	19	19	20	20	21	22	22	23	23	24	22	23
15	15	16	16	17	18	18	19	19	20	18	19	20	20	21	21	22	23	23	24	24	25	23	24
16 冬	16	17	17	18	19	19	20	20	21	19	20	21	21	22	22	23	24	24	25	25	26	24	25
17	17	18	18	19	20	20	21	21	22	20	21	22	22	23	23	24	25	25	26	26	27	25	26
18	18	19	19	20	21	21	22	22	23	21	22	23	23	24	24	25	26	26	27	27	28	26	27
19	19	20	20	21	22	22	23	23	24	22	23	24	24	25	25	26	27	27	28	28	29	27	28
20	20	21	21	22	23	23	24	24	25	23	24	25	25	26	26	27	28	28	29	29	30	28	29
21	21	22	22	23	24	24	25	25	26	24	25	26	26	27	27	28	29	29	30	30	31	**3**	30

九三九
己亥
晋天福四
遼會同二

328

九四〇
庚子
晋天福五
遼會同三

329

11	11	12	12	13	14	14	15	15	16	15	16	17 冬	17 2	18 1	18	19	20	20 六	21	21	22	20	21	22
12	12	13	13	14	15	15	16	16	17	16	17	18	18	19	19 12	20 11	21	21	22 五	22 四	23	21	22	23
13	13	14	14	15	16	16	17	17	18	17	18	19	19	20	20	21	22 10	22 9	23	23	24 三	22 二	23 正	24
14	14	15	15	16	17	17	18	18	19	18	19	20	20	21	21	22	23	23	24 8	24 7	25	23	24	25 十二
15	15	16	16	17	18	18	19	19	20	19	20	21	21	22	22	23	24	24	25	25	26 6	24 5	25	26
16 冬	16	17	17	18	19	19	20	20	21	20	21	22	22	23	23	24	25	25	26	26	27	25	26 4	27 3
17	17	18	18	19	20	20	21	21	22	21	22	23	23	24	24	25	26	26	27	27	28	26	27	28
18	18	19	19	20	21	21	22	22	23	22	23	24	24	25	25	26	27	27	28	28	29	27	28	29
19	19	20	20	21	22	22	23	23	24	23	24	25	25	26	26	27	28	28	29	29	30	28	29	30
20	20	21	21	22	23	23	24	24	25	24	25	26	26	27	27	28	29	29	30	30	31	**3**	30	31
21	21	22	22	23	24	24	25	25	26	25	26	27	27	28	28	29	30	30	31	**5**	**4**	2	31	**1**
22	22	23	23	24	25	25	26	26	27	26	27	28	28	29	29	30	31	**7**	**6**	2	2	3	**2**	2
23	23	24	24	25	26	26	27	27	28	27	28	29	29	30	30	31	**8**	2	2	3	3	4	2	3
24	24	25	25	26	27	27	28	28	29	28	29	30	30	31	**10**	**9**	2	3	3	4	4	5	3	4
25	25	26	26	27	28	28	29	29	30	29	30	31	**12**	**11**	2	2	3	4	4	5	5	6	4	5
26	26	27	27	28	29	29	30	30	31	**3**	31	**1**	2	2	3	3	4	5	5	6	6	7	5	6
27	27	28	28	29	30	30	31	**5**	**4**	2	**2**	2	3	3	4	4	5	6	6	7	7	8	6	7
28	28	29	29	30	31	**7**	**6**	2	2	3	2	3	4	4	5	5	6	7	7	8	8	9	7	8
29	29	30	30	31	**8**	2	2	3	3	4	3	4	5	5	6	6	7	8	8	9	9	10	8	9
30	30	31	**10**	**9**	2	3	3	4	4	5	4	5	6	6	7	7	8	9	9	10	10	11	9	10
31	**12**	**11**	2	2	3	4	4	5	5	6	5	6	7	7	8	8	9	10	10	11	11	12	10	11
日	2 十一	2	3	3	4	5	5	6	6	7	6	7	8	8	9	9	10	11	11	12	12	13	11	12
曜	3	3 十	4 九	4	5	6	6	7	7	8	7	8	9	9	10	10	11	12	12	13	13	14	12	13
表	4 3	4	5	5 八	6 七	7	7	8	8	9	8	9	10	10	11	11	12	13	13	14	14	15	13	14
1	5	5 2	6 1	6	7	8 六	8	9	9	10	9	10	11	11	12	12	13	14	14	15	15	16	14	15
甲	6	6	7	7 12	8 11	9	9 五	10 四	10	11	10	11	12	12	13	13	14	15	15	16	16	17	15	16
子	7	7	8	8	9	10 10	10 9	11	11 三	12 二	11 正	12 十二	13	13	14	14	15	16	16	17	17	18	16	17
表	8	8	9	9	10	11	11	12 8	12 7	13	12	13	14 十一	14 十	15	15	16	17	17	18	18	19	17	18
15	9	9	10	10	11	12	12	13	13	14 6	13 5	14	15	15	16 九	16 八	17	18	18	19	19	20	18	19
	10	10	11	11	12	13	13	14	14	15	14	15 4	16 3	16	17	17	18 閏	19 七	19	20	20	21	19	20

九四二 壬寅 晉天福七（少帝即位不改） 遼會同五 331

九四一 辛丑 晉天福六 遼會同四 330

22	23	23	24	25	25	26	26	27	25	26	27	27	28	28	29	30	30	31	**5** 8	**4** 7	2	31	**1** 十二
23	24	24	25	26	26	27	27	28	26	27	28	28	29	29	30	31	**7**	**6**	2	2	3 6	**2** 5	2
24	25	25	26	27	27	28	28	29	27	28	29	29	30	30	31	**8**	2	2	3	3	4	2	3 4
25	26	26	27	28	28	29	29	30	28	29	30	30	31	**10**	**9**	2	3	3	4	4	5	3	4
26	27	27	28	29	29	30	30	31	**3**	30	31	**12**	**11**	2	2	3	4	4	5	5	6	4	5
27	28	28	29	30	30	31	**5**	**4**	2	31	**1**	2	2	3	3	4	5	5	6	6	7	5	6
28	29	29	30	31	**7**	**6**	2	2	3	**2**	2	3	3	4	4	5	6	6	7	7	8	6	7
29	30	30	31	**8**	2	2	3	3	4	2	3	4	4	5	5	6	7	7	8	8	9	7	8
30	31	**10**	**9**	2	3	3	4	4	5	3	4	5	5	6	6	7	8	8	9	9	10	8	9
12	**11**	2	2	3	4	4	5	5	6	4	5	6	6	7	7	8	9	9	10	10	11	9	10
2	2	3	3	4	5	5	6	6	7	5	6	7	7	8	8	9	10	10	11	11	12	10	11
3	3	4	4	5	6	6	7	7	8	6	7	8	8	9	9	10	11	11	12	12	13	11	12
4	4	5	5	6	7	7	8	8	9	7	8	9	9	10	10	11	12	12	13	13	14	12	13
5	5	6	6	7	8	8	9	9	10	8	9	10	10	11	11	12	13	13	14	14	15	13	14
6	6	7	7	8	9	9	10	10	11	9	10	11	11	12	12	13	14	14	15	15	16	14	15
7	7	8	8	9	10	10	11	11	12	10	11	12	12	13	13	14	15	15	16	16	17	15	16
8	8	9	9	10	11	11	12	12	13	11	12	13	13	14	14	15	16	16	17	17	18	16	17
9	9	10	10	11	12	12	13	13	14	12	13	14	14	15	15	16	17	17	18	18	19	17	18
10	10	11	11	12	13	13	14	14	15	13	14	15	15	16	16	17	18	18	19	19	20	18	19
11 十二	11 十	12	12	13	14	14	15	15	16	14	15	16 冬	16	17	17	18	19	19	20	20	21	19	20
12	12	13 九	13 八	14	15	15	16	16	17	15	16	17	17	18	18	19	20	20	21	21	22	20	21
13 4	13 3	14	14	15 七	16 六	16	17	17	18	16	17	18	18	19	19	20	21	21	22	22	23	21	22
14	14	15 2	15 1	16	17	17 五	18 四	18 閏	19	17	18	19	19	20	20	21	22	22	23	23	24	22	23
15	15	16	16	17 12	18 11	18	19	19	20 三	18 二	19	20	20	21	21	22	23	23	24	24	25	23	24
16 冬	16	17	17	18	19	19 10	20 9	20	21	19	20 正	21 十二	21	22	22	23	24	24	25	25	26	24	25
17	17	18	18	19	20	20	21	21 8	22 7	20	21	22	22 十一	23 十	23	24	25	25	26	26	27	25	26
18	18	19	19	20	21	21	22	22	23	21 6	22 5	23	23	24	24 九	25 八	26	26	27	27	28	26	27
19	19	20	20	21	22	22	23	23	24	22	23	24 4	24 3	25	25	26	27 七	27	28	28	29	27	28
20	20	21	21	22	23	23	24	24	25	23	24	25	25	26 2	26 1	27 12	28 11	28 六	29 五	29 四	30	28	29
21	21	22	22	23	24	24	25	25	26	24	25	26	26	27	27	28	29	29 10	30 9	30	31 三	**3** 二	30 正

九四三
癸卯
晉天福八
遼會同六

332

九四四
甲辰
晉開運元 七月改
遼會同七

333

11	11	12	12	13	14	14	15	15	16	15	16	17冬	17	18	18	19	20	20	21	21	22	20	21	22
12	12	13	13	14	15	15	16	16	17	16	17	18	18	19	19	20	21	21	22	22	23	21	22	23
13	13	14	14	15	16	16	17	17	18	17	18	19	19	20	20	21	22	22	23	23	24	22	23	24
14	14	15	15	16	17	17	18	18	19	18	19	20	20	21	21	22	23	23	24	24	25	23	24	25
15	15	16	16	17	18	18	19	19	20	19	20	21	21	22	22	23	24	24	25	25	26	24	25	26
16冬	16	17	17	18	19	19	20	20	21	20	21	22	22	23	23	24	25	25	26	26	27	25	26	27
17	17	18	18	19	20	20	21	21	22	21	22	23	23	24	24	25	26	26	27	27	28	26	27	28
18十二	18	19	19	20	21	21	22	22	23	22	23	24	24	25	25	26	27	27	28	28	29	27	28	29
19	19十一	20十	20九	21	22	22	23	23	24	23	24	25	25	26	26	27	28	28	29	29	30	28	29	30
20 5	20	21	21	22八	23七	23六	24	24	25	24	25	26	26	27	27	28	29	29	30	30	31	3	30	31
21	21 4	22 3	22	23	24	24	25五	25	26	25	26	27	27	28	28	29	30	30	31	5	4	2	31	1
22	22	23	23 2	24 1	25 12	25 11	26	26四	27三	26	27	28	28	29	29	30	31	7	6	2	2	3	2	2
23	23	24	24	25	26	26	27 10	27 9	28	27二	28正	29	29	30	30	31	8	2	2	3	3	4	2	3
24	24	25	25	26	27	27	28	28	29 8	28 7	29	30十二	30十一	31	10	9	2	3	3	4	4	5	3	4
25	25	26	26	27	28	28	29	29	30	29	30 6	31 5	12	11十	2九	2	3	4	4	5	5	6	4	5
26	26	27	27	28	29	29	30	30	31	3	31	1	2 4	2 3	3	3八	4七	5六	5	6	6	7	5	6
27	27	28	28	29	30	30	31	5	4	2	2	2	3	3	4 2	4 1	5	6	6五	7四	7	8	6	7
28	28	29	29	30	31	7	6	2	2	3	2	3	4	4	5	5	6 12	7 11	7	8	8三	9二	7	8
29	29	30	30	31	8	2	2	3	3	4	3	4	5	5	6	6	7	8	8 10	9 9	9	10	8正	9十二
30	30	31	10	9	2	3	3	4	4	5	4	5	6	6	7	7	8	9	9	10	10 8	11 7	9	10
31	12	11	2	2	3	4	4	5	5	6	5	6	7	7	8	8	9	10	10	11	11	12	10 6	11 5
日	2	2	3	3	4	5	5	6	6	7	6	7	8	8	9	9	10	11	11	12	12	13	11	12
曜	3	3	4	4	5	6	6	7	7	8	7	8	9	9	10	10	11	12	12	13	13	14	12	13
表	4	4	5	5	6	7	7	8	8	9	8	9	10	10	11	11	12	13	13	14	14	15	13	14
2	5	5	6	6	7	8	8	9	9	10	9	10	11	11	12	12	13	14	14	15	15	16	14	15
甲	6	6	7	7	8	9	9	10	10	11	10	11	12	12	13	13	14	15	15	16	16	17	15	16
子	7	7	8	8	9	10	10	11	11	12	11	12	13	13	14	14	15	16	16	17	17	18	16	17
表	8	8	9	9	10	11	11	12	12	13	12	13	14	14	15	15	16	17	17	18	18	19	17	18
16	9	9	10	10	11	12	12	13	13	14	13	14	15	15	16	16	17	18	18	19	19	20	18	19
	10	10	11	11	12	13	13	14	14	15	14	15	16	16	17	17	18	19	19	20	20	21	19	20

九四六 丙午 晉開運三 遼會同九

335

九四五 乙巳 晉開運二 遼會同八

334

22	23	23	24	25	25	26	26	27	25	26	27	27	28	28	29	30	30	31	**5**	**4**	2	31	**1**
23	24	24	25	26	26	27	27	28	26	27	28	28	29	29	30	31	**7**	**6**	2	2	3	**2**	2
24	25	25	26	27	27	28	28	29	27	28	29	29	30	30	31	**8**	2	2	3	3	4	2	3
25	26	26	27	28	28	29	29	30	28	29	30	30	31	**10**	**9**	2	3	3	4	4	5	3	4
26	27	27	28	29	29	30	30	31	**3**	30	31	**12**	**11**	2	2	3	4	4	5	5	6	4	5
27 十一	28 十	28 九	29	30	30	31	**5**	**4**	2	31	**1**	2	2	3	3	4	5	5	6	6	7	5	6
28 5	29	29	30 八	31 七	**7**	**6**	2	2	3	**2**	2	3	3	4	4	5	6	6	7	7	8	6	7
29	30 4	30 3	31	**8**	2 六	2 五	3	3	4	2	3	4	4	5	5	6	7	7	8	8	9	7	8
30	31	**10**	**9** 2	2 1	3	3	4 四	4	5	3	4	5	5	6	6	7	8	8	9	9	10	8	9
12	**11**	2	2	3	4 12	4 11	5	5 三	6 二	4	5	6	6	7	7	8	9	9	10	10	11	9	10
2	2	3	3	4	5	5	6 10	6 9	7	5 正	6 十二	7	7	8	8	9	10	10	11	11	12	10	11
3	3	4	4	5	6	6	7	7	8 8	6 7	7	8 十一	8 十	9 九	9 八	10	11	11	12	12	13	11	12
4	4	5	5	6	7	7	8	8	9	7	8 6	9 5	9	10	10	11 七	12 六	12	13	13	14	12	13
5	5	6	6	7	8	8	9	9	10	8	9	10	10 4	11 3	11	12	13	13 五	14 四	14	15	13	14
6	6	7	7	8	9	9	10	10	11	9	10	11	11	12	12 2	13 1	14	14	15	15 三	16	14	15
7	7	8	8	9	10	10	11	11	12	10	11	12	12	13	13	14	15 12	15 11	16	16	17 二	15 正	16
8	8	9	9	10	11	11	12	12	13	11	12	13	13	14	14	15	16	16	17 10	17 9	18	16	17 閏
9	9	10	10	11	12	12	13	13	14	12	13	14	14	15	15	16	17	17	18	18	19 8	17 7	18
10	10	11	11	12	13	13	14	14	15	13	14	15	15	16	16	17	18	18	19	19	20	18	19 6
11	11	12	12	13	14	14	15	15	16	14	15	16 冬	16	17	17	18	19	19	20	20	21	19	20
12	12	13	13	14	15	15	16	16	17	15	16	17	17	18	18	19	20	20	21	21	22	20	21
13	13	14	14	15	16	16	17	17	18	16	17	18	18	19	19	20	21	21	22	22	23	21	22
14	14	15	15	16	17	17	18	18	19	17	18	19	19	20	20	21	22	22	23	23	24	22	23
15	15	16	16	17	18	18	19	19	20	18	19	20	20	21	21	22	23	23	24	24	25	23	24
16 冬	16	17	17	18	19	19	20	20	21	19	20	21	21	22	22	23	24	24	25	25	26	24	25
17	17	18	18	19	20	20	21	21	22	20	21	22	22	23	23	24	25	25	26	26	27	25	26
18	18	19	19	20	21	21	22	22	23	21	22	23	23	24	24	25	26	26	27	27	28	26	27
19	19	20	20	21	22	22	23	23	24	22	23	24	24	25	25	26	27	27	28	28	29	27	28
20	20	21	21	22	23	23	24	24	25	23	24	25	25	26	26	27	28	28	29	29	30	28	29
21	21	22	22	23	24	24	25	25	26	24	25	26	26	27	27	28	29	29	30	30	31	**3**	30

九四八 戊申 漢乾祐元隱帝 遼天祿二

337

九四七 丁未 漢天福二二月復稱高祖二 遼大同元二月改 遼天祿元九月改世宗

336

11	11	12	12	13	14	14	15	15	16	15 8	16 7	17 冬	17	18	18	19 閏	20	20	21	21	22	20	21	22
12	12	13	13	14	15	15	16	16	17	16	17	18 6	18 5	19	19	20	21 七	21 六	22	22	23	21	22	23
13	13	14	14	15	16	16	17	17	18	17	18	19	19	20 4	20 3	21	22	22	23 五	23	24	22	23	24
14	14	15	15	16	17	17	18	18	19	18	19	20	20	21	21	22 2	23 1	23 12	24 11	24 四	25 三	23	24	25
15	15	16	16	17	18	18	19	19	20	19	20	21	21	22	22	23	24	24	25	25 10	26 9	24 二	25 正	26 十二
16 冬	16	17	17	18	19	19	20	20	21	20	21	22	22	23	23	24	25	25	26	26	27	25 8	26 7	27
17	17	18	18	19	20	20	21	21	22	21	22	23	23	24	24	25	26	26	27	27	28	26	27	28 6
18	18	19	19	20	21	21	22	22	23	22	23	24	24	25	25	26	27	27	28	28	29	27	28	29
19	19	20	20	21	22	22	23	23	24	23	24	25	25	26	26	27	28	28	29	29	30	28	29	30
20	20	21	21	22	23	23	24	24	25	24	25	26	26	27	27	28	29	29	30	30	31	**3**	30	31
21	21	22	22	23	24	24	25	25	26	25	26	27	27	28	28	29	30	30	31	**5**	**4**	2	31	**1**
22	22	23	23	24	25	25	26	26	27	26	27	28	28	29	29	30	31	**7**	**6**	2	2	3	**2**	2
23	23	24	24	25	26	26	27	27	28	27	28	29	29	30	30	31	**8**	2	2	3	3	4	2	3
24	24	25	25	26	27	27	28	28	29	28	29	30	30	31	**10**	**9**	2	3	3	4	4	5	3	4
25	25	26	26	27	28	28	29	29	30	29	30	31	**12**	**11**	2	2	3	4	4	5	5	6	4	5
26	26	27	27	28	29	29	30	30	31	**3**	31	**1**	2	2	3	3	4	5	5	6	6	7	5	6
27	27	28	28	29	30	30	31	**5**	**4**	2	**2**	2	3	3	4	4	5	6	6	7	7	8	6	7
28	28	29	29	30	31	**7**	**6**	2	2	3	2	3	4	4	5	5	6	7	7	8	8	9	7	8
29	29	30	30	31	**8**	2	2	3	3	4	3	4	5	5	6	6	7	8	8	9	9	10	8	9
30	30	31	**10**	**9**	2	3	3	4	4	5	4	5	6	6	7	7	8	9	9	10	10	11	9	10
31	**12**	**11**	2	2	3	4	4	5	5	6	5	6	7	7	8	8	9	10	10	11	11	12	10	11
日	2	2	3	3	4	5	5	6	6	7	6	7	8	8	9	9	10	11	11	12	12	13	11	12
曜	3	3	4	4	5	6	6	7	7	8	7	8	9	9	10	10	11	12	12	13	13	14	12	13
表	4 十一	4 十	5 九	5	6	7	7	8	8	9	8	9	10	10	11	11	12	13	13	14	14	15	13	14
3	5	5	6	6 八	7	8	8	9	9	10	9	10	11	11	12	12	13	14	14	15	15	16	14	15
甲	6 6	6 5	7	7	8 七	9 六	9	10	10	11	10	11	12	12	13	13	14	15	15	16	16	17	15	16
子	7	7	8 4	8 3	9	10	10 五	11	11	12	11	12	13	13	14	14	15	16	16	17	17	18	16	17
表	8	8	9	9	10 2	11 1	11	12 四	12 三	13	12	13	14	14	15	15	16	17	17	18	18	19	17	18
17	9	9	10	10	11	12	12 12	13 11	13	14 二	13 正	14 十二	15 十一	15	16	16	17	18	18	19	19	20	18	19
	10	10	11	11	12	13	13	14	14 10	15 9	14	15	16	16 十	17 九	17 八	18	19	19	20	20	21	19	20

九五〇 庚戌 漢乾祐三 遼天祿四 339

九四九 己酉 漢乾祐二 遼天祿三 338

22	23	23	24	25	25	26	26	27	25	26	27	27	28	28	4 29	3 30	30	31	五 **5**	四 **4**	三 2	31	**1**
23	24	24	25	26	26	27	27	28	26	27	28	28	29	29	30	31	2 **7**	1 **6**	12 2	11 2	3	二 **2**	正 2 十二
24	25	25	26	27	27	28	28	29	27	28	29	29	30	30	31	**8**	2	2	3	3	10 4	9 2	3
25	26	26	27	28	28	29	29	30	28	29	30	30	31	**10**	**9**	2	3	3	4	4	5	3	8 4 7
26	27	27	28	29	29	30	30	31	**3**	30	31	**12**	**11**	2	2	3	4	4	5	5	6	**4**	5
27	28	28	29	30	30	31	**5**	**4**	2	31	**1**	2	2	3	3	**4**	5	5	6	6	7	5	6
28	29	29	30	31	**7**	**6**	2	2	3	**2**	2	3	3	4	4	5	6	6	7	7	8	6	7
29	30	30	31	**8**	2	2	3	3	4	2	3	4	4	5	5	6	7	7	8	8	9	7	8
30	31	**10**	**9**	2	3	3	4	4	5	3	4	5	5	6	6	7	8	8	9	9	10	8	9
12	**11**	2	2	3	4	4	5	5	6	4	5	6	6	7	7	8	9	9	10	10	11	9	10
2	2	3	3	4	5	5	6	6	7	5	6	7	7	8	8	9	10	10	11	11	12	10	11
3	3	4	4	5	6	6	7	7	8	6	7	8	8	9	9	10	11	11	12	12	13	11	12
4	4	5	5	6	7	7	8	8	9	7	8	9	9	10	10	11	12	12	13	13	14	12	13
5	5	6	6	7	8	8	9	9	10	8	9	10	10	11	11	12	13	13	14	14	15	13	14
6	6	7	7	8	9	9	10	10	11	9	10	11	11	12	12	13	14	14	15	15	16	14	15
7	7	8	8	9	10	10	11	11	12	10	11	12	12	13	13	14	15	15	16	16	17	15	16
8	8	9	9	10	11	11	12	12	13	11	12	13	13	14	14	15	16	16	17	17	18	16	17
9	9	10	10	11	12	12	13	13	14	12	13	14	14	15	15	16	17	17	18	18	19	17	18
10	10	11	11	12	13	13	14	14	15	13	14	15	15	16	16	17	18	18	19	19	20	18	19
11	11	12	12	13	14	14	15	15	16	14	15	16	冬 16	17	17	18	19	19	20	20	21	19	20
12	十一 12	13	13	14	15	15	16	16	17	15	16	17	17	18	18	19	20	20	21	21	22	20	21
13	13	十 14	九 14	15	16	16	17	17	18	16	17	18	18	19	19	20	21	21	22	22	23	21	22
14	7 14	15	15	八 16	七 17	17	18	18	19	17	18	19	19	20	20	21	22	22	23	23	24	22	23
15	15	6 16	5 16	17	18	六 18	閏 19	19	20	18	19	20	20	21	21	22	23	23	24	24	25	23	24
16	冬 16	17	17	4 18	3 19	19	20	五 20	四 21	三 19	20	21	21	22	22	23	24	24	25	25	26	24	25
17	17	18	18	19	20	2 20	1 21	21	22	20	二 21	正 22	22	23	23	24	25	25	26	26	27	25	26
18	18	19	19	20	21	21	22	12 22	11 23	21	22	23	十二 23	十一 24	十 24	25	26	26	27	27	28	26	27
19	19	20	20	21	22	22	23	23	24	10 22	9 23	24	24	25	25	九 26	27	27	28	28	29	27	28
20	20	21	21	22	23	23	24	24	25	23	24	8 25	7 25	26	26	27	八 28	七 28	29	29	30	28	29
21	21	22	22	23	24	24	25	25	26	24	25	26	26	6 27	5 27	28	29	29	六 30	30	31	**3**	30

九五二 壬子 周廣順二 遼應厤二

九五一 辛亥 周廣順元 太祖 遼應厤元 穆宗 九月改

341 340

11	11	12	12	13	14	14	15	15	16	15	16	17冬	17	18	18	19	20	20	21	21	22	20	21	22
12	12	13	13	14	15	15	16	16	17	16	17	18	18	19	19	20	21	21	22	22	23	21	22	23
13	13	14	14	15	16	16	17	17	18	17	18	19	19	20	20	21	22	22	23	23	24	22	23	24
14	14	15	15	16	17	17	18	18	19	18	19	20	20	21	21	22	23	23	24	24	25	23	24	25
15	15	16	16	17	18	18	19	19	20	19	20	21	21	22	22	23	24	24	25	25	26	24	25	26
16冬	16	17	17	18	19	19	20	20	21	20	21	22	22	23	23	24	25	25	26	26	27	25	26	27
17	17	18	18	19	20	20	21	21	22	21	22	23	23	24	24	25	26	26	27	27	28	26	27	28
18	18	19	19	20	21	21	22	22	23	22	23	24	24	25	25	26	27	27	28	28	29	27	28	29
19	19	20	20	21	22	22	23	23	24	23	24	25	25	26	26	27	28	28	29	29	30	28	29	30
20十二	20十一	21	21	22	23	23	24	24	25	24	25	26	26	27	27	28	29	29	30	30	31	**3**	30	31
21	21	22十	22九	23八	24	24	25	25	26	25	26	27	27	28	28	29	30	30	31	**5**	**4**	2	31	**1**
22 8	22 7	23	23	24	25七	25六	26	26	27	26	27	28	28	29	29	30	31	**7**	**6**	2	2	3	**2**	2
23	23	24 6	24 5	25	26	26	27五	27四	28	27	28	29	29	30	30	31	**8**	2	2	3	3	4	2	3
24	24	25	25	26 4	27 3	27	28	28	29三	28二	29	30	30	31	**10**	**9**	2	3	3	4	4	5	3	4
25	25	26	26	27	28	28 2	29 1	29 12	30 11	29	30正	31十二	**12**	**11**	2	2	3	4	4	5	5	6	4	5
26	26	27	27	28	29	29	30	30	31	**3** 10	31 9	**1**	2十一	2十	3	3	4	5	5	6	6	7	5	6
27	27	28	28	29	30	30	31	**5**	**4**	2	**2**	2 8	3 7	3	4九	4八	5	6	6	7	7	8	6	7
28	28	29	29	30	31	**7**	**6**	2	2	3	2	3	4	4 6	5 5	5	6七	7六	7	8	8	9	7	8
29	29	30	30	31	**8**	2	2	3	3	4	3	4	5	5	6	6 4	7 3	8	8五	9四	9三	10	8	9
30	30	31	**10**	**9**	2	3	3	**4**	**4**	5	4	5	6	6	7	7	8	9 2	9 1	10	10	11二	9正	10
31	**12**	**11**	2	2	3	4	4	5	5	6	5	6	7	7	8	8	9	10	10	11 12	11 11	12	10	11十二
日	2	2	3	3	4	5	5	6	6	7	6	7	8	8	9	9	10	11	11	12	12	13 10	11 9	12
曜	3	3	4	4	5	6	6	7	7	8	7	8	9	9	10	10	11	12	12	13	13	14	12	13 8
表	4	4	5	5	6	7	7	8	8	9	8	9	10	10	11	11	12	13	13	14	14	15	13	14
4	5	5	6	6	7	8	8	9	9	10	9	10	11	11	12	12	13	14	14	15	15	16	14	15
甲	6	6	7	7	8	9	9	10	10	11	10	11	12	12	13	13	14	15	15	16	16	17	15	16
子	7	7	8	8	9	10	10	11	11	12	11	12	13	13	14	14	15	16	16	17	17	18	16	17
表	8	8	9	9	10	11	11	12	12	13	12	13	14	14	15	15	16	17	17	18	18	19	17	18
18	9	9	10	10	11	12	12	13	13	14	13	14	15	15	16	16	17	18	18	19	19	20	18	19
	10	10	11	11	12	13	13	14	14	15	14	15	16	16	17	17	18	19	19	20	20	21	19	20

九五三 癸丑 周廣順三 遼應厤三 342

九五四 甲寅 周顯德元（世宗即位不改） 遼應厤四 343

22	23	23	24	25	25	26	26	27	25	26	27	27	28	28	29	30	30	31	**5**	**4**	2	31	**1**
23	24	24	25	26	26	27	27	28	26	27	28	28	29	29	30	31	**7**	**6**	2	2	3	**2**	2
24	25	25	26	27	27	28	28	29	27	28	29	29	30	30	31	**8**	2	2	3	3	4	2	3
25	26	26	27	28	28	29	29	30	28	29	30	30	31	**10**	**9**	2	3	3	4	4	5	3	4
26	27	27	28	29	29	30	30	31	**3**	30	31	**12**	**11**	2	2	3	4	4	5	5	6	4	5
27	28	28	29	30	30	31	**5**	**4**	2	31	**1**	2	2	3	3	4	5	5	6	6	7	5	6
28 十二	29	29	30	31	**7**	**6**	2	2	3	**2**	2	3	3	4	4	5	6	6	7	7	8	6	7
29	30 十	30 九	31 八	**8**	2	2	3	3	4	2	3	4	4	5	5	6	7	7	8	8	9	7	8
30 **8**	31 **7**	**10**	**9**	2 七	3 六	3	4	4	5	3	4	5	5	6	6	7	8	8	9	9	10	8	9
12	**11**	2 **6**	2 **5**	3	4	4 五	5 四	5	6	4	5	6	6	7	7	8	9	9	10	10	11	9	10
2	2	3	3	4 **4**	5 **3**	5	6	6 三	7	5	6	7	7	8	8	9	10	10	11	11	12	10	11
3	3	4	4	5	6	6 **2**	7 **1**	7	8 二	6 正	7	8	8	9	9	10	11	11	12	12	13	11	12
4	4	5	5	6	7	7	8	8 **12**	9 **11**	7	8 十二	9 十一	9	10	10	11	12	12	13	13	14	12	13
5	5	6	6	7	8	8	9	9	10	8 **10**	9 **9**	10	10 十	11 九	11 八	12 七	13	13	14	14	15	13	14
6	6	7	7	8	9	9	10	10	11	9	10	11 **8**	11 **7**	12	12	13	14 六	14 五	15	15	16	14	15
7	7	8	8	9	10	10	11	11	12	10	11	12	12	13 **6**	13 **5**	14	15	15	16 四	16 三	17	15	16
8	8	9	9	10	11	11	12	12	13	11	12	13	13	14	14	15 **4**	16 **3**	16	17	17	18 二	16	17
9	9	10	10	11	12	12	13	13	14	12	13	14	14	15	15	16	17	17 **2**	18 **1**	18	19	17 閏	18 正
10	10	11	11	12	13	13	14	14	15	13	14	15	15	16	16	17	18	18	19	19 **12**	20 **11**	18	19
11	11	12	12	13	14	14	15	15	16	14	15	16 冬	16	17	17	18	19	19	20	20	21	19 **10**	20 **9**
12	12	13	13	14	15	15	16	16	17	15	16	17	17	18	18	19	20	20	21	21	22	20	21
13	13	14	14	15	16	16	17	17	18	16	17	18	18	19	19	20	21	21	22	22	23	21	22
14	14	15	15	16	17	17	18	18	19	17	18	19	19	20	20	21	22	22	23	23	24	22	23
15	15	16	16	17	18	18	19	19	20	18	19	20	20	21	21	22	23	23	24	24	25	23	24
16 冬	16	17	17	18	19	19	20	20	21	19	20	21	21	22	22	23	24	24	25	25	26	24	25
17	17	18	18	19	20	20	21	21	22	20	21	22	22	23	23	24	25	25	26	26	27	25	26
18	18	19	19	20	21	21	22	22	23	21	22	23	23	24	24	25	26	26	27	27	28	26	27
19	19	20	20	21	22	22	23	23	24	22	23	24	24	25	25	26	27	27	28	28	29	27	28
20	20	21	21	22	23	23	24	24	25	23	24	25	25	26	26	27	28	28	29	29	30	28	29
21	21	22	22	23	24	24	25	25	26	24	25	26	26	27	27	28	29	29	30	30	31	**3**	30

九五五 乙卯 周顯德二 遼應厤五 344

九五六 丙辰 周顯德三 遼應厤六 345

11	11	12	12	13	14	14	15 2	15 1	16	15 正	16 十二	17 十一	17 十	18	18	19	20	20	21	21	22	20	21	22
12	12	13	13	14	15	15	16	16	17 12	16 11	17	18	18	19 閏	19 九	20	21	21	22	22	23	21	22	23
13	13	14	14	15	16	16	17	17	18	17	18 10	19 9	19	20	20	21 八	22 七	22	23	23	24	22	23	24
14	14	15	15	16	17	17	18	18	19	18	19	20	20 8	21 7	21	22	23	23 六	24 五	24	25	23	24	25
15	15	16	16	17	18	18	19	19	20	19	20	21	21	22	22 6	23 5	24	24	25	25 四	26	24	25	26
16 冬	16	17	17	18	19	19	20	20	21	20	21	22	22	23	23	24	25 4	25 3	26	26	27 三	25 二	26	27
17	17	18	18	19	20	20	21	21	22	21	22	23	23	24	24	25	26	26	27 2	27 1	28 12	26 11	27 正	28 十二
18	18	19	19	20	21	21	22	22	23	22	23	24	24	25	25	26	27	27	28	28	29	27	28 10	29 9
19	19	20	20	21	22	22	23	23	24	23	24	25	25	26	26	27	28	28	29	29	30	28	29	30
20	20	21	21	22	23	23	24	24	25	24	25	26	26	27	27	28	29	29	30	30	31	3	30	31
21	21	22	22	23	24	24	25	25	26	25	26	27	27	28	28	29	30	30	31	5	4	2	31	1
22	22	23	23	24	25	25	26	26	27	26	27	28	28	29	29	30	31	7	6	2	2	3	2	2
23	23	24	24	25	26	26	27	27	28	27	28	29	29	30	30	31	8	2	2	3	3	4	2	3
24	24	25	25	26	27	27	28	28	29	28	29	30	30	31	10	9	2	3	3	4	4	5	3	4
25	25	26	26	27	28	28	29	29	30	29	30	31	12	11	2	2	3	4	4	5	5	6	4	5
26	26	27	27	28	29	29	30	30	31	3	31	1	2	2	3	3	4	5	5	6	6	7	5	6
27	27	28	28	29	30	30	31	5	4	2	2	2	3	3	4	4	5	6	6	7	7	8	6	7
28	28	29	29	30	31	7	6	2	2	3	2	3	4	4	5	5	6	7	7	8	8	9	7	8
29	29	30	30	31	8	2	2	3	3	4	3	4	5	5	6	6	7	8	8	9	9	10	8	9
30	30	31	10	9	2	3	3	4	4	5	4	5	6	6	7	7	8	9	9	10	10	11	9	10
31	12	11	2	2	3	4	4	5	5	6	5	6	7	7	8	8	9	10	10	11	11	12	10	11
日	2	2	3	3	4	5	5	6	6	7	6	7	8	8	9	9	10	11	11	12	12	13	11	12
曜	3	3	4	4	5	6	6	7	7	8	7	8	9	9	10	10	11	12	12	13	13	14	12	13
表	4	4	5	5	6	7	7	8	8	9	8	9	10	10	11	11	12	13	13	14	14	15	13	14
5	5 十二	5	6	6	7	8	8	9	9	10	9	10	11	11	12	12	13	14	14	15	15	16	14	15
甲	6	6 十	7 九	7 八	8	9	9	10	10	11	10	11	12	12	13	13	14	15	15	16	16	17	15	16
子	7 9	7	8	8	9 七	10	10	11	11	12	11	12	13	13	14	14	15	16	16	17	17	18	16	17
表	8	8 8	9 7	9	10	11 六	11 五	12	12	13	12	13	14	14	15	15	16	17	17	18	18	19	17	18
19	9	9	10	10 6	11 5	12	12	13 四	13	14	13	14	15	15	16	16	17	18	18	19	19	20	18	19
	10	10	11	11	12	13 4	13 3	14	14 三	15 二	14	15	16	16	17	17	18	19	19	20	20	21	19	20

中西回史日曆

卷一〇 後周 遼

九五八 戊午 周顯德五 遼應厤八 347

九五七 丁巳 周顯德四 遼應厤七 346

22	23	23	24	25	25	26	26	27	25	26	27	27	28 8	28 7	29	30 七	30 六	31	5	4	2	31	1
23	24	24	25	26	26	27	27	28	26	27	28	28	29	29	30 6	31 5	7	6 五	2	2	3	2	2
24	25	25	26	27	27	28	28	29	27	28	29	29	30	30	31	8	2 4	2 3	3 四	3 三	4	2	3
25	26	26	27	28	28	29	29	30	28	29	30	30	31	10	9	2	3	3	4 2	4 1	5 二	3 正	4 十二
26	27	27	28	29	29	30	30	31	3	30	31	12	11	2	2	3	4	4	5	5	6 12	4 11	5
27	28	28	29	30	30	31	5	4	2	31	1	2	2	3	3	4	5	5	6	6	7	5	6 10
28	29	29	30	31	7	6	2	2	3	2	2	3	3	4	4	5	6	6	7	7	8	6	7
29	30	30	31	8	2	2	3	3	4	2	3	4	4	5	5	6	7	7	8	8	9	7	8
30	31	10	9	2	3	3	4	4	5	3	4	5	5	6	6	7	8	8	9	9	10	8	9
12	11	2	2	3	4	4	5	5	6	4	5	6	6	7	7	8	9	9	10	10	11	9	10
2	2	3	3	4	5	5	6	6	7	5	6	7	7	8	8	9	10	10	11	11	12	10	11
3	3	4	4	5	6	6	7	7	8	6	7	8	8	9	9	10	11	11	12	12	13	11	12
4	4	5	5	6	7	7	8	8	9	7	8	9	9	10	10	11	12	12	13	13	14	12	13
5	5	6	6	7	8	8	9	9	10	8	9	10	10	11	11	12	13	13	14	14	15	13	14
6	6	7	7	8	9	9	10	10	11	9	10	11	11	12	12	13	14	14	15	15	16	14	15
7	7	8	8	9	10	10	11	11	12	10	11	12	12	13	13	14	15	15	16	16	17	15	16
8	8	9	9	10	11	11	12	12	13	11	12	13	13	14	14	15	16	16	17	17	18	16	17
9	9	10	10	11	12	12	13	13	14	12	13	14	14	15	15	16	17	17	18	18	19	17	18
10	10	11	11	12	13	13	14	14	15	13	14	15	15	16	16	17	18	18	19	19	20	18	19
11	11	12	12	13	14	14	15	15	16	14	15	16 冬	16	17	17	18	19	19	20	20	21	19	20
12	12	13	13	14	15	15	16	16	17	15	16	17	17	18	18	19	20	20	21	21	22	20	21
13 十一	13	14	14	15	16	16	17	17	18	16	17	18	18	19	19	20	21	21	22	22	23	21	22
14	14 十	15	15	16	17	17	18	18	19	17	18	19	19	20	20	21	22	22	23	23	24	22	23
15	15	16 九	16 八	17	18	18	19	19	20	18	19	20	20	21	21	22	23	23	24	24	25	23	24
夏16 10	16 9	17	17	18 閏	19 七	19	20	20	21	19	20	21	21	22	22	23	24	24	25	25	26	24	25
17	17	18 8	18 7	19	20	20 六	21 五	21	22	20	21	22	22	23	23	24	25	25	26	26	27	25	26
18	18	19	19	20 6	21 5	21	22	22 四	23 三	21	22	23	23	24	24	25	26	26	27	27	28	26	27
19	19	20	20	21	22	22 4	23 3	23	24	22 二	23 正	24 十二	24 十一	25	25	26	27	27	28	28	29	27	28
20	20	21	21	22	23	23	24	24 2	25 1	23 12	24 11	25	25	26 十	26 九	27	28	28	29	29	30	28	29
21	21	22	22	23	24	24	25	25	26	24	25	26 10	26 9	27	27	28 八	29	29	30	30	31	3	30

一五

勵耘書屋

九六〇 庚申 周顯德七（恭帝） 宋建隆元（太祖） 遼應曆一〇 349													九五九 己未 周顯德六 遼應曆九 348											
11	11	12	12	13	14	14	15	15	16	15	16	17	冬17	18	18	19	20	20	21	21	22	20	21	22
12	12	13	13	14	15	15	16	16	17	16	17	18	18	19	19	20	21	21	22	22	23	21	22	23
13	13	14	14	15	16	16	17	17	18	17	18	19	19	20	20	21	22	22	23	23	24	22	23	24
14	14	15	15	16	17	17	18	18	19	18	19	20	20	21	21	22	23	23	24	24	25	23	24	25
15	15	16	16	17	18	18	19	19	20	19	20	21	21	22	22	23	24	24	25	25	26	24	25	26
16	冬16	17	17	18	19	19	20	20	21	20	21	22	22	23	23	24	25	25	26	26	27	25	26	27
17	17	18	18	19	20	20	21	21	22	21	22	23	23	24	24	25	26	26	27	27	28	26	27	28
18	18	19	19	20	21	21	22	22	23	22	23	24	24	25	25	26	27	27	28	28	29	27	28	29
19	19	20	20	21	22	22	23	23	24	23	24	25	25	26	26	27	28	28	29	29	30	28	29	30
20	20	21	21	22	23	23	24	24	25	24	25	26	26	27	27	28	29	29	30	30	31	**3**	30	31
21	十二21	22	22	23	24	24	25	25	26	25	26	27	27	28	28	29	30	30	31	**5**	**4**	2	31	**1**
22	22	十一23	十23	24	25	25	26	26	27	26	27	28	28	29	29	30	31	**7**	**6**	2	2	3	**2**	2
23	**11** 23	24	24	九25	八26	26	27	27	28	27	28	29	29	30	30	31	**8**	2	2	3	3	4	2	3
24	24	**10** 25	**9** 25	26	27	七27	六28	五28	29	28	29	30	30	31	**10**	**9**	2	3	3	4	4	5	3	4
25	25	26	26	**8** 27	**7** 28	28	29	29	四30	三29	30	31	**12**	**11**	2	2	3	4	4	5	5	6	4	5
26	26	27	27	28	29	**6** 29	**5** 30	30	31	**3**	二31	正**1**	2	2	3	3	4	5	5	6	6	7	5	6
27	27	28	28	29	30	30	31	**4** **5**	**3** **4**	2	**2**	2	十二3	十一3	4	4	5	6	6	7	7	8	6	7
28	28	29	29	30	31	**7**	**6**	2	2	**2** 3	**1** 2	**12** 3	**11** 4	4	十5	九5	6	7	7	8	8	9	7	8
29	29	30	30	31	**8**	2	2	3	3	4	3	4	5	**10** 5	**9** 6	6	八7	七8	8	9	9	10	8	9
30	30	31	**10**	**9**	2	3	3	**4**	4	5	4	5	6	6	7	**8** 7	**7** 8	9	六9	五10	10	11	9	10
31	**12**	**11**	2	2	3	4	4	5	5	6	5	6	7	7	8	8	9	**6** 10	**5** 10	11	四11	三12	二10	11
日	2	2	3	3	4	5	5	6	6	7	6	7	8	8	9	9	10	11	11	**4** 12	**3** 12	13	11	正12 十二
曜	3	3	4	4	5	6	6	7	7	8	7	8	9	9	10	10	11	12	12	13	13	**2** 14	**1** 12	13
表	4	4	5	5	6	7	7	8	8	9	8	9	10	10	11	11	12	13	13	14	14	15	13	**12** 14 **11**
6	5	5	6	6	7	8	8	9	9	10	9	10	11	11	12	12	13	14	14	15	15	16	14	15
甲	6	6	7	7	8	9	9	10	10	11	10	11	12	12	13	13	14	15	15	16	16	17	15	16
子	7	7	8	8	9	10	10	11	11	12	11	12	13	13	14	14	15	16	16	17	17	18	16	17
表	8	8	9	9	10	11	11	12	12	13	12	13	14	14	15	15	16	17	17	18	18	19	17	18
20	9	9	10	10	11	12	12	13	13	14	13	14	15	15	16	16	17	18	18	19	19	20	18	19
	10	10	11	11	12	13	13	14	14	15	14	15	16	16	17	17	18	19	19	20	20	21	19	20

九六二 壬戌 宋建隆三 遼應厤一二 351												九六一 辛酉 宋建隆二 遼應厤一一 350											
22	23	23	24	25	25	26	26	27	25	26	27	27	28	28	29	30	30	31	**5**	**4**	2	31	**1**
23	24	24	25	26	26	27	27	28	26	27	28	28	29	29	30	31	**7**	**6**	2	2	3	**2**	2
24	25	25	26	27	27	28	28	29	27	28	29	29	30	30	31	**8**	2	2	3	3	4	2	3
25	26	26	27	28	28	29	29	30	28	29	30	30	31	**10**	**9**	2	3	3	4	4	5	3	4
26	27	27	28	29	29	30	30	31	**3**	30	31	**12**	**11**	2	2	3	4	4	5	5	6	4	5
27	28	28	29	30	30	31	**5**	**4**	2	31	**1**	2	2	3	3	4	5	5	6	6	7	5	6
28	29	29	30	31	**7**	**6**	2	2	3	**2**	2	3	3	4	4	5	6	6	7	7	8	6	7
29	30	30	31	**8**	2	2	3	3	4	2	3	4	4	5	5	6	7	7	8	8	9	7	8
30 十一	31 十	**10**	**9**	2	3	3	4	4	5	3	4	5	5	6	6	7	8	8	9	9	10	8	9
12 11	**11**	2 九	2 八	3 七	4	4	5	5	6	4	5	6	6	7	7	8	9	9	10	10	11	9	10
2	2 10	3 9	3	4	5 六	5 五	6	6	7	5	6	7	7	8	8	9	10	10	11	11	12	10	11
3	3	4	4 8	5 7	6	6	7 四	7 三	8	6	7	8	8	9	9	10	11	11	12	12	13	11	12
4	4	5	5	6	7 6	7 5	8	8	9 二	7	8	9	9	10	10	11	12	12	13	13	14	12	13
5	5	6	6	7	8	8	9 4	9 3	10	8 正	9 十二	10	10	11	11	12	13	13	14	14	15	13	14
6	6	7	7	8	9	9	10	10	11 2	9 1	10	11 十一	11 十	12	12	13	14	14	15	15	16	14	15
7	7	8	8	9	10	10	11	11	12	10	11 12	12 11	12	13 九	13 八	14 七	15	15	16	16	17	15	16
8	8	9	9	10	11	11	12	12	13	11	12	13	13 10	14 9	14	15	16 六	16 五	17 四	17	18	16	17
9	9	10	10	11	12	12	13	13	14	12	13	14	14	15	15 8	16 7	17	17	18	18 閏	19	17	18
10	10	11	11	12	13	13	14	14	15	13	14	15	15	16	16	17	18 6	18 5	19	19	20 三	18 二	19
11	11	12	12	13	14	14	15	15	16	14	15	16 冬	16	17	17	18	19	19	20 4	20 3	21	19	20 正
12	12	13	13	14	15	15	16	16	17	15	16	17	17	18	18	19	20	20	21	21	22 2	20 1	21
13	13	14	14	15	16	16	17	17	18	16	17	18	18	19	19	20	21	21	22	22	23	21	22 12
14	14	15	15	16	17	17	18	18	19	17	18	19	19	20	20	21	22	22	23	23	24	22	23
15	15	16	16	17	18	18	19	19	20	18	19	20	20	21	21	22	23	23	24	24	25	23	24
16 冬	16	17	17	18	19	19	20	20	21	19	20	21	21	22	22	23	24	24	25	25	26	24	25
17	17	18	18	19	20	20	21	21	22	20	21	22	22	23	23	24	25	25	26	26	27	25	26
18	18	19	19	20	21	21	22	22	23	21	22	23	23	24	24	25	26	26	27	27	28	26	27
19	19	20	20	21	22	22	23	23	24	22	23	24	24	25	25	26	27	27	28	28	29	27	28
20	20	21	21	22	23	23	24	24	25	23	24	25	25	26	26	27	28	28	29	29	30	28	29
21	21	22	22	23	24	24	25	25	26	24	25	26	26	27	27	28	29	29	30	30	31	**3**	30

九六四 甲子 宋乾德二 遼應曆一四 353

九六三 癸亥 宋乾德元（十一月改） 遼應曆一三 352

11	11	12	12	13 8	14 7	14	15四	15三	16	15	16	17冬	17	18	18	19	20	20	21	21	22	20	21	22
12	12	13	13	14	15	15 6	16 5	16	17二	16正	17	18	18	19	19	20	21	21	22	22	23	21	22	23
13	13	14	14	15	16	16	17	17 4	18 3	17	18閏	19十二	19十一	20十	20	21	22	22	23	23	24	22	23	24
14	14	15	15	16	17	17	18	18	19	18 2	19 1	20	20	21	21九	22八	23	23	24	24	25	23	24	25
15	15	16	16	17	18	18	19	19	20	19	20	21 12	21 11	22	22	23	24七	24六	25	25	26	24	25	26
16冬	16	17	17	18	19	19	20	20	21	20	21	22	22	23 10	23 9	24	25	25	26五	26四	27	25	26	27
17	17	18	18	19	20	20	21	21	22	21	22	23	23	24	24	25 8	26 7	26	27	27	28三	26	27	28
18	18	19	19	20	21	21	22	22	23	22	23	24	24	25	25	26	27	27 6	28 5	28	29	27二	28正	29
19	19	20	20	21	22	22	23	23	24	23	24	25	25	26	26	27	28	28	29	29 4	30 3	28	29	30十二
20	20	21	21	22	23	23	24	24	25	24	25	26	26	27	27	28	29	29	30	30	31	3 2	30 1	31 12
21	21	22	22	23	24	24	25	25	26	25	26	27	27	28	28	29	30	30	31	5	4	2	31	1
22	22	23	23	24	25	25	26	26	27	26	27	28	28	29	29	30	31	7	6	2	2	3	2	2
23	23	24	24	25	26	26	27	27	28	27	28	29	29	30	30	31	8	2	2	3	3	4	2	3
24	24	25	25	26	27	27	28	28	29	28	29	30	30	31	10	9	2	3	3	4	4	5	3	4
25	25	26	26	27	28	28	29	29	30	29	30	31	12	11	2	2	3	4	4	5	5	6	4	5
26	26	27	27	28	29	29	30	30	31	3	31	1	2	2	3	3	4	5	5	6	6	7	5	6
27	27	28	28	29	30	30	31	5	4	2	2	2	3	3	4	4	5	6	6	7	7	8	6	7
28	28	29	29	30	31	7	6	2	2	3	2	3	4	4	5	5	6	7	7	8	8	9	7	8
29	29	30	30	31	8	2	2	3	3	4	3	4	5	5	6	6	7	8	8	9	9	10	8	9
30	30	31	10	9	2	3	3	4	4	5	4	5	6	6	7	7	8	9	9	10	10	11	9	10
31	12	11	2	2	3	4	4	5	5	6	5	6	7	7	8	8	9	10	10	11	11	12	10	11
日	2	2	3	3	4	5	5	6	6	7	6	7	8	8	9	9	10	11	11	12	12	13	11	12
曜	3	3	4	4	5	6	6	7	7	8	7	8	9	9	10	10	11	12	12	13	13	14	12	13
表	4	4	5	5	6	7	7	8	8	9	8	9	10	10	11	11	12	13	13	14	14	15	13	14
7	5	5	6	6	7	8	8	9	9	10	9	10	11	11	12	12	13	14	14	15	15	16	14	15
甲	6	6	7	7	8	9	9	10	10	11	10	11	12	12	13	13	14	15	15	16	16	17	15	16
子	7十一	7十	8	8	9	10	10	11	11	12	11	12	13	13	14	14	15	16	16	17	17	18	16	17
表	8	8	9九	9八	10七	11	11	12	12	13	12	13	14	14	15	15	16	17	17	18	18	19	17	18
1	9 12	9 11	10	10	11	12六	12	13	13	14	13	14	15	15	16	16	17	18	18	19	19	20	18	19
	10	10	11 10	11 9	12	13	13五	14	14	15	14	15	16	16	17	17	18	19	19	20	20	21	19	20

九六五 乙丑 宋乾德三 遼應歷一五

九六六 丙寅 宋乾德四 遼應歷一六

356 355 354

22	23	23	24	25	25	26	26	27 4	25 3	26	27	27	28	28 九	29 八	30	30	31	**5**	**4**	2	31	**1**
23	24	24	25	26	26	27	27	28	26	27 2	28 1	28 12	29 11	29	30	31 七	**7**	**6**	2	2	3	**2**	2
24	25	25	26	27	27	28	28	29	27	28	29	29	30	30 10	31 9	**8**	2 六	2	3	3	4	2	3
25	26	26	27	28	28	29	29	30	28	29	30	30	31	**10**	**9**	2 8	3 7	3 五	4 四	4	5	3	4
26	27	27	28	29	29	30	30	31	**3**	30	31	**12**	**11**	2	2	3	4	4 6	5 5	5 三	6 二	4	5
27	28	28	29	30	30	31	**5**	**4**	2	31	**1**	2	2	3	3	4	5	5	6	6 4	7 3	5 正	6 十二
28	29	29	30	31	**7**	**6**	2	2	3	**2**	2	3	3	4	4	5	6	6	7	7	8	6 2	7 1
29	30	30	31	**8**	2	2	3	3	4	2	3	4	4	5	5	6	7	7	8	8	9	7	8
30	31	**10**	**9**	2	3	3	4	4	5	3	4	5	5	6	6	7	8	8	9	9	10	8	9
12	**11**	2	2	3	4	4	5	5	6	4	5	6	6	7	7	8	9	9	10	10	11	9	10
2	2	3	3	4	5	5	6	6	7	5	6	7	7	8	8	9	10	10	11	11	12	10	11
3	3	4	4	5	6	6	7	7	8	6	7	8	8	9	9	10	11	11	12	12	13	11	12
4	4	5	5	6	7	7	8	8	9	7	8	9	9	10	10	11	12	12	13	13	14	12	13
5	5	6	6	7	8	8	9	9	10	8	9	10	10	11	11	12	13	13	14	14	15	13	14
6	6	7	7	8	9	9	10	10	11	9	10	11	11	12	12	13	14	14	15	15	16	14	15
7	7	8	8	9	10	10	11	11	12	10	11	12	12	13	13	14	15	15	16	16	17	15	16
8	8	9	9	10	11	11	12	12	13	11	12	13	13	14	14	15	16	16	17	17	18	16	17
9	9	10	10	11	12	12	13	13	14	12	13	14	14	15	15	16	17	17	18	18	19	17	18
10	10	11	11	12	13	13	14	14	15	13	14	15	15	16	16	17	18	18	19	19	20	18	19
11	11	12	12	13	14	14	15	15	16	14	15	16 冬	16	17	17	18	19	19	20	20	21	19	20
12	12	13	13	14	15	15	16	16	17	15	16	17	17	18	18	19	20	20	21	21	22	20	21
13	13	14	14	15	16	16	17	17	18	16	17	18	18	19	19	20	21	21	22	22	23	21	22
14	14	15	15	16	17	17	18	18	19	17	18	19	19	20	20	21	22	22	23	23	24	22	23
15 十一	15 十	16	16	17	18	18	19	19	20	18	19	20	20	21	21	22	23	23	24	24	25	23	24
16 冬	16	17 九	17 閏	18	19	19	20	20	21	19	20	21	21	22	22	23	24	24	25	25	26	24	25
17 1	17	18	18	19 八	20	20	21	21	22	20	21	22	22	23	23	24	25	25	26	26	27	25	26
18	18 12	19 11	19	20	21 七	21 六	22	22	23	21	22	23	23	24	24	25	26	26	27	27	28	26	27
19	19	20	20 10	21 9	22	22	23 五	23	24	22	23	24	24	25	25	26	27	27	28	28	29	27	28
20	20	21	21	22	23 8	23 7	24	24 四	25 三	23 二	24	25	25	26	26	27	28	28	29	29	30	28	29
21	21	22	22	23	24	24	25 6	25 5	26	24	25 正	26 十二	26 十一	27 十	27	28	29	29	30	30	31	**3**	30

勵耘書屋

九六八 戊辰 宋開寶元（十一月改） 遼應厤一八 358

九六七 丁卯 宋乾德五 遼應厤一七 357

11	11	12	12	13	14	14	15	15	16	15	16	17冬	17	18	18	19	20	20	21	21	22	20	21	22
12	12	13	13	14	15	15	16	16	17	16	17	18	18	19	19	20	21	21	22	22	23	21	22	23
13	13	14	14	15	16	16	17	17	18	17	18	19	19	20	20	21	22	22	23	23	24	22	23	24
14	14	15	15	16	17	17	18	18	19	18	19	20	20	21	21	22	23	23	24	24	25	23	24	25
15	15	16	16	17	18	18	19	19	20	19	20	21	21	22	22	23	24	24	25	25	26	24	25	26
16冬	16	17	17	18	19	19	20	20	21	20	21	22	22	23	23	24	25	25	26	26	27	25	26	27
17	17	18	18	19	20	20	21	21	22	21	22	23	23	24	24	25	26	26	27	27	28	26	27	28
18	18	19	19	20	21	21	22	22	23	22	23	24	24	25	25	26	27	27	28	28	29	27	28	29
19	19	20	20	21	22	22	23	23	24	23	24	25	25	26	26	27	28	28	29	29	30	28	29	30
20	20	21	21	22	23	23	24	24	25	24	25	26	26	27	27	28	29	29	30	30	31	**3**	30	31
21	21	22	22	23	24	24	25	25	26	25	26	27	27	28	28	29	30	30	31	**5**	**4**	2	31	**1**
22十二	22	23	23	24	25	25	26	26	27	26	27	28	28	29	29	30	31	**7**	**6**	2	2	3	**2**	2
23	23十一	24	24	25	26	26	27	27	28	27	28	29	29	30	30	31	**8**	2	2	3	3	4	2	3
24	24	25十	25九	26	27	27	28	28	29	28	29	30	30	31	**10**	**9**	2	3	3	4	4	5	3	4
25 2	25 1	26	26	27八	28七	28	29	29	30	29	30	31	**12**	**11**	2	2	3	4	4	5	5	6	4	5
26	26	27 12	27 11	28	29	29六	30五	30四	31	**3**	31	**1**	2	2	3	3	4	5	5	6	6	7	5	6
27	27	28	28	29 10	30 9	30	31	**5**	**4**三	2二	**2**	2	3	3	4	4	5	6	6	7	7	8	6	7
28	28	29	29	30	31	**7** 8	**6** 7	2	2	3	2正	3十二	4十一	4	5	5	6	7	7	8	8	9	7	8
29	29	30	30	31	**8**	2	2	3 6	3 5	4	3	4	5	5十	6九	6	7	8	8	9	9	10	8	9
30	30	31	**10**	**9**	2	3	3	**4**	4	5 4	4 3	5	6	6	7	7八	8	9	9	10	10	11	9	10
31	**12**	**11**	2	2	3	4	4	5	5	6	5	6 2	7 1	7 12	8 11	8	9七	10六	10	11	11	12	10	11
日	2	2	3	3	4	5	5	6	6	7	6	7	8	8	9	9 10	10 9	11	11五	12四	12	13	11	12
曜	3	3	4	4	5	6	6	7	7	8	7	8	9	9	10	10	11	12 8	12 7	13	13三	14二	12正	13
表	4	4	5	5	6	7	7	8	8	9	8	9	10	10	11	11	12	13	13	14 6	14 5	15	13	14十二
1	5	5	6	6	7	8	8	9	9	10	9	10	11	11	12	12	13	14	14	15	15	16 4	14 3	15
甲	6	6	7	7	8	9	9	10	10	11	10	11	12	12	13	13	14	15	15	16	16	17	15	16 2
子	7	7	8	8	9	10	10	11	11	12	11	12	13	13	14	14	15	16	16	17	17	18	16	17
表	8	8	9	9	10	11	11	12	12	13	12	13	14	14	15	15	16	17	17	18	18	19	17	18
2	9	9	10	10	11	12	12	13	13	14	13	14	15	15	16	16	17	18	18	19	19	20	18	19
	10	10	11	11	12	13	13	14	14	15	14	15	16	16	17	17	18	19	19	20	20	21	19	20

九七〇 庚午 宋開寶三 遼保寧二 360

九六九 己巳 宋開寶二 遼保寧元（景宗二月改） 359

22	23	23	24	25	25	26	26	27	25	26	27	27	28	28	29	30	30	31	**5**	**4**	2	31	**1**
23	24	24	25	26	26	27	27	28	26	27	28	28	29	29	30	31	**7**	**6**	2	2	3	**2**	2
24	25	25	26	27	27	28	28	29	27	28	29	29	30	30	31	**8**	2	2	3	3	4	2	3
25	26	26	27	28	28	29	29	30	28	29	30	30	31	**10**	**9**	2	3	3	4	4	5	3	4
26	27	27	28	29	29	30	30	31	**3**	30	31	**12**	**11**	2	2	3	4	4	5	5	6	**4**	5
27	28	28	29	30	30	31	**5**	**4**	2	31	**1**	2	2	3	3	4	5	5	6	6	7	5	6
28	29	29	30	31	**7**	**6**	2	2	3	**2**	2	3	3	4	4	5	6	6	7	7	8	6	7
29	30	30	31	**8**	2	2	3	3	4	2	3	4	4	5	5	6	7	7	8	8	9	7	8
30	31	**10**	**9**	2	3	3	4	4	5	3	4	5	5	6	6	7	8	8	9	9	10	8	9
12	**11**	2	2	3	4	4	5	5	6	4	5	6	6	7	7	8	9	9	10	10	11	9	10
2	十一 2	十 3	九 3	4	5	5	6	6	7	5	6	7	7	8	8	9	10	10	11	11	12	10	11
3	3	4	4	八 5	七 6	六 6	7	7	8	6	7	8	8	9	9	10	11	11	12	12	13	11	12
4	2 4	1 5	12 5	11 6	7	7	五 8	四 8	9	7	8	9	9	10	10	11	12	12	13	13	14	12	13
5	5	6	6	7	10 8	9 8	9	9	三 10	二 8	9	10	10	11	11	12	13	13	14	14	15	13	14
6	6	7	7	8	9	9	8 10	7 10	11	9	正 10	11	11	12	12	13	14	14	15	15	16	14	15
7	7	8	8	9	10	10	11	11	6 12	5 10	11	十二 12	十一 12	13	13	14	15	15	16	16	17	15	16
8	8	9	9	10	11	11	12	12	13	11	4 12	3 13	13	十 14	九 14	15	16	16	17	17	18	16	17
9	9	10	10	11	12	12	13	13	14	12	13	14	2 14	1 15	15	八 16	七 17	六 17	18	18	19	17	18
10	10	11	11	12	13	13	14	14	15	13	14	15	15	16	12 16	11 17	18	18	閏 19	五 19	20	18	19
11	11	12	12	13	14	14	15	15	16	14	15	16	冬 16	17	17	18	10 19	9 19	20	20	四 21	三 19	二 20
12	12	13	13	14	15	15	16	16	17	15	16	17	17	18	18	19	20	20	8 21	7 21	22	20	21 正
13	13	14	14	15	16	16	17	17	18	16	17	18	18	19	19	20	21	21	22	22	6 23	5 21	22
14	14	15	15	16	17	17	18	18	19	17	18	19	19	20	20	21	22	22	23	23	24	22	4 23 3
15	15	16	16	17	18	18	19	19	20	18	19	20	20	21	21	22	23	23	24	24	25	23	24
16	冬 16	17	17	18	19	19	20	20	21	19	20	21	21	22	22	23	24	24	25	25	26	24	25
17	17	18	18	19	20	20	21	21	22	20	21	22	22	23	23	24	25	25	26	26	27	25	26
18	18	19	19	20	21	21	22	22	23	21	22	23	23	24	24	25	26	26	27	27	28	26	27
19	19	20	20	21	22	22	23	23	24	22	23	24	24	25	25	26	27	27	28	28	29	27	28
20	20	21	21	22	23	23	24	24	25	23	24	25	25	26	26	27	28	28	29	29	30	28	29
21	21	22	22	23	24	24	25	25	26	24	25	26	26	27	27	28	29	29	30	30	31	**3**	30

九七一 辛未 宋開寶四 遼保寧三

九七二 壬申 宋開寶五 遼保寧四

362　　　　361

11	11 2	12 1	12	13	14	14五	15	15	16	15	16	17冬	17	18	18	19	20	20	21	21	22	20	21	22
12	12	13	13 12	14 11	15	15	16四	16三	17	16	17	18	18	19	19	20	21	21	22	22	23	21	22	23
13	13	14	14	15	16 10	16 9	17	17	18閏	17	18	19	19	20	20	21	22	22	23	23	24	22	23	24
14	14	15	15	16	17	17	18 8	18 7	19	18二	19正	20	20	21	21	22	23	23	24	24	25	23	24	25
15	15	16	16	17	18	18	19	19	20 6	19 5	20	21十二	21十一	22十	22九	23	24	24	25	25	26	24	25	26
16冬	16	17	17	18	19	19	20	20	21	20	21 4	22 3	22	23	23	24八	25七	25	26	26	27	25	26	27
17	17	18	18	19	20	20	21	21	22	21	22	23	23 2	24 1	24	25	26	26六	27五	27	28	26	27	28
18	18	19	19	20	21	21	22	22	23	22	23	24	24	25	25 12	26 11	27	27	28	28四	29三	27	28	29
19	19	20	20	21	22	22	23	23	24	23	24	25	25	26	26	27	28 10	28 9	29	29	30	28二	29	30
20	20	21	21	22	23	23	24	24	25	24	25	26	26	27	27	28	29	29	30 8	30 7	31	3	30正	31十二
21	21	22	22	23	24	24	25	25	26	25	26	27	27	28	28	29	30	30	31	5	4 6	2 5	31	1
22	22	23	23	24	25	25	26	26	27	26	27	28	28	29	29	30	31	7	6	2	2	3	2 4	2 3
23	23	24	24	25	26	26	27	27	28	27	28	29	29	30	30	31	8	2	2	3	3	4	2	3
24	24	25	25	26	27	27	28	28	29	28	29	30	30	31	10	9	2	3	3	4	4	5	3	4
25	25	26	26	27	28	28	29	29	30	29	30	31	12	11	2	2	3	4	4	5	5	6	4	5
26	26	27	27	28	29	29	30	30	31	3	31	1	2	2	3	3	4	5	5	6	6	7	5	6
27	27	28	28	29	30	30	31	5	4	2	2	2	3	3	4	4	5	6	6	7	7	8	6	7
28	28	29	29	30	31	7	6	2	2	3	2	3	4	4	5	5	6	7	7	8	8	9	7	8
29	29	30	30	31	8	2	2	3	3	4	3	4	5	5	6	6	7	8	8	9	9	10	8	9
30	30	31	10	9	2	3	3	4	4	5	4	5	6	6	7	7	8	9	9	10	10	11	9	10
31	12	11	2	2	3	4	4	5	5	6	5	6	7	7	8	8	9	10	10	11	11	12	10	11
日	2	2	3	3	4	5	5	6	6	7	6	7	8	8	9	9	10	11	11	12	12	13	11	12
曜	3	3	4	4	5	6	6	7	7	8	7	8	9	9	10	10	11	12	12	13	13	14	12	13
表	4	4	5	5	6	7	7	8	8	9	8	9	10	10	11	11	12	13	13	14	14	15	13	14
2	5	5	6	6	7	8	8	9	9	10	9	10	11	11	12	12	13	14	14	15	15	16	14	15
甲	6	6	7	7	8	9	9	10	10	11	10	11	12	12	13	13	14	15	15	16	16	17	15	16
子	7	7	8	8	9	10	10	11	11	12	11	12	13	13	14	14	15	16	16	17	17	18	16	17
表	8	8	9	9	10	11	11	12	12	13	12	13	14	14	15	15	16	17	17	18	18	19	17	18
3	9十一	9十	10九	10	11	12	12	13	13	14	13	14	15	15	16	16	17	18	18	19	19	20	18	19
	10 3	10	11	11八	12七	13六	13	14	14	15	14	15	16	16	17	17	18	19	19	20	20	21	19	20

九七三 癸酉 宋開寶六 遼保寧五

363

九七四 甲戌 宋開寶七 遼保寧六

364

22	23	23	24	25	25 10	26 9	26	27 三	25 二	26 正	27	27	28	28	29	30	30	31	5	4	2	31	1
23	24	24	25	26	26	27	27 8	28 7	26	27	28 十二	28 十一	29 十	29 九	30	31	7	6	2	2	3	2	2
24	25	25	26	27	27	28	28	29	27 6	28 5	29	29	30	30	31 八	8 七	2	2	3	3	4	2	3
25	26	26	27	28	28	29	29	30	28	29	30 4	30 3	31	10	9	2	3 六	3	4	4	5	3	4
26	27	27	28	29	29	30	30	31	3	30	31	12	11 2	2 1	2 12	3 11	4	4 五	5	5	6	4	5
27	28	28	29	30	30	31	5	4	2	31	1	2	2	3	3	4	5 10	5 9	6 四	6 三	7	5	6
28	29	29	30	31	7	6	2	2	3	2	2	3	3	4	4	5	6	6	7 8	7 7	8 二	6 正	7
29	30	30	31	8	2	2	3	3	4	2	3	4	4	5	5	6	7	7	8	8	9 6	7 5	8 十二
30	31	10	9	2	3	3	4	4	5	3	4	5	5	6	6	7	8	8	9	9	10	8	9 4
12	11	2	2	3	4	4	5	5	6	4	5	6	6	7	7	8	9	9	10	10	11	9	10
2	2	3	3	4	5	5	6	6	7	5	6	7	7	8	8	9	10	10	11	11	12	10	11
3	3	4	4	5	6	6	7	7	8	6	7	8	8	9	9	10	11	11	12	12	13	11	12
4	4	5	5	6	7	7	8	8	9	7	8	9	9	10	10	11	12	12	13	13	14	12	13
5	5	6	6	7	8	8	9	9	10	8	9	10	10	11	11	12	13	13	14	14	15	13	14
6	6	7	7	8	9	9	10	10	11	9	10	11	11	12	12	13	14	14	15	15	16	14	15
7	7	8	8	9	10	10	11	11	12	10	11	12	12	13	13	14	15	15	16	16	17	15	16
8	8	9	9	10	11	11	12	12	13	11	12	13	13	14	14	15	16	16	17	17	18	16	17
9	9	10	10	11	12	12	13	13	14	12	13	14	14	15	15	16	17	17	18	18	19	17	18
10	10	11	11	12	13	13	14	14	15	13	14	15	15	16	16	17	18	18	19	19	20	18	19
11	11	12	12	13	14	14	15	15	16	14	15	16 冬	16	17	17	18	19	19	20	20	21	19	20
12	12	13	13	14	15	15	16	16	17	15	16	17	17	18	18	19	20	20	21	21	22	20	21
13	13	14	14	15	16	16	17	17	18	16	17	18	18	19	19	20	21	21	22	22	23	21	22
14	14	15	15	16	17	17	18	18	19	17	18	19	19	20	20	21	22	22	23	23	24	22	23
15	15	16	16	17	18	18	19	19	20	18	19	20	20	21	21	22	23	23	24	24	25	23	24
16 冬	16	17	17	18	19	19	20	20	21	19	20	21	21	22	22	23	24	24	25	25	26	24	25
17 十一	17 閏	18 十	18	19	20	20	21	21	22	20	21	22	22	23	23	24	25	25	26	26	27	25	26
18	18	19	19 九	20 八	21	21	22	22	23	21	22	23	23	24	24	25	26	26	27	27	28	26	27
19 4	19 3	20	20	21	22 七	22	23	23	24	22	23	24	24	25	25	26	27	27	28	28	29	27	28
20	20	21 2	21 1	22	23	23 六	24 五	24	25	23	24	25	25	26	26	27	28	28	29	29	30	28	29
21	21	22	22	23 12	24 11	24	25	25 四	26	24	25	26	26	27	27	28	29	29	30	30	31	3	30

九七六 丙子 宋太平興國元（太宗十二月改） 遼保寧八 366

九七五 乙亥 宋開寶八 遼保寧七 365

11	11	12	12	13	14	14	15	15	16	15	16	17	17	18	18	19	20	20	21	21	22	20	21	22
12	12	13	13	14	15	15	16	16	17	16	17	18	18	19	19	20	21	21	22	22	23	21	22	23
13	13	14	14	15	16	16	17	17	18	17	18	19	19	20	20	21	22	22	23	23	24	22	23	24
14	14	15	15	16	17	17	18	18	19	18	19	20	20	21	21	22	23	23	24	24	25	23	24	25
15	15	16	16	17	18	18	19	19	20	19	20	21	21	22	22	23	24	24	25	25	26	24	25	26
16冬	16	17	17	18	19	19	20	20	21	20	21	22	22	23	23	24	25	25	26	26	27	25	26	27
17	17	18	18	19	20	20	21	21	22	21	22	23	23	24	24	25	26	26	27	27	28	26	27	28
18	18	19	19	20	21	21	22	22	23	22	23	24	24	25	25	26	27	27	28	28	29	27	28	29
19	19	20	20	21	22	22	23	23	24	23	24	25	25	26	26	27	28	28	29	29	30	28	29	30
20	20	21	21	22	23	23	24	24	25	24	25	26	26	27	27	28	29	29	30	30	31	3	30	31
21	21	22	22	23	24	24	25	25	26	25	26	27	27	28	28	29	30	30	31	5	4	2	31	1
22	22	23	23	24	25	25	26	26	27	26	27	28	28	29	29	30	31	7	6	2	2	3	2	2
23	23	24	24	25	26	26	27	27	28	27	28	29	29	30	30	31	8	2	2	3	3	4	2	3
24十二	24十一	25	25	26	27	27	28	28	29	28	29	30	30	31	10	9	2	3	3	4	4	5	3	4
25	25	26十	26九	27	28	28	29	29	30	29	30	31	12	11	2	2	3	4	4	5	5	6	4	5
265	26	27	27	28八	29	29	30	30	31	3	31	1	2	2	3	3	4	5	5	6	6	7	5	6
27	274	283	28	29	30七	30六	31	5	4	2	2	2	3	3	4	4	5	6	6	7	7	8	6	7
28	28	29	292	301	3112	711	6五	2四	2	3	2	3	4	4	5	5	6	7	7	8	8	9	7	8
29	29	30	30	31	8	2	210	39	3三	4二	3正	4十二	5	5	6	6	7	8	8	9	9	10	8	9
30	30	31	10	9	2	3	3	4	48	57	4	5	6十一	6十	7	7	8	9	9	10	10	11	9	10
31	12	11	2	2	3	4	4	5	5	6	56	65	7	7	8九	8八	9	10	10	11	11	12	10	11
日	2	2	3	3	4	5	5	6	6	7	6	7	84	83	9	9	10七	11	11	12	12	13	11	12
曜	3	3	4	4	5	6	6	7	7	8	7	8	9	9	102	101	11	12六	12五	13	13	14	12	13
表	4	4	5	5	6	7	7	8	8	9	8	9	10	10	11	11	1212	1311	13	14四	14三	15	13	14
3	5	5	6	6	7	8	8	9	9	10	9	10	11	11	12	12	13	14	1410	159	15	16二	14正	15十二
甲	6	6	7	7	8	9	9	10	10	11	10	11	12	12	13	13	14	15	15	16	168	177	15	16
子	7	7	8	8	9	10	10	11	11	12	11	12	13	13	14	14	15	16	16	17	17	18	166	175
表	8	8	9	9	10	11	11	12	12	13	12	13	14	14	15	15	16	17	17	18	18	19	17	18
4	9	9	10	10	11	12	12	13	13	14	13	14	15	15	16	16	17	18	18	19	19	20	18	19
	10	10	11	11	12	13	13	14	14	15	14	15	16冬	16	17	17	18	19	19	20	20	21	19	20

九七八 戊寅 宋太平興國三 遼保寧一〇

368

九七七 丁丑 宋太平興國二 遼保寧九

367

22	23	23	24	25	25	26	26	27	25	26	27	27	28	28	29	30	30	31	**5**	**4**	2	31	**1**
23	24	24	25	26	26	27	27	28	26	27	28	28	29	29	30	31	**7**	**6**	2	2	3	**2**	2
24	25	25	26	27	27	28	28	29	27	28	29	29	30	30	31	**8**	2	2	3	3	4	2	3
25	26	26	27	28	28	29	29	30	28	29	30	30	31	**10**	**9**	2	3	3	4	4	5	3	4
26	27	27	28	29	29	30	30	31	**3**	30	31	**12**	**11**	2	2	3	4	4	5	5	6	4	5
27	28	28	29	30	30	31	**5**	**4**	2	31	**1**	2	2	3	3	4	5	5	6	6	7	5	6
28	29	29	30	31	**7**	**6**	2	2	3	**2**	2	3	3	4	4	5	6	6	7	7	8	6	7
29	30	30	31	**8**	2	2	3	3	4	2	3	4	4	5	5	6	7	7	8	8	9	7	8
30	31	**10**	**9**	2	3	3	4	4	5	3	4	5	5	6	6	7	8	8	9	9	10	8	9
12	**11**	2	2	3	4	4	5	5	6	4	5	6	6	7	7	8	9	9	10	10	11	9	10
2	2	3	3	4	5	5	6	6	7	5	6	7	7	8	8	9	10	10	11	11	12	10	11
3 十二	3	4	4	5	6	6	7	7	8	6	7	8	8	9	9	10	11	11	12	12	13	11	12
4	4 十	5 九	5 八	6	7	7	8	8	9	7	8	9	9	10	10	11	12	12	13	13	14	12	13
5 **5**	5	6	6	7 七	8 六	8	9	9	10	8	9	10	10	11	11	12	13	13	14	14	15	13	14
6	6 **4**	7 **3**	7	8	9	9 五	10 四	10 三	11	9	10	11	11	12	12	13	14	14	15	15	16	14	15
7	7	8	8 **2**	9 **1**	10 **12**	10 **11**	11	11	12 二	10 正	11	12	12	13	13	14	15	15	16	16	17	15	16
8	8	9	9	10	11	11	12 **10**	12 **9**	13	11	12 十二	13 十一	13	14	14	15	16	16	17	17	18	16	17
9	9	10	10	11	12	12	13	13	14 **8**	12 **7**	13	14	14 十	15	15	16	17	17	18	18	19	17	18
10	10	11	11	12	13	13	14	14	15	13	14 **6**	15 **5**	15	16 九	16 八	17	18	18	19	19	20	18	19
11	11	12	12	13	14	14	15	15	16	14	15	16 冬	16 **4**	17 **3**	17	18 閏	19 七	19	20	20	21	19	20
12	12	13	13	14	15	15	16	16	17	15	16	17	17	18	18 **2**	19 **1**	20	20 六	21 五	21 四	22	20	21
13	13	14	14	15	16	16	17	17	18	16	17	18	18	19	19	20	21 **12**	21 **11**	22	22	23 三	21 二	22 正
14	14	15	15	16	17	17	18	18	19	17	18	19	19	20	20	21	22	22	23 **10**	23 **9**	24	22	23
15	15	16	16	17	18	18	19	19	20	18	19	20	20	21	21	22	23	23	24	24	25 **8**	23 **7**	24
16 冬	16	17	17	18	19	19	20	20	21	19	20	21	21	22	22	23	24	24	25	25	26	24	25 **6**
17	17	18	18	19	20	20	21	21	22	20	21	22	22	23	23	24	25	25	26	26	27	25	26
18	18	19	19	20	21	21	22	22	23	21	22	23	23	24	24	25	26	26	27	27	28	26	27
19	19	20	20	21	22	22	23	23	24	22	23	24	24	25	25	26	27	27	28	28	29	27	28
20	20	21	21	22	23	23	24	24	25	23	24	25	25	26	26	27	28	28	29	29	30	28	29
21	21	22	22	23	24	24	25	25	26	24	25	26	26	27	27	28	29	29	30	30	31	**3**	30

九七九
己卯
宋太平興國四
遼乾亨元（十一月改）

369

九八〇
庚辰
宋太平興國五
遼乾亨二

370

11	11 十	12 九	12 八	13	14	14	15	15	16	15	16	17	17	18	18	19	20	20	21	21	22	20	21	22
12 6	12 5	13	13	14 七	15 六	15	16	16	17	16	17	18	18	19	19	20	21	21	22	22	23	21	22	23
13	13	14 4	14 3	15	16	16 五	17 四	17	18	17	18	19	19	20	20	21	22	22	23	23	24	22	23	24
14	14	15	15	16 2	17 1	17	18	18 閏	19 三	18	19	20	20	21	21	22	23	23	24	24	25	23	24	25
15	15	16	16	17	18	18 12	19 11	19	20	19 二	20	21	21	22	22	23	24	24	25	25	26	24	25	26
16 冬	16	17	17	18	19	19	20	20 10	21 9	20	21 正	22 十二	22	23	23	24	25	25	26	26	27	25	26	27
17	17	18	18	19	20	20	21	21	22	21 8	22 7	23	23 十一	24 十	24 九	25	26	26	27	27	28	26	27	28
18	18	19	19	20	21	21	22	22	23	22	23	24 6	24 5	25	25	26 八	27 七	27 六	28	28	29	27	28	29
19	19	20	20	21	22	22	23	23	24	23	24	25	25	26 4	26 3	27	28	28	29 五	29 四	30	28	29	30
20	20	21	21	22	23	23	24	24	25	24	25	26	26	27	27	28 2	29 1	29	30	30	31 三	3 二	30	31
21	21	22	22	23	24	24	25	25	26	25	26	27	27	28	28	29	30	30 12	31 11	5	4	2	31 正	1
22	22	23	23	24	25	25	26	26	27	26	27	28	28	29	29	30	31	7	6	2 10	2 9	3	2	2 十二
23	23	24	24	25	26	26	27	27	28	27	28	29	29	30	30	31	8	2	2	3	3	4 8	2 7	3
24	24	25	25	26	27	27	28	28	29	28	29	30	30	31	10	9	2	3	3	4	4	5	3	4 6
25	25	26	26	27	28	28	29	29	30	29	30	31	12	11	2	2	3	4	4	5	5	6	4	5
26	26	27	27	28	29	29	30	30	31	3	31	1	2	2	3	3	4	5	5	6	6	7	5	6
27	27	28	28	29	30	30	31	5	4	2	2	2	3	3	4	4	5	6	6	7	7	8	6	7
28	28	29	29	30	31	7	6	2	2	3	2	3	4	4	5	5	6	7	7	8	8	9	7	8
29	29	30	30	31	8	2	2	3	3	4	3	4	5	5	6	6	7	8	8	9	9	10	8	9
30	30	31	10	9	2	3	3	4	4	5	4	5	6	6	7	7	8	9	9	10	10	11	9	10
31	12	11	2	2	3	4	4	5	5	6	5	6	7	7	8	8	9	10	10	11	11	12	10	11
日	2	2	3	3	4	5	5	6	6	7	6	7	8	8	9	9	10	11	11	12	12	13	11	12
曜	3	3	4	4	5	6	6	7	7	8	7	8	9	9	10	10	11	12	12	13	13	14	12	13
表	4	4	5	5	6	7	7	8	8	9	8	9	10	10	11	11	12	13	13	14	14	15	13	14
4	5	5	6	6	7	8	8	9	9	10	9	10	11	11	12	12	13	14	14	15	15	16	14	15
甲	6	6	7	7	8	9	9	10	10	11	10	11	12	12	13	13	14	15	15	16	16	17	15	16
子	7	7	8	8	9	10	10	11	11	12	11	12	13	13	14	14	15	16	16	17	17	18	16	17
表	8	8	9	9	10	11	11	12	12	13	12	13	14	14	15	15	16	17	17	18	18	19	17	18
5	9	9	10	10	11	12	12	13	13	14	13	14	15	15	16	16	17	18	18	19	19	20	18	19
	10 十一	10	11	11	12	13	13	14	14	15	14	15	16 冬	16	17	17	18	19	19	20	20	21	19	20

九八二 壬午 宋太平興國七 遼乾亨四 372

九八一 辛巳 宋太平興國六 遼乾亨三 371

22	23	23	4 24	3 25	25	26	五 26	四 27	25	26	27	27	28	28	29	30	30	31	**5**	**4**	2	31	**1**
23	24	24	25	26	2 26	1 27	27	28	三 26	27	28	28	29	29	30	31	**7**	**6**	2	2	3	**2**	2
24	25	25	26	27	27	28	12 28	11 29	27	二 28	正 29	十二 29	30	30	31	**8**	2	2	3	3	4	2	3
25	26	26	27	28	28	29	29	30	10 28	9 29	30	30	十一 31	十 **10**	九 **9**	八 2	3	3	4	4	5	3	4
26	27	27	28	29	29	30	30	31	**3**	30	8 31	7 **12**	**11**	2	2	3	七 4	六 4	5	5	6	4	5
27	28	28	29	30	30	31	**5**	**4**	2	31	**1**	2	6 2	5 3	3	4	5	5	五 6	6	7	5	6
28	29	29	30	31	**7**	**6**	2	2	3	**2**	2	3	3	4	4 4	3 5	6	6	7	四 7	三 8	6	7
29	30	30	31	**8**	2	2	3	3	4	2	3	4	4	5	5	6	2 7	1 7	12 8	11 8	9	二 7	8
30	31	**10**	**9**	2	3	3	4	4	5	3	4	5	5	6	6	7	8	8	9	9	10 10	9 8	正 9 十二
12	**11**	2	2	3	4	4	5	5	6	4	5	6	6	7	7	8	9	9	10	10	11	9	8 10 7
2	2	3	3	4	5	5	6	6	7	5	6	7	7	8	8	9	10	10	11	11	12	10	11
3	3	4	4	5	6	6	7	7	8	6	7	8	8	9	9	10	11	11	12	12	13	11	12
4	4	5	5	6	7	7	8	8	9	7	8	9	9	10	10	11	12	12	13	13	14	12	13
5	5	6	6	7	8	8	9	9	10	8	9	10	10	11	11	12	13	13	14	14	15	13	14
6	6	7	7	8	9	9	10	10	11	9	10	11	11	12	12	13	14	14	15	15	16	14	15
7	7	8	8	9	10	10	11	11	12	10	11	12	12	13	13	14	15	15	16	16	17	15	16
8	8	9	9	10	11	11	12	12	13	11	12	13	13	14	14	15	16	16	17	17	18	16	17
9	9	10	10	11	12	12	13	13	14	12	13	14	14	15	15	16	17	17	18	18	19	17	18
10	10	11	11	12	13	13	14	14	15	13	14	15	15	16	16	17	18	18	19	19	20	18	19
11	11	12	12	13	14	14	15	15	16	14	15	16	冬 16	17	17	18	19	19	20	20	21	19	20
12	12	13	13	14	15	15	16	16	17	15	16	17	17	18	18	19	20	20	21	21	22	20	21
13	13	14	14	15	16	16	17	17	18	16	17	18	18	19	19	20	21	21	22	22	23	21	22
14	14	15	15	16	17	17	18	18	19	17	18	19	19	20	20	21	22	22	23	23	24	22	23
15	15	16	16	17	18	18	19	19	20	18	19	20	20	21	21	22	23	23	24	24	25	23	24
16	冬 16	17	17	18	19	19	20	20	21	19	20	21	21	22	22	23	24	24	25	25	26	24	25
17	17	18	18	19	20	20	21	21	22	20	21	22	22	23	23	24	25	25	26	26	27	25	26
18	十二 18	19	19	20	21	21	22	22	23	21	22	23	23	24	24	25	26	26	27	27	28	26	27
19	19	十一 20	十 20	九 21	22	22	23	23	24	22	23	24	24	25	25	26	27	27	28	28	29	27	28
20	7 20	21	21	22	八 23	七 23	24	24	25	23	24	25	25	26	26	27	28	28	29	29	30	28	29
21	21	6 22	5 22	**23**	24	24	六 25	25	26	24	25	26	26	27	27	28	29	29	30	30	31	**3**	30

勵耘書屋

九八三 癸未 宋太平興國八 遼統和元 聖宗六月改 373

九八四 甲申 宋雍熙元 十一月改 遼統和二 374

11	11	12	12	13	14	14	15	15	16	15	16	17	17	18	18	19	20	20	21	21	22	20	21	22
12	12	13	13	14	15	15	16	16	17	16	17	18	18	19	19	20	21	21	22	22	23	21	22	23
13	13	14	14	15	16	16	17	17	18	17	18	19	19	20	20	21	22	22	23	23	24	22	23	24
14	14	15	15	16	17	17	18	18	19	18	19	20	20	21	21	22	23	23	24	24	25	23	24	25
15	15	16	16	17	18	18	19	19	20	19	20	21	21	22	22	23	24	24	25	25	26	24	25	26
16冬	16	17	17	18	19	19	20	20	21	20	21	22	22	23	23	24	25	25	26	26	27	25	26	27
17	17	18	18	19	20	20	21	21	22	21	22	23	23	24	24	25	26	26	27	27	28	26	27	28
18	18	19	19	20	21	21	22	22	23	22	23	24	24	25	25	26	27	27	28	28	29	27	28	29
19	19	20	20	21	22	22	23	23	24	23	24	25	25	26	26	27	28	28	29	29	30	28	29	30
20	20	21	21	22	23	23	24	24	25	24	25	26	26	27	27	28	29	29	30	30	31	3	30	31
21	21	22	22	23	24	24	25	25	26	25	26	27	27	28	28	29	30	30	31	5	4	2	31	1
22	22	23	23	24	25	25	26	26	27	26	27	28	28	29	29	30	31	7	6	2	2	3	2	2
23	23	24	24	25	26	26	27	27	28	27	28	29	29	30	30	31	8	2	2	3	3	4	2	3
24	24	25	25	26	27	27	28	28	29	28	29	30	30	31	10	9	2	3	3	4	4	5	3	4
25十二	25	26	26	27	28	28	29	29	30	29	30	31	12	11	2	2	3	4	4	5	5	6	4	5
26	26十一	27十	27	28	29	29	30	30	31	3	31	1	2	2	3	3	4	5	5	6	6	7	5	6
27	27	28	28九	29八	30	30	31	5	4	2	2	2	3	3	4	4	5	6	6	7	7	8	6	7
28 8	28 7	29	29	30	31七	7	6	2	2	3	2	3	4	4	5	5	6	7	7	8	8	9	7	8
29	29	30 6	30 5	31	8	2六	2五	3	3	4	3	4	5	5	6	6	7	8	8	9	9	10	8	9
30	30	31	10	9 4	2 3	3	3	4四	4三	5	4	5	6	6	7	7	8	9	9	10	10	11	9	10
31	12	11	2	2	3	4 2	4 1	5 12	5 11	6二	5正	6十二	7十一	7	8	8	9	10	10	11	11	12	10	11
日	2	2	3	3	4	5	5	6	6	7 10	6 9	7	8	8十	9九	9	10	11	11	12	12	13	11	12
曜	3	3	4	4	5	6	6	7	7	8	7	8 8	9 7	9	10	10八	11七	12	12	13	13	14	12	13
表	4	4	5	5	6	7	7	8	8	9	8	9	10	10 6	11 5	11	12	13六	13	14	14	15	13	14
5	5	5	6	6	7	8	8	9	9	10	9	10	11	11	12	12 4	13 3	14	14五	15四	15	16	14	15
甲	6	6	7	7	8	9	9	10	10	11	10	11	12	12	13	13	14	15 2	15 1	16	16三	17	15	16
子	7	7	8	8	9	10	10	11	11	12	11	12	13	13	14	14	15	16	16	17 12	17 11	18二	16正	17閏
表	8	8	9	9	10	11	11	12	12	13	12	13	14	14	15	15	16	17	17	18	18	19 10	17 9	18
6	9	9	10	10	11	12	12	13	13	14	13	14	15	15	16	16	17	18	18	19	19	20	18	19 8
	10	10	11	11	12	13	13	14	14	15	14	15	16冬	16	17	17	18	19	19	20	20	21	19	20

九八五 乙酉 宋雍熙二 遼統和三

遼閏八月

375

九八六 丙戌 宋雍熙三 遼統和四

376

22	23	23	24	25	25	26	26	27	25	26	27	27	28	28	29	30	30	31	**5**	**4**	2	31	**1**
23	24	24	25	26	26	27	27	28	26	27	28	28	29	29	30	31	**7**	**6**	2	2	3	**2**	2
24	25	25	26	27	27	28	28	29	27	28	29	29	30	30	31	**8**	2	2	3	3	4	2	3
25	26	26	27	28	28	29	29	30	28	29	30	30	31	**10**	**9**	2	3	3	4	4	5	3	4
26	27	27	28	29	29	30	30	31	**3**	30	31	**12**	**11**	2	2	3	4	4	5	5	6	4	5
27	28	28	29	30	30	31	**5**	**4**	2	31	**1**	2	2	3	3	4	5	5	6	6	7	5	6
28	29	29	30	31	**7**	**6**	2	2	3	**2**	2	3	3	4	4	5	6	6	7	7	8	6	7
29	30	30	31	**8**	2	2	3	3	4	2	3	4	4	5	5	6	7	7	8	8	9	7	8
30	31	**10**	**9**	2	3	3	4	4	5	3	4	5	5	6	6	7	8	8	9	9	10	8	9
12	**11**	2	2	3	4	4	5	5	6	4	5	6	6	7	7	8	9	9	10	10	11	9	10
2	2	3	3	4	5	5	6	6	7	5	6	7	7	8	8	9	10	10	11	11	12	10	11
3	3	4	4	5	6	6	7	7	8	6	7	8	8	9	9	10	11	11	12	12	13	11	12
4	十一 4	5	5	6	7	7	8	8	9	7	8	9	9	10	10	11	12	12	13	13	14	12	13
5	5	十 6	九 6	7	8	8	9	9	10	8	9	10	10	11	11	12	13	13	14	14	15	13	14
6	8 6	7 7	7	八 8	9	9	10	10	11	9	10	11	11	12	12	13	14	14	15	15	16	14	15
7	7	8	6 8	5 9	七 10	六 10	五 11	11	12	10	11	12	12	13	13	14	15	15	16	16	17	15	16
8	8	9	9	10	4 11	3 11	12	四 12	三 13	11	12	13	13	14	14	15	16	16	17	17	18	16	17
9	9	10	10	11	12	12	2 13	1 13	14	二 12	正 13	十二 14	14	15	15	16	17	17	18	18	19	17	18
10	10	11	11	12	13	13	14	14	12 15	11 13	14	15	十一 15	十 16	16	17	18	18	19	19	20	18	19
11	11	12	12	13	14	14	15	15	16	14	10 15	9 16	冬 16	17	閏 17	九 18	19	19	20	20	21	19	20
12	12	13	13	14	15	15	16	16	17	15	16	17	8 17	7 18	18	19	八 20	20	21	21	22	20	21
13	13	14	14	15	16	16	17	17	18	16	17	18	18	19	6 19	5 20	21	七 21	六 22	22	23	21	22
14	14	15	15	16	17	17	18	18	19	17	18	19	19	20	20	21	4 22	3 22	23	五 23	四 24	三 22	23
15	15	16	16	17	18	18	19	19	20	18	19	20	20	21	21	22	23	23	2 24	1 24	25	23	二 24 正
16	冬 16	17	17	18	19	19	20	20	21	19	20	21	21	22	22	23	24	24	25	25	12 26	11 24	25
17	17	18	18	19	20	20	21	21	22	20	21	22	22	23	23	24	25	25	26	26	27	25	10 26 9
18	18	19	19	20	21	21	22	22	23	21	22	23	23	24	24	25	26	26	27	27	28	26	27
19	19	20	20	21	22	22	23	23	24	22	23	24	24	25	25	26	27	27	28	28	29	27	28
20	20	21	21	22	23	23	24	24	25	23	24	25	25	26	26	27	28	28	29	29	30	28	29
21	21	22	22	23	24	24	25	25	26	24	25	26	26	27	27	28	29	29	30	30	31	**3**	30

九八八 戊子 宋端拱元 遼統和六

378

九八七 丁亥 宋雍熙四 遼統和五

377

11	11	12	12	13	14	14	15	15	16	15	16	17	17	18	18	19	20	20	21	21	22	20	21	22
12	十一12	十13	13	14	15	15	16	16	17	16	17	18	18	19	19	20	21	21	22	22	23	21	22	23
13	9 13	14	九14	八15	七16	16	17	17	18	17	18	19	19	20	20	21	22	22	23	23	24	22	23	24
14	14	8 15	7 15	16	17	六17	閏18	18	19	18	19	20	20	21	21	22	23	23	24	24	25	23	24	25
15	15	16	16	6 17	5 18	18	19	五19	四20	19	20	21	21	22	22	23	24	24	25	25	26	24	25	26
16	冬16	17	17	18	19	4 19	3 20	20	21	三20	二21	22	22	23	23	24	25	25	26	26	27	25	26	27
17	17	18	18	19	20	20	21	2 21	1 22	21	22	正23	十二23	24	24	25	26	26	27	27	28	26	27	28
18	18	19	19	20	21	21	22	22	23	12 22	11 23	24	24	十一25	十25	26	27	27	28	28	29	27	28	29
19	19	20	20	21	22	22	23	23	24	23	24	10 25	9 25	26	26	九27	八28	28	29	29	30	28	29	30
20	20	21	21	22	23	23	24	24	25	24	25	26	26	8 27	7 27	28	29	七29	六30	五30	31	**3**	30	31
21	21	22	22	23	24	24	25	25	26	25	26	27	27	28	28	6 29	5 30	30	**31**	**5**	四**4**	三2	31	**1**
22	22	23	23	24	25	25	26	26	27	26	27	28	28	29	29	30	31	4 **7**	3 **6**	2	2	3	二**2**	正2
23	23	24	24	25	26	26	27	27	28	27	28	29	29	30	30	31	**8**	2	2	2 3	1 3	12 4	11 2	3 十二
24	24	25	25	26	27	27	28	28	29	28	29	30	30	31	**10**	**9**	2	3	3	4	4	5	3	10 4 9
25	25	26	26	27	28	28	29	29	30	29	30	31	**12**	**11**	2	2	3	4	4	5	5	6	4	5
26	26	27	27	28	29	29	30	30	31	**3**	31	**1**	2	2	3	3	4	5	5	6	6	7	5	6
27	27	28	28	29	30	30	31	**5**	**4**	2	**2**	2	3	3	4	4	5	6	6	7	7	8	6	7
28	28	29	29	30	31	**7**	**6**	2	2	3	2	3	4	4	5	5	6	7	7	8	8	9	7	8
29	29	30	30	31	**8**	2	2	3	3	4	3	4	5	5	6	6	7	8	8	9	9	10	8	9
30	30	31	**10**	**9**	2	3	3	4	4	5	4	5	6	6	7	7	8	9	9	10	10	11	9	10
31	**12**	**11**	2	2	3	4	4	5	5	6	5	6	7	7	8	8	9	10	10	11	11	12	10	11
日	2	2	3	3	4	5	5	6	6	7	6	7	8	8	9	9	10	11	11	12	12	13	11	12
曜	3	3	4	4	5	6	6	7	7	8	7	8	9	9	10	10	11	12	12	13	13	14	12	13
表	4	4	5	5	6	7	7	8	8	9	8	9	10	10	11	11	12	13	13	14	14	15	13	14
6	5	5	6	6	7	8	8	9	9	10	9	10	11	11	12	12	13	14	14	15	15	16	14	15
甲	6	6	7	7	8	9	9	10	10	11	10	11	12	12	13	13	14	15	15	16	16	17	15	16
子	7	7	8	8	9	10	10	11	11	12	11	12	13	13	14	14	15	16	16	17	17	18	16	17
表	8	8	9	9	10	11	11	12	12	13	12	13	14	14	15	15	16	17	17	18	18	19	17	18
7	9	9	10	10	11	12	12	13	13	14	13	14	15	15	16	16	17	18	18	19	19	20	18	19
	10	10	11	11	12	13	13	14	14	15	14	15	16	冬16	17	17	18	19	19	20	20	21	19	20

九九〇 庚寅 宋淳化元 遼統和八

380

九八九 己丑 宋端拱二 遼統和七

379

22 9	23	23	24	25七	25六	26	26	27	25	26	27	27	28	28	29	30	30	31	5	4	2	31	1
23	24 8	24 7	25	26	26	27五	27	28	26	27	28	28	29	29	30	31	7	6	2	2	3	2	2
24	25	25	26 6	27 5	27	28	28四	29三	27	28	29	29	30	30	31	8	2	2	3	3	4	2	3
25	26	26	27	28	28 4	29 3	29	30	28二	29	30	30	31	10	9	2	3	3	4	4	5	3	4
26	27	27	28	29	29	30	30 2	31 1	3	30正	31十二	12十一	11	2	2	3	4	4	5	5	6	4	5
27	28	28	29	30	30	31	5	4	2 12	31 11	1	2	2十	3九	3八	4七	5	5	6	6	7	5	6
28	29	29	30	31	7	6	2	2	3	2	2 10	3 9	3	4	4	5	6六	6五	7	7	8	6	7
29	30	30	31	8	2	2	3	3	4	2	3	4	4 8	5 7	5	6	7	7	8四	8	9	7	8
30	31	10	9	2	3	3	4	4	5	3	4	5	5	6	6 6	7 5	8	8	9	9三	10二	8	9
12	11	2	2	3	4	4	5	5	6	4	5	6	6	7	7	8	9 4	9 3	10	10	11	9正	10
2	2	3	3	4	5	5	6	6	7	5	6	7	7	8	8	9	10	10	11 2	11 1	12 12	10 11	11十二
3	3	4	4	5	6	6	7	7	8	6	7	8	8	9	9	10	11	11	12	12	13	11	12 10
4	4	5	5	6	7	7	8	8	9	7	8	9	9	10	10	11	12	12	13	13	14	12	13
5	5	6	6	7	8	8	9	9	10	8	9	10	10	11	11	12	13	13	14	14	15	13	14
6	6	7	7	8	9	9	10	10	11	9	10	11	11	12	12	13	14	14	15	15	16	14	15
7	7	8	8	9	10	10	11	11	12	10	11	12	12	13	13	14	15	15	16	16	17	15	16
8	8	9	9	10	11	11	12	12	13	11	12	13	13	14	14	15	16	16	17	17	18	16	17
9	9	10	10	11	12	12	13	13	14	12	13	14	14	15	15	16	17	17	18	18	19	17	18
10	10	11	11	12	13	13	14	14	15	13	14	15	15	16	16	17	18	18	19	19	20	18	19
11	11	12	12	13	14	14	15	15	16	14	15	16冬	16	17	17	18	19	19	20	20	21	19	20
12	12	13	13	14	15	15	16	16	17	15	16	17	17	18	18	19	20	20	21	21	22	20	21
13	13	14	14	15	16	16	17	17	18	16	17	18	18	19	19	20	21	21	22	22	23	21	22
14	14	15	15	16	17	17	18	18	19	17	18	19	19	20	20	21	22	22	23	23	24	22	23
15	15	16	16	17	18	18	19	19	20	18	19	20	20	21	21	22	23	23	24	24	25	23	24
16冬	16	17	17	18	19	19	20	20	21	19	20	21	21	22	22	23	24	24	25	25	26	24	25
17	17	18	18	19	20	20	21	21	22	20	21	22	22	23	23	24	25	25	26	26	27	25	26
18	18	19	19	20	21	21	22	22	23	21	22	23	23	24	24	25	26	26	27	27	28	26	27
19	19	20	20	21	22	22	23	23	24	22	23	24	24	25	25	26	27	27	28	28	29	27	28
20十二	20十一	21	21	22	23	23	24	24	25	23	24	25	25	26	26	27	28	28	29	29	30	28	29
21	21	22十	22九	23八	24	24	25	25	26	24	25	26	26	27	27	28	29	29	30	30	31	3	30

九九二 壬辰 宋淳化三 遼統和一〇 382

九九一 辛卯 宋淳化二 遼統和九 381

11	11	12	12	13	14	14	15	15	16	15	16	17	17	18	18	19	20	20	21	21	22	20	21	22 10
12	12	13	13	14	15	15	16	16	17	16	17	18	18	19	19	20	21	21	22	22	23	21	22	23
13	13	14	14	15	16	16	17	17	18	17	18	19	19	20	20	21	22	22	23	23	24	22	23	24
14	14	15	15	16	17	17	18	18	19	18	19	20	20	21	21	22	23	23	24	24	25	23	24	25
15	15	16	16	17	18	18	19	19	20	19	20	21	21	22	22	23	24	24	25	25	26	24	25	26
16冬	16	17	17	18	19	19	20	20	21	20	21	22	22	23	23	24	25	25	26	26	27	25	26	27
17	17	18	18	19	20	20	21	21	22	21	22	23	23	24	24	25	26	26	27	27	28	26	27	28
18	18	19	19	20	21	21	22	22	23	22	23	24	24	25	25	26	27	27	28	28	29	27	28	29
19	19	20	20	21	22	22	23	23	24	23	24	25	25	26	26	27	28	28	29	29	30	28	29	30
20	20	21	21	22	23	23	24	24	25	24	25	26	26	27	27	28	29	29	30	30	31	**3**	30	31
21	21	22	22	23	24	24	25	25	26	25	26	27	27	28	28	29	30	30	31	**5**	**4**	2	31	**1**
22	22	23	23	24	25	25	26	26	27	26	27	28	28	29	29	30	31	**7**	**6**	2	2	3	**2**	2
23	23	24	24	25	26	26	27	27	28	27	28	29	29	30	30	31	**8**	2	2	3	3	4	2	3
24	24	25	25	26	27	27	28	28	29	28	29	30	30	31	**10**	**9**	2	3	3	4	4	5	3	4
25	25	26	26	27	28	28	29	29	30	29	30	31	**12**	**11**	2	2	3	4	4	5	5	6	4	5
26	26	27	27	28	29	29	30	30	31	**3**	31	**1**	2	2	3	3	4	5	5	6	6	7	5	6
27十二	27十一	28	28	29	30	30	31	**5**	**4**	2	**2**	2	3	3	4	4	5	6	6	7	7	8	6	7
28	28	29十	29九	30	31	**7**	**6**	2	2	3	2	3	4	4	5	5	6	7	7	8	8	9	7	8
29 11	29	30	30	31八	**8**七	2	2	3	3	4	3	4	5	5	6	6	7	8	8	9	9	10	8	9
30	30 10	31 9	**10**	**9**	2	3六	3	**4**	**4**	5	4	5	6	6	7	7	8	9	9	10	10	11	9	10
31	**12**	**11**	2 8	2 7	3	4	4五	5四	5	6	5	6	7	7	8	8	9	10	10	11	11	12	10	11
日	2	2	3	3	4 6	5 5	5	6	6三	7二	6	7	8	8	9	9	10	11	11	12	12	13	11	12
曜	3	3	4	4	5	6	6 4	7 3	7	8	7正	8十二	9十一	9十	10	10	11	12	12	13	13	14	12	13
表	4	4	5	5	6	7	7	8	8 2	9 1	8 12	9 11	10	10	11九	11八	12	13	13	14	14	15	13	14
7	5	5	6	6	7	8	8	9	9	10	9	10	11 10	11 9	12	12	13七	14六	14	15	15	16	14	15
甲	6	6	7	7	8	9	9	10	10	11	10	11	12	12	13 8	13 7	14	15	15五	16	16	17	15	16
子	7	7	8	8	9	10	10	11	11	12	11	12	13	13	14	14	15 6	16 5	16	17四	17三	18	16	17
表	8	8	9	9	10	11	11	12	12	13	12	13	14	14	15	15	16	17	17 4	18 3	18	19閏	17	18
8	9	9	10	10	11	12	12	13	13	14	13	14	15	15	16	16	17	18	18	19	19 2	20 1	18二	19正
	10	10	11	11	12	13	13	14	14	15	14	15	16冬	16	17	17	18	19	19	20	20	21	19 12	20 11

九九四 甲午 宋淳化五 遼統和一二 384												九九三 癸巳 宋淳化四 遼統和一一 383											
22	23	23	24	25	25	26	26	27	25	26	27	27	28	28	29	30	30	31	**5**	**4**	2	31	**1**
23	24	24	25	26	26	27	27	28	26	27	28	28	29	29	30	31	**7**	**6**	2	2	3	**2**	2
24	25	25	26	27	27	28	28	29	27	28	29	29	30	30	31	**8**	2	2	3	3	4	2	3
25	26	26	27	28	28	29	29	30	28	29	30	30	31	**10**	**9**	2	3	3	4	4	5	3	4
26	27	27	28	29	29	30	30	31	**3**	30	31	**12**	**11**	2	2	3	4	4	5	5	6	4	5
27	28	28	29	30	30	31	**5**	**4**	2	31	**1**	2	2	3	3	4	5	5	6	6	7	5	6
28	29	29	30	31	**7**	**6**	2	2	3	**2**	2	3	3	4	4	5	6	6	7	7	8	6	7
29	30	30	31	**8**	2	2	3	3	4	2	3	4	4	5	5	6	7	7	8	8	9	7	8
30	31	**10**	**9**	2	3	3	4	4	5	3	4	5	5	6	6	7	8	8	9	9	10	8	9
12	**11**	2	2	3	4	4	5	5	6	4	5	6	6	7	7	8	9	9	10	10	11	9	10
2	2	3	3	4	5	5	6	6	7	5	6	7	7	8	8	9	10	10	11	11	12	10	11
3	3	4	4	5	6	6	7	7	8	6	7	8	8	9	9	10	11	11	12	12	13	11	12
4	4	5	5	6	7	7	8	8	9	7	8	9	9	10	10	11	12	12	13	13	14	12	13
5	5	6	6	7	8	8	9	9	10	8	9	10	10	11	11	12	13	13	14	14	15	13	14
6	十一 6	十 7	7	8	9	9	10	10	11	9	10	11	11	12	12	13	14	14	15	15	16	14	15
7	**11** 7	8	九 8	八 9	10	10	11	11	12	10	11	12	12	13	13	14	15	15	16	16	17	15	16
8	8	**10** 9	**9** 9	10	七 11	11	12	12	13	11	12	13	13	14	14	15	16	16	17	17	18	16	17
9	9	10	10	**8** 11	**7** 12	六 12	五 13	四 13	14	12	13	14	14	15	15	16	17	17	18	18	19	17	18
10	10	11	11	12	13	**6** 13	**5** 14	14	三 15	二 13	14	15	15	16	16	17	18	18	19	19	20	18	19
11	11	12	12	13	14	14	15	**4** 15	**3** 16	14	正 15	十二 冬 16	十一 16	17	17	18	19	19	20	20	21	19	20
12	12	13	13	14	15	15	16	16	17	**2** 15	**1** 16	17	17	閏 18	十 18	19	20	20	21	21	22	20	21
13	13	14	14	15	16	16	17	17	18	16	17	**12** 18	**11** 18	19	19	九 20	八 21	21	22	22	23	21	22
14	14	15	15	16	17	17	18	18	19	17	18	19	19	**10** 20	**9** 20	21	22	七 22	23	23	24	22	23
15	15	16	16	17	18	18	19	19	20	18	19	20	20	21	21	**8** 22	**7** 23	23	六 24	五 24	25	23	24
16	冬 16	17	17	18	19	19	20	20	21	19	20	21	21	22	22	23	24	**6** 24	**5** 25	25	四 26	三 24	二 25
17	17	18	18	19	20	20	21	21	22	20	21	22	22	23	23	24	25	25	26	**4** 26	**3** 27	25	26 正
18	18	19	19	20	21	21	22	22	23	21	22	23	23	24	24	25	26	26	27	27	28	**2** 26	**1** 27
19	19	20	20	21	22	22	23	23	24	22	23	24	24	25	25	26	27	27	28	28	29	27	28 **12**
20	20	21	21	22	23	23	24	24	25	23	24	25	25	26	26	27	28	28	29	29	30	28	29
21	21	22	22	23	24	24	25	25	26	24	25	26	26	27	27	28	29	29	30	30	31	**3**	30

九九六 丙申 宋至道二 遼統和一四 386

九九五 乙未 宋至道元 遼統和一三 385

11	11	12	12	13	14	14	15	15	16	15	16	17	17	18	18	19	20	20	21	21	22	20	21	22
12	12	13	13	14	15	15	16	16	17	16	17	18	18	19	19	20	21	21	22	22	23	21	22	23
13	十一 13	14	14	15	16	16	17	17	18	17	18	19	19	20	20	21	22	22	23	23	24	22	23	24
14	14	十 15	九 15	16	17	17	18	18	19	18	19	20	20	21	21	22	23	23	24	24	25	23	24	25
15	12 15	11 16	16	八 17	閏 18	七 18	19	19	20	19	20	21	21	22	22	23	24	24	25	25	26	24	25	26
16	冬 16	17	10 17	9 18	19	19	六 20	五 20	21	20	21	22	22	23	23	24	25	25	26	26	27	25	26	27
17	17	18	18	19	8 20	7 20	21	21	四 22	三 21	22	23	23	24	24	25	26	26	27	27	28	26	27	28
18	18	19	19	20	21	21	6 22	5 22	23	22	二 23	正 24	24	25	25	26	27	27	28	28	29	27	28	29
19	19	20	20	21	22	22	23	23	4 24	3 23	24	25	十二 25	十一 26	26	27	28	28	29	29	30	28	29	30
20	20	21	21	22	23	23	24	24	25	24	2 25	1 26	26	27	十 27	九 28	29	29	30	30	31	3	30	31
21	21	22	22	23	24	24	25	25	26	25	26	27	12 27	11 28	28	29	八 30	七 30	31	5	4	2	31	1
22	22	23	23	24	25	25	26	26	27	26	27	28	28	29	10 29	9 30	31	7	六 6	五 2	2	3	2	2
23	23	24	24	25	26	26	27	27	28	27	28	29	29	30	30	31	8 8	7 2	2	3	四 3	三 4	二 2	3
24	24	25	25	26	27	27	28	28	29	28	29	30	30	31	10	9	2	3	6 3	5 4	4	5	3	正 4 十二
25	25	26	26	27	28	28	29	29	30	29	30	31	12	11	2	2	3	4	4	5	4 5	3 6	4	5
26	26	27	27	28	29	29	30	30	31	3	31	1	2	2	3	3	4	5	5	6	6	7	2 5	1 6 12
27	27	28	28	29	30	30	31	5	4	2	2	2	3	3	4	4	5	6	6	7	7	8	6	7
28	28	29	29	30	31	7	6	2	2	3	2	3	4	4	5	5	6	7	7	8	8	9	7	8
29	29	30	30	31	8	2	2	3	3	4	3	4	5	5	6	6	7	8	8	9	9	10	8	9
30	30	31	10	9	2	3	3	4	4	5	4	5	6	6	7	7	8	9	9	10	10	11	9	10
31	12	11	2	2	3	4	4	5	5	6	5	6	7	7	8	8	9	10	10	11	11	12	10	11
日	2	2	3	3	4	5	5	6	6	7	6	7	8	8	9	9	10	11	11	12	12	13	11	12
曜	3	3	4	4	5	6	6	7	7	8	7	8	9	9	10	10	11	12	12	13	13	14	12	13
表	4	4	5	5	6	7	7	8	8	9	8	9	10	10	11	11	12	13	13	14	14	15	13	14
1	5	5	6	6	7	8	8	9	9	10	9	10	11	11	12	12	13	14	14	15	15	16	14	15
甲	6	6	7	7	8	9	9	10	10	11	10	11	12	12	13	13	14	15	15	16	16	17	15	16
子	7	7	8	8	9	10	10	11	11	12	11	12	13	13	14	14	15	16	16	17	17	18	16	17
表	8	8	9	9	10	11	11	12	12	13	12	13	14	14	15	15	16	17	17	18	18	19	17	18
9	9	9	10	10	11	12	12	13	13	14	13	14	15	15	16	16	17	18	18	19	19	20	18	19
	10	10	11	11	12	13	13	14	14	15	14	15	16	冬 16	17	17	18	19	19	20	20	21	19	20

九九七 丁酉 宋至道三 遼統和一五 387

九九八 戊戌 宋咸平元 眞宗 遼統和一六 388

22 十一	23 十	23	24	25	25	26	26	27	25	26	27	27	28	28	29	30	30	31	**5**	**4**	2	31	**1**
23	24	24 九	25 八	26 七	26	27	27	28	26	27	28	28	29	29	30	31	**7**	**6**	2	2	3	**2**	2
24 12	25 11	25	26	27	27 六	28 五	28	29	27	28	29	29	30	30	31	**8**	2	2	3	3	4	2	3
25	26	26 10	27 9	28	28	29	29 四	30	28	29	30	30	31	**10**	**9**	2	3	3	4	4	5	3	4
26	27	27	28	29 8	29 7	30	30	31 三	**3** 二	30	31	**12**	**11**	2	2	3	4	4	5	5	6	**4**	5
27	28	28	29	30	30	31 6	**5** 5	**4**	2	31 正	**1**	2	2	3	3	4	5	5	6	6	7	5	6
28	29	29	30	31	**7**	**6**	2	2 4	3 3	**2**	2 十二	3 十一	3 十	4	4	5	6	6	7	7	8	6	7
29	30	30	31	**8**	2	2	3	3	4	2 2	3 1	4	4	5 九	5 八	6 七	7	7	8	8	9	7	8
30	31	**10**	**9**	2	3	3	4	4	5	3	4	5 12	5 11	6	6	7	8 六	8 五	9	9	10	8	9
12	**11**	2	2	3	4	4	5	5	6	4	5	6	6	7 10	7 9	8	9	9	10 四	10 三	11	9	10
2	2	3	3	4	5	5	6	6	7	5	6	7	7	8	8	9 8	10 7	10	11	11	12 二	10 正	11
3	3	4	4	5	6	6	7	7	8	6	7	8	8	9	9	10	11	11 6	12 5	12	13	11	12 十二
4	4	5	5	6	7	7	8	8	9	7	8	9	9	10	10	11	12	12	13	13 4	14 3	12	13
5	5	6	6	7	8	8	9	9	10	8	9	10	10	11	11	12	13	13	14	14	15	13 2	14 1
6	6	7	7	8	9	9	10	10	11	9	10	11	11	12	12	13	14	14	15	15	16	14	15
7	7	8	8	9	10	10	11	11	12	10	11	12	12	13	13	14	15	15	16	16	17	15	16
8	8	9	9	10	11	11	12	12	13	11	12	13	13	14	14	15	16	16	17	17	18	16	17
9	9	10	10	11	12	12	13	13	14	12	13	14	14	15	15	16	17	17	18	18	19	17	18
10	10	11	11	12	13	13	14	14	15	13	14	15	15	16	16	17	18	18	19	19	20	18	19
11	11	12	12	13	14	14	15	15	16	14	15	16 冬	16	17	17	18	19	19	20	20	21	19	20
12	12	13	13	14	15	15	16	16	17	15	16	17	17	18	18	19	20	20	21	21	22	20	21
13	13	14	14	15	16	16	17	17	18	16	17	18	18	19	19	20	21	21	22	22	23	21	22
14	14	15	15	16	17	17	18	18	19	17	18	19	19	20	20	21	22	22	23	23	24	22	23
15	15	16	16	17	18	18	19	19	20	18	19	20	20	21	21	22	23	23	24	24	25	23	24
16 冬	16	17	17	18	19	19	20	20	21	19	20	21	21	22	22	23	24	24	25	25	26	24	25
17	17	18	18	19	20	20	21	21	22	20	21	22	22	23	23	24	25	25	26	26	27	25	26
18	18	19	19	20	21	21	22	22	23	21	22	23	23	24	24	25	26	26	27	27	28	26	27
19	19	20	20	21	22	22	23	23	24	22	23	24	24	25	25	26	27	27	28	28	29	27	28
20	20	21	21	22	23	23	24	24	25	23	24	25	25	26	26	27	28	28	29	29	30	28	29
21	21	22	22	23	24	24	25	25	26	24	25	26	26	27	27	28	29	29	30	30	31	**3**	30

勵耘書屋

一〇〇〇 庚子 宋咸平三 遼統和一八

九九九 己亥 宋咸平二 遼統和一七 遼閏四月

391　390　389

11	11	12	12	13	14	14	15	15	16	15	16	17	17	18	18	19	20	20	21	21	22	4 20	3 21	22 十二
12	12	13	13	14	15	15	16	16	17	16	17	18	18	19	19	20	21	21	22	22	23	21	22	2 23 1
13	13	14	14	15	16	16	17	17	18	17	18	19	19	20	20	21	22	22	23	23	24	22	23	24
14	14	15	15	16	17	17	18	18	19	18	19	20	20	21	21	22	23	23	24	24	25	23	24	25
15	15	16	16	17	18	18	19	19	20	19	20	21	21	22	22	23	24	24	25	25	26	24	25	26
16	冬16	17	17	18	19	19	20	20	21	20	21	22	22	23	23	24	25	25	26	26	27	25	26	27
17	17	18	18	19	20	20	21	21	22	21	22	23	23	24	24	25	26	26	27	27	28	26	27	28
18	18	19	19	20	21	21	22	22	23	22	23	24	24	25	25	26	27	27	28	28	29	27	28	29
19	19	20	20	21	22	22	23	23	24	23	24	25	25	26	26	27	28	28	29	29	30	28	29	30
20	20	21	21	22	23	23	24	24	25	24	25	26	26	27	27	28	29	29	30	30	31	**3**	30	31
21	21	22	22	23	24	24	25	25	26	25	26	27	27	28	28	29	30	30	31	**5**	**4**	2	31	**1**
22	22	23	23	24	25	25	26	26	27	26	27	28	28	29	29	30	31	**7**	**6**	2	2	3	**2**	2
23	23	24	24	25	26	26	27	27	28	27	28	29	29	30	30	31	**8**	2	2	3	3	4	2	3
24	24	25	25	26	27	27	28	28	29	28	29	30	30	31	**10**	**9**	2	3	3	4	4	5	3	4
25	25	26	26	27	28	28	29	29	30	29	30	31	**12**	**11**	2	2	3	4	4	5	5	6	4	5
26	26	27	27	28	29	29	30	30	31	**3**	31	**1**	2	2	3	3	4	5	5	6	6	7	5	6
27	27	28	28	29	30	30	31	**5**	**4**	2	**2**	2	3	3	4	4	5	6	6	7	7	8	6	7
28	28	29	29	30	31	**7**	**6**	2	2	3	2	3	4	4	5	5	6	7	7	8	8	9	7	8
29	十二29	十一30	十30	31	**8**	2	2	3	3	4	3	4	5	5	6	6	7	8	8	9	9	10	8	9
30	30	31	**10**	九**9**	八2	3	3	**4**	**4**	5	4	5	6	6	7	7	8	9	9	10	10	11	9	10
31	2 **12**	1 **11**	2	2	3	七4	六4	5	5	6	5	6	7	7	8	8	9	10	10	11	11	12	10	11
日	2	2	12 3	11 3	4	5	5	五6	6	7	6	7	8	8	9	9	10	11	11	12	12	13	11	12
曜	3	3	4	4	10 5	9 6	6	7	四7	三8	7	8	9	9	10	10	11	12	12	13	13	14	12	13
表	4	4	5	5	6	7	8 7	7 8	8	9	二8	正9	10	10	11	11	12	13	13	14	14	15	13	14
2	5	5	6	6	7	8	8	9	6 9	5 10	9	10	十二11	十一11	十12	九12	13	14	14	15	15	16	14	15
甲	6	6	7	7	8	9	9	10	10	11	4 10	3 11	12	12	13	13	八14	七15	15	16	16	17	15	16
子	7	7	8	8	9	10	10	11	11	12	11	12	2 13	1 13	12 14	11 14	15	16	六16	五17	17	18	16	17
表	8	8	9	9	10	11	11	12	12	13	12	13	14	14	15	15	10 16	9 17	17	18	四18	19	17	18
10	9	9	10	10	11	12	12	13	13	14	13	14	15	15	16	16	17	18	8 18	7 19	19	閏20	三18	19
	10	10	11	11	12	13	13	14	14	15	14	15	16	冬16	17	17	18	19	19	20	6 20	5 21	19	二20 正

一〇〇一 辛丑 宋咸平四 遼統和一九

遼閏十一月

392

一〇〇二 壬寅 宋咸平五 遼統和二〇

393

22	23	23	24	25	25	26	26	27	25	26	27	27	28	28	29	30	30	31	**5**	**4**	2	31	**1**
23	24	24	25	26	26	27	27	28	26	27	28	28	29	29	30	31	**7**	**6**	2	2	3	**2**	2
24	25	25	26	27	27	28	28	29	27	28	29	29	30	30	31	**8**	2	2	3	3	4	2	3
25	26	26	27	28	28	29	29	30	28	29	30	30	31	**10**	**9**	2	3	3	4	4	5	3	4
26	27	27	28	29	29	30	30	31	**3**	30	31	**12**	**11**	2	2	3	4	4	5	5	6	4	5
27	28	28	29	30	30	31	**5**	**4**	2	31	**1**	2	2	3	3	4	5	5	6	6	7	5	6
28	29	29	30	31	**7**	**6**	2	2	3	**2**	2	3	3	4	4	5	6	6	7	7	8	6	7
29	30	30	31	**8**	2	2	3	3	4	2	3	4	4	5	5	6	7	7	8	8	9	7	8
30	31	**10**	**9**	2	3	3	4	4	5	3	4	5	5	6	6	7	8	8	9	9	10	8	9
12	**11**	2	2	3	4	4	5	5	6	4	5	6	6	7	7	8	9	9	10	10	11	9	10
2	2	3	3	4	5	5	6	6	7	5	6	7	7	8	8	9	10	10	11	11	12	10	11
3	3	4	4	5	6	6	7	7	8	6	7	8	8	9	9	10	11	11	12	12	13	11	12
4	4	5	5	6	7	7	8	8	9	7	8	9	9	10	10	11	12	12	13	13	14	12	13
5	5	6	6	7	8	8	9	9	10	8	9	10	10	11	11	12	13	13	14	14	15	13	14
6	6	7	7	8	9	9	10	10	11	9	10	11	11	12	12	13	14	14	15	15	16	14	15
7	十一 7	8	8	9	10	10	11	11	12	10	11	12	12	13	13	14	15	15	16	16	17	15	16
8	8	十 9	九 9	10	11	11	12	12	13	11	12	13	13	14	14	15	16	16	17	17	18	16	17
9	9	10	10	八 11	七 12	12	13	13	14	12	13	14	14	15	15	16	17	17	18	18	19	17	18
10	2 10	1 11	12 11	11 12	13	六 13	14	14	15	13	14	15	15	16	16	17	18	18	19	19	20	18	19
11	11	12	12	13	10 14	9 14	五 15	四 15	16	14	15	16	冬 16	17	17	18	19	19	20	20	21	19	20
12	12	13	13	14	15	15	8 16	7 16	三 17	二 15	正 16	17	17	18	18	19	20	20	21	21	22	20	21
13	13	14	14	15	16	16	17	17	6 18	5 16	17	閏 18	十二 18	十一 19	19	20	21	21	22	22	23	21	22
14	14	15	15	16	17	17	18	18	19	17	4 18	3 19	19	20	十 20	九 21	22	22	23	23	24	22	23
15	15	16	16	17	18	18	19	19	20	18	19	20	2 20	1 21	21	22	八 23	七 23	24	24	25	23	24
16	冬 16	17	17	18	19	19	20	20	21	19	20	21	21	22	12 22	11 23	24	24	六 25	25	26	24	25
17	17	18	18	19	20	20	21	21	22	20	21	22	22	23	23	24	10 25	9 25	26	五 26	四 27	25	26
18	18	19	19	20	21	21	22	22	23	21	22	23	23	24	24	25	26	26	8 27	7 27	28	三 26	二 27
19	19	20	20	21	22	22	23	23	24	22	23	24	24	25	25	26	27	27	28	28	6 29	5 27	28 正
20	20	21	21	22	23	23	24	24	25	23	24	25	25	26	26	27	28	28	29	29	30	28	4 29 3
21	21	22	22	23	24	24	25	25	26	24	25	26	26	27	27	28	29	29	30	30	31	**3**	30

一〇〇四 甲辰 宋景德元 遼統和二二

395

一〇〇三 癸卯 宋咸平六 遼統和二一

394

11	11	12	12	13	14	14	15	15	16	15	16	17	17	18	18	19	20	20	21	21	22	20	21	22
12	12	13	13	14	15	15	16	16	17	16	17	18	18	19	19	20	21	21	22	22	23	21	22	23
13	13	14	14	15	16	16	17	17	18	17	18	19	19	20	20	21	22	22	23	23	24	22	23	24
14	14	15	15	16	17	17	18	18	19	18	19	20	20	21	21	22	23	23	24	24	25	23	24	25
15十一	15十	16	16	17	18	18	19	19	20	19	20	21	21	22	22	23	24	24	25	25	26	24	25	26
16 3	16	17閏	17九	18	19	19	20	20	21	20	21	22	22	23	23	24	25	25	26	26	27	25	26	27
17	17 2	18 1	18	19八	20七	20	21	21	22	21	22	23	23	24	24	25	26	26	27	27	28	26	27	28
18	18	19	19 12	20 11	21	21六	22五	22四	23	22	23	24	24	25	25	26	27	27	28	28	29	27	28	29
19	19	20	20	21	22 10	22 9	23	23	24三	23二	24	25	25	26	26	27	28	28	29	29	30	28	29	30
20	20	21	21	22	23	23	24 8	24 7	25	24	25正	26十二	26	27	27	28	29	29	30	30	31	**3**	30	31
21	21	22	22	23	24	24	25	25	26 6	25 5	26	27	27十一	28十	28	29	30	30	31	**5**	**4**	2	31	**1**
22	22	23	23	24	25	25	26	26	27	26	27 4	28 3	28	29	29九	30八	31	**7**	**6**	2	2	3	**2**	2
23	23	24	24	25	26	26	27	27	28	27	28	29	29 2	30 1	30	31	**8**七	2六	2	3	3	4	2	3
24	24	25	25	26	27	27	28	28	29	28	29	30	30	31	**10** 12	**9** 11	2	3	3五	4四	4	5	3	4
25	25	26	26	27	28	28	29	29	30	29	30	31	**12**	**11**	2	2	3 10	4 9	4	5	5三	6二	4正	5
26	26	27	27	28	29	29	30	30	31	**3**	31	**1**	2	2	3	3	4	5	5 8	6 7	6	7	5	6十二
27	27	28	28	29	30	30	31	**5**	**4**	2	**2**	2	3	3	4	4	5	6	6	7	7 6	8 5	6	7
28	28	29	29	30	31	**7**	**6**	2	2	3	2	3	4	4	5	5	6	7	7	8	8	9	7 4	8 3
29	29	30	30	31	**8**	2	2	3	3	4	3	4	5	5	6	6	7	8	8	9	9	10	8	9
30	30	31	**10**	**9**	2	3	3	**4**	4	5	4	5	6	6	7	7	8	9	9	10	10	11	9	10
31	**12**	**11**	2	2	3	4	4	5	5	6	5	6	7	7	8	8	9	10	10	11	11	12	10	11
日	2	2	3	3	4	5	5	6	6	7	6	7	8	8	9	9	10	11	11	12	12	13	11	12
曜	3	3	4	4	5	6	6	7	7	8	7	8	9	9	10	10	11	12	12	13	13	14	12	13
表	4	4	5	5	6	7	7	8	8	9	8	9	10	10	11	11	12	13	13	14	14	15	13	14
3	5	5	6	6	7	8	8	9	9	10	9	10	11	11	12	12	13	14	14	15	15	16	14	15
甲	6	6	7	7	8	9	9	10	10	11	10	11	12	12	13	13	14	15	15	16	16	17	15	16
子	7	7	8	8	9	10	10	11	11	12	11	12	13	13	14	14	15	16	16	17	17	18	16	17
表	8	8	9	9	10	11	11	12	12	13	12	13	14	14	15	15	16	17	17	18	18	19	17	18
11	9	9	10	10	11	12	12	13	13	14	13	14	15	15	16	16	17	18	18	19	19	20	18	19
	10	10	11	11	12	13	13	14	14	15	14	15	16冬	16	17	17	18	19	19	20	20	21	19	20

一〇〇五 乙巳 宋景德二 遼統和二三

396

一〇〇六 丙午 宋景德三 遼統和二四

397

22	23	23	24	25	25	26	26	27	25	26	27	27	28	28	29	30	30	31	**5**	**4**	2	31	**1**
23	24	24	25	26	26	27	27	28	26	27	28	28	29	29	30	31	**7**	**6**	2	2	3	**2**	2
24十一	25十	25九	26	27	27	28	28	29	27	28	29	29	30	30	31	**8**	2	2	3	3	4	2	3
25 3	26	26	27八	28七	28六	29	29	30	28	29	30	30	31	**10**	**9**	2	3	3	4	4	5	3	4
26	27 2	27 1	28	29	29	30五	30四	31	**3**	30	31	**12**	**11**	2	2	3	4	4	5	5	6	**4**	5
27	28	28	29 12	30 11	30	31	**5**	**4**三	2	31	**1**	2	2	3	3	4	5	5	6	6	7	5	6
28	29	29	30	31	**7** 10	**6** 9	2	2	3二	**2**正	2	3	3	4	4	5	6	6	7	7	8	6	7
29	30	30	31	**8**	2	2	3 8	3 7	4	2	3十二	4十一	4	5	5	6	7	7	8	8	9	7	8
30	31	**10**	**9**	2	3	3	4	4	5 6	3 5	4	5	5十	6九	6	7	8	8	9	9	10	8	9
12	**11**	2	2	3	4	4	5	5	6	4	5 4	6 3	6	7	7八	8七	9六	9	10	10	11	9	10
2	2	3	3	4	5	5	6	6	7	5	6	7	7 2	8 1	8 12	9 11	10	10五	11四	11	12	10	11
3	3	4	4	5	6	6	7	7	8	6	7	8	8	9	9	10	11 10	11 9	12	12三	13二	11	12
4	4	5	5	6	7	7	8	8	9	7	8	9	9	10	10	11	12	12	13 8	13 7	14	12正	13十二
5	5	6	6	7	8	8	9	9	10	8	9	10	10	11	11	12	13	13	14	14	15 6	13 5	14
6	6	7	7	8	9	9	10	10	11	9	10	11	11	12	12	13	14	14	15	15	16	14	15 4
7	7	8	8	9	10	10	11	11	12	10	11	12	12	13	13	14	15	15	16	16	17	15	16
8	8	9	9	10	11	11	12	12	13	11	12	13	13	14	14	15	16	16	17	17	18	16	17
9	9	10	10	11	12	12	13	13	14	12	13	14	14	15	15	16	17	17	18	18	19	17	18
10	10	11	11	12	13	13	14	14	15	13	14	15	15	16	16	17	18	18	19	19	20	18	19
11	11	12	12	13	14	14	15	15	16	14	15	16冬	16	17	17	18	19	19	20	20	21	19	20
12	12	13	13	14	15	15	16	16	17	15	16	17	17	18	18	19	20	20	21	21	22	20	21
13	13	14	14	15	16	16	17	17	18	16	17	18	18	19	19	20	21	21	22	22	23	21	22
14	14	15	15	16	17	17	18	18	19	17	18	19	19	20	20	21	22	22	23	23	24	22	23
15	15	16	16	17	18	18	19	19	20	18	19	20	20	21	21	22	23	23	24	24	25	23	24
16冬	16	17	17	18	19	19	20	20	21	19	20	21	21	22	22	23	24	24	25	25	26	24	25
17	17	18	18	19	20	20	21	21	22	20	21	22	22	23	23	24	25	25	26	26	27	25	26
18	18	19	19	20	21	21	22	22	23	21	22	23	23	24	24	25	26	26	27	27	28	26	27
19	19	20	20	21	22	22	23	23	24	22	23	24	24	25	25	26	27	27	28	28	29	27	28
20	20	21	21	22	23	23	24	24	25	23	24	25	25	26	26	27	28	28	29	29	30	28	29
21	21	22	22	23	24	24	25	25	26	24	25	26	26	27	27	28	29	29	30	30	31	**3**	30

一〇〇七
丁未
宋景德四
遼統和二五
398

一〇〇八
戊申
宋大中祥符元
遼統和二六
399

11	11	12	12	13	14	14	15	15	16	15	16	17	17	18	18	19	20	20 10	21 9	21	22 三	20 二	21	22
12	12	13	13	14	15	15	16	16	17	16	17	18	18	19	19	20	21	21	22	22 8	23 7	21	22 正	23 十二
13	13	14	14	15	16	16	17	17	18	17	18	19	19	20	20	21	22	22	23	23	24	22 6	23 5	24
14	14	15	15	16	17	17	18	18	19	18	19	20	20	21	21	22	23	23	24	24	25	23	24	25 4
15 冬	15	16	16	17	18	18	19	19	20	19	20	21	21	22	22	23	24	24	25	25	26	24	25	26
16	16	17	17	18	19	19	20	20	21	20	21	22	22	23	23	24	25	25	26	26	27	25	26	27
17	17	18	18	19	20	20	21	21	22	21	22	23	23	24	24	25	26	26	27	27	28	26	27	28
18	18	19	19	20	21	21	22	22	23	22	23	24	24	25	25	26	27	27	28	28	29	27	28	29
19	19	20	20	21	22	22	23	23	24	23	24	25	25	26	26	27	28	28	29	29	30	28	29	30
20	20	21	21	22	23	23	24	24	25	24	25	26	26	27	27	28	29	29	30	30	31	**3**	30	31
21	21	22	22	23	24	24	25	25	26	25	26	27	27	28	28	29	30	30	31	**5**	**4**	2	31	**1**
22	22	23	23	24	25	25	26	26	27	26	27	28	28	29	29	30	31	**7**	**6**	2	2	3	**2**	2
23	23	24	24	25	26	26	27	27	28	27	28	29	29	30	30	31	**8**	2	2	3	3	4	2	3
24	24	25	25	26	27	27	28	28	29	28	29	30	30	31	**10**	**9**	2	3	3	4	4	5	3	4
25	25	26	26	27	28	28	29	29	30	29	30	31	**12**	**11**	2	2	3	4	4	5	5	6	4	5
26	26	27	27	28	29	29	30	30	31	**3**	31	**1**	2	2	3	3	4	5	5	6	6	7	5	6
27	27	28	28	29	30	30	31	**5**	**4**	2	**2**	2	3	3	4	4	5	6	6	7	7	8	6	7
28	28	29	29	30	31	**7**	**6**	2	2	3	2	3	4	4	5	5	6	7	7	8	8	9	7	8
29	29	30	30	31	**8**	2	2	3	3	4	3	4	5	5	6	6	7	8	8	9	9	10	8	9
30 十二	30	31	**10**	**9**	2	3	3	4	4	5	4	5	6	6	7	7	8	9	9	10	10	11	9	10
31	**12** 十一	**11** 十	2 九	2	3	4	4	5	5	6	5	6	7	7	8	8	9	10	10	11	11	12	10	11
日	2	2	3	3 八	4 七	5	5	6	6	7	6	7	8	8	9	9	10	11	11	12	12	13	11	12
曜	3 4	3 3	4	4	5	6 六	6 五	7	7	8	7	8	9	9	10	10	11	12	12	13	13	14	12	13
表	4	4	5 2	5 1	6	7	7	8 四	8	9	8	9	10	10	11	11	12	13	13	14	14	15	13	14
4	5	5	6	6	7 12	8 11	8	9	9 三	10 二	9	10	11	11	12	12	13	14	14	15	15	16	14	15
甲	6	6	7	7	8	9	9 10	10 9	10	11	10 正	11 十二	12	12	13	13	14	15	15	16	16	17	15	16
子	7	7	8	8	9	10	10	11	11 8	12 7	11	12	13 十一	13 十	14 九	14 八	15	16	16	17	17	18	16	17
表	8	8	9	9	10	11	11	12	12	13	12 6	13 5	14	14	15	15	16 七	17 六	17	18	18	19	17	18
12	9	9	10	10	11	12	12	13	13	14	13	14	15 4	15 3	16	16	17	18	18 閏	19 五	19	20	18	19
	10	10	11	11	12	13	13	14	14	15	14	15	16 冬	16	17 2	17 1	18 12	19 11	19	20	20 四	21	19	20

一〇一〇 庚戌 宋大中祥符三 遼統和二八 401												一〇〇九 己酉 宋大中祥符二 遼統和二七 400											
22	23	23	24	25	25	26	26	27	25	26	27	27	28	28	29	30	30	31	5	4	2	31 6	1 5
23	24	24	25	26	26	27	27	28	26	27	28	28	29	29	30	31	7	6	2	2	3	2	2
24	25	25	26	27	27	28	28	29	27	28	29	29	30	30	31	8	2	2	3	3	4	2	3
25	26	26	27	28	28	29	29	30	28	29	30	30	31	10	9	2	3	3	4	4	5	3	4
26	27	27	28	29	29	30	30	31	3	30	31	12	11	2	2	3	4	4	5	5	6	4	5
27	28	28	29	30	30	31	5	4	2	31	1	2	2	3	3	4	5	5	6	6	7	5	6
28	29	29	30	31	7	6	2	2	3	2	2	3	3	4	4	5	6	6	7	7	8	6	7
29	30	30	31	8	2	2	3	3	4	2	3	4	4	5	5	6	7	7	8	8	9	7	8
30	31	10	9	2	3	3	4	4	5	3	4	5	5	6	6	7	8	8	9	9	10	8	9
12	11	2	2	3	4	4	5	5	6	4	5	6	6	7	7	8	9	9	10	10	11	9	10
2	2	3	3	4	5	5	6	6	7	5	6	7	7	8	8	9	10	10	11	11	12	10	11
3	3	4	4	5	6	6	7	7	8	6	7	8	8	9	9	10	11	11	12	12	13	11	12
4	4	5	5	6	7	7	8	8	9	7	8	9	9	10	10	11	12	12	13	13	14	12	13
5	5	6	6	7	8	8	9	9	10	8	9	10	10	11	11	12	13	13	14	14	15	13	14
6	6	7	7	8	9	9	10	10	11	9	10	11	11	12	12	13	14	14	15	15	16	14	15
7	7	8	8	9	10	10	11	11	12	10	11	12	12	13	13	14	15	15	16	16	17	15	16
8	8	9	9	10	11	11	12	12	13	11	12	13	13	14	14	15	16	16	17	17	18	16	17
9十一	9十	10九	10	11	12	12	13	13	14	12	13	14	14	15	15	16	17	17	18	18	19	17	18
10	10	11	11八	12	13	13	14	14	15	13	14	15	15	16	16	17	18	18	19	19	20	18	19
11 5	11	12	12	13七	14六	14	15	15	16	14	15	16冬	16	17	17	18	19	19	20	20	21	19	20
12	12 4	13 3	13	14	15	15五	16	16	17	15	16	17	17	18	18	19	20	20	21	21	22	20	21
13	13	14	14 2	15 1	16 12	16 11	17四	17三	18	16	17	18	18	19	19	20	21	21	22	22	23	21	22
14	14	15	15	16	17	17	18 10	18 9	19閏	17二	18正	19十二	19	20	20	21	22	22	23	23	24	22	23
15	15	16	16	17	18	18	19	19	20 8	18 7	19	20	20十一	21十	21九	22	23	23	24	24	25	23	24
16冬	16	17	17	18	19	19	20	20	21	19	20 6	21 5	21	22	22	23八	24	24	25	25	26	24	25
17	17	18	18	19	20	20	21	21	22	20	21	22	22 4	23 3	23	24	25七	25六	26	26	27	25	26
18	18	19	19	20	21	21	22	22	23	21	22	23	23	24	24 2	25 1	26	26	27五	27	28	26	27
19	19	20	20	21	22	22	23	23	24	22	23	24	24	25	25	26	27 12	27 11	28	28四	29三	27	28
20	20	21	21	22	23	23	24	24	25	23	24	25	25	26	26	27	28	28	29 10	29 9	30	28二	29正
21	21	22	22	23	24	24	25	25	26	24	25	26	26	27	27	28	29	29	30	30	31 8	3 7	30

三

勵耘書屋

一〇一二 壬子 宋大中祥符五 遼開泰元（十一月改）

403

一〇一一 辛亥 宋大中祥符四 遼統和二九

402

11	11	12	12	13	14	14	15	15	16	15	16	17	17	18	18	19	20	20	21	21	22	20	21	22
12	12	13	13	14	15	15	16	16	17	16	17	18	18	19	19	20	21	21	22	22	23	21	22	23
13	13	14	14	15	16	16	17	17	18	17	18	19	19	20	20	21	22	22	23	23	24	22	23	24
14	14	15	15	16	17	17	18	18	19	18	19	20	20	21	21	22	23	23	24	24	25	23	24	25
15冬	15	16	16	17	18	18	19	19	20	19	20	21	21	22	22	23	24	24	25	25	26	24	25	26
16十二	16	17	17	18	19	19	20	20	21	20	21	22	22	23	23	24	25	25	26	26	27	25	26	27
17	17閏	18十	18	19	20	20	21	21	22	21	22	23	23	24	24	25	26	26	27	27	28	26	27	28
18 6	18 5	19	19九	20八	21	21	22	22	23	22	23	24	24	25	25	26	27	27	28	28	29	27	28	29
19	19	20 4	20 3	21	22七	22六	23	23	24	23	24	25	25	26	26	27	28	28	29	29	30	28	29	30
20	20	21	21	22 2	23 1	23	24五	24四	25三	24	25	26	26	27	27	28	29	29	30	30	31	3	30	31
21	21	22	22	23	24	24 12	25 11	25	26	25二	26正	27	27	28	28	29	30	30	31	5	4	2	31	1
22	22	23	23	24	25	25	26	26 10	27 9	26	27	28十二	28十一	29十	29	30	31	7	6	2	2	3	2	2
23	23	24	24	25	26	26	27	27	28	27 8	28 7	29	29	30	30九	31	8	2	2	3	3	4	2	3
24	24	25	25	26	27	27	28	28	29	28	29	30 6	30 5	31	10	9八	2七	3	3	4	4	5	3	4
25	25	26	26	27	28	28	29	29	30	29	30	31	12	11 4	2 3	2	3	4六	4	5	5	6	4	5
26	26	27	27	28	29	29	30	30	31	3	31	1	2	2	3	3 2	4 1	5	5五	6四	6三	7	5	6
27	27	28	28	29	30	30	31	5	4	2	2	2	3	3	4	4	5	6 12	6 11	7	7	8二	6正	7十二
28	28	29	29	30	31	7	6	2	2	3	2	3	4	4	5	5	6	7	7	8 10	8 9	9	7	8
29	29	30	30	31	8	2	2	3	3	4	3	4	5	5	6	6	7	8	8	9	9	10 8	8 7	9
30	30	31	10	9	2	3	3	4	4	5	4	5	6	6	7	7	8	9	9	10	10	11	9	10 6
31	12	11	2	2	3	4	4	5	5	6	5	6	7	7	8	8	9	10	10	11	11	12	10	11
日	2	2	3	3	4	5	5	6	6	7	6	7	8	8	9	9	10	11	11	12	12	13	11	12
曜	3	3	4	4	5	6	6	7	7	8	7	8	9	9	10	10	11	12	12	13	13	14	12	13
表	4	4	5	5	6	7	7	8	8	9	8	9	10	10	11	11	12	13	13	14	14	15	13	14
5	5	5	6	6	7	8	8	9	9	10	9	10	11	11	12	12	13	14	14	15	15	16	14	15
甲	6	6	7	7	8	9	9	10	10	11	10	11	12	12	13	13	14	15	15	16	16	17	15	16
子	7	7	8	8	9	10	10	11	11	12	11	12	13	13	14	14	15	16	16	17	17	18	16	17
表	8	8	9	9	10	11	11	12	12	13	12	13	14	14	15	15	16	17	17	18	18	19	17	18
13	9	9	10	10	11	12	12	13	13	14	13	14	15	15	16	16	17	18	18	19	19	20	18	19
	10	10	11	11	12	13	13	14	14	15	14	15	16冬	16	17	17	18	19	19	20	20	21	19	20

一〇一四 甲寅 宋大中祥符七 遼開泰三 405

一〇一三 癸丑 宋大中祥符六 遼開泰二 404

22	23	23	24	25	25	26	26	27	25	26	27	27	28	28	29	30	30	31	5	4	2	31	1
23	24	24	25	26	26	27	27	28	26	27	28	28	29	29	30	31	7	6	2	2	3	2	2
24	25	25	26	27	27	28	28	29	27	28	29	29	30	30	31	8	2	2	3	3	4	2	3
25	十一26	26	27	28	28	29	29	30	28	29	30	30	31	10	9	2	3	3	4	4	5	3	4
26	27	十27	九28	八29	29	30	30	31	3	30	31	12	11	2	2	3	4	4	5	5	6	4	5
27	6 28	5 28	29	30	七30	六31	5	4	2	31	1	2	2	3	3	4	5	5	6	6	7	5	6
28	29	29	4 30	3 31	7	6	五2	四2	三3	2	2	3	3	4	4	5	6	6	7	7	8	6	7
29	30	30	31	8	2 2	1 2	3	3	4	二2	3	4	4	5	5	6	7	7	8	8	9	7	8
30	31	10	9	2	3	3	12 4	11 4	5	3	正4	十二5	5	6	6	7	8	8	9	9	10	8	9
12	11	2	2	3	4	4	5	5	10 6	9 4	5	6	十一6	十7	7	8	9	9	10	10	11	9	10
2	2	3	3	4	5	5	6	6	7	5	8 6	7 7	7	8	九8	八9	10	10	11	11	12	10	11
3	3	4	4	5	6	6	7	7	8	6	7	8	6 8	5 9	9	10	七11	六11	五12	12	13	11	12
4	4	5	5	6	7	7	8	8	9	7	8	9	9	10	4 10	3 11	12	12	13	四13	三14	12	13
5	5	6	6	7	8	8	9	9	10	8	9	10	10	11	11	12	2 13	1 13	12 14	11 14	15	二13	正14
6	6	7	7	8	9	9	10	10	11	9	10	11	11	12	12	13	14	14	15	15	10 16	9 14	15 十二
7	7	8	8	9	10	10	11	11	12	10	11	12	12	13	13	14	15	15	16	16	17	15	8 16 7
8	8	9	9	10	11	11	12	12	13	11	12	13	13	14	14	15	16	16	17	17	18	16	17
9	9	10	10	11	12	12	13	13	14	12	13	14	14	15	15	16	17	17	18	18	19	17	18
10	10	11	11	12	13	13	14	14	15	13	14	15	15	16	16	17	18	18	19	19	20	18	19
11	11	12	12	13	14	14	15	15	16	14	15	16	冬16	17	17	18	19	19	20	20	21	19	20
12	12	13	13	14	15	15	16	16	17	15	16	17	17	18	18	19	20	20	21	21	22	20	21
13	13	14	14	15	16	16	17	17	18	16	17	18	18	19	19	20	21	21	22	22	23	21	22
14	14	15	15	16	17	17	18	18	19	17	18	19	19	20	20	21	22	22	23	23	24	22	23
15	15	16	16	17	18	18	19	19	20	18	19	20	20	21	21	22	23	23	24	24	25	23	24
16	冬16	17	17	18	19	19	20	20	21	19	20	21	21	22	22	23	24	24	25	25	26	24	25
17	17	18	18	19	20	20	21	21	22	20	21	22	22	23	23	24	25	25	26	26	27	25	26
18	18	19	19	20	21	21	22	22	23	21	22	23	23	24	24	25	26	26	27	27	28	26	27
19	19	20	20	21	22	22	23	23	24	22	23	24	24	25	25	26	27	27	28	28	29	27	28
20	20	21	21	22	23	23	24	24	25	23	24	25	25	26	26	27	28	28	29	29	30	28	29
21	21	22	22	23	24	24	25	25	26	24	25	26	26	27	27	28	29	29	30	30	31	3	30

一〇一五
乙卯
宋大中祥符八
遼開泰四

遼閏七月

406

一〇一六
丙辰
宋大中祥符九
遼開泰五

407

11	11	12	12	13	14	14	15	15	16	15	16	17	17	18	18 4	19 3	20	20	21 五	21 四	22	20	21	22
12	12	13	13	14	15	15	16	16	17	16	17	18	18	19	19	20	21 2	21 1	22	22	23 三	21	22	23
13	13	14	14	15	16	16	17	17	18	17	18	19	19	20	20	21	22	22	23 12	23 11	24	22 二	23 正	24
14	14	15	15	16	17	17	18	18	19	18	19	20	20	21	21	22	23	23	24	24	25 10	23 9	24	25 十二
15 冬	15	16	16	17	18	18	19	19	20	19	20	21	21	22	22	23	24	24	25	25	26	24	25 8	26 7
16	16	17	17	18	19	19	20	20	21	20	21	22	22	23	23	24	25	25	26	26	27	25	26	27
17	17	18	18	19	20	20	21	21	22	21	22	23	23	24	24	25	26	26	27	27	28	26	27	28
18	18	19	19	20	21	21	22	22	23	22	23	24	24	25	25	26	27	27	28	28	29	27	28	29
19	19	20	20	21	22	22	23	23	24	23	24	25	25	26	26	27	28	28	29	29	30	28	29	30
20	20	21	21	22	23	23	24	24	25	24	25	26	26	27	27	28	29	29	30	30	31	3	30	31
21	21	22	22	23	24	24	25	25	26	25	26	27	27	28	28	29	30	30	31	5	4	2	31	1
22	22	23	23	24	25	25	26	26	27	26	27	28	28	29	29	30	31	7	6	2	2	3	2	2
23	23	24	24	25	26	26	27	27	28	27	28	29	29	30	30	31	8	2	2	3	3	4	2	3
24	24	25	25	26	27	27	28	28	29	28	29	30	30	31	10	9	2	3	3	4	4	5	3	4
25	25	26	26	27	28	28	29	29	30	29	30	31	12	11	2	2	3	4	4	5	5	6	4	5
26	26	27	27	28	29	29	30	30	31	3	31	1	2	2	3	3	4	5	5	6	6	7	5	6
27	27	28	28	29	30	30	31	5	4	2	2	2	3	3	4	4	5	6	6	7	7	8	6	7
28	28	29	29	30	31	7	6	2	2	3	2	3	4	4	5	5	6	7	7	8	8	9	7	8
29	29	30	30	31	8	2	2	3	3	4	3	4	5	5	6	6	7	8	8	9	9	10	8	9
30	30	31	10	9	2	3	3	4	4	5	4	5	6	6	7	7	8	9	9	10	10	11	9	10
31	12	11	2	2	3	4	4	5	5	6	5	6	7	7	8	8	9	10	10	11	11	12	10	11
日	2 十一	2	3	3	4	5	5	6	6	7	6	7	8	8	9	9	10	11	11	12	12	13	11	12
曜	3	3 十	4 九	4 八	5	6	6	7	7	8	7	8	9	9	10	10	11	12	12	13	13	14	12	13
表	4 7	4	5	5	6 七	7 六	7	8	8	9	8	9	10	10	11	11	12	13	13	14	14	15	13	14
6	5	5 6	6 5	6	7	8	8 五	9 四	9	10	9	10	11	11	12	12	13	14	14	15	15	16	14	15
甲	6	6	7	7 4	8 3	9	9	10	10 三	11	10	11	12	12	13	13	14	15	15	16	16	17	15	16
子	7	7	8	8	9	10 2	10 1	11 12	11 11	12 二	11 正	12	13	13	14	14	15	16	16	17	17	18	16	17
表	8	8	9	9	10	11	11	12	12	13 10	12 9	13 十二	14 十一	14	15	15	16	17	17	18	18	19	17	18
14	9	9	10	10	11	12	12	13	13	14	13	14 8	15 7	15 十	16 九	16 八	17 七	18	18	19	19	20	18	19
	10	10	11	11	12	13	13	14	14	15	14	15	16 冬	16 6	17 5	17	18	19 閏	19 六	20	20	21	19	20

中西回史日曆

卷二 宋遼 五

一〇一八 戊午 宋天禧二 遼開泰七 409												一〇一七 丁巳 宋天禧元 遼開泰六 408											
22	23	23	24	25	25	26	26	27	25	26	27	27	28	28	29	30	30	31	5	12 4	11 2	31	正1 十二
23	24	24	25	26	26	27	27	28	26	27	28	28	29	29	30	31	7	6	2	2	3	10 2	9 2
24	25	25	26	27	27	28	28	29	27	28	29	29	30	30	31	8	2	2	3	3	4	2	3 8
25	26	26	27	28	28	29	29	30	28	29	30	30	31	10	9	2	3	3	4	4	5	3	4
26	27	27	28	29	29	30	30	31	3	30	31	12	11	2	2	3	4	4	5	5	6	4	5
27	28	28	29	30	30	31	5	4	2	31	1	2	2	3	3	4	5	5	6	6	7	5	6
28	29	29	30	31	7	6	2	2	3	2	2	3	3	4	4	5	6	6	7	7	8	6	7
29	30	30	31	8	2	2	3	3	4	2	3	4	4	5	5	6	7	7	8	8	9	7	8
30	31	10	9	2	3	3	4	4	5	3	4	5	5	6	6	7	8	8	9	9	10	8	9
12	11	2	2	3	4	4	5	5	6	4	5	6	6	7	7	8	9	9	10	10	11	9	10
2	2	3	3	4	5	5	6	6	7	5	6	7	7	8	8	9	10	10	11	11	12	10	11
3	3	4	4	5	6	6	7	7	8	6	7	8	8	9	9	10	11	11	12	12	13	11	12
4	4	5	5	6	7	7	8	8	9	7	8	9	9	10	10	11	12	12	13	13	14	12	13
5	5	6	6	7	8	8	9	9	10	8	9	10	10	11	11	12	13	13	14	14	15	13	14
6	6	7	7	8	9	9	10	10	11	9	10	11	11	12	12	13	14	14	15	15	16	14	15
7	7	8	8	9	10	10	11	11	12	10	11	12	12	13	13	14	15	15	16	16	17	15	16
8	8	9	9	10	11	11	12	12	13	11	12	13	13	14	14	15	16	16	17	17	18	16	17
9	9	10	10	11	12	12	13	13	14	12	13	14	14	15	15	16	17	17	18	18	19	17	18
10	十二10	11	11	12	13	13	14	14	15	13	14	15	15	16	16	17	18	18	19	19	20	18	19
11	11	十一12	九12	八13	14	14	15	15	16	14	15	16	冬16	17	17	18	19	19	20	20	21	19	20
12	12	13	13	14	七15	15	16	16	17	15	16	17	17	18	18	19	20	20	21	21	22	20	21
13	8 13	7 14	14	15	16	六16	五17	17	18	16	17	18	18	19	19	20	21	21	22	22	23	21	22
14	14	15	6 15	5 16	17	17	18	閏18	19	17	18	19	19	20	20	21	22	22	23	23	24	22	23
15	15	16	16	17	4 18	3 18	19	19	四20	三18	19	20	20	21	21	22	23	23	24	24	25	23	24
16	冬16	17	17	18	19	19	2 20	1 20	12 21	11 19	二20	正21	十二21	十一22	22	23	24	24	25	25	26	24	25
17	17	18	18	19	20	20	21	21	22	20	10 21	9 22	22	23	十23	九24	八25	25	26	26	27	25	26
18	18	19	19	20	21	21	22	22	23	21	22	23	8 23	7 24	24	25	26	七26	27	27	28	26	27
19	19	20	20	21	22	22	23	23	24	22	23	24	24	25	6 25	5 26	27	27	六28	五28	29	27	28
20	20	21	21	22	23	23	24	24	25	23	24	25	25	26	26	27	4 28	3 28	29	29	四30	28	29
21	21	22	22	23	24	24	25	25	26	24	25	26	26	27	27	28	29	29	2 30	1 30	31	三3	二30

勵耘書屋

一〇一九
己未
宋天禧三
遼開泰八

410

一〇二〇
庚申
宋天禧四
遼開泰九

411

11	11	12	12	13	14	14	15	15	16	15	16	17	17	18	18	19	20	20	21	21	22	20	21	22
12	12	13	13	14	15	15	16	16	17	16	17	18	18	19	19	20	21	21	22	22	23	21	22	23
13	13	14	14	15	16	16	17	17	18	17	18	19	19	20	20	21	22	22	23	23	24	22	23	24
14	14	15	15	16	17	17	18	18	19	18	19	20	20	21	21	22	23	23	24	24	25	23	24	25
15冬	15	16	16	17	18	18	19	19	20	19	20	21	21	22	22	23	24	24	25	25	26	24	25	26
16	16	17	17	18	19	19	20	20	21	20	21	22	22	23	23	24	25	25	26	26	27	25	26	27
17十二	17	18	18	19	20	20	21	21	22	21	22	23	23	24	24	25	26	26	27	27	28	26	27	28
18	18十一	19十	19	20	21	21	22	22	23	22	23	24	24	25	25	26	27	27	28	28	29	27	28	29
19 9	19	20	20九	21	22	22	23	23	24	23	24	25	25	26	26	27	28	28	29	29	30	28	29	30
20	20 8	21 7	21	22八	23七	23	24	24	25	24	25	26	26	27	27	28	29	29	30	30	31	**3**	30	31
21	21	22	22 6	23 5	24	24六	25五	25	26	25	26	27	27	28	28	29	30	30	31	**5**	**4**	2	31	**1**
22	22	23	23	24	25 4	25 3	26	26四	27三	26	27	28	28	29	29	30	31	**7**	**6**	2	2	3	**2**	2
23	23	24	24	25	26	26	27 2	27 1	28	27二	28正	29十二	29十一	30	30	31	**8**	2	2	3	3	4	2	3
24	24	25	25	26	27	27	28	28	29 12	28 11	29	30	30	31十	**10**九	**9**	2	3	3	4	4	5	3	4
25	25	26	26	27	28	28	29	29	30	29	30 10	31 9	**12**	**11**	2	2八	3	4	4	5	5	6	4	5
26	26	27	27	28	29	29	30	30	31	**3**	31	**1**	2 8	2 7	3	3	4七	5六	5	6	6	7	5	6
27	27	28	28	29	30	30	31	**5**	**4**	2	**2**	2	3	3	4 6	4 5	5	6	6五	7	7	8	6	7
28	28	29	29	30	31	**7**	**6**	2	2	3	2	3	4	4	5	5	6 4	7 3	7	8四	8三	9	7	8
29	29	30	30	31	**8**	2	2	3	3	4	3	4	5	5	6	6	7	8	8 2	9 1	9	10二	8正	9十二
30	30	31	**10**	**9**	2	3	3	4	4	5	4	5	6	6	7	7	8	9	9	10	10 12	11 11	9	10
31	**12**	**11**	2	2	3	4	4	5	5	6	5	6	7	7	8	8	9	10	10	11	11	12	10 10	11 9
日	2	2	3	3	4	5	5	6	6	7	6	7	8	8	9	9	10	11	11	12	12	13	11	12
曜	3	3	4	4	5	6	6	7	7	8	7	8	9	9	10	10	11	12	12	13	13	14	12	13
表	4	4	5	5	6	7	7	8	8	9	8	9	10	10	11	11	12	13	13	14	14	15	13	14
7	5	5	6	6	7	8	8	9	9	10	9	10	11	11	12	12	13	14	14	15	15	16	14	15
甲	6	6	7	7	8	9	9	10	10	11	10	11	12	12	13	13	14	15	15	16	16	17	15	16
子	7	7	8	8	9	10	10	11	11	12	11	12	13	13	14	14	15	16	16	17	17	18	16	17
表	8	8	9	9	10	11	11	12	12	13	12	13	14	14	15	15	16	17	17	18	18	19	17	18
15	9	9	10	10	11	12	12	13	13	14	13	14	15	15	16	16	17	18	18	19	19	20	18	19
	10	10	11	11	12	13	13	14	14	15	14	15	16冬	16	17	17	18	19	19	20	20	21	19	20

一〇二二 壬戌 宋乾興元 遼太平二 413

一〇二一 辛酉 宋天禧五 遼太平元（十一月改） 412

22	23	23	24	25	25	26	26	27	25	26	27	27	28	28	29	30	30	31	**5**	**4**	2	31	**1**
23	24	24	25	26	26	27	27	28	26	27	28	28	29	29	30	31	**7**	**6**	2	2	3	**2**	2
24	25	25	26	27	27	28	28	29	27	28	29	29	30	30	31	**8**	2	2	3	3	4	2	3
25	26	26	27	28	28	29	29	30	28	29	30	30	31	**10**	**9**	2	3	3	4	4	5	3	4
26	27	27	28	29	29	30	30	31	**3**	30	31	**12**	**11**	2	2	3	4	4	5	5	6	4	5
27	十二 28	十 28	29	30	30	31	**5**	**4**	2	31	**1**	2	2	3	3	4	5	5	6	6	7	5	6
28	9 29	29	九 30	八 31	**7**	**6**	2	2	3	**2**	2	3	3	4	4	5	6	6	7	7	8	6	7
29	30	8 30	7 31	**8**	七 2	六 2	五 3	3	4	2	3	4	4	5	5	6	7	7	8	8	9	7	8
30	31	**10**	**9**	6 2	5 3	3	4	四 4	三 5	二 3	4	5	5	6	6	7	8	8	9	9	10	8	9
12	**11**	2	2	3	4	4 4	3 5	5	6	4	正 5	6	6	7	7	8	9	9	10	10	11	9	10
2	2	3	3	4	5	5	6	2 6	1 7	5	6	十二 7	十一 7	8	8	9	10	10	11	11	12	10	11
3	3	4	4	5	6	6	7	7	8	12 6	11 7	8	8	十 9	九 9	10	11	11	12	12	13	11	12
4	4	5	5	6	7	7	8	8	9	7	8	10 9	9 9	10	10	八 11	七 12	12	13	13	14	12	13
5	5	6	6	7	8	8	9	9	10	8	9	10	10	8 11	7 11	12	13	六 13	五 14	14	15	13	14
6	6	7	7	8	9	9	10	10	11	9	10	11	11	12	12	6 13	5 14	14	15	四 15	三 16	二 14	15
7	7	8	8	9	10	10	11	11	12	10	11	12	12	13	13	14	15	4 15	3 16	16	17	15	正 16 閏
8	8	9	9	10	11	11	12	12	13	11	12	13	13	14	14	15	16	16	17	2 17	1 18	12 16	11 17
9	9	10	10	11	12	12	13	13	14	12	13	14	14	15	15	16	17	17	18	18	19	17	18 10
10	10	11	11	12	13	13	14	14	15	13	14	15	15	16	16	17	18	18	19	19	20	18	19
11	11	12	12	13	14	14	15	15	16	14	15	16	冬 16	17	17	18	19	19	20	20	21	19	20
12	12	13	13	14	15	15	16	16	17	15	16	17	17	18	18	19	20	20	21	21	22	20	21
13	13	14	14	15	16	16	17	17	18	16	17	18	18	19	19	20	21	21	22	22	23	21	22
14	14	15	15	16	17	17	18	18	19	17	18	19	19	20	20	21	22	22	23	23	24	22	23
15	15	16	16	17	18	18	19	19	20	18	19	20	20	21	21	22	23	23	24	24	25	23	24
16	冬 16	17	17	18	19	19	20	20	21	19	20	21	21	22	22	23	24	24	25	25	26	24	25
17	17	18	18	19	20	20	21	21	22	20	21	22	22	23	23	24	25	25	26	26	27	25	26
18	18	19	19	20	21	21	22	22	23	21	22	23	23	24	24	25	26	26	27	27	28	26	27
19	19	20	20	21	22	22	23	23	24	22	23	24	24	25	25	26	27	27	28	28	29	27	28
20	20	21	21	22	23	23	24	24	25	23	24	25	25	26	26	27	28	28	29	29	30	28	29
21	21	22	22	23	24	24	25	25	26	24	25	26	26	27	27	28	29	29	30	30	31	**3**	30

一〇二三
癸亥
宋天聖元 仁宗
遼太平三
414

一〇二四
甲子
宋天聖二
遼太平四
415

11	11	12	12	13	14	14	15	15	16	15	16	17	10 17	9 18	閏 18	九 19	八 20	20	21	21	22	20	21	22
12	12	13	13	14	15	15	16	16	17	16	17	18	18	19	8 19	7 20	21	七 21	六 22	五 22	23	21	22	23
13	13	14	14	15	16	16	17	17	18	17	18	19	19	20	20	21	6 22	5 22	23	23	四 24	三 22	23	24
14	14	15	15	16	17	17	18	18	19	18	19	20	20	21	21	22	23	23	4 24	3 24	25	23	二 24	25
15	冬 15	16	16	17	18	18	19	19	20	19	20	21	21	22	22	23	24	24	25	25	2 26	1 24	25	正 26 十二
16	16	17	17	18	19	19	20	20	21	20	21	22	22	23	23	24	25	25	26	26	27	25	12 26	11 27
17	17	18	18	19	20	20	21	21	22	21	22	23	23	24	24	25	26	26	27	27	28	26	27	28 10
18	18	19	19	20	21	21	22	22	23	22	23	24	24	25	25	26	27	27	28	28	29	27	28	29
19	19	20	20	21	22	22	23	23	24	23	24	25	25	26	26	27	28	28	29	29	30	28	29	30
20	20	21	21	22	23	23	24	24	25	24	25	26	26	27	27	28	29	29	30	30	31	**3**	30	31
21	21	22	22	23	24	24	25	25	26	25	26	27	27	28	28	29	30	30	31	**5**	**4**	2	31	**1**
22	22	23	23	24	25	25	26	26	27	26	27	28	28	29	29	30	31	**7**	**6**	2	2	3	**2**	2
23	23	24	24	25	26	26	27	27	28	27	28	29	29	30	30	31	**8**	2	2	3	3	4	2	3
24	24	25	25	26	27	27	28	28	29	28	29	30	30	31	**10**	**9**	2	3	3	4	4	5	3	4
25	25	26	26	27	28	28	29	29	30	29	30	31	**12**	**11**	2	2	3	4	4	5	5	6	4	5
26	26	27	27	28	29	29	30	30	31	**3**	31	**1**	2	2	3	3	4	5	5	6	6	7	5	6
27	27	28	28	29	30	30	31	**5**	**4**	2	**2**	2	3	3	4	4	5	6	6	7	7	8	6	7
28	28	29	29	30	31	**7**	**6**	2	2	3	2	3	4	4	5	5	6	7	7	8	8	9	7	8
29	29	30	30	31	**8**	2	2	3	3	4	3	4	5	5	6	6	7	8	8	9	9	10	8	9
30	30	31	**10**	**9**	2	3	3	4	4	5	4	5	6	6	7	7	8	9	9	10	10	11	9	10
31	**12**	**11**	2	2	3	4	4	5	5	6	5	6	7	7	8	8	9	10	10	11	11	12	10	11
日	2	2	3	3	4	5	5	6	6	7	6	7	8	8	9	9	10	11	11	12	12	13	11	12
曜	3	3	4	4	5	6	6	7	7	8	7	8	9	9	10	10	11	12	12	13	13	14	12	13
表	4	十一 4	十 5	5	6	7	7	8	8	9	8	9	10	10	11	11	12	13	13	14	14	15	13	14
1	5	5	6	九 6	八 7	七 8	8	9	9	10	9	10	11	11	12	12	13	14	14	15	15	16	14	15
甲	6	10 6	9 7	7	8	9	六 9	五 10	10	11	10	11	12	12	13	13	14	15	15	16	16	17	15	16
子	7	7	8	8 8	7 9	10	10	11	四 11	三 12	11	12	13	13	14	14	15	16	16	17	17	18	16	17
表	8	8	9	9	10	6 11	5 11	12	12	13	二 12	13	14	14	15	15	16	17	17	18	18	19	17	18
16	9	9	10	10	11	12	4 13	3 13	14	13	正 14	十二 15	15	16	16	17	18	18	19	19	20	18	19	
	10	10	11	11	12	13	13	14	14	2 15	1 14	12 15	11 16	十一 16	十 17	17	18	19	19	20	20	21	19	20

一〇二六 丙寅 宋天聖四 遼太平六 417

一〇二五 乙丑 宋天聖三 遼太平五 416

22	23	23	24	25	25	26	26	27	25	26	27	27	28	28	29	30 6	30 5	31	**5**	**4** 三	2	31	**1**
23	24	24	25	26	26	27	27	28	26	27	28	28	29	29	30	31	**7**	**6** 4	2 3	2	3 二	**2** 正	2 十二
24	25	25	26	27	27	28	28	29	27	28	29	29	30	30	31	**8**	2	2	3	3 2	4 1	2	3
25	26	26	27	28	28	29	29	30	28	29	30	30	31	**10**	**9**	2	3	3	4	4	5	3 12	4 11
26	27	27	28	29	29	30	30	31	**3**	30	31	**12**	**11**	2	2	3	4	4	5	5	6	4	5
27	28	28	29	30	30	31	**5**	**4**	2	31	**1**	2	2	3	3	4	5	5	6	6	7	5	6
28	29	29	30	31	**7**	**6**	2	2	3	**2**	2	3	3	4	4	5	6	6	7	7	8	6	7
29	30	30	31	**8**	2	2	3	3	4	2	3	4	4	5	5	6	7	7	8	8	9	7	8
30	31	**10**	**9**	2	3	3	4	4	5	3	4	5	5	6	6	7	8	8	9	9	10	8	9
12	**11**	2	2	3	4	4	5	5	6	4	5	6	6	7	7	8	9	9	10	10	11	9	10
2	2	3	3	4	5	5	6	6	7	5	6	7	7	8	8	9	10	10	11	11	12	10	11
3	3	4	4	5	6	6	7	7	8	6	7	8	8	9	9	10	11	11	12	12	13	11	12
4	4	5	5	6	7	7	8	8	9	7	8	9	9	10	10	11	12	12	13	13	14	12	13
5	5	6	6	7	8	8	9	9	10	8	9	10	10	11	11	12	13	13	14	14	15	13	14
6	6	7	7	8	9	9	10	10	11	9	10	11	11	12	12	13	14	14	15	15	16	14	15
7	7	8	8	9	10	10	11	11	12	10	11	12	12	13	13	14	15	15	16	16	17	15	16
8	8	9	9	10	11	11	12	12	13	11	12	13	13	14	14	15	16	16	17	17	18	16	17
9	9	10	10	11	12	12	13	13	14	12	13	14	14	15	15	16	17	17	18	18	19	17	18
10	10	11	11	12	13	13	14	14	15	13	14	15	15	16	16	17	18	18	19	19	20	18	19
11	11	12	12	13	14	14	15	15	16	14	15	16 冬	16	17	17	18	19	19	20	20	21	19	20
12 十一	12 十	13 九	13	14	15	15	16	16	17	15	16	17	17	18	18	19	20	20	21	21	22	20	21
13	13	14	14 八	15 七	16	16	17	17	18	16	17	18	18	19	19	20	21	21	22	22	23	21	22
14 11	14	15	15	16	17 六	17	18	18	19	17	18	19	19	20	20	21	22	22	23	23	24	22	23
15	15 10	16 9	16	17	18	18 閏	19 五	19	20	18	19	20	20	21	21	22	23	23	24	24	25	23	24
16 冬	16	17	17 8	18 7	19	19	20	20 四	21	19	20	21	21	22	22	23	24	24	25	25	26	24	25
17	17	18	18	19	20 6	20 5	21	21	22 三	20 二	21	22	22	23	23	24	25	25	26	26	27	25	26
18	18	19	19	20	21	21	22 4	22 3	23	21	22 正	23 十二	23 十一	24 十	24	25	26	26	27	27	28	26	27
19	19	20	20	21	22	22	23	23	24 2	22 1	23 12	24 11	24	25	25 九	26 八	27 七	27	28	28	29	27	28
20	20	21	21	22	23	23	24	24	25	23	24	25	25 10	26 9	26	27	28	28 六	29	29	30	28	29
21	21	22	22	23	24	24	25	25	26	24	25	26	26	27	27 8	28 7	29	29	30 五	30 四	31	**3**	30

一〇二八 戊辰 宋天聖六 遼太平八 419													一〇二七 丁卯 宋天聖五 遼太平七 418											
11	11	12	12	13	14	14	15	15	16	15	16	17	17	18	18	19	20	20	21	21	22	20	21	22
12	12	13	13	14	15	15	16	16	17	16	17	18	18	19	19	20	21	21	22	22	23	21	22	23
13	13	14	14	15	16	16	17	17	18	17	18	19	19	20	20	21	22	22	23	23	24	22	23	24
14	14	15	15	16	17	17	18	18	19	18	19	20	20	21	21	22	23	23	24	24	25	23	24	25
15冬	15	16	16	17	18	18	19	19	20	19	20	21	21	22	22	23	24	24	25	25	26	24	25	26
16	16	17	17	18	19	19	20	20	21	20	21	22	22	23	23	24	25	25	26	26	27	25	26	27
17	17	18	18	19	20	20	21	21	22	21	22	23	23	24	24	25	26	26	27	27	28	26	27	28
18	18	19	19	20	21	21	22	22	23	22	23	24	24	25	25	26	27	27	28	28	29	27	28	29
19十二	19十一	20	20	21	22	22	23	23	24	23	24	25	25	26	26	27	28	28	29	29	30	28	29	30
20	20	21十	21九	22	23	23	24	24	25	24	25	26	26	27	27	28	29	29	30	30	31	3	30	31
21 12	21 11	22	22	23八	24	24	25	25	26	25	26	27	27	28	28	29	30	30	31	5	4	2	31	1
22	22	23 10	23 9	24	25七	25六	26	26	27	26	27	28	28	29	29	30	31	7	6	2	2	3	2	2
23	23	24	24	25 8	26 7	26	27五	27	28	27	28	29	29	30	30	31	8	2	2	3	3	4	2	3
24	24	25	25	26	27	27 6	28 5	28四	29三	28二	29	30	30	31	10	9	2	3	3	4	4	5	3	4
25	25	26	26	27	28	28	29	29 4	30 3	29	30正	31十二	12十一	11十	2	2	3	4	4	5	5	6	4	5
26	26	27	27	28	29	29	30	30	31	3 2	31 1	1	2	2	3九	3八	4	5	5	6	6	7	5	6
27	27	28	28	29	30	30	31	5	4	2	2	2 12	3 11	3	4	4	5七	6	6	7	7	8	6	7
28	28	29	29	30	31	7	6	2	2	3	2	3	4	4 10	5 9	5	6	7六	7五	8	8	9	7	8
29	29	30	30	31	8	2	2	3	3	4	3	4	5	5	6	6 8	7 7	8	8	9四	9	10	8	9
30	30	31	10	9	2	3	3	4	4	5	4	5	6	6	7	7	8	9 6	9 5	10	10三	11二	9正	10
31	12	11	2	2	3	4	4	5	5	6	5	6	7	7	8	8	9	10	10	11 4	11 3	12	10	11十二
日	2	2	3	3	4	5	5	6	6	7	6	7	8	8	9	9	10	11	11	12	12	13 2	11 1	12
曜	3	3	4	4	5	6	6	7	7	8	7	8	9	9	10	10	11	12	12	13	13	14	12	13 12
表	4	4	5	5	6	7	7	8	8	9	8	9	10	10	11	11	12	13	13	14	14	15	13	14
2	5	5	6	6	7	8	8	9	9	10	9	10	11	11	12	12	13	14	14	15	15	16	14	15
甲	6	6	7	7	8	9	9	10	10	11	10	11	12	12	13	13	14	15	15	16	16	17	15	16
子	7	7	8	8	9	10	10	11	11	12	11	12	13	13	14	14	15	16	16	17	17	18	16	17
表	8	8	9	9	10	11	11	12	12	13	12	13	14	14	15	15	16	17	17	18	18	19	17	18
17	9	9	10	10	11	12	12	13	13	14	13	14	15	15	16	16	17	18	18	19	19	20	18	19
	10	10	11	11	12	13	13	14	14	15	14	15	16冬	16	17	17	18	19	19	20	20	21	19	20

一〇三〇 庚午 宋天聖八 遼太平一〇 421

一〇二九 己巳 宋天聖七 遼太平九 遼閏三月 420

22	23	23	24	25	25	26	26	27	25	26	27	27	28	28	29	30	30	31	**5**	**4**	2	31	**1**
23	24	24	25	26	26	27	27	28	26	27	28	28	29	29	30	31	**7**	**6**	2	2	3	**2**	2
24	25	25	26	27	27	28	28	29	27	28	29	29	30	30	31	**8**	2	2	3	3	4	2	3
25	26	26	27	28	28	29	29	30	28	29	30	30	31	**10**	**9**	2	3	3	4	4	5	3	4
26	27	27	28	29	29	30	30	31	**3**	30	31	**12**	**11**	2	2	3	4	4	5	5	6	**4**	5
27	28	28	29	30	30	31	**5**	**4**	2	31	**1**	2	2	3	3	4	5	5	6	6	7	5	6
28 十一	29	29	30	31	**7**	**6**	2	2	3	**2**	2	3	3	4	4	5	6	6	7	7	8	6	7
29	30 十	30 九	31	**8**	2	2	3	3	4	2	3	4	4	5	5	6	7	7	8	8	9	7	8
30 12	31 11	**10**	**9** 八	2 七	3	3	4	4	5	3	4	5	5	6	6	7	8	8	9	9	10	8	9
12	**11**	2 10	2 9	3	4 六	4 五	5 四	5	6	4	5	6	6	7	7	8	9	9	10	10	11	9	10
2	2	3	3	4 8	5 7	5	6	6 三	7 二	5 正	6	7	7	8	8	9	10	10	11	11	12	10	11
3	3	4	4	5	6	6 6	7 5	7	8	6	7 十二	8 十一	8	9	9	10	11	11	12	12	13	11	12
4	4	5	5	6	7	7	8	8 4	9 3	7	8	9	9 十	10 九	10	11	12	12	13	13	14	12	13
5	5	6	6	**7**	8	8	9	9	10	8 2	9 1	10	10	11	11 八	12	13	13	14	14	15	13	14
6	6	7	7	8	9	9	10	10	11	9	10	11 12	11 11	12	12	13 七	14 六	14	15	15	16	14	15
7	7	8	8	9	10	10	11	11	12	10	11	12	12	13 10	13 9	14	15	15 五	16 四	16	17	15	16
8	8	9	9	10	11	11	12	12	13	11	12	13	13	14	14	15 8	16 7	16	17	17 三	18 閏	16 二	17
9	9	10	10	11	12	12	13	13	14	12	13	14	14	15	15	16	17	17 6	18 5	18	19	17	18 正
10	10	11	11	12	13	13	14	14	15	13	14	15	15	16	16	17	18	18	19	19 4	20 3	18	19
11	11	12	12	13	14	14	15	15	16	14	15	16 冬	16	17	17	18	19	19	20	20	21	19 2	20 1
12	12	13	13	14	15	15	16	16	17	15	16	17	17	18	18	19	20	20	21	21	22	20	21
13	13	14	14	15	16	16	17	17	18	16	17	18	18	19	19	20	21	21	22	22	23	21	22
14	14	15	15	16	17	17	18	18	19	17	18	19	19	20	20	21	22	22	23	23	24	22	23
15	15	16	16	17	18	18	19	19	20	18	19	20	20	21	21	22	23	23	24	24	25	23	24
16 冬	16	17	17	18	19	19	20	20	21	19	20	21	21	22	22	23	24	24	25	25	26	24	25
17	17	18	18	19	20	20	21	21	22	20	21	22	22	23	23	24	25	25	26	26	27	25	26
18	18	19	19	20	21	21	22	22	23	21	22	23	23	24	24	25	26	26	27	27	28	26	27
19	19	20	20	21	22	22	23	23	24	22	23	24	24	25	25	26	27	27	28	28	29	27	28
20	20	21	21	22	23	23	24	24	25	23	24	25	25	26	26	27	28	28	**29**	29	30	28	29
21	21	22	22	**23**	24	24	25	25	26	24	25	26	26	27	27	28	29	29	30	30	31	**3**	30

424

一〇三二 壬申 宋明道元 十一月改 遼重熙元 十一月改 423

一〇三一 辛未 宋天聖九 遼景福元 興宗六月改 422

11	11	12	12	13	14	14	15	6 15	5 16	15	16	十二 17	十一 17	18	18	19	20	20	21	21	22	20	21	22
12	12	13	13	14	15	15	16	16	17	4 16	3 17	18	18	閏 19	十 19	20	21	21	22	22	23	21	22	23
13	13	14	14	15	16	16	17	17	18	17	18	2 19	1 19	12 20	11 20	九 21	八 22	七 22	23	23	24	22	23	24
14	14	15	15	16	17	17	18	18	19	18	19	20	20	21	21	10 22	9 23	23	六 24	五 24	25	23	24	25
15	冬 15	16	16	17	18	18	19	19	20	19	20	21	21	22	22	23	24	8 24	7 25	25	四 26	三 24	二 25	26
16	16	17	17	18	19	19	20	20	21	20	21	22	22	23	23	24	25	25	26	6 26	5 27	25	26	正 27 十二
17	17	18	18	19	20	20	21	21	22	21	22	23	23	24	24	25	26	26	27	27	28	4 26	3 27	28
18	18	19	19	20	21	21	22	22	23	22	23	24	24	25	25	26	27	27	28	28	29	27	28	2 29 1
19	19	20	20	21	22	22	23	23	24	23	24	25	25	26	26	27	28	28	29	29	30	28	29	30
20	20	21	21	22	23	23	24	24	25	24	25	26	26	27	27	28	29	29	30	30	31	**3**	30	31
21	21	22	22	23	24	24	25	25	26	25	26	27	27	28	28	29	30	30	31	**5**	**4**	2	31	**1**
22	22	23	23	24	25	25	26	26	27	26	27	28	28	29	29	30	31	**7**	**6**	2	2	3	**2**	2
23	23	24	24	25	26	26	27	27	28	27	28	29	29	30	30	31	**8**	2	2	3	3	4	2	3
24	24	25	25	26	27	27	28	28	29	28	29	30	30	31	**10**	**9**	2	3	3	4	4	5	3	4
25	25	26	26	27	28	28	29	29	30	29	30	31	**12**	**11**	2	2	3	4	4	5	5	6	4	5
26	26	27	27	28	29	29	30	30	31	**3**	31	**1**	2	2	3	3	4	5	5	6	6	7	5	6
27	27	28	28	29	30	30	31	**5**	**4**	2	**2**	2	3	3	4	4	5	6	6	7	7	8	6	7
28	28	29	29	30	31	**7**	**6**	2	2	3	2	3	4	4	5	5	6	7	7	8	8	9	7	8
29	29	30	30	31	**8**	2	2	3	3	4	3	4	5	5	6	6	7	8	8	9	9	10	8	9
30	30	31	**10**	**9**	2	3	3	4	4	5	4	5	6	6	7	7	8	9	9	10	10	11	9	10
31	**12**	**11**	2	2	3	4	4	5	5	6	5	6	7	7	8	8	9	10	10	11	11	12	10	11
日	2	2	3	3	4	5	5	6	6	7	6	7	8	8	9	9	10	11	11	12	12	13	11	12
曜	3	3	4	4	5	6	6	7	7	8	7	8	9	9	10	10	11	12	12	13	13	14	12	13
表	4	4	5	5	6	7	7	8	8	9	8	9	10	10	11	11	12	13	13	14	14	15	13	14
3	5	5	6	6	7	8	8	9	9	10	9	10	11	11	12	12	13	14	14	15	15	16	14	15
甲	6	十一 6	十 7	九 7	8	9	9	10	10	11	10	11	12	12	13	13	14	15	15	16	16	17	15	16
子	7	1 7	8	8	八 9	七 10	六 10	11	11	12	11	12	13	13	14	14	15	16	16	17	17	18	16	17
表	8	8	12 9	11 9	10	11	11	五 12	四 12	13	12	13	14	14	15	15	16	17	17	18	18	19	17	18
18	9	9	10	10	10 11	9 12	12	13	13	三 14	二 13	14	15	15	16	16	17	18	18	19	19	20	18	19
	10	10	11	11	12	13	8 13	7 14	14	15	14	正 15	16	冬 16	17	17	18	19	19	20	20	21	19	20

一〇三四 甲戌 宋景祐元 遼重熙三 (426)

一〇三三 癸酉 宋明道二 遼重熙二 (425)

22	23	23	24	25	25	26	26	27	25	26	27	27	28 12	28 11	29	30	30	31 五	5	4	2	31	1
23	24	24	25	26	26	27	27´	28	26	27	28	28	29	29	30 10	31 9	7	6	2 四	2 三	3	2	2
24	25	25	26	27	27	28	28	29	27	28	29	29	30	30	31	8	2 8	2 7	3	3	4 二	2	3
25	26	26	27	28	28	29	29	30	28	29	30	30	31	10	9	2	3	3	4 6	4 5	5	3 正	4 十二
26	27	27	28	29	29	30	30	31	3	30	31	12	11	2	2	3	4	4	5	5	6 4	4 3	5
27	28	28	29	30	30	31	5	4	2	31	1	2	2	3	3	4	5	5	6	6	7	5	6 2
28	29	29	30	31	7	6	2	2	3	2	2	3	3	4	4	5	6	6	7	7	8	6	7
29	30	30	31	8	2	2	3	3	4	2	3	4	4	5	5	6	7	7	8	8	9	7	8
30	31	10	9	2	3	3	4	4	5	3	4	5	5	6	6	7	8	8	9	9	10	8	9
12	11	2	2	3	4	4	5	5	6	4	5	6	6	7	7	8	9	9	10	10	11	9	10
2	2	3	3	4	5	5	6	6	7	5	6	7	7	8	8	9	10	10	11	11	12	10	11
3	3	4	4	5	6	6	7	7	8	6	7	8	8	9	9	10	11	11	12	12	13	11	12
4	4	5	5	6	7	7	8	8	9	7	8	9	9	10	10	11	12	12	13	13	14	12	13
5	5	6	6	7	8	8	9	9	10	8	9	10	10	11	11	12	13	13	14	14	15	13	14
6	6	7	7	8	9	9	10	10	11	9	10	11	11	12	12	13	14	14	15	15	16	14	15
7	7	8	8	9	10	10	11	11	12	10	11	12	12	13	13	14	15	15	16	16	17	15	16
8	8	9	9	10	11	11	12	12	13	11	12	13	13	14	14	15	16	16	17	17	18	16	17
9	9	10	10	11	12	12	13	13	14	12	13	14	14	15	15	16	17	17	18	18	19	17	18
10	10	11	11	12	13	13	14	14	15	13	14	15	15	16	16	17	18	18	19	19	20	18	19
11	11	12	12	13	14	14	15	15	16	14	15	16 冬	16	17	17	18	19	19	20	20	21	19	20
12	12	13	13	14	15	15	16	16	17	15	16	17	17	18	18	19	20	20	21	21	22	20	21
13	13	14	14	15	16	16	17	17	18	16	17	18	18	19	19	20	21	21	22	22	23	21	22
14 十二	14 十	15 九	15	16	17	17	18	18	19	17	18	19	19	20	20	21	22	22	23	23	24	22	23
15	15	16	16 八	17 七	18 閏	18	19	19	20	18	19	20	20	21	21	22	23	23	24	24	25	23	24
冬 16 2	16 1	17 12	17 11	18	19	19 六	20	20	21	19	20	21	21	22	22	23	24	24	25	25	26	24	25
17	17	18	18	19 10	20 9	20	21 五	21 四	22	20	21	22	22	23	23	24	25	25	26	26	27	25	26
18	18	19	19	20	21	21 8	22 7	22	23 三	21	22	23	23	24	24	25	26	26	27	27	28	26	27
19	19	20	20	21	22	22	23	23 6	24 5	22 二	23 正	24	24	25	25	26	27	27	28	28	29	27	28
20	20	21	21	22	23	23	24	24	25	23 4	24 3	25 十二	25 十一	26 十	26 九	27	28	28	29	29	30	28	29
21	21	22	22	23	24	24	25	25	26	24	25	26 2	26 1	27	27	28 八	29 七	29 六	30	30	31	3	30

一〇三六
丙子
宋景祐三
遼重熙五

428

一〇三五
乙亥
宋景祐二
遼重熙四

427

11	11	12	12	13	14	14	15	15	16	15	16	17	17	18	18	19	20	20	21	21	22	20	21	22
12	12	13	13	14	15	15	16	16	17	16	17	18	18	19	19	20	21	21	22	22	23	21	22	23
13	13	14	14	15	16	16	17	17	18	17	18	19	19	20	20	21	22	22	23	23	24	22	23	24
14	14	15	15	16	17	17	18	18	19	18	19	20	20	21	21	22	23	23	24	24	25	23	24	25
15冬	15	16	16	17	18	18	19	19	20	19	20	21	21	22	22	23	24	24	25	25	26	24	25	26
16	16	17	17	18	19	19	20	20	21	20	21	22	22	23	23	24	25	25	26	26	27	25	26	27
17	17	18	18	19	20	20	21	21	22	21	22	23	23	24	24	25	26	26	27	27	28	26	27	28
18	18	19	19	20	21	21	22	22	23	22	23	24	24	25	25	26	27	27	28	28	29	27	28	29
19	19	20	20	21	22	22	23	23	24	23	24	25	25	26	26	27	28	28	29	29	30	28	29	30
20	20	21	21	22	23	23	24	24	25	24	25	26	26	27	27	28	29	29	30	30	31	3	30	31
21十二	21十一	22十	22	23	24	24	25	25	26	25	26	27	27	28	28	29	30	30	31	5	4	2	31	1
22	22	23	23九	24八	25	25	26	26	27	26	27	28	28	29	29	30	31	7	6	2	2	3	2	2
23 3	23	24	24	25	26七	26	27	27	28	27	28	29	29	30	30	31	8	2	2	3	3	4	2	3
24	24 2	25 1	25 12	26 11	27	27六	28五	28	29	28	29	30	30	31	10	9	2	3	3	4	4	5	3	4
25	25	26	26	27	28 10	28 9	29	29四	30	29	30	31	12	11	2	2	3	4	4	5	5	6	4	5
26	26	27	27	28	29	29	30 8	30 7	31三	3二	31正	1	2	2	3	3	4	5	5	6	6	7	5	6
27	27	28	28	29	30	30	31	5	4 6	2 5	2	2十二	3十一	3十	4九	4	5	6	6	7	7	8	6	7
28	28	29	29	30	31	7	6	2	2	3	2 4	3 3	4	4	5	5八	6七	7	7	8	8	9	7	8
29	29	30	30	31	8	2	2	3	3	4	3	4	5 2	5 1	6	6	7	8六	8	9	9	10	8	9
30	30	31	10	9	2	3	3	4	4	5	4	5	6	6	7 12	7 11	8	9	9五	10四	10	11	9	10
31	12	11	2	2	3	4	4	5	5	6	5	6	7	7	8	8	9 10	10 9	10	11	11三	12	10	11
日	2	2	3	3	4	5	5	6	6	7	6	7	8	8	9	9	10	11	11 8	12 7	12	13二	11正	12
曜	3	3	4	4	5	6	6	7	7	8	7	8	9	9	10	10	11	12	12	13	13 6	14 5	12	13十二
表	4	4	5	5	6	7	7	8	8	9	8	9	10	10	11	11	12	13	13	14	14	15	13 4	14 3
4	5	5	6	6	7	8	8	9	9	10	9	10	11	11	12	12	13	14	14	15	15	16	14	15
甲	6	6	7	7	8	9	9	10	10	11	10	11	12	12	13	13	14	15	15	16	16	17	15	16
子	7	7	8	8	9	10	10	11	11	12	11	12	13	13	14	14	15	16	16	17	17	18	16	17
表	8	8	9	9	10	11	11	12	12	13	12	13	14	14	15	15	16	17	17	18	18	19	17	18
19	9	9	10	10	11	12	12	13	13	14	13	14	15	15	16	16	17	18	18	19	19	20	18	19
	10	10	11	11	12	13	13	14	14	15	14	15	16冬	16	17	17	18	19	19	20	20	21	19	20

一〇三八 戊寅 宋寶元元（十一月改） 遼重熙七 430

一〇三七 丁丑 宋景祐四 遼重熙六 429

22	23	23	24	25	25	26	26	27	25	26	27	27	28	28	29	30	30	31	5	4	2	31	1
23	24	24	25	26	26	27	27	28	26	27	28	28	29	29	30	31	7	6	2	2	3	2	2
24	25	25	26	27	27	28	28	29	27	28	29	29	30	30	31	8	2	2	3	3	4	2	3
25	26	26	27	28	28	29	29	30	28	29	30	30	31	10	9	2	3	3	4	4	5	3	4
26	27	27	28	29	29	30	30	31	3	30	31	12	11	2	2	3	4	4	5	5	6	4	5
27	28	28	29	30	30	31	5	4	2	31	1	2	2	3	3	4	5	5	6	6	7	5	6
28	29	29	30	31	7	6	2	2	3	2	2	3	3	4	4	5	6	6	7	7	8	6	7
29 十一	30	30	31	8	2	2	3	3	4	2	3	4	4	5	5	6	7	7	8	8	9	7	8
30	31 十	10 九	9	2	3	3	4	4	5	3	4	5	5	6	6	7	8	8	9	9	10	8	9
12 3	11	2	2 八	3	4	4	5	5	6	4	5	6	6	7	7	8	9	9	10	10	11	9	10
2	2 2	3 1	3	4 七	5 六	5	6	6	7	5	6	7	7	8	8	9	10	10	11	11	12	10	11
3	3	4	4 12	5 11	6	6 五	7 四	7	8	6	7	8	8	9	9	10	11	11	12	12	13	11	12
4	4	5	5	6	7 10	7 9	8	8 三	9 二	7 正	8 十二	9	9	10	10	11	12	12	13	13	14	12	13
5	5	6	6	7	8	8	9 8	9 7	10	8	9	10 十一	10 十	11	11	12	13	13	14	14	15	13	14
6	6	7	7	8	9	9	10	10	11 6	9 5	10	11	11	12 九	12 八	13	14	14	15	15	16	14	15
7	7	8	8	9	10	10	11	11	12	10	11 4	12 3	12	13	13	14 七	15	15	16	16	17	15	16
8	8	9	9	10	11	11	12	12	13	11	12	13	13 2	14 1	14	15	16 六	16 五	17	17	18	16	17
9	9	10	10	11	12	12	13	13	14	12	13	14	14	15	15 12	16 11	17	17	18 閏	18 四	19	17	18
10	10	11	11	12	13	13	14	14	15	13	14	15	15	16	16	17	18 10	18 9	19	19	20 三	18 二	19 正
11	11	12	12	13	14	14	15	15	16	14	15	16 冬	16	17	17	18	19	19	20 8	20 7	21	19	20
12	12	13	13	14	15	15	16	16	17	15	16	17	17	18	18	19	20	20	21	21	22 6	20 5	21
13	13	14	14	15	16	16	17	17	18	16	17	18	18	19	19	20	21	21	22	22	23	21	22 4
14	14	15	15	16	17	17	18	18	19	17	18	19	19	20	20	21	22	22	23	23	24	22	23
15	15	16	16	17	18	18	19	19	20	18	19	20	20	21	21	22	23	23	24	24	25	23	24
16 冬	16	17	17	18	19	19	20	20	21	19	20	21	21	22	22	23	24	24	25	25	26	24	25
17	17	18	18	19	20	20	21	21	22	20	21	22	22	23	23	24	25	25	26	26	27	25	26
18	18	19	19	20	21	21	22	22	23	21	22	23	23	24	24	25	26	26	27	27	28	26	27
19	19	20	20	21	22	22	23	23	24	22	23	24	24	25	25	26	27	27	28	28	29	27	28
20	20	21	21	22	23	23	24	24	25	23	24	25	25	26	26	27	28	28	29	29	30	28	29
21	21	22	22	23	24	24	25	25	26	24	25	26	26	27	27	28	29	29	30	30	31	3	30

						432 一〇四〇 庚辰 宋康定元（二月改） 遼重熙九													431 一〇三九 己卯 宋寶元二 遼重熙八					
11	11	12	12	13 12	14 11	14	15	15	16 二	15 正	16	17	17	18	18	19	20	20	21	21	22	20	21	22
12	12	13	13	14	15	15 10	16 9	16	17	16	17 閏	18 十二	18	19	19	20	21	21	22	22	23	21	22	23
13	13	14	14	15	16	16	17	17 8	18 7	17	18	19	19 十一	20	20	21	22	22	23	23	24	22	23	24
14	14	15	15	16	17	17	18	18	19	18 6	19 5	20	20	21 十	21 九	22	23	23	24	24	25	23	24	25
15 冬	15	16	16	17	18	18	19	19	20	19	20	21 4	21 3	22	22	23 八	24 七	24 六	25	25	26	24	25	26
16	16	17	17	18	19	19	20	20	21	20	21	22	22	23 2	23 1	24 12	25 11	25	26 五	26 四	27	25	26	27
17	17	18	18	19	20	20	21	21	22	21	22	23	23	24	24	25	26	26 10	27 9	27	28 三	26 二	27 正	28
18	18	19	19	20	21	21	22	22	23	22	23	24	24	25	25	26	27	27	28	28 8	29 7	27	28	29 十二
19	19	20	20	21	22	22	23	23	24	23	24	25	25	26	26	27	28	28	29	29	30	28 6	29 5	30
20	20	21	21	22	23	23	24	24	25	24	25	26	26	27	27	28	29	29	30	30	31	**3**	30	31 4
21	21	22	22	23	24	24	25	25	26	25	26	27	27	28	28	29	30	30	31	**5**	**4**	2	31	**1**
22	22	23	23	24	25	25	26	26	27	26	27	28	28	29	29	30	31	**7**	**6**	2	2	3	**2**	2
23	23	24	24	25	26	26	27	27	28	27	28	29	29	30	30	31	**8**	2	2	3	3	4	2	3
24	24	25	25	26	27	27	28	28	29	28	29	30	30	31	**10**	**9**	2	3	3	4	4	5	3	4
25	25	26	26	27	28	28	29	29	30	29	30	31	**12**	**11**	2	2	3	4	4	5	5	6	4	5
26	26	27	27	28	29	29	30	30	31	**3**	31	**1**	2	2	3	3	4	5	5	6	6	7	5	6
27	27	28	28	29	30	30	31	**5**	**4**	2	**2**	2	3	3	4	4	5	6	6	7	7	8	6	7
28	28	29	29	30	31	**7**	**6**	2	2	3	2	3	4	4	5	5	6	7	7	8	8	9	7	8
29	29	30	30	31	**8**	2	2	3	3	4	3	4	5	5	6	6	7	8	8	9	9	10	8	9
30	30	31	**10**	**9**	2	3	3	4	4	5	4	5	6	6	7	7	8	9	9	10	10	11	9	10
31	**12**	**11**	2	2	3	4	4	5	5	6	5	6	7	7	8	8	9	10	10	11	11	12	10	11
日	2	2	3	3	4	5	5	6	6	7	6	7	8	8	9	9	10	11	11	12	12	13	11	12
曜	3	3	4	4	5	6	6	7	7	8	7	8	9	9	10	10	11	12	12	13	13	14	12	13
表	4	4	5	5	6	7	7	8	8	9	8	9	10	10	11	11	12	13	13	14	14	15	13	14
5	5	5	6	6	7	8	8	9	9	10	9	10	11	11	12	12	13	14	14	15	15	16	14	15
甲	6	6	7	7	8	9	9	10	10	11	10	11	12	12	13	13	14	15	15	16	16	17	15	16
子	7 十一	7	8	8	9	10	10	11	11	12	11	12	13	13	14	14	15	16	16	17	17	18	16	17
表	8	8 十	9 九	9 八	10	11	11	12	12	13	12	13	14	14	15	15	16	17	17	18	18	19	17	18
20	9 4	9 3	10	10	11 七	12 六	12 五	13	13	14	13	14	15	15	16	16	17	18	18	19	19	20	18	19
	10	10	11 2	11 1	12	13	13	14 四	14 三	15	14	15	16 冬	16	17	17	18	19	19	20	20	21	19	20

一〇四二 壬午 宋慶曆二 遼重熙一一 434

一〇四一 辛巳 宋慶曆元 十一月改 遼重熙一〇 433

22	23	23	24	25	25	26	26	27	25	26	6 27	5 27	土 28	十 28	九 29	30	30	31	5	4	2	31	1
23	24	24	25	26	26	27	27	28	26	27	28	28	4 29	3 29	30	八 31	七 7	六 6	2	2	3	2	2
24	25	25	26	27	27	28	28	29	27	28	29	29	30	30	2 31	1 8	2	2	五 3	四 3	4	2	3
25	26	26	27	28	28	29	29	30	28	29	30	30	31	10	9	2	12 3	11 3	4	4	三 5	二 3	4
26	27	27	28	29	29	30	30	31	3	30	31	12	11	2	2	3	4	4	10 5	9 5	6	4	正 5
27	28	28	29	30	30	31	5	4	2	31	1	2	2	3	3	4	5	5	6	6	8 7	7 5	6 土
28	29	29	30	31	7	6	2	2	3	2	2	3	3	4	4	5	6	6	7	7	8	6	6 7 5
29	30	30	31	8	2	2	3	3	4	2	3	4	4	5	5	6	7	7	8	8	9	7	8
30	31	10	9	2	3	3	4	4	5	3	4	5	5	6	6	7	8	8	9	9	10	8	9
12	11	2	2	3	4	4	5	5	6	4	5	6	6	7	7	8	9	9	10	10	11	9	10
2	2	3	3	4	5	5	6	6	7	5	6	7	7	8	8	9	10	10	11	11	12	10	11
3	3	4	4	5	6	6	7	7	8	6	7	8	8	9	9	10	11	11	12	12	13	11	12
4	4	5	5	6	7	7	8	8	9	7	8	9	9	10	10	11	12	12	13	13	14	12	13
5	5	6	6	7	8	8	9	9	10	8	9	10	10	11	11	12	13	13	14	14	15	13	14
6	6	7	7	8	9	9	10	10	11	9	10	11	11	12	12	13	14	14	15	15	16	14	15
7	7	8	8	9	10	10	11	11	12	10	11	12	12	13	13	14	15	15	16	16	17	15	16
8	8	9	9	10	11	11	12	12	13	11	12	13	13	14	14	15	16	16	17	17	18	16	17
9	9	10	10	11	12	12	13	13	14	12	13	14	14	15	15	16	17	17	18	18	19	17	18
10	10	11	11	12	13	13	14	14	15	13	14	15	15	16	16	17	18	18	19	19	20	18	19
11	11	12	12	13	14	14	15	15	16	14	15	16	冬 16	17	17	18	19	19	20	20	21	19	20
12	12	13	13	14	15	15	16	16	17	15	16	17	17	18	18	19	20	20	21	21	22	20	21
13	13	14	14	15	16	16	17	17	18	16	17	18	18	19	19	20	21	21	22	22	23	21	22
14	14	15	15	16	17	17	18	18	19	17	18	19	19	20	20	21	22	22	23	23	24	22	23
15	土 15	16	16	17	18	18	19	19	20	18	19	20	20	21	21	22	23	23	24	24	25	23	24
16	冬 16	十 17	閏 17	九 18	19	19	20	20	21	19	20	21	21	22	22	23	24	24	25	25	26	24	25
17	5 17	18	18	19	八 20	七 20	六 21	21	22	20	21	22	22	23	23	24	25	25	26	26	27	25	26
18	18	4 19	3 19	20	21	21	22	五 22	23	21	22	23	23	24	24	25	26	26	27	27	28	26	27
19	19	20	20	2 21	1 22	12 22	11 23	23	四 24	三 22	23	24	24	25	25	26	27	27	28	28	29	27	28
20	20	21	21	22	23	23	24	10 24	9 25	23	二 24	25	25	26	26	27	28	28	29	29	30	28	29
21	21	22	22	23	24	24	25	25	26	8 24	7 25	正 26	土 26	27	27	28	29	29	30	30	31	3	30

一〇四三 癸未 宋慶曆三 遼重熙一二

435

一〇四四 甲申 宋慶曆四 遼重熙一三

436

11	11	12	12	13	14	14	15	15	16	15	16	17	17	18	18	19	20	20	21	21	22	20	21	22
12	12	13	13	14	15	15	16	16	17	16	17	18	18	19	19	20	21	21	22	22	23	21	22	23
13	13	14	14	15	16	16	17	17	18	17	18	19	19	20	20	21	22	22	23	23	24	22	23	24
14	14	15	15	16	17	17	18	18	19	18	19	20	20	21	21	22	23	23	24	24	25	23	24	25
15 冬	15	16	16	17	18	18	19	19	20	19	20	21	21	22	22	23	24	24	25	25	26	24	25	26
16	16	17	17	18	19	19	20	20	21	20	21	22	22	23	23	24	25	25	26	26	27	25	26	27
17	17	18	18	19	20	20	21	21	22	21	22	23	23	24	24	25	26	26	27	27	28	26	27	28
18	18	19	19	20	21	21	22	22	23	22	23	24	24	25	25	26	27	27	28	28	29	27	28	29
19	19	20	20	21	22	22	23	23	24	23	24	25	25	26	26	27	28	28	29	29	30	28	29	30
20	20	21	21	22	23	23	24	24	25	24	25	26	26	27	27	28	29	29	30	30	31	3	30	31
21	21	22	22	23	24	24	25	25	26	25	26	27	27	28	28	29	30	30	31	5	4	2	31	1
22 十二	22 十一	23	23	24	25	25	26	26	27	26	27	28	28	29	29	30	31	7	6	2	2	3	2	2
23	23	24 十	24 九	25	26	26	27	27	28	27	28	29	29	30	30	31	8	2	2	3	3	4	2	3
24 6	24 5	25	25	26 八	27 七	27	28	28	29	28	29	30	30	31	10	9	2	3	3	4	4	5	3	4
25	25	26 4	26 3	27	28	28 六	29	29	30	29	30	31	12	11	2	2	3	4	4	5	5	6	4	5
26	26	27	27	28 2	29 1	29	30 五	30 四	31	3	31	1	2	2	3	3	4	5	5	6	6	7	5	6
27	27	28	28	29	30	30 12	31 11	5	4 三	2	2	2	3	3	4	4	5	6	6	7	7	8	6	7
28	28	29	29	30	31	7	6	2 10	2 9	3 二	2 正	3 十二	4	4	5	5	6	7	7	8	8	9	7	8
29	29	30	30	31	8	2	2	3	3	4 8	3 7	4	5 十一	5 十	6 九	6 八	7	8	8	9	9	10	8	9
30	30	31	10	9	2	3	3	4	4	5	4	5 6	6 5	6	7	7	8 七	9 六	9	10	10	11	9	10
31	12	11	2	2	3	4	4	5	5	6	5	6	7	7 4	8 3	8	9	10	10 五	11	11	12	10	11
日	2	2	3	3	4	5	5	6	6	7	6	7	8	8	9	9 2	10 1	11	11	12 四	12 三	13	11	12
曜	3	3	4	4	5	6	6	7	7	8	7	8	9	9	10	10	11	12 12	12 11	13	13	14 二	12	13
表	4	4	5	5	6	7	7	8	8	9	8	9	10	10	11	11	12	13	13	14 10	14 9	15	13 正	14 十二
6	5	5	6	6	7	8	8	9	9	10	9	10	11	11	12	12	13	14	14	15	15	16 8	14 7	15
甲	6	6	7	7	8	9	9	10	10	11	10	11	12	12	13	13	14	15	15	16	16	17	15	16 6
子	7	7	8	8	9	10	10	11	11	12	11	12	13	13	14	14	15	16	16	17	17	18	16	17
表	8	8	9	9	10	11	11	12	12	13	12	13	14	14	15	15	16	17	17	18	18	19	17	18
1	9	9	10	10	11	12	12	13	13	14	13	14	15	15	16	16	17	18	18	19	19	20	18	19
	10	10	11	11	12	13	13	14	14	15	14	15	16 冬	16	17	17	18	19	19	20	20	21	19	20

一〇四五 乙酉 宋慶曆五 遼重熙一四

437

一〇四六 丙戌 宋慶曆六 遼重熙一五

438

22	23	23	24	25	25	26	26	27	25	26	27	27	28	28	29	30	30	31	**5**	**4**	2	31	**1**
23	24	24	25	26	26	27	27	28	26	27	28	28	29	29	30	31	**7**	**6**	2	2	3	**2**	2
24	25	25	26	27	27	28	28	29	27	28	29	29	30	30	31	**8**	2	2	3	3	4	2	3
25	26	26	27	28	28	29	29	30	28	29	30	30	31	**10**	**9**	2	3	3	4	4	5	3	4
26	27	27	28	29	29	30	30	31	**3**	30	31	**12**	**11**	2	2	3	4	4	5	5	6	4	5
27	28	28	29	30	30	31	**5**	**4**	2	31	**1**	2	2	3	3	4	5	5	6	6	7	5	6
28	29	29	30	31	**7**	**6**	2	2	3	**2**	2	3	3	4	4	5	6	6	7	7	8	6	7
29	30	30	31	**8**	2	2	3	3	4	2	3	4	4	5	5	6	7	7	8	8	9	7	8
30	31	**10**	**9**	2	3	3	4	4	5	3	4	5	5	6	6	7	8	8	9	9	10	8	9
12 十二	**11** 十一	2	2	3	4	4	5	5	6	4	5	6	6	7	7	8	9	9	10	10	11	9	10
2	2	3 九	3 八	4	5	5	6	6	7	5	6	7	7	8	8	9	10	10	11	11	12	10	11
3 6	3 5	4	4	5 七	6	6	7	7	8	6	7	8	8	9	9	10	11	11	12	12	13	11	12
4	4	5 4	5 3	6	7 六	7 五	8	8	9	7	8	9	9	10	10	11	12	12	13	13	14	12	13
5	5	6	6	7 2	8 1	8	9 四	9 三	10	8	9	10	10	11	11	12	13	13	14	14	15	13	14
6	6	7	7	8	9	9 12	10 11	10	11 二	9 正	10 十二	11 十一	11	12	12	13	14	14	15	15	16	14	15
7	7	8	8	9	10	10	11	11 10	12 9	10	11	12	12 十	13 九	13	14	15	15	16	16	17	15	16
8	8	9	9	10	11	11	12	12	13	11 8	12 7	13	13	14	14 八	15 七	16	16	17	17	18	16	17
9	9	10	10	11	12	12	13	13	14	12	13	14 6	14 5	15	15	16	17 六	17	18	18	19	17	18
10	10	11	11	12	13	13	14	14	15	13	14	15 冬	15	16 4	16 3	17	18	18 閏	19 五	19	20	18	19
11	11	12	12	13	14	14	15	15	16	14	15	16	16	17	17	18 2	19 1	19 12	20 11	20 四	21 三	19	20
12	12	13	13	14	15	15	16	16	17	15	16	17	17	18	18	19	20	20	21	21 10	22 9	20 二	21 正
13	13	14	14	15	16	16	17	17	18	16	17	18	18	19	19	20	21	21	22	22	23	21 8	22 7
14	14	15	15	16	17	17	18	18	19	17	18	19	19	20	20	21	22	22	23	23	24	22	23
15	15	16	16	17	18	18	19	19	20	18	19	20	20	21	21	22	23	23	24	24	25	23	24
16 冬	16	17	17	18	19	19	20	20	21	19	20	21	21	22	22	23	24	24	25	25	26	24	25
17	17	18	18	19	20	20	21	21	22	20	21	22	22	23	23	24	25	25	26	26	27	25	26
18	18	19	19	20	21	21	22	22	23	21	22	23	23	24	24	25	26	26	27	27	28	26	27
19	19	20	20	21	22	22	23	23	24	22	23	24	24	25	25	26	27	27	28	28	29	27	28
20	20	21	21	22	23	23	24	24	25	23	24	25	25	26	26	27	28	28	29	29	30	28	29
21	21	22	22	23	24	24	25	25	26	24	25	26	26	27	27	28	29	29	30	30	31	**3**	30

一〇四八 戊子 宋慶曆八 遼重熙一七

440

一〇四七 丁亥 宋慶曆七 遼重熙一六

439

11	11 6	12 5	12	13	14 六	14 五	15	15	16	15	16	17	17	18	18	19	20	20	21	21	22	20	21	22
12	12	13	13 4	14 3	15	15	16 四	16 三	17 二	16	17	18	18	19	19	20	21	21	22	22	23	21	22	23
13	13	14	14	15	16 2	16 1	17	17	18	17 閏	18 正	19	19	20	20	21	22	22	23	23	24	22	23	24
14	14	15	15	16	17	17	18 12	18 11	19	18	19	20 土	20 士	21	21	22	23	23	24	24	25	23	24	25
15 冬	15	16	16	17	18	18	19	19	20 10	19 9	20	21	21	22 十	22 九	23	24	24	25	25	26	24	25	26
16	16	17	17	18	19	19	20	20	21	20	21 8	22 7	22	23	23	24 八	25	25	26	26	27	25	26	27
17	17	18	18	19	20	20	21	21	22	21	22	23	23 6	24 5	24	25	26 七	26 六	27	27	28	26	27	28
18	18	19	19	20	21	21	22	22	23	22	23	24	24	25	25 4	26 3	27	27	28 五	28 四	29 三	27	28	29
19	19	20	20	21	22	22	23	23	24	23	24	25	25	26	26	27	28 2	28 1	29 12	29 11	30	28 二	29 正	30 土
20	20	21	21	22	23	23	24	24	25	24	25	26	26	27	27	28	29	29	30	30	31 10	**3** 9	30	31
21	21	22	22	23	24	24	25	25	26	25	26	27	27	28	28	29	30	30	31	**5**	**4**	2	31 8	**1** 7
22	22	23	23	24	25	25	26	26	27	26	27	28	28	29	29	30	31	**7**	**6**	2	2	3	**2**	2
23	23	24	24	25	26	26	27	27	28	27	28	29	29	30	30	31	**8**	2	2	3	3	4	2	3
24	24	25	25	26	27	27	28	28	29	28	29	30	30	31	**10**	**9**	2	3	3	4	4	5	3	4
25	25	26	26	27	28	28	29	29	30	29	30	31	**12**	**11**	2	2	3	4	4	5	5	6	4	5
26	26	27	27	28	29	29	30	30	31	**3**	31	**1**	2	2	3	3	4	5	5	6	6	7	5	6
27	27	28	28	29	30	30	31	**5**	**4**	2	**2**	2	3	3	4	4	5	6	6	7	7	8	6	7
28	28	29	29	30	31	**7**	**6**	2	2	3	2	3	4	4	5	5	6	7	7	8	8	9	7	8
29	29	30	30	31	**8**	2	2	3	3	4	3	4	5	5	6	6	7	8	8	9	9	10	8	9
30	30	31	**10**	**9**	2	3	3	4	4	5	4	5	6	6	7	7	8	9	9	10	10	11	9	10
31	**12**	**11**	2	2	3	4	4	5	5	6	5	6	7	7	8	8	9	10	10	11	11	12	10	11
日	2	2	3	3	4	5	5	6	6	7	6	7	8	8	9	9	10	11	11	12	12	13	11	12
曜	3	3	4	4	5	6	6	7	7	8	7	8	9	9	10	10	11	12	12	13	13	14	12	13
表	4	4	5	5	6	7	7	8	8	9	8	9	10	10	11	11	12	13	13	14	14	15	13	14
7	5	5	6	6	7	8	8	9	9	10	9	10	11	11	12	12	13	14	14	15	15	16	14	15
甲	6	6	7	7	8	9	9	10	10	11	10	11	12	12	13	13	14	15	15	16	16	17	15	16
子	7	7	8	8	9	10	10	11	11	12	11	12	13	13	14	14	15	16	16	17	17	18	16	17
表	8 土	8	9	9	10	11	11	12	12	13	12	13	14	14	15	15	16	17	17	18	18	19	17	18
2	9	9 十	10 九	10	11	12	12	13	13	14	13	14	15	15	16	16	17	18	18	19	19	20	18	19
	10 7	10	11	11 八	12 七	13	13	14	14	15	14	15	16 冬	16	17	17	18	19	19	20	20	21	19	20

一〇五〇 庚寅 宋皇祐二 遼重熙一九

442

一〇四九 己丑 宋皇祐元 遼重熙一八

441

22	23	23	24	25	25 2	26 1	26 12	27 11	25	26 正	27	27	28	28	29	30	30	31	**5**	**4**	2	31	**1**
23	24	24	25	26	26	27	27	28	26 10	27 9	28 十二	28 十一	29 十	29	30	31	**7**	**6**	2	2	3	**2**	2
24	25	25	26	27	27	28	28	29	27	28	29 8	29 7	30	30 九	31 八	**8**	2	2	3	3	4	2	3
25	26	26	27	28	28	29	29	30	28	29	30	30	31 6	**10** 5	**9**	2 七	3 六	3 五	4	4	5	3	4
26	27	27	28	29	29	30	30	**31**	**3**	30	31	**12**	**11**	2	2 4	3 3	4	4	5 四	5 三	6	4	5
27	28	28	29	30	30	31	**5**	**4**	2	31	**1**	2	2	3	3	4	5 2	5 1	6	6	7 二	5 正	6
28	29	29	30	31	**7**	**6**	2	2	3	**2**	2	3	3	4	4	5	6	6	7 12	7 11	8	6	7 十二
29	30	30	31	**8**	2	2	3	3	4	2	3	4	4	5	5	6	7	7	8	8	9 10	7 9	8
30	31	**10**	**9**	2	3	3	4	4	5	3	4	5	5	6	6	7	8	8	9	9	10	8	9 8
12	**11**	2	2	3	4	4	5	5	6	4	5	6	6	7	7	8	9	9	10	10	11	9	10
2	2	3	3	4	5	5	6	6	7	5	6	7	7	8	8	9	10	10	11	11	12	10	11
3	3	4	4	5	6	6	7	7	8	6	7	8	8	9	9	10	11	11	12	12	13	11	12
4	4	5	5	6	7	7	8	8	9	7	8	9	9	10	10	11	12	12	13	13	14	12	13
5	5	6	6	7	8	8	9	9	10	8	9	10	10	11	11	12	13	13	14	14	15	13	14
6	6	7	7	8	9	9	10	10	11	9	10	11	11	12	12	13	14	14	15	15	16	14	15
7	7	8	8	9	10	10	11	11	12	10	11	12	12	13	13	14	15	15	16	16	17	15	16
8	8	9	9	10	11	11	12	12	13	11	12	13	13	14	14	15	16	16	17	17	18	16	17
9	9	10	10	11	12	12	13	13	14	12	13	14	14	15	15	16	17	17	18	18	19	17	18
10	10	11	11	12	13	13	14	14	15	13	14	15 冬	15	16	16	17	18	18	19	19	20	18	19
11	11	12	12	13	14	14	15	15	16	14	15	16	16	17	17	18	19	19	20	20	21	19	20
12	12	13	13	14	15	15	16	16	17	15	16	17	17	18	18	19	20	20	21	21	22	20	21
13	13	14	14	15	16	16	17	17	18	16	17	18	18	19	19	20	21	21	22	22	23	21	22
14	14	15	15	16	17	17	18	18	19	17	18	19	19	20	20	21	22	22	23	23	24	22	23
15	15	16	16	17	18	18	19	19	20	18	19	20	20	21	21	22	23	23	24	24	25	23	24
16 冬	16	17	17	18	19	19	20	20	21	19	20	21	21	22	22	23	24	24	25	25	26	24	25
17 閏	17 十二	18	18	19	20	20	21	21	22	20	21	22	22	23	23	24	25	25	26	26	27	25	26
18	18	19 十	19 九	20 八	21	21	22	22	23	21	22	23	23	24	24	25	26	26	27	27	28	26	27
19 8	19 7	20	20	21	22 七	22 六	23	23	24	22	23	24	24	25	25	26	27	27	28	28	29	27	28
20	20	21 6	21 5	22	23	23	24 五	24 四	25	23	24	25	25	26	26	27	28	28	29	29	30	28	29
21	21	22	22	23 4	24 3	24	25	25	26 三	24 二	25	26	26	27	27	28	29	29	30	30	31	**3**	30

一〇五二 壬辰 宋皇祐四 遼重熙二一

444

一〇五一 辛卯 宋皇祐三 遼重熙二〇

443

11	11	12	12	13	14	14	15	15	16	15	16	17	17	18	18	19	20	20	21	21	22	20	21	22
12	12	13	13	14	15	15	16	16	17	16	17	18	18	19	19	20	21	21	22	22	23	21	22	23
13	13	14	14	15	16	16	17	17	18	17	18	19	19	20	20	21	22	22	23	23	24	22	23	24
14	14	15	15	16	17	17	18	18	19	18	19	20	20	21	21	22	23	23	24	24	25	23	24	25
15 冬	15	16	16	17	18	18	19	19	20	19	20	21	21	22	22	23	24	24	25	25	26	24	25	26
16	16	17	17	18	19	19	20	20	21	20	21	22	22	23	23	24	25	25	26	26	27	25	26	27
17	17	18	18	19	20	20	21	21	22	21	22	23	23	24	24	25	26	26	27	27	28	26	27	28
18	18	19	19	20	21	21	22	22	23	22	23	24	24	25	25	26	27	27	28	28	29	27	28	29
19	19	20	20	21	22	22	23	23	24	23	24	25	25	26	26	27	28	28	29	29	30	28	29	30
20	20	21	21	22	23	23	24	24	25	24	25	26	26	27	27	28	29	29	30	30	31	3	30	31
21	21	22	22	23	24	24	25	25	26	25	26	27	27	28	28	29	30	30	31	5	4	2	31	1
22	22	23	23	24	25	25	26	26	27	26	27	28	28	29	29	30	31	7	6	2	2	3	2	2
23	23	24	24	25	26	26	27	27	28	27	28	29	29	30	30	31	8	2	2	3	3	4	2	3
24 十二	24 十一	25	25	26	27	27	28	28	29	28	29	30	30	31	10	9	2	3	3	4	4	5	3	4
25 9	25	26 十	26 九	27 八	28	28	29	29	30	29	30	31	12	11	2	2	3	4	4	5	5	6	4	5
26	26 8	27 7	27	28	29 七	29 六	30	30	31	3	31	1	2	2	3	3	4	5	5	6	6	7	5	6
27	27	28	28 6	29 5	30	30	31 五	5	4	2	2	2	3	3	4	4	5	6	6	7	7	8	6	7
28	28	29	29	30	31 4	7 3	6	2 四	2 三	3	2	3	4	4	5	5	6	7	7	8	8	9	7	8
29	29	30	30	31	8	2	2 2	3 1	3	4 二	3	4	5	5	6	6	7	8	8	9	9	10	8	9
30	30	31	10	9	2	3	3	4	4 12	5 11	4 正	5 十二	6 十一	6	7	7	8	9	9	10	10	11	9	10
31	12	11	2	2	3	4	4	5	5	6	5 10	6 9	7	7 十	8 九	8 八	9 七	10	10	11	11	12	10	11
日	2	2	3	3	4	5	5	6	6	7	6	7	8 8	8 7	9	9	10	11 六	11 五	12	12	13	11	12
曜	3	3	4	4	5	6	6	7	7	8	7	8	9	9	10 6	10 5	11	12	12	13 四	13	14	12	13
表	4	4	5	5	6	7	7	8	8	9	8	9	10	10	11	11	12 4	13 3	13	14	14 三	15 二	13	14
1	5	5	6	6	7	8	8	9	9	10	9	10	11	11	12	12	13	14	14 2	15 1	15	16	14 正	15
甲	6	6	7	7	8	9	9	10	10	11	10	11	12	12	13	13	14	15	15	16	16 12	17 11	15	16 十二
子	7	7	8	8	9	10	10	11	11	12	11	12	13	13	14	14	15	16	16	17	17	18	16 10	17 9
表	8	8	9	9	10	11	11	12	12	13	12	13	14	14	15	15	16	17	17	18	18	19	17	18
3	9	9	10	10	11	12	12	13	13	14	13	14	15	15	16	16	17	18	18	19	19	20	18	19
	10	10	11	11	12	13	13	14	14	15	14	15	16 冬	16	17	17	18	19	19	20	20	21	19	20